S. Bachmann, G. Baumgartner,
R. Feik, C. Fuchs, K. Giese,
D. Jahnel, G. Lienbacher (Hrsg)

Besonderes Verwaltungsrecht

11. Auflage

2016

Lehrbuch

VERLAG
ÖSTERREICH

Bundesratsdirektorin PR Dr. Susanne Bachmann
Univ.-Prof. Dr. Gerhard Baumgartner
Univ.-Prof. Dr. Rudolf Feik
Ass.-Prof. Dr. Claudia Fuchs
Ass.-Prof. Dr. Karim Giese
Univ.-Prof. Dr. Dietmar Jahnel
Univ.-Prof. Dr. Georg Lienbacher

Susanne Bachmann: Parlamentsdirektion, Wien
Claudia Fuchs: Institut für Österreichisches und Europäisches Öffentliches Recht, Wirtschaftsuniversität Wien
Gerhard Baumgartner: Institut für Rechtswissenschaft, Alpen-Adria-Universität Klagenfurt
Georg Lienbacher: Mitglied des Verfassungsgerichtshofes sowie Institut für Österreichisches und Europäisches Öffentliches Recht, Wirtschaftsuniversität Wien
Rudolf Feik, Karim Giese, Dietmar Jahnel: Fachbereich Öffentliches Recht, Völker- und Europarecht, Universität Salzburg

www.verlagoesterreich.at
Gedruckt in Deutschland

Satz: Grafik & Design, Claudia Gruber-Feigelmüller, 3580 Horn, Österreich
Druck: Strauss GmbH, 69509 Mörlenbach, Deutschland

Gedruckt auf säurefreiem, chlorfrei gebleichtem Papier

Bibliografische Information der Deutschen Nationalbibliothek
Die Deutsche Nationalbibliothek verzeichnet diese Publikation in der Deutschen Nationalbibliografie; detaillierte bibliografische Daten sind im Internet über http://dnb.d-nb.de abrufbar.

ISBN 978-3-7046-6740-3 10. Auflage Verlag Österreich
ISBN 978-3-7046-7585-9 11. Auflage Verlag Österreich

Vorwort zur 11. Auflage

Mit der 11. Auflage des Lehrbuches werden die Beiträge auf den letzten Stand gebracht. In einer Reihe von Rechtsgebieten sind durch zahlreiche Gesetzesnovellen mehr oder weniger starke Änderungen eingetreten, die in der Aktualisierung der einzelnen Beiträge Berücksichtigung finden. Die vorliegende Auflage enthält die Rechtslage bis zum **01. September 2016.**

Die Jubiläumsausgabe 2014 hat zum einen eine Verjüngung unseres Teams und zum anderen auch eine Änderung in der Auswahl der bearbeiteten Rechtsgebiete mit sich gebracht. In der 11. Auflage führen wir diesen Relaunch aktualisiert fort, um so unserer Zielsetzung, möglichst umfassende Hilfestellung für Studium und Praxis zu bieten, gerecht zu werden. Das Lehrbuch verfolgt nach wie vor das Ziel, für die Praktiker einen schnellen Zugang zu Literatur und Judikatur im jeweiligen Rechtsgebiet zu schaffen. Besonders wichtig ist uns aber, Kenntnisse zu den Funktionsweisen und den Mechanismen, die das jeweilige Rechtsgebiet wesentlich bestimmen, zu vermitteln und dessen Einbettung in die gesamte Rechtsordnung mit all ihren Wechselbeziehungen bewusst zu machen. Wir wollen dabei insbesondere die vielfältigen unionsrechtlichen und verfassungsrechtlichen Bezüge nicht vernachlässigen, weil sie in den einzelnen Rechtsgebieten immer wieder eine besondere Rolle spielen.

Ein ganz besonderer Dank gilt Frau Mag. *Katharina Riener* und Herrn Mag. *Andreas Lopatka*, beide WU Wien, die sich nicht nur im Zusammenhang mit der Betreuung der Herausgabe überaus verdient gemacht haben. Sie haben sich insbesondere auch der mühevollen Aufgabe unterzogen, sämtliche Beiträge auf formale Vereinheitlichung durchzuarbeiten. Für Anregungen und Kritik sind wir dankbar.

Salzburg/Wien/Klagenfurt a. W., im September 2016 — Die Herausgeber

Vorwort zur 1. Auflage

Ziel dieses Lehrbuchs ist es, eine Auswahl wichtiger Kapitel des Besonderen Verwaltungsrechts einheitlich strukturiert darzustellen, um damit eine Hilfestellung für Studium und Praxis zu bieten. Die Zusammenstellung der Rechtsgebiete und die Entwicklung eines einheitlichen Gliederungskonzepts wurde gemeinsam vorgenommen, für den Inhalt der einzelnen Kapitel ist jedoch jeder Autor selbst verantwortlich. Dabei war es nicht immer leicht, eine möglichst vollständige systematische Darstellung zu gewährleisten und gleichzeitig die Umfangsvorgaben eines Lehrbuchs einzuhalten.

Im Gegensatz zu den anderen Lehrbüchern des Besonderen Verwaltungsrechts ging es uns nicht darum, die Materien des Verwaltungsrechts in knapper Form grundrissartig darzustellen oder Besonderheiten aus einzelnen Kapiteln unter didaktischen Gesichtspunkten aufzubereiten. Vielmehr verfolgten wir das Ziel, die ausgewählten Rechtsgebiete im Gefüge der Gesamtrechtsordnung darzustellen und den Regelungsgegenstand, die Regelungsziele, die Rechtsinstitute bzw rechtlichen Instrumente aufzuzeigen, die der jeweilige Gesetzgeber verwendet hat. Dabei wurde versucht, soweit wie möglich auf die Prüfungs- und Lehrsituation an allen Universitäten in Österreich einzugehen, weshalb bei den landesrechtlichen Materien vor allem die Gemeinsamkeiten bzw Unterschiede zwischen den Bundesländern herausgearbeitet wurden.

Dieses Buch soll nicht nur dem Studenten als Lernbehelf dienen, sondern teilweise auch die Funktion eines Nachschlagewerks für den Praktiker erfüllen. Deshalb wurden zu Beginn jedes Kapitels die inner-staatlichen und europäischen Rechtsgrundlagen möglichst umfassend aufgelistet. Rechtsprechung und Literatur wurden hauptsächlich mit Blickrichtung auf studentische Bedürfnisse ohne jeglichen Anspruch auf Vollständigkeit ausgewählt. Ein besonderes Anliegen war uns ferner eine Darstellung sowohl der aktuellen verfassungsrechtlichen als auch der europarechtlichen Bezüge.

Ein Glossar immer wiederkehrender Begriffe, Institute und Institutionen des Verwaltungsrechts im Anhang soll vor allem dem studentischen Benützer das Lesen und Verstehen der einzelnen Beiträge ohne ständiges Nachschlagen in anderen Werken ermöglichen und damit das Lernen erleichtern.

Die Rechtslage wurde bis zum 1. Mai 1996 berücksichtigt und insb das Strukturanpassungsgesetz noch eingearbeitet. Für Anregungen und Kritik sind wir dankbar.

Salzburg, im Mai 1996 Die Herausgeber

Benützerhinweise

- In diesem Buch wurde aus Gründen der Lesbarkeit auf Fußnoten verzichtet, dafür sind jedem Kapitel Hinweise auf weiterführende Literatur vorangestellt. Die Auswahl erfolgte in erster Linie im Hinblick auf studentische und praktische Bedürfnisse ohne jeden Anspruch auf Vollständigkeit. Auf Standardlehrbücher wurde allerdings nicht verwiesen.
- Die Rubrik „Rechtsprechung" umfasst die wesentlichen Leitentscheidungen zu den einzelnen Materiengesetzen und soll häufig wiederkehrende und besonders komplexe Rechtsprobleme anhand von Beispielen veranschaulichen.
- Die Darstellung der Landesmaterien beschränkt sich nicht auf ein Bundesland. Es wurde vielmehr versucht, das jeweilige Rechtsgebiet in einer Zusammenschau der Landesgesetze unter systematischen Gesichtspunkten darzustellen und auf einzelne Besonderheiten bzw Unterschiede hinzuweisen. Für Einzelheiten ist daher eine Lektüre der jeweiligen Landesgesetze unumgänglich.
- Paragrafenbezeichnungen ohne nähere Angaben beziehen sich auf das „Hauptgesetz" der jeweiligen Materie.
- Österreichische Verordnungen sind mit „V" abgekürzt, europäische mit „VO".
- Im Text mit „*" versehene Begriffe sind im Glossar näher erläutert.
- Querverweise innerhalb des Buches erfolgen mit „→".
- Die Bezeichnungen der BM richten sich nach dem Bundesministeriengesetz idF BGBl I 49/2016 und können daher vom Materiengesetz abweichen.
- Am Ende jedes Kapitels findet sich ein Abschnitt „Behörden und Verfahren", in dem vor allem die Zuständigkeiten dargestellt werden und auf verfahrensrechtliche Besonderheiten hingewiesen wird.
- Die im Sachverzeichnis kursiv ausgewiesenen Seitenangaben weisen auf die jeweilige Seitenangabe für die Erläuterung eines Glossarbegriffs hin.

Inhaltsübersicht

Inhaltsverzeichnis

Abkürzungsverzeichnis

1. AEV	1. Abwasseremissionsverordnung
aA	andere(r) Ansicht
AAEV	Allgemeine Abwasseremissionsverordnung
AB	Ausschussbericht
ABGB	Allgemeines Bürgerliches Gesetzbuch
ABl	Amtsblatt der Europäischen Union, Amtsblatt
Abs	Absatz
ADR	Europäisches Übereinkommen über die internationale Beförderung gefährlicher Güter auf der Straße
AEUV	Vertrag über die Arbeitsweise der Europäischen Union
AEV	Abwasseremissionsverordnung
AG	Aktiengesellschaft
AGO	Allgemeine Gemeindeordnung
AgrRS	Agrarische Rundschau
AK	Arbeiterkammer(n)
ÄK	Ärztekammer
AKM	Autoren, Komponisten, Musikverleger
AktG	Aktiengesetz
ALSG	Altlastensanierungsgesetz
aM	andere(r) Meinung
Anh	Anhang
AnhO	Anhalteordnung
ARBÖ	Auto-, Motorrad- und Radfahrerbund Österreichs
Art	Artikel
ASFINAG	Autobahnen- und Schnellstraßen-Finanzierungs AG
ASV	Aufzüge-Sicherheitsverordnung
AsylG	Asylgesetz 2005
AsylG-DV	Asylgesetz-Durchführungsverordnung
AÜG	Arbeitskräfteüberlassungsgesetz
AuslBG	Ausländerbeschäftigungsgesetz
AVG	Allgemeines Verwaltungsverfahrensgesetz
AVRAG	Arbeitsvertragsrechts-Anpassungsgesetz
AWG	Abfallwirtschaftsgesetz
BAA	Bundesasylamt
BAG	Berufsausbildungsgesetz
BAK	Bundesamt für Korruptionsprävention und Korruptionsbekämpfung
BauO	Bauordnung(en)
BauPolG	Baupolizeigesetz

BauTG	Bautechnikgesetz(e)
BBetrG	Bundesbetreuungsgesetz
BBetrV	Bundesbetreuungsverordnung
bbl	Baurechtliche Blätter
BDA	Bundesdenkmalamt
BDG	Beamten-Dienstrechtsgesetz
BekGG	Bundesgesetz über die Rechtspersönlichkeit von religiösen Bekenntnisgemeinschaften
betr	betreffend(e, -er, -es)
BFA	Bundesamt für Fremdenwesen und Asyl
BFA-VG	BFA-Verfahrensgesetz
BG	Bundesgesetz(e)
BGBl	Bundesgesetzblatt
BGG	Bebauungsgrundlagengesetz
Bgld, bgld	Burgenland, burgenländisch(e, -er, -es)
Bgm	Bürgermeister
BH	Bezirkshauptmann, Bezirkshauptmannschaft
BK	Bundeskanzler
BKA	Bundeskanzleramt, Bundeskriminalamt
BlgNR	Beilagen zu den stenografischen Protokollen des Nationalrates
BM	Bundesminister(ium)
BMB	Bundesminister(ium) für Bildung
BMBWK	Bundesminister(ium) für Bildung,Wissenschaft und Kultur
BMEIA	Bundesminister(ium) für Europa, Integration und Äußeres
BMF	Bundesminister(ium) für Finanzen
BMG	Bundesministeriengesetz
BMI	Bundesminister(ium) für Inneres
BMJ	Bundesminister(ium) für Justiz
BMLF	Bundesminister(ium) für Land- und Forstwirtschaft
BMLFUW	Bundesminister(ium) für Land- und Forstwirtschaft, Umwelt und Wasserwirtschaft
BMLVS	Bundesminister(ium) für Landesverteidigung und Sport
BMUKK	Bundesminister(ium) für Unterricht, Kunst und Kultur
BMVIT	Bundesminister(ium) für Verkehr, Innovation und Technologie
BMWFW	Bundesminister(ium) für Wissenschaft, Forschung und Wirtschaft
BR	Bundesrat
BRBG	Erstes Bundesrechtsbereinigungsgesetz
BReg	Bundesregierung
bspw	beispielsweise
BStFG	Bundesstraßenfinanzierungsgesetz 1996
BStG	Bundesstraßengesetz
BStMG	Bundesstraßen-Mautgesetz 2002
BTG	Bautechnikgesetz
B-UHG	Bundes-Umwelthaftungsgesetz
BVA	Bundesvergabeamt
BVB	Bezirksverwaltungsbehörde(n)
BVerfG	(deutsches) Bundesverfassungsgericht
BVerG	Bundesvergabegesetz
BVergGVS	Bundesvergabegesetz Verteidigung und Sicherheit

BVG	Bundesverfassungsgesetz
B-VG	Bundes-Verfassungsgesetz
B-VGNov	Bundes-Verfassungsgesetznovelle
BVT	Beste verfügbare Techniken
BVwG	Bundesverwaltungsgericht(e)
BWG	Bankwesengesetz
BWK	Bundeswirtschaftskammer
bzw	beziehungsweise
ca	circa
CAFE-RL	Luftqualitätsrichtlinie (Clean Air for Europe)
CDM	Clean Development Mechanism – Mechanismus für umweltverträgliche Entwicklung
CPV	Common Procurement Vocabulary
DFB	Druckfehlerberichtigung
dh	das heißt
DLG	Dienstleistungsgesetz
DMSG	Denkmalschutzgesetz
DÖV	Die öffentliche Verwaltung
DSB	Datenschutzbehörde
DSG	Datenschutzgesetz
DS-GVO	Datenschutz-Grundverordnung
DSK	Datenschutzkommission
dt	deutsch(e, -er, -es)
DV	Durchführungsverordnung
DVR	Datenverarbeitungsregister
EAD	European Assessment Document (Europäisches Bewertungsdokument)
EBA	Europäischer Berufsausweis
EDV	Elektronische Datenverarbeitung
EG	Europäische Gemeinschaft(en), EG-Vertrag in der Fassung des Vertrages von Nizza
EG-K	Emissionsschutzgesetz für Kesselanlagen
EGMR	Europäischer Gerichtshof für Menschenrechte (Straßburg)
E-GovG	E-Government-Gesetz
EGVG	Einführungsgesetz zu den Verwaltungsverfahrensgesetzen
EisbEG	Eisenbahn-Enteignungsentschädigungsgesetz
EK	Europäische Kommission
EKMR	Europäische Kommission für Menschenrechte
EL	Ergänzungslieferung
EMAS	Eco-Management and Audit Scheme
EMRK	Europäische Menschenrechtskonvention
endg	endgültig
EP	Europäisches Parlament
ErlRV	Erläuterungen zur Regierungsvorlage
ETA	European Technical Assessmennt (Europäische Technische Zulassung)
etc	et cetera
EU	Europäische Union, EU-Vertrag in der Fassung des Vertrages von Nizza
EuG	Europäisches Gericht I. Instanz (Luxemburg)

EuGH	Europäischer Gerichtshof (Luxemburg)
EUV	Vertrag über die Europäische Union
eWb	eigener Wirkungsbereich
EWG	Europäische Wirtschaftsgemeinschaft
EWR	Europäischer Wirtschaftsraum
EWRA	Abkommen über den Europäischen Wirtschaftsraum
EZG	Emissionszertifikategesetz 2011
f	und der, die folgende
FAG	Finanzausgleichsgesetz
ff	und der, die folgenden
FGPG	Feuer- und Gefahrenpolizeigesetz
ForstG	Forstgesetz
FPG	Fremdenpolizeigesetz 2005
FrG	Fremdengesetz 1997
FrG-DV	Fremdengesetz-Durchführungsverordnung 1997
FS	Festschrift
FSG	Führerscheingesetz
FSG-DV	Führerscheingesetz-Durchführungsverordnung
FSG-GV	Führerscheingesetz-Gesundheitsverordnung
FSG-PV	Fahrprüfungsverordnung
F-VG	Finanz-Verfassungsgesetz
FWP	Flächenwidmungsplan, -pläne
G	Gesetz(e)
GATS	General Agreement on Trade in Services
GdO	Gemeindeordnung(en)
GelVerkG	Gelegenheitsverkehrsgesetz
gem	gemäß
GemG	Gemeindegesetz
GewO	Gewerbeordnung
GFK	Genfer Flüchtlingskonvention
GFPO	Gefahrenpolizei- und Feuerpolizeiordnung
GGBG	Bundesgesetz über die Beförderung gefährlicher Güter (Gefahrgutbeförderungsgesetz)
GISA	GewerbeInformationsSystem Austria
GmbH	Gesellschaft mit beschränkter Haftung
GP	Gesetzgebungsperiode
GPA	Agreement on Government Procurement
GplG	Gemeindeplanungsgesetz
GRC	Grundrechte-Charta der EU
GrekoG	Grenzkontrollgesetz
GS	Gedenkschrift
GSpG	Glücksspielgesetz
GütbefG	Güterbeförderungsgesetz
GVG	Grundverkehrsgesetz(e)
GVG-B	Grundversorgungsgesetz-Bund
GVV	Grundversorgungsvereinbarung
ha	Hektar
hA	herrschende Ansicht
HANR	Hauptausschuss des Nationalrates
HausrG	Gesetz zum Schutz des Hausrechtes

hL	herrschende Lehre
HlG	Hochleistungsstreckengesetz
hM	herrschende Meinung
Hrsg	Herausgeber
iaR	in aller Regel
Ibk	Innsbruck
idF	in der Fassung
idR	in der Regel
idS	in diesem Sinne
IE-RL	Industrieemissions-Richtlinie
ieS	im engeren (eigentlichen) Sinn
IEV	Indirekteinleiter-Verordnung
IG-L	Immissionsschutzgesetz-Luft
IMI	Binnenmarkt-Informationssystem
ImmZ	Österreichische Immobilien Zeitung
insb	insbesondere
IPPC	Integrated Pollution Prevention and Control
iS	im Sinne
iSd	im Sinne des (der)
IUR	Institut für Umweltrecht (der Johannes Kepler Universität Linz)
IUV	Industrieunfallverordnung
IV	Industriellenvereinigung
iVm	in Verbindung mit
iwS	im weiteren Sinn
iZm	im Zusammenhang mit
JAP	Juristische Ausbildung und Praxisvorbereitung
JBl	Juristische Blätter
JI	Joint Implementation – Gemeinsame Umsetzung
JN	Jurisdiktionsnorm
JRP	Journal für Rechtspolitik
Jud	Judikatur
K-AGO	Kärntner Allgemeine Gemeindeordnung
KDV	Kraftfahrgesetz-Durchführungsverordnung 1967
KFG	Kraftfahrgesetz
KflG	Kraftfahrliniengesetz
Kfz	Kraftfahrzeug(e)
KfzStG	Kraftfahrzeugsteuergesetz 1992
kg	Kilogramm
KGRückG	Kulturgüterrückgabegesetz
K-GWVG	Kärntner Gemeindewasserversorgungsgesetz
KHVG	Kraftfahrzeugs-Haftpflichtgesetz 1994
km	Kilometer
KOM	Europäische Kommission
KRG	Kunstrückgabegesetz
Krnt, krnt	Kärnten, kärntner
K-StRG	Kärntner Straßengesetz 1991
KW	Kilowatt
LG	Landesgesetz(e)
LGBl	Landesgesetzblatt
LH	Landeshauptmann

lit	litera/ae
LKW	Lastkraftwagen
LMSVG	Lebensmittelsicherheits- und Verbraucherschutzgesetz
LPolD	Landespolizeidirektion
LReg	Landesregierung
LRG-K	Luftreinhaltegesetz für Kesselanlagen
LSG	Luftfahrtsicherheitsgesetz, (zB sbg, wr) Landessicherheitsgesetz
LStG	Landesstraßengesetz
LStVG	Landes-Straßenverwaltungsgesetz
LUA-G	Landesumweltanwaltschafts-Gesetz
LV	Landesverfassung
L-VG	Landes-Verfassungsgesetz
LVwG	Landesverwaltungsgericht(e)
LWK	Landwirtschaftskammer(n)
m	Meter
maW	mit anderen Worten
max	maximal
mE	meines Erachtens
MinroG	Mineralrohstoffgesetz
MR	Medien und Recht
MSV	Maschinen-Sicherheitsverordnung
mwH	mit weiteren Hinweisen
mwN	mit weiteren Nachweisen
NAG	Niederlassungs- und Aufenthaltsgesetz
nF	neue Fassung
NGO	Nichtregierungsorganisation (Non Governmental Organisation)
NGP	Nationaler Gewässerbewirtschaftungsplan,
NLV	Niederlassungsverordnung
NÖ, nö	Niederösterreich, niederösterreichisch(e, -er, -es)
Nov	Novelle
NR	Nationalrat
Nr	Nummer(n)
NSchG	Naturschutzgesetz(e)
NSDAP	Nationalsozialistische Deutsche Arbeiterpartei
NVG	Nahversorgungsgesetz
NVwZ	Neue Verwaltungszeitschrift
NZ	Österreichische Notariatszeitung
ÖAMTC	Österreichischer Automobil-, Motorrad- und Touringclub
öarr	Österreichisches Archiv für recht & religion
ÖGB	Österreichischer Gewerkschaftsbund
OGH	Oberster Gerichtshof
ÖGZ	Österreichische Gemeindezeitung
OIB	Österreichisches Institut für Bautechnik
ÖIR	Österreichisches Institut für Raumplanung
oJ	ohne Jahresangabe
ÖJZ	Österreichische Juristen-Zeitung
ÖNORM	Österreichische Norm
OÖ, oö	Oberösterreich, oberösterreichisch(e-, er, -es)
ÖROK	Österreichische Raumordnungskonferenz
österr	österreichisch(e, -er, -es)

ÖVA	Österreichisches Verwaltungsarchiv
ÖWAV	Österreichischer Wasser- und Abfallwirtschaftsverband
ÖZG	Öffnungszeitengesetz
ÖZÖR	Österreichische Zeitschrift für Öffentliches Recht
ÖZW	Österreichische Zeitschrift für Wirtschaftsrecht
PartG	Parteiengesetz
PCI	Projects of Common Interest
PersFrG	BVG über den Schutz der persönlichen Freiheit
PKW	Personenkraftwagen
PolG	Polizeigesetz(e)
PolKG	Polizeikooperationsgesetz
PolStrafG	Polizeistrafgesetz(e)
ProvNV	Provisorische Nationalversammlung
PStG	Personenstandsgesetz
PStSG	Polizeiliches Staatsschutzgesetz
QZV	Qualitätszielverordnung
RassenDiskrVerbG	BVG zur Durchführung des Internationalen Übereinkommens über die Beseitigung aller Formen rassischer Diskriminierung
RdU	Recht der Umwelt
RdW	Recht der Wirtschaft
RFG	Rechts- und Finanzierungspraxis der Gemeinden
RGBl	Reichsgesetzblatt
RL	EU-Richtlinie(n)
RLV	Verordnung des BMI, mit der Richtlinien für das Einschreiten der Organe des öffentlichen Sicherheitsdienstes erlassen werden (Richtlinien-Verordnung)
RMP	Hochwasser-Risikomanagementplan
ROG	Raumordnungsgesetz(e)
RPA	Recht und Praxis der öffentlichen Auftragsvergabe
RPlG	Raumplanungsgesetz(e)
Rsp	Rechtsprechung
RV	Regierungsvorlage
Rz	Randzahl(en)
S	Satz
s	siehe
Sbg, sbg	Salzburg, salzburger
SDÜ	Schengener Durchführungsübereinkommen
SEV	Verordnung des BMI über die Sondereinheiten der Generaldirektion für die öffentliche Sicherheit (Sondereinheiten-Verordnung)
SIAK	SIAK-Journal, Zeitschrift für Polizeiwissenschaft und polizeiliche Praxis
SiG	Sicherheitsgesetz
SittenPolG	Sittenpolizeigesetz(e)
sog	so genannt, -(e, -er, -es)
SPG	Sicherheitspolizeigesetz
SP-V	Strategische Prüfung – Verkehr
StbG	Staatsbürgerschaftsgesetz
StGB	Strafgesetzbuch
StGBl	Staatsgesetzblatt

StGG	Staatsgrundgesetz über die allgemeinen Rechte der Staatsbürger
Stmk, stmk	Steiermark, steiermärkisch(e, -er, -es)
StMV	Standard- und Musterverordnung 2004
StPO	Strafprozessordnung
StRÄG	Strafrechtsänderungsgesetz
StrSchG	Strahlenschutzgesetz
stRsp	ständige Rechtsprechung
StudFG	Studienförderungsgesetz
StV	Staatsvertrag
StVO	Straßenverkehrsordnung
SUP	Strategische Umweltprüfung
SVG	Signatur- und Vertrauensdienstegesetz
t	Tonne(n)
TEN	Transeuropäische Netze
TGO	Tiroler Gemeindeordnung
Tir, tir	Tirol, tiroler
tw	teilweise
u.a.	und andere
ua	und andere, unter anderem
UA	Unterabsatz
uÄ	und Ähnliches
uam	und andere mehr
UbG	Unterbringungsgesetz
Übk	Übereinkommen
udgl	und dergleichen
UFG	Umweltförderungsgesetz
UGB	Unternehmensgesetzbuch
UGStVG	Umweltgutachter- und Standorteverzeichnisgesetz
UIG	Umweltinformationsgesetz
UMG	Umweltmanagementgesetz
UN	United Nations (Vereinte Nationen)
UNECE	United Nations Economic Commission for Europe
UNESCO	United Nations Educational, Scientific and Cultural Organization
UNHCR	United Nations High Commissioner for Refugees (Flüchtlingshochkommissariat der Vereinten Nationen)
usw	und so weiter
uU	unter Umständen
uvam	und viele andere mehr
UVE	Umweltverträglichkeitserklärung
UVGA	Umweltverträglichkeitsgutachten
UVP	Umweltverträglichkeitsprüfung
UVP-G	Umweltverträglichkeitsprüfungsgesetz
UVS	Unabhängiger Verwaltungssenat, Unabhängige Verwaltungssenate
üWb	übertragener Wirkungsbereich
V	Verordnung(en) (österreichische)
v	von
va	vor allem
VAG	Versicherungsaufsichtsgesetz
VBG	Vertragsbedienstetengesetz

VerG	Vereinsgesetz
VersG	Versammlungsgesetz
VerssG	Versorgungssicherungsgesetz
VerwGesG	Verwertungsgesellschaftengesetz 2016
VfGH	Verfassungsgerichtshof
VfSlg	Sammlung der Erkenntnisse und wichtigsten Beschlüsse des Verfassungsgerichtshofes
vgl	vergleiche
VIS	Visa-Informationssystem
Vlbg, vlbg	Vorarlberg, vorarlberger
VO	EU-Verordnung(en)
VR	Volksrepublik
VStG	Verwaltungsstrafgesetz
VVG	Verwaltungsvollstreckungsgesetz
VwG	Verwaltungsgericht(e)
VwGH	Verwaltungsgerichtshof
VwGVG	Verwaltungsgerichtsverfahrensgesetz
VwSlg	Sammlung der Erkenntnisse und Beschlüsse des Verwaltungsgerichtshofes
WaffGG	Waffengebrauchsgesetz
Wb	Wirkungsbereich
wbl	Wirtschaftsrechtliche Blätter
WK	Wirtschaftskammer(n)
WLSG	Wiener Landessicherheitsgesetz
wr	wiener
WRG	Wasserrechtsgesetz
WRRL	Wasserrahmenrichtlinie
WTO	World Trade Organization
Z	Zahl, Ziffer
Zak	Zivilrecht Aktuell
zB	zum Beispiel
ZER	Zeitschrift für Europarecht
ZfV	Zeitschrift für Verwaltung
ZfVB	Die administrativrechtlichen Entscheidungen des VwGH und die verwaltungsrechtlich relevanten Entscheidungen des VfGH in lückenloser Folge (Beilage zur ZfV)
ZJS	Zeitschrift für das Juristische Studium
ZÖR	Zeitschrift für öffentliches Recht
ZPEMRK	Zusatzprotokoll zur Europäischen Menschenrechtskonvention
ZPO	Zivilprozessordnung
ZSR	Zentrales Staatsbürgerschaftsregister
zT	zum Teil
ZVB	Zeitschrift für Vergaberecht und Bauvertragsrecht
ZVR	Zeitschrift für Verkehrsrecht
ZVR-Z	Zentrales Vereinsregister-Zahl, Vereinsregisterzahl

Dietmar Jahnel

Datenschutzrecht

Rechtsgrundlagen

Kompetenzgrundlagen

§ 2 DSG 2000 („Angelegenheiten des Schutzes personenbezogener Daten im automationsunterstützten Datenverkehr").

Verfassungsrechtliche Bezüge

§ 1 DSG 2000 (Grundrecht auf Datenschutz); Art 8 Abs 2 EMRK (Achtung des Privat- und Familienlebens).

Europarechtliche Bezüge

Art 7 und 8 GRC; RL 95/46/EG des Europäischen Parlaments und des Rates vom 24. Oktober 1995 zum Schutz natürlicher Personen bei der Verarbeitung personenbezogener Daten und zum freien Datenverkehr (DS-RL), ABl L 1995/281, 31 idF L 2003/284, 1; RL 2002/58/EG des Europäischen Parlaments und des Rates vom 12. Juli 2002 über die Verarbeitung personenbezogener Daten und den Schutz der Privatsphäre in der elektronischen Kommunikation, ABl L 2002/201, 37 idF L 2009/337, 11; VO (EU) 2016/679 des Europäischen Parlaments und des Rates vom 27. April 2016 zum Schutz natürlicher Personen bei der Verarbeitung personenbezogener Daten, zum freien Datenverkehr und zur Aufhebung der RL 95/46/EG (Datenschutz-Grundverordnung), ABl L 2016/119, 1.

Völkerrechtliche Bezüge

Übereinkommen zum Schutz des Menschen bei der automatischen Verarbeitung personenbezogener Daten, BGBl 317/1988 (Datenschutzkonvention des Europarates).

Gesetze und sonstige Rechtsgrundlagen

Bund: BG über den Schutz personenbezogener Daten (Datenschutzgesetz 2000 – DSG 2000), BGBl I 165/1999 idF I 132/2015; §§ 51 ff SicherheitspolizeiG (SPG), BGBl 566/1991 idF I 5/2016; §§ 92 ff TelekommunikationsG 2003 (TKG 2003), BGBl I

70/2003 idF I 6/2016; § 83 ff Gerichtsorganisationsgesetz (GOG), RGBl 217/1896 idF BGBl I 28/2016; § 151 Gewerbeordnung 1994 (GewO), BGBl 94/1994 idF I 155/2015.

Länder: bgld DatenschutzG, LGBl 87/2005 idF 79/2013; krnt Informations- und StatistikG, LGBl 70/2005 idF 22/2016; nö DatenschutzG, LGBl 0901-2; oö Auskunftspflicht-, Datenschutz- und InformationsweiterverwendungsG, LGBl 46/1988 idF 68/2015; sbg Gesetz über Auskunftspflicht, Dokumentenweiterverwendung, Datenschutz, Landesstatistik und Geodateninfrastruktur, LGBl 73/1988 idF 59/2015; stmk DatenschutzG, LGBl 39/2001 idF 146/2013; tir DatenschutzG 2014, LGBl 158/2013; vlbg Landes-DatenschutzG, LGBl 19/2000 idF 44/2013; wr DatenschutzG, LGBl 125/2001.

Verordnungen: Standard- und Muster-V 2004, BGBl II 312/2004 idF 278/2015; Datenverarbeitungsregister-V 2012, BGBl II 257/2012 idF 213/2013; Datenschutzangemessenheits-V, BGBl II 521/1999 idF 449/2015.

Literaturauswahl

Monografien – Kommentare

Handbücher zum DSG 2000: *Jahnel*, Handbuch Datenschutzrecht (2010) mit Update-Band 2016; *Knyrim*, Datenschutzrecht. Praxishandbuch[3] (2015).

Kommentare zum DSG 2000: *Dohr ua*, Datenschutzgesetz[2] (Loseblattausgabe); *Pollirer/Weiss/Knyrim*, Datenschutzgesetz[2] (2014).

Monografien: *Schrems*, Private Videoüberwachung. Ein Leitfaden (2011); *Berka*, Das Grundrecht auf Datenschutz im Spannungsfeld zwischen Freiheit und Sicherheit (2012); *Ennöckl*, Der Schutz der Privatsphäre in der elektronischen Datenverarbeitung (2014); *Grünanger/Goricnik*, Arbeitnehmer-Datenschutz und Mitarbeiterkontrolle (2014); *Kalteis*, Neue Technologien und netzbasierte Medien als Herausforderungen des Datenschutzrechts (2014).

Einführung: *Unger*, Grundzüge des Datenschutzrechts[2] (2015).

Sammelbände: *Bauer/Reimer* (Hrsg), Handbuch Datenschutzrecht (2009); *Jahnel* (Hrsg), Datenschutzrecht. Jahrbuch (erscheint jährlich seit 2008).

Beiträge

Bierlein, Zum Grundrecht auf Datenschutz, in FS Klecatsky (2010) 79; *Duschanek/Eberhard*, Datenschutzrecht, in Holoubek/Potacs (Hrsg), Handbuch des öffentlichen Wirtschaftsrechts I[3] (2013) 275; *Forgó/Kastelitz*, Das Widerspruchsrecht gem § 28 Abs 2 DSG 2000 – eine Analyse, in Jahnel (Hrsg), Datenschutzrecht und E-Government. Jahrbuch 2009 (2009) 13; *Grabenwarter*, Datenschutzrechtliche Anforderungen an den Umgang mit Kundendaten im Versandhandel, ÖJZ 2000, 861; *Hattenberger*, Die Bestimmungen des DSG zur Videoüberwachung – Hat sich der Aufwand gelohnt?, in Jahnel (Hrsg), Datenschutzrecht. Jahrbuch 2011 (2011) 117; *Jahnel*, Keine Datenübermittlung in die USA? – Die EuGH-Entscheidung zum „Safe Harbor", jusIT 2015/95, 234; *Jahnel*, Löschungspflicht von Suchmaschinenbetreibern – Die „Google Spain und Google"-Entscheidung des EuGH, jusIT 2014/72, 149; *Kastelitz/Neugebauer*, Aspekte der datenschutzrechtlichen Zustimmung(sfähigkeit) Minderjähriger, in Jahnel (Hrsg), Datenschutzrecht. Jahrbuch 2011 (2011) 71; *Leissler*, Soziale Netzwerke und Datenschutzrecht, in Jahnel (Hrsg), Datenschutzrecht. Jahrbuch 2011 (2011) 103; *Kotschy*, Das Grundrecht auf Geheimhaltung personenbezogener Daten. Rückblick und Ausblick (Teil I: § 1 Abs 1 DSG [1978] bzw DSG

2000), in Jahnel (Hrsg), Datenschutzrecht und E-Government. Jahrbuch 2012 (2012) 27; *Peyerl*, Cloud Computing – Datenschutzrechtliche Aspekte bei der „Datenverarbeitung in der Wolke", jusIT 2011/30, 57; *Retter/Marko*, Nach der Aufhebung der Safe-Harbor-Entscheidung – was jetzt?, RdW 2015/591, 691; *Rosenmayr-Klemenz*, Zum Schutz manuell verarbeiteter Daten durch das DSG 2000, ecolex 2001, 639; *Schmidl*, Das datenschutzrechtliche Recht auf Auskunft – ein Überblick, ZIR 2014, 21; *Sedef*, The Social Network – (k)ein Recht auf Datenlöschung?, Zak 2011/351, 183; *Staudegger*, Zur Zulässigkeit des Handels mit „Gesundheitsdaten", jusIT 2014/13, 27; *Thiele*, Aktuelles zur Videoüberwachung – Erste Erfahrungen nach der DSG Nov 2010, Teil 1+2, jusIT 2010/107, 219; *Thiele*, Rechtssicherer Umgang mit elektronischen Accounts ausgeschiedener Mitarbeiter, jusIT 2014/1, 1; *Zellhofer/Liebel*, Cloud Computing und Datenschutz – Zeit für klare Sicht, ecolex 2012, 88.

Rechtsprechung

VfSlg 12.166/1989 (Datenübermittlung aus Verwaltungsakten an den VfGH); VfSlg 12.228/1989 (Veröffentlichungspflicht von Wirtschaftsdaten); VfSlg 18.300/2007 (Papierakt ist keine Datei); VfSlg 18.643/2008 (keine gesetzliche Grundlage für Videoabstandsmessung); VfSlg 19.892/2014 (Aufhebung der Vorratsdatenspeicherung); VfSlg 19.937/2014 (Recht auf Aktenvernichtung); VfGH 08.10.2015, G 264/2015 (Aufhebung des begründungslosen Widerspruchsrechts).

OGH 28.06.2000, 6 Ob 148/00h (Sachverständigengutachten ist keine Datei); OGH 15.12.2005, 6 Ob 275/05t (immaterieller Schadenersatz); OGH 01.10.2008, 6 Ob 195/08g (Widerspruchsrecht bei Bonitätsdatenbanken); OGH 15.04.2010, 6 Ob 41/10p (Löschung von Daten); OGH 22.03.2001, 4 Ob 28/01y ua (Zustimmung nach § 4 Z 14); OGH 15.12.2014, 6 Ob 6/14x (Veröffentlichung von Ermittlungsakten auf privater Website); OGH 28.10.2015, 9 Ob 51/15p (Anonymisierung im RIS).

EuGH 06.11.2003, C-101/01 (Lindqvist) (Veröffentlichung auf einer Internetseite ist kein Übermitteln von Daten in Drittländer); EuGH 16.12.2008, C-73/07 (Satakunnan Markkinapörssi und Satamedia) (auch veröffentlichte Daten fallen unter den Datenschutz; Medienprivileg); EuGH 09.11.2010, C-92/09, C-93/09 (Volker und Markus Schecke und Eifert) (Europarechtswidrigkeit der Veröffentlichung personenbezogener Daten über die Empfänger von Agrarbeihilfen); EuGH 24.11.2011, C-468/10 (ASNEF) (unmittelbare Anwendbarkeit der DS-RL); EuGH 16.10.2012, C-614/10 (Kommission/Österreich) (Mangelnde Unabhängigkeit der Datenschutzkommission); EuGH 08.04.2014, C-293/12, C-594/12 (Digital Rights Ireland und Seitlinger u.a.) (Ungültigkeit der VorratsdatespeicherungsRL); EuGH 13.05.2014, C-131/12 (Google Spain und Google) (Löschungspflichten von Suchmaschinenbetreibern); EuGH 06.10.2015, C-362/14 (Schrems) (Ungültigerklärung von Safe Harbor).

I. Regelungsgegenstand und -ziele

Primäres Ziel des Datenschutzrechts ist es, die **Privatsphäre des Menschen** vor den Gefahren zu schützen, die durch die Möglichkeiten von Auswertungen und Verknüpfungen elektronisch verfügbarer Daten entstehen. Gleichzeitig will das Datenschutzrecht keineswegs die elektronische Verarbeitung personenbezogener Daten verhindern, sondern einen angemessenen Ausgleich zwischen Datenverarbeitung und Schutz der Betroffenen erreichen. Etwa seit Beginn der Siebzigerjahre wird versucht, diese schwer miteinander zu vereinbarenden gegensätzlichen Ziele in eigenen DSG zu regeln. In Österreich war dies das **DSG 1978**, das den Schutz der Privatsphäre betonte und verschiedene **Informations- und Abwehrrechte** für die von der Datenverarbeitung Betroffenen einführte.

In der Praxis zeigte sich jedoch bald, dass die Bürger diese neuen Rechte kaum in Anspruch nahmen. Dies führte in den Achtzigerjahren zu einer neuen Sichtweise des Datenschutzes nicht mehr als bloßes Abwehrrecht, sondern auch als Gestaltungsrecht. Das im „Volkszählungsurteil" des dtBVerfG 1983 erstmals festgehaltene Grundrecht auf **informationelle Selbstbestimmung** wurde in den folgenden Jahren zum Leitmotiv der europäischen Datenschutzentwicklung.

Für Österreich brachte die DatenschutzRL der EU, die 1995 verabschiedet wurde, die Verpflichtung zu einer tief greifenden Umgestaltung der Datenschutzvorschriften im **DSG 2000**. Durch die DSG-Nov 2010 wurden va ein neues Kapitel über **Videoüberwachung** und ein elektronisches Meldeverfahren eingeführt. Mit der DSG-Nov 2014 trat eine neue **Datenschutzbehörde** als Kontrollstelle iSd Art 28 Abs 1 der DS-RL an die Stelle der bisherigen Datenschutzkommission. Weiters ist darauf hinzuweisen, dass neben dem DSG 2000 in zahlreichen Bundes- und LandesG eigene **Sonderdatenschutzregelungen** bestehen. Derartige Vorschriften sind zB im SPG, im TKG 2003, in § 151 GewO und im GOG zu finden.

Ab **25. Mai 2018** werden sich die Rechtsgrundlagen des Datenschutzrechts in ganz Europa wesentlich ändern: Mit diesem Tag beginnt die Geltung der unmittelbar anwendbaren **Datenschutz-Grundverordnung (DS-GVO)**, welche ab diesem Zeitpunkt die DS-RL und – für Österreich – das DSG 2000 ablösen wird (siehe dazu unter europarechtliche Bezüge).

II. Verfassungsrechtliche Bezüge

1. Kompetenzrechtliche Bestimmungen

Die Kompetenzgrundlage für Gesetzgebung und Vollziehung in Datenschutzangelegenheiten ist durch eine Verfassungsbestimmung in § 2 geregelt: Danach ist **Bundessache die Gesetzgebung in Angelegenheiten des Schutzes personenbezogener Daten im automationsunterstützten Datenverkehr.** Manuell geführte Dateien für Zwecke von Angelegenheiten, in denen die Zuständigkeit zur Gesetzgebung Bundessache ist, gelten nach § 58 als Datenanwendung nach dem DSG 2000. Der Gesetzgeber geht dabei offensichtlich davon aus, dass die Zuständigkeit zur Führung manueller Dateien als Annexkompetenz in den jeweiligen Bundeskompetenzen enthalten ist.

Damit besteht die Gesetzgebungskompetenz des Bundes zwar hinsichtlich aller Angelegenheiten des Datenschutzes bei automationsunterstützter Datenverarbeitung, nicht aber hinsichtlich manueller Dateien, die für Zwecke einer Angelegenheit geführt werden, die der Gesetzgebungskompetenz der Länder zuzuordnen ist. Für diesen Bereich wurden in allen Bundesländern eigene DSG erlassen.

2. Grundrechtliche Bestimmungen

Das durch Verfassungsbestimmung geregelte **Grundrecht auf Datenschutz** wird in einem eigenen Abschnitt näher dargestellt (s V.). In einem engen Zusammenhang damit steht das Grundrecht auf **Achtung des Privat- und Familienlebens** nach Art 8 EMRK. Die Grundrechtscharta der EU (**GRC**) sieht in Art 7 ein Recht auf „Achtung des Privatlebens" und in Art 8 unter dem Titel „Schutz personenbezogener Daten" ein **eigenes Grundrecht auf Datenschutz** vor. Diese europäischen Grundrechte haben schnell Eingang in die EuGH-Judikatur gefunden: Im Zusammenhang mit der Veröffentlichung personenbezogener Daten über die Empfänger von Agrarbeihilfen hat der EuGH die Grundrechtswidrigkeit eines Rechtsakts des Sekundärrechts festgestellt und diesen für ungültig erklärt (EuGH 09.11.2010, C-92/09, C-93/09).

III. Europarechtliche Bezüge

1. Umsetzung der Datenschutzrichtlinie

Die bis heute (und weiterhin bis 25. Mai 2018) wichtigste sekundärrechtliche Grundlage für das Datenschutzrecht in der EU, die Europäische **DatenschutzRL** 95/46/EG (DS-RL) aus dem Jahr 1995 wurde durch das DSG 2000 in österr Recht umgesetzt. Dabei hat der österr Gesetzgeber nicht immer eine glückliche Hand bewiesen: Tw sind die Bestimmungen im DSG 2000 viel umständlicher und unübersichtlicher als ihre Vorgaben in der DS-RL, tw ist die Umsetzung unzureichend, der RL widersprechend oder in der Textierung leicht abweichend von den Vorgaben erfolgt und zwar an Stellen, die keinen Spielraum lassen.

Für den Rechtssuchenden bedeutet dieser Umstand eine erhebliche **Rechtsunsicherheit**: Er hat neben den Bestimmungen des DSG 2000 immer auch die DS-RL zu beachten, weil in den Fällen der mangelhaften Umsetzung idR von einer **unmittelbaren Anwendbarkeit** der DS-RL auszugehen ist. Nach der stRsp des EuGH schafft die DS-RL nicht bloß einen Mindeststandard für den Datenschutz in der EU, sondern zielt auf eine **Vollharmonisierung** der Rechte der Mitgliedsstaaten ab, um den freien Verkehr personenbezogener Daten im Binnenmarkt zu gewährleisten, sofern die Bestimmungen der DS-RL den Mitgliedstaaten nicht ausdrücklich ein Ermessen bei der Umsetzung einräumen. Daher wurde bereits mehrfach bestimmten Regelungen der DS-RL (wie im konkreten Fall dem Art 7 lit f DS-RL über den Zulässigkeitsgrund der Interessenabwägung) vom EuGH unmittelbare Wirkung zugesprochen (EuGH 24.11.2011, C-468/10, C-469/10).

2. Neuere Entwicklungen

Der bereichspezifische Datenschutz im Telekommunikationssektor wurde durch eine eigene DatenschutzRL für elektronische Kommunikation („**ePrivacy-RL**") geregelt, die ua Vorschriften betreffend Cookies, Speicherung von Verkehrsdaten, Rufnummernanzeige, Standortdaten und unerbetene Nachrichten enthält. Die Umsetzung dieser RL erfolgte im TKG 2003. Die – in der Fachwelt heftig kritisierte – **VorratsdatenspeicherungsRL** wurde im Jahr 2014 durch den EuGH für ungültig erklärt (EuGH 08.04.2014, C-293/12, C-594/12).

Infolge der raschen technologischen Entwicklung und der Globalisierung ist die allgemeine DS-RL aus 1995 in die Jahre gekommen. Phänomene wie Cloud-Computing, verhaltensbasierte Werbung oder soziale Netzwerke stellen den Datenschutz vor neue Herausforderungen. Aufgrund dieser Erkenntnisse ist auf europäischer Ebene die unmittelbar anwendbare **Datenschutz-Grundverordnung** kundgemacht worden, die mit Wirkung vom **25. Mai 2018** die DS-RL und in Österreich das DSG 2000 ablösen wird. Mit dieser Rechtsgrundlage sind zwar zahlreiche Neuerungen im Detail verbunden, die bisher geltenden Grundsätze des europäischen Datenschutzrechts werden aber durch die DS-GVO keineswegs komplett über Bord geworfen, sondern vielmehr aktualisiert, modernisiert und weiterentwickelt. Die gravierendsten Änderungen aus österr Sicht werden darin bestehen, dass die Meldepflicht beim Datenverarbeitungsregister wegfällt, ebenso wie die Sonderbestimmungen über die Videoüberwachung und dass bei Datenschutzverletzungen Geldbußen in einer Höhe bis zu € 4 Mio verhängt werden können. Die DS-GVO enthält zahlreiche Öffnungsklauseln für die Nationalstaaten, sodass bis zum 25. Mai 2018 die entsprechenden österr Durchführungsbestimmungen zu erlassen sind.

IV. Grundlagen

1. Räumlicher Anwendungsbereich

Grundsätzlich ist das DSG 2000 auf **jede Datenverwendung in Österreich** anzuwenden. Eine Durchbrechung des Territorialitätsprinzips besteht aber zu Gunsten des **Sitzstaatsprinzips** innerhalb der EU. Auf eine Datenverarbeitung in Österreich ist danach das Recht des Sitzstaates (eines anderen EU-

Staates) anzuwenden ist, wenn Daten in Österreich für einen Auftraggeber des privaten Bereichs aus einem anderen EU-Staat verarbeitet werden, ohne dass dieser eine feste Betriebsstätte („Niederlassung" iSd § 4 Z 15) in Österreich hat. Umgekehrt gilt österr Datenschutzrecht in einem anderen EU-Staat dann, wenn ein österr Rechtsträger eine Datenverarbeitung im EU-Ausland betreibt, ohne dass er für die Verfolgung seiner Interessen dort eine „Niederlassung" besitzt. Der Begriff der Niederlassung ist weit und meint „jede durch feste Einrichtungen an einem bestimmten Ort räumlich und funktional abgegrenzte Organisationseinheit, die am Ort ihrer Einrichtung auch tatsächlich Tätigkeiten ausübt".

Für einen Rechtsträger mit Sitz in einem EU-Mitgliedstaat ist also der **Ort der Niederlassung** der maßgebliche Anknüpfungspunkt für die Frage des anwendbaren nationalen Rechts. Hat der Rechtsträger seinen Sitz außerhalb der EU, ist Anknüpfungspunkt der **Ort der Datenverarbeitung.** Liegt dieser in Österreich, ist das DSG 2000 anwendbar.

Beispiele: Wenn ein Holländer in einem italienischen Schigebiet mit einer personalisierten Wochenkarte Schi fährt und die Daten des Zugangskontrollsystems bei der Herstellerfirma dieses Systems in Österreich gespeichert werden, kommt für diese Verarbeitung in Österreich italienisches Datenschutzrecht zur Anwendung.

Für die Datenverwendung von Facebook als Auftraggeber kommt irisches Datenschutzrecht zur Anwendung, da sich die europäische Niederlassung von Facebook in Irland befindet.

Die Datenverarbeitung eines Internet-Providers aus Russland, der einen Server in Österreich anmietet, unterliegt dem österr Datenschutzrecht.

2. Die Rollenverteilung im Datenschutzrecht

Das Verständnis der datenschutzrechtlichen Rollenverteilung mit der ihm eigenen Terminologie ist wesentlich für die Beantwortung der Frage nach den Trägern der Rechte und Pflichten im DSG 2000: Auf der einen Seite steht der **„Auftraggeber"**, der personenbezogene Daten in eigener Verantwortung verwendet. Ihm gegenüber steht der **„Betroffene"**, dessen Daten verwendet werden und der dadurch zum Träger bestimmter Rechte gegenüber dem Auftraggeber wird. Dazu kann auf Seiten des Auftraggebers gewissermaßen als „Gehilfe" ein **Dienstleister** hinzutreten, der Daten verwendet, die ihm zur Herstellung eines aufgetragenen Werkes überlassen wurden.

a) Auftraggeber (§ 4 Z 4)

Auftraggeber sind natürliche oder juristische Personen, Personengemeinschaften (zB Gesellschaft nach bürgerlichem Recht) oder Organe einer Gebietskörperschaft oder die Geschäftsapparate solcher Organe (zB Amt der Landesregierung), wenn sie allein oder gemeinsam mit anderen **die Entschei-**

dung getroffen haben, Daten für einen bestimmten Zweck **zu verwenden** und zwar unabhängig davon, ob sie die Daten selbst verwenden oder damit einen Dienstleister beauftragen. Sie gelten auch dann als Auftraggeber, wenn der mit der Herstellung eines Werkes beauftragte Dienstleister die Entscheidung trifft, zu diesem Zweck Daten zu verwenden, es sei denn dies wurde ihm ausdrücklich untersagt oder der Beauftragte hat aufgrund von Rechtsvorschriften oder Verhaltensregeln über die Verwendung **eigenverantwortlich** zu entscheiden.

Zu beachten ist, dass es sich beim – recht kompliziert definierten – datenschutzrechtlichen Begriff des Auftraggebers um einen eigenständigen Rechtsbegriff handelt, der vom zivilrechtlichen Auftragsvertrag und vom Begriff der Weisung zu unterscheiden ist. Gedanklich orientiert man sich daher besser an der Terminologie der DS-RL, die in der deutschen Fassung vom „für die Verarbeitung Verantwortlichen" bzw in der englischen Fassung vom „**controller**" spricht.

Abgrenzungsprobleme zwischen der Rolle des Auftraggebers oder des Dienstleisters ergeben sich insb bei freien Berufen (zB Wirtschaftstreuhänder, Rechtsanwälte, Notare, Ziviltechniker) ebenso wie bei gewerblichen Dienstleistungsberufen (zB Unternehmensberater, Immobilienverwalter, Inkassobüros). Diese werden nur dann datenschutzrechtliche Auftraggeber, wenn sie die Entscheidung über die Verarbeitung der überlassenen Daten **aufgrund von Rechtsvorschriften oder Verhaltensregeln eigenverantwortlich** zu treffen haben. Im Einzelfall muss daher die Entscheidung über die Auftraggebereigenschaft aus einer Gesamtschau der in der österr Rechtsordnung bestehenden Vorschriften über die jeweilige Berufsgruppe einschließlich allfälliger Verhaltensregeln, die von den gesetzlichen Interessenvertretungen oder Berufsverbänden ausgearbeitet und daher auch nicht im BGBl kundgemacht werden, getroffen werden.

Den Auftraggeber treffen folgende Pflichten:

- Verantwortung für die Zulässigkeit der Verwendung von Daten,
- Vorkehrungen zur Datensicherheit,
- Registrierungspflicht,
- Informationspflicht, Auskunftspflicht, Pflicht zur Richtigstellung und Löschung.

Beispiele: Bei Überlassung von Daten an einen Rechtsanwalt zur Einbringung einer Mahnklage wird der Rechtsanwalt datenschutzrechtlicher Auftraggeber. Die Eigenverantwortlichkeit dafür lässt sich mit guten Gründen aus den Standesregeln der Rechtsanwälte und weiteren Bestimmungen, wie etwa den Regelungen über den Elektronischen Rechtsverkehr, ableiten (ebenso DSB 27.10.2014, DSB-D122.215/0004-DSB/2014).

Bei Überlassung von Daten an ein Inkassobüro zur Einbringlichmachung von offenen Forderungen hingegen bleibt der Gläubiger datenschutzrechtlicher Auftraggeber. Die bestehenden Regelungen über Inkassobüros geben keine Hinweise auf eine Eigenverantwortlichkeit bei der Datenverarbeitung, Verhaltensregeln wurden (soweit ersichtlich) bisher nicht erlassen. IdS zum Steuerberater als Lohnverrechner: DSK 20.05.2005, K120.862/0011-DSK/2005.

b) Betroffener (§ 4 Z 3)

Betroffener ist jede vom Auftraggeber verschiedene natürliche oder juristische Person oder Personengemeinschaft, deren Daten verwendet werden. Der Betroffene ist der **Träger der wesentlichen Rechte** nach dem DSG.

c) Dienstleister (§ 4 Z 5)

Dienstleister sind natürliche oder juristische Personen, Personengemeinschaften oder Organe einer Gebietskörperschaft bzw die Geschäftsapparate solcher Organe, wenn sie Daten nur zur Herstellung eines ihnen aufgetragenen Werkes verwenden. Die Pflichten des Dienstleisters sind in § 11 geregelt.

Beispiele: Bei der Verwendung von Social Networks, wie zB **Facebook**, ist zu unterscheiden: Hinsichtlich der Daten Dritter, die auf die Plattform hochgeladen werden, bleibt der Account-Inhaber datenschutzrechtlicher Auftraggeber, Facebook ist hier in der Rolle des bloßen Dienstleisters. Das Gleiche gilt für die Betreiber von Internetforen oder für das Zurverfügungstellen von Speicherplatz in der „Cloud". Werden hingegen die Daten der Account-Inhaber durch Facebook selbst weiter verarbeitet, wie etwa für das Einblenden von Werbung, wird Facebook hinsichtlich dieser Datenverwendung selbst Auftraggeber.

3. Weitere Begriffsbestimmungen

a) Daten (§ 4 Z 1)

Das DSG 2000 bezieht sich ausschließlich auf die Verarbeitung **personenbezogener Daten**. Das sind Angaben über Betroffene, deren Identität bestimmt oder bestimmbar ist. Darunter fallen auch „indirekt" personenbezogene Daten, die vom Verwender selbst nicht (bzw nur mit rechtswidrigen Mitteln) auf eine Person zurückgeführt werden können. Für die Verwendung von **indirekt personenbezogenen Daten** gelten erleichterte Bestimmungen (zB bei der Prüfung der Zulässigkeit der Datenverwendung). Dies ist europarechtlich bedenklich, weil die DS-RL eine Privilegierung für eine bestimmte Kategorie von Daten nicht vorsieht. Keine dem DSG 2000 unterliegende „Daten" sind anonymisierte Daten, die niemand mit vertretbaren Mitteln auf eine Person zurückführen kann.

Beispiel: **IP-Adressen** können je nach dem konkreten Verwendungszusammenhang personenbezogene Daten (zB im Netzwerk des Arbeitgebers), indirekt personenbezogene Daten (wenn zB die Zuordnung nicht durch den Verwender, sondern nur durch den Provider erfolgen kann) oder anonyme Daten (zB wenn sie in einem Internetcafé anfallen) sein.

b) Sensible Daten (§ 4 Z 2)

Besonders schutzwürdig sind Daten von natürlichen Personen über ihre rassische und ethnische Herkunft, politische Meinung, Gewerkschaftszugehörigkeit, religiöse oder philosophische Überzeugung, Gesundheit oder ihr Sexualleben. Die Einführung dieses Begriffes erfolgte in Umsetzung des Art 8 Abs 1 DS-RL. Zu den Sonderbestimmungen für die Verwendung sensibler Daten s VI.3.

c) Datei (§ 4 Z 6)

Unter „Datei" wird eine **strukturierte Sammlung von Daten** verstanden, die nach mindestens einem Suchkriterium zugänglich sind. Dabei kann es sich um eine elektronische aber ebenso auch um eine manuelle Datensammlung handeln. Bei manueller Verarbeitung fallen auch Karteien und Listen unter den Begriff „Datei" (und damit nach § 58 unter das DSG 2000, soweit sie nicht für Bereiche der Gesetzgebungskompetenz der Länder geführt werden), nicht aber Akten, solange ihr Inhalt nicht nach einem Suchkriterium strukturiert ist.

Beispiele: Bei einem Gutachten eines medizinischen Sachverständigen aus einem Vorprozess handelt es sich mangels Suchkriterium um keine Datei (OGH 28.06.2000, 6 Ob 148/00h). Ein Kopienakt (Papierakt) einer Polizeidienststelle ist keine Datei (VfSlg 18.300/2007; VwGH 17.02.2010, 2009/17/0064).

d) Verwendung von Daten (§ 4 Z 8)

Das DSG 2000 benützt als Oberbegriff das **„Verwenden von Daten"**, das als „jede Art der Handhabung von Daten also **sowohl das Verarbeiten als auch das Übermitteln** von Daten" definiert wird. Vom (sehr weiten) Begriff des Verarbeitens ist auch das Ermitteln von Daten erfasst.

Beim Begriff der **Übermittlung** ist festzuhalten, dass darunter nicht nur

- die Weitergabe von Daten an andere Empfänger als den Betroffenen,
- sondern auch die Verwendung von Daten für ein anderes Aufgabengebiet des Auftraggebers,
- sowie das Veröffentlichen von Daten verstanden wird.

Jud: Der EuGH hatte zu prüfen, ob es bei einer Veröffentlichung von personenbezogenen Daten auf einer Website im Internet zu einer Übermittlung von Daten in Drittländer iSd Art 25 DS-RL kommt. Da im Urteil ausgesprochen wurde, dass das Upload von personenbezogenen Daten auf einen Internet-Server keine Übermittlung in ein Drittland darstellt, ergeben sich daraus keine Konsequenzen für das österr Begriffsverständnis der Datenveröffentlichung als einer Unterform der Datenübermittlung (EuGH 06.11.2003, C-101/01).

e) Überlassen von Daten (§ 4 Z 11)

Im Unterschied zum Übermitteln von Daten wird die Weitergabe von Daten **zwischen Auftraggeber und Dienstleister** im Rahmen des Auftragsverhältnisses als Überlassen von Daten bezeichnet. Die Zulässigkeit der Überlassung von Daten ist in § 10 geregelt.

f) Zustimmung (§ 4 Z 14)

Die datenschutzrechtliche Zustimmung wird als „gültige, insb ohne Zwang abgegebene Willenserklärung des Betroffenen, dass er in Kenntnis der Sachlage für den konkreten Fall in die Verwendung seiner Daten einwilligt“ definiert. Die Schriftlichkeit der Zustimmung wird dabei nicht gefordert.

Im DSG 2000 sind **drei Formen** der Zustimmung vorgesehen:

- Die Zustimmung zur Verarbeitung und Übermittlung nicht-sensibler Daten nach § 8 Abs 1 Z 2.
- Die ausdrückliche Zustimmung zur Verarbeitung und Übermittlung sensibler Daten nach § 9 Z 6.
- Die Zustimmung ohne jeden Zweifel zur Übermittlung und Überlassung von Daten in Drittstaaten nach § 12 Abs 3 Z 5.

Zusätzlich dazu wurden in der OGH-Jud für die **Formulierung von Zustimmungsklauseln** folgende Grundsätze entwickelt, die tw auch aus dem Transparenzgebot des § 6 Abs 3 KSchG abgeleitet werden (va OGH 22.03.2001, 4 Ob 28/01y ua; vgl dazu ausführlich *Knyrim*, Datenschutzrecht[3], 174 ff):

- Die Datenarten, Übermittlungsempfänger und der Zweck der Datenverarbeitung und Datenübermittlung sind genau zu beschreiben.
- Ein ausdrücklicher Hinweis auf den jederzeit möglichen Widerruf ist aufzunehmen.
- Die Zustimmungsklausel ist im Text hervorzuheben.

4. Öffentlicher Bereich – Privater Bereich

Die Bestimmungen des DSG 2000 gelten über weite Bereiche sowohl für den öffentlichen als auch für den privaten Bereich. Der wichtigste **Unterschied** besteht beim **Rechtsschutz**: Das Grundrecht auf Datenschutz ist im privaten Bereich vor den ordentlichen **Gerichten** geltend zu machen, in allen übrigen Fällen vor der **Datenschutzbehörde (DSB)**. Nur beim **Recht auf Auskunft** besteht immer die Zuständigkeit der DSB.

Bei der Einteilung in öffentlichen und privaten Bereich wird grundsätzlich darauf abgestellt, in welcher **rechtlichen Form** der Verarbeiter organisiert ist. Nach § 5 sind Auftraggeber des öffentlichen Bereichs alle Auftraggeber,

- die in Formen des öffentlichen Rechts eingerichtet sind, insb auch als Organ einer Gebietskörperschaft, oder
- soweit sie trotz ihrer Einrichtung in Formen des Privatrechts in Vollziehung der Gesetze tätig sind (va durch Beleihungen).

Beispiele: Zum öffentlichen Bereich gehören etwa nach Z 1: BVB, LH, LReg, Minister, Sozialversicherungsträger, Kammern; nach Z 2: RTR-GmbH, Telekom Control GmbH, Unternehmen zur Parkraumüberwachung, Kfz-Begutachter, soweit all diese in Vollziehung der Gesetze tätig sind. Im Übrigen sind sie dem privaten Bereich zuzuordnen.

V. Das Grundrecht auf Datenschutz

Die Verfassungsbestimmung des § 1 DSG 2000 regelt das Grundrecht auf Datenschutz. Anders als die Überschrift vermuten lässt, gibt es kein einheitliches Grundrecht auf Datenschutz, **das Grundrecht besteht** vielmehr **aus mehreren, unterschiedlichen Rechten**. Im Einzelnen sind dies:

1. das Recht auf Geheimhaltung personenbezogener Daten (§ 1 Abs 1),
2. das Recht auf Auskunft (§ 1 Abs 3 Z 1),
3. das Recht auf Richtigstellung unrichtiger Daten (§ 1 Abs 3 Z 2),
4. das Recht auf Löschung unzulässiger Weise verarbeiteter Daten (§ 1 Abs 3 Z 2).

1. Recht auf Geheimhaltung personenbezogener Daten

Zentraler Ausgangspunkt des Datenschutzrechts ist **das allgemeine Grundrecht auf Geheimhaltung** personenbezogener Daten. Dieses datenschutzrechtliche „Basisgrundrecht" schützt den Betroffenen vor Ermittlung und Weitergabe seiner Daten. Es ist ein „Jedermannsrecht", das für **jede natürliche und juristische Person**, unabhängig von der Staatsbürgerschaft gilt. Weil Träger dieses Grundrechts nicht nur Menschen, sondern auch juristische Personen sind, ist damit (in Österreich) auch ein Schutz von Wirtschaftsdaten verbunden.

Das Grundrecht auf Geheimhaltung nach § 1 Abs 1 umfasst sämtliche personenbezogenen Daten, **unabhängig von der Art ihrer Verwendung**, also selbst das gesprochene Wort (vgl dazu zB DSK 20.07.2007, K121.269/0010-DSK/2007). Der Anwendungsbereich der „Begleit"-Grundrechte nach § 1 Abs 3 (Recht auf Auskunft, Richtigstellung und Löschung) ist hingegen enger, weil es sich hier um Daten handeln muss, die automationsunterstützt verarbeitet werden oder zur Verarbeitung in einer manuell geführten Datei bestimmt sind (vgl dazu die berechtigte Kritik von *Rosenmayr-Klemenz* an OGH 6 Ob 148/00h, ecolex 2001, 639, wo diese Unterscheidung nicht getroffen wird).

a) Personenbezogene Daten

Grundsätzlich sind vom Schutzbereich des Grundrechts nur „personenbezogene Daten" umfasst. Was unter direkt und indirekt personenbezogenen Daten zu verstehen ist, ergibt sich aus den Begriffsbestimmungen in § 4 Z 1 (siehe dazu IV.3.a).

b) Schutzwürdiges Geheimhaltungsinteresse

Nach dem Wortlaut des § 1 Abs 1 ist das Vorliegen eines **„schutzwürdigen Geheimhaltungsinteresses"** weitere Voraussetzung für den Grundrechtsschutz. Nach § 1 Abs 1 S 2 besteht dieses Interesse nicht, wenn die Daten allgemein verfügbar oder nicht auf eine Person rückführbar sind. Diese Formulierung bringt erhebliche Auslegungsschwierigkeiten mit sich, wird aber klarer, wenn man die jüngst dazu publizierten Erläuterungen der seinerzeit für die Textierung verantwortlichen Autorin berücksichtigt (vgl *Kotschy* in Jahnel):

- Die ausdrückliche Feststellung mangelnder Schutzwürdigkeit von **allgemein verfügbaren Daten** hat hauptsächlich den Effekt, dass kein „Quellenschutz" besteht und jedermann auf öffentliche Daten zugreifen und von ihnen Kenntnis nehmen darf. Sollten durch Weiterverwendung allgemein zugänglicher Daten „neue" Informationen entstehen, ist die Zulässigkeit ihrer Generierung nach den rechtlichen Voraussetzungen der §§ 7–9 DSG 2000 neu zu bewerten.
- Der explizite Ausschluss der Schutzwürdigkeit von **nicht auf eine Person rückführbare Daten** stellt auf die Fälle ab, in denen zwar nicht der Auftraggeber selbst, aber Dritte die Betroffenen identifizieren können, also auf „indirekt personenbezogene Daten".
- Auch wenn das für eine beispielhafte Aufzählung typische Wort „insbesondere" hier nicht verwendet wird, sollte nicht ausgeschlossen werden, dass es **weitere Fälle mangelnden Geheimhaltungsinteresses** gibt. Ein solcher Fall ist zB die Verwendung von Daten „für rein persönliche und familiäre Tätigkeiten" nach § 45.

c) Beschränkungen des Grundrechts

Das Grundrecht auf Datenschutz wirkt nicht absolut, sondern kann durch bestimmte, nach § 1 Abs 2 zulässige Eingriffe aus folgenden Gründen beschränkt werden:

- Die Verwendung von personenbezogenen Daten liegt im **lebenswichtigen Interesse** des Betroffenen.
- Die Verwendung erfolgt mit seiner **Zustimmung.**
- Die Beschränkungen sind **zur Wahrung überwiegender berechtigter Interessen eines anderen** zulässig.

Die dritte Variante der Beschränkung unterscheidet weiters zwischen dem öffentlichen und privaten Bereich: Im privaten Bereich ist für die Zulässigkeit eines Eingriffs in das Grundrecht eine **Interessenabwägung** zwischen Eingreifendem und Betroffenem im Einzelfall vorzunehmen. Im öffentlichen Bereich bedarf es zusätzlich zu dieser Interessenabwägung einer **gesetzlichen Ermächtigung**, um in das Grundrecht einzugreifen, wobei der Gesetzgeber an den materiellen Gesetzesvorbehalt des Art 8 Abs 2 EMRK (zB Maßnahmen für die nationale Sicherheit, die öffentliche Ruhe und Ordnung oder zum Schutz der Gesundheit) gebunden ist. Besonders **sensible Daten** dürfen zudem nur zur Wahrung wichtiger öffentlicher Interessen verarbeitet werden.

Die Gesetze, die zur Verarbeitung solcher Daten ermächtigen, müssen angemessene Garantien für den Schutz der Geheimhaltungsinteressen der Betroffenen festlegen.

Für alle Arten von Beschränkungen gilt, dass der Eingriff in das Grundrecht jeweils nur **in der gelindesten**, zum Ziel führenden Art vorgenommen werden darf.

Beispiele: Verletzung im Grundrecht auf Datenschutz durch einen an eine Wertpapierfirma gerichteten Auftrag der FMA zur Übermittlung von Kundendaten, weil diese Maßnahme zur Erreichung des Aufsichtsziels des präventiven Schutzes von Anlegerinteressen ungeeignet und unverhältnismäßig war (VfSlg 18.975/2009). Verletzung im Eigentumsrecht durch die Verhängung einer Geldstrafe wegen Geschwindigkeitsübertretung mangels einer gesetzlichen Grundlage iSd § 1 Abs 2 DSG 2000 für die der Bestrafung zu Grunde liegende Geschwindigkeits- und Abstandsmessung (VfSlg 18.643/2008). Die umfassende Veröffentlichungspflicht von Wirtschaftsdaten nach § 8 Abs 1 BundesstatistikG hat das Grundrecht auf Datenschutz verletzt (VfSlg 12.228/1989).

d) Unmittelbare Drittwirkung

Nach § 5 Abs 4 ist das Grundrecht auf Datenschutz gegen Rechtsträger, die in Formen des Privatrechts eingerichtet sind, auf dem **Zivilrechtsweg** geltend zu machen. Ausgenommen davon ist nur die Durchsetzung des Rechts auf Auskunft, wofür in jedem Fall die DSB zuständig ist. Durch diese Anordnung ist dem Grundrecht auf Datenschutz ausdrücklich **unmittelbare Drittwirkung** zuerkannt worden. Dies bedeutet, dass der Einzelne nicht nur vor Eingriffen durch den Staat, sondern auch durch private Rechtssubjekte geschützt ist und allfällige Verletzungen des Grundrechts auf dem Zivilrechtsweg, etwa durch eine Unterlassungs- oder Schadenersatzklage nach dem DSG 2000, geltend machen kann.

2. Die Rechte auf Auskunft, Richtigstellung und Löschung

Die weiteren, nach § 1 Abs 3 verfassungsgesetzlich gewährleisteten Rechte betreffen die **Auskunft darüber, wer Daten verarbeitet, woher sie stammen, wozu sie verwendet und an wen sie übermittelt werden**, weiters das Recht auf **Richtigstellung** unrichtiger Daten und das Recht auf **Löschung** unzulässiger Weise verarbeiteter Daten. Diese Rechte stehen jedermann zu, soweit personenbezogene Daten automationsunterstützt oder manuell in einer Datei verarbeitet werden. Hier ist allerdings zu beachten, dass der VfGH nunmehr bei einer Aufbewahrung von Papierakten, deren weitere Verwendung gegen Art 8 EMRK verstößt, unmittelbar aus dem Recht auf Geheimhaltung nach § 1 Abs 1 ein „Recht auf Aktenvernichtung“ abgeleitet hat (VfSlg 19.937/2014).

Diese Rechte sind allerdings nur „nach Maßgabe gesetzlicher Bestimmungen“ eingeräumt. Dies bedeutet, dass der einfache Gesetzgeber die nähere

Reichweite dieser Rechte und die Modalitäten ihrer Durchsetzung zu regeln hat. Nach der Rsp des VfGH handelt es sich dabei um einen **Ausgestaltungsauftrag**, nicht aber um einen Ausgestaltungsvorbehalt, weshalb § 1 Abs 3 auch kein sog „Feinprüfungsgrundrecht" ist. Damit bleibt die Zuständigkeit des VwGH bei Behauptung einfachgesetzlicher Rechtsverletzungen erhalten. Die Ausführungsbestimmungen sind in den §§ 26 und 27 zu finden (siehe dazu IX.).

VI. Verwendung von Daten

1. Zulässigkeitsprüfung

Für die Prüfung der Zulässigkeit der Verwendung von Daten stellt § 6 zunächst allgemeine Grundsätze auf, § 7 iVm §§ 8 und 9 enthält die Regeln für die Beurteilung der Zulässigkeit einer konkreten Datenverwendung, wobei zwischen Verarbeiten (Abs 1) und Übermitteln (Abs 2) unterschieden wird. Aus dem Zusammenspiel dieser Regelungen ergibt sich eine **mehrstufige Zulässigkeitsprüfung** für die Datenverarbeitung: Zunächst ist die **Berechtigung** zur Vornahme der Datenverarbeitung zu überprüfen. In einem zweiten Schritt ist zu ermitteln, ob **schutzwürdige Geheimhaltungsinteressen** verletzt werden, wobei zwischen „nicht-sensiblen" und „sensiblen" Daten zu unterscheiden ist. Schließlich ist noch zu prüfen, ob der Eingriff in das Grundrecht nur im erforderlichen Ausmaß und **mit den gelindesten zur Verfügung stehenden Mitteln** erfolgt und die Grundsätze des § 6 eingehalten werden (§ 7 Abs 3). Für die Zulässigkeit der Übermittlung von Daten müssen darüber hinaus noch zusätzliche Voraussetzungen erfüllt sein.

Daten dürfen nach den allgemeinen Grundsätzen des § 6 nur **nach Treu und Glauben** und **auf rechtmäßige Weise** verwendet werden. Nach Abs 4 können zur näheren Festlegung dessen, was in einzelnen Bereichen als Verwendung von Daten nach Treu und Glauben anzusehen ist, für den privaten Bereich die gesetzlichen Interessenvertretungen, sonstige Berufsverbände und vergleichbare Einrichtungen **Verhaltensregeln** (nach den ErlRV in rechtlich unverbindlicher Form, „soft law") ausarbeiten. Davon haben bislang – soweit ersichtlich – lediglich die Branchen Adressverlage und Direktmarketingunternehmen sowie die Glücksspielbetreiber Gebrauch gemacht.

Weiters dürfen Daten nur für **festgelegte, eindeutige und rechtmäßige Zwecke** ermittelt und nicht in einer mit diesen Zwecken unvereinbaren Weise weiterverwendet werden. Sie müssen für den Zweck der Datenanwendung wesentlich sein und dürfen über diesen Zweck nicht hinausgehen. Sie müssen sachlich richtig sein und dürfen **nur so lange** in personenbezogener Form aufbewahrt werden, wie dies für die Erreichung der Zwecke, für die sie ermittelt wurden, erforderlich ist.

Die **Zulässigkeit einer konkreten Datenverarbeitung** hat also folgende Voraussetzungen:

- die **Berechtigung des Auftraggebers,**
- die **Berücksichtigung der schutzwürdigen Interessen** der Betroffenen,
- der Grundrechteingriff darf nur mit den **gelindesten Mitteln** erfolgen und
- die Grundsätze des § 6 müssen eingehalten werden.

Die Voraussetzung der **„Berechtigung des Auftraggebers"** wird häufig missverstanden: Dabei ist nur zu prüfen, ob Zweck und Inhalt der Datenanwendung von den gesetzlichen Zuständigkeiten (im öffentlichen Bereich) oder rechtlichen Befugnissen (im privater Bereich) des jeweiligen Auftraggebers gedeckt sind. Die **rechtlichen Befugnisse** des Auftraggebers ergeben sich im privaten Bereich zB aus den Berufsregelungen, dem Gewerbeschein, der Satzung einer GmbH oder der Vereinssatzung. Bei Datenverarbeitungen, die über den unmittelbaren Geschäftsbereich des Auftraggebers hinausgehen – wie etwa eine Speicherung von Daten zur Überprüfung von Arbeitnehmern am Arbeitsplatz oder eine Videoüberwachung bei einer Bank, bei einem Verkehrsunternehmen oder einer Schule wird nach der stRsp der DSK die „rechtliche Befugnis" etwa aus dem Eigentumsrecht oder aus dem Hausrecht abgeleitet.

Nach der zweiten Voraussetzung dürfen die Datenverwendungen die schutzwürdigen Geheimhaltungsinteressen der Betroffenen nicht verletzen. Diesbezüglich wird zwischen nicht-sensiblen und sensiblen Daten unterschieden (s VI.2. und 3.).

2. Schutzwürdige Geheimhaltungsinteressen bei Verwendung nicht-sensibler Daten

§ 8 Abs 1 regelt das Vorliegen oder Nichtvorliegen **schutzwürdiger Geheimhaltungsinteressen bei nicht-sensiblen Daten** recht umständlich und kasuistisch in Form einer Generalklausel, die vier Varianten umfasst. Abs 2 enthält zwei Fälle, in welchen kein Geheimhaltungsanspruch besteht. Abs 3 schließlich nennt einige Beispiele, bei denen keine Geheimhaltungsinteressen verletzt sind.

Zunächst gelten nach § 8 Abs 2 schutzwürdige Geheimhaltungsinteressen jedenfalls dann als nicht verletzt, wenn zulässigerweise **veröffentlichte Daten** oder nur **indirekt personenbezogene Daten** verwendet werden. Dabei ist jedoch in jedem Einzelfall zu prüfen, ob die Datenanwendung ausschließlich veröffentlichte Daten enthält (zB Telefonbuch) oder ob nicht zusätzliche, durch Auswertung der veröffentlichten Daten gewonnene Daten in der Datenanwendung enthalten sind, die ihrerseits nirgends veröffentlicht wurden. Dann kommt die Ausnahmebestimmung des Abs 2 nämlich nicht zum Tragen. Bei veröffentlichten oder indirekt personenbezogenen Daten sind aber dennoch die Voraussetzung des gelindesten Mittels und die Einhaltung der allgemeinen Grundsätze des § 6 zu prüfen.

Schutzwürdige Interessen sind weiters dann nicht verletzt, wenn

- eine ausdrückliche **gesetzliche Ermächtigung** oder Verpflichtung zur Verwendung der Daten besteht oder
- der Betroffene der Verwendung der Daten **zugestimmt** hat, wobei ein Widerruf jederzeit möglich ist, oder
- lebenswichtige Interessen des Betroffen die Datenverwendung fordern oder
- **überwiegende berechtigte Interessen** des Auftraggebers oder eines Dritten die Verwendung erfordern.

Zunächst ist festzuhalten, dass das **Vorliegen eines der genannten Rechtfertigungsgründe** für das Nichtbestehen schutzwürdiger Geheimhaltungsinteressen ausreicht. Das hat zur Konsequenz, dass in Fällen, in denen eine Datenverarbeitung auf eine positive Interessenabwägung **und** eine Zustimmung gestützt werden kann, die Zulässigkeit auch nach einem allfälligen Widerruf der Zustimmung durch den Betroffenen weiter bestehen bleibt.

In Abs 3 werden einige **Beispiele** genannt, **in denen die Interessenabwägung** nach Abs 1 Z 4 **jedenfalls zu Gunsten des Auftraggebers** ausfällt. Die demonstrative Aufzählung nennt etwa Fälle, in denen die Datenverwendung eine wesentliche Voraussetzung für die Wahrnehmung einer gesetzlich übertragenen Aufgabe ist, sowie Datenverwendungen im Rahmen der Amtshilfe, zur Wahrung lebenswichtiger Interessen eines Dritten, zur **Erfüllung einer vertraglichen Verpflichtung** zwischen Auftraggeber und Betroffenen oder zur Geltendmachung oder Ausübung von Rechtsansprüchen des Auftraggebers vor einer Behörde. Davon nicht umfasste Datenverwendungen sind im konkreten Einzelfall mit eigenen Argumenten einer Interessenabwägung zu unterziehen und das Vorliegen schutzwürdiger Geheimhaltungsinteressen muss vom Auftraggeber selbst beurteilt werden. Damit steht dem Vorteil der Flexibilität durch die offene Form der Regelung eine erhebliche Rechtsunsicherheit gegenüber.

Abs 4 schließlich regelt die Zulässigkeit der Verwendung von **strafrechtsbezogenen Daten**. Solche Daten sind nach der DS-RL keine „sensiblen Daten", werden aber in die Nähe dieser Daten gerückt (Art 8 Abs 5 DS-RL).

Beispiel Prüfung der Zulässigkeit der Verarbeitung von Kundendaten eines Versandhandelsunternehmens zu eigenen Marketingzwecken: 1. Prüfungsschritt: Die rechtliche Befugnis ergibt sich aus der Gewerbeberechtigung des Unternehmens. 2. Prüfungsschritt: Die Voraussetzung, dass keine schutzwürdigen Geheimhaltungsinteressen des Betroffenen verletzt werden, kann entweder durch Zustimmung des Betroffenen erfüllt sein (§ 8 Abs 1 Z 2), ansonsten müssen überwiegende berechtigte Interessen des Auftraggebers die Verwendung erfordern (Z 4). Es ist nun eine Interessenabwägung vorzunehmen, die zum Ergebnis führt, dass die Datenverarbeitung zu eigenen Marketingzwecken im überwiegenden berechtigten Interesse des Versandhandelsunternehmens liegt (zu den Überlegungen im einzelnen vgl *Grabenwarter*, ÖJZ 2000, 861 [869]). 3. Prüfungsschritt: Es handelt sich um das gelindeste Mittel des Grundrechtseingriffs, von der Einhaltung der Grundsätze des § 6 durch das Versandhandelsunternehmen kann bei dieser Datenverarbeitung ausgegangen werden. Damit ist die Datenverarbeitung zulässig. Das Ergebnis wird dadurch bestätigt, dass es sich bei „Kundenbetreuung und Marketing für eigene Zwecke“ um eine Standardanwendung nach der StMV handelt.

3. Schutzwürdige Geheimhaltungsinteressen bei Verwendung sensibler Daten

Die Zulässigkeit der Verwendung sensibler Daten wird weitgehend durch die DS-RL vorgegeben. Demnach enthält § 9 das in Art 8 DS-RL vorgesehene **grundsätzliche Verarbeitungsverbot sensibler Daten** bei gleichzeitiger Anführung von dreizehn **taxativen Ausnahmetatbeständen.** Diese umfassen etwa

- die Verwendung von Daten, die vom Betroffenen selbst veröffentlicht wurden,
- die Ermächtigung oder Verpflichtung zur Verwendung ergibt sich aus gesetzlichen Vorschriften,
- indirekt personenbezogene Daten,
- die ausdrückliche Zustimmung,
- die Verwendung für private Zwecke, wissenschaftliche Forschung und Statistik,
- die Verwendung im Arbeitsverhältnis,
- die Verwendung bei Amtshilfe und bei der Ausübung einer öffentlichen Funktion,
- die Verwendung in der Gesundheitsversorgung und
- die Verwendung in bestimmten gemeinnützigen Vereinigungen (zB Parteien und Religionsgemeinschaften), soweit die Betroffenen mit dieser Vereinigung in Kontakt stehen (zB Mitglieder oder Förderer).

Im Folgenden werden die Besonderheiten der **für den privaten Bereich wichtigsten Rechtfertigungsgründe** kurz dargestellt. Auffällig ist dabei, dass bei sensiblen Daten kein Rechtfertigungsgrund zur Erfüllung vertraglicher Verpflichtungen vorgesehen ist. Im öffentlichen Bereich ergibt sich aufgrund des Legalitätsprinzips die Ermächtigung zur Verwendung sensibler Daten in den meisten Fällen aus gesetzlichen Vorschriften, die zudem der Wahrung eines wichtigen öffentlichen Interesses dienen müssen (vgl ausführlich zu den einzelnen Rechtfertigungsgründen *Jahnel*, Handbuch Datenschutzrecht 236 ff).

a) Ausdrückliche Zustimmung

Im Unterschied zur Zustimmung bei der Verwendung nicht-sensibler Daten muss die Zustimmung bei sensiblen Daten **ausdrücklich** erfolgen. Eine konkludente Zustimmung ist daher nicht ausreichend.

b) Datenverwendung im Arbeitsverhältnis

Eine Datenverwendung zur Erfüllung der Rechte und Pflichten des Auftraggebers auf dem Gebiet des **Arbeits- oder Dienstrechts** ist rechtmäßig, soweit diese sie **nach besonderen Rechtsvorschriften** zulässig ist. Als derartige „Rechtsvorschriften" kommen neben Gesetzen und Verordnungen auch Kollektivverträge und Betriebsvereinbarungen nach § 96 Abs 1 Z 3 ArbVG in Betracht. Eine Zustimmung des Arbeitnehmers nach § 10 AVRAG kann hingegen nicht mehr unter den Begriff Rechtsvorschrift subsumiert werden, weil es sich dabei um keinen Akt einer generell-privaten Gesetzgebung handelt. Dies hat zur Folge, dass in Betrieben ohne Betriebsrat die Zulässigkeit der Verwendung sensibler Daten im Arbeitsverhältnis nur auf eine ausdrückliche Zustimmung gestützt werden kann.

c) Datenverwendung in der Gesundheitsversorgung

Zum Zweck der Gesundheitsvorsorge, der medizinischen Diagnostik, der Gesundheitsversorgung oder -behandlung oder für die Verwaltung von Gesundheitsdiensten dürfen sensible Daten verwendet werden, wenn die Verwendung dieser Daten durch **ärztliches Personal** oder sonstige Personen erfolgt, die einer entsprechenden **Geheimhaltungspflicht** unterliegen. Derartige Verschwiegenheitspflichten sind zB für Gesundheits- und Krankenpflegeberufe, gehobene medizinisch-technischen Dienste, Hebammen und für alle bei Trägern von Krankenanstalten und in Krankenanstalten beschäftigten Personen vorgesehen.

4. Übermittlung von Daten

Nach § 7 Abs 2 dürfen Daten nur übermittelt werden, wenn

- sie **aus einer zulässigen Datenverwendung** stammen und
- der Empfänger dem Übermittelnden seine ausreichende gesetzliche **Zuständigkeit** oder **rechtliche Befugnis** im Hinblick auf den Übermittlungszweck **glaubhaft gemacht hat** und
- durch Zweck und Inhalt der Übermittlung die **schutzwürdigen Geheimhaltungsinteressen** des Betroffenen nicht verletzt werden.

Es ist daher bei der Überprüfung der Zulässigkeit einer Datenübermittlung zunächst **durch den Übermittelnden** zu prüfen, ob die Datenverarbeitung überhaupt zulässig ist. Die **Glaubhaftmachung** durch den Empfänger der Daten kann entweder durch eine gesetzliche Zuständigkeit oder den Nachweis der rechtlichen Befugnis (zB durch eine Gewerbeberechtigung) erfolgen. Die dritte Voraussetzung, die kumulativ vorliegen muss, nämlich die Nichtverletzung schutzwürdiger Geheimhaltungsinteressen, wurde unter VI.2. und 3. dargestellt. Die einzelnen in Betracht kommenden Zulässigkeitsgründe sind hier allerdings aus Sicht der Übermittlung der Daten zu beurteilen. Schließlich sind noch die Voraussetzungen des gelindesten Mittels und die Einhaltung der allgemeinen Grundsätze zu prüfen.

Obwohl es sich bei der Zulässigkeit von Datenübermittlungen um eine der Kernfragen des Datenschutzrechts handelt, liegt dazu in Österreich bislang nur recht spärliche Jud aus dem öffentlichen Bereich vor. Dies ist wohl darin begründet, dass die Frage der Zulässigkeit einer Datenverwendung im privaten Bereich mittels Klage vor den ordentlichen Gerichten geltend zu machen ist (s dazu XII.4.). Ein Beispiel für die Durchführung einer konkreten Interessenabwägung zwischen den Geheimhaltungsinteressen eines Betroffenen und den Interessen eines Suchmaschinenbetreibers durch den EuGH ist in der „Google“-Entscheidung zu finden.

Beispiele aus der DSK-Jud: Keine Verletzung im Recht auf Geheimhaltung durch Ermittlung der aktuellen Adressdaten des Bauwerbers durch die Baubehörde mittels ZMR-Abfrage und Übermittlung der Adressdaten an die Liegenschaftseigentümerin im Rahmen eines Bauverfahrens (DSK 20.07.2011, K121.690/0011-DSK/2011). Die Verwendung des Geburtsdatums in der Adressierung einer behördlichen Zustellung ist zur eindeutigen Identifizierung des Empfängers zulässig (DSK 17.12.2010, K121.636/0010-DSK/2010).

Verletzung im Recht auf Geheimhaltung dadurch, dass die oö Ärztekammer den Namen und Berufssitz eines Arztes zusammen mit der Angabe, dass er an dem als Protesttag aufgerufenen Tag seine Ordination geöffnet gehalten hat, in einem den Kammermitgliedern zugänglichen Bericht auf der Website der Ärztekammer veröffentlicht hat (DSK 25.02.2009, K121.419/0007-DSK/2009). Verletzung im Recht auf Geheimhaltung durch Übermittlung der Höhe des für die Nutzung von Universitätseinrichtungen für private Nebentätigkeiten geleisteten Entgelts von der Universität an ein Medienunternehmen (DSK 01.03.2005, K120.817/0005-DSK/2005).

Ein Suchmaschinenbetreiber ist dazu verpflichtet, von der Ergebnisliste, die im Anschluss an eine anhand des Namens einer Person durchgeführte Suche angezeigt wird, Links zu von Dritten veröffentlichten Internetseiten mit Informationen zu dieser Person zu entfernen (EuGH 13.05.2014, C-131/12 [Google Spain und Google]).

5. Datenübermittlung ins Ausland

Grundvoraussetzung für die Zulässigkeit jeder Datenübermittlung ins Ausland ist die Rechtmäßigkeit der Datenanwendung im Inland gem § 7. Nach § 13 hat der Auftraggeber vor der Übermittlung oder Überlassung von Daten in das Ausland eine **Genehmigung der DSB** einzuholen, wenn der Datenverkehr mit dem Ausland nicht gem § 12 genehmigungsfrei ist. **Genehmigungsfrei** sind:

- Die Übermittlung und Überlassung von Daten an Empfänger von **Mitgliedstaaten des EWR**. Diese sind wie ein Transfer von Daten im Inland anzusehen.
- Der Datenverkehr mit Empfängern in **Drittstaaten mit angemessenem Datenschutz**. Welche Drittstaaten angemessenen Datenschutz gewähr-

leisten, wird durch Verordnung des BK festgelegt. Dort sind die Schweiz, Argentinien, Guernsey, die Insel Man, Jersey, die Färöer Inseln, Andorra, Uruguay, Neuseeland, Kanada und Israel angeführt.

- Genehmigungsfreiheit ist nach Abs 3 noch in zahlreichen weiteren Fällen vorgesehen, zB wenn die Daten im Inland zulässigerweise veröffentlicht wurden, eine Zustimmung des Betroffenen vorliegt, die Übermittlung ins Ausland in einer Rechtsvorschrift vorgesehen ist oder die Daten aus Datenanwendungen für private Zwecke oder für publizistische Tätigkeit übermittelt werden.

Das für den Datenverkehr mit den USA maßgebliche sog **„Safe-Harbor“**-Abkommen wurde vom EuGH für ungültig erklärt (EuGH 06.10.2015, C-362/14). Bis zum Inkrafttreten eines Nachfolgeabkommens („EU-US-Privacy Shield“) besteht diese Rechtsgrundlage für einen genehmigungsfreien Datentransfer in die USA daher nicht mehr. Als zwischenzeitlicher Ersatz kommen am ehesten sog **Standardvertragsklauseln** in Betracht: Diese beruhen auf einer Entscheidung der EK und ermöglichen eine Datenübermittlung bzw -überlassung an Auftraggeber in Drittländern ohne angemessenem Schutzniveau, wenn die entsprechenden Vertragsklauseln zwischen dem Datenexporteur und dem Datenimporteur vereinbart werden. Nach der Spruchpraxis der DSB entfällt durch den Abschluss derartiger Standardvertragsklauseln die Genehmigungspflicht nach § 13 zwar nicht, es gilt aber der Nachweis des ausreichenden Datenschutzes bei den ausländischen Datenempfängern als erbracht.

VII. Datensicherheit

1. Datensicherheitsmaßnahmen

Alle Organisationseinheiten eines Auftraggebers oder Dienstleisters, die Daten verwenden, sind nach § 14 zu Maßnahmen zur **Gewährleistung der Datensicherheit** verpflichtet. Dabei ist sicherzustellen, dass die Daten vor zufälliger oder unrechtmäßiger Zerstörung und vor Verlust geschützt sind, dass ihre Verwendung ordnungsgemäß erfolgt und dass die Daten Unbefugten nicht zugänglich sind. Die Maßnahmen, die dazu in Frage kommen, sind in Abs 2 beispielhaft aufgezählt (zB Aufgabenverteilung, Zutrittsberechtigung, Zugriffsberechtigung, Protokollführung). Sie müssen je nach **Art der verwendeten Daten** unter Berücksichtigung des **Standes der Technik** und der bei der Durchführung erwachsenden Kosten ein Schutzniveau gewährleisten, das den von der Verwendung ausgehenden Risiken und der Art der zu schützenden Daten angemessen ist. Konkret bedeutet dies, dass umso mehr für die Datensicherheit aufgewendet werden muss, je „heikler“ die verwendeten Daten sind.

Erwähnenswert ist dabei insb die **Protokollierungspflicht**, die sicherstellen soll, dass Änderungen, Abfragen und Übermittlungen im notwendigen Ausmaß nachvollzogen werden können. Protokoll- und Dokumentationsdaten dürfen insb nicht zu Kontrollzwecken verwendet werden und sind grundsätzlich drei Jahre lang aufzubewahren.

2. Datengeheimnis

Auftraggeber, Dienstleister und ihre Mitarbeiter haben **Daten** aus Datenanwendungen, **die ihnen ausschließlich aufgrund ihrer berufsmäßigen Beschäftigung** anvertraut wurden und zugänglich geworden sind, **geheim zu halten**. Mitarbeiter sind außerdem **vertraglich zu verpflichten**, Daten aus Datenanwendungen nur aufgrund von Anordnungen zu übermitteln und das Datengeheimnis auch nach Beendigung des Dienstverhältnisses zum Auftraggeber oder Dienstleister einzuhalten.

VIII. Publizität der Datenverarbeitungen

1. Datenverarbeitungsregister (DVR)

Zur Sicherung der Publizität der Datenverarbeitungen ist nach § 16 bei der DSB ein **Register der Datenanwendungen (DVR)** eingerichtet. Zweck des Registers ist die Information der Betroffenen.

a) Einsichtsrecht

Beim DVR handelt es sich um ein öffentliches Register, in das **jedermann** Einsicht nehmen kann. Die Einsichtnahme ist gebührenfrei, für Kopien aus dem Register ist **kein Kostenersatz** zu verlangen, sofern diese dem Einsichtswerber zur Verfolgung seiner Rechte als Betroffener dienen (§ 53 Abs 2). Die Einsichtnahme erfolgt elektronisch über die Internetanwendung „DVR-online".

b) Nicht meldepflichtige Datenanwendungen

Auch wenn nach wie vor vom Grundsatz der Meldepflicht an das DVR auszugehen ist, sind die in § 17 Abs 2 und 3 vorgesehenen Ausnahmen doch so weitgehend, dass etliche der in der Praxis häufig vorkommenden Datenanwendungen nicht meldepflichtig sind. Dies gilt zunächst für Datenanwendungen, die **ausschließlich veröffentlichte** Daten oder nur indirekt personenbezogene Daten enthalten, die der Führung von **gesetzlich vorgesehenen Registern** oder Verzeichnissen dienen (zB Grundbuch oder Firmenbuch) oder die von natürlichen Personen **ausschließlich für persönliche oder familiäre Tätigkeiten** oder für publizistische Tätigkeiten vorgenommen werden.

Die wichtigste Ausnahme von der Meldepflicht besteht für sog **Standardanwendungen**, worunter Anwendungen verstanden werden, die von einer großen Anzahl von Auftraggebern in gleichartiger Weise vorgenommen werden und bei denen außerdem die Gefährdung schutzwürdiger Geheimhaltungsinteressen der Betroffenen unwahrscheinlich ist. Nach der Verordnung des BK über Standard- und Musteranwendungen gehören bspw **Rechnungswesen** und Logistik, **Personalverwaltung** für privatrechtliche Dienstverhältnisse, Mitgliederverwaltung, **Kundenbetreuung und Marketing für eigene Zwecke**, bestimmte **Videoüberwachungen** etc zu den nicht meldepflichtigen Standardanwendungen. Die Meldefreiheit besteht allerdings nur unter der Voraussetzung, dass die eigene Datenverarbeitung **nicht umfangreicher** ist, als die Datenarten und Empfängerkreise, die bei jeder Standardanwendung in Form einer Tabelle in der Anlage I zur StMV angeführt sind.

c) Vereinfachte Meldung

Personentransport- und Hotelreservierung, Zutrittskontrollsysteme, KFZ-Zulassung durch beliehene Unternehmen und die Teilnahme an den Informationsverbundsystemen www.fundamt.gv.at sowie FundInfo.at unterliegen nach der StMV als **Musteranwendungen** der vereinfachten Meldung nach § 19 Abs 3. In diesem Fall müssen die Meldungen nur die Bezeichnung der Datenanwendung gem Musterverordnung, die Bezeichnung und Anschrift des Auftraggebers sowie den Nachweis seiner gesetzlichen Zuständigkeit oder rechtlichen Befugnis enthalten.

d) Meldepflichtige Datenverarbeitung

Liegt weder eine Standardanwendung noch eine Musteranwendung vor, so ist nach § 17 Abs 1 jeder Auftraggeber verpflichtet, vor Aufnahme einer Datenanwendung eine Meldung an die DSB zum Zweck der Registrierung im DVR zu erstatten. **Diese Meldung hat** online zu erfolgen und muss nach § 19 va Folgendes **zu enthalten:**

- Namen und Anschrift des Auftraggebers,
- Nachweis der gesetzlichen Zuständigkeit oder der rechtlichen Befugnis für die erlaubte Ausübung der Tätigkeit bzw Zweck und Rechtsgrundlagen der Datenanwendung,
- die Kreise der von der Datenanwendung Betroffenen und die über sie verarbeiteten Datenarten,
- die Kreise der von der beabsichtigten Übermittlung Betroffenen,
- allgemeine Angaben über die getroffenen Datensicherheitsmaßnahmen iSd § 14.

Grundsätzlich darf nach § 18 der Vollbetrieb einer meldepflichtigen Datenanwendung **unmittelbar nach Abgabe der Meldung** aufgenommen werden. Eine Ausnahme besteht jedoch für Datenanwendungen, die einer Vorabkontrolle unterliegen.

e) Vorabkontrolle

Nach § 18 Abs 2 bedürfen meldepflichtige Datenanwendungen einer **Vorabkontrolle durch die DSB**, wenn sie

- **sensible Daten** oder **strafrechtlich relevante Daten** enthalten,
- die Auskunftserteilung über die **Kreditwürdigkeit** der Betroffenen zum Zweck haben oder
- in Form eines **Informationsverbundsystems** (siehe dazu X.2) durchgeführt werden sollen.

Für das **Verfahren der Vorabkontrolle** enthalten die §§ 20 und 21 folgende Sonderregelungen: Online-Meldungen, die der Auftraggeber als vorabkontrollpflichtig bezeichnet, sind auf ihre Mangelhaftigkeit nach § 19 Abs 4 zu prüfen. Bei Untätigkeit der DSB darf die Verarbeitung von vorabkontrollpflichtigen Datenanwendungen jedenfalls **zwei Monate** nach Abgabe der Meldung aufgenommen werden. Ergeht ein **Verbesserungsauftrag** und wird diesem nicht entsprochen, ist die Registrierung der Meldung durch eine schriftliche Mitteilung abzulehnen. Innerhalb von zwei Wochen kann bei der DSB ein Antrag gestellt werden, über die Ablehnung mit Bescheid abzusprechen. Weiters sieht § 21 Abs 2 ausdrücklich vor, dass dem Auftraggeber Auflagen für die Vornahme der vorabkontrollpflichtigen Datenanwendungen durch Bescheid erteilt werden können.

f) Registrierungsverfahren

Nach § 53 sind die **Eingaben** im Registrierungsverfahren von **Stempelgebühren und Verwaltungsabgaben** befreit. Für das Online-Meldeverfahren gilt, dass nicht vorabkontrollpflichtige Meldungen nur mehr automationsunterstützt auf ihre Vollständigkeit und Plausibilität geprüft werden. Ist eine Meldung danach nicht fehlerhaft, so ist sie sofort zu registrieren. Wird ein Fehler festgestellt, so ist nach § 20 Abs 2 dem Auftraggeber die Möglichkeit zur Verbesserung einzuräumen. Besteht der Auftraggeber auf der Einbringung der unverbesserten Meldung, ist diese auf Mangelhaftigkeit nach § 19 Abs 4 zu prüfen.

Nach Eintragung der Meldung im DVR ist der Auftraggeber von der Durchführung und vom Inhalt der Registrierung in geeigneter Weise zu verständigen und es ist ihm bei der erstmaligen Registrierung eine Registernummer zuzuteilen. Nach § 25 **ist die Registernummer in Mitteilungen an Betroffene anzuführen**, ein Zuwiderhandeln fällt unter die Verwaltungsstraftatbestände des § 52 Abs 2.

g) Wirkung der Registrierung

Sehr häufig wird die **„Registrierung" einer Datenanwendung** mit einer „Bewilligung" gleichgesetzt. Dies ist aber unrichtig: Verfahrensgegenstand im Registrierungsverfahren ist nämlich nur die Frage, ob eine Meldung iSd § 19 Abs 4 mangelhaft ist. Dabei wird inhaltlich va geprüft, ob die Angaben in der Meldung so unzureichend sind, dass Einsichtnehmer im Hinblick auf die Wahrnehmung ihrer Rechte nach dem DSG keine hinreichende Information darüber gewinnen können, ob durch die Datenanwendung ihre schutzwürdigen Geheimhaltungsinteressen verletzt sein könnten bzw ob der Inhalt einer gemeldeten Datenanwendung durch die gemeldeten Rechtsgrundlagen nicht gedeckt ist. Im Registrierungsverfahren erfolgt daher **keine volle Zulässigkeitsprüfung** nach den §§ 6–9, auch wenn dort ebenfalls (aber nicht nur) die rechtliche Befugnis bzw die gesetzliche Zuständigkeit des Auftraggebers zu prüfen ist.

In diesem Sinn hat auch die DSK ausdrücklich festgestellt, dass die Meldung und Registrierung von Datenanwendungen im DVR in erster Linie der Publizität der Verarbeitung personenbezogener Daten dient und daher nicht notwendig mit der Frage der Zulässigkeit einer Datenanwendung verbunden ist. Erst in zweiter Linie erfolgt vor der Registrierung auch eine „vorläufige" Prüfung der Zulässigkeit der Datenanwendung, deren Ergebnis (in Form der Registrierung) jedoch keine endgültige Bindungswirkung erzeugt (zB DSK 24.07.2009, K121.512/0012-DSK/2009).

2. Offenlegungs- und Informationspflichten des Auftraggebers

a) Informationspflicht

Neben dem DVR soll eine aktive **Informationspflicht des Auftraggebers** (§ 24) dafür sorgen, dass die Betroffenen davon erfahren, wenn ihre Daten ermittelt werden. Danach hat **der Auftraggeber** einer Datenanwendung **ohne Antrag der Betroffenen** aus Anlass der **Ermittlung von Daten** in geeigneter Weise **über den Zweck der Datenanwendung**, für die Daten ermittelt werden und über Namen und Adresse des Auftraggebers zu informieren, sofern diese Informationen den Betroffenen nach den Umständen des Falles nicht bereits vorliegen.

Darüber hinausgehende Informationen sind „in geeigneter Weise" dann zu geben, wenn diese für eine Verarbeitung nach Treu und Glauben erforderlich sind. Dies ist bspw dann der Fall, wenn ein Widerspruchsrecht des Betroffenen gem § 28 besteht oder es nach den Umständen des Falles nicht klar erkennbar ist, ob eine Verpflichtung zur Beantwortung der gestellten Fragen besteht oder wenn Daten in einem Informationsverbundsystem verarbeitet werden sollen, ohne dass dies gesetzlich vorgesehen ist.

Daneben gibt es Fälle, in denen **keine Informationspflicht** besteht. Dies betrifft alle Datenanwendungen, die nicht meldepflichtig sind. Weiters darf die Information entfallen, wenn die Daten nicht durch Befragung des Betroffenen, sondern durch **Übermittlung von Daten aus anderen Aufgabengebieten desselben Auftraggebers** ermittelt werden, wenn

- die Datenverwendung durch Gesetz oder Verordnung vorgesehen ist, oder
- die Information im Hinblick auf die mangelnde Erreichbarkeit von Betroffenen unmöglich ist, oder
- angesichts der Unwahrscheinlichkeit einer Beeinträchtigung die Kosten der Information einen unverhältnismäßigen Aufwand erfordern.

Zweck der Informationspflicht ist es, dem Betroffenen zu erleichtern, seine Rechte nach dem DSG 2000 zu wahren. Welche Pflichten diese Regelung nun konkret dem Auftraggeber auferlegt, ist angesichts der zahlreichen unbestimmten Gesetzesbegriffe und der parallel dazu bestehenden Registrierungspflicht recht unklar. Entscheidend ist in der konkreten Situation die Frage, **ob die Informationen** über Zweck der Datenanwendung und Identität des Auftraggebers **„bereits vorliegen“**. So ist etwa denkbar, dass die Umstände, unter welchen Daten beim Betroffenen – zB mit einem Formular oder Fragebogen – erhoben werden, jeden Zweifel darüber ausschließen, dass die Daten vom Datenermittler für einen dem Betroffenen unmittelbar einsichtigen Zweck verarbeitet werden. In diesem Fall würde keine Informationspflicht bestehen. Werden die Daten durch Übermittlung aus anderen Anwendungen ermittelt, so wird der Betroffene idR keine Informationen darüber haben. Diese Situation löst die Informationspflicht aus, wenn nicht eine der Ausnahmen des Abs 3 zum Tragen kommt.

b) Data Breach Notification

§ 24 Abs 2a sieht eine Verpflichtung des Auftraggebers vor, im **Falle eines Datenmissbrauchs** aktiv zu werden (sog „Data Breach Notification Duty“): Wird dem Auftraggeber bekannt, dass Daten aus einer seiner Datenanwendungen systematisch und schwerwiegend unrechtmäßig verwendet wurden und den Betroffenen Schaden droht, hat er darüber unverzüglich die Betroffenen in geeigneter Form zu informieren. Welche Form für die Information konkret zu wählen ist (mündlich, E-Mail, Schreiben, Web-Blog, Zeitung bis hin zu einer Fernseheinschaltung) hängt davon ab, wie viele Personen vom Datenmissbrauch betroffen sind und ob es dem Auftraggeber möglich ist, diese persönlich zu verständigen.

Die Informationsverpflichtung besteht nicht, wenn die Information angesichts der Drohung eines nur geringfügigen Schadens der Betroffenen einerseits oder der Kosten der Information aller Betroffenen andererseits einen unverhältnismäßigen Aufwand erfordert.

c) Offenlegungspflicht der Identität des Auftraggebers

Bei **Übermittlungen** und bei Mitteilungen an Betroffene **hat der Auftraggeber seine Identität in geeigneter Weise offen zu legen**, sodass den Betroffenen die Verfolgung ihrer Rechte möglich ist. Dies betrifft va die Fälle, in denen keine DVR-Nr geführt wird, weil es sich nicht um meldepflichtige Datenanwendungen handelt. Dies bedeutet in der Praxis, dass Name und Anschrift des Auftraggebers anzuführen sind und etwa die bloße Verwendung von Postfächern oder Telefonnummern nicht ausreicht. Bei meldepflichtigen Datenanwendungen ist in Mitteilungen an Betroffene die DVR-Nr des Auftraggebers anzuführen.

IX. Die Rechte des Betroffenen

1. Die Rechte des Betroffenen

Entsprechend den Vorgaben der DS-RL sieht das DSG 2000 mehrere Rechte für den von einer Datenverwendung Betroffenen vor: Das **Auskunftsrecht** gibt dem Betroffenen die Möglichkeit, aktiv nähere Details über die zu seiner Person durchgeführten Datenverwendungen in Erfahrung zu bringen. Stellt sich dabei heraus, dass Daten unrechtmäßig verwendet werden, so stehen die Rechte auf **Richtigstellung, Löschung** und **Widerspruch** zur Verfügung.

2. Auskunftsrecht

Nach der Verfassungsbestimmung des § 1 Abs 3 hat **jedermann** nach Maßgabe gesetzlicher Bestimmungen das **Recht auf Auskunft** darüber, wer **welche Daten** über ihn **verarbeitet, woher die Daten stammen, wozu sie verwendet werden** und **an wen sie übermittelt werden**. Dieses Recht betrifft sowohl automationsunterstützte Daten als auch Daten in manuell geführten Dateien. Die Ausführungsvorschrift zu diesem verfassungsrechtlich gewährleisteten Recht ist in § 26 zu finden.

a) Berechtigte und Verpflichtete

Träger des Auskunftsrechts ist **jede Person oder Personengemeinschaft**. Zur Erteilung einer datenschutzrechtlichen Auskunft verpflichtet ist der **Auftraggeber**. Da die Abgrenzung zwischen Auftraggeber und Dienstleister nicht immer völlig klar ist (s dazu IV.2), sind in § 26 Abs 10 gewisse Erleichterungen bei der Geltendmachung des Auskunftsrechts vorgesehen: Wenn der Auskunftswerber ein **Auskunftsbegehren irrtümlich an einen Dienstleister** richtet, so hat dieser das Auskunftsbegehren unverzüglich an den Auftraggeber weiterzuleiten.

b) Form des Auskunftsbegehrens, Identitätsnachweis

Für den Antrag auf Auskunftserteilung verlangt § 26 grundsätzlich die **Schriftform**, mit Zustimmung des Auftraggebers kann das Auskunftsbegehren jedoch auch mündlich gestellt werden. Von der Rsp werden auch per E-Mail oder Telefax gestellte Auskunftsbegehren als zulässig angesehen, wenn zusätzlich die für den Identifikationsnachweis notwendigen Dokumente beigebracht werden.

Weiters wird gefordert, dass der Betroffene seine Identität in geeigneter Form nachweist. Diese Regelung soll sicherstellen, dass die Datenschutzauskunft nicht an eine unberechtigte Person erteilt wird. Als geeignete **Form des Identitätsnachweises** kommt nach der stRsp bei einem schriftlichen Auskunftsbegehren die Beilage der Kopie eines amtlichen Lichtbildausweises wie va eines Reisepasses oder Personalausweises in Betracht. Lässt sich der Auskunftswerber durch einen Rechtsanwalt oder einen Verein vertreten, so ist eine Spezialvollmacht zur Vertretung in Datenschutzangelegenheiten beizulegen. Für Auskunftsanträge einer juristischen Person ist als Nachweis der Identität der vertretungsbefugten Organe ein Auszug aus dem Firmenbuch oder Vereinsregister notwendig. Weiters ist der Nachweis der Identität durch eine qualifizierte elektronische Signatur iSd SVG möglich.

c) Form und Inhalt der Auskunftserteilung

Grundsätzlich muss die Auskunft nach dem DSG 2000 **schriftlich** und in **allgemein verständlicher Form** ergehen. Dies bedeutet, dass etwa interne Codes oder technische Abkürzungen für den Betroffenen verständlich verdeutlicht oder erläutert werden müssen. Die Auskunft ist jedenfalls so zu gestalten, dass sie unter Anlegung einer Durchschnittsbetrachtung verständlich ist.

Gegenstand der Datenschutzauskunft ist im Einzelnen die Auskunft über:

- die verarbeiteten Daten,
- die Informationen über ihre Herkunft,
- allfällige Empfänger oder Empfängerkreise von Übermittlungen,
- den Zweck der Datenverwendung,
- die Rechtsgrundlagen für die Datenverwendung;
- falls ein Dienstleister mit der Datenverarbeitung beauftragt ist, sind auf Verlangen des Betroffenen auch Name und Adresse des Dienstleisters bekannt zu geben.

Sind zur Person des Auskunftswerbers keine Daten vorhanden, ist eine **Negativauskunft** zu erteilen, in der mitgeteilt wird, dass keine Daten des Auskunftswerbers vorhanden sind.

d) Frist

Die datenschutzrechtliche Auskunft ist innerhalb von **acht Wochen** nach Einlangen des Begehrens zu erteilen. Wird die Auskunft nicht erteilt, so ist innerhalb dieser Frist schriftlich zu begründen, warum sie nicht oder nicht vollständig erteilt wird. Von der Erteilung einer Auskunft kann etwa abgesehen werden, wenn der Betroffene am Verfahren nicht mitgewirkt hat oder wenn er den Kostenersatz nicht geleistet hat.

e) Mitwirkungspflicht des Auskunftswerbers

Der Betroffene hat auf Aufforderung des Auftraggebers in dem ihm zumutbaren Ausmaß am **Auskunftsverfahren mitzuwirken**, um ungerechtfertigten und unverhältnismäßigen Aufwand beim Auftraggeber zu vermeiden. Hintergrund dieser Bestimmung ist, dass ein Auftraggeber mit sehr vielen Datenverarbeitungen die Verpflichtung hat, alle Datenverarbeitungen zu durchsuchen, wenn der Betroffene nicht den mindesten Hinweis darauf gibt oder geben will, in welchem Zusammenhang er in den Datenanwendungen des Auftraggebers gespeichert sein könnte, was eine beträchtliche Belastung des Auftraggebers bewirken kann. In diesen Fällen hat der Auskunftswerber also **diejenigen Datenverarbeitungen zu bezeichnen**, bezüglich der er Betroffener sein kann.

f) Unentgeltlichkeit der Auskunft

Eine datenschutzrechtliche **Auskunft ist** dann **unentgeltlich zu erteilen**, wenn folgende Voraussetzungen kumulativ vorliegen:

- Die Auskunft bezieht sich auf den **aktuellen Datenbestand** einer Datenanwendung: Darunter werden jene Daten verstanden, auf die der Auftraggeber (oder Dienstleister) direkten Zugriff hat, die sich also nicht in einem Datenarchiv befinden (historische Daten).
- Im laufenden **Kalenderjahr** wurde vom Betroffenen **noch kein Auskunftsersuchen zum selben Aufgabengebiet** des Auftraggebers gestellt. Das Abstellen auf ein Aufgabengebiet bringt mit sich, dass bei Auftraggebern, die im selben Aufgabengebiet mehrere Datenanwendungen durchführen, eine einmal erteilte Auskunft über eine einzige Datenanwendung die Kostenpflicht von Auskünften über andere Datenanwendungen im selben Aufgabengebiet im selben Jahr auslöst. Das Aufgabengebiet ergibt sich bei einem privaten Rechtsträger aus seinem berechtigten Zweck, im öffentlichen Bereich aus der Besorgung der gesetzlich übertragenen Aufgaben.

Liegen die Voraussetzungen für die Unentgeltlichkeit der Auskunft nicht vor, so kann ein **pauschalierter Kostenersatz** von € 18,89 verlangt werden, von dem aber wegen tatsächlich erwachsender Kosten abgewichen werden darf.

g) Einsicht bei öffentlichen Registern

Durch die besondere Form der Auskunftserteilung für **öffentliche Register** in § 26 Abs 8 wird klargestellt, dass das Auskunftsrecht nach dem DSG 2000 kein (kostenloses) Einsichtsrecht in öffentliche Bücher, wie zB in Grundbuch, Firmenbuch, Gewerberegister etc umfasst. Diesbezüglich wird auf das Verfahren über die Einsichtnahme nach den näheren Regelungen des jeweiligen Gesetzes verwiesen, durch das das öffentliche Buch oder Register geregelt ist.

h) Beschränkungen des Auskunftsrechts

Nach § 26 Abs 2 ist die Auskunft nicht zu erteilen, soweit dies zum Schutz des Auskunftwerbers aus besonderen Gründen notwendig ist oder, soweit überwiegende berechtigte Interessen des Auftraggebers oder eines Dritten (zB Berufs- oder Geschäftsgeheimnisse), insb aber auch überwiegende öffentliche Interessen der Auskunftserteilung entgegenstehen. § 26 Abs 5 enthält Sonderregelungen, wie in jenen Bereichen der Vollziehung vorzugehen ist, die mit der Wahrnehmung der in Abs 2 genannten **öffentlichen Interessen** (zB Vorbeugung, Verhinderung oder Verfolgung von Straftaten) betraut sind: Es ist in allen Fällen, in welchen keine Auskunft erteilt wird, an Stelle einer inhaltlichen Begründung der Hinweis zu geben, dass keine der Auskunftspflicht nach dem DSG 2000 unterliegenden Daten über den Auskunftswerber verwendet werden. Die Zulässigkeit dieser Vorgangsweise unterliegt der Kontrolle durch die DSB.

3. Recht auf Richtigstellung oder Löschung

a) Berechtigte und Verpflichtete

Die Verpflichtung, unrichtige oder entgegen dem DSG 2000 verarbeitete Daten richtig zu stellen oder zu löschen, trifft jeden **Auftraggeber** und zwar

- **aus eigenem**, sobald ihm die Unrichtigkeit von Daten oder die Unzulässigkeit ihrer Verwendung bekannt geworden ist, oder
- auf begründeten Antrag des **Betroffenen.**

Die Pflicht zur Richtigstellung aus eigenem ist insoweit eingeschränkt, als sie nur solche Daten betrifft, deren Richtigkeit für den Zweck der Datenanwendung von Bedeutung ist. Die Unvollständigkeit von Daten bewirkt nur dann einen Berichtigungsanspruch, wenn sich aus der Unvollständigkeit die Unrichtigkeit der Gesamtinformation ergibt. Daten gelten als unzulässig verarbeitete Daten, sobald sie **für den Zweck** der Datenanwendung **nicht mehr benötigt** werden. In diesem Fall sind sie zu löschen, es sei denn, dass ihre Archivierung rechtlich zulässig ist. Die Weiterverwendung von Daten für einen anderen Zweck ist nur zulässig, wenn eine Übermittlung der Daten für diesen Zweck zulässig ist.

b) Frist, Verständigungspflicht

Dem Antrag auf Richtigstellung oder Löschung ist innerhalb von **acht Wochen** nach Einlangen des Antrags zu entsprechen und dem Betroffenen davon Mitteilung zu machen oder es ist schriftlich zu begründen, warum die verlangte Löschung oder Richtigstellung nicht vorgenommen wird.

Wurden vom Auftraggeber richtiggestellte oder gelöschte Daten vor der Richtigstellung oder Löschung übermittelt, so hat der Auftraggeber die Empfänger dieser Daten hiervon **in geeigneter Weise zu verständigen**, sofern dies keinen unverhältnismäßigen Aufwand, insb im Hinblick auf das Vorhandensein eines berechtigten Interesses an der Verständigung, bedeutet und die Empfänger noch feststellbar sind.

c) Dokumentationszweck

Wenn in einer Datenverarbeitung der **Dokumentationszweck** eine nachträgliche Änderung nicht zulässt (zB Krankengeschichte), ist eine Richtigstellung oder Löschung ausgeschlossen, erforderliche Richtigstellungen sind jedoch durch zusätzliche Anmerkungen zu bewirken.

Jud: Um das Löschungsgebot nach dem DSG 2000 zu erfüllen, genügt es nicht, die Datenorganisation so zu verändern, dass ein „gezielter Zugriff" auf die betreffenden Daten ausgeschlossen ist (OGH 15.04.2010, 6 Ob 41/10p). Verletzung im Recht auf Geheimhaltung dadurch, dass die gebotene Löschung einer Eintragung im Führerscheinregister nach Ablauf der gesetzlichen Speicherfrist unterlassen wurde (DSK 26.09.2008, K121.377/0008-DSK/2008). Kein Recht auf Löschung von Daten (insb der Taufe) aus den kirchlichen Datenanwendungen und Dateien wegen eines rechtmäßigen Dokumentationszwecks (DSK 16.11.2007, K121.309/0010-DSK/2007).

4. Widerspruchsrecht

Entsprechend den Vorgaben der DS-RL sieht § 28 Abs 1 ein Widerspruchsrecht vor: Danach hat jeder Betroffene das Recht, **gegen die Verwendung seiner Daten** wegen Verletzung überwiegender schutzwürdiger Geheimhaltungsinteressen, die sich aus seiner besonderen Situation ergeben, beim Auftraggeber **Widerspruch zu erheben**. Bei Vorliegen dieser Voraussetzungen, die wiederum sehr unbestimmt sind, hat der Auftraggeber die Daten des Betroffenen binnen acht Wochen zu löschen und allfällige Übermittlungen zu unterlassen. Dieses Widerspruchsrecht besteht nicht, sofern die Verwendung von Daten gesetzlich vorgesehen ist.

Die in § 28 Abs 2 vorgesehene Variante eines Widerspruchsrechts gegen eine nicht gesetzlich angeordnete Aufnahme in eine öffentlich zugängliche Datenanwendung **ohne Begründung** des Begehrens wurde vom VfGH mit Wirkung von 01. Jänner 2017 wegen Verstoßes gegen das Recht auf freie Meinungsäußerung gem Art 10 EMRK als verfassungswidrig aufgehoben (VfGH 08.10.2015, G 264/2015).

X. Besondere Verwendung von Daten

Von den im DSG 2000 in den §§ 45–50e geregelten besonderen Verwendungszwecken von Daten werden hier diejenigen dargestellt, die von größerer praktischer Relevanz sind: Dies sind das „Medienprivileg“, Informationsverbundsysteme und va die Videoüberwachung.

1. Publizistische Tätigkeit

Dem ausdrücklichen Auftrag der DS-RL folgend **nimmt der Gesetzgeber publizistische Tätigkeiten** zum größten Teil **vom Anwendungsbereich des DSG 2000 aus** (sog Medienprivileg“). So sind etwa für die Voraussetzung der Zulässigkeit der Datenverwendung nicht die §§ 7–9 DSG 2000 maßgeblich, sondern es ist die Sonderregelung des § 48 Abs 2 anzuwenden. Danach ist die Datenverwendung für publizistische Tätigkeiten insoweit zulässig, als dies zur Erfüllung der Informationsaufgabe der Medienunternehmer, Mediendienste und ihrer Mitarbeiter in Ausübung des Grundrechts auf freie Meinungsäußerung nach Art 10 Abs 1 EMRK erforderlich ist. Der Schutz der Rechtssphäre des Betroffenen erfolgt hier durch die Bestimmungen des MedienG. Unter „publizistischer Tätigkeit“ wird dabei nicht nur eine journalistische Tätigkeit iS täglicher Berichterstattung verstanden, sondern auch Publikationen mit größerem Umfang wie etwa Bücher.

Zum Medienprivileg ist noch anzumerken, dass die Vorgabe des Art 9 DS-RL an die „Verarbeitung personenbezogener Daten, die allein zu journalistischen, künstlerischen oder literarischen Zwecken erfolgt“ anknüpft und damit wesentlich weiter geht als § 48 DSG 2000, der nur die Ausnahme für Mediendienste und Medienunternehmen vorsieht.

2. Informationsverbundsysteme

Unter Informationsverbundsystemen sind Systeme zu verstehen, in denen **mehrere Auftraggeber** gemeinsam Daten verarbeiten, wobei jeder Systemteilnehmer die ihm verfügbaren **Informationen einspeichert** und diese dann **allen anderen Teilnehmern zur Verfügung stehen**. Beispiele dafür sind das Zentrale Melderegister oder das Zentrale Fremdenregister im öffentlichen Bereich bzw die Warnliste der österr Banken, Flugbuchungssysteme und Kreditinformationssysteme im privaten Bereich. Da solche Systeme aus der Sicht des Datenschutzes stark gefährdend sein können, ist vor der Einrichtung derartiger Informationsverbundsysteme die Vorabkontrolle durch die DSB verpflichtend vorgesehen.

Nach § 50 ist für ein Informationssystem, sofern das nicht bereits durch ein Gesetz geregelt ist, die **Bestellung eines Betreibers** notwendig. Name und Anschrift des Betreibers sind in der Meldung zur Eintragung in das DVR bekannt zu geben. Dieser Betreiber ist auch erster Ansprechpartner des Betroffenen, falls diesem der konkrete Auftraggeber nicht bekannt ist. Er hat dem Betroffenen binnen zwölf Wochen alle Auskünfte zu geben, die notwendig sind, um den für die Verarbeitung seiner Daten im System verantwortlichen Auftraggeber festzustellen und ist für die Datensicherheit im System verantwortlich.

3. Videoüberwachung

a) Begriff der Videoüberwachung

§ 50a Abs 1 enthält die **Definition des Begriffes Videoüberwachung.** Danach bezeichnet Videoüberwachung die systematische, insb fortlaufende Feststellung von Ereignissen, die ein bestimmtes Objekt („überwachtes Objekt") oder eine bestimmte Person („überwachte Person") betreffen, durch technische Bildaufnahme- oder Bildübertragungsgeräte. Diese Begriffsbestimmung ist sehr weit gehend, sodass nicht nur die Überwachung mit herkömmlichen Videogeräten, sondern auch die systematische Aufnahme mit Fotoapparaten und die Überwachung in Form bloßer Echtzeitwiedergabe darunter fallen. Ob sich aus den Worten „überwachtes Objekt" und „überwachte Person" ableiten lässt, dass die Legaldefinition der Videoüberwachung auch das Element eines **Kontroll- oder Überwachungszwecks** umfasst, ist unklar. In der Fachliteratur werden beide Meinungen vertreten. Da aber aufgrund der extrem weiten Definition iZm den eingeschränkten Zulässigkeitsgründen viele Videoüberwachungen ohne jeglichen Kontroll- oder Überwachungszweck (wie zB Wetterkameras oder touristische Videoaufnahmen) unzulässig wären, legen mE systematische und teleologische Überlegungen nahe, dass eine Videoüberwachung ohne jeglichen Überwachungszweck nicht unter die Begriffsbestimmung fällt.

Beispiele: Das gezielte Fotografieren durch einen Detektiv erfüllt den Tatbestand der Videoüberwachung. Wetterkameras, Videoaufzeichnungen und Fotoserien von Kindergeburtstagen oder zu rein touristischen Zwecken fallen hingegen nicht unter die Begriffsdefinition.

b) Zulässigkeitsprüfung

Auch für die Videoüberwachung wird das System der **Zulässigkeitsprüfung** nach den §§ 6–9 der Struktur nach beibehalten. Daher ordnet § 50a Abs 2 zunächst die Geltung der allgemeinen Bestimmungen der §§ 6 und 7 an und verweist ausdrücklich auf den Verhältnismäßigkeitsgrundsatz des § 7 Abs 3 hin. Bestehen also taugliche Mittel zur Zielerreichung, die weniger eingriffsintensiv sind als die Videoüberwachung, sind diese jedenfalls einer Videoüberwachung vorzuziehen. § 50a Abs 3, 4 und 6 bestimmt – als lex specialis zu den §§ 8 und 9 – abschließend jene Fälle, in denen schutzwürdige Geheimhaltungsinteressen eines von einer Videoüberwachung Betroffenen nicht verletzt werden. Dies sind nach § 50a Abs 3:

- lebenswichtige Interessen einer Person,
- ein Verhalten, das eindeutig auf öffentliche Wahrnehmung gerichtet ist (wie zB Straßenkunst),
- die ausdrückliche Zustimmung des Betroffenen.

Folgende weitere Zulässigkeitsgründe kommen nur bei einer privaten Videoüberwachung in Betracht (§ 50a Abs 4):

- Bestimmte Tatsachen, die die Annahme rechtfertigen, das überwachte Objekt oder die überwachte Person könnte das Ziel oder der **Ort eines gefährlichen Angriffs** werden. Zu beachten ist dabei, dass der Begriff des „gefährlichen Angriffs" über den im SPG definierten Begriff des „gefährlichen Angriffs" hinausgeht: nach den ErlRV können darunter auch konkrete Gefährdungen von Geschäfts- und Betriebsgeheimnissen sowie allenfalls auch die konkrete Gefahr einer groben Verwaltungsübertretung fallen.
- Unmittelbar anwendbare Rechtsvorschriften des Völker- oder des Gemeinschaftsrechts, Gesetze, Verordnungen, Bescheide oder gerichtliche Entscheidungen legen dem Auftraggeber spezielle **Sorgfaltspflichten** zum Schutz des überwachten Objekts oder der überwachten Person auf.
- Es handelt sich um eine bloße **Echtzeitüberwachung**.

Weitere Zulässigkeitsgründe sind in § 50a Abs 6 für sog **„Zufallstreffer"** vorgesehen, wenn im Rahmen einer Videoüberwachung zufällig relevante Ereignisse aufgezeichnet werden, die außerhalb des Zwecks bzw der Zulässigkeit nach den Abs 2 bis 4 liegen:

- Derartige Daten dürfen an die zuständige Behörde oder das zuständige Gericht übermittelt werden, wenn beim Auftraggeber der begründete Verdacht entstanden ist, die gefilmten Ereignisse könnten im Zusammenhang mit von Amts wegen zu verfolgenden gerichtlich strafbaren Handlungen stehen.
- Die Daten werden an Sicherheitsbehörden zur Ausübung der diesen durch § 53 Abs 5 SPG eingeräumten Befugnisse übermittelt (zB zur Abwehr eines gefährlichen Angriffs oder zur Personenfahndung).

Absolut untersagt ist nach § 50a Abs 5 die Videoüberwachung an Orten, die zum höchstpersönlichen Lebensbereich eines Betroffenen zählen, wie etwa Privatwohnungen, Umkleide- oder WC-Kabinen. Weiters ist die Videoüberwachung zum Zweck der Mitarbeiterkontrolle an Arbeitsstätten untersagt. Danach bleiben aber Überwachungen zum Schutz der Mitarbeiter zulässig, wie etwa bei Bankschaltern, Kassen oder unfallträchtigen Maschinen.

Jud: Der Einsatz einer privaten Videoüberwachung von Teilen eines Mehrfamilienhauses durch den Wohnungsberechtigten zum Schutz vor unbefugtem Eindringen sowie Diebstahl und Sachbeschädigung ist unzulässig, wenn weniger eingriffsintensive alternative Mittel der Prävention zur Verfügung stehen (LG Feldkirch 29.03.2011, 2 R 48/11s).

c) Protokollierung, Löschung

§ 50b Abs 1 ordnet die lückenlose **Protokollierung** jedes Verwendungsvorganges bei einer Videoüberwachung mit Ausnahme von reinen Echtzeitüberwachungen an. Gemeint sind damit va allfällige Auswertungen einer durchgeführten Videoüberwachung.

Abs 2 schreibt grundsätzlich eine **Löschung** der durch Videoüberwachung gewonnenen Daten **nach 72 Stunden** vor. Allerdings ergibt sich durch den Verweis auf § 33 Abs 2 AVG eine Fristverlängerung, wenn das Ende der Frist auf einen Samstag, Sonntag, gesetzlichen Feiertag oder den Karfreitag fällt. In diesen Fällen ist der nächste Werktag letzter Tag der Frist. Die 72-Stunden Frist gilt allerdings dann nicht, wenn die aufgezeichneten Daten aus konkretem Anlass für Schutz- oder Beweissicherungszwecke oder zur Übermittlung an Gericht oder Sicherheitsbehörden benötigt werden. Zudem kann die DSB eine längere Aufbewahrungsdauer festsetzen, wenn dies aus besonderen Gründen zur Zweckerreichung regelmäßig erforderlich ist. Eine beabsichtigte längere Aufbewahrungsdauer ist in der Meldung anzuführen und zu begründen.

d) Registrierungspflicht

Die Sonderbestimmungen für die **Registrierung** von Videoüberwachungen in § 50c legen ausdrücklich fest, dass diese wegen des erhöhten Gefährdungspotentials im Hinblick auf den oft großen Betroffenenkreis und die Verwendung potentiell sensibler Daten der **Vorabkontrolle** unterliegen. Da bei Überwachungen nach § 50a Abs 4 Z 1 durch die Verwendung des unbestimmten Begriffs „bestimmte Tatsachen“ ein beachtlicher Auslegungsspielraum besteht, wird für auf dieser Grundlage gemeldete Videoüberwachungen die Glaubhaftmachung der Tatsachen im Registrierungsverfahren vorgeschrieben.

Ausgenommen von der Meldepflicht sind Echtzeitüberwachungen und Videoüberwachungen, bei denen die Aufzeichnung nur auf einem analogen Speichermedium erfolgt. Weitere **Ausnahmen** für Videoüberwachungen von Banken, Juwelieren, Trafiken, Tankstellen, bebauten Privatgrundstücken (samt Hauseingang und Garage) sowie für ausländische Vertretungsbehörden und internationale Organisationen sind in der StMV (siehe dazu VIII.1.b.) vorgesehen. § 50c Abs 3 regelt den Fall, dass ein Auftraggeber mehrere gleichartige oder räumlich verbundene Personen bzw Objekte auf derselben Rechtsgrundlage überwachen möchte, was nunmehr in einer zusammenfassenden „Sammel“-Meldung möglich ist.

e) Kennzeichnungspflicht, Auskunftsrecht

§ 50d konkretisiert die Informationspflicht im Fall einer Videoüberwachung zu einer **Kennzeichnungspflicht** (zB durch deutlich lesbare Aufschriften oder Piktogramme). Aus der Kennzeichnung hat jedenfalls der Auftraggeber eindeutig hervorzugehen, es sei denn, dieser ist den Betroffenen nach den Umständen des Falles bereits bekannt. Die Kennzeichnung hat so zu erfolgen, dass der Überwachung tunlichst ausgewichen werden kann.

§ 50e modifiziert das **Auskunftsrecht** für Videoüberwachungen. Dabei ist eine Mitwirkungspflicht des Betroffenen vorgesehen, der möglichst genau Zeitraum und Ort der Überwachung benennen soll. Es besteht grundsätzlich ein Anspruch auf Erhalt der Videoaufzeichnung, die übrigen Auskunftsbestandteile sind schriftlich zu erteilen. Wenn eine Auskunft wegen überwiegender berechtigter Interessen Dritter oder des Auftraggebers nicht in dieser Form erteilt werden kann, hat der Auskunftswerber Anspruch auf eine schriftliche Beschreibung seines von der Überwachung verarbeiteten Verhaltens oder auf eine Auskunft unter Unkenntlichmachung der anderen Personen. Das Auskunftsrecht besteht nicht bei Echtzeitüberwachungen, da hier keine Speicherung der Daten vorliegt.

Jud: Nach der – in der Fachliteratur mE zu Recht heftig kritisierten – Ansicht des VwGH setzt für die Anwendbarkeit von § 50e DSG 2000 über das Auskunftsrecht bei Videoüberwachungen voraus, dass die Videoaufzeichnungen tatsächlich ausgewertet wurden (VwGH 29.10.2014, 2013/01/0127).

XI. Strafbestimmungen

1. Datenverwendung in Gewinn- oder Schädigungsabsicht

Gerichtlich strafbar ist nach § 51 die **rechtswidrige Verwendung von Daten** in besonders verwerflicher Absicht, nämlich **in Gewinn- oder Schädigungsabsicht**. Betroffen sind personenbezogene Daten, die ausschließlich aufgrund der beruflichen Beschäftigung anvertraut oder zugänglich geworden sind oder die widerrechtlich verschafft wurden. Als Tathandlung ist die Benützung, die Zugänglichmachung für einen anderen oder die Veröffentlichung von Daten unter die Strafdrohung einer Freiheitsstrafe bis zu einem Jahr gestellt.

Jud: Das widerrechtliche Fotografieren eines Toilettenbesuches mittels iPhone ist eine – vom erforderlichen Vorsatz getragene – widerrechtliche Benützung von personenbezogenen Daten des Abgebildeten, die nach § 51 DSG 2000 strafbar ist (LG Salzburg 29.04.2011, 49 Bl 17/11v).

2. Verwaltungsstrafbestimmung

§ 52 Abs 1 enthält Tatbestände, bei denen **eine Verletzung von Rechten tatsächlich stattgefunden hat**, zB die vorsätzliche widerrechtliche Verschaffung des Zugangs zu einer Datenanwendung oder die Nichterfüllung der Auskunftspflicht entgegen einem rechtskräftigen Urteil oder Bescheid. Diese Tatbestände sind mit einer Geldstrafe bis zu € 25.000,– zu ahnden.

Abs 2 zählt Tatbestände auf, in welchen zwar noch keine Verletzung von Rechten Betroffener erfolgt ist, aber Unterlassungen begangen wurden, die eine **Gefährdung der Rechte der Betroffenen oder ihrer Durchsetzbarkeit** zur Folge haben. Darunter fallen etwa Datenermittlung, Verarbeitung oder Übermittlung ohne Erfüllung der Meldepflicht oder die Nichterfüllung der Offenlegungs- oder Informationspflichten bzw das Nichtlöschen von Videoaufzeichnungen innerhalb der Löschungsfrist. Die Übertretung ist mit einer Geldstrafe bis zu € 10.000,– zu ahnden. Der Versuch ist für alle Tatbestände des § 52 ausdrücklich als strafbar erklärt. Nach Abs 2a ist die Verletzung der Betroffenenrechte nach §§ 26–28 mit bis zu € 500,– zu ahnden.

Zuständig für die Vollziehung der Verwaltungsstraftatbestände ist die **BVB**, in deren Sprengel der Auftraggeber seinen gewöhnlichen Aufenthalt oder Sitz hat. Falls ein solcher im Inland nicht gegeben ist, ist die am Sitz der DSB eingerichtete BVB zuständig. Gegen einen Strafbescheid der BVB kann Beschwerde an das jeweilige **LVwG** erhoben werden.

XII. Behörden und Verfahren

Der **Rechtsschutz** im Datenschutzrecht und die zuständigen Behörden sind **zweigeteilt**, je nachdem in welcher Form der Auftraggeber eingerichtet ist: im **öffentlichen Bereich** ist im Wesentlichen die DSB zur Wahrung des Grundrechts auf Datenschutz zuständig. Diese entscheidet in Form eines Bescheides, der nach den Regeln des öffentlichen Rechts angefochten werden kann. Im **privaten Bereich** hingegen ist Klage an das Landesgericht zu erheben, der Rechtsschutz gegen das Urteil folgt damit den Regeln des Zivilprozessrechts.

1. Kontrollorgane

a) Datenschutzbehörde (DSB)

Zur **Wahrung des Datenschutzes** sind die DSB und der Datenschutzrat berufen, soweit nicht die ordentlichen Gerichte zuständig sind.

Mit der DSG-Nov 2014 wurde die frühere DSK von einer neuen Behörde mit der Bezeichnung „Datenschutzbehörde“ abgelöst. Diese ist als monokratische Behörde eingerichtet, der ein vom BPräs auf Vorschlag der BReg bestellter „Leiter der Datenschutzbehörde“ vorsteht. Nach § 37 ist der Leiter der DSB in Ausübung seines Amtes unabhängig und an keine Weisungen gebunden. Durch die Verfassungsbestimmung des § 35 Abs 2 ist abgesichert, dass die DSB ihre Befugnisse auch gegenüber den im Art 19 B-VG bezeichneten **obersten Organen der Vollziehung** ausüben kann. Dies war nach dem VfGH-Erkenntnis VfSlg 13.626/1993 notwendig geworden, mit dem die entsprechende alte Fassung des § 14 DSG 1978 aufgehoben worden war.

b) Datenschutzrat

Der **Datenschutzrat**, der beim BKA eingerichtet ist, hat neben der Aufgabe, in periodischen Abständen einen Datenschutzbericht zu publizieren, va beratende und beobachtende Funktion in Datenschutzangelegenheiten.

2. Kontrollbefugnisse der DSB

Die DSB hat als unabhängige Kontrollstelle **den öffentlichen und den privaten Bereich zu kontrollieren.** Nach § 30 kann sich jedermann wegen einer behaupteten Verletzung seiner Rechte oder ihn betreffender Pflichten eines Auftraggebers oder Dienstleisters mit einer Eingabe an die DSB wenden. Die DSB kann aber auch von sich aus im Fall eines begründeten Verdachtes Datenanwendungen überprüfen, bei Datenanwendungen, die der Vorabkontrolle unterliegen, auch ohne Vorliegen eines Verdachtes. Sie hat dabei das Recht, Einschau in Datenverarbeitungen und Unterlagen zu nehmen, Aufklärungen zu verlangen und sie hat dem Auftraggeber Empfehlungen und Ermahnungen zu erteilen. Wird einer solchen **Empfehlung** innerhalb der gesetzten Frist nicht entsprochen, so kann die DSB je nach Art des Verstoßes von Amts wegen insb Strafanzeige erstatten oder bei schwer wiegenden Verstößen durch Auftraggeber des privaten Bereichs Klage vor dem zuständigen Gericht erheben. Bei Verstößen von Auftraggebern, die Organe einer Gebietskörperschaft sind, kann das zuständige oberste Organ verständigt werden.

3. Beschwerde an die DSB

Die DSB erkennt auf Antrag von Personen oder Personengemeinschaften über behauptete **Verletzungen des Rechts auf Auskunft** durch den Auftraggeber einer Datenanwendung **sowohl im öffentlichen als auch im privaten Bereich.** Ausgenommen davon sind Auskunftsbegehren, die die Verwendung von Daten für Akte der Gesetzgebung oder der Gerichtsbarkeit betreffen. Bei **Verletzungen im Recht auf Geheimhaltung, auf Richtigstellung oder auf Löschung** sind dagegen von der Zuständigkeit der DSB nur Auftraggeber des **öffentlichen Bereichs** umfasst. Zur Durchsetzung dieser Rechte gegen Auftraggeber des privaten Rechts sind die Gerichte zuständig.

Entscheidungen über Beschwerden an die DSB werden von dieser mit **Bescheid** erledigt. Nach § 38 Abs 3 können die Parteien des Verfahrens vor der DSB **Beschwerde an das BVwG** erheben, das in Datenschutzangelegenheiten durch Senat entscheidet. Gegen das Erkenntnis des BVwG kann entweder Revision an den VwGH erhoben oder bei Behauptung einer Verletzung in einem verfassungsgesetzlich gewährleisteten Recht (va Grundrecht auf Datenschutz nach § 1) der VfGH mit Erkenntnisbeschwerde angerufen werden.

4. Klage vor den ordentlichen Gerichten

Ansprüche gegen Auftraggeber des **privaten Bereichs** wegen **Verletzung der Rechte auf Geheimhaltung, Richtigstellung oder Löschung** sind auf dem **Zivilrechtsweg** geltend zu machen. Der Betroffene hat Anspruch auf Unterlassung und Beseitigung eines dem DSG 2000 widersprechenden Zustands. Für Klagen und Anträge auf Erlassung einer einstweiligen Verfügung nach dem DSG 2000 ist in erster Instanz das **Landesgericht** zuständig, in dessen Sprengel der Kläger seinen gewöhnlichen Aufenthalt oder seinen Wohnsitz hat. Klagen können aber auch bei dem Landesgericht erhoben werden, in dessen Sprengel der Beklagte seinen gewöhnlichen Aufenthalt oder Sitz hat.

Bei begründetem Verdacht einer schwer wiegenden Datenschutzverletzung durch einen Auftraggeber des privaten Bereichs kann die DSB gegen diesen eine **Feststellungsklage** erheben.

5. Schadenersatz

Werden Daten durch einen Auftraggeber oder Dienstleister schuldhaft entgegen den Bestimmungen des DSG 2000 verwendet, hat der Betroffene ein Recht auf Schadenersatz nach den allgemeinen Bestimmungen des bürgerlichen Rechts. Für Fälle schwer wiegender rechtswidriger Datenverwendung, die ihrem Wesen nach Tatbeständen vergleichbar sind, die nach dem MedienG zu einer Entschädigung verpflichten, ist bei Verwendung von sensiblen Daten, strafrechtlich relevanten Daten oder Auskunft über die Kreditwürdigkeit in § 33 der **Ersatz immateriellen Schadens** vorgesehen. Die näheren Voraussetzungen und die Höhe der Entschädigung ergeben sich aus den §§ 6 und 7 MedG. Danach ist die Höhe der Entschädigung derzeit mit € 20.000,– begrenzt.

Beispiele: Zuspruch von immateriellem Schadenersatz in Höhe von € 750,– bei Eintragung eines negativen Vermerks in eine Bonitätsdatenbank ohne entsprechende Benachrichtigung des betroffenen Unternehmensberaters (OGH 17.12.2009, 6 Ob 247/08d).

Wird ein Rechtsanwalt unter Verstoß gegen das DatenschutzG in die „Warnliste der Banken" aufgenommen, so untergräbt die dadurch verbreitete Annahme, er sei als Rechtsanwalt kreditunwürdig, sein Ansehen bei Klienten und unter Kollegen und ist geeignet, seinen Ruf nachhaltig zu schädigen und sogar seine wirtschaftliche Existenz zu gefährden, sodass die Voraussetzungen für den Zuspruch eines immateriellen Schadens dem Grunde nach gegeben sind (OGH 15.12.2005, 6 Ob 275/05t).

Bei einer Veröffentlichung von Sex-Videos im Internet ohne Zustimmung ist eine Geldentschädigung in Höhe von insgesamt € 8.000,– angemessen und geboten (OLG Wien 26.08.2015, 11 R 119/15y).

Karim Giese

Sicherheitspolizeirecht

Rechtsgrundlagen

Kompetenzgrundlagen

Art 10 Abs 1 Z 6 („Strafrechtswesen") und Z 7 B-VG („Aufrechterhaltung der öffentlichen Ruhe, Ordnung und Sicherheit einschließlich der ersten allgemeinen Hilfeleistung, jedoch mit Ausnahme der örtlichen Sicherheitspolizei"); Art 15 Abs 2 B-VG („örtliche Sicherheitspolizei"); Art 118 Abs 3 Z 3 („örtliche Sicherheitspolizei") und Z 8 B-VG („örtliche Sittlichkeitspolizei"); Art 118 Abs 6 B-VG (ortspolizeiliche Verordnungen); § 2 DSG 2000 („Angelegenheiten des Schutzes personenbezogener Daten im automationsunterstützten Datenverkehr").

Verfassungsrechtliche Bezüge

Art 78a ff B-VG (Sicherheitsbehörden des Bundes); Art 102 Abs 2 B-VG (unmittelbare Bundesverwaltung); Art 118 Abs 8, 118a B-VG („Gemeindewachkörper").

Art 2 EMRK (Recht auf Leben); Art 3 EMRK (Verbot von Folter und unmenschlicher oder erniedrigender Strafe oder Behandlung); Art 5 EMRK, Art 1 ff PersFrG (Schutz der persönlichen Freiheit); Art 6 EMRK (Verfahrensgarantien); Art 8 EMRK (Achtung des Privat- und Familienlebens); Art 9 StGG (Schutz des Hausrechts); Art 10 und 10a StGG (Schutz des Brief- und Fernmeldegeheimnisses); § 1 DSG 2000 (Grundrecht auf Datenschutz); Art 11 EMRK, Art 12 StGG (Versammlungsfreiheit); Art 1 1. ZPEMRK, Art 5 StGG (Eigentumsschutz).

Europarechtliche Bezüge

Art 87 ff AEUV (Europol); Beschluss 2009/371/JI des Rates zur Errichtung des Europäischen Polizeiamts (Europol), ABl L 2009/121, 37.

Schengener Durchführungsübereinkommen (SDÜ), BGBl III 90/1997; Beschluss 2007/533/JI des Rates über die Einrichtung, den Betrieb und die Nutzung des Schengener Informationssystems der zweiten Generation (SIS II), ABl L 2007/205, 63; VO (EG) 1987/2006 über die Einrichtung, den Betrieb und die Nutzung des Schengener Informationssystems der zweiten Generation (SIS II), ABl L 2006/381, 4; Beschlüsse 2008/615/JI und 2008/616/JI des Rates zur Vertiefung der grenzüberschreitenden Zusammenarbeit, insb zur Bekämpfung des Terrorismus und der grenzüberschreitenden Kriminalität, ABl L 2008/210, 1 und 2008/210, 12 („Prümer Beschluss").

Art 2 GRC (Recht auf Leben); Art 4 GRC (Verbot von Folter und unmenschlicher oder erniedrigender Strafe oder Behandlung); Art 6 GRC (Recht auf Freiheit und Sicherheit); Art 8 GRC (Schutz personenbezogener Daten); Art 12 GRC (Versammlungsfreiheit); Art 17 GRC (Eigentumsrecht); Art 47 GRC (Verfahrensgarantien).

RL 95/46/EG zum Schutz natürlicher Personen bei der Verarbeitung personenbezogener Daten und zum freien Datenverkehr, ABl L 1995/281, 31 (gültig bis 25.05.2018). VO (EU) 2016/679 zum Schutz natürlicher Personen bei der Verarbeitung personenbezogener Daten, zum freien Datenverkehr und zur Aufhebung der Richtlinie 95/46/EG (Datenschutz-Grundverordnung), ABl L 2016/119, 1 (gültig ab 25.05.2018); RL 2016/680/EU zum Schutz natürlicher Personen bei der Verarbeitung personenbezogener Daten durch die zuständigen Behörden zum Zwecke der Verhütung, Ermittlung, Aufdeckung oder Verfolgung von Straftaten oder der Strafvollstreckung sowie zum freien Datenverkehr und zur Aufhebung des Rahmenbeschlusses 2008/977/JI des Rates, ABl L 2016/119, 89 (Umsetzungsfrist: 06.05.2018).

Völkerrechtliche Bezüge

Sicherheitspolizeiliche Teilbereiche: zB Internationales Übereinkommen zur Bekämpfung nuklearterroristischer Handlungen, BGBl III 77/2007 idF III 27/2016; Europäisches Übereinkommen über Gewalttätigkeiten und Fehlverhalten von Zuschauern bei Sportveranstaltungen und insb Fußballspielen, BGBl 133/1988; Übereinkommen des Europarates zum Schutz des Menschen bei der automatischen Verarbeitung personenbezogener Daten, BGBl 317/1988; Empfehlung des Ministerkomitees des Europarates über den Gebrauch personenbezogener Daten im Polizeibereich Nr R (87) 15.

Verschiedene Polizeikooperationsvereinbarungen: zB Prümer Vertrag über die Vertiefung der grenzüberschreitenden Zusammenarbeit, insbesondere zur Bekämpfung des Terrorismus, der grenzüberschreitenden Kriminalität und der illegalen Migration, BGBl III 159/2006 idF III 176/2014; Vertrag zwischen der Republik Österreich, der Schweizerischen Eidgenossenschaft und dem Fürstentum Liechtenstein über die grenzüberschreitende Zusammenarbeit der Sicherheits- und Zollbehörden, BGBl III 120/2001; Vertrag zwischen der Republik Österreich und der Bundesrepublik Deutschland über die grenzüberschreitende Zusammenarbeit zur polizeilichen Gefahrenabwehr und in strafrechtlichen Angelegenheiten, BGBl III 210/2005.

Gesetze und sonstige Rechtsgrundlagen

Bund: Sicherheitspolizeigesetz (SPG), BGBl 566/1991 idF I 61/2016; Polizeiliches Staatsschutzgesetz (PStSG), BGBl I 5/2016; Bundeskriminalamt-Gesetz (BKA-G), BGBl I 22/2002 idF I 14/2015; Gesetz über das Bundesamt zur Korruptionsprävention und Korruptionsbekämpfung (BAK-G), BGBl I 72/2009 idF I 52/2015; Sondereinheiten-V (SEV), BGBl II 207/1998 idF II 287/2012; PolizeikooperationsG, BGBl I 104/1997 idF I 161/2013; EU-PolizeikooperationsG, BGBl I 132/2009 idF I 161/2013; Verordnung des BMI, mit der Richtlinien für das Einschreiten der Organe des öffentlichen Sicherheitsdienstes erlassen werden (Richtlinien-Verordnung – RLV), BGBl 266/1993 idF II 155/2012; Sicherheitsgebühren-V, BGBl 389/1996 idF II 155/2014; Verordnung, mit der Form und Inhalt der Sicherheitserklärung einschließlich der Zustimmungserklärung erlassen werden, BGBl II

114/2000 idF II 99/2012; AnhalteO, BGBl II 128/1999 idF II 439/2005; StPO, BGBl 1975/631 idF I 26/2016; VerschlusssachenO, BGBl II 256/1998 idF II 3/2015; DSG 2000, BGBl I 165/1999 idF I 132/2015; WaffengebrauchsG, BGBl 149/1969 idF I 113/2006; Polizeibefugnis-EntschädigungsG, BGBl 735/1988 idF I 161/2013; LuftfahrtsicherheitsG 2011, BGBl I 111/2010 idF I 161/2013; Art III Abs 1 Z 4 EGVG (Verbreiten nationalsozialistischen Gedankengutes); AbzeichenG, BGBl 84/1960 idF 113/2012; §§ 388 ff ABGB (Fundwesen).

Länder: bgld PolStrafG, LGBl 35/1986 idF 85/2014; K-LSiG, LGBl 74/1977 idF 85/2013; krnt Gefahrenpolizei- und FeuerpolizeiO (K-GFPO), LGBl 67/2000 idF 85/2013; krnt ProstitutionsG (K-PRG), LGBl 58/1990 idF 85/2013; nö PolStrafG, LGBl 4000-7; nö ProstitutionsG, LGBl 4005-3; oö PolStrafG, LGBl 36/1979 idF 66/2014; oö SexualdienstleistungsG (oö SDLG), LGBl 80/2012 idF 90/2013; sbg LSG, LGBl 20/2010 idF 107/2013; StLSG, LGBl 24/2005 idF 47/2013; stmk Feuer- und GefahrenpolizeiG (StFGPG), LGBl 12/2012 idF 87/2013; stmk ProstitutionsG, LGBl 16/1998 idF 87/2013; tir L-PolG, LGBl 60/1976 idF 1/2014; vlbg Gesetz über Angelegenheit der örtlichen Sicherheitspolizei (vlbg SiG), LGBl 1/1987 idF 70/2016; vlbg SittenPolG, LGBl 6/1976 idF 44/2013; WLSG, LGBl 51/1993 idF 33/2013; wr Gesetz zum Schutz der persönlichen Ehre und Regelung der Ehrenkränkung, LGBl 35/1987 idF 28/2001; wr ProstitutionsG 2011, LGBl 24/2011 idF 33/2013.

Ortspolizeiliche Verordnungen: § 59 bgld GdO; § 12 krnt AGO; § 33 nö GdO; § 41 oö GdO; § 79 Abs 4 sbg GdO; § 41 stmk GdO; § 18 tir GdO; § 18 vlbg GdG; § 108 wr StV (vgl auch die Stadtstatute).

Literaturauswahl

Kommentare – Lehrbücher – Monografien

Erlacher/Forster, Sicherheitspolizeigesetz (2015); *Hauer/Keplinger*, Sicherheitspolizeigesetz[4] (2011); *Hauer* in Kneihs/Lienbacher (Hrsg), Rill-Schäffer-Kommentar Bundesverfassungsrecht, Art 78a ff B-VG (16. Lfg 2015); *Heißl*, Polizeiliches Staatsschutzgesetz (2016); *Keplinger/Nedwed*, Waffengebrauchsgesetz[5] (2014); *Keplinger/Pühringer*, Sicherheitspolizeigesetz[15] (2014); *Lepuschitz/Schindler*, Das österreichische Sicherheitspolizeigesetz[6] (2012); *Pöschl* in Korinek/Holoubek (Hrsg), B-VG-Kommentar, Art 78a ff (2. Lfg 1999), 118 Abs 8, 118a B-VG (3. Lfg 2000); *Pürstl/Zirnsack*, SPG[2] (2011); *Stolzlechner* in Kneihs/Lienbacher (Hrsg), Rill-Schäffer-Kommentar Bundesverfassungsrecht, Art 118 und 118a B-VG (3. Lfg 2004); *Thanner/Vogl* (Hrsg), Sicherheitspolizeigesetz[2] (2013); *Weber K.* in Korinek/Holoubek (Hrsg), B-VG-Kommentar, Art 118 Abs 6 B-VG (1. Lfg 1999).

Demmelbauer/Hauer, Grundriss des österreichischen Sicherheitsrechts (2002) 55 ff; *Keplinger*, Grundzüge des Sicherheitspolizeigesetzes – Ein Lernbehelf (2014); *Kolonovits*, Sicherheitspolizeirecht, in Hammer ua (Hrsg), Besonderes Verwaltungsrecht (2012) 33; *Wiederin*, Einführung in das Sicherheitspolizeirecht (1998).

Chadoian, Das Fernmeldegeheimnis im Zeitalter der Internet- und Mobilfunküberwachung (2015); *Hauer*, Ruhe – Ordnung – Sicherheit (2000); *Klaushofer*, Strukturfragen der Rechtsschutzbeauftragten (2012); *Matscher* (Hrsg), Grundrechtsschutz und polizeiliche Effizienz – Das österreichische Sicherheitspolizeigesetz (1994); *Mayer M.*, Öffentliche Sicherheit und Ordnung in Sportstadien (2009); *Weber K./Schlag*, Sicherheitspolizei und Föderalismus (1995); *Weiland*, Die DNA-Analyse im Strafverfahrens- und Sicherheitspolizeirecht (2011); *Wiederin*, Privatsphäre und Überwachungsstaat (2003); *Wimmer A.*, Die Entschädigung im öffentlichen Recht (2009) 245 ff.

Beiträge

Bezemek, Einen Schilling zum Telefonieren. Bettelverbote im Lichte freier Meinungsäußerung, JRP 2011, 279; *Cargnelli-Weichselbaum*, Sichtbare Armut durch bettelnde Menschen – aktuelle Fragestellungen zu Bettelverboten aus verfassungsrechtlicher Perspektive, JRP 2016, 85; *Eberhard/Weichselbaum*, Verfassungsrechtliche Problematik der Schutzzonenregelung gemäß § 36a Sicherheitspolizeigesetz, ZfV 2005, 689; *Faber*, Private Wachdienste in Österreich, ZfV 2000, 2031; *Fuchs*, Örtliche Sicherheitspolizei und Sittlichkeitspolizei, in Pürgy (Hrsg), Das Recht der Länder II/1 (2012) 195; *Grois*, Die Mitwirkungsverpflichtung an der erkennungsdienstlichen Behandlung im Lichte des Verbots des Zwangs zur Selbstbeschuldigung, ZfV 2000, 1304; *Gstir*, Gefährdungen durch Hunde, ZfV 2004, 179; *Handstanger/Okresek*, Sicherheitsverwaltung und MRK, ÖJZ 1995, 251; *Heißl*, Recht auf persönliche Freiheit und präventive Maßnahmen gegen Hooligans, ZfV 2008, 168; *Helm*, Einheitlicher Rechtsschutz im StPO-Ermittlungsverfahren, JBl 2016, 134; *Hense*, Zur Aufhebung des Platzverbotes durch den VfGH. Besprechung von VfGH 18.6.2015, V 105/2014, ZVG 2015, 581; *Klaushofer*, Cyber Security und der Schutz kritischer Infrastrukturen – eine Herausforderung für die Rechtsordnung, JRP 2015, 330; *Kneihs/Preiß*, Wegweiserecht und Rückkehrverbot: Sicherheitspolizeiliches Einschreiten bei Gewalt „in Wohnungen", JRP 1997, 102; *Kolonovits*, Rechtsschutz gegen „schlichtes Polizeihandeln" nach § 88 Abs 2 SPG – Ausgewählte Fragen, in FS Machacek-Matscher (2008) 243; *Kotschy*, Datenschutzrechtliche Rechtsfragen der Videoüberwachung, in FS Machacek-Matscher (2008) 257; *Lachmayer*, Die Neustrukturierung der Sicherheitsbehörden, in Baumgartner (Hrsg), Öffentliches Recht. Jahrbuch 2013, 181; *Lenzbauer*, Strafprozess und gesetzlicher Richter. Anmerkung zu VfGH 30.6.2015, G 233/2014-15 ua, JBl 2015, 808; *Lenzbauer*, Rechtsschutz gegen schlichte Hoheitsverwaltung. Die typenfreie Beschwerde und ihre Verwandten, JAP 2014/2015, 20; *Müller R.*, Neue Ermittlungsmethoden und das Verbot des Zwanges zur Selbstbelastung, EuGRZ 2002, 546; *Oshidari*, Ermittlungsmaßnahmen. Aufgaben und Befugnisse von Kriminalpolizei und Staatsanwaltschaft, ÖJZ 2008, 138; *Peyerl*, Örtliches Sicherheits- und Sittlichkeitspolizeirecht, in Poier/Wieser (Hrsg), Steiermärkisches Landesrecht III: Besonderes Verwaltungsrecht (2010) 1; *Pühringer*, Adieu einheitlicher Rechtsschutz im Ermittlungsverfahren nach der StPO?, JBl 2015, 810; *Pürstl*, Das Grundrecht auf Datenschutz im Spannungsfeld zwischen Freiheit und Sicherheit; einige polizeiliche Aspekte, 18. ÖJT I/2, 91; *Salimi*, Terrorbekämpfung durch Straf- und Sicherheitspolizeirecht. Überlegungen zur „erweiterten Gefahrenerforschung", „Online-Durchsuchung" und „Funkzellenabsaugung", JBl 2013, 698; *Stolzlechner*, Anmerkungen zur Einrichtung und Organisation des Bundeskriminalamts und des Bundesamts zur Korruptionsprävention und Korruptionsbekämpfung, in FS Mayer (2011) 775; *Stolzlechner*, Die neue Sicherheitsarchitektur in Österreich, in Pitschas/Stolzlechner (Hrsg), Auf dem Weg in einen „neuen Rechtsstaat" (2004) 193; *Stolzlechner*, Möglichkeiten und Grenzen der Übertragung staatlicher Gefahrenabwehraufgaben auf private Sicherheitsunternehmen, in Stober (Hrsg), Übertragung von Aufgaben der staatlichen Gefahrenabwehr auf private Sicherheitsunternehmen (2002) 27; *Stolzlechner/Horvath*, Sicherheitsverwaltung und Privatwirtschaft, SIAK-Journal 4/2009, 67 und 1/2010, 17; *Vogl*, Das neue Bundesamt für Korruptionsprävention und Korruptionsbekämpfung, in FS Benn-Ibler (2011) 329; *Vogl*, Der neue Menschenrechtsbeirat bei der Volksanwaltschaft, in FS Stolzlechner (2013) 679; *Vogl*, Die

Sicherheitsbehörden-Neustrukturierung, in FS Raschauer (2013) 627; *Weichselbaum*, Die Bettelverbote in der Judikatur des VfGH, in Baumgartner (Hrsg), Öffentliches Recht. Jahrbuch 2013, 37; *Weiland*, Verfassungswidrigkeit des § 67 Abs 1 S 1 SPG (DNA-Analyse)? Zugleich Besprechung von VfGH 12.3.2013, G 76/12-7, ÖJZ 2013, 592; *Weiss*, Ausgewählte Schwerpunkte des Rechts- und Datenschutzes im Sicherheitspolizeirecht, in Vogl/Wenda (Hrsg), Grundrechtsschtz, Minderheitenschutz, Datenschutz – Weichenstellungen für Europa (2012) 127; *Wiederin*, Vertrauenspersonen als verdeckte Ermittler nach dem SPG und als Scheinkäufer nach der StPO?, in FS Fuchs (2014) 657; *Wimmer A.*, Kostentragung für Sicherstellung wahrgenommener Kriegsrelikte und Sondierung von „Fliegerbomben-Verdachtsflächen", bbl 2007, 218.

Rechtsprechung

VfSlg 3650/1959 (Sicherheitspolizei/Verwaltungspolizei); VfSlg 2784/1955, 3201/1957, 3570/1959, 11.195/1986 (allgemeine Sicherheitspolizei/örtliche Sicherheitspolizei); VfSlg 12.501/1990 (Polizeibefugnisse/Verhältnismäßigkeit); VfSlg 14.761/1997 (Auflösung einer Baustellenbesetzung); VfSlg 14.887/1997 (erkennungsdienstliche Behandlung/Rechtsschutz); VfSlg 15.046/1997 (lebensgefährlicher Gebrauch einer Dienstwaffe); VfSlg 15.372/1997 (Schläge/Ermittlungspflichten); VfSlg 16.109/2001 (nahe Angehörige/Beschwerdelegitimation); VfSlg 16.149/2001, 16.150/2001 (Speicherung und Löschung personenbezogener Daten); VfSlg 16.439/2002 (erkennungsdienstliche Behandlung/Voraussetzungen); VfSlg 18.302/2007 = UVSaktuell 2008, 100 mit Anm *Raschauer N./Wessely* (nächtliche Nachschau); VfSlg 18.305/2007 (ortspolizeiliche Verordnung/Bettelverbot); VfSlg 18.494/2008 (RLV/Kompetenzverteilung); VfSlg 19.347/2011 (Ermittlungsverfahren/Annahme der Unglaubwürdigkeit/grobe Begründungsmängel/Willkür); VfSlg 19.528/2011 (Störung der öffentlichen Ordnung/Versammlungsfreiheit); VfSlg 19.657/2012 (Ermittlung der IP-Adressen von Chatroom-Nutzern/Art 10a StGG/DSG/Art 8 EMRK); VfSlg 19.662/2012 (absolutes Bettelverbot/Art 10 EMRK); VfSlg 19.738/2013 (Ermittlung von DNA-Daten/unzureichende Differenzierung und Präzisierung); VfSlg 19.879/2014 (Vermummungsverbot); VfSlg 19.892/2014 (Vorratsdatenspeicherung); VfGH 18.06.2015, V 105/2014 (rechtswidrige PlatzverbotsV zum Schutz einer Wahlveranstaltung); VfGH 30.06.2015, G 233/2014 (mangelnde Erkennbarkeit der Rechtsschutzzuständigigkeiten bei „doppelfunktionellen" Zwangsakten nach SPG und StPO/gesetzlicher Richter); VfGH 09.12.2015, E 50/2015 (AlkoholverbotsV).

VwSlg 14.603 A/1997 (Anwendungsbereich der RLV); VwSlg 14.701 A/1997 (schlichtes Polizeihandeln/Rechtsschutz); VwSlg 14.880 A/1998 („Du-Wort"); VwSlg 14.948 A/1998 (Identitätsfeststellung/Rechtsschutz); VwGH 17.09.2002, 2000/01/0235 (Anwendungsbereich der RLV im Bereich der Strafjustiz/Beiziehung eines Rechtsbeistandes zur Vernehmung/Hinweispflichten); VwSlg 16.192 A/2003 (Verwenden personenbezogener Daten/Zuständigkeit der DSK); VwGH 23.03.2004, 2002/01/0542 (Identitätsfeststellung/Studentenausweis); VwGH 24.08.2004, 2003/01/0041 (Informationspflichten/„verständliche Sprache"); VwSlg 16.629 A/2005 (Wegweisung aus der Wohnung); VwSlg 16.688 A/2005 (Beleidigungen im Rahmen der Besorgung der Sicherheitsverwaltung/Rechtsschutz); VwSlg 16.689 A/2005 (Rechtsmittelfrist bei Säumnis der Dienstaufsichtsbehörde); VwSlg 16.771 A/2005 („Eigensicherung" mit Waffe); VwGH 21.03.2006, 2003/01/0596 (Beschimpfungen im Rahmen der Besorgung anderer Verwaltungsaufgaben/kein Rechtsschutzweg), VwGH 21.02.2007, 2005/06/0275 (erkennungsdienstliche Maßnahme/unmittelbare verwaltungsbehördliche Befehls- und Zwangsgewalt); VwSlg 17.262 A/2007 (Störung der öffentlichen Ordnung/ungebührliche Lärmerregung); VwSlg 17.140 A/2007 (Überwachungsgebühren/Erwerbsinteresse/ideeller Verein); VwSlg 17.331 A/2007 (exekutive Zwangsbefugnisse/Körperkraft/Verhältnismäßigkeit/Identitätsfeststellung/zumutbare Wegstrecke zum Reisepass); VwGH 04.09.2008, 2006/01/0369 (Erkennungsdienst/DNA-Analysen im Dienste der Strafjustiz); VwGH 27.05.2009, 2007/05/0280 (Auskunft von Betreibern öffentlicher Telekommunikationsdienste/Chat-Forum); VwGH 03.07.2009, 2009/17/0070 (erkennungsdienstliche Behandlung/Vorbeugung vor weiteren gefährlichen Angriffen); VwGH 23.07.2009, 2008/05/0035 (Datenermittlung/Ausübung unmittelbarer Befehls- und Zwangsgewalt); VwGH 15.10.2009, 2008/09/0272 (Störung der öffentlichen Ordnung/ungebührliche Lärmerregung); VwGH 23.11.2009, 2008/05/0079 (konventionelle Papierakten/keine manuellen Dateien); VwSlg 18.087 A/2011 (qualifizierte Untätigkeit von Organen/Rechtsschutz); VwGH 25.10.2012, 2010/21/0047 (Festnahme als Einheit); VwGH 24.04.2013, 2011/17/0293 (IP-Adressen von Chatroom-Nutzern).

EuGH 08.04.2014, C-293/12 (Digital Rights Ireland) und C-594/12 (Seitlinger u.a.) (Vorratsdatenspeicherung).

I. Regelungsgegenstand und -ziele

Das Sicherheitspolizeirecht war in den Anfängen der I. Republik Ländersache. Erst durch die B-VGNov 1929 wurde die Kompetenz in „Angelegenheiten der öffentlichen Ruhe, Ordnung und Sicherheit mit Ausnahme der ‚örtlichen Sicherheitspolizei'" dem Bund zur Gesetzgebung und Vollziehung übertragen. Gleichzeitig wurde auch die „Erlassung bundesgesetzlicher Bestimmungen über die Befugnisse der Behörden auf dem Gebiet der allgemeinen Sicherheitspolizei" in Aussicht gestellt (Art II § 4 Abs 2 V-ÜG). Diese **Kodifikation des Sicherheitspolizeirechts** gelang erst – nach mehreren erfolglosen Gesetzesentwürfen – in den 1990er Jahren mit der Erlassung des BG über die Organisation der Sicherheitsverwaltung und die Ausübung der Sicherheitspolizei (Sicherheitspolizeigesetz – SPG), nachdem wegen der Unübersichtlichkeit und mangelnden rechtsstaatlichen Determinierung der polizeilichen Befugnisse immer wieder heftige Kritik (zB im Fall „Lucona", 1989) an den zwischenzeitig fortgeltenden gesetzlichen Provisorien geäußert worden war.

Das SPG regelt die **Organisation der Sicherheitsverwaltung** sowie die **sicherheitspolizeilichen Aufgaben** der Sicherheitsbehörden, die va auf die Abwehr von „allgemeinen" Gefahren für die öffentliche Ruhe, Ordnung und Sicherheit zielen und zur Bekämpfung von gerichtlich strafbaren Handlungen, zur ersten Hilfeleistung bei Gefahren aller Art (sog „Kalamitätenpolizei") sowie zur Verhinderung von sonstigen sozial unerwünschten Störungen des menschlichen Zusammenlebens ermächtigen.

Der den Ländern zur Gesetzgebung und überwiegend den Gemeinden zur Vollziehung verbliebene Teil der „örtlichen" Sicherheitspolizei wird weiterhin in spezifischen **Landespolizei-** bzw **Landessicherheitsgesetzen** sowie – erforderlichenfalls – in gesetzesergänzenden **ortspolizeilichen Verordnungen** der Gemeinden geregelt.

Soweit den Sicherheitsbehörden noch weitere wichtige, mit der Sicherheitspolizei in engem Zusammenhang stehende Aufgaben, wie insb Angelegenheiten der **„Kriminalpolizei"** (im Rahmen der Aufklärung und Verfolgung von gerichtlichen Straftaten gem StPO) zukommen, soll im Folgenden auch darauf Bezug genommen werden.

II. Verfassungsrechtliche Bezüge

1. Kompetenzrechtliche Bestimmungen

a) Sicherheitspolizei und Verwaltungspolizei

Die „Aufrechterhaltung der öffentlichen Ruhe, Ordnung und Sicherheit einschließlich der ersten allgemeinen Hilfeleistung" (Art 10 Abs 1 Z 7 B-VG – **Sicherheitspolizei**) umfasst – nach hL und stRsp – Maßnahmen zur Abwehr sog **allgemeiner Gefahren** für den Staat sowie Leben, Gesundheit, Freiheit, Vermögen und Sittlichkeit von Menschen. Eine Gefahr ist dann eine **„allgemeine"**, wenn sie nicht – als *besondere* Gefahr – nur innerhalb einer bestimmten Verwaltungsmaterie (zB → *Gewerberecht, Wasserrecht, Forstrecht*) auftritt oder durch den Gegenstand der verwaltungspolizeilichen Regelung eine Spezifikation erfährt, die sie zu einer für die Materie „allein typischen Abart" macht (vgl VfSlg 3201/1957 – **Verwaltungspolizei**). Der kompetenzrechtliche Umfang der Sicherheitspolizei erschließt sich damit – im Unterschied zu anderen Kompetenzbestimmungen – ausnahmsweise nicht im Wege des Versteinerungsprinzips*, sondern durch Subtraktion der jeweils anderen Kompetenztatbeständen zugezählten verwaltungspolizeilichen Maßnahmen zur Abwehr besonderer Gefahren. Die Abwehr allgemeiner Gefahren wird auf der Ebene des Kompetenzrechts als **„Restmaterie"** verstanden: „Alle Polizei, die nicht Verwaltungspolizei [dh *Wasser-, Bau-, Gewerbe-, Forst-, Fremdenpolizei* usw] ist, ist Sicherheitspolizei" (VfSlg 3650/1959).

Der Kompetenztatbestand der **„ersten allgemeinen Hilfeleistungspflicht"**, der den Bundesgesetzgeber zur Regelung einer **„stellvertretenden" Abwehr** von **besonderen Verwaltungsgefahren** bei Gefahr im Verzug ermächtigt, zählt kraft ausdrücklicher verfassungsrechtlicher Anordnung zur Sicherheitspolizei (arg *„einschließlich"*). Vgl dazu § 19 SPG (und V.1.c.).

b) Sicherheitspolizei des Bundes und der Länder (Gemeinden)

Angelegenheiten der Aufrechterhaltung der öffentlichen Ruhe, Ordnung und Sicherheit einschließlich der ersten allgemeinen Hilfeleistung sind grundsätzlich Bundessache in Gesetzgebung und Vollziehung (Art 10 Abs 1 Z 7 B-VG – **allgemeine Sicherheitspolizei**).

Dazu zählen zB der vorbeugende Schutz vor gerichtlichen Straftaten (VfSlg 13.659/1993), staatspolizeiliche Angelegenheiten (VfSlg 4692/1957), das Fundwesen (VfSlg 8155/1977),

Maßnahmen gegen Landstreicherei (VfSlg 11.195/1986) oder Hausbesetzungen (VfSlg 9653/1983), Straftatbestände betreffend die Störung der öffentlichen Ordnung (VfSlg 4813/1964) und ungestümes Benehmen (VfSlg 5159/1965, 6526/1971).

Davon ausgenommen sind Angelegenheiten, die im ausschließlichen oder überwiegenden Interesse der in der Gemeinde verkörperten örtlichen Gemeinschaft gelegen und geeignet sind, durch die Gemeinschaft innerhalb ihrer örtlichen Grenzen besorgt zu werden (Art 10 Abs 1 Z 7, Art 15 Abs 2 B-VG – **örtliche Sicherheitspolizei**). Sie sind Landessache in Gesetzgebung und, soweit es sich nicht um die Handhabung des Verwaltungsstrafrechts handelt, von den Gemeinden im eWb* zu vollziehen (Art 118 Abs 3 Z 3 B-VG).

Entgegen der früheren Rsp des VfGH zählen dazu seit der B-VGNov 1974 ausdrücklich die **„Wahrung des öffentlichen Anstandes** und die **Abwehr ungebührlicherweise hervorgerufenen störenden Lärmes“** (vgl Art 15 Abs 2 B-VG), darüber hinaus aber auch zB Verbote betreffend den Besitz und die Haltung gefährlicher Tiere uÄ.

Soweit damit nicht gegen bestehende Gesetze und Verordnungen des Bundes und der Länder verstoßen wird (VfSlg 14.384/1995), sind die Gemeinden verfassungsunmittelbar ermächtigt, auch in Angelegenheiten der örtlichen Sicherheitspolizei (bzw Sittlichkeitspolizei; vgl Art 118 Abs 3 Z 3 und 8 B-VG) **ortspolizeiliche Verordnungen** zur Beseitigung störender Missstände zu erlassen (Art 118 Abs 6 B-VG; s VII.).

Regelt zB ein LandespolizeiG nur die Ausübung der Prostitution in Bordellen, können andere Erscheinungsformen der Prostitution, die das örtliche Gemeinschaftsleben stören, erforderlichenfalls im Wege einer ortspolizeilichen Verordnung geregelt werden (VfSlg 7960/1976).

c) Kriminalpolizei

Bei der **Aufklärung und Verfolgung von Straftaten**, die von den Sicherheitsbehörden im Dienste der gerichtlichen Strafrechtspflege (sog **Kriminalpolizei**; s V.2.m.) erfolgt, handelt es sich um Aufgaben im Dienste der Strafrechtspflege (Art 10 Abs 1 Z 6 B-VG – vgl dazu § 98 StPO sowie *Hauer*, Ruhe 210).

Der VfGH zählte dagegen jene Angelegenheiten der Strafjustiz, die von den Sicherheitsbehörden und ihren Organen bei Gefahr in Verzug selbstständig wahrgenommen werden müssen, noch zur „Aufrechterhaltung der öffentlichen Ruhe, Ordnung und Sicherheit“ (Art 10 Abs 1 Z 7 B-VG – vgl VfSlg 4692/1964).

2. Grundrechtliche Bestimmungen

Sicherheitspolizeiliche Maßnahmen berühren verschiedenste grundrechtlich geschützte Freiräume. Eingriffe sind verfassungsrechtlich jedoch nur zulässig, wenn sie im Rahmen des jeweiligen **Gesetzesvorbehalts** eines Grundrechts erfolgen. Regelmäßig ist in diesem Zusammenhang erforderlich, dass der Eingriff einem bestimmten **öffentlichen Interesse** (zB nationale Sicherheit, öffentliche Ruhe und Ordnung, Verhinderung von strafbaren Handlungen) dient und unter Wahrung der **Verhältnismäßigkeit** erfolgt:

Freiheitsentziehende oder -beschränkende Maßnahmen – wie zB die Festnahme Unzurechnungsfähiger und Unmündiger (§ 45 SPG) – greifen in das Grundrecht auf **persönliche Freiheit** (Art 1 PersFrG, Art 5 EMRK) ein. Sie dürfen einfachgesetzlich nur im Rahmen der verfassungsgesetzlich taxativ aufgezählten Fälle (vgl zB Art 2 Abs 1 Z 2 lit a und Z 6 PersFrG) vorgesehen werden. Darüber hinaus gilt für solche Maßnahmen das Gebot der Verhältnismäßigkeit (Art 1 Abs 3 PersFrG). Entsprechend ist von freiheitsentziehenden Maßnahmen abzusehen, wenn dasselbe Ziel durch die Anwendung gelinderer Mittel erreicht werden kann (zB Wegweisung statt Festnahme – vgl §§ 81 Abs 2, 84 Abs 2 SPG). Weiters hat jeder Festgenommene das Recht, dass auf Verlangen ein Angehöriger und ein Rechtsbeistand verständigt werden (Art 4 Abs 7 PersFrG; vgl dazu § 47 Abs 1 SPG).

Eigentumsentziehende oder -beschränkende Maßnahmen, wie zB Sicherstellung, Verfall und Inanspruchnahme von Sachen (§§ 42 ff, 81 SPG) oder Schadenersatzansprüche, greifen in das Grundrecht auf **Eigentum** (Art 5 StGG, Art 1 1. ZPEMRK) ein. Sie dürfen einfachgesetzlich nur im öffentlichen Interesse und nach dem Grundsatz der Verhältnismäßigkeit vorgesehen werden. Verfassungsrechtlich bedenklich erweisen sich aus dem Blickwinkel der Verhältnismäßigkeit daher zB die strikten Verfallsbestimmungen* (§§ 43 und 81 Abs 6 SPG) und – iVm dem Gleichheitsgrundsatz (Art 7 B-VG) – der generelle Ausschluss der Entschädigungsleistung für Sachbeschädigungen im Rahmen der ersten allgemeinen Hilfeleistungspflicht (vgl § 92 Z 2 SPG).

Auch Eingriffe in das Grundrecht auf **Versammlungsfreiheit** (Art 11 EMRK) mittels Platzverboten (§ 36 SPG) oder Wegweisungen (§ 38 Abs 2 SPG) sind verfassungsrechtlich nur zulässig, wenn sie zur Erreichung bestimmter Zwecke (zB nationale Sicherheit, öffentliche Ruhe und Ordnung, Verhinderung von strafbaren Handlungen) erforderlich sind. Bestimmungen wie etwa die Auflösung von Besetzungen (§ 37 SPG) und die Durchsuchungsanordnung bei Großveranstaltungen (§ 41 SPG) sind von vornherein nicht auf Versammlungen iS des VersG (→ *Versammlungsrecht*) anzuwenden.

Das Betreten und Durchsuchen von Grundstücken und Räumen greift in das Recht auf Achtung des **Privat- und Familienlebens** (Art 8 EMRK, § 1 ff HausrG) ein. Auch solche Maßnahmen – wie bspw in § 39 SPG vorgesehen – dürfen einfachgesetzlich nur im öffentlichen Interesse (zB nationale Sicherheit, öffentliche Ruhe und Ordnung, Verhinderung von strafbaren Handlungen) und nach dem Grundsatz der Verhältnismäßigkeit vorgesehen werden.

Betteln stellt keine von Art 8 EMRK geschützte Ausdrucksform der Persönlichkeit dar. Dennoch müssen Bettelverbote, wie sie idR im Sicherheitspolizeirecht der Länder vorgesehen sind, vor dem Hintergrund der Freiheit der

Meinungsäußerung und der darin enthaltenen **Kommunikationsfreiheit** (Art 10 EMRK) maßhalten. Umfassen sie ausnahmslos jede Form des Bettelns, also auch nicht aggressives, sog „stilles" Betteln (mit Schild oder Hut), sind sie unverhältnismäßig und daher verfassungswidrig (VfSlg 19.662/2012 zum sbg LSG).

Für Maßnahmen des Ermittlungs- und Erkennungsdienstes (vgl §§ 51 ff SPG) ist wiederum Art 8 EMRK zu berücksichtigen, der im Verbund mit dem Grundrecht auf **Datenschutz** (§ 1 DSG 2000) der staatlichen Sammlung und Weitergabe von Informationen Grenzen setzt (vgl insb §§ 52 ff SPG). Wird etwa die Löschung gespeicherter Anzeigedaten (iZm Ermittlungen im Dienste der Strafrechtspflege – § 57 Abs 1 Z 6 SPG) trotz Aktualisierungs- und Richtigstellungspflichten nach Maßgabe einer erforderlichen Interessensabwägung verweigert, wird gegen das Grundrecht auf Datenschutz und auf Achtung des Privat- und Familienlebens verstoßen (VfSlg 16.149/2001, 16.150/2001). Die Vorratsdatenspeicherung zwecks Ermittlung und Verfolgung schwerer Straftaten wie organisierter Kriminalität und Terrorismus wurde vom VfGH (und EuGH) als unverhältnismäßiger Eingriff in das Grundrecht auf Datenschutz qualifiziert (VfSlg 19.892/2014 – s dazu auch III.3.). Auch die Bestimmungen zur Ermittlung von DNA-Daten im Rahmen der erkennungsdienstlichen Behandlung (§ 67 SPG) erwiesen sich in Ermangelung der erforderlichen Differenzierung und Präzisierung der ausschlaggebenden Strafdeliktstypen als verfassungswidrig (VfSlg 19.738/2013). Die Ermächtigung des § 53 Abs 3a SPG zur Ermittlung von IP-Adressen (sowie Namen und Anschrift des Inhabers) zur Verhinderung unmittelbar bevorstehender Straftaten ist dagegen gesetzlich so eng gefasst, dass keine grundrechtlichen Bedenken bestehen (VfSlg 19.657/2012 – hier: Schutz Minderjähriger angesichts eines auf sexuelle Kontakte spezialisierten Chatrooms).

Wenngleich die **Verfahrensgarantien** des Art 6 EMRK va auf das kriminalpolizeiliche Vorverfahren im Rahmen der StPO anzuwenden sind (zB Beiziehung eines Rechtsbeistandes – Art 6 Abs 3 lit c EMRK), werden auch für den Bereich der sicherheitspolizeilichen Gefahrenabwehr **vergleichbare Rechte** einfachgesetzlich vorgesehen (vgl §§ 30, 31 SPG).

Mitwirkungspflichten im Rahmen verschiedener neuer Ermittlungsmethoden (zB Mundhöhlenabstrich, DNA-Analyse) werden im Fall einer „geständnisgleichen" Wirkung aus dem Blickwinkel des **Verbots des Zwangs zur Selbstbeschuldigung** („nemo-tenetur-Prinzip" – Art 90 Abs 2 B-VG) für verfassungsrechtlich bedenklich erachtet (vgl *Grois*, Mitwirkungsverpflichtung 537 ff; aA *R. Müller*, Neue Ermittlungsmethoden 555).

Soweit sicherheitspolizeiliche Befugnisse mittels Ausübung von unmittelbarer verwaltungsbehördlicher Zwangsgewalt (zB §§ 33, 50 und 78 SPG) durchzusetzen sind, findet das Verbot der **Folter** und **unmenschlicher oder erniedrigender Behandlung** (Art 3 EMRK) Anwendung. Danach sind solche physischen Zwangsmaßnahmen unzulässig, denen eine die Menschenwürde beeinträchtigende gröbliche Missachtung des Betroffenen als Person eigen ist (zB Ziehen an den Haaren; Versetzen von Fußtritten; vgl VfSlg 11.230/1987, 11.687/1988, 15.026/1997). Ist die Anwendung von Körperkraft sowie auch ein allfälliger Waffengebrauch dagegen notwendig und maßhaltend (iSd §§ 2 und 4 bis 6 WaffenGG), liegt keine Verletzung des Art 3 EMRK vor (VfSlg 11.809/1988). Bei lebensgefährdendem Waffengebrauch sind allerdings die strengen Voraussetzungen des § 7 WaffGG einzuhalten, andernfalls das Grundrecht auf **Leben** (Art 2 EMRK) verletzt wird (VfSlg 15.046/1997).

Behauptete Übergriffe von Exekutivorganen erfordern im Maßnahmenbeschwerdeverfahren bei den LVwG eine **besonders sorgfältige Überprüfung** des Sachverhaltes. Dementsprechend wird Art 3 EMRK auch durch die Unterlassung von Ermittlungsschritten verletzt, sofern diese nicht von vornherein aussichtslos erscheinen (VfSlg 15.372/1997; vgl auch EGMR 04.12.1995, 18896/91 [Ribitsch gg Österreich]). Wesentliche Mängel bei der Beweiswürdigung, die den Denkgesetzen widersprechen (zB bei der Beurteilung der Glaubwürdigkeit von Zeugenaussagen), können wegen Willkür den **Gleichheitssatz** (Art 7 B-VG) verletzen (VfGH 12.06.2012, B 1404/11); dasselbe gilt im Fall nicht nachvollziehbarer Annahmen der Unglaubwürdigkeit von (Sachverhalts-) Angaben (VfSlg 19.347/2011).

Besonderes Augenmerk ist im Sicherheitspolizeirecht auch dem **Doppelbestrafungsverbot** (Art 4 7. ZPEMRK – „ne bis in idem") zu schenken. Eine Grundrechtsverletzung kann sich bei scheinbar kumulierenden Verwaltungsübertretungen nach SPG und LPolG (bzw LSG) ergeben. Wird bei „identem" Tatvorwurf nicht geklärt, in welchem Verhältnis zwei einschlägige Straftatbestände stehen (zB Bettelverbot nach wr LSG und Störung der öffentlichen Ordnung nach SPG), ist der Behörde (bzw dem LVwG) Willkür und damit die Verletzung des **Gleichheitssatzes** (Art 7 B-VG; Art I Abs 1 BVG-Rassendiskriminierung) vorzuwerfen (VfSlg 19.797/2013).

3. Legalitätsprinzip

Soweit Gesetze – wie zB das SPG in seinem 3. und 4. Teil über die Befugnisse der Sicherheitsbehörden – nicht nur ausnahmsweise (oder zufällig), sondern idR in Schutzbereiche von Grundrechten (s II.2.) eingreifen (sog **„eingriffsnahe Gesetze"**), müssen die Eingriffstatbestände über das in Art 18 Abs 1 B-VG festgelegte Maß der Determinierung hinaus **besonders genau** umschrieben werden (**„differenziertes" Legalitätsprinzip***; vgl VfSlg 10.737/1985, 11.455/1987, 14.850/1997).

§ 33 SPG ermächtigt die Organe des öffentlichen Sicherheitsdienstes, einem gefährlichen Angriff durch Ausübung von unmittelbarer Befehls- und Zwangsgewalt* ein Ende zu setzen. Auch wenn konkret zulässige (Abwehr-) Maßnahmen nicht im Gesetz aufgezählt werden, so werden sie doch durch die Aufgabenstellung und allgemeine Grundsätze der

Befugnisausübung (§§ 28 ff SPG; „ultima ratio", „Verhältnismäßigkeit") zureichend gesetzlich determiniert (kritisch *K. Weber/Schlag*, Sicherheitspolizei 102).

Macht der Gesetzgeber die Befugnisausübung (zB Ermittlung von DNA-Daten) von einer Prognoseentscheidung über das zukünftige Verhalten eines Täters abhängig, müssen die zur Beurteilung heranziehbaren Kriterien hinreichend determiniert werden. In der (bloßen) Bezugnahme auf Tat oder Persönlichkeit sah der VfGH noch keine zureichende Determinierung der Prognoseentscheidung, dass der Täter bei der Begehung weiterer gefährlicher Angriffe Spuren hinterlassen wird, die seine Wiedererkennung aufgrund der ermittelten genetischen Information ermöglichen würden (VfSlg 19.738/2013 zu § 67 Abs 1 S 1 SPG).

4. Organisation und Aufgaben der Sicherheitsbehörden

Die Angelegenheiten der Sicherheitspolizei des Bundes werden überwiegend durch **Bundesbehörden** vollzogen (Art 102 Abs 2 B-VG). Die verfassungsgesetzlichen Grundlagen der Organisation der Sicherheitsbehörden bilden Art 78a bis 78d B-VG:

- Oberste Sicherheitsbehörde ist der **BMI** (Art 78a Abs 1 B-VG). Behördeninterne Organisationseinheiten (Abteilungen, Gruppen), die mit der Sicherheitsverwaltung (§ 2 Abs 2 SPG) betraut sind, bilden die Sektion **Generaldirektion für die öffentliche Sicherheit** (§ 6 Abs 1 SPG). Dazu zählen auch das **Bundesamt für Verfassungsschutz und Terrorismusbekämpfung** (BVT; vgl § 1 Abs 3 PStSG) sowie das **Bundeskriminalamt** (BKA), das zur bundesweiten Bekämpfung gerichtlicher Straftaten sowie zur Wahrnehmung der internationalen Polizeikooperation gesetzlich eingerichtet worden ist (§ 6 Abs 1 SPG; §§ 1 ff BKA-G). Nicht dazu zählt zwecks Sicherung einer gewissen Unabhängigkeit (gegenüber dem Generaldirektor der öffentlichen Sicherheit) das **Bundesamt zur Korruptionsprävention und Korruptionsbekämpfung** (BAK; vgl § 6 Abs 1 SPG; §§ 1 ff BAK-G). Es handelt sich diesfalls um eine Organisationseinheit des BMI *außerhalb* der Generaldirektion für die öffentliche Sicherheit.
- Dem BMI sind die in jedem Bundesland einzurichtenden **LPolD** (§ 7 SPG), diesen wiederum auf Bezirksebene die **BVB** (§ 9 SPG), dh die BH bzw Bgm der Städte mit eigenem Statut, als Sicherheitsbehörden nachgeordnet (Art 78a Abs 1 B-VG).

In Wien und im Gebiet der in § 8 SPG aufgezählten (Stadt-) Gemeinden (zB Graz, Linz, Innsbruck, Salzburg) ist statt der BVB die **LPolD** zugleich „Sicherheitsbehörde erster Instanz" (vgl dazu Art 78c B-VG).

Einzelne sicherheitspolizeiliche Aufgaben können auch **Gemeindeorganen** zur Vollziehung übertragen werden (Art 78a Abs 3 B-VG). So besorgt zB der **Bgm** als Fundbehörde (§§ 4 Abs 3, 42a SPG) sicherheitspolizeiliche Aufgaben im üWb* der Gemeinde.

- Den Sicherheitsbehörden sind als Hilfsorgane **Organe des öffentlichen Sicherheitsdienstes** beigestellt. Sie werden regelmäßig in Form von Wachkörpern organisiert. **Wachkörper** (vgl Art 10 Abs 1 Z 14, 78d, 118 Abs 8

B-VG) sind bewaffnete oder uniformierte oder sonst nach militärischem Muster eingerichtete Formationen, denen Aufgaben mit polizeilichem Charakter übertragen sind.

Nach der (Wachkörper-) Zusammenlegung von Gendarmerie, Bundessicherheitswachekorps und Kriminalbeamtenkorps im Zuge der SPGNov 2005 wird der sicherheitspolizeiliche Exekutivdienst überwiegend durch den in die LPolD integrierten Wachkörper **Bundespolizei** (§ 5 Abs 2 Z 1 und Abs 6 SPG) besorgt (vgl §§ 6 Abs 2, 7 Abs 2, 9 Abs 1 SPG). Die Einrichtung von **Bezirks-** oder **Stadtpolizeikommanden** samt deren Polizeiinspektionen obliegt dem BMI (§ 10 Abs 1 SPG). Darüber hinaus können auch **Gemeindewachkörpern** (§§ 5 Abs 2 Z 2, 9 Abs 3 SPG; vgl Art 118a B-VG) oder dem **rechtskundigen Dienst bei Sicherheitsbehörden** Exekutivaufgaben zukommen (§ 5 Abs 2 Z 3 SPG).

Der BMI kann im Einvernehmen mit dem Hauptausschuss des NR aus den der Generaldirektion für die öffentliche Sicherheit beigegebenen oder zugeteilten Wachkörpern **Sondereinheiten** bilden (§ 6 Abs 3 SPG). Auf Grundlage der Sondereinheitenverordnung (SEV) bestehen derzeit das Einsatzkommando Cobra (EKO Cobra) sowie die Sondereinheit für Observation (SEO).

Die **sachliche Zuständigkeit** der Sicherheitsbehörden des Bundes wird tw verfassungsunmittelbar begründet (Art 78a Abs 2 B-VG), überwiegend ergibt sie sich aber aus den einfachgesetzlichen Bestimmungen. Danach beschränkt sie sich nicht ausschließlich auf die Besorgung der Sicherheitspolizei, denn den Sicherheitsbehörden obliegt darüber hinaus die **Besorgung der Sicherheitsverwaltung*** (§ 2 Abs 1 SPG; zB → *Versammlungsrecht, Vereinsrecht, Fremdenrecht*). Weiters kommen den Sicherheitsbehörden auch kriminalpolizeiliche Aufgaben im Dienste der **gerichtlichen Strafrechtspflege** zu (s V.2.m.).

Die Organe des öffentlichen Sicherheitsdienstes besorgen nach Maßgabe bundes- und landesgesetzlicher Bestimmungen auch noch **verwaltungspolizeiliche Hilfsdienste** (zB Straßen- oder Gewerbepolizei; → *Straßenpolizei- und Kraftfahrrecht, Gewerberecht*).

5. Besondere Kontrolle der Sicherheitsbehörden

Die Maßnahmen der Sicherheitsbehörden zum Schutz der verfassungsmäßigen Einrichtungen und ihrer Handlungsfähigkeit (**„polizeilicher Staatsschutz"**; s V.1.a.) unterliegen im Wege von Auskunftspflichten und Einsichtsrechten der **parlamentarischen Kontrolle** durch einen ständigen Unterausschuss des NR (Art 52a B-VG).

Bezüglich der Wahrung der Menschenrechte in der Sicherheitsverwaltung wird die gesamte Tätigkeit der Sicherheitsbehörden von der **Volksanwaltschaft** beobachtet und überprüft (Art 148a Abs 3 B-VG; §§ 11 ff VolksanwaltschaftsG). Zur Beratung der Volksanwaltschaft ist ein **Menschenrechtsbeirat** eingerichtet worden (Art 148h Abs 3 B-VG; §§ 14 ff VolksanwaltschaftsG).

Bestimmte sicherheitspolizeiliche und strafprozessuale Ermittlungsmaßnahmen (zB Lausch- und Spähangriffe, Rasterfahndung) unterliegen der Kontrolle eines **weisungsfreien, unabhängigen Rechtsschutzbeauftragten**

(§§ 91a ff SPG; §§ 14 ff PStSG; §§ 146 f StPO – sog „kommissarischer" Grundrechtsschutz).

6. Privatisierung sicherheitspolizeilicher Aufgaben

Der Aufgabenprivatisierung sind im Bereich der inneren Sicherheit enge Grenzen gesetzt (VfSlg 14.473/1996 – „Austro-Control"). Ansätze zur Privatisierung öffentlicher Sicherheitsdienstleistungen sind dennoch erkennbar. Beispielsweise kann der sicherheitspolizeiliche Schutz von Zivilflugzeugen oder Gerichten in Form von **Sicherheitskontrollen** (Personen-, Gepäckskontrollen) auch durch private Sicherheitsunternehmen erfolgen (vgl §§ 5, 6 LSG 2011, §§ 5, 11 GOG). Im Sicherheitspolizeirecht der Länder wird zur Verfolgung bestimmter Verwaltungsübertretungen (zB Bettelverbote) vermehrt die **Mitwirkung beliehener Privater** als Organe der öffentlichen Aufsicht vorgesehen (vgl zB § 1b oö PolStG; § 4b stmk L-SG). Ohne besondere gesetzliche Ermächtigung werden private Sicherheitsunternehmen auch vertraglich zT in die **schlichte Hoheits-** oder **Privatwirtschaftsverwaltung** der Sicherheitsbehörden (zB in Asyl-Erstaufnahmestellen, Schubhaftzentren) eingebunden.

Daneben führen immer öfters ohne Bezug zu den Sicherheitsbehörden auch **private Sicherheitsdienste** (zB „Private City Patrol"; „Securities") streifenähnliche Tätigkeiten im öffentlichen (zB Fußgängerzonen, Parks) oder semi-öffentlichen Raum (Bahnhöfe, Shopping-Malls) durch (vgl *Stolzlechner*, Neue Sicherheitsarchitektur 215 ff). Zu ihren Befugnissen in Form privater Not-, Selbsthilfe- und Anhalterechte s *Faber*, Private Wachdienste 859.

III. Europarechtliche Bezüge

1. Europäische Polizeikooperation

a) Europol

Um die Tätigkeit der nationalen Sicherheitsbehörden sowie deren europaweite Zusammenarbeit bei der Prävention und Bekämpfung von organisierter Kriminalität, Terrorismus und anderen Formen schwerer Kriminalität (zB Menschenhandel, Geldwäsche) zu unterstützen und zu verstärken, wurde in Den Haag ein **Europäisches Polizeiamt (Europol)** eingerichtet. Die Mitgliedstaaten entsenden Verbindungsbeamte, die **nationale Verbindungsbüros** innerhalb von Europol bilden. Europol soll einen ständigen und intensiven **Informations- und Datenaustausch** zwischen den Mitgliedstaaten gewährleisten (Art 88 AEUV); darüber hinaus können auch Ermittlungsersuchen an die nationalen Sicherheitsbehörden gestellt werden bzw das Europol-Personal an gemeinsamen Ermittlungsgruppen teilnehmen.

Die Kooperation mit Europol (und den EU-Mitgliedstaaten) wurde in Österreich beim **Bundeskriminalamt** konzentriert (§ 4 BKA-G) und erfolgt im Wesentlichen auf der spezifischen Grundlage des **EU-PolizeikooperationsG**, mit dem einschlägige Beschlüsse des Rates zur polizeilichen Zusammenarbeit (zB Europol-Informationssystem, Schengener Informationssystem – SIS II, Datenaustausch, polizeiliches Einschreiten auf fremdem Hoheitsgebiet, Betrauung von fremden Polizeiorganen mit Aufgaben zur Aufrechterhaltung der öffentlichen Ordnung und Sicherheit oder der Kriminalpolizei im Inland, zB im Rahmen gemeinsamer Streifendienste) innerstaatlich umgesetzt wurden.

b) Schengener Durchführungsübereinkommen (SDÜ)

Mit der Abschaffung der Personenkontrollen an den Binnengrenzen des sog Schengener Raums wurden notwendige Formen der **operativen Polizeikooperation** völkerrechtlich vereinbart (Art 39 ff SDÜ) und sodann als „Schengen-Besitzstand“ im Zuge der Verträge von Amsterdam und Lissabon in die EU-Verträge eingegliedert (vgl dazu Art 77 AEUV sowie Protokoll Nr 19, ABl C 2008/115, 201 ff). Aufgrund der generellen Transformation in das innerstaatliche Recht kann das SDÜ unmittelbar als gesetzliche Grundlage für das Verwaltungshandeln (iSd Art 18 Abs 1 B-VG) herangezogen werden. Einen wesentlichen Kernbereich bilden **kriminalpolizeiliche Maßnahmen**, wie zB die grenzüberschreitende Observation (Art 40 SDÜ) und Nacheile (Art 41 SDÜ).

Diese Ermächtigungen des SDÜ werden im **PolizeikooperationsG** (zB betreffend die organisationsrechtliche Infrastruktur, Rechtsschutz) ergänzt (§§ 15 ff PolKG).

2. Datenschutz

a) Datenschutz-RL

Art 3 Datenschutz-RL* und der ab Mai 2018 geltende Art 2 Datenschutz-GrundVO nimmt die Verarbeitung personenbezogener Daten im Bereich der Sicherheitspolizei und der Strafjustiz ausdrücklich von ihrem Anwendungsbereich aus und sieht für diesen Bereich eine eigene **RL 2016/680/EU** vor, die bis 06. Mai 2018 in innerstaatliches Recht umzusetzen ist.

Dessen ungeachtet bestimmt § 51 Abs 2 SPG bislang, dass die in Umsetzung der Datenschutz-RL ergangenen Bestimmungen des **DSG 2000** im Rahmen der Sicherheitspolizei subsidiär anzuwenden sind, sofern das **Sonderdatenschutzrecht des SPG** keine abweichenden Regelungen enthält (s unten V.2.k.).

b) Vorratsdatenspeicherung

Unter Vorratsdatenspeicherung wird die gesetzliche Verpflichtung von Telekommunikationsunternehmen verstanden, zum Zwecke der Strafverfolgung und Terrorismusbekämpfung **Verkehrs- und Standortdaten im Bereich der Telekommunikation** (zB Internet, E-Mail, SMS, Telefon) für einen bestimmten Zeitraum („auf Vorrat“) zu speichern und bei Verdacht auf schwere Strafdelikte den (gem StPO und SPG) zuständigen (Ermittlungs-) Behörden Zugriff auf diese Daten zu ermöglichen. Die Vorratsdatenspeicherung ist derzeit in Ermangelung gesetzlicher Ermächtigungen **unzulässig**.

Die bis zum Jahr 2014 geltende **Vorratsdatenspeicherungs-RL (VDS-RL)** wurde vom EuGH wegen Widerspruchs zu den Grundrechten auf Achtung des Privatlebens (Art 7 GRC) sowie Schutz personenbezogener Daten (Art 8 GRC) für ungültig erklärt (EuGH 08.04.2014, C-293/12, C-594/12), die Umsetzung der VDS-RL in österr Recht (**TKG, StPO** und **SPG**) vom VfGH mit derselben Begründung unter Bezugnahme auf Art 8 EMRK und das DSG aufgehoben (VfSlg 19.892/2014).

3. Grundrechte-Charta

Die Grundrechte-Charta* der EU ist in wesentlichen Teilen von der EMRK beeinflusst und enthält für den Anwendungsbereich des Unionsrechts vergleichbare Garantien (zB bezüglich persönlicher Freiheit, Privatleben, Datenschutz) zum Schutz vor unverhältnismäßigen Eingriffen in Grund- und Menschenrechte. Rechtsakte der EU, namentlich solche mit Bezug zu sicherheitspolizeilichen Aufgaben, wie insb der Abwehr allgemeiner Gefahren (s oben III.2.b.), müssen mit den Grundrechtsgarantien der GRC vereinbar sein.

IV. Völkerrechtliche Bezüge

1. Internationale Polizeikooperation

Neben der traditionellen Polizeikooperation im Rahmen von **INTERPOL** (§ 4 BKA-G) wurden mit verschiedenen europäischen (in und außerhalb der EU) sowie außereuropäischen Staaten **bilaterale Abkommen** zur polizeilichen Zusammenarbeit abgeschlossen. Innerstaatlich wird die völkerrechtlich vereinbarte **informationelle** und **operative Zusammenarbeit** durch das PolKG (zB betreffend die organisationsrechtliche Infrastruktur, Rechtsschutz) näher geregelt.

Im Fall unmittelbar anrainender Nachbarstaaten wird oftmals eine über das EU-Maß hinausgehende Zusammenarbeit (zB Deutschland – BGBl III 210/2005) oder eine dem SDÜ nachgestaltete Zusammenarbeit (Schweiz, Liechtenstein – BGBl III 120/2001) vereinbart. Bei den Vereinbarungen mit anderen Staaten (zB Bulgarien, BGBl III 206/2002; Usbekistan, BGBl III 91/2002) handelt es sich in aller Regel um spezifische (Verwaltungs-) Abkommen über eine Zusammenarbeit im Sicherheitsbereich (betreffend Informationen, Observationen, Befragungen, Fahndungen, Einrichtung von Verbindungsbeamten uÄ), va zum gemeinsamen Kampf gegen bestimmte Formen der Kriminalität.

2. Sicherheitspolizeiliche Maßnahmen

Verschiedene völkerrechtliche Abkommen verpflichten Österreich zur Regelung bestimmter sicherheitspolizeilicher Befugnisse. Soweit solche Abkommen unter Erfüllungsvorbehalt abgeschlossen werden, bedürfen sie einer **speziellen Transformation.**

§ 41 SPG (Durchsuchungsanordnung bei Großveranstaltungen) dient zB auch der Umsetzung des Art 3 Z 4 lit g des Europäischen Übereinkommens über Gewalttätigkeiten und Fehlverhalten von Zuschauern bei Sportveranstaltungen und insb Fußballspielen (BGBl 133/1988).

V. Sicherheitspolizeirecht des Bundes

Sicherheitsbehörden und Organe des öffentlichen Sicherheitsdienstes haben bestimmte **sicherheitspolizeiliche Aufgaben** zu besorgen. Zur Erfüllung dieser Aufgaben werden ihnen **einzelne Befugnisse** eingeräumt. Aufgaben und Befugnisse sind in **strikter gegenseitiger Akzessorietät** miteinander verbunden. Zum einen dürfen zur Besorgung der sicherheitspolizeilichen Aufgaben keine anderen als die für die **jeweilige Aufgabe** vorgesehenen Befugnisse eingesetzt werden. Zum anderen dürfen die sicherheitspolizeilichen Befugnisse nicht zur Besorgung anderer als den sicherheitspolizeilichen Aufgaben herangezogen werden.

Zur **Aufrechterhaltung der öffentlichen Ordnung** können zB neben nicht eingreifenden Mitteln (zB Ermahnung – § 28a Abs 2 SPG) nur **folgende Befugnisse** (teils iVm dem VStG) in Anspruch genommen werden: Wegweisung zur Aufrechterhaltung der öffentlichen Ordnung, insb auch unmündiger Minderjähriger (§ 38 Abs 1 SPG), Wegweisung und Sicherstellung von Sachen zur Aufrechterhaltung der öffentlichen Ordnung (§ 81 Abs 2 und 3 SPG) bzw Festnahme (§ 35 Z 3 VStG), Auflösung von Besetzungen (§ 37 SPG), Wegweisung von Schaulustigen (§ 38 Abs 1a SPG), Gefährderansprache (§ 49b SPG), Zwangsgewalt (§ 50 SPG), Ermittlung und Verarbeitung von Daten (§ 53 Abs 1 Z 6 SPG).

Obwohl das SPG eine Kodifikation der sicherheitspolizeilichen Aufgaben und Befugnisse beabsichtigt hat, finden sich einzelne sicherheitspolizeiliche Befugnisse auch **außerhalb des SPG**:

- Zur Besorgung der Aufgaben auf dem Gebiet des **polizeilichen Staatsschutzes** werden die hierfür zuständigen Sicherheitsbehörden (Bundesamt für Verfassungsschutz und Terrorismusbekämpfung und die für Verfassungsschutz zuständigen Organisationseinheiten der LPolD) zu besonderen Ermittlungsmaßnahmen gem § 11 PStSG (zB Observation, Einsatz von Bild- und Tonaufzeichnungen, Einholen von Verbindungsdaten, Einsatz von Vertrauenspersonen) ermächtigt.
- Zur Gewährleistung der **Sicherheit in der Zivilluftfahrt** können die Sicherheitsbehörden und Organe des öffentlichen Sicherheitsdienstes Kleidung und Gepäck von Passagieren nach verbotenen Gegenständen (zB Waffen, Sprengstoff) durchsuchen, wenn gelindere Mittel (zB Einsatz von Röntgengeräten) hiezu nicht ausreichen (§ 3 LSG 2011).
- Die (verwaltungsverfahrens-) gesetzliche Ermächtigung zur **Festnahme gem § 35 VStG** dient zwar primär der „Sicherung des Strafverfahrens".

Soweit die Festnahmebefugnis aber auf die Beendigung des rechtswidrigen Verhaltens zielt (§ 35 Z 3 VStG), handelt es sich – im Kontext des SPG – (auch) um eine sicherheitspolizeiliche Befugnis (iwS; vgl idS §§ 81 Abs 2 und 3, 84 Abs 2 SPG).

- Ohne ersichtlichen Grund werden einzelne sicherheitspolizeiliche Befugnisse **in anderen MaterienG wiederholt** (zB Vorführung psychisch Kranker zur Unterbringung – § 9 UbG).
- Einzelne **sicherheitspolizeiliche Verwaltungsstraftatbestände** finden sich in historisch angestammten Gesetzen (zB Art III Abs 1 Z 4 EGVG – Verbreiten nationalsozialistischen Gedankengutes) oder SonderG (zB § 3 SymboleG – Verwendung verbotener Symbole, wie zB der Gruppierung Islamischer Staat).
- Aufgrund der Strafrechtsakzessorietät des sicherheitspolizeilichen Gefahrenbegriffs (§ 16 SPG) ergibt sich ein besonderes Nahverhältnis der Sicherheitspolizei zum Strafrechtswesen und den sicherheitsbehördlichen Zuständigkeiten und Befugnissen im Dienste der **gerichtlichen Strafrechtspflege** (Kriminalpolizei; s V.2.m.). Im Einzelfall kann es in diesem Zusammenhang zu **Überschneidungen** von sicherheits- und kriminalpolizeilichen Aufgaben und Befugnissen kommen (§ 22 Abs 3 SPG).

Als Grundsatz gilt jedoch: Während gerichtlich strafbare Handlungen von den Sicherheitsbehörden und den Organen der öffentlichen Sicherheit auf der Grundlage des SPG verhindert und beendigt werden (§§ 21, 22 SPG), erfolgt die Ausforschung der einer Straftat verdächtigten Person, die Aufklärung der Straftat sowie die Sicherung des gerichtlichen Strafverfahrens grundsätzlich nach Maßgabe der StPO.

1. Aufgaben der Sicherheitspolizei

Die Aufgaben der Sicherheitsbehörden auf dem Gebiet der allgemeinen Sicherheitspolizei sind **abschließend** geregelt und umfassen die Aufrechterhaltung der öffentlichen Sicherheit, die Aufrechterhaltung der öffentlichen Ordnung, die erste allgemeine Hilfeleistungspflicht (kurz: EAH) und den besonderen Überwachungsdienst.

Nicht alle Befugnisse im SPG lassen sich aber diesen aufgezählten sicherheitspolizeilichen Aufgaben zuordnen. Insb die Beendigung von Besetzungen (§§ 37 Abs 1 Z 2, 38 Abs 5 SPG) dient zT auch dem **zivilrechtlichen Besitzschutz** (vgl dazu auch § 344 ABGB).

a) Aufrechterhaltung der öffentlichen Sicherheit

Die Aufrechterhaltung der öffentlichen Sicherheit (§§ 20 ff SPG) umfasst in ihrem wesentlichen Kernbereich die Erforschung und Abwehr allgemeiner Gefahren sowie den vorbeugenden Schutz von Rechtsgütern (sog „Verbrechensbekämpfung“):

Eine **„allgemeine Gefahr“** entsteht durch gefährliche Angriffe oder die Schaffung von kriminellen Verbindungen (§ 16 Abs 1 SPG). Ein **„gefährlicher Angriff“** liegt vor, wenn einer der in § 16 Abs 2 SPG taxativ aufgezählten **gerichtlichen Straftatbestände** (zB des StGB, VerbotsG, FPG) erfüllt wird. Eine kriminelle Verbindung entsteht, sobald sich drei oder mehr Menschen mit dem Vorsatz zusammenschließen, fortgesetzt strafbare Handlungen zu begehen (§ 16 Abs 1 Z 2 SPG).

- **Gefahrenerforschung** (§§ 16 Abs 4, 28a Abs 1 SPG): Bestehen konkrete Anhaltspunkte für das Vorliegen einer allgemeinen Gefahr, haben die Sicherheitsbehörden zunächst Nachforschungen anzustellen und den Sachverhalt zu ermitteln.
- **Beendigung gefährlicher Angriffe** (§§ 21 Abs 2 iVm 16 Abs 2 und 23 SPG): Im Fall der unmittelbaren Begehung einer gerichtlichen Straftat („gefährlicher Angriff“) sind die Sicherheitsbehörden unverzüglich zur **Beendigung** der Tat verpflichtet, sofern nicht ausnahmsweise aus übergeordneten sicherheitspolizeilichen Zielen (zB zwecks Ausforschung von Hintermännern) der Aufschub des Einschreitens zweckmäßig ist und keine Gefahr für Leben und Gesundheit Dritter besteht.
- **Vorbeugender Schutz von Rechtsgütern** (§§ 22, 23 SPG): Bestimmte Rechtsgüter (Leben, Gesundheit, Freiheit, aber auch bestimmte Personen, Institutionen und Sachen) sind auch gegen erst im **Vorbereitungsstadium** befindliche („wahrscheinliche“) gefährliche Angriffe zu schützen (§ 22 Abs 2 SPG).

Nach einem gefährlichen Angriff besteht die Verpflichtung zur Gefahrenaufklärung, wenn dies zur Vorbeugung weiterer Angriffe notwendig ist. Es sind die maßgeblichen Umstände (zB Identität des Täters) zu klären. Sobald aber eine bestimmte Person einer gerichtlich strafbaren Handlung verdächtig ist, sind weitere Ermittlungen und Eingriffe nach dem SPG weitgehend unzulässig. Die Sicherheitsbehörden müssen nach den Bestimmungen der StPO weiter vorgehen (§ 22 Abs 3 SPG).

Die sicherheitsbehördliche Aufgaben auf dem Gebiet des **polizeilichen Staatsschutzes** (§ 1 Abs 1 PStSG) sind im PStSG gesondert geregelt und spezifiziert worden (§§ 6 bis 8 PStSG). In diesem Rahmen obliegt dem BVT und den für Verfassungsschutz zuständigen Organisationseinheiten der LPolD (vgl § 2 Abs 3 PStSG) insb die **erweiterte Gefahrenerforschung** bei (zB ideologisch, religiös motivierten) extremistischen Personengruppen (§ 6 Abs 1 Z 1 PStSG) sowie der **vorbeugende Schutz vor verfassungsgefährdenden Angriffen** durch Einzelpersonen (§ 6 Abs 1 Z 2 PStSG).

Neben diesen Kernaufgaben obliegt den Sicherheitsbehörden weiters die **Personen- und Sachfahndung** (§ 24 SPG) sowie eine vorbeugende **kriminalpolizeiliche Beratung** (§ 25 SPG) und **Streitschlichtung** (§ 26 SPG).

b) Aufrechterhaltung der öffentlichen Ordnung

Die Aufrechterhaltung der öffentlichen Ordnung (§ 27 SPG) dient dem Schutz der **Ordnung an öffentlichen Orten**, die jederzeit von einem weitgehend unbeschränkten Personenkreis betreten werden können (zB Straßen, Parks, Gastlokal, Polizeiinspektion).

„Ordnung" bedeutet in diesem Zusammenhang die „äußere" Ordnung (und nicht die „rechtliche" Ordnung; VfSlg 4813/1964), somit die Gesamtheit jener *ungeschriebenen („gesellschaftlichen") Verhaltensregeln* für den Einzelnen in der Öffentlichkeit, deren Befolgung als unentbehrliche Voraussetzung für ein gedeihliches Miteinander der Menschen angesehen wird (VwSlg 543 A/1948). Ausschlaggebend sind daher die von einer breiten, allgemeinen Überzeugung getragenen präpositiven Wertvorstellungen, wie sie ua auch in Form von **Sitten, Konventionen** oder **sozialen (Verhaltens-) Gebräuchen** zum Ausdruck kommen.

Bei der Aufrechterhaltung der öffentlichen Ordnung besteht ausdrücklich eine Verpflichtung zur **Beachtung der Grund- und Freiheitsrechte**, sodass in diesem speziellen Zusammenhang – zB bei der Ausübung der Versammlungsfreiheit (Art 12 StGG) oder der Kunstfreiheit (Art 17a StGG) – **gewisse Ordnungsstörungen** von der Gesellschaft allenfalls in Kauf genommen werden müssen (vgl idS VfSlg 19.528/2011). Es muss das Recht der Gemeinschaft auf Ordnung gegen die Rechte des Einzelnen auf Ausübung von Grundrechten im Einzelfall sorgsam abgewogen werden (§ 27 Abs 1 SPG). Eine **„exzessive" Grundrechtsausübung** kann daher eine unzulässige Ordnungsstörung iSd §§ 27, 81 SPG darstellen (VwGH 03.07.1978, 607/78). Das gilt auch für eine „im Mantel" der Grundrechtsausübung erfolgende **gezielte Störung der Grundrechtsausübung anderer Personen** (vgl dazu VfSlg 12.501/1990 – Versammlungsfreiheit, VfSlg 16.054/2001 – Religionsfreiheit).

c) Erste allgemeine Hilfeleistungspflicht

Die EAH (§ 19 SPG) verpflichtet die Sicherheitsbehörden zur **subsidiären („stellvertretenden") Hilfeleistung**. Sicherheitsbehörden, die regelmäßig zuerst am Ort einer Gefahr eintreffen, müssen – bis zum Eintreffen der zuständigen Verwaltungsbehörden bzw der Rettung, Feuerwehr uÄ – auch **besondere Gefahren** (s II.1.a.) abwehren sowie zB **Erste Hilfe** leisten oder erforderliche **Rettungs-** bzw **Sicherungsmaßnahmen** (zB bei einem Brand) durchführen.

Soweit es sich nicht um das (von privaten Rechtsträgern, wie zB dem Roten Kreuz, besorgte) Hilfs- und Rettungswesen oder die Feuerpolizei handelt, ist die erste allgemeine Hilfeleistung **streng verwaltungsakzessorisch**. Die Abwehr der „besonderen" Gefahr muss nach Bundes- oder LandesG in die Zuständigkeit einer Verwaltungsbehörde fallen. Keine Hilfeleistungspflicht besteht daher in Angelegenheiten der *privaten* Gefahrenabwehr (zB bezüglich im Erdreich verborgener Bombenblindgänger – vgl dazu *A. Wimmer*, bbl 2007, 220 sowie den Zurückweisungsbeschluss des VfSlg 19.354/2011).

Voraussetzung ist, dass bestimmte Rechtsgüter (Leben, Gesundheit, Freiheit oder Eigentum) gefährdet werden oder ihre Gefährdung unmittelbar bevorsteht (§ 19 Abs 1 SPG). Die Pflicht zur Hilfeleistung endet mit der **erfolgreichen Abwehr** der Gefährdung, der **Ablehnung der Hilfe** durch den Gefährdeten oder dem **Einschreiten der zuständigen Behörde, Rettung** oder **Feuerwehr** (§ 19 Abs 4 SPG).

d) Besonderer Überwachungsdienst

Im Rahmen des besonderen Überwachungsdienstes (§ 27a SPG) obliegt den Sicherheitsbehörden der Schutz gefährdeter Personen, Sachen oder Vorhaben, wenn die Gefährdeten oder Verantwortlichen (zB einer Veranstaltung) dazu nicht bereit oder in der Lage sind und die dadurch entstehenden Gefahren im Interesse der Aufrechterhaltung der öffentlichen Ordnung und Sicherheit nicht hingenommen werden können.

2. Sicherheitspolizeiliche Befugnisse

Zur Aufgabenbesorgung sind Sicherheitsbehörden und/oder Organe des öffentlichen Sicherheitsdienstes zur Ausübung **allgemeiner** (§§ 32 und 33 SPG; s 2.a.) und **besonderer Befugnisse** (§§ 34 ff, § 81 SPG, § 35 Z 3 VStG; s 2.b. bis j.) sowie **unmittelbarer Zwangsgewalt** (§§ 33, 50, 78 SPG; s 2.i.) ermächtigt. Dabei sind sie an mehrere **allgemeine Grundsätze** der Befugnisausübung gebunden:

- **Vorrang nicht eingreifender Mittel** (§ 28a Abs 3 SPG): Die sicherheitspolizeilichen Aufgaben sind in erster Linie mit jenen rechtlich zulässigen Mitteln zu erfüllen, die nicht in die Rechte von Personen eingreifen.

  ZB schlichtes Auskunftsersuchen, Streifendienst, Warnung eines potenziellen Opfers, aber auch an sich eingreifende Maßnahmen (zB Identitätsfeststellung, Durchsuchung von Räumlichkeiten), wenn sie **mit Zustimmung** (!) des Betroffenen erfolgen.

  Erst wenn sich nicht eingreifende Maßnahmen als untauglich oder unverhältnismäßig aufwändig erweisen, können auch **eingreifende Mittel** eingesetzt werden (**„ultima-ratio-Prinzip“**).

  So kann statt der Überwachung einer Gefahrenstelle durch zahlreiche Exekutivorgane auch ein Platzverbot erlassen werden (§ 36 SPG).

- **Beschränkung der Befugnisse** (§ 28a Abs 3 SPG): In die Rechtssphäre betroffener Personen darf nur aufgrund spezieller gesetzlicher Ermächtigungen („Befugnisse“) eingegriffen werden.
- **Verhältnismäßigkeitsprinzip** (§ 29 SPG): Trotz Erforderlichkeit eingreifender Maßnahmen ist jeweils die Verhältnismäßigkeit zu Anlass und angestrebtem Erfolg der Maßnahme zu wahren. Verhältnismäßigkeit liegt vor, wenn der Rechtseingriff zur Erfüllung der Aufgabe **tauglich** und **erforderlich** („gelindestes Mittel“) ist sowie der angestrebte Erfolg zu voraussichtlich bewirkten Schäden und Gefährdungen in einem **angemessenen Verhältnis** steht.

  Als unverhältnismäßig iSd § 29 SPG kann sich zB der **Zeitpunkt** einer sicherheitspolizeilichen Maßnahme erweisen (VfSlg 18.302/2007 – „nächtliche“ Nachschau in einer Wohnung um 1.30 Uhr).

UU erfordert ein Rechtseingriff eine **„qualifizierte"** Verhältnismäßigkeit (§ 32 SPG). So muss bei der EAH der abzuwendende Schaden die Rechtsgutverletzung offenkundig und erheblich übersteigen, wenn in Rechte einer Person eingegriffen wird, die die Gefährdung nicht zu verantworten hat.

- **Vorrang bestimmter Schutzgüter** (§ 28 SPG): Bei der Erfüllung der sicherheitspolizeilichen Aufgaben ist jedenfalls dem Schutz des Lebens und der Gesundheit von Menschen Vorrang vor anderen Gütern einzuräumen.
- **Schutz des Betroffenen** (§ 30 SPG): Bei der Ausübung der Sicherheitspolizei kommen betroffenen Personen besondere Rechte zu, zB auf Verlangen über Anlass und Zweck des Einschreitens informiert zu werden, Kenntnis von den Dienstnummern der einschreitenden Organe zu erhalten, Personen des Vertrauens beizuziehen, die Feststellung von bedeutsamen Tatsachen zu verlangen. Nur im Fall, dass der Zweck der Befugnisausübung vereitelt werden würde, sind diese Rechte vorläufig nicht zu gewähren.

  Dabei handelt es sich um **subjektiv-öffentliche Rechte*** (iSd § 87 SPG), deren Verletzung in einer Maßnahmenbeschwerde beim LVwG (§ 88 SPG) geltend gemacht werden kann.

- **Sonstige Ausübungsschranken** (§ 31 SPG; RLV): Die Organe des öffentlichen Sicherheitsdienstes sind bei ihrem Einschreiten überdies an einen **„Berufspflichtenkodex"** gebunden, der spezielle Verhaltensregeln vorschreibt (zB Ansprache mit „Sie", Informationspflichten).

  Auch bei **freiwilligem Nachkommen** einer Aufforderung zur Einvernahme ist der Betreffende über die Möglichkeit der Verständigung bzw Beiziehung einer Vertrauensperson oder eines Rechtsbeistandes (§ 8 Abs 1 RLV) zu informieren (VwSlg 15.901 A/2002).

Der **Anwendungsbereich** der RLV ist in der Rsp umstritten:
Nach Ansicht des VwGH ist die RLV nicht nur im Bereich des SPG bzw der Sicherheitsverwaltung, sondern darüber hinaus auch in **allen anderen (Bundes-, Landes-) Vollzugsbereichen** (zB in Angelegenheiten der StVO; vgl dazu VwSlg 14.603 A/1997, 15.900 A/2002) sowie auch auf Amtshandlungen im Dienste der **Strafjustiz** (s V.2.m.) anzuwenden (VwSlg 15.901 A/2002).
Der VfGH differenziert dagegen nach kompetenzrechtlichen Gesichtspunkten, sodass es darauf ankommt, ob die Ziffern des § 31 Abs 2 SPG den **Organisations-** (Art 10 Abs 1 Z 14 B-VG – „innerer Dienst" der Bundespolizei; vgl Z 1, 2 und 5) oder den **Materienkompetenztatbeständen** (Z 3, 4, 6, 7 und 8) zugeordnet werden müssen. Dies führt dazu, dass – § 31 SPG verfassungskonform interpretiert – die Z 1, 2 und 5 für Gemeindewachkörper nicht gelten und die Z 3, 4, 6, 7 und 8 nicht auch das Einschreiten der Organe des öffentlichen Sicherheitsdienstes im Bereich der Landesvollziehung miterfassen (VfSlg 18.494/2008).

Bei den Verhaltensregeln nach der RLV handelt es sich zwar um **keine subjektiv-öffentlichen Rechte***, dennoch ist im Fall der Verletzung der Richtlinien ein **besonderes Rechtsschutzverfahren** vor der Dienstaufsichtsbehörde vorgesehen (§ 89 SPG; s dazu auch V.4.c.).

a) Allgemeine Befugnisse

Sicherheitsbehörden und Organen des öffentlichen Sicherheitsdienstes werden zur Erfüllung der Aufgaben der EAH und der Aufrechterhaltung der öffentlichen Sicherheit **allgemeine Befugnisse** eingeräumt. Bei diesen Befugnissen wird lediglich das Ziel des Einschreitens vorgegeben. Zu beachten gilt, dass durch den Gebrauch der allgemeinen Befugnisse nicht die **Beschränkungen der besonderen Befugnisse** (§§ 34 ff SPG – sog polizeiliche „Standardmaßnahmen“) unterlaufen werden dürfen. Die Inanspruchnahme einer allgemeinen Befugnis kommt nur in Betracht, wenn ein Sachverhalt nicht von den besonderen Befugnissen umfasst wird.

- Im Rahmen der EAH (§ 19 SPG) können die Organe des öffentlichen Sicherheitsdienstes in Rechtsgüter von Personen eingreifen, wenn der abzuwendende Schaden die Rechtsgutsverletzung offenkundig und erheblich übersteigt (§ 32 Abs 1 SPG – zB Aufbrechen einer Tür zwecks Rettung eines Verletzten/„**Nothilfe**“). Ferner können sie in die Rechtsgüter des „Störers“ eingreifen. Lebensgefährdende Maßnahmen sind jedoch nur zur Rettung von Menschenleben zulässig (§ 32 Abs 2 SPG).
- Die Organe des öffentlichen Sicherheitsdienstes können im Rahmen der Aufrechterhaltung der öffentlichen Sicherheit einem **gefährlichen Angriff** (§ 16 Abs 2 SPG) unmittelbar durch Ausübung von unmittelbarer Befehls- und Zwangsgewalt* ein Ende setzen (§ 33 SPG).

  Welche Maßnahmen zur Beendigung des gefährlichen Angriffs konkret erforderlich sind, richtet sich nach den Umständen des Einzelfalles und ist am Verhältnismäßigkeitsprinzip auszurichten (vgl dazu zB VwGH 08.03.1999, 98/01/0096 – hier: „In-den-Schwitzkasten-Nehmen“, „Zudrücken des Halses“ zur Verhinderung des Schluckens von Rauschgift). Im Rahmen des § 33 SPG scheint auch eine **(zB kurzfristige) Festnahme** (zB Fesselung einer tobenden Person) noch gedeckt (*Hauer/Keplinger*, Sicherheitspolizeigesetz 327; *Pölzl* in Thanner/Vogl, SPG § 33 Anm 9). Eine „**Schutzhaft**“ zum Zwecke der Hilfeleistung gem § 32 SPG (zB im Fall hilfloser Person) ist dagegen – über die Fälle der §§ 45, 46 SPG hinaus – mangels Deckung in Art 2 PersFrG nicht zulässig.

- Die Sicherheitsbehörden können zur Abwehr außergewöhnlich großer Gefahren für Leben, Gesundheit oder Vermögen von Menschen mit Verordnung **allgemeine (Verhaltens-) Anordnungen für Private** (zB Ausgehverbot, „Vermummungsverbot“ – vgl VfSlg 19.879/2014, allgemeine Ausweispflicht) treffen (§ 49 Abs 1 SPG). Sobald der Grund zu ihrer Erlassung weggefallen ist, sind solche Verordnungen unverzüglich wieder aufzuheben (§ 49 Abs 3 SPG).

Die Verordnung ist in einer nach den Umständen geeigneten Form kundzumachen, sodass die potenziellen Adressaten (zB eines Stadtteils) von den Anordnungen tatsächlich Kenntnis erlangen können (zB mit Megaphon, durch öffentlichen Anschlag, in Zeitungen, Rundfunk).

b) Datenerhebungsbefugnisse

- **Auskunftsverlangen** (§ 34 SPG): Die Organe des öffentlichen Sicherheitsdienstes können zum Zweck der Gefahrenerforschung im Rahmen der EAH Auskünfte von Personen verlangen.

  Das Auskunftsverlangen kann nicht mit Zwangsgewalt durchgesetzt werden. Auch stellt die Auskunftsverweigerung keine Verwaltungsübertretung dar (sog lex imperfecta). Dadurch unterscheidet sich das normativ-befehlende Auskunfts**verlangen** faktisch kaum vom bloßen Auskunfts**ersuchen**, das als nicht eingreifendes Mittel (§ 28a Abs 2 SPG) grundsätzlich unbeschränkt zulässig ist.

- **Identitätsfeststellung** (§ 35 SPG): In bestimmten Fällen – wie zB bei **Verdacht der Täterschaft** (Z 1) oder **(EU-)Binnengrenzen überschreitenden Reisebewegungen** (Z 6) – sind die Organe des öffentlichen Sicherheitsdienstes ermächtigt, die Identität einer Person festzustellen, erforderlichenfalls auch gegen den Willen des Betroffenen (Durchsuchung, Begleitung, Vorführung).

  Als Ausgleich für den Wegfall der Grenzkontrollen an den Binnengrenzen des Schengener Raums (zB Deutschland, Italien) können entsprechende Kontrollen von Reisenden im gesamten Inland vorgenommen werden (sog **„Schleierfahndung“**). Es reicht eine aus den konkreten Umständen abzuleitende Annahme einer Reisebewegung (zB Gepäck, typische Reiseroute) aus.

  Die Feststellung der Identität hat mit der vom jeweiligen Anlass gebotenen Verlässlichkeit – von der Befragung bis hin zur Einsichtnahme in einen amtlichen Lichtbildausweis – zu erfolgen. Bei der Identitätsfeststellung dürfen nur Name, Geburtsdatum und Wohnanschrift erfasst werden (§ 35 Abs 2 SPG). Die Feststellung anderer Daten, wie zB jene des Berufs oder der Beschäftigung, ist daher im gegebenen Zusammenhang nur als Auskunftsersuchen im Rahmen der eingriffsfreien Aufgabenerfüllung (§§ 28a Abs 2, 53 SPG) zulässig. Ansonsten müssen solche – nicht der Mitwirkungspflicht unterliegende – Daten im Wege des Ermittlungsdienstes erhoben werden (§§ 52 ff SPG).

- **Ermittlungsdienst und Erkennungsdienst** (§§ 52 ff, 64 ff SPG): Die Sicherheitsbehörden können personenbezogene Daten ermitteln und verarbeiten sowie bestimmte Personen, wie zB Tatverdächtige, erkennungsdienstlich behandeln (s unten V.2.k.).

  In diesem Rahmen kann zB auch eine **präventive Videoüberwachung** von besonders gefährdeten öffentlichen Orten („Kriminalitätsbrennpunkten“; zB Praterstern in Wien, Rudolfskai in Salzburg) erfolgen (§ 54 Abs 6 SPG).

c) Lokale Aufenthaltsverbote

- **Platzverbote** (§ 36 SPG): Bestehen konkrete Anhaltspunkte (zB im Vorfeld einer geplanten Veranstaltung), dass eine **allgemeine Gefahr** (iSd § 16 SPG) für Leben, Gesundheit, Eigentum oder Umwelt in großem Ausmaß besteht, kann die Sicherheitsbehörde das Betreten eines Gefahrenbereiches und den Aufenthalt im Gefahrenbereich mittels Verordnung verbieten und die Nichtbefolgung zur Verwaltungsübertretung erklären. Die Verordnung tritt spätestens 3 Monate nach Wirksamwerden ex lege wieder außer Kraft (§ 36 Abs 3 SPG).

  Besteht eine Gefahr bereits, kann das Platzverbot auch mittels **Eilverordnung** erlassen werden (§ 36 Abs 2 SPG).

  Das Platzverbot gilt grundsätzlich unterschiedslos für alle Menschen. Es ist aber zulässig, sachlich gerechtfertigte **Ausnahmen vom persönlichen Geltungsbereich** (zB Wohnbevölkerung, Berufstätige, Rettungsdienst, Medienvertreter uÄ) vorzusehen. Unzulässig ist es jedoch, zum Zweck eines ungestörten Besuches einer Versammlung (zB Wahlveranstaltung) ein Platzverbot „genau“ für den Veranstaltungsort zu erlassen und den Zugang bestimmten Personengruppen zu erlauben und anderen Gruppen zu verbieten (VfGH 18.06.2015, V 105/2014).

  Vor Erlassung des Platzverbotes besteht ein **Wegweiserecht** der Organe des öffentlichen Sicherheitsdienstes (§ 38 Abs 2 SPG).

- **Schutzzonen und Sicherheitsbereiche** (§§ 36a, 49a SPG): Die Sicherheitsbehörde kann zeitlich befristete Schutzzonen **bis höchstens 150m im Umkreis von Schulen, Kindergärten uÄ** festlegen, um Minderjährige vor bestimmten Bedrohungen zu schützen (zB Verkauf von Drogen, Verteilung von Nazipropagandamaterial). Im Bereich dieser Schutzzonen sind die Organe des öffentlichen Sicherheitsdienstes zur Wegweisung und zum Ausspruch eines befristeten (Wieder-) Betretungsverbotes gegenüber verdächtigten Personen ermächtigt (§ 36a Abs 3 SPG). Die Anordnung ist von der Sicherheitsbehörde binnen 48 Stunden zu überprüfen (§ 36a Abs 4 SPG).

  Zwar ist zur Durchsetzung des Betretungsverbotes die Ausübung von **Zwangsgewalt** grundsätzlich **nicht zulässig** (§ 36a Abs 3 SPG). Die unzulässige Betretung stellt allerdings eine Verwaltungsübertretung dar (§ 84 Abs 1 Z 4 SPG), sodass bei Verharren im rechtswidrigen Verhalten schlussendlich auch eine Festnahme gem § 35 Z 3 VStG in Betracht kommt (§ 84 Abs 2 SPG).

  Bei Sportgroßveranstaltungen können die Sicherheitsbehörden mittels Verordnung Sicherheitsbereiche bis **höchstens 500m um den Veranstaltungsort** festlegen, wenn zu befürchten ist, dass gewaltbereite Personen Menschen oder Eigentum gefährden oder sich zB rassistisch motiviert verhalten werden (§ 49a Abs 1 SPG). Die Organe des öffentlichen Sicherheitsdienstes sind ermächtigt, verdächtigen Personen („Gefährdern“) das Betreten der Schutzzone zu verbieten bzw diese aus der Schutzzone wegzuweisen (§ 49a Abs 2 SPG).

Kehrt der Gefährder zurück, begeht er eine Verwaltungsübertretung (§ 84 Abs 1 Z 5 SPG). Nach wiederholter Missachtung des Betretungsverbotes kann auch eine Festnahme erfolgen (§ 84 Abs 2 SPG).

- **Wegweisung** (§§ 38, 38a, 81 und 84 SPG): Neben den speziellen Wegweiserechten bei Schutzzonen und Sicherheitsbereichen sind die Organe des öffentlichen Sicherheitsdienstes generell zur Wegweisung von **Störern, Gefährdeten** oder **Unbeteiligten** (zB bei Behinderung der Hilfeleistung) ermächtigt (§ 38 Abs 1, 1a, 3, 4 und 5 SPG).
  Bis zur Erlassung eines Platzverbotes (§ 36 SPG) kann jedermann von einem Ort weggewiesen werden, wenn dort eine **gegenwärtige allgemeine Gefahr** besteht (§ 38 Abs 2 SPG).
  Weiters können Personen, von denen eine Gefahr für Leben, Gesundheit oder Freiheit anderer Menschen ausgeht (**„Gewalt in der Familie"**), aus der Wohnung der gefährdeten Person weggewiesen und es kann ein zeitlich befristetes Betretungsverbot (samt Schlüsselabnahme) für Wohnung, uU – zum Schutz Minderjähriger – auch für Schule, Kindergarten uÄ verhängt werden (§ 38a SPG). Die Wegweisung kann mittels Zwang durchgesetzt werden (§ 50 SPG).

  Die Missachtung des Betretungsverbotes stellt demgegenüber zunächst eine **Verwaltungsübertretung** dar (§ 84 Abs 1 Z 2 SPG), sodass diesfalls mit Festnahme (vgl § 35 Z 3 VStG) oder zwangsweise durchzusetzender Wegweisung (als gelinderes Mittel gem § 84 Abs 2 SPG) vorzugehen ist.

  Die Sicherheitsbehörde ist in der Folge verpflichtet, die Anordnung der Organe des öffentlichen Sicherheitsdienstes binnen 48 Stunden zu überprüfen. Wurde es zu Recht ausgesprochen, endet es ex lege 2 Wochen nach seiner Anordnung, außer es wurde innerhalb dieser Frist ein Antrag auf Erlassung einer einstweiligen Verfügung gem §§ 382b ff EO eingebracht. In diesem Fall verlängert sich das Betretungsverbot bis zum Zeitpunkt der Zustellung der Entscheidung des ordentlichen Gerichts, längstens jedoch auf 4 Wochen ab Anordnung. Sind die Voraussetzungen von Beginn an oder später nicht mehr gegeben sind, ist das Betretungsverbot vor Fristende aufzuheben. Die Aufhebung (als „contrarius actus") erfolgt mittels einer *verfahrensfreien* behördlichen Verfügung (vgl dazu *Hauer/Keplinger*, Sicherheitspolizeigesetz 408) gegenüber dem Verbotsadressaten; der Gefährdete ist darüber zu informieren.
- **Auflösung von Besetzungen** (§ 37 SPG): Haus- und Grundstücksbesetzungen („ohne Duldung des Besitzers") können von der Sicherheitsbehörde mittels Verordnung aufgelöst werden, wenn es zur Aufrechterhaltung der **öffentlichen Ordnung** notwendig ist oder die Besetzung einen **schwerwiegenden** und daher nicht durch Selbsthilfe abzuwehrenden **Eingriff in Besitzrechte** darstellt und der Besitzer die Auflösung ausdrücklich verlangt. Kundmachung und zeitliche Geltungsdauer der AuflösungsV ergeben sich aus § 36 Abs 4 SPG (§ 37 Abs 1 SPG).

Erfolgt die Besetzung nicht durch „mehrere Menschen“ (= 3–5 Personen), sondern nur durch eine **Einzelperson** (zB gekündigter Mieter), bestehen vergleichbare Wegweisebefugnisse nach § 38 Abs 5 SPG.

Zur Durchsetzung kommen den Organen des öffentlichen Sicherheitsdienstes **Wegweisebefugnisse** zu (§§ 37 Abs 1, 50 SPG). Das (Wieder-) Betreten des Verbotsbereiches stellt – seit der SPGNov 2011 – eine Verwaltungsübertretung dar (§ 84 Abs 1 Z 6 SPG), daher können nunmehr im Fall des rechtswidrigen (Wieder-) Betretens auch **Festnahmen** gem § 35 Z 3 VStG erfolgen.

Handelt es sich bei „Besetzungen“ um eine **Versammlung** (iSd VersG), hat die Auflösung nach dem VersG zu erfolgen (→ *Versammlungsrecht*). Insb **Baustellenbesetzungen** werden bei demonstrativem Zusammenwirken (Blockierung der Bauarbeiten, Errichtung von Lagerstätten, Aneinanderketten von Personen) mit dem Ziel der Be- und Verhinderung des Baus idR als Versammlung gewertet (VfSlg 14.761/1997 – „Lambach“).

d) Gefährderansprachen, Meldeverpflichtungen

Zur Verhinderung von Gewalt und Rassismus bei Sportgroßveranstaltungen, terroristisch, ideologisch oder religiös motivierten Straftaten sowie strafbaren Handlungen gegen die sexuelle Integrität können Personen, die sich zuvor bestimmter Verwaltungsübertretungen oder gerichtlicher Straftaten schuldig gemacht haben, von der Sicherheitsbehörde mit Bescheid zu einer **Belehrung zum rechtskonformen Verhalten** (und der Normverdeutlichung) vorgeladen werden (§§ 38b, 49b, 49d SPG) oder zur **Meldung bei der Sicherheitsbehörde** (zB zu bestimmten Zeitpunkten oder in regelmäßigen Abständen) verpflichtet werden (§§ 49c, 49e SPG).

Auch Personen, die wegen Gewalt in der Familie aus einer Wohnung weggewiesen worden sind, können während des **aufrechten Betretungsverbotes** (§ 38a Abs 8 SPG) zur präventiven Rechtsaufklärung zur Sicherheitsbehörde vorgeladen werden.

e) Betretung, Nachschau und Durchsuchung

- **Betreten von Grundstücken und Räumen, Öffnen von Behältnissen** (§ 39 Abs 1, 2 und 4 SPG): Während das *freiwillig* gestattete Betreten als nicht eingreifendes Mittel (§ 28a Abs 2 SPG) zur Aufgabenbesorgung jederzeit zulässig ist, sind die Organe des öffentlichen Sicherheitsdienstes nur bei der Erfüllung der EAH oder der Abwehr eines gefährlichen Angriffs auch gegen den Willen des Berechtigten zum Betreten von Grundstücken und Räumen sowie Öffnen von Behältnissen ermächtigt. Die Ermächtigung besteht jedenfalls auch für den Fall, dass dadurch ein zulässiger Waffengebrauch vermieden werden kann.

Flüchtet bspw ein Täter während der Verfolgung durch die Organe des öffentlichen Sicherheitsdienstes in ein Haus, sind diese Organe befugt, ihm – auch ohne vorherige Zustimmung des Hauseigentümers – zu folgen.

- **Durchsuchen von Grundstücken, Räumen und Behältnissen** (§ 39 Abs 3 und 5 SPG): Die Organe des öffentlichen Sicherheitsdienstes können darüber hinaus Grundstücke, Räume, Behältnisse (zB Koffer, Kästen) und Kfz nach angreifenden Personen, unmittelbar gefährdeten Personen und Tatwerkzeugen durchsuchen. Hiebei haben insb die Verhältnismäßigkeit des Eingriffs (§ 29 SPG) und bestimmte Formvorschriften der StPO (zB Bescheinigung, Anwesenheit des Inhabers) Beachtung zu finden.
- **Durchsuchen von Transportmitteln** (§ 39 Abs 4 SPG): Entlang der vom internationalen Durchzugsverkehr benutzten Verkehrswege (Straßen, Eisenbahnen, Wasserstraßen etc) oder in der Umgebung von Flughäfen können auch Transportmittel durchsucht werden, wenn gerichtlich strafbare Handlungen (zB Suchtgifthandel, „Schlepperei", Menschenhandel) anzunehmen sind.
- **Personendurchsuchung** (§ 40 SPG): Die Organe des öffentlichen Sicherheitsdienstes können **festgenommene Personen** durchsuchen (Durchsuchung der Kleidung, Besichtigung des Körpers). Andere Personen dürfen dagegen nur durchsucht werden, wenn sie iZm einem gegen Leben, Gesundheit, Freiheit oder Eigentum gerichteten Angriff stehen und einen gefährlichen Gegenstand (zB Einbruchswerkzeug) bei sich haben. Die Durchsuchung hat grundsätzlich durch eine **Person desselben Geschlechts** zu erfolgen (§ 31 Abs 2 Z 6 SPG). Bei der Durchsuchung können auch mitgeführte Behältnisse (zB Tasche) geöffnet und durchsucht werden.
- **Durchsuchungsanordnung bei Großveranstaltungen** (§ 41 SPG): Die Sicherheitsbehörde kann bei Großveranstaltungen (zB Sportveranstaltungen, Popkonzerte) den Zutritt zur Veranstaltungsstätte mittels Verordnung von der Bereitschaft abhängig machen, die Kleidung und mitgeführte Behältnisse durchsuchen zu lassen, wenn aufgrund bestimmter Tatsachen anzunehmen ist, es werde zu nicht bloß vereinzelten Gewalttätigkeiten oder zu einer größeren Zahl gefährlicher Angriffe gegen Leben oder Gesundheit von Menschen kommen. Werden nach Einwilligung des Betroffenen problematische Gegenstände (zB Feuerwerkskörper) gefunden, ermächtigt § 41 SPG nicht auch zur Sicherstellung dieser Sachen (vgl dazu § 42 SPG). Die Abnahme wird daher regelmäßig durch private Helfer („Ordner") des Veranstalters in Anwendung privatrechtlicher Mittel erfolgen müssen.

f) Weitere Eingriffe in Eigentum und Sachherrschaft

- **Sicherstellung und Verfall* von Sachen** (§§ 42, 43 sowie 81 Abs 3 Z 2, 84 Abs 2 SPG): Die Organe des öffentlichen Sicherheitsdienstes sind im Rahmen der Gefahrenabwehr (§ 42 SPG) sowie der Verhinderung von Ordnungsstörungen und sonstigen Verwaltungsübertretungen (§§ 81, 84 SPG) zur Sicherstellung („**Entziehung**") von Sachen ermächtigt. Durch die Sicherstellung wird ein öffentlich-rechtliches Verwahrungsverhältnis begründet.

Daher können zB Demonstranten, die eine Veranstaltung stören, die Anstoß erregenden Transparente wegen Störung der öffentlichen Ordnung abgenommen werden.

Über die Sicherstellung gem § 42 SPG ist tw eine besondere **Bestätigung** auszustellen. Nach Wegfall des Grundes der Sicherstellung ist die Sache idR von Amts wegen (§ 42 Abs 2 SPG) oder auf Verlangen (§ 81 Abs 4 und 5 SPG) zurück zu stellen. Andernfalls verfallen die sichergestellten Sachen innerhalb eines bestimmten Zeitraumes oder sind ausdrücklich mit Bescheid als verfallen zu erklären (§§ 43, 81 Abs 6 SPG).
Die Sicherstellung von Sachen ist auch zulässig, wenn es sich um aufgefundene Sachen handelt, die in keiner Gewahrsame stehen. Können sie dem Eigentümer (rechtmäßigen Besitzer) nicht ausgefolgt werden, sind sie dem örtlich zuständigen Bgm als Fundbehörde (§ 14 Abs 5 SPG) zu übergeben. Zur **Entgegennahme, Verwahrung** und **Ausfolgung verlorener** oder **vergessener Sachen** (Fundwesen) vgl § 42a SPG.

- **Inanspruchnahme von Sachen** (§ 44 SPG): Die Organe des öffentlichen Sicherheitsdienstes können fremde Sachen in Anspruch nehmen, wenn deren Gebrauch zur Abwehr eines gefährlichen Angriffs oder für die Erfüllung der EAH unerlässlich ist. Für allfällige Schäden besteht eine Haftung des Bundes.

  Zur Verfolgung eines aus der Bank flüchtenden Bankräubers wird ein vor der Bank abgestelltes Auto – allenfalls in Ausübung unmittelbarer Befehls- und Zwangsgewalt* (§ 50 SPG) – in Anspruch genommen. Für allfällige Schäden am Auto, die während der Verfolgungsjagd eintreten, haftet der Bund (§ 92 Z 2 SPG).

g) Festnahme und Anhaltung

- **Festnahme zur Aufrechterhaltung der öffentlichen Ordnung** (§ 35 Z 3 VStG, §§ 81 Abs 2, 84 Abs 2 SPG): Die Organe des öffentlichen Sicherheitsdienstes dürfen Personen, die auf frischer Tat betreten werden, zum Zweck ihrer Vorführung vor die Strafbehörde insb dann festnehmen, wenn der Betretene trotz Abmahnung in der Fortsetzung der verwaltungsbehördlich strafbaren Handlung **verharrt** oder diese zu **wiederholen** versucht (§ 35 Z 3 VStG).

  Von der Festnahme ist aber abzusehen, wenn die Fortsetzung oder Wiederholung der Störung der öffentlichen Ordnung durch Anwendung eines **gelinderen Mittels** (zur Wahrung der Verhältnismäßigkeit – zB Wegweisung des Störers, Sicherstellen von Sachen) abgewendet werden kann (§ 81 Abs 2 SPG; § 84 Abs 2 SPG).

- **Festnahme (Anhaltung) von Unmündigen und Zurechnungsunfähigen** (§§ 45, 47 SPG): Werden Zurechnungsunfähige (zB Geisteskranke, tiefgreifend bewusstseinsgestörte Personen – vgl § 11 StGB) oder unmündige Personen (bis zum 14. Lebensjahr – vgl § 21 Abs 2 ABGB) bestimmter **gerichtlich strafbarer Handlungen** (§ 17 StGB) verdächtigt, können sie zum Zwecke der Klärung des Sachverhaltes von den Organen des öffentlichen Sicherheitsdienstes festgenommen werden.

Befindet sich ein Tatverdächtiger unter gegebenen Umständen im Zustand der vollen Berauschung, ist er nach § 45 SPG festzunehmen, im Zustand **minderer Berauschung** dagegen nur im Rahmen des § 171 StPO.

Unmündige können auch dann festgenommen werden, wenn sie **zwischen 0.00 Uhr und 5.00 Uhr** ohne Aufsicht an einem öffentlichen Ort angetroffen werden und gefährlichen Angriffen besonders ausgesetzt wären. Die Festgenommenen haben das Recht, ohne unnötigen Aufschub einen Angehörigen/Rechtsbeistand zu verständigen (§ 47 SPG). Soweit sich keine anderen Erfordernisse ergeben (zB bei Geisteskrankheit gem § 46 SPG, UbG, StPO), sind die Personen nach Feststellung des Sachverhaltes grundsätzlich zu entlassen bzw unverzüglich dem zur Pflege und Erziehung Zuständigen zu übergeben.

- **Vorführung (Anhaltung) psychisch Kranker** (§§ 46 und 47 SPG; § 9 UbG): Die Organe des öffentlichen Sicherheitsdienstes können psychisch Kranke, die sich oder andere Menschen ernstlich und erheblich gefährden, einem im öffentlichen Sanitätsdienst stehenden Arzt (oder Polizeiarzt) oder – bei Gefahr im Verzug – auch unmittelbar einer Krankenanstalt bzw einer Abteilung für Psychiatrie vorführen. Zweck der Vorführung ist eine **medizinische Untersuchung** des Betroffenen sowie die Feststellung des Erfordernisses einer Unterbringung (iSd UbG). Auch in diesem Fall hat der Vorgeführte das Recht, ohne unnötigen Aufschub einen Angehörigen/ Rechtsbeistand zu verständigen (§ 47 SPG).

h) Objekt- und Personenschutz

- **Bewachung von Menschen und Sachen** (§ 48 SPG): Wenn ein gefährlicher Angriff gegen Leben, Gesundheit oder Freiheit von Personen oder die Handlungsfähigkeit von Staatsorganen (BPräs, NR etc) bevorsteht, sind die Organe des öffentlichen Sicherheitsdienstes zur vorbeugenden Bewachung dieser Personen ermächtigt. Dasselbe gilt für Sachen, wenn ein gefährlicher Angriff gegen das Eigentum von Personen oder die Umwelt in großem Ausmaß bevorsteht oder wenn ihre unbefugte Beschädigung oder Wegnahme droht.

Nach einem Einbruch in ein Geschäftslokal kann der Eigentümer nicht verständigt werden. Gelingt es den Sicherheitsbehörden nicht, den Zutritt zum Geschäftslokal für Unbefugte auszuschließen, und ist eine Sicherstellung (§ 42 Abs 1 Z 3 SPG) der im Geschäft befindlichen Sachen ebenso unmöglich, können die Sachen durch Organe des öffentlichen Sicherheitsdienstes bewacht werden (vgl § 48 Abs 3 Z 2 SPG).

- **Überwachung von Vorhaben** (§ 48a SPG): Überwachungen im Rahmen des Streifen- und Überwachungsdienstes (§ 5 Abs 3 SPG) sind als nicht eingreifendes Mittel (§ 28a Abs 2 SPG) allgemein zulässig. Die Sicherheitsbehörden können aber auch von Amts wegen oder auf Antrag die Überwachung von Veranstaltungen (zB Fußballspiele, internationale Schirennen, Open-Air-Popkonzerte, Straßenradrennen) anordnen. In diesem Fall sind **Überwachungsgebühren** zu entrichten (§ 5a SPG).

  Wird mit der Anordnung der Überwachung lediglich die Einhaltung der **veranstaltungsrechtlichen** Bestimmungen bezweckt, handelt es sich bei dieser Maßnahme um keine Angelegenheit der allgemeinen Sicherheitspolizei, sondern des Veranstaltungswesens der Länder (Art 15 B-VG). Der Umstand allein, dass die Gefahrenabwehr der Sicherheit der bei der Veranstaltung anwesenden Personen dient, bewirkt noch nicht, dass die Maßnahme zu einer sicherheitspolizeilichen wird (VfSlg 16.270/2001).

i) Zwangsmittel

Soweit nicht Anderes gesetzlich bestimmt ist (zB beim schlichten Auskunftsverlangen – § 34 SPG), können Organe des öffentlichen Sicherheitsdienstes die im Wege der Befehlsgewalt ausgeübten Befugnisse mittels unmittelbarer verwaltungsbehördlicher **Zwangsgewalt** durchsetzen (§ 50 SPG).

Steigt eine festgenommene Person in Befolgung eines normativen Befehls in das Polizeiauto, üben die Organe des öffentlichen Sicherheitsdienstes **Befehlsgewalt**, nicht aber auch schon Zwangsgewalt aus. Erst wenn sie aufgrund des passiven Verhaltens (oder Widerstands) der Person diese zB mit Körperkraft in das Polizeiauto schieben, üben sie auch **Zwangsgewalt** (iSd § 50 SPG) aus.

Wenden die Organe bei der Ausübung von Zwangsgewalt **Körperkraft** an (zB Armwinkelsperre, Wegdrängen, Festhalten), muss diese – analog dem WaffGG (s unten V.2.j.) – dem **Verhältnismäßigkeitsprinzip** entsprechen. Sie darf nur dann Platz greifen, wenn sie notwendig ist, um Menschen angriffs-, widerstands- oder fluchtunfähig zu machen (vgl § 6 Abs 1 WaffGG) und sie muss Maß haltend vor sich gehen. Es darf jeweils nur das gelindeste Mittel, das noch zum Erfolg führt, angewendet werden (VwSlg 17.331 A/2007; vgl auch § 29 SPG, Art 3 EMRK).

Anwesenden Betroffenen ist die Ausübung von Zwangsgewalt zuerst **anzudrohen**. Führt diese Androhung zu keinem Erfolg, ist die darauf folgende Zwangsgewalt **anzukündigen**. Erst danach kann sie zulässigerweise **tatsächlich ausgeübt** werden. Nur in Fällen der Notwehr oder der Beendigung gefährlicher Angriffe kann davon abgesehen werden (§ 50 Abs 2 SPG).

j) Waffengebrauch

Organe des öffentlichen Sicherheitsdienstes können bei der Ausübung von Zwangsgewalt auch **Dienstwaffen** (zB Gummiknüppel, Pfefferspray, Schusswaffen) zum Einsatz bringen. Sie sind dabei an die Bestimmungen des WaffGG gebunden (§ 50 Abs 3 SPG). Danach dürfen sie ihre Dienstwaffen nur zur gerechten Notwehr, Überwindung von Widerstand gegen Amtshandlungen, Erzwingung der Festnahme, Verhinderung der Flucht einer festgenommenen Person und Abwehr einer von einer Sache drohenden Gefahr gebrauchen (§ 2 WaffGG). **Gelindere Mittel** (zB Aufforderung zur Herstellung des gesetzmäßigen Zustandes, Anwendung von Körperkraft etc) haben dem Waffengebrauch generell vorzugehen (§ 4 WaffGG; vgl auch § 29 Abs 2 SPG). Stehen verschiedene Waffen zur Verfügung, darf nur die am wenigsten gefährliche und nach der Lage noch geeignet erscheinende Waffe gebraucht werden (§ 5 WaffGG).

Der **lebensgefährdende Waffengebrauch** unterliegt besonderen Beschränkungen (vgl §§ 7 f WaffGG iVm Art 2 und 3 EMRK; s auch II.2.).

k) Ermittlungs- und Erkennungsdienst

Für das **Verwenden personenbezogener Daten** im Rahmen der Sicherheitspolizei gelten die besonderen Bestimmungen für den Ermittlungs- (§§ 52 ff SPG) und Erkennungsdienst (§§ 64 ff SPG). Für beide Bereiche finden folgende **allgemeinen Grundsätze** Anwendung (§ 51 SPG):

- Die Verwendung von automationsunterstützt oder konventionell verarbeiteten personenbezogenen Daten unterliegt auch im Bereich der Sicherheitspolizei dem **DSG 2000**, soweit nicht Anderes gesetzlich bestimmt wird (§ 51 Abs 2 SPG).

  Die Verwendung konventionell verarbeiteter personenbezogener Daten **außerhalb von Dateien** (vgl §§ 4 Z 6, 58 DSG 2000), zB konventionelle Papierakten, unterliegt nur dem 4. Teil des SPG und § 1 DSG (vgl RV 1138 BlgNR XXI. GP; vgl dazu auch VwGH 23.11.2009, 2008/05/0079 – kein Löschungsanspruch nach DSG).

- Im Unterschied zum DSG 2000 dürfen personenbezogene Daten nur ermittelt und weiterverarbeitet werden, wenn eine ausdrückliche **gesetzliche Ermächtigung** dazu besteht. Außerdem dürfen die Sicherheitsbehörden nur die zur Erfüllung der ihnen übertragenen Aufgaben („**strenge Aufgabenbindung**" – vgl §§ 19 ff SPG) erforderlichen personenbezogenen Daten ermitteln und verarbeiten (zB erweiterte Gefahrenerforschung, Abwehr von gefährlichen Angriffen; vgl § 53 SPG).
- Darüber hinaus gilt auch für die Verwendung personenbezogener Daten ausdrücklich der Grundsatz der **Verhältnismäßigkeit** (§§ 29, 51 Abs 1 SPG). Für sensible und strafrechtlich relevante Daten (§§ 4 Z 3, 8 Z 4 DSG 2000) sind angemessene Vorkehrungen zur Wahrung der Geheimhaltungsinteressen zu treffen (zB Verschlüsselung der Datenübermittlung).

Der **Ermittlungsdienst** (§§ 52 ff SPG) umfasst die Ermittlung und Weiterverarbeitung von Daten. Beim „Ermitteln" werden Daten erhoben, beim „Verarbeiten" Daten erfasst, gespeichert, geordnet, verglichen, verknüpft oder gelöscht.

Ermittlungsdienstliche Maßnahmen sind insb die Verknüpfung eigener sicherheitsbehördlicher Daten (§ 53 Abs 2 SPG), Einholung von **Auskünften von öffentlichen Stellen, Telekommunikationsdiensten** (zB IP-Adressen; [Handy-]Standortdaten – § 53 Abs 3 bis 3b SPG) sowie **Privaten** (§§ 53 Abs 5, 54 Abs 1 SPG; zB auch Videomaterial von Verkehrsbetrieben, Banken etc), verdeckte Ermittlungen (§ 54 Abs 3SPG), Observationen (§ 54 Abs 2 SPG), Bild- und Tonaufzeichnungen (sog **„kleiner" Späh- und Lauschangriff** – vgl § 54 Abs 4 SPG), **Videoüberwachung öffentlicher Orte** (§ 54 Abs 5 bis 7 SPG).

Unzulässig im Bereich der Sicherheitspolizei sind mangels besonderer Ermächtigungen zB ein **„großer" Späh- und Lauschangriff** (Überwachung ohne Beisein eines verdeckten Ermittlers mittels „Videofallen", Tonbandgeräten, „Wanzen", Richtmikrofonen uÄ – vgl § 54 Abs 4 SPG) oder ein automationsunterstützter Datenabgleich mit anderen Datensammlungen (sog „**Rasterfahndung**" – vgl § 53 Abs 2 SPG). Solche Befugnisse bestehen allerdings für den Bereich der **Kriminalpolizei** (s V.2.m) gem §§ 136 ff (optische und akustische Überwachung von Personen), 141 ff StPO (automationsunterstützter Datenabgleich).

Die **Datenverarbeitung und -verwendung** wird nach unterschiedlichen Gesichtspunkten, insb der Ermittlung und Verarbeitung (§§ 53 ff SPG), der Übermittlung (§ 56 SPG) und besonderer Formen der Datenverwendung (zB **Elektronisches Kriminalpolizeiliches Informationssystem – EKIS** – § 57 SPG; Sicherheitsmonitor – § 58a SPG; Zentrale Gewaltschutzdatei – § 58c SPG; Zentrale Analysedatei für schwere Gewaltdelikte, insb sexuell motivierte Straftaten – § 58d SPG; Verwaltungsstrafevidenz – § 60 SPG) weiter präzisiert.

Soweit personenbezogene Daten durch verdeckte Ermittlung (§ 54 Abs 3 und 4a SPG) oder durch den Einsatz von Bild- oder Tonaufzeichnungsgeräten (§§ 53 Abs 5, 54 Abs 4 SPG) ohne ihre Kenntnis ermittelt worden sind, bestehen aus Gründen des Rechtsschutzes gegenüber den betroffenen Personen **Unterrichtungspflichten** (§§ 91c, 91d Abs 3 SPG). Ist die Benachrichtigung unzulässig (§ 26 Abs 2 DSG 2000), kann der **Rechtsschutzbeauftragte** erforderlichenfalls stellvertretend („kommissarisch") Beschwerde an die DSB erheben (§ 91d Abs 3 SPG). Ein besonderer Rechtsschutz durch den Rechtsschutzbeauftragten besteht überdies auch bei der erweiterten Gefahrenerforschung (§ 91c Abs 3 SPG – Erfordernis der „Ermächtigung").

Erkennungsdienst (§§ 64 ff SPG) ist das Ermitteln personenbezogener Daten durch erkennungsdienstliche Maßnahmen sowie das weitere Verarbeiten und Übermitteln dieser Daten. **Erkennungsdienstliche Maßnahmen**, zB an Menschen, die im Verdacht stehen, einen gefährlichen Angriff begangen zu haben (§ 65 Abs 1 SPG), sind **technische Verfahren** zur Feststellung von Merkmalen eines Menschen, die seine Wiedererkennung ermöglichen und die nicht mit einem Eingriff in die körperliche Integrität verbunden sind (zB Abnahme von Fingerabdrücken, Herstellung von Fotos, Vornahme von Mundhöhlenabstrichen, Entnahme von Hautpartikeln zum Zwecke einer DNA-Analyse, Erhebung von Stimmproben).

Die **Datenverwendung** im Erkennungsdienst wird nach unterschiedlichen Gesichtspunkten, insb Ermittlung und Verarbeitung (§§ 65 ff SPG), Übermittlung (§§ 71 f SPG), besonderen Formen der Datenverwendung (zB erkennungsdienstliche Evidenzen [§ 70

SPG], Zentrale erkennungsdienstliche Evidenz [§ 75 SPG]), Löschung (§§ 73 f SPG) präzisiert.

Die erkennungsdienstliche Behandlung ist unter den Voraussetzungen des § 65 SPG formlos oder – unter näher bestimmten Voraussetzungen – durch Bescheid anzuordnen (§ 77 SPG; vgl dazu VfSlg 16.439/2002) und durchzusetzen (§ 78 SPG). Ein Eingriff in die körperliche Integrität (zB Blutabnahme) ist dabei nicht zulässig, außer der Betroffene wirkt freiwillig an einer solchen Maßnahme mit.

Im Fall der Umsetzung des Bescheides handelt es sich bei der Zwangsmaßnahme (iSd § 78 SPG) um keinen Akt der Ausübung unmittelbarer Befehls- und Zwangsgewalt*, sondern um eine (Vollstreckungs-) Maßnahme tatsächlicher Art (*Horvath* in Thanner/Vogl, SPG § 78 Anm 2).

l) Staatspolizei

Die erweiterten Befugnisse der Sicherheitsbehörden (§ 1 Abs 3 PStSG) auf dem Gebiete des polizeilichen Staatsschutzes (§ 1 Abs 2 iVm § 6 PStSG) werden in § 11 PStSG **taxativ aufgezählt**. Neben Ermächtigungen zur Observation, verdeckten Ermittlung, dem Einsatz von Bild- und Tonaufzeichnungs- sowie Kennzeichenerkennungsgeräten bestehen insb **umfangreiche Ermächtigungen zur Einholung von Auskünften** (zB bei Telekommunikationsdiensten, Personenbeförderungsunternehmen). In diesem Rahmen können auch **Vertrauensleute** (sog V-Leute) eingesetzt (§ 11 Abs 1 Z 2 PStSG) sowie **Verbindungsdaten** ermittelt werden (§ 11 Abs 1 Z 7 PStSG – sog **Rufdatenrückerfassung**). Vor der Ausübung dieser Befugnisse ist zT eine vorherige Ermächtigung des Rechtsschutzbeauftragen oder Rechtsschutzsenats einzuholen (§ 14 PStSG).

m) Exkurs: Kriminalpolizei

Die Sicherheitsbehörden und Organe des öffentlichen Sicherheitsdienstes haben im Dienste der Strafjustiz auch bei der **Aufklärung und Verfolgung von gerichtlichen Straftaten** mitzuwirken (§ 18 StPO). Ermittlungsmaßnahmen (§§ 109 ff StPO – zB Haus- und Personendurchsuchung, optische und akustische Überwachung von Personen, Beschlagnahme, Festnahme) erfordern idR aber eine Anordnung der Staatsanwaltschaft, der im strafprozessualen Ermittlungsverfahren die leitende Funktion zukommt (§§ 101 bis 103 StPO). Nur **bei Gefahr im Verzug** sind die Sicherheitsbehörden und Organe des öffentlichen Sicherheitsdienstes ermächtigt, auch **selbständige (Ermittlungs-) Maßnahmen** („von sich aus") durchzuführen (§ 99 Abs 2 und 3 StPO).

So sind die Sicherheitsbehörden (Organe des öffentlichen Sicherheitsdienstes) zB zur unmittelbaren Festnahme eines Beschuldigten bei Betretung auf frischer Tat bzw – wenn eine Anordnung der Staatsanwaltschaft nicht rechtzeitig eingeholt werden könnte – bei Fluchtgefahr, Verdunklungsgefahr oder Wiederholungs- bzw Ausführungsgefahr ermächtigt (§ 171 Abs 2 StPO).

Ermittlungsmaßnahmen, die eine Anordnung der Staatsanwaltschaft sowie eine gerichtliche Bewilligung erfordern, können bei Gefahr in Verzug allerdings nur dann selbstständig von den Sicherheitsbehörden durchgeführt werden, wenn es hiefür eine besondere gesetzliche Ermächtigung gibt (§ 99 Abs 3 StPO).

Maßnahmen der Sicherheitsbehörden oder der Organe des öffentlichen Sicherheitsdienstes im Rahmen der Kriminalpolizei unterliegen grundsätzlich dem **gerichtlichen Rechtsschutz** (§ 106 StPO). Das gilt nicht für jene Maßnahmen, die **ohne Anordnung der Staatsanwaltschaft** oder **Genehmigung des Gerichtes** gesetzt werden (zB selbständige Maßnahmen, Überschreitung einer staatsanwaltschaftlichen Anordnung, wozu zB auch rassistische Beschimpfungen durch Polizeiorgane zählen – vgl dazu VwSlg 17.331 A/2007). Diese müssen, soweit die StPO (iVm Art 94 Abs 2 B-VG) ab 01. August 2016 nichts anderes vorsieht (vgl dazu VfGH 30.06.2015, G 233/2014 – Aufhebung der Wortfolge „Kriminalpolizei" in § 106 Abs 1 StPO idF BGBl I 195/2013), mit **Beschwerde** (Art 130 Abs 1 Z 2 bzw Abs 2 Z 1 B-VG iVm § 88 SPG) beim LVwG (Art 131 Abs 1 B-VG) bekämpft werden (VfSlg 19.281/2010).

Zur **kommissarischen Kontrolle** bei besonderen Ermittlungsmethoden (wie zB der optischen und akustischen Überwachung von Personen, Rasterfahndung) durch den Rechtsschutzbeauftragten vgl § 147 StPO.

3. Polizeistrafrecht des Bundes

Das Polizeistrafrecht des Bundes dient der Aufrechterhaltung der öffentlichen Ordnung und umfasst insb die folgenden Straftatbestände:

- Ungerechtfertigte **Störung der öffentlichen Ordnung** durch ein Verhalten, das geeignet ist, berechtigtes Ärgernis zu erregen (§ 81 Abs 1 SPG): Eine **Ordnungsstörung** idS liegt vor, wenn durch ein ärgerniserregendes Verhalten, wie zB lautes Schreien, Schimpfen, Randalieren (VwGH 26.02.1990, 89/10/0215), Liegen und Schlafen in einer auch zur Nachtzeit frequentierten Fußgängerpassage (UVS Wien 15.07.1991, 03/20/376/91), Verwenden einer Gasdruck-Fanfare bei einer Wahlveranstaltung (UVS Stmk 20.01.2001, 30.3–30/2000), an einem **öffentlichen Ort** Dritte dazu bewogen werden, sich anders als sonst zu verhalten (zB Menschenauflauf, Änderung von Gehwegen). Die **Eignung des Verhaltens, berechtigtes Ärgernis zu erregen**, bestimmt sich nicht nach der subjektiven Auffassung eines betroffenen Dritten, sondern ist am Maßstab des Empfindens eines *fiktiven Durchschnittsmenschen* zu beurteilen. **Ungerechtfertigt** ist das Verhalten, wenn es nicht aus besonders berücksichtigungswürdigen Gründen (zB Ausübung von Grund- und Freiheitsrechten, wie zB die

Versammlungsfreiheit; → *Versammlungsrecht*) in bestimmtem Ausmaß zu tolerieren ist.

Eine **(reine) Lärmerregung** unterfällt allerdings – soweit sie nicht überdies zu Störungen der öffentlichen Ordnung (iSd § 81 Abs 1 SPG) führt, die über das durch den bloßen Lärm zwangsläufig verursachte Aufsehen hinausgeht – ausschließlich den nach **landespolizeilichen Vorschriften** bestehenden Strafbestimmungen über ungebührliche Lärmerregung (VwSlg 17.262 A/2007 – hier: lautes Kreischen und Schreien; vgl auch VwGH 15.10.2009, 2008/09/0272 – hier: Verletzung des öffentlichen Anstandes).

- Behinderung einer Amtshandlung durch **aggressives Verhalten gegenüber Organen des öffentlichen Sicherheitsdienstes** und der öffentlichen Aufsicht (zB Jagd-, Fischerei-, Forstaufsichtsorgane) oder Militärwachen (§ 82 Abs 1 SPG) **trotz vorangegangener Abmahnung:**

  ZB Schreien (VwGH 26.09.1990, 89/10/0239); Gebrauch lautstarker Worte verbunden mit heftiger Gestik (VwGH 12.09.1983, 81/10/0101), nicht aber eine (bloß) theatralische bzw herrische Geste (VfSlg 10.967/1986). Auf den Inhalt einer Äußerung (zB beleidigende Ausdrucksweise, abfällige Äußerung) kommt es dagegen nicht an (VfSlg 7464/1974).

  Wird ein Organ dagegen nicht durch aggressives Verhalten, sondern **mit Gewalt oder durch gefährliche Drohung** an der Amtshandlung (zB Festnahme) gehindert, liegt bereits gerichtlich strafbarer **Widerstand gegen die Staatsgewalt** (§ 269 StGB) vor.

- Begehung einer Verwaltungsübertretung in einem die **Zurechnungsfähigkeit ausschließenden Rauschzustand** (§ 83 SPG):

  ZB das Beschütten von Passanten mit Bier (Störung der öffentlichen Ordnung – § 81 Abs 1 SPG) im Zustand voller Berauschung (2,5–3 Promille).

  Da § 3 Abs 1 VStG die Bestrafung einer Tat bei „Bewusstseinsstörung" ausschließt, pönalisiert § 83 SPG in diesem Zusammenhang (!) schon die schuldhafte Herbeiführung eines die Zurechnungsfähigkeit ausschließenden Rauschzustandes.

- **Unbefugtes Tragen von Uniformen** (§ 83a SPG);
- **Verbreitung nationalsozialistischen Gedankengutes** (Art III Abs 1 Z 4 EGVG):

  ZB die unsachliche, einseitige und propagandistisch vorteilhafte Darstellung von NS-Maßnahmen (zB „Auschwitzlüge").

  Liegt in diesem Zusammenhang auch der Vorsatz vor, in Österreich wieder ein NS-Regime zu installieren, wird ein gerichtlich strafbarer Tatbestand erfüllt (vgl §§ 3d und 3g VerbotsG).

- **Verwendung von Symbolen terroristischer Gruppierungen** (§ 3 Symbole-G);
- **Verstöße gegen bestimmte Verordnungen oder Befehle** (§ 84 SPG), zB Betretungsverbote, Gefährderansprachen, Meldeverpflichtungen.

Die Verwaltungsübertretungen stehen zT untereinander (§ 82 Abs 2 SPG), darüber hinaus aber auch zum gerichtlichen Strafrecht im Verhältnis der **Subsidiarität** (§ 85 SPG; vgl Art 4 7. ZPEMRK).

Ein Täter, der an einem öffentlichen Ort einen anderen vorsätzlich am Körper verletzt hat, ist vom Gericht wegen Körperverletzung (§§ 83 ff StGB), nicht aber zugleich von der Verwaltungsbehörde auch wegen Ordnungsstörung (§ 81 SPG) zu bestrafen.

Die Sicherheitsbehörden haben die Frage, ob eine Tat die Tatbestandsmerkmale einer gerichtlich strafbaren Handlung erfüllt (zB Widerstand gegen die Staatsgewalt – § 269 StGB; Körperverletzung – §§ 83 ff StGB), eigenständig als **Vorfrage*** zu beurteilen (§ 38 AVG, § 30 Abs 2 VStG). Unerheblich ist, ob der Täter tatsächlich von einem Gericht bestraft wird (VwSlg 2079 A/1951, 3640 A/1955). An Verurteilungen der Gerichte sind die Sicherheitsbehörden aber jedenfalls gebunden (vgl auch § 30 Abs 3 VStG).

4. Behörden und Verfahren

a) Behörden

Die Vollziehung des Sicherheitspolizeirechts erfolgt zT in unmittelbarer (LPolD, BMI), zT in mittelbarer Bundesverwaltung unter Einbeziehung von BVB und Gemeinden (sog **„gemischte" Vollziehung** – vgl dazu auch II.4.).

Oberste Sicherheitsbehörde ist der **BMI** (§ 4 Abs 1 SPG). Dem BMI nachgeordnet sind die **LPolD** sowie – auf Bezirksebene – die **BVB** (§ 4 Abs 2 SPG).

Ob auch die **Gemeinden im üWb*** als Sicherheitsbehörden tätig werden, ergibt sich aus besonderen Bestimmungen des SPG (§ 14 Abs 5 SPG) oder anderen VerwaltungsG.

Die Sicherheitsbehörden sind innerhalb ihres örtlichen Wirkungsbereiches zur Ausübung der Sicherheitspolizei sachlich zuständig (§ 14 Abs 1 SPG – **Zuständigkeitskonkurrenz**), sofern nicht hinsichtlich der sachlichen (zB § 14 Abs 5 SPG – Fundbehörde; § 1 Abs 3 PStSG – Staatsschutzbehörden) oder der funktionellen Zuständigkeit (zB §§ 86, 14 Abs 5, 14a SPG) Besonderes geregelt ist.

Übergeordnete Sicherheitsbehörden können sich Amtshandlungen im Wege der Weisung vorbehalten (§ 14 Abs 1 SPG, Art 20 B-VG). Der BMI kann überdies sich oder den LPolD mittels Verordnung die Besorgung bestimmter Angelegenheiten generell vorbehalten (**„Aufgabenvorbehalt"** – § 14 Abs 2 SPG; § 5 BKA-G).

Allfällige Zuständigkeitskonkurrenzen enden jedenfalls mit der Erlassung eines sicherheitspolizeilichen Bescheides.

b) Hilfsorgane

Der **Exekutivdienst** für die Sicherheitsbehörden (Streifen- und Überwachungsdienst, Ausübung der EAH, Gefahrenabwehr, Ermittlungs- und Erkennungsdienst) wird durch **Organe des öffentlichen Sicherheitsdienstes** versehen (§§ 5 ff SPG – vgl dazu schon unter II.4.). Deren Vollzugstätigkeiten werden, soweit es sich nicht um beauftragte kriminalpolizeiliche Tätigkeiten handelt (s V.2.m.), den Sicherheitsbehörden (als belangten Behörden) zugerechnet.

Wenn ausnahmsweise die örtlich zuständige Sicherheitsbehörde nicht rechtzeitig die erforderlichen Maßnahmen setzen kann oder dies sonst im Interesse einer raschen und zweckmäßigen Besorgung des Exekutivdienstes liegt, kann ein Organ des öffentlichen Sicherheitsdienstes auch außerhalb des Sprengels der Behörde, der es beigegeben ist, sicherheitspolizeiliche Amtshandlungen durchführen (§ 14 Abs 3 SPG – **„sprengelüberschreitendes" Einschreiten**). Die für den BMI oder den LPolD (als Sicherheitsbehörde I. Instanz) tätigen Organe des öffentlichen Sicherheitsdienstes sind überdies allgemein ermächtigt, Maßnahmen zur Verhinderung von Verwaltungsübertretungen nach §§ 81 ff SPG oder zur Einleitung von Verwaltungsstrafverfahren (vgl § 35 VStG) zu setzen. In beiden Fällen schreiten *„fremde"* Exekutivorgane als Organe der zuständigen (und allenfalls: zB im Maßnahmenbeschwerdeverfahren gem § 88 Abs 1 SPG zu belangenden) BVB oder LPolD ein (§ 86 Abs 2 SPG).

c) Verfahren

Auf das behördliche Verfahren der Sicherheitsbehörden finden das AVG, das VStG und das VVG Anwendung (Art I EGVG). Die allgemeinen Verfahrensbestimmungen werden insb durch **folgende Besonderheiten** ergänzt, abgeändert oder klargestellt:

- **Bescheidbeschwerde** (§ 14a SPG): Über Beschwerden gegen Bescheide der Sicherheitsbehörden hat das örtlich zuständige **LVwG** zu entscheiden.
- **Maßnahmenbeschwerde** (§ 88 Abs 1 SPG; vgl auch § 17 PolKG) und **Beschwerde gegen „schlicht-hoheitliches" (Polizei-) Handeln** (§ 88 Abs 2 SPG): Gegen Akte unmittelbarer sicherheitsbehördlicher **Befehls- und Zwangsgewalt*** (zB Festnahme, Durchsuchung, Anlegen von Handfesseln etc), aber auch gegen Maßnahmen bloß **„schlichten" Polizeihandelns** in Form von sonstigem außenwirksamen Verwaltungshandeln oder -unterlassen im Rahmen der Besorgung der Sicherheitsverwaltung* kann vom Betroffenen (bei Todesfällen: von nahen Angehörigen – VfSlg 16.109/2001) Beschwerde beim örtlich zuständigen LVwG erhoben werden (§ 88 Abs 1 und 2 SPG, §§ 67c bis 67g AVG), wenn die Verletzung von Rechten, insb des **subjektiv-öffentlichen Rechtes*** auf Gesetzmäßigkeit sicherheitspolizeilicher Maßnahmen (§ 87 SPG) oder von **Grund- und Menschenrechten** (zB Art 2, 3 EMRK) behauptet wird.

Die Rechtmäßigkeit der Feststellung der Identität einer Person kann bei Befehls- und Zwangsgewalt* (§ 35 SPG) gem § 88 Abs 1 SPG, bei bloßem Ersuchen (vgl § 28a Abs 2 SPG) dagegen gem § 88 Abs 2 iVm Abs 6 SPG geprüft werden (vgl VwSlg 14.948 A/1998; kritisch *Faber*, JBl 1999, 750).

Beschimpfungen können ein tauglicher Beschwerdegegenstand im Verfahren gem § 88 Abs 2 SPG sein (VwSlg 18.131 A/2011; VfSlg 15.372/1998); sind die Beschimpfungen exzessiv (zB rassistisch), können sie auch die Rechtswidrigkeit der damit in Zusammenhang stehenden Zwangsmaßnahme bewirken (VwSlg 17.331 A/2007 – Hausdurchsuchung).

Zur Zuordenbarkeit einer **„qualifizierten" Untätigkeit** von Polizeiorganen sowohl zu § 88 Abs 1 als auch § 88 Abs 2 SPG ua auch iZm grundrechtlichen Ansprüchen auf staatlichen Schutz vgl VwGH 24.03.2011, 2008/09/0075 (hier: bei Misshandlung durch private Sicherheitsleute).

Bloß **behördeninterne Vorgänge**, die von vornherein nicht auf Außenwirksamkeit angelegt sind (zB Beschreibung einer Amtshandlung in einem Bericht), werden von § 88 Abs 2 SPG jedoch nicht erfasst (VwSlg 14.701 A/1997; kritisch *Kolonovits*, Rechtsschutz 246 ff).

- **Verletzung der RLV** (§ 89 SPG): Verletzt ein Organ des öffentlichen Sicherheitsdienstes die RLV (§ 31 SPG; s V.2.), kann von der betroffenen Person innerhalb von sechs Wochen eine **Aufsichtsbeschwerde** bei der Dienstaufsichtsbehörde eingebracht werden (§ 89 Abs 2 SPG). Stellt die Dienstaufsichtsbehörde in Form einer nicht bescheidförmigen **Mitteilung** die Verletzung der RLV fest, ist das Verfahren abgeschlossen. Wird keine Verletzung festgestellt oder erfolgt keine Mitteilung innerhalb von drei Monaten, kann der Betroffene eine Entscheidung des LVwG verlangen (§ 89 Abs 4 SPG).

  Wird eine Verletzung der RLV in einer Maßnahmenbeschwerde behauptet, hat das LVwG die Beschwerde (bzw den betreffenden Beschwerdeteil) der zuständigen Dienstaufsichtsbehörde zuzuleiten (§ 89 Abs 1 SPG).

- **Verletzung des Datenschutzes** (§ 90 SPG): Hinsichtlich sicherheitspolizeilicher personenbezogener Daten gelten überwiegend die allgemeinen datenschutzrechtlichen Bestimmungen über Auskünfte (§ 26 DSG 2000, § 80 SPG), Pflichten zur Richtigstellung oder Löschung von Daten (§ 27 DSG 2000). Beschwerden wegen Verletzung von Rechten, wie zB durch Verwenden personenbezogener Daten entgegen den Bestimmungen des DSG 2000 oder des SPG (§§ 51 ff SPG), sind an die **Datenschutzbehörde (DSB)** zu richten (§ 90 SPG, § 31 DSG 2000). Gegen den Bescheid der DSB kann Beschwerde an das **BVwG** erhoben (Art 131 Abs 2 B-VG).

  Von dieser Zuständigkeit der DSB ausgenommen ist nur die Beurteilung der Rechtmäßigkeit der Ermittlung von Daten im Zuge der **Ausübung sicherheitspolizeilicher Befugnisse ieS** (§§ 28 ff SPG; zB Datenermittlung im Zuge einer Hausdurchsuchung). In dieser Hinsicht kann nur eine Maßnahmenbeschwerde erhoben werden (§ 88 SPG), weil diesfalls in erster Linie die Rechtmäßigkeit der Befugnisausübung zu beurteilen ist.

- **Beschwerde des Rechtsschutzbeauftragten** (§§ 91a ff SPG): Werden im Fall geheim geführter Ermittlungen durch das Verwenden personenbezogener Daten Rechte von Betroffenen verletzt, kommt dem Rechtsschutzbeauftragten ein Beschwerderecht an die DSB zu (§ 91d Abs 3 SPG – **„kommissarischer Grundrechtsschutz"**).
- **Amtsbeschwerde des BMI** (§ 91 SPG): Gegen Entscheidungen der LVwG (gem §§ 88, 89 und 90 SPG) kann der BMI innerhalb einer sechswöchigen

Frist Revision beim VwGH einbringen. Das Beschwerderecht kann sowohl zu Gunsten als auch zum Nachteil des Betroffenen ausgeübt werden.

VI. Sicherheitspolizeirecht der Länder

Die **örtliche Sicherheitspolizei** wird in den PolStrafG und LSG (bzw SittenpolG) sowie – neuerdings – in speziellen GefahrenpolizeiG der Länder geregelt. Anders als im SPG werden im Sicherheitspolizeirecht der Länder idR keine sicherheitspolizeilichen Aufgaben ausdrücklich festgelegt. Aufgrund des kompetenzrechtlichen Hintergrundes (s II.1.b.) handelt es sich um (Teil-) Aufgaben der **Aufrechterhaltung der öffentlichen Ordnung.**

1. Sicherheitspolizeiliche Befugnisse

Bei der Regelung sicherheitspolizeilicher Befugnisse lassen sich **zwei unterschiedliche Regelungssysteme** erkennen:

IdR wird den Organen des öffentlichen Sicherheitsdienstes im Rahmen ihrer (allenfalls auch beschränkten) **Mitwirkungsverpflichtungen** (vgl zB § 35 sbg LSG) eine allgemeine Befugnis zu Vorbeugemaßnahmen gegen drohende Verwaltungsübertretungen und Maßnahmen, die für die Einleitung oder Durchführung von Verwaltungsstrafverfahren erforderlich sind (vgl §§ 35, 37a VStG), eingeräumt (**„sicherheitspolizeiliche Generalklausel“**; vgl zB § 9 oö PolStrafG, § 36 sbg LSG).

Ob die vorbeugenden Maßnahmen auch zur Ausübung unmittelbarer sicherheitsbehördlicher Befehls- und Zwangsgewalt* ermächtigen, wird bezweifelt (*Wiederin*, Sicherheitspolizeirecht 175). Allerdings leitet der VfGH entsprechende polizeiliche Befugnisse zT auch unmittelbar aus den **Verwaltungsstrafnormen** ab (VfSlg 12.501/1990 – Abnahme eines Transparentes als gelinderes Mittel zur Festnahme). Unzulässig ist jedenfalls, in diesem Zusammenhang (zB bei der Abwehr von Lärmstörungen) Befugnisse nach dem SPG (zB Sicherstellung von Sachen – § 81 SPG) in Anspruch zu nehmen.

Immer häufiger werden aber auch im Sicherheitspolizeirecht der Länder die Organe des öffentlichen Sicherheitsdienstes zur Ausübung **besonderer Befugnisse** ermächtigt, namentlich zur Wegweisung (vgl zB § 9 vlbg L-SiG, § 27 Abs 2 sbg LSG, § 2 Abs 3 stmk LSG, § 3 wr LSG), Außerbetriebsetzung (zB § 3 tir L-PolG, § 1 Abs 2 wr LSG), Abnahme und Sicherstellung von Sachen (zB § 3 tir L-PolG, § 1 Abs 2 wr LSG) oder zum Betreten von Grundstücken und Gebäuden (zB § 25 Abs 8 tir L-PolG).

2. Bewilligungsvorbehalte

Im Unterschied zum SPG enthält das Sicherheitspolizeirecht der Länder zum Zwecke der Aufrechterhaltung der öffentlichen Ordnung auch **verschiedene**

Bewilligungsvorbehalte (vgl zB §§ 1 ff, 19 sbg LSG – Betrieb von Bordellen, Haltung gefährlicher Hunde; § 12 oö SDLG – Peep-Shows).

3. Polizeistrafrecht der Länder

Den Kern des Polizeistrafrechts der Länder bilden aber einschlägige **Verwaltungsstraftatbestände.** Dazu zählen insb:

- Verbote der störenden Lärmerregung (zB Laufenlassen eines Kfz-Motors auf nicht öffentlicher Straße, laute Musik, Schreien);

  „Störender" Lärm liegt vor, wenn Geräusche wegen der Dauer, Lautstärke oder Schallfrequenz für das menschliche Empfinden unangenehm in Erscheinung treten. Der Lärm wird **„ungebührlicherweise"** erregt, wenn das Tun oder Unterlassen, das zur Erregung des Lärms führt, gegen ein Verhalten verstößt, wie es im Zusammenleben mit anderen verlangt werden muss, dh jene Rücksichten vermissen lässt, die die Umwelt verlangen kann (VwGH 19.10.2005, 2003/09/0074).

  Ob ungebührlich störender Lärm vorliegt, ist in jedem einzelnen Fall nach seinen konkreten Begleitumständen zu beurteilen (VwSlg 17.932 A/2010).

  Die **(allgemeinen) Lärmvorschriften** der LPolG (und LSG) stehen im Verhältnis der Subsidiarität zu materienspezifischen Lärmvorschriften (zB in der GewO, in VeranstaltungsG uÄ – vgl zB VwSlg 17.932 A/2010).

- Verbote der Verletzung des öffentlichen Anstandes (zB durch Belästigungen, Behinderung des Gebrauches öffentlicher Einrichtungen, etwa Sitzbänke, Unterstände uÄ; Urinieren auf öffentlichem Parkplatz – vgl oö LVwG 20.06.2014, LVwG-700050/2/Gf/Rt);

  Soweit dies zur Hintanhaltung von Anstandsverletzungen geboten erscheint, kann zT mittels (Durchführungs-) Verordnung auch der Konsum von Alkohol oder das Mitführen von Alkohol zum Konsum an öffentlichen Orten untersagt werden (vgl § 27 Abs 8 sbg LSG – zB „Lokalmeile" am Rudolfskai in der Stadt Salzburg).

- Verbote der Ehrenkränkung (zB durch üble Nachrede, Beleidigung – **Privatanklagedelikt** iSd § 56 VStG);
- Bettelverbote (zB aggressives Betteln, Betteln mit Kindern, gewerbsmäßiges Betteln);
- Verbote der Prostitution außerhalb behördlich bewilligter Bereiche;
- Verbote des Haltens von gefährlichen Tieren; Gebote für das Halten und Führen von Hunden;
- Verbote des Befahrens gesperrter Schipisten (§ 29 sbg LSG).

Regelmäßig enthalten die LandespolizeistrafG entsprechende **Verordnungsermächtigungen der Gemeinden** zur (zB örtlichen, zeitlichen) Konkretisierung von bestimmten Verboten.

Die Gemeinde kann idR die Verwendung oder den Betrieb bestimmter lärmerzeugender Geräte (zB **Rasenmäher**) auf bestimmte Zeiten und Orte beschränken (vgl zB § 2 Abs 4 krnt L-SPG, § 4 oö PolStrafG) oder – abhängig vom entsprechenden LG – zB **Bettelverbots-** (§ 28 Abs 2 sbg LSG), **Hundeverbots-** (§ 9 krnt L-SPG), **Prostitutionsverbots-** (§ 10 sbg LSG), **Alkoholverbotszonen** (§ 1 Abs 2 stmk LSG) oder **zeitlich befristete Sperren von Schipisten** vorsehen (§ 30 Abs 2 sbg LSG).

4. Sonstige „Gefahrenpolizei"

Unter der sonstigen „Gefahrenpolizei", die die Länder kompetenzrechtlich der örtlichen Sicherheitspolizei gem Art 15 Abs 1 B-VG (s dazu II.1.b.) zuordnen, wird die Ermächtigung der Gemeinde zur Bekämpfung von **örtlichen (Rest-) Gefahren** für Menschen, Tiere und Sachen verstanden (zB bei kleinräumigen Vermurungen, drohendem Steinschlag), die nach Art und Umfang der Gefahr (noch) keiner Verwaltungsmaterie (zB örtliche Katastrophen-, Feuerpolizei) zugeordnet werden können.

Diese Ermächtigungen umfassen idR näher determinierte **Befugnisse zu Rettungs-, Abwehr-** sowie **Sicherungsmaßnahmen** (vgl dazu § 3 stmk FGPG, § 2 krnt GFPO). In Bundesländern, die keine solchen spezifischen Regelungen getroffen haben, ergeben sich vergleichbare (sicherheitspolizeiliche) Ermächtigungen aus den **GdO** (hier: Befugnisse des Bgm bei Gefahr im Verzug – vgl dazu VwSlg 17.479 A/2008 zu § 47 stmk GdO).

5. Behörden und Verfahren

Die Vollziehung der PolStrafG, LSG (und SittenpolG) der Länder erfolgt – **mit Ausnahme des Verwaltungsstrafrechts**, das aus kompetenzrechtlichen Gründen (Art 118 Abs 2 B-VG) den staatlichen Behörden (BVB, LPolD als Sicherheitsbehörde I. Instanz – vgl zB § 34 Abs 2 sbg LSG) vorbehalten bleibt – grundsätzlich durch die **Gemeinden im eWb*** (Art 118 Abs 3 Z 3 und 8 B-VG). Die Zuständigkeit des jeweiligen Gemeindeorgans (Bgm, Gemeinderat, Gemeindevorstand) ist entweder ausdrücklich festgelegt (zB § 23 tir L-PolG) oder sie ergibt sich aus den GdO bzw Stadtstatuten (zB § 19 sbg GdO 1994).

Bei der Vollziehung haben die **Organe des öffentlichen Sicherheitsdienstes** (Bundespolizei) im jeweiligen gesetzlichen Ausmaß als Hilfsorgane mitzuwirken (zB § 9 oö PolStrafG, § 35 sbg LSG). Immer öfters ist auch eine Mitwirkung von **beliehenen* Organen der öffentlichen Aufsicht** vorgesehen (vgl dazu § 4b stmk LSG iV mit dem stmk AufsichtsorganG; § 18 krnt LSG; § 1b oö PolStrafG), im Anwendungsbereich von GefahrenpolizeiG auch die **Feuerwehr** (vgl zB § 4 stmk FGPG).

Auf Antrag der Gemeinde kann die Besorgung von sicherheitspolizeilichen Angelegenheiten des eWb* der Gemeinde mittels **DelegierungsV** der LReg auch auf staatliche Behörden übertragen werden (Art 118 Abs 7 B-VG).

Auf Verfahren nach den PolStrafG, LSG (und SittenpolG) finden das AVG und VStG Anwendung (vgl Art I EGVG).

VII. Ortspolizeiliche Verordnungen der Gemeinden

1. Beschränkter Anwendungsbereich

Soweit keine einschlägigen (bundes-, landes-) rechtlichen Bestimmungen bestehen, können Gemeinden in Angelegenheiten des eWb* **gesetzesergänzen-**

de ortspolizeiliche Verordnungen erlassen. Sie müssen der Abwehr **gemeindespezifischer Missstände** dienen (Art 118 Abs 6 B-VG). Bei einem *„Missstand“* handelt es sich um einen einzelnen, eher eng abzugrenzenden (Lebens-)Sachverhalt, der **negativ bewertet** wird (VfSlg 11.753/1988 – zB Lärm). Die Annahme eines gemeindespezifischen Missstandes erfordert den Nachweis der „konkreten“ Umstände, die die Annahme eines gemeindespezifischen Missstandes schlüssig erscheinen lassen (VfSlg 18.305/2007 – absolutes Bettelverbot). Ein bloßes allgemeines rechtspolitisches Anliegen kann nicht mittels ortspolizeilichen Verordnung einer Regelung zugeführt werden (zB VfSlg 11.753/1988, 14.437/1996 – Baumschutz).

In der Praxis wird von dieser Ermächtigung auf vielfache Weise Gebrauch gemacht: zB Erlassung eines **Badeverbotes für einen Baggersee** wegen der durch das Freizeitverhalten der Besucher entstehenden Gefährdungen (unkontrolliertes Befahren und Beparken der Wiesen rund um den See; Anzünden von Lagerfeuern; nicht bewilligtes Kampieren; Verrichtung der Notdurft – VfSlg 14.384/1995).

Regelt ein ortspolizeiliches Verbot (zB bezüglich der **Reinhaltung von Flächen**, des **Lärmschutzes** uÄ) aber „nur“ den **gleichen Gegenstand** wie bereits bestehende gesetzliche Bestimmungen, widerspricht die Bestimmung dem Art 118 Abs 6 B-VG (VfSlg 14.384/1995 – hier: Verbot des Ablagerns oder Wegwerfens von Abfällen).

Die Nichtbefolgung ortspolizeilicher Verordnungen kann zur **Verwaltungsübertretung** erklärt werden. Strafart und Strafrahmen ergeben sich aus den GdO (zB § 90 Abs 3 vlbg GemG) oder – subsidiär – aus § 10 Abs 2 VStG; die bloße Wiedergabe der einschlägigen Strafdrohungen in der ortspolizeilichen Verordnung ist zulässig (VfSlg 10.614/1985).

2. Behörden und Verfahren

Zuständig zur Erlassung ortspolizeilicher Verordnungen ist regelmäßig der **Gemeinderat** (in Wien: Magistrat). Eine Übertragung der Zuständigkeit auf eine staatliche Behörde kommt – anders als die Besorgung von sonstigen sicherheitspolizeilichen Angelegenheiten des eWb* der Gemeinde – nicht in Frage (Art 118 Abs 7 B-VG). Bei Gefahr im Verzug besteht in den GdO idR eine – vorläufige – (Eil-) Zuständigkeit des Bgm; in diesem Fall ist eine nachträgliche Genehmigung durch den Gemeinderat erforderlich.

Ortspolizeiliche Verordnungen unterliegen der Aufsicht durch die Gemeindeaufsichtsbehörden (idR LReg, LH). Erforderlichenfalls können die Gemeindeaufsichtsbehörden rechtswidrige ortspolizeiliche Verordnungen aufheben (Art 119a Abs 6 B-VG).

Zuständig zur Vollziehung ortspolizeilicher Verordnungen ist die **Gemeinde im eWb***. Ausgenommen davon ist das **Verwaltungsstrafrecht**, dessen Vollziehung vereinzelt dem **Bgm im üWb*** (zB § 41 oö GdO) oder – in Ermangelung einer Zuständigkeitsregelung – subsidiär den **BVB** zukommt (§ 26 Abs 1 VStG).

Bei der Vollziehung ortspolizeilicher Verordnungen können sich in der Praxis erhebliche Vollzugsdefizite ergeben, wenn Gemeinden oder BVB (zB Städten mit eigenen Statuten, wo die LPolD zugleich Sicherheitsbehörde erste Instanz ist und daher keine eigenen Wachkörper errichtet werden dürfen – vgl dazu Art 78d Abs 2 B-VG) **keine geeigneten Hilfsorgane** zur Überwachung oder Sicherung des Strafverfahrens zur Verfügung stehen (können).

Karim Giese

Vereinsrecht

Rechtsgrundlagen

Kompetenzgrundlagen

Art 10 Abs 1 Z 6 („Zivilrechtswesen") und Z 7 B-VG („Vereinsrecht"); § 2 DSG 2000 („Angelegenheiten des Schutzes personenbezogener Daten im automationsunterstützten Datenverkehr").

Verfassungsrechtliche Bezüge

Art 102 Abs 2 B-VG (unmittelbare Bundesverwaltung); Art 12 StGG (Vereinsfreiheit), Art 11 EMRK (Vereinigungsfreiheit); Z 3 Beschluss der ProvNV (Gewährung der vollen Vereinsfreiheit), StGBl 3/1918; Art 4 (Verbot von Organisationen, die den Anschluss an Deutschland zum Ziel haben), Art 7 Z 5 (Verbot von Vereinen, die die Rechtsstellung der kroatischen und slowenischen Minderheiten gefährden) und Art 9 StV Wien (Verpflichtung zur Untersagung und Auflösung von NS-Organisationen), BGBl 152/1955; VerbotsG, StGBl 13/1945 idF BGBl 148/1992; § 1 PartG 2012, BGBl I 56/2012 idF I 84/2013.

Europarechtliche Bezüge

Art 12 GRC (Vereinigungsfreiheit).

Gesetze und sonstige Rechtsgrundlagen

Vereinsgesetz (VerG 2002), BGBl I 66/2002 idF I 22/2015; Vereinsgesetz-Durchführungsverordnung (VerGV), BGBl II 60/2005 idF II 218/2008; BG über die Rechtspersönlichkeit von religiösen Bekenntnisgemeinschaften (BekGG), BGBl I 19/1998 idF I 75/2013; Gesetz betreffend die gesetzliche Anerkennung von Religionsgesellschaften, RGBl 68/1874; PartG 2012, BGBl I 56/2012 idF I 84/2013.

Literaturauswahl

Monografien – Kommentare – Lehrbücher

Brändle/Rein, Das österreichische Vereinsrecht[5] (2015); *Bric*, Vereinsfreiheit (1998); *Ginthör/Maier*, Die Vereinsorgane. Rechte und Pflichten (2011); *Hechenblaickner*, Organhaftung im Verein (2016); *Höhne/Jöchl/Lummerstorfer*, Das Recht der Vereine, Privatrechtliche, öffentlich-rechtliche und steuerrechtliche Apekte[5] (2016); *Korinek/Krejci* (Hrsg), Der Verein als Unternehmer (1988); *Kossak*, Handbuch für Vereinsfunktionäre[2] (2013); *Kossak*, Die neue Haftung für Vereinsfunktionäre[2] (2012); *Möstl ua* (Hrsg), Der Vereinsexperte II (2016); *Rauscher/Scherhak/Hinterleitner*, Vereine[5] (2012); *Reisinger*, Vereinsrecht (2013); *Vögel/Egger/Steiner*, Der neue Verein in 313 Fragen und Antworten[2] (2008); *Wagner*, Der Europäische Verein (2000).

Elhenický, Vereinsrecht (2011); *Fessler/Keller*, Vereins- und Versammlungsrecht[3] (2013); *Krejci ua*, Vereinsgesetz 2002[2] (2009).

Adamovich/Funk/Holzinger, Österreichisches Staatsrecht III. Grundrechte[2] (20) 136; *Berka*, Verfassungsrecht[6] (2016) Rz 1516; *Bezemek*, Grundrechte in der Rechtsprechung der Höchstgerichte (2016) § 17 Rz 10; *Demmelbauer/Hauer*, Grundriss des österreichischen Sicherheitsrechtes (2002) 298; *Grabenwarter/Pabel*, Europäische Menschenrechtskonvention[6] (2016) 442; *Heindl/Kalteis*, Versammlungs- und Vereinigungsfreiheit, in Holoubek/Lienbacher (Hrsg), GRC-Kommentar (2014) 152; *Hengstschläger/Leeb*, Grundrechte (2012) Rz 22/11; *Kolonovits*, Vereinsrecht, in Hammer ua (Hrsg), Besonderes Verwaltungsrecht (2012) 105; *Potacs*, Recht auf Zusammenschluss, in Merten/Papier (Hrsg), Handbuch der Grundrechte in Deutschland und Europa VII/1: Grundrechte in Österreich[2] (2014) 666; *Öhlinger/Eberhard*, Verfassungsrecht[10] (2014) Rz 902 ff; *Mayer/Kucsko-Stadlmayer/Stöger*, Bundesverfassungsrecht[11] (2015) Rz 1468.

Beiträge

Bric, Die Rechtsstellung internationaler Vereine, in FS Winkler (1997) 101; *Bußjäger*, Rechtsfragen zum neuen Parteienrecht, ÖJZ 2013, 643; *Bydlinski*, Auch Gesetze haben Geburtstag – Das Vereinsgesetz ist fünf, in FS Hopf (2007), 25; *Fister*, Der Grundrechtseingriff bei der Versammlungs- und Vereinigungsfreiheit, ZÖR 2012, 501; *Freylinger*, Vereinsrecht, in Holoubek/Potacs (Hrsg), Öffentliches Wirtschaftsrecht[3] I (2013) 217; *Gelbmann*, Die Organe des ideellen Vereins, JAP 2003/2004, 86; *Grabenwarter*, Kirchen, Religionsgesellschaften und andere, JRP 1997, 265; *Höhne*, Vertretungsbefugnis im Verein – was ist da so schwierig?, RdW 2013, 317; *Kalss/Eckert*, Das Vereinspatent 1852 und das Rechtsbereinigungsgesetz, ecolex 201, 910; *Keinert*, Nichtigkeit und Anfechtbarkeit von Vereinsbeschlüssen, JBl 2011, 617; *Krejci*, Zur Haftung des Vereins und seiner Organwalter, GesRZ 2005, 21; *Krejci*, Zur Haftungsbefreiung von Vereinsorganen, ecolex 2012, 560; *Krejci*, Aktuelle Fragen des Vereinsrechts, in FS Iro (2013) 101; *Lienbacher*, Die rechtliche Anerkennung von Religionsgemeinschaften, in Grabenwarter/Lüdecke (Hrsg), Standpunkte im Kirchen- und Staatskirchenrecht, Forschungen zur Kirchenrechtswissenschaft XXXIII (2002) 154; *Lienbacher*, Vereinsfreiheit und innere Angelegenheiten gesetzlich anerkannter Kirchen und Religionsgesellschaften, ZfV 2002, 647; *Mayr*, Schiedsklauseln in Vereinsstatuten, RdW 2007/360, 331; *Potz R.*, Anmerkung zu VfGH 11.12.2001, B 1510/00, öarr 2002, 321; *Raschauer B.*, Vereinsrecht im Lichte der Vereinigungsfreiheit, in FS Melnizky (2013) 189; *Reisinger*, Umbildung/Umgründung von Vereinen und Verbänden, RdW 2011/72, 74; *Saria*, Haftung und Haftungsbeschränkung nach § 24 Abs 1 VerG 2002, in FS Melnizky (2013) 205; *Schulev-Steindl*, Idealvereine und Gewerberecht, ecolex 1994, 8; *Schürz*, Vereinsgesetznovelle 2011, Zak 2012/84, 76; *Tichy*, Religiöse Gemeinschaften nach dem Vereinsgesetz 2002, öarr 2004, 379; *Werdnik*, Nichtiger oder anfechtbarer Vereinsbeschluss. Nichtigkeits- und/oder Anfechtungsklage? ecolex 2011, 110; *Werkusch*, Die Haftung des Organwalters gegenüber dem Verein nach dem VerG 2002, RdW 2003, 52.

Rechtsprechung

VfSlg 8090/1976 (Vereinsauflösung/EMRK); VfSlg 9879/1983, 11.735/1988 (Abgrenzung „ideeller Verein"/„auf Gewinn berechneter Verein"); VfSlg 11.735/1988 (Vereinsumbildung/Beschwerdelegitimation); VfSlg 11.735/1988 (ausschließliche Zuständigkeit des VfGH); VfSlg 11.746/1988 (Vereinsgründung/Beschwerdelegitimation); VfSlg 12.127/1989 (Auflösung des Vereins/Beschwerdelegitimation); VfSlg 13.025/1992 (Vereinsorgane/Streitschlichtungsorgan); VfSlg 14.555/1996 (Säumnisbeschwerde/Zuständigkeit des VwGH); VfSlg 15.825/2000 (Streitigkeiten aus dem Vereinsverhältnis/Vorfragen); VfSlg 16.298/2001 (freiwillige Vereinsauflösung/Vorfragen); VfSlg 16.395/2001 (Grenzen der Vereinsfreiheit/innerkirchliche Organisation); VfSlg 17.049/2003 (Vereinsregister/Eintragung von Wahlvorgängen/keine Zuständigkeit der Vereinsbehörde zur Überprüfung der rechtmäßigen Bestellung); VfSlg 18.005/2006 (Vereinsauflösung/Fortbestehen einer eingeschränkten Rechtspersönlichkeit in Vermögensangelegenheiten); VfSlg 18.870/2009 (Vereinsauflösung/keine Beschwerdelegitimation des aufgelösten Vereins); VfSlg 19.120/2010 (Vereinsauflösung/strafbares Verhalten des Vereinsobmannes); VfSlg 19.078/2010 (Vereinsauflösung/bewilligungsloser Betrieb eines Pflegeheimes); VfSlg 19.208/2010 (Vereinsauflösung/Verbreitung von rechtsextremistischem Gedankengut); VfSlg 19.260/2010 (Vermögensverwaltung/kein ideeller Zweck); VfGH 26.06.2013, B 181/2013, G 48/2013 (Vereinssitz/Zustelladresse); VfGH 02.07.2015, E 1219/2014 (Kernbereich der Vereinsfreiheit/Grundrechtsformel); VfGH 08.03.2016, E 1477/2015 (Sterbehilfe/strafrechtswidriger Zweck).

VwGH 20.01.2004, 2003/01/0611 (kein subjektives Recht auf Untersagung eines Vereines).

OGH 31.01.1996, 9 Ob 501/96 (Satzung/Grundrechtsbindung/fair trial bei der Besetzung des Vereinsschiedsgerichtes); OGH 17.03.2005, 2 Ob 51/05x (Schlichtungseinrichtung/Streitigkeit aus dem Vereinsverhältnis); OGH 28.11.2006, 8 Ob 78/06p (vereinsinterne Streitschlichtungseinrichtung/Zusammensetzung); OGH 04.09.2007, 4 Ob 146/07k (keine Anrufung des Vereinsschiedsgerichts/Unzulässigkeit des Rechtswegs); OGH 04.07.2007, 7 Ob 139/07b (Vereinsschiedsgericht/Zuständigkeit); OGH 10.06.2008, 10 Ob 36/07b (Nichtigkeit von Beschlüssen der Mitgliederversammlung bei Einberufungsmängeln); OGH 18.06.2009, 8 Ob 138/08i (Nichteinhaltung des vereinsinternen Instanzenzuges/Unzulässigkeit des Rechtswegs); OGH 15.07.2011, 8 Ob 66/11 f (Darlehensvertrag zwischen Verein und Vereinsmitglied/keine Streitigkeit aus dem Vereinsverhältnis); OGH 02.08.2012, 4 Ob 71/12p (Geschäftsführungs- und Vertretungsbefugnis von Organwaltern, die statutenwidrig für eine längere als die vorgesehene Funktionsperiode bestellt worden sind); OGH 21.05.2013, 1 Ob 75/13f (Unanfechtbarkeit von Vereinsbeschlüssen); OGH 19.09.2013, 2 Ob 117/13i (Vereinsschiedsgericht als Schlichtungseinrichtung); OGH 29.11.2013, 8 Ob 112/13y (Vereinsmitgliedschaft/Zulässigkeit von Wohnsitzerfordernissen); OGH 18.05.2016, 5 Ob 251/15w (Streitigkeiten aus dem Vereinsverhältnis/Rechtsweg).

I. Regelungsgegenstand und -ziele

Beim Verein (iSd VerG 2002) handelt es sich um eine **privatrechtliche Gesellschaftsform**, bei der sich mehrere Personen auf der Grundlage eines Organisationsvertrages freiwillig und auf Dauer zusammenschließen, um gemeinsam einen bestimmten **ideellen** (wie zB politischen, religiösen, kulturellen oder sozialen) **Zweck** zu verfolgen. Trotz ausdrücklicher Einschränkung des Betätigungsfeldes auf „ideelle“ Zwecke lassen sich im Rahmen dieser Gesellschaftsform – nicht zuletzt aufgrund einer relativ liberalen Rsp des VfGH – durchaus auch gewichtige wirtschafts- und sozialpolitische Interessen mit starkem unternehmerischen Einschlag verfolgen. So sind nicht nur der Österreichische Gewerkschaftsbund oder die Vereinigung Österreichischer Industrieller, sondern auch das Rote Kreuz, Autofahrerclubs (wie ÖAMTC, ARBÖ) bis hin zu den Profifußballclubs der Österreichischen Bundesliga (inkl dem ÖFB), aber etwa auch – im kulturellen Bereich – die Wiener Philharmoniker als Vereine nach dem VerG 2002 organisiert. Insgesamt stellt diese Gesellschaftsform mit österreichweit über 100.000 registrierten ideellen Vereinen ein Drittel aller privaten rechtsfähigen Gebilde dar.

Obwohl die Gründung und Tätigkeit von Vereinen überwiegend dem Privatrecht zuzuordnen ist (**Vereinsprivatrecht**), unterliegt sie auch einer besonderen verwaltungspolizeilichen Aufsicht durch die Sicherheitsbehörden („**Vereinspolizei**“). Diese **öffentlich-rechtlichen Gesichtspunkte** des Vereinsrechts stehen immer noch in engem historischen Zusammenhang mit dem ursprünglichen Misstrauen des absoluten Staates gegenüber allen Formen nicht-wirtschaftlicher („politischer“) Assoziationen der Bürger sowie der nachfolgend liberalen Grundrechtsentwicklung ab Mitte des 19. Jahrhunderts, die den vormals strengen (vereins-) polizeilichen Einschränkungen letztlich die verfassungsrechtliche Gewährleistung der **Vereinsfreiheit** entgegengesetzt hat.

Das VerG 2002 baut weiterhin auf den wesentlichen Bestimmungen des auf das Jahr 1867 zurückreichenden VerG 1951 auf. Im Einzelnen regelt das VerG 2002 – abgesehen von der Definition des (in der Rsp des VfGH zuvor bereits entwickelten) Vereinsbegriffes – in seinem **öffentlich-rechtlichen Teil** die **verwaltungspolizeiliche Aufsicht der Sicherheitsbehörden** über die Rechtmäßigkeit der Gründung (Auflösung) und Tätigkeit von Vereinen, in deren Rahmen bei Vorliegen bestimmter Gefahren (wie zB aufgrund der Verfolgung verbotener Zwecke) die Gründung von Vereinen untersagt oder bereits gegründete Vereine wieder aufgelöst werden können. Darüber hinaus wurden in einem – wenngleich vom öffentlich-rechtlichen Teil systematisch nicht streng getrennten – **privatrechtlichen Teil** erstmals auch – in Lehre und Rsp bis zu diesem Zeitpunkt strittige – Rechtsfragen zur Entstehung, Geschäftsführung, Außenvertretung, Rechnungslegung, Haftung sowie Beendigung des Vereins ausdrücklich geregelt (bzw klargestellt).

II. Verfassungsrechtliche Bezüge

1. Kompetenzrechtliche Bestimmungen

Die Bestimmungen des VerG stützen sich tw auf den Kompetenztatbestand „Vereinsrecht“ (Art 10 Abs 1 Z 7 B-VG), der in Gesetzgebung und Vollziehung Bundessache ist. Dieser Kompetenztatbestand ermächtigt den Bund zur Regelung der Bildung und Organisation von Vereinen einschließlich der erforderlichen Aufsichtsmaßnahmen (**„öffentliches Vereinsrecht“**). Wenngleich in diesem Zusammenhang auch die Zulässigkeit von (zweckgebundenen, zweckneutralen) Vereinstätigkeiten näher bestimmt werden kann, handelt es sich dabei um keine ausschließliche Kompetenz. Die Tätigkeit von Vereinen kann auch durch den Bundes- und Landes(materien)gesetzgeber beschränkt werden, sodass **zB Angelegenheiten des Hilfs- und Rettungsdienstes** auch dann in Gesetzgebung und Vollziehung Landessache (Art 15 Abs 1 B-VG) bleiben, wenn in diesem Sachgebiet speziell die Tätigkeiten von Vereinen geregelt werden (VfSlg 12.320/1990).

Die Regelungen über das Vereinsvermögen im Falle einer behördlich verfügten Vereinsauflösung sind noch Ausfluss des Kompetenztatbestandes „Vereinsrecht“ (VfSlg 4615/1963). Soweit jedoch die privaten Rechtsverhältnisse des Vereins nach innen (zwischen dem Verein und seinen Mitgliedern oder den Vereinsmitgliedern untereinander) und außen (im Geschäftsverkehr gegenüber Dritten) geregelt werden (sog **„Vereinsprivatrecht“**), muss der Kompetenztatbestand „Zivilrechtswesen“ (Art 10 Abs 1 Z 6 B-VG) in Anspruch genommen werden. Da auch diese Kompetenz in Gesetzgebung und Vollziehung Bundessache ist, kam es in der Staatspraxis bislang zu keinen besonderen kompetenzrechtlichen Abgrenzungsfragen.

Die Bestimmungen über die Offenlegung und den Schutz von Vereinsdaten (§§ 15 ff VerG) stützen sich auf die Bundeskompetenz zur Regelung von **„Angelegenheiten des Schutzes personenbezogener Daten im automationsunterstützten Datenverkehr“** (§ 2 DSG 2000).

2. Grundrechtliche Bestimmungen

a) Vereins- und Vereinigungsfreiheit

Art 12 StGG gewährt **österr Staatsbürgern** das verfassungsgesetzlich gewährleistete Recht (iSd Art 144 B-VG), Vereine zu bilden, dh Vereine zu gründen, ihnen anzugehören und sich statutengemäß zu betätigen (**„Vereinsfreiheit“**).

Unter einem **„Verein“** wird nach stRsp des VfGH „jede freiwillige, für die Dauer bestimmte organisierte Verbindung mehrerer Personen zur Erreichung eines bestimmten gemeinschaftlichen Zweckes durch fortgesetzte gemeinschaftliche Tätigkeit“ verstanden (VfSlg 1397/1931). Vom Schutzbereich dieses Grundrechtes werden nur **ideelle**, nicht auch erwerbswirtschaftliche („auf Gewinn gerichtete“) Vereine erfasst (VfSlg 943/1948, 13.654/1993).

Die Vereinsfreiheit kommt auch **ausländischen Staatsbürgern** zu, weil Art 11 EMRK allen Menschen das verfassungsgesetzlich gewährleistete Recht einräumt, sich frei mit anderen zusammenzuschließen (**„Vereinigungsfreiheit“**).

b) Grundrechtsschranken

Die Vereinsfreiheit steht unter **Gesetzesvorbehalt** (Art 12 StGG, Art 11 EMRK). Die Befugnis des einfachen Gesetzgebers zur Beschränkung des Versammlungsfreiheit *„durch besondere Gesetze"* (Art 12 StGG) wird insb durch folgende **materielle (Eingriffs-) Schranken** begrenzt:

Z 3 des Beschlusses der ProvNV 1918 verpflichtet den Gesetzgeber zur Herstellung der „vollen Vereins-(…)freiheit [ohne Unterschied des Geschlechts]", sodass die Bildung von ideellen Vereinen keiner Bewilligungspflicht unterworfen werden darf (**Verbot der Konzessionspflicht** – VfSlg 254/1923, 405/1925, 1082/1928).

Die im Verfassungsrang stehenden Art 4 und 9 StV v Wien verpflichten Gesetzgebung und Vollziehung, nazistische (faschistische) und den politischen oder wirtschaftlichen Anschluss an Deutschland propagierende Organisationen aufzulösen (vgl dazu zB VfSlg 9246/1981, 9464/1982). Jede Form der **nationalsozialistischen Wiederbetätigung** wird auch durch § 3 VerbotsG 1947 verboten (vgl VfSlg 10.705/1985). Art 7 Z 5 StV v Wien verbietet weiters Organisationen, die darauf abzielen, der slowenischen und kroatischen Bevölkerung ihre Eigenschaft und ihre Rechte als Minderheit zu nehmen.

Im Übrigen sind Eingriffe in die Vereinsfreiheit verfassungsrechtlich nur zulässig, wenn sie zum Schutz der in Art 11 Abs 2 EMRK **taxativ aufgezählten Rechtsgüter** (zB Aufrechterhaltung der öffentlichen Sicherheit und Ordnung, Schutz der Rechte und Freiheiten anderer Personen) in einer demokratischen Gesellschaft **erforderlich** (dh notwendig und angemessen) sind (Verhältnismäßigkeit). Ein solches Erfordernis kann sich insb auch zum Zweck des **Schutzes anderer („konkurrierender") Grundrechte** ergeben.

So muss die Vereinsbehörde die Vereinsbildung untersagen, wenn die den Zwecken des Vereines (hier: „Verteidigung und Verbreitung der Katholischen Glaubenslehre") entsprechende Betätigung die grundrechtlich geschützten inneren Angelegenheiten einer gesetzlich anerkannten Religionsgesellschaft betrifft (VfSlg 16.395/2001; dazu kritisch *Lienbacher*, ZfV 2002/1463, *Potz*, öarr 2002, 321).

Bereits unmittelbar aus dem Wesen der Vereinsfreiheit ist das Gebot abzuleiten, dass niemand gegen seinen eigenen Willen einem Verein angehören muss (sog **„negative Vereinsfreiheit"**).

Eine gesetzliche Beschränkung der **„politischen Tätigkeiten" von Ausländern** lässt Art 16 EMRK zu.

c) Mittelbare Drittwirkung anderer Grundrechte

Bei der zivilrechtlichen Ausgestaltung der Vereinsorganisation ist auch auf allfällige mittelbare Drittwirkungen anderer Grundrechte (*Öhlinger*, Verfassungsrecht Rz 741 f) zu achten.

Da ein einzelnes Vereinsmitglied idR keinen Einfluss auf die Gestaltung der Vereinsstatuten hat und daher in einer dem Adressaten staatlicher Normen ähnlichen Unterlegenheitssituation ist, nimmt der OGH – wie etwa bei den Grundsätzen des **fair trial** (Art 6 EMRK) – eine verstärkte Grundrechtsbindung an, sodass sich eine statutarische Regelung (zB über die Besetzung des Vereinsschiedsgerichtes) **bei grundrechtskonformer Interpretation des § 879 Abs 1 ABGB** im Einzelfall als nichtig erweisen kann (OGH 31.01.1996, 9 Ob 501/96).

III. Europarechtliche Bezüge

1. Grundrechte-Charta

Das Grundrecht, sich frei mit anderen zusammenzuschließen, wird auch in der **Grundrechte-Charta der EU*** ausdrücklich garantiert (Art 12 GRC; vgl dazu → *Versammlungsrecht*).

2. Grundfreiheiten des Binnenmarktes

Beteiligen sich ideelle Vereine (Vereinsverbände) unmittelbar am **Wirtschaftsleben** (s IV.4.), unterliegen diese Tätigkeiten auch den unionsrechtlichen Regelungen, namentlich den Grundfreiheiten des europäischen Binnenmarktes.

Daher waren Regelungen von Sportverbänden, die den (hier: zwischenstaatlichen) Vereinswechsel von Berufsfußballspielern von der Zahlung einer Transfer-, Ausbildungs- oder Förderungsentschädigung abhängig machten, wegen ihres **Widerspruchs zur Freizügigkeit der Arbeitnehmer** rechtswidrig (EuGH 15.12.1995, C-415/93 [Bosman]).

3. Europäischer Verein

Um Vereinen die Ausübung ihrer Tätigkeit im gesamten EU-Gebiet zu erleichtern, wurde vor Jahren ein Vorschlag für eine VO des Rates über das Statut des Europäischen Vereins (ABl C 1993/236, 1) gemacht. Die Umsetzung des Vorhabens steht allerdings weiterhin aus.

IV. Vereinsbegriff

Ein Verein ist ein freiwilliger, auf Dauer angelegter, aufgrund von Statuten organisierter Zusammenschluss mindestens zweier Personen zur Verfolgung eines bestimmten, gemeinsamen, ideellen Zwecks (§ 1 Abs 1); es handelt sich um eine **privatrechtliche Gesellschaftsform.**

1. Freiwilligkeit

Die Freiwilligkeit des Zusammenschlusses erfordert, dass die Vereinsmitglieder – in Abgrenzung zu anderen, va öffentlich-rechtlichen Assoziationsformen – durch eigenen („freien") Willensentschluss dem Verein bei- bzw aus dem Verein wieder austreten können (**Verbot der Pflichtmitgliedschaft**).

Demgemäß müssen die Vereinsstatuten zwingend Bestimmungen über den Erwerb und die Beendigung der Mitgliedschaft enthalten (§ 3 Abs 2 Z 5). Gewisse sachliche Beschränkungen des Austritts aus dem Verein (zB Kündigungsfristen) sind zulässig, wenn nur der Austritt aus dem Verein innerhalb angemessener Frist rechtlich und faktisch ermöglicht bleibt.

2. Auf Dauer angelegter Zusammenschluss mindestens zweier Personen

Der Zusammenschluss muss auf Dauer angelegt sein. Nicht erforderlich ist, dass deshalb die Vereinstätigkeit zwingend auf unbestimmte Zeit ausgerichtet wird. Auch ein Zusammenschluss auf bestimmte Zeit oder bis zum Eintritt eines von vornherein festgelegten Zweckes (zB Errichtung eines Denkmals) ist ausreichend, wenn der Zusammenschluss nur eine – nach dem Einzelfall zu beurteilende – **„gewisse" Bestandsdauer** erreicht.

Auch wenn **Bürgerinitiativen, Komitees, Arbeitskreise** uÄ idR weder eine solche „gewisse" Bestandsdauer noch die erforderliche Organisationsstruktur aufweisen, schließt dies keineswegs aus, dass sie im Einzelfall auch Vereinscharakter annehmen können (OGH 29.01.1993, 1 Ob 617/92 – hier: Bürgerinitiative).

Der Zusammenschluss zu einem Verein kann nicht nur durch natürliche Personen, sondern auch durch **juristische Personen** (wie zB Vereine) erfolgen (s V.2.).

3. Aufgrund von Statuten organisierter Zusammenschluss

Der Zusammenschluss erfordert den Abschluss eines **zivilrechtlichen (Gesellschafts-) Vertrages** über die Organisation des Vereins („Statut", „Satzung"). Auch wenn bei der Ausgestaltung der Organisation den spezifischen Interessen der Vereinsgründer (bzw -mitglieder) eine relativ weite Gestaltungsfreiheit (als wesentliches Element der Vereinsfreiheit) zukommt, muss sie dennoch bestimmten gesetzlichen **Mindestanforderungen** entsprechen (§§ 3 ff).

4. Bestimmter, gemeinsamer, ideeller Zweck

Vereine müssen einen näher bestimmten, rechtlich zulässigen (s II.2.b.), **„ideellen" Zweck** verfolgen. Die Vereinstätigkeiten dürfen daher va **„nicht auf Gewinn berechnet"** sein (§ 1 Abs 2). Letzteres schließt nicht aus, dass ein Verein auch erwerbswirtschaftlich tätig werden kann (vgl dazu § 1 Abs 5 und 6 GewO sowie → *Gewerberecht*). Nach der relativ „vereinsfreundlichen" stRsp des VfGH ist dabei nicht so sehr das Verhältnis von Haupt- und Nebentätigkeit ausschlaggebend (sog **„Nebenzweckprivileg"** – OGH 15.11.1983,

5 Ob 668/81 = JBl 1985, 95), sondern die **Verwendung des Gewinns.** Unzulässig ist, dass der Vereinszweck als solcher in einer Gewinnerzielungsabsicht besteht, der erwirtschaftete Gewinn den Vereinsmitgliedern oder Dritten zukommt (Verbot der Gewinnausschüttung bzw vereinswidrigen Vermögensentnahme) oder der Verein bloß als Deckmantel für die Erwerbstätigkeit anderer Personen missbraucht wird (**„Deckmantelverbot"**; s dazu VfSlg 4411/1963, 8844/1980, 9566/1982, 13.654/1993 uÄ). Bloße wirtschaftliche Vorteile für die Vereinsmitglieder als **„Nebeneffekt"** bedeuten dagegen noch nicht, dass der Verein auf Gewinn berechnet ist.

Dient der Zweck des Vereins primär der Erhaltung und Verwaltung von Vermögen (wie es etwa auch dem Stiftungsrecht eigen ist), liegt kein ideeller Zweck vor. Das gilt selbst dann, wenn – nach Abzug aller (also auch der Verwaltungs- und Personal-) Kosten – verbleibende Überschüsse ideellen Zwecken zugeführt würden. Erwirtschaftet der Verein nämlich keine Gewinne, dann erschöpft sich der Vereinszweck in der Erhaltung und Verwaltung der in fremdem Eigentum stehenden Vermögenswerte (VfSlg 19.260/2010).

Schließen Vereinsstatuten nicht aus, dass ein allfälliges Vereinsvermögen auf die Vereinsmitglieder aufgeteilt wird, und zwar nicht bloß das Vermögen, das dem Wert der von den Mitgliedern geleisteten Einlagen entspricht, sondern auch jenes, das vom Verein erwirtschaftet wurde, dient die Tätigkeit des Vereines dazu, einen von ihm erwirtschafteten Gewinn an seine Mitglieder auszuschütten (VfSlg 11.735/1987).

Sieht der in den Statuten vorgesehene Vereinszweck (Erbringung von Personenbeförderungsleistungen iSd GelVerkG) auch die Erbringung von Transportleistungen für Nichtmitglieder vor, dient der Verein als „Deckmantel" für die Erwerbstätigkeit anderer Personen (VfSlg 9879/1983).

Ein „Verband der Kraftfahrzeugversicherten" bezweckte dagegen nach seinen Statuten, „seinen Mitgliedern die Behebung und erleichterte Abwicklung von Kraftfahrzeugschäden zu ermöglichen"; als Mittel zur Erreichung des Vereinszweckes wurden „insbesondere" die „Auswahl leistungsfähiger Kraftfahrzeugstätten" für die Mitglieder, die „Prüfung der Qualität der KfZ-Reparaturen und der Angemessenheit der Preise", die „Beistellung von Leihwagen während der Reparaturdauer" und die „vereinfachte Verrechnung mit den Versicherungen" genannt. Auch wenn den Mitgliedern dadurch wirtschaftliche Vorteile erwuchsen, erachtete der VfGH den Verein als *nicht* (!) „auf Gewinn berechnet", weil der Verein weder „Überschüsse erzielen und diese etwa auf die Mitglieder ausschütten" wollte noch als Verein selbst „im Wirtschaftsleben gewinnstrebend [auftrat]" (VfSlg 9566/1982).

5. Ausnahmen

Das VerG sieht keine ausdrücklichen Ausnahmen vom Anwendungsbereich vor, weil mit der Vereinsdefinition (§ 1 Abs 1) der Anwendungsbereich hinreichend eng bestimmt wurde.

Historisch fand der Begriff **„Verein"** für vielfältige Assoziationsformen Verwendung. Deshalb wurden auf Gewinn berechnete Vereine oder Vereine für Bank- und Kreditgeschäfte sowie Versicherungsvereine auf Gegenseitigkeit, Sparkassen und Pfandleihanstalten früher ausdrücklich vom VerG ausgenommen und auf die „besonderen für sie bestehenden Gesetze" verwiesen (§ 2 VerG 1867/1951). Zu diesen Gesetzen zählte auch das Vereinspatent 1852, dessen subsidiäre Geltung aber inzwischen aufgrund speziellerer gesetzlicher

Regelungen (zB BankwesenG, SparkassenG [„Vereine für Bank- und Kreditgeschäfte"], VersicherungsaufsichtsG [„Versicherungsvereine auf Gegenseitigkeit"], AktienG, GesmbH-G uÄ [„Vereine und Gesellschaften, welche auf Gewinn berechnet sind"]) obsolet geworden und durch das BundesrechtsbereinigungsG, BGBl I 191/1999 aufgehoben worden ist.

Es wird allerdings mittels einer *generellen Verweisung* auf die übrige Rechtsordnung klar gestellt, dass auf Assoziationen mit ideellen Zwecken, die nach anderen gesetzlichen Bestimmungen gebildet werden oder – im Fall eines gesetzlichen Rechtsformenzwanges – gebildet werden müssen, das VerG keine Anwendung findet (§ 1 Abs 3).

Assoziationen mit besonderen ideellen Zwecken, namentlich **religiösen** und **politischen (Gesinnungs-) Gemeinschaften**, stehen teils andere, teils alternative Organisationsformen zur Verfügung:

a) Kirchen, Religionsgesellschaften, Bekenntnisgemeinschaften

Gesetzlich anerkannte Kirchen und Religionsgesellschaften (zB Katholische Kirche, Evangelische Kirche, Israelitische Religionsgesellschaft, Islam) sind Körperschaften öffentlichen Rechts, die ihre Rechtspersönlichkeit nach dem AnerkennungsG 1874 oder aufgrund von (Sonder-) Gesetzen (zB IsraelitenG, IslamG) erlangt haben.

Gesetzlich **nicht anerkannte** religiöse Gemeinschaften können entweder im Wege eines speziellen Anerkennungsverfahrens nach dem BekGG Rechtspersönlichkeit als **eingetragene religiöse Bekenntnisgemeinschaft** erlangen (zB Alt-Aleviten, Hindu, Bahai) oder – alternativ (§ 2 Abs 4 BekGG iVm § 29 VerG) – sich als Vereine mit dem Zweck der Verbreitung der Religionslehre konstituieren.

b) Politische Parteien

Politische Parteien sind dauernde, organisierte Verbindungen von Menschen, die durch gemeinsame Tätigkeit auf eine umfassende Beeinflussung der staatlichen Willensbildung abzielen. Da ihre Existenz und Vielfalt zu den wesentlichen Bestandteilen der demokratischen Ordnung zählt (§ 1 Abs 1 PartG), können politische Interessengruppen auch als **„politische Partei"** Rechtspersönlichkeit nach dem ParteienG erlangen (Grundrecht auf Parteienfreiheit).

Bis zur Erlassung des PartG im Jahr 1975 haben sich politische Interessengruppen auch als Vereine nach dem VerG 1867/1951 organisiert. Das ist grundsätzlich auch weiterhin noch möglich („parteiähnliche" Vereine). Die gleichzeitige Erlangung einer Rechtspersönlichkeit als politische Partei und als Verein ist allerdings nicht (mehr) zulässig (§ 1 Abs 3).

Seit der VerGNov 1947 zum VerG 1867/1951 bestehen keine Sonderbestimmungen mehr für **„politische" Vereine.**

Die Rechtspersönlichkeit einer politischen Partei entsteht nach Beschluss einer Satzung sowie deren Veröffentlichung in einer periodischen Druckschrift durch Hinterlegung der Satzung beim BMI (§ 1 Abs 4 PartG). Die Parteienbildung ist im Unterschied zur Vereinsbildung wesentlich „freier“, weil sie ihre Grenze ausschließlich in bundesverfassungsrechtlichen Verbotsnormen (zB VerbotsG) findet (§ 1 Abs 3 PartG). Der BMI ist nicht ermächtigt, die Parteibildung bescheidmäßig zu untersagen oder die Hinterlegung der Satzung „zurückzuweisen“ (VfSlg 9648/1983). Liegt ein Verstoß gegen bundesverfassungsrechtliche Verbotsnormen vor, hat die „politische Partei“ überhaupt keine Rechtspersönlichkeit erlangt, was erforderlichenfalls Verwaltungsbehörden (zB anlässlich der Anzeige einer Versammlung; → *Versammlungsrecht*) und Gerichte selbstständig als Vorfrage* zu beurteilen haben (VfSlg 11.258/1987 – „Nationale Front“).

V. Erscheinungsformen von Vereinen

1. Haupt- und Zweigvereine

Ein Verein kann seine Ziele auch als **Hauptverein** im Zusammenwirken mit mehreren, mit selbstständiger Rechtspersönlichkeit ausgestatteten, statutarisch aber dem Hauptverein untergeordneten **Zweigvereinen** verfolgen (§ 1 Abs 4 S 1). Das Abhängigkeitsverhältnis zwischen Haupt- und Zweigverein muss sich sowohl aus den Statuten des Hauptvereins als auch aus jenen des Zweigvereins ergeben.

Die Gründung von Zweigvereinen setzt den Bestand eines Hauptvereins voraus, die Auflösung des Hauptvereins zieht auch die Auflösung seiner Zweigvereine nach sich (VfSlg 1610/1948, 2100/1951, 2656/1954). Der Hauptverein hat allerdings keinen Rechtsanspruch auf Auflösung eines Zweigvereins, wenn der Zweigverein bspw die Statuten des Hauptvereins verletzt (VfSlg 7048/1973).

Von Zweigvereinen zu unterscheiden sind bloß nach örtlichen oder sachlichen Gesichtspunkten vorgenommene Untergliederungen von Vereinen in rechtlich unselbstständige **Zweigstellen** und **(Vereins-) Sektionen** (§ 1 Abs 4 S 2).

2. (Vereins-) Verbände, Dachverbände

Mehrere rechtlich selbstständige Vereine können sich auch zu einem **vereinsmäßig organisierten Verband**, mehrere solcher Verbände wiederum zu einem **Dachverband** zusammenschließen (§ 1 Abs 5). Eine Pflicht zur Führung der Bezeichnung „Verband“/„Dachverband“ besteht in diesem Zusammenhang nicht.

Der Verein „Österreichischer Fußballbund (ÖFB)“ ist bspw der Dachverband der vereinsmäßig organisierten Fußball-Landesverbände, denen wiederum gemeinnützige Fußballvereine mit Sitz in den betreffenden Bundesländern angehören.

VI. Vereinsgründung

Die Vereinsgründung ist ein privatrechtlicher Akt, der durch das VerG öffentlich-rechtlichen Beschränkungen unterworfen ist.

Es ist dabei zwischen **interner** und **äußerer Gründung** des Vereins zu unterscheiden (§ 2 Abs 1). Der Abschluss einer zivilrechtlichen Vereinbarung über ein Vereinsstatut durch die Vereinsgründer führt zunächst zur **Errichtung** des Vereins. Die **Entstehung** des Vereins als juristische Person verlangt darüber hinaus eine (stillschweigende, ausdrückliche) „positive" Erledigung der Vereinserrichtungsanzeige durch die Vereinsbehörde (§ 13 Abs 1 und 2).

Eine organschaftliche Konstituierung des Vereins ist für die Entstehung der Rechtspersönlichkeit nicht zwingend erforderlich (s VIII.2.a.). Die Vereinsorgane können vor oder nach der Entstehung des Vereins bestellt werden. Bis zur Bestellung der Vereinsorgane sind die Gründer von Gesetzes wegen Vertreter des Vereins (§ 2 Abs 2).

1. Vereinserrichtung

Die „**Vereinsstatuten**" („Satzung", „Vereinsverfassung") stellen einen multilateralen, zivilrechtlichen (Gesellschafts-)Vertrag über die Vereinsorganisation (Beziehungen der Vereinsmitglieder untereinander sowie zum Verein) dar. Auch wenn sie überwiegend nach den konkreten Interessen und Vorstellungen der Vereinsgründer (bzw -mitglieder) gestaltet werden können (§ 3 Abs 1 – **Grundsatz der Vereinsautonomie**), müssen sie bestimmte – von der Vereinsbehörde zu überprüfende (s VI.3.) – gesetzliche **Mindesterfordernisse** erfüllen (§ 3 Abs 2).

Die an sich aufgrund eines zivilrechtlichen Vertrages entstandenen Vereinsstatuten sind – nach der Rsp der VfGH – ausnahmsweise wie **generelle Normen** (§§ 6 f ABGB) auszulegen, sodass es bei der Interpretation auf den jeweiligen objektiven Sinn ankommt (VfSlg 8844/1980, 9366/1982, 9589/1982, 11.745/1988).

- **Vereinsname** (§ 3 Abs 2 Z 1, § 4 Abs 1): Der Vereinsname muss einen Schluss auf den Vereinszweck zulassen und darf nicht irreführend sein. Er darf auch keinen Anlass zu Verwechslungen mit anderen Vereinen, Einrichtungen und Rechtsformen (zB „Stiftung", „Fonds") geben. Die Namenswahl wird überdies durch gesetzlich geschützte Bezeichnungen (zB „Universität" uÄ) eingeschränkt.

  Die Bezeichnung „*Gewerkschaft*" lässt keinen Schluss auf den tatsächlichen Vereinszweck zu, wenn der Vereinszweck nicht die Interessen der Arbeitnehmer, sondern der Wirtschaftstreibenden dient (VfGH 04.10.1977, B 322/76). Auch wenn sich ein Verein mit dem Zusatz „*Kammer*" im Vereinsnamen bezeichnet, können Irrtümer über den Aufgabenbereich des Vereins entstehen. Mit „*Kammer*" werden nämlich öffentlich-rechtliche Körperschaften mit Zwangsmitgliedschaft bezeichnet (zB AK, Rechtsanwaltskammer; vgl VfGH 17.10.1957, B 16/57). Der Verein „*Sozial-kulturelle griechi-*

sche Gemeinde Wien" ist verwechslungsfähig mit der griechisch-orthodoxen Kirchengemeinde (VfSlg 11.199/1986).

- **Vereinssitz** (§ 3 Abs 2 Z 2, § 4 Abs 2): Der Verein muss seinen Vereinssitz in Österreich festlegen (Angabe des Ortes, der Gemeinde). Da der Vereinssitz nicht der Ort der Entfaltung der Vereinstätigkeit ist, sondern der Ort der **Leitung und (Haupt-) Verwaltung** des Vereines, muss der Tätigkeitsbereich des Vereins nicht ausschließlich in Österreich liegen. Daher kann durchaus auch ein **„internationaler" Verein** betrieben werden.

  Verlegt ein Verein seinen Sitz in das Ausland, verliert er seine Rechtspersönlichkeit (VfSlg 12.109/1989). In diesem Fall wird eine freiwillige Vereinsauflösung (§ 28) ohne ausdrücklichen Auflösungsbeschluss angenommen.

- **Vereinszweck, -tätigkeiten und -mittel** (§ 3 Abs 2 Z 3 und 4): Neben der klaren, bestimmten und vollständigen Angabe eines **ideellen Zweckes** (zB Interessenvertretung; s IV.4.) müssen auch die konkret beabsichtigten **Tätigkeiten** abschließend festgelegt werden. Die Statuten müssen weiters Auskunft geben, mit welchen **finanziellen Mitteln** (zB Spenden, erwerbsmäßige Tätigkeiten, Mitgliedsbeiträge, Subventionen) die Vereinstätigkeiten bestritten werden sollen.

  Im Fall der **Ausführung anderer Vereinstätigkeiten** als den in den Statuten angegebenen Tätigkeiten kommt eine behördliche Vereinsauflösung in Betracht (s VIII.2.), selbst wenn auch diese Tätigkeiten noch dem Vereinszweck dienen sollten.

- **Vereinsmitgliedschaft** (§ 3 Abs 2 Z 5): Es sind zwingend Bestimmungen über den **Erwerb** und die **Beendigung** der (Vereins-)Mitgliedschaft in die Statuten aufzunehmen. Die konkrete Ausgestaltung bleibt weitgehend der Vereinsautonomie vorbehalten. Es ist in diesem Rahmen zulässig, verschiedene Arten von Mitgliedschaften zu schaffen (zB Vollmitglieder, fördernde Mitglieder, Ehrenmitglieder) sowie bei der Mitgliedschaft zB an bestimmte Wohnsitzerfordernisse anzuknüpfen (OGH 29.11.2013, 8 Ob 112/13y). Unzulässig ist jedoch – auch iZm der zu wahrenden **„negativen Vereinsfreiheit"** – jede Form der Zwangsmitgliedschaft (s II.2.b., IV.1.), sodass ein Vereinsaustritt binnen angemessener Frist (zB zum Schluss des Kalenderjahrs) ermöglicht sein muss.
- **Rechte und Pflichten der Vereinsmitglieder** (§ 3 Abs 2 Z 6): Auch die Rechte und Pflichten (zB Mitgliedsbeiträge) der Vereinsmitglieder unterliegen einer weitreichenden Gestaltungsfreiheit. Verschiedene (Mitwirkungs-, Informations-) Rechte ergeben sich jedoch unmittelbar aus zwingenden gesetzlichen Bestimmungen.

  Bspw kann ein Zehntel der Mitglieder jederzeit vom Leitungsorgan die Einberufung der **Mitgliederversammlung** (§ 5 Abs 2) oder Informationen über Vereinstätigkeit und Finanzgebarung des Vereins verlangen (§ 20).

- **Obligatorische Vereinsorgane, Beschlusserfordernisse** (§ 3 Abs 2 Z 7 bis 9, §§ 5 und 6): In den Vereinsstatuten sind die Vereinsorgane, deren Bestellung, Aufgaben und Funktionsperiode sowie Beschlusserfordernisse (Präsenz-, Konsensquoren) zu bestimmen. Ein Verein muss als Vereinsorgane jedenfalls die Mitgliederversammlung sowie ein oder mehrere Organe als Leitungsorgan(e) vorsehen (§ 5 Abs 1):
  Die **Mitgliederversammlung** ist regelmäßig das oberste willensbildende Vereinsorgan. Alle ordentlichen Mitglieder haben Sitz und Stimme, wichtige Grundsatzfragen (zB Änderung der Vereinsstatuten, Bestellung der Organe) sind diesem Organ statutarisch vorzubehalten. Die Mitgliederversammlung ist zumindest alle fünf Jahre oder auf Antrag eines Zehntels der Mitglieder vom Leitungsorgan einzuberufen (s VII.4.).

  Für den Fall, dass aufgrund der großen Mitgliederzahl eine Vollversammlung nicht möglich oder untunlich ist (sog „**Publikumsvereine**"), kann die Willensbildung auch im Rahmen eines Repräsentationsorgans der Mitglieder (sog „Delegiertenversammlung") erfolgen (§ 5 Abs 2).

  Dem **Leitungsorgan** (zB „Vereinsvorstand", „Präsidium") obliegt die **Führung der (Vereins-)Geschäfte** sowie die **Außenvertretung** des Vereins (s VII.3.). Es muss aus mindestens zwei Personen bestehen (sog „Vier-Augen-Prinzip"). Es ist sowohl zulässig, die Geschäftsführungs- und Vertretungsaufgaben innerhalb eines Organs aufzuteilen („Ressortverteilung") als auch für die Geschäftsführung und die Außenvertretung jeweils eigene, voneinander verschiedene (gemeinsam aber das „Leitungsorgan" iSd § 5 Abs 3 bildende) Organe einzurichten (§ 5 Abs 3).

  Es ist daher zulässig, dass der Verein zwei unterschiedliche Organe, zB einen **Vereinspräsidenten** und einen **Geschäftsführer** einrichtet, die gemeinsam das Leitungsorgan („Vereinsvorstand") bilden.

  Soweit die Vereinsstatuten nichts über die gemeinsame oder alleinige Ausübung von Leitungsfunktionen vorsehen, ist **im Zweifel Gesamtgeschäftsführung** und **Gesamtvertretung** aller Mitglieder des Leitungsorgans anzunehmen (§ 6 Abs 1 und 2). Eine Beschränkung der Vertretungsbefugnisse einzelner Organmitglieder nach außen (gegenüber Dritten) kann nicht rechtswirksam festgelegt werden (**organschaftliche Formalvollmacht**); im Innenverhältnis ist sie aber zulässig (§ 6 Abs 3). Weiters ist vorgesehen, dass mangels anderer Regelung in den Statuten (zB qualifizierte Mehrheiten, Einstimmigkeit) für die Beschlussfassung im Bereich der Gesamtgeschäftsführung die einfache Stimmenmehrheit genügt (§ 6 Abs 1).
- **Fakultative Aufsichtsorgane** (§ 5 Abs 4): Es besteht grundsätzlich keine Pflicht des Vereins, auch ein Aufsichtsorgan zu bestellen. Sehen die Statuten aber die Einrichtung eines Aufsichtsorgans vor, muss die Bestellung von mindestens **drei unabhängigen** und **unbefangenen Personen** durch

die Mitgliederversammlung vorgesehen werden (§ 5 Abs 4). Die Aufsichtsorgane dürfen grundsätzlich keinem Vereinsorgan angehören, dessen Tätigkeiten geprüft werden sollen. Die Vereinsmitgliedschaft gilt hingegen mit der Funktion im Aufsichtsorgan als vereinbar, selbst wenn die Mitgliederversammlung nach der statutarischen Aufgabenverteilung ausnahmsweise Angelegenheiten der Geschäftsführung besorgt (§ 5 Abs 4 S 4).

- **Rechnungs- und Abschlussprüfung** (§ 5 Abs 5): Vereine sind verpflichtet, die Bestellung von mindestens zwei unabhängigen und unbefangenen Rechnungsprüfern (oder bei großen Vereinen: Abschlussprüfern) vorzunehmen. Die Rechnungsprüfer können statutarisch als Vereinsorgane vorgesehen werden, andernfalls müssen sie jeweils unmittelbar nach Maßgabe der gesetzlichen Bestimmungen von der Mitgliederversammlung bestellt werden. Ist die Bestellung vor der nächsten Mitgliederversammlung unbedingt erforderlich, kann die Auswahl und Bestellung auch vom Aufsichtsorgan oder dem Leitungsorgan vorgenommen werden (§ 5 Abs 5).
- **Streitschlichtung** (§ 3 Abs 2 Z 10, § 8): In den Vereinsstatuten ist eine Streitschlichtungseinrichtung zur außergerichtlichen, vereinsinternen Beilegung von sowohl **rechtlichen** als auch **sonstigen, „reinen" Vereinsstreitigkeiten** vorzusehen.

  Eine **„reine" Vereinsstreitigkeit** stellt – nach den ErlRV – bspw die Frage dar, ob bei einer Vereinsveranstaltung ein bestimmter Ehrengast eingeladen werden soll oder nicht. IdR sind Vereinsstreitigkeiten aber **Rechtsstreitigkeiten** (zB über einen Vereinsausschluss, die Bestellung und Funktionsperiode von Organwaltern, Zuständigkeitsstreitigkeiten zwischen Organen uÄ).

  Die konkrete Ausgestaltung der Streitschlichtungseinrichtung sowie die Einrichtung vereinsinterner Rechtszüge bleibt grundsätzlich den Vereinsstatuten vorbehalten, in verfahrensrechtlicher Hinsicht müssen aber grundlegende Einrichtungen eines **fairen, rechtstaatlichen Verfahrens** (zB Unbefangenheit, Gewährung beiderseitigen Gehörs) gewahrt werden (§ 8 Abs 2).
  Reine Vereinsstreitigkeiten werden vereinsintern endgültig entschieden. In **Rechtsstreitigkeiten** kann dagegen nach Beendigung des Schiedsverfahrens (bzw – spätestens – nach Ablauf einer Frist von sechs Monaten ab Anrufung der Schlichtungseinrichtung) auch ein ordentliches Gericht angerufen werden (§ 1 JN), außer die Streitschlichtungseinrichtung wurde als Schiedsgericht (iSd § 577 ff ZPO) eingerichtet (§ 8 Abs 1).

  Die Streitschlichtungseinrichtungen der Vereine sind regelmäßig nicht als Schiedsgerichte (iSd § 577 ff ZPO) eingerichtet. In diesem Fall ist der statutarische Ausschluss des Rechtsweges für Rechtsstreitigkeiten in Vereinsangelegenheiten daher unzulässig und unwirksam.

- **Vereinsauflösung** (§ 3 Abs 2 Z 11, § 28 Abs 1, § 30 Abs 2): In den Statuten ist weiters vorzusehen, unter welchen Voraussetzungen (zB qualifizierter

Mehrheitsbeschluss der Mitgliederversammlung) ein Verein sich selbst freiwillig auflösen kann (§ 28 Abs 1) und auf welche Weise nachfolgend das Vereinsvermögen zu verwerten ist.

Eine Vermögensverteilung an die Vereinsmitglieder kann zwar grundsätzlich vorgesehen werden, den Vereinsmitgliedern dürfen aber in diesem Zusammenhang nur die eingebrachten Einlagen zurückerstattet werden (§ 30 Abs 2; s IV.4. und VfSlg 11.735/1988). Unter „Einlagen" werden auch Sacheinlagen, nicht aber Arbeitsleistungen verstanden.

2. Vereinsentstehung

Die Vereinsgründer oder die nach den Vereinsstatuten bereits bestellten organschaftlichen Vertreter (§ 2 Abs 2) haben vor Aufnahme der Tätigkeit die Errichtung des Vereins unter Angabe personen- und funktionsbezogener Daten sowie Beilage der vereinbarten Statuten der zuständigen Vereinsbehörde schriftlich anzuzeigen (**„Errichtungsanzeige"**; vgl §§ 11 Abs 1, 31 Z 1). Die Vereinsbehörde hat in der Folge längstens innerhalb von vier Wochen (bzw bei bescheidmäßiger Verlängerung innerhalb von sechs Wochen – § 12 Abs 3) die Vereinsstatuten auf ihre Gesetzmäßigkeit zu überprüfen (s VI.3.) sowie uU eine Verbesserung von Eingabemängeln zu verlangen (§ 13 Abs 3 AVG).

Die Vereinsbehörde hat überdies die Pflicht, in Wahrung des Parteiengehörs den Vereinsgründern Gelegenheit zu geben, die vorgelegten Statuten, gegen deren Rechtmäßigkeit sie allenfalls Bedenken hat, zu verbessern (VfSlg 9366/1982, 11.745/1988, 11.746/1988). Eine bescheidmäßige Einladung zur Aufnahme der Vereinstätigkeit unter Vorschreibung von **Auflagen, Bedingungen** und **Befristungen** kommt mangels gesetzlicher Ermächtigung nicht in Betracht.

Gibt die Vereinsbehörde innerhalb dieser Frist keine der Vereinsgründung entgegenstehende Erklärung ab (§ 13 Abs 1; **„stillschweigende" Einladung**) oder werden die Anzeiger bereits vor Fristablauf zur Aufnahme der Vereinstätigkeit ausdrücklich **mit Bescheid** eingeladen (§ 13 Abs 2), entsteht der Verein als **Rechtsperson** und kann seine Tätigkeit (s VII.) aufnehmen. Die Vereinsbehörde hat den Anzeigern eine unbeglaubigte Abschrift der Vereinsstatuten und einen Vereinsregisterauszug zu übermitteln (§ 13 Abs 1). Der Verein ist verpflichtet, seine organschaftlichen Vertreter innerhalb eines Jahres, auf Antrag auch innerhalb einer verlängerten Frist zu bestellen, ansonsten der Verein von der Vereinsbehörde wieder aufzulösen ist (§§ 2 Abs 3, 29).

3. Nichtgestattung der Vereinsgründung

Stellt die Vereinsbehörde dagegen bei der Überprüfung der Vereinsstatuten fest, dass der Verein nach seinem Zweck (§ 1 Abs 1), seinem Namen (§ 4) oder seiner Organisation (§§ 1 Abs 3, 4 ff) **gesetzwidrig** iSd VerG oder anderer Rechtsvorschriften, wie etwa dem StGB oder VerbotsG, ist und – kumulativ

– die Untersagung aus einem der in **Art 11 Abs 2 EMRK** (zB Aufrechterhaltung der öffentlichen Ordnung und Sicherheit; Schutz der Rechte und Freiheiten anderer) angeführten Gründe **notwendig** ist (vgl auch VIII.2.), hat sie – unter Wahrung des Parteiengehörs (§ 37 AVG; s VI.2.) – **mit Bescheid** zu erklären, dass die Gründung eines Vereins nicht gestattet wird („**Untersagung**"; § 12 Abs 1).

Die Untersagung der Gründung eines Vereins für Sterbehilfe ist wegen dem generellen Verbot der Mitwirkung am Selbstmord (§ 78 StGB) zulässig (VwGH 08.03.2016, E 1477/2015).

Auch die Untersagung aus Gründen der **Verwechslungsfähigkeit** des Vereinsnamens (s VI.1.) ist zum Schutz der Rechte und Freiheiten anderer Personen (hier: Vereine) sowohl erforderlich als auch verhältnismäßig (iSd Art 11 EMRK).

Die **bloße Möglichkeit** einer missbräuchlichen Anwendung der Statuten reicht dagegen für eine Untersagung noch nicht aus (VfSlg 2208/1951, 2334/1952, 4936/1965 ua). Auch ein (allenfalls begründetes) **Misstrauen** gegenüber einzelnen Vereinsgründern (früher: § 6 Abs 1 S 2 VerG 1951) stellt für sich allein keinen hinreichenden Untersagungsgrund mehr da.

Da die Erklärung ehestmöglich, spätestens vier (bzw sechs Wochen – s V.2.) nach Einlangen der Errichtungsanzeige zu ergehen hat, sieht § 12 Abs 5 Erleichterungen bei der Zustellung der Untersagungserklärung vor. Bereits der Zustellversuch an der von den Anzeigern angegebenen Abgabestelle (iSd § 4 ZustellG) wahrt die Rechtzeitigkeit der behördlichen Erledigung.

Wurde die Vereinsbildung versehentlich oder aufgrund unzutreffender Rechtsansicht nicht untersagt oder nicht fristgerecht untersagt (iSd § 12 Abs 1), kann – anders als etwa im → *Versammlungsrecht* – die Unterlassung nicht dadurch richtig gestellt werden, dass nach unbeanstandet gebliebener Vereinsbildung mit Auflösung (§ 29) vorgegangen wird. Erst wenn der Verein **nach seiner Bildung** eine Tat setzt, die einen Auflösungsgrund bildet, kann mit behördlicher Auflösung vorgegangen werden (VfSlg 1608/1948, 2468/1953, 19.208/2010). Als Auflösungsgründe iSd § 29 VerG („Bedingungen seines rechtlichen Bestandes nicht mehr entspricht") können allerdings auch die Untersagungsgründe des § 12 VerG herangezogen werden (VfSlg 9567/1982 zum VerG 1951).

Auf die Untersagung eines Vereines besteht kein subjektiv-öffentliches Recht betroffener Dritter. Diese Maßnahme dient ausschließlich dem **öffentlichen Interesse**, wie zB im Fall der Gesetzwidrigkeit eines verwechslungsfähigen Vereinsnamens (§ 4 Abs 1) dem Interesse der Öffentlichkeit an einem Schutz vor namensmäßiger Irreführung (VwGH 20.01.2004, 2003/01/0611).

VII. Vereinstätigkeit

1. Beginn der Vereinstätigkeit

Schon vor der Befassung der Vereinsbehörde können erste organschaftliche Vertreter bestellt werden (§ 2 Abs 2). Darüber hinausgehende Vereinstätigkeiten, wie zB der Abschluss von Rechtsgeschäften im Namen des noch nicht errichteten Vereins, sind **öffentlich-rechtlich** erst nach Anzeige der Errichtung des Vereins bei der Vereinsbehörde zulässig (§ 31 Z 1). **Zivilrechtlich** haften für vorvereinliche Rechtsgeschäfte bis zur Entstehung des Vereins als Rechtsperson (§ 13) die Vereinsgründer oder die allenfalls bereits bestellten organschaftlichen Vertreter nach dem Modell der sog **„Handelndenhaftung"** (§ 2 Abs 4; vgl ähnlich §§ 2 Abs 1 GmbHG, 34 Abs 1 AktG). Die Rechtsgeschäfte bleiben aber bis zur Entstehung des Vereins schwebend unwirksam. Nach der Entstehung des Vereins werden die Rechte und Pflichten für den Verein unmittelbar wirksam, ohne dass es einer besonderen Genehmigung durch Vereinsorgane oder Gläubiger bedarf (§ 2 Abs 4 S 2).

Wird die Vereinsgründung dagegen von der Vereinsbehörde nicht gestattet (§ 12 Abs 1), bleibt es bei der Handelndenhaftung.

2. Konstituierung des Vereins

Wenngleich eine Konstituierung des Vereins für die Entstehung des Vereins als Rechtsperson nicht erforderlich ist, bleibt sie für seinen **Fortbestand** von rechtlicher Relevanz.

Die Konstituierung erfolgt in der Praxis durch Einberufung und Durchführung der ersten Mitgliederversammlung („konstituierende Generalversammlung") sowie Wahl und Bestellung der statutarisch vorzusehenden Vereinsorgane.

Erfolgt die Bestellung der ersten organschaftlichen Vertreter nicht innerhalb eines Jahres, hat die Vereinsbehörde den Verein wieder aufzulösen (s VIII.2.). Die Frist zur Konstituierung kann auf Antrag verlängert werden, wenn die Einhaltung der Frist durch ein unvorhergesehenes oder unabwendbares Ereignis ohne Verschulden verhindert wurde (§ 2 Abs 3).

3. Geschäftsführung, Außenvertretung

Die Geschäftsführung und Außenvertretung hat von den Mitgliedern des Leitungsorgans nach Maßgabe der „klaren und umfassenden Angaben" in den Vereinsstatuten **einzeln** oder **gemeinsam** zu erfolgen (§ 3 Abs 2 Z 7; s V.1.). Soweit in den Statuten im **Innenverhältnis** nicht ausdrücklich eine Einzelvertretung vorgesehen ist, hat *ex lege* eine Gesamtgeschäftsführung und -vertretung zu erfolgen, wobei zur Beschlussfassung im Zweifel die einfache Stimmenmehrheit erforderlich ist. Im **Außenverhältnis** gegenüber Dritten gelten die im Innenverhältnis zulässigen statutarischen Beschränkungen (zB auch über interne Genehmigungsvorschriften) allerdings nicht (§ 6 Abs 3; sog **organschaftliche Formalvollmacht**).

Unter **Geschäftsführung** werden alle rechtlichen und faktischen (zB Korrespondenz, Buchführung) Tätigkeiten im Innenverhältnis verstanden, die auf die Verfolgung des Vereinszwecks zielen. Wirken diese Tätigkeiten auch im Außenverhältnis gegenüber Dritten, stellt die Geschäftsführung bereits eine **Außenvertretung** dar (zB beim Abschluss eines Mietvertrages).

Insichgeschäfte erfordern eine vereinsinterne Zustimmung eines anderen zur Vertretung oder Geschäftsführung befugten Organwalters (§ 6 Abs 4).

Gesetzwidrige oder statutenwidrige Beschlüsse der Vereinsorgane sind bis zur Streitschlichtung (§ 8) oder bis zu ihrer erfolgreichen, fristgerechten gerichtlichen Anfechtung durch ein betroffenes Vereinsmitglied gültig, außer Inhalt und Zweck des verletzten Gesetzes oder die guten Sitten erfordern die absolute Nichtigkeit von Beschlüssen (§ 7).

4. Vereinsversammlungen

Mitgliederversammlungen sind nach Maßgabe der statutarischen Aufgaben, jedenfalls aber **zumindest alle fünf Jahre** einzuberufen. Mindestens ein Zehntel der Mitglieder (§ 5 Abs 2) oder die Rechnungsprüfer (§ 21 Abs 5) können darüber hinaus jederzeit die Einberufung vom Leitungsorgan verlangen und erforderlichenfalls sogar selbst vornehmen.

Auf – ex lege als geladene Gäste anzusehende (§ 10) – Vereinsmitglieder und sonstige vom Verein persönlich geladene Gäste beschränkte **Vereinsversammlungen** müssen nicht als Versammlungen angezeigt werden (§ 2 Abs 1 VersG 1953), eine Entsendung von Behördenvertretern zu diesen Versammlungen ist unzulässig (§ 12 VersG 1953; → *Versammlungsrecht*).

5. Informationsrechte und -pflichten

Das Leitungsorgan des Vereins ist jedem Vereinsmitglied gegenüber zur Ausfolgung der Vereinsstatuten (§ 3 Abs 3) sowie zur Information über Tätigkeiten und Finanzgebarung des Vereins in jeder Mitgliederversammlung verpflichtet (§ 20). Auf begründeten Antrag mindestens eines Zehntels der Vereinsmitglieder können solche Informationen auch außerhalb von Mitgliederversammlungen verlangt werden. Besondere Informationspflichten ergeben sich iZm der Rechnungslegung und -prüfung (§ 21 Abs 4).

Informationsrechte müssen erforderlichenfalls im ordentlichen Rechtsweg bei den Gerichten durchgesetzt werden. Eine behördliche Vereinsauflösung kommt mE nicht in Betracht.

6. Rechnungslegung, Rechnungsprüfung

Das Leitungsorgan des Vereins hat weiters zum Zwecke der Transparenz und Kontrolle der Finanzgebarung ein nach Größenklassen differenziertes Rechnungswesen einzurichten, dessen Prüfung in Hinsicht auf die Ordnungsmäßigkeit der Rechnungslegung und die statutengemäße Verwendung der Mittel bei kleinen und mittelgroßen Vereinen **unabhängigen** und **unbefangenen**

Rechnungsprüfern (§ 5 Abs 5) bzw bei großen Vereinen **berufsmäßigen Abschlussprüfern** (§ 22 Abs 2) zumindest einmal im Jahr obliegt (§§ 21, 22). Rechnungsprüfer und Abschlussprüfer werden regelmäßig von der Mitgliederversammlung ausgewählt (§ 5 Abs 5).

Rechnungsprüfer sind selbst bei Feststellung erheblicher Unregelmäßigkeiten ausschließlich vereinsintern berichtspflichtig (§ 21 Abs 4). Sie können aber auch die Einberufung der Mitgliederversammlung vom Leitungsorgan verlangen, sie erforderlichenfalls sogar selbst einberufen (§ 21 Abs 5). Sind dagegen dem **Abschlussprüfer** Tatsachen erkennbar geworden, die eine Bestandsgefährdung des Vereins befürchten lassen, hat er eine Mitteilungspflicht gegenüber der Vereinsbehörde, die im Vereinsregister ersichtlich zu machen ist (§ 22 Abs 5).

7. Anzeigepflichten

Die zur Außenvertretung berufenen Organwalter des Leitungsorgans sind verpflichtet, Änderungen in den Vereinsstatuten (§§ 14 Abs 1, 31 Z 4 lit a) und der organschaftlichen Vertretung oder der Vereinsanschrift (§§ 14 Abs 2, 31 Z 4 lit b) sowie die freiwillige Auflösung und Beendigung der Abwicklung (§§ 28, 31 Z 4 lit c und d) bei der Vereinsbehörde binnen vier Wochen anzuzeigen. Die Verletzung dieser Anzeigepflichten stellt eine Verwaltungsübertretung dar.

Die Anzeigepflichten treffen *ex lege* die zur Vertretung berufenen Organwalter (§ 31 Z 4) und nicht den „Verein". Es handelt sich daher bei der Verletzung von Anzeigepflichten auch nicht um „besondere Fälle der Verantwortlichkeit" der juristischen Person (iSd § 9 VStG). Eine Bestellung eines verantwortlichen Beauftragten ist in diesem Zusammenhang daher ebenfalls ausgeschlossen.

Die Vereinsbehörde ist in diesem Zusammenhang grundsätzlich nicht verpflichtet, auch die Rechtmäßigkeit der angezeigten (Neu-) Bestellung eines Organes (zB Vereinsvorstand) zu überprüfen (vgl dazu VfSlg 17.049/2003 sowie *Krejci* in FS Iro, 116; s auch unten X.).

8. Statutenänderung

Auf Statutenänderungen („**Vereinsumbildung**") finden die Bestimmungen über die Vereinsgründung (§§ 1 bis 13) sinngemäß Anwendung.

Der Beschluss über die Statutenänderung ist vom zur Außenvertretung berufenen Organwalter des Leitungsorgans bei der Vereinsbehörde anzuzeigen (**Umbildungsanzeige**).

9. Zivilrechtliche Haftung

Für Verbindlichkeiten des Vereins haftet grundsätzlich allein der Verein mit seinem Vermögen (sog „Trennungsprinzip"). Eine persönliche Haftung der Organwalter (oder Vereinsmitglieder) gegenüber Dritten kommt nur ausnahmsweise zum Tragen (§ 23). Organwalter und Rechnungsprüfer haften aber dem Verein gegenüber, wenn sie schuldhaft ihre gesetzlichen oder statutarischen Pflichten verletzen (zB zweckwidrige Verwendung von Vermögen vgl dazu § 24 Abs 2). Seit der VerGNov 2011 sind **Haftungsprivilegien für ehrenamtliche Organwalter** vorgesehen. Sie haften nur bei Vorsatz oder grober Fahrlässigkeit, wenn nicht anderes vereinbart oder in den Statuten festgelegt ist (vgl dazu im Detail *Schürz*, Zak 2012, 4).

VIII. Beendigung des Vereins

Die Rechtspersönlichkeit des Vereins endet mit der **behördlichen Eintragung** der (freiwilligen, behördlichen) Auflösung (§§ 28, 29), bei Erfordernis einer Vermögensverwertung vollständig erst mit der behördlichen Eintragung der Beendigung seiner Abwicklung (§ 30) in das **Vereinsregister** (§§ 27, 16 Abs 1 Z 12).

Während die Erlangung der Rechtspersönlichkeit nicht von der Eintragung ins Vereinsregister abhängig ist (§ 13 Abs 1 und 2), endet die Rechtspersönlichkeit „aus Gründen der Rechtssicherheit" (RV 990 BlgNR XXI. GP) ausdrücklich erst mit dem **amtlichen Publizitätsakt** (konstitutive Wirkung der Eintragung).

Während der Abwicklung kommt dem Verein allerdings nur mehr eine auf die zum Zwecke der Liquidation erforderlichen Rechte und Pflichten **eingeschränkte Rechtspersönlichkeit** zu (VfSlg 18.005/2006).

1. Freiwillige Vereinsauflösung

Die freiwillige Auflösung und die Verwertung des Vereinsvermögens hat nach den zwingend in den Statuten vorzusehenden Modalitäten zu erfolgen (§§ 28 Abs 1, 3 Abs 2 Z 11 – zB qualifizierter Mehrheitsbeschluss der Mitgliederversammlung; Zeitablauf). Die Vereinsauflösung ist der Vereinsbehörde unter Angabe verschiedener Daten (zB Datum der Auflösung; allfällige Bestellung eines Abwicklers) binnen vier Wochen mitzuteilen.

Im wesentlichen Unterschied zur alten Rechtslage nach dem VerG 1951 (VfSlg 16.298/2001) hat die behördliche Kenntnisnahme der Mitteilung durch Eintragung in das Vereinsregister **konstitutive Wirkung** auf den Rechtsbestand des Vereines (Untergang der Rechtspersönlichkeit). Deshalb stellt die Rechtmäßigkeit der (statutarischen/zivilrechtlichen) Auflösung, die als Hauptfrage grundsätzlich von den ordentlichen Gerichten zu beurteilen ist (§ 1 JN), im freiwilligen Vereinsauflösungsverfahren nunmehr eine **Vorfrage*** (iSd § 38 AVG) dar. Im Fall einer nicht den Statuten entsprechenden Auflösung hat die Vereinsbehörde – bei verfassungskonformer Interpretation (Rechtsstaatsprinzip) – die Mitteilung der Vereinsauflösung aus Rechtsschutzgründen mit **Bescheid** zurück- oder abzuweisen.

Die Vereinsbehörde hat die freiwillige Auflösung im Vereinsregister ersichtlich zu machen und die historischen Daten des Vereins bis ein Jahr nach der Auflösung evident und für Dritte abfragbar zu halten (§§ 16 Abs 2, 17 Abs 2; 28 Abs 3).

Bei einer **behördlichen Säumnis** hinsichtlich der faktischen Vornahme der erforderlichen Eintragungen ins Vereinsregister steht nach dem VerG an sich **kein vereinsrechtlicher Rechtsbehelf** zur Verfügung. Eine Unterlassung kann aber eine Verletzung von Rechten bei der Besorgung der Sicherheitsverwaltung (iSd § 88 Abs 2 SPG – s X.2.a.) darstellen. Darüber hinaus besteht ein durchsetzbares Auskunftsrecht und Recht auf Richtigstellung von Daten – auch im Vereinsregister – gem §§ 26, 27, 31 DSG 2000.

2. Behördliche Vereinsauflösung

Eine behördliche Auflösung des Vereins mittels Bescheid kann nur aufgrund **taxativ aufgezählter Auflösungsgründe** (§§ 2, 29) erfolgen. Außer im Fall, dass keine organschaftlichen Vertreter rechtzeitig bestellt werden (§ 2 Abs 3), ist diese Vereinsauflösung überdies nur dann zulässig, wenn sie (auch) zur Wahrung der in Art 11 Abs 2 EMRK aufgezählten **öffentlichen Interessen** (zB öffentliche Sicherheit, Aufrechterhaltung der Ordnung und der Verbrechensverhütung; Schutz der Rechte und Freiheiten anderer) notwendig ist (§ 29 Abs 1 – **Verhältnismäßigkeitsprüfung**).

Mit der an sich Ermessen* indizierenden „Kann"-Bestimmung soll va zum Ausdruck gebracht werden, dass die Vereinsbehörde in Berücksichtigung der verfassungsgesetzlich gewährleisteten Vereinsfreiheit von dieser Maßnahme nur bei Vorliegen eines **schwerwiegenden Grundes** Gebrauch machen soll (VfSlg 8090/1977, 13.654/1993). Anstatt einer Ermessensübung hat die Vereinsbehörde eine **Verhältnismäßigkeitsprüfung** vorzunehmen.

Eine **vorläufige Einstellung** der Vereinstätigkeiten bei Gefahr im Verzug bis zur endgültigen Entscheidung über die Vereinsauflösung ist im VerG 2002 nicht vorgesehen. Die Vereinsbehörde kann aber bei Vorliegen der gesetzlichen Voraussetzungen die Vereinsauflösung mittels Mandatsbescheid (§ 57 AVG) vornehmen oder der Beschwerde an das LVwG die aufschiebende Wirkung aberkennen (§ 13 Abs 2 VwGVG).

Die einzelnen Auflösungstatbestände des § 29 Abs 1 überschneiden sich in ihren Anwendungsbereichen in nicht unbeträchtlichem Ausmaß, sodass sich auch in der höchstgerichtlichen Praxis des VfGH **keine markanten Abgrenzungen** durchgesetzt haben.

So wird zB **strafbares Verhalten** in der Praxis nicht nur dem „Verstoß gegen Strafgesetze", sondern auch der „Überschreitung des statutarischen Wirkungsbereiches" oder dem „Widerspruch zu den Bedingungen des rechtlichen Bestandes" zugeordnet (vgl zB VfSlg 9567/1982).

a) Keine Bestellung der organschaftlichen Vertreter

Hat der Verein innerhalb eines Jahres ab seiner Entstehung seine organschaftlichen Vertreter noch nicht bestellt, ist er von der Vereinsbehörde jedenfalls aufzulösen (arg „ist … aufzulösen"; § 2 Abs 3).

Werden dagegen spätere Änderungen hinsichtlich der periodisch zu wählenden organschaftlichen Vertreter des Vereins für einen längeren Zeitraum nicht mehr zur Anzeige gebracht (§§ 14 Abs 2, 31 Z 4 lit b), liegt allenfalls ein Indiz vor, dass ein „Widerspruch zu den Bedingungen des rechtlichen Bestandes" eingetreten ist (s VIII.2.d).

b) Verstoß gegen Strafgesetze

Unter „**Strafgesetzen**" sind gerichtlich (StGB, strafrechtliche Nebengesetze), aber auch sämtliche verwaltungsbehördlich strafbaren Tatbestände (vgl zB VfSlg 19.078/2010 – bewilligungsloser Betrieb eines Pflegeheims) zu verstehen.

Ein dem Verein zurechenbares **strafrechtswidriges Verhalten des Vereinsobmannes** (zB schwerer Betrug) kann – auch im Lichte des Art 11 Abs 2 EMRK – eine behördliche Vereinsauflösung unzweifelhaft rechtfertigen (VfSlg 19.120/2010).

Ein Verstoß gegen **bestimmte gerichtlich strafbare presserechtliche Vorschriften** (zB bei Herausgabe einer Vereinszeitung) rechtfertigt dagegen die Vereinsauflösung nicht, wenn – zB bei bloßer Verletzung formaler Pflichten, etwa der Anzeige der Herausgabe, Vorlage des Druckwerkes – kein hinreichender Grund iSd Art 11 Abs 2 EMRK ersichtlich ist (VfSlg 8090/1977).

c) Überschreitung des statutarischen Wirkungsbereiches

Vereine sind verpflichtet, in den Statuten den Wb des Vereins festzulegen (§ 3 Abs 2 Z 3) sowie die für die Verwirklichung des Vereinszwecks vorgesehenen Tätigkeiten zu konkretisieren (§ 3 Abs 2 Z 4). Betätigt sich der Verein in einer Richtung, die mit seiner Zielsetzung nichts zu tun hat, wird der statutarische Wb überschritten (VfSlg 3073/1956).

Die Auflösung eines Vereins, dessen statutarisch festgelegter ideeller Vereinszweck nur als Deckmantel für die Entfaltung einer **Erwerbstätigkeit** seiner Mitglieder dient (hier: Vermittlung von Arbeitskräften), ist auch nach Maßgabe des Art 11 Abs 2 EMRK notwendig (VfSlg 13.654/1993). Dasselbe gilt, wenn ein „Motorrad"-Verein als Deckmantel zur (strafgesetzwidrigen) **Verbreitung von rechtsextremistischen Gedankengut** dient (VfSlg 19.208/2010).

d) Widerspruch zu den Bedingungen seines rechtlichen Bestandes

Der Verein muss nicht nur zum Zeitpunkt seiner Entstehung bestimmte rechtliche Voraussetzungen erfüllen, sondern auch während seines rechtlichen Bestandes. Mit dem Verweis auf die „Bedingungen seines rechtlichen Bestandes" wird nach der Rsp des VfGH va auf die in § 12 Abs 1 für die Vereinsbildung genannten Versagungsgründe Bezug genommen, sodass analog zu diesen Gründen (zB gesetz- oder rechtswidriger Vereinszweck) eine behördliche Vereinsauflösung gerechtfertigt werden kann (VfSlg 9567/1982). Ein einschlägiger Widerspruch entsteht regelmäßig auch in dem Fall, dass ein Verein mehrere Jahre hindurch **keine Tätigkeiten** oder diese Tätigkeiten überwiegend nur mehr zum Selbstzweck oder als Deckmantel für die Erwerbswirtschaft dritter Personen ausübt.

Verwendet ein Verein (hier: „Gesellschaft zur Hilfe hirngeschädigter Kinder") aufgebrachte Mittel zum überwiegenden Teil nur für die Vereinsverwaltung, dient die Tätigkeit überwiegend dem Selbstzweck und steht im Widerspruch zu den Bedingungen seines rechtlichen Bestandes (VfSlg 6883/1972).

3. Abwicklung des Vereinsvermögens

Ist ein Vereinsvermögen vorhanden, muss der aufgelöste Verein (bzw dessen Vermögen) noch abgewickelt werden. Bei *freiwilliger* Vereinsauflösung muss der Verein einen sog **„Abwickler"** bestellen (§ 28 Abs 2). Im Fall der *behördlichen* Auflösung hat die Vereinsbehörde dagegen die Abwicklung grundsätzlich selbst vorzunehmen, außer die behördliche Bestellung eines Abwicklers erscheint aus Gründen möglichster Sparsamkeit, Raschheit, Einfachheit und Zweckmäßigkeit erforderlich (zB bei großen Vermögensmassen – § 29 Abs 4).

Der Abwickler hat die laufenden Geschäfte zu beenden, Forderungen des Vereins einzuziehen und allfällige Gläubiger zu befriedigen sowie anschließend das verbleibende Vereinsvermögen den statutarischen, verwandten oder sonstigen Zwecken der Sozialhilfe zuzuführen. Im Fall der freiwilligen Auflösung können bei entsprechenden statutarischen Bestimmungen (s VI.1.) Einlagen von Vereinsmitgliedern zurück erstattet werden (§ 30 Abs 2).

Die **Beendigung der Abwicklung** ist der Vereinsbehörde unverzüglich mitzuteilen (§ 30 Abs 5, 31 Z 5), die Vereinsbehörde hat sie in der Folge in das Vereinsregister einzutragen (§ 30 Abs 5).

Bei Erfordernis weiterer Abwicklungsmaßnahmen ist eine **Nachabwicklung** vorzunehmen. In diesem Fall lebt die Rechtspersönlichkeit des Vereins ausnahmsweise durch entsprechende Eintragungen im Vereinsregister noch einmal kurzfristig auf (§ 30 Abs 6).

IX. Verwaltungsstrafrecht

Übertretungen des VerG, wie etwa durch Unterlassung von Anzeigen (Statutenänderung; freiwillige Vereinsauflösung) oder die Ausübung unzulässiger Vereinstätigkeiten (zB Ausübung trotz behördlicher Untersagung), stellen Verwaltungsübertretungen dar (§ 31), sofern die Tat nicht ausdrücklich gerichtlich strafbar ist (Subsidiarität; Art 4 7. ZPEMRK – Doppelbestrafungsverbot).

X. Behörden und Verfahren

Nur die **verwaltungspolizeilichen Angelegenheiten** des VerG werden von den **Sicherheitsbehörden** vollzogen.

Bei den Bestimmungen des VerG über die Rechtsbeziehungen des Vereins zu Dritten sowie die Beziehungen der Vereinsmitglieder untereinander (zB Ausschluss eines Mitgliedes; Mängel bei der Einberufung der Mitglieder zur Mitgliederversammlung; Wahl des Vereinsvorstandes; privatrechtliche Vereinbarung der Vereinsauflösung) handelt es sich um **zivilrechtliche Angelegenheiten** (privates Vereinsrecht; s II.1.), deren Kontrolle den **ordentlichen Gerichten** obliegt (§ 1 JN, § 8 VerG; vgl dazu VfSlg 15.825/2000, 17.049/2003).

1. Zuständigkeit

Das Vereinsrecht zählt gem § 2 Abs 2 SPG zu den Angelegenheiten der **Sicherheitsverwaltung*** und wird – zT in **unmittelbarer** (Art 102 Abs 2 B-VG), zT in **mittelbarer Bundesverwaltung*** (Art 78a B-VG) – von den Sicherheitsbehörden vollzogen (→ *Sicherheitspolizeirecht*).

Sachlich zuständige **Vereinsbehörde** ist idR die **BVB** (BH, Bgm der Städte mit eigenem Statut), in Gemeinden, in denen die LPolD zugleich auch „Sicherheitsbehörde I. Instanz" ist (§ 9 Abs 1 iVm § 8 SPG; → *Sicherheitspolizeirecht*), die **LPolD**. Die örtliche Zuständigkeit richtet sich nach dem Vereinssitz (§ 9 Abs 3).

Gegen Bescheide der Vereinsbehörden kann Beschwerde an das örtlich zuständige **LVwG** erhoben werden (§ 9 Abs 2 und 3).

Beschwerdelegitimiert gegen eine Nichtgestattung der Vereinsgründung (§ 12) sind die **Vereinsgründer** (bzw die organschaftlichen Vertreter; s dazu VI.2.), bei einer behördlichen Auflösung des Vereins (§ 29) dagegen der **Verein**, vertreten durch das **statutarische Leitungsorgan** iSd § 3 Abs 2 Z 7. Wird der Beschwerde gegen die Vereinsauflösung die aufschiebende Wirkung aberkannt (§ 13 VwGVG), sind bereits im Verfahren beim LVwG wegen des vorzeitigen Vollzuges der Vereinsauflösung nur mehr die **ehemaligen Vereinsmitglieder** beschwerdelegitimiert (s dazu auch X.3.).

Da das Vereinsrecht einen Teil der **Sicherheitsverwaltung*** (§ 2 Abs 2 SPG) bildet, können auch die für diesen Rechtsbereich **zusätzlich vorgesehenen Beschwerdemöglichkeiten** beim LVwG (zB gegen schlicht-hoheitliches Handeln – vgl §§ 88 Abs 2, 89 SPG) in Anspruch genommen werden (→ *Sicherheitspolizeirecht*).

2. Verfahren

Die Vereinsbehörden haben gem Art I Abs 2 EGVG die Verwaltungsverfahrensgesetze (AVG, VStG, VVG) anzuwenden.

3. Besonderheiten des Verfahrens vor dem VfGH und VwGH

a) Beschwerdelegitimation

Nach stRsp des VfGH sind **nach rechtskräftiger Auflösung** eines Vereins lediglich die ehemaligen **Vereinsmitglieder** Träger der Vereinsfreiheit (Art 12

StGG, Art 11 EMRK). Nur sie und nicht der aufgelöste Verein sind beschwerdelegitimiert (VfSlg 18.870/2009).

Der VfGH scheint beim Bezugspunkt der **„rechtskräftigen Auflösung"** nur auf die Rechtskraft des Auflösungsbescheides abzustellen und nicht auch – wie ein Teil der Lehre (*Demmelbauer/Hauer*, Sicherheitsrecht Rz 826, *Giese*, Vereinsrecht[9] 69, *Kolonovits*, Vereinsrecht 121) – auf das Ende der Rechtspersönlichkeit, die erst mit der Eintragung der Auflösung in das Vereinsregister eintritt (§ 27). Dem entspricht, dass während der Abwicklung des Vereinsvermögens auch dem Abwickler (§ 30) nur mehr eine auf die Zwecke der Liquidation eingeschränkte (Vereins-) Vertretungsbefugnis zukommt (VfSlg 18.005/2006).

b) Zuständigkeit

Die Formulierung des Art 12 StGG, dass die Vereinsfreiheit *„durch besonderes Gesetze geregelt [wird]"*, wurde vom VfGH bis in jüngere Zeit als **„Ausgestaltungsvorbehalt"** gedeutet. Bei einem solchen Verständnis des Gesetzesvorbehaltes muss der einfache Gesetzgeber den Inhalt der Vereinsfreiheit erst festlegen. Prozessual hatte dies zur Folge, dass das einfachgesetzliche VersG grundrechtsgleichen Gehalt erhielt und die Prüfung von Verletzungen des VersG bei österr Staatsbürgern ausschließlich in die Kompetenz des VfGH (Art 144 B-VG) fiel (sog „Feinprüfung"; vgl dazu zB VfSlg 19.078/2010).

Von diesem Verständnis des Gesetzesvorbehaltes in Art 12 StGG ist der VfGH **abgerückt** (vgl → *Versammlungsrecht*). Die neuere Rsp nimmt ausschließlich auf den materiellen Eingriffsvorbehalt des Art 11 EMRK Bezug und beschränkt die Grundrechtsprüfung nunmehr auf eine **„Grobprüfung"**, wie sie auch bei anderen Freiheitsrechten gebräuchlich ist. Ein Eingriff in die Vereinsfreiheit ist nach der nun zur Anwendung gelangenden **Grundrechtsformel** nur mehr dann **verfassungswidrig**, „wenn die ihn verfügende Entscheidung ohne Rechtsgrundlage ergangen ist, auf einer dem Art 11 EMRK widersprechenden Rechtsvorschrift beruht oder wenn bei Erlassung der Entscheidung eine verfassungsrechtlich unbedenkliche Rechtsgrundlage in denkunmöglicher Weise angewendet wurde; ein solcher Fall liegt vor, wenn die Entscheidung mit einem so schweren Fehler belastet ist, dass dieser mit Gesetzlosigkeit auf eine Stufe zu stellen wäre, oder wenn der angewendeten Rechtsvorschrift fälschlicherweise ein verfassungswidriger, insbesondere ein dem Art 11 Abs 1 EMRK widersprechender und durch Art 11 Abs 2 EMRK nicht gedeckter Inhalt unterstellt wurde" (VfGH 08.03.2016, E 1477/2015).

Die Beschänkung des VfGH auf eine **„Grobprüfung"** der Vereinsangelegenheiten zieht die prozessuale Konsequenz nach sich, dass zur **„Feinprüfung"** von Rechtsverletzungen nunmehr generell (und nicht wie vor dem Judikaturwandel nur bei Ausländern, die sich nicht auf Art 12 StGG berufen konnten – vgl VfSlg 15.109/1998) der **VwGH** zuständig ist (Art 133 Abs 1 Z 1 iVm Abs 4 B-VG; vgl idS VfGH 02.07.2015, E 1219/2014).

4. Vereinsregister

Die Vereinsbehörden haben ein **Lokales Vereinsregister** über die in ihrem örtlichen Wb ansässigen Vereine zu führen (§ 16). Darin sind bestimmte Registerdaten, insb Vereinsname, Vereinsregisterzahl (ZVR-Z; vgl § 18 Abs 3), Datum des Entstehens des Vereines, Sitz und Zustellanschrift des Vereins sowie Angaben zu den Vereinsorganen in Evidenz zu halten. Die Vereinsstatuten in ihrer Gesamtheit zählen allerdings nicht zu den Registerdaten (ieS; vgl zum diesbezüglichen „konventionellen" Zugang § 17 Abs 7).

Die Registerdaten sind von den Vereinsbehörden dem BMI elektronisch zu übermitteln. Der BMI hat ein automationsunterstütztes **Zentrales Vereinsregister (ZVR)** in Form eines Informationsverbundsystems zu führen (§ 18), sodass zB jeder Vereinsbehörde die Ausstellung von Vereinsregisterauszügen zu Vereinen mit Sitz auch außerhalb ihres Wb oder die Prüfung neuer Vereinsnamen auf eine Gefahr der Verwechslung mit bereits bestehenden Vereinen (§§ 12 Abs 1, 4 Abs 1) in kürzester Zeit ermöglicht wird.

Ein „**Informationsverbundsystem**" ist die gemeinsame Verarbeitung von Daten in einer Datenanwendung durch mehrere Auftraggeber (hier: Vereinsbehörden) und gemeinsame Benützung der Daten in der Art, dass jeder Auftraggeber auch auf jene Daten Zugriff hat, die von den anderen Auftraggebern dem System zur Verfügung gestellt werden (§ 4 Z 13 DSG 2000).

Die beiden Vereinsregister haben jeweils auch einen **öffentlich zugänglichen Registerinhalt** mit einer engeren und erweiterten Auskunftsebene (vgl §§ 17 Abs 1 und 2, 19 Abs 2). Vereine können darüber hinaus den Schutz bestimmter sensibler Daten bei der Vereinsbehörde beantragen (vgl §§ 17 Abs 4 bis 6 – Verfügung einer Auskunftssperre). Auskünfte haben mündlich oder durch Vereinsregisterauszug zu erfolgen (§ 17 Abs 3), für Informationen aus dem ZVR besteht die Möglichkeit gebührenfreier elektronischer (Online-Einzel-) Abfragen (§ 19 Abs 3). **Vereinsstatuten** als solche können bei der zuständigen Vereinsbehörde weiterhin nur konventionell eingesehen oder kopiert werden (§ 17 Abs 7).

Karim Giese

Versammlungsrecht

Rechtsgrundlagen

Kompetenzgrundlage

Art 10 Abs 1 Z 7 B-VG („Versammlungsrecht").

Verfassungsrechtliche Bezüge

Art 12 StGG, Art 11 EMRK (Versammlungsfreiheit); Z 3 Beschluss der ProvNV („volle" Versammlungsfreiheit), StGBl 3/1918; VerbotsG, StGBl 13/1945 idF BGBl 148/1992; Art 102 Abs 2 B-VG (unmittelbare Bundesverwaltung).

Europarechtliche Bezüge

Art 12 GRC (Versammlungsfreiheit).

Völkerrechtliche Bezüge

Art 4, 9 StV Wien, BGBl 152/1955; Art 63 Abs 2, Art 67 StV St. Germain, StGBl 303/1920 idF BGBl III 179/2002 (DFB); Übereinkommen über die Verhütung, Verfolgung und Bestrafung von Straftaten gegen völkerrechtlich geschützte Personen, BGBl 488/1977.

Gesetze und sonstige Rechtsgrundlagen

Versammlungsgesetz (VersG), BGBl 98/1953 idF I 161/2013; § 86 StVO.

Literaturauswahl

Monografien – Kommentare – Lehrbücher

Gaßner, Die Rechtsprechung zur Versammlungsfreiheit im internationalen Vergleich (2012); *Hauer*, Ruhe, Ordnung, Sicherheit (2000) 342 ff; *Ripke*, Europäische Versammlungsfreiheit (2012).

Fessler/Keller, Vereins- und Versammlungsrecht[3] (2013); *Eigner/Keplinger*, Versammlungsrecht[3]. Praxiskommentar (2015); *Heindl/Kalteis*, Versammlungs- und Vereinigungsfreiheit, in Holoubek/Lienbacher (Hrsg), GRC-Kommentar (2014) 152.

Adamovich/Funk/Holzinger, Österreichisches Staatsrecht III. Grundrechte[2] (2015) 128; *Berka*, Verfassungsrecht[6] (2016) Rz 1497; *Bezemek*, Grundrechte in der Rechtsprechung der Höchstgerichte (2016) § 17; *Grabenwarter/Pabel*, Europäische Menschenrechtskonvention[6] (2016) 298; *Hengstschläger/Leeb*, Grundrechte (2012) Rz 22/1; *Kolonovits*, Versammlungsrecht, in Hammer ua (Hrsg), Besonderes Verwaltungsrecht (2012) 122; *Öhlinger/Eberhard*, Verfassungsrecht[10] (2014) Rz 902 ff; *Potacs*, Recht auf Zusammenschluss, in Merten/Papier/Kucsko-Stadlmayer (Hrsg), Handbuch der Grundrechte in Deutschland und Europa VII/1: Grundrechte in Österreich[2] (2014) 661 ff; *Mayer/Kucsko-Stadlmayer/Stäger*, Bundesverfassungsrecht[11] (2015) Rz 1466.

Beiträge

Adensamer/Dopplinger/Sagmeister, „Audimax besetzt!" – Der grundrechtliche Schutz der Versammlungsfreiheit in der Praxis. Juridikum 2013, 175; *Berka*, Probleme der grundrechtlichen Interessenabwägung – dargestellt am Beispiel der Untersagung von Versammlungen, in FS Rill (1995) 3; *Davy U.*, Versammlungsschutz und Meinungsäußerungsfreiheit, JAP 1991/92, 97; *Fister*, Der Grundrechtseingriff bei der Versammlungs- und Vereinigungsfreiheit, ZÖR 2012, 501; *Grof*, Versammlungs- contra Meinungsäußerungsfreiheit, ÖJZ 1991, 731; *Hofer-Zeni*, Die Versammlungsfreiheit, in Machacek/Pahr/Stadler (Hrsg), Vierzig Jahre EMRK. Grund- und Menschenrechte in Österreich II (1992) 349; *Keplinger/Zierl*, Das neue Vermummungsverbot im Lichte der EMRK, ZfV 2003, 14; *Krist*, Rechtliche Aspekte der Brennerblockade – Versammlungsfreiheit contra Freiheit des Warenverkehrs, ÖJZ 1999, 241; *Lenzhofer*, Die Besetzung des Audimax der Universität Wien – Versammlungs-, Kommunikationsfreiheit und Hausrecht, in Lienbacher/Wielinger (Hrsg), Jahrbuch Öffentliches Recht 2010 (2010) 269; *Michael/Sauer*, Übungsfall: „Grenzgänger" – Autobahnblockade im Spiegel deutscher und europäischer Grundrechte und Grundfreiheiten, ZJS 1/2010; *Oberndorfer*, Einrichtungen der direkten Demokratie in den Gemeinden, in Pabel (Hrsg), Das österreichische Gemeinderecht[2] (2013) Rz 1 ff; *Stolzlechner*, Demonstrationsfreiheit und Straßenpolizeirecht, ZfV 1987, 389; *Wieser*, Ausländer und Versammlungsfreiheit in Österreich, EuGRZ 1990, 56; *Wieser*, Der Versammlungsfreiheit in der jüngeren Judikatur des Verfassungsgerichtshofes, in FS Berka (2013), 319; *Winkler*, Grundlagen und aktuelle Probleme der Versammlungsfreiheit, in ders, Studien zum Verfassungsrecht (1991) 185; *Zierl*, Die präventive Untersagung von Versammlungen, ZfV 2001, 359.

Rechtsprechung

VfSlg 8610/1979 (Verbreitung nationalsozialistischen Gedankenguts); VfSlg 10.443/1985, 11.132/1986 (geschlossene Versammlung); VfSlg 10.608/1985 (Infotische/Versammlungsdauer); VfSlg 11.866/1988 (notwendige Begleiterscheinungen einer Versammlung); VfSlg 11.935/1988 („sit in"); VfSlg 12.155/1989 (Autobahnblockade); VfSlg 12.161/1989 (Hochhalten von Transparenten); VfSlg 12.501/1990 (staatliche Schutzpflichten bei Gegendemonstration); VfSlg 14.366/1995 (Spontanversammlung); VfSlg 14.367/1995 (Versammlungsdauer); VfSlg 14.761/1997 (Baustellenbesetzung); VfSlg 14.869/1997 (verwaltungsstrafrechtliche Verantwortlichkeit des Versammlungsleiters); VfSlg 15.109/1998 (Videoüberwachung); VfSlg 15.170/1998 (Schutz ausländischer Staatsgäste); VfSlg 15.362/1998 (gleichzeitig abgehaltene Versammlungen/Manuduktionspflichten); VfSlg 15.680/1999 (politische Manifestation); VfSlg 16.123/2001 (Erfordernis der Ausschöpfung des Untersagungsverfahrens); VfSlg 16.054/2001 (Versammlungsfreiheit/Religionsfreiheit); VfSlg 16.842/2003 (Rechtzeitigkeit der Versammlungsanzeige); VfSlg 17.116/2004 (traditioneller „Maiaufmarsch"/gleichzeitig abgehaltene Versammlungen); VfSlg 17.120/2004 (Gefährdung von Personen und Eigentum); VfSlg 17.259/2004 (gerechtfertigte Befürchtung von Ausschreitungen); VfSlg 17.543/2005 (unmittelbare Anwendbarkeit des VerbotsG); VfSlg 17.873/2006 (gerechtfertigte Befürchtung von Ausschreitungen); VfSlg 18.114/2007 (unmittelbare Anwendbarkeit des VerbotsG); VfSlg 18.346/2008 (Intervallversammlungen); VfSlg 18.587/2008 (Sicherheitsgefährdung durch Konfrontationen mit Besuchern einer Veranstaltung); VfSlg 18.601/2008 (Versammlungsfreiheit/Erwerbsfreiheit); VfSlg 18.721/2009 (verwaltungsstrafrechtliche Verantwortlichkeit des Versammlungsleiters); VfSlg 19.423/2011 (Bannmeile); VfSlg 19.528/2011 (Spontanversammlung/Störung der öffentlichen Ordnung); VfSlg 19.741/2013 (Risiko von Auseinandersetzungen/Prognoseentscheidung unter Einbeziehung des möglichen Polzeischutzes); VfGH 13.09.2013, B 1443/2012 (unzulässige behördliche Modifikation einer Versammlungsanzeige); VfSlg 19.818/2013 (Spontanversammlung/Aufrechterhaltung des städtischen Verkehrsflusses in den Abendstunden); VfGH 11.03.2015, E 717/2014 (Versammlungsfreiheit/Religionsfreiheit); VfGH 11.03.2015, E 968/2014 (Kernbereich der Versammlungsfreiheit/Grundrechtsformel); VfGH 18.06.2015, V 105/2014 (staatliche Gewährleistungspflichten/unzulässiges Platzverbot am Ort der Versammlung).

VwSlg 16.330 A/2004 (Beschwerdelegitimation/Ausländer); VwGH 27.02.2009, 2009/17/0005 (Unzulässigkeit der Beschwerde wegen fehlender Rechtsverletzungsmöglichkeit).

OGH 25.05.1994, 3 Ob 501/94; OGH 24.06.1997, 1 Ob 152/97b; OGH 25.03.1999, 6 Ob 201/98x; OGH 28.04.1999, 7 Ob 49/98a (Versammlungsfreiheit/kein Rechtfertigungsgrund für Rechtsverletzungen/Schadenersatz).

EGMR 21.06.1988, 10126/82 (Plattform „Ärzte für das Leben" gg Österreich) (Versammlungsbegriff; staatliche Gewährleistungspflichten); EKMR 30.11.1992, 15225/89 („Kurdistan-Komitee" gg Österreich) (Versammlungsbegriff/„sit in"); EGMR 02.10.2001, 29221/95 (Stankow u.a. gg Bulgarien) (Versammlungsverbot für politische Vereinigung); EGMR 09.04.2002, 51346/99 (Cisse gg Frankreich) (Auflösung einer Kirchenbesetzung); EGMR 29.06.2006, 76900/01 (Öllinger gg Österreich) (Interessenausgleich/Glaubensfreiheit); EGMR 17.07.2007, 25691/04 (Bukta u.a. gg Ungarn) (unzulässige Auflösung einer Spontanversammlung); EGMR 28.09.2010, 25196/04 (Christian Democratic People's Party gg Moldawien) (Versammlungsfreiheit/politische Parteien); EGMR 07.10.2008, 10346/05 (Molnar gg Ungarn) (zulässige Auflösung einer Spontanversammlung mangels rechtzeitiger Anzeige); EGMR 23.10.2008, 10877/04 (Sergey Kuznetsov gg Russland) (Behinderung des Zugangs eines Gerichtsgebäudes durch Versammlung); EGMR 12.05.2015, 73235/12 (Identoba u.a. gg Georgien) (staatliche Gewährleistungspflichten bei gewalttätigen Gegendemonstrationen).

EuGH 09.12.1997, C-265/95 (Kommission/Frankreich) (Warenfreiheit/Versammlungsfreiheit); EuGH 12.06.2003, C-112/00 (Schmidberger/Österreich) (Warenfreiheit/Versammlungsfreiheit).

I. Regelungsgegenstand und -ziele

Die Versammlungsfreiheit dient der Ausübung einer **kollektiven Meinungsfreiheit** und gehört – als liberales Grund- und Menschenrecht (Art 12 StGG, Art 11 EMRK) – zu den wesentlichen Grundlagen eines demokratischen Staates. Von ihr kann auf unterschiedlichste Art Gebrauch gebracht werden: Auf Großdemonstrationen (Lichtermeere, Sternmärsche uÄ) wird um öffentliche Aufmerksamkeit geworben und werden politische Ziele manifestiert. Debatten, Diskussionen und Manifestationen als Kern der Versammlungsfreiheit können sich aber auch in kleineren öffentlichen oder geschlossenen Kreisen entwickeln.

Von der Zusammenkunft vieler Menschen können (auch) nicht unerhebliche Gefahren für das Gemeinwesen ausgehen. Galten – historisch rückblickend – dem absoluten Staat öffentliche und politische Versammlungen noch an sich verdächtig und gefährlich, muss im demokratischen Staat vorrangig ein Ausgleich zwischen dem Versammlungsrecht und entgegen gerichteten öffentlichen Interessen, namentlich iZm der Aufrechterhaltung der **öffentlichen Sicherheit** und **Ordnung** oder dem Schutz einer **gleichberechtigten (Grund-) Rechtsausübung Dritter** (zB Eigentumsschutz, Religionsausübung, Erwerbsfreiheit), sichergestellt werden.

Damit die erforderlichen staatlichen Ordnungs- und Schutzfunktionen effektiv wahrgenommen werden können, benötigen Sicherheitsbehörden entsprechende Informationen. Das VersG sieht zu diesem Zweck für die Durchführung öffentlicher Versammlungen **Anzeigepflichten** des Veranstalters vor. Ist es zur Wahrung der öffentlichen Interessen erforderlich, können Versammlungen unter näher bestimmten Voraussetzungen bereits vor ihrer Durchführung behördlich untersagt (**präventive Gefahrenabwehr**) oder erforderlichenfalls auch noch nach Beginn ihrer Durchführung aufgelöst werden (**repressive Gefahrenabwehr**).

II. Verfassungsrechtliche Bezüge

1. Kompetenzrechtliche Bestimmungen

Gesetzgebung und Vollziehung in Angelegenheiten des Versammlungsrechts sind **Bundessache** (Art 10 Abs 1 Z 7 B-VG). Der Kompetenztatbestand ermächtigt den Bund zur Regelung der Bildung und Durchführung von Versammlungen einschließlich der erforderlichen Aufsichtsmaßnahmen. Bei **„Versammlungen"** handelt es sich nach dem Versteinerungsprinzip* um eine besondere, grundrechtlich geprägte Assoziationsform, nämlich einen nur für die kurze Dauer einer örtlichen Zusammenkunft bestehenden, einen bestimmten Zweck verfolgenden Zusammenschluss von Personen (vgl dazu VfSlg 4586/1963 mwH).

Historisch stellt das Versammlungsrecht eine besondere Ausformung des **„Assoziationsrechtes“** dar, das neben dem Versammlungsrecht auch das Vereinsrecht mit umfasst. Während es sich bei Versammlungen um einen „Augenblicksverband“ handelt, zielen Vereine auf eine fortdauernde Vereinigung von Personen ab (→ *Vereinsrecht*).

Ist kein gemeinsames Wirken (Manifestieren) beabsichtigt, handelt es sich idR um **Veranstaltungen,** insb öffentliche „Schaustellungen“, „Belustigungen“, „Darbietungen“ uÄ, zu deren Regelung der Landesgesetzgeber zuständig ist (Art 15 Abs 1 B-VG; → *Veranstaltungsrecht*). Auch bei **„Gemeindeversammlungen“** im Rahmen der direktdemokratischen Mitwirkung der Gemeindebürger an der Gemeindevollziehung (vgl zB § 66 sbg GdO) handelt es sich um keine Versammlungen ieS des Art 10 Abs 1 Z 7 B-VG, sondern um Informationsveranstaltungen, zu deren Regelung der Gemeindeorganisationsgesetzgeber zuständig ist (Art 115 Abs 2, Art 117 Abs 8 B-VG; vgl *Oberndorfer*, Einrichtungen der direkten Demokratie Rz 31).

2. Grundrechtliche Bestimmungen

a) Versammlungsfreiheit

Art 12 StGG gewährt **österr Staatsbürgern** das verfassungsgesetzlich gewährleistete Recht (iSd Art 144 B-VG), sich zu versammeln sowie versammelt zu bleiben (VfSlg 14.772, 14.773/1997). Art 11 EMRK garantiert diese Versammlungsfreiheit – darüber hinausgehend – allen Menschen, daher auch **ausländischen Staatsbürgern.**

Die Frage, ob **Unionsbürgern** österr Staatsbürgern gleichzustellen sind, musste in der Rsp bislang noch nicht geklärt werden (vgl VfSlg 15.680/1999). Das Verbot der Diskriminierung von Unionsbürgern (Art 18 AEUV) verlangt aber eine Gleichstellung der Unionsbürger nur dann, wenn ein Sachverhalt auch den Anwendungsbereich des Unionsrechts eröffnet. Ein bloßer europarechtlicher Bezug einer Versammlung (zB Demonstration gegen die EU) genügt dazu aber noch nicht (vgl dazu *Michael/Sauer*, ZJS 1/2010, 91ff).

Als **„Versammlungen“** gelten grundsätzlich nur Zusammenkünfte mehrerer Menschen, die in der Absicht veranstaltet werden, die Anwesenden zu einem **gemeinsamen Wirken (Debatte, Manifestationen usw)** zu bringen, so dass eine gewisse Assoziation der Zusammengekommenen entsteht (VfSlg 11.866/1988, 14.761/1997).

Der **Versammlungsbegriff des Art 11 EMRK** ist zT weiter gefasst. Es werden neben Versammlungen ieS (des Art 12 StGG und VersG) auch sonstige, nach dem „üblichen Sprachgebrauch“ als Versammlungen angesehene organisierte Zusammenkünfte von Menschen als Versammlungen (iwS) qualifiziert, so zB ein **öffentlicher Festakt zur Enthüllung eines (Mahn-) Denkmals** (EGMR 21.06.1988, 10126/82; VfSlg 12.501/1990) oder eine **Sitzblockade** (sog **„sit-in“**; EKMR 06.03.1989, 13079/87, DR 60, 263), nicht aber auch das Sich-Versammeln einer Jagdgesellschaft (EGMR 24.11.2009, 27809/08 [Countryside Alliance u.a. gg Großbritannien]).

Unfriedliche Versammlungen, von denen Gewalt gegen Menschen oder Eigentum ausgehen (zB bewaffnete Versammlungen), sind grundrechtlich **nicht geschützt** (vgl idS § 9a VersG sowie – iZm Demonstrationsschäden – OGH 25.05.1994, 3 Ob 501/94 und OGH 25.03.1999, 6 Ob 201/98). Die Besetzung einer Kirche zB durch Ausländer, die auf ihre schwierige Situation gegenüber den Behörden aufmerksam machen wollen, sind aber dann (noch) nicht als unfriedlich zu qualifizieren, wenn sich weder Priester noch Kirchenvorstand dagegen zur Wehr setzen und die Durchführung von Gottesdiensten und anderen Zermonien nicht beeinträchtigt werden (EGMR 09.04.2002, 51346/99).

b) Grundrechtsschranken

Die Versammlungsfreiheit steht unter **Gesetzesvorbehalt** (Art 12 StGG, Art 11 EMRK). Die Befugnis des einfachen Gesetzgebers zur Beschränkung des Versammlungsfreiheit *„durch besondere Gesetze"* (Art 12 StGG) wird insb durch folgende **materielle (Eingriffs-) Schranken begrenzt**:

Insb verpflichtet Z 3 des Beschlusses der ProvNV den einfachen Gesetzgeber zur Herstellung der vollen Versammlungsfreiheit. Dem § 3 VersG, der noch eine Bewilligungspflicht für öffentliche Versammlungen unter freiem Himmel vorsah, wurde auf diese Weise derogiert (vgl VfSlg 254/1923, 4885/1964). Die Abhaltung von Versammlungen darf **keinem Bewilligungssystem** (= sog „Konzessionssystem") unterworfen werden (VfSlg 11.651/1988, 11.866/1988); bloße Ordnungsvorschriften im Rahmen eines *bloßen Anzeigesystems* sind dagegen weiterhin zulässig (s V.2.c.).

Weiters sind einfachgesetzliche Beschränkungen der Versammlungsfreiheit nur zulässig, wenn sie zum Schutz der in Art 11 Abs 2 EMRK **näher bestimmten Rechtsgüter** (zB Aufrechterhaltung der nationalen und öffentlichen Sicherheit, Aufrechterhaltung der Ordnung, Verbrechensverhütung, Schutz der Moral oder Schutz der Rechte und Freiheiten anderer Personen uÄ) in einer demokratischen Gesellschaft **erforderlich** (dh notwendig und angemessen) sind (Verhältnismäßigkeit).

Eine gesetzliche **Beschränkung der „politischen Tätigkeiten" von Ausländern** lässt Art 16 EMRK zu (vgl § 8 VersG sowie unten VI.1.a.).

c) Grundrechtliche Gewährleistungspflichten

Aus der Versammlungsfreiheit werden nicht nur Abwehransprüche gegenüber dem Staat (s II.2.c.), sondern auch Gewährleistungspflichten abgeleitet. Art 11 Abs 2 EMRK garantiert auch einen **staatlichen Schutz von Versammlungen** (VfSlg 19.741/2013, 12.501/1990), zB vor Störungen durch Dritte (zB in Form von Gegendemonstrationen).

Dem Schutz von Versammlungen gelten auch die (Justiz-) Straftatbestände der Sprengung einer Versammlung (§ 284 StGB) und der Verhinderung oder Störung einer Versammlung (§ 285 StGB), die iVm den **sicherheitspolizeilichen Befugnissen** der Sicherheitsbehörden (§§ 16, 21 SPG) durchgesetzt werden können.

d) Fiskalgeltung

Der grundrechtlichen Garantie der Versammlungsfreiheit muss auch dann Rechnung getragen werden, wenn staatliche Aufgaben in **privatrechtsförmiger Weise** besorgt werden.

Ist für die Durchführung einer Versammlung auf einer öffentlichen Straße (zB Fußgängerzone) die Zustimmung der (privatwirtschaftlich handelnden) Straßenverwaltung (→ *Straßenrecht*) erforderlich, ist die Straßenverwaltung zu grundrechtskonformem Vorgehen verpflichtet. Sie wird idR daher die Zustimmung erteilen müssen (VfSlg 17.600/2005).

III. Europarechtliche Bezüge

Die Versammlungsfreiheit wird Unionsbürgern auch durch die **Grundrechte-Charta*** garantiert (Art 12 GRC). Als Unionsgrundrecht kann sie auch **Einschränkungen der unionsrechtlichen Grundfreiheiten** rechtfertigen.

Ergibt sich bei geplanten Versammlungen ein Spannungsverhältnis mit den unionsrechtlichen Grundfreiheiten (zB **Warenverkehrsfreiheit** – Art 28 AEUV), hat eine spezielle **Abwägung** zwischen der betroffenen unionsrechtlichen Grundfreiheit und dem EU-Grundrecht auf Versammlungsfreiheit sowie eine **Verhältnismäßigkeitsprüfung** stattzufinden. Dabei ist der konkret bezweckten Wirkung der Versammlung mit Bezug auf Ort und Zeitpunkt wesentliche Bedeutung beizumessen. So war zB die „Erlaubnis" einer 28-stündigen, friedlichen Versammlung auf der Brennerautobahn („**Brennerblockade**" gegen den Transitverkehr) durch die österr Versammlungsbehörden europarechtlich zulässig, weil diese Versammlung – im Unterschied zB zu Demonstrationen an der französisch-spanischen Grenze (EuGH 09.12.1997, C-265/95) – nicht den Zweck verfolgte, den Handel mit Waren bestimmter Art oder Herkunft zu beeinträchtigen. Weiters konnten erhebliche Störungen des Straßenverkehrs aufgrund von Begleitmaßnahmen des Veranstalters sowie der staatlichen Behörden (rechtzeitige Information der Verkehrsteilnehmer, Vorschlag von Ausweichstrecken uÄ) in Grenzen gehalten werden (EuGH 12.06.2003, C-112/00 [Schmidberger/Österreich]).

Grundrechte der Grundrechte-Charta* können auch als **verfassungsgesetzlich gewährleistete Grundrechte** vor dem VfGH geltend gemacht werden, wenn die bekämpfte Entscheidung in Durchführung des Unionsrechts (Art 51 Abs 1 GRC) ergangen ist (VfSlg 19.632/2012, 19.865/2014; vgl dazu *Berka*, Verfassungsrecht Rz 1192 ff). Die Bestimmungen des VersG dienen aber nicht der Durchführung von Unionsrecht. Das **Thema einer Versammlung** (zB Demonstration gegen die EU, europäischer Transitverkehr uÄ) kann einen solchen erforderlichen Zusammenhang nicht herstellen (vgl dazu *Michael/Sauer*, ZJS 1/2010, 91 ff).

IV. Völkerrechtliche Bezüge

Auch völkerrechtliche Übereinkommen konkretisieren in verschiedener Hinsicht behördliche Pflichten zur Aufrechterhaltung der öffentlichen Sicherheit oder des öffentlichen Wohls (§ 6 VersG). Bspw verpflichten die im Verfassungsrang stehenden Art 4 und 9 StV Wien völkerrechtlich, „alle **nazistische[n] ... Tätigkeiten und Propaganda in Österreich** zu verhindern", sodass einschlägige Versammlungen auch aus diesem Grunde wegen Gefährdung der öffentlichen Sicherheit (oder Wohles) zu untersagen sind (VfSlg 8610/1979; s VI.3.b.). Im Fall von Versammlungen (Demonstrationen) anlässlich des Besuchs von ausländischen Staatsgästen sind die Versammlungsbehörden zB aus dem Übereinkommen über die Verhütung, Verfolgung und Bestrafung von Straftaten gegen völkerrechtlich geschützte Personen verpflichtet, alle durchführbaren Maßnahmen zur **Verhinderung von Straftaten gegen einen ausländischen Regierungschef** zu treffen.

Nach der Rsp rechtfertigten die besonderen Sicherheitsrisiken, die mit dem Besuch des Regierungschefs der Volksrepublik China in Österreich verbunden waren, das öffentliche Interesse an dessen ungefährdetem Aufenthalt, aber auch einschlägige völkerrechtliche Verpflichtungen eine relativ weitgehende Einschränkung des Grundrechts der Versammlungsfreiheit. Die vollständige Untersagung aller angezeigten Versammlungen verschiedener Organisationen (SAVE TIBET, amnesty international ua) stellt jedoch idR einen unverhältnismäßigen Eingriff dar (VfSlg 15.170/1998).

V. Versammlungsbegriff

1. Definition

Das VersG enthält keine Legaldefinition des Versammlungsbegriffs. Nach stRsp des VfGH ist eine Zusammenkunft mehrerer Menschen nur dann als Versammlung (iS des § 2 VersG) zu qualifizieren, wenn sie in der Absicht veranstaltet wird, die Anwesenden zu einem gemeinsamen Wirken (Debatte, Diskussion, Manifestation usw) zu bringen, sodass eine gewisse Assoziation der Zusammengekommenen entsteht (**enger Versammlungsbegriff**): zB Demonstrationen, Kundgebungen, Protestversammlungen, Sprechchöre, Diskussionen, Blockierungen von Örtlichkeiten bis hin zu bestimmten Haus- und Baustellenbesetzungen, Mahnwachen und Sonnwendfeiern, nicht aber reine Veranstaltungen (zB Vorträge, Werbeveranstaltungen), Informationsstände, Sitzstreiks und Meinungskundgaben (zB durch Entrollen von Transparenten).

Die **Friedlichkeit der Versammlung** stellt kein wesensnotwendiges Element des Versammlungs*begriffes* dar. Versammlungen, von denen Gewalt gegen Menschen oder Eigentum ausgehen, werden aber vom Schutzbereich des Art 11 EMRK (und Art 12 StGG) nicht erfasst (s II.2.a.) und sind nach den Bestimmungen des VersG zu untersagen bzw aufzulösen (§§ 6, 13 und 14 VersG).

Die Beurteilung, ob eine geplante oder bereits stattfindende Zusammenkunft als Versammlung zu qualifizieren ist, hat sich an ihrem **Zweck** und an den Elementen der **äußeren Erscheinungsformen** (wozu die *näheren Modalitäten*, die *Dauer* und die *Zahl der Teilnehmer* der Veranstaltung gehören) zu orientieren (VfSlg 11.651/1988) und hängt somit von den **konkreten Umständen des Einzelfalles** ab (VfSlg 11.935/1988). Bei der Abgrenzung von Versammlungen zu anderen Formen der Zusammenkunft von Menschen haben sich in einer relativ **kasuistischen Jud** folgende wesentliche Gesichtspunkte von besonderer Bedeutung erwiesen.

a) Geplante, organisierte Zusammenkunft

Zufälliges und überwiegend individuell motiviertes Zusammentreffen von Menschen an bestimmten Orten (Bahnhof, Veranstaltungen – sog „Menschenansammlung") stellt noch keine Versammlung dar (VfSlg 11.651/1988). Versammlungen sind idR **geplante** und **organisierte** Zusammenkünfte von Menschen (zB durch Einladung, Absprache). Aber auch **Spontanversammlungen**, bei denen Entschluss und Durchführung der Versammlung unmittelbar zusammen fallen oder eine fristgerechte Anzeige ohne Gefährdung des Versammlungszweckes nicht möglich ist (VfSlg 14.366/1995 – hier: Blockade von Eisenbahngleisen), werden in der Rsp als Versammlungen (iSd § 2 VersG) qualifiziert (VfSlg 14.366/1995). Es kann sich dabei allenfalls auch um eine spontane **Gegenversammlung** (VfSlg 12.501/1990) oder eine **(Spontan-) Versammlung in unmittelbarem Anschluss** an eine bereits beendete Versammlung (VfSlg 19.528/2011 – hier: „Spontanmanifestation" wegen Festnahme von Versammlungsteilnehmern) handeln.

Eine Spontanversammlung entsteht, wenn eine Gruppe von Menschen, die sich an einem bestimmten Ort angesammelt hat, durch die **Agitation eines Sprechers** zu einem demonstrativen Wirken veranlasst wird (VfSlg 8685/1979). Liegt keiner der im Art 11 Abs 2 EMRK angeführten Umstände vor, kann eine Spontanversammlung **nicht untersagt (bzw aufgelöst)** werden (§§ 13, 14 VersG). Die unterlassene Anzeige der Versammlung stellt allerdings eine Verwaltungsübertretung des ad-hoc-Veranstalters dar (§§ 2, 19 VersG), wenn nicht im Einzelfall Schuldausschließungs- oder Rechtfertigungsgründe (iSd VStG) zum Tragen kommen (VfSlg 14.366/1995).

b) Vorübergehende Zusammenkunft

Versammlungen sind – als zeitlich vorübergehende Gemeinschaften (sog „Augenblicksverbände") – regelmäßig bloß auf die **Dauer von Stunden** beschränkte Zusammenkünfte, die jedenfalls mit dem Auseinandergehen der Versammlungsteilnehmer enden. Der VfGH schloss in der älteren Rsp bei einer längeren Veranstaltungsdauer (von zB zwei Tagen) die Qualifikation der Veranstaltung als Versammlung generell aus (VfSlg 10.608/1985). Nach der neueren Rsp nimmt er dagegen eine einzelfallbezogene Prüfung unter Berücksichtigung der übrigen Modalitäten (Versammlungsart, -bedingungen, -ort) vor. Danach handelt es sich zB bei **zweitägigen** (Tages- und Nacht-) **Aktivitäten**, die in einem engen zeitlichen, örtlichen und sachlichen Zusammenhang stehen („Baustellenblockade“), noch um eine einheitliche Versammlung (VfSlg 14.367/1995). Bei einer **zweiwöchigen Besetzung** einer Fußgängerpassage durch Obdachlose („Sitzstreik“ – VfSlg 11.935/1988) oder einer **61-tägigen Hörsaalbesetzung** in der Universität (vgl *Lenzhofer* in Jahrbuch Öffentliches Recht 2010, 272) handelt es sich dagegen um keine Versammlung mehr.

Davon zu unterscheiden sind sog **„Intervallversammlungen“**, die in regelmäßigen Abständen am selben Ort und zur gleichen Zeit abgehalten werden (zB „Donnerstagsdemonstrationen“). In diesem Fall handelt es sich um mehrere, jeweils für sich anzeigepflichtige Versammlungen (VfSlg 18.346/2008).

c) Zusammenkunft mehrerer Menschen

Eine Versammlung erfordert das Zusammenkommen einer **Mehrzahl von Menschen.** Als Mindestanzahl dürften bereits drei bis fünf Teilnehmer ausreichen (so implizit auch VfSlg 15.952/2000).

Zu beachten ist allerdings, dass der VfGH mitunter aus der geringen Personenanzahl *und* dem geplanten Ablauf der „Zusammenkunft“ schließt, dass hier keine Versammlung durchgeführt werden soll (VfSlg 10.608/1985 – vier Teilnehmer, Aufstellung eines Informationsstandes).

d) Gemeinsames Wirken, Assoziation der Versammlungsteilnehmer

Versammlungen erfordern ein **gemeinsames Wirken** der Versammlungsteilnehmer. Die Zusammenkunft muss in der Absicht veranstaltet werden, dass eine kollektive Meinungsbildung (Diskussionen, Debatten), Meinungsäußerung und Manifestation **nach außen gegenüber der Allgemeinheit** erfolgt (Demonstration, Kundgebung, Diskussion). Auf den Inhalt des gemeinsamen Wirkens kommt es nicht an. Es muss sich insb nicht zwingend um öffentliche oder politische Angelegenheiten handeln.

Bloß **einseitige Informationen** (Informationsstände, Verteilung von Flugzetteln, „sit in“/Sitzstreik, Hochhalten von Transparenten – VfSlg 10.608/1985, 11.651/1988, VfSlg 11.935/1988, VfSlg 12.161/1989) sind keine Versammlungen, wenn die Absicht der Veranstalter nicht erkennbar darin liegt, zufällig vorüberkommende Passanten auch zu einem gemeinsamen Wirken zu bewegen.

Allfällige **kurze Diskussionen** mit (Informations-) Veranstaltern stellen noch kein gemeinsames Wirken dar (s *Winkler*, Versammlungsfreiheit 268).

Bei einem Informationsstand kann es sich aber auch um **„Versammlungsmobilar“** handeln: Verteilen zwei bis drei Personen von einem Informationstisch aus an Passanten und Kunden Flugzettel (hier: gegen Pelzmode), können sich diese Passanten in Unterschriftenlisten eintragen, halten Aktivisten Transparente, rufen sie mittels Sprechchören Parolen und sollen mittels aufgestellten Fernseh- und Videogeräten Passanten nicht nur informiert werden, sondern die **Diskussion kontroverser Standpunkte** mit interessierten, möglicherweise auch irritierten oder sogar verärgerten Passanten und Kunden anregen und dadurch **Meinungsaustausch** (hier: über die Pelztierhaltung) hergestellt werden, liegt eine Versammlung iSd VersG vor (VfSlg 17.600/2005).

Keine Versammlungen stellen alle Formen **einseitiger Darbietungen** (zB Straßentheater, Musizieren, Sportveranstaltungen) dar (→ *Veranstaltungsrecht*).

Bei Veranstaltungen mit Veranstaltungs- *und* Versammlungsmerkmalen (**Veranstaltungen gemischten Charakters**) ist insgesamt von einer Versammlung auszugehen (zB umweltpolitische Demonstrationen mit [zB sport-] veranstaltungsähnlichem Charakter – vgl dazu das sog **„Friday Night Skating“** der GRÜNEN am Ring in Wien).

Die bloße Zurschaustellung eines Lebensgefühls in Form der Abhaltung einer **öffentlichen Massenparty** („Loveparade“) stellt heute – im Unterschied zu den neunziger Jahren – weniger eine politische Manifestation („Partydemo“) als vielmehr eine bloße Musik- und Tanzveranstaltung dar, die als öffentliche Belustigung ebenso wie volksgebräuchliche Feste, Aufzüge, Leichenbegängnisse oder religiös veranlasste Zusammenkünfte uÄ vom VersG ausdrücklich ausgenommen sind (§ 5 VersG; s V.2.a.).

Zielen konkrete Umstände des Zusammenkommens sowie die Verknüpfung von *Ort*, *Zeitpunkt* und *Gegenstand* auf eine *„politische Manifestation“*, kann nach der neueren Rsp auch eine **„schweigende“ Zusammenkunft** eine Versammlung darstellen (VfSlg 15.680/1999).

Während der VfGH das Umhängen von Pappkartontafeln mit provokantem Inhalt („Wir ehren die Deserteure“) anlässlich des Totengedenkens des Kameradschaftsbundes als **„politische Manifestation“** iS einer Versammlung (VfSlg 15.680/1999; ähnlich VfSlg 15.952/2000 – hier: Protest gegen die Menschenrechtspolitik der VR China in Tibet mittels Transparenten) wertete, erkannte er allerdings im öffentlichen Hochhalten von Transparenten („Partl gib uns unser Recht!“, „Warum wollt ihr unseren Bauernhof zerstören?“ uÄ) durch eine fünfköpfige Familie vor dem Aufgang zum Andreas-Hofer-Denkmal in Innsbruck ein bloßes „Aufmerksammachen“ in Form einer **„reinen“ Meinungsäußerung** (VfSlg 12.161/1989).

Verkehrsblockaden (VfSlg 12.257/1990 – Inntalautobahn; VfSlg 14.366/1995 – Eisenbahngleise), **Haus-** oder **Baustellenbesetzungen** können nur bei demonstrativem Zusammenwirken (zB Blockierung der Bauarbeiten, Errichtung von Lagerstätten, Aneinanderketten von Personen) *„zur drastischen Betreibung eines offenkundigen, gemeinsamen Ziels“* (zB Be- oder Verhinderung der Errichtung oder des Abrisses eines Baus, Verhinderung des Transports von Kriegsmaterial) als Versammlungen qualifiziert werden (VfSlg 10.955/1986 – ‚Hainburger Au‘; 14.761/1997 – ‚Lambach‘).

Wird bei einer Hausbesetzung kein über die unmittelbare Benützung hinausgehendes Ziel (zB Verhinderung des Abrisses uÄ) verfolgt, handelt es sich idR um eine **Besetzung ohne Versammlungscharakter**. Zu deren Auflösung vgl § 37 SPG (→ *Sicherheitspolizeirecht*).

2. Arten von Versammlungen

Das VersG unterscheidet grundsätzlich **absolut freie, anzeigefreie** sowie **anzeigepflichtige Versammlungen**.

Eine **Bewilligungspflicht** für Versammlungen (sog Konzessionssystem), wie sie das VersG ursprünglich für öffentliche Versammlungen „unter freiem Himmel" kannte (§ 3 VersG; VfSlg 4885/1964), ist aus verfassungsrechtlichen Gründen unzulässig (Z 3 des Beschlusses der ProvNV).

Zwischen dem verbotenen **Konzessionssystem** und dem geltenden **Anmeldesystem** bestehen allerdings bezüglich der faktischen Folgen kaum Unterschiede. Denn auch beim Anmeldesystem ist die Behörde verpflichtet, eine angezeigte rechtswidrige Versammlung bereits vor Beginn mit Bescheid zu untersagen (§§ 6, 13 VersG).

a) Absolut freie Versammlungen

Öffentliche Belustigungen, Hochzeitszüge, volksgebräuchliche Feste (zB Sonnwendfeier) oder Aufzüge (zB Schützaufmärsche, Faschingsumzüge, Fackelzüge), Leichenbegängnisse (Trauerzüge), Prozessionen, Wallfahrten und sonstige Versammlungen oder Aufzüge zur Ausübung eines gesetzlich anerkannten Kultus (oder sonstigen, gesetzlich nicht anerkannten religiösen Bekenntnisses; vgl VfSlg 2494, 2610/1953 mwH) sind gänzlich von den Bestimmungen des VersG ausgenommen, wenn sie in der **„hergebrachten Art"** stattfinden (§ 5 VersG).

Werden solche Versammlungen (zB Abbrennen eines Sonnwendfeuers – VfSlg 10.443/1985; Totengedenken zu Allerheiligen – VfSlg 15.680/1999) nur als **Deckmantel für politische Manifestationen** verwendet, handelt es sich dagegen um keine absolut freien Versammlungen iSd § 5 VersG.

Da es sich bei den aufgezählten Zusammenkünften von Menschen tw (wie etwa bei öffentlichen Belustigungen) ohnedies um keine Versammlungen (ieS des § 2 VersG) handelt, wird der Aufzählung in § 5 VersG überwiegend bloß **deklarativer Charakter** beigemessen (aA *Eigner/Keplinger*, Versammlungsrecht 134). Insb schließt § 2 VersG nicht aus, dass sich auch neuere gesellschaftliche Gepflogenheiten zu Versammlungen „in der hergebrachten Art" entwickeln können (*Winkler*, Versammlungsfreiheit 250 ff).

Öffentliche Belustigungen oder volksgebräuchliche Feste und Auf- und Umzüge unterliegen allenfalls den landesgesetzlichen Veranstaltungsgesetzen (→ *Veranstaltungsrecht*).

Auch auf sog **Wählerversammlungen**, bei denen Wähler zu Wahlbesprechungen bzw Besprechungen mit gewählten Abgeordneten zusammen kommen, finden die Bestimmungen des VersG keine Anwendung, wenn sie während ausgeschriebener Wahlen (zB zu den allgemeinen Vertretungskörpern) und in nicht allgemein zugänglichen Bereichen („unter freiem Himmel") stattfinden (§ 4 VersG).

b) Anzeigefreie Versammlungen

Ausschließlich auf geladene Gäste beschränkte („**geschlossene**") **Versammlungen** sowie **Vereins(mitglieder)versammlungen** (§ 10 VerG; → *Vereinsrecht*) unterliegen dem VersG. Diese Versammlungen werden aber von der Anzeigepflicht ausgenommen (§ 2 Abs 1 VersG).

Eine geschlossene Versammlung erfordert, dass die Teilnehmer der Versammlung persönlich und individuell vom Veranstalter geladen werden. Auch wenn der Veranstalter nicht alle Teilnehmer persönlich kennen muss, sind zwingend geeignete Vorkehrungen (zB Verzeichnis der Teilnehmer) zur Abhaltung des Zugangs ungeladener Teilnehmer zu treffen (VfSlg 7762/1976).

Den Teilnehmern ein Schriftstück zukommen zu lassen, in dem sie selbst den Namen einsetzen können, erfüllt nicht die Voraussetzungen der geschlossenen Versammlung (VfSlg 11.132/1986). Eine auf einem Wiesengrundstück ohne Zaun und Absperrung veranstaltete Versammlung erfüllt ebenfalls nicht die Voraussetzungen der geschlossenen Versammlung (VfSlg 10.443/1985).

c) Anzeigepflichtige Versammlungen

Allgemein zugängliche, öffentliche (Volks-) Versammlungen sind der Behörde spätestens 24 Stunden vor der Versammlung anzuzeigen (§ 2 Abs 1 VersG). Ob die Versammlung an einem öffentlichen (Straßen, Plätze, öffentliche Parks usw) oder privaten Ort (Wiese, Gaststätte), unter freiem Himmel oder in geschlossenen Räumen, stehend oder in Bewegung (Aufzug, Aufmarsch; vgl § 15 VersG) stattfindet oder stattfinden soll, ist iZm der Anzeigepflicht unerheblich.

VI. Vorbereitung einer Versammlung

Im Folgenden wird nur auf die Anforderungen nach dem VersG eingegangen. Daneben können sich **weitere Anforderungen** aufgrund anderer Verwaltungsvorschriften ergeben.

Wenn eine öffentliche Straße für verkehrsfremde Zwecke (wie zB für Versammlungen) benützt werden soll, ist eine **Anzeige gem § 86 StVO** einzubringen. Diese Anzeige ist – im Unterschied zur Versammlungsanzeige nach dem VersG – **drei Tage** vor der Benützung der öffentlichen Straße bei der zuständigen (Straßenpolizei-) Behörde (Gemeinde, BVB, LPolD) zu erstatten.

Darüber hinaus kann sich nach den landesstraßenrechtlichen Vorschriften für die Benützung der öffentlichen Straße zu anderen Zwecken das Erfordernis einer **Zustimmung der Straßenverwaltung** ergeben (vgl zB § 54 Abs 1 stmk LStVG). Die privatwirtschaftlich handelnde Straßenverwaltung ist zu einem grundrechtskonformen Vorgehen verpflichtet (VfSlg 17.600/2005).

1. Versammlungsanzeige

a) Einbringung

Der Veranstalter hat eine öffentliche Versammlung **mindestens 24 Stunden** vor geplanten Beginn bei der Versammlungsbehörde schriftlich anzuzeigen (§ 2 Abs 1 VersG). **Veranstalter** ist jene Person, die die Versammlung organisiert. Es können sowohl natürliche als auch juristische Personen als Veranstalter auftreten.

Auch **Minderjährige** können – nach Erreichung der persönlichen Reife – als Veranstalter auftreten, nicht aber auch **Fremde** (§ 8 VersG), außer es handelt um *keine „politischen" Angelegenheiten* iSd Art 16 EMRK (vgl idS VfSlg 5134/1965; aA zB *Wieser*, EuGRZ 1990, 60). Bürgerinitiativen, Komitees uÄ, soweit sie nicht als **Vereine** (gem VerG) organisiert sind, kommt keine Rechtspersönlichkeit zu. **Politischen Parteien** kommt Rechtspersönlichkeit mit Hinterlegung ihrer Satzung zu (VfSlg 11.258/1987).

Bei der Beurteilung der Rechtzeitigkeit ist auf das **faktische Einlangen** der Versammlungsanzeige bei der zuständigen Behörde abzustellen. Das gilt auch bei Übermittlung der Anzeige mittels Telefax oder E-Mail **nach Ende der Amtsstunden.** § 2 VersG geht nach Auffassung des VfGH sichtlich davon aus, dass bei den Versammlungsbehörden entsprechende **Vorkehrungen zur jederzeitigen Entgegennahme** von Anzeigen getroffen worden sind (VfSlg 16.842/2003 – keine Anwendung des § 13 Abs 5 AVG).

b) Form und Inhalt der Anzeige

Die Anzeige hat schriftlich zu erfolgen und muss **Zweck, Ort, Zeit** (Beginn, Dauer), **Modalitäten** der Durchführung (Verhaltensweisen) sowie den Einsatz von **Hilfsmitteln** (Megafone, Flugzettel, Fackeln, Versammlungsmobiliar: Informationsstände, PKW) hinreichend genau bestimmen.

Bei einer **Standkundgebung** genügt zB die Angabe eines Platzes (VfSlg 15.952/2011 – „Ballhausplatz, 1010 Wien"). Bei einem **Versammlungsmarsch** muss neben Anfangs- und Endpunkt auch die Marschroute zwischen diesen Punkten bekannt gegeben werden (VfSlg 9103/1981).

Besondere Bedeutung kommt der ausreichenden Konkretisierung von Modalitäten und Hilfsmitteln auch iZm der **verwaltungsstrafrechtlichen Rechtfertigung** (gem § 6 VStG) von für sich genommen rechtswidrigen, aber für den Zweck der Durchführung der Versammlung unbedingt erforderlichen Vorgangsweisen zu (s VII.3.).

c) Parteiengehör und Manuduktionspflichten

Vor einer erforderlich erachteten Untersagung muss dem Veranstalter Gelegenheit gegeben werden, vom Ergebnis der Beweisaufnahme Kenntnis zu erlangen und dazu Stellung zu nehmen (§ 45 Abs 3 AVG). Wäre die Versammlung nur wegen eines *einzelnen* Umstandes (zB hinsichtlich Versammlungsort, -zeit) zu untersagen, hat die Versammlungsbehörde den Veranstalter darauf aufmerksam zu machen (VfSlg 9103/1981 – hier: mangelhafte Ortsangabe; VfSlg 19.423/2011 – hier: Standkundgebung statt Marsch; VfSlg 18.601/2008 – hier: Verlegung der Versammlung von 5 auf 20m Entfernung zu einem Geschäftslokal) und die **schriftliche Änderung** der Anzeige nahe zu legen (VfSlg 18.572/2008).

Aufgrund der kurzen Anzeigefrist ist die Behörde idR gezwungen, kurzfristig einen Besprechungstermin am Sitz der Behörde einzuberufen; erforderliche Verbesserungen oder Berichtigungen können auch im Wege **unmittelbarer (zB telefonischer) Kontaktnahme** angeregt werden. Die Kontaktnahme muss tatsächlich möglich sein (VfSlg 18.563/2008 – keine Angaben zur Kontaktaufnahme).

d) Unzulässigkeit behördlicher Modifikationen

Die Behörde kann eine Versammlung nur zur Gänze untersagen oder zur Gänze nicht untersagen. Sie ist nicht ermächtigt, die Anzeige von Amts wegen (zB durch Vorschreibung von Auflagen) zu ändern, zu modifizieren oder zu konkretisieren (VfGH 11.03.2015, E 968/2014; VfSlg 15.362/1998).

2. Zurückweisung der Anzeige

Handelt es sich bei einer Zusammenkunft um keine Versammlung oder eine nicht anzeigepflichtige Versammlung, ist die Versammlungsanzeige zurückzuweisen. Dasselbe gilt, wenn eine Anzeige die erforderlichen Angaben (zB zur Marschroute, Versammlungsort) mangelhaft ausführt (VfSlg 11.866/1988, 18.563/2008, 18.587/2008) oder dem Veranstalter gar keine Rechtspersönlichkeit zukommt (s VI.1.a.).

Können der Versammlungsanzeige „schlechterdings" die erforderlichen Informationen (zB Ort, Zeit) nicht entnommen werden, liegt nach der Rsp überhaupt keine Versammlungsanzeige vor (VfSlg 10.955/1986 – „Stopfenreuther Au").

3. Untersagung der Versammlung

Versammlungen können von der Behörde vor ihrer Abhaltung untersagt werden, wenn ihr Zweck den StrafG zuwiderläuft oder ihre Abhaltung die öffentliche Sicherheit bzw das öffentliche Wohl gefährdet (§ 6 VersG).

Die einzelnen Auflösungstatbestände überschneiden sich, weil ein Widerspruch zu den StrafG (s unten a.) idR auch eine Gefährdung der öffentlichen Sicherheit oder des öffentlichen Wohls darstellen wird (s unten b.). In der Lehre und Rsp des VfGH wird der Abgrenzung zwischen den einzelnen Tatbeständen daher kaum besondere Aufmerksamkeit geschenkt (vgl zuletzt zB VfGH 11.03.2015, E 717/2014).

Auch eine in **Widerspruch zu den Vorschriften des VersG** geplante Versammlung erfordert eine präventive Untersagung (VfSlg 16.123/2001). Zu ihrer Begründung kann mE auch § 13 Abs 1 VersG analog herangezogen werden (s VI.3.c.). Ein Teil der Lehre stützt den Untersagungsgrund dagegen auch auf einen „Widerspruch zu Strafgesetzen", dem auch die Verwaltungsübertretungen des VersG selbst (§§ 19, 19a VersG) zugeordnet werden.

Die Behörde ist aber verfassungsrechtlich verpflichtet, bei ihrer Entscheidung über eine allfällige Untersagung auf die **Versammlungsfreiheit** hinreichend Bedacht zu nehmen. Die Untersagung erfordert eine **Abwägung zwischen den widerstreitenden Interessen des Veranstalters** an der Abhaltung der Versammlung und den **öffentlichen Interessen** am Unterbleiben der Versammlung (VfGH 11.03.2015, E 968/2014 – hier: Versammlung auf der Autobahn; 11.03.2015, E 717/2014 – hier: Versammlung in Kirchennähe). Zur Untersagung ist die Behörde nur ermächtigt, wenn die Untersagung aufgrund einer der in Art 11 Abs 2 EMRK **genannten öffentlichen Interessen** (zB nationale und öffentliche Sicherheit, Aufrechterhaltung der Ordnung, Schutz der Moral, Schutz der Rechte und Freiheiten anderer) **zwingend notwendig** erscheint. Die Untersagung darf stets nur **ultima ratio** sein (VfSlg 19.741/2013).

Ob die Voraussetzungen für eine Untersagung vorliegen, hat die Behörde aufgrund konkret festgestellter, objektiv erfassbarer Umstände zu beurteilen. Dabei kommt es nicht nur auf die unmittelbaren Absichten des Veranstalters, sondern auch auf eine **realistische** und **nachvollziehbare Einschätzung** des zu erwartenden Geschehensablaufs (zB Ankündigungen Dritter – VfSlg 17.120/2004) in Form einer **Prognoseentscheidung** an. Bloße Vermutungen und Befürchtungen können eine Untersagung nicht rechtfertigen (VfSlg 6850/1972, VfSlg 8609/1979). Erfahrungen der Behörde bei vergleichbaren Versammlungen (zB in Vorjahren) oder Berichte zu vergleichbaren Versammlungen an anderen Orten können eine Untersagung dagegen hinreichend begründen (VfSlg 17.259/2004 – World Economic Forum in Salzburg; VfSlg 19.423/2011 – Ball des Wiener Korporationsringes). Die von der Behörde herangezogenen Umstände müssen nicht dem Veranstalter selbst anzulasten sein (VfSlg 17.261/2004). **Wortwahl in einer Anzeige** und das **Verhalten des Veranstalters** bei anderen Versammlungen (VfSlg 18.114/2007) können Prognosen zum Teilnehmerkreis, Versammlungszweck und Geschehen während der Versammlung aber zusätzlich untermauern (vgl dazu auch VfSlg 17.261/2004 – Skinhead-Demonstration gegen „Linke Intoleranz“/befürchtete Verletzung des VerbotsG).

a) Widerspruch zu Strafgesetzen; Verbotsgesetz

In der Lehre bislang umstritten geblieben ist, ob ausschließlich ein Widerspruch des Versammlungszweckes zum **gerichtlichen Strafrecht** (zB StGB, § 3 VerbotsG – nationalsozialistische Wiederbetätigung; vgl zB *Öhlinger/Eberhard*, Verfassungsrecht Rz 908) oder auch einer zu den **VerwaltungsstrafG** die Untersagung einer Versammlung rechtfertigt (vgl auch → *Vereinsrecht*). Der VfGH hat **gezielte Störungen der öffentlichen Ordnung** iSd § 81 Abs 1 SPG (→ *Sicherheitspolizeirecht*) durch Versammlungen jedenfalls (auch) als *„Strafgesetzen“* zuwiderlaufende Zwecksetzung qualifiziert (VfSlg 16.054/2001).

Werden mit einer Versammlung die **vom StGB normierten Schwellen überschritten**, ist die Untersagung einer solchen Versammlung nach der Rsp nicht nur zulässig, sondern idR **sogar geboten** (vgl zB VfGH 11.03.2015, E 717/2014 – zB im Fall strafbarer Handlungen gegen den religiösen Frieden und die Ruhe der Toten gem §§ 188 ff StGB).

b) Gefährdung der öffentlichen Sicherheit oder des öffentlichen Wohls

Die **öffentliche Sicherheit** (iSd § 6 VersG) umfasst die Sicherheit des Staates, der Personen (Leben, Gesundheit, körperliche Integrität, Freiheit und Ehre) und des Eigentums.

Versammlungen, die der **Verbreitung nationalsozialistischen Gedankenguts** dienen, gefährden die öffentliche Sicherheit oder das öffentliche Wohl (VfSlg 8610/1979), stehen aber auch im Widerspruch zu gerichtlichen StrafG (§§ 3a bis 3j VerbotsG; s VI.3.a.); eine Untersagung liegt auch im Interesse der nationalen Sicherheit (EKMR 15.03.1984, 9905/82 DR 36, 187).

Besondere Sicherheitsrisiken und völkerrechtliche Verpflichtungen (s IV.) zum Schutz eines **ausländischen Regierungschefs** während eines Österreichbesuches rechtfertigen hinsichtlich des Versammlungsorts eine weitgehende, aber nicht vollständige Einschränkung des Versammlungsrechts. Eine Untersagung aller Versammlungen aufgrund von Befürchtungen negativer Auswirkungen von die Politik seines Landes missbilligenden Äußerungen auf den Staatsgast ist in Hinblick auf Art 11 Abs 2 EMRK keinesfalls gerechtfertigt (VfSlg 15.170/1998 – Li Peng; vgl dazu auch VfSlg 15.952/2000 – Jiang Zemin).

Die Versammlung von Tierschützern unmittelbar vor dem **Privathaus** jener Person, gegen die mit der Versammlung protestiert werden soll, kann die Sicherheit von Personen und Eigentum gefährden; eine Untersagung der Versammlung an diesem Ort ist gerechtfertigt, wenn die Behörden zu Recht davon ausgehen können (hier: aufgrund eines Aufrufs im Internet), dass sich dieser Versammlung militante Tierschützer anschließen und Angriffe auf Person und Eigentum von der Exekutive nicht ausreichend verhindert werden könnten (VfSlg 17.120/2004).

Ein zu einer **Justizanstalt** führender Demonstrationszug gegen den Tod eines Häftlings in dieser Strafanstalt unter Mitführung ua von Trommeln und Musikinstrumenten kann wegen zu befürchtender Tumulte in der Anstalt (Gefährdung von Insassen und Personal) durchaus die öffentliche Sicherheit gefährden (VfSlg 17.873/2006).

Bloße Verkehrsbehinderungen durch Versammlungen sind regelmäßig in Kauf zu nehmen (VfSlg 7229/1973). Führt die Abhaltung einer Versammlung auf der Autobahn in Form einer **mehrstündigen Blockade** aber erwartbarer Weise zu einer extremen Störung des Straßenverkehrs, ist die Untersagung wegen Gefahren für die öffentliche Sicherheit gerechtfertigt (VfGH 11.03.2015, E 968/2014; VfSlg 12.257/1990, 12.155/1989). Anderes gilt nur, wenn ein besonderer **thematischer Zusammenhang** zwischen Anlass und Ort der Versammlung besteht (zB „Transitverkehr" – s III.).

Das **öffentliche Wohl** erfasst die übrige Rechtsordnung, soweit sie dem Schutz der im Art 11 EMRK aufgezählten Rechtsgüter dient (*Hauer*, Ruhe 350 ff); dazu zählen insb auch der Schutz der **„Rechte und Freiheiten anderer"** (zB Versammlungs-, Religionsfreiheit, aber auch die Erwerbsfreiheit oder die Grundfreiheiten der EU – s III.).

Der mit einer Demonstration zwangsläufig verbundene Lärm macht die Untersagung einer Versammlung nicht notwendig. Kommt es aber wegen der Verwendung von Musikinstrumenten, Kochtöpfen etc zu **massiven**, für Unbeteiligte **unzumutbaren Lärmbelästigungen** („akustischer Terror"), ist die Untersagung zulässig (VfSlg 11.832/1988).

Die bloße Androhung von **Gegendemonstrationen** stellt keinen hinreichenden Grund für die Untersagung der Versammlung dar (VfSlg 6304/1970, 6530/1971, 8609/1979). Die Anmeldung einer Gegendemonstration am Ort einer bereits angezeigten Versammlung lässt dagegen die Schlussfolgerung zu, dass in diesem Fall mit Grund eine Gefährdung der öffentlichen Sicherheit und des öffentlichen Wohles zu befürchten ist (VfSlg 15.362/1998, 17.116/2004); dasselbe gilt, wenn an einem Ort zwischen Versammelten und Besuchern (zB einer Veranstaltung, eines Gedenkortes, eines Geschäftes) **erhebliche Konfrontationen** zu erwarten sind (VfSlg 18.587/2008 – Leistungsschau des Bundesheeres; VfSlg 18.572/2008 – Pelzmodengeschäft; VfSlg 16.054/2001 – Friedhof zu Allerheiligen). Bei den befürchteten Konfrontationen muss es sich aber nach der neuesten Rsp des VfGH um **gewalttätige Zusammenstöße** handeln, die auch von der Polizei vor Ort (zB durch Dazwischentreten) nicht mehr verhindert werden können (VfGH 14.03.2013, B 1037/11 mwH zur Rsp des EGMR).

Gezielte Störungen der Ausübung von Grundrechten (zB Religionsausübung, Erwerbsfreiheit) können die Untersagung einer Versammlung wegen Beeinträchtigung des öffentlichen Wohls rechtfertigen (VfSlg 16.054/2001 – Religionsausübung auf Friedhöfen an Fest- und Gedenktagen; VfSlg 18.601/2008 – Behinderung des Kundenverkehrs eines Bekleidungsgeschäftes). Vorrangig ist die Behörde im Fall konkurrierender Grundrechte aber gehalten, die Ausübung der betroffenen Grundrechte im Wege eines **Interessensausgleichs** zu gewährleisten (zB Sicherung der öffentlichen Ordnung durch die Polizei – vgl idS VfGH 11.03.2015, E 717/2014 mwH auf die Rsp des EGMR). Ein solcher scheint dem VfGH aber nicht mehr möglich, wenn es zB bei einer Versammlung von Tierschützern in **sehr geringem Abstand** zum Eingangsbereich eines Geschäftslokals zu erheblichen Behinderungen des Kunden- und Geschäftsverkehrs kommt (VfSlg 18.601/2008). Eine **bloße Verstörung von Kirchenbesuchern** (hier: durch den Einsatz eines Kreuzes als Mittel zu Kritik und Diskurs) aufgrund der räumlichen Nähe der geplanten Versammlung zu einer Kirche kann dagegen die Untersagung wegen der Gefährdung des öffentlichen Wohls nicht rechtfertigen (VfGH 11.03.2015, E 717/2014).

Auch Versammlungen auf **privaten Grundstücken (Räumen uÄ) ohne Berechtigung** können den Rechtsfrieden gefährden (*Winkler*, Versammlungsfreiheit 245; idS auch OGH 25.05.1994, 3 Ob 501/94; OGH 24.06.1997, 1 Ob 152/97b; OGH 25.03.1999, 6 Ob 201/98x; OGH 28.04.1999, 7 Ob 49/98a) und eine Untersagung durchaus rechtfertigen.

c) Widerspruch zu versammlungsrechtlichen Bestimmungen

Bei den Bestimmungen der §§ 7 bis 11 VersG handelt es sich um Regelungen zur Durchführung von Versammlungen. Finden sie vorweg keine hinreichende Beachtung, kann dies ebenfalls zur Untersagung der Versammlung führen. Auch wenn die Untersagungsgründe des § 13 Abs 1 VersG („*gegen die Vorschriften dieses Gesetzes*") grundsätzlich auf bereits begonnene Versammlungen abstellen (s VII.3.c.), müssen sie – kraft Größenschlusses – auch zum

Zwecke der **präventiven Untersagung** herangezogen werden können (idS auch VfSlg 9103/1981).

Hervorzuheben ist insb das **„absolut" (ohne Rechtsgüterabwägung) geltende Verbot des § 7 VersG**, demgemäß während der Sitzungen von National- oder Bundesrat, Bundesversammlung oder Landtagen im Umkreis von 300m („**Bannmeile**") von ihrem Sitz keine Versammlung unter freiem Himmel stattfinden dürfen (§ 7 VersG; vgl dazu VfSlg 14.365/1995, 19.423/2011 – „Untersagung").

Enthält die Versammlungsanzeige eine mangelhafte Angabe zum Versammlungsort, hat eine *Untersagung* „gemäß § 13 Abs 1 VersG" wegen Widerspruchs zu § 2 Abs 1 VersG zu erfolgen (VfSlg 9103/1981).

Wird eine Versammlung – entgegen § 8 VersG – von einem **Ausländer** als Veranstalter angezeigt, hat die Behörde die Versammlung bereits *vor ihrer Durchführung* zu untersagen (VfSlg 16.123/2001).

4. Erledigung der Anzeige

Wird die angezeigte Versammlung von der Behörde nicht (bzw nicht rechtzeitig) untersagt, ist der Veranstalter **ex lege** zur Durchführung der Versammlung berechtigt. Auf Verlangen des Veranstalters hat die Behörde eine **Bescheinigung** über die Anzeige auszustellen (§ 2 Abs 2 VersG).

Weder die unterlassene Untersagung einer rechtswidrigen Versammlung noch die Ausfertigung einer Bescheinigung bindet jedoch die Behörde. Mangels einer *rechtskräftigen* Erledigung der Anzeige kann die Behörde bei Vorliegen der entsprechenden Voraussetzungen (§ 13 VersG) auch eine nicht untersagte und anzeigengemäß durchgeführte Versammlung auflösen.

Ist eine Untersagung erforderlich, hat die Behörde Sorge zu tragen, dass der **Untersagungsbescheid** zeitgerecht wirksam wird. Daher muss sie erforderlichenfalls einen Mandatsbescheid erlassen (§ 57 AVG) oder stattdessen gleichzeitig mit der Untersagung die aufschiebende Wirkung der (LVwG-) Beschwerde ausschließen (§ 13 VwGVG). Der Untersagungsbescheid kann mündlich oder schriftlich erlassen werden. Das ZustellG erlaubt im Fall der Anzeige mittels E-Mail eine **elektronische Zustellung** unmittelbar an die in der Anzeige verwendete E-Mail-Adresse (vgl dazu § 2 Z 5 iVm § 37 ZustellG).

VII. Durchführung einer Versammlung

1. Versammlungsleiter und Ordner

Als zur Leitung und Ordnung der Versammlung berufene Person gilt bis zur allfälligen Bestellung (Wahl) einer anderen Person immer der **Veranstalter** (VfSlg 14.869/1997).

Das VersG sieht keinen besonderen Modus für die Bestellung eines Versammlungsleiters vor. Er kann daher vom Veranstalter ernannt werden, aber zB auch von den Versammlungsteilnehmern gewählt werden.

Der Leiter und die von ihm erforderlichenfalls zu bestellenden Ordner haben die Pflicht, alle zumutbaren Vorkehrungen zur Wahrung des Gesetzes und der Aufrechterhaltung der öffentlichen Ordnung während einer Versammlung zu treffen („**interne Versammlungsaufsicht**" – § 11 VersG); sie sind hierfür auch **verwaltungsstrafrechtlich verantwortlich** (§ 19 VersG).

So ist der Leiter zB verantwortlich, dass das Thema der Versammlung sowie die einzelnen Modalitäten (zB bezüglich verwendeter Hilfsmittel) der Versammlungsanzeige entsprechen (VfSlg 18.721/2009 – hier: rechtswidriges Verwenden eines Megafons). Stellen Demonstranten ein fremdes Auto rechtswidrig quer über die Straße, sodass andere Verkehrsteilnehmer am Vorbeifahren gehindert werden, trifft den Versammlungsleiter nur dann kein Verschulden (iSd § 5 Abs 1 VStG) an der Ordnungsstörung, wenn er den Nachweis einer angemessenen Kontrolltätigkeit zu erbringen vermag (VfSlg 14.869/1997).

Kann sich der Versammlungsleiter (und seine Ordner) gegenüber den Versammlungsteilnehmern nicht mehr durchsetzen, muss er behördliche Assistenz anfordern (VfSlg 14.869/1997) oder selbst die Versammlung auflösen (§ 11 Abs 2 VersG). Im Falle der Auflösung der Versammlung haben die Versammlungsteilnehmer den Versammlungsort sofort zu verlassen. Mit der Auflösung erlischt auch die verwaltungsstrafrechtliche Verantwortlichkeit des Versammlungsleiters und seiner Ordner (§§ 11, 19 VersG).

2. Vermummungs-, Waffenverbot

Während einer Versammlung dürfen die Versammlungsteilnehmer keine Maßnahmen zur Verhinderung der Feststellung ihrer Identität (Gesichtszüge) mittels Kleidungsstücken oder Gegenständen vornehmen („Vermummungsverbot"; § 9 VersG).

Das Mitführen von Waffen oder Gegenständen, die zur Anwendung von Gewalt gegen Menschen oder Sachen geeignet sind (zB Stangen, Steine, Ketten uÄ), ist absolut verboten (§ 9a VersG).

3. Sonstige Verbote nach anderen Verwaltungsgesetzen

An sich verwaltungsbehördlich strafbares Handeln (zB nach StVO, SPG) kann iSd § 6 VStG gerechtfertigt sein, wenn es iZm einer Versammlung gesetzt wird und zur Durchführung der Versammlung erforderlich ist (VfSlg 11.866/1988).

Diese Rechtfertigung kommt nicht nur bei rechtzeitig angezeigten (und nicht untersagten) Versammlungen, sondern auch bei *Spontanversammlungen* zum Tragen (VfSlg 19.528/2011 – hier: Betreten der Straßenfahrbahn/Störung der öffentlichen Ordnung – vgl § 76 Abs 1 StVO und § 81 SPG; idS auch zB VwSlg 17.7765 A/2009 – hier: ungebührliche Lärmerregung gem stmk LSG).

Ist eine Versammlungsanzeige hinsichtlich an sich rechtswidriger Maßnahmen, aber unbedingt notwendiger Begleiterscheinungen der Versammlung zu unbestimmt, kommt keine Rechtfertigung iSd § 6 VStG in Betracht (VfSlg 11.866/1988 – hier: rechtswidriges Befahren der Fußgängerzone).

4. Behördliche Versammlungsaufsicht

a) Teilnahme- und Informationsrechte

Die Behörde ist berechtigt, zu anmeldepflichtigen Versammlungen einen oder mehrere **Behördenvertreter** zur Überwachung des Versammlungsgeschehens zu entsenden. Die Behördenvertreter dürfen nicht unmittelbar in das Versammlungsgeschehen eingreifen, solange Leiter und Order ihren Aufsichtsfunktionen (§ 11 VersG; s VII.1.) hinreichend nachkommen (VfSlg 14.869/1997). Den Behördenvertretern stehen lediglich bestimmte **Informationsrechte** gegenüber dem Versammlungsleiter (zB betreffend Redner uÄ) zu (§ 12 VersG).

Das VersG ermächtigt die Behörden nicht unmittelbar auch zB zur Herstellung von **Video-** und **Fotoaufnahmen**. In der Praxis wird der Versammlungsverlauf von den Sicherheitsbehörden va auf der Grundlage sicherheitspolizeilicher Befugnisse dokumentiert (vgl zB VfSlg 15.109/1998), wenn etwa eine Zusammenkunft zahlreicher Menschen gefährliche Angriffe gegen Leib, Gesundheit oder Eigentum von Menschen befürchten lässt (§ 54 Abs 5 SPG; → *Sicherheitspolizeirecht*).

b) Gewährleistung und Schutz des rechtmäßigen Versammlungsablaufs

Zur Durchsetzung der Vermummungs- und Waffenverbote (s VII.2.) sind Organe des öffentlichen Sicherheitsdienstes (→ *Sicherheitspolizeirecht*) ermächtigt, **Festnahmen** vorzunehmen (§ 19 VersG iVm § 35 Z 3 VStG) oder – als gelindere Mittel dazu – **Sicherstellungen** oder **Wegweisungen** durchzuführen (§ 9 Abs 2 VersG iVm § 81 Abs 3 bis 6 SPG). Wird die öffentliche Ordnung, Ruhe und Sicherheit nicht gefährdet, kann von solchen Maßnahmen auch abgesehen werden (§ 9 Abs 3 VersG – Opportunitätsprinzip). Erforderlichenfalls muss eine solche Versammlung aber aufgelöst werden (§ 13 VersG; s VII.3.c.).

Die Behörde ist unmittelbar aus Art 11 EMRK verpflichtet, den Ablauf erlaubter Versammlungen gegen **Störungen Dritter** (zB Gegendemonstrationen) zu schützen (s II.2.c.). Zu diesem Zweck können die Sicherheitsbehörden idR auf sicherheitspolizeiliche Befugnisse (§§ 28 ff SPG iVm §§ 284, 285 StGB) zurückgreifen. Nicht zulässig zum Schutz von Versammlungen ist aber die präventive Erlassung eines **Platzverbotes** gem § 36 SPG „genau" am Versammlungsort (VfGH 18.06.2015, V 105/2014 – Platzverbot mit selektiver Zugangserlaubnis).

c) Auflösung der Versammlung

Eine bereits stattfindende Versammlung kann von der Behörde untersagt und aufgelöst werden, wenn sie gegen die Vorschriften des VersG veranstaltet wird, wenn sich in der Versammlung gesetzwidrige Vorgänge ereignen oder wenn sie einen die öffentliche Ordnung (→ *Sicherheitspolizeirecht*) bedrohenden Charakter annimmt (§ 13 Abs 1 und 2 VersG) und – § 13 VersG („nach Umständen") **verfassungskonform interpretiert** – die Auflösung zur Wahrung eines der in Art 11 Abs 2 EMRK aufgezählten Schutzgüter (zB nationale und öffentliche Sicherheit, Aufrechterhaltung der Ordnung, Schutz der Moral, Schutz der Rechte und Freiheiten anderer) **zwingend notwendig** ist (s VI.3.).

Dem „klaren" Wortlaut des § 13 Abs 1 und 2 VersG, wonach hinsichtlich der behördlichen Vorgangsweise zwischen **angemeldeten** und **nicht angemeldeten Versammlungen** differenziert wird, kommt im Zuge der (verfassungskonformen Interpretations-) Praxis in der Rsp des VfGH keine besondere Bedeutung zu.

Die **bloße Verletzung der Anzeigepflicht** (zB bei Spontanversammlungen – VfSlg 11.132/1986) oder Verlängerung der Versammlung über den angezeigten Zeitraum hinaus (VwSlg 16.330 A/2004) rechtfertigt für sich allein eine Versammlungsauflösung nicht, es müssen **besondere Umstände**, die letztlich zu einer **unverhältnismäßigen Gefährdung der öffentlichen Interessen** (iSd Art 11 Abs 2 EMRK) führen, hinzutreten (VfSlg 14.367/1995).

Bspw nationalsozialistische Propaganda (VfSlg 10.443/1985), wiederholte Verwendung von Raketen und Wurfgeschosssurrogaten (VfSlg 11.930/1988 – Opernball), Blockade von Bauarbeiten (VfSlg 10.955/1986 – „Stopfenreuther Au", VfSlg 14.761/1997) oder Straßenarbeiten (VfSlg 14.367/1995) bzw des einzigen Hauseinganges, sodass Personen am Verlassen bzw Betreten des Gebäudes gehindert werden (UVS Wien 19.11.1996, 06/28/453/94). Auch die Auflösung einer (nicht angezeigten) Versammlung zum Zweck der **Aufrechterhaltung des städtischen Verkehrsflusses** in den Abendstunden (hier: am Ring in Wien) kann in Ermangelung der Möglichkeiten verkehrlicher Vorsorge durchaus verhältnismäßig sein (VfSlg 19.818/ 2013).

Versammlungen innerhalb der **Bannmeile** von 300m während der Sitzungen allgemeiner Vertretungskörper (§ 7 VersG) sind dagegen aufgrund ihrer absoluten Unstatthaftigkeit **„ohne weitere Gründe"** aufzulösen (VfSlg 14.365/1995; s dazu VI.3.c.).

Das Vorliegen solcher besonderen Umstände bzw deren Erheblichkeit ist von der Behörde – ohne Durchführung eines förmlichen Ermittlungsverfahrens – nach dem Bild zu beurteilen, dass sich **an Ort und Stelle** bietet (VfSlg 10.443/1985, 11.832/1988 mwH); mit dem Veranstalter geführte Gespräche über den weiteren Verlauf der Versammlung sind mitzuberücksichtigen (VwSlg 16.330 A/2004 – „sanitäre Missstände").

Nach Verkündung der (Untersagung gegenüber dem Versammlungsleiter und – erforderlichenfalls –) Auflösung gegenüber den Versammlungsteilnehmern, die in der Rsp als **unmittelbare verwaltungsbehördliche Befehlsgewalt*** qualifiziert wird (VfSlg 11.132/1986), müssen die „Anwesenden" (= Versammlungsteilnehmer; vgl bezüglich zB Medienvertretern, zufällig anwesender Personen VwSlg 17.699 A/2009) den Versammlungsort verlassen (§ 14 Abs 1 VersG), andernfalls der Befehl mit **unmittelbarer**

verwaltungsbehördlicher Zwangsgewalt* (gewaltsames Auseinandertreiben, Wegtragen, Abdrängen) durchgesetzt werden kann (§ 14 Abs 2 VersG; s IX.2.).

Der **Einsatz von physischer Gewalt** ist – innerhalb der einschlägigen verfassungsrechtlichen Grenzen (Art 3 EMRK) – zulässig. Der Einsatz eines Gummiknüppels gegen Beine und Arme kann uU zulässig sein (VfSlg 11.230/1987, VfSlg 11.329/1987), nicht jedoch gegen den Kopf (VfSlg 11.096/1986; VfSlg 11.170/1986, VfSlg 11.421/1987); ebenso wenig zulässig ist ein Versetzen von Fußtritten oder ein Würgen eines Versammlungsteilnehmers (VfSlg 11.230/1987, 11.328/1987).

Ein **Verharren der Versammlungsteilnehmer** am Versammlungsort stellt gem § 19 VersG eine Verwaltungsübertretung dar (s VIII.); die Organe des öffentlichen Sicherheitsdienstes sind daher auch zur **Festnahme** ermächtigt (§ 35 Z 3 VStG). Wird eine Versammlung in *rechtswidriger* Weise aufgelöst, ist allerdings auch die Festnahme eines Teilnehmers gem § 35 Z 3 VStG iVm §§ 14 und 19 VersG nicht als rechtmäßig zu beurteilen (VwSlg 16.330 A/2004).

VIII. Verwaltungsstrafrecht, gerichtliches Strafrecht

Übertretungen des VersG, wie zB durch Unterlassung der Versammlungsanzeige (§ 2 VersG), Veranstaltung einer Versammlung durch Ausländer (§ 8 VersG), unzulässige Vermummung (§ 9 VersG), Tragen von Waffen oder gefährlichen Gegenständen (§§ 9, 9a VersG), Unterlassung von Aufsichtspflichten (§ 11 VersG), Nichtverlassen des Versammlungsortes nach Auflösung der Versammlung (§ 13 VersG) stellen **Verwaltungsübertretungen** dar (§ 19 VersG), sofern die Tat nicht ausdrücklich gerichtlich strafbar ist (**Subsidiarität;** Art 4 7. ZPEMRK – Doppelbestrafungsverbot). Bei der gerichtlichen Strafbarkeit handelt es sich um eine Vorfrage* (§ 30 Abs 2 VStG).

Bei **absolut verbotenen Versammlungen** (zB innerhalb der „Bannmeile“ gem § 7 VersG) begeht nicht nur der Leiter, sondern auch jeder einzelne Teilnehmer an der Versammlung eine Verwaltungsübertretung (VfSlg 14.365/1995). In allen anderen Fällen ist darauf abzustellen, ob ein Versammlungsteilnehmer wusste oder wissen musste, dass die Versammlung nicht (ordnungsgemäß) angezeigt bzw untersagt worden ist (VfSlg 18.483/2008 – Rechtfertigungsgrund iSd § 6 VStG).

Die Erlassung eines verwaltungsbehördlichen Strafbescheides wegen Übertretungen des VersG verletzt Art 11 EMRK, wenn die relevanten Umstände der Behörde bereits mittels der Versammlungsanzeige bekannt gemacht worden sind (hier: **ausländischer Veranstalter** iSd § 8 VersG) und sie nicht das „Verfahren nach dem VersG“ ausschöpft, namentlich die Versammlung gem §§ 6 und 13 VersG mit Bescheid rechtsförmlich untersagt (VfSlg 16.123/2001; s VI.1.c.).

Wer an einer Versammlung vermummt teilnimmt und (kumulativ) bewaffnet ist (oder gefährliche Gegenstände mit sich führt), unterliegt **gerichtlichem Strafrecht** (§ 19a VersG).

IX. Behörden und Verfahren

1. Behörden

Das Versammlungsrecht zählt gem § 2 Abs 2 SPG zu den Angelegenheiten der Sicherheitsverwaltung* und wird – zT in **unmittelbarer** (Art 102 Abs 2 B-VG), zT in **mittelbarer Bundesverwaltung*** (Art 78a B-VG) – von den Sicherheitsbehörden vollzogen (→ *Sicherheitspolizeirecht*). Sachlich zuständige Versammlungsbehörde ist die **BVB** (§ 16 lit c VersG – BH, Bgm der Städte mit eigenem Statut), in Gemeinden, in denen die LPolD zugleich auch „Sicherheitsbehörde I. Instanz" ist (§ 16 lit a VersG iVm § 8 SPG; → *Sicherheitspolizeirecht*), sowie „am Sitz des Landeshauptmannes", wenn in dieser Gemeinde die LPolD nicht zugleich Sicherheitsbehörde I. Instanz ist (zB Bregenz), die **LPolD** (§ 16 lit b VersG).

Örtlich zuständig ist jene Behörde, in deren örtlichem Wb die Versammlung der Anzeige gemäß durchgeführt werden soll (§§ 2, 16 VersG iVm § 3 Z 2 AVG). Fällt der Versammlungsort oder die Marschroute in den **örtlichen Wb mehrerer Sicherheitsbehörden** (§ 3 AVG), müssen vom Veranstalter auch mehrere Anzeigen eingebracht werden. Die örtlich zuständigen Sicherheitsbehörden haben bei der Beurteilung der Versammlung einvernehmlich (iSd § 4 AVG) vorzugehen.

Bei Gefahr im Verzug ist auch **jede andere Sicherheitsbehörde** (zB BMI) berechtigt, Versammlungen zu untersagen bzw aufzulösen (§ 17 VersG; vgl dazu VfSlg 11.230/1987).

Über Beschwerden gegen Bescheide der Versammlungsbehörde sowie gegen die Ausübung unmittelbarer verwaltungsbehördlicher Befehls- und Zwangsgewalt hat das örtlich zuständige **LVwG** zu entscheiden (vgl § 18 VersG; Art 130 Abs 1 Z 1 und 2 iVm Art 131 Abs 1 B-VG).

Zur Erhebung einer Beschwerde gegen einen Untersagungsbescheid ist ausschließlich der **Veranstalter** legitimiert (VfSlg 15.362/1988). Im Fall der Auflösung einer Versammlung mittels unmittelbarer verwaltungsbehördlicher Befehls- und Zwangsgewalt kommt sämtlichen **Versammlungsteilnehmern** Beschwerdelegitimation beim LVwG und – nachfolgend – beim VfGH (bzw VwGH) zu.

Da das Versammlungsrecht einen Teil der **Sicherheitsverwaltung*** (§ 2 Abs 2 SPG) bildet, können auch die für diesen Rechtsbereich **zusätzlich vorgesehenen Beschwerdemöglichkeiten** beim LVwG (vgl §§ 88 Abs 2, 89 SPG) in Anspruch genommen werden (→ *Sicherheitspolizeirecht*).

Daher ist zB die **Unterlassung des Schutzes einer Versammlung** (s II.2.c. und VII.3.b.), die nicht als unmittelbare verwaltungsbehördliche Befehls- und Zwangsgewalt zu qualifizieren ist (VfSlg 9334/1982), gem § 88 Abs 2 SPG wegen Verletzung des Rechtes auf Versammlungsfreiheit beschwerdefähig.

2. Verfahren

Die Versammlungsbehörden haben gem Art I Abs 2 EGVG die VerwaltungsverfahrensG (AVG, VStG, VVG) in vollem Umfang anzuwenden, wobei –

abweichend dazu – zB § 2 Abs 1 VersG als die **speziellere Norm** zu § 13 Abs 5 AVG gilt (VfSlg 16.842/2003; s VI.1.a).

3. Rechtsschutz bei VfGH und VwGH

Die Formulierung des Art 12 StGG, dass die Versammlungsfreiheit *„durch besonderes Gesetze geregelt [wird]"*, wurde vom VfGH bis in jüngere Zeit als **„Ausgestaltungsvorbehalt"** gedeutet. Bei einem solchen Verständnis des Gesetzesvorbehaltes muss der einfache Gesetzgeber den Inhalt der Versammlungsfreiheit erst festlegen. Prozessual hatte dies zur Folge, dass das einfachgesetzliche VersG grundrechtsgleichen Gehalt erhielt und die Prüfung von Verletzungen des VersG bei österr Staatsbürgern ausschließlich in die Kompetenz des VfGH (Art 144 B-VG) fiel (sog „Feinprüfung"; vgl zB VfSlg 19.423/2011).

Von diesem Verständnis des Gesetzesvorbehaltes in Art 12 StGG ist der VfGH – beginnend mit VfSlg 19.818/2013 – **stillschweigend abgerückt**. Die neuere Rsp nimmt ausschließlich auf den materiellen Eingriffsvorbehalt des Art 11 EMRK Bezug und beschränkt die Grundrechtsprüfung nunmehr auf eine „**Grobprüfung**", wie sie auch bei anderen Freiheitsrechten gebräuchlich ist. Ein Eingriff in die Versammlungsfreiheit ist nach der nun zur Anwendung gelangenden **Grundrechtsformel** nur mehr dann **verfassungswidrig**, „wenn die ihn verfügende Entscheidung ohne Rechtsgrundlage ergangen ist, auf einer dem Art 11 EMRK widersprechenden Rechtsvorschrift beruht oder wenn bei Erlassung der Entscheidung eine verfassungsrechtlich unbedenkliche Rechtsgrundlage in denkunmöglicher Weise angewendet wurde; ein solcher Fall liegt vor, wenn die Entscheidung mit einem so schweren Fehler belastet ist, dass dieser mit Gesetzlosigkeit auf eine Stufe zu stellen wäre, oder wenn der angewendeten Rechtsvorschrift fälschlicherweise ein verfassungswidriger, insbesondere ein dem Art 11 Abs 1 EMRK widersprechender und durch Art 11 Abs 2 EMRK nicht gedeckter Inhalt unterstellt wurde" (VfGH 11.03.2015, E 717/2014; 11.03.2015, E 968/2014).

Die Beschänkung des VfGH auf eine **„Grobprüfung"** der Versammlungsangelegenheiten zieht die prozessuale Konsequenz nach sich, dass zur **„Feinprüfung"** von Rechtsverletzungen nunmehr generell (und nicht wie vor dem Judikaturwandel nur bei Ausländern, die sich nicht auf Art 12 StGG berufen konnten – vgl VfSlg 8685/1979, 15.109/1998) der **VwGH** zuständig ist (Art 133 Abs 1 Z 1 iVm Abs 4 B-VG).

Rudolf Feik

Fremdenrecht

Rechtsgrundlagen

Kompetenzgrundlagen

Art 10 Abs 1 Z 3 B-VG („Regelung und Überwachung des Eintrittes in das Bundesgebiet und des Austrittes aus ihm; Ein- und Auswanderungswesen einschließlich des Aufenthaltsrechtes aus berücksichtigungswürdigen Gründen; Passwesen; Aufenthaltsverbot, Ausweisung und Abschiebung; Asyl; Auslieferung"); Art 10 Abs 1 Z 7 B-VG („Fremdenpolizei").

Verfassungsrechtliche Bezüge

Art 3 EMRK (Verbot unmenschlicher oder erniedrigender Behandlung); Art 5 EMRK iVm PersFrG (Schutz der persönlichen Freiheit); Art 8 EMRK (Schutz des Privat- und Familienlebens); Art 13 EMRK (wirksame Beschwerdeinstanz); Art 2 bis 4 4. ZPEMRK (Freizügigkeit der Person); 6. und 13. ZPEMRK iVm Art 85 B-VG (Schutz vor Todesstrafe); Art 1 7. ZPEMRK (besondere Verfahrensgarantien); Art I RassenDiskrVerbG (Recht auf Gleichbehandlung von Fremden untereinander); § 1 DSG 2000 (Datenschutz).

Europarechtliche Bezüge

Art 21 ff AEUV (Bewegungsfreiheit und Aufenthaltsrecht von Unionsbürgern); Art 45 ff AEUV (Freizügigkeit der Arbeitnehmer); Art 49 ff AEUV (Niederlassungsfreiheit); Art 56 ff EG (Dienstleistungsfreiheit); Art 67 ff AEUV (Raum der Freiheit, der Sicherheit und des Rechts); Art 77 ff AEUV (Politik im Bereich Grenzkontrollen, Asyl und Einwanderung).

Art 4 GRC (Folterverbot), Art 7 GRC (Achtung des Privat- und Familienlebens), Art 18 GRC (Asylrecht), Art 19 GRC (Schutz bei Abschiebung, Ausweisung und Auslieferung), Art 45 GRC (Freizügigkeit und Aufenthaltsfreiheit).

Sekundärrecht (Auswahl): VO (EG) 1683/95 über eine einheitliche Visagestaltung, ABl L 1995/164, 1 idF L 2013/182, 1; VO (EG) 539/2001 zur Aufstellung der Liste der Drittländer, deren Staatsangehörige beim Überschreiten der Außengrenzen im Besitz eines Visums sein müssen sowie der Liste der Drittländer, deren Staatsangehörige von dieser Visumpflicht befreit sind, ABl L 2001/81, 1 idF L 2010/339, 6; RL 2001/40/EG über die gegenseitige Anerkennung von Entscheidungen über die Rückführung von Drittstaatsangehörigen, ABl L 2001/149, 34; VO (EG) 1091/2001 über den freien Personenverkehr mit einem Visum für den längerfristigen Aufenthalt, ABl L 2001/150, 4; VO (EG) 333/2002 über die einheitliche Gestaltung des Formblatts für die Anbringung eines Visums, das die Mitgliedstaaten den Inhabern eines von dem betreffenden Mitgliedstaat nicht anerkannten Reisedokuments erteilen, ABl L 2002/53, 4; VO (EG) 1030/2002 zur einheitlichen Gestaltung des Aufenthaltstitels für Drittstaatsangehörige, ABl L 2002/157, 1 idF L 2008/115, 1; RL 2002/90/EG zur Definition der Beihilfe zur unerlaubten Ein- und Durchreise und zum unerlaubten Aufenthalt, ABl L 2002/328, 17; VO (EG) 415/2003 über die Erteilung von Visa an der Grenze, ABl L 2003/64, 1; RL 2003/86/EG betreffend das Recht auf Familienzusammenführung, ABl L 2003/251, 12; RL 2003/109/EG betreffend die Rechtsstellung der langfristig aufenthaltsberechtigten Drittstaatsangehörigen, ABl L 2004/16, 44 idF L 2011/132, 1; RL 2003/110/EG über die Unterstützung bei der Durchbeförderung im Rahmen von Rückführungsmaßnahmen auf dem Luftweg, ABl L 2003/321, 26; RL 2004/38/EG über das Recht der Unionsbürger und ihrer Familienangehörigen, sich im Hoheitsgebiet der Mitgliedstaaten frei zu bewegen und aufzuhalten, ABl L 2004/158, 77 idF L 2011/141, 1; RL 2004/81/EG über die Erteilung von Aufenthaltstiteln für Drittstaatsangehörige, die Opfer des Menschenhandels sind oder denen Beihilfe zur illegalen Einwanderung geleistet wurde und die mit den zuständigen Behörden kooperieren, ABl L 2004/261, 19 idF L 2013/82, 63; RL 2004/82/EG über die Verpflichtung von Beförderungsunternehmen, Angaben über die beförderten Personen zu übermitteln, ABl L 2004/261, 24; VO (EG) 767/2008 über das Visa-Informationssystem (VIS) und den Datenaustausch zwischen den Mitgliedstaaten für einen kurzfristigen Aufenthalt, ABl L 2008/218, 60 idF L 2013/182, 1; RL 2008/115/EG über gemeinsame Normen und Verfahren zur Rückführung illegal aufhältiger Drittstaatsangehöriger, ABl L 2008/348, 98; RL 2009/50/EG über die Bedingungen für die Einreise und den Aufenthalt von Drittstaatsangehörigen zur Ausübung einer hochqualifizierten Beschäftigung, ABl L 2009/155, 17; RL 2009/52/EG über Mindeststandards für Sanktionen und Maßnahmen gegen Arbeitgeber, die Drittstaatsangehörige ohne rechtmäßigen Aufenthalt beschäftigen, ABl L 2009/168, 24 idF L 2012/208, 22; VO (EG) 810/2009 über einen Visakodex der Gemeinschaft, ABl L 2009/243, 1 idF L 2016/77, 1; RL 2011/36/EU zur Verhütung und Bekämpfung des Menschenhandels und zum Schutz seiner Opfer, ABl L 2011/101, 1; VO (EU) 492/2011 über die Freizügigkeit der Arbeitnehmer innerhalb der Union, ABl L 2011/141, 1 idF L 2016/107, 1; RL 2011/98/EU über ein einheitliches Verfahren zur Beantragung einer kombinierten Erlaubnis für Drittstaatsangehörige, sich im Hoheitsgebiet eines Mitgliedstaates aufzuhalten und zu arbeiten, sowie über ein gemeinsames Bündel von Rechten für Drittstaatsangehörige, die sich rechtmäßig in einem Mitgliedstaat aufhalten, ABl L 2011/343, 1; RL 2014/36/EU über die Bedingungen für die Einreise und den Aufenthalt von Drittstaatsangehörigen zwecks Beschäftigung als Saisonarbeitnehmer, ABl L 2014/94, 375; RL 2014/66/EU über die Bedingungen für die Einreise und den Aufenthalt von Drittstaatsangehörigen im Rahmen eines unternehmensinternen Transfers, ABl L 2014/157, 1; RL 2016/801/EU über die Bedingungen für die Einreise und den Aufenthalt von Drittstaatsangehörigen zu Forschungs- oder Studienzwecken, zur Absolvierung eines Praktikums, zur Teilnahme an einem Freiwilligendienst, Schüleraustauschprogrammen oder Bildungsvorhaben und zur Ausübung einer Au-pair-Tätigkeit, ABl L 2016/132, 21.

„Schengen-acquis“ (Auswahl): Schengener Übereinkommen, BGBl III 89/1997 idF III 202/1997; Schengener Durchführungsübereinkommen (SDÜ), BGBl III 90/1997 idF III 203/1997 und III 247/1999; Beschluss des Exekutivausschusses zur Inkraftsetzung des SDÜ in Österreich, BGBl III 204/1997; K betreffend das Inkraftsetzen des SDÜ, BGBl III

205/1997 und III 209/1997; Entscheidung über die Einzelheiten der Eingliederung des Schengen-Sekretariats in das Generalsekretariat des Rates, ABl L 1999/119, 49 idF L 1999/210, 24; RL 2001/51/EG zur Ergänzung des Art 26 SDÜ, ABl L 2001/187, 45 (Pflichten von Beförderungsunternehmen); VO (EG) 2424/2001 über die Entwicklung des Schengener Informationssystems der zweiten Generation (SIS II), ABl L 2001/328, 4 idF L 2006/411, 1; VO (EU) 399/2016 über einen Gemeinschaftskodex für das Überschreiten der Grenze durch Personen, ABl L 2016/77, 1 („Schengener Grenzkodex"); zahlreiche Beschlüsse (zB über die Ausdehnung auf Island und Norwegen).

Asylrecht (Auswahl): Dubliner Übereinkommen über die Bestimmung des zuständigen Staates für die Prüfung eines in einem Mitgliedstaat der europäischen Gemeinschaften gestellten Asylantrages, BGBl III 165/1997 („Dublin Übk"); RL 2001/55/EG über Mindestnormen für die Gewährung vorübergehenden Schutzes im Falle eines Massenzustroms von Vertriebenen und Maßnahmen zur Förderung einer ausgewogenen Verteilung der Belastungen, die mit der Aufnahme dieser Personen und den Folgen dieser Aufnahme verbunden sind, auf die Mitgliedstaaten, ABl L 2001/212, 12; Eurodac-DurchführungsVO (EG) 407/2002, ABl L 2002/62, 1; Dublin-DurchführungsVO (EG) 1560/2003, ABl L 2003/222 idF L 2014/39, 1, 3; RL 2011/95/EU über Normen für die Anerkennung von Drittstaatsangehörigen als Personen mit Anspruch auf internationalen Schutz, für einen einheitlichen Status der Flüchtlinge oder von Personen mit Anrecht auf subsidiären Schutz und für den Inhalt des zu gewährenden Schutzes, ABl L 2011/337, 9 („AnerkennungsRL" oder „QualifikationsRL"); VO (EU) 603/2013 über die Errichtung von Eurodac für den Vergleich von Fingerabdrücken zum Zwecke der effektiven Anwendung der VO (EU) 604/2013, ABl L 2013/180, 1; VO (EU) 604/2013 zur Festlegung der Kriterien und Verfahren zur Bestimmung des Mitgliedstaats, der für die Prüfung eines von einem Drittstaatsangehörigen oder Staatenlosen in einem Mitgliedstaat gestellten Antrags auf internationalen Schutz zuständig ist, ABl L 2013/180, 31 („Dublin III-VO"); RL 2013/32/EU zu gemeinsamen Verfahren für die Zuerkennung und Aberkennung des internationalen Schutzes, ABl L 2013/180, 60 („VerfahrensRL"); RL 2013/33/EU zur Festlegung von Normen für die Aufnahme von Personen, die internationalen Schutz beantragen, ABl L 2013/180, 96 („AufnahmeRL"); mehrere Beschlüsse und Entschließungen.

Völkerrechtliche Bezüge

Zahlreiche Staatsverträge, darunter die Genfer Flüchtlingskonvention (GFK), BGBl 55/1955 idF des Flüchtlingsprotokolls BGBl 78/1974; das Europäische Abkommen über die Regelung des Personenverkehrs zwischen den Mitgliedstaaten des Europarats, BGBl 175/1958 idF III 194/1998; das Freizügigkeitsabkommen EG-Schweiz, BGBl III 133/2002; bilaterale Rückübernahmeabkommen sowie zahlreiche Sichtvermerkabkommen.

Gesetze und sonstige Rechtsgrundlagen

FremdenpolizeiG 2005 (FPG), BGBl I 100/2005 idF I 24/2016; Niederlassungs- und AufenthaltsG (NAG), BGBl I 100/2005 idF I 122/2015; BG, mit dem integrierten Vertriebenen aus Bosnien und Herzegowina das weitere Aufenthaltsrecht gesichert wird („BosnierG"), BGBl I 85/1998; FPG-DV, BGBl II 450/2005 idF II 201/2015; NAG-DV, BGBl II 451/2005 idF II 481/2013; NiederlassungsV 2016, BGBl II 445/2015; IntegrationsvereinbarungsV, BGBl II 449/2005 idF II 205/2011; FachkräfteV 2016, BGBl II 329/2015.

BG über die Einrichtung und Organisation des Bundesamtes für Fremdenwesen und Asyl („BFA-EinrichtungsG"; BFA-G, BGBl I 87/2012 idF I 70/2015; BFA-G-DV, BGBl II

453/2013; BFA-VerfahrensG (BFA-VG), BGBl I 87/2012 idF I 25/2016; BFA-VG-DV, BGBl II 458/2013.

AsylG 2005 (AsylG), BGBl I 100/2005 idF I 24/2016; AsylG-DV, BGBl II 448/2005 idF II 133/2016; StaatendokumentationsbeiratsV, BGBl II 413/2005 idF II 456/2013; HerkunftsstaatenV, BGBl II 177/2009 idF II 47/2016.

GrundversorgungsG-Bund (GVG-B), BGBl 405/1991 idF I 70/2015; Art 15a B-VG-Vereinbarung zur Bundesbetreuung („Grundversorgungsvereinbarung"; GVV), BGBl I 80/2004; BVG über die Unterbringung und Aufteilung von hilfs- und schutzbedürftigen Fremden, BGBl I 120/2015; BedarfsV, BGBl II 290/2015; Bundesbetreuungseinrichtungen-BetretungsV, BGBl II 2/2005 idF II 140/2016; bgld LandesbetreuungsG, LGBl 42/2006 idF 56/2015; krnt GrundversorgungsG, LGBl 43/2006 idF 14/2016; nö GrundversorgungsG, LGBl 9240-2 idF 80/2015; oö GrundversorgungsG, LGBl 12/2007 idF 90/2013; sbg GrundversorgungsG, LGBl 35/2007 idF 51/2016; stmk BetreuungsG, LGBl 101/2005 idF 87/2013; tir MindestsicherungsG, LGBl 99/2010 idF 130/2013; tir GrundversorgungsG, LGBl 21/2006 idF 78/2015; vbg MindestsicherungsG, LGBl 64/2010 idF 118/2015; wr GrundversorgungsG, LGBl 46/2004 idF 56/2010.

Literaturauswahl

Monografien – Sammelbände – Kommentare

Abermann ua, Niederlassungs- und Aufenthaltsgesetz (2016); *Akyürek*, Das Assoziationsabkommen EWG-Türkei (2005); *Ammerer ua*, Krieg und Folter im Asylverfahren (2013); *Bichl/Bitsche/Szymanski*, Das neue Recht der Arbeitsmigration[3] (2014); *Bundesministerium für Inneres* (Hrsg), Asyl – Migration – Integration (2010); *Davy U.*, Asyl und internationales Flüchtlingsrecht (1996); *Ecker*, Familienzusammenführung (2008); *Filzwieser/Sprung*, Dublin III-Verordnung (2014); *Frank/Anerinhof/Filzwieser*, AsylG 2005[6] (2012); *Kutscher/Völker/Witt*, Niederlassungs- und Aufenthaltsrecht[2] (2010); *Loos/Zlatojevic/Czech*, Österreichisches und europäisches Fremdenrecht[2] (2012); *Muzak/Pinter* (Hrsg), Fremden- und Asylrecht (18. Lfg 2015); *Ornezeder ua*, Fremdenpolizeigesetz (2013); *Oswald*, Das Bleiberecht (2012); *Putzer*, Asylrecht[2] (2011); *Schmid*, Eurodac-Verordnung (2003); *Schrefler-König/Gruber*, Asylrecht (2012); *Peyrl/Neugschwendtner/Schmaus*, Fremdenrecht[5] (2015); *Sperl/Lukas/Sax*, Wirtschaftliche, soziale und kulturelle Rechte von AsylwerberInnen (2004); *Stern*, Rechtsberatung für Asylsuchende (2012); *Thurin*, Der Schutz des Fremden vor rechtswidriger Abschiebung[2] (2012); *Vogl* (Hrsg), Fremdenrecht[6] (2014); *Wiederin*, Aufenthaltsbeendende Maßnahmen im Fremdenpolizeirecht (1993); *Wiederin*, Migranten und Grundrechte (2003); *Wildt*, Frauen im Asylrecht (2010); *Würz*, Das Schengener Durchführungsübereinkommen (1997).

Beiträge

Abermann, Deutsch vor Zuzug – europarechtskonform?, migralex 2012, 71; *Berthou*, Verletzung von Art 3 EMRK durch Abschiebung schwer kranker Schutzsuchender in Herkunftsstaaten mit mangelnder medizinischen Behandlungsmöglichkeiten, FABL 2012-I, 13; *Brandl*, Asyl und Einwanderung, in Jahrbuch Europarecht (jährlicher Bericht); *Czech*, Schutz vor Refoulement nach Art 3 EMRK wegen schwerer Krankheit, FABL 2009-I, 49; *Czech*, Jedes Kind zählt – oder doch nicht?, FABL 2012-I, 1; *Czech*, Vorläufiger Rechtsschutz durch den Europäischen Gerichtshof für Menschenrechte, ÖJZ 2012/22, 213;

Fouchs/Schweda, Die Neuregelung der humanitären Aufenthaltstitel im Asylrecht, migralex 2014, 58; *Frahm*, Zugang zu adäquater Grundversorgung für Asylsuchende aus menschenrechtlicher Perspektive, juridikum 2013, 464; *Groschedl*, Menschenwürdige Aufnahmebedingungen als grundrechtliches Gebot im Asylverfahren, migralex 2015, 66; *Hinterberger/Klammer*, Das Rechtsinstitut der fremdenpolizeilichen Duldung, migralex 2015, 73; *Kasper*, Defizite im Rechtsschutz? Unabhängige Instanz zur Überprüfung negativ entschiedener Asylverfahren, juridikum 2013, 319; *Khakzadeh*, Die Schubhaft – Rechtsfragen des Vollzugs und des Rechtsschutzes, migralex 2003, 43; *Khakzadeh*, Das AsylG 2005 – Neuerungen und verfassungsrechtliche Fragen, migralex 2005, 74; *Klammer/Matti*, Zum unionsrechtlichen Problem der Inhaftnahme von Flüchtlingen, migralex 2015, 34; *Loos*, Anwendbarkeit des AVG auf Verfahren vor den österreichischen Vertretungsbehörden in Visaangelgenheiten, FABL 2016-I, 23; *Lukits/Lukits*, Neues zur Volljährigerklärung im österreichischen Asylverfahren, FABL 2014-I, 1; *Merl*, Aufenthaltsbeendende Maßnahmen im österreichischen Fremdenrecht, EuGRZ 2013, 19; *Messinger*, Aufenthaltsehen: Fremdenpolizeiliche Kontrolle und gerichtliche Beurteilung, juridikum 2011, 425; *Muzak*, Die Schubhaft nach dem FPG 2005, migralex 2007, 81; *Muzak*, Die Einschränkung des faktischen Abschiebungsschutzes im Asylverfahren, migralex 2010, 2; *Muzak*, Die allgemeine Ausweispflicht für Fremde, in FS Berka (2013) 549; *Obwexer*, Diskriminierungsverbot und Unionsbürgerschaft, in Jahrbuch Europarecht (jährlicher Bericht); *Palmstorfer/Reitshammer*, Verfolgung aus religiösen Gründen – wie weit geht der Religionsbegriff?, FABL 2013-I, 1; *Pöschl*, Die österreichische „Integrationsvereinbarung" – Rechtswissenschaftliche Einordnung und Beurteilung, ZAR 2012, 60; *Putzer*, Asylrecht und Schutz bei Abschiebung und Ausweisung, in Heißl (Hrsg), Handbuch Grundrechte (2009) 441; *Rohrböck*, Die Verfolgungsgefahr im Sinne der Genfer Flüchtlingskonvention und deren Staatlichkeitsmomente, JRP 2001, 121; *Schrefler-König*, Die Neustrukturierung der Fremdenrechtsbehörden: Schaffung des Bundesamtes für Fremdenwesen und Asyl, in Jahrbuch Öffentliches Recht 2013 (2013) 207; *Stangl*, Zustellrechtliche Fragestellungen zur Übermittlung negativer Asylbescheide, FABL 2012-II, 21; *Stolzlechner/Stoll*, Zur ersatzweisen Unterbringung und Aufteilung hilfs- und schutzbedürftiger Fremder durch den Bund, bbl 2016, 77; *Weber T.*, Unionsbürgerschaft, (fehlendes) Aufenthaltsrecht und Sozialleistungen, ZÖR 2015, 137; *Wessely*, Grundversorgungsrecht, in Pürgy (Hrsg), Das Recht der Länder II/1 (2012) 499; *Wildt*, Die gendersensible Fluchtgrundauslegung bei häuslicher Gewalt, FABL 2010-I, 11; *Winkler R.*, Die Grundrechtecharta und das österreichische Verfassungsrecht, FABL 2012-II, 14; *Winkler R.*, Die Nutzungsbescheide der BMI nach dem „Durchgriffsrecht" gemäß dem BVG über die Unterbringung und Aufteilung von hilfs- und schutzbedürftigen Fremden, bbl 2016, 94; *Winter/Newald*, Aufenthaltsbeendigung nach langen Asylverfahren und Art 8 EMRK, migralex 2010, 24; *Zwins*, Begründet Art 18 GRC ein subjektives Recht auf Asyl?, migralex 2014, 38.

Rechtsprechung

VfSlg 10.737/1985 (Aufenthaltsverbot und Privatleben); VfSlg 13.726/1994 (rechtsstaatliche Mindestanforderungen an das Sichtvermerksverfahren); VfSlg 13.834/1994 (Asylverfahren und Rechtsstaatsprinzip); VfSlg 13.837/1994 (wirksamer Schutz vor Refoulement); VfSlg 13.981/1994 (Relevanz des Verbots der Folter und der Todesstrafe); VfSlg 14.191/1995 (Zulässigkeit aufenthaltsrechtlicher Quoten); VfSlg 14.192/1995 (wirksame Schubhaftprüfung); VfSlg 14.374/1995 (wirksamer Rechtsschutz im Ausweisungsverfahren); VfSlg 14.448/1996 (wirksamer Rechtsschutz im Asylverfahren); VfSlg 14.863/1997 (Verbot der Inländerdiskriminierung); VfSlg 15.218/1998, 15.529/1999 (verfassungswidrige zweitägige Berufungsfrist im AsylG); VfSlg 15.465/1999 (Flughafentransitbereich); VfSlg 15.572/1992 (unzulässiges Aufenthaltsverbot wegen Mittellosigkeit gegenüber vorläufig aufenthaltsberechtigtem Asylwerber); VfSlg 15.836/2000 und 16.672/2002 (Kindesalter und Familiennachzug); VfSlg 16.297/2001 (unterlassene Ermittlungstätigkeit zur behaupteten lebensbedrohenden Verfolgung); VfSlg 16.777/2003 (Aufrechterhaltung eines Aufenthaltsverbotes trotz geänderter familiärer Umstände wegen Geburt eines Kindes); VfSlg 16.999/2003 (unzulässiger Verweis auf den „EU-Asyl-acquis"); VfSlg 17.013/2003 und 17.734/2005 (aus Art 8 EMRK erfließende Verpflichtung, Familiennachzug zu gestatten); VfSlg 17.200/2004 (keine Ausweisung eines Aufenthaltsverfestigten); VfSlg 17.516/2005 (Grundrechte bei asylrechtlicher Ausweisung zu beachten); VfSlg 17.586/2005 („Kettenabschiebung" und Drittstaatssicherheit); VfSlg 17.942/2006 (Bundeszuständigkeit für Grundversorgung); VfSlg 18.081/2007 (Entscheidungsfrist bei Schubhaftbeschwerde); VfSlg 18.135/2007 (Anwendung der „Boultif"-Kriterien); VfSlg 18.223/2007 (Verbleibekriterien bei rechtswidrigem Aufenthalt); VfSlg 18.382/2008 (Refoulementverbot und Ausweisung); VfSlg 18.407/2008 (Abschiebung eines psychisch kranken Asylwerbers); VfSlg 18.432/2008 (Beurteilung einer ausländischen Eheschließung nach IPRG); VfSlg 18.517/2008 (rechtsstaatswidrige Ausgestaltung des humanitären Aufenthaltstitels); VfSlg 18.590/2008 und 19.273/2010 (drohende Genitalverstümmelung); VfSlg 18.836/2009 („freiwillige" Verbringung von Krnt nach Traiskirchen); VfSlg 19.104/2010 und 19.183/2010 (Interessenabwägung bei integrierten Minderjährigen); VfSlg 19.205/2010 und 19.424/2011 (Selbsteintritt statt „Dublin-Überstellung" nach Griechenland); VfSlg 19.362/2011 (Interessenabwägung trotz mehrjährigem unrechtmäßigen Aufenthalt); VfSlg 19.363/2011 (verzögerte Freilassung aus Schubhaft); VfSlg 19.518/2011 (Sanktionen gegen Beförderungsunternehmen); VfGH 28.02.2012, B 1644/10 (Kindeswohlberücksichtigung bei Ausweisung einer HIV-positiven Mutter); VfSlg 19.632/2012 (GRC als verfassungsrechtlicher Prüfungsmaßstab im Asylrecht); VfSlg 19.641/2012 (Antragsfrist zur Beistellung eines Rechtsberaters verfassungswidrig); VfSlg 19.671/2012 (AsylGH-Senatszusammensetzung bei Verfahren betreffend die sexuelle Selbstbestimmung); VfSlg 19.680/2012 (Rot-Weiß-Rot-Karte bei ärztlich attestierter Unmöglichkeit eines Deutschkurs-Besuchs); VfSlg 19.684/2012 (Ausschluss der Amtshaftung für AsylGH-Entscheidungen verfassungsrechtlich zulässig); VfSlg 19.713/2012 (fehlende Möglichkeit zur Aufhebung eines Einreiseverbots); VfSlg 19.728/2012 (verfassungswidrige Übertragung hoheitlicher Aufgaben an den Österreichischen Integrationsfonds); VfGH 06.06.2013, U 682/2013 (Unverhältnismäßigkeit der Ausweisung bei familiären Pflegebedürfnissen?); VfGH 29.06.2013, U 1446/2012 (Zuständigkeit des Aufenthaltsstaats für unbegleitete minderjährige Asylwerber); VfSlg 19.837/2013 sowie VfGH 22.09.2014, U 2193/2013 (Konvertierung vom Islam zum Christentum); VfSlg 19.792/2013 sowie VfGH 21.09.2015, E 332/2015 (Rückkehrentscheidung gegenüber einer Schwangeren); VfSlg 19.850/2014 (Altersfeststellung); VfSlg 19.856/2014 (Art 3 EMRK-widrige Ausweisung eines in Österreich geborenen Roma); VfSlg 19.878/2014 und VfGH 24.11.2015, E 1363/2015 sowie 10.12.2015, E 709/2015 (Situation von Asylwerbern in Ungarn); VfGH 18.09.2014, E 910/2014 (Homosexualität in Nigeria); VfGH 07.10.2014, U 2459/2012 (Interessenabwägung bei integriertem Schüler); VfGH 15.06.2015, B 44/2014 (Bescheidqualität der Nichterteilung eines Visums); VfGH 08.03.2016, E 2310/2015 („Nutzungsbescheid" auf Basis des „DurchgriffsBVG" nicht unmittelbar beim VfGH anfechtbar).

VwSlg 14.089 A/1994 (Militärdienst als Fluchtgrund); VwSlg 14.406 A/1996 (Aufenthaltsrecht türkischer Staatsangehöriger aufgrund von Assoziierungsrecht der EG);

VwSlg 14.883 A/1998 (Ermessensübung bei der Erlassung eines Aufenthaltsverbots); VwSlg 14.910 A/1998 (Ausweisung von Asylwerbern vor Beendigung des Asylverfahrens); VwGH 22.02.2005, 2003/21/0096 (Unzumutbarkeit der Fortsetzung des Familienlebens im Ausland); VwSlg 17.102 A/2007 (Gefahr der Kettenabschiebung); VwSlg 17.170 A/2007 (Alterseinschätzung durch Sachverständige); VwSlg 17.225 A/2007 (Beachtung der Grundrechte bei Asylwerberausweisung); VwSlg 17.256 A/2007 (Schubhaftbeschwerdelegitimation nur für den angehaltenen Fremden); VwSlg 17.335 A/2007 (Selbsteintrittspflicht); VwGH 12.12.2007, 2007/19/1054 (Ausweisung eines zweijährigen Asylwerbers, getrennt von seiner Familie); VwGH 23.09.2009, 2007/01/0284 (Genitalverstümmelung); VwGH 29.09.2009, 2008/18/0687 („freiwillige" Verbringung von Krnt nach Traiskirchen); VwGH 06.11.2009, 2008/19/0174 (faktischer Abschiebeschutz); VwGH 25.11.2009, 2007/01/1153 (Familienverfahren); VwGH 13.09.2011, 2010/22/0003 (Ausweisung eines AIDS-Kranken); VwGH 29.09.2011, 2009/21/0386 (unionsrechtskonforme Auslegung von § 57 NAG); VwGH 19.01.2012, 2011/22/0313 (Assoziationstürken: Anwendung von § 49 FrG anstelle des NAG); VwGH 15.05.2012, 2011/18/0147 (Aufenthaltsverbot gegen Unionsbürger); VwGH 19.09.2012, 2008/22/0322 (Sparguthaben und Wertpapierdepots als ausreichende finanzielle Unterhaltsmittel); VwGH 31.01.2013, 2011/23/0191 (Aufenthaltsverbot gegen 14-jährigen Straftäter); VwGH 21.02.2013, 2011/23/0194 (Unverhältnismäßigkeit der Ausweisung bei familiären Pflegebedürfnissen?); VwGH 26.02.2013, 2010/22/0128 (Inanspruchnahme des Freizügigkeitsrechts durch Ehegattin führt zu Aufenthaltsrecht nach §§ 57 iVm 54 NAG); VwGH 19.03.2013, 2011/21/0260 (fehlende Integration ist kein Schubhaftgrund); VwGH 12.09.2013, 2012/21/0204 (24-Stunden-Frist des § 39 FPG); VwGH 28.05.2014, Ra 2014/20/0017 (mündliche Verhandlung vor dem BVwG in Asylangelegenheiten); VwGH 19.02.2015, Ra 2014/20/0085 (Wehrdienstverweigerung als Asylgrund); VwGH 26.02.2015, Ra 2014/22/0152 (Auslandsantragstellung bei Aufenthaltstitel); VwGH 27.05.2015, Ra 2014/18/0133 (Asylrelevanz strafrechtlicher Verfolgung); VwGH 08.09.2015, Ro 2015/21/0113 (keine Rücküberstellung einer Asylwerberin mit minderjährigen Kindern nach Ungarn); VwGH 16.12.2015, Ro 2015/21/0037 (einschränkende Interpretation von § 60 AsylG).

EuGH 08.04.1974, C-48/75 (Royer) (Aufenthaltserlaubnis und Meldepflicht); EuGH 13.02.1985, C-267/83 (Diatta) (Aufenthaltsrecht des getrennt lebenden Ehegatten); EuGH 17.04.1986, C-59/85 (Reed) (Aufenthaltsrecht einer Lebensgefährtin); EuGH 20.09.1990, C-192/89 (Sevince) (unmittelbare Anwendbarkeit des Assoziierungsrechts mit der Türkei); EuGH 04.05.1995, C-7/94, (Gaal) (Aufenthaltsrecht studierender Kinder); EuGH 30.11.1995, C-175/94 (Gallagher) und 09.11.2000, C-357/98 (Yiadom) (Mindestgarantien im Ausweisungsverfahren); EuGH 19.01.1999, C-348/96 (Calfa) (Ausweisung auf Lebenszeit); EuGH 30.4.1998, C-24/97 (Kommission/Deutschland) (Aufenthaltsrecht und Ausweispflicht); EuGH 16.03.2000, C-329/97 (Ergat) (Aufenthaltsrecht türkischer Arbeitnehmer bei verspätetem Aufenthaltstitelverlängerungsantrag); EuGH 10.02.2000, C-340/97 (Nazli) (Ausweisung türkischer Arbeitnehmer); EuGH 21.09.1999, C-378/97 (Wijsenbeek) (Grenzkontrolle an Binnengrenzen und Passpflicht); EuGH 25.05.2000, C-424/98 (Kommission/Italien) und 23.03.2006, C-408/03 (Kommission/Belgien) (Nachweis der finanziellen Existenzmittel); EuGH 20.09.2001, C-184/99 (Grzelczyk) (Sozialhilfe für Studenten); EuGH 17.09.2002, C-413/99 (Baumbast) (Aufenthaltsrecht unmittelbar aus Primärrecht); EuGH 25.07.2002, C-459/99 (MRAX) (Einreise drittstaatsangehöriger Ehegatten); EuGH 11.07.2002, C-60/00 (Carpenter) (unrechtmäßiger Aufenthalt und Recht auf Familienleben); EuGH 26.11.2002, C-100/01 (Olazabal) (Beschränkung des Aufenthaltsrechts für Basken in Frankreich); EuGH 29.04.2004, C-482/01 (Orfanopoulos) (Unzulässigkeit einer automatischen Ausweisung bei Straffälligkeit eines Unionsbürgers); EuGH 02.06.2005, C-136/03 (Dörr und Ünal) (Rechtsschutz bei Aufenthaltsverboten); EuGH 31.01.2006, C-503/03 (Kommission/Spanien) (Ausschreibung zur Einreiseverweigerung); EuGH 27.06.2006, C-540/03 (Parlament/Rat) („Integrationsprüfung" und Wartezeiten beim Nachholen von Kindern verstoßen nicht gegen Art 8 und 14 EMRK); EuGH 09.01.2007, C-1/05 (Jia) (Aufenthaltsrecht einer chinesischen Schwiegermutter); EuGH 06.05.2008, C-133/06 (Parlament/Rat) (Nichtigkeit einzelner Bestimmungen der RL 2005/85/EG); EuGH 25.07.2008, C-127/08 (Metock) und 19.12.2008, C-551/07 (Sahin) (Zeitpunkt der Familiengründung irrelevant); EuGH 29.01.2009, C-19/08 (Petrosian) (Fristberechnung nach Dublin II-VO); EuGH 17.02.2009, C-465/07 (Elgafaji) (individuelle Gefährdung als Asylvoraussetzung?); EuGH 19.02.2009, C-228/06 (Soysal) (Visumpflicht für Türken); EuGH 30.11.2009, C-357/09 (Kadzoev) (Schubhaft); EuGH 02.03.2010, C-175/08 (Abdulla) (Widerruf des Flüchtlingsstatus); EuGH 04.03.2010, C-578/08 (Charkroun) (Familienzusammenführung); EuGH 17.06.2010, C-31/09 (Bolbol) (GFK-Schutz für vertriebene Palästinenser); EuGH 09.11.2010, C-57/09 und C-101/09 (B. und D.) (Asylausschlussgrund); EuGH 08.03.2011, C-34/09 (Zambrano) (Aufenthaltsrecht der Eltern von minderjährigen Unionsbürgern); EuGH 28.04.2011, C-61/11 (El Dirdi) (Haftstrafe bei Nichtausreise); EuGH 28.07.2011, C-69/10 (Diouf) (beschleunigtes Asylverfahren); EuGH 15.11.2011, C-256/11 (Dereci) (§ 21 NAG verstößt gegen Stillhalteklausel des Assoziationsabkommens EWG-Türkei); EuGH 08.12.2011, C-371/08 (Ziebell) (Ausweisungsschutz für Assoziationstürken); EuGH 21.12.2011, C-411/10 (N.S. und M.E) (Überstellung nach Griechenland); EuGH 06.12.2012, C-245/11 (K. gegen Bundesasylamt) (Zuständigkeit bei Familienzusammenführung); EuGH 24.08.2013, C-221/11 (Demikran) (keine Visumsfreiheit für türkische Dienstleistungsempfänger); EuGH 07.11.2013, C-199/12 (X., Y. und Z.) (Verfolgung aufgrund der sexuellen Orientierung); EuGH 19.09.2013, C-140/12 (Brey) (Auswirkung von Sozialleistungsbezug auf die aufenthaltsrechtliche Stellung von Unionsbürgern); EuGH 07.11.2013, C-225/12 (Demir) sowie 12.04.2016, C-561/14 (Genc) (Stillhalteklausel des Assoziationsrechts und Verschärfung aufenthaltsrechtlicher Bestimmungen); EuGH 10.07.2014, C-138/13 (Dogan) (keine Deutschkenntnisse bei Familienzusammenführung mit Assoziationstürken); EuGH 17.07.2014, C-473/13 (Bero) (Unterbringung von Schubhäftlingen); EuGH 02.12.2014, C-148/13 (A., B. und C.) (Homosexualität im Asylrecht); EuGH 26.02.2015, C-472/13 (Shephard) (amerikanischer Deserteur als Asylwerber in der EU); EuGH 04.06.2015, C-579/13 (P. und S.) sowie 09.07.2015, C-153/14 (K. und A.) (Integrationsprüfung); EuGH 01.10.2015, C-290/14 (Celaj) (Strafhaft wegen unerlaubter Wiedereinreise); EuGH 01.03.2016, C-443/14 (Alo und Osso) (Wohnsitzauflagen für subsidiär Schutzberechtigte); EuGH 21.04.2016, C-588/14 (Khachab) (Lebensunterhaltsdeckung bei Familiennachzug); EuGH 07.06.2016, C-47/15 (Affum) (Durchreise als illegale Einreise).

EGMR 05.07.1995, 25964/94 (Ahmed gg Österreich) (Abschiebeverbot bei Foltergefahr); EGMR 19.02.1996, 23218/94 (Gül gg Schweiz) (kein Recht auf Familiennachzug); EGMR 26.09.1997, 25017/94 (Mehemi gg Frankreich) sowie 15.07.2003, 52206/99 (Mokrani gg Frankreich) (unzulässige Abschiebung/Ausweisung eines Ausländers zweiter Generation); EGMR 21.10.1997, 25404/94 (Boujlifa gg Frankreich) sowie 10.07.2003, 53441/99 (Benhebba gg Frankreich) (zulässige Ausweisung eines als Kind eingewanderten Ausländers); EGMR 07.03.2000, 43844/98 (T.I. gg Vereinigtes Königreich) (Kettenabschiebung und Dubliner Übk); EGMR 01.07.2000, 40035/98 (Jabari gg Türkei) (EMRK-widrige automatische und mechanische Anwendung einer 5-tägigen Frist zur Asylantragstellung); EGMR 06.03.2001, 45276/99 (Hilal gg Vereinigtes Königreich) (inländische Fluchtalternative sowie wirksames Rechtsmittel gegen Abschiebung); EGMR 02.08.2001, 54273/00 (Boultif gg Schweiz) (Kriterien der Verhältnismäßigkeitsprüfung bei aufenthaltsbeendenden Maßnahmen); EGMR 11.07.2002, 56811/00 (Amrollahi gg Dänemark) (unzumutbare Verlegung des Familienlebens in einen anderen Staat); EGMR 21.12.2001, 31465/96 (Sen gg Niederlande) sowie 01.12.2005, 60665/00 (Tuquabo-Tekle u.a. gg Niederlande) (staatliche Pflicht zur Ermöglichung des Familiennachzugs); EGMR 20.06.2002, 50963/99 (Al-Nashif gg Bulgarien) (Schubhaft, Abschiebung und Familienleben); EGMR 06.02.2003, 36757/97 (Jakupovic gg Österreich) sowie 13.10.2005, 40932/02 (Yildiz gg Deutschland) (Verhältnismäßigkeit); EGMR 09.10.2003, 48321/99 (Slivenko gg Lettland) (im Fremdenrecht ist „Familienleben" idR auf Kernfamilie begrenzt); EGMR 08.11.2005, 13284/04 (Bader und Kanbor gg Schweden) (drohende Abschiebung einer zum Tod verurteilten Person); EGMR 17.01.2006, 51431/99 (Mendizabal gg Frankreich) sowie 31.01.2006, 50435/99 (da Silva und Hoogkamer gg Niederlande) (Anspruch auf Legalisierung des Aufenthalts); EGMR 28.06.2007, 31753/02 (Kaya gg Deutschland) (Ausweisung eines straffälligen Migranten zweiter Generation); EGMR 27.05.2008, 26565/05 (N. gg Vereinigtes Königreich) (Refoulementschutz wegen schwerer Krankheit); EGMR 23.06.2008, 1638/03 (Maslov gg Österreich) (Aufenthaltsverbot bei typischer Jugenddelinquenz); EGMR 31.07.2008, 265/07 (Darren Omoregie u.a. gg Norwegen) (Familienleben bei unrechtmäßigem Aufenthalt); EGMR 19.11.2009, 41015/04 (Kaboulov gg Ukraine) (drohende Gefahr von Folter); EGMR 21.01.2011, 30696/09 (M.S.S. gg Belgien und Griechenland) (Überstellung nach Griechenland); EGMR 05.04.2011, 8687/08 (Rahimi gg Griechenland) (Schubhaft für unbegleitete minderjährige Flüchtlinge); 28.06.2011, 55597/09 (Nunez gg Norwegen) (Bleiberecht zur Wahrung des Kindeswohls); EGMR 19.01.2012, 39472/07 und 39474/07 (Popov gg Frankreich) (Schubhaft mit Kleinkindern); EGMR 23.02.2012, 27765/09 (Hirsi Jamaa u.a. gg Italien) (Kollektivausweisung nach Libyen); EGMR 06.06.2013, 2283/12 (Mohammed gg Österreich) (fehlender effektiver Rechtsschutz gegen Überstellung eines Asylwerbers nach Ungarn); EGMR 01.07.2014, 43835/11 (S.A.S. gg Frankreich) (französisches Verbot, in der Öffentlichkeit Niqab/Burka zu tragen, verletzt nicht Art 8 und 9 EMRK); EGMR 03.07.2014, 71932/12 (Mohammadi gg Österreich) (Rücküberstellung nach Ungarn); EGMR 04.11.2014, 29217/12 (Tarakhel gg Schweiz) (Rücküberstellung von Kindern nach Italien); EGMR 02.06.2015, 6009/10, (K.M. gg Schweiz) (Ausweisung nach 24-jährigem Aufenthalt); EGMR 23.02.2016, 68453/13 (Pajić gg Kroatien) (Diskriminierung homosexueller Lebenspartnerinnen beim Familiennachzug).

I. Regelungsgegenstand und -ziele

Die Migration von Menschen war für die Staaten von jeher von großer Bedeutung. Die **Regelungen über den Zuzug und Aufenthalt** von Fremden sind – abhängig von historischen Erfahrungen, demographischen Entwicklungen, ökonomischen Erfordernissen und/oder politisch-kulturellen Einstellungen – dabei großzügig oder restriktiv. Grundsätzlicher Zweck des Fremdenrechts ist die **polizeiliche Überwachung von Fremden** hinsichtlich ihrer Ein- und Ausreise sowie ihres Aufenthalts, wobei insb für EWR-Bürger Sonderbestimmungen zu beachten sind. Weiters regelt es fremdenpolizeiliche Maßnahmen zur Verhinderung der Einreise, zur Beendigung des Aufenthalts und zur Beförderung ins Ausland, die Ausstellung österr Dokumente für

Fremde sowie in den Verfahrens- und Strafbestimmungen insb auch die Verwendung personenbezogener Daten von Fremden. Seit Beginn der 1990er Jahre tritt das Ziel einer **kontrollierten Zuwanderung** hinzu. Diesem Zweck dienen das Institut der Niederlassungsbewilligung, die Quotenpflicht für Erstniederlassungsbewilligungen, das Institut der Aufenthaltsverfestigung, die Regelungen über den Familiennachzug, das Niederlassungsregister sowie die im Rahmen der Privatwirtschaftsverwaltung* zu erbringende Integrationsförderung.

Das **FPG** regelt die fremdenpolizeilichen Befugnisse und Maßnahmen sowie die Erfassung und Kontrolle von Reisetätigkeiten; es enthält neben den einreiserechtlichen Bestimmungen auch Regelungen für einen maximal sechsmonatigen Aufenthalt. Das **NAG** hingegen steuert die Zuwanderung nach Österreich und dient daher primär dem Migrationsmanagement.

Das **AsylG** dient der Umsetzung der von Österreich durch die GFK und das Gemeinschaftsrecht auferlegten Verpflichtungen. Dazu enthält es Sonderbestimmungen für einen Teil der Fremden, nämlich für Asylwerber sowie für Flüchtlinge, denen Österreich Asyl gewährt. Sein Regelungsgegenstand umfasst den **Schutz der Flüchtlinge** in Österreich, Sonderbestimmungen für Einreise und Aufenthalt schutzsuchender Fremder sowie über den Erkennungs- und Ermittlungsdienst, das Asylverfahren und die Mitwirkung des Hochkommissars der Vereinten Nationen für Flüchtlinge sowie besondere Rückkehr- oder Integrationshilfen. Die Asylgewährung verbessert den Status des Fremden; er erhält idR ein dauerhaftes Aufenthaltsrecht (mit reduzierten Beendigungsmöglichkeiten) sowie Zugang zum Arbeitsmarkt und zu Sozialleistungen. Ein Begleitgesetz zum AsylG stellt das **GrundversorgungsG-Bund (GVG-B)** dar, welches insb die Versorgung von Asylwerbern durch den Bund regelt. Ergänzt wird dieses durch eine sog Grundversorgungsvereinbarung (Art 15a B-VG) und landesrechtliche Vorschriften.

Mit dem Fremdenrecht in enger Beziehung stehen bzw dem Fremdenrecht **verwandte Rechtsgebiete** sind neben dem → *Staatsbürgerschaftsrecht* das Passrecht, das Melderecht, das → *Sicherheitspolizeirecht* und das Grenzkontrollrecht. Die Fremdenpolizei ist **Bestandteil der Sicherheitsverwaltung*** (§ 2 Abs 2 SPG). Für die Integration von besonderer Bedeutung sind darüber hinaus die **Regelungen über die Ausländerbeschäftigung** (vgl AuslBG BGBl 218/1975 idF I 72/2013).

II. Verfassungsrechtliche Bezüge

1. Kompetenzrechtliche Bestimmungen

Fremden- und Asylrecht ist in **Gesetzgebung und Vollziehung** im Wesentlichen **Bundessache.** Dafür sind mehrere Kompetenztatbestände relevant: „Regelung und Überwachung des Eintritts in das Bundesgebiet und des Austrittes aus ihm; Ein- und Auswanderungswesen einschließlich des Aufenthaltsrechtes aus berücksichtigungswürdigen Gründen; Passwesen; Aufenthaltsverbot, Ausweisung und Abschiebung; Asyl; Auslieferung" (Art 10 Abs 1 Z 3 B-VG idF B-VGNov 2008 BGBl I 2/2008), „Strafrechtswesen" (Art 10 Abs 1 Z 6 B-VG); „Fremdenpolizei" (Art 10 Abs 1 Z 7 B-VG); „Arbeitsrecht" (Art 10 Abs 1 Z 11 B-VG), „Staatsverträge" (Art 10 Abs 1 Z 2 B-VG) sowie hinsichtlich der freiwilligen Leistungen des Bundes Art 17 B-VG.

Im Zusammenhang mit der **Grundversorgung** für Asylwerber ist Art 12 Abs 1 Z 1 B-VG („Armenwesen") zu beachten. Zwar kann nach VfSlg 17.942/2006 eine Leistungsgewährung wegen des engen sachlichen Zusammenhangs mit dem Asylrecht auch auf Art 10 Abs 1 Z 3 und 7 B-VG gestützt werden (GVG-B), jedoch präzisiert die Art 15a B-VG-Vereinbarung (GVV) die Aufgaben von **Bund und Länder** und verpflichtet die Länder zur aliquoten Leistungserbringung. Da der Bund bislang kein Grundsatzgesetz iSd Art 12 Abs 1 Z 1 B-VG erlassen hat, konnten/mussten die Länder ihre Grundversorgungsregelungen auf Art 15 Abs 6 B-VG stützen.

Das BVG über die Unterbringung und Aufteilung von hilfs- und schutzbedürftigen Fremden (**„DurchgriffsBVG"**, BGBl I 120/2015, befristet bis 31. Dezember 2018) bringt **hinsichtlich der Vollziehung eine Durchbrechung der Kompetenzverteilung**: Der Bund (BMI) kann die Nutzung und den Umbau bestehender Bauwerke oder die Aufstellung beweglicher Wohneinheiten ohne Bedachtnahme auf das geltende Bau- und Raumordnungsrecht mittels „Nutzungsbescheid" vorläufig anordnen. Die Nichtanwendung des Bau- und Raumordnungsrechts hat auch zur Konsequenz, dass Gemeindeorgane keine Zuständigkeit hinsichtlich der „Bundes-Flüchtlingsunterkünfte" haben (**Durchbrechung des eWb***). Hintergrund der Regelung ist die Zuständigkeit zur (Grund)Versorgung: Die Erstaufnahme obliegt dem Bund, im asylrechtlichen Zulassungsverfahren (und danach) sind die Länder – entsprechend einem Aufteilungsschlüssel nach der Bevölkerungszahl – und die Gemeinden zuständig. Hält eine Gemeinde bzw ein politischer Bezirk weniger Plätze für die Unterbringung von Asylwerbern, Flüchtlingen, subsidiär Schutzberechtigten, Vertriebenen oder aus humanitären Gründen Aufenthaltsberechtigten bereit als es 1,5% der Gemeindewohnbevölkerung entspricht, so kann die BReg das Vorliegen eines Unterbringungsbedarfs mittels Verordnung feststellen (vgl BGBl II 290/2015) und dann kann der Bund einschreiten und auf seinen Grundstücken unter reduzierten rechtlichen Anforderungen mittels „Nutzungsbescheid" für die Bereitstellung der erforderlichen Unterkünfte sorgen. Das „DurchgriffsBVG" als Notstandsrecht bringt somit eine punktuelle Durchbrechung verschiedener verfassungsrechtlicher Vorschriften (zB neben den zuvor bereits genannten auch noch das Erfordernis der ausreichenden Determinierung einer Verordnung oder einen eingeschränkten Rechtsschutz gegen den Nutzungsbescheid).

Die Ein- und Ausreiseüberwachung, humanitäre Aufenthaltsberechtigungen, die aufenthaltsbeendenden Maßnahmen, die Fremdenpolizei und das Asylwesen sind in der Aufzählung des Art 102 Abs 2 B-VG enthalten und können daher in **unmittelbarer Bundesverwaltung*** vollzogen werden. Das Ein- und Auswanderungswesen ist hingegen in **mittelbarer Bundesverwaltung*** zu vollziehen.

Eine besondere **Mitwirkung der Länder** sieht die Verfassungsbestimmung des § 13 Abs 6 NAG bei Erlassung der jährlichen **NiederlassungsV** vor.

2. Grundrechtliche Bestimmungen – Rechtsstaatsprinzip

Voraussetzung eines rechtlichen Sonderregimes für Fremde ist eine Beschränkung des **Gleichheitssatzes** auf die jeweils eigenen Staatsbürger, wie dies Art 2 StGG und Art 7 B-VG für österr Staatsbürger vorsehen. Aus Art I Abs 1 RassenDiskrVerbG leitet der VfGH aber ein verfassungsgesetzlich gewährleistetes Recht auf Gleichbehandlung von Fremden untereinander ab; diese Bestimmung enthält nach stRsp ein an Gesetzgebung und Vollziehung gerichtetes Verbot, sachlich nicht begründbare Unterscheidungen zwischen Fremden vorzunehmen. Auch ist ein Quotensystem als Steuerungsinstrument der Einwanderungspolitik keineswegs sachfremd, muss aber nachprüfbar ausgestaltet sein (VfSlg 14.191/1995, 17.492/2005). Altersgrenzen für die Familienzusammenführung müssen schul- und beschäftigungsrechtliche Vorgaben berücksichtigen (VfSlg 15.836/2000). Das dem Gleichheitssatz inhärente Willkürverbot erfordert zB ausreichende Ermittlungstätigkeiten (VfSlg 15.451/1999) oder nachvollziehbare Begründungen (VfSlg 15.812/2000). Der VfGH (VfSlg 18.968/2009) entschied, dass eine Schlechterstellung von österr Staatsangehörigen, die keinen „Freizügigkeitssachverhalt" verwirklicht haben, zulässig sei.

Darüber hinaus spielen weitere, durch die EMRK verfassungsgesetzlich gewährleistete Rechte im Fremdenrecht eine zentrale Rolle: das **Verbot der Folter und unmenschlicher oder erniedrigender Behandlung** (zB im Abschiebeverfahren), der **Schutz des Privat- und Familienlebens** (zB bei der Erteilung von Einreise- und Aufenthaltstitel) oder der **Schutz der persönlichen Freiheit** (zB im Schubhaftverfahren). Ein Recht auf unbegrenzten Aufenthalt haben nur österr Staatsbürger (Art 6 StGG); Fremden kommt nach dem 4. ZPEMRK zwar kein verfassungsrechtlicher Schutz gegen Einzelausweisungen und daher auch kein verfassungsrechtlicher Anspruch auf Verbleib im Inland zu (VfSlg 8607/1979), die genannten Grundrechte bieten aber doch einen gewissen Schutz gegenüber fremdenrechtlichen Maßnahmen. Bei Einreiseentscheidungen und aufenthaltsbeendenden Maßnahmen sind insb das Privatleben (dh die außerfamiliären Beziehungen des Fremden zu Freunden, Kollegen, Nachbarn, entfernten Verwandten, etc) und das Familienleben (dh die Beziehungen innerhalb der Kernfamilie [zwischen Eheleuten/Lebensabschnittspartnern bzw zwischen Eltern und minderjährigen Kindern]) des Fremden zu beachten. Aus Art 8 EMRK kann die Verpflichtung folgen, Familiennachzug zu gestatten, auch wenn die gesetzlichen Voraussetzungen nicht erfüllt sind (vgl VfSlg 17.013/2003; nach VwGH 17.11.2011, 2010/21/0494 erfordert dies uU die Nichtberücksichtigung der Legaldefinition „Familienangehöriger" in § 2 NAG).

Ferner hat der VfGH dem durch das 6. und 13. ZPEMRK iVm Art 85 B-VG verfassungsgesetzlich gewährleisteten **Recht, nicht zur Todesstrafe verurteilt oder hingerichtet zu werden**, fremdenrechtliche Bedeutung zugemessen (VfSlg 13.981/1994). Die durch das 4. und das 7. ZPEMRK gewährleisteten **Freizügigkeitsrechte** und **Verfahrensgarantien** sind durch das Erfordernis eines rechtmäßigen Aufenthaltes bedingt; die Rechtmäßigkeit richtet sich grundsätzlich nach der Entscheidung des Gesetzgebers. Das Asylrecht ist nicht verfassungsrechtlich verankert. Allerdings sind die verfahrensrechtlichen **rechtsstaatlichen Mindesterfordernisse** zu beachten. Insb Fragen eines wirksamen Rechtsschutzes sowie unzureichende Ermittlungsverfahren oder Begründungsmängel waren im Bereich des Fremden- und Asylrechts schon wiederholt Gegenstand eines VfGH-Verfahrens. Die nicht vorgenommene Vorlage einer entscheidungsrelevanten Frage zur Auslegung des Unionsrechts an den EuGH kann das **Recht auf ein Verfahren vor dem gesetzlichen Richter** verletzen (vgl etwa VfSlg 19.652/2012).

Die **GRC** enthält mehrere einschlägige Bestimmungen: Niemand darf der Folter oder unmenschlichen oder erniedrigenden Strafe oder Behandlung unterworfen werden (Art 4 GRC). Jede Person hat das Recht auf Achtung ihres Privat- und Familienlebens (Art 7 GRC). Das Recht auf Asyl wird nach Maßgabe der GFK sowie nach Maßgabe des EUV und des AEUV gewährt (Art 18 GRC). Kollektivausweisungen sind nicht zulässig; niemand darf in einen Staat abgeschoben oder ausgewiesen oder an einen Staat ausgeliefert werden, in dem für sie oder ihn das ernsthafte Risiko der Todesstrafe, der Folter oder einer anderen unmenschlichen oder erniedrigenden Strafe oder Behandlung besteht (Art 19 GRC). Die Unionsbürgerinnen und Unionsbürger haben das Recht, sich im Hoheitsgebiet der Mitgliedstaaten frei zu bewegen und aufzuhalten; Staatsangehörige von Drittländern, die sich rechtmäßig im Hoheitsgebiet eines Mitgliedstaats aufhalten, kann nach Maßgabe der Verträge Freizügigkeit und Aufenthaltsfreiheit gewährt werden (Art 45 GRC). Der VfGH hat die GRC als **verfassungsrechtlichen Prüfungsmaßstab** herangezogen und die im Anlassfall unterbliebene mündliche Verhandlung in einem Asylverfahren an Art 47 GRC gemessen, welcher Art 6 und 13 EMRK nachgebildet ist (VfSlg 19.632/2012 mit zahlreichen Besprechungen; ferner VfGH 13.03.2013, U 1175/12); auch der VwGH (14.06.2012, 2011/21/0278) beurteilt die Notwendigkeit einer mündlichen Verhandlung im Lichte des Art 47 Abs 2 GRC.

III. Europarechtliche Bezüge

Art 21 AEUV gewährt jedem **Unionsbürger** – unabhängig von einer wirtschaftlichen Betätigung – das Recht, sich im Hoheitsgebiet der Mitgliedstaaten **frei zu bewegen und aufzuhalten**; jedoch nur „vorbehaltlich der in den

Verträgen und in den Durchführungsvorschriften vorgesehenen Beschränkungen und Bedingungen".

Die Durchführung von Identitätskontrollen – und damit die Verpflichtung zur Vorlage eines gültigen Personalausweises oder Reisepasses zur Feststellung, ob jemand ein Staatsangehöriger eines Mitgliedstaats ist und damit das Recht hat, sich in den Mitgliedstaaten frei zu bewegen, oder ob er Staatsangehöriger eines Drittlandes ist, der dieses Recht nicht besitzt –, ist nach wie vor zulässig. Für die drittstaatsangehörigen Ehegatten von Unionsbürgern, die sich in einem anderem Mitgliedstaat rechtmäßig aufhalten und eine Grundfreiheit in Anspruch nehmen, entschied der EuGH (25.07.2002, C-459/99), dass eine Zurückweisung an der Grenze unverhältnismäßig sei, wenn dieser drittstaatsangehörige Ehegatte seine Identität und Ehe nachweisen könne; die Versagung einer Aufenthaltserlaubnis oder die Entfernung aus dem Hoheitsgebiet wegen Einreise ohne Visum sei ebenso unverhältnismäßig wie die Ausweisung wegen Ablauf des Visums. Das bedeutet, dass die Mitgliedstaaten zwar die RL-konforme Einreise von begünstigten Drittstaatsangehörigen überprüfen dürfen (zB Einhaltung der Visumpflicht), die Sanktionen wegen Verstoßes allerdings verhältnismäßig sein müssen. Die Verweigerung der Einreise eines Drittstaatsangehörigen, der mit einer Unionsbürgerin verheiratet ist, kann bei aufrechter Ehe einen Eingriff in Art 8 EMRK darstellen (EuGH 23.09.2003, C-109/01 [Akrich]). Der EuGH hat die Dienstleistungsfreiheit* ebenfalls im Lichte des Grundrechts auf Achtung des Familienlebens ausgelegt: Die Ehegattin eines Dienstleistungserbringers war nach Ablauf ihres Besuchervisums nicht mehr ausgereist, hat davon abgesehen aber kein Verhalten gesetzt, das eine Gefahr für die öffentliche Ordnung und Sicherheit darstellt; die Ausweisung der Ehegattin stellt nach Ansicht des EuGH einen unverhältnismäßigen Eingriff in das Recht auf Familienleben dar (EuGH 11.07.2002, C-60/00).

Mehrere primär- und sekundärrechtliche Bestimmungen über die **Personenverkehrsfreiheiten*** regeln die **Ein- und Ausreise**, die **Bewegungsfreiheit** und das **Aufenthaltsrecht** von EU-/EWR-Bürgern* und deren Familienangehörigen sowie von Drittstaatsangehörigen.

Diese Bestimmungen sind nach der Rsp des EuGH unmittelbar anwendbar*, sodass entgegenstehendes nationales Recht von den innerstaatlichen Vollzugsorganen nicht anzuwenden ist (Vorrang des Gemeinschaftsrechts*). Sie können auch gegenüber einem eigenen Staatsangehörigen Anwendung finden, und zwar bspw dann, wenn dieser aus einem anderen Mitgliedstaat in sein Heimatland einreist und damit von der Personenfreizügigkeit Gebrauch macht. Zahlreiche **Richtlinien* über den Aufenthalt von EU-/EWR-Bürgern* und deren Familienangehörigen sowie langfristig aufenthaltsberechtigte Drittstaatsangehörige** sind überdies so konkret gehalten, dass sich der Einzelne im Falle entgegenstehenden nationalen Fremdenrechts direkt auf sie berufen kann (Direktwirkung*).

Von Bedeutung ist dabei insb, dass bei aufenthaltsbeendenden Maßnahmen nur das persönliche Verhalten des Betroffenen ausschlaggebend sein darf (vgl zB EuGH 22.05.2012, C-348/09 [I./Oberbürgermeisterin der Stadt Remscheid]) und strafrechtliche Verurteilungen allein diese Maßnahmen nicht begründen können (vgl zB EuGH 29.04.2004, C-482/01). Eine in einem nationalen Suchtgiftgesetz zusätzlich zur Haftstrafe automatisch hinzutretende Ausweisung auf Lebenszeit ist damit nicht vereinbar (EuGH 19.01.1999, C-348/96).

Die Freizügigkeit und das Aufenthaltsrecht sind auch nicht-erwerbstätigen Unionsbürgern (und deren Familienangehörigen) zugänglich: Voraussetzung ihrer Anwendbarkeit ist lediglich, dass Unionsbürger über ausreichende Existenzmittel sowie eine Krankenversicherung verfügen. Die bloße Erklärung, über die finanziellen Mittel zu verfügen, muss bei diesen Personengruppen ausreichen; ein Nachweis durch Vorlage spezieller Dokumente kann nicht gefordert werden. Zum (fehlenden) Aufenthaltsrecht von Sozialleistungsempfängern vgl etwa EuGH 19.09.2013, C-140/12.

Sieht man von Art 21 AEUV ab, so gelten grundsätzlich dieselben Regelungen auch für **Norweger, Isländer** und **Liechtensteiner** („sonstige EWR-Bürger") und für **Schweizer.** Für Letztere wurde der freie Personenverkehr (dh die aufenthaltsrechtlichen Aspekte der Freizügigkeit*, der Niederlassungsfreiheit* und der Dienstleistungsfreiheit*) durch ein Abkommen mit der EG eingeführt; nicht erfasst sind allerdings die Art 67 bis 80 AEUV („Migrationspolitik"), wobei sich in den Art 77 ff AEUV die primärrechtlichen Grundlagen für die Regelungen betreffend Grenzkontrollen, Asyl und Einwanderung – und damit primär für Drittstaatsangehörige – finden.

Zum Sekundärrecht* gehören auch andere **Assoziierungsübereinkommen,** wie insb das mit der **Türkei.** Die auf dessen Grundlage getroffenen Durchführungsbestimmungen gewähren türkischen Arbeitnehmern und ihren Familienangehörigen ein zwar beschränktes, aber ebenfalls unmittelbar anwendbares* Aufenthaltsrecht.

Bei aufenthaltsbeendenden Maßnahmen gegen türkische Staatsangehörige, die in den Anwendungsbereich des Assoziationsabkommens fallen, sind Restriktionen zu beachten, da nach der EuGH-Rsp hier ähnliche Maßstäbe gelten wie bei den noch nicht fünf Jahre aufhältigen Unionsbürgern: Entscheidend ist allein die konkrete, von der Person ausgehende Gefahr, generalpräventive oder wirtschaftliche Überlegungen sind unzulässig (vgl zB EuGH 08.12.2011, C-371/08). Das Assoziationsrecht enthält auch eine sog „Stand-still-Klausel". Diese verbietet es nach der EuGH-Rsp den Mitgliedstaaten, rechtliche Verschlechterungen (im Fall Österreich: gegenüber der Rechtslage von 1995) einzuführen. Daher entschied der EuGH (15.11.2011, C-256/11) und ihm folgend der VwGH (vgl etwa 19.01.2012, 2011/22/0313), dass die Anwendung von § 21 NAG auf diese Personen gegen die assoziationsrechtliche Stillhalteklausel verstößt, weshalb sie zur Inlandsantragstellung für einen Aufenthaltstitel legitimiert sind (wie dies im FremdenG 1997 vorgesehen war).

Freizügigkeitsregelungen enthalten auch die **Kooperationsabkommen mit den Maghreb-Staaten** Algerien, Marokko und Tunesien („Europa-Mittelmeer-Abkommen"; zur beschränkt zulässigen Nichtverlängerung einer Aufenthaltserlaubnis eines legal eingereisten und beschäftigten Marokkaners vgl EuGH 02.03.1999, C-416/96 [El-Yassini]).

Die EU hat auch Zuständigkeiten im Bereich **Asyl und Einwanderung** und diesbezüglich einen umfangreichen Acquis erlassen. Es gibt mittlerweile umfangreiche EuGH-Judikatur. So hat der EuGH die Überstellung von Asylwerbern nach Griechenland untersagt (21.12.2011, C-411/10) oder jüngst die Verfolgung aufgrund der sexuellen Orientierung als Asylgrund anerkannt (07.11.2013, C-199/12). Mehrfach wurde vom EuGH schon über den Flüchtlingsstatus entschieden (vgl etwa 02.03.2010, C-175/08; 17.06.2010, C-31/09 oder 09.11.2010, C-57/09 und C-101/09) oder eine verfahrensrechtliche Frage geklärt (vgl etwa 29.01.2009, C-19/08 oder 06.12.2012, C-245/11).

IV. Völkerrechtliche Bezüge

Für das Fremdenrecht gilt seit jeher, dass es besonders stark von Rechtsnormen völkerrechtlichen Ursprungs mitbestimmt wird.

Als Fremdenverkehrsland hat Österreich ein grundsätzliches Interesse an weitest gehender Freizügigkeit, sofern ein Aufenthalt von Fremden nur touristischen Zwecken dient. Dies belegt eine Fülle bilateraler **Sichtvermerksabkommen** (zB mit Japan BGBl 85/1958) und das zwischen den Mitgliedstaaten des Europarates geschlossene Europäische Abkommen über die Regelung des Personenverkehrs. Zu unterscheiden sind mit Genehmigung des NR gem Art 50 B-VG geschlossene und daher **im Gesetzesrang stehende Staatsverträge** (wie zB BGBl 113/1981: Anerkennung des EG-Ausweises als Reisedokument für EG-Bedienstete) oder bloß **im Verordnungsrang stehende Regierungsübereinkommen** gem Art 66 Abs 2 B-VG. Einreise- und Aufenthaltserleichterungen enthalten weiters eine Reihe von Sichtvermerksabkommen für Angehörige des diplomatischen Corps (zB das Regierungsübereinkommen mit Südafrika BGBl III 34/1997). Von großer praktischer Bedeutung sind die mit verschiedenen Staaten geschlossenen **Rückübernahme(Schub) abkommen** sowie die mit den Nachbarstaaten Österreichs getroffenen Vereinbarungen über den sog **kleinen Grenzverkehr** oder über den **alpinen Touristenverkehr**.

Durch die **GFK** völkerrechtlich determiniert sind insb der Begriff des Flüchtlings sowie die Rechte von Flüchtlingen, denen Österreich Asyl gewährt (s VIII.).

V. Grundbegriffe

Bereits ein Überblick über den Regelungsgegenstand des Fremdenrechts lässt eine grundsätzliche **Dreiteilung des fremdenrechtlichen Regimes** nach dem persönlichen Geltungsbereich erkennen:

- europarechtlich Begünstigte,
- Asylwerber und Flüchtlinge, denen Österreich Asyl gewährt,
- alle sonstigen Fremden.

Der Rechtsstatus als Fremder wird durch fehlende österr Staatsbürgerschaft begründet: **Fremder** ist, wer die österr Staatsbürgerschaft nicht besitzt (§ 2 Abs 4 Z 1 FPG).

Fremde, die Staatsangehörige einer Vertragspartei des EWRA* sind (das sind derzeit neben den Mitgliedstaaten der EU Island, Liechtenstein und

Norwegen), werden gem § 2 Abs 4 Z 8 FPG als **EWR-Bürger*** bezeichnet. Nicht zu dieser Personengruppe zählen nach VwSlg 14.035 A/1994 österr Staatsbürger; nach VfSlg 14.863/1997 sind zur Vermeidung einer Inländerdiskriminierung unter „Drittstaatsangehörige von EWR-Bürgern" aber auch Angehörige von österr Staatsbürgern zu subsumieren.

Drittstaatsangehörige sind Fremde, die nicht EWR-Bürger oder Schweizer Bürger sind (§ 2 Abs 4 Z 10 FPG; zB Australier).

Begünstigte Drittstaatsangehörige sind der Ehegatte, eingetragene Lebenspartner sowie eigene Verwandte und Verwandte des Ehegatten eines EWR-Bürgers oder Schweizer Staatsbürgers oder Österreichers, die ihr gemeinschaftsrechtliches Aufenthaltsrecht von mehr als drei Monaten in Anspruch genommen haben, in gerade absteigender Linie bis zur Vollendung des 21. Lebensjahres (und darüber hinaus bei tatsächlicher Unterhaltsgewährung) sowie eigene Verwandte und Verwandte des Ehegatten oder Lebenspartners in gerade aufsteigender Linie, sofern ihnen tatsächlich Unterhalt gewährt wird und sie den gemeinschaftsrechtlich aufenthaltsberechtigten EWR- oder Schweizer Bürger begleiten oder ihm nachziehen (§ 2 Abs 4 Z 11 FPG).

Demgegenüber ist **Drittausländer** eine Person, die nicht Unionsbürger ist (Art 1 SDÜ iVm Art 20 Abs 1 AEUV; Art 1 lit a Dubliner Übk: „Ausländer").

Unter **„unionsrechtlichem Aufenthaltsrecht"** versteht das FPG das aufgrund der FreizügigkeitsRL 2004/83/EG gewährte Recht eines EWR-Bürgers und seiner Angehörigen, sich im Bundesgebiet aufzuhalten (§ 2 Abs 4 Z 15 FPG).

Asylwerber ist ein Drittstaatsangehöriger, der einen Asylantrag eingereicht hat, über den noch nicht endgültig entschieden worden ist (Art 2 Dublin III-VO; § 2 Z 14 AsylG verweist hingegen auf einen „Fremden ab Einbringung eines Antrags auf internationalen Schutz bis zum rechtskräftigen Abschluss, zur Einstellung oder zur Gegenstandslosigkeit des Verfahrens").

Flüchtling ist jeder Drittstaatsangehörige, dem die Flüchtlingseigenschaft iSd GFK zuerkannt und der Aufenthalt im Hoheitsgebiet eines Mitgliedstaats in dieser Eigenschaft gestattet wurde (Art 2 Dublin III-VO: „Begünstigter internationalen Schutzes"). Das AsylG spricht hingegen von **Personen mit dem Status des Asylberechtigten** (mit einem zunächst befristeten und schließlich dauerhaften Einreise- und Aufenthaltsrecht; § 2 Z 15 AsylG) und von **Personen mit dem Status des subsidiär Schutzberechtigten** (mit einem vorübergehenden, verlängerbaren Einreise- und Aufenthaltsrecht; § 2 Z 16 AsylG).

Das **Bundesamt für Fremdenwesen und Asyl (BFA)** ist eine dem BMI unmittelbar nachgeordnete monokratische Behörde mit bundesweiter Zuständigkeit (§ 1 BFA-G; unmittelbare Bundesverwaltung*). Das BFA hat seinen Sitz in Wien und Regionaldirektionen in allen Bundesländern; zusätzlich können Außenstellen der Regionaldirektionen eingerichtet werden (§ 2 BFA-G). Außerdem können als Teil des BFA Erstaufnahmestellen für Asylwerber eingerichtet werden (§ 4 BFA-G, § 1 BFA-G-DV). Zuständig ist das BFA für die Vollziehung des AsylG, die Vollziehung der §§ 45 bis 51 FPG (Abschiebung und Duldung), §§ 52 bis 81 FPG (aufenthaltsbeendende Maßnahmen) und §§ 88 bis 97 FPG (österr Dokumente für Fremde) sowie die Vollziehung des GVG-B; dabei ist das BFA-VerfahrensG (BFA-VG) anzuwenden.

VI. Fremdenpolizeigesetz 2005

Das FPG regelt nach seinem § 1 die Ausübung der Fremdenpolizei, die Erteilung von Einreisetiteln (§§ 2 Abs 1 iVm 20, 72 und 73 FPG), die Zurückweisung (§§ 41 ff FPG), die Erlassung aufenthaltsbeendender Maßnahmen (§§ 52 ff FPG), die Abschiebung, Duldung und die Vollstreckung von Rückführungsentscheidungen von EWR-Staaten (§§ 46 ff FPG) sowie die Ausstellung österr Dokumente für Fremde (§§ 88 ff FPG).

Unter „**Fremdenpolizei**" (§ 2 Abs 2 FPG) fallen dabei insb folgende Aufgaben: Verhinderung der rechtswidrigen Einreise von Fremden, Überwachung des Aufenthalts Fremder, Zurückschiebung oder Durchbeförderung von Fremden, Verhinderung und Beendigung von nach dem FPG strafbaren Handlungen. Die Besorgung der Fremdenpolizei obliegt den LPolD (§ 5 Abs 1 FPG).

Bezüglich der **Fremdenpolizeibehörden** unterscheidet § 3 FPG: Zum einen werden die **LPolD** als Behörden erster Instanz tätig, und zwar bezüglich der §§ 13 und 14 FPG (Grundsätze der Vollziehung), §§ 15 bis 32 FPG (Rechtmäßigkeit der Einreise und Ausreise, Passpflicht, Visumpflicht), §§ 33 bis 40 FPG (Organbefugnisse), §§ 41 bis 45c FPG (Zurückweisung, Transitsicherung, Zurückschiebung, Durchbeförderung), §§ 98 bis 108 FPG (Erkennungs- und Ermittlungsdienst), §§ 109 bis 112 FPG (Aufenthaltsehe uÄ, Beförderungsunternehmen) sowie §§ 113 bis 122 FPG (Kosten und Strafbestimmungen). Zum anderen ist das **BFA** erstinstanzliche Behörde, und zwar hinsichtlich der §§ 46 bis 51 FPG (Abschiebung, Duldung), §§ 52 bis 81 FPG (aufenthaltsbeendende Maßnahmen) und §§ 88 bis 97 FPG (österr Dokumente für Fremde) (vgl auch § 3 Abs 2 BFA-VG). Für die LPolD und das BFA werden die Organe des öffentlichen Sicherheitsdienstes* (§ 5 SPG) als Hilfsorgane tätig; andere besonders geschulte Organe der LPolD („Bedienstete") können zur Ausübung von Befehls- und Zwangsgewalt* ermächtigt werden (§ 3 Abs 6 FPG). Auf Antrag einer Gemeinde können auch Gemeindewachkörper eingesetzt werden (§ 4 FPG).

Die §§ 13 und 14 FPG enthalten **Grundsätze für die Vollziehung der Aufgaben und Befugnisse** der LPolD und der Organe des öffentlichen Sicherheitsdienstes: Sie dürfen alle rechtlich zulässigen Mittel einsetzen, die nicht in Rechte einer Person eingreifen; Eingriffe in subjektive Rechte müssen im FPG vorgesehen und verhältnismäßig sein; die Befugnisse können – nach vorheriger Androhung und Ankündigung – mit unmittelbarer Befehls- und Zwangsgewalt* durchgesetzt werden; die Maßnahmen dürfen nicht zu einer Gefährdung des Lebens oder einer nachhaltigen Gefährdung der Gesundheit führen (zB bei „Problemabschiebungen"). Rechtseingriffe durch Organe des öffentlichen Sicherheitsdienstes* sind der zuständigen LPolD ohne unnötigen Aufschub mitzuteilen. BFA, LPolD und die Hilfsorgane haben die Art 2, 3 und 8 EMRK besonders zu beachten (§ 13 Abs 2 FPG [„in jedem Stadium einer fremdenpolizeilichen Amtshandlung"]; § 14 BFA-VG).

1. Reisedokumente

a) Grundsatz der Passpflicht

Grundsätzlich benötigen Fremde – auch EWR-Bürger – für die Ein- und Ausreise ein gültiges Reisedokument (§§ 15 iVm 2 Abs 4 Z 4 FPG). **Einschränkungen der Passpflicht** anlässlich der Ein- und Ausreise sowie des Aufenthalts sehen **zwischenstaatliche Vereinbarungen** vor, die anstelle eines gültigen Reisepasses verschiedene Formen des Passersatzes (zB Personalausweis, Ausflugsschein, EG-Ausweis für EG-Bedienstete, Konventionsreisedokument für Flüchtlinge gem Art 28 GFK) anerkennen. **Keine Passpflicht aufgrund internationaler Gepflogenheiten** besteht zB für Staatsgäste sowie für Fremde, die bei Unglücks- oder Katastrophenfällen als Opfer oder als Hilfeleistende einreisen. In mehreren Fällen sieht **das FPG selbst** eine **partielle Aufhebung der Passpflicht** vor (vgl § 18 FPG). Und für bestimmte passpflichtige Fremde kann **durch Verordnung** des BMI im Einvernehmen mit dem BMEIA festgelegt werden, dass andere Reisedokumente ebenfalls zur Einreise ermächtigen (§ 17 Abs 3 FPG; vgl etwa § 2 FPD-DV für Teilnehmer an Schulreisen) bzw nicht geeignet sind (§ 16 Abs 1 FPG).

b) Reisedokumente

Zumeist werden Fremde über Reisedokumente ihres Herkunftslandes verfügen (**Passhoheit des Heimatstaates**). Das für Reisen anerkannte Dokument (Reisepass, Passersatz) muss insb die Identität des Inhabers zweifelsfrei wiedergeben und sein Geltungsbereich die Republik Österreich umfassen (vgl auch § 2 Abs 4 Z 4 und 5 FPG). Ausländische Reisedokumente genießen denselben **strafrechtlichen Schutz** wie inländische öffentliche Urkunden*.

In mehrere Fällen sehen die §§ 88 bis 97 FPG die Ausstellung von **österr Reisedokumenten für Fremde** vor: Fremdenpass, Konventionsreisepass, „Identitätskarte für Fremde", Lichtbildausweis für Träger von Privilegien und Immunitäten, Rückkehrausweis oder „Reisedokument für die Rückführung von Drittstaatsangehörigen". Im Ausland obliegt die Ausstellung dieser Dokumente den Vertretungsbehörden (§§ 4 iVm 15 BFA-VG), im Inland dem BFA (§ 3 Abs 2 Z 5 BFA-VG).

2. Sichtvermerke

a) Grundsatz der Sichtvermerkspflicht

Fremde, die der Passpflicht unterliegen, bedürfen für eine rechtmäßige Einreise grundsätzlich auch eines Sichtvermerkes (§ 15 Abs 2 FPG). Für die EU-Mitgliedstaaten wird der Verpflichtetenkreis zT durch die Visumpflicht-VO 539/2001 festgelegt. Es bestehen jedoch zahlreiche **Ausnahmen** von der Sichtvermerkspflicht: im FPG (zB § 28 Abs 1: Transitreisende, § 29: Träger völkerrechtlicher Privilegien und Immunitäten, § 30 Abs 5: Fremde, die aufgrund des AsylG aufenthaltsberechtigt sind), aufgrund allgemein anerkannter Regeln des Völkerrechts, zwischenstaatlicher Vereinbarungen, sonstiger bundesgesetzlicher Sonderbestimmungen oder unmittelbar anwendbarer* Rechtsakte der EU.

Nach § 15a FPG haben EWR- und Schweizer Bürger das Recht zum Aufenthalt für einen Zeitraum von drei Monaten und darüber hinaus nach Maßgabe des NAG. Begünstigte Drittstaatsangehörige (§ 2 Abs 4 Z 11 FPG) haben das Recht auf Aufenthalt für einen Zeitraum von drei Monaten, unterliegen jedoch der Sichtvermerkspflicht, wenn die VisumpflichtVO (EG) 539/2001 auf sie Anwendung findet; sie haben aber einen Anspruch auf Erteilung eines Visums (§ 15b FPG; für den darüber hinausgehenden Aufenthalt vgl §§ 51 ff NAG). Familienangehörige (§ 2 Abs 4 Z 12 FPG) von nicht gemeinschaftsrechtlich aufenthaltsberechtigten EWR-Bürgern, Schweizern oder Österreichern unterliegen der Sichtvermerkspflicht.

b) Einreisetitel (Visa)

Für Einreisetitel ist der unmittelbar anwendbare* Visakodex (VO [EG] 810/2009) maßgeblich. Das – auch von einem anderen Staat ausstellbare – **„Schengen-Visum"** gilt für die Durchreise und den Aufenthalt im gesamten Schengen-Gebiet für die Dauer von drei Monaten (**„einheitlicher Sichtvermerk"**; vgl Art 10 bis 12 und 19 SDÜ). Im Visakodex ist auch ein spezielles Flughafentransitvisum vorgesehen (Art 3 VO). Die äußere Form der im Reisedokument ersichtlich zu machenden Visumsmarke ist durch die VO (EG) 1638/95 geregelt. Das FPG regelt nur das **nationale „Visum D"** für den Aufenthalt bis zu sechs Monaten in Österreich.

§ 20 FPG unterschiedet sieben Einreisetitel: für den längerfristigen Aufenthalt im Bundesgebiet, aus humanitären Gründen, zu Erwerbszwecken, zum Zweck der Arbeitssuche, zur Erteilung eines Aufenthaltstitels, zur Einbeziehung in das Familienverfahren nach dem AsylG oder zur Wiedereinreise. Zusätzlich nennt § 22 FPG ein „Visum aus Gründen des nationalen Interesses". Einige dieser Visa dürfen gem § 21 Abs 1 FPG auf Antrag nur erteilt werden, wenn der Fremde ein gültiges Reisedokument besitzt, kein Versagungsgrund (Abs 2; zB Zweifel an der Identität oder fehlender Krankenversicherungsschutz) vorliegt und seine Wiederausreise gesichert erscheint.

„Aufenthaltsvisa" berechtigen nicht zu einer Erwerbstätigkeit (§ 21a FPG). Ein Visum D, das auch an der Außengrenze erteilt werden kann (vgl § 24b FPG) ist zu annullieren, wenn nachträglich Tatsachen bekannt werden oder eintreten, die eine Nichterteilung rechtfertigen würden (§ 27 Abs 1 FPG); dabei kann eine Interessenabwägung aufgrund von Art 8 EMRK geboten sein (VfSlg 14.009/1995). Vor der Annullierung ist dem Betroffenen Gelegenheit zur Stellungnahme zu geben. Visa D werden gegenstandslos, wenn ein weiteres Visum D mit überschneidender Gültigkeit erteilt wird, wenn gegen den Fremden eine aufenthaltsbeendende Maßnahme gesetzt wird, wenn der Fremde einen Antrag auf internationalen Schutz einbringt, wenn ein Aufenthaltstitel nach dem NAG oder dem AsylG ausgestellt wird oder wenn der Fremde Österreicher (→ *Staatsbürgerschaftsrecht*), EWR-Bürger oder Schweizer Bürger wird (§ 27 Abs 2 FPG). Vgl ferner die §§ 1 und 3 bis 9 FPG-DV, welche spezielle Visumregelungen enthalten.

3. Aufenthaltsberechtigung

a) Rechtmäßiger Aufenthalt

Die Rechtmäßigkeit des Aufenthalts eines Fremden ist in mehrfacher Weise von Bedeutung: Sowohl die gem Art 2 Abs 1 4. ZPEMRK garantierte **Bewegungsfreiheit** jedes Menschen innerhalb Österreichs als auch die durch Art 1 7. ZPEMRK verfassungsgesetzlich gewährleisteten **Mindestgarantien** für Fremde im Aufenthaltsbeendigungsverfahren haben den rechtmäßigen Aufenthalt des Fremden zur **Voraussetzung** ihrer Anwendbarkeit. Nach der Rsp des VwGH ist ein rechtmäßiger Aufenthalt überdies im Rahmen der gem Art 8 Abs 2 EMRK vorzunehmenden Interessenabwägung beachtlich (etwa bei der Erlassung eines Aufenthaltsverbotes: VwSlg 13.813 A/1993); sein Fehlen entbindet jedoch nicht von der Vornahme der Interessenabwägung (VfSlg 18.417/2008). Ferner kann sich ein Unionsbürger, der sich rechtmäßig im Gebiet eines anderen Mitgliedstaates aufhält, in allen vom sachlichen Anwendungsbereich des Gemeinschaftsrechts erfassten Fällen auf das allgemeine **Diskriminierungsverbot** des Art 18 AEUV berufen.

Gem § 31 Abs 1 FPG halten sich Fremde **rechtmäßig** im Bundesgebiet auf,

- wenn sie rechtmäßig eingereist sind und während des Aufenthalts im Bundesgebiet die Befristungen oder Bedingungen des Einreisetitels oder die durch zwischenstaatliche Vereinbarungen, Bundesgesetz oder Verordnung bestimmte Aufenthaltsdauer nicht überschritten haben (Z 1);
- wenn sie aufgrund einer Aufenthaltsberechtigung oder einer Dokumentation des Aufenthaltsrechtes nach dem NAG zur Niederlassung oder zum Aufenthalt oder aufgrund einer Verordnung für Vertriebene (§ 62 AsylG) zum Aufenthalt berechtigt sind (Z 2);
- wenn sie Inhaber eines von einem Schengen-Vertragsstaat ausgestellten Aufenthaltstitels sind, sofern sie während ihres Aufenthalts im Bundesgebiet keiner unerlaubten Erwerbstätigkeit nachgehen (Z 3);
- solange ihnen ein Aufenthaltsrecht nach dem AsylG zukommt (Z 4);
- wenn sie eine Beschäftigungsbewilligung nach dem AuslBG mit einer Gültigkeitsdauer bis zu sechs Monaten, eine Entsendebewilligung, eine EU-Entsendebestätigung, eine

Anzeigebestätigung gem § 3 Abs 5 AuslBG oder eine Anzeigebestätigung gem § 18 Abs 3 AuslBG mit einer Gültigkeitsdauer bis zu sechs Monaten innehaben (Z 6) oder
- soweit sich dies aus anderen bundesgesetzlichen Vorschriften ergibt (Z 7).

b) Nachweis der Aufenthaltsberechtigung

Fremde sind nach § 32 FPG verpflichtet, den LPolD und ihren Organen auf Aufforderung die für ihre Aufenthaltsberechtigung maßgeblichen Dokumente auszuhändigen, an der Feststellung der Rechtmäßigkeit der Einreise, des Aufenthalts und der Ausreise mitzuwirken und sich erforderlichenfalls in Begleitung eines Organs an jene Stelle zu begeben, an der die Dokumente verwahrt sind. Für EWR- und Schweizer Bürger gilt dies nur insoweit, als deren Identität und Staatsangehörigkeit nicht zweifelsfrei mit anderen Mitteln nachgewiesen werden kann und auch Österreicher verpflichtet sind, maßgebliche Dokumente auszuhändigen.

4. Fremdenpolizeiliche Befugnisse

Das FPG und das BFA-VG unterscheiden wie das SPG (→ *Sicherheitspolizeirecht*) zwischen **Organbefugnissen** und **Behördenbefugnissen**. Nicht alle diese Befugnisse zur Sicherstellung der Einhaltung des FPG oder des AsylG sind durchsetzbar; allerdings bestehen auch einige Ermächtigungen zur Ausübung unmittelbarer Befehls- und Zwangsgewalt*.

a) Organbefugnisse

Die Organe des öffentlichen Sicherheitsdienstes* haben nach dem FPG und dem BFA-VG folgende Befugnisse:
- Die Organe sind ermächtigt, über fremdenpolizeilich relevante Sachverhalte (rechtswidrige Einreise oder Aufenthalt, Straftaten nach FPG) von Personen **Auskunft zu verlangen** (§ 33 FPG). Die Ausübung von Zwangsgewalt zur Durchsetzung des Auskunftsverlangens ist unzulässig.
- Wenn aufgrund bestimmter Tatsachen anzunehmen ist, dass eine Person rechtswidrig eingereist ist oder sich rechtswidrig im Bundesgebiet aufhält oder soweit dies im Rahmen einer Kontrolle nach § 9a GVG-B erforderlich ist, sind die Organe zur **Identitätsfeststellung** (Name, Geburtsdatum, Staatsangehörigkeit, Wohnanschrift) ermächtigt (§ 34 FPG). Die Betroffenen haben daran mitzuwirken und die unmittelbare Durchsetzung zu dulden. Ähnlich § 36 BFA-VG iZm einem Festnahmeauftrag oder einer räumlichen Aufenthaltsbeschränkung.
- Die **Überprüfung der Rechtmäßigkeit der Einreise und des Aufenthalts** (§ 35 FPG) kann erfolgen, wenn bestimmte Tatsachen die Annahme der rechtswidrigen Einreise oder des rechtswidrigen Aufenthalts rechtfer-

tigen, sofern sich dies nicht schon im Rahmen der Identitätsfeststellung erweist.

- Zur Kontrolle nach § 9a GVG-B oder wenn die gerechtfertigte Annahme von Schlepperei, Prostitution, illegale Sammelunterkunft oder Schwarzarbeit vorliegt, können die Organe **Grundstücke, Räume, Betriebsstätten, Arbeitsstellen sowie Fahrzeuge betreten sowie größere Behältnisse öffnen** (§ 36 FPG). Auf Verlangen ist darüber eine Bescheinigung auszustellen. IZm einem Durchsuchungsauftrag (§ 35 BFA-VG) sieht auch § 37 BFA-VG ein Betretungsrecht vor.
- Zur Sicherstellung von Beweismitteln können die **Kleidung** und die **mitgeführten Behältnisse** Fremder **durchsucht** werden, wenn sie nach § 39 FPG festgenommen wurden oder der Verdacht besteht, dass sie sich rechtswidrig im Bundesgebiet aufhalten und für eine Durchbeförderung, Zurückschiebung, Zurückweisung bedeutsame Beweismittel bei sich haben (§ 37 FPG, „Personendurchsuchung"; ähnlich § 38 BFA-VG). Vor der Durchsuchung ist der Fremde aufzufordern, alle mitgeführten Beweismittel freiwillig herauszugeben.
- Die Organe können **Gegenstände und Dokumente**, die für ein FPG- oder AsylG-Verfahren als Beweismittel benötigt werden, **vorläufig sicherstellen** (§ 38 FPG, § 39 BFA-VG). Die Sicherstellung kann erforderlichenfalls mit unmittelbarem Zwang durchgesetzt werden. Über die Sicherstellung ist eine Bestätigung auszufolgen; die Fremdenpolizeibehörde, welche die Beweismittel von den Organen übermittelt bekommen hat, hat die Gegenstände und Dokumente zurückzugeben, sobald sie nicht mehr benötigt werden.
- § 39 FPG räumt den Organen eine **Festnahmebefugnis** ein. Festnahmegründe sind: Der Fremde wird bei der Begehung der Verwaltungsübertretung „unbefugter Aufenthalt" (§ 120 FPG) auf frischer Tat betreten (§ 39 Abs 1 Z 1); der Fremde kommt seiner Pflicht zum Nachweis der Aufenthaltsberechtigung (§ 32 FPG) nicht nach (§ 39 Abs 1 Z 2); gegen den Fremden besteht ein Festnahmeauftrag nach § 34 BFA-VG (§ 40 Abs 1 Z 1 BFA-VG); der Fremde ist aufgrund einer Übernahmeerklärung eingereist (§ 39 Abs 2 Z 3 FPG; Sicherung der Ausweisung sowie „Übernahme in die Anhaltung"); der Fremde wird innerhalb von 14 Tagen nach der Einreise beim nicht rechtmäßigen Aufenthalt betreten (§ 39 Abs 3 Z 1 FPG; Sicherung der Zurückschiebung) oder muss aufgrund eines Rückübernahmeabkommens zurückgenommen werden (§ 39 Abs 3 Z 2 FPG); der Fremde wird innerhalb von 14 Tagen nach Ablauf des rechtmäßigen Aufenthalts im Bundesgebiet (§ 39 Abs 3 Z 3 FPG) oder bei einer Ausreise nach nichtrechtmäßigem Aufenthalt (§ 39 Abs 3 Z 4 FPG) betreten. Die höchstzulässige Anhaltedauer beträgt in den Fällen von Abs 1 und 3 maximal 24 Stunden, in den Fällen von Abs 2 maximal 48 Stunden, im Fall der Durchbeförderung maximal 72 Stunden und im Fall einer Zurückschiebung maximal

insgesamt 14 Tage. Schließlich sind die sich aus dem verfassungsgesetzlich gewährleisteten Schutz der persönlichen Freiheit ergebenden Mindestrechte jedes Festgenommenen zu beachten (vgl Art 1 Abs 4, Art 4 Abs 6 und 7 PersFrG; § 40 FPG bzw § 41 BFA-VG: Bekanntgabe der Festnahmegründe in einer dem Fremden verständlichen Sprache sowie auf Verlangen die Information der konsularischen Vertretung).

- Die Organe sind ermächtigt, Fremde, die versuchen, nicht rechtmäßig in das Bundesgebiet einzureisen, an der **Einreise zu hindern** (§ 41 Abs 1 FPG). Die Organe können außerdem einreisende Fremde anlässlich der Grenzkontrolle an der Ein- oder Weiterreise hindern („**Zurückweisung**"), wenn deren Einreise nicht rechtmäßig ist, gegen sie ein gültiges Einreiseverbot oder ein durchsetzbares Aufenthaltsverbot besteht, oder bestimmte öffentliche Interessen gefährdet sind (§ 41 Abs 2 Z 4 bis 6 FPG). Zur Sicherung der Zurückweisung sind besondere Anordnungsbefugnisse (zB Konfinierung) vorgesehen (§ 42 FPG; zur Zurückweisung von EWR- oder Schweizer Bürgern sowie begünstigten Drittstaatsangehörigen vgl § 41a FPG; der Zurückweisung kann das Refoulementverbot entgegenstehen; vgl § 45a FPG). Flugreisenden ist der Aufenthalt im Transitraum zu verweigern, wenn aufgrund konkreter Umstände ihre Wiederausreise nicht gesichert erscheint oder ihnen vom Weiterreiseland die Einreise verweigert und sie zurückgeschickt wurden oder sie nicht über ein erforderliches Flugtransitvisum verfügen (§ 43 FPG; „**Transitsicherung**").

b) Organhandeln im Behördenauftrag

- Die LPolD kann den Organen des öffentlichen Sicherheitsdienstes* auftragen, einen Fremden, der an einer Grenzübergangsstelle auf einem Flugplatz zurückgewiesen wird, auf seinem **Rückflug** zu **begleiten** (§ 44 FPG).
- Fremde können von den Organen im Auftrag der LPolD mittels „**Zurückschiebung**" zur Rückkehr in einen EU-Mitgliedstaat verhalten werden, wenn sie nicht rechtmäßig eingereist sind und binnen 14 Tagen betreten werden, wenn sie innerhalb von 14 Tagen nach der Einreise in das Bundesgebiet von Österreich aufgrund eines Rückübernahmeabkommens zurückgenommen werden mussten, wenn sie innerhalb von 14 Tagen ab dem Unrechtmäßigwerden des Aufenthalts im Bundesgebiet betreten werden oder wenn sie während eines Ausreisevorgangs bei nicht rechtmäßigem Aufenthalt im Bundesgebiet betreten werden (§ 45 FPG; der Zurückschiebung kann das Refoulementverbot entgegen stehen; vgl § 45a FPG). Eine Zurückschiebung darf nur in jenen Staat erfolgen, aus dem der Fremde unter Umgehung der Grenzkontrolle eingereist ist (VfSlg 13.913/1994).
- Fremde sind von den Organen im Auftrag der LPolD aus dem Ausland durch das Bundesgebiet in das Ausland zu befördern (zB aus Deutschland nach Slowenien), wenn dies in einer Durchbeförderungserklärung auf-

grund eines Durchbeförderungsabkommens (§ 45c FPG), auf der Grundlage sonstiger zwischenstaatlicher Abkommen oder auf Ersuchen eines EWR-Vertragsstaates angeordnet ist (§ 45b FPG; **„Durchbeförderung"**).

- Fremde, gegen die eine Rückkehrentscheidung (§ 52 FPG), eine Anordnung zur Außerlandesbringung (§ 61 FPG), eine Ausweisung (§ 66 FPG) oder ein Aufenthaltsverbot (§ 67 FPG) durchsetzbar ist, können von den Organen im Auftrag des BFA zur Ausreise verhalten werden (§ 46 FPG, **„Abschiebung"**). Ein Abschiebungsgrund liegt gem § 46 Abs 1 vor, wenn die Überwachung der Ausreise eines Fremden aus Gründen der Aufrechterhaltung der öffentlichen Ruhe, Ordnung oder Sicherheit notwendig scheint (Z 1), der Fremde seiner Ausreiseverpflichtung nicht zeitgerecht nachgekommen ist (Z 2), aufgrund bestimmter Tatsachen zu befürchten ist, er würde seiner Ausreiseverpflichtung nicht nachkommen (Z 3) oder der Fremde einem Einreise- oder Aufenthaltsverbot zuwider nach Österreich zurückgekehrt ist (Z 4). Ist die Abschiebung eines Fremden rechtlich unzulässig (§§ 50, 51 und 52 Abs 9 FPG sowie §§ 8 Abs 3a und 9 Abs 2 AsylG; „Refoulementverbot") oder erscheint sie aus tatsächlichen Gründen unmöglich oder ist eine Rückkehrentscheidung iSd § 9 BFA-VG vorübergehend unzulässig, so ist der Aufenthalt bis auf Weiteres **„geduldet"**; der Fremde kann dann eine „Karte für Geduldete" erhalten (§ 46a FPG).
- Ist aufgrund bestimmter Tatsachen anzunehmen, dass ein Fremder, gegen den ein Festnahmeauftrag (§ 34 BFA-VG) erlassen worden ist oder die Schubhaft (§§ 76 ff FPG) verhängt werden soll, sich in bestimmten Räumlichkeiten innerhalb des Sprengels der Behörde aufhält, kann diese, sofern es zur Durchsetzung des Festnahmeauftrages oder zur Vollstreckung des Schubhaftbescheides erforderlich erscheint, den Organen des öffentlichen Sicherheitsdienstes* den Auftrag erteilen, die Räumlichkeiten zu betreten und zu durchsuchen (§ 35 BFA-VG; **„Durchsuchungsauftrag"** in Ausübung verwaltungsbehördlicher Befehlsgewalt).

c) Behördenbefugnisse

- Die Fremdenpolizeibehörden haben das **Refoulement-Feststellungsverfahren** durchzuführen (§ 51 FPG).
- Das BFA kann aus verschiedenen Gründen die Festnahme eines Fremden anordnen (vgl § 34 BFA-VG: unrechtmäßiger Aufenthalt, Nichtbefolgung einer Ladung, unbekannter Aufenthalt, bevorstehende Abschiebung, etc; **„Festnahmeauftrag"** in Ausübung verwaltungsbehördlicher Befehlsgewalt).
- Für Fremde, die durchbefördert werden sollen, ist von der LPolD ein **Übernahmeauftrag** (§ 54b Abs 3 FPG) zu erlassen, der in Ausübung verwaltungsbehördlicher Befehlsgewalt ergeht und aktenkundig zu machen ist.

d) Refoulementverbot

Das in §§ 45a, 45b und 50 FPG näher ausgestaltete Refoulementverbot hat seine Grundlage in dem jedermann **verfassungsgesetzlich gewährleisteten Schutz vor Folter und Todesstrafe** einerseits sowie in dem durch Art 33 GFK eingeräumten **besonderen Verfolgungsschutz für Flüchtlinge** andererseits. Es bewirkt die Unzulässigkeit einer Zurückweisung, Hinderung an der Einreise, Zurückschiebung, Abschiebung und Durchbeförderung in jeweils unterschiedlichem Maße.

Generell unzulässig ist die Zurückweisung, Hinderung an der Einreise, Zurückschiebung, Abschiebung oder Durchbeförderung in einen Staat, wenn dadurch **Art 2 EMRK, Art 3 EMRK** oder das **6. oder 13. ZPEMRK** verletzt würden oder damit für den Fremden als Zivilperson eine ernsthafte Bedrohung des Lebens oder der Unversehrtheit infolge willkürlicher Gewalt im Rahmen eines internationalen oder innerstaatlichen Konflikts verbunden wäre (vgl §§ 45a Abs 1 und 50 Abs 1 FPG). Dabei muss eine aktuell drohende Verfolgung vorliegen, die bloße Möglichkeit einer Art 3 EMRK-widrigen Behandlung genügt nach stRsp des VwGH nicht.

Besteht in einem Staat Gefahr für Leben oder Freiheit eines Fremden **aus Gründen seiner Rasse, seiner Religion, seiner Nationalität, seiner Zugehörigkeit zu einer bestimmten sozialen Gruppe oder seiner politischen Ansichten**, so sind die Zurückweisung, Zurückschiebung, Durchbeförderung und die Hinderung an der Einreise sowie die Abschiebung unzulässig, sofern nicht eine innerstaatliche Fluchtalternative besteht (§§ 45a Abs 2 und 50 Abs 2 FPG).

Der Sicherung des Refoulementverbots dient ein **besonderes Feststellungsverfahren** gem § 51 FPG. Bis zu seinem rechtskräftigen Abschluss ist eine Abschiebung in den vom Fremden bezeichneten Staat ebenfalls unzulässig (§ 51 Abs 3 FPG). Ein entsprechender Antrag kann allerdings nur während des Verfahrens zur Erlassung einer Ausweisung oder eines Aufenthaltsverbots gestellt werden (§ 51 Abs 1 FPG). Über Beschwerden gegen Bescheide gem § 51 FPG, mit denen die Zulässigkeit der Abschiebung in einen bestimmten Staat festgestellt wurde, ist vom BVwG binnen einer Woche zu entscheiden, soweit nicht die Anhaltung schon vorher geendet hat (§ 21 Abs 6 BFA-VG).

Für die Rechtmäßigkeit eines Ausweisungsbescheides ist nicht maßgeblich, ob und in welchem Staat der Fremde iSd § 50 FPG bedroht ist, da die Ausweisung ausschließlich mit der Verpflichtung zur unverzüglichen Ausreise verbunden ist, nicht jedoch auch festlegt, in welchen Staat der Fremde auszureisen habe (VfSlg 18.382/2008; zum Aufenthaltsverbot ebenso schon VfSlg 13.660/1993). Im Rahmen eines Feststellungsverfahrens hat der Fremde nach stRsp des VwGH das Bestehen einer aktuellen Bedrohung glaubhaft zu machen, die mittels konkreter Angaben und Bescheinigungsmittel darzutun ist.

Bei einer wesentlichen Änderung des maßgeblichen Sachverhaltes ist der Feststellungsbescheid* auf Antrag oder von Amts wegen abzuändern (§ 51 Abs 5 FPG; Durchbrechung der materiellen Rechtskraft*).

5. Aufenthaltsbeendigung

Über Bestand oder Nichtbestand des Aufenthaltsrechts eines Fremden, der sich länger als sieben Tage in Österreich aufhält, ist vom BFA in jedem Fall **mit Bescheid** zu entscheiden. Dabei sind verschiedene Verfahren zu unterscheiden:

- die **Rückkehrentscheidung gegen nicht rechtmäßig aufhältige Drittstaatsangehörige** (§ 52 Abs 1 FPG),
- die **Rückkehrentscheidung gegen Asylwerber** (§ 52 Abs 2 und 3 FPG),
- die **Rückkehrentscheidung gegen Drittstaatsangehörige mit Aufenthaltstitel** (§ 52 Abs 4 und 5 FPG),
- die Aufenthaltsbeendigung bei unionsrechtlichem Aufenthaltsrecht (§§ 66 ff FPG; **„Ausweisung“** und **„Aufenthaltsverbot“**).

Der EGMR (02.08.2001, 54273/00) hat Kriterien für die **Prüfung der Verhältnismäßigkeit** einer aufenthaltsbeendenden Maßnahme (gegenüber einem familiär gebundenen Straftäter) formuliert (**„Boultif-Kriterien“**), denen sich der VfGH (VfSlg 18.135/2007) angeschlossen hat: Schwere des Rechtsverstoßes, Aufenthaltsdauer, Verhalten nach Rechtsverstoß, Staatsangehörigkeit der beteiligten Personen, Familiensituation, Kenntnis des Partners vom Rechtsverstoß bei Beziehungsbeginn, Alter der Kinder, Hindernisse für Umsiedlung in Heimatstaat. Die Interessenabwägung ist nicht erst bei der Abschiebung, sondern bereits bei der zu Grunde liegenden Entscheidung zu beachten (zB EGMR 06.02.2003, 36757/97); unrechtmäßiger Aufenthalt entbindet nicht von der Interessenabwägung (VfSlg 18.417/2008; EGMR 31.01.2006, 50435/99).

Die „Umsetzung“ des aufenthaltsbeendenden Bescheides erfolgt – sofern der Fremde nicht freiwillig ausreist – im Wege der **Abschiebung** gem § 46 FPG. Ob es sich dabei um einen eigenständigen Zwangsakt* oder bloß um die Vollziehung eines aufenthaltsbeendenden Bescheides handelt, ist umstritten. Abschiebungen ist ein „Menschenrechtsbeobachter“ beizuziehen (vgl § 10 FPG-DV).

Mit einer **Rückkehrentscheidung** gem § 52 FPG wird zugleich eine **Frist für die freiwillige Ausreise** festgelegt (vgl § 55 FPG: idR 14 Tage; zu möglichen Auflagen während der Ausreisefrist vgl § 56 FPG). Gleichzeitig mit der Rückkehrentscheidung ist vom BFA ein **Einreiseverbot** auszusprechen (§ 53 FPG); dieses ist die Anweisung an den Drittstaatsangehörigen, für einen festgelegten Zeitraum nicht in das Hoheitsgebiet der Mitgliedstaaten einzureisen und sich dort aufzuhalten. Das Einreiseverbot gilt höchstens fünf oder zehn Jahre oder auch unbefristet (zu den maßgeblichen Tatbeständen vgl § 53 Abs 2 und 3 FPG). In speziellen Konstellationen ist vom BFA die **aufschiebende Wirkung einer Beschwerde** gegen eine Rückkehrentscheidung abzuerkennen (§ 18 Abs 2 FPG). In einem Verfahren zur Erlassung einer Rückkehrentscheidung ist einem Fremden kostenlos ein **Rechtsberater** amtswegig zur Seite zu stellen (§ 52 BFA-VG). Die Rückehrentscheidung wird **gegenstandslos**, wenn einem Drittstaatsangehörigen der Status als Asylberechtigter zuerkannt wird oder ihm ein Aufenthaltstitel aus berücksichtigungswürdigen Gründen (§§ 55 bis 57 AsylG) erteilt wird (§ 60 Abs 3 FPG). Die Rückkehrentscheidung hat als Rechtsinstrument die Ausweisung bzw das Aufenthaltsverbot gegenüber Drittstaatsangehörigen ersetzt. Mit der Ausreiseverpflichtung und dem (uU längerfristigen) Einreiseverbot werden die gleichen Ziele verfolgt wie vormals mit Ausweisung und Aufenthaltsverbot. Das FPG verwendet Ausweisung und Aufenthaltsverbot nur mehr iZm aufenthaltsbeendenden Maßnahmen gegenüber unionsrechtlich aufenthaltsberechtigten EWR-Bürgern, Schweizer Bürgern und begünstigten Drittstaatsangehörigen (vgl §§ 66 ff FPG).

EWR-Bürger, Schweizer Bürger oder begünstigte Drittstaatsangehörige können **ausgewiesen** werden, wenn ihnen aus den Gründen des § 55 Abs 3 NAG (Gefährdung der öffentlichen Ordnung, Sicherheit oder Gesundheit oder Nichterfüllung der Voraussetzung für eine Anmeldebescheinigung oder Daueraufenthaltskarte) das Niederlassungsrecht fehlt (§ 66 FPG; dies gilt nicht für zur Arbeitssuche Eingereiste, wenn diese nachweisen, dass sie weiterhin mit begründeter Aussicht auf Erfolg Arbeit suchen, solange ihr Aufenthalt keine schwerwiegende Gefahr für die öffentliche Ordnung oder Sicherheit darstellt). Auch ein **Aufenthaltsverbot** kann – wenngleich unter erschwerten Bedingungen – verhängt werden (§§ 67 FPG). Das Aufenthaltsverbot und die Ausweisung verpflichten zur unverzüglichen Ausreise, wobei ein (mit Auflagen versehbarer) **Durchsetzungsaufschub** von einem Monat erteilt werden kann (§§ 70 und 71 FPG). Für die Ausweisung und das Aufenthaltsverbot darf nur das **persönliche Verhalten des Betroffenen** ausschlaggebend sein; strafrechtliche Verurteilungen allein können diese Maßnahmen nicht begründen, sondern müssen nach der EuGH-Rsp durch eine „Negativprognose" ergänzt werden. Auch der VwGH verlangt eine Auseinandersetzung mit den wesentlichen Merkmalen des strafrechtsrelevanten Verhaltens, aus dem die maßgebliche Gefährdung abgeleitet wird (vgl etwa VwGH 24.04.2012, 2011/23/0264). Eine in einem nationalen Suchtgiftgesetz zusätzlich zur Haftstrafe automatisch hinzutretende Ausweisung auf Lebenszeit ist mit dem Unionsrecht nicht vereinbar (vgl etwa EuGH 19.01.1999, C-348/96). Der Ausweisungsschutz für türkische Staatsangehörige, die vom Anwendungsbereich des Assoziationsabkommens EWG-Türkei erfasst sind, ist genauso intensiv wie derjenige eines daueraufenthaltsberechtigten Drittstaatsangehörigen und von noch nicht fünf Jahre im Mitgliedstaat aufhältigen Unionsbürgern: Nach Ansicht des EuGH (08.12.2011, C-371/08) muss eine gegenwärtige, hinreichend schwere Gefahr für die öffentliche Ordnung oder öffentliche Sicherheit bestehen und muss bei der Entscheidung Aufenthaltsdauer, Lebensalter, Bindung zum Aufenthaltsstaat bzw zur Türkei, etc berücksichtigt werden.

Je länger Fremde rechtmäßig im Bundesgebiet niedergelassen sind, umso eingeschränkter sind die Möglichkeiten einer aufenthaltsbeendenden Maßnahme. Die grundrechtlich begründete „**Aufenthaltsverfestigung**" bewirkt, dass etwa gegen einen Drittstaatsangehörigen mit Aufenthaltstitel eine Rückkehrentscheidung nicht erlassen werden darf, wenn ihm nach § 10 StbG die Staatsbürgerschaft (→ *Staatsbürgerschaftsrecht*) verliehen werden könnte oder er von klein auf im Inland aufgewachsen und hier langjährig niedergelassen ist (vgl § 9 BFA-VG),

„Von klein auf" bedeutet nach der VwGH-Rsp (13.09.2012, 2011/23/0399; VwSlg 18.513 A/2012), dass der Fremde vor Vollendung des dritten Lebensjahres eingereist sein muss. Gegen **Ausländer der zweiten Generation** ist eine aufenthaltsbeendende Maßnahme idR unzulässig (vgl VfSlg 17.200/2004, 17.851/2006; VfGH 11.03.2015, E 1884/2014; vgl ferner EGMR 26.09.1997, 52206/99 und 21.10.1997, 25404/94). Bei der Beurteilung der Notwendigkeit einer Ausweisung eines Fremden, der als Zehnjähriger einwanderte, sind nach der EGMR-Rsp ähnliche Kriterien anzulegen wie bei Ausländern der zweiten Generation. Nach **fünfjähriger** Niederlassung dürfen gegenüber einem Drittstaatsangehörigen wegen Mittellosigkeit, fehlendem Krankenversicherungsschutz, fehlender Unterkunft oder der Möglichkeit der finanziellen Belastung einer Gebietskörperschaft keine Rückkehrentscheidungen nach § 52 Abs 4 FPG getroffen werden, wenn er glaubhaft macht, die Mittel zu seinem Unterhalt und seinem Krankenversicherungsschutz durch Einsatz eigener Kräfte zu sichern oder eine andere geeignete Unterkunft zu finden (§ 9 Abs 5 BFA-VG). Eine Ausweisung nach **achtjähriger** Niederlassung ist nur noch zulässig, wenn Gründe für ein mehr als fünfjähriges Einreiseverbot (§ 53 Abs 3 FPG) vorliegen (§ 9 Abs 6 BFA-VG). Vgl auch VwGH 21.06.2012, 2011/23/0658: Bei einem langjährigen Aufenthalt eines Fremden rechtfertigen StVO- und FSG-Verwaltungsübertretungen allein kein Aufenthaltsverbot.

Würde durch eine Rückkehrentscheidung (§ 52 FPG), eine Anordnung zur Außerlandesbringung (§ 61 FPG), eine Ausweisung (§ 66 FPG) oder ein Aufenthaltsverbot (§ 67 FPG) in das **Privat- oder Familienleben des Fremden** eingegriffen, so ist die Ausweisung (nur dann) zulässig, wenn dies zur Erreichung der im Art 8 Abs 2 EMRK genannten Ziele dringend geboten ist (§ 9 Abs 1 BFA-VG: ein gem Art 8 Abs 2 EMRK verfassungsgesetzlich gewährleistetes Abwägungsgebot zwischen dem öffentlichen Interesse* an der Beendigung des Aufenthaltes einerseits und den persönlichen Interessen des Fremden und seiner Familie an der Fortdauer des Aufenthaltes andererseits).

Nach § 9 Abs 2 BFA-VG sind insb zu berücksichtigen: Art und Dauer des bisherigen Aufenthalts, tatsächliches Bestehen eines Familienlebens, Schutzwürdigkeit des Privatlebens, Grad der Integration, Bindung zum Heimatstaat, strafrechtliche Unbescholtenheit, Verstöße gegen die öffentliche Ordnung (insb Fremdenrecht), Entstehung des Privat- und Familienlebens während unsicheren Aufenthaltsstatus, behördliches Verschulden an überlanger Verfahrensdauer. Damit übernahm der Gesetzgeber im Wesentlichen die sich aus der EGMR- und VfGH-Judikatur ergebende Kriterien. Eine Ausweisung nach Verlust des Aufenthaltsrechts kann daher in einem Fall schon nach fünf Jahren unzulässig, in einem anderen Fall nach elf Jahren aber verfassungskonform sein. Der EGMR (zB 20.09.2011, 8008/08 [A. A. gg Vereinigtes Königreich]) betont darüber hinaus, dass bei der Verhältnismäßigkeitsprüfung die Schwere der Tat allein eine Ausweisung nicht rechtfertigen könne, wenn sich der Fremde seit der Tatbegehung mehrere Jahre lang vorbildlich verhalten hat.

Die Möglichkeit, sich auf **„Familienleben"** zu berufen, besteht – von besonderen Abhängigkeitsfällen (zB Krankheit) abgesehen – nur hinsichtlich der Beziehungen innerhalb der „Kernfamilie", dh zwischen Eheleuten/Lebenspartnern bzw zwischen Eltern und minderjährigem Kind; sonstige familiäre oder gesellschaftliche Beziehungen unterliegen dem Anspruch auf Achtung des **Privatlebens** (so zB EGMR 09.10.2003, 48321/99; VfSlg 17.851/2006; VwSlg 16.811 A/2006). Die Konsequenz der Unterscheidung: Der Schutz der Kernfamilie besteht unabhängig von der Dauer ihrer Existenz, verlangt aber nicht notwendigerweise den Verbleib im Aufnahmeland; das schutzwürdige Privatleben beginnt wegen der erforderlichen persönlichen, gesellschaftlichen und wirtschaftlichen Beziehungen hingegen oftmals erst nach mehreren Jahren, verstärkt sich dann aber fortlaufend und erfordert einen ortsgebundenen Schutz. Nach Ansicht des EGMR (zB 20.09.2011, 8008/08) sind im Rahmen der Verhältnismäßigkeitsprüfung dieselben Kriterien anzuwenden, egal ob das Privat- oder das Familienleben betroffen ist.

6. Schubhaft

Verfassungsrechtliche Grundlage für den Entzug der persönlichen Freiheit aus fremdenpolizeilichen Gründen bilden Art 2 Abs 1 Z 7 PersFrG und Art 5

Abs 1 lit f EMRK. Diese besondere Möglichkeit der Festnahme und Anhaltung von Fremden nennt das FPG **Schubhaft.** Die Schubhaft stellt keine Strafe dar, sondern **dient der Sicherung fremdenpolizeilichen Vorgehens** und unterliegt einem besonderen Haftprüfungsverfahren (zu unzumutbaren Schubhaftbedingungen als Verletzung von Art 3 und 5 EMRK vgl EGMR 06.06.2001, 40907/98 [Dougoz gg Griechenland] oder iZm Kleinkindern EGMR 19.01.2012, 39472/07 und 39474/07). Die Vollziehung der Schubhaft obliegt der LPolD, in deren Sprengel sich der Fremde aufhält (§ 5 BFA-VG).

a) Verhängung der Schubhaft

Die Festnahme und Anhaltung zur Sicherung eines Verfahrens zur Erlassung einer Rückkehrentscheidung, einer Anordnung einer Außerlandesbringung, einer Ausweisung oder eines Aufenthaltsverbots nennt das FPG **„Schubhaft"** (§ 76 Abs 1 FPG); darüber hinaus ist die Schubhaft auch in bestimmten asylrechtlichen Konstellationen zulässig (vgl § 76 Abs 2 und 2a FPG).

Die Anordnung der Schubhaft setzt voraus, dass Fluchtgefahr vorliegt und die Schubhaft verhältnismäßig ist oder dass § 28 Abs 2 Dublin III-VO erfüllt ist (§ 76 Abs 2 und 3 FPG). Unzulässig ist die Schubhaft, wenn gelindere Mittel (§ 77 FPG) ausreichen, jedenfalls unzulässig ist die Anhaltung unmündiger Minderjähriger in Schubhaft (§ 76 Abs 1 FPG); Obsorgeberechtigte können von den ihnen anvertrauten Minderjährigen allerdings „in die Schubhaft begleitet" werden, sofern eine familien- und kindergerechte Unterbringung gewährleistet ist (§ 79 Abs 5 FPG).

Die Erlassung des schriftlichen Schubhaftbescheides (– **idR ein Mandatsbescheid*** nach § 57 AVG –) bildet eine Ermessensentscheidung*, bei der neben der Prüfung, ob einer der **besonderen Schubhaftgründe** vorliegt, immer auch das **Erforderlichkeitsprinzip** zu beachten ist. Über Fremde, die sich rechtmäßig im Bundesgebiet aufhalten, darf Schubhaft nur verhängt werden, wenn begründetermaßen anzunehmen ist, dass sie sich dem Verfahren entziehen werden (§ 76 Abs 1 FPG). Unter der Voraussetzung erkennungsdienstlicher Behandlung sind auch **gelindere Mittel** (wie insb die Anordnung, in bestimmten Räumen Unterkunft zu nehmen und sich in periodischen Abständen bei einem bestimmten Polizeikommando zu melden) in Betracht zu ziehen (§ 77 FPG; vgl auch § 56 FPG, wonach das BFA während der Frist zur freiwilligen Ausreise mit Mandatsbescheid* bestimmte Auflagen erteilen kann).

Die Behörde ist stets dazu verpflichtet, die einzelnen Schubhafttatbestände verfassungskonform auszulegen und eine einzelfallbezogene Abwägung zwischen dem öffentlichen Interesse an der Sicherung des Verfahrens und der Schonung der persönlichen Freiheit des Betroffenen vorzunehmen (VfSlg 18.145/2007).

b) Dauer und Vollstreckung der Schubhaft

Die Dauer der Schubhaft wird nicht im Schubhaftbescheid festgelegt, sondern bestimmt sich unmittelbar aufgrund des Gesetzes (§ 80 FPG). Demnach hat die Schubhaft **so kurz wie möglich** zu dauern. Sie darf vom BFA nur so lange aufrechterhalten werden, bis der Grund für ihre Anordnung weggefallen ist oder ihr Ziel nicht mehr erreicht werden kann. Die **maximale Haftdauer** beträgt grundsätzlich vier, in Ausnahmefällen sechs Monate und darüber hinaus (§ 80 Abs 2 bis 4 und 6 FPG; zur Aneinanderreihung von Anhaltezeiten vgl etwa VfSlg 13.988/1994 und 14.730/1997).

Die Schubhaft ist grundsätzlich in den Hafträumen der LPolD und nur in Ausnahmefällen in einem gerichtlichen Gefangenenhaus oder einer Strafvollzugsanstalt zu vollziehen (§ 78 FPG; zum Ersatz der Kosten von außerhalb des zuständigen Bundeslandes untergebrachten Schubhäftlingen vgl VfGH 10.12.2015, A 4/2014). Die **Durchführung des Vollzuges** ist der von Verwaltungsfreiheitsstrafen nachgebildet (§ 79 FPG iVm §§ 53c und 53d VStG). Sonderregelungen gibt es für kranke Schubhäftlinge (§ 78 Abs 6 und 7 FPG) und Minderjährige (§ 79 Abs 2 und 3 FPG).

c) Aufhebung der Schubhaft

Wird ein als Mandatsbescheid* erlassener Schubhaftbescheid nicht binnen 14 Tagen vollstreckt, so gilt er **ex lege als widerrufen** (§ 76 Abs 3 FPG). Darüber hinaus gilt ein Schubhaftbescheid als widerrufen, sobald die Schubhaft formlos aufgehoben wird (§ 81 FPG).

Die Schubhaft ist durch Freilassung des Fremden **formlos** (also ohne weiteres Verfahren) **aufzuheben**, wenn sie nach § 80 FPG nicht länger aufrechterhalten werden darf oder das BVwG in einem Schubhaftprüfungsverfahren festgestellt hat, dass die Voraussetzungen für ihre Fortsetzung nicht vorliegen (§ 81 Abs 1 FPG; vgl etwa VfSlg 19.363/2011 zu einer verspäteten Freilassung). Auf Verlangen ist dem Schubhäftling vom BFA eine Bestätigung über die Dauer der Haft auszufolgen (§ 81 Abs 3 FPG).

d) Schubhaftprüfungsverfahren

Ein Fremder, gegen den die Schubhaft angeordnet wurde, hat das Recht, das BVwG mit der Behauptung der Rechtswidrigkeit des Schubhaftbescheides anzurufen (**besonderes Schubhaftprüfungsverfahren** gem § 22a BFA-VG). Sofern die Anhaltung noch andauert, hat das BVwG innerhalb einer Woche (ab Einlangen; vgl VfSlg 18.081/2007) zu entscheiden und jedenfalls festzustellen, ob zum Zeitpunkt seiner Entscheidung die für die Fortsetzung der Schubhaft maßgeblichen Voraussetzungen vorliegen. Die Beschwerdemöglichkeit besteht auch nach Beendigung der Schubhaft (verfassungsrechtlich geboten: VfSlg 14.192/1995). Schubhäftlinge haben Anspruch auf einen kostenlos von Amts wegen zur Verfügung zu stellenden Rechtsberater (§ 52 BFA-VG).

7. Fremdenpolizeiliche Datenverwendung

Die §§ 98 ff FPG und §§ 23 ff BFA-VG enthalten eine Reihe von **Sonderbestimmungen für Fremde**, die tw Abweichungen vom und tw Ergänzungen zum **SPG bzw DSG** enthalten und zugleich der Umsetzung des Schengener Informationssystems (Art 92 bis 119 SDÜ) dienen.

Personenbezogene Daten dürfen von der LPolD und dem BFA nur verwendet werden, soweit dies zur Erfüllung der ihnen übertragenen Aufgaben erforderlich ist (§ 98 FPG und § 23 BFA-VG; Grundsatz der Aufgabenbezogenheit). In bestimmten Fällen ist eine **erkennungsdienstliche Behandlung** (vgl § 64 SPG; → *Sicherheitspolizeirecht*) von Fremden vorgesehen (§ 99 FPG und § 24 BFA-VG). Es besteht eine **besondere Mitwirkungspflicht** im fremdenpolizeilichen Verfahren, über die allenfalls mit Bescheid zu entscheiden ist; auch eine zwangsweise Vorführung zur erkennungsdienstlichen Behandlung ist zulässig (§ 100 Abs 2 FPG).

Die Verwendung, Übermittlung und Löschung erkennungsdienstlicher Daten sowie die Verwendung personenbezogener Daten von Fremden im Allgemeinen (vgl §§ 51 ff SPG; → *Sicherheitspolizeirecht*) sind besonders geregelt (§§ 99 bis 107 FPG und §§ 26 bis 32 BFA-VG; zentrales Fremdenregister, zentrale Verfahrensdatei, Zugriff auf das zentrale Melderegister). Ausdrücklich geregelt ist ferner der Abschluss von Regierungsübereinkommen betreffend den **internationalen Datenverkehr** (§ 108 FPG und § 33 BFA-VG).

8. Strafbestimmungen

Neben verschiedenen Verwaltungsstraftatbeständen (§ 120 [„rechtswidrige Einreise und unbefugter Aufenthalt"] und § 121 [„sonstige Verwaltungsübertretungen", wie zB Nichtmitführen des Reisedokuments oder Aufenthalt eines Asylwerbers außerhalb des BVB-Sprengels]) enthält das FPG auch Tatbestände des gerichtlichen Nebenstrafrechts: die **Schlepperei** (§ 114), die entgeltliche **Beihilfe zum unbefugten Aufenthalt** (§ 115; vgl zu einer Verurteilung eines Schwiegervaters zB EGMR 10.11.2011, 29681/08 [Mallah gg Frankreich]), die **Ausbeutung eines Fremden** (§ 116), das **Eingehen und Vermitteln von Aufenthaltsehen, Aufenthaltspartnerschaften und Aufenthaltsadoptionen** (§§ 117 und 118; zu Maßnahmen zur Bekämpfung dieser Umgehungsgeschäfte vgl §§ 109 und 110) sowie die **unrechtmäßige Inanspruchnahme von Sozialleistungen auf der Grundlage eines erschlichenen Aufenthaltstitels** (§ 119). Als Verwaltungsübertretung können auch **wissentlich falsche Angaben** in asyl- oder aufenthaltsrechtlichen Verfahren geahndet werden (§ 120 Abs 2 FPG); ob es sachlich gerechtfertigt ist, jede falsche Angabe zu Identität und Herkunft in einem Asylverfahren mit Strafsanktion zu versehen, erscheint zweifelhaft.

Beförderungsunternehmer, die Personen mit einem Luft- oder Wasserfahrzeug oder einem Autobus über eine Außengrenze nach Österreich bringen, haben sich zu vergewissern, dass der Fremde über das notwendige Reisedokument und erforderlichenfalls über eine Berechtigung zur Einreise verfügt; sie haben für die Abreise zurückgewiesener Fremder zu sorgen sowie die aus der Zurückweisung entstehenden Kosten zu tragen (§§ 111 und 112 sowie 113 Abs 4 und 5 FPG; §§ 18 und 19 FPG-DV).

9. Behörden und Verfahren

a) Behörden und Rechtsschutz

Zum Vollzug des FPG sind die **LPolD** und das **BFA** zuständig (§ 3 Abs 1 und 2 FPG – **Fremdenpolizeibehörden**). Für sie werden die Organe des öffentlichen Sicherheitsdienstes* (§ 5 SPG) als Hilfsorgane tätig; auf Antrag einer Gemeinde können auch Gemeindewachkörper eingesetzt werden (§ 4 FPG). Zur Durchführung der Grenzkontrolle sind den Fremdenpolizeibehörden auch Zollorgane beigegeben (§ 9 Abs 3 GrekoG iVm Verordnung BGBl II 176/1997). Für zahlreiche Visaangelegenheiten sind die **Vertretungsbehörden** sachlich zuständig (vgl § 7 FPG; zu den besonderen Verfahrensregeln vgl §§ 11 und 11a FPG). Die Vertretungsbehörden im Ausland haben nicht das AVG anzuwenden, sondern die im FPG niedergelegten besonderen Verfahrensvorschriften und den Visakodex (VwGH 13.12.2012, 2012/21/0070; aA *Loos*, FABL 2016-I, 23).

Die sachliche Zuständigkeit der LPolD als Fremdenpolizeibehörde erster Instanz ist in § 5 Abs 1 FPG normiert: Besorgung der Fremdenpolizei (§ 2 Abs 2 FPG), Führung der Verwaltungsstrafverfahren, Verhängung von Sanktionen gegen Beförderungsunternehmer sowie Vorschreibung von Kosten aufgrund fremdenpolizeilicher Maßnahmen. Dazu kommen bestimmte Visa-Zuständigkeiten (§ 5 Abs 2 und 3 FPG). Die sachliche Zuständigkeit des BFA als Fremdenpolizeibehörde erster Instanz umfasst nach § 3 BFA-VG die Anordnung der Abschiebung, die Feststellung der Duldung, die Vollstreckung von Rückführungsentscheidungen von EWR-Staaten, die Erlassung von aufenthaltsbeendenden Maßnahmen und die Ausstellung österr Dokumente für Fremde.

Über Beschwerden gegen Entscheidungen der LPolD entscheiden die **LVwG**, über Beschwerden gegen Entscheidungen des BFA und der Vertretungsbehörden sowie des BMI und der LPolD in Visaangelegenheiten hingegen das **BVwG** (§ 9 FPG; § 22b BFA-VG für BVwG-Beschwerden gegen die [Nicht]Ausstellung von österr Dokumenten durch die Vertretungsbehörden). Die Beschwerdefrist gegen einen BFA-Bescheid beträgt zwei Wochen (§ 16 Abs 1 BFA-VG). Gegen die Erkenntnisse der LVwG oder des BVwG steht dem BMI die Revision **beim** VwGH zu (§ 10 FPG, § 8 BFA-VG).

Soweit Angelegenheiten der Sicherheitsverwaltung* besorgt werden, kommt überdies eine **LVwG-Beschwerde gem § 88 Abs 2 SPG** in Betracht (→ *Sicherheitspolizeirecht*). Das LVwG ist auch zur Überprüfung einer Festnahme und Anhaltung gem § 39 FPG zuständig (§§ 82 und 83 FPG). Auf die BVwG-Zuständigkeit zur **Schubhaftprüfung** (§ 22a BFA-VG) wurde vorstehend hingewiesen. Das **BVwG** entscheidet auch über **Beschwerden gegen Maßnahmen unmittelbarer Befehls- und Zwangsgewalt*** nach den §§ 34 bis 47 BFA-VG (Festnahme- und Durchsuchungsauftrag bzw Organbefugnisse) und nach den §§ 46 bis 81 FPG (Abschiebung, Duldung, aufenthaltsbeendende Maßnahmen, Schubhaft) (§ 7 Abs 1 Z 3 BFA-VG). Alle **anderen Maßnahmenbeschwerden** sind an das **LVwG** zu richten.

Der **Menschenrechtsbeirat** und seine Kommissionen haben ua fremdenrechtsspezifische Kompetenzen (zB hinsichtlich der Schubhaft) und sind bei der Volksanwaltschaft angesiedelt (Art 148h B-VG).

b) Besondere Verfahrensbestimmungen

Grundsätzlich sind von LPolD, BFA und BMI das AVG, VStG und VVG anzuwenden (Art I Abs 2 EGVG). Es bestehen jedoch **zahlreiche besondere Verfahrensbestimmungen.** Diese müssen in Hinblick auf Art 11 Abs 2 B-VG zur Regelung des Gegenstandes unerlässlich sein (VfSlg 15.218/1998). Darüber hinaus ist vom BFA das BFA-VG als „Sonderverfahrensrecht“ anzuwenden. Eigens geregelt ist auch das Verfahren vor den österr Vertretungsbehörden* im Ausland (§ 11 FPG; dazu VfSlg 13.723/1994).

Vom AVG bzw VwGVG abweichend geregelt sind im FPG und BFA-VG etwa

- die **Handlungsfähigkeit von Minderjährigen** (§§ 12 und 89 FPG, § 10 BFA-VG),
- besondere **Mitwirkungspflichten** (§§ 92 Abs 2 und 100 FPG, §§ 10 und 13 BFA-VG),
- besondere **Datenübermittlungspflichten** (§ 106 FPG),
- das für die Erlassung des Schubhaftbescheides (§ 76 Abs 3 FPG) **zT zwingend** vorgesehene **Mandatsverfahren,**
- vielfach **verkürzte Entscheidungsfristen** (zB §§ 17 Abs 2 oder 22a Abs 2 BFA-VG),
- die Verwendung einer dem Fremden verständlichen **Sprache** in Teilen der Entscheidungen des BFA und BVwG (§ 12 BFA-VG),
- die Vorschriften über die **Kosten** des fremdenpolizeilichen Verfahrens (§ 113 FPG).

Als weitere verfahrensrechtliche Besonderheit ist auf die **Abweichung vom VStG** hinsichtlich der Festnahmebefugnis wegen Betretung bei einer Verwaltungsübertretung (§ 39 Abs 1 FPG) hinzuweisen. Für **Röntgenuntersuchungen** im Rahmen der Altersdiagnostik wurde eine gesetzliche Grundlage geschaffen (§ 12 Abs 4 FPG, § 13 Abs 3 BFA-VG). Zum Nachweis von Verwandtschaftsverhältnissen kann – auf freiwilliger Basis – eine **DNA-Analyse** erfolgen (§ 12a FPG, § 13 Abs 4 BFA-VG).

VII. Niederlassungs- und Aufenthaltsgesetz 2005

Das NAG regelt zum einen die **Erteilung, Versagung** und **Entziehung von Aufenthaltstiteln** von Fremden, die sich länger als sechs Monate im Bundesgebiet aufhalten oder aufhalten wollen und zum anderen die **Dokumentation des unionsrechtlichen Aufenthaltsrechts.** Als Fremde gelten dabei natürliche Personen, die die österr Staatsbürgerschaft nicht besitzen. Diese Gruppe wird wiederum unterschieden in EWR-Bürger, dh die nichtösterr Staatsangehörigen einer der anderen Vertragsparteien des EWRA*, Schweizer Bürger (denen über ein Freizügigkeitsabkommen weitgehend die gleiche Stellung zukommt) sowie Drittstaatsangehörige. Vom Geltungsbereich des NAG ausgeschlossen sind Fremde, die nach dem AsylG aufenthaltsberechtigt sind (§ 1 Abs 2 Z 1 NAG; VfSlg 18.076/2007); dies gilt aus unionsrechtlichen Gründen allerdings nicht für Asylwerber, die zugleich Angehörige von EWR-Bürgern sind (vgl § 54 Abs 1 NAG).

Nach § 2 Abs 2 NAG ist **„Niederlassung"** der tatsächliche oder zukünftig beabsichtigte Aufenthalt im Bundesgebiet zum Zweck der Begründung eines Wohnsitzes, der länger als sechs Monate im Jahr tatsächlich besteht (Z 1), oder der Begründung eines Mittelpunktes der Lebensinteressen (Z 2) oder der Aufnahme einer nicht bloß vorübergehenden Erwerbstätigkeit (Z 3). Es geht daher nicht um den kurzfristigen Aufenthalt als Tourist, sondern um die länger andauernde Anwesenheit im Bundesgebiet, also um eine „qualifizierte Anwesenheit" iS einer „Zuwanderung". Dafür normiert § 31 NAG in Form einer lex imperfecta eine Verpflichtung zur Anpassung: „Das Verhalten eines in Österreich befindlichen Fremden hat sich am gesellschaftlichen, wirtschaftlichen und kulturellen Leben in Österreich sowie an den Grundwerten eines europäischen demokratischen Staates und seiner Gesellschaft zu orientieren."

Der **„Aufenthalt"** ist eine weniger intensive Beziehung zu Österreich als die „Niederlassung". Der Gesetzgeber hat daher die rechtliche Position mit einer Aufenthaltsbewilligung deutlich schwächer ausgestaltet: Das Aufenthaltsrecht verfestigt sich nicht und es gibt nur eingeschränkte Möglichkeiten der Familienzusammenführung. Im Gegenzug sind Aufenthaltsbewilligungen allerdings nicht quotenpflichtig. In § 2 Abs 3 NAG ist ausdrücklich angeordnet, dass der Aufenthalt aufgrund einer Aufenthaltsbewilligung nicht als „Niederlassung" iSd NAG gilt.

1. Aufenthaltstitel

Fremde müssen sich für einen bestimmten Aufenthaltszweck – und damit für einen bestimmten Aufenthaltstitel – entscheiden. Aus der Kombination von Titel und Zweckbezeichnung ergibt sich der inhaltliche Umfang der Aufenthaltsberechtigung.

Das NAG unterscheidet in seinem § 8 Abs 1 folgende **Arten und Formen von Aufenthaltstiteln**:

- **Aufenthaltstitel „Rot-Weiß-Rot – Karte"** zur befristeten Niederlassung und zur Ausübung einer Erwerbstätigkeit (Z 1 iVm § 41 NAG: hochqualifizierte Arbeitskräfte außerhalb des Quotensystems iSd §§ 12d oder 24 AuslBG; vgl dazu auch die „Mangelberufsliste" der FachkräfteV 2016);
- **Aufenthaltstitel „Rot-Weiß-Rot – Karte plus"** zur befristeten Niederlassung und zur Ausübung einer selbstständigen Erwerbstätigkeit oder zum unbeschränkten Arbeitsmarktzugang (§ 17 AuslBG; Z 2 iVm §§ 41a, 46, 49 und 50a NAG);
- **Aufenthaltstitel „Blaue Karte EU"** zur befristeten Niederlassung und zur Ausübung einer Erwerbstätigkeit (Z 3 iVm §§ 42 und 50a NAG; Aufenthalts- und Arbeitserlaubnis iSd RL 2009/50/EG);
- **„Niederlassungsbewilligung"** zur befristeten Niederlassung und zur Ausübung einer selbstständigen oder unselbstständigen Erwerbstätigkeit (Z 4 iVm §§ 43, 46, 47, 49 und 50 NAG);
- **„Niederlassungsbewilligung – ausgenommen Erwerbstätigkeit"** zur befristeten Niederlassung ohne Ausübung einer Erwerbstätigkeit (Z 5 iVm §§ 44, 46, 49 und 50 NAG);
- **„Niederlassungsbewilligung – Angehöriger"** zur befristeten Niederlassung ohne Ausübung einer Erwerbstätigkeit (Z 6 iVm § 47 NAG);
- **Aufenthaltstitel „Daueraufenthalt – EG"** für die (deklarative) Dokumentation des unbefristeten Niederlassungsrechts (Z 7 iVm § 45 NAG);
- **Aufenthaltstitel „Familienangehöriger"** für die befristete Niederlassung von Familienangehörigen nicht Freizügigkeitsberechtigter mit der Möglichkeit, anschließend einen Aufenthaltstitel „Daueraufenthalt – Familienangehöriger" zu erhalten (Z 8 iVm § 47 NAG);
- **„Aufenthaltsbewilligung"** für einen vorübergehenden befristeten Aufenthalt im Bundesgebiet zu einem bestimmten Zweck (Z 10 iVm §§ 58 bis 69a NAG). Solche Aufenthaltsbewilligungen können erhalten: Rotationsarbeitskräfte (§ 58 NAG iVm § 2 Abs 10 AuslBG), Betriebsentsandte (§ 59 NAG iVm § 18 Abs 4 AuslBG), Selbstständige (§ 60 NAG), Künstler (§ 61 NAG), vom sachlichen Geltungsbereich des AuslBG ausgenommene unselbstständig Erwerbstätige (§ 62 NAG), Schüler (§§ 63 und 65 NAG), Studierende (§§ 64 und 65 NAG), Sozialdienstleistende (§ 66 NAG), Forscher (§§ 67 und 68 NAG) und Familienangehörige (§ 69 NAG).

Der BMI legt das **Aussehen und den Inhalt der Aufenthaltstitel** durch Verordnung fest. Die Aufenthaltstitel haben insb Name, Vorname, Geburtsdatum, Lichtbild, ausstellende Behörde und Gültigkeitsdauer zu enthalten und gelten als Identitätsdokumente (§ 8 Abs 2 NAG; § 1 NAG-DV, Anlage A zur NAG-DV). Dabei ist freilich zu beachten, dass die VO (EG) 1030/2002 über die einheitliche Gestaltung der Aufenthaltstitel für Drittstaatsangehörige entsprechende Vorgaben macht. Die Aufenthaltstitel nach dem NAG werden als Karte ausgestellt; durch diese Karte wird die Verleihung dokumentiert. Da die Aufenthaltstitel als Identitätsdokumente gelten, genügen Fremde der Ausweispflicht, wenn sie diese Karte mit sich führen; sie brauchen nicht zusätzlich auch noch einen Reisepass vorzuweisen (§ 32 Abs 4 FPG). Befristete Aufenthaltstitel sind idR für die Dauer von **zwölf Monaten** (§ 20 Abs 1 NAG), **drei Jahre** (Abs 1a) oder **fünf Jahre** (Abs 3) auszustellen. Die von langfristig aufenthaltsberechtigten Drittstaatsangehörigen verlangten Gebühren für die Erteilung von Aufenthaltstiteln dürfen nicht überhöht und unverhältnismäßig sein (EuGH 26.04.2012, C-508/10 [Kommission/Niederlande] bzw EuGH 02.09.2015, C-309/14 [CGIL und INCA]).

§ 9 NAG regelt die **Dokumentation des unionsrechtlichen Aufenthaltsrechts:** Für EWR- und Schweizer Bürger, die sich in Österreich länger als drei Monate aufhalten, wird über Antrag eine **„Anmeldebescheinigung“** (§ 53 NAG, § 3 NAG-DV, Anlage B zur NAG-DV) und eine **„Bescheinigung über den Daueraufenthalt“** (§ 53a NAG, § 3 NAG-DV, Anlage C zur NAG-DV) und für deren Angehörige, die Drittstaatsangehörige sind, über Antrag eine **„Aufenthaltskarte für Angehörige eines EWR-Bürgers“** (§ 54 NAG, § 5 NAG-DV, Anlage E zur NAG-DV) oder eine Daueraufenthaltskarte (§ 54a NAG, § 5 NAG-DV, Anlage F zur NAG-DV) ausgestellt. EWR-Bürgern mit Anmeldebescheinigung oder Daueraufenthaltsbescheinigung kann auf Antrag ein **„Lichtbildausweis für EWR-Bürger“** (§ 4 NAG-DV, Anlage C zur NAG-DV) ausgestellt werden.

Der Lichtbildausweis, die Aufenthaltskarte und die Daueraufenthaltskarte gelten als Identitätsdokument. Form und Inhalt der Dokumente legt der BMI durch Verordnung fest. Die Bescheinigungen haben nur deklarativen Charakter (vgl VwGH 05.07.2011, 2008/21/0522).

Für Zeiten eines bewaffneten Konfliktes oder sonstiger die Sicherheit ganzer Bevölkerungsgruppen gefährdender Umstände kann die BReg im Einvernehmen mit dem HANR mit Verordnung davon unmittelbar betroffenen Gruppen von Fremden, die anderweitig keinen Schutz finden (**Vertriebene**), ein **vorübergehendes Aufenthaltsrecht** im Bundesgebiet gewähren (§ 62 AsylG). Die Einreisemodalitäten und die Aufenthaltsdauer sind in der Verordnung festzulegen; das Aufenthaltsrecht ist im Reisedokument des Fremden oder in einem ihm auszustellenden „Ausweis für Vertriebene“ zu bestätigen.

2. Allgemeine Voraussetzungen für die Erteilung eines Aufenthaltstitels

§ 11 Abs 1 NAG nennt jene Tatbestände, bei deren Vorliegen einem Fremden ein Aufenthaltstitel nicht erteilt werden darf. Diese in der Person des Fremden liegenden **Erteilungshindernisse** sind: ein aufrechtes Einreiseverbot (§ 53 FPG) oder ein aufrechtes Aufenthaltsverbot (§ 67 FPG) (Z 1), eine Rückführungsentscheidung eines anderen EWR-Staates oder der Schweiz (Z 2), eine durchsetzbare Rückkehrentscheidung (Z 3), eine Aufenthaltsehe, Aufenthaltspartnerschaft oder Aufenthaltsadoption (Z 4), eine Überschreitung der Dauer des erlaubten sichtvermerksfreien oder sichtvermerkspflichtigen Aufenthalts iZm § 21 Abs 6 (Z 5) oder eine rechtskräftige Bestrafung in den letzten zwölf Monaten wegen Umgehung der Grenzkontrolle oder nicht rechtmäßiger Einreise in das Bundesgebiet (Z 6).

§ 11 Abs 2 NAG normiert sechs **Voraussetzungen für die Erteilung eines Aufenthaltstitels:** Der Aufenthalt des Fremden widerstreitet nicht öffentlichen Interessen (Z 1), der Fremde weist einen Rechtsanspruch auf eine Unterkunft nach, die für eine vergleichbar große Familie als ortsüblich angesehen wird (Z 2), der Fremde verfügt über eine alle Risken abdeckende Krankenversicherung, die auch in Österreich leistungspflichtig ist (Z 3), der Aufenthalt des Fremden kann zu keiner finanziellen Belastung einer Gebietskörperschaft führen (Z 4), durch die Erteilung eines Aufenthaltstitels werden die Beziehungen der Republik Österreich zu einem anderen Staat oder einem anderen Völkerrechtssubjekt nicht wesentlich beeinträchtigt (Z 5) und der Fremde hat im Fall eines Verlängerungsantrages (§ 24 NAG) Modul 1 der Integrationsvereinbarung nach § 14a NAG rechtzeitig erfüllt (Z 6).

Die Erteilungshindernisse und -voraussetzungen werden in § 11 NAG durch weitere Bestimmungen ergänzt: Der Aufenthalt eines Fremden widerstreitet dem **öffentlichen Interesse**, wenn sein Aufenthalt die öffentliche Ordnung oder Sicherheit gefährden würde oder der Fremde ein Naheverhältnis zu einer extremistischen oder terroristischen Gruppierung hat und im Hinblick auf deren bestehende Strukturen oder auf zu gewärtigende Entwicklungen in deren Umfeld extremistische oder terroristische Aktivitäten derselben nicht ausgeschlossen werden können. Der Aufenthalt eines Fremden führt zu keiner **finanziellen Belastung** einer Gebietskörperschaft, wenn der Fremde feste und regelmäßige eigene Einkünfte hat, die ihm eine Lebensführung ohne Inanspruchnahme von Sozialhilfeleistungen der Gebietskörperschaften ermöglichen und der Höhe nach § 293 ASVG (€ 882,78 für Alleinstehende, € 1323,58 für Ehepaare) entsprechen. Der Nachweis der Unterkunft, der Krankenversicherung oder des eigenen Vermögens kann uU durch eine **Haftungserklärung** (§ 2 Abs 1 Z 15 NAG) erbracht werden. Der Fremde hat bei der Erstantragstellung ein **Gesundheitszeugnis** vorzulegen, wenn er auch für die Erlangung eines Visums (§ 21 FPG) ein Gesundheitszeugnis gem § 23 FPG benötigen würde.

Wenn es zur **Aufrechterhaltung des Privat- oder Familienlebens** iSd Art 8 EMRK geboten ist, kann gem § 11 Abs 3 NAG ein Aufenthaltstitel auch bei Vorliegen eines Erteilungshindernisses (§ 11 Abs 1 Z 3, 5 oder 6 NAG) oder bei Nichterfüllung einzelner Erteilungsvoraussetzungen (§ 11 Abs 2 NAG) gewährt werden. Bei der Beurteilung des Privat- und Familienlebens sind insb zu berücksichtigen: Art und Dauer des bisherigen Aufenthalts, Rechtmäßigkeit des Aufenthalts, tatsächliches Bestehen eines Familienlebens, Schutzwürdigkeit des Privatlebens, Grad der Integration, Bindung zum Heimatstaat des Drittstaatsangehörigen, strafrechtliche Unbescholtenheit, Verstöße gegen die öffentliche Ordnung (insb Fremdenrecht), Entstehung des Privat- und Familienlebens während unsicheren Aufenthaltsstatus, behördliches Verschulden an der überlangen Verfahrensdauer. In Einzelfällen hat der EGMR ausgesprochen, dass aus Art 8 EMRK die **Verpflichtung** des Staates resultiere, Familienangehörigen die **Einreise und/oder den Aufenthalt zu gestatten**, weil der Nachzug die einzige Möglichkeit zur Realisierung des Familienlebens darstellt (vgl etwa EGMR 21.12.2001, 31465/96; 01.12.2005, 60665/00 sowie 31.01.2006, 50435/99). Auch der VfGH bestätigte einen aus Art 8 EMRK folgenden Anspruch auf Erteilung einer Niederlassungsbewilligung (VfSlg 17.734/2005: sorgepflichtiger Familienvater; vgl auch VwGH 19.12.2012, 2009/22/0115: emotionale Bindung von Geschwistern). Der EGMR anerkennt sogar einen Anspruch auf Legalisierung des Aufenthalts (EGMR 15.01.2007,

60654/00 [Sisojeva u.a. gg Lettland]); das wiederholte Erteilen bloß kurzfristiger befristeter Aufenthaltstitel kann ebenfalls konventionswidrig sein (vgl etwa EGMR 17.01.2006, 51431/99).

3. Quotenpflichtige Aufenthaltstitel

Ein wichtiges Steuerungsinstrument für eine **geordnete Zuwanderung von Fremden** bildet die Festlegung einer Anzahl an quotenpflichtigen Aufenthaltstiteln. Der Quotenpflicht unterliegen im Wesentlichen die erstmalige Erteilung der meisten Aufenthaltstitel sowie jene Zweckänderungen eines gültigen Aufenthaltstitels, die einen quotenpflichtigen Aufenthaltstitel zum Ziel haben.

Die BReg erlässt über Vorschlag des BMI im Einvernehmen mit dem HANR und nach Anhörung der Sozialpartner, Länder und Gemeinden und unter besonderer Berücksichtigung des Arbeitsmarktes die **NiederlassungsV** (NLV), mit der für jeweils ein Kalenderjahr die Anzahl der quotenpflichtigen Aufenthaltstitel und die Höchstzahl der Beschäftigungsbewilligungen für befristet beschäftigte Fremde („Saisonnier" bzw Erntehelfer) festgelegt werden (§ 13 NAG).

Die NLV 2016 sieht die Erteilung von maximal 5.656 quotenpflichtigen **Aufenthaltstiteln**, 4.500 **Saisonnier-Beschäftigungsbewilligungen** und 700 **Erntehelfer-Beschäftigungsbewilligungen** vor. Allerdings ist zu berücksichtigen, dass jährlich wesentlich mehr quotenfreie als quotenpflichtige Bewilligungen zum Aufenthalt in Österreich erteilt werden. Insoweit hat die Anzahl der quotenpflichtigen Aufenthaltstitel nur wenig Aussagekraft über die tatsächliche Immigration.

Der VfGH hat ein Immigrationsquotensystem für verfassungsrechtlich zulässig erachtet (VfSlg 14.191/1995), er hat allerdings den Gesetzgeber aufgefordert, eine sachgerechte Reihenfolge festzulegen, nach der die zunächst zurückgestellten Nachzugsbegehren von Familienangehörigen zu behandeln sind (VfSlg 17.013/2003). Der Gesetzgeber ist dem in § 12 NAG folgendermaßen nachgekommen: Der LH hat die Anträge auf Erteilung eines der Quotenpflicht unterliegenden Aufenthaltstitels nach dem Datum des Einlangens bei der Behörde in **ein nach Quotenjahren und Quotenarten zu führendes Register** aufzunehmen. Steht zum Zeitpunkt der Antragstellung oder zum Zeitpunkt der Entscheidung über den Antrag in diesem Quotenjahr **kein Quotenplatz** mehr zur Verfügung, so ist der Antrag ohne weiteres Verfahren bescheidförmig **zurückzuweisen**, wobei die Zurückweisungsentscheidung Angaben über die Reihung und die Gesamtzahl der bis zum Entscheidungszeitpunkt gestellten Anträge im Quotenjahr und der zur Verfügung stehenden Quotenplätze zu enthalten hat; gegen diese Entscheidung ist keine Berufung zulässig. Eine Beschwerde an den VfGH oder den VwGH ist zulässig; außerdem kann im folgenden Jahr neuerlich ein Antrag eingebracht werden. Ist in Fällen der **Familienzusammenführung** die Anzahl der Quotenplätze in einem Land ausgeschöpft, hat die Behörde die Entscheidung über den **Antrag aufzuschieben, bis ein Quotenplatz vorhanden** ist, sofern sie den Antrag nicht aus anderen Gründen zurückzuweisen oder abzuweisen hat. Der Fremde oder der Zusammenführende hat zum Stichtag des Aufschubes einen Anspruch auf Mitteilung über den Platz in der Reihung des Registers. Die Mitteilung über die Reihung ist auf Antrag des Fremden einmalig in Bescheidform zu erteilen; dagegen ist keine Berufung zulässig.

Drei Jahre nach Antragstellung ist ein weiterer Aufschub nicht mehr zulässig und die **Quotenpflicht erlischt**; daher ist spätestens dann der Aufenthaltstitel für die Familienzusammenführung zu erteilen.

4. Ungültigkeit, Gegenstandslosigkeit, Erlöschen, Untergang und Entziehung von Aufenthaltstiteln

Der Verlust des Rechts zum Aufenthalt in Österreich wird bescheidförmig ausgesprochen (§§ 10 Abs 2, 28 Abs 2 NAG) oder tritt ex lege ein (§§ 10 Abs 3, 20 Abs 4 und 4a NAG).

Aufenthaltstitel und Dokumentationen des unionsrechtlichen Aufenthaltsrechts werden **ungültig**, wenn gegen Fremde ein Aufenthaltsverbot oder eine Ausweisung durchsetzbar oder rechtskräftig wird (§ 10 Abs 1 NAG). Aufenthaltstitel werden auch ungültig, wenn die Behörde mit Bescheid festgestellt hat, dass ein Drittstaatsangehöriger, ausgenommen Inhaber eines Aufenthaltstitels „Daueraufenthalt – EG" und „Daueraufenthalt – Familienangehöriger", nicht mehr in Österreich aufhältig oder niedergelassen ist (Abs 2).

Ein Aufenthaltstitel oder eine Dokumentation des unionsrechtlichen Aufenthaltsrechts wird nach § 10 Abs 3 NAG **gegenstandslos**, wenn dem Fremden zB ein weiterer NAG-Aufenthaltstitel mit überschneidender Gültigkeit erteilt wird, wenn der Fremde Österreicher, EWR-Bürger oder Schweizer Bürger wird oder wenn ihm ein Aufenthaltstitel „Daueraufenthalt – EG" eines anderen Mitgliedstaates erteilt wird.

Ein Aufenthaltstitel „Daueraufenthalt – EG" (§ 45) oder „Daueraufenthalt – Familienangehöriger" (§ 48) **erlischt**, wenn sich der Fremde länger als zwölf Monate außerhalb des Gebietes des EWR aufhält; aus besonders berücksichtigungswürdigen Gründen (zB schwerwiegende Erkrankung) kann sich der Fremde bis zu 24 Monaten außerhalb des Gebietes des EWR aufhalten, wenn er dies der Behörde vorher mitgeteilt hat (§ 20 Abs 4 NAG).

Drittstaatsangehörigen kann ihr **Aufenthaltstitel entzogen** werden (§ 28 NAG), wenn gegen sie eine rechtskräftige, vollstreckbare Rückführungsentscheidung (Aufenthaltsverbot) eines anderen EWR-Mitgliedstaates vorliegt und diese(s) mit einer akuten Gefahr für die öffentliche Sicherheit und Ordnung oder nationale Sicherheit begründet wird (strafrechtliche Verurteilung wegen einer mit mindestens einjähriger Freiheitsstrafe bedrohten vorsätzlichen Straftat bzw Verstoß gegen die Einreise- und Aufenthaltsbestimmungen des Entscheidungsstaates). Die Entziehung des Aufenthaltstitels ist allerdings unzulässig, wenn durch die Vollstreckung der Rückführungsentscheidung Art 2 und 3 EMRK oder das 6. oder 13. ZPEMRK verletzt würden. Würde durch die Entziehung des Aufenthaltstitels in das Privat- oder Familienleben des Fremden eingegriffen werden, so ist diese Entziehung nur zulässig, wenn dies zur Erreichung der im Art 8 Abs 2 EMRK genannten Ziele dringend geboten ist.

5. Das Verfahren zur Erteilung von Aufenthaltstiteln

§ 19 NAG enthält **allgemeine verfahrensrechtliche Vorgaben** für die Erteilung eines Aufenthaltstitels. So sind etwa alle Anträge persönlich bei der Behörde zu stellen; soweit der Antragsteller nicht selbst handlungsfähig ist, hat den Antrag sein gesetzlicher Vertreter persönlich einzubringen. Der Aufenthaltszweck ist genau zu bezeichnen. Unzulässig ist das Stellen mehrerer Anträge mit verschiedenen Aufenthaltszwecken. Bei der Antragstellung hat der Fremde die erforderlichen erkennungsdienstlichen Daten (insb Fingerabdrücke und Fotos) zur Verfügung zu stellen bzw an ihrer Ermittlung und Überprüfung mitzuwirken. Der Fremde hat der Behörde eine aktuelle Zustelladresse bekannt zu geben; ist die persönliche Zustellung einer Ladung oder einer Verfahrensanordnung zum wiederholten Mal nicht möglich, kann das Verfahren eingestellt werden, wenn der Fremde bei Antragstellung über diesen Umstand belehrt wurde.

Erstanträge (§§ 21 bis 23 NAG) sind vor der Einreise in das Bundesgebiet bei der örtlich zuständigen Berufsvertretungsbehörde im Ausland einzubringen; die Entscheidung ist im Ausland abzuwarten (§ 21 Abs 1 NAG). Die Berufsvertretungsbehörde hat auf die Richtigkeit und Vollständigkeit des Antrages (zB Nachweis von Deutschkenntnissen gem § 21a NAG) hinzuwirken, die Antragsdaten zu erfassen und den Antrag dem zuständigen LH weiterzuleiten. Kommt der Antragsteller einem Mängelbehebungsauftrag nicht nach, so wird das Verfahren eingestellt. Wird der Antrag bei einer örtlich unzuständigen Berufsvertretungsbehörde eingebracht, ist dieser von ihr ohne weiteres Verfahren zurückzuweisen und der Antragsteller an die zuständige Berufsvertretungsbehörde zu verweisen. Der LH oder die von ihm ermächtigte BVB prüft den Antrag und erlässt die Entscheidung im Wege der örtlich zuständigen Berufsvertretungsbehörde. Wird dem Antrag des Fremden, der sich im Ausland befindet, stattgegeben, so hat die Behörde die örtlich zuständige Berufsvertretungsbehörde mit der Ausstellung eines Visums (§ 21 FPG) für die einmalige Einreise zu beauftragen, soweit der Fremde dies zur Einreise benötigt. Wird der Aufenthaltstitel nicht binnen sechs Monaten bei der Behörde behoben, so ist das Verfahren ohne Weiteres einzustellen.

Allerdings gibt es auch Personen, die ihren Erstantrag im Inland stellen dürfen (vgl § 21 Abs 2 und 3 NAG: Familienangehörige von Österreichern, von Schweizer Bürgern oder von EWR-Bürgern, zur sichtvermerksfreien Einreise berechtigte Fremde [zB US-Bürger], Forscher, unbegleitete Minderjährige, etc). Hier prüft der LH bzw die BVB den Antrag, erteilt Verbesserungsaufträge, entscheidet über den Antrag und hält den Aufenthaltstitel zur Abholung bereit. Die Inlandsantragstellung muss auch türkischen Staatsangehörigen, die vom Assoziationsabkommen EWG-Türkei erfasst sind, offen stehen: Nach Ansicht des EuGH (15.11.2011, C-256/11) und der nachfolgenden VwGH-Rsp (zB 23.02.2012, 2009/22/0127; 19.01.2012, 2011/22/0313 ua) verstößt die Anwendung von § 21 NAG auf diese Personen gegen die assoziationsrechtliche Stillhalteklausel, weshalb sie – entsprechend dem diesbezüglich weniger restriktiven FremdenG 1997 – ebenfalls zur Inlandsantragstellung legitimiert sind und zB auch keine Deutschkenntnisse nachweisen müssen.

Anträge auf Verlängerung eines Aufenthaltstitels (**Verlängerungsanträge**; §§ 24 und 25 NAG) sind frühestens drei Monate vor Ablauf der Gültigkeitsdauer des Aufenthaltstitels bei der örtlich zuständigen Behörde im Inland einzubringen. Nach Ablauf der Gültigkeitsdauer gestellte Anträge gelten als Erstanträge. Bis zur rechtskräftigen Entscheidung über den Verlängerungsantrag ist der Fremde weiterhin rechtmäßig im Bundesgebiet aufhältig, sofern nicht fremdenpolizeiliche Bestimmungen (zB ein rechtskräftiges Aufenthaltsverbot oder eine Ausweisung) dem entgegenstehen. Grundsätzlich bezieht sich ein Verlängerungsantrag auf die Prolongierung des bisherigen Aufenthaltszwecks. Der bisherige Aufenthaltstitel ist mit dem gleichen Aufenthaltszweck zu verlängern, soweit die Voraussetzungen dafür weiterhin vorliegen. Fehlen hingegen Erteilungsvoraussetzungen (§ 11 Abs 1 und 2 NAG), so hat die Behörde den Antragsteller davon in Kenntnis zu setzen und ihm mitzuteilen, dass eine Aufenthaltsbeendigung gem §§ 52 ff FPG beabsichtigt ist. Dem Fremden ist eine mindestens 14-tägige Frist zur Äußerung einzuräumen. Nach Ablauf dieser Frist hat die Behörde die zur Aufenthaltsbeendigung zuständige Fremdenpolizeibehörde – gegebenenfalls unter Anschluss der Stellungnahme des Fremden – zu verständigen. Erwächst eine Aufenthaltsbeendigung in Rechtskraft, ist das Verfahren über den Verlängerungsantrag auf Erteilung des Aufenthaltstitels formlos einzustellen.

Allerdings kann mit einem Verlängerungsantrag auch die Änderung des Aufenthaltszwecks oder die Änderung des Aufenthaltstitels verbunden werden, wenn der beantragte andere Aufenthaltstitel nach den Bestimmungen des NAG im Anschluss an den bisherigen Aufenthaltstitel erteilt werden kann (**Zweckänderungsverfahren**; § 26 NAG). Wenn der Fremde den Aufenthaltszweck während seines Aufenthalts in Österreich ändern will, hat er dies der Behörde im Inland unverzüglich bekannt zu geben. Eine Zweckänderung ist nur zulässig, wenn der Fremde die Voraussetzungen für den beantragten Aufenthaltstitel erfüllt und ein gegebenenfalls erforderlicher Quotenplatz zur Verfügung steht. Sind alle Voraussetzungen gegeben, hat der Fremde einen Rechtsanspruch auf Erteilung dieses Aufenthaltstitels. Liegen die Voraussetzungen nicht vor, ist der Antrag abzuweisen; die Abweisung hat keine Auswirkung auf das bestehende Aufenthaltsrecht.

6. Aufenthaltsrecht von EWR-Bürgern

Das NAG unterscheidet zwischen EWR-Bürgern (und ihnen gleichgestellten Schweizer Bürgern), die ihr unionsrechtlich gewährtes Recht auf Personenfreizügigkeit iSd FreizügigkeitsRL 2004/38/EG in Anspruch genommen haben, und den anderen EWR-Bürgern.

Die einschlägigen Bestimmungen für die die Freizügigkeit in Anspruch nehmenden **EWR-Bürger und Schweizer Bürger** sind §§ 51 bis 57 NAG. Sie sind zu einem Aufenthalt von mehr als drei Monaten berechtigt, wenn sie in Österreich Arbeitnehmer oder Selbstständige sind (oder ernsthaft einen Arbeitsplatz suchen; vgl VwGH 19.09.2012, 2010/22/0038 und 26.06.2012, 2010/22/0035), für sich und ihre Familienangehörigen über ausreichende Existenzmittel und eine umfassende Krankenversicherung verfügen oder eine Schulausbildung absolvieren. Zu einem mehr als dreimonatigen Aufenthalt berechtigt sind ferner bestimmte Familienangehörige dieser Bürger, sofern sie selbst EWR- oder Schweizer Bürger sind. Für all diese Personen genügt die Anzeige des längerfristigen Aufenthalts, wobei bestimmte Nachweise (zB über ausreichende Existenzmittel, Zulassung zur Schule, Krankenversicherung, etc) vorzulegen sind; ihnen ist dann eine **„Anmeldebescheinigung“** (§ 53 NAG) bzw nach fünf Jahren rechtmäßigem und ununterbrochenem Aufenthalt eine **„Daueraufenthaltsbescheinigung“** (§ 53a NAG) auszustellen, welche zugleich als Dokument zur Bescheinigung des Daueraufenthalts des EWR- oder Schweizer Bürgers gilt.

Drittstaatsangehörige, die Angehörige von gemeinschaftsrechtlich aufenthaltsberechtigten EWR- oder Schweizer Bürgern sind, sind ebenfalls zum Aufenthalt von über drei Monaten berechtigt; ihnen ist zunächst eine **„Aufenthaltskarte“** (§ 54 NAG) und später eine auf zehn Jahre befristete **„Daueraufenthaltskarte“** (§ 54a NAG) auszustellen.

Auf **Familienangehörige von Österreichern**, die das Freizügigkeitsrecht in Anspruch genommen haben und danach nach Österreich zurückgekehrt sind, gelten die §§ 52 bis 56 NAG sinngemäß (§ 57 NAG; vgl auch VwGH 26.02.2013, 2010/22/0128).

Sonderbestimmungen gibt es für **Familienangehörige von „sesshaften“ Österreichern sowie von nicht freizügigkeitsberechtigten EWR- bzw Schweizer Bürgern**, die in Österreich zwar dauernd wohnhaft sind, denen aber das unionsrechtliche Aufenthaltsrecht (zB wegen fehlender finanzieller Mittel) nicht zukommt (§ 47 NAG). Drittstaatsangehörigen Familienangehörigen dieser Zusammenführenden ist ein Aufenthaltstitel „Familienangehöriger“ oder die quotenfreie „Niederlassungsbewilligung – Angehöriger“ und später eine „Niederlassungsbewilligung“ zu erteilen. Nach fünfjähriger Niederlassung, Erfüllung der Integrationsvereinbarung und mindestens zweijähriger Ehe/Lebenspartnerschaft ist diesen Familienangehörigen der Aufenthaltstitel „Daueraufenthalt – Familienangehöriger“ zu erteilen (§ 48 NAG).

Der EuGH hat in mehreren Entscheidungen (vgl etwa 08.03.2011, C-34/09 und 15.11.2011, C-256/11) ausgesprochen, dass einem drittstaatsangehörigen Familienangehörigen eines Unionsbürgers das Aufenthaltsrecht nicht verweigert werden darf, wenn sonst das Aufenthaltsrecht aus der Unionsbürgerschaft seiner praktischen Wirksamkeit beraubt würde. Der VwGH (28.03.2012, 2009/22/0211; 19.01.2012, 2011/22/0309) folgt dieser Judikatur.

7. Integrationsvereinbarung

Die Integrationsvereinbarung (§§ 14 ff NAG) dient der Integration rechtmäßig auf Dauer oder längerfristig niedergelassener Drittstaatsangehöriger und bezweckt den Erwerb von vertieften Kenntnissen der deutschen Sprache, um am gesellschaftlichen, wirtschaftlichen und kulturellen Leben in Österreich teilnehmen zu können. Drittstaatsangehörige sind mit Erteilung oder Verlängerung eines Aufenthaltstitels zur Erfüllung von Modul 1 der Integrationsvereinbarung (§ 14a NAG) verpflichtet. Für Daueraufenthaltstitel ist darüber hinaus die Erfüllung von Modul 2 (§ 14b NAG) erforderlich.

Ausgenommen sind unmündige Personen sowie solche, denen aufgrund ihres Gesundheitszustandes die Erfüllung der Integrationsvereinbarung nicht zugemutet werden kann. Ebenfalls ausgenommen sind EWR-Bürger, Schweizer, bestimmte Drittstaatsangehörige und Schlüsselkräfte. Ausgenommen sind ferner jene türkischen Staatsangehörigen, die in den Anwendungsbereich des Assoziationsabkommens EWG-Türkei fallen: Für sie ist die Pflicht zum Deutsch Lernen und zur Erfüllung der Integrationsvereinbarung eine Verschlechterung, die gegen die assoziationsrechtliche Stillhalteklausel verstößt (vgl dazu EuGH 15.11.2011, C-256/11 sowie 10.07.2014, C-138/13).

Nähere Bestimmungen über die Durchführung von Integrationskursen und Nachweisen hat der BMI durch Verordnung zu erlassen. Auch die Inhalte der Kurse in Bezug auf Lernziele, Lehrmethode und Qualifikation des Lehrpersonals, die Anzahl der Unterrichtseinheiten sowie Form und Inhalt der Kursbestätigung werden durch Verordnung des BMI festgelegt. Der Österr Integrationsfonds zertifiziert die Kurse und evaluiert die vermittelten Lehrinhalte. Unter bestimmten Voraussetzungen gewährt der Bund dem Fremden eine Kostenbeteiligung (§ 15 NAG; § 10 IV-V).

Die Bezeichnung als „Vereinbarung" ist irreführend: Es handelt sich nicht um eine vom freien Willen getragene Übereinkunft sondern um eine gesetzlich statuierte Spracherwerbspflicht und ein Aufenthaltsrechtstatbestandsmerkmal.

Als **zusätzliche Integrationsmaßnahmen** kann die Behörde mit Drittstaatsangehörigen Orientierungsgespräche führen, spezielle Integrationserfordernisse identifizieren und konkrete Schritte zur Integrationsverbesserung empfehlen. Als konkrete Maßnahmen zur Integrationsförderung nennt § 17 NAG insb Sprachkurse, Kurse zur Aus- und Weiterbildung, Veranstaltungen zur Einführung in die österr Kultur und Geschichte, gemeinsame Veranstaltungen mit österr Staatsbürgern zur Förderung des gegenseitigen Verständnisses, die Weitergabe von Informationen über den Wohnungsmarkt und die Leistungen des Österr Integrationsfonds. Diese Art der Integrationsförderung soll möglichst durch private, humanitäre und kirchliche Einrichtungen sowie Einrichtungen der freien Wohlfahrt oder der Gemeinden erfolgen. Dem Beirat für Asyl- und Migrationsfragen (§ 18 NAG) obliegt es insb, den BMI in Angelegenheiten der Integrationsförderung zu beraten.

8. Verwenden personenbezogener Daten

Die §§ 34 ff NAG enthalten detaillierte Regelungen über das Verwenden personenbezogener Daten; als leges speciales gehen diese den DSG-Bestimmungen vor. Dabei ist ua geregelt, dass sich Fremde **erkennungsdienstlich behandeln** lassen müssen (§ 35 NAG iVm §§ 64, 65 Abs 4 bis 6 und 73 Abs 7

SPG). Aus den Verfahrensdaten (dh den Verfahrensinformationen über Anträge, Entscheidungen und Rechtsmittel) wird eine **zentrale Verfahrensdatei** gespeist, welche der BMI als Betreiber und Dienstleister iSd DSG unterhält. Die NAG-Behörden sind befugt, von den Asyl- und Fremdenpolizeibehörden verarbeitete Verfahrensdaten ebenfalls zu ermitteln, haben aber auch ihre Daten dem **zentralen Fremdenregister** zur Verfügung zu stellen; darüber hinaus sind die Behörden des Bundes, der Länder und Gemeinden, die Geschäftsstellen des Arbeitsmarktservice sowie die Träger der Sozialversicherung, die rechtmäßig über Daten verfügen, ermächtigt und auf Anfrage verpflichtet, der Behörde diese Daten zu übermitteln, sofern diese für ein Verfahren zur Erteilung eines Aufenthaltstitels benötigt werden („**Informationsverbund**"). Außerdem hat der BMI ein automationsunterstütztes **Niederlassungsregister** zu führen, in das – in anonymisierter Form – alle im betreffenden Jahr erteilten und beantragten Aufenthaltstitel (§ 8 NAG) und Dokumentationen von gemeinschaftsrechtlichen Aufenthalts- und Niederlassungsrechten (§ 9 NAG) jeweils getrennt nach Art und mit Angabe des Geschlechts, des Alters, der Staatsangehörigkeit, des Herkunftsstaats, des Zielstaats, des Familienstandes, der Schul- und Berufsausbildung des betroffenen Fremden sowie des Zweckes seines Aufenthaltes einzutragen sind (§ 40 NAG).

9. Behörden und Verfahren

Niederlassungsbehörde erster Instanz ist der örtlich zuständige **LH**. Er kann mit Verordnung die BVB ermächtigen, alle oder bestimmte Fälle in seinem Namen zu entscheiden, wenn dies im Interesse der Einfachheit, Zweckmäßigkeit oder Sparsamkeit der Verwaltung gelegen ist (§ 3 Abs 1 NAG; „zwischenbehördliches Mandat*"). Über Beschwerden gegen die Entscheidungen des LH entscheidet das örtlich zuständige **LVwG** (und zwar auch in den Fällen des zwischenbehördlichen Mandats).

Erstanträge auf Erteilung eines Aufenthaltstitels sind grundsätzlich vom Ausland aus einzubringen, und zwar bei der örtlich zuständigen **Berufsvertretungsbehörde** (§§ 3 Abs 3 iVm 22 NAG). Diese Zuständigkeit richtet sich grundsätzlich nach dem Wohnsitz des Fremden (§ 5 NAG). Wird der Antrag bei einer örtlich unzuständigen Berufsvertretungsbehörde eingebracht, ist dieser von ihr ohne weiteres Verfahren zurückzuweisen und der Antragsteller an die zuständige Berufsvertretungsbehörde zu verweisen (§ 22 NAG).

Der BMEIA kann im Einvernehmen mit dem BMI durch Verordnung Berufsvertretungsbehörden mit bestimmten Aufgaben (insb Kontakt- und Informationsstelle für Fremde, Datenerfassung, Sammlung von migrationsrelevanten regionalen Informationen) betrauen und als **dezentrale Informationszentren** bezeichnen.

Strafbehörde ist die örtlich zuständige **BVB**, eine Beschwerde ist an das örtlich zuständige **LVwG** zu richten.

Als **Verwaltungsübertretung** normiert § 77 NAG etwa die Nichtbekanntgabe der Änderung des Aufenthaltszweckes, die Nichtretournierung ungültiger oder gegenstandsloser Dokumente, die Nichterfüllung der Integrationsvereinbarung oder die Abgabe einer nicht erfüllbaren Haftungserklärung. Bei Geldstrafen bis € 600,– kann die BVB auch Strafverfügungen (§ 47 VStG) erlassen.

Der BMI ist berechtigt, gegen die Erkenntnisse und Beschlüsse des LVwG **Revision** beim VwGH zu erheben (§ 3a NAG).

Als verfahrensrechtliche **Abweichungen vom AVG und VwGVG** sind bspw zu nennen:

- § 13 AVG sieht relativ großzügige Verbesserungsvorschriften für mangelhafte Anbringen vor; das NAG normiert hingegen die Zurückweisung bzw Verfahrenseinstellung als die Vorgangsweise gegen mangelhafte Anträge (zB § 22 Abs 1: örtlich unzuständige Berufsvertretungsbehörde; § 19 Abs 4: Nichtzurverfügungstellung biometrischer Daten; § 19 Abs 6: Nichterreichbarkeit an der Zustelladresse; § 22 Abs 2: Nichtverwendung vorgegebener Formulare oder fehlende Unterlagen).
- Nach § 19 NAG ist der Erstantrag persönlich bei der Behörde einzubringen, um einerseits feststellen zu können, ob sich der Fremde tatsächlich im Ausland befindet, und um andererseits die notwendigen erkennungsdienstlichen Daten beizubringen. Die persönliche Ausfolgung des Aufenthaltstitels hat die Funktion der Bescheidzustellung. Darüber hinaus kann der Erstantrag nicht bei irgendeiner österr Berufsvertretungsbehörde eingebracht werden, sondern nur bei jener, die nach dem Wohnsitz des Antragstellers örtlich zuständig ist (§ 5 NAG).
- Nach § 19 Abs 3 NAG kann der BMI durch Verordnung die Verwendung von Formularen und die Erforderlichkeit bestimmter Urkunden und Nachweise vorschreiben. Mit den §§ 6 bis 9 NAG-DV wurde diese Ermächtigung tw in Anspruch genommen.
- Eine mündliche Verhandlung durch das LVwG kann unter bestimmten Voraussetzungen unterbleiben (vgl § 19 Abs 7 NAG).
- § 29 NAG normiert eine besondere Mitwirkungspflicht des Fremden; auch die freiwillige DNA-Analyse und die multifaktorielle Untersuchungsmethodik zur Altersdiagnostik werden geregelt.
- § 21 NAG gebietet grundsätzlich die Antragstellung vom Ausland aus, § 21a NAG verpflichtet zum Erwerb von Deutschkenntnissen bei bestimmten ausländischen Sprachinstituten.

VIII. Asylgesetz 2005

Die österr asylrechtlichen Bestimmungen dienen der Umsetzung der völkerrechtlichen Verpflichtungen aus der **GFK** (insb dem Refoulementverbot) sowie in jüngerer Zeit jener aus dem gemeinschaftsrechtlichen Asyl-acquis. Das

AsylG regelt die Zuerkennung und die Aberkennung des Status des Asylberechtigten und des subsidiär Schutzberechtigten an Fremde in Österreich, in welchen Fällen eine Asyl-Entscheidung mit einer Ausweisung zu verbinden ist und wie das Verfahren für die Zuerkennung, Aberkennung und Ausweisung ausgestaltet ist (§ 1 AsylG). Die asylrechtlichen Entscheidungen des **BFA** werden vom BVwG (dem der bis Ende 2013 existierende AsylGH eingegliedert wurde) überprüft. Die Versorgung der Asylwerber während des laufenden Asylverfahrens („Bundesbetreuung"/„Grundversorgung") ist im GVG-B, in der GVV sowie in landesrechtlichen Vorschriften geregelt.

Neu in das AsylG aufgenommen wurde der „Aufenthaltstitel aus berücksichtigungswürdigen Gründen": „Aufenthaltsberechtigung plus", „Aufenthaltsberechtigung", „Aufenthaltsberechtigung besonderer Schutz" (vgl ferner § 3 AsylG-DV sowie deren Anlage E). Die §§ 54 bis 57 AsylG sind die Nachfolgeregelungen zum „humanitären Aufenthalt". Ob sie im AsylG besser platziert sind als im NAG, sei dahingestellt, die Zuständigkeit in dieser politisch brisanten Angelegenheit ist damit aber von den Ländern zum Bund verlagert worden.

1. Status des Asylberechtigten

Einem Fremden, der **in Österreich einen Antrag auf internationalen Schutz** (früher: „Asylantrag") gestellt hat, ist, soweit dieser Antrag nicht zurück- oder abzuweisen ist, der Status des Asylberechtigten zuzuerkennen, wenn **glaubhaft** ist, dass ihm im Herkunftsstaat **Verfolgung iSd GFK** droht (§ 3 Abs 1 AsylG; Rechtsanspruch auf Zuerkennung der Asylberechtigung).

Asylwerber ist ein Fremder ab Einbringung eines Antrags auf internationalen Schutz bis zum rechtskräftigen Abschluss, zur Einstellung oder Gegenstandslosigkeit des Verfahrens (§ 2 Abs 1 Z 14 AsylG). Der „Status des Asylberechtigten" – den ein Fremder mit Rechtskraft des „positiven" Asylbescheids bzw der AsylGH-/BVwG-Entscheidung erlangt – gewährt ein zunächst befristetes und schließlich dauerndes Einreise- und Aufenthaltsrecht, der „Status des **subsidiär Schutzberechtigen**" ein vorübergehendes, verlängerbares Einreise- und Aufenthaltsrecht (§ 2 Abs 1 Z 15 und 16 AsylG).

Flüchtling ist, wer sich aus wohlbegründeter Furcht, aus Gründen der Rasse, Religion, Nationalität, Zugehörigkeit zu einer bestimmten sozialen Gruppe (zB von Genitalverstümmelung bedrohte Mädchen in Eritrea oder Homosexuelle im Iran) oder der politischen Gesinnung verfolgt zu werden, außerhalb seines Herkunftslandes (jenes Land, dessen Staatsangehörigkeit er besitzt) oder, sofern er staatenlos ist, außerhalb des Landes seines gewöhnlichen Aufenthaltes befindet und nicht in der Lage oder im Hinblick auf diese Furcht nicht gewillt ist, sich des Schutzes seines Heimatlandes zu bedienen bzw in das Land seines gewöhnlichen Aufenthaltes zurückzukehren (Art 1 Abschnitt A Z 2 GFK). Nach der Rsp des VwGH bedarf es zum Vorliegen der **Flüchtlingseigenschaft** einer objektiv wohlbegründeten Furcht vor aktueller, dem Verfolgerstaat zurechenbarer Verfolgung aus einem anerkannten Fluchtgrund. Eine **Furcht** vor Verfolgung kann nur dann **wohlbegründet** sein, wenn sie im Licht der speziellen Situation des Asylwerbers unter Berücksichtigung der Verhältnisse im Verfolgerstaat objektiv nachvollziehbar ist. Es kommt nicht darauf an, ob sich eine bestimmte Person in einer konkreten Situation tatsächlich fürchtet, sondern ob eine mit Vernunft begabte Person in dieser Situation aus Konventionsgründen flüchten würde. Unter **Verfolgung** ist ein ungerechtfertigter Eingriff von erheblicher Intensität in die zu schützende Sphäre des Einzelnen zu verstehen. Erhebliche Intensität liegt vor, wenn der Eingriff geeignet ist, die Unzumutbarkeit der Inanspruchnahme des Schutzes durch den Heimatstaat zu begründen. Hinsichtlich der „Verfolgung" verweist § 2 Abs 1 Z 11 AsylG auf „jede Verfolgungshandlung iSd Art 9 StatusRL" (Handlungen, die so gravierend sind, dass sie eine schwerwiegende Verletzung der grundlegenden Menschenrechte darstellen; zB Anwendung physischer oder psychischer Gewalt, diskriminierende Maßnahmen der staatlichen Gesetzgebung, Verwaltung oder Gerichtsbarkeit). Die Verfolgung kann nach § 3 Abs 2 AsylG auch auf Ereignissen beruhen, die eingetreten sind, nachdem der Fremde seinen Herkunftsstaat verlassen hat (objektive Nachfluchtgründe) oder auf Aktivitäten des Fremden beruhen, die dieser seit Verlassen des Herkunftsstaates gesetzt hat, die insb Ausdruck und Fortsetzung einer bereits im Herkunftsstaat bestehenden Überzeugung sind (subjektive Nachfluchtgründe). Verfolgungen durch Privatpersonen (zB Blutrache) sind dann asylrelevant, wenn der Staat nicht gewillt oder nicht in der Lage ist, dagegen Schutz zu bieten (vgl zB VwGH 23.02.2011, 2011/23/0064).

Fremden ist **von Amts wegen** und ohne weiteres Verfahren der Status des Asylberechtigten oder des subsidiär Schutzberechtigten zuzuerkennen, wenn sich die Republik Österreich völkerrechtlich dazu verpflichtet hat (§ 3a AsylG).

Anerkannte Flüchtlinge erhalten zunächst eine dreijährige Aufenthaltsberechtigung, die danach unbefristet wird, wenn keine Gründe zur Aberkennung des Status als Asylberechtigter vorliegen (§ 3 Abs 4 AsylG). Das BFA hat für die wichtigsten Herkunftsländer jährlich eine Analyse zu erstellen, ob es zu einer wesentlichen und dauerhaften Veränderung der spezifischen Verhältnisse, die für die Furcht vor Verfolgung maßgeblich sind, gekommen ist (§ 3 Abs 4a AsylG). Für Familienangehörige von Schutzsuchenden besteht ein eigenständig geregeltes **„Familienverfahren"** (§§ 34 und 35 AsylG).

Die Feststellung der Flüchtlingseigenschaft nach der GFK hat über den internationalen Schutz hinausgehend weitere Konsequenzen: Die besonderen Rechte aufgrund der GFK (zB auf Ausstellung eines Konventionsreisepasses gem § 94 FPG) bleiben unberührt (§ 74 AsylG); das AuslBG findet ebenso wenig Anwendung (§ 1 Abs 2 AuslBG) wie die FPG-Bestimmungen über die Aufenthaltsbeendigung (§ 1 Abs 2 FPG; **Rechte im Asyl**). Schließlich entfaltet die Tatsache der Asylgewährung gelegentlich auch in anderen Gebieten des Verwaltungsrechts eine den Flüchtling begünstigende **Tatbestandswirkung*** („Inländergleichbehandlung", vgl zB § 14 Abs 3 GewO).

Der **Status als Asylberechtigter wird nicht gewährt**, wenn

- Österreich für das Asylverfahren unzuständig ist (§§ 4 und 5 AsylG),
- dem Fremden eine innerstaatliche Fluchtalternative offen steht (§ 11 AsylG) oder
- der Fremde einen Asylausschlussgrund (§ 6 AsylG) gesetzt hat.

Die **Unzuständigkeit** Österreichs kann sich aus Drittstaatssicherheit oder aus der Zuständigkeit eines anderen Staates ergeben. Ein Asylantrag ist unzulässig und daher zwingend zurückzuweisen, wenn der Fremde auf seiner Flucht in einem anderen Staat Schutz vor Verfolgung finden hätte können (Ausschluss des Zweitasyls – „refugee in orbit“). **Drittstaatssicherheit** besteht nach § 4 Abs 2 AsylG in jenen Staaten, in denen der Fremde nicht gem § 8 Abs 1 AsylG (reale Gefahr einer Verletzung von Art 2 oder 3 EMRK oder des 6. oder 13. ZPEMRK oder ernsthafte Bedrohung des Lebens oder der Unversehrtheit infolge willkürlicher Gewalt gegenüber Zivilpersonen im Rahmen eines internationalen oder innerstaatlichen Konfliktes) bedroht ist und dort ein Verfahren zur Einräumung der Rechtsstellung eines Flüchtlings nach der GFK offen steht oder im Wege über andere Staaten gesichert ist (dh dass der Drittstaat den Asylwerber in einen sicheren „Viertstaat“ verweisen darf) und in jenen Staaten während des Verfahrens zum Aufenthalt berechtigt ist. Drittstaatssicherheit bedeutet somit „Verfolgungsschutz iVm GFK-konformen Asylverfahren iVm Aufenthaltsrecht während des Verfahrens“.

Drittstaatssicherheit ist nach § 4 Abs 2 AsylG regelmäßig dann gegeben, wenn der Staat die GFK ratifiziert und gesetzlich ein Asylverfahren eingerichtet hat, das die Grundsätze dieser Konvention sowie die EMRK (einschließlich deren 6., 11. und 13. ZP) umgesetzt hat. GFK- und EMRK-Ratifikation bedeuten nur die widerlegbare Vermutung, dass dieser Staat „sicher“ ist; dass effektiver Schutz für den Fremden gewährt ist, kann durch konkrete Behauptungen des Betroffenen oder aber auch durch Amtswissen entkräftet werden (vgl etwa VfSlg 18.594/2008; vgl etwa EGMR 20.09.2011, 10816/10 [Lokpo und Touré gg Ungarn] oder EGMR 03.07.2014, 71932/12 zu systematischen Mängeln der Anhaltung von Asylwerbern in Ungarn). Für die Rechtsanwendung im Einzelfall bedeutet das, dass die Asylbehörde zunächst die Rechtslage im potenziellen Drittstaat – das kann nur ein solcher sein, in den der Fremde freiwillig einreisen oder notfalls zwangsweise, etwa aufgrund eines Schubabkommens, verbracht werden kann – zu ermitteln hat, und zwar bezogen auf die individuelle Situation des konkreten Asylwerbers; die Asylbehörde hat begründet darzulegen, weshalb aufgrund dieser Rechtslage gem § 4 Abs 2 zu folgern ist, dass dieser Asylwerber während des gesamten Asylverfahrens (einschließlich des gerichtlichen Überprüfungsverfahrens) in diesem Drittstaat aufenthaltsberechtigt ist (so zB VwSlg 15.013 A/1998; VwGH 19.01.2000, 99/01/0080). Wegen der Möglichkeit zur Weiterverweisung in einen „Viertstaat“ hat die österr Asylbehörde – wenn sie sich auf die Drittstaatssicherheit berufen will – die Rechtslage im Dritt-, Viert- oder Fünftstaat zu überprüfen und kann dann das Asylverfahren allenfalls dorthin „delegieren“. Besteht die Gefahr einer „Kettenabschiebung“ in ein Land, in dem der Asylwerber dem Risiko einer Verletzung des Art 3 EMRK ausgesetzt ist, müsste Österreich das Asylverfahren selbst durchführen (VfSlg 17.586/2005; VwSlg 17.102 A/2007).

Drittstaatssicherheit ist allerdings **unbeachtlich**, wenn die mit der Antragszurückweisung verbundene Ausweisung zu einer Verletzung von Art 8 EMRK führen würde, der Asylwerber EWR-Bürger ist oder nahen Angehörigen in Österreich bereits der Status als Asylberechtigte oder als subsidiär Schutzberechtigte gewährt wurde.

Eine wegen Drittstaatssicherheit erlassene Antragszurückweisung tritt nach § 4 Abs 5 AsylG **ex lege außer Kraft**, wenn der Fremde aus faktischen Gründen, die nicht in seinem Verhalten begründet sind, nicht binnen drei Monaten nach Durchsetzbarkeit der Entscheidung zurückgeschoben oder abgeschoben werden kann.

Wegen **Unzuständigkeit** ist ein Asylantrag zurückzuweisen, wenn ein anderer Staat vertraglich (zB Dänemark im Wege des Dubliner Übereinkommens) oder aufgrund der Dublin III-VO zur Prüfung zuständig ist (§ 5 AsylG).

Die „Dublin-Staaten" gelten (widerleglich) als sichere Drittstaaten (§ 5 Abs 3 AsylG). Allerdings sind nach Ansicht des EGMR (07.03.2000, 43844/98) die EU-Mitgliedstaaten durch das Dubliner Übk nicht von ihrer aus Art 3 EMRK resultierenden Verantwortung befreit. Nach VfSlg 16.122/2001 (und dem folgend etwa VwSlg 16.581 A/2005) führt eine verfassungskonforme Interpretation des § 5 AsylG dazu, dass die österr Behörde von dem in Art 3 Dubliner Übk enthaltenen Selbsteintrittsrecht Gebrauch zu machen hat, wenn eine Verletzung von Art 3 oder 8 EMRK droht; diesfalls sei von einer Zuständigkeitsentscheidung Abstand zu nehmen und eine Sachentscheidung zu treffen. Dies wurde vom VfGH im Fall der Zuständigkeit Griechenlands bei besonders schutzwürdigen Personen angenommen (vgl etwa VfSlg 19.205/2010) und bei nicht vulnerablen Personen für nicht notwendig erachtet (VfSlg 19.424/2011; aA EGMR 21.01.2011, 30696/09).

Die Dublin III-VO sieht ein Konsultationsverfahren vor, wenn ein Mitgliedstaat einen anderen für zuständig erachtet; bei Verletzung bestimmter Fristen bleibt die Zuständigkeit allerdings unberührt.

Nach § 3 Abs 3 AsylG ist der Antrag auf internationalen Schutz bezüglich der Zuerkennung des Status des Asylberechtigten **abzuweisen**, wenn dem Fremden eine innerstaatliche Fluchtalternative offen steht oder der Fremde einen Asylausschlussgrund gesetzt hat: Der Antrag auf internationalen Schutz ist nach § 11 AsylG abzuweisen, wenn Asylwerbern in einem Teil ihres Herkunftsstaates vom Staat oder sonstigen Akteuren, die den Herkunftsstaat oder einen wesentlichen Teil des Staatsgebietes beherrschen, Schutz gewährleistet werden und ihnen der Aufenthalt in diesem Teil des Staatsgebietes zugemutet werden kann (**innerstaatliche Fluchtalternative**). Darüber hinaus ist ein Fremder gem § 6 AsylG **von der Zuerkennung des Status eines Asylberechtigten ausgeschlossen**, wenn und so lange er **Schutz gem Art 1 Abschnitt D der GFK** (dh durch andere Organe bzw Organisationen der UNO als den UNHCR) genießt oder wenn einer der **in Art 1 Abschnitt F der GFK genannten Ausschlussgründe** (zB begründeter Verdacht der Begehung eines Kriegsverbrechens, Verbrechen gegen den Frieden oder gegen die Menschlichkeit, schwere nichtpolitische Verbrechen außerhalb des Zufluchtsstaates) vorliegt oder wenn aus stichhaltigen Gründen angenommen werden kann, dass der Fremde eine **Gefahr für die Sicherheit** der Republik Österreich darstellt oder wenn er von einem in- oder ausländischen Gericht wegen eines **besonders schweren Verbrechens** rechtskräftig verurteilt worden ist und wegen dieses strafbaren Verhaltens eine Gefahr für die Gemeinschaft bedeutet. Wenn ein Ausschlussgrund vorliegt, kann der Antrag auf internationalen Schutz in Bezug auf die Zuerkennung des Status des Asylberechtigten ohne weitere Prüfung abgewiesen werden.

Nach § 7 AsylG ist einem Fremden der **Status des Asylberechtigten** von Amts wegen mit Bescheid wieder **abzuerkennen**, wenn ein Asylausschlussgrund nach § 6 AsylG vorliegt, einer der in Art 1 Abschnitt C der GFK angeführten Endigungsgründe (zB freiwillige Rückkehr in den Verfolgerstaat, Erwerb einer Schutz gewährenden Staatsbürgerschaft) eingetreten ist, der Asylberechtigte den Mittelpunkt seiner Lebensbeziehungen in einem anderen Staat hat oder der Asylberechtigte straffällig geworden ist. Ein Aberkennungsverfahren ist ferner einzuleiten, wenn sich aus der Herkunftsstaatenanalyse (§ 3 Abs 4a AsylG) ergibt, dass es dort zu einer wesentlichen, dauerhaften Veränderung der Verhältnisse gekommen ist und die Furcht vor Verfolgung idR nicht mehr bestehen wird (§ 7 Abs 2a AsylG).

2. Status des subsidiär Schutzberechtigten

Der Status des subsidiär Schutzberechtigten ist nach § 8 AsylG einem Fremden zuzuerkennen, dessen in Österreich gestellter **Antrag auf internationalen Schutz abgewiesen** wird oder dem der **Status des Asylberechtigten aberkannt** worden ist, wenn eine Zurückweisung, Zurückschiebung oder Abschiebung des Fremden in seinen Herkunftsstaat eine **reale Gefahr einer Verletzung von Art 2 oder 3 EMRK oder des 6. oder 13. ZPEMRK** bedeuten würde **oder** für ihn als Zivilperson eine **ernsthafte Bedrohung des Lebens oder der Unversehrtheit** infolge willkürlicher Gewalt im Rahmen eines internationalen oder innerstaatlichen **Konfliktes** mit sich bringen würde.

Die Zuerkennung der subsidiären Schutzberechtigung erfolgt von Amts wegen; die Behörde hat das Vorliegen der Voraussetzungen zu prüfen, wenn sie einen Asylantrag abweist oder die Asylberechtigung aberkennt. Die Entscheidung über die Zuerkennung des Status des subsidiär Schutzberechtigten ist mit der abweisenden Entscheidung nach § 3 AsylG oder der Aberkennung des Status des Asylberechtigten nach § 7 AsylG zu verbinden. Anträge auf internationalen Schutz sind bezüglich der Zuerkennung des Status des subsidiär Schutzberechtigten abzuweisen, wenn eine innerstaatliche Fluchtalternative (§ 11 AsylG) offen steht. Einem Fremden, dem der Status des subsidiär Schutzberechtigten zuerkannt wird, ist von der zuerkennenden Behörde gleichzeitig eine auf ein Jahr befristete (und jeweils um zwei Jahre verlängerbare) Aufenthaltsberechtigung als subsidiär Schutzberechtigter zu erteilen. Der Status des subsidiär Schutzberechtigten erlischt, wenn dem Fremden der Status des Asylberechtigten zuerkannt wird. Nach § 9 AsylG ist der Status eines subsidiär Schutzberechtigten von Amts wegen mit Bescheid abzuerkennen, wenn die Voraussetzungen für die Zuerkennung des Status des subsidiär Schutzberechtigten (§ 8 Abs 1 AsylG) nicht oder nicht mehr vorliegen, wenn der Fremde den Mittelpunkt seiner Lebensbeziehungen in einem anderen Staat hat oder wenn er die Staatsangehörigkeit eines anderen Staates erlangt hat und eine Zurückweisung, Zurückschiebung oder Abschiebung des Fremden in seinen neuen Herkunftsstaat keine reale Gefahr einer Verletzung von Art 2 oder 3 EMRK oder des 6. oder 13. ZPEMRK oder für ihn als Zivilperson keine ernsthafte Bedrohung des Lebens oder der Unversehrtheit infolge willkürlicher Gewalt im Rahmen eines internationalen oder innerstaatlichen Konfliktes mit sich bringen würde. Die Aberkennung hat weiters zu erfolgen, wenn ein Asylausschließungsgrund iSd Art 1 Abschnitt F GFK vorliegt, der Fremde eine Gefahr für die Allgemeinheit oder die Sicherheit Österreichs darstellt oder der Fremde im Inland wegen eines Verbrechens rechtskräftig verurteilt wurde. Die Aberkennung des Status des subsidiär Schutzberechtigten ist mit dem Entzug der Aufenthaltsberechtigung als subsidiär Schutzberechtigter zu verbinden.

3. Antragstellung, Antragseinbringung und Zulassungsverfahren

Nach § 2 Abs 1 Z 13 AsylG ist ein „Antrag auf internationalen Schutz" das – auf welche Weise auch immer artikulierte – Ersuchen eines Fremden in Österreich, sich dem Schutz Österreichs unterstellen zu dürfen (schriftliche Anträge sind allerdings nur in Österreich geborenen Kindern gestattet [§§ 17 Abs 3 iVm 25 Abs 1 Z 4 AsylG]). Das AsylG geht also davon aus, dass der Ort der **Antragstellung in Österreich** liegen muss. Ein Antrag auf internationalen Schutz ist nach § 17 Abs 1 AsylG gestellt, wenn ein Fremder in Österreich vor einem Organ des öffentlichen Sicherheitsdienstes, einer Sicherheitsbehörde oder bei einer Erstaufnahmestelle um Schutz vor Verfolgung ersucht. Die Antragstellung löst den **faktischen Abschiebeschutz** (§ 12 AsylG) aus: Der Schutzsuchende kann bis zum Abschluss des Verfahrens nicht zurückgewiesen, zurückgeschoben oder abgeschoben werden; sein **Aufenthalt ist zunächst geduldet.** Wird das Asylverfahren zugelassen, ist der Fremde bis zur Erlassung einer durchsetzbaren Entscheidung, bis zur Einstellung oder Gegenstandslosigkeit des Verfahrens oder bis zum Verlust des Aufenthaltsrechts zum **Aufenthalt im Bundesgebiet berechtigt** (§ 13 AsylG). Für **Folgeanträge** enthält § 12a AsylG eine Sonderregelung hinsichtlich des faktischen Abschiebeschutzes.

Die Organe des öffentlichen Sicherheitsdienstes* haben unmittelbar nach der Antragstellung oder in der Erstaufnahmestelle eine **erste Befragung und erkennungsdienstliche Behandlung** durchzuführen, um die Identität und die Reiseroute, nicht jedoch auch die Fluchtgründe zu ermitteln (§ 19 Abs 1 AsylG; §§ 42 bis 45 BFA-VG).

Nach **Einbringung des Antrages** auf internationalen Schutz ist das eigentliche Asylverfahren mit dem Zulassungsverfahren zu beginnen. In diesem vom BFA geführten **Zulassungsverfahren** (§§ 28 bis 30 AsylG) geht es primär um die Frage, ob Österreich zur Behandlung des Antrags überhaupt zuständig ist. Das Verfahren ist zuzulassen, wenn der Antrag voraussichtlich nicht zurückzuweisen ist (Drittstaatssicherheit, Zuständigkeit eines anderen Staates, res iudicata). Soweit dies nicht bereits zuvor erfolgt ist, ist eine Befragung zur Identität und Reiseroute sowie die Durchsuchung und erkennungsdienstliche Behandlung durchzuführen; es hat eine Einvernahme durch das BFA stattzufinden; erfolgt binnen 20 Tagen ab Antragseinbringung keine Zurückweisung, so gilt der Antrag als zugelassen, wobei es Ausnahmen von dieser Frist gibt (zB Dublin-Konsultationen, mangelnde Mitwirkung des Antragstellers, etc); während des Zulassungsverfahrens kann die Bewegungsfreiheit eingeschränkt werden und es bestehen besondere Meldeverpflichtungen (§ 15a AsylG). Im Fall der Zulassung ist eine **Aufenthaltsberechtigungskar-**

te (§ 51 AsylG) auszustellen **oder** gleich die **Asylberechtigung** zuzuerkennen. Beabsichtigt das BFA hingegen die Antragsabweisung oder -zurückweisung, so ist dies dem Asylwerber (mittels nicht abgesondert bekämpfbarer Verfahrensanordnung) mitzuteilen. Diese **Mitteilung** hat zwei Rechtsfolgen: Zum einen ist dem Asylwerber ein vom Bund zu bezahlender **Rechtsberater** amtswegig zur Seite zu stellen und beide sind zu einer Einvernahme zu laden; zum anderen gilt damit ex lege das Aufenthaltsbeendigungsverfahren als eingeleitet (§ 27 Abs 1 Z 1 AsylG) und die Fremdenpolizeibehörde kann den Asylwerber in **Schubhaft** nehmen (§ 76 Abs 2 Z 2 FPG). Sonderregelungen bestehen ferner für das Verfahren bei der Erstaufnahmestelle Flughafen Schwechat („Flughafenverfahren"; §§ 31 bis 33 AsylG).

Zugelassene Asylanträge sind vom BFA in einem zweiten Verfahrensabschnitt auf ihre Begründetheit, dh auf das Vorliegen der Flüchtlingseigenschaft des Antragstellers, hin zu überprüfen.

Im **Ausland** können **Asylanträge** nur von **Familienangehörigen** gestellt werden (§ 35 AsylG). Die österr Berufsvertretungsbehörde hat dem Fremden ein Visum zur Einreise zu erteilen, wenn das BFA mitgeteilt hat, dass die Gewährung des Status des Asylberechtigten oder des subsidiär Schutzberechtigten wahrscheinlich ist. Eine derartige Mitteilung darf das BFA nur machen, wenn das zu befassende BMI mitgeteilt hat, dass eine Einreise den öffentlichen Interessen nach Art 8 Abs 2 EMRK nicht widerspricht. Die Berufsvertretungsbehörde hat weiters den Fremden zu informieren, dass der Antrag erst nach persönlicher Stellung in der Erstaufnahmestelle als eingebracht gilt (§ 17 Abs 2 AsylG). Den Familienangehörigen von subsidiär Schutzberechtigten wird die Einreise erst nach der ersten Verlängerung der österr Schutzberechtigung gewährt, sofern nicht mit einem Wegfall der Gefährdungslage zu rechnen ist.

Die **Zurückziehung eines Antrags** auf internationalen Schutz ist im Verfahren vor dem BFA nicht möglich (außer der Fremde ist rechtmäßig niedergelassen [§ 2 Abs 2 NAG]), über den Antrag ist abzusprechen; die Zurückziehung im Verfahren vor dem BVwG gilt als Zurückziehung der Beschwerde (§ 25 Abs 2 AsylG).

Abweichend von § 73 Abs 1 AVG ist **über einen Antrag auf internationalen Schutz längstens binnen 15 Monaten** zu entscheiden (§ 22 Abs 1 AsylG). Dem Fremden, dem der Status des Asylberechtigten zuerkannt wurde, ist eine **Karte für Asylberechtigte** auszustellen (§ 51a AsylG).

Die §§ 36 bis 41 AsylG räumen der BReg die Möglichkeit ein, auf einen **außergewöhnlichen Zustrom an Schutzsuchenden** und einer damit verbundenen Krisensituation (Gefährdung der öffentlichen Ordnung und inneren Sicherheit, Beeinträchtigung staatlicher [Unterstützungs-]Systeme) mit einem **„Notstandsrecht"** zu reagieren: Die BReg kann im Einvernehmen mit dem HANR mit Verordnung feststellen, dass eine Gefährdung vorliegt; wenn zeitgleich Grenzkontrollen an den Binnengrenzen (§ 10 Abs 2 GrekoG) durchgeführt werden, müssen die nicht einreise- und aufenthaltsberechtigten Drittstaatsangehörigen den Antrag auf internationalen Schutz bereits bei der – angestrebten – Einreise stellen (§ 38 AsylG). Sonderregelungen gelten in diesem Szenario insb für den faktischen Abschiebeschutz (§ 39 AsylG) und für die Hinderung an der Einreise, der Zurückweisung und der Zurückschiebung (§§ 40 und 41 AsylG). Ein „Krisenrecht" ist nach Art 72 AEUV zulässig, sofern es verhältnismäßig ist und insb die Grundrechte beachtet. Abgewichen wird insb von Art 6, 9 und 31 VerfahrensRL sowie Art 3 und 20 Dublin III-VO.

4. Einstellung und Gegenstandslosigkeit des Asylverfahrens

Neben der bescheidförmigen Asylgewährung bzw der Zurück- oder Abweisung des Asylantrages kennt das AsylG mehrere Möglichkeiten, das Verfahren formlos einzustellen bzw als gegenstandslos abzulegen. Die **Einstellung** des Verfahrens (§ 24 AsylG) hat zu erfolgen, wenn sich der Asylwerber dem Verfahren entzogen hat (dh sein Aufenthaltsort wegen Verletzung seiner Mitwirkungspflichten weder bekannt noch sonst durch das BFA oder das BVwG leicht feststellbar ist oder er das Bundesgebiet freiwillig verlassen hat oder er trotz Aufforderung zu den ihm vom BFA im Zulassungsverfahren gesetzten Terminen nicht kommt) und eine Entscheidung ohne eine allenfalls weitere Einvernahme oder Verhandlung nicht erfolgen kann; bei freiwilliger Abreise des Fremden in den Herkunftsstaat ist das noch nicht entscheidungsreife Asylverfahren ebenfalls einzustellen. Die Einstellung erfolgt mittels Aktenvermerk, das Verfahren kann aber von Amts wegen fortgesetzt werden, sobald die Feststellung des maßgeblichen Sachverhalts möglich ist oder der Fremde sich nach einer Wiedereinreise nicht rechtmäßig im Bundesgebiet aufhält. Bestimmte Anträge können auch als **gegenstandslos** abgelegt werden (§ 25 AsylG): Anträge im Familienverfahren, wenn dem antragstellenden Angehörigen die Einreise nicht gewährt wird sowie schriftliche Asylanträge (mit Ausnahme jener von in Österreich geborenen Kindern). Die Ablegung der Anträge erfolgt formlos; diese Verfahren können nicht mehr fortgesetzt oder wieder aufgenommen werden.

5. Asylrechtliche Rückkehrentscheidung

Nach § 10 Abs 1 AsylG sind **folgende Entscheidungen mit einer Rückkehrentscheidung** zu verbinden:

- die Zurückweisung des Antrags auf internationalen Schutz (§§ 4, 4a und 5 AsylG);
- die Abweisung des Antrags auf internationalen Schutz sowohl bezüglich der Zuerkennung des Status des Asylberechtigten als auch der Zuerkennung des Status des subsidiär Schutzberechtigten;
- die Aberkennung des Status als Asylberechtigten, wenn es nicht gleichzeitig zur Zuerkennung des Status des subsidiär Schutzberechtigten kommt, oder
- die Aberkennung des Status als subsidiär Schutzberechtigten.

Asylrechtliche Rückkehrentscheidungen sind allerdings **unzulässig**, wenn dem Fremden ein nicht auf das AsylG gestütztes Aufenthaltsrecht zukommt oder die Ausweisung eine Verletzung von Art 8 EMRK darstellen würden. Dabei sind insb Art und Dauer des bisherigen Aufenthalts, das Bestehen eines Familienlebens, die Schutzwürdigkeit eines Privatlebens, der Grad der Integration, die Bindung zum Herkunftsstaat, die Unbescholtenheit, etc zu berücksichtigen.

Ein asylrechtliches Aufenthaltsbeendigungsverfahren gilt nach § 27 AsylG ex lege als eingeleitet, wenn im Zulassungsverfahren dem Fremden mitgeteilt wurde, dass die Zurück- oder Abweisung beabsichtigt sei (§ 29 Abs 3 Z 4 oder 5 AsylG) und das Verfahren vor dem BVwG einzustellen war, weil sich der Fremde dem Verfahren entzogen hat. Darüber hinaus ist ein Aufenthaltsbeendigungsverfahren einzuleiten, wenn die bisher vorliegenden Ermittlungen die Annahme rechtfertigen, dass der Antrag ab- oder zurückzuweisen sein wird und wenn ein besonderes öffentliches Interesse an der beschleunigten Durchführung eines Verfahrens besteht (vgl dazu § 27 Abs 3 AsylG: Straffälligkeit). Die Einleitung des Aufenthaltsbeendigungsverfahrens ist mit Aktenvermerk zu dokumentieren, stellt also keinen Schubhaftbescheid dar. Dieser ist vom BFA gesondert zu erlassen (§ 76 Abs 2 FPG). Ein Verfahren, bei dem ein Verfahren zur Erlassung einer aufenthaltsbeendenden Maßnahme eingeleitet worden ist, ist schnellstmöglich, längstens jedoch binnen je drei Monaten nach Einleitung des Ausweisungsverfahrens oder nach Ergreifung einer Beschwerde, der aufschiebende Wirkung zukommt, zu entscheiden (§ 27 Abs 8 AsylG). Ein „beschleunigtes Verfahren" kann in jenen Fällen geführt werden, in denen nach § 18 Abs 1 BFA-VG die aufschiebende Wirkung gegen eine Beschwerde ausgeschlossen werden kann (zB Asylwerber aus sicherem Herkunftsstaat; vgl unten 7.) (§ 27a AsylG).

Die Zuständigkeit der Asylbehörde zur Ausweisung ist kompetenzrechtlich verfassungskonform; die Ausweisung hat jedoch zu unterbleiben, wenn der Asylwerber dadurch in seinem Grundrecht nach Art 8 EMRK verletzt würde (VfSlg 17.516/2005, 17.340/2004, 16.221/2001). Ein zweijähriges Kind darf nicht ohne seine Eltern ausgewiesen werden (VwGH 12.12.2007, 2007/19/1054). Zur Abschiebung eines psychisch kranken Asylwerbers bei gewährleisteter medizinischer Versorgung im Zielland vgl VfSlg 18.407/2008.

6. Zwangsbefugnisse gegenüber Asylsuchenden

Das BFA kann gegen einen Fremden, der sich dem Verfahren entzogen hat, einen **Festnahmeauftrag** (§ 34 Abs 4 BFA-VG) erlassen. Wird der Fremde dann von Organen des öffentlichen Sicherheitsdienstes* angehalten, so ist dies dem BFA unverzüglich mitzuteilen und von diesem zu bestimmen, ob er in eine Erstaufnahmestelle oder Regionaldirektion vorzuführen ist. Die korrespondierende Bestimmung zum Festnahmeauftrag ist die **Festnahmeermächtigung** nach § 40 Abs 2 BFA-VG: Zum Zweck der Vorführung vor das BFA können Asylwerber festgenommen werden, wenn sie nicht zum Aufenthalt im Bundesgebiet berechtigt sind oder gegen sie ein Festnahmeauftrag erlassen worden ist. Als weitere Einschränkung der persönlichen Freiheit sieht § 40 Abs 6 BFA-VG vor, dass die Organe des öffentlichen Sicherheitsdienstes die im Rahmen des Flughafenverfahrens zurückgewiesenen Asylwerber **an der Einreise in das Bundesgebiet hindern** können.

Die Organe des öffentlichen Sicherheitsdienstes haben außerdem **Vorführungen** zur Erstaufnahmestelle zu machen (§§ 40, 43 und 45 BFA-VG), Fremde einer ersten **Befragung** zu unterziehen (§ 43 BFA-VG iVm § 19 Abs 1 AsylG), ihre Kleidung und mitgeführten Behältnisse zu **durchsuchen** (§ 38 BFA-VG), **Beweismittel sicherzustellen** (§ 39 BFA-VF) sowie **erkennungsdienstliche Behandlungen** durchzuführen (§ 24 BFA-VG). Die Exekutivorgane dürfen weiters Verfahrenskarten (§ 50 AsylG), Aufenthaltsberechtigungskarten (§ 51 AsylG) und Karten für subsidiär Schutzberechtigte (§ 52 AsylG) abnehmen, welche das BFA dem Fremden entzogen hat (§§ 46 BFA-VG).

Zur Durchsetzung dieser Befugnisse sind die Organe des öffentlichen Sicherheitsdienstes* zur Ausübung von **unmittelbarer Zwangsgewalt*** ermächtigt; die Organe haben den Betroffenen die Ausübung unmittelbarer Zwangsgewalt allerdings anzudrohen und anzukündigen (§ 47 Abs 1 BFA-VG).

Eine weitere Ermächtigungen zu Freiheitsbeschränkungen enthält das FPG: Gegen einen Asylwerber kann vom BFA die **Schubhaft** zum Zwecke der Sicherung des Verfahrens zur Erlassung einer Rückkehrentscheidung, zur Erlassung einer Anordnung einer Außerlandesbringung oder zur Sicherung einer Abschiebung" angeordnet werden (§ 76 Abs 2 FPG). Die Durchführung und die Dauer der Schubhaft richten sich nach den Bestimmungen des FPG. Allerdings sieht § 22 Abs 6 AsylG eine Verfahrensbeschleunigung vor: Befindet sich der Asylwerber in Schubhaft, so ist sein Verfahren vom BFA bzw BVwG vordringlich zu behandeln und schnellstmöglich, längstens jedoch binnen je drei Monaten zu entscheiden.

Nach VfSlg 17.891/2006 ist bei der Verfügung präventiver Freiheitsbeschränkungen der Grundsatz der Verhältnismäßigkeit besonders zu beachten. Die Ermächtigung des § 76 Abs 2 Z 4 FPG, wonach die Schubhaft verhängt werden kann, wenn (bloß) „anzunehmen" ist, dass der Antrag mangels Zuständigkeit Österreichs zurückgewiesen wird, ist daher verfassungskonform dahin gehend auszulegen, dass die Erforderlichkeit der Schubhaft und die Nichtanwendung gelinderer Mittel (§ 77 FPG) besonders zu prüfen und zu begründen sind. Das Vorliegen einer – wenn auch noch nicht rechtskräftigen – Ausweisung rechtfertigt für sich alleine betrachtet noch nicht die Verhängung oder Aufrechterhaltung der Schubhaft über einen Asylwerber (VfSlg 17.918/2006).

7. BVwG-Beschwerde

In Abweichung vom AVG bzw VwGVG regelt das BFA-VG die aufschiebende Wirkung von Beschwerden:

- Einer Beschwerde gegen eine Entscheidung, mit der ein Antrag auf internationalen Schutz zurückgewiesen wird, kommt eine **aufschiebende Wirkung nicht** zu (§ 16 Abs 2 BFA-VG). Die Entscheidung ist dann durchsetzbar, wobei allerdings das Ende der Rechtsmittelfrist abzuwarten ist (Abs 4).

- Einer Beschwerde gegen eine mit einer Antragszurückweisungsentscheidung verbundenen Aufenthaltsbeendigungsentscheidung kommt die **aufschiebende Wirkung** nur zu, **wenn** sie **vom BVwG zuerkannt** wird (§ 17 Abs 1 AsylG). Dieser ist binnen einer Woche ab Beschwerdevorlage die aufschiebende Wirkung zuzuerkennen, wenn anzunehmen ist, dass eine Zurückweisung, Zurückschiebung oder Abschiebung des Fremden in den Staat, in den die Ausweisung lautet, eine reale Gefahr einer Verletzung von Art 2 oder 3 EMRK oder des 6. oder 13. ZPEMRK bedeuten würde oder für ihn als Zivilperson eine ernsthafte Bedrohung des Lebens oder der Unversehrtheit infolge willkürlicher Gewalt im Rahmen eines internationalen oder innerstaatlichen Konfliktes mit sich bringen würde.
- Einer Beschwerde gegen die Asylantragsabweisung kann das **BFA** die **aufschiebende Wirkung aberkennen**, wenn der Asylwerber aus einem sicheren Herkunftsstaat (§ 19 BFA-VG: alle anderen EU-Staaten sowie Australien, Island, Kanada, Liechtenstein, Neuseeland, Norwegen und die Schweiz; nach der HerkunftsstaatenV auch alle jugoslawischen Nachfolgestaaten [einschließlich Kosovo], Albanien, Mongolei, Ghana, Marokko, Algerien, Tunesien und Georgien) stammt (Z 1), wenn er sich vor der Antragstellung schon mindestens drei Monate in Österreich aufgehalten hat (Z 2), wenn er das BFA über seine wahre Identität, seine Staatsangehörigkeit oder die Echtheit seiner Dokumente trotz Belehrung über die Folgen zu täuschen versucht hat (Z 3), wenn er keine Verfolgungsgründe vorgebracht hat (Z 4) oder seine Ausführungen zur Bedrohungssituation offensichtlich nicht den Tatsachen entsprechen (Z 5) oder wenn gegen den Asylwerber vor Stellung des Antrags auf internationalen Schutz eine durchsetzbare Ausweisung und ein durchsetzbares Aufenthaltsverbot erlassen worden ist (Z 6). Das **BVwG** hat der Beschwerde, der die aufschiebende Wirkung vom BAA aberkannt wurde, binnen einer Woche ab Beschwerdevorlage mit Beschluss die **aufschiebende Wirkung zuzuerkennen**, wenn anzunehmen ist, dass eine Zurückweisung, Zurückschiebung oder Abschiebung des Fremden in seinen Herkunftsstaat eine reale Gefahr einer Verletzung von Art 2 oder 3 EMRK oder des 6. oder 13. ZPEMRK bedeuten würde oder für ihn als Zivilperson eine ernsthafte Bedrohung des Lebens oder der Unversehrtheit infolge willkürlicher Gewalt im Rahmen eines internationalen oder innerstaatlichen Konfliktes mit sich bringen würde.

Im Beschwerdeverfahren gilt ein **eingeschränktes Neuerungsverbot**. Nach § 20 BFA-VG dürfen neue Tatsachen und Beweismittel nur vorgebracht werden, wenn sich der Sachverhalt, der der Entscheidung zu Grunde gelegt wurde, nach der Entscheidung erster Instanz maßgeblich geändert hat, wenn das Verfahren erster Instanz mangelhaft war, wenn diese dem Asylwerber bis zum Zeitpunkt der Entscheidung erster Instanz nicht zugänglich waren oder wenn der Asylwerber nicht in der Lage war, diese vorzubringen. Am Verfahren vor dem BVwG (vgl insb § 21 BFA-VG) nimmt auch das BFA teil und kann dort Anträge und Fragen stellen. Eine **mündliche Verhandlung kann unterbleiben** bei der Zuerkennung der aufschiebenden Wirkung einer Beschwerde und bei Beschwerden gegen zurückweisende Entscheidungen im Zulassungsverfahren (§ 21 Abs 6a BFA-VG) sowie wenn der Sachverhalt aus der Aktenlage geklärt erscheint (§ 21 Abs 7 BFA-VG). Der VwGH (28.05.2014, 2014/20/0017) hat dafür folgende Kriterien genannt: Sachverhaltserhebung in einem ordentlichen Ermittlungsverfahren, Aktualität des erhobenen Sachverhalts, Vollständigkeit der Sachverhaltserhebung, Offenlegung der tragenden Beweiswürdigung durch das BFA (und gleiches Beweiswürdigungsergebnis des BVwG), kein substantiiertes neues Sachverhaltsvorbringen in der Beschwerde. Wird einer Beschwerde gegen eine Entscheidung des BFA über das **Zulassungsverfahren** stattgegeben, so gilt das Asylverfahren als zugelassen (§ 21 Abs 3 BFA-VG).

Das BVwG überprüft ferner die Aufhebung des faktischen Abschiebungsschutzes in Fällen von Folgeanträgen (§ 22 BFA-VG).

8. Datenverwendung

Die §§ 23 ff BFA-VG enthalten eine Reihe von **Sonderbestimmungen**, die tw Abweichungen vom und tw Ergänzungen zum **SPG bzw DSG** enthalten. In bestimmten Fällen ist eine **erkennungsdienstliche Behandlung** (vgl § 64 SPG; → *Sicherheitspolizeirecht*) von Fremden vorgesehen (§ 24 BFA-VG). Es besteht eine **besondere Mitwirkungspflicht**; auch eine zwangsweise Vorführung zur erkennungsdienstlichen Behandlung ist zulässig (§ 25 BFA-VG). Die **Verwendung, Übermittlung und Löschung erkennungsdienstlicher Daten** sind besonders geregelt (zentrale Verfahrensdatei, Informationsverbund, internationaler Datenverkehr, etc).

9. Grundversorgung

Die **Grundversorgung** umfasst die Bereitstellung elementarer Leistungen (Unterbringung, Verpflegung, Taschengeld, medizinische Untersuchung, etc; vgl Art 6 GVV), um Asylwerbern einen materiellen Mindeststandard zu gewährleisten. Diese Leistungen erhalten Fremde im Zulassungsverfahren und im zugelassenen Verfahren, Fremde mit negativem Asylbescheid, die aus rechtlichen oder tatsächlichen Gründen nicht abgeschoben werden können, sowie Fremde, deren Asylantrag zurück- oder abgewiesen wurde, solange sie in einer Bundesbetreuungseinrichtung (vgl die Auflistung in der Bundesbetreuungseinrichtungen-BetretungsV) untergebracht sind. Auf die Gewährung der Leistungen besteht ein **Rechtsanspruch**, doch können diese auch eingeschränkt, unter Auflagen gewährt oder entzogen werden. Grundvoraussetzung für die Leistungsgewährung ist die Hilfsbedürftigkeit (vgl Art 2

Abs 1 GVV). Zum BVG über die Unterbringung und Aufteilung von hilfs- und schutzbedürftigen Fremden („DurchgriffsBVG", BGBl I 120/2015) vgl oben II.1.

Das **BFA** ist für die Verwaltungsverfahren nach dem GVG-B die zuständige Behörde erster Instanz; über Beschwerden entscheidet das **BVwG**; der BMI kann Revision an den VwGH erheben. Die Grundversorgungsleistungen des Bundes werden direkt vom BMI organisiert. Die landesrechtlichen Vorschriften werden idR von der **LReg** bzw der **BVB** vollzogen; Beschwerdeinstanz ist das **LVwG.** Oftmals werden Grundversorgungsleistungen aber auch im Rahmen der Privatwirtschaftsverwaltung* erbracht (und nur bei Nichtgewährung, Einschränkung oder Entziehung auf die bescheidförmige Erledigung zurückgegriffen).

10. Behörden und Verfahren

Als **Asylbehörde erster und letzter Instanz** ist als zentrale Sonderbehörde das **Bundesamt für Fremdenwesen und Asyl (BFA)** eingerichtet. Den Regionaldirektionen des BFA kommt keine eigene Behördenqualität zu. Auch die Erstaufnahmestellen sind Teil des BFA (§ 4 BFA-G). Gem § 1 BFA-G-DV bestehen derzeit drei Erstaufnahmestellen: „Ost" (Traiskirchen), „West" (Thalham/St. Georgen im Attergau) und „Flughafen" (Schwechat). Dem BFA obliegt auch der Informationsaustausch in „Dublin-Verfahren" sowie die Führung der öffentlich zugänglichen „Staatendokumentation" (§ 5 BFA-G: Erfassung der relevanten Tatsachen zur Situation in den betreffenden Staaten).

Gegen Bescheide des BFA oder gegen die Verletzung der Entscheidungspflicht durch das BFA kann **Beschwerde an das BVwG** eingebracht werden (§ 7 BFA-VG).

Der BMI kann gegen die BVwG-Erkenntnisse oder -Beschlüsse beim VwGH Revision erheben (§ 8 BFA-VG).

Grundsätzlich ist in Asylverfahren das AVG anzuwenden (Art I Abs 2 EGVG). Es bestehen jedoch **zahlreiche besondere Verfahrensbestimmungen.** Diese müssen in Hinblick auf Art 11 Abs 2 B-VG zur Regelung des Gegenstandes unerlässlich sein (VfSlg 15.218/1998).

Vom AVG bzw VwGVG abweichend geregelt sind im AsylG etwa

- die **Handlungsfähigkeit von Minderjährigen** (§§ 10 BFA-VG),
- die **Einbringung von Anträgen** (§ 17 AsylG: nicht schriftlich),
- die **Unzulässigkeit der Antragszurückziehung** (§ 25 Abs 2 AsylG),
- die **Fremdsprachenregelungen** (zB § 17 Abs 9 AsylG: Merkblatt über Pflichten und Rechte; § 12 BFA-VG: Spruch und Rechtsmittelbelehrung in einer dem Asylwerber verständlichen Sprache),
- die Stellung der **Traumatisierten** und der **Opfer von Eingriffen in die sexuelle Selbstbestimmung** (§§ 20 und 30 AsylG),

- die besondere **Verfahrensstellung des Flüchtlingshochkommissars** der Vereinten Nationen (UNHCR; § 63 AsylG),
- die kostenlose zur Seite Stellung eines **Rechtsberaters** (§§ 49 ff BFA-VG),
- besondere **Mitwirkungspflichten** (§ 15 AsylG),
- das **Beweisverfahren** im Asylverfahren (zB Vernehmung durch entscheidenden Organwalter: § 19 Abs 2 AsylG),
- die Möglichkeit **radiologischer Untersuchungen** zur Feststellung der Minderjährigkeit (§ 13 Abs 3 BFA-VG),
- die vielfach **verkürzten Entscheidungsfristen** (§ 22 Abs 6, § 27 Abs 8, § 33 Abs 4 AsylG; § 21 Abs 2a BFA-VG),
- die **Verfahrenseinstellung** wegen Abwesenheit des Asylwerbers (§ 24 AsylG),
- die zT **verkürzten Rechtsmittelfristen** (§ 33 Abs 3 AsylG; zur Unzulässigkeit einer zweitägigen Berufungsfrist im Asylverfahren vgl VfSlg 15.218/1998, 15.369/1998, 15.520/1999),
- der **Ausschluss der aufschiebenden Wirkung** von Beschwerden (§§ 16 ff BFA-VG),
- das eingeschränkte **Neuerungsverbot** im Beschwerdeverfahren (§ 20 Abs 1 BFA-VG),
- das **Beschwerdeverfahren vor dem BVwG**, wo uU eine mündliche Verhandlung unterbleiben kann (§ 21 Abs 7 BFA-VG; vgl allerdings VwGH 28.05.2014, 2014/20/0017).
- Darüber hinaus gelten zustellrechtliche Sondervorschriften (zB § 11 BFA-VG).

Susanne Bachmann

Staatsbürgerschaftsrecht

Rechtsgrundlagen

Kompetenzgrundlagen

Art 11 Abs 1 Z 1 B-VG („Staatsbürgerschaft").

Verfassungsrechtliche Bezüge

Art 6 Abs 1 B-VG (einheitliche Staatsbürgerschaft); Art III B-VGNov 1988 BGBl 685 (Teilung in Bundes- und Landesbürgerschaft erst durch besondere bundesverfassungsrechtliche Regelung); Art 6 Abs 2 B-VG (Landesbürgerschaft);

Bestimmungen über die Landesbürgerschaft in den Landesverfassungen: Art 5 bgld L-VG, Art 3 nö LV, Art 3 oö L-VG, Art 4 sbg L-VG, Art 3 stmk L-VG, Art 3 tir LO, Art 3 vlbg L-VG.

Europarechtliche Bezüge

Art 18 bis 25 AEUV („Nichtdiskriminierung und Unionsbürgerschaft"); Art 21 Abs 2 GRC (Nichtdiskriminierung); Art 39 ff GRC (Bürgerrechte).

Völkerrechtliche Bezüge

UN-Konvention vom 20.02.1957 über die Staatsbürgerschaft der verheirateten Frau (BGBl 238/1968, tw gesetzändernd), UN-Konvention vom 30.08.1961 zur Verminderung der Staatenlosigkeit (BGBl 538/1974, mit Erfüllungsvorbehalt ratifiziert), Europarat-Konvention vom 06.05.1963 über die Verminderung der Fälle mehrfacher Staatsangehörigkeit und über die Militärdienstpflicht in Fällen mehrfacher Staatsangehörigkeit (BGBl 471/1975 idF 145/1976, gesetzändernd), Europarat-Konvention über Staatsangehörigkeit (BGBl III 39/2000, gesetzändernd und gesetzesergänzend), Übereinkommen über die Rechtsstellung der Staatenlosen (BGBl III 81/2008 idF III 212/2013), Übereinkommen des Europarates über die Vermeidung von Staatenlosigkeit in Zusammenhang mit Staatennachfolge (BGBl III 146/2010).

Dazu kommen bilaterale Verträge, zB das Abkommen mit Dänemark über den Austausch von Einbürgerungsmitteilungen (BGBl 40/1964).

Gesetze und sonstige Rechtsgrundlagen

StaatsbürgerschaftsG (StbG) 1985, BGBl 311/1985 idF I 104/2014; StaatsbürgerschaftsV 1985, BGBl 329/1985 idF II 323/2013; StaatsbürgerschaftsprüfungsV, BGBl II 138/2006 idF II 260/2013; Verordnung der BReg über das Verfahren zur Erlangung einer Bestätigung gem § 10 Abs 6 des StbG 1985, BGBl II 39/2014; StaatsbürgerschaftsprüfungsV der Länder, zB oö Verordnung über die Prüfung der Grundkenntnisse der Geschichte Oberösterreichs, LGBl 53/2006.

Literaturauswahl

Monografien – Kommentare

Thienel, Österreichisches Staatsbürgerschaftsrecht I: Historische Entwicklung und völkerrechtliche Grundlagen (1989), II: Verfassungsrechtliche Grundlagen und materielles Staatsbürgerschaftsrecht (1990); *Fessler ua*, Das neue österreichische Staatsbürgerschaftsrecht[7] (2006); *Unterweger*, Staatsbürgerschaftsgesetz, Kurzkommentar (2007); [*Ohne Autor*], Staatsbürgerschaftsgesetz, Texte Materialien Judikatur[4] (2014); *Fasching*, Staatsbürgerschaftsrecht im Wandel (2015).

Beiträge

Feik, Unionsbürgerschaft und Aufenthaltsrecht, in Wiederin (Hrsg), Neue Perspektiven im Ausländerrecht (1996) 7; *Feik*, Staatsbürgerschaft als Mittel oder als Folge der Integration einer nichtösterreichischen Person, JRP 2003, 96; *Hinghofer-Szalkay*, Zentrales Personenstandsregister und Zentrales Staatsbürgerschaftsregister, SIAK-Journal 2013/1, 55; *Kolonovits*, Staatsbürgerschaftsrecht, in Hammer ua (Hrsg), Besonderes Verwaltungsrecht (2012) 191; *Lukits*, Der Einfluss des Unionsrechts auf das Staatsbürgerschaftsrecht der Mitgliedstaaten, migraLex 2014, 14; *Novak*, Grundsätze des österreichischen Staatsbürgerschaftsrechts, ZÖR 19 (1969) 145; *Obwexer*, Neue Rechte für Studenten aus der Unionsbürgerschaft, ecolex 2005, 575; *Pöschl*, Wahlrecht und Staatsbürgerschaft, in FS Schäffer (2006) 633; *Raschauer*, „Ermessen" als abwägungsgebundene Rechtsanwendung, in FS Winkler (1997) 881; *Schick/Wiederin*, Landesbürgerschaft, Gemeindemitgliedschaft und Bundesverfassung – Überlegungen zum Wohnsitzbegriff des B-VG, ÖJZ 1998, 6; *Thienel*, Strukturfragen des Staatsbürgerschaftsrechts, in Walter/Jabloner (Hrsg), Strukturprobleme des öffentlichen Rechts, GS Ringhofer (1995) 165; *Thienel* in Korinek/Holoubek (Hrsg), Bundesverfassungsrecht, Art 6 B-VG (1. Lfg 1999); *Thienel*, Staatsangehörigkeit und Wahlrecht im sich einigenden Europa: Das „Volk" im Sinne des Art 3 1. ZPEMRK, in FS Öhlinger (2004) 356; *Vogl/Wiener*, Änderungen im Staatsbürgerschaftsrecht, in Baumgartner (Hrsg), Öffentliches Recht – Jahrbuch 2014 (2014), 321; *Wiederin*, Staatsbürgerschaftsrecht in Europa: Elemente und Entwicklungen, ZÖR 2009, 421; *ÖStA* „Österreichisches Standesamt", Fachzeitschrift für Personenstands-, Ehe- und Staatsbürgerschaftsrecht (1946 ff).

Rechtsprechung

VfSlg 2455/1952, 10.036/1984 (Verhältnis Landesbürgerschaft – Staatsbürgerschaft), VfSlg 17.264/2004 (Kein Ausländerwahlrecht auf Bezirksebene in Wien), VfSlg 18.314/2007 (Verhalten beim Händereichen kein ausreichender Grund für die Nichtverleihung der

Staatsbürgerschaft), VfSlg 18.465/2008 (Niederlassungserfordernis für die Verleihung der Staatsbürgerschaft an minderjährige Wahlkinder von Auslandsösterreichern verfassungswidrig), VfSlg 19.596/2011 (Kind aus Leihmutterschaft in den USA erwirbt Staatsbürgerschaft kraft Abstammung), VfSlg 19.704/2012, 19.766/2013, 19.842/2014 (Gleichbehandlung von unehelichen und ehelichen Kindern beim Erwerb der Staatsbürgerschaft nach dem Vater).

EuGH 07.07.1992, C-369/90 (Micheletti) und 19.10.2004, C-200/02 (Zhu und Chen) (nationale Kompetenz zur Regelung der Staatsbürgerschaft unter Beachtung des EU-Rechts); EuGH 15.03.2005, C-209/03 (Bidar) (EU-Widrigkeit einer Studienbeihilfe nur für im Inland ansässige Bürger bei Verhinderung des Ansässigwerdens anderer Unionsbürger); EuGH 07.07.2005, C-147/03 (Kommission/Österreich) (Vertragsverletzung Österreichs durch Zugangsbeschränkungen im Universitätszugang für andere Unionsbürger); EuGH 10.07.2008, C-33/07 (Jipa) (Zulässigkeit von Aufenthaltsbeschränkungen für EU-Bürger innerhalb der EU); EuGH 02.03.2010, C-135/08 (Rottmann) (Zulässigkeit des Wiederentzugs einer Staatsbürgerschaft mit Verlust der Unionsbürgerschaft); EuGH 08.03.2011, C-34/09 (Ruiz Zambrano) (Eltern eines Kindes mit Staatsangehörigkeit eines Mitgliedstaates haben das Recht, in dem Mitgliedstaat zu leben und zu arbeiten); EuGH 25.02.2016, C-299/14 (García-Nieto u.a.) (Zulässigkeit des Ausschlusses von Sozialhilfe für EU-Bürger innerhalb der ersten drei Aufenthaltsmonate).

EGMR 11.10.2011, 53124/09 (Genovese gg Malta) (Verweigerung der Staatsbürgerschaft durch Geburt nur wegen Unehelichkeit verletzt Art 8 iVm Art 14 EMRK).

I. Regelungsgegenstand und -ziele

In der Staatslehre werden drei Elemente als notwendig erachtet, um einen Staat entstehen zu lassen: Staatsgewalt, Staatsgebiet und Staatsvolk. Das Staatsvolk bilden im Wesentlichen jene Menschen, die der Rechtsordnung des Staates unterliegen. Nur ein Teil davon, die **Staatsbürger**, sind besonderen Rechten und Pflichten unterworfen. Man kann „österr Staatsbürgerschaft" auch als einen alle Staatsangehörigen im völkerrechtlichen Sinn umfassenden, einheitlichen Status definieren, der die Zugehörigkeit zur Republik Österreich bezeichnet (*Thienel*, Staatsbürgerschaftsrecht II, 20).

Das Staatsbürgerschaftsrecht legt fest, unter welchen Voraussetzungen die **Staatsbürgerschaft erworben bzw verloren** wird und regelt das dazugehörende Verfahren. Rechtlich bedeutsam wird die Staatsbürgerschaft erst als Anknüpfungspunkt für Rechte und Pflichten in anderen Rechtsmaterien: ZB gilt der verfassungsgesetzlich normierte Gleichheitssatz nur für Staatsbürger, nur Staatsbürgern kommt das Wahlrecht auf Bundes- und Landesebene zu und nur Staatsbürger unterliegen der Wehrpflicht bzw können dazu berufen werden, das Amt eines Schöffen oder Geschworenen auszuüben, nur Staatsbürger erhalten einen österr Reisepass. Andererseits gibt es rechtliche Regelungen, denen nur Fremde – das sind Personen, die die österr Staatsbürgerschaft nicht besitzen (§ 2) – unterliegen, zB das FPG, das AsylG (→ *Fremdenrecht*).

Die rechtliche Relevanz der Unterscheidung in Staatsbürger und Fremde wurde durch den EU-Beitritt verringert. Im Anwendungsbereich des EU-Rechts bzw des EWRA sind nun durch das Diskriminierungsverbot (Art 18 AEUV) Unions- bzw EWR-Bürger österr Staatsbürgern gleichgestellt (zB beim Erwerb eines Gewerbescheines).

In Österreich wurden 2015 ca 8.200 Personen eingebürgert. 2006 wurden die Bestimmungen über die Erlangung der Staatsbürgerschaft insgesamt restriktiver gestaltet, das für die Einbürgerung notwendige Deutschniveau erhöht und die Notwendigkeit von Grundkenntnissen der demokratischen Ordnung, der Geschichte Österreichs und des jeweiligen Bundeslandes eingeführt. 2013 wurden ein Zentrales Staatsbürgerschaftsregister (ZSR) und ein neuer Verleihungstatbestand mit verkürzter Aufenthaltsdauer für besonders gut integrierte Fremde geschaffen sowie die staatsbürgerschaftsrechtliche Gleichbehandlung von unehelichen und ehelichen Kindern und weitere Erleichterungen normiert.

II. Verfassungsrechtliche Bezüge

1. Kompetenzrechtliche Bestimmungen

Art 11 Abs 1 Z 1 B-VG weist die Gesetzgebung in Angelegenheiten der Staatsbürgerschaft dem Bund zu, die Vollziehung den Ländern.

2. Grundrechtliche Bestimmungen

Heute stehen **Menschenrechte** grundsätzlich jedem Menschen unabhängig von seiner Staatsbürgerschaft zu. Staatsbürgerrechte stammen vorwiegend aus dem 19. Jahrhundert (zB Staatsgrundgesetz über die allgemeinen Rechte der Staatsbürger 1867). Sog **Staatsbürgerrechte** sind va die Aufenthalts-, Liegenschafts- und Erwerbsfreiheit (Art 6 StGG), politische Grundrechte (Wahlrecht), das Recht, nicht aus(durch)geliefert zu werden (§§ 12, 44 Auslieferungs- und RechtshilfeG iVm § 5 EU-JZG betr Europäischen Haftbefehl), das Recht auf Einreise in das Inland und Schutz vor Ausweisung (Art 3 4. ZPEMRK), die Rechte der Minderheiten (Art 6 StV v Wien, Art 63 ff StV v St. Germain) und der Gleichheitsgrundsatz (im BVG über das Verbot rassischer Diskriminierung BGBl 390/1973 wird nunmehr in stRsp ein Sachlichkeitsgebot für Fremde untereinander gesehen [zB VfSlg 14.694/1996, 15.528/1999; *Thienel*, Staatsbürgerschaftsrecht II, 75]). Die Wahl der Wiener Bezirksvertretungen als Repräsentationsorgane der Gebietskörperschaften ist österr Staatsbürgern vorbehalten (VfSlg 17.264/2004).

Der **Beitritt zur EU** hat bewirkt, dass manche bisher Staatsbürgern vorbehaltene Grundrechte auf EU-Bürger ausgedehnt wurden, sofern es sich um einen EU-rechtlich relevanten Sachverhalt handelt. ZB ist der Zugang zu öffentlichen Ämtern außerhalb der Hoheitsverwaltung weitgehend für EU-Bürger geöffnet worden. Ebenso hat das **Diskriminierungsverbot** des Art 18 AEUV Auswirkungen auf das Recht auf Erwerbsfreiheit gemäß Art 6 StGG. Vereinzelt kann es dadurch sogar zu einer Benachteiligung von Inländern kommen, weil die Rechtslage bei grenzüberschreitenden Fällen günstiger sein kann, als bei rein innerstaatlichen (**Inländerdiskriminierung**). Aus Sicht der EU sind innerstaatliche Sachverhalte allein den Mitgliedstaaten zur Regelung überlassen. Der VfGH betrachtet es jedoch als gleichheitswidrig, wenn Inländer gegenüber Ausländern ohne sachliche Rechtfertigung benachteiligt werden (VfSlg 15.683/1999 und 14.963/1999 betr Nachsicht von Nachweisen im Gewerberecht, 18.027/2006 betr Grundverkehr).

3. Bundesbürgerschaft – Landesbürgerschaft

Art 6 Abs 1 B-VG legt für Österreich eine **einheitliche Staatsbürgerschaft** fest. Die Unterteilung in eine Bundes- und eine Landesbürgerschaft behält Art III B-VGNov 1988 einer „besonderen bundesverfassungsrechtlichen Regelung" vor. Art 6 Abs 2 B-VG bestimmt, dass jene Staatsbürger, die in einem Land ihren Hauptwohnsitz* bzw Wohnsitz* (je nach landesgesetzlicher Regelung) haben, auch dessen Landesbürger sind. Diese Bestimmung hat keine staatsbürgerschaftsrechtliche Bedeutung, sie dient bislang nur zur Umschreibung der Legitimation für die Ausübung politischer Rechte in einem Bundesland (zB Wahlrecht, Teilnahme an Volksabstimmungen; zum Kommunalwahlrecht von Unionsbürgern vgl Art 20 AEUV, Art 117 Abs 2 B-VG und die Gemeindewahlordnungen der Länder). Darüber hinausgehende Differenzierungen (denkbar wäre zB die Gewährung sozialer Unterstützung nur an Landesbürger) unterliegen dem Gebot einer sachlichen Rechtfertigung nach dem Gleichheitssatz des Art 7 B-VG (RV zur B-VGNov 1988, 607 BlgNR XVII. GP, 6).

III. Europarechtliche Bezüge

Art 18 bis 25 AEUV begründen die **„Unionsbürgerschaft"**. Jeder Staatsangehörige eines EU-Mitgliedstaates ist zugleich Unionsbürger. Die EU sieht für Unionsbürger einen Katalog von Rechten vor, wie freier Aufenthalt in den Mitgliedstaaten, aktives und passives Wahlrecht auf Gemeindeebene und zum EP, konsularischer bzw diplomatischer Schutz in Drittländern durch die Vertretungen jedes EU-Mitgliedstaates, das Petitionsrecht beim EP und das Recht, sich an den Bürgerbeauftragten der EU zu wenden, wirtschaftliche Betätigungsrechte, zB die Niederlassungsfreiheit* und das Diskriminierungsverbot* usw. Die Frage, ob eine Person die Staatsangehörigkeit eines Mitgliedstaates besitzt, wird weiterhin ausschließlich auf der Grundlage des Rechts des betreffenden Mitgliedstaates beurteilt. Bezüglich Angehöriger ehemaliger britischer Kolonien, die dadurch die britische Staatsbürgerschaft haben, hat der EuGH allerdings festgestellt, dass diese Personen damit nicht automatisch Unionsbürger sind (EuGH 20.02.2001, C-192/99). Die EU-Rechtmäßigkeit des Verlusts der Unionsbürgerschaft nach Staatenlosigkeit wegen Erschleichung der Staatsbürgerschaft stellte der EuGH im Fall *Rottmann* fest (EuGH 02.03.2010, C-135/08). Eine Ungleichbehandlung in Bezug auf soziale Leistungen wird in letzter Zeit auch für zulässig erachtet (zB EuGH 25.02.2016, C-299/14).

IV. Prinzipien des Staatsbürgerschaftsrechts

Das Staatsbürgerschaftsrecht ist von folgenden **Grundsätzen** bestimmt:

- **ius sanguinis** beim Erwerb der Staatsbürgerschaft: Die Staatsbürgerschaft wird grundsätzlich durch Abstammung von österr Staatsbürgern und nicht durch Geburt in Österreich (ius soli) erworben;
- **Vermeidung von Doppel- bzw Mehrfachstaatsbürgerschaften** im Einklang mit internationalen Konventionen, um Interessenkonflikte, zB bei der Wehrpflicht, hintanzuhalten, ebenso Vermeidung von Staatenlosigkeit, um daraus resultierende Nachteile zu verhindern;
- **Gleichbehandlung von Mann und Frau sowie ehelichen und unehelichen Kindern**: Dieses Prinzip drückt sich va durch Gleichstellung beim Erwerb der Staatsbürgerschaft durch Abstammung und nach der Eheschließung aus;
- **Privatautonomie** (*Novak*) bzw staatsbürgerschaftsrechtliche Selbstständigkeit (*Thienel*): Der Wille des Einzelnen bestimmt das Verfahren weitgehend, behördliches Ermessen und Abhängigkeit von Familienangehörigen werden abgebaut;
- **Familieneinheit** in der Staatsbürgerschaft: Es sollen möglichst alle in einem Haushalt lebenden Familienmitglieder dieselbe Staatsbürgerschaft besitzen;
- Grundsatz der **engeren Beziehung zu Österreich** (*Thienel*): Die Einbürgerung eines Fremden soll der Abschluss eines Assimilierungsprozesses und nicht Mittel zur Integration sein. Dies zeigt sich einerseits darin, dass der Erwerb der Staatsbürgerschaft regelmäßig an eine Reihe von Voraussetzungen geknüpft ist, die eine nähere Beziehung zu Österreich sicherstellen sollen, während die Lockerung der Beziehungen zu Österreich zum Verlust der Staatsbürgerschaft führen kann; andererseits ist deren Beibehaltung ausnahmsweise trotz Erwerb einer zweiten Staatsangehörigkeit gestattet, wenn noch Beziehungen zu Österreich bestehen.

V. Erwerb der Staatsbürgerschaft

Die Staatsbürgerschaft kann durch Abstammung, Verleihung oder Anzeige erworben werden (§ 6).

1. Erwerb durch Abstammung

a) Diese auch „Prinzip des ius sanguinis" genannte Erwerbsart bedeutet, dass ein Kind **mit der Geburt ex lege Staatsbürger** wird, **wenn ein Elternteil** zu diesem Zeitpunkt **Staatsbürger** ist bzw zum Zeitpunkt des Todes Staatsbürger war (§ 7).

b) Der Abstammung ist die **Legitimation** gleichgestellt. Ein minderjähriger lediger Fremder erwirbt mit dem Akt, der die Legitimation bewirkt (Eheschließung der Eltern, Ehelicherklärung), die Staatsbürgerschaft, wenn der Vater Österreicher ist oder am Tag seines Ablebens Staatsbürger war. Nach vollendetem 14. Lebensjahr muss der Legitimierte grundsätzlich dem Erwerb der Staatsbürgerschaft zustimmen (§ 7a).

Durch **Adoption** wird die Staatsbürgerschaft nicht ex lege erworben, es besteht jedoch ein Anspruch auf Verleihung nach § 12 Abs 1 Z 3 bei Erfüllung bestimmter Verleihungsvoraussetzungen (s V.2.a) und bei Kindern unter 14 Jahren (§ 11b).

c) Kinder, die im Alter bis zu sechs Monaten auf österr Staatsgebiet gefunden werden (**Findelkinder**), **gelten als Staatsbürger durch Abstammung** (widerlegliche **Rechtsvermutung**) (§ 8). Die Betroffenen erwerben die Staatsbürgerschaft eigentlich aufgrund eines „ius soli" (durch Geburt im Staat).

Zur Feststellung des Alters und des Namens von Findlingen sieht das PStG ein eigenes Verfahren vor (§ 34 PStG): Der LH bestimmt zum Zweck der Eintragung in das Zentrale Personenstandsregister – nach Mitteilung des Standesbeamten über das wahrscheinliche Alter des Kindes und sonstige Ermittlungsergebnisse – Namen sowie Tag und Ort der Geburt der betreffenden Person.

d) Wenn sonst die Staatsbürgerschaft einer Person nicht geklärt werden kann, ist Staatenlosigkeit anzunehmen (§ 3 StbG, ca 12.500 Betroffene).

2. Erwerb durch Verleihung

Auf diesem Weg erwerben va Fremde, die sich in Österreich niedergelassen haben und sich nun zur Gänze integrieren wollen, die Staatsbürgerschaft. Die Verleihung kann entweder Ergebnis einer **Ermessensentscheidung** sein (§ 10) oder auf einem **Rechtsanspruch** beruhen (§§ 11a ff). In jedem Fall müssen grundsätzlich die allgemeinen Verleihungsvoraussetzungen gegeben sein, darüber hinaus hat der Fremde je nach Rechtsgrundlage für die Verleihung der Staatsbürgerschaft im Einzelnen besondere Erfordernisse zu erfüllen.

a) Allgemeine Verleihungsvoraussetzungen

Die allgemeinen Voraussetzungen für eine Verleihung der Staatsbürgerschaft (§ 10 Abs 1 Z 1 bis 8, Abs 2 und Abs 3) können wie folgt gruppiert werden:

- Bestimmte Dauer eines rechtmäßigen und ununterbrochenen **Aufenthaltes in Österreich**, wovon der Fremde mindestens fünf Jahre niedergelassen sein muss (dazu sind neben subjektiven auch objektive Kriterien notwendig, VwGH 21.01.2010, 2008/01/0285). Dazu zählen Aufenthalte mit oder ohne Visum, aufgrund einer Legitimationskarte oder eines Aufenthaltstitels nach § 8 NAG (→ *Fremdenrecht*). Nach dem NAG ist Niederlassung der Aufenthalt in Österreich zur Begründung eines länger als sechs Monate bestehenden Wohnsitzes, eines Mittelpunktes der Lebensinteressen bzw zur Aufnahme einer nicht nur vorübergehenden Erwerbstätigkeit (Zeiten aufgrund einer Aufenthaltsbewilligung gelten ausdrücklich nicht als Niederlassung). Es gibt verschiedene Aufenthaltstitel, die nach genau umschriebenen Voraussetzungen vergeben werden (zB Rot-Weiß-Rot-Karte, §§ 41 ff NAG), weiters erleichterte Bestimmungen für EWR- und Schweizer Bürger und deren Angehörige.
  Die Wohnsitzfrist wird **unterbrochen durch** eine **durchsetzbare Rückkehrentscheidung** oder ein rechtskräftiges **Aufenthaltsverbot** (→ *Fremdenrecht*) oder einen mehr als sechsmonatigen, ununterbrochenen **Aufenthalt** in einer Strafanstalt oder einer **Anstalt** für geistig abnorme oder entwöhnungsbedürftige Rechtsbrecher oder für gefährliche Rückfallstäter (§ 15) oder wenn sich der Fremde mehr als 20% der Zeitspanne außerhalb des Bundesgebietes aufgehalten hat. Der rechtskräftige Bescheid über das Aufenthaltsverbot bzw der tatsächliche Aufenthalt in einer eben genannten Anstalt haben Tatbestandswirkung*.
- **Fehlen einer inländischen Verurteilung, Fehlen einer ausländischen Verurteilung, Fehlen eines anhängigen Strafverfahrens** (§ 10 Abs 1 Z 2 bis 4). Nur rechtskräftige – in einer Strafregisterauskunft aufscheinende – Verurteilungen zu einer Freiheitsstrafe wegen eines Vorsatzdeliktes bzw zu einer Freiheitsstrafe wegen eines Finanzvergehens stehen einer Einbürgerung entgegen (auch Jugendstraftaten, § 10 Abs 1a). Bei anhängigen Strafverfahren ist die Strafdrohung relevant. Wenn ein ausländisches Gericht die Verurteilung ausgesprochen hat, hat sie im österr Staatsbürgerschaftsverfahren nur dann Bedeutung, wenn die Tat auch im Inland gerichtlich strafbar ist und das zugrunde liegende Verfahren Art 6 EMRK entsprochen hat (Vorfrage*).
- Die Verleihung darf die **internationalen Beziehungen** Österreichs **nicht wesentlich beeinträchtigen.**
- Der Fremde muss nach seinem bisherigen (politischen) Verhalten Gewähr für eine **bejahende Einstellung zu Österreich** (§ 10 Abs 1 Z 6) und auch dafür bieten, dass er keine Gefahr für die öffentliche Ruhe, Ordnung und Sicherheit oder sonstige in Art 8 Abs 2 EMRK genannte öffentliche Inte-

ressen darstellt. Er darf **weiters nicht solche Beziehungen zu fremden Staaten** haben, dass die Verleihung der österr Staatsbürgerschaft **die Interessen Österreichs schädigen** würde (§ 10 Abs 1 Z 8). Die Behörde darf hier bei ihrer Entscheidung auch getilgte Verurteilungen berücksichtigen, weil das Gesamtverhalten des Fremden beurteilt werden soll und nicht auf formelle Kriterien abgestellt wird (VwGH 16.07.2014, 2013/01/0115), der Antragsteller ist jedoch nicht verpflichtet, diese anzugeben (VwGH 11.11.1997, 96/01/0967).

In Zeitungsartikeln geäußerte Kritik an österr Organträgern führt nicht notwendig zu einem Ausschluss von der Verleihung der Staatsbürgerschaft nach Z 6 (VwSlg 12.416 A/1987). Ebenso hat der VwGH im Fall eines Fremden, der gegen seine Kündigung durch eine Gemeinde Protestaktionen gesetzt hat, indem er Flugzettel verteilte und über „Amtsmissbrauch" klagte, entschieden, dass er nur von seinem Recht auf freie Meinungsäußerung Gebrauch gemacht habe, worin kein Grund zur Verweigerung der Staatsbürgerschaft zu erblicken sei (VwSlg 14.182 A/1994). Mangelnder Fleiß beim Studium bzw mangelnde Arbeitsmoral können bei der Beurteilung des Gesamtverhaltens berücksichtigt werden (VwGH 07.09.2000, 97/01/0112).

Die steckbriefliche Suche nach einem dt Staatsbürger wegen einer Anklage der Steuerhinterziehung (€ 425.000,–) bildete ein Einbürgerungshindernis nach Z 8, weil einerseits damit der Verhinderung einer Strafverfolgung Vorschub geleistet werden könne und andererseits das Verhalten des Fremden allzu sehr bagatellisiert würde und der Eindruck entstehen könnte, Österreich lege auf die Beachtung der Steuergesetzgebung in Deutschland keinen besonderen Wert, was das Ansehen der Republik schädigen könne (VwSlg 13.478 A/1991). Die Vorlage eines verfälschten Reisepasses wurde ebenfalls als Hindernis für die Verleihung gesehen (VwGH 10.04.2008, 2005/01/0013).

- Der **Lebensunterhalt** des Fremden muss hinreichend **gesichert** oder aus von ihm nicht zu vertretenden Gründen nicht sicherbar sein (§ 10 Abs 1 Z 7; zB wegen einer Behinderung oder Krankheit § 10 Abs 1b). Diese Voraussetzung ist erfüllt, wenn der Fremde feste und regelmäßige eigene Einkünfte aus Erwerb, gesetzlichen Unterhaltsansprüchen oder Versicherungsleistungen für die letzten drei Jahre nachweisen kann, ohne dass er Sozialhilfe in Anspruch nehmen muss (Ausgleichszulage zur Eigenpension ist keine Sozialhilfe, VfSlg 19.000/2010). Die Höhe richtet sich nach den Richtsätzen des § 293 ASVG. Auch eventuelles Privatvermögen des Fremden ist miteinzubeziehen („Einkommen"). Das pfändungsfreie Existenzminimum ist nicht zu berücksichtigen (§ 10 Abs 5). Freiwillige Zuwendungen einer Lebensgefährtin reichen hingegen zum Nachweis des Unterhalts nicht aus (VwSlg 9287 A/1977).
- Der Fremde muss seine **bisherige Staatsangehörigkeit aufgeben**, soweit ihm das möglich und zumutbar ist, bzw er darf nicht absichtlich auf deren Beibehaltung hinwirken (§ 10 Abs 3).

Der bloße Antrag auf Entlassung aus dem bisherigen Staatsverband genügt nicht zum Nachweis, alles Mögliche zur Aufgabe der bisherigen Staatsbürgerschaft getan zu haben (VwGH 07.10.1993, 93/01/0129).

Bestimmte Verstöße gegen die österr Rechtsordnung bilden **absolute Hinderungsgründe** für eine Einbürgerung (§ 10 Abs 2):

- **Bestimmte Tatsachen aus dem FPG** (zB Bestrafung wegen Prostitution, Begehung von Schlepperei, Erschleichung einer Aufenthaltsbewilligung, Scheinehe);
- mindestens zweimalige, rechtskräftige, nicht getilgte **Bestrafung** wegen einer **schwerwiegenden Verwaltungsübertretung** (zB StVO, Fahren ohne Führerschein, Ausübung eines Gewerbes ohne Berechtigung, schwerwiegende Übertretungen des FPG);
- **Aufenthaltsverbot** bzw **Verfahren zur Aufenthaltsbeendigung anhängig** (→ *Fremdenrecht*). Rechtskraft des Bescheides ist nicht erforderlich (vgl den Wortlaut des § 10 Abs 2 gegenüber § 10 Abs 1 Z 2 und 4 und § 15), auch im Fall eines Vollzugsaufschubes bleibt das Einbürgerungshindernis bestehen;
- **Naheverhältnis** zu einer **extremistischen oder terroristischen Gruppierung** oder wenn im Hinblick auf das Umfeld des Fremden solche Aktivitäten nicht ausgeschlossen werden können.

So ein Naheverhältnis liegt bei Personen vor, die – neben aktiver Mitgliedschaft – (eventuell nicht öffentlich) bekennende Sympathisanten, Geldgeber oder andere Unterstützer, zB Verteiler von Propagandamaterial, sind (1189 BlgNR XXII. GP, 5).

Voraussetzung für jegliche Verleihung der Staatsbürgerschaft ist weiters grundsätzlich der Nachweis (§ 10a):

- **über ausreichende Deutschkenntnisse**
  Die Art der Nachweise ist genau geregelt (zB Schulbesuch, Integrationsvereinbarung gem § 14 NAG, Prüfungen). Nicht bestandene Prüfungen können beliebig oft wiederholt werden. Unklar ist, wie sprachlich Behinderte diesen Nachweis erbringen sollen.
- von **Grundkenntnissen der demokratischen Ordnung und die sich daraus ableitbaren Grundprinzipien sowie der Geschichte Österreichs und des jeweiligen Bundeslandes.**

Das Nähere wird durch die StaatsbürgerschaftsprüfungsV des Bundes und der Länder festgelegt. Unter „www.staatsbuergerschaft.gv.at" findet man Texte, Prüfungsfragen und einen Online Übungstest.

Manche Staaten entlassen ihre Staatsbürger nur dann aus dem Staatsverband, wenn die fremde Staatsangehörigkeit schon erworben oder zumindest ihre Verleihung zugesichert wird. § 20 ermöglicht die **Zusicherung der Staatsbürgerschaft mit Bescheid.** Das gibt dem Fremden zwei Jahre Zeit (ab Rechtskraft des Zusicherungsbescheides), seine bisherige Staatsbürgerschaft aufzugeben. Er erwirbt mit der Zusicherung einen bedingten Rechtsanspruch auf Verleihung. Die Zusicherung tritt ex lege außer Kraft, wenn der Fremde binnen der ihm eingeräumten Frist keinen Nachweis über das Ausscheiden aus seinem Heimatstaat erbringt. Sie ist zu widerrufen, wenn auch nur eine Verleihungsvoraussetzung nachträglich wegfällt (mit Ausnahme des § 10 Abs 1 Z 7).

b) Weitere Entscheidungskriterien

Einem Fremden, der alle genannten allgemeinen Verleihungsvoraussetzungen erfüllt (bei deren Beurteilung ist die Behörde gebunden, wenn auch nur eine Voraussetzung fehlt, ist der Antrag abzuweisen!), wird grundsätzlich die Staatsbürgerschaft verliehen. Darüber hinaus besteht noch ein **Entscheidungsspielraum der Behörde**, wobei die in § 11 genannten weiteren Kriterien Hilfestellung bieten sollen. Das bedeutet, dass die Behörde im Fall einer abweisenden Entscheidung in der Bescheidbegründung darauf eingehen muss, wodurch die dort genannten Kriterien, nämlich das allgemeine Wohl bzw die öffentlichen Interessen beeinträchtigt wurden, warum das Ausmaß der Integration des Staatsbürgerschaftswerbers zu gering für eine Verleihung war.

Das in § 11 erwähnte „Gesamtverhalten" eines Fremden ist kein eigenes Kriterium (VwGH 21.01.2004 2001/01/0404), es ergibt sich aus der Summe der übrigen.

ZB wurde als Überschreitung/Missbrauch angesehen: Bewertung eines häufigen Arbeitsplatzwechsels zum Nachteil des Fremden (VwGH 02.10.2001, 2000/01/0156), Ablehnung der Verleihung, weil dadurch der im Ausland lebenden Gattin samt Kindern ein Verleihungsanspruch entgegen öffentlichen Interessen entstehen würde (VwGH 22.02.1995, 93/01/0967), Verhalten beim Händereichen als alleiniger Indikator für die Beurteilung der persönlichen Integration (VfSlg 18.314/2007).

Wegen unzureichender Begründung einer Entscheidung wurde ein Bescheid aufgehoben, weil Feststellungen zu allfälligen strafrechtlichen Anzeigen fehlten (VwGH 07.10.1993, 93/01/0250).

c) Erleichterte Einbürgerung nach § 10 Abs 4

Fremde mit Aufenthalt in Österreich, die die Staatsbürgerschaft mindestens zehn Jahre ununterbrochen hatten und ehemalige Bürger der Nachfolgestaaten der österreichisch-ungarischen Monarchie, die die Staatsbürgerschaft vor dem 09. Mai 1945 hatten und anders als durch Entziehung verloren haben, sollen eine bevorzugte Einbürgerung genießen. Deshalb ist von bestimmten Voraussetzungen bzw Einbürgerungshindernissen (Aufenthaltsdauer, Verwaltungsübertretungen, Nachweis der Sprach- und Geschichtskenntnisse) abzusehen. Anwendung findet diese Bestimmung zB auf österr Ehegatten von Fremden, die nach der Hochzeit die fremde Staatsbürgerschaft unter Verlust der österr annehmen und dann zurückkehren und auf **ehemalige Alt-Österreicher**, die aufgrund von Verfolgung in der NS-Zeit ins Ausland gegangen sind (siehe auch unten 3.).

d) Einbürgerung wegen „außerordentlicher Leistungen"

Besonderes gilt für Fremde, deren **Einbürgerung** wegen schon erbrachter und noch zu erwartender außerordentlicher Leistungen **im besonderen Interesse Österreichs** liegt (§ 10 Abs 6). Diese Art der Einbürgerung wird ua bei

Sportlern angewendet, um ihre Aufstellung in einer österr Nationalmannschaft (zB Fußball) zu ermöglichen, oder bei besonders berühmten Künstlern (zB Opernsängerin Anna Netrebko). Die Betroffenen benötigen keinen Hauptwohnsitz in Österreich, müssen nicht nachweisen, dass ihr Lebensunterhalt gesichert ist und dass sie die dt Sprache beherrschen und können auch ihre bisherige Staatsbürgerschaft behalten, wenn die **BReg** bestätigt, dass die Verleihung der Staatsbürgerschaft aufgrund der genannten Leistungen im Interesse der Republik liegt. Die BReg hat durch Verordnung nähere Bestimmungen über dieses Verfahren erlassen (§ 10 Abs 7 iVm Verordnung BGBl II 39/2014). Weil Angelegenheiten der Staatsbürgerschaft in den Vollzugsbereich der Länder fallen und hier dem Bund nach Meinung des Gesetzgebers ein Mitwirkungsrecht an der Entscheidung eingeräumt ist, wurde § 10 Abs 6 als **Verfassungsbestimmung** gestaltet. Diese Bestätigung ist an die entscheidungsbefugte LReg gerichtet und nach überwiegender Meinung ein Tatbestandsmerkmal für die Entscheidung der LReg, aber kein Bescheid (aA *Thienel*, Staatsbürgerschaftsrecht II, 214 ff). Für die LReg ist diese **Bestätigung des Staatsinteresses** verbindlich, sie kann den Antrag auf Verleihung der Staatsbürgerschaft nicht mehr wegen mangelnden Staatsinteresses abweisen. Die Behörde hat nur die verbleibenden Verleihungsbedingungen zu prüfen und unter Anwendung der Richtlinien des § 11 über die Verleihung der Staatsbürgerschaft zu entscheiden (VwGH 17.04.1991, 91/01/0022).

e) Rechtsanspruch auf Verleihung der Staatsbürgerschaft

Bestimmte Personengruppen haben nach dem StbG einen Rechtsanspruch auf Verleihung der österr Staatsbürgerschaft. Dies dient einerseits der staatsbürgerschaftsrechtlichen Unterstützung familiärer Bindungen und soll andererseits Personen für eine besonders lange bestehende Nahebeziehung zu oder eine besonders gute Integration in Österreich gleichsam „belohnen".

- Die Einbürgerung für **fremde Ehegatten** von Österreichern (§ 11a) soll durch Einräumung eines Rechtsanspruches erleichtert werden.
  Fremden Ehegatten ist die Staatsbürgerschaft zu verleihen, wenn sie die allgemeinen Verleihungsvoraussetzungen erfüllen (Ausnahme: verkürzte Wohnsitzfrist gegenüber § 10: sechs Jahre, siehe aber § 11a Abs 2), bei aufrechter Ehe im gemeinsamen Haushalt leben, sie die Staatsbürgerschaft nicht durch Entziehung verloren haben, sie mit dem Ehegatten das erste Mal verheiratet sind und die Ehe fünf Jahre hindurch aufrecht ist.
- Fremden mit dem Status von **Asylberechtigten** ist mit einem **Aufenthalt von mindestens sechs Jahren** unter den Voraussetzungen des § 10 Abs 1 Z 2–8, Abs 2 und 3 die Staatsbürgerschaft zu verleihen, sofern laut Auskunft des BAA kein Verfahren nach § 7 AsylG anhängig ist (§ 11a Abs 4), ähnliches gilt für **EWR-Bürger**, für Fremde, die in Österreich geboren sind und für Fremde, wenn die Verleihung wegen schon erbrachter oder

noch zu erwartender außerordentlicher Leistungen auf bestimmten Gebieten im Interesse der Republik liegt.

- Seit der Novelle 2013, BGBl I 136/2013 gibt es einen Rechtsanspruch für **besonders gut integrierte Fremde** gem § 11a Abs 6 schon nach einem Aufenthalt von sechs Jahren (relevant sind Sprachkenntnisse, ehrenamtliches Engagement, Beruf im Bildungs-/Sozial- oder Gesundheitsbereich, Funktion in Interessenvertretung).
- Außerdem bestehen Verleihungsansprüche für Personen, die seit **30 bzw 15 Jahren** ununterbrochen ihren **Hauptwohnsitz in Österreich** haben, für **Heimkehrer**, die nicht die besonderen Voraussetzungen des § 58c (s V.5) erfüllen, für **Wahlkinder** und für **Staatenlose**, die in Österreich geboren sind (§§ 12 bis 14).

f) Erstreckung der Verleihung

Den Grundsätzen der **Familieneinheit** in der Staatsbürgerschaft und der **Verwaltungsökonomie** (es muss nicht für jede Person ein eigenes Verfahren durchgeführt werden) dient die Einrichtung der **„Erstreckung** der Verleihung" der Staatsbürgerschaft **auf Angehörige des Staatsbürgerschaftswerbers** (§§ 16 bis 19). Für eine Erstreckung der Verleihung auf den Ehegatten ist im Wesentlichen dieselbe Kombination von Wohnsitz- und Ehedauer erforderlich wie für den Erwerb der Staatsbürgerschaft des fremden Ehegatten eines Österreichers (sechs Jahre Aufenthalt, fünf Jahre Ehe). Weiters ist die Verleihung auf minderjährige, ledige (Wahl-)Kinder des Fremden bzw seines Ehegatten zu erstrecken.

Danach besteht ein Rechtsanspruch auf die Erstreckung der Verleihung, wenn die allgemeinen Verleihungsvoraussetzungen des § 10 Abs 1 Z 2 bis 8, Abs 2 und Abs 3 erfüllt sind und wenn sie schriftlich beantragt wurde. Verfügt wird die Erstreckung der Verleihung gemeinsam mit der Verleihung mittels **Sammelbescheid.** Alle darin genannten Personen erwerben die Staatsbürgerschaft zum selben Zeitpunkt. Auch die Erstreckung der Verleihung der Staatsbürgerschaft kann zugesichert werden, um das Ausscheiden aus dem bisherigen Staatsverband zu erleichtern.

3. Erwerb durch Anzeige

Dieser Erwerbstatbestand gilt zum einen für sog **„Putativösterreicher"**, das sind Personen, die von den österr Behörden fälschlich zumindest 15 Jahre lang als Österreicher behandelt werden, wenn sich dann herausstellt, dass sie Fremde sind (§ 57).

Der zweite Fall ist eine Art **nachträgliche Wiedergutmachung** für ehemalige österr Staatsbürger, die Opfer des Nationalsozialismus wurden (§ 58c). Der **Erwerbsakt** ist hier jeweils die **schriftliche Anzeige** (bei der zuständigen

LReg oder der österr Vertretungsbehörde im Ausland). In diesem Fall ist kein Hauptwohnsitz im Inland notwendig, die Mittel zum Unterhalt sind nicht nachzuweisen, Verwaltungsübertretungen schaden nicht und die seitdem erworbene fremde Staatsbürgerschaft kann beibehalten werden, die übrigen allgemeinen Verleihungsvoraussetzungen (§ 10 Abs 1 Z 2 bis 6 und 8, Abs 2 Z 1 und 3 bis 7) sind allerdings zu erfüllen. Die LReg erlässt einen **schriftlichen Feststellungsbescheid** darüber, dass die Staatsbürgerschaft mit Einlangen der Anzeige bei ihr (wieder)erworben wurde.

VI. Verlust der Staatsbürgerschaft

Gegenstand des StbG sind auch Regelungen über den Verlust der Staatsbürgerschaft, sei es erzwungenermaßen, als Sanktion für bestimmte Verhaltensweisen, sei es freiwillig, etwa im Gegenzug zum Erwerb einer fremden Staatsbürgerschaft. Die **Tatbestände**, die zum Verlust der Staatsbürgerschaft führen, sind nach dem Wortlaut des **§ 26 taxativ aufgezählt**, also kann man zB durch einen längeren Auslandsaufenthalt allein die Staatsbürgerschaft nicht verlieren. Allerdings gibt es daneben **Verlustgründe**, die sich **implizit aus den Erwerbstatbeständen** ergeben, zB verliert der Betroffene die Staatsbürgerschaft, wenn sein Verleihungsbescheid später durch den VwGH oder den VfGH aufgehoben wird (vgl *Thienel*, Staatsbürgerschaft II, 295). Analog zum Erwerb hat auch der Verlust der Staatsbürgerschaft Auswirkungen auf die minderjährigen ledigen Kinder des Betroffenen. Auf sie **erstreckt sich der Verlust**, wenn der zweite Elternteil nicht Staatsbürger bleibt; auf den zweiten Elternteil erstreckt sich der Verlust hingegen nicht! (§ 29). Ab dem In-Kraft-Treten des Verlustes der Staatsbürgerschaft sind auf die betroffenen Personen fremdenrechtliche Vorschriften anzuwenden (→ *Fremdenrecht*).

1. Verlust durch Erwerb einer fremden Staatsangehörigkeit

Die österr Staatsbürgerschaft verliert **ex lege**, wer Handlungen setzt, die zum Erwerb einer fremden Staatsangehörigkeit führen (Antrag, Erklärung, ausdrückliche Zustimmung), wenn ihm nicht vorher die Beibehaltung mit Bescheid bewilligt worden ist (§ 27).

Der automatische Erwerb einer fremden Staatsbürgerschaft zB anlässlich einer Eheschließung (VwSlg 12.595 A/1987) oder des Antrittes eines Lehramts an einer ausländischen Universität bewirkt nicht den Verlust der österr Staatsbürgerschaft, weil keine entsprechenden Handlungen gesetzt wurden.

Die **Möglichkeiten zur Beibehaltung** der österr Staatsbürgerschaft trotz des Erwerbs einer fremden sind **sehr beschränkt**, um Doppelstaatsbürgerschaften und eventuelle Kollisionen staatsbürgerlicher Pflichten (insb der Wehrpflicht) zu verhindern. Einerseits muss der **fremde Staat zustimmen**, andererseits muss wegen schon erbrachter und noch zu erwartender Leistungen oder wegen eines besonders berücksichtigungswürdigen Grundes die **Republik ein Interesse** daran haben, dass die Person Österreicher bleibt (§ 28). Ein Grund für die Bewilligung der Beibehaltung kann weiters im Privat- oder Familienleben des Betroffenen liegen.

Diese Voraussetzungen werden bisher in der Rsp sehr eng ausgelegt, zB ist eine Unterhaltsverpflichtung der Kinder gegenüber ihren Eltern kein berücksichtigungswürdiger Grund nach § 28 StbG (VwSlg 9109 A/1976), ebenso wenig das Sammeln von einschlägigen Berufserfahrungen im Ausland, die später in Österreich genützt werden können (VwSlg 13.166 A/1990).

Ferner müssen die wesentlichsten Verleihungsbedingungen (keine Verurteilungen, bejahende Einstellung zur Republik) erfüllt sein.

2. Verlust durch Entziehung

Im Unterschied zum ersten Verlusttatbestand muss hier die Staatsbürgerschaft mit **Bescheid** aberkannt werden, damit der Verlust der Staatsbürgerschaft eintreten kann. Die LReg hat einen Entziehungsbescheid zu erlassen, wenn der Staatsbürger

- freiwillig in den **Militärdienst eines fremden Staates** tritt (§ 32). Ein noch nicht eigenberechtigter Österreicher, der zB Mitglied der französischen Fremdenlegion wird, verliert seine Staatsbürgerschaft allerdings nur dann, wenn sein gesetzlicher Vertreter dem Eintritt zustimmt;
- **im Dienst eines fremden Staates** steht **und durch** sein **Verhalten** die Interessen oder das Ansehen **Österreichs erheblich schädigt** (§ 33). Der Begriff „Dienst" umfasst Hoheits- und Privatwirtschaftsverwaltung, öffentlich-rechtliche und privatrechtliche Dienstverhältnisse (zB Konsulententätigkeit, RV 497 BlgNR X. GP, 33). Die beiden Merkmale (Dienstverhältnis und erheblich schädigendes Verhalten) müssen kumulativ vorliegen (die Tätigkeit einer Österreicherin als Sekretärin in einem dt Ministerium allein würde zB nicht die Entziehung der österr Staatsbürgerschaft zur Folge haben);
- freiwillig für eine organisierte bewaffnete Gruppe aktiv an Kampfhandlungen im Ausland im Rahmen eines bewaffneten Konflikts teilnimmt (§ 33 Abs 2, zur Auslegung 351 BlgNR XXV. GP, 9 f);
- seine **bisherige fremde Staatsangehörigkeit willentlich beibehält** (§ 34), obwohl ihm Handlungen, um sich dieser Staatsangehörigkeit zu entledigen, zumutbar waren. Diese Art der Entziehung ist mit sechs Jahren ab Verleihung **befristet**, danach ist sie nicht mehr zulässig. Der Betroffene ist sechs Monate vor der beabsichtigten Entziehung darüber zu **belehren**, der BMI hat ein Antragsrecht und Organparteistellung* im Verfahren (§ 35).

Hinzuweisen ist hier auf die gegenüber dem AVG erweiterte Möglichkeit zur Bestellung eines **Abwesenheitskurators**, er kann auch eingesetzt werden, wenn die betreffende Person sich im Ausland aufhält und ihr Aufenthaltsort dort bekannt ist (§ 36; § 11 AVG sieht das nur bei unbekanntem Aufenthaltsort bzw mangelndem gesetzlichen Vertreter vor).

3. Verlust durch Verzicht

Dabei erfolgt der Verlust der Staatsbürgerschaft **durch schriftliche Willenserklärung** der Partei an die LReg (§§ 37, 38). Eine Person verzichtet idR auf die österr Staatsbürgerschaft, wenn sie in ein fremdes Land ausgewandert ist und sich dort durch Erwerb der Staatsangehörigkeit zur Gänze integrieren möchte. Notwendig ist dafür der

- Besitz bzw zumindest die Zusicherung einer fremden Staatsangehörigkeit, es dürfen
- **kein Strafverfahren** und **keine Strafvollstreckung** wegen eines Deliktes mit einer Strafdrohung von über sechs Monaten Freiheitsentzug **anhängig** sein und
- männliche Staatsbürger müssen, wenn sie im wehrfähigen Alter sind (16 bis 36 Jahre), den **Wehr- bzw Zivildienst geleistet** oder ihre Untauglichkeit bescheinigt bekommen oder einen entsprechenden Dienst in einem anderen Staat geleistet haben (Anerkennung auf Grund eines internationalen Übereinkommens notwendig).

Noch ausstehender Wehr- bzw Zivildienst bzw ein anhängiges Strafverfahren bilden allerdings dann **keinen Hinderungsgrund**, wenn die betreffende Person seit mindestens fünf Jahren ununterbrochen ihren **Hauptwohnsitz außerhalb Österreichs** hat.

Die LReg hat einen **schriftlichen Feststellungsbescheid** über den Verlust der Staatsbürgerschaft mit dem Zeitpunkt des Einlangens der Verzichtserklärung zu erlassen.

VII. Strafbestimmungen

Übertretungen nach dem StbG (§ 63c, zB falsche Angaben, Nichtabgabe des fremden Reisepasses auf Aufforderung) stellen Verwaltungsübertretungen dar.

VIII. Behörden und Verfahren

1. Behörden

Die **LReg** ist in erster Instanz für die Erlassung von **Bescheiden** im Staatsbürgerschaftsverfahren zuständig. Die örtliche Zuständigkeit richtet sich nach dem Hauptwohnsitz* des Bescheidadressaten, sonst nach der Evidenzstelle (§ 39).

Evidenzstelle für eine Person ist je nach Geburtszeitpunkt die Geburtsgemeinde bzw der Wohnort der Mutter zum Geburtszeitpunkt oder die Gemeinde Wien, falls der Geburtsort im Ausland liegt. Die Staatsbürgerschaftsevidenz (bis 1938 die sog „Heimatrolle") ist das ständige Verzeichnis der Staatsbürger, das die Gemeinden (Gemeindeverbände) zu führen haben (§ 49 ff). Sie ist als ZSR zu führen (§§ 56a ff). Alle staatsbürgerschaftsrechtlich relevanten Änderungen bzw Entscheidungen betreffend eine eingetragene Person sind von den zuständigen Behörden der Evidenzstelle mitzuteilen.

Gegen einen Bescheid der LReg ist seit 01. Jänner 2014 eine **Beschwerdeerhebung an das zuständige LVwG** möglich (Art 130 iVm 131 Abs 1 B-VG) und in weiterer Folge Revision an den VwGH (Art 133 Abs 1 B-VG).

Personenbezogene Daten dürfen nur soweit dienstlich erforderlich verwendet und gespeichert und müssen nach dem Tod oder sechs Jahre nach Verleihung der Staatsbürgerschaft von Amts wegen gelöscht werden (§ 39a).

Staatsbürgerschaftsbehörden dürfen weiters Fremde, die die Staatsbürgerschaft beantragen, erkennungsdienstlich behandeln (§ 39a; → *Sicherheitspolizeirecht*).

Österreicher, deren Staatsbürgerschaft unstrittig ist, bekommen auf Antrag einen sog **„Staatsbürgerschaftsnachweis"**, das ist die **Beurkundung** darüber, dass eine Person die österr Staatsbürgerschaft besitzt (Auszug aus dem ZSR). Diese Bestätigung dient wiederum zum Beweis der österr Staatsbürgerschaft in anderen Bereichen der Verwaltung, zB für die Ausstellung eines Reisepasses, beim Antritt eines Studiums oder für die Ausübung eines Gewerbes. Die Ausstellung solcher Bestätigungen bzw die Entscheidung über derartige Anträge obliegt der **Gemeinde im üWb***, in der die betroffene Person ihren Hauptwohnsitz hat (§ 41), über Berufungen gegen abweisende Bescheide entscheidet die LReg.

Gemeinden, die zur Besorgung von Personenstandsangelegenheiten zusammengeschlossen sind (Standesamtsverbände), sind nach § 47 StbG ex lege auch zur Durchführung von staatsbürgerschaftsrechtlichen Aufgaben (Ausstellung von Bestätigungen, Staatsbürgerschaftsevidenz) zu einem **„Staatsbürgerschaftsverband"** vereinigt. Standesamtsverbände werden nach § 5 PStG durch Verordnung des LH eingerichtet. Ihre innere Organisation richtet sich gem Art 116a Abs 4 B-VG nach Landesrecht (zB sbg GemeindeverbändeG; TGO).

Wenn der Betroffene keinen Hauptwohnsitz in Österreich hat, kann er sich an das österr **Berufskonsulat** bzw die **diplomatische Vertretungsbehörde** wenden, um eine Bestätigung zu erhalten; auch die Beibehaltung der Staatsbürgerschaft kann dort beantragt werden (§§ 40 u 41 Abs 2; Verfassungsbestimmungen, weil bei der Vollziehung von Landessachen eine Mitwirkung von Bundesorganen im B-VG nicht vorgesehen ist), über Berufungen entscheidet wiederum die LReg.

Soweit die Parteien Bescheide im Instanzenzug nicht mehr anfechten können, hat der **BMI** die Möglichkeit, bei den LVwG **Amtsbeschwerde** zu erheben (Art 132 Abs 1 Z 2 B-VG).

2. Verfahren

Auf das **Verfahren** hat die LReg, weil sie Behörde der allgemeinen staatlichen Verwaltung in den Ländern ist, gem Art I Abs 2 EGVG das **AVG**, das **VStG** und das **VVG** anzuwenden, ebenso die Gemeinden und Gemeindeverbände. Die österr Vertretungsbehörden im Ausland sind zur Anwendung des AVG ausdrücklich verpflichtet (vgl § 41 Abs 2 StbG). Das Verfahren vor den LVwG ist im Verwaltungsgerichtsverfahrensgesetz (**VwGVG** BGBl I 22/2013) geregelt.

Bescheide sind immer **schriftlich** zu erlassen (§§ 23 Abs 1, 28 Abs 5, 34 Abs 3), bloße mündliche Verkündung ist zu ihrer Rechtswirksamkeit nicht ausreichend (dh es liegt zB eine Verleihung der Staatsbürgerschaft erst mit Zustellung oder Ausfolgung des schriftlichen Bescheides vor). Nur das für die Verleihung der Staatsbürgerschaft notwendige Gelöbnis ist mündlich abzulegen (Text in § 21 StbG). Abweichend von der allgemeinen Regel, dass ein schriftlicher Bescheid erst durch Zustellung erlassen wird und die darin festgelegten Rechtsfolgen auslöst, kommt im Staatsbürgerschaftsverfahren tw dem im Bescheid genannten **Datum** konstitutive Wirkung zu, zB nach § 23 Abs 2 StbG im Fall der Verleihung. Allerdings ist dieses Datum unter Bedachtnahme auf den Zeitpunkt der Aushändigung bzw Zustellung des Bescheides zu bestimmen.

3. Anwendung früherer Rechtsgrundlagen

Hinzuweisen ist noch auf den Umstand, dass die Behörden im Verfahren unter Umständen auf **frühere materiellrechtliche Regelungen** zurückgreifen müssen, weil das StbG 1985 nur den Staatsbürgerschaftserwerb bzw -verlust seit dem Zeitpunkt seiner Wiederverlautbarung regelt (31. Juli 1985).

ZB: Eine Person, die 1961 geboren ist, braucht 2014 einen Staatsbürgerschaftsnachweis. In diesem Fall hat die Behörde die zum Zeitpunkt des Eintretens des konkreten Sachverhalts (hier des Staatsbürgerschaftserwerbs) aktuelle Rechtslage (hier 1961) anzuwenden (VwGH 23.09.2014, 2013/01/0153).

Ältere Bestimmungen über den Erwerb bzw den Verlust der Staatsbürgerschaft (StbG 1945, 1949, 1965) sind daher nur in ihrem zeitlichen Anwendungsbereich begrenzt worden. Das Verfahren ist nach dem StbG 1985 durchzuführen.

Claudia Fuchs

Umweltverträglichkeitsprüfung

Rechtsgrundlagen

Kompetenzgrundlagen

Art 11 Abs 1 Z 7 B-VG (Umweltverträglichkeitsprüfung); Art 10 Abs 1 Z 9 B-VG (Umweltverträglichkeitsprüfung für Bundesstraßen und Eisenbahn-Hochleistungsstrecken).

Verfassungsrechtliche Bezüge

Art 131 Abs 4 Z 2 lit a B-VG (Zuständigkeitsbegründung des BVwG).

Europarechtliche Bezüge

Art 191 ff AEUV; RL 2011/92/EU des Europäischen Parlaments und des Rates über die Umweltverträglichkeitsprüfung bei bestimmten öffentlichen und privaten Projekten, ABl L 2012/26, 1 idF RL 2014/52/EU, ABl L 2014/124, 1 (UVP-RL); RL 2001/42/EG des Europäischen Parlaments und des Rates über die Prüfung der Umweltauswirkungen bestimmter Pläne und Programme, ABl L 2001/197, 30 (SUP-RL); RL 2003/35/EG des Europäischen Parlaments und des Rates über die Beteiligung der Öffentlichkeit bei der Ausarbeitung bestimmter umweltbezogener Pläne und Programme, ABl L 2003/156, 17 idF RL 2011/92/EU, ABl L 2012/26, 1 (ÖffentlichkeitsbeteiligungsRL); VO (EG) 1367/2006 des Europäischen Parlaments und des Rates über die Anwendung der Bestimmungen des Übereinkommens von Aarhus über den Zugang zu Informationen, die Öffentlichkeitsbeteiligung an Entscheidungsverfahren und den Zugang zu Gerichten in Umweltangelegenheiten auf Organe und Einrichtungen der Gemeinschaft, ABl L 2006/264, 13 (Aarhus-VO); VO (EU) 347/2013 des Europäischen Parlaments und des Rates zu Leitlinien für die transeuropäische Energieinfrastruktur, ABl L 2013/115, 39 (TEN-E-VO).

Völkerrechtliche Bezüge

Umweltverträglichkeitsprüfung im grenzüberschreitenden Rahmen (Espoo-Konvention), BGBl III 201/1997 (letzte Kundmachung betreffend den Geltungsbereich BGBl III 137/2016); Protokoll über die strategische Umweltprüfung zum Übereinkommen über die Umweltverträglichkeitsprüfung im grenzüberschreitenden Rahmen, BGBl III 50/2010 (letzte

Kundmachung betreffend den Geltungsbereich BGBl III 263/2013); Übereinkommen von Aarhus über den Zugang zu Informationen, die Öffentlichkeitsbeteiligung an Entscheidungsverfahren und den Zugang zu Gerichten in Umweltangelegenheiten samt Erklärung (Aarhus-Konvention), BGBl III 88/2005 (letzte Kundmachung betreffend den Geltungsbereich BGBl III 58/2014).

Gesetze und sonstige Rechtsgrundlagen

BG über die Prüfung der Umweltverträglichkeit (Umweltverträglichkeitsprüfungsgesetz 2000 – UVP-G 2000), BGBl 697/1993 idF I 4/2016; BG über Eisenbahn-Hochleistungsstrecken (Hochleistungsstreckengesetz – HlG) BGBl 135/1989 idF I 154/2004; BG betreffend die Bundesstraßen (Bundesstraßengesetz 1971 – BStG 1971), BGBl 286/1971 idF I 96/2013.

Verordnung des Bundesministers für Land- und Forstwirtschaft, Umwelt und Wasserwirtschaft 2015 über belastete Gebiete (Luft) zum UVP-G 2000, BGBl II 166/2015.

Literaturauswahl

Monografien – Kommentare

Altenburger/Berger, UVP-G. Umweltverträglichkeitsprüfungsgesetz. Kommentar[2] (2010); *Altenburger/Raschauer N.* (Hrsg), Kommentar zum Umweltrecht (2014); *Bachl*, Die (betroffene) Öffentlichkeit im UVP-Verfahren (2015); *Baumgartner C. /Petek*, UVP-G 2000. Umweltverträglichkeitsprüfungsgesetz. Kurzkommentar (2010); *Ennöckl/ Raschauer N. / Bergthaler*, Kommentar zum UVP-G[3] (2013); *Raschauer N. /Wessely* (Hrsg), Handbuch Umweltrecht[2] (2010); *Schmelz/Schwarzer*, UVP-G. Umweltverträglichkeitsprüfungsgesetz 2000. Kommentar (2011).

Beiträge

Baumgartner C., Parteistellungen im UVP-G nach der Nov 2004, ecolex 2005, 275; *Berger*, UVP-Verfahren: Vereinbarkeit von Unionsrecht und Präklusion, RdU-U&T 2012/12, 38; *Berl*, Rechtsfragen zum UVP-Verfahren bei Schigebieten, RdU-U&T 2013/2, 2; *Berl*, Die Bürgerinitiative, ihre Rechte und das Verhältnis zu ihren Unterstützern, RdU 2014/59, 103; *Berl*, Die Präklusion nach dem Urteil des EuGH in der Rs 137/14, RdU 2016, 9; *Bußjäger*, Strategische Umweltprüfung in Österreich – eine Bilanz, RdU 2016/3, 5; *Bußjäger/Lampert*, Öffentlichkeitsbeteiligung im UVP-Feststellungsverfahren, ecolex 2015, 910; *Ennöckl*, Sachverstand im Umweltrecht, in WiR – Studiengesellschaft für Wirtschaft und Recht (Hrsg), Sachverstand im Wirtschaftsrecht (2013) 211; *Ennöckl/Raschauer N.*, Die Prüfung der Umweltverträglichkeit (UVP) und die Genehmigung von Bundesstraßen- und Hochleistungsstreckenvorhaben nach der UVP-G-Novelle 2004, ZfV 2005, 505; *Forster*, De facto kein Rechtsschutz? – Zur Unionsrechtskonformität des UVP-Feststellungsverfahrens, RdU 2014/4, 11; *Granner/Schlögl*, Neues von der Rechtsschutz-Baustelle Brenner Basistunnel, RdW 2012, 202; *Hartlieb C.*, Die Stellung der Standort- und Nachbargemeinden in UVP-Genehmigungsverfahren, RFG 2011/9, 32; *Hauer*, Aktuelle Fragen der Verfahrensbeteiligung, RdU 2016/4, 103; *Höllbacher*, Über die sachliche Zuständigkeit im UVP-Rechtsschutz, RdU 2015/62, 102; *Holzinger K.*, Die Präklusion ist tot, es lebe die Präklusion?!, ZVG 2016, 24; *Huber-Medek*, Zur Bindungswirkung von UVP-Feststellungsbescheiden, ÖZW 2015, 116; *Kager*, Neues zur Parteistellung in der UVP, ZVG 2016, 110 (Teil 1), 214 (Teil 2); *Lampert/Bußjäger*, Kundmachung und Auflage im UVP-Genehmigungsverfahren, ZVG 2016, 106; *Madner*, Umweltverträglichkeitsprüfung, in Holoubek/Potacs (Hrsg), Öffentliches Wirtschaftsrecht II[3] (2013) 881; *Mayer/Weber*, Sind die verwaltungsrechtlichen Präklusionsvorschriften im UVP-Verfahren unionsrechtskonform?, RdU 2011/102, 171; *Merl*, Umweltverträglichkeit neu. Das UVP-G 2000 nach den Novellen 2004 und 2005, RdU 2005/24, 52; *Neger/Schachinger*, SUP, Naturschutz, Ortsbild- versus Denkmalschutz, RFG 2013/29, 138; *Petek*, Die UVP-G-Novelle 2009, RdU 2009/88, 148; *Pointinger/Weber*, Der Umweltanwalt – das unbekannte Wesen?, RdU 2015, 233; *Pürgy*, Die Bürgerinitiativen im UVP-Verfahren, in Ennöckl/Raschauer N. (Hrsg), Rechtsfragen des UVP-Verfahrens vor dem Umweltsenat (2008) 121; *Pürgy*, Die Einbindung der Umweltorganisationen in das UVP-Feststellungsverfahren durch die UVP-G-Novelle BGBl I 2012/77. Eine Analyse aus unionsrechtlicher, verfassungsrechtlicher und verfahrensrechtlicher Perspektive, ZfV 2012, 777; *Raschauer N.*, Das Fortbetriebsrecht im UVP-G 2000, RdU 2010, 76; *Raschauer N.*, Sachgüterschutz in der UVP, ÖZW 2012, 2; *Schachinger/Grafenauer*, Zur Antragslegitimation und Vertretungsbefugnis von Bürgerinitiativen, RdU 2008/45, 83; *Schmelz*, Zur Kumulation im UVP-G, in FS Jabloner (2011) 665; *Schmelz/Schwarzer*, Die neue „Verkehrs-UVP", ecolex 2005, 271; *Schlögl*, Die betroffene Öffentlichkeit im UVP-Feststellungsverfahren, wbl 2011, 240; *Schwarzer*, Gibt es eine „freiwillige Umweltverträglichkeitsprüfung"?, ecolex 2012, 928.

Rechtsprechung

VfSlg 17.220/2004 (Verfassungswidrigkeit der VfGH-Beschwerdelegitimation für LH und Landesumweltanwaltschaft); VfSlg 18.046/2006 (Voraussetzungen für das Vorliegen einer Bürgerinitiative); VfSlg 19.499/2011 (Feststellung der Zuständigkeit des VwGH zur Entscheidung über die Beschwerde gegen den Bescheid der BMVIT betreffend Genehmigung des Brennerbasistunnels); VfGH 02.10.2013, B 327/2012 u.a. (keine Bedenken gegen § 24f Abs 1 und 2 UVP-G [Sonderregelung für Eisenbahnvorhaben]); VfSlg 19.926/2014 (Zuständigkeit des BVwG für Beschwerden gegen Entscheidungen nach dem 3. Abschnitt des UVP-G).

VwSlg 15.666 A/2001 (Lainzer-Tunnel, unmittelbare Anwendbarkeit der UVP-RL, UVP für Eisenbahnstrecken); VwSlg 16.018 A/2003 (UVP-Pflicht für thermische Verwertung von Altöl direkt aus dem Gemeinschaftsrecht); VwSlg 16.994 A/2006 (UVP-Pflicht für den zweigleisigen Ausbau einer bestehenden Eisenbahnstrecke); VwSlg 17.023 A/2006 (keine UVP-Pflicht für Hubschrauber-Außenlandebewilligungen); VwGH 24.06.2009, 2007/05/0101 (Umweltverträglichkeit der 380-kV-Steiermarkleitung); VwSlg 17.827 A/2010 (Parteistellung von Umweltorganisationen); VwSlg 17.939 A/2010 (380-kV-Salzburgleitung); VwGH 23.02.2011, 2009/06/0107 (Grobprüfung im Feststellungsverfahren); VwSlg 18.189 A/2011 (gesamthafter Vorhabensbegriff im UVP-G); VwSlg 18.274 A/2011 (Nachbarn im UVP-G, Begriff der Umweltschutzvorschrift); VwSlg 18.395 A/2012 (keine Parteistellung von Umweltorganisationen im Verfahren zur Erlassung einer Rechtsverordnung); VwGH 18.12.2012, 2009/07/0179 (teilkonzentrierter Genehmigungsbescheid des BMVIT); VwGH 28.11.2013, 2011/03/0219 (Brenner-Basistunnel); VwGH 19.12.2013, 2011/03/0160 (Semmering-Basistunnel); VwGH 26.06.2014, 2013/03/0062 (Zuständigkeit des BVwG); VwGH 21.10.2014, 2012/03/0112 (Berücksichtigung der Ergebnisse der UVP; Präklusionsfolgen des § 44b Abs 1 AVG für den Umweltanwalt); VwGH 20.11.2014, 2011/07/0244 (Vorhabensbegriff; Großverfahren nach §§ 44a ff AVG); VwGH 17.12.2014,

Ro 2014/03/0066 (Änderung eines Vorhabens; Geländeveränderung); VwGH 22.06.2015, 2015/04/0002 (Nachbar iSd GewO als Teil der betroffenen Öffentlichkeit nach UVP-RL; keine Bindungswirkung des UVP-Feststellungsbescheids); VwGH 25.06.2015, Ro 2014/07/0108 (Vorabentscheidungsersuchen an den EuGH: Vorliegen nur materiengesetzlicher Genehmigung anstatt einer solchen nach dem UVP-G, Genehmigungsfiktion EU-rechtskonform?); VwGH 29.09.2015, 2012/05/0073 (Rodungsbegriff, Vorhabensbegriff, räumlicher Zusammenhang); VwGH 05.11.2015, Ro 2014/06/0078 (kein Antragsrecht der Nachbarn im UVP-Feststellungsverfahren; Parteistellung im Materienverfahren kraft Unionsrecht); VwGH 17.11.2015, Ra 2015/03/0058 (Zuständigkeit des BVwG); VwGH 17.02.2016, Ro 2016/04/0001 (kein Antragsrecht und keine Parteistellung des nicht als Umweltorganisation anerkannten Vereins im UVP-Feststellungsverfahren); VwGH 18.05.2016, Ro 2015/04/0026 (kein Beschwerderecht des Nachbarn im UVP-Feststellungsverfahren vor der Nov BGBl I 4/2016); VwGH 02.08.2016, Ro 2015/05/0008 (Zuständigkeit der LVwG bei Säumnisbeschwerden).

OGH 21.05.2013, 1 Ob 56/13m (Ausbau und Erweiterung des Flughafens Wien ohne UVP, Amtshaftungsrecht, Wertminderung einer Liegenschaft).

EuGH 11.08.1995, C-431/92 (Großkrotzenburg) (unmittelbare Anwendbarkeit der UVP-RL); EuGH 21.09.1999, C-392/96 (Kommission/Irland) (keine Umgehung des Regelungsziels durch Aufsplitterung von Projekten); EuGH 07.01.2004, C-201/02 (Wells) (unmittelbare Wirkung der UVP-RL); EuGH 25.07.2008, C-142/07 (Ecologistas en Acción-CODA) (Gesamtbewertung der Auswirkungen auf die Umwelt, Aufsplitterung); EuGH 30.04.2009, C-75/08 (Mellor) (Zugang zu Entscheidungsbegründungen); EuGH 10.12.2009, C-205/08 (Umweltanwalt von Kärnten) (grenzüberschreitender Bau von Hochspannungsleitungen, UVP-Pflicht auch bei inländischem, unter dem Schwellenwert gelegenen Teilstück); EuGH 03.03.2011, C-50/09 (Kommission/Irland) (Unzulässigkeit einer generellen UVP-Ausnahme für Abbrucharbeiten); EuGH 17.03.2011, C-275/09 (Brussels Hoofdstedelijk Gewest u.a.) (Verlängerung einer bestehenden Betriebsgenehmigung ohne Durchführung von Arbeiten nicht UVP-pflichtig); EuGH 18.10.2011, C-128/09 (Boxus u.a.) (Projektgenehmigung mittels Gesetz); EuGH 14.03.2013, C-420/11 (Leth) (Ausbau und Erweiterung des Flughafens Wien ohne UVP, Voraussetzungen für einen Entschädigungsanspruch, Vermögensschäden); EuGH 21.03.2013, C-244/12 (Salzburger Flughafen); EuGH 16.04.2015, C-570/13 (Karoline Gruber) (Anfechtungsmöglichkeit von [negativen] UVP-Feststellungsbescheiden; keine Bindungswirkung gegenüber Nachbarn); EuGH 15.10.2015, C-137/14 (Kommission/Deutschland) (Präklusion; Beschränkung der Klagebefugnis auf im Verwaltungsverfahren vorgebrachte Einwendungen widerspricht Art 11 UVP-RL).

I. Regelungsgegenstand und -ziele

Die **Umweltverträglichkeitsprüfung (UVP)** ist ein zentrales Instrument der Umweltvorsorge, dessen Zielsetzung darin liegt, umweltrelevante Projekte noch in ihrer Planungsphase auf mögliche Umweltauswirkungen hin zu überprüfen. Im Zuge der UVP werden die potentiellen Konsequenzen eines Vorhabens für die Umwelt in einer **umfassenden und integrativen Weise** ermittelt, beschrieben und bewertet. Die Prüfung des Projekts bleibt maW nicht auf einzelne Umweltmedien und Schutzgüter begrenzt, sondern folgt einer übergrei-

fenden Betrachtungsweise, die auch die Wechselwirkungen zwischen den verschiedenen Faktoren berücksichtigt. Als relevante Auswirkungen auf die Umwelt sind dabei alle Einflussnahmen des betreffenden Vorhabens auf die Schutzgüter Menschen, Tiere, Pflanzen und deren Lebensräume, auf Boden, Wasser, Luft und Klima, auf die Landschaft und auf Sach- und Kulturgüter anzusehen (§ 1 Abs 1 Z 1). Durch eine weitreichende Einbindung der Öffentlichkeit in den Prozess der UVP wird zudem in den häufig konfliktanfälligen Projektierungskonstellationen für **Transparenz und Bürgerbeteiligung** gesorgt. Rechtlich ist die UVP auf Ebene der Vorhabensgenehmigung angesiedelt, findet also eingebettet in das behördliche Verfahren zur Bewilligung des eingereichten Projekts (UVP-Genehmigungsverfahren) statt. Der (positive oder negative) UVP-Genehmigungsbescheid ergeht dabei unter Berücksichtigung der Ergebnisse der UVP im Rahmen eines **konzentrierten Genehmigungsverfahrens***: Sobald ein Vorhaben der UVP-Pflicht unterfällt, hat die Behörde neben den eigentlichen UVP-Genehmigungsvoraussetzungen auch alle maßgeblichen sonstigen (materiell-rechtlichen) Genehmigungskriterien mitanzuwenden, unabhängig davon, ob es sich um bundes- oder landesrechtliche Vorschriften handelt (s VI.1.). Mit dieser umfangreichen **Genehmigungskonzentration** wird aus Sicht des Umweltschutzes wiederum dem ganzheitlichen Ansatz der UVP Rechnung getragen, der über rein sektorale Betrachtungen des eingereichten Projekts hinausgeht.
Gesetzliche Grundlage für die Durchführung von UVP ist das UVP-G, das – in Umsetzung der UVP-RL (III.) – 1993 erlassen wurde und gegenwärtig als **UVP-G 2000** in Geltung steht. Zahlreiche Novellen, die nicht selten auf unionsrechtliche Anpassungsnotwendigkeiten zurückgehen, und eine breite höchstgerichtliche Rsp, insb auch des EuGH, haben der Materie zwischenzeitlich eine erhebliche Dynamik beschert.

II. Verfassungsrechtliche Bezüge

1. Kompetenzrechtliche Bestimmungen

Nach **Art 11 Abs 1 Z 7 B-VG** ist die UVP für Vorhaben, bei denen mit erheblichen Auswirkungen auf die Umwelt zu rechnen ist, Bundessache in der Gesetzgebung und Landessache in der Vollziehung. Das gilt auch für die Genehmigung solcher Vorhaben, soweit ein Bedürfnis nach Erlassung einheitlicher Vorschriften als vorhanden erachtet wird. Diese **Bedarfskompetenz des Bundes** wurde vom Bundesgesetzgeber mit dem UVP-G in Anspruch genommen (Genehmigungskonzentration).

Als gesonderter Kompetenztatbestand erfasst Art 10 Abs 1 Z 9 B-VG die UVP für **Bundesstraßen und Eisenbahn-Hochleistungsstrecken**, bei denen mit erheblichen Auswirkungen auf die Umwelt zu rechnen ist. Gesetzgebung und Vollziehung kommt insofern dem Bund zu. Hinsichtlich der Regelung der **Genehmigung** solcher Vorhaben besteht nach Art 11 Abs 6 B-VG eine Bedarfskompetenz des Bundes (s den 3. Abschnitt des UVP-G; V.4.).

Schließlich können auch **Angelegenheiten der Bürgerbeteiligung** (Bürgerbeteiligungsverfahren für bundesgesetzlich zu bestimmende Vorhaben, Beteiligung an den einem Bürgerbeteiligungsverfahren nachfolgenden Verwaltungsverfahren, Berücksichtigung der Ergebnisse des Bürgerbeteiligungsverfahrens bei der Erteilung der für die betroffenen Vorhaben erforderlichen Genehmigungen), soweit ein Bedürfnis nach Erlassung einheitlicher Vorschriften als vorhanden erachtet wird, durch BG geregelt werden (Art 11 Abs 6 B-VG).

2. Zuständigkeit des BVwG

Abweichend von der allgemeinen Systematik der **Zuständigkeitsverteilung zwischen BVwG und LVwG** ermächtigt Art 131 Abs 4 Z 2 lit a B-VG die Bundesgesetzgebung zur Begründung der Zuständigkeit des BVwG in den **Angelegenheiten der UVP**. Eine Zustimmung der Länder ist hierfür, ebenfalls entgegen der sonstigen Systematik, nicht erforderlich.

In Nachfolge der zunächst ergangenen, mit Ablauf des 31. Dezember 2013 außer Kraft getretenen, Verfassungsbestimmung des § 40a legt der nunmehr in Geltung stehende **§ 40 Abs 1 S 1** die Zuständigkeit des BVwG bei Beschwerden gegen Entscheidungen nach dem UVP-G fest (s VII.).

III. Europarechtliche Bezüge

Der innerstaatliche Rechtsrahmen zur Durchführung von UVP ist ganz maßgeblich durch EU-Sekundärrechtsakte*, die im Wesentlichen auf Grundlage der Rechtsetzungskompetenzen der EU im Bereich der Umweltpolitik (Titel XX AEUV) erlassen wurden, vorgezeichnet.

Von eminenter Bedeutung ist die **UVP-RL**, die – angelehnt an vergleichbare US-amerikanische Mechanismen – die UVP 1985 im EU-Recht verankerte. Seitdem fanden mehrfache Änderungen statt, die eine kontinuierliche Erweiterung des Regelungsumfangs der UVP-RL zur Folge hatten. Im Zuge der jüngsten Revision durch die RL 2014/52/EU, die in den Mitgliedstaaten bis 16. Mai 2017 umzusetzen ist, wurden verschiedene Anpassungen vorgenommen, darunter insb die Ergänzung um zusätzliche von der UVP zu berücksichtigende Schutzgüter (zB Bevölkerung und menschliche Gesundheit, Fläche, biologische Vielfalt).

Als Instrument der Prüfung von Umweltauswirkungen wird die UVP ergänzt durch die mit der SUP-RL geschaffene **„Strategische Umweltprüfung"** (SUP). Ziel der SUP ist es, allgemeine Programme und Planungswerke schon vor ihrer Annahme auf ihre Umweltverträglichkeit zu durchleuchten. Nachfolgende Genehmigungsverfahren zu Einzelprojekten sollen so von ökologischen Grundsatzfragen möglichst entlastet und es soll insgesamt zu einem hohen Umweltschutzniveau beigetragen werden. Strukturell anders als die UVP ist die SUP damit ihrer Intention nach nicht auf ein konkretes, in seiner Dimension genau umrissenes Projekt bezogen. Vielmehr handelt es sich um eine ökologische Folgenabschätzung, die bereits bei der Ausarbeitung von Plänen und Programmen (etwa Abfallwirtschaftspläne, Entwicklungsprogramme oder Flächenwidmungspläne) die Berücksichtigung von Umwelterwägungen einfordert. Die innerstaatlichen Umsetzungsbestimmungen finden sich über eine Vielzahl an Bundes- (zB AWG, WRG, BundesLärmG) und LandesG (insb RaumordnungsG → *Raumordnungsrecht*, Landes-AWG) verteilt.

Die **ÖffentlichkeitsbeteiligungsRL** trägt den völkerrechtlichen Verpflichtungen der Aarhus-Konvention zum Ausbau der Öffentlichkeitsbeteiligung auf EU-Ebene Rechnung (s IV.). Die VO (EG) 1367/2006 regelt, ebenso in Umsetzung der Aarhus-Konvention, den Zugang zu Umweltinformationen und die Öffentlichkeitsbeteiligung bei Verfahren vor Organen und Einrichtungen der EU.

Die – innerstaatlich unmittelbar anwendbare* – **TEN-E-VO** hat schließlich die beschleunigte Durchsetzung des Ausbaus der europäischen Energieinfrastruktur zum Ziel. Auf Basis einer gemeinsamen Definition energiewirtschaftlich bedeutender Energieinfrastrukturprojekte (Vorhaben von gemeinsamem Interesse = *Projects of Common Interest*/PCI) soll das ua durch Beschleunigung der Genehmigungsverfahren erreicht werden. Für UVP-pflichtige PCI enthält das UVP-G in seinem 6. Abschnitt begleitende Regelungen (s V.6.).

IV. Völkerrechtliche Bezüge

Über die unionsrechtlichen Vorgaben hinaus ist das UVP-Regime auch Gegenstand internationaler Vereinbarungen. So verpflichtet die im Rahmen der UN-Wirtschaftskommission für Europa (UNECE) erarbeitete **Espoo-Konvention** bei Vorhaben mit erheblichen grenzüberschreitenden Umweltauswirkungen dazu, die betroffenen Staaten zu informieren und zu konsultieren und deren betroffene Öffentlichkeit am UVP-Verfahren zu beteiligen (s §§ 10, 19). Die Espoo-Konvention ist seit 1997 in Kraft und wurde von Österreich wie ua auch von der EU ratifiziert.

Die ebenfalls auf Ebene der UNECE verabschiedete **Aarhus-Konvention** hat generell die Förderung der Öffentlichkeitsbeteiligung an umweltrelevanten Entscheidungen zum Ziel und bezweckt konkret auch für umweltrelevante Genehmigungsverfahren die Sicherstellung des Zugangs zu Umweltinformation, den Ausbau der Öffentlichkeitsbeteiligung und die Gewährleistung von Rechtsschutz (die sog „drei Säulen" der Aarhus-Konvention). Österreich hat die Konvention 2005 ratifiziert.

V. UVP-Pflicht

Die Frage, ob ein Projekt UVP-pflichtig ist, bildet schon angesichts der damit einhergehenden Verfahrenskonzentration und der Sperrwirkung gegen die Erteilung von Genehmigungen nach den MaterienG (VI.1.) typischerweise den ersten Schritt jeder genehmigungsrechtlichen Beurteilung. Nach den maßgeblichen Bestimmungen der §§ 3 und 3a kann die **UVP-Pflicht** dabei sowohl (Neu-)Vorhaben als auch Vorhabensänderungen betreffen.

Vom Begriff des **Vorhabens** sind der Legaldefinition des § 2 Abs 2 zufolge die Errichtung einer Anlage (zB Abfallbehandlungsanlage) oder ein sonstiger Eingriff in Natur und Landschaft (zB Rodung) unter Einschluss sämtlicher damit in einem räumlichen und sachlichen Zusammenhang stehender Maßnahmen erfasst. Bei Bestehen eines solchen Zusammenhangs kann ein Vorhaben auch mehrere Anlagen oder derartige Eingriffe umschließen. Maßgeblich ist (vgl auch den Grundsatz der Einheit der Anlage → *Gewerberecht*) insofern das gesamte zu verwirklichende Projekt und jeder mit dem Vorhaben in sachlichem oder örtlichem Zusammenhang stehende, umweltrelevante Eingriff („**gesamthafter Vorhabensbegriff**"). Hinsichtlich der konkreten Zuordnung einzelner Maßnahmen stellen sich jedoch in der Praxis zT schwierige Abgrenzungsfragen.

1. UVP-pflichtige (Neu-)Vorhaben

Gem § 3 UVP-pflichtig und damit einem UVP-Genehmigungsverfahren zu unterziehen sind (Neu-)Vorhaben, die in **Anh 1** aufgezählt sind. Der Anh besteht aus drei Spalten und enthält eine Vielzahl an Vorhabenstypen aus den Bereichen Abfallwirtschaft, Energiewirtschaft, Umgang mit radioaktiven Stoffen, Infrastruktur, Bergbau, Wasserwirtschaft, Land- und Forstwirtschaft sowie sonstige (Produktions-)Anlagen. Anhand der Zuordnung zu den einzelnen Spalten und der dort vermerkten Schwellenwerte entscheidet sich weiters, in welchem **Genehmigungsverfahren** die UVP stattfindet: ordentliches Verfahren oder vereinfachtes Verfahren, letzteres gegebenenfalls mit vorgeschalteter Einzelfallprüfung.

- **Spalte 1** listet jene Vorhaben auf, die jedenfalls UVP-pflichtig sind und dem **ordentlichen Genehmigungsverfahren** (VI.1.) unterliegen (zB bestimmte Anlagen zur Behandlung gefährlicher Abfälle, thermische Kraftwerke ab 200MW, Neubau von Flugplätzen, größere Bergbauvorhaben, Wasserkraftwerke ab 15MW).
- **Spalte 2** verzeichnet Vorhaben, die ebenso jedenfalls UVP-pflichtig sind, aber im **vereinfachten Verfahren** (VI.2.) genehmigt werden (va größere Industrieanlagen, aber zB auch größere Einkaufszentren oder größere Beherbergungsbetriebe).

- **Spalte 3** enthält jene Vorhaben, die in schutzwürdigen Gebieten liegen (zB Naturschutzgebiet, Alpinregion, Wasserschutzgebiet; s Anh 2) oder sonst nur bei Zutreffen besonderer Voraussetzungen der UVP-Pflicht unterliegen. Für diese Vorhaben ist eine **Einzelfallprüfung** (§ 3 Abs 4 und 4a) vorzunehmen, ob eine wesentliche Umweltbeeinträchtigung vorliegt. Ergibt die Einzelfallprüfung eine UVP-Pflicht, ist das **vereinfachte Genehmigungsverfahren** durchzuführen.

Im Unterschied zum eigentlichen – bloßen – Feststellungsverfahren (V.3.) begründet erst das Ergebnis dieser Einzelfallprüfung die UVP-Pflicht. Die Einzelfallprüfung entfällt, wenn der Projektwerber von sich aus – insb weil er es für wahrscheinlich hält, dass erhebliche schädliche oder belastende Auswirkungen auf die Umwelt zu erwarten und die Kriterien der UVP-Pflicht damit erfüllt sind – die Durchführung einer UVP beantragt (bekannt unter dem Schlagwort der „freiwilligen UVP").

2. Vorhabensänderungen

Auch die **Änderung von Vorhaben**, die in **Anh 1** angeführt sind, kann eine UVP-Pflicht auslösen. Dies gilt gem § 3a für Vorhaben nach Spalte 1 oder 2 jedenfalls dann, wenn eine Kapazitätsausweitung um 100% des festgelegten Schwellenwerts stattfinden soll. In anderen Fällen (wenn ein in Anh 1 normierter Änderungstatbestand erfüllt ist oder die beabsichtigte Kapazitätsausweitung zumindest 50% des maßgeblichen Schwellenwerts oder der bisherigen Kapazität ausmacht) ist über Einzelfallprüfung zu beurteilen, ob durch die Änderung mit erheblichen nachteiligen Umweltauswirkungen zu rechnen ist; (nur) im bejahenden Fall ist die Vorhabensänderung UVP-pflichtig.

3. Feststellungsverfahren

Zur Klärung der Frage, ob ein Vorhaben UVP-pflichtig ist, welcher Tatbestand des Anh 1 erfüllt ist und – damit einhergehend – in welchem Verfahren es zu genehmigen ist, kennt § 3 Abs 7 ein eigenes behördliches Verfahren, das in einen Feststellungsbescheid mündet (**UVP-Feststellungsbescheid***). Eingeleitet wird das Feststellungsverfahren entweder von Amts wegen oder über Antrag des Projektwerbers, einer mitwirkenden Behörde oder des Umweltanwalts. Parteistellung haben der Projektwerber, der Umweltanwalt (§ 2 Abs 4) und die Standortgemeinde. Den Nachbarn, Bürgerinitiativen oder Umweltorganisationen kommt dagegen nach dem Gesetzeswortlaut keine Parteistellung zu.

Vor der Entscheidung sind die mitwirkenden Behörden und das wasserwirtschaftliche Planungsorgan (s § 55 WRG) zu hören. Die behördliche Entscheidungsfrist beträgt sechs Wochen. Die Entscheidung ist in geeigneter

Form kundzumachen und der Bescheid zur öffentlichen Einsichtnahme aufzulegen und auf der Homepage der Behörde zu veröffentlichen.

Die Parteien des Verfahrens können gem § 3 Abs 7 **Beschwerde an das BVwG** erheben (zur Beschwerdelegitimation von Amts- und Organparteien s Art 132 Abs 5 B-VG). Die Standortgemeinde ist gesetzlich zudem berechtigt, gegen die Entscheidung des BVwG **Revision an den VwGH** zu erheben (s Art 133 Abs 8 B-VG).

Ein spezifisches – von der Parteistellung abgekoppeltes – Anfechtungsrecht räumt § 3 Abs 7a ein: Gelangt die Behörde im Feststellungsverfahren zum Ergebnis, dass für ein Vorhaben keine UVP durchzuführen ist, steht auch **anerkannten Umweltorganisationen** (innerhalb ihres örtlichen Zulassungsbereichs, s § 19 Abs 7) und – seit jüngstem (BGBl I 4/2016) – **Nachbarn** (§ 19 Abs 1 Z 1) die Möglichkeit offen, Beschwerde an das BVwG zu erheben (s Art 132 Abs 5 B-VG; § 40 Abs 3). Mit dieser besonderen Beschwerdemöglichkeit über den Kreis der gesetzlich genannten Verfahrensparteien hinaus soll va unionsrechtlichen Anforderungen hinsichtlich der Überprüfbarkeit von negativen UVP-Feststellungsentscheidungen Rechnung getragen werden. Zuletzt löste insofern die in der Rsp des VwGH angenommene **Bindungswirkung von negativen Feststellungsbescheiden** auch in materiengesetzlichen Genehmigungsverfahren gegenüber Nachbarn, denen ein Recht auf Erhebung einer Beschwerde gegen den Feststellungsbescheid vor der Nov BGBl I 4/2016 nicht zukam, aufgrund der vom EuGH (16.04.2015, C-570/13) ausgesprochenen Unvereinbarkeit mit Art 11 UVP-RL einen entsprechenden legistischen Anpassungsbedarf aus.

4. Bundesstraßen und Hochleistungsstrecken

Die Regelungen des **3. Abschnitts** des UVP-G begründen ein UVP-Sonderregime für Bundesstraßen und Hochleistungsstrecken (sog Verkehrs-UVP). Dessen Grundzüge werden im Kapitel → *Straßenrecht* dargestellt.

5. Wasserwirtschaftlich bedeutsame Vorhaben

Der **4. Abschnitt** des UVP-G enthält spezifische Bestimmungen für wasserwirtschaftlich bedeutsame Vorhaben. Im Rahmen des Verfahrens zur Genehmigung der erfassten Projekte (zB Wasserkraftwerke, Stauanlagen, Nassbaggerungen) kommt va wasserrechtlichen Kriterien erhebliche Relevanz zu. Die wasserwirtschaftlichen Aspekte sind im Genehmigungsbescheid zusammenzufassen.

6. Vorhaben von gemeinsamem Interesse

Für Vorhaben von gemeinsamem Interesse (**PCI**) iSd TEN-E-VO (zB Hochspannungsfreileitungen, Stromspeicheranlagen, Fernleitungen für den Transport von Erdgas und Biogas usw; s III.), die dem UVP-G unterliegen, normiert der **6. Abschnitt** (§§ 30–34) besondere Vorgaben. Dazu zählt insb die Anforderung, Verfahren über PCI prioritär zu behandeln und für eine effiziente Durchführung zu sorgen. Zu diesem Zweck unterstützt der BMWFW als sog Energie-Infrastrukturbehörde nach Maßgabe der TEN-E-VO die UVP-Behörde bei Bewältigung ihrer Aufgaben und nimmt, da PCI oftmals über Bundesländergrenzen hinwegführen und dementsprechend mehrere UVP-Behörden betroffen sind (VII.1.), eine koordinierende Rolle ein. Der Energie-Infrastrukturbehörde kommt im UVP-Verfahren die Stellung einer mitwirkenden Behörde zu.

Wesentliche Besonderheit des PCI-Verfahrens nach der TEN-E-VO ist die Durchführung eines Vorantragsverfahrens, in dessen Rahmen der Projektwerber Orientierung erlangen soll, welche Aspekte bei der Ausarbeitung des Vorhabens in Hinblick auf das UVP-G und die einzelnen anzuwendenden MaterienG zu beachten sind. Zugleich wird in diesem **Vorantragsabschnitt** der Untersuchungsrahmen für die Umweltverträglichkeitserklärung (s sogleich VI.1.) festgelegt, um zu klären, welche Antragsunterlagen auszuarbeiten sind. Ein von der UVP-Behörde zu erstellender Ablauf- und Zeitplan soll einen zügigen Fortgang des Vorantragsabschnitts und des UVP-Genehmigungsverfahrens sicherstellen.

VI. UVP-Genehmigungsverfahren

1. Ordentliches Verfahren

Das (ordentliche) UVP-Verfahren wird durch einen umfangreichen Gesamtgenehmigungsantrag des Projektwerbers (Antragskonzentration für sämtliche Verwaltungsvorschriften) mit ausführlicher, von ihm beizubringender **Umweltverträglichkeitserklärung** (UVE) eingeleitet (§§ 5 ff). Durch die Verpflichtung zur Vorlage einer UVE trägt der Projektwerber wesentlich zur Sachverhaltsermittlung hinsichtlich der Merkmale und Eigenschaften des eingereichten Vorhabens bei (verfahrensrechtliche Mitwirkungspflicht).

Der Allgemeinheit ist durch Auflage bei der Behörde und der Standortgemeinde daraufhin sechs Wochen lang **Gelegenheit zur Stellungnahme** zum Genehmigungsantrag und zur UVE geben. Zudem ist das Vorhaben in Tageszeitungen und im Internet unter Hinweis auf die Möglichkeit zur Einsichtnahme und Stellungnahme durch **Edikt** kundzumachen (§ 9 Abs 3 und 4 mit Verweis auf § 44a Abs 3 AVG).

Eine Stellungnahme zum Projekt kann auch durch Eintragung in eine Unterschriftenliste unterstützt werden. Umfasst diese Liste 200 Personen, entsteht eine „**Bürgerinitiative**" mit Parteistellung (§ 19 Abs 4).

Im weiteren Gang des Verfahrens ist ein umfassendes **Umweltverträglichkeitsgutachten** (UVGA) eines Teams von Sachverständigen einzuholen. Das

UVGA ist bei der Behörde und der Standortgemeinde mindestens vier Wochen lang zur **öffentlichen Einsicht** aufzulegen. Im Anschluss hat die Behörde eine **mündliche Verhandlung** mit Parteienöffentlichkeit durchzuführen (§ 16). Zeigen sich im Zuge des Genehmigungsverfahrens große Interessenkonflikte zwischen dem Projektwerber und den sonstigen Parteien, kann auf Antrag des ersteren das Verfahren zur Einschaltung eines **Mediationsverfahrens** (zur Konfliktvermittlung durch neutrale Dritte) unterbrochen werden.

Entscheidungsgrundlage für die UVP-Behörde sind die Genehmigungsvoraussetzungen aller anzuwendenden Verwaltungsvorschriften (zB GewO, WRG, BauO etc), die in § 17 Abs 2 festgelegten weiteren UVP-rechtlichen Genehmigungsvoraussetzungen (zB Begrenzung von Schadstoffemissionen nach dem Stand der Technik und Geringhaltung der Immissionsbelastung) sowie die Ergebnisse der UVP. Über den Projektantrag ist maW – nach dem Modell einer umfassenden Verfahrenskonzentration (§ 3 Abs 3) – unter (kumulativer) Anwendung sämtlicher relevanter bundes- wie landesrechtlicher Genehmigungsbestimmungen in einem einheitlichen Bescheid, der alle sonst erforderlichen Bewilligungen ersetzt, abzusprechen (**Konzentrationswirkung** des Bescheids). Umgekehrt verlieren die sonst materiengesetzlich zuständigen Behörden für das UVP-pflichtige Vorhaben ihre Zuständigkeit. Der Genehmigungswerber erhält nur *einen* – mit dinglicher Wirkung* (§ 17 Abs 9) ausgestatteten – Bescheid der UVP-Behörde, in dem gesamthaft über die Zulässigkeit seines Projekts erkannt wird. Dadurch soll nicht zuletzt sichergestellt werden, dass die ökologischen Standards aller Verwaltungsvorschriften eingehalten sind.

Die Entscheidungsfrist der Behörde beträgt neun Monate (§ 7 Abs 2).

Parteistellung haben (§ 19 Abs 1):

- Nachbarn und Nachbarinnen: Das sind iSd Legaldefinition Personen, die durch das Vorhaben gefährdet oder belästigt oder deren dingliche Rechte gefährdet werden könnten, sowie Inhaber und Inhaberinnen von Einrichtungen, in denen sich regelmäßig Personen vorübergehend aufhalten, hinsichtlich des Schutzes dieser Personen;
- Personen, denen darüber hinaus Parteistellung nach den mitanzuwendenden Verwaltungsvorschriften zukommt;
- der Umweltanwalt (§ 19 Abs 3);
- das wasserwirtschaftliche Planungsorgan (s § 55 WRG);
- die Standortgemeinde und unmittelbar angrenzende österr Gemeinden, die von wesentlichen Auswirkungen des Vorhabens betroffen sein können (§ 19 Abs 3);
- Bürgerinitiativen (§ 19 Abs 4);
- anerkannte Umweltorganisationen (§ 19 Abs 7).

Der Bescheid ist bei der Behörde und in der Standortgemeinde mindestens acht Wochen zur **öffentlichen Einsicht** aufzulegen. Die Auflage ist in geeigneter Form und jedenfalls auch im Internet kundzumachen (§ 17 Abs 7).

Vor Abschluss der UVP dürfen für UVP-pflichtige Vorhaben keine Genehmigungen nach den übrigen Verwaltungsvorschriften erteilt werden („**Sperrwirkung**"). Die materiengesetzlich sonst zuständigen Behörden sind stattdessen bei verschiedenen Verfahrensschritten im UVP-Verfahren lediglich beizuziehen („mitwirkende Behörden"). Genehmigungsbescheide, die unter Missachtung der Sperrwirkung erlassen wurden, sind mit **Nichtigkeit** bedroht. Eine Nichtigerklärung kommt dabei ausweislich der gesetzlichen Regelung innerhalb von drei Jahren in Betracht (§§ 3 Abs 6, 39 Abs 3). Gegen die damit in Zusammenhang stehende Bestimmung des § 46 Abs 20 Z 4 (UVP-Genehmigungsfiktion bei wegen Zeitablaufs nicht mehr vernichtbarer materiell-rechtlicher Genehmigung) hegt der VwGH unionsrechtliche Bedenken (s aktuelle Vorlage an den EuGH: VwGH 25.06.2015, Ro 2014/07/0108).

Nach der Verwirklichung des Projekts bleibt die UVP-Behörde noch in gewissen Belangen weiterhin zuständig (etwa zur Abnahmeprüfung oder im Zusammenhang mit der Nachkontrolle nach §§ 20, 22 f). Mit Rechtskraft des Abnahmebescheids (ausnahmsweise des Genehmigungsbescheids) geht die Zuständigkeit zur laufenden verwaltungspolizeiliche Kontrolle (wie prinzipiell auch die Vollziehung und Überwachung der Einhaltung von Nebenbestimmungen des Genehmigungsbescheids) jedoch grundsätzlich auf die jeweiligen Materienbehörden über (§ 21).

2. Vereinfachtes Verfahren

Im vereinfachten UVP-Genehmigungsverfahren kommen verschiedene verfahrensrechtliche Erleichterungen zum Tragen (s § 3 Abs 1). So muss etwa die UVE des Projektwerbers in ihrer Beschreibung des Vorhabens geringeren Detailanforderungen genügen und tritt an die Stelle des sonst vorgeschriebenen UVGA eine – im Prüfungsumfang vergleichsweise eingeschränkte – zusammenfassende Bewertung der Umweltauswirkungen (§ 12a). Insb aber haben **Bürgerinitiativen** im vereinfachten Verfahren keine Partei-, sondern nur **Beteiligtenstellung** mit dem Recht auf Akteneinsicht. Gegen den Genehmigungsbescheid besteht auch kein Beschwerderecht der Bürgerinitiative.

Der Genehmigungsbescheid im vereinfachten Verfahren ist innerhalb von sechs Monaten zu erlassen (§ 7 Abs 3). Die Möglichkeit zur Durchführung eines Mediationsverfahrens ist nicht vorgesehen. Auch eine verpflichtende Nachkontrolle entfällt.

VII. Behörden und Verfahren

1. Behörden

UVP-Behörde ist idR die **LReg**. Ihr kommt die Vollziehung des ersten und zweiten Abschnitts des UVP-G und damit die Durchführung von Feststellungs- und Genehmigungsverfahren ebenso zu wie die Vollziehung von Strafbestimmungen (§ 39). Die Verfahren nach dem 3. Abschnitt (Verkehrs-UVP) werden für die vom Bund zu vollziehenden Genehmigungsbestimmungen vom BMVIT, für die vom Land zu vollziehenden Genehmigungsvorschriften von der LReg geführt (Teilkonzentration, s § 24).

Über Beschwerden gegen Entscheidungen nach dem UVP-G entscheidet das **BVwG** (§ 40 Abs 1 iVm Art 131 Abs 4 Z 2 lit a B-VG; s II.2.). Das gilt für Bescheide der LReg gleichermaßen wie für jene des BMVIT. Zuständig zur Entscheidung über Säumnisbeschwerden sind nach der Rsp des VwGH hingegen die LVwG. Beschwerden gegen Verwaltungsstrafbescheide (§ 45) sind ebenfalls an das zuständige **LVwG** zu richten (§ 40 Abs 1 iVm Art 131 Abs 1 B-VG).

2. Verfahren

Im UVP-Verfahren gelangen die verschiedenen verfahrensrechtlichen **Sonderbestimmungen** des UVP-G – etwa hinsichtlich der Verfahrenskonzentration (VI.1.), der Entscheidungsfristen (V., VI.) oder der Regelung der Parteistellung (VI.1.) –, subsidiär die Verfahrensvorschriften des AVG zur Anwendung.

Angesichts der herausragenden Rolle, die **Sachverständigen** in den UVP-Verfahren zukommt, ist die Möglichkeit zur Beiziehung von nicht amtlichen Sachverständigen von besonderer praktischer Relevanz, zumal die vielfältigen Fachgebiete durch Amtssachverständige allein oft nicht abgedeckt werden können. Vor diesem Hintergrund normiert § 3b, dass die Beiziehung von nicht amtlichen Sachverständigen auch abseits der Voraussetzungen des § 52 Abs 2 und 3 AVG zulässig ist. Kosten, die der Behörde erwachsen, sind vom Projektwerber zu tragen.

Für das UVP-Verfahren besonders diskutiert wird gegenwärtig die Frage der unionsrechtlich zulässigen **Reichweite von Präklusionswirkungen** (§ 42 AVG) im Beschwerdeverfahren, nachdem der EuGH (15.10.2015, C-137/14) feststellte, dass die UVP-RL einer Beschränkung des Zugangs zum gerichtlichen Überprüfungsverfahren durch Präklusion auf den Umfang der im Verwaltungsverfahren getätigten Einwendungen entgegensteht. Die Auffassungen im Schrifttum über die Konsequenzen dieses Urteils gehen auseinander. Überwiegend wird jedenfalls angenommen, dass jenen Parteien, die im verwaltungsbehördlichen UVP-Verfahren fristgerecht zulässige Einwendungen erhoben haben, ein umfassendes Beschwerderecht zukommen muss, das nicht auf die Geltendmachung jener Rechtsverletzungen, auf die sich die Einwendungen bezogen, beschränkt werden darf.

Auch für das **Rechtsmittelverfahren vor dem BVwG** kennt das UVP-G mehrere Sonderregelungen (hinsichtlich der Abweichungen zum VwGVG s Art 136 Abs 2 B-VG). Neben der **Beschwerdelegitimation** (V.3.) betrifft das insb die gesetzlichen Entscheidungsfristen (§ 40 Abs 4) sowie besondere Veröffentlichungs- und Auflagepflichten (§ 40 Abs 7). Das BVwG entscheidet in Verfahren nach dem UVP-G in Senaten (§ 40 Abs 2). Zur Ermittlung des entscheidungserheblichen Sachverhalts stehen ihm die im Bereich der Vollziehung des Bundes und jenes Landes, dessen Bescheid überprüft wird, tätigen **Amtssachverständigen** zur Verfügung (§ 40 Abs 6).

3. Umweltrat

Keine behördliche, sondern bloß kontrollierende und beratende Funktion als Beirat kommt dem beim BMLFUW eingerichteten Umweltrat zu (§§ 25 ff). Seine Aufgaben sind auf die **Beobachtung der Vollziehung des UVP-G** gerichtet, wobei insb auch Auskünfte und Berichte über Fragen der UVP und des konzentrierten Genehmigungsverfahrens von den zuständigen Organen verlangt und Anregungen zur allfälligen Verbesserung des Umweltschutzes ausgesprochen werden können (§§ 25 ff).

Rudolf Feik

Gewerberecht

Rechtsgrundlagen

Kompetenzgrundlagen

Art 10 Abs 1 Z 8 B-VG („Angelegenheiten des Gewerbes und der Industrie"); daneben bspw aber auch noch Art 10 Abs 1 Z 5 B-VG („Bankwesen"); Art 12 Abs 1 Z 5 B-VG („Elektrizitätswesen"); § 1 Abs 3 GelegenheitsverkehrsG 1996 („Angelegenheiten der Beförderung von Personen mit Fahrzeugen, die durch die Kraft von Tieren bewegt werden"); Art III B-VGNov 1974 BGBl 444/1974 („Angelegenheiten des Berg- und Schiführerwesens sowie die Privatzimmervermietung") oder BGBl 790/1992 („Betrieb von Pflegeheimen").

Verfassungsrechtliche Bezüge

Art 6 StGG (Erwerbsfreiheit); Art 18 StGG (Berufsfreiheit); Art 6 EMRK (Verfahrensgarantien); Art 8 EMRK (Schutz des Privat- und Familienlebens bzw der Wohnung); Art 13 EMRK (Rechtsschutz); Art 7 B-VG (Gleichheitsgrundsatz); Art 1 § 1 DSG 2000 (Datenschutz); BVG Nachhaltigkeit, Tierschutz, umfassender Umweltschutz, Sicherstellung der Wasser- und Lebensmittelversorgung und Forschung.

Europarechtliche Bezüge

Art 28 ff AEUV (freier Warenverkehr); Art 45 ff AEUV (Freizügigkeit); Art 49 ff AEUV (Niederlassungsfreiheit); Art 56 ff AEUV (Dienstleistungsfreiheit); Art 101 ff AEUV (Wettbewerbsrecht); Art 191 ff AEUV (Umweltpolitik).

Art 8 GRC (Datenschutz); Art 15 GRC (Berufsfreiheit); Art 16 GRC (unternehmerische Freiheit).

Sekundärrecht (Auswahl): RL 2000/31/EG über den elektronischen Geschäftsverkehr (E-Commerce-RL), ABl L 2000/178, 1; RL 2000/60/EG zur Schaffung eines Ordnungsrahmens für Maßnahmen der Gemeinschaft im Bereich der Wasserpolitik (WRRL), ABl L 2000/327, 1; RL 2002/49/EG über die Bewertung und Bekämpfung von Umgebungslärm (UmgebungslärmRL), ABl L 2002/189, 12; RL 2003/4/EG über den Zugang der Öffentlichkeit zu Umweltinformationen (UmweltinformationsRL), ABl L 2003/41, 26; RL 2004/35/EG über Umwelthaftung zur Vermeidung und Sanierung von Umweltschäden

(UmwelthaftungsRL), ABl L 2004/143, 56; RL 2005/29/EG über unlautere Geschäftspraktiken im binnenmarktinternen Geschäftsverkehr zwischen Unternehmen und Verbrauchern (RL über unlautere Geschäftspraktiken), ABl L 2005/149, 22; RL 2005/36/EG über die Anerkennung von Berufsqualifikationen (BerufsqualifikationsRL), ABl L 2005/255, 22; RL 2006/123/EG über Dienstleistungen im Binnenmarkt (DienstleistungsRL), ABl L 2006/376, 36; RL 2008/50/EG über Luftqualität und saubere Luft für Europa (CAFE-RL), ABl L 2008/152, 1; RL 2009/138/EG betreffend die Aufnahme und Ausübung der Versicherungs- und Rückversicherungstätigkeit (Solvabilität II), ABl L 2009/335, 1; RL 2010/75/EU über Industrieemissionen (integrierte Vermeidung und Verminderung der Umweltverschmutzung) (IndustrieemissionsRL; IE-RL), ABl L 2010/334, 17 (RL 2008/1/EG über die integrierte Vermeidung und Verminderung der Umweltverschmutzung [IPPC-RL; außer Kraft seit 07.01.2014], ABl L 2008/24, 8); RL 2011/83/EU über die Rechte der Verbraucher (Verbraucherrechte-RL), ABl L 2011/304, 64; RL 2011/92/EU über die Umweltverträglichkeitsprüfung bei bestimmten öffentlichen und privaten Projekten (UVP-RL), ABl L 2012/26, 1; RL 2012/18/EU zur Beherrschung der Gefahren schwerer Unfälle mit gefährlichen Stoffen, zur Änderung sowie anschließenden Aufhebung der RL 96/82/EG (Seveso III-RL), ABl L 2012/197, 1 (RL 96/82/EG zur Beherrschung der Gefahren bei schweren Unfällen mit gefährlichen Stoffen [Seveso II-RL; außer Kraft seit 01.06.2015], ABl L 1997/10, 13); RL 2014/17/EU über Wohnimmobilienkreditverträge für Verbraucher (WohnimmobilienkreditRL), ABl L 2014/60, 34; VO (EG) 1272/2008 über die Einstufung, Kennzeichnung und Verpackung von Stoffen und Gemischen (CLP-VO), ABl L 2008/353, 1; VO (EG) 1221/2009 über die freiwillige Teilnahme von Organisationen an einem Gemeinschaftssystem für Umweltmanagement und Umweltbetriebsprüfung (EMAS-VO), ABl L 2009/342, 1; VO (EU) 492/2011 über die Freizügigkeit der Arbeitnehmer innerhalb der Union (FreizügigkeitsVO), ABl L 2011/141, 1; VO (EU) 910/2014 über elektronische Identifizierung und Vertrauensdienste für elektronische Transaktionen im Binnenmarkt (eIDAS-VO), ABl L 2014/257, 73.

Gesetze und sonstige Rechtsgrundlagen

Gewerbeordnung 1994 (GewO 1994), BGBl 194/1994 idF I 82/2016; Bundes-UmgebungslärmschutzG (Bundes-LärmG), BGBl I 60/2005; Bundes-UmwelthaftungsG (B-UHG), BGBl I 55/2009 idF I 97/2013; EmissionszertifikateG 2011 (EZG 2011), BGBl I 118/2011 idF I 128/2015; Fern- und AuswärtsgeschäfteG (FAGG), BGBl I 33/2014; ImmissionsschutzG – Luft (IG-L), BGBl I 115/1997 idF I 77/2010; KonsumentenschutzG (KSchG), BGBl 140/1979 idF I 35/2016; UmweltinformationsG (UIG), BGBl 495/1993 idF I 95/2015; UmweltmanagementG (UMG), BGBl I 96/2001 idF I 98/2013.

Zahlreiche Spezial- bzw Nebengesetze zur GewO, wie zB: ArbeitskräfteüberlassungsG (AÜG), BGBl 196/1988 idF I 44/2016; BankwesenG (BWG), BGBl 532/1993 idF I 50/2016; BerufsausbildungsG (BAG), BGBl 142/1969 idF II 78/2015; DienstleistungsG (DLG), BGBl I 100/2011; EmissionsschutzG für Kesselanlagen (EG-K 2013), BGBl I 127/2013 idF I 81/2015; GelegenheitsverkehrsG 1996 (GelverkG), BGBl 112/1996 idF I 63/2014; GüterbeförderungsG 1995 (GütbefG), BGBl 593/1995 idF I 96/2013; KraftfahrlinienG (KflG), BGBl I 203/1999 idF I 61/2015; NahversorgungsG, BGBl 392/1977 idF I 50/2012; ÖffnungszeitenG 2003, BGBl I 48/2003 idF I 62/2007; RohrleitungsG, BGBl 411/1975 idF I 138/2011; StrahlenschutzG (StrSchG), BGBl 227/1969 idF I 133/2015; VersorgungssicherungsG (VerssG 1992), BGBl 380/1992 idF I 50/2012.

Landesgesetze zur Implementierung des Industrieemissions- und/oder Seveso-Regimes, wie zB: bgld IPPC-Anlagen-, Seveso III-Betriebe- und UmweltinformationsG (ISUG), LGBl 8/2007 idF 25/2016; krnt IPPC-AnlagenG (K-IPPC-AG), LGBl 52/2002 idF 2/2014; krnt Seveso-BetriebeG 2015 (K-SBG), LGBl 68/2015; nö IPPC-Anlagen und BetriebeG (IBG), LGBl 8060-0 idF 79/2015; oö UmweltschutzG 1996 (USchG), LGBl 84/1996 idF 32/2016; sbg Umweltschutz- und UmweltinformationsG (UUIG), LGBl 59/2005 idF 17/2016; stmk IPPC-Anlagen- und Seveso-BetriebeG, LGBl 14/2016; tir Gesetz über die integrierte Vermeidung der Umweltverschmutzung durch Massentierhaltung, LGBl 46/2004 idF 130/2013; vlbg Gesetz über Betreiberpflichten zum Schutz der Umwelt, LGBl 20/2001 idF 54/2015; wr IPPC-AnlagenG 2013 (WIAG 2013), LGBl 32/2013; bezüglich Seveso vgl insb auch ROG und einzelne KatastrophenschutzG der Länder.

Zahlreiche Verordnungen zur GewO, wie zB Aufzüge-SicherheitsV 2015 (ASV 2015), BGBl II 280/2015; Maschinen-SicherheitsV 2010 (MSV 2010), BGBl II 282/2008 idF II 157/2016; Verordnung über jene Arten von Betriebsanlagen, die dem vereinfachten Genehmigungsverfahren zu unterziehen sind (BagatellanlagenV), BGBl 850/1994 idF II 19/1999; Verordnung über jene Arten von Betriebsanlagen, die keinesfalls dem vereinfachten Genehmigungsverfahren zu unterziehen sind („Negativliste"), BGBl II 265/1998; IndustrieunfallV 2015 (IUV 2015), BGBl II 229/2015; Unternehmerprüfungsordnung, BGBl 453/1993 idF II 114/2004; Allgemeine Prüfungsordnung, BGBl II 110/2004; 1. TeilgewerbeV, BGBl II 11/1998; EU/EWR-AnerkennungsV, BGBl II 225/2008; Verordnung über erhöhte Risiken der Geldwäsche oder Terrorismusfinanzierung nach der GewO 1994 (2. GTV-GewO 2015), BGBl II 399/2015; zahlreiche Verordnungen mit Standesregeln bzw Berufsausübungsvorschriften für bestimmte Gewerbetreibende; zahlreiche EmissionsbegrenzungsV für bestimmte Betriebsanlagen bzw Maschinen.

Literaturauswahl

Monografien – Sammelbände – Kommentare

Calliess/Korte, Dienstleistungsrecht in der EU (2011); *Ennöckl/Raschauer N./Wessely* (Hrsg), Kommentar zur Gewerbeordnung (2015); *Epiney*, Umweltrecht der Europäischen Union[3] (2013); *Erlacher/Forster*, Gewerbeordnung[2] (2016); *Forster*, Der „Stand der Technik" als Instrument des Umweltrechts (2015); *Giese/Holzinger/Jabloner* (Hrsg), Verwaltung im demokratischen Rechtsstaat. FS Stolzlechner (2013) passim; *Grabler/Stolzlechner/Wendl*, Kommentar zur GewO[3] (2011); *Grabler/Stolzlechner/Wendl*, GewO Kurzkommentar (2014); *Gruber/Paliege-Barfuß*, GewO (15. Lfg 2016); *Gruber/Paliege-Barfuß* (Hrsg), Jahrbuch Gewerberecht 2010 (2010); *Hanusch*, Kommentar zur GewO (20. Lfg 2013); *Illedits/Illedits-Lohr*, Handbuch zum Nachbarrecht[3] (2013); *Lang*, Ortsunüblichkeit und Wesentlichkeit vom Immissionen (2012); *Lütte*, Die Entziehung von Berufsberechtigungen (2014); *Paliege-Barfuß* (Hrsg), Taschenkommentar zur GewO[15] (2013); *Schiffkorn*, Der Antrag im Anlagengenehmigungsverfahren (2014); *Stolzlechner/Wendl/Bergthaler* (Hrsg), Die gewerbliche Betriebsanlage[4] (2016).

Beiträge

Barnhouse/Woller, UWG-Verstoß durch unbefugte Gewerbeausübung, ecolex 2012, 584; *Baumgartner*, Begrenzung von Luftschadstoffen im gewerblichen Betriebsanlagengenehmigungsverfahren, ZfV 2010/1220, 739; *Bergthaler/Holzinger*, Die „nachbarneutrale" Änderung – ein trojanisches Pferd im Betriebsanlagenrecht?, ÖZW 2014, 30; *Berka*, Zum Rechtsbegriff „Einkaufszentrum" in der österreichischen Rechtsordnung, wbl 2009, 209; *Budischowsky*, Die Liberalisierung des Berufszugangs für Dienstleister, ecolex 2015, 1024; *Docekal*, Neue Regeln in der Personenbetreuung. Ausübungsregeln für Vermittler und aktuelle Judikatur, VbR 2016/69, 108; *Ennöckl*, Gewerberecht, in Raschauer B. (Hrsg), Grundriss des österreichischen Wirtschaftsrechts³ (2010) 117; *Feik*, Gewerbliches Betriebsanlagenrecht, in Raschauer N./Wessely (Hrsg), Handbuch Umweltrecht² (2010) 270; *Feik/Randl*, Gewerbe- und Berufsrecht, in Jahnel (Hrsg), IT-Recht (2012) 575; *Feik/Randl*, Gewerbenebenrecht, in Holoubek/Potacs (Hrsg), Handbuch des öffentlichen Wirtschaftsrechts I³ (2013) 91; *Filzmoser/Wagner J.*, Zur Frage der Anwendbarkeit der GewO auf selbständig mittätige Gesellschafter, ecolex 2015, 1110; *Forster*, Die Umsetzung der Industrieemissionsrichtlinie in der Gewerbeordnung, JAP 2014/2015, 82; *Gottschamel/Stock*, Grenzüberschreitende Dienstleistungserbringung im Licht von Dienstleistungs- und Berufsqualifikationsrichtlinie, ecolex 2010, 316; *Granner/Raschauer N.*, Anmerkungen zum gewerberechtlichen Verfahrensregime für Industriebetriebe, SPRW 2013 VuV A, 95; *Grassl*, Neue Erleichterungen für gewerbliche Betriebsanlagen, ecolex 2013, 833; *Jahnel*, Internetkundmachung: die neuen Bestimmungen in AVG und GewO, bbl 2013, 188; *Kastner*, Neuerungen im Anlagenverfahrensrecht verfassungswidrig?, ecolex 2013, 383; *Kastner*, Präklusion im gewerblichen Anlagenrecht, ecolex 2014, 657; *Klaushofer*, Beschränkungen für den Betrieb von Tankstellenshops, wbl 2011, 295; *Klose*, Die spezifischen Probleme mit den neuen Betriebsarten im Gastgewerbe. Diskothek und Clubbing-Lounge, RdU-U&T 2014, 2; *Marboe/Adler*, Zum zulässigen Anteil allgemeiner Nebenrechte an der Gewerbeausübung, ecolex 2012, 589; *Mosing*, Anwendungsprobleme des § 32 Abs 2 GewO, ecolex 2014, 654; *Müller*, Wettbewerbsrecht als öffentliches Wirtschaftsrecht – Eine Neuvermessung, ÖZW 2015, 97; *Pabel*, Die Durchführung von Großverfahren, RFG 2009, 166; *Pabel*, Das Verfahren vor den Verwaltungsgerichten am Beispiel des Betriebsanlagengenehmigungsverfahrens, RdU 2013, 93; *Potacs*, Gewerberecht, in Holoubek/Potacs (Hrsg), Handbuch des öffentlichen Wirtschaftsrechts I³ (2013) 3; *Potacs*, Gewerbliches Betriebsanlagenrecht, in Holoubek/Potacs (Hrsg), Handbuch des öffentlichen Wirtschaftsrechts II³ (2013) 839; *Randl*, Anlagen- und Umweltrecht, in Winkler R. (Hrsg), Öffentliches Wirtschaftsrecht (2008) 135; *Sander/Schlatter*, Das Bundesverfassungsgesetz über die Nachhaltigkeit, den Tierschutz, den umfassenden Umweltschutz, die Sicherstellung der Wasser- und Lebensmittelversorgung und die Forschung, in Baumgartner (Hrsg), Jahrbuch Öffentliches Recht 2014 (2014) 235; *Schmidt-Kessel*, DienstleistungsRL versus BerufsqualifikationsRL, ecolex 2010, 320; *Schwarzer*, Neues zum Anlagenrecht. GewO-Novelle hilft Rechtsnachfolgern bei Betriebsübernahmen, ZTR 2013, 158; *Simon-Klimbacher*, Berufsanerkennungs-RL neu und ihre Umsetzung im Gewerberecht. Alles neu macht der Berufsausweis?, ecolex 2016, 534; *Stolzlechner*, Überlegungen zur kompetenzrechtlichen Abgrenzung von Gewerberecht, „öffentlichen Agentien und Privatgeschäftsvermittlungen" sowie Wettenrecht, in FS Berka (2013) 627; *Stolzlechner/Horvath*, Überlegungen zum Verhältnis des österreichischen Gewerberechts zum europäischen Gemeinschaftsrecht, ZÖR 2009, 397; *Storr*, Das Grundrecht der unternehmerischen Freiheit und öffentliche Unternehmen in der Europäischen Union, in FS Berka (2013) 219; *Unterpertinger*, Die Präklusion im Betriebsanlagengenehmigungsverfahren nach der GewO-Novelle 2012, ZfV 2014/3, 24; *Winkler R.*, Gemeinnützige Vereine und Gewerberecht, ecolex 2008, 161; *Winkler R.*, Gewerbliches Berufsrecht, in Winkler R. (Hrsg), Öffentliches Wirtschaftsrecht (2008) 105; *Zauner/Edtstadler/Doppler*, Lichtimmissionen im Nachbarschaftsbereich und in der Natur. Allgemeines, anlagenrechtlicher Rahmen, medizinische Grundlagen und Beurteilungskriterien, technische Regelwerke, RdU-U&T 2013, 22.

Rechtsprechung

VfSlg 10.831/1986, 17.022/2003 (keine Gewerbekompetenz für Energieeffizienzvorschriften; BVG-Umweltschutz); VfSlg 12.296/1990 (Bedarfsprüfung Rauchfangkehrer); VfSlg 12.996/1992 (Gewerbekompetenz und Versteinerungsprinzip am Beispiel Diskotheken); VfSlg 13.094/1992 (Ausbildungssystem als Voraussetzung für Berufsantritt); VfSlg 13.237/1992 (Erhaltung und Betrieb von Pflegeheimen Länderkompetenz); VfSlg 14.187/1995 (Betriebsanlagenbestimmungen und land- und forstwirtschaftliche Nebengewerbe; BVG-Umweltschutz); VfSlg 14.425/1996 (Versuchsbetrieb); VfSlg 14.512/1996, 16.103/2001, 16.253/2001, 16.259/2001, 16.537/2001, 16.778/2003, 16.824/2003, 17.165/2004 (Bagatellanlagen); VfSlg 14.551/1996, 19.584/2011, 19.875/2014 (Gastgartenregelung und Gleichheitsgrundsatz/BVG-Umweltschutz); VfSlg 14.963/1997 (Inländerdiskriminierung durch EWR-NachsichtsV); VfSlg 15.360/1998, 15.417/1999 (Nachbarrechte im Baubewilligungsverfahren betreffend eine gewerbliche Betriebsanlage); VfSlg 15.671/1999 (Ladenschluss im Großhandel); VfSlg 15.683/1999 (Inländerdiskriminierung durch EWR-Nachsichtsregel § 373c); VfSlg 17.000/2003 (Abgrenzung Gastgewerbe – Buschenschank); VfSlg 17.245/2004 („Marktwesen" ist Bundeskompetenz); VfSlg 17.559/2005 (Regelungen über die Gewerbeausübung in Gastgärten fallen in den eWb der Gemeinden); VfSlg 17.579/2005 (Vergabe von Christkindlmarktstandplätzen); VfSlg 18.488/2008 (Gleichwertigkeit von Ausbildungsalternativen); VfSlg 18.567/2008 (Zulässigkeit von gewerberechtlichen Sondergesetzen); VfSlg 19.639/2012, VfGH 03.03.2015, G 107/2013 (Sonntagsöffnung); VfGH 20.09.2012, G 37/12 ua (von GewO abweichende Mindeststrafdrohung im AWG zulässig); VfSlg 19.787/2013 (Zustellungsfiktion in § 365l GewO verfassungswidrig); VfSlg 19.803/2013 (Wettkundenvermittler wie Buchmacher und Totalisateure Landeskompetenz); VfSlg 19.814/2013 (Einordnung des Berufsfotografen als reglementiertes Gewerbe verfassungswidrig); VfGH 11.06.2015, G 219/2014, V 114/2014 (Rauchfangkehrer-KehrgebieteV – Individualantrag).

VwSlg 4457 A/1957 (Gewerberecht als subjektiv-öffentliches Recht); VwSlg 11.771 A/1985, 16.032 A/2003 sowie VwGH 28.09.2011, 2011/04/0128 ua (örtliche Gebundenheit der gewerblichen Betriebsanlage und gewerbliche Tätigkeit); VwSlg 11.888 A/1985, VwGH 30.06.2004, 2004/04/0096 sowie 14.11.2007, 2005/04/0300 (Grundsatz der Einheit der gewerblichen Betriebsanlage); VwSlg 12.889 A/1989 (Gegenstand einer Auflage); VwSlg 13.408 A/1991 (Ertragsabsicht bei Vereinstätigkeiten); VwSlg 13.603 A/1992 (Abgrenzung Gesundheitsgefährdung von bloßer Belästigung); VwSlg 14.275 A/1995 (Sportanlagen keine gewerblichen Betriebsanlagen); VwSlg 14.498 A/1995, 15.524 A/2000 (Verfahrensanordnung gem § 360 Abs 1); VwSlg 14.769 A/1997 (Betonmischanlage als Baustelleneinrichtung oder als Betriebsanlage); VwSlg 14.897 A/1998 (Privatzimmervermietung); VwSlg 15.017 A/1998 sowie VwGH 26.09.2012, 2007/04/0151 (nachträgliche Auflagen iSd § 79); VwSlg 15.856 A/2002 (keine „individuelle" Verhältnismäßigkeitsprüfung bei § 79); VwSlg 16.361 A/2004 (Veranstaltung im Gastgewerbebetrieb); VwSlg 16.489 A/2004, VwGH 26.09.2012, 2010/04/0095 (Nachbarn im Bagatellanlagenverfahren); VwSlg 16.498 A/2004 sowie VwGH 24.06.2009, 2007/05/0171 (Abgrenzung Eigentumsgefährdung von bloßer Verkehrswertminderung; Störfallberücksichtigung); VwSlg 16.902 A/2006 (Änderung einer Dampfkesselanlage); VwGH 02.03.2010, 2008/11/0126 (Sonntagsöffnung); VwGH 01.07.2010, 2004/04/0166 (ästhetische Beeinträchtigung kein Schutzgut iSd § 74 Abs 2); VwGH 25.09.2012, 2012/04/0067 (GewO normiert kein geschlossenes System gewerblicher Berufstätigkeiten); VwGH 25.09.2012, 2010/04/0100 und 2010/04/0114; 09.04.2013, 2010/04/0089; 21.01.2014, 2013/04/0180 (genereller/individueller Befähigungsnachweis); VwGH 02.10.2012, 2010/04/0018 (grenzüberschreitende Dienstleistungen, Vergaberecht/GewO); VwGH 22.10.2012, 2012/03/0034; 26.06.2013, 2013/03/0042 (Entziehung einer Taxikonzession nach GewO und GelVerkG); VwGH 27.11.2012, 2010/03/0050, 17.12.2012, 2012/04/0144; 25.03.2014, 2013/04/0077 und 2013/04/0178; 29.04.2014, 2013/04/0026 und 2013/04/0150, uvam (Gewerbeausschlussgründe, Entziehung, Nachsicht); VwGH 17.12.2012, 2011/04/0023 (Parteistellung bei Gelegenheitsmarktbewilligung); 17.12.2012, 2011/04/0008 (Zumutbarkeit von Immissionen); VwGH 31.01.2013, 2008/04/0216 (Grenzen der Betriebsüberprüfung gem § 338); VwGH 06.03.2013, 2011/04/0031 (Inpfandnahme von Waffen); VwGH 08.05.2013, 2011/04/0049 (Feilbieten im Umherziehen); VwGH 12.06.2013, 2013/04/0019 (Änderung einer Betriebsanlage); VwGH 12.06.2013, 2011/04/0186 (tw Zurücklegung der Gewerbeberechtigung); VwGH 25.06.2013, 2011/08/0224 (Qualifikation als land-/forstwirtschaftliches Nebengewerbe); VwGH 05.09.2013, 2012/09/0101 (Anbieten von gewerblichen Dienstleistungen mittels Homepage); VwGH 11.09.2013, 2010/04/0087 (Anwendungsbereich Berufsqualifikations-RL); VwGH 11.09.2013, 2010/04/0032 (Abgrenzung Unterbrechung/Auflassung einer Betriebsanlage); VwGH 25.09.2012, 2012/04/0114-0116; 26.04.2013, 2011/11/2009, 17.10.2013, 2013/11/0189; 21.01.2014, 2013/04/0161; 25.03.2014, 2013/04/0143, uvam (Gastgewerbe); VwGH 26.02.2014, Ro 2014/04/0031 (Grundumlagen-Rückstand); VwGH 26.02.2014, Ro 2014/04/0030 (Subsidiarität von § 9 VStG); VwGH 05.03.2014, 2012/05/0105 (demonstrative Aufzählung in § 74 Abs 2 Z 2); VwGH 25.03.2014, 2013/04/0085 (Organisation von Personenbetreuung); VwGH 25.03.2014, 2013/04/0168 (Abgrenzung von Gewerbeberechtigungen untereinander; Feststellungsverfahren); VwGH 29.04.2014, 2013/04/0157 (Nachbarstellung als juristische Person); VwGH 29.04.2014, 2013/04/0155 (Versicherungsvermittler); VwGH 21.10.2014, Ra 2014/03/0006 (Abgrenzung Personenbeförderung); VwGH 24.11.2014, 2014/04/0002 (Staatsbürgerschaftsvorbehalt – Waffengewerbe); VwGH 15.12.2014, 2013/04/0078 (Gewerbewortlaut, konstitutive Wirkung der Gewerbeanmeldung); VwGH 15.12.2014, Ra 2014/04/0028 (Inhaber einer Betriebsanlage); VwGH 22.06.2015, 2015/04/0002 (Nachbarstellung durch „Hausmeistertätigkeiten"); 24.06.2015, 2013/04/0113 (Feststellungsverfahren nach § 348 GewO); VwGH 09.09.2015, Ro 2015/04/0009 (Verfahrenskonzentration, Parteistellung).

OGH 19.10.1993, 1 Ob 25/93 (Gewerbebehörde hat die Befolgung erteilter Auflagen zu überwachen); OGH 11.10.1995, 3 Ob 508/93 (Schadenersatz- und Unterlassungsansprüche trotz genehmigungsbescheidkonformen Verhaltens); OGH 26.04.2000, 3 Ob 201/99a, 21.12.2000, 2 Ob 94/00p (Ortsüblichwerden von Immissionen); OGH 28.01.2009, 1 Ob 123/08g, 17.02.2010, 2 Ob 57/09k, 20.01.2012, 8 Ob 95/11w (Bagatellanlagen nach § 359b GewO sind keine behördlich genehmigten Anlagen iSd § 364a ABGB; „übergangene Partei"; nachträglich hinzugezogene Nachbarn); OGH 13.07.2010, 4 Ob 123/10g (Sonntagsöffnung); OGH 02.10.2012, 17 Os 14/12f (Verfahrensanordnung gem § 360 Abs 1 GewO); OGH 10.04.2014, 6 Ob 224/13d (Sitzverlegung nach Österreich bei gleichzeitiger Gesellschaftsumwandlung); OGH 14.01.2016, 6 Ob 234/15b (Organisation von Personenbetreuung); OGH 27.01.2016, 4 Ob 3/16v (DienstleistungsRL – Rauchfangkehrer).

EuGH 22.03.1994, C-375/92 (Kommission/Spanien), 22.12.2010, C-338/09 (Yellow Cab), 25.01.2011, C-382/08 (Neukirchinger) (Dienstleistungsfreiheit); EuGH 30.11.1995, C-55/94 (Gebhard), 18.07.2007, C-490/04 (Kommission/Deutschland), 11.06.2009, C-564/07 (Kommission/Österreich) (Abgrenzung Niederlassungs- und Dienstleistungsfreiheit); EuGH 07.05.1998, C-350/96 (Clean Car Autoservice) (Inlandswohnsitzerfordernis); EuGH 09.03.1999, C-212/97 (Centros), 17.10.2002, C-79/01 (Payroll Data Services ua), 05.11.2002, C-208/00 (Überseering BV), 30.09.2003, C-167/01 (Inspire Art), 16.12.2008,

C-210/06 (Cartesio), 22.12.2008, C-161/07, (Kommission/Österreich) (Gründungs- oder Sitztheorie bei Niederlassungsfreiheit); EuGH 09.03.2000, C-358/98 (Kommission/Italien), 13.07.2000, C-456/98 (Centrosteel), 03.10.2000, C-58/98 (Corsten), 11.12.2003, C-215/01 (Schnitzer), 06.03.2003, C-485/01 (Caprini) (Registrierungspflicht); EuGH 12.06.2003, C-112/00 (Schmidberger) (Warenverkehrsfreiheit und nationale Versammlungsfreiheit – „Brenner Blockade"); EuGH 23.02.2006, C-441/04 (A-Punkt SchmuckhandelsGmbH) (Verbot bestimmter Haustürgeschäfte mit Art 34 AEUV vereinbar); EuGH 06.09.2012, C-544/10 (Deutsches Weintor eG) (nährwert- und gesundheitsbezogene Angaben bei alkoholischen Getränken und Art 15, 16, 35 GRC); EuGH 04.09.2014, C-474/12 (Schiebel Aircraft GmbH) (Staatsbürgerschaftsvorbehalt – Waffengewerbe); EuGH 23.12.2015, C-293/14 (Hiebler) (DienstleistungsRL – Rauchfangkehrer); EuGH 30.06.2016, C-634/15 (Sokoll-Seebacher u.a.) (Niederlassungsfreiheit – Bedarfsprüfung/Gebietsschutz Apotheken).

LVwG: Wien 13.01.2014, VGW-122/008/6711/2014, Tir 01.04.2014, LVwG-2013/15/3245-3 (Gastgarten); NÖ 11.02.2014, LVwG-AB-13-0183 (Zweck von Vorkehrungen iSd § 83 Abs 3); OÖ 11.03.2014, LVwG-850015/4/BMa/AK (Entziehung; „Erotikmassage" versus gewerbliche Massage); Vlbg 20.03.2014, LVwG-1-610/13 (Änderung einer Betriebsanlage durch Aufstellen eines Zeltes für jährlich stattfindendes „Oktoberfest"; Begriff der „Regelmäßigkeit"); Vlbg 25.03.2014, LVwG-1-930/13 (Bestrafung eines Gastes wegen Nichteinhaltung der Sperrstunde); NÖ 08.04.2014, LVwG-AB-11-0256 (§ 79c nicht auf § 83 Abs 3 anwendbar); Wien 29.05.2014, VGW-221/008/20726/2014 (Nachsichtverfahren; Finanzvergehen); Wien 04.06.2014, VGW-122/008/7957/2014 (unterschiedliche Behördenpraxis noch keine Willkür; kein Recht auf Gleichheit im Unrecht); Wien 16.06.2014, VGW-122/008/8258/2014 (mangelhaftes ärztliches Amtsgutachten; Beurteilung des Charakters von Lärmereignissen); Wien 18.08.2014, VGW-122/008/27464/2014 (privatrechtliche Einwendungen von Nachbarn); NÖ 10.02.2015, LVwG-AV-512/001-2014 (Prüfkriterien landwirtschaftliches Nebengewerbe); Wien 11.03.2015, VGW-122/008/27123/2014 (Märkte: keine Nachbarstellung, Begriff „standfeste Bauten", Marktordnung); NÖ 12.03.2015, LVwG-AB-10-0104 (wasserpolizeilicher Auftrag); NÖ 13.03.2015, LVwG-AB-14-0433 (BerufsqualifikationsRL); Bgld 10.08.2015, E B02/09/2015.004/002 (Kundmachung, Begriff „unmittelbar benachbarte Häuser"); NÖ 18.11.2015, LVwG-AV-477/001-2015 (Grundversorgung von Asylwerbern); Stmk 18.12.2015, LVwG 30.28-2952/2015 (Hundezucht); Krnt 22.01.2016, KLVwG-2550/8/2015 (Gewerbeausschlussgrund SMG-Verurteilung für Gastgewerbe); NÖ 14.03.2016, LVwG-AV-414/001-2015 (Verfahrensanordnung gem § 360 Abs 1); Krnt 16.03.2016, KLVwG-1989/2/2015 (Gegenstand Feststellungsverfahren gem § 348 Abs 1); NÖ 21.04.2016, LVwG-AV-1012/001-2015 (gewerberechtlicher Geschäftsführer).

I. Regelungsgegenstand und -ziele

Das Gewerberecht stellt einen der ältesten und zugleich auch einen der wichtigsten Regelungsbereiche des **Wirtschafts(verwaltungs)rechts** dar. Über die Bestimmungen der GewO wird va versucht, erwerbswirtschaftliche Tätigkeiten in geordnete Bahnen zu lenken. Durch die Vorschriften über den Antritt, die Ausübung und die Beendigung einer gewerblichen Erwerbstätigkeit ist Gewerberecht im Kernbereich **Berufsrecht** und sichert dadurch ua die Qualität von Produkten bzw Dienstleistungen sowie die Qualifikation der Gewerbetreibenden. Die GewO enthält nicht nur allgemeine Bestimmungen über die Ausübung von gewerblichen Erwerbstätigkeiten, sondern daneben zusätzliche Detailregelungen für einzelne Gewerbe. Verwaltungspolizeiliche Maßnahmen sollen die von der Gewerbeausübung ausgehenden Gefahren für Gewerbetreibende, Kunden, Nachbarn oder sonst betroffene Personen sowie die Umwelt abwehren und einen Ausgleich zwischen ökonomischen Interessen einerseits und ökologischen bzw Nachbarinteressen andererseits herstellen. So bilden die Bestimmungen über die **Errichtung und** den **Betrieb gewerblicher Betriebsanlagen** neben dem Berufsrecht den zweiten Eckpfeiler des Gewerberechts. Maßnahmen im alleinigen Interesse des Umweltschutzes gehören jedoch nicht zum Gewerberecht, auch wenn sie sich in diesem Bereich besonders auswirken (zB Energieeffizienzvorschriften).

Mit BGBl 194/1994 wurde die vielfach novellierte Gewerbeordnung 1973 (BGBl 50/1974) als **„Gewerbeordnung 1994"** wieder verlautbart und seither jährlich mehrmals geändert. Von diesen mannigfaltigen Änderungen sind aus jüngerer Zeit insb folgende besonders hervorzuheben: GewONov BGBl I 85/2012 (EU-rechtliche Anpassungen insb im Bereich des Berufszugangsrechts und Deregulierung im Berufs- und Betriebsanlagenrecht); GewONov BGBl I 85/2013 (berufsrechtliche Anpassungen insb für versicherungspflichtige Gewerbe sowie für Gastgewerbe, Vereinfachung Betriebsanlagenrecht, Implementierung Verwaltungsgerichtsbarkeit); GewONov BGBl I 125/2013 (Implementierung IE-RL); GewONov BGBl I 18/2015 (Einrichtung des Gewerbeinformationssystems Austria – GISA), GewONov BGBl I 48/2015 (EU-rechtliche Anpassung des Rauchfangkehrergewerbes), GewONov BGBl I 81/2015 (Seveso III-Nov).

Zu den zahlreichen **Spezial- bzw Nebengesetzen zur GewO** gehören zB das AÜG, das BAG, das BWG, das GelVerkG, das GütbefG, das EG-K, das KflG, das NahversorgungsG und das ÖffnungszeitenG. Die Ausübung bestimmter Gewerbe in Sondergesetzen außerhalb der GewO zu regeln, ist nach hA zulässig, soweit die gewählten Systeme in sich sachlich sind. So sieht etwa auch § 109 KFG einen Befähigungsnachweis für die Erteilung einer Fahrschulbewilligung vor (→ *Straßenpolizei- und Kraftfahrrecht;* vgl in diesem Zusammenhang auch VfSlg 14.165/1995, 17.429/2004; EuGH 19.06.2008, C-104/08 [Kurt/Bgm von Wels]).

II. Verfassungsrechtliche Bezüge

1. Kompetenzrechtliche Bestimmungen

Gem **Art 10 Abs 1 Z 8 B-VG** fallen **„Angelegenheiten des Gewerbes und der Industrie"** in die Zuständigkeit des Bundes zur Gesetzgebung und zur Vollziehung. Die Auslegung dieses Kompetenztatbestands erfolgt nach stRsp des VfGH unter Zuhilfenahme des Versteinerungsprinzips* (alle Vorschriften typisch gewerblicher – dh gewerbepolizeilicher – Art nach dem Stand 01. Oktober 1925 unter Berücksichtigung einer intrasystematischen Weiterentwicklung).

Nicht unter diese „allgemeine" Gewerberechtskompetenz fallen die „Angelegenheiten des Berg- und Schiführerwesens" und die „Privatzimmervermietung" (Art III B-VGNov 1974, BGBl 444/1974) sowie die „Angelegenheiten der Beförderung von Personen mit Fahrzeugen, die durch die Kraft von Tieren bewegt werden" (§ 1 Abs 3 GelVerkG [Verfassungsbestimmung]). Vorschriften über Energieeffizienz können nach der VfGH-Rsp ebenfalls nicht auf Art 10 Abs 1 Z 8 B-VG gestützt werden. Erwerbstätigkeit auf **anderer kompetenzrechtlicher Grundlage**, wie zB Art 10 Abs 1 Z 5 B-VG („Bankwesen"), Art 10 Abs 1 Z 10 B-VG („Bergwesen") oder Art 12 Abs 1 Z 5 B-VG („Elektrizitätswesen"), zählt nicht zum Gewerberecht iSd Art 10 Abs 1 Z 8 B-VG. **Weitere Anknüpfungspunkte für gewerberechtlich relevante Bundeskompetenzen** (va hinsichtlich des Betriebsanlagenrechts) ergeben sich etwa aus Art 10 Abs 1 Z 9 B-VG („Bundesstraßenangelegenheiten"; zB Beeinträchtigung des öffentlichen Verkehrs iSd § 74 Abs 2 Z 4 GewO), aus Art 10 Abs 1 Z 10 B-VG („Wasserrecht"; zB Einwirkungen auf Gewässer iSd § 74 Abs 2 Z 5 GewO) oder aus Art 10 Abs 1 Z 12 B-VG („Luftreinhaltung", zB Begrenzung von Luftschadstoffemissionen gem § 77 Abs 3 GewO; „Abfallwirtschaft", zB Abfallvermeidungs-, -verwertungs- bzw -entsorgungspflicht gem § 77 Abs 4 GewO und Abfallbehandlung gem § 32 Abs 1 Z 7 sowie Abs 5 GewO bzw insb iZm IPPC-Anlagen iSd § 71b Z 1 GewO); weiters aus Art 11 Abs 1 Z 7 B-VG („Umweltverträglichkeitsprüfungen"; → *Umweltverträglichkeitsprüfung*).

2. Grundrechtliche Bestimmungen

Rechtliche Vorgaben für die gewerbliche Erwerbstätigkeit ergeben sich neben der GewO va aus dem **Grundrecht der Freiheit der Erwerbstätigkeit** (Art 6 StGG) und dem **Grundrecht der Freiheit der Berufswahl und -ausbildung** (Art 18 StGG). Gesetzliche Beschränkungen der Erwerbsfreiheit sind nur zulässig, wenn sie durch ein öffentliches Interesse geboten, zur Zielerreichung geeignet, adäquat und auch sonst sachlich zu rechtfertigen sind (vgl VfSlg 13.177/1992 mwN). Antrittsbeschränkungen, wie etwa Bedarfsprüfungen oder Befähigungsnachweise, sind dabei strenger zu prüfen als (bloße) Ausübungsbeschränkungen, wie zB gesetzlich vorgeschriebene Öffnungszeiten (zum in diesem Zusammenhang wiederkehrend diskutierten Problem des Sonntagsbetriebes insb von Tankstellenshops im Rahmen einer Gastronomiekonzession vgl die durch BGBl I 85/2013 geänderte Bestimmung des § 111 Abs 4 Z 4; zur Ladenöffnung an Samstagen nach 18 Uhr und an Sonntagen vgl weiters zB VfGH 03.03.2015, G 107/2013). Bei den Erwerbsantrittsvoraussetzungen darf etwa die Absolvierung sachlich gleichwertiger Ausbildungsalternativen nicht schlechthin ausgeschlossen werden. Verfassungsrechtlich zulässig können Bedarfsprüfungen oder ein Gebietsschutz nur dann sein, wenn sie aus besonderen Gründen erforderlich sind (vgl §§ 121, 123 GewO für Rauchfangkehrer iZm sicherheitsrelevanten Tätigkeiten).

Zu beachten ist gerade auch im Hinblick auf Bedarfsprüfungen und Gebietsschutz die unionsrechtliche Relevanz (vgl iZm dem Rauchfangkehrergewerbe EuGH 23.12.2015, C-293/14 sowie zur Niederlassungs- und Dienstleistungsfreiheit* unten III.). Der VfGH erkennt allerdings in stRsp, dass Unionsrecht **kein** Prüfungsmaßstab im verfassungsgerichtlichen Verfahren ist. Allfällige Anträge auf Aufhebung oder „Rechtsungültigerklärung" nationaler Normen wegen Verstoßes gegen Unionsrecht wären wegen Nichtzuständigkeit des VfGH als unzulässig zurückzuweisen. Rechte der GRC* hingegen, die in ihrer Formulierung und Bestimmtheit verfassungsgesetzlich gewährleisteten Rechten der österr Bundesverfassung gleichen, könnten nach der Rsp des VfGH Prüfungsmaßstab in Verfahren der generellen Normenkontrolle sein, wenn der Anwendungsbereich der GRC* eröffnet ist (VfGH 03.03.2015, G 107/2013 mwN).

Das Zusammenwirken dieser beiden Grundrechte stellt somit für den einfachen Gesetzgeber verfassungsrechtliche Schranken für die Festlegung von Berufszugangs- und Erwerbsausübungsvoraussetzungen auf (Stichwort: „Verhältnismäßigkeitsprinzip"; vgl etwa auch VfSlg 19.814/2013, wonach das Erfordernis eines Befähigungsnachweises für Berufsfotografen unverhältnismäßig ist).

Dem Recht auf freie Erwerbstätigkeit stehen darüber hinaus nicht nur (grund-)rechtlich geschützte Positionen anderer gegenüber (vgl etwa EGMR 02.11.2006, 59909/00 [Giacomelli gg Italien]; 26.02.2008, 37664/04 [Fägerskiöld gg Schweden]; 27.01.2009, 67021/01 [Tătar gg Rumänien]; 21.07.2011, 38182/03 [Grimkovskaya gg Ukraine]; aber auch 14.02.2012, 31965/07 [Hardy & Maile gg Vereinigtes Königreich]: **Umweltverschmutzung/-beeinträchtigung** durch Lärm, Luftschadstoffe, etc **als mögliche Verletzung** des Rechts auf Achtung **des Privat- und Familienlebens bzw der Wohnung** gem Art 8 EMRK), sondern auch wirtschaftslenkende oder ökologische Vorstellungen des Gesetzgebers. Insb hinsichtlich der anhaltend geforderten Beschleunigung von Anlagengenehmigungsverfahren ist weiters auf Fragen der Parteistellung und der **Rechtsschutzeffizienz** (Art 13 EMRK) Bedacht zu nehmen. Darüber hinaus wird bei Betriebsanlagengenehmigungsverfahren uU auch über eigentumsrechtliche Aspekte (zB Gefährdung des Eigentums eines Nachbarn) und damit über **zivilrechtliche Ansprüche** („civil rights" iSd Art 6 EMRK) entschieden. Schließlich hat der Gesetzgeber etwa bei der Reglementierung von Berufsausübungsvorschriften auch das Grundrecht auf **Datenschutz** (Art 1 § 1 DSG 2000) zu berücksichtigen (zB bei Bestimmungen über die Auskunftserteilung oder die Eintragung in das Gewerbeinformationssystem Austria – GISA); Gleiches gilt bei der Regelung von Veröffentlichungsvorschriften im Betriebsanlagenrecht (vgl zB § 77a Abs 7 iZm der Genehmigung von IPPC-Anlagen). Nicht unerwähnt soll zudem das Erfordernis der Beachtung des **Gleichheitsgrundsatzes** (Art 7 B-VG) seitens des Gesetzgebers (zB Beseitigung von Privilegierungen für Gastgärten gem § 76a GewO gegenüber sonstigen Betriebsanlagen durch VfSlg 19.584/2011 bzw VfSlg 19.875/2014 als gleichheitswidrig) und der Gewerbebehörden bleiben.

3. Staatsziele Nachhaltigkeit, Tierschutz, Umweltschutz, Wasser- und Lebensmittelversorgung und Forschung

Der umfassende Umweltschutz wurde erstmals mit BVG BGBl 491/1984 zum Staatsziel erklärt. Mit BGBl I 111/2013 wurde der Katalog an Staatszielen wesentlich erweitert; das BVG enthält nunmehr Regelungen „über die Nachhaltigkeit, den Tierschutz, den umfassenden Umweltschutz, die Sicherstellung der Wasser- und Lebensmittelversorgung und die Forschung". Das darin enthaltene Bekenntnis zum umfassenden Umweltschutz entspricht dem bisherigen BVG-Umweltschutz, welches gleichzeitig außer Kraft gesetzt wurde.

Als **Staatszielbestimmungen*** bewirken sie **nach hA** weder grundrechtliche Verbürgungen, noch ändern sie die Kompetenzaufteilung zwischen Bund und Ländern. Inwieweit damit ein **Auftrag an die Gesetzgebung** normiert wird, ist umstritten. **Rsp** und **hL** haben jedoch auch bisher im Hinblick auf das BVG-Umweltschutz anerkannt, dass das Staatsziel Umweltschutz die **Vollziehung bindet** und insb bei der **Auslegung** unbestimmter Gesetzesbegriffe, als Interpretationsmaxime bei Ermessensentscheidungen sowie bei der Bewertung von Grundrechtseingriffen durchaus **normative Wirkung** hat; Gleiches hat für die Staatsziele Nachhaltigkeit, Tierschutz, Sicherstellung der Wasser- und Lebensmittelversorgung sowie Forschung zu gelten. Aufgrund des BVG steht außer Frage, dass die Wahrung der Belange des Tierschutzes, des Umweltschutzes, etc im **öffentlichen Interesse*** liegt.

Der VfGH hat in diesem Sinne bereits unter Verweis auf das (ehemalige) BVG-Umweltschutz etwa festgestellt, dass keinesfalls der Vorwurf erhoben werden könne, eine Regelung, die auf eine weitgehende Beschränkung des Motorbootverkehrs auf den österr Seen abzielt, liege nicht im öffentlichen Interesse (VfSlg 12.009/1989).

III. Europarechtliche Bezüge

Das Unionsrecht schafft kein „gesamteuropäisches" Gewerberecht, sondern beschränkt sich im Wesentlichen auf den Abbau von Hemmnissen für grenzüberschreitende Tätigkeiten. Die **Niederlassungsfreiheit*** gibt EU-/EWR-Bürgern das Recht auf diskriminierungsfreie Ausübung einer selbstständigen Erwerbstätigkeit in einem anderen Mitgliedstaat; davon umfasst sind alle wirtschaftlich relevanten Tätigkeiten, seien sie nun kaufmännischer, handwerklicher oder etwa freiberuflicher Art. Die **Dienstleistungsfreiheit***, also der freie Dienstleistungsverkehr, ermöglicht es den Gewerbetreibenden, gewerbliche Tätigkeiten vorübergehend auch in einem anderen Mitgliedstaat auszuüben oder ihre Tätigkeiten im Inland ausländischen EU-/EWR-Bürgern anzubieten, ohne dass eine eigene Niederlassung gegründet wird. Die DienstleistungsRL dient zwar der Liberalisierung des Dienstleistungsbinnenmarkts, hat aber einen eingeschränkten Anwendungsbereich. Die **Freizügigkeit*** gewährt nicht nur Arbeitnehmern diskriminierungsfreie Beschäftigung in einem anderen Mitgliedstaat; auch ein Arbeitgeber kann sich auf diesen Gleichbehandlungsgrundsatz berufen, wenn er im Mitgliedstaat seiner Niederlassung Angehörige eines anderen EU-/EWR-Staates als Arbeitnehmer beschäftigen will. Mit diesen Grundfreiheiten muss auch eine adäquate **Anerkennung von Berufsqualifikationen** einhergehen.

Einen Verstoß gegen die Freizügigkeit, die Niederlassungs- und die Dienstleistungsfreiheit stellt es etwa dar, wenn der Betrieb eines Unternehmens von einer Niederlassung im Inland, vom inländischen Wohnsitz der Führungskräfte oder von einer zur Genehmigung des Herkunftsstaates hinzutretenden weiteren Bewilligung des Aufnahmestaats abhängt (vgl EuGH 09.03.2000, C-355/98 [Kommission/Belgien]). Europarechtswidrig ist es weiters, wenn nationale Vorschriften für die Ausübung gewerblicher Tätigkeiten – bspw betreffend private Sicherheitsdienste oder das Waffengewerbe – einen generellen Inländervorbehalt vorsehen (vgl zB EuGH 30.09.2003, C-47/02 [Anker]; EuGH 04.09.2014, C-474/12 [Schiebel Aircraft GmbH]) oder eine Pflicht zur Eintragung in ein Handels(vertreter)register oder eine Handwerksrolle besteht (EuGH 06.03.2003, C-485/01; 13.07.2000, C-456/98; 03.10.2000, C-58/98; 11.12.2003, C-215/01, etc). Anlässlich der „Brenner Blockade“ entschied der EuGH, dass die Nichtuntersagung einer Demonstration (Ausübung der Versammlungs- und Meinungsäußerungsfreiheit) nicht gegen die Warenverkehrsfreiheit* verstößt. Weiters hat der EuGH im Fall Hiebler festgestellt, dass ein genereller Kehrgebietsschutz für Rauchfangkehrer der DienstleistungsRL widerspricht, wobei ein Gebietsschutz eingeschränkt auf im öffentlichen Interesse* liegende Tätigkeiten, insb solche der „Feuerpolizei“, unter bestimmten Voraussetzungen zulässig ist, was allerdings von den nationalen Gerichten zu prüfen ist (vgl dazu OGH 27.01.2016, 4 Ob 3/16v). Zu Bedarfsprüfung und Gebietsschutz für Apotheken iZm der Niederlassungs- und der Dienstleistungsfreiheit vgl auch EuGH im Fall Sokoll-Seebacher ua. Nach stRsp des EuGH ist eine nationale Regelung nur dann geeignet, die Erreichung des angestrebten Zieles zu gewährleisten, wenn sie tatsächlich dem Anliegen gerecht wird, es in kohärenter und systematischer Weise zu erreichen.

Zur Verwirklichung der genannten Freiheiten erlassen das EP und der Rat gem Art 53 iVm 62 AEUV ua **Richtlinien für die gegenseitige Anerkennung** der Diplome, Prüfungszeugnisse und sonstigen Befähigungsnachweise (vgl BerufsqualifikationsRL) sowie **Richtlinien zur Koordinierung der Rechts- und Verwaltungsvorschriften** der Mitgliedstaaten über die Aufnahme und Ausübung selbstständiger Tätigkeiten.

Zur Niederlassungs- und Dienstleistungsfreiheit sowie zur Anerkennung von Berufsqualifikationen vgl auch unten unter VI. iZm den allgemeinen und besonderen Gewerbeantritts- und -ausübungsvoraussetzungen.

In der **Umweltpolitik** (Art 191 ff AEUV) hat die EU schwerpunktmäßig ihre (gewerberechtlich relevanten) Maßnahmen va in den Bereichen **Gewässerschutz, Luftreinhaltung** und **Lärmschutz** gesetzt (vgl insb WRRL, CA-

FE-RL, UmgebungslärmRL). In Bezug auf das Betriebsanlagenrecht besonders hervorzuheben sind zudem die UVP-RL bzw ihr österr UmsetzungsG (UVP-G 2000) mit Vorschriften über die Durchführung einer **UVP** (→ *Umweltverträglichkeitsprüfung*), die Seveso III-RL für besonders **risikoreiche Anlagen** (Vorgänger-RL Seveso II mit Wirkung vom 31. Mai 2015 aufgehoben) sowie die IE-RL, welche die integrierte Vermeidung und Verminderung der Umweltverschmutzung infolge industrieller Tätigkeiten zum Inhalt hat und ua ein spezielles Genehmigungsregime für sog IPPC-Anlagen, also bestimmte **umweltrelevante Anlagen**, vorsieht (die diesen Anlagen den Namen gebende IPPC-RL wurde mit Ablauf des 06. Jänner 2014 außer Kraft gesetzt). Aus dem Bereich des **„allgemeinen" Umweltrechts** sind va die UmwelthaftungsRL und die UmweltinformationsRL zu nennen.

Die **Europäische GRC*** enthält einige Bestimmungen, die insb auch für den Bereich des Gewerberechts von Bedeutung sind; neben Art 8 GRC (Datenschutz) und Art 15 GRC (Berufsfreiheit; insb Abs 2 iSd Niederlassungs- und Dienstleistungsfreiheit*) ist va auf Art 16 GRC zu verweisen, der die „unternehmerische Freiheit nach dem Unionsrecht und den einzelstaatlichen Rechtsvorschriften und Gepflogenheiten" anerkennt. Der EuGH geht in seiner Rsp davon aus, dass die Berufsfreiheit und die unternehmerische Freiheit, ebenso wie das Eigentumsrecht, nicht absolut gewährleistet werden, sondern iZm mit ihrer gesellschaftlichen Funktion zu sehen seien. Die Ausübung dieser Freiheiten könne daher Beschränkungen unterworfen werden, sofern diese tatsächlich den dem Gemeinwohl dienenden Zielen der Union entsprechen und keinen im Hinblick auf den verfolgten Zweck unverhältnismäßigen und untragbaren Eingriff darstellen, der diese Rechte in ihrem Wesensgehalt antastet (Stichwort: „Verhältnismäßigkeitsprinzip"; vgl EuGH 06.09.2012, C-544/10 [Deutsches Weintor eG] iZm gesundheitsbezogenen Angaben auf alkoholischen Getränken).

IV. Geltungsbereich der GewO

Die Bestimmungen der GewO gelten für alle gewerbsmäßig ausgeübten und nicht gesetzlich verbotenen Tätigkeiten, soweit sie nicht in den §§ 2 bis 4 ganz oder tw ausgenommen werden (§ 1 Abs 1; **System der Generalklausel mit Ausnahmen**).

1. Gewerbsmäßigkeit

Eine Tätigkeit wird **gewerbsmäßig** ausgeübt, wenn sie selbstständig, regelmäßig und in der Absicht betrieben wird, einen Ertrag oder sonstigen wirtschaftlichen Vorteil zu erzielen, gleichgültig für welche Zwecke dieser bestimmt ist (**§ 1 Abs 2**).

- **Selbstständigkeit** liegt vor, wenn die Tätigkeit auf eigene Rechnung und Gefahr ausgeübt wird (§ 1 Abs 3), wenn also ein unternehmerisches Risiko getragen wird.
- **Regelmäßigkeit** setzt nicht zwingend eine wiederkehrende Tätigkeit voraus (vgl § 1 Abs 4). Auch eine einmalige Handlung gilt als regelmäßige Tätigkeit, wenn nach den Umständen des Falles auf die Absicht der Wiederholung geschlossen werden kann oder wenn sie längere Zeit erfordert (zB Bauarbeiten). Das Anbieten einer den Gegenstand eines Gewerbes bildenden Tätigkeit (zB durch Inserat) wird ex lege als regelmäßiges Ausüben einer gewerblichen Tätigkeit gewertet.
- **Ertragsabsicht** ist die Absicht, einen Ertrag oder sonstigen wirtschaftlichen Vorteil zu erzielen, gleichgültig, für welchen Zweck dieser bestimmt ist (§ 1 Abs 2); sie liegt auch dann vor, wenn dieser den Mitgliedern einer Personenvereinigung zufließen soll (§ 1 Abs 5). Ebenso liegt Ertragserzielungsabsicht vor, wenn die Tätigkeit letzten Endes der Erreichung des mit dem Gewerbebetrieb verbundenen geschäftlichen Zieles dient (zB Transport von Schischülern durch den Betreiber einer Schischule – VwSlg 13.921 A/1993 mwN). Bei Vereinen (→ *Vereinsrecht*) liegt Ertragsabsicht auch dann vor, wenn die Vereinstätigkeit das Erscheinungsbild eines einschlägigen Gewerbebetriebes aufweist und diese Tätigkeit direkt oder indirekt auf die Erlangung vermögensrechtlicher Vorteile der Vereinsmitglieder gerichtet ist. Ob tatsächlich ein Gewinn (dh mehr als nur Selbstkostendeckung) erwirtschaftet wird, ist unerheblich; entscheidend ist auch hier die auf Erzielung eines Ertrags oder wirtschaftlichen Vorteils gerichtete Absicht. Übt ein Verein eine an sich der GewO unterliegende Tätigkeit öfter als einmal in der Woche aus, so wird die Ertragserzielungsabsicht (widerleglich) vermutet (§ 1 Abs 6).

Beispiel: In einem Vereinslokal, das täglich von 11.00 Uhr bis 21.00 Uhr geöffnet und mit 30 Sitzplätzen ausgestattet ist, werden Getränke und kleine Imbisse an Vereinsmitglieder oder deren Angehörige gegen ein fixes Entgelt verkauft, wobei der Verkaufspreis über dem Einkaufspreis liegt. Der Ertrag wird zur Bezahlung der Kosten des Vereinslokals (Miete, Strom) verwendet, weiter verbleibende Geldmittel werden zur Aufrechterhaltung der Vereinsaktivitäten (zB Anschaffung von Sportbekleidung) verwendet. Nach der Rsp des VwGH liegt in diesem Fall eine gewerbliche Tätigkeit vor, weil die – selbstständig und regelmäßig – ausgeübte Bewirtung durch einen Verein darauf angelegt ist, die daraus erzielten Einnahmen nicht nur zur Deckung der damit im Zusammenhang stehenden Unkosten, sondern auch zur zumindest tw Deckung der Ausgaben eines anderen Bereiches der Vereinstätigkeit (etwa zur Anschaffung von Dressen) zu verwenden.

2. Erlaubtheit

Die GewO gilt gem § 1 Abs 1 für alle gewerbsmäßig ausgeübten und nicht gesetzlich verbotenen Tätigkeiten. Gesetzlich verbotene Tätigkeiten können – wegen der Einheit der Rechtsordnung – nicht Gegenstand eines Gewerbes sein, weshalb man für solche Tätigkeiten auch keine Gewerbeberechtigung erhalten kann. Gesetzliche Verbote haben sich dabei auf die Gesamtbetätigung zu beziehen (zB Menschenhandel); punktuelle Unerlaubtheit (zB Wuchergeschäft) spricht hingegen nicht gegen Gewerbsmäßigkeit iSd GewO.

Beispiel: Der „Verleih von Mautvignetten" ist gesetzlich verboten und kann daher kein (freies) Gewerbe darstellen (VwSlg 15.019 A/1998).

3. Ausnahmen

Auch wenn eine Tätigkeit gewerbsmäßig im obigen Sinne ausgeübt wird, unterliegt sie (ganz oder tw) dann nicht der GewO, wenn einer der **Ausnahmetatbestände der §§ 2 bis 4** erfüllt ist. Das hat zur Folge, dass für diese Tätigkeit keine Gewerbeberechtigung erforderlich ist bzw dass auf die verwendeten Anlagen nicht das gewerbliche Betriebsanlagenrecht anzuwenden ist (wobei es allerdings wiederum Ausnahmen von den Anwendungsausnahmen gibt). Bestehen Zweifel darüber, ob auf eine bestimmte Tätigkeit die Bestimmungen der GewO anzuwenden sind, so entscheidet darüber die BVB von Amts wegen (§ 348 Abs 1; Feststellungsbescheid*).

Die in **§ 2 Abs 1** detailliert angeführten Ausnahmen sind

- zT **aus kompetenzrechtlichen Gründen verfassungsrechtlich geboten** (zB Land- und Forstwirtschaft [Art 15 B-VG], Berg- und Schiführer sowie Privatzimmervermietung [Art III B-VGNov 1974 BGBl 444/1974], Kinos und Veranstaltungsbetriebe [vgl Art 15 Abs 3 B-VG]),
- zT **gelten** für diese Tätigkeiten **Spezialgesetze** (zB für Banken das BWG, für die freien Berufe [zB Rechtsanwälte, Notare, Ziviltechniker, Ärzte, Dentisten, Psychotherapeuten] jeweils einschlägige Berufsordnungen, für den Rohstoffabbau das MinroG, BGBl I 38/1999 idF I 80/2015).

Beispiel: Es wurde ein freies Gewerbe „Natur-Heilpraktiker mit Ausschluss der gesetzlich den Ärzten oder anderen Heilberufen vorbehaltenen heilkundlichen Tätigkeit" angemeldet. Die BVB untersagte die Ausübung dieses angemeldeten freien Gewerbes, weil diese Tätigkeit nicht der GewO unterliege. Die Ausnahmebestimmung des § 2 Abs 1 Z 11 („die Ausübung der Heilkunde") umfasse nämlich jede Tätigkeit auf dem Gebiet der Heilkunde und nicht nur die wissenschaftliche Heilpflege, wie sie von Ärzten ausgeübt werde; die Untersuchung von Personen auf ihren Gesundheitszustand hin und ihre Behandlung mit „natürlichen" Heilmethoden stelle – unabhängig davon, ob die Heilbehandlung auf medizinisch-wissenschaftlicher Erkenntnis oder (bloß) auf besonderer diagnostischer und therapeutischer Begabung beruht – eine Tätigkeit dar, die aufgrund der Ausnahmebestimmung des § 2 Abs 1 Z 11 gar nicht als Gewerbe ausgeübt werden könne (vgl VwSlg 15.273 A/1999; vgl weiters VfSlg 15.766/2000 und 16.601/2002 zur Untersagung einer Heilpraktikerausbildung in Österreich; zur Europarechtskonformität vgl EuGH 11.07.2002, C-294/00 [Gräbner]; ihm folgend OGH 20.08.2002, 4 Ob 70/02a).

Für einige gem § 2 Abs 1 von der GewO ausgenommene Tätigkeiten wurden jedoch ua die Bestimmungen über die Betriebsanlagen für anwendbar erklärt, so zB für bestimmte Tätigkeiten land- und forstwirtschaftlicher Erwerbs- und Wirtschaftsgenossenschaften (Z 4 iVm Abs 7 und 8) bzw für bestimmte Anlagen zur Ausübung von land- und forstwirtschaftlichen Nebengewerben (Abs 5), für den Betrieb von Monopolen und Regalien (Z 24 iVm Abs 12) oder für bestimmte Anlagen zur Erzeugung oder Verarbeitung von Schieß- und Sprengmitteln (Abs 16).

Für Patentinhaber gilt die GewO nur partiell (**§ 3**); auf das Halten von Räumen und Flächen zum Abstellen von Kraftfahrzeugen („Garagierung") ist die GewO unter bestimmten Voraussetzungen anzuwenden (**§ 4**).

V. Einteilung der Gewerbe

Die von der GewO erfassten Erwerbstätigkeiten kann man nach dem erforderlichen Befähigungsnachweis bzw nach den verfahrensrechtlichen Voraussetzungen für den Antritt des Gewerbes unterscheiden.

1. Reglementierte Gewerbe – freie Gewerbe

Das Erfordernis eines **Befähigungsnachweises** ist das Kriterium, nach dem gewerbliche Tätigkeiten in reglementierte Gewerbe und freie Gewerbe unterteilt werden können. Gewerbliche Tätigkeiten, die nicht ausdrücklich als reglementierte Gewerbe (§ 94) oder Teilgewerbe (§ 31) aufgezählt sind, sind freie Gewerbe; für Letztere ist kein Befähigungsnachweis zu erbringen (§ 5 Abs 2).

Die taxative Liste der **reglementierten Gewerbe** (§ 94) enthält eine Reihe von Tätigkeiten, wovon einige (zB Bäcker, Dachdecker) ausdrücklich als **Handwerk** gekennzeichnet sind; für sie ist die Meisterprüfung ein möglicher Befähigungsnachweis. Ebenso werden in § 94 einzelne reglementierte Gewerbe als verbundene Gewerbe bzw verbundene Handwerke bezeichnet (zB Gärtner und Florist); das sind solche, die sich aus zwei oder mehreren Gewerben zusammensetzen (§ 6; s VII.2.). Die **Teilgewerbe mit vereinfachtem Zugang** (§ 31 Abs 2 ff: Teil eines reglementierten Gewerbes und daher keine eigene Gewerbeart; durch Verordnung des BMWFW festzulegen) umfassen Tätigkeiten eines Handwerks oder sonstigen reglementierten Gewerbes, deren selbstständige Ausführung auch von Personen erwartet werden kann, die die Befähigung hiefür auf vereinfachte Art (zB Lehrabschluss oder einschlägige Tätigkeit) nachweisen. Im Gegensatz zu den einfachen Teiltätigkeiten (§ 31 Abs 1: einfache Tätigkeiten von reglementierten Gewerben, deren fachgemäße Ausübung den sonst vorgeschriebenen Befähigungsnachweis nicht erfordern; sie sind nicht den reglementierten Gewerben vorbehalten; s VII.2.) umfassen die Teilgewerbe auch typische Kernbereiche eines Gewerbes. Nach der 1. TeilgewerbeV fallen darunter etwa die Autoverglasung, Speiseeiserzeugung, Friedhofsgärtnerei oder der Zusammenbau von Möbelbausätzen.

Alle Gewerbetätigkeiten, die nicht als reglementierte Gewerbe oder Teilgewerbe ausdrücklich angeführt sind, dh nicht in den beiden Gewerbelisten des § 94 bzw der TeilgewerbeV aufscheinen, sind **freie Gewerbe** (vgl auch die nicht taxative „Bundeseinheitliche Liste der freien Gewerbe", abrufbar auf der Homepage des BMWFW). Für sie ist kein besonderer Befähigungsnachweis erforderlich. Spezielle Ausübungsvorschriften (zB § 151 für Adressverlage und Direktmarketingunternehmen) sind jedoch zu beachten (§ 5 Abs 2).

Bei Zweifel, ob eine gewerbliche Tätigkeit ein freies Gewerbe sein kann oder einem reglementierten Gewerbe oder einem Teilgewerbe vorbehalten ist, entscheidet der BMWFW (§ 349 Abs 1 Z 2).

2. Anmeldungsgewerbe – bescheidbedürftige Gewerbe

Die meisten Gewerbe dürfen bei Erfüllung der allgemeinen und der allenfalls vorgeschriebenen besonderen Voraussetzungen bereits aufgrund der Anmeldung des betreffenden Gewerbes ausgeübt werden (§ 5 Abs 1 iVm § 339; **Anmeldungsgewerbe**). Die Gewerbeanmeldung wirkt in diesen Fällen konstitutiv für die Erlangung der Gewerbeberechtigung. Infolge der (auch elektronisch möglichen) Anmeldung überprüft die Behörde, ob die gesetzlichen Voraussetzungen für die Ausübung des angemeldeten Gewerbes durch den Anmelder im betreffenden Standort vorliegen. Ist dies der Fall und hat die Anmeldung nicht ein in § 95 genanntes Gewerbe oder das Rauchfangkehrergewerbe zum Gegenstand, so hat die BVB den Anmelder binnen drei Monaten in das bundesweite Gewerberegister, das sog Gewerbeinformationssystem Austria – GISA, einzutragen und durch Übermittlung eines Auszugs aus dem GISA von der Eintragung zu verständigen. Liegen die Voraussetzungen hingegen nicht vor, so hat die Behörde dies bescheidmäßig festzustellen und die Ausübung des Gewerbes zu untersagen (§ 340).

Bei der Anmeldung eines in § 95 genannten Gewerbes, bei dem die Zuverlässigkeit zu prüfen ist (zB Baumeister, Pyrotechnikunternehmen, Reisebüro), hat die Behörde über das Ergebnis der Überprüfung der Voraussetzungen binnen drei Monaten einen Feststellungsbescheid* zu erlassen („**bescheidbedürftige Gewerbe**" oder auch „unechte Anmeldegewerbe"). Erwächst der Bescheid, mit dem das Vorliegen der Voraussetzungen festgestellt wurde, in Rechtskraft*, so hat die Behörde den Anmelder umgehend in das GISA einzutragen (§ 340 Abs 2; hinsichtlich des Rauchfangkehrergewerbes vgl die Sonderbestimmungen in § 340 Abs 2a, sicherheitsrelevante Tätigkeiten iSd § 120 Abs 1 zweiter S dürfen gem § 125 Abs 3 erst mit Rechtskraft* eines dahingehenden Bescheides ausgeübt werden). Wurde im Bescheid ein Fehlen der Voraussetzungen festgestellt, ist gleichzeitig die Gewerbeausübung zu untersagen.

Ebenfalls die Rechtskraft* eines Feststellungsbescheides* muss der Anmelder abwarten, der seine Kenntnisse, Fähigkeiten und Erfahrungen zur Gewerbeausübung durch den „individuellen Befähigungsnachweis" (§ 19) belegen will.

Das Anmeldungsverfahren (§§ 339 f) wird von der BVB durchgeführt; lediglich zur Erteilung der Gewerbeberechtigung für das Waffengewerbe betreffend militärische Waffen und militärische Munition ist der BMWFW im Einvernehmen mit dem BMI zuständig (§ 148; das Waffengewerbe ist daher nach wie vor ein **bewilligungspflichtiges Gewerbe**).

Das Ausüben eines freien Gewerbes ohne die erforderliche Anmeldung begründet – wie generell die Gewerbeausübung ohne Gewerbeberechtigung – eine Verwaltungsübertretung (§ 366 Abs 1 Z 1). Diesbezügliche Gesetzesverstöße verstoßen nach stRsp des OGH dann gegen das Wettbewerbsrecht, wenn sie subjektiv vorwerfbar und geeignet sind, dem Verletzer einen sachlich nicht gerechtfertigten Vorsprung vor gesetzestreuen Mitbewerbern zu verschaffen (vgl zB OGH 10.02.2004, 4 Ob 205/03 f, mwN; generell zu Rechtsbruch als Wettbewerbsverstoß mit zahlreichen weiterführenden Hinweisen auch auf das Schrifttum insb OGH 11.03.2008, 4 Ob 225/07b sowie 20.05.2008, 4 Ob 37/08g).

3. Exkurs: Gewerbebetrieb – Industriebetrieb

Die GewO kennt außerdem auch noch die Unterscheidung zwischen Gewerbebetrieb und **Industriebetrieb**. Ein Industriebetrieb ist jedoch **keine Gewerbeart**, sondern eine **Gewerbeausübungsform**, die va durch hohen Kapitaleinsatz, intensiven Maschineneinsatz, Serienproduktion, organisatorische Trennung von technischer und kaufmännischer Führung uam gekennzeichnet ist (vgl § 7 Abs 1). Diese Merkmale müssen nicht alle (kumulativ) vorliegen; entscheidend ist das Überwiegen gegenüber jenen, die andere Betriebsformen charakterisieren (§ 7 Abs 2 bis 4; „**typologische Betrachtung**“). Ob ein Gewerbe tatsächlich in Form eines Industriebetriebs ausgeübt wird, entscheidet die BVB (§ 347 Abs 2). Für die industriemäßige Ausübung eines Gewerbes ist **kein Befähigungsnachweis erforderlich**, sofern nicht eines der in § 7 Abs 5 taxativ aufgezählten Gewerbe (zB Baumeister, Arzneimittelherstellung) vorliegt. Einige Gewerbe können nicht industriemäßig ausgeübt werden, so zB das Handelsgewerbe oder das Tourismusgewerbe (vgl § 7 Abs 6). Ist offenkundig, dass eine industrielle Ausübung eines Gewerbes nicht beabsichtigt oder vorläufig überhaupt nicht möglich ist, so ist im „Verfahren betreffend die Ausübung eines Gewerbes in der Form eines Industriebetriebes“ (§ 347 Abs 1) die Ausübung des Gewerbes bescheidmäßig zu untersagen.

Die Gewerbeausübung in Form eines Industriebetriebes ist regelmäßig flächenwidmungsrelevant und kann in Bauverfahren eine Frage der Zulässigkeit der Betriebstype in der gegebenen Widmungskategorie aufwerfen (vgl am Beispiel eines Bäckereibetriebes VwGH 08.04.2014, 2011/05/0071) (→ *Raumordnungsrecht, Baurecht*).

VI. Antritts- und Ausübungsvoraussetzungen

Für alle Gewerbe gilt, dass ihre Ausübung nur bei Erfüllung der allgemeinen Voraussetzungen (§§ 8 ff) zulässig ist. Für einige Gewerbe können noch besondere Voraussetzungen (§§ 16 ff) hinzutreten.

1. Allgemeine Voraussetzungen

Zu den allgemeinen Voraussetzungen gehören

- die **gewerberechtliche Handlungsfähigkeit**: Natürliche Personen müssen eigenberechtigt sein (idR vollendetes 18. Lebensjahr [§ 21 ABGB iVm § 9 AVG] und nicht unter Sachwalterschaft stehend; bis zur Vollendung des 24. Lebensjahres bestehen Einschränkungen; vgl § 8). Juristische Personen und eingetragene Personengesellschaften (offene Gesellschaften und Kommanditgesellschaften) müssen zur Gewerbeausübung einen (entsprechend qualifizierten) Geschäftsführer bestellen (§ 9 Abs 1 iVm § 39; vgl auch VwGH 28.02.2012, 2009/09/0211: Gesellschaften bürgerlichen Rechts können nicht Träger einer Gewerbeberechtigung sein).
- die (relative) **Unbescholtenheit**: Bestimmte strafgerichtliche oder finanzstrafbehördliche Verurteilungen, Insolvenzverfahren oder eine Entziehung oder gerichtliche Verlustigerklärung einer Gewerbeberechtigung bilden persönliche Ausschließungsgründe (vgl § 13). Von diesen hat die BVB unter bestimmten Voraussetzungen per Bescheid Nachsicht zu erteilen (§§ 26 und 27 iVm § 346).
- die österr (oder eine gleichgestellte) **Staatsbürgerschaft** (→ *Staatsbürgerschaftsrecht*) bzw **Unternehmenssitz/Niederlassung** im Inland: Ausländische natürliche Personen dürfen – sofern die GewO nichts anderes bestimmt – Gewerbe wie österr Staatsbürger ausüben, wenn dies in Staatsverträgen festgelegt worden ist oder die Fremden sich rechtmäßig in Österreich aufhalten (§ 14 Abs 1). EU-/EWR-Bürger* und ihre Familienangehörigen sind aufgrund der **Niederlassungsfreiheit*** Inländern gleichgestellt und dürfen ebenso wie Schweizer (aufgrund des Freizügigkeitsabkommens, BGBl III 133/2002) in Österreich ein Gewerbe ausüben.

Zur Unionswidrigkeit des bis vor der GewONov BGBl I 81/2015 in § 141 vorgesehenen generellen Staatsbürgerschaftsvorbehaltes für das Waffengewerbe in Bezug auf militärische Waffen und militärische Munition vgl EuGH 04.09.2014, C-474/12 (Schiebel Aircraft GmbH) sowie VwGH 24.11.2014, 2014/04/0002.

Juristische Personen und sonstige ausländische Rechtsträger, die weder ihren Sitz noch eine Niederlassung im Inland haben, dürfen – soweit Staatsverträge nicht anderes vorsehen – Gewerbe nicht ausüben (§ 14 Abs 4). Nach der EuGH-Rsp (insb 16.12.2008, C-210/06 ua) müssen die nationalen Rechtsordnungen aber die grenzüberschreitende Sitzverlegung bei gleichzeitiger Umwandlung der Gesellschaft in eine Rechtsform des Zuzugsstaates zulassen (vgl auch OGH 10.04.2014, 6 Ob 224/13d; zur Gründungs- versus Sitztheorie vgl bereits EuGH 09.03.1999, C-212/97).

Von den Niederlassungsbestimmungen sind vorübergehende grenzüberschreitende Tätigkeiten ohne Niederlassung zu unterscheiden, die im Rahmen der **Dienstleistungsfreiheit*** erfolgen.

So wurde mit der GewONov BGBl I 48/2015 das Niederlassungserfordernis für Rauchfangkehrer vor dem Hintergrund der DienstleistungsRL nunmehr auf sicherheitsrelevante Tätigkeiten, die der unmittelbaren Gefahrenabwehr und somit einem öffentlichen Interesse* dienen (das sind solche Tätigkeiten, zu denen Rauchfangkehrer aufgrund landesrechtlicher Vorschriften verpflichtet werden, wie solche der Feuerpolizei, Baupolizei, udgl) eingeschränkt (§ 120 Abs 1; vgl dazu auch EuGH 23.12.2015, C-293/14 und oben III.; zur Anerkennung von grenzüberschreitenden gewerblichen Tätigkeiten im Rahmen der Niederlassungs- bzw Dienstleistungsfreiheit* vgl unten VI.2.a) beim Befähigungsnachweis).

- die **Zulässigkeit der Tätigkeit**: Eine gewerbliche Tätigkeit darf nicht ausgeübt werden, wenn gewerberechtliche Bestimmungen dem entgegenstehen; eine allenfalls erforderliche Betriebsanlagengenehmigung muss zum Zeitpunkt der Gewerbeanmeldung oder der Bescheiderlassung gem § 340 Abs 2 allerdings noch nicht vorliegen (§ 15). Darüber hinaus darf die Tätigkeit auch sonst nicht gesetzlich verboten sein (vgl § 1 Abs 1).

2. Besondere Voraussetzungen

Für bestimmte Gewerbe sind zusätzlich zu den allgemeinen Voraussetzungen noch besondere Antrittserfordernisse zu erbringen. Dazu gehören etwa Befähigungsnachweise oder die Zuverlässigkeit, aber auch das Vorliegen eines Bedarfs oder der Abschluss einer Haftpflichtversicherung.

a) Befähigungsnachweis

Die GewO kennt einen generellen und einen individuellen Befähigungsnachweis. Wenn der Anmelder durch die von ihm vorgelegten Unterlagen dokumentiert, dass er die fachliche Qualifikation besitzt (entweder gem § 18 im Wege des generellen oder gem § 19 des individuellen Nachweises), so ist der Befähigungsnachweis – dh der **Nachweis der fachlichen und kaufmännischen Kenntnisse, Fähigkeiten und Erfahrungen zur selbstständigen Ausführung der gewerblichen Tätigkeit** (§ 16 Abs 2) – als erbracht anzusehen.

Gem § 18 Abs 1 hat der BMWFW für jedes reglementierte Gewerbe durch Verordnung festzulegen, durch welche Belege (zB Meisterprüfungszeugnis, Studienabschluss, Lehrabschlussprüfungszeugnis, etc) die Zugangsvoraussetzungen zum betreffenden Gewerbe im Hinblick auf die erforderliche fachliche Befähigung jedenfalls als erfüllt anzusehen sind. Diese Belege bilden den **„generellen Befähigungsnachweis“**. Kommt für den Anmelder keiner der in der einschlägigen Verordnung vorgesehenen Wege in Betracht, so kann die Befähigung auch dadurch nachgewiesen werden, dass durch entsprechende Beweismittel die für die jeweilige Gewerbeausübung erforderlichen Kenntnisse, Fähigkeiten und Erfahrungen nachgewiesen werden (**„individueller Befähigungsnachweis“**; § 19). Die Behörde hat das Vorliegen der individuellen Befähigung mit der Beschränkung auf eine Teiltätigkeit des betreffenden

Gewerbes auszusprechen, wenn die Befähigung nur in diesem Umfang vorliegt. Die Gewerbeausübung darf erst mit Rechtskraft* des Feststellungsbescheides* über den individuellen Befähigungsnachweis erfolgen. Für Handwerke erfolgt der Nachweis der fachlichen Kenntnisse weiterhin vorrangig durch Ablegung der **Meisterprüfung** (§§ 20, 21). Für die Meisterprüfung ist ein modularer Aufbau vorgesehen, wobei das letzte Modul die Unternehmerprüfung (Nachweis der kaufmännischen [betriebswirtschaftlichen und rechtlichen] Kenntnisse; vgl Unternehmerprüfungsordnung sowie § 23) darstellt.

Eine – allenfalls zeitlich und/oder sachlich beschränkte – **Nachsicht von der Erbringung des Befähigungsnachweises** ist **nicht vorgesehen**. Die Behörde hat schon bei der Gewerbeanmeldung die Möglichkeit, die individuelle Befähigung des Anmelders zu überprüfen.

Die Nichterbringung des Befähigungsnachweises verhindert den Antritt eines reglementierten Gewerbes oder eines Teilgewerbes. Allerdings besteht die Möglichkeit, den Befähigungsnachweis für alle Gewerbe (Ausnahme: Rauchfangkehrer) durch einen Geschäftsführer erbringen zu lassen (§ 16 Abs 1; sog **„volle Supplierung"**).

Die **Niederlassungsfreiheit*** und die **Dienstleistungsfreiheit*** (und damit in Zusammenhang stehend die DienstleistungsRL und die BerufsqualifikationsRL) erfordern Regelungen über die Anerkennung bzw die Ausübungsmodalitäten grenzüberschreitender Tätigkeiten (vgl §§ 373a ff): EU-/EWR-Bürger*, die in einem anderen Mitgliedstaat als Österreich niedergelassen sind und dort eine in den Anwendungsbereich der GewO fallende Tätigkeit befugt ausüben, dürfen diese Tätigkeit im Rahmen der Dienstleistungsfreiheit vorübergehend und gelegentlich unter den gleichen Voraussetzungen wie Inländer in Österreich ausüben; Gleiches gilt für EWR-Gesellschaften (§ 373a)

Hinsichtlich inländischer Niederlassungen von EU-/EWR-Finanzinstituten bzw deren grenzüberschreitender Dienstleistungen wird in § 373g auf die Bestimmungen des BWG verwiesen.

§ 373a gilt auch für Schweizerische Gewerbetreibende und Schweizer Gesellschaften sinngemäß mit der Maßgabe, dass sie an maximal 90 Arbeitstagen pro Kalenderjahr Dienstleistungen in Österreich erbringen. Im Hinblick auf die Anerkennung von Berufsqualifikationen zur Gründung einer Niederlassung in Österreich sind Schweizer den EU-/EWR-Bürgern* gleichgestellt (§ 373b Abs 1). Hinsichtlich der Anwendung der Bestimmungen des § 373a sind EU-/EWR-Bürgern* folgende Personengruppen gem § 373b Abs 2 gleichgestellt: Familienangehörige von aufenthaltsberechtigten EU-/EWR-Bürgern*, anerkannte Flüchtlinge und subsidiär Schutzberechtigte, Personen mit einem Niederlassungsrecht gem § 45 oder § 49 NAG und solche, die über einen Aufenthaltstitel „Blaue Karte EU" gem § 42 NAG verfügen (→ *Fremdenrecht*).

§ 373a („vorübergehende grenzüberschreitende Dienstleistung"; zum Begriff „vorübergehend" vgl die Erläuterungen in IA 549/A BlgNR XXIII. GP, 51 bzw AB 420 BlgNR XXIII. GP, 25; zu den Familienangehörigen von EU-/EWR-Bürgern* vgl § 14 Abs 3) enthält nähere Bestimmungen: So haben etwa Dienstleistungserbringer die entsprechenden Ausübungsvorschriften der GewO zu beachten und ist die erstmalige Aufnahme einer einem reglementierten Gewerbe entsprechenden Tätigkeit dem BMWFW vorher schriftlich anzuzeigen, der BMWFW hat solche Dienstleister im Internet sichtbar zu machen, etc.

Für Schweizer und EU-/EWR-Bürger* (und sinngemäß diesen gleichgestellte Personen), die die Niederlassungsfreiheit* in Anspruch nehmen wollen, ist die tatsächliche Ausübung von Tätigkeiten in einem anderen Mitgliedstaat oder Vertragsstaat als ausreichender Nachweis der Befähigung vom LH bescheidmäßig anzuerkennen; eine Verordnung des BMWFW listet in Berücksichtigung der BerufsqualifikationsRL Art und Dauer der Tätigkeiten auf (§ 373c; EU/EWR-AnerkennungsV). Soweit § 373c nicht anwendbar ist, kommt auch eine Gleichhaltung aufgrund einer Äquivalenzprüfung in Betracht (§ 373d).

Für den Fall, dass eine Äquivalenzprüfung vorzunehmen ist, hat ein Mitgliedstaat die Diplome, Prüfungszeugnisse und sonstigen Befähigungsnachweise, die der Betroffene zur Ausübung des gleichen Berufes in einem anderen Mitgliedstaat erworben hat, in der Weise zu berücksichtigen, dass er die durch diese Diplome bescheinigten Fachkenntnisse mit den nach nationalem Recht vorgeschriebenen Diplomen und Fähigkeiten vergleicht. Diese Beurteilung der Gleichwertigkeit eines ausländischen Diploms muss ausschließlich danach erfolgen, welches Maß an Kenntnissen und Fähigkeiten dieses Diplom unter Berücksichtigung von Art und Dauer des Studiums und der praktischen Ausbildung, auf die es sich bezieht, bei seinem Besitzer vermuten lässt (EuGH 10.12.2009, C-345/08 [Pesla]).

Zum Vorwarnmechanismus im Wege des Binnenmarkt-Informationssystems (IMI) und zum Europäischen Berufsausweis (EBA) vgl die §§ 373j und 373k.

b) Relative Zuverlässigkeit

Die Ausübung eines **in § 95 genannten Gewerbes** ist nur zu gestatten, wenn der Bewerber die dafür erforderliche Zuverlässigkeit besitzt (**„relative" Zuverlässigkeit**); BVB bzw LPolD haben als Sicherheitsbehörden an der Feststellung der Zuverlässigkeit (dh an der Feststellung des Nichtvorliegens von Tatsachen, die es zweifelhaft erscheinen lassen, dass das Gewerbe ordnungsgemäß geführt wird) mitzuwirken (vgl § 336a). Dabei ist auf das **gewerbespezifische** Verhalten des Bewilligungswerbers abzustellen.

Beispiel: Verurteilungen wegen Schlepperei (§ 114 FPG) sind bei der Zuverlässigkeitsprüfung für das Reisebürogewerbe (§ 95 Abs 1 iVm § 94 Z 56) zu beachten.

c) Sonstige Voraussetzungen

Schließlich gibt es **für einzelne Gewerbe** noch **zusätzliche Voraussetzungen**. So haben sich etwa Augenoptiker ausgebildeter **Fachkräfte** zu bedienen (§ 98), besonders risikobehaftete Gewerbe, wie zB Baumeister bzw Baugewerbetreibende (§ 99), Immobilientreuhänder (§ 117), gewerbliche Vermögensberater (§ 136a) und Versicherungsvermittler (§ 137c), haben eine **Haftpflichtversicherung** abzuschließen (vgl auch § 92), gegen die Ausübung eines

Pyrotechnik- (§ 107) oder Sprengungsunternehmens (§ 132) dürfen zusätzlich zur Zuverlässigkeitsprüfung gem § 95 **keine sicherheitspolizeilichen Bedenken** bestehen, uam. Bei Rauchfangkehrern ist hinsichtlich ihrer sicherheitsrelevanten Tätigkeiten (Feuerpolizei, etc) eine **Bedarfsprüfung** durchzuführen und gilt für diese Tätigkeiten eine Beschränkung auf bestimmte Kehrgebiete (**Gebietsschutz**), die durch Verordnung des LH festgelegt werden (vgl insb §§ 121, 123, 125; vgl iZm mit der Niederlassungs- und Dienstleistungsfreiheit auch oben III.).

VII. Umfang der Gewerbeberechtigung

1. Gewerberecht – Gewerbeberechtigung

Unter einem Gewerberecht ist das subjektiv-öffentliche Recht* zu verstehen, eine bestimmte Erwerbstätigkeit entsprechend den Rechtsvorschriften ungehindert auszuüben. **Inhalt und Umfang der Gewerbeberechtigung** ergeben sich gem § 29 aus dem Wortlaut der Gewerbeanmeldung (§ 339) oder des Feststellungsbescheides* gem § 340 Abs 2. Bleiben dennoch mehrere zulässige Auslegungsalternativen, so ist die Beurteilung des Umfangs der Gewerbeberechtigung im Anmeldungs- sowie im Verwaltungsstrafverfahren (wegen Überschreitung des Umfangs einer Gewerbeberechtigung) vom BMWFW zu treffen (§ 349 Abs 1 Z 1).

2. Zusätzliche Befugnisse der Gewerbetreibenden

Eine Abschwächung der strikten Trennung der einzelnen Gewerbe bringen die Rechtsinstitute „fachübergreifende Leistung verbundener Gewerbe", „einfache Teiltätigkeit" und „Nebenrecht".

„Verbundene Gewerbe" sind gem § 6 iVm § 94 ausdrücklich als solche bezeichnete, zusammengefasste Gewerbegruppen (zB § 94 Z 47: Maler – Lackierer – Vergolder – Schilderhersteller); wer eines der zusammengefassten Gewerbe rechtmäßig ausübt, darf auch die Leistungen der anderen Gewerbe dieser Gruppe erbringen (§ 30 Abs 1).

Nicht für ein reglementiertes Gewerbe typische Kerntätigkeiten, deren fachgemäße Ausübung den sonst vorgeschriebenen Befähigungsnachweis nicht erfordern, darf jeder als eigenständiges freies Gewerbe (oder als Nebenrecht) ausüben (§ 31 Abs 1). Von diesen sog **„einfachen Teiltätigkeiten"** (zB Kantenschleifen bei Schiern oder Bespannen von Tennisschlägern) sind die Teilgewerbe (s V.1.) strikt zu unterscheiden.

§ 32 GewO enthält eine Aufzählung von **Nebenrechten**: Alle Gewerbetreibenden dürfen Arbeiten planen, Vorarbeiten und Vollendungsarbeiten vornehmen, die der Absatzfähigkeit ihrer Produkte dienen, Verpackungsmaterial herstellen und bedrucken, uam. Bei der Ausübung dieser Nebenrechte müssen allerdings der wirtschaftliche Schwerpunkt und die Eigenart des Betriebes erhalten bleiben. Wird ein Teilgewerbe iSd § 31 Abs 2 ff als Nebenrecht ausgeübt, haben die Gewerbetreibenden einen Arbeitnehmer, der den Befähigungsnachweis für das betreffende Teilgewerbe erbringt und der nach den Bestimmungen des Sozialversicherungsrechts voll versicherungspflichtig ist, im Betrieb zu beschäftigen („**befähigter Arbeitnehmer**"; § 32 Abs 3 iVm Abs 1 Z 12). Außerdem können Gewerbetreibende ohne weitere gewerberechtliche Bewilligung Dienstleistungen im Postwesen (mit Ausnahme des Geld- und Zahlungsverkehrs) erbringen (§ 34).

VIII. Ausübung von Gewerben

1. Gewerbeberechtigung – Gewerbeinhaber – Gewerbetreibender

Das subjektiv-öffentliche Recht auf Ausübung eines Gewerbes („Gewerberecht") stellt eine Rechtsbeziehung ausschließlich zwischen dem Staat und dem Gewerbeberechtigten dar. Als ein persönliches Recht kann diese **Gewerbeberechtigung** nicht übertragen werden (§ 38 Abs 1: **Grundsatz der persönlichen Ausübung und Unübertragbarkeit**). Sie kann durch Dritte nur nach Maßgabe der GewO ausgeübt werden. Solche Dritte sind der gewerberechtliche Geschäftsführer und der Fortbetriebsberechtigte.

Gewerbeinhaber ist derjenige, der über die Gewerbeberechtigung verfügt. **Gewerbetreibender** ist hingegen derjenige, der die Gewerbeberechtigung tatsächlich ausübt. Dies können der Gewerbeinhaber selbst oder Fortbetriebsberechtigte sein. Der gewerberechtliche Geschäftsführer hingegen ist als Bevollmächtigter bloß „Hilfsorgan" des Gewerbeinhabers, aber nicht selbst Gewerbetreibender.

a) Gewerberechtlicher Geschäftsführer

Der Gewerbeinhaber kann gem § 39 für die Ausübung seines Gewerbes einen Geschäftsführer bestellen, der dem Gewerbeinhaber gegenüber für die fachlich einwandfreie Ausübung des Gewerbes und der Behörde gegenüber für die Einhaltung der gewerberechtlichen Vorschriften verantwortlich ist (**fakultativer Geschäftsführer**).

In bestimmten Fällen ist die Bestellung eines gewerberechtlichen Geschäftsführers zwingend vorgeschrieben, nämlich dann, wenn eine juristische Person oder eine eingetragene Personengesellschaft (offene Gesellschaften und Kommanditgesellschaften) ein Gewerbe ausüben will (§ 9). Darüber hinaus hat der Gewerbeinhaber einen gewerberechtlichen Geschäftsführer zu bestellen, wenn er den Befähigungsnachweis (vgl § 16 Abs 1) nicht erbringen kann oder wenn er selbst keinen Wohnsitz* im Inland hat (§ 39 Abs 1) sowie bei der Gewerbeausübung in bestimmten Erbschafts- (vgl § 8 Abs 2) und Fortbetriebsfällen (vgl § 41 Abs 4) (**obligatorischer Geschäftsführer**). Das inländische Wohnsitzerfordernis entfällt, wenn durch internationale Übereinkommen die Zustellung der Verhängung und die Vollstreckung von Verwaltungsstrafen sichergestellt sind, oder wenn es sich um EWR-Bürger oder Schweizer handelt (§ 39 Abs 1); Gleiches gilt für das grundsätzliche Inlandswohnsitzerfordernis des Geschäftsführers, wobei es sich hierbei auch um einen daueraufenthaltsberechtigten Drittstaatsangehörigen handeln kann (§ 39 Abs 2a).

Bei Übertretungen der gewerberechtlichen Vorschriften ist primär der **Geschäftsführer haftbar**, während der Gewerbetreibende neben dem Geschäftsführer idR nur strafbar ist, wenn er die Verwaltungsübertretung wissentlich duldet oder wenn er bei der Auswahl des Geschäftsführers es an der erforderlichen Sorgfalt hat fehlen lassen (§ 370 Abs 2 und 3; lex specialis zu § 9 VStG bei gewerberechtlichen Verstößen). Der Geschäftsführer muss die **persönlichen Voraussetzungen** für die Ausübung des Gewerbes (zB Eigenberechtigung, Befähigungsnachweis) erfüllen und in der Lage sein, sich **im Betrieb entsprechend zu betätigen** (Anordnungsbefugnis gegenüber Mitarbeitern, Möglichkeit zur Kontrolle der Einhaltung der gewerberechtlichen Bestimmungen, um so die gesetzmäßige Gewerbeausübung zu gewährleisten). Zur Verhinderung des „Scheingeschäftsführerunwesens" bei juristischen Personen bestimmt § 39 Abs 2 für die reglementierten Gewerbe, dass der Geschäftsführer dem zur Vertretung berufenen Organ der juristischen Person angehören oder ein zumindest halbtägig beschäftigter Arbeitnehmer sein muss.

Nach VwGH 25.02.2002, 2001/04/0228, ist eine „entsprechende" Betätigung in einem Innsbrucker Betrieb nicht möglich, wenn der Betreffende seinen Lebensmittelpunkt in Ybbs an der Donau und dort 23 Wochenstunden an der Hauptschule zu sein hat.

Bei den in § 95 genannten Gewerben ist die **Bestellung** eines Geschäftsführers behördlich **zu genehmigen** (§ 341; beachte für Rauchfangkehrer die Voraussetzungen des § 122 Abs 1), bei den anderen Gewerben ist sie **anzuzeigen**; das **Ausscheiden** eines Geschäftsführers ist immer nur **anzeigepflichtig** (§ 39 Abs 4). Mit dem Ausscheiden erlischt die Gewerbeberechtigung nicht; in den Fällen der obligatorischen Geschäftsführerbestellung entsteht allerdings ein Ausübungshindernis. Gesellschaften können in diesem Fall aber bis zur Bestellung eines neuen Geschäftsführers, längstens jedoch während sechs Monaten, weiterhin ihr Gewerbe ausüben (vgl § 9 Abs 2). Bei Vorliegen bestimmter Tatsachen hat die Gewerbebehörde die Bestellung des Geschäftsführers für die Ausübung des Gewerbes **zu widerrufen** (vgl § 91). Auch in diesem Fall entsteht lediglich ein Ausübungshindernis und erst ein Verstoß gegen das Ausübungsverbot kann zum Entzug der Gewerbeberechtigung führen.

Die Geschäftsführerbestellung erfolgt idR durch einen zivilrechtlichen Vertrag. Durch die Bestellung wird die verwaltungsstrafrechtliche Verantwortlichkeit (§ 9 VStG) begründet; nach außen hin beginnt sie jedoch erst mit der Bestellungsanzeige oder -genehmigung (§ 345). Hingegen endet die Verantwortlichkeit mit dem tatsächlichen Ausscheiden des Geschäftsführers und nicht erst mit dem Einlangen der entsprechenden Anzeige (VwGH 27.01.1999, 97/04/0070).

Der gewerberechtliche Geschäftsführer wird als Bevollmächtigter **im Namen und für Rechnung des Gewerbeinhabers** tätig.

b) Fortbetriebsberechtigter

Das Fortbetriebsrecht ist gem § 41 Abs 1 das **Recht, einen Gewerbebetrieb aufgrund der Gewerbeberechtigung einer anderen Person fortzuführen.** Dieses Recht entsteht ex lege – und zwar im Fall des **Todes des Gewerbeinhabers** für die Verlassenschaft (Z 1) bzw für den überlebenden Ehepartner oder eingetragenen Partner (Z 2) und die Deszendenten (Z 3) sowie bei einer **öffentlichen Verwertung des Gewerbebetriebes** für die Insolvenzmasse (Z 4) oder den Zwangsverwalter bzw -pächter (Z 5). Es endet für die Verlassenschaft, den Masseverwalter und den Zwangsverwalter bzw -pächter mit der Verfahrensabwicklung (§§ 42, 44 und 45). Für überlebende Ehegatten oder eingetragene Partner und für Kinder entsteht es mit dem Zeitpunkt, in dem das Fortbetriebsrecht der Verlassenschaft endet. Es endet mit der Zurücklegung der Gewerbeberechtigung, überdies kann auf das Fortbetriebsrecht verzichtet werden (§§ 43 und 85 Abs 1 Z 7).

2. Sonstige Rechtsfragen zur Gewerbeausübung

Eine **Pflicht zur Ausübung des Gewerbes besteht grundsätzlich nicht**, die Gewerbeberechtigung kann selbstverständlich auch zurückgelegt werden (vgl § 85 Z 7 iVm § 86; s IX.1.), doch kann bei aufrechter Gewerbeberechtigung im Falle der Nichtausübung unter gewissen Voraussetzungen (illegaler Aufenthalt des ausländischen Gewerbeinhabers, Drei-Jahres-Frist) die Gewerbeberechtigung von der BVB entzogen werden (vgl § 88). Das Ruhen und die Wiederaufnahme der Gewerbeausübung sind der Wirtschaftskammer binnen drei Wochen anzuzeigen (§ 93 Abs 1). Für manche Gewerbe besteht eine Verpflichtung, die Einstellung, Unterbrechung oder Wiederaufnahme der Gewerbeausübung der Behörde innerhalb bestimmter Frist im Vorhinein anzuzeigen (vgl etwa § 122 Abs 2 für Rauchfangkehrer bzw § 93 Abs 2 bis 5 für Versicherungsvermittler, Immobilientreuhänder, Baumeister bzw Baugewerbetreibende und gewerbliche Vermögensberater).

Einen **Kontrahierungszwang*** sieht die GewO lediglich für „öffentlich zugelassene Rauchfangkehrer" iSd § 125 Abs 3 vor: Diese sind verpflichtet, innerhalb ihres Kehrbereiches die sicherheitsrelevanten Tätigkeiten auszuführen (§ 123 Abs 3). Kontrahierungspflichten sind darüber hinaus bspw in § 5 NahversorgungsG für gewerbliche Letztverkäufer oder in § 20 Abs 1 Z 2 KflG (Beförderungspflicht) vorgesehen.

Für die Gewerbeausübung gilt zwar grundsätzlich der **Grundsatz der Standortgebundenheit** (vgl § 46): Eine Gewerbeausübung außerhalb des Standortes der Gewerbeberechtigung oder einer weiteren Betriebsstätte ist unzulässig, selbst wenn sie nur kurzfristig oder vorübergehend erfolgt. Allerdings wird durch bloße Anzeige bei der BVB die Ausübung der Gewerbetätigkeit in weiteren Betriebsstätten von der Stammgewerbeberechtigung mitumfasst. Als **„weitere Betriebsstätte"** gilt dabei eine standortgebundene Einrichtung, die zur regelmäßigen Entfaltung einer gewerblichen Tätigkeit an einem anderen Standort als dem, auf den die Gewerbeanmeldung bzw -bewilligung lautet, bestimmt ist. Für die Gewerbeausübung an einer weiteren Betriebsstätte kann ein **Filialgeschäftsführer** bestellt werden, der der Behörde gegenüber für die Einhaltung der gewerberechtlichen Vorschriften in dieser Betriebsstätte verantwortlich ist (§ 47).

Zu den wichtigsten Tätigkeiten, deren **Ausübung außerhalb des Standortes oder einer weiteren Betriebsstätte** erlaubt ist, zählen gem § 50 zB die Gewerbeausübung auf Messen, der Warenverkauf auf Märkten, der Erwerb von Roh- und Hilfsstoffen und Betriebsmitteln, die Lieferung von bestellten Waren oder das Feilbieten bestimmter Erzeugnisse im Umherziehen (§§ 53 f; zur Unzulässigkeit einer räumlichen Begrenzung der Befugnis zum Feilbieten von Waren im Umherziehen vgl EuGH 13.01.2000, C-254/98 [TK-Heimservice Sass GmbH]).

Gewerbetreibende haben sich zur **äußeren Bezeichnung der Betriebsstätten** und **im Geschäftsverkehr** ihres Namens bzw ihrer Firma zu bedienen (vgl §§ 63 ff). Nicht irreführende Zusätze sind zulässig.

Die §§ 69 ff enthalten **Verordnungsermächtigungen** zur Vermeidung einer Gefährdung von Leben oder Gesundheit von Menschen, zur Vermeidung von Belastungen der Umwelt, zum Schutz der von der Gewerbeausübung betroffenen Personen (insb zum Schutz vor Vermögensschäden oder Belästigungen, aber auch hinsichtlich der Verwendung allgemeiner Geschäftsbedingungen) sowie hinsichtlich der verwendeten Geräte, Maschinen und Ausrüstungen. Von den vielen bereits erlassenen Verordnungen seien bspw hier genannt: Verordnung über Standes- und Ausübungsregeln für Immobilienmakler (BGBl 297/1996 idF II 268/2010), Verordnung über Standesregeln für Bestatter (BGBl II 476/2004), DruckgaspackungslagerungsV 2002 (BGBl II 489/2002) oder die Maschinen-SicherheitsV. Daneben soll durch ein **„Schutzklauselverfahren"** (§§ 365i bis 365k) die Umsetzung der europarechtlichen Sicherheitsanforderungen und Normen betreffend Maschinen, Geräte und Ausrüstungen gewährleistet werden.

Nicht alle gewerberechtlich relevanten Handlungen bzw Ereignisse unterliegen einer Bewilligungspflicht; einige sind der Gewerbebehörde (wie bereits erwähnt) bloß anzuzeigen. Dieses **Anzeigeverfahren** ist in § 345 geregelt; insb sind Bestimmungen darüber enthalten, welche Anzeigen bei welcher Behörde zu erstatten sind. Der BVB anzuzeigen sind etwa die persönliche Gewerbeausübung nach Erlangung der Eigenberechtigung (§ 8 Abs 4), gesellschaftsrechtliche Veränderungen innerhalb eines Betriebes (§ 11 Abs 3 und 5), die Bestellung und das Ausscheiden eines gewerberechtlichen Geschäftsführers (§ 39 Abs 4), Ereignisse iZm Fortbetriebsrechten (vgl §§ 42 ff) oder die Zurücklegung einer Gewerbeberechtigung (§ 86).

IX. Verlust der Gewerbeberechtigung

Eine Beschränkung der Erwerbsausübungsfreiheit ist nur zulässig, wenn sie durch das öffentliche Interesse geboten, zur Zielerreichung geeignet und adäquat und auch sonst sachlich zu rechtfertigen ist; was für die den Erwerbsantritt behindernden Vorschriften gilt, gilt gleicherweise auch für Bestimmungen über den Entzug einer Gewerbeberechtigung (vgl VfSlg 15.842/2000 mwN).

1. Endigung der Gewerbeberechtigung

§ 85 enthält eine taxative Aufzählung der Gründe, mit denen eine Gewerbeberechtigung endigt. Die wichtigsten **Endigungsgründe** sind: Tod einer natürlichen Person (bei Fortbetrieben erst mit Endigung des Fortbetriebsrechts), Ende einer juristischen Person (Nichteintragung ins Firmenbuch, Untergang, Auflösung), Insolvenzfälle iSd § 13 Abs 3 und 5 erster S, Zurücklegung der Gewerbeberechtigung (vgl § 86), behördliche Entziehung der Gewerbeberechtigung (aus den in den §§ 87, 88 und 91 genannten Gründen) bzw Untersagung der Ausübung in Form eines Industriebetriebes (vgl § 347 Abs 1), Gerichtsurteil (§ 90; über das Erlöschen ist in diesem Fall ein lediglich deklaratorischer Feststellungsbescheid* zu erlassen), Nichtigerklärung des Bewilligungsbescheides (§ 363 Abs 1 iVm § 68 Abs 4 Z 4 AVG), Zeitablauf sowie Eintritt einer auflösenden Bedingung*.

2. Entziehung der Gewerbeberechtigung

Das Vorliegen der persönlichen Ausschließungsgründe „strafgerichtliche oder finanzstrafbehördliche Verurteilung" (§ 13 Abs 1 und 2) und zu befürchtende Wiederholungsgefahr ist ebenso ein **Gewerbeberechtigungsentziehungsgrund** iSd § 87 wie der Gewerbeausschließungsgrund in bestimmten Insolvenzfällen (§ 13 Abs 4 und 5 zweiter S), schwerwiegende Verstöße gegen die iZm dem betreffenden Gewerbe zu beachtenden Rechtsvorschriften und Schutzinteressen, die Bestrafung des Gewerbeinhabers wegen Beihilfe zur Gewerbeausübung ohne Gewerbeberechtigung bei Wiederholungsgefahr oder das Fehlen der gesetzlichen Haftpflichtversicherung bei versicherungspflichtigen Gewerben. Weiters ist die Gewerbeberechtigung von der Behörde insb dann zu entziehen, wenn sich der Gewerbeinhaber nicht mehr zulässigerweise in Österreich aufhält oder das Gewerbe während der letzten drei Jahre nicht ausgeübt wurde und der Gewerbeinhaber mit der Entrichtung der Kammerumlage mehr als drei Jahre im Rückstand ist (§ 88).

Das Tatbestandsmerkmal des „schwerwiegenden Verstoßes" kann nicht nur durch an sich als schwerwiegend zu beurteilende Verstöße erfüllt werden, sondern auch durch eine Vielzahl geringfügiger Rechtsverletzungen (zB VwGH 26.02.2014, Ro 2014/04/0013). Im Falle einer strafgerichtlichen Verurteilung ist das Risiko einer weiteren Begehungsgefahr nach der Art des begangenen Deliktes sowie der Persönlichkeit des Verurteilten zu prognostizieren, wobei ein zwischenzeitiges Wohlverhalten des Betroffenen zu berücksichtigen ist. Die Prognose gem § 87 Abs 1 Z 1 ist inhaltsgleich mit jener gem § 26 Abs 1 (VwGH 27.10.2014, 2013/04/0103).

Für das **Verfahren zur Entziehung** der Gewerbeberechtigung (§ 361) ist grundsätzlich die BVB zuständig. Vor der Entziehung sind die zuständigen Kammern zu hören. Ob eine Gewerbeberechtigung noch aufrecht ist bzw zu welchem Zeitpunkt sie geendet hat, kann gem § 348 Abs 4 in einem **Feststellungsverfahren** geklärt werden.

X. Gewerbliche Betriebsanlage

1. Definition der gewerblichen Betriebsanlage

Unter einer gewerblichen Betriebsanlage ist jede örtlich gebundene Einrichtung zu verstehen, die der Entfaltung einer gewerblichen Tätigkeit regelmäßig zu dienen bestimmt ist (§ 74 Abs 1).

Für die Anwendbarkeit der Betriebsanlagenbestimmungen der GewO müssen somit folgende Wesensmerkmale kumulativ vorliegen:

- **Ortsgebundenheit**: ist nicht nur dann gegeben, wenn die Einrichtung selbst unbeweglich ist (zB Bauwerk), sondern auch dann, wenn die ihrer Natur nach bewegliche Einrichtung nach der Absicht des Gewerbetreibenden ausschließlich oder überwiegend und für längere Zeit an einem bestimmten Standort der Entfaltung der gewerblichen Tätigkeit dienen soll (zB fahrbare Imbissbude mit regelmäßigem Standplatz);
- **Regelmäßigkeit**: entscheidend ist die zeitliche Nutzungsabsicht. Sie fehlt etwa bei Betriebsprovisorien oder bei Baustelleneinrichtungen für eine konkrete Bauführung;
- **gewerbliche Tätigkeit**: vgl § 1 Abs 2 (Selbstständigkeit, Regelmäßigkeit, Ertragsabsicht).

Beispiel 1: Wird eine Baustelleneinrichtung nicht nur für eine konkrete Bauführung verwendet, sondern auf unbestimmte Zeit aufgestellt und betrieben, liegt eine gewerbliche Betriebsanlage vor. Wenn also eine Betonmischanlage nicht nur für die Zwecke einer konkreten Baustelle betrieben wird, sondern vor Ort auch dafür, um Beton an andere Abnehmer abzugeben, handelt es sich dabei nicht mehr nur um eine bloße Baustelleneinrichtung (VwSlg 14.769A/1997).

Beispiel 2: Wenn jemand eine landwirtschaftliche Gärtnerei und Baumschule betreibt, einen räumlich abgegrenzten Teil aber als Verkaufsfläche (zB für Pflanztöpfe, Teichzubehör, etc) mit Kundenparkplatz nützt, so bezieht sich die Feststellung einer allfälligen Betriebsanlagengenehmigungspflicht iSd § 358 ausschließlich auf jene räumlich abgegrenzten Anlagenteile, in der gewerbliche Tätigkeiten – und eben nicht rein landwirtschaftliche – ausgeübt werden (VwGH 28.09.2011, 2007/04/0114).

Als gewerbliche Betriebsanlage ist die Gesamtheit jener Einrichtungen anzusehen, welche dem **Zweck des Betriebes** eines Unternehmens gewidmet sind. Diese Einrichtungen stellen – sofern sie in einem lokalen Zusammenhang stehen – eine einheitliche Betriebsanlage dar. Nur durch eine solche Gesamtbetrachtung kann das gegenseitige Ineinanderwirken der einzelnen Anlagenteile in ihren Auswirkungen auf die Umwelt umfassend beurteilt und damit der von der GewO angestrebte umfassende Nachbarschaftsschutz bewirkt werden (**Grundsatz der Einheit der gewerblichen Betriebsanlage**).

Beispiel 1: Ein Autohaus, bestehend aus einer Werkstättenhalle, einem Ausstellungsgebäude mit den Neuwagenmodellen, einem Abstellplatz für Gebrauchtwagen und einem Kundenparkplatz, bildet eine einheitliche Betriebsanlage.

Beispiel 2: In der Wärmeerzeugung in einem Kraftwerk einerseits und im Wärmetransport in einer ca 18km langen Anlage mit verschiedenen Einspeisungsmöglichkeiten andererseits liegen verschiedene Betriebszwecke, die örtlich getrennt verfolgt werden und sich auch in ihrer betrieblichen Bedeutung derart voneinander unterscheiden, dass nicht von einer einheitlichen, sowohl die Wärmetransportleitung als auch das Fernheizkraftwerk umfassenden gewerblichen Betriebsanlage zu sprechen ist (VwSlg 12.759 A/1988).

2. Genehmigungspflicht von Betriebsanlagen

In Abhängigkeit vom jeweiligen Genehmigungsregime kann man folgende Arten von Betriebsanlagen unterscheiden: **„Normalanlagen“** (§§ 74 ff), **„IPPC-Anlagen“** (§§ 77a f), (minder belastende) **„Bagatellanlagen“** (§ 359b) und **„nicht genehmigungspflichtige Anlagen“** (§ 74 Abs 7). Für **„Seveso-Anlagen“** (§§ 84a ff) besteht kein eigenständiges Genehmigungsverfahren, für sie gelten aber zusätzliche Sicherheitsanforderungen.

a) Normalanlagen

Eine Betriebsanlage darf gem § 74 Abs 2 nur mit Genehmigung der BVB errichtet oder betrieben werden, wenn sie wegen der Verwendung von Maschinen und Geräten, wegen ihrer Betriebsweise, wegen ihrer Ausstattung oder sonst **geeignet** ist,

1. das **Leben** oder die **Gesundheit** des Gewerbetreibenden, der nicht dem Arbeitnehmerschutz unterliegenden mittätigen Familienangehörigen, der Nachbarn oder der Kunden, oder das **Eigentum** oder **sonstige dingliche Rechte** der Nachbarn **zu gefährden**,

2. die **Nachbarn** durch Geruch, Lärm, Rauch, Staub, Erschütterung oder in anderer Weise **zu belästigen,**
3. die Religionsausübung in Kirchen, den Unterricht in Schulen, den Betrieb von Kranken- und Kuranstalten oder den Betrieb anderen **öffentlichen Interessen*** dienender benachbarter Anlagen oder Einrichtungen zu **beeinträchtigen,**
4. die Sicherheit, Leichtigkeit und Flüssigkeit des **Verkehrs** an oder auf Straßen mit öffentlichem Verkehr **wesentlich zu beeinträchtigen** oder
5. eine nachteilige **Einwirkung auf die Beschaffenheit der Gewässer** herbeizuführen, sofern nicht ohnedies eine Bewilligung aufgrund wasserrechtlicher Vorschriften (→ *Wasserrecht*) vorgeschrieben ist.

§ 74 Abs 2 umschreibt somit **taxativ** die persönlichen und sachlichen **Schutzgüter** sowie den geschützten **Personenkreis** (vgl unten X.3.).

Die GewO knüpft die Genehmigungspflicht nicht an die Verwendung bestimmter Maschinen oder Materialien oder an eine bestimmte Betriebsweise. Entscheidend ist allein die Tatsache, dass von der Betriebsanlage schädliche Wirkungen ausgehen können (**„abstrakte" Eignung**), nicht gefordert wird hingegen der tatsächliche Eintritt dieser Folgen. Bei Zweifeln über die Genehmigungspflicht hat die BVB einen Feststellungsbescheid* zu erlassen (§ 358); bei offenkundiger Genehmigungspflicht ist ein Feststellungsbescheid nach der VwGH-Rsp unzulässig. Gem § 15 muss die Betriebsanlagengenehmigung bei der Gewerbeanmeldung (bzw bei der Erlassung eines Feststellungsbescheides iSd § 340 Abs 2) noch nicht vorliegen.

Wenn es zur Wahrung der in § 74 Abs 2 umschriebenen Interessen erforderlich ist, bedarf auch die **Änderung einer genehmigten Betriebsanlage** einer Genehmigung, sofern nicht genau umschriebene Tatbestände (zB Austausch gleichwertiger Maschinen) vorliegen (vgl § 81; s unten X.6.c)).

b) Bagatellanlagen

Einem **vereinfachten Genehmigungsverfahren** (vgl § 359b; s unten X.5.a)) unterliegen jene Betriebsanlagen, bei denen ausschließlich bestimmte zertifizierte Maschinen und Geräte zum Einsatz kommen (Abs 1 Z 1), sowie jene, deren Betriebsfläche 800m² und elektrische Anschlussleistung 300kW nicht übersteigen und bei denen zu erwarten ist, dass Folgen iSd § 74 Abs 2 oder Umweltbelastungen (§ 69a) vermieden werden (Abs 1 Z 2) („Bagatellanlagen"). Betriebsanlagen, die in der **BagatellanlagenV** aufgelistet sind, sind jedenfalls dem vereinfachten Genehmigungsverfahren zu unterziehen; solche Anlagen sind zB Gaststätten mit bis zu 200 Verabreichungsplätzen ohne Musikberieselung oder Getreidemühlen mit einer jährlichen Gesamtmahlmenge bis zu zehn Tonnen. Daneben gibt es auch eine Verordnung mit einer **„Negativliste"**, welche jene Betriebsanlagen nennt, die keinesfalls im Bagatellanlagenverfahren genehmigt werden dürfen; zB Raffinerien, Eisenwerke, Tierkörperverwertungsanlagen. IPPC-Anlagen sind bereits von Gesetzes wegen keinesfalls einem vereinfachten Verfahren zu unterziehen (§ 359b Abs 1 letzter S).

Der VfGH wertete das ursprüngliche Bagatellanlagenverfahren als verfassungskonform (VfSlg 14.512/1996). Durch die GewONov 1997 wurde der Anwendungsbereich des Bagatellanlagenverfahrens wesentlich erweitert. Diese „Umwandlung" des vereinfachten Genehmigungsverfahrens von der beschränkten Ausnahme zum Regelverfahren bei Betriebsanlagen in raumordnungsrechtlichen „Gewerbegebieten" nach Erlassung einer „Negativliste" begegnete – trotz Einräumung eines Anhörungsrechts für die Nachbarn – verfassungsrechtlichen Bedenken (Verletzung grundrechtlicher Schutzpflichten, Unsachlichkeit, Rechtsschutzdefizit). Wegen der gänzlich fehlenden Parteistellung hat der VfGH bereits § 359b Abs 4 aufgehoben, weil es unsachlich sei, dass nach dieser Bestimmung ausschließlich die raumordnungsrechtliche Widmung darüber entscheide, ob Nachbarn ihre Schutzinteressen selbst wahrnehmen können (vgl VfSlg 16.103/2001 und 16.259/2001). Mit VfSlg 16.824/2003 wurde der Entfall der Genehmigungspflicht bei der Änderung von Bagatellanlagen (§ 81 Abs 2 Z 7) als unsachlich aufgehoben. Mit VfSlg 17.165/2004 wurde die Nov 1997 für verfassungswidrig erkannt, weil sie ohne sachlichen Grund ermöglichte, Betriebsanlagen in einem vereinfachten Verfahren als genehmigt feststellen zu lassen, ohne dass die im „normalen" Genehmigungsverfahren vorgesehene Prüfung einzelfallbezogener Gesundheitsgefährdungen oder zumutbarer Immissionen dabei vorgesehen ist. Gleichzeitig wurde vom VfGH das Wiederinkrafttreten der Stammfassung (BGBl 194/1994) von § 359b Abs 1 und 2 ausgesprochen. Im darauf folgenden Jahr wurden mit BGBl I 95/2005 die Betriebsflächen- und Anschlussleistungswerte deutlich erhöht (von 300m^2 auf 800m^2 bzw von 100kW auf 300kW).

Nach der OGH-Rsp ist eine nach dem Bagatellanlagenverfahren genehmigte Anlage keine „behördlich genehmigte Anlage" iSd § 364a ABGB. Daher wäre eine Unterlassungsklage (§ 364 ABGB) gegen ortsunübliche Immissionen zulässig.

c) IPPC-Anlagen

Der Name IPPC geht zurück auf die Umsetzung der IPPC-RL (Integrated Pollution Prevention and Control), welche mit Ablauf des 06. Jänner 2014 ihre Gültigkeit verlor und (gemeinsam mit sechs weiteren RL) durch die IE-RL ersetzt wurde. Die IE-RL bezweckt generell die integrierte, umweltmedienübergreifende Vermeidung und Verminderung der aus industrieller Tätigkeit resultierenden Umweltverschmutzung (zum Begriff vgl § 71b Z 10) und enthält dahingehende Mindeststandards für die Genehmigung und den Betrieb besonders umweltrelevanter Industrieanlagen.

IPPC-Anlagen (vgl auch die Legaldefinition in § 71b Z 1) werden in der Anlage 3 zur GewO – überwiegend verbunden mit einem bestimmten Schwellenwert für die Anlagenkapazität bzw mit einer bestimmten Verfahrenstechnologie – aufgelistet und dabei entsprechend Anhang 1 der IE-RL in folgende Kategorien von industriellen Tätigkeiten eingeteilt: Energiewirtschaft (zB Raffinerien), Herstellung und Verarbeitung von Metallen (zB Eisen- und Stahlerzeugung), Mineralverarbeitende Industrie (zB Ziegelbrennereien, Zement- und Kalkwerke, Glaserzeugung), Chemische Industrie (zB Herstellung von Polymeren, Biotreibstoffen oder Pflanzenschutzmitteln), Abfallbehandlung (zB Müllverbrennungsanlagen) sowie Sonstige Industriezweige (zB Zellstoffindustrie, Schlachthöfe). IPPC-Anlagen sind gem §§ 77a ff iVm § 353a und §§ 356a f jedenfalls in einem „Normalverfahren“ zu prüfen, wobei bestimmte zusätzliche materielle und verfahrensrechtliche Kriterien zur Anwendung kommen (zB zusätzliche Antragsunterlagen, Vorsorge gegen Umweltverschmutzung, Recht der Stellungnahme zum öffentlich aufliegenden Genehmigungsantrag für jedermann, Parteistellung für bestimmte Umweltorganisationen, etc). IZm dem Stand der Technik* besteht ein wesentlicher Unterschied zu Normanlagen auch darin, dass BVT-Schlussfolgerungen für IPPC-Anlagen verbindlich sind (vgl unten X.4.b)). Den Inhaber einer IPPC-Anlage treffen zudem Meldepflichten hinsichtlich der von der Anlage ausgehenden Lärmemissionen iZm dem Bundes-LärmG (§ 84q).

d) Seveso-Anlagen

Seveso-Anlagen sind solche, die im Falle von Unfällen ein besonderes Risiko bergen (der Begriff geht zurück auf einen schweren Chemieunfall 1976 im italienischen Ort Seveso). Mit der GewONov BGBl I 81/2015 wurden die Bestimmungen der Seveso III-RL umgesetzt. Zur Verhütung bzw **Beherrschung der Gefahren bei schweren Unfällen mit gefährlichen Stoffen** werden in der Anlage 5 der GewO **Stofflisten** und **Mengenschwellen** genannt; für Betriebe, in denen aufgelistete Stoffe mindestens in der angegebenen Menge vorhanden sind, gelten besondere Sicherheitsanforderungen (Abschnitt 8a: §§ 84a ff). Die Errichtung und der Betrieb dieser Anlagen unterliegen aber dem Normalanlagen- bzw dem IPPC-Anlagen-Genehmigungsverfahren; die Bestimmungen für Seveso-Betriebe sind keine zusätzlichen Genehmigungsvoraussetzungen und begründen keine Parteistellung (vgl § 84a Abs 3). Der Betriebsinhaber einer Seveso-Anlage hat alle nach dem Stand der Technik* notwendigen Maßnahmen zu ergreifen, um schwere Unfälle zu verhüten und deren Folgen für Mensch und Umwelt zu begrenzen (§ 84c). Ihn treffen ua bestimmte Mitteilungs- und Informationspflichten (zB Mitteilung der konkreten Stoffe, Tätigkeiten, etc); er hat darüber hinaus – je nach Einteilung in einen Betrieb der unteren oder oberen Klasse – ein Sicherheitskonzept bzw einen Sicherheitsbericht sowie interne Notfallpläne zu erstellen und erforderlichenfalls zu aktualisieren. All diese Verpflichtungen werden durch die IUV 2015 näher konkretisiert (vgl § 84m). Zur Hintanhaltung von Domino-Effekten hat zwischen benachbarten Seveso-Betrieben ein zweckdienlicher Informationsaustausch stattzufinden. Die Behörde hat ein Inspektionssystem zu erstellen und eine Reihe von Melde- und Überprüfungsverpflichtungen (vgl §§ 84k f), so hat sie insb auch die für die Flächennutzung und -ausweisung erforderlichen Informationen an die zuständigen Behörden der örtlichen Raumplanung weiterzuleiten (→ *Raumordnungsrecht*). Die seinerzeit im Zuge der Umsetzung der Seveso II-RL beim BMWFW eingerichtete zentrale Meldestelle für schwere Unfälle wurde mit der Seveso III-Nov nicht aufrecht erhalten, die für die Berichtspflichten an die EK erforderlichen Informationen werden aber weiterhin auf Grundlage der Meldungen der Behörden beim BMWFW gebündelt (vgl § 84l); im Falle möglicher grenzüberschreitender Unfallfolgen wird die Bundeswarnzentrale beim BMI tätig (§ 84n). Bei Zweifeln über die Gefahrengeneigtheit einer Anlage iSd §§ 84a ff hat die BVB einen Feststellungsbescheid* zu erlassen (vgl § 358 Abs 1 iVm Abs 3).

e) Nicht genehmigungspflichtige Anlagen

Gem § 74 Abs 7 können durch Verordnung jene Arten von Betriebsanlagen bezeichnet werden, für die jedenfalls keine Genehmigung erforderlich ist, weil von ihnen **erwartet werden kann, dass die Schutzgüter des § 74 Abs 2 hinreichend geschützt** sind. Nach der RV sollen darunter etwa Copy-Shops oder kleine Handelsgeschäfte fallen. Die entsprechende Verordnung (BGBl II 20/1999) nennt jedoch nur bestimmte Erdgasflächen- und Fernwärmeversorgungsleitungsnetze.

f) Sonstige Ausnahmen von der Genehmigungspflicht

Grundsätzlich nicht genehmigungspflichtig ist eine Betriebsanlage, von der überhaupt **keine abstrakten Gefährdungen, Belästigungen, Beeinträchtigungen oder nachteiligen Einwirkungen** ausgehen (zB reine Bürobetriebe), außerdem gem § 76 die Verwendung von durch Verordnung oder Feststellungsbescheid* näher bezeichneten (**„typenzugelassenen“**) Maschinen, Geräten und Ausstattungen sowie die **Änderung einer genehmigten Betriebsanlage** nach Maßgabe des § 81 Abs 2. Zur bloßen Anzeigepflicht für **Gastgärten** gem § 76a vgl etwa VfSlg 19.584/2011 sowie VfSlg 19.875/2014.

3. Schutzgüter iSd § 74 Abs 2

Die in § 74 Abs 2 näher bezeichneten Schutzgüter umschreiben die Kriterien für die **Genehmigungspflicht** einer Betriebsanlage und sind Grundlage für deren **Genehmigungsfähigkeit** (vgl § 77). Für alle diese Schutzgüter gilt, dass die sie betreffende Gefährdung, Belästigung, Beeinträchtigung oder nachteilige Einwirkung **in kausalem Zusammenhang** mit der Errichtung oder dem Betrieb der Betriebsanlage stehen muss. Allerdings reicht für eine Genehmigungspflicht eine **abstrakte Gefahr** aus. Nur wenn die **Gefährdungen** iSd § 74 Abs 2 Z 1 **vermieden** und die **Belästigungen, Beeinträchtigungen oder nachteiligen Einwirkungen** iSd § 74 Abs 2 Z 2 bis 5 **auf ein zumutbares Maß beschränkt** werden können, ist die Betriebsanlage zu genehmigen; entscheidend dafür ist, dass der Nichteintritt dieser Auswirkungen – allenfalls unter Einhaltung vorgeschriebener **Auflagen*** – nach dem Stand der Technik* (§ 71a) und dem Stand der in Betracht kommenden Wissenschaften zu erwarten ist (§ 77 Abs 1). Bei der Beurteilung sind voraussehbare Störfälle mit zu berücksichtigen. Zu beachten ist in diesem Zusammenhang, dass nur physische Einwirkungen, nicht jedoch auch die von einer Betriebsanlage allenfalls ausgehenden sittlichen Gefährdungen oder Belästigungen, „psychologische Auswirkungen" oder „ästhetische Beeinträchtigungen" Gegenstand des Betriebsanlagengenehmigungsverfahrens sein können.

- Eine **Gefährdung des Lebens oder der Gesundheit des Gewerbetreibenden, seiner im Betrieb tätigen Familienangehörigen, der Nachbarn oder der Kunden** liegt idR bei einer Einwirkung auf den menschlichen Organismus vor, wenn diese in Art und Nachhaltigkeit über eine bloße Belästigung hinausgeht. Dabei ist allerdings zu berücksichtigen, dass Belästigungen uU erst bei einer Konzentration auftreten, bei denen schon massive Gesundheitsgefährdungen festgestellt werden können, oder auch vom Betroffenen nicht unmittelbar wahrnehmbare Immissionen* gesundheitsgefährdend sein können (zB geruchlose Gase). Die nach den Umständen des Einzelfalles **konkret voraussehbare Gefährdung muss absolut vermieden werden können**, eine Interessen- oder Zumutbarkeitsabwägung findet nicht statt. Bei der Prüfung der Gesundheitsgefährdung ist nicht vom gesunden, normal empfindenden Menschen auszugehen, sondern auch auf **konkret betroffene Kinder oder alte Menschen** Bedacht zu nehmen.
- Eine konkret zu befürchtende **Gefährdung des Eigentums oder sonstiger dinglicher Rechte des Nachbarn** verbietet die Genehmigung der Betriebsanlage. Dabei bereitet die Grenzziehung zwischen Sachgefährdung und bloßer Sachbeeinträchtigung Schwierigkeiten. Eine Eigentumsgefährdung ist aber nach stRsp des VwGH nicht nur dann gegeben, wenn die Substanz des Eigentums bedroht ist, sondern auch, wenn eine sinnvolle – nach der Verkehrsanschauung übliche – Nutzung bzw Verwertung der Sache wesentlich beeinträchtigt wird oder überhaupt nicht mehr möglich ist. Bloße Minderungen des Verkehrswertes des Eigentums stellen keine Eigentumsgefährdung iSd § 74 Abs 2 Z 1 dar (§ 75 Abs 1).
- Eine **Belästigung der Nachbarn** durch Geruch, Lärm, Rauch, Staub, Erschütterungen oder in anderer Weise liegt bei einer Einwirkung auf den menschlichen Organismus unterhalb der Gesundheitsgefährdungsschwelle vor. Dabei gilt alles als Belästigung iSd § 74 Abs 2 Z 2, was geeignet ist, zu belästigen und die Sinnesorgane anzusprechen (demonstrative Aufzählung der Belästigungsarten; zB auch Lichtreflexion oder Beschattung möglich). Wenn nach dem Stand der Technik* und der in Betracht kommenden Wissenschaften zu erwarten ist, dass die Belästigungen der Nachbarn **auf ein zumutbares Maß beschränkt werden**, ist die Betriebsanlage zu genehmigen (Interessenabwägung zwischen Schutzbedürftigkeit und

funktionierendem Wirtschaftsleben); die Zumutbarkeit ist danach zu beurteilen, wie sich die durch die Betriebsanlage verursachten Änderungen der örtlichen Verhältnisse auf ein gesundes, normal empfindendes Kind und auf einen gesunden, normal empfindenden Erwachsenen auswirken (Maßstab: **„Durchschnittsmensch"**; § 77 Abs 1 und 2). Der Entzug von Licht durch eine Windkraftanlage, der sich in einem rotierenden Schattenwurf und damit in Verbindung stehenden Flimmereffekten auswirkt, ist einer Immission* vergleichbar und kann unter § 364 ABGB fallen (OGH 20.01.2012, 8 Ob 95/11w). Die Emission* von **Luftschadstoffen** hat die Behörde **jedenfalls** nach dem Stand der Technik* zu begrenzen (§ 77 Abs 3), ein subjektives Nachbarrecht ist aus dieser Verpflichtung jedoch nicht abzuleiten (vgl zB VwGH 27.09.2000, 2000/04/0069).

- Eine **Beeinträchtigung** von **öffentlichen Interessen*** (zB Religionsausübung, Unterricht ua) dienenden Institutionen muss – gegebenenfalls durch Vorschreibung entsprechender Auflagen* – ebenso auf ein zumutbares Maß beschränkt werden wie eine **wesentliche Beeinträchtigung der Sicherheit, Leichtigkeit und Flüssigkeit des Straßenverkehrs** im engeren örtlichen Bereich einer Betriebsanlage; ist dies nicht möglich, so ist die Betriebsanlagengenehmigung zu versagen.
- **Nachteilige Einwirkungen auf die Gewässerbeschaffenheit** (vgl § 30 Abs 3 WRG) bilden nur dann den Gegenstand des Betriebsanlagengenehmigungsverfahrens, wenn dafür keine wasserrechtliche Bewilligung (→ *Wasserrecht*) erforderlich ist (Kumulationsprinzip*; vgl demgegenüber die Bestimmungen zum konzentrierten Genehmigungsverfahren* in § 356b Abs 1; s X.5.a)).
- Die Genehmigungspflicht besteht auch dann, wenn die Gefährdungen, Belästigungen, Beeinträchtigungen oder nachteiligen Einwirkungen nicht durch den **Inhaber** der Anlage oder seine **Erfüllungsgehilfen**, sondern durch (**sonstige**) **Personen** in der Betriebsanlage bewirkt werden können, die die Anlage der Art des Betriebes gemäß in Anspruch nehmen (vgl § 74 Abs 3). Zu denken ist dabei etwa an den von Gästen verursachten Lärm beim Kegeln oder Lärm auf Parkplätzen, sofern diese zur Betriebsanlage gehören, selbst wenn der Parkplatz als „Straße mit öffentlichem Verkehr" iSd § 1 StVO (→ *Straßenpolizei- und Kraftfahrrecht*) zu qualifizieren ist (vgl etwa VwSlg 15.073 A/1999). Generell ist bei außerhalb einer Betriebsanlage stattfindenden, aber mit dieser uU in einem Zusammenhang stehenden Vorgängen eine Grenzziehung der **Zurechenbarkeit** erforderlich: So ist insb das wesentlich zum Betriebsgeschehen gehörende Zu- und Wegfahren (durch Kunden, Lieferverkehr, Mitarbeiter, etc) einer Betriebsanlage zuzurechnen, nicht jedoch das bloße Vorbeifahren auf einer Straße mit öffentlichem Verkehr; selbst mit Betriebsfahrzeugen verursachte Immissionen als Folge des Fahrens auf einer Straße mit öffentlichem Verkehr, die keinen Teil der Betriebsanlage bilden, können dieser nicht zugerechnet

werden (vgl zur Abgrenzung zB VwGH 27.01.2006, 2003/04/0130, 17.02.2011, 2007/07/0134, jeweils mwN).

- Die in § 77 Abs 5 bis 9 zum Schutz der Nahversorgung früher vorgesehenen „Einkaufszentren-Regelungen" wurden mit BGBl I 111/2010 aufgehoben, da die **Nahversorgung** ohnehin bei der erforderlichen raumordnungsrechtlichen Widmung von Einkaufszentren (→ *Raumordnungsrecht*) zu berücksichtigen ist (vgl EBRV 981 XXIV. GP, 13).

4. Sonstige wichtige Begriffe des Betriebsanlagenrechts

a) Nachbarn

Nachbarn iSd GewO sind **alle Personen**, die durch die Errichtung, den Bestand oder den Betrieb einer Betriebsanlage **in ihrem Leben oder ihrer Gesundheit gefährdet oder sonst belästigt** oder deren **Eigentum oder sonstige dingliche Rechte gefährdet** werden könnten (§ 75 Abs 2 erster S). Nachbar ist daher grundsätzlich jeder, der sich über längere Zeit im Gefährdungs- und Belästigungsbereich einer Betriebsanlage aufhält. Auf eine unmittelbare Anrainerschaft kommt es nicht an, das maßgebliche Naheverhältnis wird durch den **möglichen Immissionsbereich** bestimmt. Nicht als Nachbarn gelten Personen, die sich bloß vorübergehend in der Nähe der Betriebsanlage aufhalten und nicht dinglich berechtigt sind (§ 75 Abs 2 zweiter S; zB Lieferanten oder Passanten). Das Leben und die Gesundheit der Kunden fällt in den Schutzbereich des § 74 Abs 2 Z 1, vermittelt diesen aber keine Nachbarstellung. Inhaber von Einrichtungen, in denen sich regelmäßig Personen vorübergehend aufhalten (zB Beherbergungsbetriebe), sowie Schulerhalter gelten wiederum – unabhängig von ihrer allfälligen eigenen Nachbarstellung – (eingeschränkt) als Nachbarn (§ 75 Abs 2 dritter S). Schließlich gelten Bewohner grenznaher Grundstücke im Ausland als Nachbarn, wenn sie durch Auswirkungen einer Betriebsanlage gefährdet oder belästigt oder ihr Eigentum oder sonstige dingliche Rechte gefährdet werden könnten und im betreffenden Staat österr Nachbarn in den entsprechenden Verfahren rechtlich oder doch tatsächlich den gleichen Nachbarschaftsschutz genießen (§ 75 Abs 3; „Reziprozität").

b) Stand der Technik

Nach § 71a ist unter dem Stand der Technik* (**beste verfügbare Techniken – BVT**) der auf den einschlägigen wissenschaftlichen Erkenntnissen beruhende Entwicklungsstand fortschrittlicher Verfahren, Einrichtungen, Bau- oder Betriebsweisen zu verstehen, deren **Funktionstüchtigkeit erprobt und erwiesen** ist. Dabei sind vergleichbare Verfahren, Einrichtungen oder Bau- und Betriebsweisen heranzuziehen, welche am wirksamsten zur Erreichung eines allgemein hohen Umweltschutzniveaus sind. Weiters sind unter Beachtung der **Verhältnismäßigkeit** (zwischen dem Aufwand für die den jeweiligen gewerblichen Sektor betreffenden erforderlichen Maßnahmen einerseits und dem dadurch bewirkten Nutzen für die jeweils zu schützenden Interessen andererseits) sowie des **Vorsorge**- und des **Vorbeugegrundsatzes** im Allgemeinen wie auch im Einzelfall die Kriterien von Anlage 6 zur GewO zu berücksichtigen.

Der Stand der Technik spielt insb für die **Genehmigungsfähigkeit** von Betriebsanlagen eine große Rolle (vgl die entsprechenden Kriterien in den §§ 77 bis 77b; zu den „Umwelt-SanierungsV" vgl unten X.6.d)). Mit der GewONov BGBl I 125/2013 wurde in § 71a der Klammerausdruck „(beste verfügbare Techniken – BVT)" eingefügt, um zu verdeutlichen, dass dieser Begriff mit jenem des Standes der Technik ident ist. Die BVT (auch „best available techniques" – BAT) nehmen in der IE-RL (wie auch bereits zuvor in der IPPC-RL) eine zentrale Position ein; die Grundlagen dafür liefern in erster Linie die vom Europäischen IPPC-Büro in Sevilla branchenspezifisch festgelegten umfangreichen **BVT-Merkblätter** (vgl § 71b Z 2; auch „best available techniques reference documents" – BREFs). Daraus werden wiederum die **BVT-Schlussfolgerungen** (vgl § 71b Z 3) abgeleitet, welche zusammengefasst die BVT sowie damit **assoziierte BVT-Emissionswerte** (vgl § 71b Z 4) enthalten. Die BVT-Schlussfolgerungen werden im ABl der EU veröffentlicht und sind als Referenzdokumente für die Genehmigung, wesentliche Änderung und Anpassung von **IPPC-Anlagen** anzuwenden (§ 71c); sie sind somit für IPPC-Anlagen rechtsverbindlich (vgl aber auch § 77a Abs 3 ff sowie § 77b Abs 3 f). Für Normalanlagen stellen die BVT-Schlussfolgerungen „lediglich" fachliche Grundlagen wie auch andere technische Regelwerke (zB RL des Vereins deutscher Ingenieure) dar. Für IPPC-Anlagen hat die Behörde außerdem über den Stand der Technik iSd § 71a hinausgehende bestimmte und geeignete Auflagen* vorzuschreiben, wenn und soweit dies zur Verhinderung der Überschreitung von EU-weit festgelegten Immissionsgrenzwerten erforderlich ist (§ 77a Abs 6).

c) Auflagen

Die Betriebsanlagenbewilligungsvoraussetzungen (§§ 77 ff) können idR nur durch Vorschreibung zusätzlicher Auflagen* erreicht werden. **Zweck der Auflage** ist somit die **Herstellung der Genehmigungsfähigkeit** eines Projektes. Die von einer Betriebsanlage **ausgehenden Emissionen* und auf die Schutzgüter einwirkenden Immissionen* sind grundsätzlich zu messen** (und nicht bloß zu schätzen oder zu berechnen); die Auswirkungen der Immissionen sind immer unter Zugrundelegung jener Situation zu beurteilen, in der diese **für den Nachbarn am ungünstigsten (belastendsten)** ist (VwSlg 14.507 A/1996). Daher wird bspw der Lärm aus einer Bar idR nicht am Nachmittag, sondern am Abend zu messen sein.

Auflagen müssen so klar gefasst sein, dass sie den Verpflichteten jederzeit die Grenzen seines Verhaltens und damit die Einhaltung der Auflagen zweifelsfrei erkennen lassen (VwGH 25.02.1993, 92/04/0164). Sie dürfen allerdings nicht an Dritte gerichtet sein (zB an den Eigentümer des Nachbargrundstücks; vgl VwGH 12.12.2001, 2000/04/0178).

Auflagen müssen folgenden Erfordernissen entsprechen:

- **Bestimmtheit**: Eine Auflage muss konkrete Ge- oder Verbote enthalten, also bspw vorschreiben, dass die Fenster und Türen einer Werkstatt während des Betriebes geschlossen zu halten sind. Unzureichend wäre es, wenn bloß die „Ergreifung ausreichender Maßnahmen" aufgetragen wird.
- **Geeignetheit**: Die Auflage muss zur Wahrung der von Amts wegen wahrzunehmenden Schutzpflichten tauglich und erfüllbar sein.
- **Erforderlichkeit**: Durch die Auflagenerfüllung ist die Vermeidung der Auswirkungen iSd § 74 Abs 2 iVm §§ 77 ff gewährleistet; alternative Auflagen können vorgeschrieben werden, wenn sichergestellt ist, dass jede Alternative zum gleichen, mit der vorgeschriebenen Maßnahme angestrebten Ergebnis führt (VwSlg 11.752 A/1985). Bei mehreren Möglichkeiten der Zielerreichung hat die Behörde dem Bewilligungswerber die ihn weniger belastende Auflage vorzuschreiben (VwGH 02.07.1992, 92/04/0064). Auf die Vorschreibung von strengeren als zum Schutz unbedingt erforderlichen Maßnahmen besteht (zB seitens von Nachbarn) kein Anspruch.
- **Behördliche Erzwingbarkeit**: Auflagen müssen so gestaltet sein, dass sie von der Behörde jederzeit überprüft und ihre Durchsetzung erzwungen werden können.

Beispiele aus der VwGH-Rsp: Unzulässig ist die Auflage „es sei anzustreben, dass die mit A-bewerteten Schallpegel nicht überschritten würden" (24.01.1989, 88/04/0152). Begriffe wie „unnötiges Laufenlassen von Motoren" und „ähnliche unnötige Emissionen" entsprechen nicht den Anforderungskriterien von Auflagen (06.05.1986, 85/04/0185); ebenso wenig die Anordnung, „bei längerer Trockenheit" eine Sprenkleranlage in Betrieb zu nehmen (27.01.2006, 2003/04/0130). Auflagen, wie „die Betriebsanlage so zu betreiben, dass die Nachbarschaft nicht durch Lärm belästigt bzw eine Belästigung vermieden wird", entsprechen nicht den gesetzlichen Bestimmungen (18.06.1982, 79/04/3321). Nicht ausreichend ist die bloße Festlegung eines Immissionsgrenzwertes, ohne dass bestimmte Maßnahmen festgelegt werden, bei deren Einhaltung die Wahrung dieses Grenzwertes zu erwarten ist (21.12.1993, 91/04/0209). Die Auflage „Sämtliche Fenster und Tore der Werkstatt haben ein mittleres Schalldämmmaß von mindestens 25dB aufzuweisen und sind während des Betriebes der Betriebsanlage geschlossen zu halten. Ausgenommen hievon ist lediglich das kurzfristige Öffnen der Tore zu Zwecken der Ein- und Ausfahrt; während solcher Zeiträume dürfen keine Maschinen oder Geräte verwendet werden." ist ausreichend bestimmt (22.12.1992, 92/04/0121).

Eine Auflage gem § 77 Abs 1 kann somit grundsätzlich jede der Vermeidung von Gefährdungen bzw Beschränkung von Immissionen* iSd § 74 Abs 2 dienende und zu ihrer Erfüllung geeignete und behördlich erzwingbare Maßnahme des Inhabers der Betriebsanlage zum Gegenstand haben. Die Auflagenvorschreibung darf nicht dazu führen, dass die Gewerbeausübung unmöglich gemacht oder auch nur wesentlich beeinträchtigt wird, weswegen von mehreren möglichen gleichwertigen Maßnahmen auch nur jene vorgeschrieben werden darf, welche den Betriebsinhaber am wenigsten belastet. Das eingereichte Projekt darf durch Auflagen nur insoweit „modifiziert“ werden, als dieses dadurch nicht in seinem „Wesen“ berührt wird. Kann ohne die Vorschreibung „wesensverändernder“ Auflagen (zB Betriebszeiten nur zwischen Mai und Oktober anstelle des beantragten ganzjährigen Betriebes oder Einschränkung der Betriebszeiten, sodass ein Zweischichtbetrieb nicht mehr möglich ist) die Genehmigungsfähigkeit nicht erreicht werden, so ist die Genehmigung zu versagen. Emissionen* von Luftschadstoffen sind jedenfalls nach dem Stand der Technik* zu begrenzen (§ 77 Abs 3), in Bezug auf Abfälle gilt das Prinzip der Vermeidung bzw Verwertung vor Entsorgung (§ 77 Abs 4).

Die Auflagen haben erforderlichenfalls auch Maßnahmen für den Fall der Unterbrechung des Betriebes und der Auflassung der Anlage zu umfassen (§ 77 Abs 1 zweiter S). Auch diese Auflagen sind nur zur Wahrung der normierten Schutzinteressen zulässig.

Für **IPPC-Anlagen** gelten über § 77 hinaus gehende Genehmigungsvoraussetzungen, die wiederum insb mittels Auflagen sicherzustellen sind (vgl §§ 77a f). Der in der IE-RL iZm IPPC-Anlagen verwendete Begriff der Genehmigungsauflagen geht über Auflagen iSd gewerblichen Betriebsanlagenrechts weit hinaus; er bezeichnet vielmehr den gesamten konsensgemäßen Zustand (**Genehmigungskonsens**; s § 71b Z 9; vgl auch AB 2393 BlgNR XXIV. GP, 4).

Erforderliche Auflagen sind **im Genehmigungsbescheid anzuführen** (§ 359 Abs 1). Der im Genehmigungsbescheid enthaltene Abspruch über die Genehmigung und jener über die erteilten Auflagen bilden eine notwendige **Einheit**, die keiner getrennten selbstständigen Rechtskraft* fähig sind, sondern nur gemeinsam angefochten werden können. Die Nichteinhaltung von Auflagen ist eine Verwaltungsübertretung (§ 367 Z 25; fortgesetztes Delikt*).

Unterlässt es die Gewerbebehörde schuldhaft rechtswidrig, für die Herstellung des gesetzmäßigen Gewerbebetriebes durch Erteilung der erforderlichen Auflagen zu sorgen, kann dies Amtshaftung* begründen (vgl zB OGH 29.01.2002, 1 Ob 168/01i).

5. Betriebsanlagengenehmigungsverfahren

a) Verfahren

Das Betriebsanlagengenehmigungsverfahren (§§ 353 ff) wird nur auf **Antrag** durchgeführt (**antragsbedürftiger Verwaltungsakt**). Dem Ansuchen sind bestimmte Unterlagen beizuschließen (vgl § 353, für IPPC-Anlagen zusätzlich auch § 353a). Wird eine **mündliche Verhandlung** (§ 356) anberaumt, so wird die Genehmigungsbehörde (BVB) diese idR als **Augenscheinsverhandlung** abführen, weil vor Ort die Sachverhaltsermittlung leichter möglich sein wird. Sie hat dabei Gegenstand, Zeit und Ort der mündlichen Verhandlung sowie die Voraussetzungen zur Aufrechterhaltung der Parteistellung (Stichwort Präklusion* gem § 42 AVG; s unten b)) durch Kundmachung an der Amtstafel der Gemeinde (§ 41 Abs 1 AVG; davon zu unterscheiden ist die Kundmachung per Edikt gem §§ 44a ff AVG im Rahmen von Großverfahren, s unten), Verlautbarung auf der Internetseite der Behörde sowie Anschlag auf dem Betriebsgrundstück und den der Anlage unmittelbar benachbarten Häusern bekannt zu geben. Der Eigentümer des Betriebsgrundstückes und die Eigentümer der an dieses Grundstück unmittelbar angrenzenden Grundstücke sind aufgrund der GewONov 2012 nicht mehr persönlich zu laden; eine persönliche Verständigung aus Gründen der Zweckmäßigkeit, Raschheit und Einfachheit ist aber nach wie vor möglich (§ 356 Abs 1). Für **IPPC-Anlagen** gelten **erweiterte Kundmachungsvorschriften** und eine **Auflagepflicht** der relevanten Unterlagen für mindestens sechs Wochen mit einem Stellungnahmerecht für jedermann (vgl § 356a) sowie ein **erweiterter Parteienkreis** (Umweltorganisationen nach Maßgabe des § 356b Abs 7).

Bestimmte Vorhaben, bei denen aufgrund ihrer Art, ihrer Größe oder ihres Standortes mit erheblichen Auswirkungen auf die Umwelt zu rechnen ist, sind einer **UVP** in einem vollkonzentrierten Genehmigungsverfahren* (→ *Umweltverträglichkeitsprüfung*) zu unterziehen.

Das **vereinfachte Genehmigungsverfahren nach § 359b** unterscheidet sich vom Normalverfahren gem § 356 Abs 1 va durch den Wegfall der vollen Parteistellung der Nachbarn: Diese können nicht den Schutz ihrer Interessen nach § 74 Abs 2 geltend machen, haben aber Parteistellung hinsichtlich der Frage, ob die Voraussetzungen für ein vereinfachtes Verfahren vorliegen. Um den Nachbarn die Möglichkeit zur Wahrnehmung ihres **Anhörungsrechts** zu geben, hat die Behörde die Projektunterlagen zur Einsicht aufzulegen und diesen Umstand nach Maßgabe des § 356 Abs 1 zu veröffentlichen. Die Genehmigungsbehörde hat anschließend die die Anwendbarkeit des vereinfachten Verfahrens begründende Anlagenbeschaffenheit festzustellen und erforderlichenfalls „Aufträge" (Auflagen*) zum Schutz der gem § 74 Abs 2 und § 77 Abs 3 und 4 wahrzunehmenden Interessen zu erteilen. Dieser (konstitutiv wirkende) Bescheid über die Beschaffenheit der Anlage gilt gleichzeitig als Genehmigungsbescheid für die Anlage.

§ 356b sieht vor, dass in allen gewerberechtlichen Betriebsanlagenverfahren alle sonstigen bundesrechtlichen Bewilligungsverfahren entfallen, deren materiellrechtliche Regelungen bei der Erteilung der gewerberechtlichen Genehmigung aber anzuwenden sind; die gewerberechtliche Betriebsanlagengenehmigung gilt demnach auch **als die jeweils erforderliche** forstrechtliche, denkmalschutzrechtliche, etc **Genehmigung** (konzentriertes Genehmigungsverfahren*, „**Verfahrenskonzentration**", One-stop-shop-Prinzip; dies gilt nicht für UVP-pflichtige Anlagen [→ *Umweltverträglichkeitsprüfung*] und für Anlagen gem § 37 AWG 2002). Die Mitanwendung des WRG ist auf sechs taxativ genannte Bewilligungstatbestände beschränkt; die Gewerbebehörde ist in diesen Fällen aber auch zur Erlassung wasserpolizeilicher Aufträge befugt (VwSlg 17.288 A/2007). Das wasserwirtschaftliche Planungsorgan hat in allen Verfahren, in denen wasserwirtschaftliche Interessen berührt werden, Parteistellung (→ *Wasserrecht*). Für erforderliche landesrechtliche Bewilligungen gilt das Kumulationsprinzip*.

Nach § 356c ist bei mehr als 20 gleichgerichteten Einwendungen von verschiedenen Personen ein **Zustellungsbevollmächtigter** zu bestellen. Bei **Großverfahren** (dh voraussichtlich mehr als 100 Beteiligte) sind darüber hinaus die §§ 44a bis 44g AVG zu berücksichtigen (**Kundmachung per Edikt** mit mindestens sechswöchiger Frist zur Erhebung von **Einwendungen***).

Bei einer Betriebsanlage, die verschiedenen Gewerbetreibenden dienen soll (zB ein Einkaufszentrum), ist die Aufspaltung der Genehmigung in eine **Generalgenehmigung** (für die allen dienenden Anlagenteile, zB Rolltreppen oder Brandmeldeeinrichtungen) und eine **Spezialgenehmigung** (für das jeweilige Geschäftslokal) möglich (§ 356e).

b) Nachbarn und Parteistellung

Nachbarn (§ 75 Abs 2 und 3; s X.4.a)) haben **zunächst ab Einleitung des Verfahrens Parteistellung.** Wurde eine allfällige mündliche Verhandlung in einem Normalverfahren seitens der Behörde nach Maßgabe des § 356 Abs 1 GewO iVm § 41 Abs 1 S 2 AVG bekannt gegeben, müssen die Nachbarn zur **Aufrechterhaltung ihrer Parteistellung fristgerecht** (dh spätestens während der mündlichen Verhandlung) **rechtserhebliche** (dh iSd § 74 Abs 2 Z 1, 2, 3 und 5) **Einwendungen*** vorbringen (Stichwort Präklusion* iSd § 42 Abs 1 AVG). Eine von konkreten Auswirkungen unabhängige Äußerung, dass Umweltbelastungen zu befürchten seien, ist keine rechtserhebliche Einwendung (VwGH 21.09.1993, 93/04/0017), weil diese auf die Wahrung der im Interesse der Nachbarn erlassenen Schutznormen beschränkt sind (**Prinzip der eingeschränkten Parteistellung im subjektiv-öffentlichen Nachbarrecht**). Eine Einwendung liegt nur dann vor, wenn der Beteiligte die Verletzung eines subjektiven Rechtes geltend macht: Dem Vorbringen muss jedenfalls entnommen werden können, dass überhaupt eine Verletzung eines subjektiven Rechtes behauptet wird und welcher Art dieses Recht ist, es **muss also auf einen oder mehrere der im § 74 Abs 2 Z 1, 2, 3 oder 5 vorgeschriebenen Alternativtatbestände abgestellt werden**; § 74 Abs 2 Z 4 (Verkehrserfordernisse) ist immer von der Behörde von Amts wegen (und zwar auch ohne „Einwendungen" von Nachbarn, die allenfalls als Hinweis auf potenzielle oder bestehende Verkehrsprobleme gedeutet werden können) wahrzunehmen. Juristische Personen können keine Parteistellung wegen Gefährdung oder Belästigung iSd § 75 Abs 2 erster Teilsatz erlangen, weil bei ihnen eine persönliche Gefährdung durch Lärm, Geruch, Gas oÄ schon begrifflich nicht in Frage kommt. Eine Gefährdung des Eigentums oder sonstiger dinglicher Rechte können hingegen auch juristische Personen geltend machen. Das Erheben von Einwendungen für Dritte verhindert nicht, dass diese die Parteistellung verlieren.

Ob ein Vorbringen eine geeignete Einwendung* darstellt, ist nicht nur nach dem Wortlaut der Erklärung des Nachbarn zu beurteilen, sondern auch nach ihrem Sinn.

Im Falle der nicht rechtzeitig erhobenen Einwendungen treten die Rechtsfolgen der **Präklusion*** iSd § 42 Abs 1 AVG ein: Der Nachbar verliert seine Parteistellung mit allen damit verbundenen Rechten. Die in § 356 Abs 1 Z 2 bis 4 normierten Kundmachungsformen (Internetverlautbarung, Anschlag am Betriebsgrundstück und in den benachbarten Häusern) stellen eine „besondere Kundmachung“ iSd § 42 Abs 1 AVG dar, während der Anschlag an der Amtstafel gem § 356 Abs 1 Z 1 GewO bereits in § 41 Abs 1 S 2 als allgemeine Kundmachungsform vorgesehen ist (doppelte Kundmachung).

Ist eine Kundmachung der mündlichen Verhandlung nicht nach § 356 GewO iVm § 42 Abs 1 AVG erfolgt, so treten die Präklusionsfolgen nur gegenüber jenen Beteiligten ein, die rechtzeitig eine Verständigung von der Anberaumung der mündlichen Verhandlung erhalten und dennoch keine zulässigen Einwendungen fristgerecht erhoben haben (§ 42 Abs 2 AVG; kritisch dazu *Kastner*, ecolex 2014, 657).

Durch den Wegfall der zwingenden persönlichen Verständigung der Eigentümer des Betriebsgründstückes sowie der unmittelbar angrenzenden Grundstückseigner durch die GewONov 2012 iSe Deregulierung soll auch das Problem einer **„übergangenen Partei“** entschärft werden (vgl dazu die EBRV 1800 BlgNR XXIV. GP, 20 f, worin durch die nunmehr vorgeschriebene Internet-Bekanntmachung von einem erweiterten Kundmachungsspektrum gegenüber der bisherigen Rechtslage ausgegangen wird). Eine solche können Beteiligte idR nur mehr dann werden, wenn keine „besondere Kundmachung“ der mündlichen Verhandlung erfolgt ist, was durch die Neuregelung von § 356 Abs 1 eben vermieden werden kann. Übergangene Parteien können Berufung gegen den – für andere (zB für den Genehmigungswerber) uU schon lange rechtskräftigen – Bescheid erheben, ihre aufrechte Parteistellung behördlich feststellen lassen oder die Zustellung des Bescheides verlangen. Verständigt die Behörde aus Gründen der Zweckmäßigkeit, Raschheit und Einfachheit ausgewählte Beteiligte von der mündlichen Verhandlung persönlich, so liegt keine doppelte Kundmachung vor (vgl § 41 Abs 1 S 1 AVG) und wird sie iSd Gleichheitsgrundsatzes den konkreten Beteiligtenkreis (zB alle angrenzenden Grundstückseigentümer) vollständig zu erfassen haben.

Handelt es sich um ein **Großverfahren** iSd §§ 44a ff AVG, so verliert eine Person ihre Stellung als Partei dann, wenn sie nicht fristgerecht, dh nicht innerhalb der mindestens sechswöchigen Einwendungs- und Auflagefrist, schriftlich Einwendungen erhebt (§ 44b).

Weist eine grundsätzlich präkludierte Partei der Behörde nach, dass sie ohne ihr Verschulden oder nur aus einem minderen Grad des Versehens daran **gehindert war, rechtzeitig Einwendungen zu erheben** und sie deshalb die **Parteistellung verloren** hat, so kann sie ihre Einwendungen gegen die Anlage binnen zwei Wochen nach Wegfall des Hindernisses, spätestens jedoch bis zur rechtskräftigen Entscheidung vorbringen (§ 42 Abs 3 AVG; **„Quasi-Wiedereinsetzung“***). Die (nachträglich erhobenen) Einwendungen gelten als rechtzeitig und sind von der Behörde zu berücksichtigen.

Bei **privatrechtlichen Einwendungen** des Nachbarn hat der Verhandlungsleiter zunächst auf eine Einigung hinzuwirken und eine solche im Verhandlungsprotokoll zu beurkunden; im Übrigen ist der Nachbar mit privatrechtlichen Einwendungen auf den Zivilrechtsweg zu verweisen (§ 357).

Das im Falle von **IPPC-Anlagen** während der mindestens sechswöchigen Auflage bestehende Stellungnahmerecht für jedermann (vgl § 356a Abs 2 Z 1) begründet keine über die gesetzlich normierten Parteien hinausgehenden Parteistellungen. Zu beachten ist jedoch, dass **Umweltorganisationen** iSd § 356b Abs 7 **Parteistellung** in IPPC-Verfahren erlangen, wenn sie während des Auflagezeitraumes schriftlich Einwendungen erheben.

c) Sonstige wichtige Fragen des Betriebsanlagengenehmigungsverfahrens

Bestehen **Zweifel an der Genehmigungspflicht**, so hat die **BVB** auf Antrag durch Bescheid festzustellen, ob die Errichtung und der Betrieb der Anlage einer Genehmigung bedürfen (§ 358).

Bei voraussichtlich längerer Verfahrensdauer oder wenn zur Ausarbeitung des Projektes Vorarbeiten erforderlich sind oder wenn das Vorliegen des Ergebnisses bestimmter Vorarbeiten für die Entscheidung der Behörde von wesentlicher Bedeutung ist, kann sie mit Bescheid noch **vor der Erteilung der Betriebsanlagengenehmigung** die Durchführung der erforderlichen Arbeiten (zB **Versuchsbetrieb**) genehmigen. Gegen diese Genehmigung ist ein abgesondertes Rechtsmittel nicht zulässig (§ 354).

Vor Eintritt der (formellen) Rechtskraft* des Genehmigungsbescheides darf eine Betriebsanlage bereits errichtet und betrieben werden, wenn die mit dem Genehmigungsbescheid erteilten Auflagen* eingehalten werden; dieses Recht endet mit der Erlassung eines allfälligen Beschwerdeerkenntnisses, spätestens jedoch drei Jahre nach Zustellung des Genehmigungsbescheides an den Genehmigungswerber, und kann zur Hintanhaltung von Gefährdungen des Lebens oder der Gesundheit auch ausgeschlossen werden (§ 78 Abs 1; vgl weiters VfSlg 16.460/2002).

Wird ein Genehmigungsbescheid vom VwGH aufgehoben, so darf der Genehmigungswerber die betreffende Anlage entsprechend dem aufgehobenen Genehmigungsbescheid bis zur Rechtskraft* des Ersatzbescheides, längstens jedoch ein Jahr, weiter betreiben, sofern nicht der VwGH der dem Verfahren zugrunde liegenden Revision aufschiebende Wirkung zuerkannt hatte (§ 359c; „**Weiterbetriebsrecht**").

Auf Antrag eines in das **EMAS-Register** eingetragenen Betriebes kann gem § 22 UMG von der Behörde für Anlagen bzw Anlagenteile ein „**konsolidierter Genehmigungsbescheid**" ausgestellt werden; in diesem werden zahlreiche für den Standort geltende bundesrechtliche Genehmigungen (zB WRG, ForstG, MinroG, LRG-K, etc) zusammengefasst. Mit Rechtskraft des konsolidierten Genehmigungsbescheides der BVB treten die davon erfassten früheren Genehmigungsbescheide nach den einschlägigen MaterienG außer Kraft.

6. Genehmigte Betriebsanlagen – Folgeverfahren

a) Dingliche Wirkung des Genehmigungsbescheides

Der Genehmigungsbescheid hat für den Inhaber der Betriebsanlage dingliche Wirkung*, durch einen Wechsel in der Person des Anlageninhabers wird die Wirksamkeit der Genehmigung nicht berührt (§ 80 Abs 5).

b) Nachträgliche Auflagen

Zur Wahrung der Schutzinteressen des § 74 Abs 2 muss die Behörde auch nach Rechtskraft* des Genehmigungsbescheides **nachträglich andere oder zusätzliche Auflagen*** erteilen, wenn sich ergibt, dass die vorgeschriebenen Auflagen trotz ihrer Einhaltung zur Erreichung des erforderlichen Schutzes nicht ausreichen (§ 79 Abs 1 erster S; Durchbrechung der materiellen Rechtskraft; allerdings schließt nach der OGH-Rsp selbst bescheidmäßiges Verhalten des Betriebsanlageninhabers **zivilrechtliche Ansprüche** nicht gänzlich aus). Die Behörde kann festlegen, dass die zum Schutz der Interessen gem § 74 Abs 2 erforderlichen nachträglichen Auflagen erst zu einem späteren Zeitpunkt (spätestens in drei bzw fünf Jahren) eingehalten werden müssen, wenn eine frühere Auflagenbefolgung dem Betriebsanlageninhaber wirtschaftlich nicht zumutbar ist und die Schutzinteressen gewahrt bleiben. Die Behörde hat nachträgliche Auflagen **nicht** vorzuschreiben, wenn sie – unabhängig von der konkreten Wirtschaftssituation des betroffenen Unternehmens, dh „objektiv" – **unverhältnismäßig** sind, wobei insb Art, Menge und Gefährlichkeit der von der Anlage ausgehenden Emissionen* und der durch sie verursachten Immissionen* sowie die Nutzungsdauer und die technischen Besonderheiten der Anlage zu berücksichtigen sind (§ 79 Abs 1 zweiter und dritter S GewO). Wenn eine nachträgliche Auflage allerdings dem **Schutz vor**

einer Gesundheitsgefährdung dient, kann der mit der Erfüllung der Auflage verbundene **Aufwand niemals außer Verhältnis** zu dem damit angestrebten Erfolg stehen (VwGH 26.06.2002, 2000/04/0113).

Zugunsten **„nachträglich hinzugezogener Nachbarn"** sind nachträgliche Auflagen nur soweit vorzuschreiben, als diese zur Vermeidung einer Gefährdung des Lebens oder der Gesundheit dieser Personen notwendig sind; darüber hinaus gehende nachträgliche Auflagen betreffend Luftschadstoffe, Lärm oder gefährliche Abfälle müssen verhältnismäßig sein und dürfen nicht zur Hintanhaltung von bloßen Beeinträchtigungen vorgeschrieben werden (vgl § 79 Abs 2 sowie → *Baurecht*). Hinsichtlich jener Immissionen, die von Anlagenteilen ausgehen, die erst nach der Ansiedelung der Nachbarn errichtet oder geändert wurden, genießen diese jedoch den vollen Schutz des § 79 Abs 1 (vgl VwSlg 13.329 A/1990).

Würden die notwendigen Auflagen das Wesen der genehmigten Betriebsanlage verändern, so hat die Behörde dem Anlageninhaber die Vorlage eines **Sanierungskonzeptes** aufzutragen (§ 79 Abs 3). In diesem Bescheid ist das Sanierungsziel, nämlich die Behebung festgestellter Mängel, festzulegen; durch welche Maßnahmen das Ziel im Sanierungskonzept erreicht werden soll, liegt im alleinigen Entscheidungsbereich des Betriebsinhabers (VwSlg 17.038 A/2006). Das Sanierungskonzept selbst bedarf jedoch der Genehmigung der Behörde, in welcher diese wiederum Auflagen* vorschreiben kann und eine Umsetzungsfrist festzusetzen hat.

Das Verfahren nach § 79 ist grundsätzlich von Amts wegen einzuleiten. Allerdings können auch der BMLFUW aufgrund ihm vorliegender Nachbarbeschwerden oder Messergebnisse sowie ein Nachbar unter bestimmten Voraussetzungen (vgl insb VwSlg 16.118 A/2003; 10.12.2009, 2005/04/0059) die Einleitung dieses Verfahrens beantragen (vgl § 79a; BMLFUW als Organpartei*). Für Betriebsanlagen in Sanierungsgebieten iSd IG-L ist § 79 Abs 4 zu beachten.

Auch im Abfallbereich können nachträgliche Auflagen – unter Berücksichtigung der Verhältnismäßigkeit – vorgeschrieben werden (vgl § 79b).

Auf Antrag des Betriebsinhabers können im Genehmigungsbescheid vorgeschriebene **Auflagen*** auch **nachträglich aufgehoben oder abgeändert** werden, wenn sie zur Wahrung der Schutzinteressen nach § 74 Abs 2 nicht erforderlich sind oder dafür weniger belastende Auflagen genügen (§ 79c). Zu den Antragsmöglichkeiten aus Anlass einer **Betriebsübernahme** vgl § 79d.

c) Änderung einer genehmigten Betriebsanlage

Wenn es zur Wahrung der im § 74 Abs 2 umschriebenen Interessen erforderlich ist, bedarf auch die Änderung einer genehmigten Betriebsanlage einer Genehmigung (§ 81 Abs 1). Dabei sind alle Änderungen, die abstrakt geeignet sind, die Schutzinteressen zu berühren und im Genehmigungsbescheid noch nicht berücksichtigt sind, **prinzipiell genehmigungspflichtig** (vgl etwa VwGH 25.02.1993, 91/04/0284; OGH 20.10.2009, 4 Ob 124/09b). Die Genehmigung hat auch die bestehende Anlage soweit zu umfassen, als dies aufgrund der Änderung zum Schutz der Interessen gem § 74 Abs 2 erforderlich ist. Einzelne, nicht genehmigungspflichtige Änderungen werden in § 81 Abs 2 demonstrativ aufgezählt (zB die Erfüllung nachträglicher behördlicher Auflagen [§§ 79 Abs 1 oder 79b], der Austausch von gleichartigen Maschinen oder Geräten, der bei genehmigungspflichtigen Maschinen oder Geräten anzeigepflichtig ist [vgl § 81 Abs 3], oder emissionsneutrale Änderungen).

Zum Verhältnis von § 81 Abs 1 zu Abs 2 vgl VwGH 18.03.2015, Ro 2015/04/0002.

Genehmigungspflichtige Anlagenänderungen bedürfen jedoch dann keiner gewerberechtlichen Genehmigung, wenn die Betriebsanlage EMAS-zertifiziert ist und es sich dabei nicht um eine UVP-pflichtige Anlage oder eine IPPC-Anlage handelt (vereinfachtes Anzeigeverfahren nach § 21 UMG, beachte aber § 21a UMG hinsichtlich der Anberaumung einer mündlichen Verhandlung). Änderungen von IPPC-Anlagen sind nach § 81a genehmigungs- oder anzeigebedürftig (bei wesentlichen Änderungen sind die BVT-Schlussfolgerungen gem § 71c zu beachten; vgl auch unten e)).

d) Verordnungen zum Schutz der Umwelt

Der BMWFW kann im Einvernehmen mit dem BMLFUW gem § 82 durch sog **„Umwelt-SanierungsV"** die nach dem Stand der Technik* (vgl X.4.b)) zum Schutz der in § 74 Abs 2 umschriebenen Interessen und zur Vermeidung von Belastungen der Umwelt (§ 69a) sowie die zur Anpassung an aktuelle BVT-Schlussfolgerungen erforderlichen näheren Vorschriften über die Bauart, die Betriebsweise, die Ausstattung oder das zulässige Ausmaß der Emissionen von Anlagen oder Anlagenteilen erlassen, wobei für Altanlagen aus Gründen der Verhältnismäßigkeit die Festlegung von Abweichungen möglich ist. Solche Verordnungen sind bspw jene über die Ausstattung von Tankstellen mit Benzindampf-Rückgewinnungssystemen (BGBl II 67/2013), über Feuerungsanlagen (BGBl II 331/1997 idF II 312/2011), über die Verbrennung von Abfällen (BGBl II 389/2002 idF II 127/2013) oder die zahlreichen branchenbezogenen Verordnungen über die Begrenzung bestimmter Emissionen* (zB Eisen- und Stahlerzeugung, BGBl II 54/2016; Gipserzeugung, BGBl 717/1993; Ziegelbrennerei, BGBl 720/1993; Gießerei, BGBl II 264/2014; Glaserzeugung, BGBl 498/1994; Zementerzeugung, BGBl II 60/2007 idF II 38/2010; HKW-Anlagen, BGBl II 411/2005; VOC-Anlagen, BGBl II 301/2002 idF II 77/2010). Durch diese Verordnungen soll eine **Standardisierung genehmigungspflichtiger Anlagen** im Interesse der Umwelt und der Schutzgüter nach § 74 Abs 2 erreicht werden, die gegebenenfalls **Anpassungen** einer Anlage (vgl § 82 Abs 2 ff) **erforderlich** macht (zB auch im Wege eines genehmigungspflichtigen betrieblichen Reduktionsplans). Wird im Einzelfall das in einer Umwelt-SanierungsV angestrebte Schutzziel alleine durch die Einhaltung der Verordnungsbestimmungen nicht gewährleistet, hat die Behörde über die Verordnung hinausgehende Auflagen* vorzuschreiben (§ 82 Abs 4).

e) Betriebsanlagenrevision

Der Inhaber einer genehmigten Betriebsanlage hat diese regelmäßig **wiederkehrend zu prüfen** oder prüfen zu lassen, ob sie dem Genehmigungsbescheid und den sonst für die Anlage geltenden gewerberechtlichen Vorschriften entspricht (§ 82b). Die zeitlichen Abstände zwischen den Überprüfungen dürfen fünf Jahre, bei Bagatellanlagen sechs Jahre nicht überschreiten. Die Überprüfung kann **von befugten und qualifizierten Dritten** (zB Bundesanstalten oder Ziviltechnikern), aber auch von **geeigneten und fachkundigen Betriebsinhabern oder Betriebsangehörigen** durchgeführt werden. Der Prüfer hat festgestellte Mängel in einer **Prüfbescheinigung** festzuhalten, welche in der Folge der Genehmigungsbehörde zu übermitteln ist. Der Verpflichtung zur betriebsinternen Anlagenrevision wird auch entsprochen, wenn sich das Unternehmen einer Umweltbetriebsprüfung unterzogen hat (§ 82b Abs 6; vgl auch § 27 UMG).

Für **IPPC-Anlagen** gelten darüber hinaus besondere Vorschriften nach §§ 81b ff. Jeder IPPC-Anlageninhaber hat demnach gem § 81b innerhalb eines Jahres nach Veröffentlichung der für seine Anlage relevanten **BVT-Schlussfolgerungen** der Behörde mitzuteilen, ob sich der Stand der Technik* geändert hat (vgl dazu oben X.4.b)), und gegebenenfalls umgehend die erforderlichen Anpassungsmaßnahmen zu treffen, welche jedenfalls binnen vier Jahren ab Veröffentlichung der BVT-Schlussfolgerungen abgeschlossen sein müssen; nötigenfalls hat die Behörde entsprechende Maßnahmen mit Bescheid anzuordnen, amtswegig den Genehmigungskonsens zu überprüfen bzw die Vorlage eines Anpassungskonzeptes zu verlangen, welches gleichzeitig als Antrag einer wesentlichen Anlagenänderung iSd § 81a Z 1 gilt (zur amtswegigen Betriebsrevision vgl unten X.7.a). Die regelmäßige Anpassung von IPPC-Anlagen an den Stand der Technik* ist daher eng mit den BVT-Schlussfolgerungen verknüpft. Zusätzlich sind in den §§ 81c f besondere Verhaltensmaßnahmen für IPPC-Anlageninhaber im Falle von Unfällen bzw Störfällen normiert.

f) Erlöschen einer Betriebsanlagengenehmigung

Die Genehmigung einer Betriebsanlage **erlischt ex lege**, wenn der Betrieb der Anlage nicht binnen fünf Jahren nach erteilter Genehmigung zumindest in wesentlichen Teilen **aufgenommen** oder durch mehr als fünf Jahre gänzlich **unterbrochen** wurde (vgl § 80). Die Frist kann auf Antrag auf insgesamt sieben Jahre verlängert werden.

Der Inhaber einer genehmigten Betriebsanlage, deren Betrieb unterbrochen wird, hat die **notwendigen Vorkehrungen** zu treffen, **dass Auswirkungen iSd § 74 Abs 2 nicht eintreten.** Die Betriebsunterbrechung und die getroffenen Vorkehrungen sind der Genehmigungsbehörde anzuzeigen. Auch in diesem Fall kann die Behörde die erforderlichen Maßnahmen (mit dinglicher Wirkung*) bescheidmäßig vorschreiben. Im Gegensatz zur **Betriebsauflassung** (§ 83; vgl unten X.7.c)) besteht bei einer **Betriebsunterbrechung** die Möglichkeit der Fortsetzung des Betriebes; erst nach mehr als fünfjähriger Unterbrechung erlischt die Betriebsanlagengenehmigung (VwSlg 14.088 A/1994; der Untergang der dem Anlagenzweck dienenden Einrichtungen führt hingegen nicht automatisch zum Erlöschen der Betriebsanlagengenehmigung – vgl VwSlg 14.137 A/1994).

7. Gewerbepolizeiliche Bestimmungen

a) Amtswegige Betriebsrevision

Soweit dies zur Vollziehung der gewerberechtlichen Vorschriften erforderlich ist, sind die Organe der zur Vollziehung zuständigen Behörden sowie die von diesen Behörden zugezogenen Sachverständigen berechtigt, Betriebe sowie deren Lagerräume während der Betriebszeiten zu **betreten** und zu **besichtigen, Kontrollen** des Lagerbestandes vorzunehmen und **Proben** zu entnehmen (§ 338). Die Gewerbetreibenden trifft eine **Mitwirkungspflicht** (zB Auskunftserteilung, Unterlagenvorlage). Den Nachbarn kommt kein subjektiv-öffentliches Recht auf Durchführung einer Überprüfung zu; allerdings sind die Behörden uU von sich aus verpflichtet, Betriebsrevisionen vorzunehmen. So ist etwa die Einhaltung erteilter Auflagen* zu überwachen und durchzusetzen; wird dies unterlassen, handelt die Behörde rechtswidrig und unterliegt der Amtshaftung*.

IPPC-Anlagen sind gem § 82a **regelmäßigen Umweltinspektionen** auf Grundlage eines vom LH erstellten Programmes zu unterziehen, in welchem ua die Häufigkeit der Vor-Ort-Besichtigungen für die einzelnen IPPC-Anlagenarten festgelegt sind. IPPC-Anlagen der niedrigsten Risikostufe sind mindestens alle drei Jahre zu besichtigen, solche der höchsten Risikostufe mindestens einmal jährlich. Bei Beschwerden, Unfällen oder Rechtsverstößen sind auch nicht routinemäßige Umweltinspektionen durchzuführen. Nach jeder Vor-Ort-Besichtigung hat die Behörde einen Bericht mit Schlussfolgerungen hinsichtlich allfällig zu treffender Maßnahmen zu erstellen und eine Zusammenfassung davon im Internet zu veröffentlichen.

b) Zwangs- und Sicherheitsmaßnahmen

Um die Einhaltung gewerberechtlicher Vorschriften zu sichern, kann die Behörde **einstweilige Zwangs- und Sicherheitsmaßnahmen** treffen (§ 360).

Diese Maßnahmen sind keine auf dem VVG beruhenden Vollstreckungsverfügungen, sondern **eigenständige Sondermaßnahmen** (vgl § 12 VVG, wonach besondere Zwangsbefugnisse in MaterienG unberührt bleiben); allerdings ist die Durchsetzung der (Titel-)Bescheide unter Anwendung des VVG zulässig. Maßnahmen nach § 360 sind von Amts wegen (BVB) zu treffen, die Nachbarn haben keinen Rechtsanspruch auf Einleitung eines solchen Verfahrens.

Mit Hilfe der einstweiligen Zwangs- und Sicherheitsmaßnahmen sollen Verstöße gegen gewerberechtliche Vorschriften von erheblichem Unrechtsgehalt, Rechtsgutverletzungen und Belästigungen von Nachbarn provisorisch beseitigt werden. Konkret dienen diese Sondermaßnahmen

- zur Herstellung des der Rechtsordnung entsprechenden Zustandes; eine Gefährdung oder unzumutbare Belästigung muss nicht vorliegen (§ 360 Abs 1, 1a, 2 und 3);
- zur Abwehr einer Gefahr für das Leben oder die Gesundheit von Menschen oder für das Eigentum oder zur Abstellung einer unzumutbaren Belästigung von Nachbarn, die von einer nicht genehmigten Betriebsanlage bzw durch Nichtbeachtung der geltenden Anforderungen an Maschinen, Geräte oder Ausrüstungen verursacht werden (§ 360 Abs 4).

Bei Verdacht einer Übertretung gegen die gewerberechtlichen Bestimmungen hat die Behörde gem § 360 Abs 1 – unabhängig von der Einleitung eines Strafverfahrens – dem Verantwortlichen mit **Verfahrensanordnung** die Herstellung des rechtskonformen Zustandes binnen angemessener Frist aufzutragen. In dieser Verfahrensanordnung hat die Behörde noch nicht die notwendigen Maßnahmen zu verfügen, sondern nur den Sollzustand hinreichend konkret zu beschreiben; diesen Zustand hat der Anlageninhaber innerhalb der gesetzten Frist herzustellen, wobei ihm nach der VwGH-Rsp Art und Weise der Herstellung frei stehen. Nach § 360 Abs 1 ist eine Interessenabwägung zur Vermeidung von Härten für den Betriebsinhaber nicht vorgesehen, allerdings wird bei verfassungskonformer Interpretation (Erwerbsfreiheit) eine Verhältnismäßigkeitsprüfung geboten sein.

Kommt der Verpflichtete der Aufforderung nicht fristgerecht nach, hat die Behörde mit **Bescheid** die zur Herstellung des der Rechtsordnung entsprechenden Zustandes jeweils notwendigen Maßnahmen zu verfügen. Durch die GewONov 2012 wurde – außer im Falle von IPPC-Anlagen – die Möglichkeit geschaffen, **im Einzelfall** im Rahmen einer Grobprüfung (im Hinblick auf die Schutzinteressen gem § 74 Abs 2 und die Umwelt) seitens der Behörde gleichzeitig mit der Verfahrensanordnung nach Abs 1 eine Frist für ein Genehmigungsansuchen zu setzen und in weiterer Folge einen Genehmigungsbescheid zu erlassen (§ 360 Abs 1a).

Bei offenkundigem Verdacht bestimmter Verwaltungsübertretungen (zB Inverkehrbringen nicht zugelassener Maschinen) und begründeter Annahme, dass diese fortgesetzt werden, darf die Behörde auch **ohne vorausgehendes**

Verfahren und vor Bescheiderlassung die notwendigen Maßnahmen an Ort und Stelle setzen (insb Beschlagnahmungen); darüber ist jedoch binnen eines Monats ein Bescheid zu erlassen, ansonsten gilt die getroffene Maßnahme als aufgehoben (§ 360 Abs 2; iZm unberechtigter Gewerbeausübung vgl Abs 3).

Zur Einhaltung der Schutzinteressen iSd § 74 Abs 2 hat die Behörde gem § 360 Abs 4 mit Bescheid die notwendigen Vorkehrungen zu verfügen (zB Betriebsschließung, Stilllegung von Maschinen). Sind zur Gefahrenabwehr **Sofortmaßnahmen** erforderlich, kann die Behörde nach Verständigung des Verantwortlichen ebenso ohne vorausgehendes Verfahren und vor Bescheiderlassung diese an Ort und Stelle treffen. Auch in diesen Fällen hat binnen eines Monats ein Bescheid zu ergehen.

Die **Bescheide** nach Abs 1 zweiter S, 2, 3 und 4 sind gem § 360 Abs 5 **sofort vollstreckbar**. Vollstreckungsmaßnahmen tatsächlicher Art (zB Plombierung eines Schlosses), die bloß als Maßnahmen zur Vollstreckung eines vorangegangenen Bescheides nach § 360 (zB Schließungsbescheid nach Abs 4) anzusehen sind, sind nicht als Akt unmittelbarer Befehls- und Zwangsgewalt* zu qualifizieren (VwGH 17.04.1998, 98/04/0005). Wenn die Bescheide nicht kürzer befristet sind, treten sie mit Ablauf eines Jahres, vom Beginn der Vollstreckbarkeit an gerechnet, außer Wirksamkeit. Durch einen Wechsel in der Person des Inhabers der von den einstweiligen Zwangs- und Sicherheitsmaßnahmen betroffenen Anlagen, Anlagenteile oder Gegenstände wird die Wirksamkeit dieser Bescheide nicht berührt, sie besitzen also dingliche Wirkung*. Liegen die Voraussetzungen für die Bescheiderlassung nicht mehr vor, sind die damit getroffenen Maßnahmen auf Antrag zu widerrufen (§ 360 Abs 6).

c) Auflassung einer Betriebsanlage

„Auflassung“ bedeutet die **endgültige Aufhebung der Widmung der Anlage für ihren ursprünglichen Betriebszweck** durch den Inhaber und führt zum gleichzeitigen Erlöschen der Betriebsanlagengenehmigung (VwSlg 14.088 A/1994). Ob eine (vorübergehende) Betriebsunterbrechung (§ 80) oder eine (endgültige) Betriebsanlagenauflassung (§ 83) vorliegt, richtet sich nach dem hinter der Betriebseinstellung stehenden Willen des Anlageninhabers.

Werden eine genehmigungspflichtige Betriebsanlage oder Teile davon aufgelassen, so hat der Inhaber der Anlage die zur Vermeidung von Auswirkungen iSd § 74 Abs 2 **notwendigen Vorkehrungen zu treffen**. Die Auflassung und diese Vorkehrungen sind der Genehmigungsbehörde **vorher anzuzeigen**. Reichen die vorgeschlagenen Vorkehrungen nicht aus, so hat die Behörde die **erforderlichen Maßnahmen mit Bescheid** aufzutragen; dieser Bescheid hat dingliche Wirkung*. Nach Durchführung der veranlassten Vorkehrungen hat der Anlageninhaber deren Fertigstellung wiederum bei der Behörde anzuzeigen. Wenn keine weiteren Maßnahmen mehr erforderlich sind, hat die Behörde darüber einen Feststellungsbescheid* zu erlassen. Mit dessen Rechtskraft* gilt die Betriebsanlage (bzw die Betriebsanlagenteile) als aufgelassen und erlischt (im Falle der gänzlichen Auflassung der Anlage) die Betriebsanlagengenehmigung. § 83 ermöglicht es der Behörde somit, eine gefahrlose und (weitgehend) belästigungsfreie Entsorgung der aufgelassenen (Teile der) Betriebsanlage zu erzwingen. Das Nichtbefolgen der behördlichen Aufträge stellt eine Verwaltungsübertretung dar (§ 367 Z 25).

Die Auflassung einer IPPC-Anlage richtet sich nach den Bestimmungen des § 83a, die ua zur Beseitigung von durch die IPPC-Anlage verursachten erheblichen Boden- und/oder Grundwasserverschmutzungen mit relevanten gefährlichen Stoffen (vgl § 71b Z 6) verpflichten.

XI. Märkte

Ein Markt iSd GewO ist eine **Veranstaltung**, bei der auf einem örtlich bestimmten Gebiet zu bestimmten Tagen und Zeiten **Waren feilgeboten und verkauft** werden (§ 286 Abs 1). Ein Markt darf nur aufgrund einer Verordnung einer Gemeinde, in der der Markt abgehalten werden soll, stattfinden. Nach Maßgabe der von der Gemeinde hiefür erlassenen Verordnung darf jedermann auf dem Markt seine Waren feilbieten und verkaufen („Marktfreiheit“). Gelegenheitsmärkte („Quasimärkte“) werden nur aus besonderen Anlässen abgehalten und bedürfen der Bewilligung der Gemeinde (§ 286 Abs 2). Anders als gewöhnliche Flohmärkte gelten Bauernmärkte, karitative Verkaufsveranstaltungen und Messen nicht als Märkte iSd GewO (vgl § 286 Abs 3 bis 6); sie unterliegen aber dennoch der Bundeskompetenz nach Art 10 Abs 1 Z 8 B-VG (gesetzgeberischer Regelungsverzicht führt nicht zur Zuständigkeit der Länder).

Die **Gemeinde** hat **im eWb*** eine Verordnung zu erlassen, wenn ein Bedarf nach der Abhaltung eines Marktes angenommen werden kann und bestimmte öffentliche Interessen* nicht beeinträchtigt werden; die Verordnung hat jedenfalls das Marktgebiet, die Markttermine (Tage und Zeiten) und die hauptsächlichen Waren zu bezeichnen (§ 289); außerdem sind in dieser **„Marktordnung“** Regelungen über die Vergabe von Marktplätzen und weitere Konkretisierungen zu treffen (§ 293). Dabei ist zu beachten, dass der Kreis der Marktteilnehmer offen bleibt („jedermann“); die ex lege-Bevorzugung der „vorjährigen Standler“ ist verfassungswidrig.

XII. Behörden und Verfahren

1. Behörden

Die Vollziehung der GewO erfolgt grundsätzlich durch die BVB (und ausnahmsweise durch den LH; **mittelbare Bundesverwaltung*** – Art 102 Abs 1 B-VG; einzelne Aufgaben fallen gem § 337 in den eWb der Gemeinden).

Soweit nicht ausdrücklich anderes bestimmt ist, ist gem § 333 die **BVB** (in Städten mit eigenem Statut idR der Bgm; ausnahmsweise auch der Magistrat) sachlich zuständige Gewerbebehörde. Wäre in einem Betriebsanlagenverfahren infolge einer „sprengelüberschreitenden Betriebsanlage" die örtliche Zuständigkeit mehrerer BVB gegeben, so entscheidet jene BVB, in welcher sich der größte Teil der Grundfläche der Betriebsanlage befindet; die übrigen BVB sind zu hören (§ 335).

Der **LH** ist ua zuständig für das Verfahren zur Anerkennung wegen tatsächlich ausgeübter Tätigkeit gem § 373c Abs 1 und zur Gleichhaltung von Berufsqualifikationen gem § 373d Abs 1 und § 373e Abs 1, zur Gleichstellung gem § 51 Abs 2 (gewerbliche Tätigkeiten ausländischer Personen im Inland außerhalb der Betriebsstätte) sowie für die Genehmigung der Geschäftsordnung von Pfandleihern gem § 155 Abs 2; weiters kann er gegen Erkenntnisse des LVwG Revision beim VwGH erheben, sofern nicht der BMWFW belangte Behörde im Verfahren vor dem LVwG ist (§ 371a). Außerdem hat er nach der GewO zahlreiche Verordnungsermächtigungen/-verpflichtungen in Anspruch zu nehmen.

Der **BMWFW** hat nur die in der GewO ausnahmsweise vorgesehenen Zuständigkeiten (zB § 349: Klärung der Frage, ob eine Tätigkeit ein freies oder ein reglementiertes Gewerbe darstellt; § 148: Genehmigung der Ausübung des Waffengewerbes betreffend militärische Waffen – im Einvernehmen mit dem BMI; § 51 Abs 3: Verbot der Tätigkeitsausübung für ausländische Personen außerhalb von Betriebsstätten im Falle von Entziehungs- oder Endigungsgründen) in gewerbebehördlichen Verfahren. Auch für den BMWFW sieht die GewO zahlreiche Verordnungsermächtigungen/-verpflichtungen vor.

2015 wurde ein bundesweites, automationsunterstütztes Gewerberegister, das sog **Gewerbeinformationssystem Austria (GISA)**, und auf dessen Basis das Versicherungs- und Kreditvermittlerregister (gesonderte Abfragemöglichkeiten für die Öffentlichkeit) als Informationsverbundsystem iSd § 4 Z 13 DSG 2000 eingerichtet (§§ 365 ff). Datenschutzrechtliche Auftraggeber des GISA sind der BMWFW, die Bundesländer sowie die Städte mit eigenem Statut auf Grundlage einer Kooperationsvereinbarung, wobei der BMWFW auch Betreiber iSd § 50 DSG 2000 ist und die Stadt Wien die Funktion des Dienstleisters iSd § 4 Z 5 leg cit ausübt (→ *Datenschutzrecht*).

UVP-pflichtige Betriebsanlagen sind gem UVP-G 2000 von der **LReg** zu genehmigen (→ *Umweltverträglichkeitsprüfung*).

Für die Organe des öffentlichen Sicherheitsdienstes bzw die Sicherheitsbehörden bestehen Mitwirkungspflichten (vgl §§ 336 und 336a) (→ *Sicherheitspolizeirecht*).

2. Verfahren

Grundsätzlich sind auf das Verfahren vor den Verwaltungsbehörden das **AVG**, das **VStG** und das **VVG** anzuwenden (Art I Abs 1 und 2 EGVG), wobei die GewO zahlreiche davon abweichende Verfahrensbestimmungen normiert.

Die §§ 339 ff regeln detailliert **verschiedene gewerberechtliche Verfahrensarten**. Bei UVP-pflichtigen Betriebsanlagen ist anstelle des konzentrierten gewerberechtlichen Genehmigungsverfahrens* (§ 356b) ein Verfahren nach dem UVP-G 2000 durchzuführen, das sämtliche für die Ausführung des Vorhabens erforderlichen Anzeige- und Bewilligungsverfahren ersetzt; die UVP-Pflicht kann sich neben der Anlagenkapazität etwa aus den Emissionen, dem Grundflächenbedarf, dem Verkehrsaufkommen, der Lage in einem Schutzgebiet, etc ergeben (→ *Umweltverträglichkeitsprüfung*).

Das **gewerberechtliche Verwaltungsstrafrecht** besteht primär aus Geldstrafen und dem Ausspruch des Verfalls bestimmter Gegenstände (§§ 366 ff). § 23 UMG statuiert unter bestimmten Voraussetzungen ein „Absehen von der Verwaltungsstrafe", wenn im Zuge einer EMAS-Zertifizierung ein rechtswidriger Zustand beseitigt wird.

Die **Strafe des Verfalls** (§§ 10 iVm 17 f VStG) von Waren, Eintrittskarten, Werkzeugen, Maschinen, Geräten, Ausrüstungen oder Transportmitteln kann ausgesprochen werden, wenn diese Gegenstände mit bestimmten Verwaltungsübertretungen im Zusammenhang stehen und nicht zur Ausübung des Berufes oder zur Führung des Haushaltes benötigt werden (§ 369).

Eine Verwaltungsübertretung liegt nicht vor, wenn eine in den §§ 366 bis 368 bezeichnete Tat den Tatbestand einer in die **Zuständigkeit der Gerichte** fallenden strafbaren Handlung bildet (§ 371 Abs 1; Subsidiarität des Verwaltungsstrafrechts).

§ 370 GewO regelt (als lex specialis zu § 9 VStG) besondere Fälle der **verwaltungsstrafrechtlichen Verantwortlichkeit**: Wurde die Bestellung eines Geschäftsführers oder Filialgeschäftsführers angezeigt oder genehmigt, so sind die Geld- oder Verfallsstrafen gegen diese Person zu verhängen; der Gewerbetreibende ist neben dem Geschäftsführer strafbar, wenn er die Verwaltungsübertretung wissentlich duldet oder bei der Auswahl seines Geschäftsführers nicht im erforderlichen Maße sorgfältig war. Der Geschäftsführer ist dann nicht zu belangen, wenn er glaubhaft machen kann, dass ihm die Einhaltung einer Verwaltungsvorschrift unzumutbar war, weil er sie aufgrund einer besonderen Weisung des Gewerbeinhabers verletzt hat. Die verwaltungsstrafrechtliche Verantwortlichkeit von juristischen Personen oder eingetragenen Personengesellschaften ist in § 370 Abs 1a und 1b geregelt.

Wird eine Betriebsanlage ohne gewerbebehördliche Genehmigung betrieben oder werden Auflagen* nicht eingehalten, so ist dies auch **wettbewerbsrechtlich** relevant (§ 1 UWG: „Vorsprung durch Rechtsbruch" ; vgl dazu etwa OGH 20.10.2009, 4 Ob 124/09b; s auch die Ausführungen oben unter V.2.).

3. Rechtsschutz

Durch die Einführung der zweistufigen Verwaltungsgerichtsbarkeit mit 01. Jänner 2014 sind die **LVwG** einheitlich als Rechtsschutzeinrichtungen für (ua) gewerberechtliche Angelegenheiten vorgesehen (Art 131 Abs 1 B-VG) – und zwar sowohl in **berufsrechtlichen Angelegenheiten** als auch im **Betriebsanlagenverfahren** (für UVP-pflichtige Anlagen ist hingegen das BVwG zuständig [→ *Umweltverträglichkeitsprüfung*]). Die örtliche Zuständigkeit richtet sich nach § 3 VwGVG.

Die LVwG entscheiden über Bescheidbeschwerden wegen Rechtswidrigkeit, Beschwerden gegen Akte unmittelbarer Befehls- und Zwangsgewalt* (vgl zB § 365v Abs 3 letzter S iZm Geldwäsche, wobei der darin enthaltene Verweis auf § 67c AVG unbeachtlich ist) sowie Säumnisbeschwerden wegen Verletzung der Entscheidungspflicht (vgl Art 130 Abs 1 B-VG).

In Gewerbeberechtigungsentziehungsverfahren sind regelmäßig auch Prognose- und Wertentscheidungen zu treffen und stellen sich insb auch im Rahmen einer allenfalls durchzuführenden mündlichen Verhandlung entsprechende Fragen der Beweiswürdigung. Die generelle Übertragung von Beschwerdeverfahren über die Entziehung von Gewerbeberechtigungen an Rechtspfleger ist daher verfassungswidrig (VfGH 25.11.2015, G 403/2015, in Bezug auf eine dahingehende Regelung zum wr LVwG).

Bei Bescheidbeschwerden in **Verwaltungsstrafsachen** entscheiden die LVwG immer selbst; über Bescheidbeschwerden in sonstigen gewerberechtlichen Rechtssachen entscheiden sie dann selbst, wenn der maßgebliche Sachverhalt feststeht, dessen Feststellung durch das LVwG im Interesse der Raschheit oder Kostenersparnis gelegen ist oder die belangte Behörde bei der Vorlage einer Sachentscheidung nicht widersprochen hat (vgl Art 130 Abs 4 B-VG iVm § 28 Abs 2 und 3 VwGVG); ansonsten heben die LVwG einen rechtswidrigen Bescheid auf und verweisen die Sache zur neuerlichen Entscheidung an die Gewerbebehörde zurück. Die **Beschwerdefrist** gegen Bescheide beträgt vier Wochen (§ 7 Abs 4 VwGVG; bei Akten unmittelbarer Befehls- und Zwangsgewalt* beträgt die Frist sechs Wochen).

Eine **ausdrückliche Legitimation** zur Beschwerdeerhebung an die LVwG sowie die Revisionseinlegung an den VwGH räumt die GewO etwa der Wirtschaftskammer gem § 349 Abs 6 (Umfang der Gewerbeberechtigung und Einreihung von Gewerben) bzw gem § 363 Abs 2 und 3 (Nichtigerklärung von Gewerbebescheiden) sowie dem wasserwirtschaftlichen Planungsorgan gem § 356b Abs 1 (Betriebsanlagenverfahren, in denen wasserwirtschaftliche Interessen berührt werden) ein (vgl auch Art 132 Abs 5 und Art 133 Abs 8 B-VG). Ebenso kommt auch einem Prüfungswerber ausdrücklich ein Beschwerderecht zu, wenn ihm die Meisterprüfungsstelle die Zulassung zur Prüfung verweigert (§ 352 Abs 3).

Hingegen kommt niemandem, auch nicht dem Prüfungskandidaten oder einem Fachverband der Wirtschaftskammer, ein subjektives Recht auf Ausübung des staatlichen Aufsichtsrechts iSd § 352 Abs 13 zu (VfGH 16.06.2016, G 194/2015).

Dem LH steht gem § 371a das Recht zu, gegen Erkenntnisse des LVwG Revision beim VwGH zu erheben.

Gerhard Baumgartner

Wasserrecht

Rechtsgrundlagen

Kompetenzgrundlagen

Art 10 Abs 1 Z 10 B-VG („Wasserrecht"); Art 10 Abs 1 Z 6 B-VG („Zivilrechtswesen"); Art 10 Abs 2 B-VG (Ermächtigung der Landesgesetzgebung zur Erlassung von Ausführungsbestimmungen – s dazu etwa § 36 Abs 1 S 2 WRG).

Verfassungsrechtliche Bezüge

Art 5 StGG iVm Art 1 1. ZPEMRK (Eigentumsschutz); Art 4 Abs 3 lit c und d EMRK (Arbeitsleistungen nach Art 4 Abs 3 lit c und d EMRK fallen nicht unter das Verbot der Zwangs- oder Pflichtarbeit; s § 49 WRG); Art 6 EMRK (Verfahrensgarantien); BVG Nachhaltigkeit, Tierschutz, umfassender Umweltschutz, Sicherstellung der Wasser- und Lebensmittelversorgung und Forschung (Maßnahmen zur Reinhaltung des Wassers, Wasserversorgung).

Art 37b Abs 2 bgld L-VG (Versorgung mit einwandfreiem Trinkwasser); Art 7a Abs 2 K-LVG (Schutz des Wassers); Art 4 Z 2 nö LV (nachhaltige Sicherung des Wassers); Art 10 Abs 2 oö L-VG (Schutz des Wassers bzw des Trinkwassers); Art 9 sbg L-VG (nachhaltige Sicherung des Wassers, Schutz strategisch wichtiger Wasserressourcen, Sicherung der Trinkwasserversorgung); Art 7 Abs 6 vlbg LV (Schutz des Wassers).

Europarechtliche Bezüge

Art 3 Abs 3 EUV (hohes Maß an Umweltschutz, Verbesserung der Umweltqualität); Art 4 Abs 2 lit e AEUV (geteilte Zuständigkeit im Hauptbereich Umwelt); Art 6 lit f AEUV (Katastrophenschutz); Art 11 AEUV (Berücksichtigung des Umweltschutzes im Rahmen der Unionspolitiken); Art 114 (va Abs 3 bis 6) AEUV; Art 191 ff AEUV (Titel XX. Umwelt); Art 5 Abs 2 GRC (Verbot von Zwangs- oder Pflichtarbeit); Art 17 Abs 1 GRC (Eigentumsrecht); Art 37 GRC (Umweltschutz).

Das europäische Wasserrecht wird durch zahlreiche sekundärrechtliche Vorschriften geregelt, die unterschiedliche Bezugspunkte aufweisen:

Allgemeiner Rahmen: RL 2000/60/EG zur Schaffung eines Ordnungsrahmens für Maßnahmen der Gemeinschaft im Bereich der Wasserpolitik, ABl L 2000/327, 1 idF

L 2014/311, 32 (Wasserrahmenrichtlinie – WRRL); RL 2007/60/EG über die Bewertung und das Management von Hochwasserrisiken (Hochwasser-RL), ABl L 2007/288, 27.

Spezifischer Gebrauch von Wasser: RL 91/271/EWG über die Behandlung von kommunalem Abwasser, ABl L 1991/135, 40 idF L 2013/353, 8; RL 98/83/EG über die Qualität von Wasser für den menschlichen Gebrauch, ABl L 1998/330, 32 idF L 2015/260, 6 (Trinkwasser-RL); RL 2006/7/EG über die Qualität der Badegewässer und deren Bewirtschaftung und zur Aufhebung der RL 76/160/EWG, ABl L 2006/64, 37 idF L 2013/353, 8 (Badegewässer-RL); RL 2006/44/EG über die Qualität von Süßwasser, das schutz- oder verbesserungsbedürftig ist, um das Leben von Fischen zu erhalten (Fischgewässer-RL), ABl L 2006/264, 20 idF L 2008/311, 1.

Einleitung von Stoffen: RL 91/676/EWG zum Schutz der Gewässer vor Verunreinigung durch Nitrat aus landwirtschaftlichen Quellen, ABl L 1991/375, 1 idF L 2008/311, 1 (Nitrat-RL); RL 2006/118/EG zum Schutz des Grundwassers vor Verschmutzung und Verschlechterung („neue" Grundwasser-RL), ABl L 2006/372, 19 idF L 2014/182, 52; RL 2008/105/EG über Umweltqualitätsnormen im Bereich der Wasserpolitik und zur Änderung und anschließenden Aufhebung der RL 82/176/EWG, 83/513/EWG, 84/156/EWG, 84/491/EWG und 86/280/EWG sowie zur Änderung der RL 2000/60/EG, ABl L 2008/348, 84 idF L 2013/226, 1.

Wasserrelevante Vorschriften des allgemeinen EU-Umweltrechts:

RL 2001/42/EG über die Prüfung der Umweltauswirkungen bestimmter Pläne und Programme, ABl L 2001/197, 30 (SUP-RL); RL 2003/4/EG über den Zugang der Öffentlichkeit zu Umweltinformationen und zur Aufhebung der RL 90/313/EWG, ABl 2003/41, 26; RL 2003/35/EG über die Beteiligung der Öffentlichkeit bei der Ausarbeitung bestimmter umweltbezogener Pläne und Programme und zur Änderung der RL 85/337/EG und 96/61/EG des Rates in Bezug auf die Öffentlichkeitsbeteiligung und den Zugang zu Gerichten, ABl L 2003/156, 17 idF L 2012/26, 1 (Öffentlichkeitsbeteiligungs-RL); RL 2004/35/EG über Umwelthaftung zur Vermeidung und Sanierung von Umweltschäden, ABl L 2004/143, 56 idF L 2013/178, 66; RL 2008/99/EG über den strafrechtlichen Schutz der Umwelt, ABl L 2008/328, 28; RL 2010/75/EU über Industrieemissionen (integrierte Vermeidung und Verminderung der Umweltverschmutzung), ABl L 2010/334, 17 idF L 2012/158, 25 (IE-RL); RL 2011/92/EU über die Umweltverträglichkeitsprüfung bei bestimmten öffentlichen und privaten Projekten, ABl L 2012/26, 1 idF L 2014/124, 1 („neue" UVP-RL).

Völkerrechtliche Bezüge

Abkommen mit Nachbarstaaten: Staatsvertrag zwischen der Republik Österreich und der Schweizerischen Eidgenossenschaft über die Regulierung des Rheines von der Illmündung bis zum Bodensee, BGBl 178/1955; Abkommen zwischen der Republik Österreich und der Föderativen Volksrepublik Jugoslawien über wasserwirtschaftliche Fragen der Mur-Grenzstrecke und der Mur-Grenzgewässer (Mur-Übereinkommen), BGBl 119/1956 (BGBl 714/1993: Republik Slowenien; BGBl 474/1996: Republik Kroatien [keine Weiteranwendung]); Abkommen zwischen der Bundesregierung der Republik Österreich und der Regierung des Freistaates Bayern über die Regelung der Wasserkraftnutzung der Saalach, BGBl 224/1959; Vertrag zwischen der Republik Österreich und der Ungarischen Volksrepublik über die Regelung der wasserwirtschaftlichen Fragen im Grenzgebiet, BGBl 225/1959; Übereinkommen über die Regelung von Wasserentnahmen aus dem Bodensee, BGBl 396/1967; Vertrag zwischen der Republik Österreich und der Tschechoslowakischen Sozialistischen Republik über die Regelung von wasserwirtschaftlichen Fragen an den Grenzgewässern, BGBl 106/1970 idF 1046/1994; Vertrag zwischen der Republik Österreich einerseits und der Bundesrepublik Deutschland und der Europäischen Wirtschaftsgemeinschaft andererseits über die wasserwirtschaftliche Zusammenarbeit im Einzugsgebiet der Donau (sog Regensburger Vertrag), BGBl 17/1991; Abkommen zwischen der Republik Österreich und der Schweizerischen Eidgenossenschaft über die Nutzbarmachung des Inn und seiner Zuflüsse im Grenzgebiet, BGBl III 99/2008.

Multilaterale Abkommen: Übereinkommen zum Schutz und zur Nutzung grenzüberschreitender Wasserläufe und internationaler Seen (Helsinki-Übereinkommen), BGBl 578/1996 idF III 179/2015; Übereinkommen über die Zusammenarbeit zum Schutz und zur verträglichen Nutzung der Donau (Donauschutzübereinkommen), BGBl III 139/1998; Übereinkommen von Aarhus über den Zugang zu Informationen, die Öffentlichkeitsbeteiligung an Entscheidungsverfahren und den Zugang zu Gerichten in Umweltangelegenheiten samt Erklärung (Aarhus-Konvention), BGBl III 88/2005 idF III 58/2014.

Gesetze und sonstige Rechtsgrundlagen

Wasserrechtsgesetz 1959 – WRG 1959, BGBl 215/1959 idF I 54/2014; BG über die Prüfung der Umweltverträglichkeit (Umweltverträglichkeitsprüfungsgesetz 2000 – UVP-G 2000), BGBl 697/1993 idF I 4/2016; BG über Umwelthaftung und zur Vermeidung und Sanierung von Umweltschäden (Bundes-Umwelthaftungsgesetz – B-UHG), BGBl I 55/2009 idF I 97/2013; Eisenbahn-Enteignungsentschädigungsgesetz – EisbEG, BGBl 71/1954 idF I 111/2010; Gesetz vom 30. Juni 1884, betreffend Vorkehrungen zur unschädlichen Ableitung von Gebirgswässern, RGBl 117/1884 idF BGBl 54/1959; BG über die Förderung des Wasserbaues aus Bundesmitteln (Wasserbautenförderungsgesetz 1985 – WBFG), BGBl 148/1985 idF I 98/2013; BG über die Förderung von Maßnahmen in den Bereichen der Wasserwirtschaft, der Umwelt, der Altlastensanierung, zum Schutz der Umwelt im Ausland und über das österr JI/CDM-Programm für den Klimaschutz (Umweltförderungsgesetz – UFG), BGBl 185/1993 idF I 51/2015; BG über das Bundesamt für Wasserwirtschaft, BGBl 516/1994 idF I 111/2010; BG betreffend die Belastung öffentlichen Wassergutes mit Fischereirechten, BGBl I 157/2001.

Es existiert eine Vielzahl von Verordnungen des BMLF(UW) zu verschiedenen Themen, wie zB:

Bewilligungsfreistellung: Verordnung über die Bewilligungsfreistellung von Gewässerquerungen (BewilligungsfreistellungsV für Gewässerquerungen – GewQBewFreistellV), BGBl II 327/2005.

Umweltziele für Gewässer: Verordnung über die Festlegung des Zielzustandes für Oberflächengewässer (Qualitätszielverordnung Chemie Oberflächengewässer – QZV Chemie OG), BGBl II 96/2006 idF II 461/2010; Verordnung über den guten chemischen Zustand des Grundwassers (Qualitätszielverordnung Chemie Grundwasser – QZV Chemie GW), BGBl II 98/2010 idF II 461/2010; Verordnung über die Festlegung des ökologischen Zustandes für Oberflächengewässer (Qualitätszielverordnung Ökologie Oberflächengewässer – QZV Ökologie OG), BGBl II 99/2010 idF II 461/2010.

Wassergefährdende Stoffe: Verordnung betreffend Anlagen zur Lagerung und Leitung wassergefährdender Stoffe, BGBl II 4/1998.

Indirekteinleiter: Verordnung betreffend Abwassereinleitungen in wasserrechtlich bewilligte Kanalisationen (IndirekteinleiterV – IEV), BGBl II 222/1998 idF II 523/2006.

Abwasseremissionen: Verordnung über die allgemeine Begrenzung von Abwasseremissionen in Fließgewässer und öffentliche Kanalisationen (AAEV), BGBl 186/1996; Verordnung über die Begrenzung von Abwasseremissionen aus Abwasserreinigungsanlagen für Siedlungsgebiete (1. AEV für kommunales Abwasser), BGBl 210/1996 idF II 392/2000; Verordnung über die Begrenzung von Abwasseremissionen aus Abwasserreinigungsanlagen für Einzelobjekte in Extremlage (3. AEV für kommunales Abwasser), BGBl II 249/2006. Daneben gibt es eine Vielzahl von branchenbezogenen Verordnungen des BMLF(UW) zur Begrenzung von Abwasseremissionen (zB die Verordnung über die Begrenzung von Abwasseremissionen aus der Herstellung von Papier und Pappe [AEV Papier und Pappe], BGBl II 220/2000).

Rahmenverfügungen: Verordnung zur Verbesserung der Wassergüte der Mur und ihrer Zubringer im Land Steiermark, BGBl 423/1973; Verordnung zur Verbesserung der Wassergüte der Donau und ihrer Zubringer, BGBl 210/1977.

Bewirtschaftungspläne: Verordnung mit der einerseits die Veröffentlichung des Planungsdokumentes zum Nationalen Gewässerbewirtschaftungsplan bekannt gegeben wird und andererseits ein Maßnahmenprogramm sowie Prioritätensetzungen und die Ausweisung von Gewässerabschnitten als erheblich veränderte oder künstliche Oberflächenwasserkörper iZm dem Nationalen Gewässerbewirtschaftungsplan erlassen werden (Nationale GewässerbewirtschaftungsplanVO 2009 – NGPV 2009), BGBl II 103/2010.

Gefahrenzonen: Verordnung über die Gefahrenzonenplanungen nach dem Wasserrechtsgesetz 1959 (WRG-Gefahrenzonenplanungsverordnung – WRG-GZPV), BGBl II 145/2014.

Programme EU-Integration: Verordnung über das Aktionsprogramm 2012 zum Schutz der Gewässer vor Verunreinigung durch Nitrat aus landwirtschaftlichen Quellen – Aktionsprogramm Nitrat 2012, ABl Wr Zeitung vom 04.05.2012, Nr 87.

Belastungsregister: Verordnung über ein elektronisches Register zur Erfassung aller wesentlichen Belastungen von Oberflächenwasserkörpern durch Emissionen von Stoffen aus Punktquellen (EmRegV-OW), BGBl II 29/2009.

Literaturauswahl

Monografien – Kommentare

Altenburger/Raschauer N. (Hrsg), Kommentar zum Umweltrecht (2014); *Bumberger/Hinterwirth*, WRG – Wasserrechtsgesetz. Kommentar[2] (2013); *Götzl ua*, B-UHG. Bundes-Umwelthaftungsgesetz. Kommentar (2010); *Grabmayr/Rossmann*, Das österreichische Wasserrecht[2] (1978); *Hinteregger/Kerschner* (Hrsg), Kommentar zum Bundes-Umwelthaftungsgesetz (2011); *Hödl*, Wasserrahmenrichtlinie und Wasserrecht (2005); *Kaan/Braumüller*, Handbuch Wasserrecht (2000); *Kaan/Rose/Rausch*, Handbuch der Wassergenossenschaften und Wasserverbände aus rechtlicher, betriebswirtschaftlicher und steuerlicher Sicht (1991); *Kerschner/Weiß*, WRG. Wasserrechtsgesetz 1959 idF der WRG-Novelle 2003 (2003); *Kerschner/Wagner/Weiß*, Umweltrecht für Gemeinden[2] (2013); *Knauder*, Wasserrahmenrichtlinie und Privatisierung im Wasserrecht (2007); *Krzizek*, Kommentar zum Wasserrechtsgesetz (1962), Ergänzungsheft 1974; *Oberleitner/Berger*, WRG-ON 1.03 (Stand: Jänner 2014); *Ramsebner*, Das Recht am Grundwasser (2003); *Raschauer B.*, Kommentar zum Wasserrecht (1993); *Rossmann* (Hrsg), Das österreichische Wasserrechtsgesetz[2] (1993); *Umweltdachverband*, Ökonomische Instrumente im Wasserschutz (2012); *Weber K./Barbist*, B-UHG. Bundes-Umwelthaftungsgesetz (2009); *Weber T.*, Umweltschutz durch Rechtsschutz (2015).

Beiträge

Aichlreiter, Voraussetzungen wasserpolizeilicher Aufträge, RdU 2002, 55; *Autengruber/Kahl*, Wasserrechtsgesetz 1959, in Rath-Kathrein/Weber K. (Hrsg), Besonderes Verwaltungsrecht[8] (2014) 125; *Berger/Berl*, Das wasserrechtliche Verschlechterungsverbot nach dem Urteil des EuGH C-461/13, RdU-UT 2015/25, 100; *Bumberger*, Rechtsprobleme des Widerstreitverfahrens, ecolex 2010, 424; *Dworak*, Die Übertragung von Wasserrechten, RdU 2011/125, 210; *Granner*, Überlegungen zur Nachfolge in wasserpolizeiliche Instandsetzungsaufträge, ÖZW 2014, 62; *Grau*, Das „Verursacherprinzip" – ein Schadensfall, ecolex 2010, 93; *Hartlieb C.*, Die Gemeinde im wasserrechtlichen Bewilligungsverfahren. Parteistellung und Beschwerdelegitimation, RFG 2011/47, 204; *Hattenberger*, Anlagenrelevante Bestimmungen des Wasserrechtsgesetzes, in Holoubek/Potacs (Hrsg), Handbuch des öffentlichen Wirtschaftsrechts II[3] (2013) 1025; *Hattenberger*, Wasserversorgung – Abwasserentsorgung, in Holoubek/Potacs (Hrsg), Handbuch des öffentlichen Wirtschaftsrechts I[3] (2013) 1289; *Hinterwirth*, Legaldienstbarkeiten im WRG, in Rössler/Kerschner (Hrsg), Wasserrecht und Privatrecht[2] (2013) 49; *Hutter*, Haftungsrisiken der Gemeinde bei Hochwasser, RFG 2013/37, 177; *Kerschner*, Das Enteignungs- und Entschädigungsverfahren im WRG – materiellrechtlicher Teil, in Rössler/Kerschner (Hrsg), Wasserrecht und Privatrecht[2] (2013) 31; *Kind*, Hochwasserschutz: Kalte Enteignung durch Retentionsflächen?, RdU 2012/142, 232; *Kind*, Paradigmenwechsel im Wasserrecht. Erwerb von Eigentum oder anderen dinglichen Rechten am Bette eines Sees, NZ 2014/37, 117; *Kind*, Wem gehört das Wasser?, RdU 2013/6, 23; *Knauder*, § 104a WRG – sachgerechter oder „verwässerter" Gewässerschutz?, RdU-U&T 2007, 30; *Oberleitner*, Alternativenprüfung bei Wasserkraftwerken, ecolex 2010, 428; *Oberleitner*, Das „öffentliche Interesse" im Wasserrecht, RdU 2005, 4; *Oberleitner*, Flächennutzungswirksame Planung im Wasserrecht, in Hauer/Nußbaumer (Hrsg), Österreichisches Raum- und Fachplanungsrecht (2006) 135; *Oberleitner*, Funktion und Bedeutung des Grundeigentums im Wasserrecht, in Rössler/Kerschner (Hrsg), Wasserrecht und Privatrecht[2] (2013) 1; *Oberleitner*, Rechtliche Aspekte der Gewässerbewirtschaftung in Österreich, ZfV 2011/2, 11; *Oberleitner*, Rechtliche Aspekte des Grundwasserschutzes bei der Gewinnung von Sand und Kies, RdU 2012/25, 61 (Teil 1), RdU 2012/53, 99 (Teil 2); *Oberleitner*, Übereinkommen und Zwangsrechte im Wasserrecht, in FS Kerschner (2013) 609; *Raschauer B.*, Die Gewässerschädigung im B-UHG, RdU 2009/28, 52; *Raschauer N./Stangl*, Die Sanierung von Grundwasserschäden nach § 31 WRG, ÖZW 2013, 87; *Raschauer B.*, Wasserkraft – Im Widerstreit öffentlicher Interessen/A. Bau, Betrieb und Anpassung von Wasserkraftwerken – Rechtsrahmen, in IUR/ÖWAV (Hrsg), Jahrbuch des österreichischen und europäischen Umweltrechts 2010 (2010) 73; *Reichel*, Zur Ausnahmegenehmigung nach § 104a WRG, ecolex 2012, 1025; *Rittler*, Nachträgliche Enteignung im Wasserrecht, RdU 2015/35, 61; *Rockenschaub*, Neues zum Verschlechterungsverbot der Wasserrahmenrichtlinie, RdU-UT 2015/30, 116; *Rössler*, Der Schutz von Wasserversorgungsanlagen im Widerstreit zwischen öffentlichen Interessen und privaten Rechten, in FS Kerschner (2013) 625; *Rössler*, Wege zur Realisierung und dauerhaften Absicherung von Wasserbenutzungsanlagen, in Rössler/Kerschner (Hrsg), Wasserrecht und Privatrecht[2] (2013) 21; *Schachinger/Neger*, Aktuelle Entwicklungen und gesetzlicher Handlungsbedarf bei wasserrechtlichen Widerstreitverfahren, ZTR 2012, 194; *Stangl*, Zur Auslegung des Begriffs „Wasserdienstleistungen" iSd Wasserrahmenrichtlinie, RdU 2013/30, 58; *Storr*, Negativplanungen für Wasserkraftwerke. Möglichkeiten und Grenzen, RdU-UT 2016/4, 1; *Vogl*, Die WRG-Novelle 2003 zur Umsetzung der Wasserrahmenrichtlinie in Österreich, in IUR/ÖWAV (Hrsg), Jahrbuch des österreichischen und europäischen Umweltrechts 2004 (2004) 97; *Vogl*, Nationaler Gewässerbewirtschaftungsplan und QualitätszielV Ökologie, ecolex 2010, 432; *Vogl*, Neue Entwicklungen im Wasserrecht – ein Überblick, in IUR/ÖWAV (Hrsg), Jahrbuch des österreichischen und europäischen Umweltrechts 2013 (2013) 109; *Vogl*, Wasserrecht, in Norer (Hrsg), Handbuch des Agrarrechts[2] (2012) 455; *Vogl*, Wasserrechtsgesetznovelle 2011. Unionsrechtliche Vorgaben und die nationale Forderung nach weniger Behörde, RdU 2011/78, 125; *Wagner*, Gestaltung von privatrechtlichen Übereinkommen im Rahmen wasserrechtlicher Verfahren, in Rössler/Kerschner (Hrsg), Wasserrecht und Privatrecht[2] (2013) 65; *Wagner*, Grundinanspruchnahme privater Liegenschaften für Schutzmaßnahmen und Überflutungsflächen, RdU 2013/109, 181; *Wagner*, Haftung und Verwaltungsakzessorietät am Beispiel des Bundes-Umwelthaftungsgesetzes, in IUR/ÖWAV (Hrsg), Jahrbuch des österreichischen und europäischen Umweltrechts 2010 (2010) 145; *Wallnöfer*, Wassergenossenschaften – moderne Organisationsform zur Wasserversorgung?, ecolex 2006, 435; *Weiß*, Das Enteignungs- und Entschädigungsverfahren im WRG – verfahrensrechtlicher Teil, in Rössler/Kerschner (Hrsg), Wasserrecht und Privatrecht[2] (2013) 37.

Rechtsprechung

VfSlg 4387/1963 (Kompetenzfeststellung – Abwässerbeseitigung von bebauten Liegenschaften); VfSlg 4883/1964 (Anschlusszwang bei Wasserversorgungsanlagen); VfSlg 11.760/1988 (Art 6 EMRK); VfSlg 13.587/1993, 14.489/1996 (Eigentumsrecht); VfSlg 15.869/2000 (nachträgliche Einbeziehung von Liegenschaften in eine freiwillige Wassergenossenschaft); VfSlg 17.220/2004 ua (Verfassungswidrigkeit der Ermächtigung staatlicher Organe zur Erhebung einer Beschwerde an den VfGH); VfSlg 17.242/2004 (sukzessive Gerichtszuständigkeit); VfSlg 17.557/2005 (Parteistellung der Gemeinde – eigener Wirkungsbereich); VfSlg 18.804/2009 (Anschlusszwang, Vorschreibung eines Wasserleitungsbeitrages); VfSlg 19.636/2012 (LH als Amtspartei und Behörde); VfSlg 19.677/2012 (Widerstreitverfahren – Vorzugsentscheidung ist keine Genehmigung iSd Art 11 Abs 1 Z 7 B-VG); VfGH 11.03.2015, E 1193/2014 (Entschädigungsbegehren, Entscheidungspflicht).

VwSlg 9922 A/1979 (Verpflichteter nach § 138 WRG); VwSlg 10.964 A/1983 (kein Ermessen bei § 34 Abs 1 WRG); VwSlg 14.193 A/1995 (Unterscheidung zwischen Bescheid und Maßnahme in § 31 Abs 3 WRG); VwGH 18.03.1994, 93/07/0187 (Bewilligungspflicht nach § 32 WRG); VwGH 28.07.1994, 92/07/0085, VwGH 25.10.1994, 92/07/0098 (Bestand eines Privatrechtstitels, § 9 Abs 2 WRG); VwGH 25.11.1999, 98/07/0091 (landwirtschaftliche Bodennutzung, Bewilligungspflicht); VwGH 25.05.2000, 97/07/0054 (§ 138 Abs 1 lit a WRG); VwGH 20.10.2000, 2000/07/0085 (Nassbaggerung); VwSlg 15.536 A/2001 (§ 102 WRG – § 8 AVG); VwSlg 15.634 A/2001 (Nutzungsbefugnis am Grundwasser); VwGH 17.10.2002, 98/07/0061 (Wasserpolizeiliche Aufträge und Duldungsverpflichtete); VwGH 11.09.2003, 2002/07/0060 (nachträgliche Entschädigungsfestsetzung); VwSlg 16.203 A/2003 (Bewilligungspflicht nach § 32 und § 56 WRG); VwGH 27.05.2004, 2003/07/0119 (Verhältnis § 107 WRG zu § 42 AVG); VwGH 24.02.2005, 2003/07/0046 (Natura-2000-Gebiet, Feststellung nach § 3 Abs 6 UVP-G); VwGH 26.01.2006, 2003/07/0035 (Parteistellung); VwGH 23.03.2006, 2005/07/0022 (wasserpolizeilicher Auftrag); VwSlg 16.969 A/2006 (Eisenbahnrecht/Wasserrecht); VwSlg 17.075 A/2006 (ökologischer Zustand/ökologische Funktionsfähigkeit); VwSlg 17.538 A/2008 (Verpflichteter nach § 31 WRG); VwGH 19.11.2009, 2007/07/0059 (Bestimmtheit einer wasserrechtlichen Dienstbarkeit); VwSlg 17.827 A/2010 (Ausnahme vom Verschlechterungsverbot); VwGH 17.06.2010, 2009/07/0037 (Stand der Technik); VwGH 24.03.2011, 2010/07/0155 (dingliche Gebundenheit von Wasserbenutzungsrechten); VwSlg 18.141 A/2011 (Baumaßnahmen im Hochwasserabflussgebiet); VwSlg 18.206 A/2011 (Ausnahme vom Verschlechterungsverbot); VwSlg 18.236 A/2011 (Zuständigkeit des LH); VwSlg 18.487 A/2012 (Dienstbarkeit, Präklusion); VwGH 21.11.2012, 2012/07/0191 (erhebliche Gewässerverunreinigung); VwGH 24.01.2013, 2011/07/0252 (Widerstreitverfahren, Interessenabwägung); VwGH 23.05.2013, 2010/07/0107 (Widerstreittauglichkeit); VwGH 23.05.2013, 2010/07/0141 (Drainagezulauf kein wasserrechtlich geschütztes Recht); VwGH 25.07.2013, 2010/07/0204 (Genossenschaftsbeiträge, Zuständigkeit); VwGH 26.09.2013, 2011/07/0187 (Entziehung der wasserrechtlichen Bewilligung als ultima ratio); VwGH 20.02.2014, 2013/07/0181 (§ 21a WRG kein Instrument zur Herstellung des gesetzmäßigen Zustandes); VwGH 20.02.2014, 2013/07/0253 (Aufsicht über die Wassergenossenschaften); VwGH 23.10.2014, Ro 2014/07/0039 (§ 21 Abs 5 WRG); VwGH 24.09.2015, Ro 2014/07/0099 (Begriff „Wasserversorgungsanlage“); VwGH 24.05.2016, 2013/07/0227 (Kraftwerksprojekt Schwarze Sulm); VwGH 30.06.2016, Ro 2014/07/0028 (§ 21a WRG keine Umsetzung der Aarhus-Konvention).

OGH 26.11.1958, 1 Ob 355/58 (Privateigentum am Bett öffentlicher Gewässer); OGH 30.06.1998, 1 Ob 335/97i (Unverjährbarkeit der Kostenersatzpflicht nach § 31 Abs 3 WRG); OGH 19.12.2000, 1 Ob 178/00h (Grundwasserverschmutzung); OGH 14.10.2003, 1 Ob 57/03v (Haftung des Kläranlagenbetreibers nach § 26 WRG); OGH 10.02.2004, 1 Ob 56/03x (Canyoning); OGH 12.08.2004, 1 Ob 295/03v (Privatgewässer – Grenzverlauf); OGH 12.10.2004, 1 Ob 141/04y (Entschädigungspflicht für Grundwasserentnahmen); OGH 16.05.2006, 1 Ob 63/06f (Jahrhunderthochwasser, Amtshaftung); OGH 05.05.2009, 1 Ob 49/09a (keine Klagslegitimation eines Landes iZm § 4 Abs 8 WRG); OGH 10.08.2010, 1 Ob 98/10h (dingliches Recht an öffentlichem Wassergut); OGH 23.02.2011, 1 Ob 227/10d (Veränderung der Abflussverhältnisse durch Schutz- und Regulierungsbauten); OGH 14.03.2013, 1 Ob 44/13x (Bindung des Eigentümers an Zwangsrecht der Dienstbarkeit der Transportwasserleitung); OGH 29.08.2013, 1 Ob 127/13b (Haftung des Werkunternehmers für Gewässerverunreinigungen); OGH 18.09.2014, 1 Ob 115/14j (§ 111 Abs 4 WRG); OGH 22.01.2015, 1 Ob 141/14w (öffentliches Wassergut – Ersitzungsausschluss); OGH 24.11.2015, 1 Ob 127/15f (verschuldensunabhängige Haftung nach § 26 Abs 2 WRG).

EuGH 14.03.2002, C-161/00 (Kommission/Deutschland) (Schutz der Gewässer vor Verunreinigung durch Nitrat aus landwirtschaftlichen Quellen); EuGH 06.11.2009, C-381/07 (TOS) (Gewässerreinhaltung, Art 6 RL 2006/11/EG); EuGH 01.07.2015, C-461/13 (Bund für Umwelt und Naturschutz Deutschland e.V.) (Verschlechterungsverbot der WRRL, Weser-Vertiefung); EuGH 04.05.2016, C-346/14 (Kommission/Österreich) (Kraftwerksprojekt Schwarze Sulm).

I. Regelungsgegenstand und -ziele

Das **WRG** schafft einen umfassenden Ordnungsrahmen, der das Wasser und die damit zusammenhängenden Teile der Erdoberfläche (Bett, Ufer) erfasst. Zu den zentralen Themenkreisen dieses Rechtsgebiets zählen die Benutzung der Gewässer (**Nutzwasserwirtschaft**), die nachhaltige Bewirtschaftung, insb der Schutz und die Reinhaltung der Gewässer (**Gewässergütewirtschaft**), der Schutz vor den vom Wasser ausgehenden Gefahren (**Schutzwasserwirtschaft**) sowie die Organisation und Tätigkeit von Wassergenossenschaften und Wasserverbänden. Die Nutzung der tragenden Kraft des Wassers (zB für Schifffahrtszwecke) ist allerdings aus historischen und kompetenzrechtlichen Gründen nicht im WRG geregelt.

Wasserrecht ist zu einem erheblichen Teil **Verordnungsrecht**. Darin spiegelt sich nicht nur die Notwendigkeit sachlich und örtlich differenzierter Regelungen, sondern auch der „technische Charakter" des Wasserrechts wider. Darüber hinaus werden Verordnungen auch zur Umsetzung EU-rechtlicher Vorgaben genutzt.

Beispiel: § 55p bildet die gesetzliche Grundlage für die Verordnung des BMLFUW über das Aktionsprogramm Nitrat 2012 zur Umsetzung der RL 91/676/EWG über den Schutz der Gewässer vor Verunreinigungen durch Nitrat aus landwirtschaftlichen Quellen (Nitrat-RL).

Wasserrechtliche Regelungen finden sich aber nicht nur im WRG und den darauf basierenden Verordnungen. **Spezifische Aspekte des Wasserrechts** werden in besonderen bundesgesetzlichen Vorschriften bzw auch im Landesrecht geregelt: So bestimmt etwa das LMSVG die Anforderungen an Wasser für den menschlichen Gebrauch und die damit verbundene Verantwortung der Unternehmer. Landesgesetzliche Vorschriften regeln beispielsweise die Wasserversorgung (zB krnt Gemeindewasserversorgungsgesetz – K-GWVG) und die Entsorgung von Abwässern (zB oö AbwasserentsorgungsG 2001).

II. Verfassungsrechtliche Bezüge

1. Kompetenzrechtliche Bestimmungen

Nach **Art 10 Abs 1 Z 10 B-VG** ist das „Wasserrecht" in Gesetzgebung und Vollziehung Bundessache. Gleiches gilt für die „Regulierung und Instandhaltung der Gewässer zum Zweck der unschädlichen Ableitung der Hochfluten oder zum Zweck der Schifffahrt und Flößerei" sowie für die „Wildbachverbauung" und den „Bau" und die „Instandhaltung von Wasserstraßen".

Der Inhalt des in Art 10 Abs 1 Z 10 B-VG normierten **Kompetenztatbestandes „Wasserrecht"** ist unter Zugrundelegung des Versteinerungsprinzips* zu bestimmen. Nach hA erfasst die Zuständigkeit des Bundes aufgrund dieses Kompetenztatbestandes grundsätzlich die chemische Verbindung H_2O, unabhängig vom Aggregatzustand (zB Eis, atmosphärische Niederschläge), einer allfälligen Vermischung mit anderen Stoffen (zB Heilquellen, Heilmoore), dem Grad seiner Verunreinigung (zB Abwässer) und dem Ort seines Vorkommens (zB Tagwässer, Grundwasser). Wird das Wasser allerdings seinem natürlichen Kreislauf entzogen (zB indem es in Flaschen abgefüllt wird), unterliegt es so lange nicht mehr dem Kompetenztatbestand „Wasserrecht", bis der natürliche Zusammenhang (zB durch Ausgießen auf den Boden oder in den Abfluss) wiederhergestellt ist. Regelungen, die die Erde, soweit sie wasserwirtschaftlich von Bedeutung ist (zB Bett, Ufer), betreffen, können ebenfalls auf diesen Kompetenztatbestand gestützt werden.

Gegenstand wasserrechtlicher Regelungen iSd Art 10 Abs 1 Z 10 B-VG können insb die Nutzung und der Schutz des Wassers, aber auch der Schutz vor dem Wasser sein. Das Recht der wasserrechtlichen Genossenschaften zählt ebenfalls zum Kompetenztatbestand „Wasserrecht".

Abgrenzungsprobleme zur Kompetenz des Landesgesetzgebers ergaben sich va im Verhältnis zum **Baurecht** und zum **Naturschutzrecht**. Im Kompetenzfeststellungserkenntnis VfSlg 4387/1963 hat der VfGH festgehalten, dass die Regelung der Abwässerbeseitigung von bebauten Liegenschaften, soweit sie die Einwirkung der Abwässerbeseitigung auf fremde Rechte oder auf öffentliche Gewässer betrifft, gem Art 10 Abs 1 Z 10 B-VG (Wasserrecht) Bundessache ist. Der VfGH räumt aber ein, dass es durchaus möglich ist, die Ableitung von Abwässern sowohl unter baurechtlichen als auch unter wasserrechtlichen Gesichtspunkten zu regeln. Folglich steht der Landesgesetzgebung auch die Kompetenz zu, die Frage des Anschlusszwangs an eine öffentliche Kanalanlage einer Regelung zu unterziehen (VwSlg 9965 A/1979, VfSlg 12.842/1991). Bei Wasserversorgungsanlagen ist die Regelung eines Anschlusszwanges (s § 36 Abs 1) hingegen vom Kompetenztatbestand „Wasserrecht" erfasst (VfSlg 4883/1964).

Der VfGH hat außerdem die Auffassung vertreten, dass der Landesgesetzgeber nicht befugt ist, die **Errichtung von Wasserbauten** ieS, also von Bauten, die unmittelbar der Wassernutzung dienen (zB die Verlegung einer Gussrohrleitung), einer Bewilligungspflicht nach der BauO (→ *Baurecht*) zu unterwerfen. Die Zuständigkeit des Baurechtsgesetzgebers kommt nur dort und insoweit in Betracht, als es sich um Bauten handelt, die nicht unmittelbar, sondern bloß mittelbar der Wassernutzung dienen, bei denen also der wasserbauliche Nutzungszweck in den Hintergrund tritt (zB Werkstättengebäude iZm Wasserbauten) (VfSlg 13.234/1992).

Hinsichtlich der Kompetenz zur Regelung des Naturschutzes (→ *Naturschutzrecht*) stellte sich etwa die Frage, inwieweit der **Schutz des Grundwassers** vor Verunreinigung eine Aufgabe des Naturschutzes ist. Der VwGH hat dazu festgehalten, dass der Grundwasserschutz grundsätzlich dem Kompetenztatbestand „Wasserrecht" zuzuordnen ist, wenngleich nicht ausgeschlossen werden kann, dass es spezifisch naturschutzrechtliche, von den wasserrechtlichen verschiedene Gesichtspunkte für den Grundwasserschutz gibt. Auf der Grundlage dieser Überlegungen war es nach Ansicht des Gerichtshofs mangels spezifisch naturschutzrechtlicher Gesichtspunkte unzulässig, eine naturschutzbehördliche Bewilligung zur Schotterentnahme allein wegen der Gefahr einer Grundwasserverunreinigung zu verweigern (VwSlg 14.078 A/1994).

Wie die Judikatur zu den kompetenzrechtlichen Abgrenzungsproblemen zeigt, kommt dem Kompetenztatbestand „Wasserrecht" kein exklusiver, dh andere Kompetenztatbestände verdrängender Inhalt zu. Nach Maßgabe der bundesstaatlichen Kompetenzverteilung können sohin wasserrechtlich relevante Sachverhalte auch unter Heranziehung anderer Kompetenztatbestände geregelt werden (**Gesichtspunktetheorie***). Derartige Regelungen sind iSd Kumulationsprinzips* zu beachten (vgl etwa VwGH 10.12.1991, 91/05/0063).

2. Grundrechtliche Bestimmungen

Der VfGH hat sich mit Eingriffen der Wasserrechtsbehörden in grundrechtlich verbürgte Freiräume va unter dem Blickwinkel des **Eigentumsschutzes** beschäftigt. Staatliche Eigentumseingriffe sind nur zulässig, wenn ein nachweisliches öffentliches Interesse* besteht und der Grundsatz der Verhältnismäßigkeit gewahrt ist. Unter Berufung auf diesen dem Eigentumsrecht immanenten **Verhältnismäßigkeitsgrundsatz** hat der VfGH betont, dass eine Vermögensbelastung eines Grundeigentümers durch einen wasserpolizeilichen Auftrag nach § 138 WRG nur nach Prüfung seiner wirtschaftlichen Zumutbarkeit und Adäquanz im Hinblick auf die im öffentlichen Interesse* gelegene Beseitigung des konsenslosen Zustandes zulässig ist (VfSlg 13.587/1993; vgl auch VfSlg 14.489/1996). Aus der verfassungsrechtlichen Eigentumsgarantie ergibt sich weiters ein unmittelbarer Anspruch auf **Rückübereignung**, wenn die Voraussetzungen für den Eigentumseingriff nicht gegeben bzw weggefallen sind. Dementsprechend normiert § 70 WRG für den Fall des Erlöschens einer wasserrechtlichen Bewilligung das Erlöschen bzw die Aufhebung der dadurch entbehrlich gewordenen Dienstbarkeiten (Abs 1) sowie die Rückübereignung von Grundstücken, die für Zwecke einer Wasseranlage übertragen worden sind (Abs 2). Zu den Voraussetzungen einer Zwangsrechtseinräumung s XII.1.

Nach **Art 6 EMRK** hat jedermann ein verfassungsgesetzlich gewährleistetes Recht, dass über seine Sache, wenn sie „civil rights and obligations" (oder „criminal charges") betrifft, ein unabhängiges und unparteiisches, auf Gesetz beruhendes „Gericht" (Tribunal*) entscheidet. Da der Anspruch auf Enteignungsentschädigung nach der Rechtsprechung zu den „civil rights" zählt, ist der Gesetzgeber verpflichtet, die Festlegung von Entschädigungen bei derartigen Eigentumseingriffen Tribunalen* iSd Art 6 EMRK zu übertragen. § 117 WRG sieht für Entscheidungen über Entschädigungsansprüche (insb wegen der Begründung wasserrechtlicher Zwangsrechte nach § 60 WRG) eine sukzessive Zuständigkeit* vor.

III. Europarechtliche Bezüge

Die wasserrechtlichen Vorschriften der EU bilden ein umfangreiches Regelungswerk, das sich sowohl auf Binnengewässer als auch auf Grund- und Meerwasser bezieht. Neben Abkommen zum Schutz grenzüberschreitender Gewässer und der Meere handelt es sich dabei in erster Linie um Richtlinien*. Die Umsetzung dieser Richtlinien* erfolgt in Österreich insb durch das WRG.

Im Zentrum des europäischen Wasserrechts steht die **Wasserrahmenrichtlinie** (WRRL). Die WRRL schafft einen europaweiten Ordnungsrahmen für den Schutz der Binnenoberflächengewässer, der Übergangsgewässer (bei Flussmündungen), der Küstengewässer und des Grundwassers. Hauptziele sind die Erhaltung und Verbesserung der aquatischen Umwelt, die Verringerung der Einleitung gefährlicher Stoffe in Gewässer, die Aufstellung allgemeiner Grundsätze (zB zur Koordinierung von Maßnahmen zur Verbesserung des Gewässerschutzes in der EU), die Sicherstellung eines guten Zustandes der Oberflächengewässer und des Grundwassers sowie die Verhinderung einer Zustandsverschlechterung der Gewässer (s zum Verschlechterungsverbot der WRRL EuGH 01.07.2015, C-461/13). Der wasserwirtschaftlichen Planung wird eine zentrale Rolle eingeräumt.

Zur Umsetzung der WRRL wurde das WRG umfassend novelliert (WRG-Nov 2003, BGBl I 82/2003). Diese Novelle liefert freilich ein anschauliches Beispiel dafür, dass sich die Übernahme von Richtlinienrecht nachteilig auf die Verständlichkeit und die Kohärenz innerstaatlicher Vorschriften auswirken kann.

IVm der WRRL ist auch die **Hochwasser-RL** zu nennen. Ziel dieser RL ist es, einen Rahmen für die Bewertung und das Management von Hochwasserrisiken zu schaffen. Ihrer Umsetzung diente die WRG-Nov BGBl I 14/2011.

Darüber hinaus werden in verschiedenen Richtlinien* Regelungen über den **spezifischen Gebrauch von Wasser** getroffen. Zu erwähnen ist hier etwa die Trinkwasser-RL, mit der die EU grundlegende Qualitätsstandards für Wasser festlegt, das für den menschlichen Gebrauch bestimmt ist. In diese Kategorie fällt aber zB auch die RL 2006/44/EG über Fischereigewässer. Diese RL bezweckt den Schutz bzw die Verbesserung der Qualität des Süßwassers und die Erhaltung der dort lebenden Fischarten.

Die **Einleitung von Stoffen** in das Wasser ist ebenfalls Gegenstand von EU-Regelungen. Zu nennen ist beispielsweise die RL über Umweltqualitätsnormen im Bereich der Wasserpolitik. Mit dieser RL, die an die WRRL anknüpft, werden Umweltqualitätsnormen für sog prioritäre Stoffe und bestimmte andere Schadstoffe mit dem Ziel festgelegt, einen guten chemischen Zustand der Oberflächengewässer zu erreichen. Ein weiteres Beispiel ist die Nitrat-RL, die darauf abzielt, die durch Nitrat aus landwirtschaftlichen Quellen bewirkte Gewässerverunreinigung zu vermeiden und derartigen Verunreinigungen in Hinkunft vorzubeugen.

Ergänzt werden diese spezifisch wasserrechtlichen Vorschriften des EU-Rechts durch **Vorschriften des allgemeinen EU-Umweltrechts**, die auch für das Wasser von Relevanz sind. Wegen ihrer Bedeutung für den Gewässerschutz ist hier – neben der UVP-RL (→ *Umweltverträglichkeitsprüfung*) – insb die **Industrieemissions-RL** (IE-RL 2010/75/EU) zu erwähnen. Diese RL regelt die integrierte (dh medienübergreifende) Vermeidung und Verminderung der Umweltverschmutzung infolge industrieller Tätigkeiten. Sie sieht Vorschriften zur Vermeidung und, sofern dies nicht möglich ist, zur Verminderung von Emissionen in Luft, Wasser und Boden und zur Abfallvermeidung vor, um **ein hohes Schutzniveau für die Umwelt insgesamt** zu erreichen. Die Umsetzung dieser RL im Wasserrecht erfolgte mit Art 5 UmweltrechtsanpassungsG 2013 (BGBl I 98/2013). Mit dieser Novelle wurde ua ein neuer § 134a ins WRG eingefügt. Diese Bestimmung verpflichtet die Betreiber von sog **„IE-Anlagen"** (s VI.3.), sofern „relevante gefährliche Stoffe" verwendet, erzeugt oder freigesetzt werden, einen Bericht über den Ausgangszustand des Anlagengeländes im Hinblick auf eine mögliche Verschmutzung des Grundwassers zu erstellen. Dieser Bericht soll die Basis für eine kontinuierliche Überwachung bzw Überprüfung des Grundwasserzustandes bilden. Darüber hinaus ist er für die Festlegung von Maßnahmen iZm der Stilllegung von IE-Anlagen (§ 29a) von Relevanz (s VI.3.).

Schließlich muss in diesem Kontext auch auf das in der RL 2004/35/EG über Umwelthaftung zur Vermeidung und Sanierung von Umweltschäden geregelte EU-Umwelthaftungsrecht hingewiesen werden. Die Vorgaben der **Umwelthaftungs-RL** betreffend Schäden an Boden und Gewässern wurden durch das **B-UHG** umgesetzt. Das B-UHG regelt auf der Grundlage des Verursacherprinzips (auch: „polluter pays-Prinzip") Maßnahmen zur Vermeidung und Sanierung von Umweltschäden (s VII.3.). Als Umweltschaden iS dieses Gesetzes gilt insb jede erhebliche Schädigung der Gewässer, das ist jeder Schaden, der erhebliche nachteilige Auswirkungen auf den ökologischen, chemischen oder mengenmäßigen Zustand oder das ökologische Potenzial der betreffenden Gewässer iSd WRG hat. Kein Gewässerschaden liegt jedoch vor, wenn der Schaden durch eine wasserrechtliche Bewilligung gedeckt ist (§ 4 Z 1 lit a B-UHG). Im ordnungsgemäßen Normalbetrieb einer nach dem WRG genehmigten Anlage kann es daher nach hA zu keiner Umwelthaftung iSd B-UHG kommen.

Am Rande sei außerdem erwähnt, dass die Konzessionsvergabe-RL 2014/23/EU (→ *Vergaberecht*) besondere Ausschlüsse „im Bereich Wasser" normiert (Art 12). Danach sind etwa Konzessionen betreffend die Bereitstellung und das Betreiben fester Netze zur Versorgung der Allgemeinheit iZm der Gewinnung, dem Transport oder der Verteilung von Trinkwasser vom Anwendungsbereich der RL ausgenommen.

IV. Völkerrechtliche Bezüge

Für das Wasserrecht von Bedeutung ist das UNECE-Übereinkommen über den Zugang zu Informationen, die Öffentlichkeitsbeteiligung an Entscheidungsverfahren und den Zugang zu Gerichten in Umweltangelegenheiten (**Aarhus-Konvention**). Diese Konvention, deren Name sich von der Stadt in Dänemark herleitet, in der sie unterzeichnet wurde, soll den Zugang zu Umweltinformationen, die Beteiligung der Öffentlichkeit an bestimmten Entscheidungsverfahren, die Auswirkungen auf die Umwelt haben können, sowie den Zugang zu einem Gericht (bzw einer anderen auf gesetzlicher Grundlage geschaffenen unabhängigen und unparteiischen Stelle) in Umweltangelegenheiten sicherstellen. Das zentrale Anliegen der Konvention besteht darin, die Beteiligung der Öffentlichkeit an umweltrelevanten Genehmigungsverfahren zu intensivieren und damit das Umweltbewusstsein der Bevölkerung zu stärken. Siehe dazu auch im Kapitel → *Straßenrecht* IV.

Das UNECE-Übereinkommen zum Schutz und zur Nutzung grenzüberschreitender Wasserläufe und internationaler Seen (**Helsinki-Übereinkommen**) legt Rahmenbedingungen für die Zusammenarbeit bei der Vermeidung bzw Bewältigung der Verschmutzung grenzüberschreitender Gewässer fest. Die Vertragsparteien sind verpflichtet, alle geeigneten Maßnahmen zur Verhütung, Bekämpfung und Verringerung grenzüberschreitender Beeinträchtigungen zu treffen. Insb haben sie die Verschmutzung von Gewässern hintanzuhalten sowie sicherzustellen, dass grenzüberschreitende Gewässer mit dem Ziel einer umweltverträglichen und rationellen Wasserbewirtschaftung, der Erhaltung der Wasservorkommen und des Schutzes der Umwelt genutzt werden. Zudem ist dafür Sorge zu tragen, dass grenzüberschreitende Gewässer in angemessener und ausgewogener Weise genutzt werden und Ökosysteme erhalten bzw wiederhergestellt werden (Art 2).

IZm der Liberalisierung des Dienstleistungssektors im Rahmen des **GATS** wird bisweilen die Sorge geäußert, dass es zu einem Ausverkauf des österr Wassers ins Ausland kommen könnte. Das BMLFUW betont jedoch, dass von Seiten der EU nicht vorgesehen sei, den Bereich der Wasserversorgung zu liberalisieren, zumal es sich dabei um eine der wichtigsten Leistungen der Daseinsvorsorge handle. Außerdem beziehe sich das GATS nur auf Dienstleistungen rund um das Wasser (zB Wasserleitungen). Es sei daher nicht zu befürchten, dass das GATS den Ausverkauf österr Wassers ins Ausland mit sich bringt.

V. Grundbegriffe des Wasserrechts

1. Die Gewässer (§§ 1 ff)

Der erste Abschnitt des WRG handelt „von der rechtlichen Eigenschaft der Gewässer" und spricht damit den für das Wasserrecht zentralen Begriff des

„Gewässers“ an. Dieser setzt seinerseits einen weiteren Grundbegriff voraus, nämlich jenen des Wassers. Als **Wasser** iSd WRG ist die chemische Verbindung H_2O (= die Wasserwelle) in ihrem natürlichen Kreislauf zu verstehen (s II.1.). Als **Gewässer** bezeichnet man natürliche oder künstliche Zusammenhänge von Wasser, die dem WRG unterliegen. Dazu zählen (bei Tagwässern) neben der Wasserwelle auch das Wasserbett (= Grund, über dem sich das Wasser befindet) und die Ufer (s auch VwGH 23.04.1998, 97/07/0005).

Das WRG unterscheidet folgende **Arten von Gewässern:**

- öffentliche und private Gewässer (§§ 1–3);
- Tagwässer (zB § 9 Abs 2) und Grundwasser (zB § 3 Abs 1 lit a);
- stehende Gewässer (zB Seen, Teiche) und fließende Gewässer (zB Flüsse, Bäche). Die fließenden Gewässer werden zT auch als „Gerinne“ bezeichnet (zB § 47 Abs 1 lit c).

Öffentliche Gewässer (§ 2) sind zunächst alle im Anh A zum WRG aufgezählten Ströme, Flüsse, Bäche und Seen mit allen ihren Armen, Seitenkanälen und Verzweigungen (sog „Kataloggewässer“). Darüber hinaus zählen dazu jene Gewässer, die vor Inkrafttreten des WRG anlässlich der Erteilung einer wasserrechtlichen Bewilligung als öffentliche behandelt wurden (bei fließenden Gewässern ab der betreffenden Stelle flussabwärts). Außerdem gelten all jene Gewässer als öffentlich, die (im WRG) nicht ausdrücklich als Privatgewässer bezeichnet werden. Öffentliche Gewässer sind schließlich auch jene, die gem § 61 für öffentlich erklärt wurden (s XII.2.). Öffentliche Gewässer bilden einen Teil des öffentlichen Gutes (§ 287 ABGB).

Von den öffentlichen Gewässern als Teil des öffentlichen Gutes ist das öffentliche Wassergut (§ 4) zu unterscheiden. Dieses umfasst nur das Bett öffentlicher Gewässer (s V.2.) (vgl *Bumberger/Hinterwirth*, WRG² § 1 K4.).

Das **Eigentumsrecht** an öffentlichen Gewässern kommt grundsätzlich dem Bund zu (vgl *Oberleitner/Berger*, WRG-ON 1.03 § 1 Rz 1 mwH). Zu beachten ist freilich, dass nach der Rsp das Eigentum am Wasserbett und an der Wasserwelle auseinanderfallen kann (VwGH 21.11.1994, 94/10/0112); das Bett öffentlicher Gewässer kann daher auch im Privateigentum stehen (OGH 26.11.1958, 1 Ob 355/58).

Zu den **Privatgewässern** rechnet man – neben den in § 2 Abs 2 genannten Gewässern, für die ein besonderer, vor dem Jahre 1870 entstandener Privatrechtstitel (an der Wasserwelle; OGH 31.03.1965, 1 Ob 11/65) nachgewiesen wird – die in § 3 Abs 1 lit a bis e genannten Gewässer, sohin insb das **Grundwasser** und das aus einem Grundstück zu Tage quellende Wasser (**Quellwasser**), die sich auf einem Grundstück aus atmosphärischen Niederschlägen ansammelnden Wässer sowie das in Brunnen, Zisternen, Teichen oder anderen Behältern enthaltene und das in Kanälen, Röhren usw für Verbrauchszwecke abgeleitete Wasser. Privatgewässer stehen grundsätzlich im Eigentum des Liegenschaftseigentümers bzw der Ufereigentümer, wobei auch die Gebietskörperschaften als Eigentümer in Betracht kommen (zB ist der Hallstätter See ein im Eigentum des Bundes stehendes Privatgewässer, OGH 15.10.1970, 1 Ob 133/70).

Der Umstand, dass ein Gewässer im Eigentum einer Gebietskörperschaft (etwa des Bundes) steht, macht dieses also noch nicht zum öffentlichen Gewässer. Es gibt eben auch Privatgewässer der Gebietskörperschaften (vgl *Bumberger/Hinterwirth*, WRG[2] § 2 K4.).

Als **Grundwasser** bezeichnet man das in einem Grundstück enthaltene unterirdische Wasser einschließlich der unterirdischen Seen (Höhlenwässer). Das zu Tage tretende (= oberhalb der Erdoberfläche befindliche) Wasser nennt man **Tagwasser**.

2. Öffentliches Wassergut (§ 4)

Zum öffentlichen Wassergut (§ 4) zählt jene Fläche, die **das Bett eines öffentlichen Gewässers und dessen Hochwasserabflussgebiet** bildet, sofern entweder

- der Bund in den öffentlichen Büchern als Eigentümer eingetragen ist (§ 4 Abs 1 S 1), oder
- die Zweifelsregel des § 4 Abs 1 S 2 zur Anwendung kommt, oder
- der Bund das Eigentum an einer solchen Fläche erworben hat und diese (den in § 4 Abs 2 genannten) Zwecken öffentlichen Wasserguts dienlich sein kann (§ 4 Abs 4),

wobei es nicht darauf ankommt, ob das öffentliche Gewässer wasserführend ist. Unter öffentlichem Wassergut versteht man folglich nicht das Wasser selbst, sondern ausschließlich die bezeichneten **Grundflächen.**

Ausnahmen: Eisenbahngrundstücke sowie Grundstücke, die zu einer öffentlichen Straßen- oder Wegeanlage (→ *Straßenrecht*) gehören oder in der Verwaltung eines Bundesbetriebes stehen, zählen nicht zum öffentlichen Wassergut (§ 4 Abs 3). Flächen gem § 4 Abs 1, die die Österreichische Bundesforste AG (→ *Forstrecht*) im eigenen oder fremden Namen verwaltet (zB bestimmte Seen), sind ebenfalls nicht öffentliches Wassergut. Die diesbezüglichen Bestimmungen gelten aber für diese Flächen zT sinngemäß (§ 4 Abs 3a, § 4 Abs 10).

Das öffentliche Wassergut dient in erster Linie **öffentlichen Interessen***, wie etwa der Erhaltung des ökologischen Zustandes der Gewässer, dem Schutz ufernaher Grundwasservorkommen, der Sicherheit vor Hochwässern und Eisstau und der Erholung der Bevölkerung (vgl § 4 Abs 2). Aus diesem Grund bedürfen Grundflächen, die öffentliches Wassergut sind, eines **besonderen Schutzes** (insb vor Veräußerung oder dinglicher Belastung). § 4 Abs 8 sieht daher vor, dass bei den zum öffentlichen Wassergut gehörenden Liegenschaften die Übertragung des Eigentums erst nach bescheidmäßiger Feststellung der dauernden Entbehrlichkeit für die mit der Widmung* als öffentliches Wassergut verbundenen Zwecke (Ausscheidung) zulässig ist. Die Einräumung eines anderen dinglichen Rechts erfordert die vorherige bescheidmäßige Feststellung, dass dadurch keine Beeinträchtigung der Widmungszwecke (§ 4 Abs 2) eintritt. Bis zur Erlassung des Ausscheidungs- oder Feststellungsbescheids* durch den LH ist das zivilrechtliche Rechtsgeschäft schwebend unwirksam.

Ein Land ist jedoch nicht berechtigt, in einem Zivilprozess die Feststellung zu begehren, dass ein zwischen dem Bund als Verkäufer und einem Privaten als Käufer geschlossener Kaufvertrag wegen eines Verstoßes gegen § 4 Abs 8 nichtig sei, wenn seine Rechtsposition nicht unmittelbar tangiert ist (OGH 05.05.2009, 1 Ob 49/09a).

Die Verwaltung des öffentlichen Wassergutes erfolgt im Wege der **Privatwirtschaftsverwaltung*** des Bundes durch den LH (BGBl 280/1969), hinsichtlich einiger Seen durch die Österreichische Bundesforste AG und bei Donau, March und Thaya durch die via donau – Österreichische Wasserstraßen-Gesellschaft mbH (§ 2 Abs 1 Z 10 WasserstraßenG) (so *Oberleitner/Berger*, WRG-ON 1.03 § 4 Rz 9).

3. Öffentliche Interessen (§ 105)

Eine zentrale Norm des WRG ist dessen § 105, der **wasserwirtschaftlich bedeutsame öffentliche Interessen*** zum Ausdruck bringt. Die in § 105 demonstrativ aufgezählten öffentlichen Interessen stellen zugleich allgemein zu beachtende **Versagungstatbestände** für beantragte wasserrechtliche Bewilligungen sowie Kriterien für die Vorschreibung von **Auflagen*** und sonstigen Nebenbestimmungen dar. Die Wahrnehmung dieser als öffentliche Interessen qualifizierten Gesichtspunkte obliegt der Wasserrechtsbehörde von Amts wegen; subjektiv-öffentliche Rechte* der mitbeteiligten Parteien können sich daraus nicht ergeben.

Ein Bewilligungsantrag, dessen Ausführung öffentlichen Interessen iSd § 105 zuwiderläuft, ist von der Behörde* grundsätzlich abzuweisen. Die Beeinträchtigung öffentlicher Interessen führt jedoch dann nicht zu einer Versagung der angestrebten Bewilligung, wenn dem Interessenwiderstreit durch Auflagen* oder sonstige Nebenbestimmungen abgeholfen werden kann. Lässt sich auf diese Weise ein Widerspruch zu öffentlichen Interessen nicht bzw nicht zur Gänze beseitigen, kann dennoch eine Bewilligung erteilt werden, wenn überwiegende öffentliche Interessen für das Vorhaben sprechen. § 105 ermöglicht sohin auch eine **Abwägung zwischen verschiedenen öffentlichen Interessen** (vgl *Bumberger/Hinterwirth*, WRG[2] § 105 K1. und K3.).

VI. Die Benutzung der Gewässer (§§ 5 ff)

1. Die Benutzung öffentlicher Gewässer und privater Tagwässer

Ist im WRG von der Benutzung der Gewässer die Rede, so muss zunächst je nach Art und Intensität dieser Benutzung zwischen dem unentgeltlichen und

bewilligungsfreien Gemeingebrauch, der **bewilligungsfreien Nutzung** und der **bewilligungspflichtigen Nutzung** unterschieden werden. Der Umfang des Gemeingebrauchs hängt davon ab, ob es sich um ein privates oder um ein öffentliches Gewässer handelt.

Der Gemeingebrauch an öffentlichen Gewässern (sog **„großer Gemeingebrauch"**) ist der „gewöhnliche, ohne besondere Vorrichtungen vorgenommene, die gleiche Benutzung durch andere nicht ausschließende Gebrauch des Wassers, wie insb zum Baden, Waschen, Tränken, Schwemmen, Schöpfen, dann die Gewinnung von Pflanzen, Schlamm, Erde, Sand, Schotter, Steinen und Eis, schließlich die Benutzung der Eisdecke überhaupt, soweit dadurch weder der Wasserlauf, die Beschaffenheit des Wassers oder die Ufer gefährdet noch ein Recht verletzt oder ein öffentliches Interesse beeinträchtigt noch jemandem ein Schaden zugefügt wird, ..." (§ 8 Abs 1).

Unter Wahrung dieser Voraussetzungen zählen etwa zum Gemeingebrauch: das Baden oder Tauchen (mit Atemgeräten), geringe Wasserentnahmen, geringe Schotterentnahmen sowie der Gebrauch von Bachwasser als Viehtränke. Die Benutzung der tragenden Kraft des Wassers zur Schifffahrt und Floßfahrt gehört nicht zum Gemeingebrauch iSd § 8 Abs 1 (VfSlg 4330/1962).

Gewerblich geführte Canyoning-Touren gehen über den „großen Gemeingebrauch" des § 8 Abs 1 hinaus (OGH 10.02.2004, 1 Ob 56/03x).

Eine darüber hinausgehende Benutzung des öffentlichen Gewässers (**bewilligungspflichtige Sondernutzung**) sowie die Errichtung oder Änderung der **zur Benutzung der Gewässer dienenden Anlagen** bedarf der **Bewilligung** der Wasserrechtsbehörde (§ 9 Abs 1). Der Bewilligungspflicht nach § 9 Abs 1 unterliegen daher nur Anlagen, die der Benutzung der Gewässer dienen.

Unter einer Anlage* iSd WRG muss alles das verstanden werden, was durch die Hand des Menschen „angelegt", dh errichtet wird (VwSlg 5070 A/1959). Zu den Anlagen zur Gewässerbenutzung zählen etwa Trink- und Nutzwasserversorgungsanlagen, nicht hingegen Bootsanlegeplätze und Schiffsanlegestellen.

Ist nur die Errichtung von baulichen Anlagen oder von Einbauten geplant, so ist nach hA § 38 einschlägig. Entwässerungsanlagen (§ 40), Schutz- und Regulierungswasserbauten (§ 41) sowie im Regelfall auch Anlagen und Vorhaben nach §§ 31a und 31c (potentiell wassergefährdende Vorhaben) unterliegen nicht der Bewilligungspflicht nach §§ 9 ff, weil diese Vorhaben projektgemäß nicht auf die Benutzung der Gewässer abzielen (vgl *Hattenberger* in Holoubek/Potacs II[3] 1046 f).

Bezieht sich die über den Gemeingebrauch hinausgehende Benutzung lediglich auf das Bett (zB Sand- und Schotterentnahmen), so ist nach § 5 Abs 1 jedenfalls auch die zivilrechtliche Einwilligung des Eigentümers erforderlich. Eigentümer des Betts öffentlicher Gewässer ist idR der Bund (s aber OGH 26.11.1958, 1 Ob 355/58; dazu schon V.1.).

Die **Benutzung der privaten Tagwässer** ist grundsätzlich dem **Eigentümer** vorbehalten, der jedoch die Ausübung des Gemeingebrauchs durch Dritte unentgeltlich zu dulden hat. Der Gemeingebrauch an privaten Tagwässern (sog „**kleiner Gemeingebrauch**") umfasst den Gebrauch des Wassers „zum Tränken und zum Schöpfen mit Handgefäßen", soweit dadurch weder Rechte noch öffentliche oder private Interessen verletzt werden (§ 8 Abs 2). Der kleine Gemeingebrauch an Privatgewässern kommt freilich nur dort in Betracht, wo eine Zugangserlaubnis zum Gewässer besteht (zB durch eine öffentliche Straße [→ *Straßenrecht*]).

Während bei öffentlichen Gewässern jede Überschreitung des Gemeingebrauchs die Bewilligungspflicht auslöst, ist die Benutzung der privaten Tagwässer sowie die Errichtung oder Änderung der hiezu dienenden Anlagen nur dann bewilligungspflichtig, wenn dadurch auf fremde Rechte oder infolge eines Zusammenhanges mit öffentlichen Gewässern oder fremden Privatgewässern auf das Gefälle, auf den Lauf oder die Beschaffenheit des Wassers (va in gesundheitsschädlicher Weise) oder auf die Höhe des Wasserstandes in diesen Gewässern Einfluss geübt werden kann. Gleiches gilt, wenn eine Gefährdung der Ufer bzw eine Überschwemmung oder Versumpfung fremder Grundstücke herbeigeführt werden kann (**bewilligungspflichtige Nutzung**; § 9 Abs 2). Gewisse, den Gemeingebrauch übersteigende Nutzungen sind somit durch den Eigentümer oder mit Zustimmung des Eigentümers auch ohne wasserrechtliche Bewilligung möglich (**bewilligungsfreie Nutzung**).

Von einer Benützung eines privaten Tagwassers iSd § 9 Abs 2 kann nur dann gesprochen werden, wenn die betreffende Anlage über einen eigenen Wasserspender verfügt. Der Nebenstrang einer Trinkwasserversorgungsanlage, der über keine eigene Quelle verfügt, bedarf daher keiner wasserrechtlichen Bewilligung (VwGH 08.10.1979, 2452/78).

Eine Maßnahme oder Anlage ist trotz der Berührung fremder Rechte nicht nach § 9 Abs 2 bewilligungspflichtig, wenn die Zustimmung des Berechtigten oder eine entsprechende Vereinbarung vorliegt (VwGH 23.05.2002, 2002/07/0037).

Auf die ungehinderte Aufrechterhaltung des (großen wie des kleinen) Gemeingebrauchs hat niemand einen Rechtsanspruch.

2. Die Benutzung des Grundwassers

Die Benutzung des Grundwassers für den notwendigen Haus- und Wirtschaftsbedarf steht dem **Grundeigentümer ohne Bewilligung** der Wasserrechtsbehörde zu, wenn die Förderung nur durch handbetriebene Pump- oder Schöpfwerke erfolgt oder wenn die Entnahme in einem angemessenen Verhältnis zum eigenen Grund steht. In allen anderen Fällen sowie bei artesischen Brunnen (= durch Druck des Grundwassers fließende Brunnen) ist für die Erschließung (zB Grabungsarbeiten) oder Benutzung des Grundwassers und für die damit im Zusammenhang stehenden Eingriffe in den Grundwasserhaushalt sowie zur Errichtung oder Änderung der hiefür dienenden Anlagen* eine **wasserrechtliche Bewilligung** erforderlich (§ 10).

Beispiel: Die Benutzung des Grundwassers durch eine Motorpumpe ist nur dann bewilligungsfrei, wenn die dem Eigentümer im Umkreis um die Entnahmestelle zur Verfügung stehende Grundfläche so groß ist, dass nicht mit Auswirkungen auf die Grundwasserverhältnisse benachbarter Liegenschaften zu rechnen ist.

§ 12 Abs 4 regelt den Fall, dass durch bewilligungspflichtige Grundwasserentnahmen **benachbarten Grundstücken Grundwasser entzogen** wird. Einen Anspruch auf Abweisung eines Antrages auf Erteilung einer wasserrechtlichen Bewilligung hat der Eigentümer des Nachbargrundstücks wegen **Zugriffs auf sein Grundwasser** demnach nur dann, wenn durch diesen Zugriff das betroffene Grundstück nicht mehr **auf die bisher geübte Art benutzbar** bleibt. Wenn durch die Grundwasserentnahme das betroffene Grundstück zwar nicht in seiner bisherigen Nutzung beeinträchtigt wird, aber durch diese Wasserentnahme eine **Verschlechterung der Bodenbeschaffenheit** eintritt, so hat der Grundeigentümer keine Möglichkeit, das Wasserbauvorhaben zu verhindern; er muss sich mit einer **Entschädigung** (§ 117) begnügen. Bleibt das betroffene Grundstück trotz der Grundwasserentnahme auf die bisher geübte Art benutzbar und kommt es auch nicht zu einer Verschlechterung der Bodenbeschaffenheit, dann hat der Grundeigentümer auch keinen Anspruch auf Entschädigung (VwSlg 15.634 A/2001).

Die Entschädigungsregelung des § 12 Abs 4 ist abschließend. Neben einer Entschädigung gem § 12 Abs 4 gebühren daher keine weiteren Entschädigungen als Ausgleich für die Minderung des Verkehrswerts von Liegenschaften wegen Änderung des Grundwasserstands oder als Entgelt für den Substanzwert des durch eine Wasserbenutzungsanlage aus dem Grundwasserstrom abgeleiteten Wassers (OGH 12.10.2004, 1 Ob 141/04y).

Einen Gemeingebrauch am Grundwasser gibt es nicht. Es kann auch nicht nach § 61 (s XII.2.) für öffentlich erklärt werden. Zur Frage, ob auch ein anderer als der Grundeigentümer Grundwasser bewilligungsfrei nutzen kann, hat der VwGH die Auffassung vertreten, dass die **bewilligungsfreie Benutzung des Grundwassers nur dem Grundeigentümer zukommt**, nicht jedoch demjenigen, der über ein (sonstiges) dingliches Recht verfügt, das ihm eine Nutzungsbefugnis iSd § 5 Abs 2 einräumt (VwSlg 17.884 A/2010).

3. Die Bewilligung der Wasserbenutzung

Mit den genannten Bewilligungen (§§ 9, 10 Abs 2) werden **Wasserbenutzungsrechte** verliehen; die betreffenden Anlagen gelten als **Wasserbenutzungsanlagen**. Bei der Bewilligung von Wasserbenutzungen (= Verleihung von Wasserbenutzungsrechten) sind jedenfalls der Ort, das Maß (quantitativer Aspekt) und die Art (qualitativer Aspekt) der Wasserbenutzung zu bestimmen (§ 11 Abs 1), wobei das Maß und die Art der zu bewilligenden Wassernutzung so festzulegen sind, dass das öffentliche Interesse* iSd § 105 nicht beeinträchtigt und bestehende Rechte nicht verletzt werden. Als **bestehende Rechte**, die einem Vorhaben entgegenstehen und vom Berechtigten im Bewilligungsverfahren als Einwendungen* geltend gemacht werden können (s XIV.2.), gelten gem **§ 12 Abs 2:**

- **rechtmäßig geübte Wassernutzungen** mit Ausnahme des Gemeingebrauchs. Rechtmäßig geübte Wassernutzungen iSd § 12 Abs 2 sind über den bloßen Gemeingebrauch hinausgehende, durch das WRG aufrechterhaltene (§ 142) oder durch einen Bewilligungsbescheid zuerkannte Wasserbenutzungsrechte (VwSlg 15.537 A/2001).
  Tritt die geplante Nutzung mit schon bestehenden Wasserbenutzungsrechten in Widerstreit, so ist der Bedarf der neuen Wasserbenutzung grundsätzlich erst nach Sicherung der bestehenden Ansprüche und unter den für das neue Vorhaben sich hieraus ergebenden Einschränkungen zu befriedigen (§ 16). Davon zu unterscheiden ist der in § 17 geregelte Fall der Konkurrenz von geplanten Wasserbenutzungen. Bei dieser Konstellation ist jenem Vorhaben der Vorzug einzuräumen, das dem öffentlichen Interesse* (§ 105) besser dient (s XIV.3.).
- **Nutzungsbefugnisse nach § 5 Abs 2.** Das sind die bewilligungsfreien Nutzungen von Privatgewässern.
- das **Grundeigentum.** Relevant sind nur projektgemäß vorgesehene Eingriffe in die Substanz des Grundeigentums (zB Versumpfung); bloße Grundnachbarschaft reicht nicht.

Sind von einem bewilligungspflichtigen Vorhaben bestehende Rechte iSd § 12 Abs 2 betroffen, dann ist die Erteilung der wasserrechtlichen Bewilligung – vom Fall der Einräumung von Zwangsrechten (s XII.) abgesehen – nur zulässig, wenn der Inhaber des betroffenen Rechts dem Eingriff in sein Recht zustimmt (VwSlg 14.654 A/1997) bzw ein Übereinkommen iSd § 111 Abs 3 (s XIV.3.) geschlossen wird (VwGH 31.03.2005, 2004/07/0035).

Ist das Vorhaben genehmigungsfähig, so hat die Bestimmung des **Maßes der Wasserbenutzung** im Bewilligungsbescheid sowohl den **Bedarf** des Bewilligungswerbers als auch die bestehenden **wasserwirtschaftlichen Verhältnisse** zu berücksichtigen und auf eine möglichst sparsame Verwendung des Wassers Bedacht zu nehmen. Keinesfalls dürfen das Maß und die Art der Wasserbenutzung so weit gehen, dass die lokale Wasserversorgung zum Zweck der Abwendung von Feuersgefahren, für sonstige öffentliche Zwecke oder für Zwecke des Haus- und Wirtschaftsbedarfs der Bewohner beeinträchtigt wird (§ 13).

Bei allen Wasserbenutzungen sowie dem WRG unterliegenden Anlagen und Maßnahmen ist grundsätzlich der **Stand der Technik*** einzuhalten. Als Stand der Technik gilt der auf den einschlägigen wissenschaftlichen Erkenntnissen beruhende Entwicklungsstand fortschrittlicher Verfahren, Einrichtungen oder Betriebsweisen, deren Funktionstüchtigkeit erprobt und erwiesen ist. Unter bestimmten Voraussetzungen darf dieser Maßstab vorübergehend unterschritten werden. Gegen Bescheide, mit denen gem § 12a Abs 3 Ausnahmen vom Stand der Technik gewährt wurden, kann der BMLFUW **Amtsbeschwerde** an das VwG erheben (§ 12a iVm § 116).

Handelt es sich um ein **Vorhaben von minderer wasserwirtschaftlicher Bedeutung**, das durch Verordnung des BMLFUW bewilligungsfrei gestellt wurde, so ist es der Behörde* lediglich zu melden (§ 12b). Ferner sieht das Gesetz die Möglichkeit einer **Typengenehmigung** vor (§ 12c).

Das WRG geht von der Regel aus, dass jede Benützungsbewilligung zu befristen ist (§ 21). Diese **Frist** darf bei Wasserentnahmen für Bewässerungszwecke zwölf Jahre, sonst 90 Jahre nicht überschreiten. Eine Verlängerung ist zwar nicht möglich, das Gesetz räumt jedoch dem bisher Berechtigten einen Anspruch auf **Wiederverleihung** des Wasserbenutzungsrechts ein, wenn öffentliche Interessen* dem nicht entgegenstehen und die Wasserbenutzung unter Beachtung des Standes der Technik* erfolgt.

Ergibt sich **nach Erteilung der Bewilligung**, dass öffentliche Interessen* (§ 105) trotz Einhaltung der im Bewilligungsbescheid oder in sonstigen Bestimmungen enthaltenen Auflagen* und Vorschriften nicht hinreichend geschützt sind, hat die Wasserrechtsbehörde die nach dem nunmehrigen Stand der Technik* (§ 12a) zur Erreichung dieses Schutzes erforderlichen anderen oder zusätzlichen Auflagen* vorzuschreiben, Anpassungsziele festzulegen und die Vorlage entsprechender Projektunterlagen über die Anpassung aufzutragen, Art und Ausmaß der Wasserbenutzung vorübergehend oder auf Dauer einzuschränken (**Anpassungsaufträge**) oder die Wasserbenutzung vorübergehend oder auf Dauer zu untersagen (§ 21a Abs 1), sofern dies nicht unverhältnismäßig ist (**Durchbrechung der Rechtskraft***). Die Möglichkeit zur Erlassung derartiger Bescheide besteht nicht nur bei Benützungsbewilligungen, sondern bei allen Arten wasserrechtlicher Bewilligungen (Abs 5). Andererseits sind Auflagen* auf Antrag mit Bescheid aufzuheben oder abzuändern, wenn und soweit die Voraussetzungen für ihre Vorschreibung nicht mehr vorliegen (§ 21b).

Bei nicht ortsfesten Wasserbenutzungsanlagen ist die Bewilligung auf die Person des Wasserberechtigten beschränkt; bei allen anderen Wasserbenutzungsrechten ist **Wasserberechtigter** der jeweilige Eigentümer der Betriebsanlage oder Liegenschaft, mit der diese Rechte verbunden sind (**dingliche Wirkung***; § 22).

Eine solche „Verbindung" (iSd § 22 Abs 1) kann sich auch aus einer Interpretation des Bewilligungsbescheids ergeben. Findet sich aber kein vernünftiger Anhaltspunkt für die Zuordnung eines Wasserbenutzungsrechts zu einer Liegenschaft oder Anlage, so ist auch bei ortsfesten Wasserbenutzungsanlagen von einer bloß „persönlichen Gebundenheit" des Wasserbenutzungsrechts auszugehen (VwSlg 17.471 A/2008).

Die Gründe für das **Erlöschen von Wasserbenutzungsrechten** sind in § 27 geregelt. Das Erlöschen tritt entweder kraft Gesetzes oder durch rechtsgestaltenden Bescheid ein. Aus § 29 wird allerdings abgeleitet, dass das ex lege eintretende Erlöschen durch einen hinzutretenden (deklarativen) Feststellungsbescheid* „festgestellt“ werden muss (*B. Raschauer*, Kommentar 100 f, 107 f). In diesem Feststellungsbescheid kann die Behörde* dem bisherigen Wasserbenutzungsberechtigten auch sog letztmalige Vorkehrungen (zB die Beseitigung der Wasserbenutzungsanlage) vorschreiben. Bei Anlagen, in denen eine oder mehrere der in Anh I der IE-RL angeführten Tätigkeiten durchgeführt werden (**IE-Anlagen**), ist im Falle der endgültigen Einstellung dieser Tätigkeiten der **Stand der Grundwasserverschmutzung** durch „relevante gefährliche Stoffe“ ein letztes Mal zu bewerten. Die aufgrund dieser **letztmaligen Bewertung** notwendigen Maßnahmen sind vom Betreiber zu planen und der Behörde anzuzeigen. Die Behörde* hat sodann dem Anlagenbetreiber die Durchführung der jeweils **erforderlichen Maßnahmen** mit Bescheid aufzutragen (§ 29a). Hinsichtlich der erforderlichen Maßnahmen wird danach differenziert, ob ein Bericht über den Ausgangszustand (§ 134a Abs 1; s III.) vorliegt oder nicht.

4. Schadenshaftung (§ 26)

§ 26 enthält besondere schadenersatzrechtliche Regelungen. Die betreffenden Schadenersatzansprüche sind im ordentlichen Rechtsweg (dh bei Gericht) geltend zu machen. Davon zu unterscheiden sind die von der Wasserrechtsbehörde zu behandelnden Entschädigungsansprüche nach § 117 (s XIV.5.) und die Haftung iSd B-UHG (s VII.3.).

In § 26 sind drei verschiedene Kategorien von Schadenersatzansprüchen vorgesehen:

- **allgemeine zivilrechtliche Haftung.** § 26 Abs 1 bestimmt, dass die allgemeinen zivilrechtlichen Haftungsregeln auf Schäden anzuwenden sind, die aus dem Bestand oder Betrieb einer Wasserbenutzungsanlage resultieren (sofern nicht das WRG selbst Besonderes statuiert).
- **verschuldensunabhängige Erfolgshaftung.** Diese Haftung nach § 26 Abs 2 greift, wenn durch den rechtmäßigen Bestand oder Betrieb einer Wasserbenutzungsanlage ein dort näher umschriebener Schaden entstanden ist, mit dessen Eintritt bei der Erteilung der Bewilligung nicht oder nur in einem geringeren Umfang gerechnet wurde. Dieser Tatbestand beruht auf dem Gedanken, dass dem Geschädigten auch dann Ersatz gebührt, wenn infolge einer unrichtigen Prognose keine oder eine zu geringe Entschädigung (§ 117) zuerkannt wurde. Als Sonderregelung verdrängt § 26 Abs 2 WRG die nachbarrechtlichen Ansprüche nach § 364 Abs 2 und § 364a ABGB (OGH 24.11.2015, 1 Ob 127/15f mwN).
- **Haftung zu Gunsten der übergangenen Partei.** Nach § 26 Abs 3 haftet der Wasserberechtigte jenen Geschädigten, die – obwohl ihnen Parteistellung zugekommen wäre – ohne ihr Verschulden außer Stande waren, ihre

Einwendungen* rechtzeitig geltend zu machen (und regelmäßig deswegen keine Entschädigung zugesprochen bekommen haben).

VII. Die nachhaltige Bewirtschaftung der Gewässer (§§ 30 ff)

1. Allgemeines

Der nachhaltigen Bewirtschaftung, insb der **Reinhaltung** und dem **Schutz** der Gewässer, ist der dritte Abschnitt des WRG gewidmet. Die diesen Abschnitt einleitende Regelung des **§ 30 Abs 1** normiert als auslegungs- und ermessensleitende **Zielbestimmung** zunächst den Grundsatz, dass alle Gewässer einschließlich des Grundwassers im Rahmen des öffentlichen Interesses* und nach Maßgabe der nachfolgenden Bestimmungen so reinzuhalten und zu schützen sind,

- dass die Gesundheit von Mensch und Tier nicht gefährdet werden kann,
- dass Beeinträchtigungen des Landschaftsbildes und sonstige fühlbare Schädigungen vermieden werden können,
- dass eine Verschlechterung vermieden (**Verschlechterungsverbot**) sowie der Zustand der aquatischen Ökosysteme und der direkt von ihnen abhängenden Landökosysteme und Feuchtgebiete im Hinblick auf ihren Wasserhaushalt geschützt und verbessert werden,
- dass eine nachhaltige Wassernutzung auf der Grundlage eines langfristigen Schutzes der vorhandenen Ressourcen gefördert wird (**Nachhaltigkeitsgebot**),
- dass eine **Verbesserung** der aquatischen Umwelt, ua durch spezifische Maßnahmen zur schrittweisen Reduzierung von Einleitungen, Emissionen* und Verlusten von gefährlichen Schadstoffen gewährleistet wird.

Insb ist Grundwasser und Quellwasser so reinzuhalten, dass es als Trinkwasser verwendet werden kann. **Grundwasser** ist außerdem so zu schützen, dass eine schrittweise Reduzierung der Verschmutzung des Grundwassers und die Verhinderung der weiteren Verschmutzung sichergestellt werden. **Oberflächengewässer** sind so reinzuhalten, dass Tagwässer zum Gemeingebrauch sowie zu gewerblichen Zwecken benutzt und Fischwässer erhalten werden können.

Unter **Reinhaltung** der Gewässer wird im WRG die Erhaltung der natürlichen Beschaffenheit des Wassers in physikalischer, chemischer und biologischer Hinsicht (Wassergüte), unter **Verunreinigung** jede Beeinträchtigung dieser Beschaffenheit und jede Minderung des Selbstreinigungsvermögens verstanden. Handelt es sich um eine wesentliche Verunreinigung, so soll nach den Intentionen des Gesetzgebers eine **Verschmutzung** vorliegen (RV WRG-Nov 2003). Mit **Schutz der Gewässer** meint das WRG die Erhaltung der natürlichen Beschaffenheit von Oberflächengewässern einschließlich ihrer hydromorphologischen Eigenschaften und der für den ökologischen Zustand maßgeblichen Uferbereiche sowie den Schutz des Grundwassers (§ 30 Abs 3).

In den mit der WRG-Nov 2003 eingefügten §§ 30a bis 30g finden sich Regelungen betreffend **Umweltziele** für Oberflächengewässer, Grundwasser und Schutzgebiete (§§ 30a, 30c, 30d), die Einstufung als künstliche oder erheblich veränderte Oberflächenwasserkörper (§ 30b) sowie die stufenweise Zielerreichung (§ 30e). Außerdem wurden Bestimmungen über die Zielabweichung im Falle außergewöhnlicher Katastrophenereignisse (§ 30f) und den sog kombinierten Ansatz für Punktquellen (zB Abwasserreinigungsanlagen) und diffuse Quellen (§ 30g) ins Gesetz aufgenommen.

2. Allgemeine wasserrechtliche Sorgfaltspflicht (§ 31)

§ 31 statuiert eine allgemeine wasserrechtliche Sorgfaltspflicht. Demnach hat **jedermann**, dessen Anlagen, Maßnahmen oder Unterlassungen eine Einwirkung auf Gewässer herbeiführen können, seine Anlagen so herzustellen, instand zu halten und zu betreiben oder sich so zu verhalten, dass eine **Gewässerverunreinigung vermieden** wird, die den Bestimmungen des § 30 zuwiderläuft und nicht durch eine wasserrechtliche Bewilligung gedeckt ist. Der Sorgfaltsmaßstab richtet sich je nach Lage des Falles nach § 1297 ABGB oder nach § 1299 ABGB (verschärfter Sorgfaltsmaßstab).

Im Falle einer dennoch eintretenden Gefahr einer Gewässerverunreinigung hat der zur Reinhaltung Verpflichtete unverzüglich die **zur Vermeidung einer Verunreinigung erforderlichen Maßnahmen** (zB Reparatur, Reinigung) zu treffen und die BVB, bei Gefahr im Verzug den Bgm oder die nächste Dienststelle des öffentlichen Sicherheitsdienstes (→ *Sicherheitspolizeirecht*) zu verständigen. Werden die zur Vermeidung einer Gewässerverunreinigung erforderlichen Maßnahmen nicht oder nicht rechtzeitig getroffen, so hat grundsätzlich die Wasserrechtsbehörde die entsprechenden Maßnahmen dem Verpflichteten aufzutragen (Bescheid) oder bei Gefahr im Verzug unmittelbar anzuordnen und nötigenfalls gegen Kostenersatz (§ 117) unverzüglich durchführen zu lassen (Befehls- und Zwangsgewalt*). Welche behördliche Reaktion im jeweiligen Fall zu setzen ist, richtet sich nach dem Grad der **Dringlichkeit**. Bei Gefahr im Verzug hat die Behörde* mit unmittelbarer Befehls- und Zwangsgewalt* vorzugehen, die stufenförmig ablaufen kann, aber nicht muss. Reicht eine bloße Anordnung an den Verpflichteten (Befehlsgewalt), hat es damit sein Bewenden. Wird die Anordnung nicht sofort befolgt, ist sie unverzüglich durchführen zu lassen (Zwangsgewalt) (VwSlg 14.193 A/1995).

Beispiel: Zum Schutz des Grundwassers erteilt die Wasserrechtsbehörde (der zuständige Jurist der BH) wegen Gefahr im Verzug den verwaltungsbehördlichen Befehl, eine leckende Leitung zu schließen.

Ob die in § 31 Abs 1 normierten Pflichten schuldhaft verletzt worden sind, ist für die Zulässigkeit von Anordnungen gem § 31 Abs 3 unerheblich. Es kommt allein darauf an, dass durch Anlagen, Maßnahmen oder Unterlassungen objektiv die Gefahr einer Gewässerverunreinigung eingetreten ist (VwSlg 13.401 A/1991).

3. Vermeidung und Sanierung von Gewässerschäden (B-UHG)

Handelt es sich um eine als „Umweltschaden" zu qualifizierende **Schädigung der Gewässer iSd B-UHG** (§ 4 Z 1 lit a B-UHG), kommen die dort geregelten Maßnahmen zur Vermeidung bzw Sanierung dieses Schadens in Betracht. In diesem Fall hat die Behörde – wenn die zur **Abwendung der unmittelbaren Gefahr eines Umweltschadens** erforderlichen Maßnahmen nicht, nicht ausreichend oder nicht rechtzeitig getroffen werden – die entsprechenden Maßnahmen dem Betreiber aufzutragen (Bescheid) oder bei Gefahr im Verzug (zB Gefährdung einer Wasserversorgung) unmittelbar anzuordnen und gegen Ersatz der Kosten durch den Betreiber nötigenfalls unverzüglich durchführen zu lassen (Befehls- und Zwangsgewalt*) (§ 5 Abs 4 B-UHG).

Gleichermaßen hat die Behörde vorzugehen, wenn ein solcher **Umweltschaden bereits eingetreten** ist und die gebotenen Vorkehrungen bzw Sanierungsmaßnahmen nicht, nicht ausreichend oder nicht rechtzeitig getroffen wurden (§ 6 Abs 3 B-UHG). Außerdem muss der Betreiber im Fall einer Gewässerschädigung gem § 7 B-UHG einen **Sanierungsplan** ausarbeiten, der von der Behörde zu überprüfen und zu veröffentlichen ist. Sind die vom Betreiber angezeigten Sanierungsmaßnahmen nicht ausreichend, so hat ihm die Behörde die erforderlichen Maßnahmen (Anh 2 B-UHG) aufzutragen. Solche Maßnahmen können auch über die von der Behörde nach § 5 Abs 4 oder nach § 6 Abs 3 getroffenen Maßnahmen hinausgehen (§ 7 B-UHG).

Mittels **Umweltbeschwerde** kann in Sanierungsfällen ein Tätigwerden der Behörde verlangt werden. Beschwerdelegitimiert sind – neben dem Umweltanwalt und anerkannten Umweltorganisationen (→ *Umweltverträglichkeitsprüfung*) – Personen, die durch einen eingetretenen Umweltschaden in ihren Rechten verletzt werden können (§ 11 B-UHG). Als Rechte, die die Beschwerdelegitimation begründen, gelten ua der Schutz des Lebens und der Gesundheit von Menschen sowie in Bezug auf Gewässer bestehende Rechte iSd § 12 Abs 2 WRG (s VI.3.). Die **Kosten** der nach dem B-UHG durchgeführten Vermeidungs- und Sanierungsmaßnahmen hat grundsätzlich der Betreiber zu tragen (§ 8 B-UHG). Diese Ersatzpflicht setzt kein Verschulden voraus.

Was das Verhältnis von § 31 WRG und B-UHG anlangt, wird davon ausgegangen, dass das B-UHG in seinem (vergleichsweise engen) Anwendungsbereich als lex specialis vorgeht.

4. Potentiell wassergefährdende Vorhaben (§ 31a, § 31c)

§ 31a und § 31c regeln potentiell wassergefährdende Vorhaben und Maßnahmen.

§ 31a verlangt für **Anlagen zur Lagerung und Leitung wassergefährdender Stoffe**, dass sie so beschaffen sind und so errichtet, betrieben und aufgelassen werden, dass eine Verunreinigung der Gewässer oder eine sonstige nachteilige Veränderung ihrer Eigenschaften nicht zu erwarten ist. Solche Anlagen sind grundsätzlich **bewilligungsfrei**. Durch **Verordnung** des BMLFUW kann allerdings für derartige Anlagen, die aufgrund ihres Gefährdungspotenzials, ihrer Bauweise, ihrer Häufigkeit oder aufgrund EU-rechtlicher Bestimmungen einer Kontrolle bedürfen, eine **Meldepflicht** statuiert werden. Diese Meldepflicht soll die Kontrolle solcher Anlagen erleichtern. Bei Anlagen, die nach anderen bundesrechtlichen Vorschriften einer Anzeige oder Bewilligung bedürfen, nach denen die gewässerschutzrelevanten Kriterien berücksichtigt werden (s insb § 74 Abs 2 Z 5 GewO; → *Gewerberecht*), entfällt die Meldepflicht.

Auf Basis des § 31a Abs 3 wurde die Verordnung betreffend Anlagen zur Lagerung und Leitung wassergefährdender Stoffe BGBl II 4/1998 erlassen.

Außerdem kann mittels **Verordnung** des BMLFUW eine eigenständige wasserrechtliche **Bewilligungspflicht** vorgesehen werden, wenn dies unionsrechtlich geboten ist und sich die Bewilligungspflicht nicht schon aus anderen bundesrechtlichen Vorschriften ergibt, die für den Gewässerschutz relevante Kriterien berücksichtigen (§ 31a Abs 5).

§ 31c Abs 1 statuiert – wegen der mit der Abtragung der schützenden Bodenschicht verbundenen Gefahr für das Grundwasser – eine Bewilligungspflicht für die **Gewinnung von Sand und Kies**, wenn sie mit besonderen Vorrichtungen erfolgt (sog Trockenbaggerungen). Diese Bewilligungspflicht entfällt jedoch, wenn es sich um Vorhaben handelt, die nach den gewerberechtlichen Vorschriften (→ *Gewerberecht*) genehmigungspflichtig sind oder die dem MinroG unterliegen, sofern das Vorhaben außerhalb wasserrechtlich besonders geschützter Gebiete (s VII.6.) geplant ist. Diese Regelung gilt sinngemäß auch für bestimmte **Anlagen zur Gewinnung von Erdwärme** sowie für **Anlagen zur Wärmenutzung der Gewässer**, wobei in all diesen Fällen das Anzeigeverfahren nach § 114 (s XIV.3.) Anwendung findet (Abs 5).

Die Gewinnung von Sand und Kies im Grundwasserbereich einschließlich des Grundwasserschwankungsbereiches („**Nassbaggerungen**") erfordert demgegenüber eine wasserrechtliche Bewilligung nach § 32 Abs 2 lit c (s VII.5.). Eine (zusätzliche) Bewilligung nach § 31c Abs 1 ist nicht notwendig (VwGH 20.10.2000, 2000/07/0085).

5. Die Bewilligungstatbestände nach §§ 32 ff

Von großer praktischer Bedeutung ist der Bewilligungstatbestand des **§ 32** (**Einwirkungsbewilligung**). Demnach bedürfen Einwirkungen auf Gewässer, die unmittelbar oder mittelbar deren Beschaffenheit beeinträchtigen (§ 30 Abs 3), einer wasserrechtlichen Bewilligung (Abs 1). Bloß geringfügige Einwirkungen, insb der Gemeingebrauch (§ 8) und die ordnungsgemäße land- und forstwirtschaftliche Bodennutzung (§ 32 Abs 7), gelten jedoch – bis zum Beweis des Gegenteils – nicht als Beeinträchtigung. Geringfügige Einwirkungen iSd § 32 Abs 1 sind solche, die einer zweckentsprechenden Nutzung des Gewässers nicht entgegenstehen (VwGH 29.06.2000, 98/07/0146).

Die **Bewilligungspflicht nach § 32** ist sohin immer dann gegeben, wenn nach dem natürlichen Lauf der Dinge mit (nicht bloß geringfügigen) nachteiligen Einwirkungen auf die Beschaffenheit der Gewässer (einschließlich des Grundwassers) zu rechnen ist.

Beispiel: Wird eine nicht bewilligungspflichtige Anlage, wie etwa eine dichte Senkgrube, mangelhaft gewartet oder tritt sonst ein Baugebrechen an einer solchen Anlage auf und kommt es dadurch zu einer Gewässerbeeinträchtigung, so ist nach § 31 vorzugehen (s VII.2.). Wenn die Anlage hingegen von vornherein so geplant ist, dass mit einer Gewässerbeeinträchtigung gerechnet werden muss, besteht eine Bewilligungspflicht nach § 32 (vgl VwGH 20.05.2009, 2009/07/0030).

Einwirkungen auf Gewässer unterliegen zwar nicht unmittelbar der Bewilligungspflicht nach § 9 und § 10 (s VI.). Allerdings finden auf Einwirkungen, Maßnahmen und Anlagen, die aufgrund der Einwirkungstatbestände des § 32 genehmigungspflichtig sind, die für Wasserbenutzungen (Wasserbenutzungsanlagen) geltenden Bestimmungen des WRG sinngemäß Anwendung (§ 32 Abs 5).

Für Maßnahmen, die nach § 32 bewilligungspflichtig sind, ist nach Ansicht des VwGH keine Bewilligung nach § 38 erforderlich (VwSlg 17.902 A/2010).

Einer wasserrechtlichen Bewilligung bedürfen (nach der **demonstrativen Aufzählung in § 32 Abs 2**) insb:

- die Einbringung von Stoffen in festem, flüssigem oder gasförmigem Zustand in Gewässer mit den dafür erforderlichen Anlagen (zB Abwassereinleitungen);
- Einwirkungen auf Gewässer durch ionisierende Strahlung oder Temperaturänderung (zB Einleitung von Kühlwässern);
- Maßnahmen, die zur Folge haben, dass durch Eindringen (Versickern) von Stoffen in den Boden das Grundwasser verunreinigt wird (zB Nassbaggerungen, Sickergruben);
- die Reinigung von gewerblichen oder städtischen Abwässern durch Verrieselung oder Verregnung;
- eine erhebliche Änderung von Menge oder Beschaffenheit der bewilligten Einwirkung (zB Ersetzung eines Schadstoffes durch einen anderen);
- die Ausbringung bestimmter Düngemittel, soweit sie ein gewisses Maß überschreitet.

Einer Bewilligung bedarf ferner die künstliche Anreicherung von Grundwasser für Zwecke der öffentlichen Grundwasserbewirtschaftung (§ 32 Abs 4; zB Marchfeldkanal) sowie – unabhängig davon, ob das Vorhaben mit einer Einwirkung auf Gewässer verbunden ist – die Errichtung oder Änderung von Anlagen zur Reinigung öffentlicher Gewässer oder zur Verwertung fremder Abwässer (§ 32 Abs 3).

Die **Bewilligungskriterien** für die Erteilung einer Einwirkungsbewilligung ergeben sich aus einer Vielzahl von Bestimmungen des WRG (insb §§ 30 ff, 104a, 105). Außerdem ist zu beachten, dass wegen § 32 Abs 5 die für die Wasserbenutzung (Wasserbenutzungsanlagen) maßgeblichen Bestimmungen des Gesetzes (insb §§ 11 ff) auch auf Bewilligungen nach § 32 sinngemäß anzuwenden sind. Daraus folgt, dass Bewilligungen nach § 32 „bestehende Rechte" iSd § 12 Abs 2 (s VI.3.) begründen (vgl *Bumberger/Hinterwirth*, WRG² § 32 K15.).

§ 32a regelt **Einbringungsverbote und -beschränkungen** und sieht eine Verordnungsermächtigung des BMLFUW zum Schutz der Gewässer, insb zur Erreichung der gem §§ 30a, 30c und 30d festgelegten Umweltziele vor. Danach kann der BMLFUW im allgemeinen Interesse an der Reinhaltung der Gewässer sowie in Erfüllung EU-rechtlicher Verpflichtungen mit **Verordnung** sowohl die Einbringung bestimmter Stoffe in Oberflächenwasserkörper oder Kanalisationen als auch die direkt (ohne Bodenpassage) vorgenommene Einbringung in Grundwasserkörper verbieten. Er hat ferner die Möglichkeit, mit **Verordnung** Beschränkungen für die Bewilligung der Einbringung bestimmter Stoffe in das Grundwasser zu verfügen. Jedenfalls verboten ist nach § 32a die Einleitung von Klärschlamm in Oberflächengewässer, insb von Schiffen oder durch Leitungssysteme.

Indirekteinleitungen (= Einleitungen in wasserrechtlich bewilligte Kanalisationsanlagen) sind **grundsätzlich bewilligungsfrei**; es genügt die **Zustimmung des Kanalisationsunternehmens**. Allerdings sind die einschlägigen Abwasseremissionsverordnungen grundsätzlich auch von nicht bewilligungspflichtigen Indirekteinleitern einzuhalten (§ **32b** Abs 1). Eine wasserrechtliche Bewilligung ist nur erforderlich, wenn dies durch **Verordnung** des BMLFUW aufgrund der Gefährlichkeit der Abwässer, des Abwasseranfalls oder aufgrund EU-rechtlicher Bestimmungen festgelegt wird (§ 32b Abs 5 iVm IndirekteinleiterV). In diesen Fällen kann vom Anzeigeverfahren nach § 114 (s XIV.3.) Gebrauch gemacht werden. Für Abwasser, dessen Beschaffenheit nicht nur geringfügig von der häuslichen Abwassers abweicht, besteht eine spezifische Mitteilungspflicht an das Kanalisationsunternehmen (§ 32b Abs 2).

Bei der Bewilligung von **Abwassereinleitungen** in Gewässer oder in eine bewilligte Kanalisation hat die Behörde* jedenfalls die nach dem Stand der Technik* möglichen Auflagen* zur Begrenzung von Frachten und Konzentrationen schädlicher Abwasserinhaltsstoffe vorzuschreiben. Deren Einleitung darf nur bewilligt werden, wenn eine Vermeidung nach dem Stand der Technik* nicht möglich ist und die wasserwirtschaftlichen Verhältnisse, insb bestehende Nutzungen und die bereits vorhandene Belastung, eine Einleitung zulassen (§ **33b** Abs 1 und 2). Überdies statuiert § 33b Abs 3 eine Verpflichtung des BMLFUW, durch Verordnung **Emissionswerte** in Form von Grenzwerten oder Mittelwerten für Konzentrationen oder spezifische Frachten festzulegen (vgl zB AAEV). Bei Erlassung einer Emissionsverordnung (§ 33b Abs 3 und 4) hat der BMLFUW Fristen für die erstmalige generelle Anpassung bestehender Altanlagen sowie für die Anpassung bestimmter IE-Anlagen (s VI.3.) festzulegen (**Sanierung von Altanlagen**).

§ 33d regelt die Erstellung von Programmen zur Verbesserung des Zustandes von **Oberflächenwasserkörpern** oder Teilen von Oberflächenwasserkörpern (Sanierungsprogramme). § 33f befasst sich schließlich mit der Verbesserung der Qualität von **Grundwasser**. Auf der Grundlage eines mehrstufigen Modells soll die Grundwasserqualität verbessert bzw eine Verschlechterung verhindert werden (so *Vogl* in Norer, Agrarrecht[2] 478).

Eine (subsidiäre) Bewilligungspflicht bei Einwirkungen auf Gewässer findet sich im gewerblichen Betriebsanlagenrecht (→ *Gewerberecht*). Nach **§ 74 Abs 2 Z 5 GewO** bedürfen die Errichtung und der Betrieb einer **gewerblichen Betriebsanlage** einer Genehmigung, wenn diese geeignet ist, eine nachteilige Einwirkung auf die Beschaffenheit der Gewässer herbeizuführen, sofern nicht ohnedies eine Bewilligung aufgrund wasserrechtlicher Vorschriften vorgeschrieben ist.

6. Schutz der Wasserversorgung

§ 34 Abs 1 bestimmt, dass die Behörde* zum **Schutz von Wasserversorgungsanlagen** (zB Brunnen, Quellfassungen, Leitungen, Behälter) gegen Verunreinigung (§ 30 Abs 2) oder gegen eine Beeinträchtigung ihrer Ergiebigkeit bestimmte **Schutzmaßnahmen** ergreifen „kann“. Zuständig ist dafür bei bewilligungspflichtigen Anlagen die zur Bewilligung dieser Anlagen zuständige Wasserrechtsbehörde, ansonsten (allgemein) die BVB. Inhalt dieser mit **Bescheid** anzuordnenden Schutzmaßnahmen kann sein (vgl *B. Raschauer*, Kommentar 209 f):

- dingliche Anordnungen an die Eigentümer von Grundstücken und Gewässern betreffend deren Bewirtschaftung oder sonstige Benutzung (zB Düngeverbot);
- das dingliche Verbot an die Eigentümer von im Nahebereich der Anlage gelegenen Liegenschaften, bestimmte Anlagen (zB einen Lagerplatz) zu errichten;
- die (parzellenscharfe) Bestimmung eines **Schutzgebietes**;
- die Einschränkung des Betriebs bestehender Anlagen und Unternehmungen im notwendigen Ausmaß.

Bei Vorliegen der gesetzlichen Voraussetzungen **hat** die Behörde* die jeweils erforderlichen Anordnungen zu treffen („kann" bedeutet hier nicht Ermessen*; VwSlg 10.964 A/1983).

§ 34 Abs 2 sieht vor, dass der LH (bzw nach Abs 2a der BMLFUW) zum **Schutz der allgemeinen Wasserversorgung** mittels **Verordnung Schongebiete** festlegen kann, in denen Maßnahmen, die die Beschaffenheit, Ergiebigkeit oder Spiegellage des Wasservorkommens zu gefährden vermögen, vor ihrer Durchführung der Wasserrechtsbehörde anzuzeigen sind oder eine wasserrechtliche Bewilligung erfordern, oder nicht oder nur in bestimmter Weise zulässig sind. Unter bestimmten Voraussetzungen können sogar Betretungsverbote erlassen werden. Für jene Maßnahmen, die durch eine SchongebietsV für bewilligungspflichtig erklärt wurden, begründet § 34 Abs 2 einen selbstständigen wasserrechtlichen Bewilligungstatbestand.

Beschränkungen iSd § 34 kommen auch zur Sicherung künftig nutzbarer Wasserversorgungspotentiale, insb von sog Grundwasserhoffnungsgebieten (§ 35), sowie zum Schutz natürlicher oder künstlich erschlossener Heilquellen und Heilmoore vor Beeinflussung ihrer Beschaffenheit und Ergiebigkeit in Betracht (§ 37). Schutz- und Schongebiete gem §§ 34, 35 und 37 gelten als schutzwürdige Gebiete der Kategorie C iSd Anh 2 UVP-G 2000 (→ *Umweltverträglichkeitsprüfung*) und als **„wasserrechtlich besonders geschützte Gebiete"** iSd WRG (vgl zB § 31c Abs 2).

Sowohl durch die Anordnung von Schutzmaßnahmen als auch durch die Festlegung eines Schongebietes kann eine **Entschädigungspflicht** (§ 117) ausgelöst werden (§ 34 Abs 4).

VIII. Abwehr und Pflege der Gewässer (§§ 38 ff)

Der vierte Abschnitt des WRG regelt vornehmlich die Abwehr der Gewässer (insb den Schutz vor Überschwemmungen) und die damit im Zusammenhang stehende Gewässerpflege. Zur Abwehr und Pflege der Gewässer statuiert das WRG insb verschiedene **Bewilligungsvorbehalte**. Bewilligungspflichtig sind:

- die **Errichtung und Abänderung besonderer baulicher Herstellungen** (§ 38). Dazu zählen Brücken, Stege und Uferbauten, andere Anlagen innerhalb der Grenzen des Hochwasserabflusses (Abs 3) fließender Gewässer, Unterführungen unter Wasserläufen sowie – soweit sie nicht unter § 127 (Eisenbahnanlagen) fallen – Einbauten in stehende öffentliche Gewässer (zB Bootshäuser). Eine wasserrechtliche Bewilligungspflicht für besondere bauliche Herstellungen besteht außerdem in Gebieten, für die zum Zweck der Verringerung hochwasserbedingter nachteiliger Folgen vom LH ein wasserwirtschaftliches Regionalprogramm erlassen wurde, das eine wasserrechtliche Bewilligungspflicht vorsieht. Von der Bewilligungspflicht nach § 38 sind nur Maßnahmen an Tagwässern erfasst. Das

Bewilligungserfordernis entfällt, wenn die Maßnahme bereits nach den §§ 9 oder 41 bewilligungspflichtig ist oder unter die Ausnahmebestimmung des § 38 Abs 2 fällt. Darüber hinaus kann bei Vorhaben von minderer wasserwirtschaftlicher Bedeutung (§ 12b, s bereits VI.3.) eine Bewilligungsfreistellung durch Verordnung erfolgen (zB für bestimmte bauliche Herstellungen nach der BewilligungsfreistellungsV für Gewässerquerungen).

- **Entwässerungsanlagen** (zB Drainagen), sofern es sich um eine zusammenhängende Fläche von mehr als 3ha handelt oder eine nachteilige Beeinflussung der Grundwasserverhältnisse, des Vorfluters oder fremder Rechte zu befürchten ist (§ 40). Als „Vorfluter" wird jenes Gewässer bezeichnet, das das abgeleitete Wasser aufnehmen soll (vgl *Oberleitner/Berger*, WRG-ON 1.03 § 40 Rz 2). Bei Überschreitung bestimmter Schwellenwerte ist auch die zeitweilige oder ständige Entwässerung von Flächen bei Tunnelanlagen oder Stollenbauten in einem Karst- oder Kluftgrundwasserkörper bewilligungspflichtig.
- **Schutz- und Regulierungswasserbauten** (zB Hochwasserdämme) in öffentlichen Gewässern einschließlich der Vorkehrungen zur unschädlichen Ableitung von Gebirgswässern nach dem WildbachverbauungsG 1884. Bei Privatgewässern ist eine Bewilligung für derartige Bauten dann erforderlich, wenn dadurch eine Einwirkung auf fremde Rechte oder auf die Beschaffenheit, den Lauf oder die Höhe des Wassers in öffentlichen oder fremden privaten Gewässern entstehen kann (§ 41). Der Ufereigentümer darf allerdings bei nicht für die Schiff- oder Floßfahrt benutzten Strecken fließender Gewässer bestimmte Maßnahmen (zB Holzverkleidungen) bewilligungsfrei durchführen (§ 41 Abs 3). Bei Eisenbahnanlagen iSd § 127 ist für die Genehmigung nach § 41 die Eisenbahnbehörde zuständig (vgl *Oberleitner/Berger*, WRG-ON 1.03 § 41 Rz 4).

Grundsätzlich bleibt es nach § 42 dem jeweiligen Grundeigentümer überlassen, Schutz- und Regulierungsbauten herzustellen. Unterlässt jedoch der Eigentümer (der sog „Vorderlieger") geeignete Schutzmaßnahmen und entsteht dadurch eine Gefahr für das Eigentum Dritter (zB durch Überschwemmung), so haben diese (die sog „Hinterlieger") einen **öffentlich-rechtlichen Anspruch** auf Ergreifung oder Duldung und Unterstützung der erforderlichen **Schutzmaßnahmen** (§ 42 Abs 2).

In Gebieten mit „potenziellem signifikantem Hochwasserrisiko" hat der BMLFUW als Vorsorgemaßnahme **Hochwasserrisikomanagementpläne** zu erstellen. Nach Vorliegen dieser Pläne sind entsprechend den dort festgelegten Vorgaben **Gefahrenzonenplanungen** zu erstellen. Gefahrenzonenplanungen sind Fachgutachten, in denen insb Überflutungsflächen hinsichtlich der Gefährdung und der voraussichtlichen Schadenswirkungen durch Hochwasser sowie hinsichtlich ihrer Funktionen für den Hochwasserabfluss, den Hochwasserrückhalt und für Zwecke späterer schutzwasserwirtschaftlicher Maßnahmen beurteilt werden (§ 2 Abs 1 WRG-GZPV). Auf der Grundlage der Gefahrenzonenplanungen werden in weiterer Folge **wasserwirtschaftliche Regionalprogramme** erlassen; diese können insb Widmungen* von Flächen für den Zweck der Verringerung hochwasserbedingter nachteiliger Folgen zum Gegenstand haben (§ 42a). In bestimmten Fällen, insb wenn großflächige Überflutungen vorkommen, die umfangreiche und aufeinander abgestimmte Maßnahmen des Hochwasserrisikomanagements erfordern, kann es zweckmäßig sein, dafür Wassergenossenschaften bzw Wasserverbände (s XIII.) heranzuziehen. Dementsprechend sieht § 43 Abs 1 vor, dass in Gebieten, die mit hoher Wahrscheinlichkeit von Hochwasser überflutet werden können, ua durch die Bildung einer **Wassergenossenschaft** oder eines **Wasserverbandes** für die Ausführung von Maßnahmen des Hochwasserrisikomanagements Sorge zu tragen ist.

Nachbarschaftsrechtliche Rücksichtnahmepflichten regelt § 39. Demnach darf der Eigentümer eines Grundstückes (der sog „Oberlieger") den natürlichen Abfluss der sich darauf ansammelnden oder darüber fließenden Gewässer zum Nachteil des unteren Grundstücks nicht willkürlich ändern. Ebenso wenig ist der Eigentümer des unteren Grundstücks (der sog „Unterlieger") befugt, den natürlichen Ablauf solcher Gewässer zum Nachteil des oberen Grundstücks zu hindern. Ausgenommen von diesem Verbot sind lediglich Änderungen der Ablaufverhältnisse, die durch die ordnungsmäßige Bearbeitung eines landwirtschaftlichen Grundstücks notwendigerweise bewirkt werden (zB durch den Pflanzenbewuchs). Allfällige zivilrechtliche Ansprüche auf Unterlassung und Schadenersatz werden durch diese Bestimmung nicht berührt.

Im Interesse der **Instandhaltung der Gewässer** sowie zur Hintanhaltung von Überschwemmungen kann die **Wasserrechtsbehörde** gem § 47 Abs 1 den Eigentümern der Ufergrundstücke durch Bescheid verschiedene Maßnahmen auftragen, wie etwa die Abstockung und Freihaltung der Uferböschungen oder die Räumung kleiner Gerinne von Stöcken, Bäumen und Schutt (die Aufzählung in § 47 Abs 1 ist taxativ!). Bei Gewässern, die häufig ihre Ufer überfluten, dürfen an den Ufern und innerhalb der Grenzen des Hochwasserabflusses (§ 38 Abs 3) keine Ablagerungen vorgenommen werden, die Wasserverheerungen erheblich vergrößern oder die Beschaffenheit des Wassers wesentlich beeinträchtigen können. Dasselbe gilt für die Ablagerung von Abfällen in aufgelassenen Brunnen oder in Sand- und Schottergruben (§ 48 Abs 1). Darüber hinaus kann der LH im Interesse der Instand- und Reinhaltung von Gewässern sowie zur Vermeidung von Wasserschäden für bestimmte Gewässerstrecken oder Grundwasserbereiche durch Verordnung gewisse **Wirtschaftsbeschränkungen** verfügen (§ 48 Abs 2; taxative Aufzählung).

§ 49 regelt schließlich die **Verpflichtung zur Hilfeleistung im Notfall**. Ein Notfall liegt vor, wenn zur Verhütung der Gefahr von Ufer- oder Dammbrüchen oder von Überschwemmungen rasche Maßnahmen ergriffen werden müssen. In einer solchen Situation kann die BVB oder, bei Gefahr im Verzug, der Bgm der bedrohten Gemeinde alle im Gemeindegebiet anwesenden tauglichen Personen zur unentgeltlichen Leistung von Diensten (zB Erdarbeiten) verpflichten. Vorhandene Baustoffe und Geräte, die zur Bekämpfung der Gefahr erforderlich sind, müssen gegen Entgelt (§ 117) abgegeben werden. Schließlich können auch die Nachbargemeinden zur Leistung der erforderlichen Hilfe herangezogen werden. Bei der Anordnung der Hilfeleistungspflicht handelt es sich entweder um eine Verordnung (zB Aufruf mittels Megafon) oder um die Ausübung unmittelbarer verwaltungsbehördlicher Befehlsgewalt (zB individuelle Arbeitsbefehle).

IX. Allgemeine wasserwirtschaftliche Verpflichtungen (§§ 50 ff)

1. Die Instandhaltungspflicht

Für nach dem WRG **rechtmäßig bestehende Wasseranlagen** besteht kraft Gesetzes eine Pflicht zur Instandhaltung. Sofern keine rechtsgültigen Verpflichtungen anderer bestehen (vgl zB § 111 Abs 3), haben die Wasserberechtigten ihre Wasserbenutzungsanlagen einschließlich der dazugehörigen Kanäle, künstlichen Gerinne, Wasseransammlungen sowie sonstigen Vorrichtungen im **konsensgemäßen Zustand** und, wenn dieser nicht feststellbar ist, **derart zu erhalten und zu bedienen, dass keine Verletzung öffentlicher Interessen* oder fremder Rechte stattfindet**. Ferner obliegen den Wasserberechtigten die Instandhaltung der Gewässerstrecken im unmittelbaren Anlagenbereich (Abs 1) sowie die Behebung von nachteiligen Wirkungen ihrer Anlagen auf andere (dh über den unmittelbaren Anlagenbereich hinausgehende) Gewässerstrecken (Abs 2). Gleiches gilt für Wasseranlagen, die nicht der Wasserbenutzung dienen. Der Eigentümer einer solchen Anlage muss diese allerdings nur insoweit erhalten, als es zur Verhütung von Schäden notwendig ist, die durch den Verfall der Anlage entstehen können (Abs 6). Bewilligungsfreie Anlagen unterliegen der Instandhaltungspflicht nach § 50 nicht (*B. Raschauer*, Kommentar 248). Bei genehmigungspflichtigen, jedoch nicht genehmigten Anlagen ist § 138 (XIV.6.) einschlägig.

Für Instandhaltungsmaßnahmen besteht grundsätzlich keine Bewilligungspflicht. Wird jedoch durch die Räumung oder Spülung von Kanälen, Stauräumen, Ausgleichsbecken oder durch ähnliche Maßnahmen die Beschaffenheit von Gewässern beeinträchtigt, bedarf es dafür einer Einwirkungsbewilligung nach § 32 (§ 50 Abs 8). Die Instandhaltungspflicht endet erst mit der Beseitigung der Anlage.

2. Die wasserwirtschaftliche Planung

Als Instrument der wasserwirtschaftlichen Fachplanung nennt der 5. Abschnitt des WRG nur mehr die wasserwirtschaftlichen Rahmenpläne (§ 53).

Die wasserwirtschaftliche Rahmenverfügung, die bis 2012 im § 54 geregelt war, wurde durch die Planungsinstrumente des 6. Abschnitts des WRG (siehe X.) ersetzt.

Wasserwirtschaftliche Rahmenpläne werden von Privaten entweder freiwillig oder aufgrund eines behördlichen Auftrags entworfen und dem BMLFUW zur Prüfung vorgelegt. Ist die darin dargestellte Ordnung im öffentlichen Interesse* gelegen, kann der BMLFUW diesen Rahmenplan im Rahmen der Maßnahmenprogrammerstellung für den NGP (s X.) oder in einer gesonderten Verordnung anerkennen. Die Verwirklichung eines anerkannten Rahmenplans ist bei allen wasserwirtschaftlichen Maßnahmen als öffentliches Interesse* (§ 105) anzustreben.

X. Einzugsgebietsbezogene Planung und Durchführung von Maßnahmen zur nachhaltigen Bewirtschaftung (§§ 55 ff)

Mit der **WRG-Nov 2003** wurde ins WRG ein neuer 6. Abschnitt eingefügt (§§ 55 ff), in dem die einzugsgebietsbezogene Planung und die Durchführung von Maßnahmen zur nachhaltigen Bewirtschaftung geregelt werden. Die **einzugsgebietsbezogene Planung** umfasst die Schaffung eines Ordnungsrahmens für den Schutz der Oberflächengewässer und des Grundwassers sowie die Bewertung und das Management von Hochwasserrisiken (§ 55 Abs 1). Entsprechend den Vorgaben der WRRL erfolgt die Planung nunmehr unter Bezugnahme auf Planungsgebiete (vgl *Kerschner/Weiß*, WRG 263). Dementsprechend ordnet § 55b an, dass die österr Gewässer nach **Flusseinzugsgebieten** zu bewirtschaften sind. Diese Flusseinzugsgebiete werden zu Bearbeitungs- und Koordinationszwecken in **Planungsräume** untergliedert.

Aufgrund von Art 3 WRRL müssen die Mitgliedstaaten die einzelnen Einzugsgebiete innerhalb ihres jeweiligen Hoheitsgebietes bestimmen und einer **Flussgebietseinheit** zuordnen. Unter einer Flussgebietseinheit versteht die RL ein als „Haupteinheit für die Bewirtschaftung von Einzugsgebieten festgelegtes Land- oder Meeresgebiet" (s auch § 55b Abs 4). Österreich hat aufgrund seiner geographischen Lage Anteil an den drei Einzugsgebieten Donau, Rhein und Elbe. Die Zuordnung der betreffenden Einzugsgebietsanteile zu den internationalen Flussgebietseinheiten Donau, Rhein und Elbe erfolgt in § 55b. Eine kartografische Darstellung der nationalen Anteile dieser internationalen Flussgebietseinheiten sowie der zugeordneten Planungsräume findet sich im Anh F zum WRG.

Die **Planung** iS der WRRL und der Hochwasser-RL ist in den **§§ 55a bis 55o** geregelt. Diese Bestimmungen betreffen:

- **Planungsgrundsätze** (§ 55a): Danach hat sich die wasserwirtschaftliche Ordnung von Planungsräumen in die wasserwirtschaftliche Ordnung der gesamten Flussgebietseinheit einzufügen. Es besteht ein umfassendes „Berücksichtigungs- und Abstimmungsgebot“.

- **Flusseinzugsgebiete** (§ 55b) und deren Bewirtschaftung (**Nationale Gewässerbewirtschaftungspläne** für Einzugsgebiete; § 55c): Der BMLFUW hat mit **Verordnung** für jede Flussgebietseinheit einen Nationalen Gewässerbewirtschaftungsplan (NGP) zu erlassen. Ähnlich den bisherigen wasserwirtschaftlichen Rahmenplänen sollen diese Bewirtschaftungspläne periodisch Ziele und Maßnahmen für die Flussgebietseinheit vorgeben (vgl *Kerschner/Weiß*, WRG 278). Der NGP, der auf die Flussgebietseinheiten Donau, Rhein und Elbe Bezug nimmt, wurde im März 2010 im Internet veröffentlicht. Mit der Nationalen GewässerbewirtschaftungsplanV 2009 (**NGPV 2009**) wurden zugleich die Kapitel 5 („Umweltziele“) und 6 („Im öffentlichen Interesse anzustrebende wasserwirtschaftliche Ordnung“) des NGP für verbindlich erklärt.
- **Bestandsaufnahme** (Ist-Bestandsanalyse und Abweichungsanalyse; § 55d): Die Bestandsaufnahme bildet die Basis für die NGP.
- **Maßnahmen** (§ 55e) und **Maßnahmenprogramme** (§ 55f) sowie die Umsetzung der Maßnahmenprogramme (§ 55g): Entsprechend den Vorgaben der WRRL sind auf der Grundlage der Bestandsaufnahme Maßnahmenprogramme zu erstellen. Diese mit **Verordnung** erlassenen Maßnahmenprogramme bilden das Instrument zur Erreichung der Umweltziele (§§ 30a, 30c, 30d); sie sind ein Bestandteil des NGP und enthalten grundlegende sowie allenfalls auch ergänzende Maßnahmen. Die Umsetzung der Maßnahmenprogramme obliegt grundsätzlich dem LH, der dazu insb wasserwirtschaftliche **Regionalprogramme** erlassen kann. Bescheide dürfen nur im Einklang mit dem NGP (Maßnahmenprogramm) und darauf basierenden Verordnungen erlassen werden. Die Bewilligung eines mit einem wasserwirtschaftlichen Regionalprogramm im Widerspruch stehenden Vorhabens ist nur zulässig, wenn das öffentliche Interesse* an der Maßnahme jenes an der Einhaltung des Regionalprogramms überwiegt. Unter bestimmten Voraussetzungen kann das wasserwirtschaftliche Planungsorgan gegen einen Bescheid Beschwerde an das VwG und gegen das Erkenntnis des VwG Revision an den VwGH erheben (§ 55g Abs 3).
- § 55h regelt das **Verfahren** für die Erstellung der NGP und sieht dafür eine Art „Konsultationsmechanismus“ vor.
- §§ 55i bis 55l legen die einzelnen Schritte des von der Hochwasser-RL vorgegebenen Planungsprozesses für ein **Hochwasserrisikomanagement** fest. Die dort vorgesehenen Hochwassergefahrenkarten und Hochwasserrisikokarten (§ 55k) haben insb die Funktion, andere Planungsträger (→ *Raumordnungsrecht*), aber auch den Einzelnen auf die mögliche Gefährdung eines Gebiets durch Hochwasser hinzuweisen. Sie bilden die Grundlage für die Erstellung von Hochwasserrisikomanagementplänen (§ 55l) für Gebiete mit „potenziellem signifikantem Hochwasserrisiko“

(§ 55j). Mittlerweile wurde vom BMLFUW der **Nationale Hochwasserrisikomanagementplan RMP 2015** veröffentlicht, der die Planungen für alle drei Flusseinzugsgebiete (Donau, Rhein, Elbe) in einem Dokument zusammenfasst.

- § 55m enthält Vorschriften betreffend die Beteiligung der Öffentlichkeit bei der Erstellung von NGP und Hochwasserrisikomanagementplänen.
- § 55n behandelt die **Umweltprüfung** für andere wasserwirtschaftliche Pläne (als NGP). § 55o regelt das Berichtswesen (insb Berichtspflichten an die Europäische Kommission).

§ 56 normiert eine **Bewilligungspflicht für vorübergehende Eingriffe in den Wasserhaushalt**, wie zB Pumpversuche oder wasserbauliche und wasserwirtschaftliche Versuche in der freien Natur, wenn eine Beeinträchtigung öffentlicher Interessen* oder eine Verletzung bestehender Rechte (§ 12) zu befürchten ist.

Schließlich wurde mit der WRG-Nov 2003 der Wasserwirtschaftskataster zu einem **„Wasserinformationssystem Austria"** (WISA) weiterentwickelt (§ 59). Dieses dient als Übersicht über die maßgeblichen wasserwirtschaftlichen Verhältnisse im Bundesgebiet insb zur Erstellung der (internationalen) Bewirtschaftungspläne einschließlich der Maßnahmenprogramme sowie als Grundlage für die Erfüllung EU-rechtlicher Berichtspflichten. Im WISA sind der jeweils gültige NGP sowie der Hochwasserrisikomanagementplan und die diesen Planungen zu Grunde liegenden Hintergrundinformationen verfügbar zu machen. Der Zugang zu Daten des WISA steht jedermann nach Maßgabe des UIG und des DSG 2000 (→ *Datenschutzrecht*) frei. Soweit dies zur Erstellung der NGP und der Maßnahmenprogramme sowie zur Erfüllung EU-rechtlicher Berichtspflichten erforderlich ist, muss im WISA ein elektronisches Register der Belastungen der Oberflächenwasser- und Grundwasserkörper sowie deren Auswirkungen erstellt werden (§ 59a). Außerdem hat der BMLFUW im Rahmen des WISA ein Verzeichnis der Schutzgebiete zu führen (§ 59b).

XI. Erhebung des Zustandes von Gewässern – Wasserkreislauf und Wassergüte (Hydrografie)

Mit der WRG-Nov 2003 wurde ein neuer siebenter Abschnitt (§§ 59c bis 59i) ins Gesetz eingefügt. Darin werden die Bestimmungen des HydrographieG übernommen. Das HydrographieG trat am 21. Dezember 2006 außer Kraft.

Die genannten Bestimmungen regeln die **Überwachung** des Zustandes von Gewässern, wobei nach den Zielen der Überwachung die überblicksweise Überwachung (§ 59e), die operative Überwachung (§ 59f) und die Überwachung zu Ermittlungszwecken (§ 59g) unterschieden werden. Ein Programm für die überblicksweise Überwachung und für die operative Überwachung ist für jeden Zeitraum zu erstellen, für den ein NGP (s X.) erlassen wird (Überwachungsprogramm). In den in § 59g genannten Fällen (zB wenn dies erforderlich ist, um das Ausmaß und die Auswirkungen unbeabsichtigter Verschmutzungen festzustellen) können Überwachungsprogramme zu Ermittlungszwecken erstellt werden (§ 59d Abs 1).

XII. Zwangsrechte (§§ 60 ff)

1. Allgemeines

Durch die im 8. Abschnitt des WRG vorgesehenen Zwangsrechte wird gewährleistet, dass Vorhaben, an deren Verwirklichung ein öffentliches Interesse* besteht, gegenüber entgegenstehenden fremden Rechten zum Durchbruch verholfen werden kann. Insb hat die Behörde* im Verfahren zur Erteilung einer wasserrechtlichen Bewilligung für ein Vorhaben, dem bestehende Rechte Dritter (§ 12) entgegenstehen, zu prüfen, ob diese Rechte durch Zwangsrechte überwunden werden können. Der Ausspruch über die Notwendigkeit, den Gegenstand und den Umfang von Zwangsrechten hat, wenn dies ohne Verzögerung der Entscheidung möglich ist, im wasserrechtlichen Bewilligungsbescheid, sonst mit gesondertem Bescheid zu erfolgen (§ 111 Abs 1).

Die in § 60 Abs 1 taxativ aufgezählten Zwangsrechte statuieren zT kraft Gesetzes wirkende Duldungspflichten Dritter (lit d), zT gestatten sie mit dinglichem Bescheid (dingliche Wirkung*) zu verfügende Eingriffe in Rechte Dritter (lit a bis c). Zwangsrechte dürfen grundsätzlich nur gegen **Entschädigung** (vgl dazu insb § 118) und nur dann begründet bzw in Anspruch genommen werden, wenn zuvor der Versuch einer gütlichen Übereinkunft unternommen wurde (§ 60 Abs 2).

Wegen Art 5 StGG und Art 1 1. ZPEMRK ist die Einräumung von Zwangsrechten ferner nur unter der Voraussetzung zulässig, dass ein öffentliches Interesse* an der Zwangsrechtsbegründung besteht, das die Beschränkung unter Berücksichtigung des **Verhältnismäßigkeitsgrundsatzes** rechtfertigt. Im Rahmen der Beurteilung der Verhältnismäßigkeit ist eine Abwägung zwischen dem in Rede stehenden öffentlichen Interesse und dem entgegenstehenden Interesse des Belasteten vorzunehmen.

2. Öffentlicherklärung von Privatgewässern (§ 61)

§ 61 ermöglicht die Öffentlicherklärung der in § 2 Abs 2 und § 3 Abs 1 lit d und e genannten Privatgewässer, wenn wichtige öffentliche Interessen* es erfordern. Dadurch wird das Privatgewässer öffentliches Gut und für die Allgemeinheit wird der große Gemeingebrauch (§ 8 Abs 1) eröffnet. Aufgrund der wasserwirtschaftlichen Bedeutung, die einer solchen Öffentlicherklärung zukommt, und der daraus resultierenden Wirksamkeit für das Bundesvermögen (zur Leistung der Entschädigung ist der Bund verpflichtet) bedarf die Öffentlicherklärung der Zustimmung des BMLFUW.

Die in § 3 Abs 1 lit a bis c genannten Gewässer können nach § 61 nicht für öffentlich erklärt werden. Sie gelten daher als „absolute Privatgewässer" (vgl *B. Raschauer*, Kommentar 16).

3. Verpflichtung zur Duldung von Vorarbeiten (§ 62)

Wenn die Projektierung oder Ausführung von Wasseranlagen Vorarbeiten (zB Bohrungen) oder Bauhilfseinrichtungen (zB Bauhütten) auf fremdem Grund erfordert und der Grundeigentümer deren Vornahme bzw deren Aufstellung nicht gestattet, kann ihn die Wasserrechtsbehörde auf Antrag des Projektierenden bzw des Bewilligungsinhabers mittels befristetem Duldungsbescheid dazu verpflichten. Entstehen dem Grundeigentümer durch die Vorarbeiten vermögensrechtliche Nachteile, so ist er dafür zu entschädigen (§ 62 Abs 2 iVm § 117).

4. Zwangsrechtstatbestände nach §§ 63 bis 70 (insb Enteignung)

Um die nutzbringende Verwendung der Gewässer zu fördern, um ihren schädlichen Wirkungen zu begegnen, zur geordneten Beseitigung von Abwässern und zum Schutz der Gewässer kann die Wasserrechtsbehörde gem § 63 soweit erforderlich Dienstbarkeiten begründen, die den Zugang (die Zufahrt) zu einem öffentlichen Gewässer eröffnen oder erheblich erleichtern (lit a), die für Wasserbauvorhaben notwendigen Dienstbarkeiten einräumen oder entgegenstehende Rechte einschränken oder aufheben (lit b), Liegenschaften, Bauwerke, sowie Werke, Leitungen und Anlagen aller Art enteignen (lit c) und wesentliche Veränderungen der Grundwasserverhältnisse gestatten (lit d). Von einer wesentlichen Veränderung der Grundwasserverhältnisse ist dann auszugehen, wenn das betroffene Grundstück nicht mehr wie bisher genützt werden kann. Eingriffe geringerer Intensität sind von § 12 Abs 4 erfasst (s VI.2.) (vgl *Bumberger/Hinterwirth*, WRG^2 § 63 K7.).

Während § 63 die **Begründung von Zwangsrechten bzw die Enteignung betreffend Grund und Boden** einschließlich der darauf befindlichen Bauwerke regelt, behandelt § 64 ergänzend die **Enteignung von Wasserrechten und Wassernutzungen einschließlich der dazugehörigen Anlagen** (Abs 1 lit c), die Übertragung von Rechten zur Benutzung von Privatgewässern (Abs 1 lit a, b) sowie die Erteilung der Erlaubnis zur Verlegung von Bringungs- und Leitungsanlagen, Seilaufzügen und Ähnlichem (lit d). Nähere Bestimmungen über den Schutz des landwirtschaftlichen Wasserbedarfs, die Schonung bestehender Nutzungen, das Mitbenutzungsrecht des Servitutsverpflichteten und die Verpflichtung zur Einlösung von Liegenschaften und Anlagen enthalten die §§ 66 bis 69. § 70 regelt das Erlöschen behördlich eingeräumter oder aus Anlass eines wasserrechtlichen Verfahrens durch Übereinkommen begründeter Dienstbarkeiten sowie den Anspruch auf Rückübereignung bei Erlöschen des betreffenden Wasserrechts.

5. Die Befugnisse nach § 71 und § 72

Nach § 71 können bei **Feuersgefahr oder Wassermangel** die BVB oder, bei Gefahr im Verzug, der Bgm, dessen Stellvertreter oder der Feuerwehrkommandant (als Hilfsorgan des Bgm) im öffentlichen Interesse* Verfügungen über die zeitweise Benutzung von öffentlichen Gewässern sowie von Privatgewässern treffen (zB Verbot der Verwendung von Wasser aus einer Trinkwasserleitung zu Bewässerungszwecken). Bei den Verfügungen nach § 71 handelt es sich um Befehls- und Zwangsgewalt*.

§ 72 begründet ex lege wirkende öffentlich-rechtliche Duldungspflichten der Eigentümer von Grundstücken und von Wasserberechtigten (**Legalservitut**). Diese haben zu bestimmten – in § 72 Abs 1 taxativ aufgezählten – Zwecken vorübergehend das **Betreten und Benutzen ihrer Grundstücke** bzw eine vorübergehende **Einschränkung oder Einstellung der Wasserbenutzung** zu dulden. Desgleichen sind die Fischereiberechtigten verpflichtet, die Entnahme von Proben, einschließlich der Entnahme von Fischen, sonstigen Wassertieren und Pflanzen zu Zwecken der Überwachung zu dulden (Abs 1). Bei bestimmten behördlich angeordneten Maßnahmen, deren Durchsetzung im Vergleich zu den Nachteilen betroffener Dritter überwiegende Vorteile im öffentlichen Interesse* erwarten lässt, sind auch substanzielle und dauernde Eingriffe in fremde Rechte (zB Abgraben von Bodenmaterial) zulässig (Abs 4).

XIII. Wassergenossenschaften und Wasserverbände (§§ 73 ff)

Als Organisationsformen zur Durchführung wasserwirtschaftlicher Maßnahmen von gemeinsamem Interesse sieht das WRG Wassergenossenschaften und Wasserverbände vor. Dabei handelt es sich um **Körperschaften öffentlichen Rechts**, die zur Verfolgung wasserwirtschaftlich bedeutsamer Zielsetzungen gebildet werden können. § 73 zählt demonstrativ jene Zwecke auf, derentwegen eine Wassergenossenschaft gebildet werden kann (zB Versorgung mit Trink- und Nutzwasser, Beseitigung und Reinigung von Abwässern). Zu den gleichen Zwecken können Wasserverbände gegründet werden, sofern sich die vorgesehenen Maßnahmen über den Bereich mehrerer Gemeinden erstrecken. Ferner können Wassergenossenschaften bzw Wasserverbände zur Errichtung von Bauten gegen die schädlichen Wirkungen des Wassers (Schutz- und Regulierungsbauten) gebildet werden (§ 43). Die Tätigkeit und die innere Organisation von Wassergenossenschaften und Wasserverbänden werden durch **Satzungen** geregelt (§§ 77, 88c), wobei die Beteiligten die Möglichkeit haben, im Rahmen der **Satzungsautonomie** Regelungen zu treffen, die ihren spezifischen Bedürfnissen gerecht werden.

Nach der Art des Zustandekommens kann man drei verschiedene Arten von Wassergenossenschaften bzw Wasserverbänden unterscheiden (§§ 74, 88):

- **freiwillige Genossenschaft/freiwilliger Wasserverband** (§§ 74, 88): wird durch die bescheidförmige Anerkennung einer freien Vereinbarung der daran Beteiligten gebildet;
- **Genossenschaft/Wasserverband mit Beitrittszwang** (§§ 75, 88a): wird durch die Anerkennung eines Mehrheitsbeschlusses der Beteiligten und die gleichzeitige Beiziehung der widerstrebenden Minderheit gebildet;
- **Zwangsgenossenschaft/Zwangsverband** (§§ 76, 88b): wird durch Bescheid des LH gebildet.

Ein wesentlicher Unterschied zwischen Wassergenossenschaften und Wasserverbänden besteht in der Art ihrer **Mitglieder**. Während Mitglied einer Wassergenossenschaft jede natürliche oder juristische Person werden kann, kommen als Mitglieder eines Wasserverbandes nur Gebietskörperschaften (insb Gemeinden), Wassergenossenschaften und die Erhalter öffentlicher Verkehrswege (Eisenbahn, Straße [→ *Straßenrecht*], Wasserwege) in Betracht (§ 87 Abs 2). Andere Rechtsträger können Mitglieder eines Wasserverbandes werden, wenn sie Gewässer im Verbandsbereich nicht bloß geringfügig beeinträchtigen oder in Anspruch nehmen (§ 87 Abs 3).

Wassergenossenschaften beziehen sich in erster Linie auf wasserwirtschaftliche Belange von Liegenschaften und Anlagen. Die Mitgliedschaft ist nicht an die Person geknüpft, sondern folgt aus der Rechtsbeziehung zu bestimmten Liegenschaften und Anlagen. Daher vermittelt die Zugehörigkeit einer Liegenschaft zu einer Wassergenossenschaft ihrem jeweiligen Eigentümer die mit der Mitgliedschaft verbundenen genossenschaftlichen Rechte und Pflichten (**Realcharakter der Wassergenossenschaft**). Demgegenüber geht es bei Wasserverbänden um die Besorgung wasserwirtschaftlicher Aufgaben im Verbandsbereich ohne Bezug zu bestimmten Liegenschaften (vgl *Oberleitner/Berger*, WRG-ON 1.03 Vor § 73 Rz 2, Vor § 87 Rz 7).

Im Gegensatz zu den Wassergenossenschaften kommen den **Wasserverbänden hoheitliche Befugnisse** zu (Selbstverwaltungsträger mit Behördenqualität). Ihr Aufgabengebiet lässt sich in einen **eigenen** und in einen **übertragenen Wirkungsbereich** (§ 97 Abs 3) unterteilen (vgl *B. Raschauer*, Kommentar 365). Im eWb kann ein Wasserverband etwa – soweit es zu einer möglichst wirtschaftlichen Erfüllung der ihm obliegenden Aufgaben erforderlich ist – seinen Mitgliedern in zumutbarem Umfang Aufträge erteilen, Arbeiten übertragen und die Unterstützung des Verbandszweckes durch innerbetriebliche Maßnahmen verlangen (§ 94). Demgegenüber statuiert § 95 zT im Wege der Vollziehung übertragbare (Abs 1), zT ex lege wirkende (Abs 2) Angelegenheiten des üWb. Demnach kann ein Wasserverband durch Verordnung des LH berufen werden, solche Aufgaben der Aufsicht über Wassergenossenschaften, über Gewässer oder über den Bau und Betrieb von Wasseranlagen wahrzunehmen, die er zweckmäßigerweise besorgen kann (§ 95 Abs 1 iVm § 131 Abs 1). Im Katastrophenfall ist er darüber hinaus (ex lege) ermächtigt, in den Betrieben der Verbandsmitglieder vorübergehend notstandspolizeiliche Maßnahmen (Befehls- und Zwangsgewalt*) anzuordnen (§ 95 Abs 2).

Als besondere Formen von Wasserverbänden kennt das WRG Dachverbände und Reinhaltungsverbände. Zu **Dachverbänden** können sich Wassergenossenschaften und Wasserverbände zur besseren und leichteren Erfüllung ihrer Aufgaben zusammenschließen (§ 90); zählt zu den Aufgaben des Dachverbandes auch die Aufsicht über seine Mitglieder, so spricht man mitunter von einem Kontrollverband (§ 90 Abs 3). Als **Reinhaltungsverbände** bezeichnet man Wasserverbände, deren Zweck (zumindest auch) in der Reinhaltung von Gewässern (§ 87 iVm § 73 Abs 1 lit d) besteht. Solchen Reinhaltungsverbänden teilt das WRG besondere Aufgaben zu (§ 91), wie etwa die Aufstellung und Durchführung eines **Sanierungsplanes** (= Plan zur Verbesserung der Gewässerbeschaffenheit im Verbandsbereich). Hat der Reinhaltungsverband einen solchen Sanierungsplan ausgearbeitet und beschlossen, so ist dieser dem LH zur Genehmigung vorzulegen. Ein vom LH genehmigter Sanierungsplan stellt eine **Verordnung** dar, deren Einhaltung bei allen wasserwirtschaftlichen Maßnahmen im Verbandsbereich als öffentliches Interesse* anzustreben ist (§ 92 Abs 3).

XIV. Behörden und Verfahren (§§ 98 ff)

1. Behörden

Die Vollziehung des WRG erfolgt in **mittelbarer Bundesverwaltung***. Wasserrechtsbehörden sind die BVB, der LH und der BMLFUW, wobei der BVB eine subsidiäre Generalkompetenz zukommt. Sofern keine anderweitigen Regelungen getroffen sind, ist die **BVB** zuständig (§ 98 Abs 1). Verdrängt wird die (generelle) Zuständigkeit der BVB insb in den in § 99 aufgezählten Fällen, in denen eine Zuständigkeit des **LH** besteht, sowie bei den in § 100 angeführten Angelegenheiten, für die eine Zuständigkeit des **BMLFUW** vorgesehen ist (diese geht auch der Kompetenz des LH nach § 99 vor). Behördenfunktion kommt nach dem WRG außerdem auch dem Bgm (zB § 31 Abs 3, § 49) und einem Wasserverband (§ 95) zu. Bescheide der Wasserrechtsbehörden können grundsätzlich mittels **Beschwerde beim LVwG** bekämpft werden. Abweichendes gilt für Bescheide, mit denen über die Pflicht zur Leistung von Entschädigungen, Ersätzen, Beiträgen und Kosten entschieden wird (s XIV.5.). Bei bestimmten Bescheiden kommt dem **BMLFUW** das Recht zur **Amtsbeschwerde** zu. Außerdem kann der BMFLUW gegen sämtliche auf Basis des WRG getroffenen Entscheidungen von Verwaltungsgerichten **Revision** an den VwGH erheben (§ 116).

Besondere Bestimmungen über die Zuständigkeit finden sich in § 101 (Zuständigkeitskonkurrenz; Delegation). Nach § 101 Abs 3 können sowohl der BMLFUW als auch der LH die nachgeordnete Behörde zur Durchführung des Verfahrens einschließlich der Erlassung des Bescheids ermächtigen, sofern dies im Interesse der Zweckmäßigkeit, Raschheit, Einfachheit und Kostenersparnis gelegen ist.

Für die **Gewässeraufsicht** ist grundsätzlich hinsichtlich der in den §§ 99 und 100 angeführten Gewässer und Anlagen der **LH**, sonst die **BVB** zuständig (§ 131 Abs 1). Für die Erlassung von Anordnungen nach §§ 120 ff und § 138 (s XIV.6.) ist allerdings die allgemeine Zuständigkeitsordnung der §§ 98 ff maßgeblich. Die eigentliche Aufsichtstätigkeit obliegt nach § 132 besonders bestellten Gewässeraufsichtsorganen (Organe der öffentlichen Aufsicht*) bzw Organen des öffentlichen Sicherheitsdienstes*.

Für die im **B-UHG** vorgesehenen Maßnahmen (s VII.3.) ist jene **BVB** zuständig, in deren örtlichen Wirkungsbereich die Vermeidungs- oder Sanierungsmaßnahmen zu ergreifen waren oder zu ergreifen gewesen wären (§ 9 Abs 1 B-UHG). Eine Umweltbeschwerde ist an jene BVB zu richten, in deren örtlichen Wirkungsbereich der behauptete Umweltschaden eingetreten ist (§ 11 B-UHG). Gegen Bescheide nach dem B-UHG steht den Parteien das Recht der **Beschwerde an das LVwG** zu (§ 13 Abs 1 B-UHG). Außerdem kann der BMFLUW Entscheidungen über Kosten und Ersätze mittels Beschwerde beim LVwG bzw mittels Revision beim VwGH bekämpfen (§ 13 Abs 2 und 3 B-UHG).

2. Parteien und Beteiligte

Wer Partei in einem wasserrechtlichen Verfahren ist, ergibt sich in erster Linie aus § 102. **Parteien eines wasserrechtlichen Verfahrens** sind demnach insb

- der **Antragsteller**;
- diejenigen, die (projektgemäß) zu einer **Leistung, Duldung oder Unterlassung** verpflichtet werden sollen: Gegenstand von Einwendungen* kann nur sein, dass die gesetzlichen Voraussetzungen für die Verpflichtung nicht vorliegen;
- diejenigen, deren **in § 12 Abs 2 aufgezählte Rechte** (rechtmäßig geübte Wassernutzungen mit Ausnahme des Gemeingebrauchs, Nutzungsbefugnisse nach § 5 Abs 2, Grundeigentum) sonst berührt werden: Einwendungen* können darauf gestützt werden, dass die gesetzlichen Voraussetzun-

gen für einen Eingriff in das die Parteistellung begründende Recht iSd § 12 Abs 2 nicht gegeben sind (s VI.3.);

- die **Fischereiberechtigten** (§ 15 Abs 1): die den Fischereiberechtigten offenstehenden Einwendungen* richten sich nach § 15. Die dort verankerten Rechte der Fischereiberechtigten können allerdings nicht zu einer Versagung der Bewilligung, sondern nur zur Vorschreibung von Vorkehrungen und zur Zuerkennung von Entschädigungen führen (VwGH 26.05.1998, 97/07/0126);
- die **„Einforstungsberechtigten"** (Nutzungsberechtigte iSd Wald- und Weidenutzungs-Grundsatzgesetzes 1951): sie können nur einwenden, dass die rechtlichen Voraussetzungen für einen Eingriff in ihre „Einforstungsrechte" nicht gegeben sind;
- diejenigen, die einen **Widerstreit** (§§ 17, 109) geltend machen.

§ 102 schließt nicht aus, dass auch dort nicht genannte Personen, die durch die fragliche Entscheidung in ihren wasserrechtlich geschützten Rechten berührt werden, wegen § 8 AVG Parteistellung genießen (keine taxative Aufzählung der Parteien in § 102: so *B. Raschauer*, Kommentar 398 f; VwSlg 15.536 A/2001). Darüber hinaus finden sich auch an anderen Stellen des WRG Regelungen betreffend die Parteistellung (zB § 34 Abs 6).

Hervorzuheben ist, dass das WRG dem **wasserwirtschaftlichen Planungsorgan** (LH) eine **umfassende Parteistellung** einräumt, die mit einer Beschwerdelegitimation an das VwG und einer Revisionsberechtigung an den VwGH verbunden ist (§§ 55 Abs 5, 55g Abs 3, 102 Abs 1 lit h, 104a Abs 3; s dazu auch § 356b Abs 1 GewO, § 19 Abs 1 Z 4 UVP-G 2000). Eine Parteistellung des LH als wasserwirtschaftliches Planungsorgan ist freilich nur in jenen Verfahren möglich, in denen der LH nicht selbst als Behörde* zur Entscheidung berufen ist (s § 55 Abs 5 S 2; VfSlg 19.636/2012). Dem wasserwirtschaftlichen Planungsorgan kommt keine Beschwerdelegitimation vor dem VfGH zu (s VfSlg 17.220/2004 ua).

Bestimmte von einem Verfahren betroffene Personen (zB die Interessenten am Gemeingebrauch) sind – soweit ihnen nicht Parteistellung zukommt – jedenfalls als **Beteiligte** anzusehen (§ 102 Abs 2). Als Beteiligte sind sie berechtigt, im Verfahren ihre Interessen darzulegen; die Erhebung von Einwendungen* steht ihnen jedoch nicht zu.

3. Das wasserrechtliche Bewilligungs- und Anzeigeverfahren

Um eine frühzeitige Abstimmung zu ermöglichen, hat derjenige, der eine wasserrechtliche Bewilligung anstrebt, schon vor Befassung der Wasserrechtsbehörde sein Vorhaben unter Darlegung der Grundzüge dem wasserwirtschaftlichen Planungsorgan anzuzeigen (§ 55 Abs 4). Eingeleitet wird das wasserrechtliche **Bewilligungsverfahren** sodann durch einen entsprechenden **Antrag**, der den Kriterien des § 103 zu genügen hat. Auf der Grundlage eines solchen Antrages hat die Behörde*, wenn Auswirkungen des Vorhabens auf „öffentliche Rücksichten“ zu erwarten sind, zunächst eine sog **vorläufige Überprüfung** durchführen. Dabei wird insb untersucht, ob und inwieweit durch das Vorhaben öffentliche Interessen* (§ 105) berührt werden, ob die Anlagen dem Stand der Technik* (§ 12a) entsprechen und ob sich ein allfälliger Widerspruch mit öffentlichen Interessen durch Auflagen* oder Änderungen des Vorhabens beheben ließe (§ 104; die Aufzählung in Abs 1 ist demonstrativ). Im Rahmen des Vorprüfungsverfahrens sind auch die Voraussetzungen des § 104a, der **Ausnahmen vom Verschlechterungsverbot** vorsieht, zu prüfen. Ergibt sich schon in dieser Phase des Verfahrens auf unzweifelhafte Weise, dass das Vorhaben aus öffentlichen Rücksichten unzulässig ist, so ist der Antrag abzuweisen. Andere Bedenken hat die Wasserrechtsbehörde dem Antragsteller zur allfälligen Aufklärung oder Abänderung des Entwurfs unter Festsetzung einer angemessenen Frist mitzuteilen (§ 106).

Ist der Antrag nicht schon aufgrund der vorläufigen Überprüfung abzuweisen, so ist das Verfahren nach Maßgabe des § 39 Abs 2 AVG durch Anberaumung einer **mündlichen Verhandlung** fortzusetzen. Die Anordnung einer mündlichen Verhandlung ist sohin – sofern sie nicht vom Konsenswerber verlangt wird – nicht zwingend erforderlich. Wird jedoch eine mündliche Verhandlung anberaumt, so sind zu dieser gem § 107 Abs 1 der Antragsteller und die Eigentümer jener Grundstücke, die durch die geplanten Anlagen oder durch Zwangsrechte (s XII.) in Anspruch genommen werden sollen, persönlich zu laden; dies gilt auch für jene im Wasserbuch (§ 124) eingetragenen Wasserberechtigten und Fischereiberechtigten, in deren Rechte durch das Vorhaben eingegriffen werden soll. In bestimmten Fällen ist außerdem die Agrarbehörde von der Verhandlung zu verständigen. Wenn noch andere Personen als Beteiligte in Betracht kommen, ist die Verhandlung gem § 41 Abs 1 S 2 AVG und darüber hinaus auf sonstige geeignete Weise (insb durch Verlautbarung in einer Gemeindezeitung oder Tageszeitung, Postwurfsendungen) kundzumachen. **§ 107 Abs 1** sieht somit **keine besondere Kundmachungsform** vor, sondern wiederholt inhaltlich nur die Regelung des § 41 Abs 1 S 2 und des § 42 Abs 1 S 2 AVG, wobei Beispiele dafür angeführt werden, was (jedenfalls) als Kundmachung „auf sonstige geeignete Weise“ anzusehen ist (so VwGH 27.05.2004, 2003/07/0119). Dies ist bei der Beurteilung des Eintritts der Präklusion* nach § 42 AVG zu beachten.

Sobald die Sache spruchreif ist, hat die Behörde* mittels schriftlichem Bescheid über den Antrag zu entscheiden. Im Fall einer stattgebenden Entscheidung muss der Spruch des **Bewilligungsbescheids** den inhaltlichen Kriterien des § 111 entsprechen (s auch XII.1.). Sofern im Zuge des Verfahrens **Übereinkommen** (etwa über wasserrechtlich geschützte subjektiv-öffentliche Rechte*) getroffen werden, sind diese auf Antrag der Beteiligten bescheidförmig zu beurkunden (§ 111 Abs 3). Werden von Parteien privatrechtliche Einwendungen* erhoben, hat die Behörde* auf eine Einigung hinzuwirken („Vergleichsversuch"). Gelingt eine Einigung, so ist sie mit Bescheid zu beurkunden (§ 113), andernfalls ist die Partei mit ihren Einwendungen auf den Zivilrechtsweg zu verweisen.

Besonderes regelt § 109 für den Fall eines **Widerstreits** zwischen geplanten Wasserbenutzungen (§ 17, s schon VI.3.): Liegen der Behörde* widerstreitende Ansuchen um Bewilligung einer Wasserbenutzung vor, dann ist auf Antrag eines Bewerbers vorerst darüber zu entscheiden, welchem Vorhaben der Vorzug gebührt.

§ 111a ermöglicht eine Teilung des Genehmigungsverfahrens in ein Grundsatz- und ein Detailgenehmigungsverfahren (**vertikale Verfahrensgliederung**). Bei Vorhaben, die wegen ihrer Größenordnung nicht von vornherein in allen Einzelheiten überschaubar sind, ist das Verfahren auf Antrag vorerst auf die Beurteilung der grundsätzlichen Zulässigkeit zu beschränken. Die Behörde* hat zunächst darüber zu entscheiden, ob und gegebenenfalls bei Einhaltung welcher Auflagen* das Vorhaben grundsätzlich genehmigt wird (Grundsatzgenehmigung). Auf Basis dieser Grundsatzgenehmigung hat die Behörde* sodann über die Detailprojekte zu erkennen (Detailgenehmigung).

Der Verfahrensvereinfachung dient das in § 114 geregelte **Anzeigeverfahren.** Dieses Verfahren kommt für bewilligungspflichtige Maßnahmen in Betracht, für die entweder durch das WRG selbst oder durch eine auf das WRG gestützte Verordnung das Anzeigeverfahren vorgesehen ist (vgl *Bumberger/Hinterwirth*, WRG [2008] § 114 K2.). So werden etwa durch § 115 bestimmte bewilligungspflichtige Sachverhalte, bei denen keine Änderung der Art und des Maßes der Wasserbenutzung bewirkt wird, dem Anzeigeverfahren unterstellt (zB die Änderung oder Erweiterung von Trink- und Nutzwasserversorgungsanlagen). Darüber hinaus kann sich die Anwendung des Anzeigeverfahrens beispielsweise aus Verordnungen des BMLFUW nach § 12a ergeben.

Im Anzeigeverfahren gilt die Bewilligung als erteilt (**Bewilligungsfiktion**), wenn die Behörde* nicht **innerhalb von drei Monaten ab Einlangen der Anzeige** schriftlich mitteilt, dass die Durchführung eines Bewilligungsverfahrens erforderlich ist. Ein Bewilligungsverfahren ist insb dann durchzuführen, wenn aufgrund der vorliegenden Unterlagen (§ 103) sowie unter Berücksichtigung der bestehenden wasserwirtschaftlichen Verhältnisse eine Beeinträchtigung fremder Rechte oder öffentlicher Interessen* zu erwarten ist. Der Anzeiger muss allerdings uU nicht die vollen drei Monate abwarten; teilt ihm die Behörde schon vor Ablauf dieser Frist mit, dass die Durchführung eines Bewilligungsverfahrens nicht beabsichtigt ist, darf er mit der Ausführung der Anlage beginnen. Bei anzeigepflichtigen Vorhaben ist auch die Kollaudierung der Anlage in einem vereinfachten Verfahren durchzuführen (§ 114 Abs 4 iVm § 121 Abs 4).

4. Genehmigungskonzentration

Aufgrund der Konzentrationsbestimmung des **§ 356b GewO** (→ *Gewerberecht*) entfallen bei gewerblichen Betriebsanlagen, zu deren Errichtung, Betrieb oder Änderung auch nach anderen Verwaltungsvorschriften des Bundes eine Bewilligung zum Schutz vor Auswirkungen der Anlage oder zum Schutz des Erscheinungsbildes der Anlage erforderlich ist, gesonderte Bewilligungen nach diesen Verwaltungsvorschriften, es sind aber deren materiell-rechtliche Bewilligungsregelungen anzuwenden (**konzentriertes Genehmigungsverfahren***). Die Mitanwendung der Bestimmungen des WRG bezieht sich allerdings nur auf bestimmte mit Errichtung, Betrieb oder Änderung der Betriebsanlage verbundene Maßnahmen (§ 356b Abs 1 GewO). Gem § 356b Abs 3 GewO obliegen der Gewerbebehörde (BVB) für diese Maßnahmen auch die nach dem WRG bestehenden behördlichen Befugnisse und Aufgaben zur Überprüfung der Ausführung der Anlage, zur Kontrolle, zur Herstellung des gesetzmäßigen Zustands, zur Gefahrenabwehr, zur nachträglichen Konsensanpassung, zur Vorschreibung und Durchführung von Maßnahmen bei Errichtung, Betrieb, Änderung und Auflassung sowie der Wiederverleihung von Rechten (**„Konzentration der Kontrolle“**). Diese Bestimmungen dienen der Verwirklichung des **„one-stop-shop“**-Prinzips im Anlagenverfahren. Nach diesem Prinzip soll der (künftige) Anlagenbetreiber im Wesentlichen nur mehr mit einer einzigen Anlagenbehörde konfrontiert sein.

Ein Genehmigungsverfahren mit Konzentrationswirkung sieht auch § 38 AWG 2002 vor. Im Genehmigungs- und Anzeigeverfahren für gem § 37 AWG 2002 genehmigungspflichtige Behandlungsanlagen (**ortsfeste Behandlungsanlagen**) müssen auch alle Vorschriften – mit Ausnahme der Bestimmungen über die Parteistellung, die Behördenzuständigkeit und das Verfahren – angewendet werden, die ua im Bereich des Wasserrechts für Bewilligungen, Genehmigungen oder Untersagungen des Projekts maßgeblich sind. Die Genehmigung oder Nicht-Untersagung nach dem AWG 2002 ersetzt in diesen Fällen die nach dem WRG erforderlichen Bewilligungen bzw Nicht-Untersagungen (**§ 38 Abs 1a AWG 2002**).

Nähere Regelungen über die **Mitanwendung wasserrechtlicher Bestimmungen** im Anlagenverfahren (GewO, AWG 2002, MinroG) finden sich in **§ 134b**. Danach sind die zuständigen Behörden zur Anwendung wasserrechtlicher Kontroll- und Eingriffsinstrumente verpflichtet, soweit die im WRG geregelten behördlichen Befugnisse und Aufgaben über die behördlichen Befugnisse und Aufgaben nach den genannten MaterienG (GewO, AWG 2002, MinroG) hinausgehen (vgl *Oberleitner/Berger*, WRG-ON 1.03 § 134b Rz 2).

Bei **UVP-pflichtigen Vorhaben** im Bereich der Wasserwirtschaft (Anh 1 Z 30 bis 42 UVP-G 2000) ist ein **konzentriertes Genehmigungsverfahren*** (§ 3 Abs 3 UVP-G 2000) durchzuführen, das sämtliche für die Ausführung dieses Vorhabens sonst erforderlichen Anzeige- und Bewilligungserfordernisse ersetzt. Der 4. Abschnitt des UVP-G 2000 enthält außerdem Sonderregelungen für wasserwirtschaftlich bedeutsame Vorhaben (→ *Umweltverträglichkeitsprüfung*).

5. Die Leistung von Entschädigungen (§§ 117 ff)

§ 117 regelt die **Zuständigkeit der Wasserrechtsbehörden** zur Entscheidung über finanzielle Ansprüche (Entschädigungen, Ersätze, Beiträge und Kosten), die im WRG oder in bestimmten Sondervorschriften vorgesehen sind. Demnach hat grundsätzlich jene Wasserrechtsbehörde, die über die anspruchsbegründende Angelegenheit abzusprechen hat (idR gem § 98 die BVB), mit **Bescheid** darüber zu entscheiden, ob, in welcher Form (Sach- oder Geldleistung), auf welche Art, in welcher Höhe und innerhalb welcher Frist die Leistung zu erbringen ist. Handelt es sich um vermögensrechtliche Ansprüche, die iZm der Verleihung einer wasserrechtlichen Bewilligung oder der Einräumung eines Zwangsrechts (s XII.) stehen, so soll die Entschädigungsentscheidung im betreffenden „Stammbescheid" erfolgen (§ 117 Abs 2). Die Festsetzung der Entschädigung in einem abgesonderten Nachtragsbescheid ist nur ausnahmsweise und nur dann zulässig, wenn im „Stammbescheid" zumindest darüber entschieden wurde, ob dem Grunde nach eine Entschädigung gebührt (VwSlg 9345 A/1977 ua).

Gegen Entscheidungen der Wasserrechtsbehörde nach § 117 Abs 1 ist eine Beschwerde an das VwG nicht zulässig. Es kann allerdings innerhalb einer Frist von zwei Monaten ab Zustellung des Bescheids mittels eines Antrages auf Neufestsetzung eine gerichtliche Entscheidung begehrt werden (**sukzessive Zuständigkeit***). Mit der Stellung eines solchen Antrages tritt die verwaltungsbehördliche Entscheidung außer Kraft, das nunmehr zuständige Landesgericht hat über die Sache völlig neu zu entscheiden (vgl VwSlg 13.420 A/1991). Aufgrund der sukzessiven Kompetenz der ordentlichen Gerichte (§ 117 Abs 4) ist die Wasserrechtsbehörde verpflichtet, über ein Entschädigungsbegehren explizit zu entscheiden (VfGH 11.03.2015, E 1193/2014).

Auf Verfahren betreffend die Pflicht zur Leistung von Entschädigungen, Ersätzen und Beiträgen findet das **EisbEG** sinngemäß Anwendung (§ 117 Abs 6).

6. Aufsicht und Strafen

Zur **Gewässeraufsicht** (Aufsicht über Gewässer und Wasseranlagen) zählen nach § 130 Abs 1 im Wesentlichen die Gewässerpolizei, die Gewässerzustandsaufsicht, die ökologische und chemische Gewässeraufsicht sowie der Schutz des Grundwassers. Gewässerstrecken in dicht besiedelten Gebieten, in Gebieten mit zahlreichen Wasseranlagen oder häufigen Überschwemmungen sind einer Beschau (**Gewässerbeschau**) zu unterziehen (§ 130 Abs 2 und 3). Neben dieser **allgemeinen Gewässeraufsicht** sind die Bewilligungstatbestände des WRG und die besonderen Kontrollen (zB §§ 120 f) als Formen der **präventiven Aufsicht** und einzelne Anordnungsermächtigungen (zB §§ 122, 138) als Formen der **repressiven Aufsicht** zu nennen (vgl *B. Raschauer*, Kommentar 536 f; zur Zuständigkeitsverteilung s XIV.1.).

- Zur Überwachung der Bauausführung bewilligungspflichtiger Wasseranlagen kann die Behörde* geeignete Aufsichtsorgane bestellen, die die fach- und vorschriftsgemäße Ausführung der Bauarbeiten und die Einhaltung der einschlägigen Bedingungen des Bewilligungsbescheids zu kontrollieren haben (**wasserrechtliche Bauaufsicht,** § 120).
- Nach der Fertigstellung einer bewilligungspflichtigen Wasseranlage hat die Bewilligungsbehörde ein Überprüfungsverfahren durchzuführen (**Kollaudierung,** § 121). Handelt es sich um eine Anlage, die keine besondere Bedeutung hat, kann sich die Behörde* mit der Vorlage einer Ausführungsanzeige begnügen (§ 121 Abs 3). Zur Kollaudierung bei anzeigepflichtigen Vorhaben s XIV.3.
- Nach § 122 kann die Wasserrechtsbehörde bei Gefahr im Verzug – zur Wahrung öffentlicher Interessen* von Amts wegen oder zum Schutz Dritter auf deren Antrag – die erforderlichen **einstweiligen Verfügungen** treffen bzw abändern. Während eines anhängigen Beschwerdeverfahrens steht diese Befugnis auch dem VwG zu.
- Sind bereits Missstände aufgetreten, ist insb an die Möglichkeit eines **wasserpolizeilichen Auftrags** gem **§ 138** zu denken. Nach § 138 Abs 1 hat die Behörde* bei Übertretungen des WRG – wenn es das öffentliche Interesse* erfordert oder der Betroffene (§ 138 Abs 6) verlangt – den Zuwiderhandler zu verpflichten, auf seine Kosten
  a) eigenmächtig vorgenommene Neuerungen (= bewilligungspflichtige Maßnahmen, die ohne Bewilligung durchgeführt wurden) zu beseitigen oder die unterlassenen Arbeiten (s zB § 50 Abs 1) nachzuholen,
  b) Ablagerungen oder Bodenverunreinigungen durch geeignete Maßnahmen zu sichern, wenn die Beseitigung (lit a) nicht oder im Vergleich zur Sicherung an Ort und Stelle nur mit unverhältnismäßigen Schwierigkeiten (Aufwand) möglich ist,
  c) die durch eine Gewässerverunreinigung verursachten Missstände zu beheben,
  d) für die sofortige Wiederherstellung beschädigter gewässerkundlicher Einrichtungen zu sorgen.

Unter bestimmten Voraussetzungen kann die Beseitigung eigenmächtig vorgenommener Neuerungen, das Nachholen unterlassener Arbeiten oder die Sicherung von Ablagerungen oder Bodenverunreinigungen (bzw der Ersatz der dafür anfallenden Kosten) im öffentlichen Interesse* subsidiär auch dem Liegenschaftseigentümer bzw – bei Ablagerungen – auch dessen Rechtsnachfolger auferlegt werden (§ 138 Abs 4). Wenn die Beseitigung, Nachholung oder Sicherung weder durch das öffentliche Interesse geboten ist noch von einem Betroffenen verlangt wird und die Erteilung einer wasserrechtlichen Bewilligung nicht von vornherein ausgeschlossen ist, kommt ein **Alternativauftrag** nach § 138 Abs 2 in Betracht.

Bei drohender Gefahr für das Leben oder die Gesundheit von Menschen oder für die Umwelt hat die Wasserrechtsbehörde gem § 138 Abs 3 zur Wahrung des öffentlichen Interesses* die zur Beseitigung der Gefährdung notwendigen Maßnahmen unmittelbar anzuordnen (Befehlsgewalt) und gegen Ersatz der Kosten durch den Verpflichteten nötigenfalls unverzüglich durchführen zu lassen (Zwangsakt).

Unabhängig von auf denselben Sachverhalt bezogenen behördlichen Anordnungs- und Zwangsbefugnissen kann der Täter nach **§ 137 bestraft** werden. Je nach Schwere des Delikts sind Höchststrafen von € 3.630,–, € 14.530,– (Ersatzfreiheitsstrafe bis zu vier Wochen) bzw € 36.340,– (Ersatzfreiheitsstrafe bis zu sechs Wochen) vorgesehen. § 137 Abs 5 normiert eine besondere verwaltungsstrafrechtliche Verantwortlichkeit des Wasserberechtigten und seines Betriebsleiters bei strafbaren Handlungen, die beim Betrieb einer Wasseranlage begangen werden.

Karim Giese

Forstrecht

Rechtsgrundlagen

Kompetenzgrundlagen

Art 10 Abs 1 Z 10 („Forstwesen einschließlich des Triftwesens"; „Wildbachverbauung") und Z 12 B-VG („Luftreinhaltung, unbeschadet der Zuständigkeit der Länder für Heizungsanlagen"; „Abfallwirtschaft"); Art 10 Abs 2 und 15 Abs 6 B-VG (Ausführungsgesetze der Länder), Art 14a B-VG („land- und forstwirtschaftliches Schulwesen"; „land- und forstwirtschaftliches Erziehungswesen").

Verfassungsrechtliche Bezüge

Art 5 StGG, Art 1 1. ZPEMRK (Eigentumsschutz); Art 5 EMRK, Art 1 ff PersFrG (persönliche Freiheit); Art 6 EMRK (Verfahrensgarantien); BVG über die Nachhaltigkeit, den Tierschutz, den umfassenden Umweltschutz, die Sicherstellung der Wasser- und Lebensmittelversorgung und die Forschung, BGBl I 111/2013.

Europarechtliche Bezüge

Entschließung des Rates über eine Forststrategie für die Europäische Union, ABl C 1999/56, 1 (aktueller Stand: EU-Waldstrategie: für Wälder und den forstbasierten Sektor – COM (2013) 0659 final); VO (EU) 1293/2013 zur Aufstellung des Programms für die Umwelt und Klimapolitik (LIFE), ABl L 2013/347, 185; Entschließung des Rates 89/367/EWG zur Einsetzung eines Ständigen Forstausschusses, ABl L 1989/165, 14.

RL 99/105/EG über den Verkehr mit forstlichem Vermehrungsgut, ABl L 2000/11, 17; RL 2000/29/EG über Maßnahmen zum Schutz der Gemeinschaft gegen die Einschleppung und Ausbreitung von Schadorganismen der Pflanzen und Pflanzenerzeugnisse, ABl L 2000/169, 1.

VO 1305/2013 (EU) über die Förderung der Entwicklung des ländlichen Raums durch den Europäischen Landwirtschaftsfonds für die Entwicklung des ländlichen Raums (ELER), ABl L 2013/347, 487.

RL 2008/50/EG über Luftqualität und saubere Luft für Europa, ABl L 2008/152, 1; RL 92/43/EWG zur Erhaltung der natürlichen Lebensräume sowie der wild lebenden Tiere und Pflanzen, ABl L 1992/206, 7 idF RL 2006/105/EG, ABl L 2006/363, 368 (Fauna-

Flora-Habitat-RL); RL 2009/147/EG über die Erhaltung der wild lebenden Vogelarten, ABl L 2010/20, 7 (Vogelschutz-RL).

Völkerrechtliche Bezüge

Alpenkonvention, BGBl 477/1995 idF III 18/1999 samt Durchführungsprotokollen (zB Bergwald – BGBl III 233/2002 idF III 112/2005, Bodenschutz – BGBl III 235/2002 idF III 111/2005).

Gesetze und sonstige Rechtsgrundlagen

Bund: ForstG, BGBl 440/1975 idF I 102/2015; Gesetz betreffend Vorkehrungen zur unschädlichen Ableitung von Gebirgswässern („Wildbachverbauung"), RGBl 117/1884 idF BGBl 54/1959; Verordnung über die Gefahrenzonenpläne, BGBl 436/1976; Verordnung über den Waldentwicklungsplan, BGBl 582/1977; Verordnung über die Kennzeichnung von Benützungsbeschränkungen im Wald (Forstliche KennzeichnungsV), BGBl 179/1976 idF II 67/1997; Zweite Verordnung gegen forstschädliche Luftverunreinigungen (2. DVO), BGBl 199/1984; Verordnung über die Behandlung und Nutzung der Schutzwälder (SchutzwaldV), BGBl 398/1977; Verordnung über raschwüchsige Baumarten, BGBl 105/1978; Verordnung über die abweichende Bewuchshöhe bei Neubewaldung durch Naturverjüngung, BGBl II 25/2003; Verordnung über den Schutz des Waldes vor Forstschädlingen (ForstschutzV), BGBl II 19/2003; BundesforsteG, BGBl 793/1996 idF I 136/2004; Verordnung über die Forstfachschule, BGBl 507/1991 idF II 358/2001; BG über die Bundesämter für Landwirtschaft und die landwirtschaftlichen Bundesanstalten, BGBl I 83/2004 idF I 104/2013; Forstliches VermehrungsgutG 2002, BGBl I 110/2002 idF I 189/2013; Forstliche VermehrungsgutV 2002, BGBl II 480/2002 idF II 27/2012.

Länder: bgld ForstausführungsG, LGBl 56/1987 idF 79/2013; krnt Landes-ForstG, LGBl 77/1979 idF 63/2014; nö ForstausführungsG, LGBl 6851-7; oö WaldteilungsG, LGBl 28/1978 idF 90/2001; sbg Forstgesetz-AusführungsG, LGBl 80/1977 idF 106/2013; stmk WaldschutzG, LGBl 21/1982 idF 87/2013; tir WaldO 2005, LGBl 55/2005 idF 130/2013; vlbg Gesetz über einige forstpolizeiliche Maßnahmen und über die Waldaufseher (LandesforstG), LGBl 13/2007 idF 44/2013; wr Gesetz, mit dem Ausführungsbestimmungen zum Forstgesetz 1975 erlassen werden, LGBl 9/1979 idF 11/2001.

Literaturauswahl

Monografien – Kommentare

Brawenz/Kind/Wieser, Forstgesetz[4] (2015); *Hinteregger* (Hrsg), Trendsportarten und Wegefreiheit (2005); *Kalss*, Forstrecht (1990); *Kanonier*, Rechtliche Aspekte der Wegefreiheit im Bergland (1997); *Lienbacher N.*, Waldeigentum und seine Beschränkungen (2012); *Lindner/Zankl*, Forstrecht, in Altenburger/Raschauer N. (Hrsg), Kommentar zum Umweltrecht (2014) 405; *Zeinhofer*, Bergsport und Forstgesetz (2008).

Lehr- und Handbücher

Jäger, Forstrecht, in Norer (Hrsg), Handbuch des Agrarrechts[2] (2012) 505; *Lienbacher N.*, Forstrecht, in Pürgy (Hrsg), Das Recht der Länder II/2, 243; *Muzak*, Forstrecht, in Hammer ua (Hrsg), Besonderes Verwaltungsrecht (2012) 442; *Pabel*, Forstrecht, in Raschauer N./Wessely (Hrsg), Handbuch Umweltrecht[2] (2010) 206.

Beiträge

Bobek, Schilaufen im Wald, ZVR 1990, 130; *Dittrich/Reindl*, Schilaufen im Wald, ZVR 1988, 353; *Duschanek*, Luftreinhaltungspflichten nach dem Forstgesetz, ZfV 1983, 255; *Gaisbauer*, Die forstrechtliche Rodungsbewilligung im öffentlichen Interesse der Agrarstrukturverbesserung, AgrRS5/1986, 16; *Gaisbauer*, Die forstrechtliche Rodungsbewilligung im öffentlichen Interesse des Siedlungswesens, ÖGZ 5/1986, 20; *Gaisbauer*, Forstpolizeiliche Aufträge bei der Missachtung forstrechtlicher Vorschriften, AgrRS6/1999, 15; *Gloß*, Betretungsrecht im Klettersport (Setzen von Bohrhaken), Zak 2008, 63; *Hattenberger*, Recht auf Naturnutzung. Rechtliche Rahmenbedingungen der Sportausübung anhand ausgewählter Beispiele, in Berger/Potacs (Hrsg), Recht Sportlich. Aktuelle Rechtsfragen des Sports (2010) 49; *Herbst*, Schilaufen im Wald, ZVR 1990, 129; *Jäger*, Raumwirkungen des Forstrechts, in Hauer/Nußbaumer (Hrsg), Österreichisches Raum- und Fachplanungsrecht (2006) 175; *Kaiser*, Das Forstrecht im Spannungsverhältnis zum Naturschutzrecht unter Bezugnahme auf die Biotopschutzwälder nach § 32a Forstgesetz, in Norer/Holzer (Hrsg), Agrarrecht. Jahrbuch 2010 (2010) 203; *Lang*, Die Befugnisse nach dem BundesforsteG in Hinblick auf die für den Bund verwalteten Liegenschaften, ÖZW 2005, 53; *Mauerhofer*, Gemeinschafts- und verfassungsrechtlicher Handlungsbedarf im Forstrecht (Teil 1), RdU 2016/36, 57, (Teil 2), RdU 2016/63, 107; *Messiner*, Radfahren im Wald, ZVR 1991, 262; *Niederhuber*, Abwägungsentscheidungen im Naturschutz- und Forstrecht, in IUR/ÖWAV (Hrsg), Jahrbuch des Umweltrechts 2012 (2012) 163; *Reindl*, Die Wegefreiheit im Wald, ZVR 1977, 193; *Reindl*, Im Wald und auf dem Berge – Wegefreiheit versus StVO und KfG, ZVR 2008/21, 103; *Rudolf-Miklau*, Informationswirkung von Gefahrenzonenplanungen, RdU 2014/109, 181; *Stock*, Irrtümliches Befahren von Forststraßen, ZVR 2001, 342; *Stock*, Rettungseinsätze über Forststraßen, ZVR 2012, 153; *Stock*, Zelten – Biwakieren – Lagern. Rechtsbegriffe in Naturschutz und Schutzgebietstourismus, ZVR 2013, 231; *Trzesniowski/Gatterbauer/Pitterle*, Zur Gefährdung von Verkehrsflächen durch Wald, AgrRS4/1996, 20; *Weber K.*, Schitouren auf Pisten, ZVR 2008/2, 4; *Weiler*, Die Errichtung von Klettersteigen unter juristischen Aspekten. Dargestellt am Beispiel der Tiroler Rechtslage, ZVR 2015/122, 238; *Zeinhofer*, Betretungsrecht im Klettersport, Zak 2008, 306; *Zierl*, Zum Begriff „Wald“ und zur Walderhaltung, ZfV 1988, 229.

Rechtsprechung

VfSlg 2192/1951, 2674/1954, 4206/1962, 4348/1963, 6848/1972 (Kompetenztatbestand „Forstwesen“); VfSlg 8009/1977 (Benützung des Waldes zu Erholungszwecken); VfSlg 10.292/1984 (Berücksichtigungsgebot/Forstrecht-Jagdrecht); VfSlg 12.998/1992 (Verbot des Radfahrens im Wald; rechtspolitischer Freiraum des Gesetzgebers); VfSlg 14.405/1996 (Einräumung „weitmaschiger“ Ermächtigungen an den Landesgesetzgeber).

VwSlg 9574 A/1978 (Rodungsbewilligung/gebundene Entscheidung); VwSlg 13.344 A/1990 (Waldbegriff/Schipiste); VwGH 29.10.1992, 92/10/0135 (keine wasserrechtlichen Vorfragen im Rodungsverfahren); VwSlg 13.972 A/1993 (Nebenparteien im Anlagenbewilligungsverfahren); VwGH 03.08.1995, 93/10/0242 (Rodungsbewilligung/Abwägung öffentlicher Interessen); VwGH 25.09.1995, 95/10/0034 (Rodungsbewilligung/allgemeine Grundsätze der Walderhaltung); VwGH 24.06.1996, 91/10/0168 (Waldbegriff/forstliche Nutzung); VwSlg 14.635 A/1997 (Waldfeststellung/dingliche Wirkung); VwGH 19.03.2002, 99/10/0277 (Rodungsbegriff); VwSlg 16.078 A/2003 (Bannzwecke); VwGH 13.10.2004, 2000/10/0115 (Waldbegriff/Mindestbreite); VwGH 03.10.2008, 2005/10/0155 (forstpolizeiliche Aufträge/Grenzen); VwGH 22.10.2008, 2007/06/0066 (Rodungsbegriff; Erlöschen der Rodungsbewilligung); VwGH 03.11.2008, 2005/10/0208 (Rodungsverfahren/Parteistellung benachbarter Waldeigentümer); VwGH 29.04.2009, 2009/10/0110 (Rodungsverfahren/Parteistellung/keine Sonderbestimmungen bei Schutzwald); VwGH 16.06.2009, 2006/10/0122 (Feststellungsbescheid/Bindungswirkung); VwGH 11.12.2009, 2006/10/0223 (öffentliches Interesse/Siedlungswesen); VwGH 11.12.2009, 2007/10/0185 (Waldbegriff/räumlich zusammenhängende Bestockung); VwGH 11.12.2009, 2008/10/0063 (Rodungsbewilligung/Entbehrlichkeit der Interessenabwägung); VwGH 11.12.2009, 2008/10/0111 (Waldeigenschaft/Berechnung der „vorangegangenen" 10 Jahre); VwGH 26.04.2010, 2004/10/0123 (Rodungsverfahren/Parteistellung benachbarter Waldeigentümer); VwGH 24.02.2011, 2009/10/0113 (Rodungsbewilligung/Wasserkraftanlage); VwGH 31.03.2011, 2007/10/0033 (öffentliches Interesse an der Rodung/Ermittlungspflichten); VwSlg 18.183 A/2011 (Waldverwüstung/Verkehrssicherheit/Vorrang des Schutzes von Leben und Gesundheit); VwGH 27.11.2012, 2009/10/0088 (Waldverwüstung/Abfallbegriff); VwSlg 18.350 A/2012 (Erforderlichkeit des Deckungsschutzes für Nachbarwald); VwGH 21.05.2012, 2011/10/0117 (Waldeigenschaft/Flächenwidmung); VwGH 21.03.2013, 2011/10/0140 (Rodungsverfahren/dinglich Berechtigter/subjektiv-öffentliche Rechte); VwGH 18.03.2015, 2013/10/0177 (Rodung/Siedlungswesen).

I. Regelungsgegenstand und -ziele

Neben der traditionellen Funktion als **Rohstofflieferanten** kommt Wäldern auch wesentliche Bedeutung beim **Schutz vor Elementargefahren** (Lawinen, Hangrutschungen uÄ), der **Erhaltung der natürlichen Umwelt** (zB Reinigung und Erneuerung von Luft und Wasser) sowie als **Erholungsraum für Menschen** zu. Zur nachhaltigen Sicherung dieser multifunktionalen Waldwirkungen zielt das ForstG 1975 – in Einklang mit europäischen und internationalen forstpolitischen Zielen – insgesamt darauf ab, die gegenwärtige Waldausstattung (von derzeit fast 50% der österr Staatsfläche) flächenmäßig weitgehend zu erhalten.

Zu diesem Zweck enthält das ForstG 1975 spezifische Ziele für die **forstliche Raumplanung** (§§ 1, 6 ff) sowie **verschiedenste Nutzungsge- und -verbote** bzw **forstpolizeiliche Genehmigungsvorbehalte** (§§ 13 ff, 40 ff). Da sich von der Gesamtwaldfläche nur ca 15% in staatlicher Hand (Österreichische Bundesforste AG) befinden, kommt es durch die forstrechtlichen Bestimmungen zu nicht unerheblichen Einschränkungen des freien Verfügungsrechtes am Waldeigentum im Interesse der Allgemeinheit. Als Ausgleich dazu sind **besondere Förderungsmaßnahmen** im Rahmen der Privatwirtschaftsverwaltung* vorgesehen (§§ 141 ff).

II. Verfassungsrechtliche Bezüge

1. Kompetenzrechtliche Bestimmungen

Die forstrechtlichen Bestimmungen stützen sich überwiegend auf den Kompetenztatbestand **„Forstwesen einschließlich des Triftwesens"** (Art 10 Abs 1 Z 10 B-VG), der in Gesetzgebung und Vollziehung Bundessache ist. Der Kompetenztatbestand umfasst nach seiner Bedeutung zum Zeitpunkt des Wirksamwerdens (Versteinerungsprinzip*) alle auf die **Pflege, Erhaltung** und **auf den Schutz des Waldbestandes bezughabenden Vorkehrungen.** In diesem Rahmen kann die Gesetzgebung nicht bloß notwendige oder zweckmäßig erscheinende **wirtschaftspolitische Maßnahmen**, sondern auch alle jene forstpolizeilichen Anordnungen treffen, die im Interesse der Sicherung des Waldbestandes zur **Abwehr von Gefahren aller Art** notwendig erscheinen (VfSlg 2192/1951 – Maßnahmen zur Verhütung und Bekämpfung von Waldbränden). Auch die Regelung des **freien Zutritts- und Aufenthaltsrechtes** (§ 33) fällt unter das „Forstwesen" (VfSlg 10.292/1984). Da es sich bei der Raumordnung um eine Querschnittsmaterie* handelt, zu deren Regelung der Landesgesetzgeber nur dann zuständig ist, wenn die planenden Maßnahmen nicht zur Regelung der jeweiligen Sachmaterien gem Art 10 ff B-VG notwendig sind, obliegt dem Bund weiters auch die **vorausschauende Planung der Waldverhältnisse** (Fachplanung; vgl VfSlg 2674/1954 sowie → *Raumordnungsrecht*).

Obwohl mit diesen Regelungsbereichen der Kompetenzbereich „Forstwesen" relativ breit angelegt ist, fällt dennoch nicht jede gesetzliche Regelung, die sich auf den Wald bezieht, notwendigerweise in diesen Kompetenzbereich. Ausgenommen vom „Forstwesen" sind insb Maßnahmen der **Bodenreform**, auch wenn sie sich auf forstwirtschaftliche Grundstücke beziehen (Art 12 Abs 1 Z 3 B-VG – vgl VfSlg 4206/1962, 6848/1972), sowie Maßnahmen zum **Schutz des Waldes gegen Wildschäden** (Art 15 Abs 1 B-VG – vgl VfSlg 4348/1963).

Hervorzuheben ist, dass sich nicht alle Regelungen des ForstG zwingend auf den Kompetenztatbestand „Forstwesen" stützen müssen. Der einfache Bundesgesetzgeber ist nicht gehindert, ein Bundesgesetz **auf mehr als einen Kompetenztatbestand** zu stützen (VwSlg 16.334 A/2004 – hier: „Wasserrecht"). Vgl daher zu den §§ 98 ff ForstG über Lawinen- und Wildbachverbauung auch Art 10 Abs 1 Z 10 B-VG („Wildbachverbauung"), zu den §§ 47 ff ForstG über den Schutz des Waldes vor Luftschadstoffen Art 10 Abs 1 Z 12 B-VG („Luftreinhaltung, unbeschadet der Zuständigkeit der Länder für Heizungsanlagen"), zu § 16 Abs 4 ForstG über Ablagerung von Abfall in Wäldern Art 10 Abs 1 Z 12 B-VG („Abfallwirtschaft").

Eine kompetenzrechtliche Besonderheit stellt dar, dass der Bundesgesetzgeber in Angelegenheiten des „Forstwesens" die Landesgesetzgeber ermächtigen kann, zu genau bezeichneten Bestimmungen **(Landes-) Ausführungs-**

gesetze (zB sbg Forstgesetz-AusführungsG – vgl dazu *N. Lienbacher*, Forstrecht 243 ff) zu erlassen (Art 10 Abs 2 iVm Abs 1 Z 10 B-VG). Die Vollziehung dieser AusführungsG bleibt allerdings dem Bund vorbehalten (mittelbare Bundesverwaltung*).

Vgl dazu § 15 Abs 4 (Waldteilung); § 26 (Kampfzone des Waldes; Windschutzanlagen); § 42 (Waldbrand); §§ 95 bis 97 (allgemeine und besondere Ermächtigungen); § 101 Abs 8 ForstG (Räumung von Wildbächen).

Soweit ein forstrechtlich relevanter Sachverhalt unter einem anderen Gesichtspunkt von der Landesgesetzgebung geregelt wird (zB Jagdrecht), verbietet das **bundesverfassungsrechtliche Berücksichtigungsprinzip*** dem Landesgesetzgeber, die Effektivität der bundesgesetzlichen Regelungen ohne sachliche Rechtfertigung zu beeinträchtigen. Nimmt zB eine landesgesetzliche Ermächtigung zur **Sperrung von Jagdgebieten im Wald** nicht hinreichend auf das bundesgesetzlich geregelte freie Betretungsrecht des Waldes (§ 33 ForstG) Bedacht, ist diese Bestimmung verfassungswidrig (VfSlg 10.292/1984).

2. Grundrechtliche Bestimmungen

Die forstrechtlichen Bestimmungen berühren verschiedene grundrechtlich geschützte Freiräume. Eingriffe in den Schutzbereich der einzelnen Grundrechte sind verfassungsrechtlich nur zulässig, wenn sie im Rahmen des jeweiligen Gesetzesvorbehalts eines Grundrechtes erfolgen.

Das Grundrecht auf **Eigentum** (Art 5 StGG iVm Art 1 1. ZPEMRK) schützt alle vermögenswerten Privatrechte. Soweit eigentumsentziehende oder -beschränkende Maßnahmen, wie etwa Verpflichtungen zur Duldung und Unterlassung (zB Betretungsrecht, Bannlegung) oder zur positiven Handlung (zB Wiederbewaldung, Schutz- und Bannwaldbewirtschaftung), gesetzlich vorgesehen werden, müssen sie im öffentlichen Interesse liegen und nach dem Grundsatz der Verhältnismäßigkeit erfolgen.

In diesem Lichte können sich für Leistungen der Waldbewirtschaftung **Abgeltungs-** oder **Entschädigungsansprüche** ergeben (vgl zB § 22 Abs 3a; idS auch zB Art 11 Bergwaldprotokoll der Alpenkonvention).

Der Verhältnismäßigkeit kann zB auch besondere Bedeutung zukommen, wenn der Waldeigentümer im Wege eines **forstpolizeilichen Auftrags** zur Herstellung des gesetzmäßigen Zustandes (vgl §§ 16, 172 Abs 6) verpflichtet wird, er selbst aber nicht der Verursacher des gesetzwidrigen Zustandes ist und der eigentliche Verursacher nicht mehr in Anspruch genommen werden kann. Nach der Rsp des VfGH dürfen dem Eigentümer von hoher Hand keine Lasten auferlegt werden, die ihn mit Rücksicht auf ihre Schwere einerseits und seinem aus dem Eigentum gezogenen Nutzen andererseits unverhältnismäßig treffen und ihm daher wirtschaftlich nicht zumutbar sind (VfSlg 13.587/1993 zum WRG sowie – idS zum ForstG – VwGH 24.09.1999, 99/10/0186; vgl dazu auch *Brawenz/Kind/Wieser*, ForstG 668 ff).

Forstrechtliche Entschädigungspflichten sind als **„civil rights"** zu qualifizieren. Das Grundrecht auf ein **faires Verfahren** (Art 6 EMRK) erfordert, dass Gerichte (Tribunale) zur Festlegung der Entschädigung berufen werden (VfSlg 11.760/1988). Diesem Erfordernis entspricht das ForstG durch eine sukzessive Zuständigkeit* der ordentlichen Gerichte (zB Bezirksgericht – vgl §§ 31 Abs 8, 67 Abs 5).

Freiheitsentziehende und -beschränkende Maßnahmen, wie etwa eine Festnahme durch Forstschutzorgane (§ 112 ForstG iVm § 35 VStG), greifen in das Grundrecht auf **Schutz der persönlichen Freiheit** (Art 1 ff PersFrG, Art 5 EMRK) ein. Sie dürfen einfachgesetzlich nur im Rahmen der verfassungsgesetzlich taxativ aufgezählten Fälle (vgl insb Art 2 Abs 1 Z 3 PersFrG) und nach dem Grundsatz der Verhältnismäßigkeit (Art 1 Abs 3 PersFrG) vorgesehen werden (vgl auch → *Sicherheitspolizeirecht*).

3. Staatsziel Umweltschutz

Das (Staatsziele-) BVG, BGBl I 111/2013, deklariert in § 3 den **„umfassenden Umweltschutz"** als Staatsziel*. Da der Wald einen wesentlichen Teil der zu schützenden natürlichen Umwelt darstellt, ist die dem einfachen ForstG übergeordnete Staatzielbestimmung auch zur Auslegung des ForstG heranzuziehen (verfassungskonforme Interpretation – vgl idS VfSlg 13.210/1992 zur oö BauO).

III. Europarechtliche Bezüge

Das Forstwesen ist keinem der speziellen Politikbereiche der EU (Art 28 ff AEUV), insb auch nicht der Gemeinsamen Agrarpolitik (Art 38 ff AEUV) zuzuordnen. Forstpolitik ist damit grundsätzlich eine Aufgabe der Mitgliedstaaten. Dennoch wurde von Seiten der EU eine **unverbindliche „Forststrategie"** entwickelt, die sich im Einklang mit den Grundsätzen der UN-Konferenz für Umwelt und Entwicklung und den Entschließungen der Ministerkonferenzen über den Schutz der Wälder zu einer nachhaltigen Waldbewirtschaftung (s V.) bekennt. Sie wird durch nationale oder regionale (Förder-) Programme konkretisiert und umgesetzt. Die EU unterhält auch einen aus Vertretern der Mitgliedstaaten zusammengesetzten **Ständigen Forstausschuss** zur Beratung der Kommission und zum Informationsaustausch zwischen den Mitgliedstaaten sowie ein breit angelegtes System für ein **Langzeit-Monitoring** des Zustandes des Waldes.

Darüber hinaus weisen verschiedene **umwelt-, handels- oder energiepolitische Maßnahmen der EU** unmittelbare oder mittelbare Bezüge zum Wald und damit auch zum ForstG auf (vgl §§ 48 ff ForstG/forstschädliche Luftverunreinigung – RL 2008/50/EG; § 45 ForstG/Forstschädlingsbekämpfung –

RL 2000/29/EG; §§ 1 ff Forstliches VermehrungsgutG – RL 99/105/EG, RL 71/161/EWG). Die **EU-Naturschutzrichtlinien** (Fauna-Flora-Habitat-RL, Vogelschutz-RL; → *Naturschutzrecht*) verpflichten in den einschlägigen Natur- und Tierschutzgebieten („Natura 2000") speziell zur **Unterlassung von forstlichen Eingriffen.**

Zu diesem Zweck können einzelne forstrechtliche Ge- oder Verbote, bspw iZm der Wiederbewaldung, Waldverwüstung, Schädlingsbekämpfung uÄ, von den Forstbehörden im erforderlichen Umfang geändert oder ausgesetzt werden (s VIII.4.e.).

Die VO 1257/1999 und die VO 1305/2013 schließlich sehen **Beihilfen** für Maßnahmen zur Förderung der nachhaltigen Bewirtschaftung bewaldeter Flächen (zB Erstaufforstungen, Waldumweltmaßnahmen) vor.

IV. Völkerrechtliche Bezüge

Auf internationaler Ebene gibt es zahlreiche multilaterale Vereinbarungen, die Arbeitsprogramme und Maßnahmen zum Schutz der Wälder vorsehen. Auch iZm **Klimaschutzmaßnahmen** (zB „Kyoto"-Protokolle) kommt Wäldern als sog „Kohlenstoffsenken" besondere Bedeutung zu.

Im Alpenraum nehmen insb die zwischen den Anrainerstaaten (sowie der EU) abgeschlossene **Alpenkonvention** sowie deren **Durchführungsprotokolle** (zB „Bergwald" – BGBl III 233/2002; „Bodenschutz" – BGBl III 235/2002), die ua auch auf die Erhaltung, Stärkung und Wiederherstellung der verschiedenen Waldfunktionen im Alpenraum abzielen und Verpflichtungen zur Förderung und Abgeltung der Leistungen der Waldwirtschaft vorsehen, eine vorrangige Stellung ein. Soweit die Durchführungsprotokolle ohne Erfüllungsvorbehalt (iSd Art 50 Abs 2 B-VG) genehmigt worden sind, sind sie innerstaatlich **unmittelbar anzuwenden** (VwSlg 16.640 A/2005).

Die in den Durchführungsprotokollen verwendeten Begriffe sind nicht notwendigerweise deckungsgleich mit jenen des ForstG (VwSlg 16.640 A/2005 – „Wälder mit Schutzfunktionen").

V. Grundsätze des Forstrechts

Dem gesamten ForstG liegt das **programmatische Ziel** zu Grunde, dass der Wald und seine spezifischen Nutz-, Schutz-, Wohlfahrts- und Erholungswirkungen zu erhalten sind (§ 1 Abs 2 Z 1 und 2) und die Waldbewirtschaftung „nachhaltig" erfolgen muss (§ 1 Abs 2 Z 3). **Nachhaltige Waldbewirtschaftung** bedeutet, dass die Pflege und Nutzung der Wälder so zu erfolgen hat, dass biologische Vielfalt, Produktivität, Regenerationsvermögen, Vitalität sowie Potenzial dauerhaft (auch für nachfolgende Generationen) gesichert bleiben (§ 1 Abs 3).

Aus diesen allgemeinen Grundsätzen des ForstG können zwar keine unmittelbaren Verhaltenspflichten (oder subjektiv-öffentliche Rechte) abgeleitet werden. Es kommt ihnen aber **auslegungs- und ermessensleitende Funktion** bei der Vollziehung der einzelnen Bestimmungen des ForstG zu.

Werden daher die Rodungsbestimmungen (§§ 17 ff) im Lichte der allgemeinen Grundsätze des § 1 ausgelegt, dann können bloß geringfügige Anknüpfungspunkte an Zwecke der Waldbewirtschaftung das Erfordernis einer Rodungsbewilligung für die Errichtung einer Hütte im Wald nicht entbehrlich machen (VwGH 25.09.1995, 95/10/0034).

VI. Geltungsbereich; Waldbegriff

Zentrale Regelungsgegenstände des ForstG sind der Wald, die „Kampfzone" des Waldes sowie Windschutzanlagen.

1. „Wald" als Legalbegriff

Die forstrechtlichen Bestimmungen knüpfen überwiegend an den Begriff „Wald" an. Dieser Begriff unterscheidet sich nicht unerheblich vom herkömmlichen Sprachgebrauch und ergibt sich aus einer **komplexeren, mehrgliedrigen Legaldefinition**. Danach gelten grundsätzlich als „Wald":

- die mit näher bestimmten Holzgewächsen (zB Kiefern, Fichten, Birken) bestockten Grund*flächen* von mindestens 1.000m^2 und einer durchschnittlichen Mindestbreite von 10m (§ 1a Abs 1 iVm dem Anh zum ForstG);

  Die rechtliche Eigenschaft „Wald" (iSd § 1a Abs 1) bezieht sich auf **„Grundflächen"**. Es ist daher ohne Belang, ob die zu beurteilende Fläche mit einem bestimmten Grundstück ident ist, nur einen Teil davon erfasst oder allenfalls mehrere Grundstücke betrifft (VwGH 24.06.1996, 91/10/0168). Wird eine bewaldete Grundfläche aber unterbrochen (zB durch eine Schipiste – VwSlg 13.344 A/1990; durch dauernd unbestockte Felsformationen über 1.000m^2 – vgl *Brawenz/Kind/Wieser*, ForstG 32), handelt es sich um keine einheitliche, zusammenzuzählende Grundfläche mehr. Zu beachten ist aber, dass es sich auch bei unbestockten (Teil-) Flächen aufgrund des räumlichen Zusammenhangs durchaus um Wald handeln kann (vgl zB § 1a Abs 7 sowie VwGH 19.12.1994, 91/10/0177 – gesamtheitliche Betrachtung unter Einbeziehung eines ehemaligen Bachbetts ohne jeglichen Bewuchs).

  Aus der in § 1a Abs 1 genannten durchschnittlichen **Mindestbreite von 10m**, die nicht zuletzt der Abgrenzung gegenüber „Baumreihen" (iSd § 1a Abs 4 lit d) dient, kann nach Ansicht des VwGH nicht gefolgert werden, dass in geschlossenen Waldgebieten der räumliche Zusammenhang – mit entsprechender Auswirkung auf die Waldeigenschaft – jedes Mal dann unterbrochen wäre, wenn zwischen zwei Stämmen eine Entfernung von mehr als 10m liegt (VwGH 25.03.1993, 92/10/0100; 13.10.2004, 2000/10/0115). Aus § 1a Abs 1 ist daher nicht eine erforderliche „Mindestdichte" der Bestockung abzuleiten. Die Beurteilung hat in dieser Hinsicht alleinig nach forstfachlichen Gesichtspunkten zu erfolgen; zB § 13 Abs 8 („ausreichende Pflanzenzahl") und § 4 Abs 1 („Überschirmung von 5/10 ihrer Fläche") können als Anhaltspunkte für die Beurteilung dienen.

- die infolge einer Nutzung (zB befristete Rodung; vgl aber § 5 Abs 2 Z 2 und Abs 2a) oder aus sonstigem Anlass (zB Windwurf) vorübergehend vermindert bestockten oder unbestockten Grundflächen (§ 1a Abs 2).

Weiters werden bestimmte Flächen oder Bewüchse, obwohl sie die Definitionsmerkmale des § 1a Abs 1 und 2 nicht erfüllen, ausdrücklich (ex lege) zum Wald **erklärt:**

- die dauernd unbestockten Grundflächen forstwirtschaftlicher Betriebsflächen, die unmittelbar der Waldbewirtschaftung dienen (§ 1a Abs 3 – zB Bringungsanlagen, Holzlagerplätze);
- Räumden (Wald mit geringer Überschirmung) und Kahlflächen ohne Bewuchs innerhalb des Waldes (§ 1a Abs 7 – vgl dazu VwGH 19.12.1994, 91/10/0177);
- der forstliche Bewuchs in der sog **Kampfzone des Waldes** (zwischen der natürlichen Grenze *forstlichen Bewuchses*, wozu zB auch Latschen zählen, und dem tatsächlichen geschlossenen Baumbewuchs – § 2 Abs 1 und 2);
- die sog **Windschutzanlagen** (linienförmige Baum- oder Strauchreihen – § 2 Abs 1 und 3);
- die im Grenz- bzw Grundsteuerkataster als Wald eingetragenen Grundflächen (widerlegbare „Rechtsvermutung" – § 3 Abs 1);

  Darin sind die Verwendungsweisen (zB Bauflächen, Gewässer, Wald etc) einzutragen. Eine **„Wald"-Eintragung** erfolgt regelmäßig erst ab einer Flächengröße von 2.000m² (vgl § 10 iVm Anh VermessungsG).

- die neubewaldeten (§ 4 Abs 1 und 2) oder zur Aufforstung staatlich geförderten Grundflächen (§ 4 Abs 3; vgl §§ 141 ff).

Umgekehrt werden bestimmte Flächen vom Waldbegriff (iSd § 1a Abs 1 und 2) **ausdrücklich ausgenommen**:

ZB bloße Baumreihen, Parks, Baumschulen, Forstgärten, Christbaumkulturen (§ 1a Abs 4 und 5), aber auch bereits **mindestens 10 Jahre anderweitig genutzte Waldflächen** (§ 5 Abs 2 Z 1).

Auch durch Erteilung einer **dauernden Rodungsbewilligung** verliert eine Grundfläche bis zum allfälligen Eintritt der Neubewaldung die Waldeigenschaft (vgl § 5 Abs 2 Z 2).

Eine **raumordnungsrechtliche (zB Bauland-) Widmung** hat dagegen für die Qualifikation einer Grundfläche als Wald (iSd ForstG) keine Bedeutung (VwGH 21.01.2015, Ra 2014/10/0056). Verschiedentlich ist in den ROG der Länder vorgesehen, dass Waldflächen erst gar nicht als Bauland gewidmet werden dürfen (vgl § 28 Abs 3 Z 5 sbg ROG 2009). In diesem Fall kommt eine Widmung der Fläche als Bauland erst nach Erteilung einer (dauernden) Rodungsbewilligung in Betracht.

Einzelne forstrechtliche Bestimmungen (zB Forstschädlingsbekämpfung – § 44 Abs 3, 6 und 7, § 45) werden jedoch auch für solche Flächen ausdrücklich für anwendbar erklärt (vgl § 1a Abs 4 und 6).

2. Feststellungsverfahren

Bestehen **Zweifel über die Waldeigenschaft**, hat die Forstbehörde von Amts wegen oder auf Antrag eines Berechtigten (§ 19 Abs 1 – zB Waldeigentümer) und unter Beiziehung der betroffenen Nebenparteien (§ 19 Abs 4) ein Feststellungsverfahren durchzuführen und die Waldeigenschaft (bzw Nichtwaldeigenschaft) mit Bescheid festzustellen (§ 5). Der **Feststellungsbescheid** ist deklarativ, nicht konstitutiv (VwSlg 18.216 A/2011).

Eine von § 38 AVG abweichende Verpflichtung der Forstbehörde zur Unterbrechung eines Verfahrens (zB Rodungsbewilligungsverfahren – VwGH 22.03.1993, 91/10/0066; forstpolizeiliches Auftragsverfahren – VwGH 14.06.1993, 90/10/0100), in dem die Waldeigenschaft eine **präjudizielle Vorfrage** darstellt, wird aus § 5 nicht abgeleitet (VwGH 19.10.1987, 87/10/0063).

Bei der Beurteilung der Waldeigenschaft ist auf einen Beobachtungszeitraum von 10 Jahren abzustellen. Für die Berechnung der vorangegangenen 10 Jahre ist der Zeitpunkt der Einleitung des Verfahrens maßgebend (VwGH 11.12.2009, 2008/10/0111 – hier: Schreiben der Forstbehörde). Es ist nicht erforderlich, dass die Waldeigenschaft während des gesamten Beobachtungszeitraumes vorgelegen ist; es genügt, dass die betreffende Fläche zu irgendeinem Zeitpunkt in den vorangegangenen 10 Jahren Waldeigenschaften aufgewiesen hat (VwGH 18.10.1992, 93/10/0100; 24.06.1996, 91/10/0168). Durch das Abstellen auf einen 10-jährigen Beobachtungszeitraum können auch allenfalls **bewilligungslos (rechtswidrig) durchgeführte Rodungen** durch Zeitablauf saniert werden (vgl dazu VwGH 24.06.1996, 91/10/0168 sowie *Brawenz/Kind/Wieser*, Forstgesetz 83).

Auch durch eine **dauernde Rodungsbewilligung** (bzw Durchführung einer angemeldeten dauernden Rodung gem § 17a) geht die Waldeigenschaft verloren (§ 5 Abs 2 Z 2). Nicht gilt dies hingegen bei bloß **befristet bewilligten Rodungen** (vgl § 18 Abs 1). Die Dauer der befristeten Rodung darf auch nicht in den 10jährigen Beobachtungszeitraum eingerechnet werden (§ 5 Abs 2a).

Dem Feststellungsbescheid* kommt **dingliche Wirkung*** zu. Er entfaltet auch **Bindungswirkung bei Vorfragen*** (iSd § 38 AVG) in anderen Verfahren (zB Rodungsverfahren – VwGH 27.03.2012, 2010/10/0207; forstpolizeiliches Auftragsverfahren).

VII. Forstliche Raumplanung

Die forstliche Raumplanung ist jener Teil der Raumordnung (→ *Raumordnungsrecht*), der durch **Darstellung** und **vorausschauende Planung** der Waldverhältnisse den Waldbestand in solchem Umfang und in solcher Beschaffenheit sichern soll, dass die Wirkungen des Waldes, namentlich die

- **Nutzwirkung**, insb die wirtschaftlich nachhaltige Hervorbringung des Rohstoffes Holz;
- **Schutzwirkung**, insb der Schutz vor Elementargefahren und schädigenden Umwelteinflüssen (zB Lärm) sowie die Erhaltung der Bodenkraft gegen Bodenabschwemmung und -verwehung, Geröllbildung und Hangrutschung;

- **Wohlfahrtswirkung**, insb der Einfluss auf die Umwelt (Ausgleich des Klimas und des Wasserhaushaltes, Reinigung und Erneuerung von Luft und Wasser), und
- **Erholungswirkung**, insb die Wirkung des Waldes als Erholungsraum für die Waldbesucher

bestmöglich gewährleistet werden (§ 6 Abs 2). Dabei können in Abhängigkeit von den konkreten Örtlichkeiten einzelne Waldwirkungen priorisiert werden (vgl § 6 Abs 3). Die betreffenden Waldflächen müssen aber jeweils eine **tatsächliche Eignung** aufweisen, die betreffenden Waldwirkungen hervorzurufen. Soweit die forstliche Raumplanung in Konflikt mit anderen, „konkurrierenden" raumbedeutsamen Planungen der Bundes- und Landesverwaltung steht, ist eine entsprechende Koordinierung der in Betracht kommenden öffentlichen Interessen – zB im Wege von Vereinbarungen gem Art 15a Abs 1 B-VG – anzustreben (§ 6 Abs 4; → *Raumordnungsrecht*).

Als Instrumente der forstlichen Raumplanung dienen die folgenden forstlichen Raumpläne:

- **Waldentwicklungsplan** (§ 9): In (Gesamt-, Teil-) Plänen sind die Waldverhältnisse für das gesamte Bundesgebiet (kartografisch, textlich) darzustellen, die Waldwirkungen mittels Kennzahlen zu **bewerten** sowie sonstige **forstlich relevante Sachverhalte** (Schäden, Gefahrenquellen, besondere Wirkungszusammenhänge) oder erforderliche Maßnahmen (zB Sanierungsmaßnahmen für Schutzwälder – vgl § 24) anzuführen.

  Festlegungen im Waldentwicklungsplan in Form von Kennzahlen (zB keine [0], mittlere [2] oder hohe [3] Schutzwirkung eines Waldes) haben insb Bedeutung bei der Feststellung des öffentlichen Interesses an der Walderhaltung (§§ 17 Abs 2 bis 4, 17a Abs 1 Z 3; s VIII.3.).

- **Waldfachpläne** (§ 10): Auch Eigentümer oder andere interessierte Stellen (zB Behörden) können für ihre Interessenbereiche Waldverhältnisse darstellen und planen. Solche (zunächst „privaten") Waldfachpläne können auf Antrag und nach Prüfung durch den LH als Teilpläne für das betreffende Gebiet in den Waldentwicklungsplan aufgenommen werden.
- **Gefahrenzonenpläne** (§ 11): Darin sind die Einzugsgebiete von Wildbächen oder Lawinen darzustellen sowie abgestufte **(rote, gelbe) Gefahrenzonen** sowie **(blaue) Vorbehalts-** und **(braune) Hinweisbereiche** für andere Gefahren auszuweisen.

Die forstlichen Raumpläne sind – anders als etwa die FWP der Gemeinden (→ *Raumordnungsrecht*) – **keine Verordnungen** (so auch *Pabel*, Forstrecht 215, *Jäger*, Forstrecht 516; aA *Muzak*, Forstrecht 447), ihnen kommt **kein normativer Charakter** zu. Forstliche Raumpläne stellen sachverständig erarbeitete **Richt- und Leitlinien** dar (idS zB VwGH 27.03.1995, 91/10/0090) und dienen den Forstbehörden als Entscheidungshilfe, insb bei der Bann- und

Schutzwaldfeststellung (§§ 23 und 27) oder der Interessenabwägung im Rodungsverfahren (§§ 17 ff; vgl VwSlg 18.350 A/2012 – **„Indizwirkung“** des Waldentwicklungsplanes als „grobflächiges“ Planungsinstrument). Gefahrenzonenpläne haben insb im **Raumordnungsrecht** der Länder (→ *Raumordnungsrecht*) Bedeutung. Die Gemeinde ist berechtigt, die im Gefahrenzonenplan zum Ausdruck kommenden Gefährdungen eines Grundstückes durch Lawinen oder Wildbäche als Grundlage für die Entscheidung über die Frage der Baulandeignung eines Grundstückes heranzuziehen (VfSlg 15.136/1998).

VIII. Erhaltung des Waldes

1. Wiederbewaldung

a) Allgemeine Aufforstungspflicht

Wird der Waldbestand durch eine **Verminderung des Bewuchses** gefährdet, hat der Waldeigentümer die betroffenen Waldflächen wieder zu bewalden bzw aufzuforsten (§ 13).

Durch Fällungen, Windwurf, Waldbrand uÄ entstandene Kahlflächen und Räumden (§ 1 Abs 7) sind aber nur dann wieder zu bewalden, wenn die Wiederbewaldung zur Walderhaltung **erforderlich** ist. Demnach löst eine kleinere Kahlfläche im Flächenausmaß von $30m^2$ inmitten eines weitgehend bestockten Waldgrundstückes noch keine Wiederbewaldungspflicht aus (VwGH 11.05.1987, 87/10/0044). Bei einer Kahlfläche im Flächenausmaß von $600m^2$ ist eine solche Pflicht dagegen nicht zweifelhaft (VwGH 03.08.1995, 95/10/0065).

Kommt der Waldeigentümer der gesetzlichen Wiederbewaldungs- oder Aufforstungspflicht nicht rechtzeitig nach, hat die Forstbehörde nicht nur ein Verwaltungsstrafverfahren einzuleiten (§ 174 Abs 1 lit a Z 1), sondern dem Waldeigentümer die Wiederbewaldung unter Vorschreibung entsprechender Maßnahmen (zB Vorbereitungs- und Begleitmaßnahmen iZm Naturverjüngung; ansonsten Art, Qualität und Anzahl der zu setzenden Pflanzen) aufzutragen (§ 172 Abs 6). Da die Wiederbewaldungspflicht – ohne Bezugnahme auf allfällige Nutzungsberechtigte oder anderweitig Berechtigte – auf dem Eigentum lastet, kann der Wiederbewaldungsauftrag auch an den Waldeigentümer gerichtet werden, selbst wenn dieser die Außerachtlassung der forstrechtlichen Vorschriften gar nicht zu verantworten hat (VwSlg 10.463 A/1981; VwSlg 18.216 A/2011). § 172 Abs 6 lässt es aber auch zu, dem Pächter eines Grundstückes den Auftrag zur Wiederbewaldung zu erteilen (VwGH 14.06.1993, 90/10/0100).

Davon unberührt bleibt, wem im Innenverhältnis zwischen Grundeigentümer und einem allfälligen Nutzungsberechtigten (zB Pächter) die Durchführung der Wiederbewaldung sowie die Kostentragung tatsächlich obliegt (VwSlg 14.147 A/1994).

b) Besondere Aufforstungspflicht

Besondere Aufforstungspflichten können sich zB im Gefolge einer rechtlich **befristeten Rodungserlaubnis** ergeben (§§ 17a Abs 4, 18 Abs 4; s dazu VIII.3.b.).

2. Waldverwüstungen

Die Schwächung der Produktionskraft des Waldbodens, die flächenhafte Gefährdung seines Bewuchses sowie die Ablagerung von Abfällen im Wald sind grundsätzlich jedermann verboten (§ 16, § 174 Abs 1 lit a Z 3).

Beispiele: Tausalzstreuungen; „Aufbringen" von Klärschlamm; Aushebung eines Leitungsgrabens; Ablagerung von Bauschutt.

Da die Tatbestände der Waldverwüstung – außer im Fall der Abfallablagerung – nicht auf bestimmte Handlungen/Unterlassungen, sondern va auf die **Auswirkungen** abstellen, handelt es sich verwaltungsstrafrechtlich um **Erfolgsdelikte***. Allerdings ist nicht erforderlich, dass eine wesentliche Schwächung oder eine gänzliche Vernichtung der Produktionskraft des Waldbodens als Folge einer Handlung oder Unterlassung bereits eingetreten ist. Entscheidend ist vielmehr, ob von der betreffenden Handlung oder Unterlassung eine die Produktionskraft des Waldbodens wesentlich schwächende oder diese gänzlich vernichtende Wirkung ausgeht.

Stellt die Forstbehörde eine Waldverwüstung fest, hat sie die erforderlichen Maßnahmen zur Beendigung der Waldverwüstung und zur Beseitigung ihrer Folgen mit forstpolizeilichem Auftrag anzuordnen (§ 16 Abs 3, § 172 Abs 6). Aufträge an den Waldeigentümer sind auch dann zulässig, wenn dieser selbst nicht die Waldverwüstung zu verantworten hat (VwSlg 18.216 A/2011 – Waldverwüstung durch Pferdehaltung eines Pächters).

Sterben zB aufgrund der **Tausalzstreuung durch die Straßenverwaltung** über einen Zeitraum von 10 Jahren Fichten bis zur Entfernung von 100m entlang eines Straßenabschnittes (durch ebenes Gelände mit unzureichender bzw fehlender Wasserabflussmöglichkeit) ab, hat die Forstbehörde zur Beseitigung (und künftigen Verhinderung) der Waldverwüstung die unschädliche Salzwasserableitung oder das Einstellen der Tausalzstreuung anzuordnen (VwGH 10.04.1984, 84/07/0045, 0046); das gilt nur dann nicht, wenn auf andere Weise der erforderlichen **Sicherheit des Straßenverkehrs** nicht Rechnung getragen werden kann (VwSlg 18.183 A/2011 – Vorrang des Schutzes von Leben und Gesundheit).

Ziel der behördlich angeordneten Maßnahmen ist nicht die Wiederherstellung des früheren Zustandes (iS zB einer Beseitigung landschaftlicher Verunstaltungen). Daher können nur solche Maßnahmen angeordnet werden, als durch sie die geschwächte oder gänzlich vernichtete Produktionskraft des Waldbodens wiederhergestellt wird. Auf welche Weise und mit welchen Maßnahmen dieses Ziel im Einzelfall anzustreben ist, hat die Forstbehörde in einer auf die Gegebenheiten des Standortes Bedacht nehmenden **Prognoseentscheidung** festzulegen (VwGH 03.10.2008, 2005/10/0155).

Neben dem allgemeinen Waldverwüstungsverbot (§ 16) enthält das ForstG weitere **speziellere Waldverwüstungsverbote**, zB §§ 14 Abs 1 (Überhang), Abs 2 bis 5 (Deckungsschutz), 40, 41 (Waldbrand), 82 Abs 1 (Kahlhieb).

3. Rodung

Der Waldboden darf – entsprechend dem Ziel der Walderhaltung (s V.) – grundsätzlich nur zum Zweck der Waldkultur verwendet werden. Eine Verwendung zu anderen Zwecken als für solche der Nutz-, Schutz-, Wohlfahrts- und Erholungswirkung des Waldes ist grundsätzlich verboten (**Rodungsverbot** – §§ 6 Abs 2, 17 Abs 1, 174 Abs 1 lit a Z 6).

Die Umwandlung von Waldboden in **Kulturland** (Anlage einer Rasenfläche), **Bauland** (Errichtung einer gewerblichen Betriebsanlage) oder in **Verkehrsflächen** (Bau einer Bundesstraße oder eines Weges) stellt eine „Rodung" (= Verwendung von Waldboden für waldfremde Zwecke) dar. Auch die (der Telekommunikation dienende) **Errichtung eines Handymastes im Wald** ist als Rodung zu qualifizieren (VwGH 05.04.2004, 2002/10/0006). Handelt es sich bei Baumaßnahmen dagegen um **Maßnahmen der Waldbewirtschaftung** (zB Errichtung einer Forststraße, einer forstlichen Materialseilbahn), liegt keine Rodung vor.

Ob bei einer Rodung nicht einmal ein einziger Baum geschlägert (VwGH 19.10.1987, 87/10/0063) oder allenfalls auch nur eine geringfügige Waldfläche, wie zB bei der Errichtung einer Hütte (VwSlg 9776 A/1979), der Lagerung von Baumaterialien zwischen gegebenem Bewuchs (VwGH 17.05.1993, 92/10/0374) oder beim Einbau von Reithürden (VwSlg 18.452 A/2012), in Anspruch genommen wird, ist nicht von Bedeutung. Ausschlaggebend ist, ob der Waldboden einer **anderen**, die Waldkultur ausschließenden Nutzung zugeführt wird (VwGH 13.12.2010, 2009/10/0052).

Die Schlägerung von Bäumen und die Aushebung eines Leitungsgrabens stellt daher für sich allein noch keine Verwendung von Waldboden für waldfremde Zwecke dar (VwGH 24.06.1996, 91/10/0190). Eine solche Verwendung liegt erst mit der nachfolgenden Benützung des betreffenden Waldbodens zur Verlegung einer Wasserrohrleitung vor (VwGH 03.12.1985, 85/07/0252). Die Schlägerung von Bäumen und die in der Aushebung des Leitungsgrabens gelegene abträgliche Behandlung des Waldbodens erfüllen allenfalls den Tatbestand der **Waldverwüstung** (§ 16 Abs 2; vgl VwGH 07.06.1988, 87/10/0204).

Eine Rodung ist jedoch ausnahmsweise zulässig, wenn **kein besonderes öffentliches Interesse an der Walderhaltung** (§§ 17 Abs 2, 17a) oder ein **anderes gewichtigeres öffentliches Interesse an der Rodung** besteht (§ 17 Abs 3; zur Zulässigkeit von Rodungen in sog *„Erholungswäldern"* vgl § 36 Abs 4 lit a sowie unten X.1.b.).

a) Anmeldepflichtige Rodungen

Kleinflächige Rodungen bis 1.000m² können bei der Forstbehörde angemeldet werden (§ 17a). Ohne Beiziehung von Nebenparteien hat die Forstbehörde innerhalb einer (verlängerbaren) Frist von sechs Wochen zu prüfen, ob ein **öffentliches Interesse an der Walderhaltung** vorliegt (s VIII.3.b.). Besteht ein öffentliches Interesse an der Walderhaltung, hat die Forstbehörde mitzuteilen, dass die Rodung ohne eine zuvor erwirkte Rodungs*bewilligung* nicht durchgeführt werden darf (§ 17a Abs 1 Z 3). Dieser Mitteilung kommt **kein normativer Charakter** zu (aA *Muzak*, Forstrecht 449), sie ist daher auch nicht bekämpfbar (VwGH 16.10.2006, 2003/10/0226).

Wird die Rodung vor Ablauf der sechswöchigen Untersagungsfrist oder trotz der Mitteilung über die Bewilligungspflicht durchgeführt, liegt eine Verwaltungsübertretung nach § 174 Abs 1 lit a Z 6 vor.

Erfolgt keine fristgerechte Mitteilung über die Bewilligungspflicht der Rodung, kann die angemeldete Waldfläche nach Ablauf der Sechswochenfrist innerhalb eines Jahres einer anderen Verwendung zugeführt werden (§ 17a Abs 3).

b) Bewilligungspflichtige Rodungen

Großflächige Rodungen über 1.000m² sowie im Anmeldeverfahren „untersagte" Rodungen (s oben VIII.3.a.) erfordern eine **forstbehördliche Bewilligung.**

Der Antrag auf Erteilung einer Rodungsbewilligung kann vom Waldeigentümer, dinglich oder obligatorisch Berechtigten oder von sonstigen Berechtigten gem § 19 Abs 1 (Träger öffentlicher Interessen, Agrarbehörden, Energie- oder Eisenbahnunternehmen) bei der Forstbehörde eingebracht werden.

Beispielsweise nimmt eine vom Bund mit der Erhaltung und Verwaltung einer Autobahnstrecke beauftragte Gesellschaft öffentliche Interessen iSd § 17 Abs 2 (Straßenverkehr) wahr und ist daher gem § 19 Abs 1 Z 3 antragsberechtigt. Dasselbe gilt für eine Gemeinde, die auf der Grundlage einschlägiger Landesgesetze (zB Landes-SportG, Landes-FremdenverkehrsG) das öffentliche Interesse am Sport und Fremdenverkehr geltend macht und einen Rodungsantrag hinsichtlich einer – an sich im Eigentum eines Dritten stehenden – Grundfläche stellt.

Neben dem Antragsteller sind die in § 19 Abs 4 und § 20 Abs 2 taxativ aufgezählten Personen (zB an der Rodungsfläche dinglich Berechtigte, benachbarte Waldeigentümer), Behörden und Dienststellen (zB Militärkommando, Agrarbehörden) als **Legal-**, **Formal-** bzw **Amtsparteien** dem Rodungsverfahren beizuziehen.

Bei der Parteistellung der an die Rodungsfläche **(unmittelbar) „angrenzenden" Waldeigentümer** (bzw sonst dinglich Berechtigten) ist zu beachten, dass **unbestockte Trennflächen unter 10m Breite** (in eigenem oder fremden Eigentum) unberücksichtigt bleiben müssen (§ 14 Abs 3 HS 2). Nach der Rsp muss benachbarten Waldeigentümern (und dinglich Berechtigten) darüber hinaus auch dann noch Parteistellung zukommen, wenn sich die **Rodungsfläche im 40m breiten (Deckungs-) Schutzstreifen** (§ 14 Abs 3 HS 1) für ihren Wald befindet (VwGH 23.01.1995, 92/10/0409 – hier: 23m zum angrenzenden Wald).

Liegt zwischen der Rodungsfläche und einem Nachbarwald eine **bestockte Waldfläche im fremden Eigentum** (gleich welcher Breite), kommt dem betreffenden Waldeigentümer keinesfalls Parteistellung zu (VwGH 26.04.2010, 2004/10/0123).

Der Umfang des jeweiligen Mitspracherechts der Parteien (iSd § 8 AVG – „subjektiv-öffentliche Rechte“*) ist im Wege der Interpretation der materiell-rechtlichen Bestimmungen sowie aus dem Zweck der Parteistellung zu ermitteln. Das Mitspracherecht bleibt stets auf jene subjektiven Interessen beschränkt, die mit den im Rodungsverfahren relevanten **öffentlichen Interessen der Walderhaltung** verbunden sind.

Der Eigentümer der an den Rodungsbereich angrenzenden Waldfläche (§ 19 Abs 4 Z 4) hat zB ein subjektiv-öffentliches Recht auf Deckungsschutz (§ 14 Abs 3). Dagegen sollen Personen, die ein dingliches Recht (zB Dienstbarkeit, Einforstungsrecht, Baurecht) an der Rodungsfläche haben (§ 19 Abs 4 Z 2), aufgrund ihrer Parteistellung in die Lage versetzt werden, eine Beeinträchtigung ihrer dinglichen Rechte durch die beabsichtigte Rodung zu verhindern (VwSlg 13.578 A/1992); dementsprechend sind solche Einwendungen* diesfalls keine zivilrechtlichen, sondern öffentlich-rechtliche Einwendungen* und dürfen daher nicht auf den Zivilrechtsweg verwiesen werden (§ 19 Abs 7; vgl aber abweichend: VwGH 02.10.1989, 89/10/0113 – hier: ersessenes Bringungsrecht).

Gemeinden und Behörden, die in diesem Verfahren zur Wahrnehmung sonstiger öffentlicher Interessen berufen sind, müssen im Verfahren als **Beteiligte** gehört werden (§ 19 Abs 5).

Bezüglich der Frage, ob mit der beantragten Rodung eine Agrarstrukturverbesserung erreicht werden kann, ist zB die **Agrarbehörde** zu hören, in Angelegenheiten der Siedlungsstruktur dagegen die **Gemeinde** als örtliche Raumplanungsbehörde.

Eine Rodung ist von der Forstbehörde jedenfalls zu bewilligen, wenn **kein besonderes öffentliches Interesse an der Walderhaltung** besteht (§ 17 Abs 2 – zB Errichtung einer Holzhütte auf einer unbedeutenden, kleinen Waldfläche); in diesem Fall ist eine Rodung auch bei **bloß privatem Interesse** zulässig.

Nach der RV zur ForstGNov 2002 (970 BlgNR XXI. GP) kann von einem **öffentlichen Interesse** an der Walderhaltung ausgegangen werden, wenn der betreffenden Waldfläche eine mittlere oder hohe Schutz- bzw Wohlfahrtswirkung oder eine hohe Erholungswirkung im Waldentwicklungsplan (s VII.) zukommt (idS auch VwGH 21.06.2007, 2004/10/0095). Dieser Maßstab gilt nicht nur zur Beurteilung der **Rodungsfläche**, sondern auch für den an die Rodungsfläche **angrenzenden Nachbarwald**. Der **Deckungsschutz für den Nachbarwald** (§ 14) dient nur dann dem öffentlichen Interesse an der Walderhaltung, wenn auch diesem Wald bedeutende (Wald-) Wirkungen attestiert werden müssen (VwSlg 18.350 A/2012).

Liegt aber ein besonderes öffentliches Interesse an der Walderhaltung vor, kann die Rodungsbewilligung nur bei einem **überwiegenden öffentlichen Interesse* an der nichtforstlichen Verwendung** der Waldflächen erteilt werden (§ 17 Abs 3). Zu den rechtfertigenden öffentlichen Interessen zählen insb Maßnahmen der Agrarstrukturverbesserung, des Eisenbahn-, Luft- und Straßenverkehrs, des Berg- und Wasserbaus, der Energiewirtschaft (VwGH 24.02.2011, 2009/10/0113 – zB auch Kleinkraftwerke nach dem ÖkostromG), des Siedlungswesens (= Baulandentwicklung) und Naturschutzes (demonstrative Aufzählung; vgl § 17 Abs 4). Auch am Fremdenverkehr kann ein relevantes öffentliches Interesse bestehen (VwGH 31.03.2011, 2007/10/0033). Das öffentliche Interesse an der Rodung ist – ungeachtet von Mitwirkungspflichten des Antragstellers – grundsätzlich **von Amts wegen** festzustellen (VwGH 31.03.2011, 2007/10/0033).

ZB Maßnahmen zur Arrondierung, Existenzsicherung oder Erhöhung der Produktivität eines land- und forstwirtschaftlichen Betriebes (Agrarstrukturverbesserung – vgl VwGH 29.02.2012, 2010/10/0130); Errichtung einer öffentlichen Bundes-, Landes-, Gemeindestraße (Straßenverkehr); Errichtung einer neuen Wohnsiedlung (Siedlungswesen).

Die Interessenabwägung nach § 17 Abs 3 kann nicht zu Gunsten der Rodung ausfallen, wenn kein den Rodungszweck verkörperndes **konkretes Vorhaben** bezeichnet wird, das im öffentlichen Interesse des Siedlungswesens gelegen wäre. Es fehlt daher an einem öffentlichen (Siedlungs-) Interesse, wenn zB gerodete Baugründe an Dritte verkauft werden sollen, wenn das private Interesse in ungewisser Zukunft liegt oder wenn in Betracht kommende Nichtwaldflächen vorerst unausgenützt bleiben sollen (VwGH 11.12.2009, 2006/10/0223).

Bei der **Abwägung** der öffentlichen Interessen hat die Forstbehörde insb auf die Erhaltung der Waldwirkungen (§ 6) sowie auf Zielsetzungen der sonstigen Raumordnung (zB Baulandbedarf) Bedacht zu nehmen (§ 17 Abs 5).

Die gesetzlich gebotene Bedachtnahme insb auf eine die erforderlichen Wirkungen des Waldes gewährleistende Waldausstattung verlangt zwingend **gutachterliche Ausführungen** über die gegebene Waldausstattung einerseits und über die Wirkungen des Waldes auf der zur Rodung beantragten Fläche in Bezug auf diese Fläche und den umgebenden Wald andererseits, weil erst dadurch die Gewichtung des Interesses an der Walderhaltung auf der betreffenden Fläche ermöglicht wird. Ein Sachverständigengutachten, das zwar die im Waldentwicklungsplan (s VII.) festgelegte **Wertziffer** und das **„Bewaldungsprozent"** nennt, die Wirkungen des Waldes auf der zur Rodung beantragten Fläche aber nicht näher beschreibt, kann keine taugliche Grundlage für die Interessenabwägung bieten (VwGH 19.12.1994, 94/10/0136). Dem Waldentwicklungsplan als einem **„grobflächigen" Planungsinstrument** kommt für sich alleine nur „Indizwirkung" zu (VwGH 16.06.2011, 2009/10/0173).

Ist in einer Gemeinde eine ausreichende Baulandreserve auf Nichtwaldflächen vorhanden, die für das Siedlungswesen zur Verfügung steht, kann – trotz Baulandwidmung im FWP (→ *Raumordnungsrecht*) und rechtskräftiger Baubewilligung (→ *Baurecht*) – nicht von einem Überwiegen des öffentlichen Interesses an der Rodung ausgegangen werden (VwGH 03.08.1995, 93/10/0242; 11.12.2009, 2006/10/0223). Die Forstbehörde muss sich bei der Interessenabwägung mit den **Gründen auseinandersetzen**, die zur Festlegung einer Baulandwidmung im Wald geführt haben. Fehlt eine Auseinandersetzung mit den im raumordnungsrechtlichen Verfahren maßgebenden Erwägungen, ist die Versagung der Rodung rechtswidrig.

§ 17 enthält hinsichtlich der Erhaltung der Waldwirkungen **keine Vorfragen***. Daran ändert auch der Umstand nichts, dass gegebenenfalls für die Entscheidung im Rodungsverfahren ein Sachverhalt (zB Wasserhaushalt, Reinigung und Erneuerung des Wassers; vgl § 17 Abs 3 und 5 iVm § 6 Abs 2 lit c) maßgeblich sein kann, dem auch in einem anderen Verfahren (zB beim Schutz von Wasserversorgungsanlagen – vgl § 34 WRG) entscheidende Bedeutung zukommt (VwGH 29.10.1992, 92/10/0135).

Bei einem überwiegenden öffentlichen Interesse an der nichtforstlichen Verwendung des Waldbodens hat die Forstbehörde die Rodungsbewilligung zu erteilen (**kein Ermessen*** – VwSlg 9574 A/1978).

Damit im Fall der Erteilung einer Rodungsbewilligung die Walderhaltung nicht über das bewilligte Ausmaß hinaus beeinträchtigt wird, kann die Rodungsbewilligung auch unter **Bedingungen*** und **Auflagen*** erteilt werden (zB Ersatzaufforstung auf fremdem Grund – vgl § 18 Abs 1 bis 3). ZT enthält das ForstG auch unmittelbar geltende **Suspensivbedingungen** (§ 18 Abs 6 – Erlag einer Sicherheitsleistung; § 19 Abs 8 – Rechtskraft eines zivil- oder verwaltungsrechtlichen Rechtstitels zur Nutzung des fremden Bodens).

Wenn der beabsichtigte Zweck der Rodung nicht von unbegrenzter Dauer ist, ist die Rodungsbewilligung zu befristen (**befristete Rodung**) und unter der Auflage* zu erteilen, dass der Waldgrund nach Ablauf der festgesetzten Frist wieder zu bewalden ist (§ 18 Abs 4). Zur Sicherung der Erfüllung der vorgeschriebenen Auflagen kann eine angemessene **Sicherheitsleistung** vorgeschrieben werden (§ 18 Abs 6).

Der Rodungsbewilligung sowie einer allfälligen Versagung kommt regelmäßig **dingliche Wirkung*** zu (VwSlg 11.610 A/1984). Mit Erteilung einer dauernden Rodungsbewilligung verliert die betreffende Grundfläche gleichzeitig ihre Waldeigenschaft (VwGH 29.06.1998, 97/10/0241; s VI.1.). Wird allerdings die Waldfläche nicht für den festgelegten Zweck verwendet, erlischt die Rodungsbewilligung ex lege, ohne dass es einer Aufhebung des Rodungsbescheides bedürfte (VwGH 22.10.2008, 2007/06/0066 – hier: geändertes Golfplatzprojekt).

4. Besonders geschützte Wälder mit Sonderbehandlung

Bei besonders gefährdeten Wäldern sowie bei für die (Natur-) Gefahrenabwehr wichtigen Wäldern ergeben sich **zusätzliche forstrechtliche Verpflichtungen** für die Grundeigentümer.

a) Schutzwälder

Werden Wälder an ihrem Standort durch Wind, Wasser oder Schwerkraft (zB in Form von Erosionen) gefährdet (**„Standortschutzwälder“**), bestehen neben den allgemeinen forstrechtlichen Pflichten **besondere Erhaltungspflichten** im Rahmen der Nutzung und Erneuerung des Waldes (§ 22 Abs 1 und 4, § 24; vgl auch §§ 1 ff SchutzwaldV). Diese Verpflichtungen reichen überwiegend nur bis zur **wirtschaftlichen Zumutbarkeit**, dh der Finanzierbarkeit aus den Erträgnissen der Waldbewirtschaftung (§ 22 Abs 3 – „Schutzwald in Ertrag“). Jenseits dieser Grenze („Schutzwald außer Ertrag“) erfordern besondere Verpflichtungen eine bescheidmäßige Bannlegung (s VIII.4.d.).

Kommt der Waldeigentümer seinen Verpflichtungen nicht rechtzeitig nach, sind die erforderlichen Maßnahmen mit Bescheid aufzutragen (§ 3 SchutzwaldV). Die Forstbehörde hat in diesem Fall Art und Umfang von Pflegemaßnahmen, Maßnahmen zur Erhaltung eines Bestandaufbaus, Art, Zeit und Ort der Bringung, Zulässigkeit der Waldweide (vgl § 37 Abs 1) zu bestimmen.

Handelt es sich um Schutzwälder, die für den Schutz von Menschen oder deren (Infrastruktur-) Einrichtungen vor Elementargefahren oder schädigenden Umwelteinflüssen erforderlich sind („**Objektschutzwälder**"), kommen die speziellen schutzwaldbezogenen Verpflichtungen nur dann zum Tragen, wenn die Kosten für die erforderlichen Maßnahmen durch **öffentliche Mittel** oder **konkret Begünstigte** gedeckt werden (§ 22 Abs 3a).

Im Unterschied zur Bannwaldeigenschaft (s VIII.4.d.) bedarf es beim Schutzwald **keiner** ausdrücklichen **behördlichen Erklärung** (§ 22 Abs 2); die Verpflichtung, Wald als Schutzwald zu behandeln, ergibt sich ex lege. Bestehen aber Zweifel an der Schutzwaldeigenschaft des Waldes oder Teilen davon, hat die Forstbehörde auf Antrag des Waldeigentümers oder von Amts wegen einen (deklarativen) **Feststellungsbescheid** zu erlassen (§ 23).

b) Kampfzone des Waldes

Auch die Zone zwischen dem tatsächlichen geschlossenen Baumbewuchs und der (an sich) natürlichen Grenze forstlichen Bewuchses („Kampfzone"; vgl § 2 Abs 2) stellt einen **Schutzwaldbereich** dar (§ 21 Abs 1 Z 5), auf den die Schutzwaldbestimmungen (§§ 22 bis 24) unmittelbar anzuwenden sind (§ 25 Abs 1). Darüber hinaus bestehen besondere Bewilligungsvorbehalte für Nutzungen (zB Entfernung, Veränderung von Bewuchs, Neubewaldung uÄ; vgl § 25 Abs 2 und 3). Nach Maßgabe der konkreten örtlichen Verhältnisse können von der Forstbehörde zusätzlich mit Bescheid weitreichende Nutzungsbeschränkungen oder zusätzliche Erlaubnisvorbehalte (zB für Fällungen) vorgeschrieben werden (§ 25 Abs 1).

c) Windschutzanlagen

Die Fällung von Bäumen in Baumreihen, die vor Windschäden schützen und der Schneebindung dienen („**Windschutzanlagen**"; vgl § 2 Abs 3), erfordert zwingend eine vorherige forstbehördliche Markierung (sog „Auszeige" – vgl §§ 25 Abs 5, 88 Abs 4, 172 Abs 7), die in der Fällungsbewilligung verpflichtend mit einer Nebenbestimmung vorzuschreiben ist (§ 88 Abs 4).

Darüber hinaus erfordert auch die **Errichtung** oder **Auflassung von Windschutzanlagen** nach einzelnen AusführungsG der Länder (§ 26 Abs 2; s II.1.) eine besondere behördliche Bewilligung (zB § 5 Abs 1 nö ForstausführungsG; § 6 vlbg LandesforstG).

d) Bannwälder

Bannwälder sind Objektschutzwälder, die der Gefahrenabwehr dienen (zB zum Schutz vor Steinschlag, Hochwasser – s VIII.4.a.), Wälder, deren Wohlfahrtswirkung gegenüber der Nutzwirkung Vorrang zukommt sowie Wälder, von denen Gefahren ausgehen. Die „Bannlegung“ hat – im Unterschied zu Schutzwäldern – mit **Bescheid** zu erfolgen. Voraussetzung ist, dass das öffentliche Interesse an der Bannlegung (**Bannzweck**) die damit verbundenen Einschränkungen der Waldwirtschaft überwiegt (§ 27 Abs 1 und 2). Im Bannlegungsbescheid sind dem Waldeigentümer die konkret erforderlichen Maßnahmen (zB Entfernung gefährlicher Bäume) oder Unterlassungen (zB Nutzungsbeschränkungen) vorzuschreiben (§ 28 Abs 2 ForstG).

Beispielsweise kann ein Wald zum Schutz einer Straße und des Verkehrs (§ 29) vor Lawinen-, Hochwasser-, Rutsch- und Abbruchgefahr in Bann gelegt werden (§§ 27 Abs 2 lit a und e, 29). Eine Bannlegung kann auch zum Schutz vor Gefahren, die sich aus dem Wald selbst bzw seinem Zustand ergeben, erfolgen (VwSlg 16.078 A/2003)

Das Bannlegungsverfahren ist von Amts wegen oder auf Antrag einzuleiten (§ 30). Darin ist zB iZm der Gefahrenabwehr zu ermitteln, ob nach den gegenwärtigen örtlichen Verhältnissen der Eintritt von bestimmten Schadensereignissen zu befürchten ist (**Prognoseentscheidung** – vgl VwGH 06.05.1996, 94/10/0069). Der Eigentümer des Bannwaldes hat im Falle vermögensrechtlicher Nachteile Anspruch auf **Entschädigung**, die der Begünstigte der Vorschreibungen zu tragen hat (§ 31).

Die Bannlegung ist wieder aufzuheben, wenn die Voraussetzungen der Bannlegung weggefallen sind (§ 30 Abs 6).

e) Biotopschutzwälder

Für Wälder in **Naturwaldreservaten, Nationalparks, Naturschutzgebieten** (→ *Naturschutzrecht*) oder **Schutzgebieten nach der Fauna-Flora-Habitat-RL** oder **Vogelschutz-RL** bestehen regelmäßig aufgrund vertraglicher oder besonderer (landes- bzw europa-) rechtlicher Bestimmungen verschiedene Unterlassungspflichten bzw Eingriffsverbote. Damit daraus kein Konflikt mit forstrechtlich gebotenen Bewirtschaftungsmaßnahmen (zB Wiederbewaldung) entsteht, kann die Forstbehörde auf Antrag des Waldeigentümers oder einschlägiger Fachbehörden für **Wälder mit besonderem Lebensraum** („Biotopschutzwälder“) Ausnahmen von der Anwendung einzelner forstrechtlicher Bestimmungen (zB Wiederbewaldung – § 13; Schädlingsbekämpfung – § 44f) vorsehen. Im Rahmen ihrer **Ermessensentscheidung*** hat die Forstbehörde einen sachgerechten Ausgleich zwischen forstlichen Interessen und ökologischen („naturschützerischen“) Interessen zu gewährleisten (§ 32a).

IX. Sicherung der Waldwirkungen

1. Forstschutz

Der Forstschutz dient dem Schutz des Waldes vor Brand, Forstschädlingen und forstschädlichen Luftverunreinigungen.

a) Schutz vor Waldbrand

Im Wald und in Waldnähe ist das Entzünden oder Unterhalten von Feuer durch unbefugte Personen sowie der unvorsichtige Umgang mit feuergefährlichen Gegenständen (zB auch das Wegwerfen von glimmenden Zigaretten) verboten (§§ 40, 174 Abs 1 lit a Z 16). In Zeiten besonderer Brandgefahr (Trockenheit) kann darüber hinaus vorbeugend das Feuerentzünden und Rauchen im Wald überhaupt verboten bzw selbst das Betreten des Waldes untersagt werden (§ 41 iVm § 174 Abs 1 lit a Z 17).

§ 42 enthält eine Ermächtigung an die Landesgesetzgeber, gem Art 10 Abs 2 B-VG nähere Vorschriften über die Waldbrandbekämpfung zu erlassen.

b) Schutz vor Forstschädlingen

Dem Waldeigentümer sowie den privaten Forstaufsichtspersonen kommen hinsichtlich des Auftretens tierischer und pflanzlicher Forstschädlinge (zB Insekten, Mäuse, Pilze, Viren) besondere Beobachtungspflichten zu (§ 43 Abs 1). Darüber hinaus haben sie der Schädigung des Waldes durch Forstschädlinge vorzubeugen und Forstschädlinge wirksam zu bekämpfen (§ 44). Waldgefährdende Schadensfälle sind der Forstbehörde umgehend zu melden (§ 43).

c) Schutz vor forstschädlichen Luftverunreinigungen – Anlagenbewilligung

Die Errichtung von Anlagen*, deren **Emissionsstoffe und -mengen** (zB Schwefeloxide, Fluorverbindungen; vgl dazu § 48 iVm der 2. DVO) den Waldbestand gefährden können, ist nur mit Bewilligung der Forstbehörde zulässig.

Bei der Bewilligungspflicht kommt es nicht auf die *räumliche Entfernung* der Anlage zu einer Waldfläche an, sondern ausschließlich auf die **Art** und **Menge der Emissionsstoffe** (§ 9 iVm Anh 4, 11 2. DVO).

Im Fall, dass für solche Anlagen kumulativ auch eine gewerbe- (→ *Gewerberecht*), berg-, eisenbahn-, energie- oder luftreinhalterechtliche Bewilligung erforderlich ist, entfällt ein gesondertes Bewilligungsverfahren. In diesem Fall sind die materiellen Bestimmungen des ForstG (§ 50) im jeweiligen Betriebsanlagenbewilligungsverfahren mit anzuwenden (**konzentriertes Genehmigungsverfahren***). Ein **gesondertes Bewilligungsverfahren** ist jedoch – außer bei gewerblichen Betriebsanlagen (§ 356b Abs 1 und 5 GewO 1994) und

Abfallbehandlungsanlagen (§ 38 AWG 2002) – durchzuführen, wenn von den Emissionen* **Schutz-** oder **Bannwälder** (VIII.4.) betroffen werden (§ 50 Abs 3).

In Anlagenbewilligungsverfahren kommt neben dem Bewilligungswerber insb den **benachbarten Waldeigentümern** Parteistellung (iSd § 8 AVG) zu, weil es auch um den Schutz der im Hinblick auf ihr räumliches Naheverhältnis konkret betroffenen Nachbarn durch die forstrechtliche Bewilligung geht und überdies ihre Rechtsstellung als betroffene Nachbarn durch die forstrechtliche Bewilligung geändert werden kann (VwSlg 13.972 A/1993).

Die Bewilligungsfähigkeit einer Anlage hängt grundsätzlich vom Grad der Immissionen* und vom Status des betroffenen Waldes ab. Die Bewilligung ist zu erteilen, wenn eine Gefährdung der Waldkultur nicht zu erwarten ist oder durch Vorschreibung von Bedingungen* und Auflagen* (mit Bedachtnahme auf den Stand der Technik* – § 49 Abs 5) beseitigt oder auf ein tragbares Ausmaß beschränkt werden kann. Bei Letzterem ist zu dessen Beurteilung die **gesamtwirtschaftliche** (zB arbeitsmarktpolitische) **Bedeutung** der Anlage unter Berücksichtigung der zur Erfüllung der vorgeschriebenen Bedingungen* und Auflagen* erforderlichen Kosten mit dem Ausmaß der zu **erwartenden Gefährdung** der Waldkultur abzuwägen (Interessenabwägung). Die Überschreitung der Immissionsgrenzwerte (vgl § 48 Abs 1 lit b iVm § 4 der 2. DVO) alleine stellt nur dann einen Versagungsgrund dar, wenn durch die Emissionen* einer Anlage ein entsprechender Immissionsgrenzwert in **Schutz-** und **Bannwäldern** überschritten wird. Dem Bewilligungsbescheid kommt **dingliche Wirkung*** zu.

d) Besondere Maßnahmen gegen forstschädliche Luftverunreinigungen

Bei Verdacht von forstschädlichen Luftverunreinigungen hat die Forstbehörde sachverständige Messungen und Untersuchungen zu veranlassen (§ 52). Wird ein Überschreiten von Immissionsgrenzwerten (iSd § 48 Abs 1 lit b iVm § 4 der 2. DVO) festgestellt, können Sachverständige weitere Erhebungen in und um jene Anlagen vornehmen, die nach der örtlichen Lage und nach ihrer Beschaffenheit als Quelle einer forstschädlichen Luftverunreinigung in Betracht kommen (**amtswegige Überprüfung**). Die Erhebungen der Sachverständigen sind vom betreffenden Anlageninhaber zu dulden. Weiters hat der Anlageninhaber Auskünfte zu erteilen und Einsicht in die entsprechenden Unterlagen zu gewähren (§ 52 Abs 2).

Sind erhebliche forstschädliche Luftverunreinigungen nachweisbar, die zu einer Gefährdung der Waldkultur führen, hat die Forstbehörde zunächst mittels **Feststellungsbescheid** den Inhaber der hierfür ursächlichen Betriebsanlage festzustellen. Nachfolgend hat die jeweils zuständige Behörde (§ 50 Abs 2; s IX.1.c.) im Zuge eines **„Nachbesserungsverfahrens“** (§ 51 Abs 2) unter Berücksichtigung der Verhältnismäßigkeit entsprechende anlagenbezogene, allenfalls auch waldbezogene Maßnahmen (§ 51 Abs 3; zB Waldbestandsumwandlung) vorzuschreiben. Letztere sind nicht dem Anlageninhaber, sondern dem Waldeigentümer aufzutragen. Die Kosten hat jedoch der Anlageninhaber zu tragen (§ 51 Abs 5).

Zur allfälligen **Haftung** für forstschädliche Luftverunreinigungen mangels Anlagenbewilligung vgl §§ 53 ff.

2. Schutz vor Wildbach- und Lawinengefahren

Soweit es zur Abwehr von Wildbach- und Lawinengefahren erforderlich scheint, hat die Forstbehörde **besondere Waldbehandlungen** (zB Verwendung von geeignetem forstlichem Vermehrungsgut – § 100 Abs 1) bzw **Vorbeugungsmaßnahmen** (zB Bannlegung von neubewaldeten Flächen – § 101 Abs 2) festzusetzen und gegebenenfalls durchzuführen.

X. Benützung und Bewirtschaftung des Waldes

1. Benützung des Waldes

a) Freier Zugang zu Waldflächen

Grundsätzlich darf jedermann den Wald zu **Erholungszwecken** betreten und sich dort aufhalten; es handelt sich dabei um eine das Eigentum beschränkende Legalservitut (**forstrechtlicher Gemeingebrauch*** – vgl § 33 Abs 1).

ZB Spazieren, Wandern, Lagern bei Tag. Auch das Schifahren und -tourengehen sowie Langlaufen (ohne Loipen) wird vom Begriff des „Betretens" noch miterfasst (vgl VwGH 13.11.1989, 89/10/0120).

Eine über den Gemeingebrauch hinausgehende Waldnutzung zu Erholungs- (zB Lagern bei Nacht, Reiten, Befahren mit Autos, Mountainbikes, Skidoos) oder anderen Zwecken (**„erweiterte" Waldnutzung**) erfordert eine **ausdrückliche Zustimmung** des Waldeigentümers bzw Erhalters von Forststraßen (zB durch Hinweistafel – vgl § 33 Abs 3, § 34 Abs 10).

Beim **Sammeln von Beeren und Pilzen** (gem § 174 Abs 3 Z 2 nur bis 2kg/Tag) im Rahmen der sog „kleinen Waldnutzung" ist aufgrund der weit verbreiteten Übung eine Zustimmung ausnahmsweise auch bei *Stillschweigen* anzunehmen (*Brawenz/Kind/Wieser*, ForstG 332). Der Waldeigentümer ist in diesem Fall gezwungen, diese Waldnutzung in erkennbarer Weise zu untersagen, erforderlichenfalls Mittel des zivilrechtlichen Besitzschutzes in Anspruch zu nehmen.

Der forstrechtliche Gemeingebrauch wird für Waldflächen mit forstbetrieblichen Einrichtungen (ausgenommen zB Forststraßen), Jungwald (vgl § 33 Abs 2 lit b und c) oder Wald im Bereich von Skiliften (§ 33 Abs 3) gesetzlich **generell ausgeschlossen.** Darüber hinaus kann der forstrechtliche Gemeingebrauch auch **im Einzelfall** von den Forstbehörden oder den Waldeigentümern – befristet oder dauernd – **beschränkt** werden (**„Sperre“**).

Die **Forstbehörde** ist ermächtigt, für Bannwälder (§ 28 Abs 3 lit d), brandgefährdete Waldgebiete (§ 41 Abs 2), Waldschädlingsbekämpfungsgebiete (§ 44 Abs 7) Betretungsverbote zu verfügen (§ 33 Abs 2 lit a).

Soweit auch der **Waldeigentümer** ermächtigt wird, befristet (zB Gefährdungsbereiche bei Holzfällung) oder dauernd (zB Sonderkulturen wie die Christbaumzucht) die Benützung des Waldes zu Erholungszwecken zu untersagen (§ 34), kann jederzeit eine **forstbehördliche Überprüfung** der Benützungsbeschränkungen von Amts wegen oder auf Antrag erfolgen. Erforderlichenfalls ist ein behördlicher Auftrag auf Beseitigung von unzulässigen Sperren zu erteilen (§ 35).

Neben den forstrechtlichen Beschränkungen des forstlichen Gemeingebrauchs können sich **weitere Betretungsverbote** auch aus anderen Bundes- oder Landesgesetzen ergeben (zB Sperren nach dem Jagdgesetz; s II.1.)

b) Erholungswald

Besteht an der Benützung des Waldes zu Erholungszwecken ein öffentliches Interesse (zB in der Nähe von Ballungsräumen oder Fremdenverkehrsorten), kann eine Waldfläche auf Antrag mit Bescheid zum **Erholungswald** erklärt werden (§ 36).

Für den Erholungswald sind **Ausnahmen von bestimmten Schutzvorschriften** (zB Rodungen, Fällungen, Wiederbewaldungspflicht) vorgesehen. So sind zB für die Errichtung von Freizeiteinrichtungen (zB Radwege, Spielplätze, Parkplätze) in Erholungswäldern **Rodungen** (s VIII.3.) zu bewilligen, wenn die Erholungswirkung des Waldes erhöht und dessen Schutz- und Wohlfahrtswirkung nicht beeinträchtigt wird (§ 36 Abs 4).

2. Bewirtschaftung des Waldes

a) Nachhaltige Bewirtschaftung des Waldes

Die wirtschaftliche Nutzung des Waldes besteht in der **Holzgewinnung**. Sie ist – vor dem Hintergrund der programmatischen Verpflichtung zur nachhaltigen Waldbewirtschaftung (§ 1 Abs 3) – insb folgenden Beschränkungen unterworfen:

- **Fällungen** in hiebsunreifen Hochwaldbeständen (= Waldbestand unter 60 Jahren), soweit sie nicht der Waldpflege dienen (§ 80), **Kahlhiebe**, die Waldboden, Wasserhaushalt oder Landeskultur gefährden, sowie **Großkahlhiebe** im Hochwald (§ 82) sind grundsätzlich verboten. Ausnahmen können bewilligt werden (§ 81).
- Soweit **Kahlhiebe** und diesen gleichzuhaltende Einzelstammentnahmen sowie Fällungen in Wäldern, die wegen bestimmter Übertretungen des Waldeigentümers (zB Waldverwüstung, Wiederbewaldung) einer besonderen behördlichen Überwachung unterworfen sind, gesetzlich zulässig sind, bedürfen sie einer vorherigen Bewilligung (§ 85).

- **Fällungen in kleinerem Umfang** sind grundsätzlich ohne Fällungsbewilligung zulässig (sog „freie Fällungen"; § 86), unter Umständen aber nach anderen forstrechtlichen Bestimmungen bewilligungs- (zB § 16 Abs 3) oder anzeigepflichtig (zB § 28 Abs 3).

b) Forstliche Bringung

Die Beförderung von Holz oder sonstigen Forstprodukten aus dem Wald bis zu einer öffentlichen Verkehrsanlage (§§ 58 bis 73; sog **„Bringung zu Lande"**) hat so zu erfolgen, dass der Waldboden und sein Bewuchs möglichst wenig beschädigt werden, die Wiederbewaldung nicht behindert wird, Wasserläufe nicht neu entstehen und bestehende nicht beeinträchtigt werden und der Hochwasserabfluss nicht behindert wird (§ 58 Abs 3). Die Bringung ist auch über fremden Boden zulässig, wenn die Bringung sonst nur mit unverhältnismäßigen Kosten oder überhaupt nicht möglich ist (§ 66) und der Eigentümer des verpflichteten Grundstückes für vermögensrechtliche Nachteile entschädigt wird.

Hinsichtlich der Festlegung der Höhe der Entschädigung besteht eine sukzessive Zuständigkeit* (§ 67). Zunächst kann die bescheidmäßige Festlegung bei der BVB beantragt werden. Innerhalb eines Jahres nach Rechtskraft des Bescheides der BVB können die Parteien die Festlegung der Entschädigung bei Gericht beantragen. Gleichzeitig tritt der Bescheid der BVB ex lege außer Kraft.

Zur Bildung von **freiwilligen forstlichen (Bringungs-) Genossenschaften** bzw **Genossenschaften mit Beitrittszwang** (ähnlich dem → *Wasserrecht*), zB zur Errichtung einer Bringungsanlage, vgl § 68 ff.

Die Errichtung und Inbetriebnahme von Holztransportanlagen (sog **Bringungsanlagen** – zB Forststraßen, Schienenbahnen, Materialseilbahnen) ist bewilligungs- (§ 62) oder anmeldepflichtig (§ 64).

Die **„Bringung zu Wasser"** (forstliche Trift) wurde in Österreich seit langer Zeit nicht mehr ausgeübt, die §§ 74 bis 79 daher durch die ForstGNov 2002 aufgehoben.

XI. Forstaufsicht

1. Private Forstaufsicht; Forstpersonal

Waldeigentümer von sog Pflichtbetrieben (ab 1.000ha) müssen zum Zwecke der fachkundigen Besorgung der Forstwirtschaft (§ 104 Abs 3) **leitende Forstorgane** (Förster, Forstwirt) bestellen und diesen erforderlichenfalls **weitere Forstorgane** (zB Forstassistenten, Forstadjunkten und Forstwarte) zuteilen (§§ 113 Abs 1 bis 3; 104 Abs 2). Verfügt der Waldeigentümer selbst über die Bestellungserfordernisse, kann er auch sich selbst für diese Funktion bei der Forstbehörde namhaft machen (§ 116 Abs 1).

Forstorgane müssen eine **besondere fachliche Ausbildung** zum forstlichen Betriebsdienst aufweisen (§§ 105 ff). Zu diesem Zweck sind Forstfachschulen (§§ 117 ff) und forstliche Ausbildungsstätten (§§ 129 ff) eingerichtet worden.

Im Unterschied zB zum gewerblichen Geschäftsführer (→ *Gewerberecht*) geht die **verwaltungsstrafrechtliche Verantwortung** zur Einhaltung der forstrechtlichen Bestimmungen nicht ex lege auf ein leitendes Forstorgan über. Hiezu bedarf es einer Bestellung zum verantwortlichen Beauftragten (§ 9 Abs 3 und 4 VStG), andernfalls **Überwachungspflichten des Waldeigentümers** (zB betreffend Fällungen uÄ) iSd § 5 Abs 1 VStG bestehen (VwGH 21.12.1987, 87/10/0118).

2. Behördliche Forstaufsicht

Den Forstbehörden obliegt insb die Überwachung der sich aus den Rechtsvorschriften und den behördlichen Anordnungen ergebenden forstrechtlichen Pflichten („**Forstpolizei**") sowie die Feststellung der für die Gesetzesvollziehung relevanten tatsächlichen und rechtlichen Verhältnisse („**Fachaufsicht**").

Zu diesem Zweck sind die Organe der Forstbehörde ermächtigt, jeden Wald zu betreten, Forststraßen zu befahren, Auskünfte von Waldeigentümern, Forstorganen (§ 104) und Forstschutzorganen (§ 110) zu verlangen, Messungen vorzunehmen und Untersuchungsmaterial zu entnehmen (§ 172).

Bei Missachtung der forstrechtlichen Bestimmungen ist dem Verpflichteten (wie zB dem Waldeigentümer) von der Forstbehörde die umgehende **Herstellung des rechtmäßigen Zustandes** einschließlich der erforderlichen Sicherungsmaßnahmen (zB Verhinderung und Abstandnahme von Waldverwüstungen, rechtzeitige und sachgemäße Wiederbewaldung) mit Bescheid (bzw Mandatsbescheid*) aufzutragen. Bei Gefahr im Verzug können entsprechende Maßnahmen auch unmittelbar angeordnet („**forstpolizeilicher Befehl**") und nötigenfalls gegen Ersatz der Kosten durch den Verpflichteten durchgeführt werden („**forstpolizeilicher Zwang**"; § 172 Abs 6).

Im forstpolizeilichen Auftragsverfahren stellt die Waldeigenschaft eine Vorfrage* dar (VwGH 13.10.2004, 2001/10/0201; s dazu VI.2.).

§ 172 Abs 6 lit a bis e enthalten nur eine **demonstrative Aufzählung** zulässiger Maßnahmen. Daher ist auch der Auftrag zur Beseitigung eines auf einer Waldfläche ohne behördliche Bewilligung errichteten Bauwerkes durchaus zulässig (VwGH 09.11.1992, 92/10/0061).

Das ForstG enthält neben der allgemeinen Ermächtigung des § 172 Abs 6 auch verschiedene **spezielle Ermächtigungen zur Erlassung forstpolizeilicher Aufträge**. Von Ausnahmen abgesehen (zB § 35 Abs 2; vgl dazu VwGH 27.06.1988, 88/10/0040; 29.11.1993, 90/10/0186 – kein Raum für Aufträge nach § 172 Abs 6) können zur Regelung desselben Sachverhaltes sowohl spezielle als auch generelle Anordnungen (iSd § 172 Abs 6) getroffen werden; das gilt insb im Fall der Waldverwüstung (§ 16; vgl *Brawenz/Kind/Wieser*, ForstG 671).

„Verpflichteter" (iSd § 176 Abs 6) ist derjenige, der ein forstrechtliches Gebot oder Verbot außer Acht gelassen hat. Soweit sich aus dem ForstG nicht eine ausdrückliche Verpflichtung anderer Personen ergibt (vgl zB § 16 Abs 3 und 4, 17 Abs 1), ist idR der Waldeigentümer der Verpflichtete.

Davon unbeschadet kann gleichzeitig auch ein **Verwaltungsstrafverfahren** eingeleitet werden. § 174 enthält einen umfangreichen Verwaltungsstrafkatalog.

XII. Forstliche Förderung

Der Bund hat sich – als Ausgleich zu den weitreichenden Nutzungsbeschränkungen des Waldes im Interesse der Allgemeinheit – im Wege eines Selbstbindungsgesetzes zur Förderung privater forstwirtschaftlicher Maßnahmen (zB Erhaltung, Verbesserung und Wiederherstellung von Schutzwäldern) verpflichtet (§§ 141 ff). Bei den Förderungszielen finden auch gemeinschaftliche (bzw internationale) Ziele ausdrücklich Berücksichtigung (zB § 142 Abs 2 Z 9; vgl dazu III. und IV.).

Für die im Rahmen der Privatwirtschaftsverwaltung abzuschließenden privatrechtlichen Verträge zwischen Bund und Förderungswerber besteht dennoch **kein Kontrahierungszwang.** Im Fall der Vertragsschließung ist der Bund jedoch inhaltlich an die gesetzlichen Bestimmungen sowie die vom BMLFUW erlassenen **Förderungsrichtlinien** (§§ 143, 145) gebunden. Ansprüche aus dem Förderungsvertrag sind im ordentlichen Rechtsweg bei den Zivilgerichten geltend zu machen.

Daneben sehen auch die Länder umfangreiche Förderungsmaßnahmen vor (vgl zB §§ 65 ff tir WaldO).

XIII. Behörden und Verfahren

1. Behörden

Das ForstG wird in **mittelbarer Bundesverwaltung*** (Art 102 Abs 1 B-VG) vollzogen. Sofern nicht Abweichendes bestimmt ist, ist die **BVB** sachlich zuständige Forstbehörde. LH und BMLFUW sind sachlich in Betracht kommende Oberbehörden* (§ 170 Abs 1). Gegen Bescheide der Forstbehörden sowie die ihr zurechenbaren Maßnahmen unmittelbarer verwaltungsbehördlicher Befehls- und Zwangsgewalt kann Beschwerde beim **LVwG** erhoben werden (Art 130 Abs 1 Z 1 und 2 iVm Art 131 Abs 1 B-VG).

Darüber hinaus sind **folgende Besonderheiten** im Forstrecht zu beachten:

- Soweit in anderen Bundesangelegenheiten, die in sachlichem Zusammenhang mit einem forstrechtlichen Verfahren stehen (zB wasserrechtliches Bewilligungsverfahren über ein Wasserkraftwerk; → *Wasserrecht*), eine organisatorisch höherrangige Behörde zuständig ist, ist auch zur Entscheidung nach dem ForstG die entsprechende (Ober-) Behörde (LH, BMLFUW) als Forstbehörde zuständig (**Attraktionszuständigkeit**; § 170 Abs 2).

- Wird Wald für Eisenbahnanlagen in Anspruch genommen, sind zur Vollziehung von Teilen des ForstG (zB Rodungsbewilligung) die **Eisenbahnbehörden** (§ 12 EisbG) zuständig (§ 185 Abs 6 ForstG).

Mangels erstinstanzlicher Zuständigkeiten des LH oder BMLFUW hat § 170 Abs 5 (**zwischenbehördliches Mandat***; vgl dazu *Brawenz/Kind/Wieser*, ForstG 653) weitgehend seinen Anwendungsbereich eingebüßt. Bedeutung kommt dieser Befugnis allenfalls in Verfahren zu, die von den Eisenbahnbehörden geführt werden (§ 170 Abs 5 letzter S).

- Zum Zwecke einer **Genehmigungskonzentration*** werden zT im ForstG selbst (§ 50 Abs 2), zT in anderen Bundesgesetzen **abweichende Zuständigkeiten** festgelegt: Vgl dazu § 39 UVP-G (**LReg**) bei umweltrelevanten Vorhaben (zB Anh 1 Z 46 Spalte 2, 3 – größere Rodungen; Anh 2 Kat A – besondere Schutzgebiete/Bannwälder; → *Umweltverträglichkeitsprüfung*) sowie die § 50 Abs 3 ForstG **„überlagernden Konzentrationsbestimmungen"** des § 356b Abs 1 und 5 GewO 1994 (→ *Gewerberecht*) und § 38 AWG 2002.

§ 50 Abs 2 sieht eine Verfahrenskonzentration in der Form vor, dass das forstrechtliche Verfahren in **näher bezeichnete Verwaltungsverfahren** einzubinden ist. Von dieser Entscheidungskonzentration macht § 50 Abs 3 mit Bezug auf Schutz- oder Bannwälder eine Ausnahme. In diesen Fällen soll von den Forstbehörden ein eigenes forstrechtliches Verfahren durchgeführt werden. Diese Bestimmung wird aber **ihrerseits wieder überlagert** durch die Konzentrationsbestimmungen des § 38 AWG 2002 und § 356b Abs 1 und 5 GewO 1994, die die Anwendung der materiellrechtlichen Vorschriften ua des ForstG anordnen und bestimmen, dass die Genehmigungen nach GewO und AWG die forstrechtlichen Bewilligungen ersetzen (VwSlg 15.609 A/2001 zum AWG 1990).

- Das **Bundesamt für Wald und Forschungszentrum** (§§ 129, 130) ist eine Dienststelle des BMLFUW, das im Rahmen der Privatwirtschaftsverwaltung auch Leistungen für Dritte erbringt. Ihm können durch Gesetze oder Verordnungen auch hoheitliche Aufgaben zur Besorgung zugewiesen werden.
- In Tir und Vlbg sind zur Entscheidung in bestimmten Angelegenheiten (zB Fällungen, Waldweide) sog **Forsttagsatzungskommissionen** als Behörden erster Instanz zuständig (vgl Art 10 Abs 2 B-VG iVm § 96 Abs 3).
- Teilsweise sind im ForstG auch die **Gemeinden im eWb*** mit Vollzugsaufgaben betraut (vgl § 101 – Räumung von Wildbächen).
- Den **ordentlichen Gerichten** (zB Bezirksgericht) obliegt im Wege einer sukzessiven Zuständigkeit* die Entscheidung in Entschädigungsangelegenheiten (vgl §§ 14, 31, 33, 36, 37, 41, 44, 57, 67).

2. Hilfsorgane

a) Forstschutzorgane

Forstschutzorgane sind **(Hilfs-) Organe der öffentlichen Aufsicht***, die vom Waldeigentümer namhaft gemacht (zB Waldeigentümer selbst, Bedienstete) und – auf der Grundlage von landesrechtlichen Bestimmungen (zB §§ 1 ff stmk WaldschutzG) – von der BVB bestellt werden. Ihnen werden verwaltungspolizeiliche Befugnisse zur Überwachung der Einhaltung des ForstG übertragen (**Beleihung*** – vgl dazu *Kahl/K. Weber*, Allgemeines Verwaltungsrecht[5] Rz 256 ff). In diesem Rahmen sind sie zur Ausweisung aus dem Wald, Feststellung der Identität, Festnahme, vorläufigen Beschlagnahme (zB von Forstprodukten, Werkzeugen) sowie Durchsuchung von Behältnissen und Transportmitteln befugt (§ 112). Forstschutzorgane können auch zur Einhebung von Geldstrafen mittels Organstrafverfügung* ermächtigt werden (§ 174 Abs 6; vgl § 50 VStG).

Die Festnahmeermächtigung des § 112 lit c ist – aufgrund des engen systematischen Zusammenhanges mit § 112 lit b (eingeschränkte Zulässigkeit der Feststellung der Identität) – **einschränkend auszulegen**, sodass eine Festnahme nach § 35 Z 1 und 2 VStG nur in den in § 112 lit b genannten Fällen zulässig ist. Die Festnahme nach § 35 Z 3 VStG ist dagegen uneingeschränkt zulässig.

b) Forstaufsichtsorgane

Soweit den Forstbehörden zur Erfüllung ihrer behördlichen Aufgaben auch **behördeneigene Forstaufsichtsorgane** als Hilfsorgane zur Verfügung stehen, sind die Landesgesetzgeber von Tir, Vbg und OÖ gem § 96 Abs 2 lit a ermächtigt, deren Aufgaben und besonderen Befugnisse (zB zur Festnahme von Personen) festzulegen (vgl dazu zB §§ 3, 5 tir WaldO – Gemeindewaldaufseher).

c) Organe des öffentlichen Sicherheitsdienstes

Zur Überwachung der Bestimmungen über die Benützung des Waldes zu Erholungszwecken (§ 33 Abs 3 – zB verbotenes Mountainbiken auf Forststraßen, Schifahren im Bereich von Liften) sind auch die **Organe des öffentlichen Sicherheitsdienstes*** ermächtigt (§ 33 Abs 6; → *Sicherheitspolizeirecht*). Ihnen kommen dieselben Befugnisse zu wie Forstschutzorganen.

3. Verfahren

Auf das Verfahren vor den Forstbehörden als Behörden der allgemeinen staatlichen Verwaltung finden das **AVG**, das **VStG** und das **VVG** Anwendung (Art I Abs 2 EGVG). Die allgemeinen Verfahrensbestimmungen werden insb durch folgende Besonderheiten **ergänzt** oder **abgeändert**:

- **konzentriertes Genehmigungsverfahren***, insb bei **gewerblichen Betriebsanlagen** (§ 50 Abs 2 ForstG, § 356b Abs 1 und 5 GewO 1994), Abfallbehandlungsanlagen (§ 38 AWG 2002) oder umweltrelevanten Vorhaben (§ 3 Abs 3 UVP-G; s XIII.1.);
- Erlassung von **Feststellungsbescheiden***, insb über Waldeigenschaften (§§ 5, 23);
- taxative Aufzählung der **Parteien** (iSd § 8 AVG) im Rodungsbewilligungsverfahren bzw Waldfeststellungsverfahren (§§ 19 Abs 4, 5 Abs 1);
- bescheidmäßige Festsetzungen von **Entschädigungen**, wie etwa iZm der Bannlegung (§ 31), treten ex lege außer Kraft, wenn innerhalb einer bestimmten Frist die gerichtliche Festsetzung verlangt wird (**sukzessive Zuständigkeit***).

Gerhard Baumgartner

Straßenrecht

Rechtsgrundlagen

Kompetenzgrundlagen

Art 10 Abs 1 Z 9 B-VG („Angelegenheiten der wegen ihrer Bedeutung für den Durchzugsverkehr durch Bundesgesetz als Bundesstraßen erklärten Straßenzüge außer der Straßenpolizei; Umweltverträglichkeitsprüfung für Bundesstraßen und Eisenbahn-Hochleistungsstrecken, bei denen mit erheblichen Auswirkungen auf die Umwelt zu rechnen ist"); Art 11 Abs 1 Z 7 B-VG („Umweltverträglichkeitsprüfung für Vorhaben, bei denen mit erheblichen Auswirkungen auf die Umwelt zu rechnen ist"); Art 11 Abs 6 B-VG („Genehmigung der in Art. 10 Abs. 1 Z 9 genannten Vorhaben"); Art 15 Abs 1 B-VG (Generalklausel zu Gunsten der Länder); Art 15 Abs 9 B-VG („erforderlichen Bestimmungen auch auf dem Gebiet des … Zivilrechtes"); Art 17 B-VG (Privatwirtschaftsverwaltung); Art 118 Abs 3 Z 4 B-VG („Verwaltung der Verkehrsflächen der Gemeinde").

Verfassungsrechtliche Bezüge

Art 4 B-VG (einheitliches Wirtschaftsgebiet); Art 5 StGG iVm Art 1 1. ZPEMRK (Eigentumsschutz); Art 6 EMRK (Verfahrensgarantien); Art 8 EMRK (Privat- und Familienleben); Art 13 EMRK (Recht auf eine wirksame Beschwerde).

Europarechtliche Bezüge

Art 3 Abs 3 EUV; Art 4 Abs 2 lit g und h AEUV (geteilte Zuständigkeit); Art 11 AEUV (Berücksichtigung des Umweltschutzes im Rahmen der Unionspolitiken); Art 90 ff AEUV (Titel VI: Der Verkehr); Art 170 ff AEUV (Titel XVI: Transeuropäische Netze); Art 191 ff AEUV (Titel XX: Umwelt); Art 7 GRC (Privat- und Familienleben); Art 17 Abs 1 GRC (Eigentumsrecht); Art 47 GRC (Recht auf einen wirksamen Rechtsbehelf und ein unparteiisches Gericht).

RL 1999/62/EG über die Erhebung von Gebühren für die Benutzung bestimmter Verkehrswege durch schwere Nutzfahrzeuge, ABl L 1999/187, 42 idF L 2013/158, 356 (Wegekosten-RL); RL 2001/42/EG über die Prüfung der Umweltauswirkungen bestimmter Pläne und Programme, ABl L 2001/197, 30 (SUP-RL); RL 2002/49/EG über die Bewertung und Bekämpfung von Umgebungslärm, ABl L 2002/189, 12 idF L 2015/168, 1 (Umgebungslärm-RL); RL 2003/35/EG über die Beteiligung der Öffentlichkeit bei der Ausarbeitung bestimmter umweltbezogener Pläne und Programme und zur Änderung der RL 85/337/EWG und 96/61/EG des Rates in Bezug auf die Öffentlichkeitsbeteiligung und den Zugang zu Gerichten, ABl L 2003/156, 17 idF L 2012/26, 1 (Öffentlichkeitsbeteiligungs-RL); RL 2004/52/EG über die Interoperabilität elektronischer Mautsysteme in der Gemeinschaft, ABl L 2004/166, 124 idF L 2009/87, 109; RL 2004/54/EG über Mindestanforderungen an die Sicherheit von Tunneln im transeuropäischen Straßennetz, ABl L 2004/167, 39 idF L 2009/188, 14; VO (EG) 680/2007 über die Grundregeln für die Gewährung von Gemeinschaftszuschüssen für transeuropäische Verkehrs- und Energienetze, ABl L 2007/162, 1 idF L 2012/204, 1; RL 2008/50/EG über Luftqualität und saubere Luft für Europa, ABl L 2008/152, 1 idF L 2015/226, 4 (Luftqualitäts-RL); RL 2008/96/EG über ein Sicherheitsmanagement für die Straßenverkehrsinfrastruktur, ABl L 2008/319, 59; Entscheidung 2009/750/EG über die Festlegung der Merkmale des europäischen elektronischen Mautdienstes und seiner technischen Komponenten, ABl L 2009/268, 11; RL 2011/92/EU über die Umweltverträglichkeitsprüfung bei bestimmten öffentlichen und privaten Projekten, ABl L 2012/26, 1 idF L 2014/124, 1 („neue" UVP-RL); RL 2012/18/EU zur Beherrschung der Gefahren schwerer Unfälle mit gefährlichen Stoffen, zur Änderung und anschließenden Aufhebung der Richtlinie 96/82/EG des Rates, ABl L 2012/197, 1 (Seveso III-RL); VO (EU) 1315/2013 über Leitlinien der Union für den Aufbau eines transeuropäischen Verkehrsnetzes und zur Aufhebung des Beschlusses Nr. 661/2010/EU, ABl L 2013/348, 1 idF ABl L 2016/126, 3; VO (EU) 1316/2013 zur Schaffung der Fazilität „Connecting Europe", zur Änderung der Verordnung (EU) Nr. 913/2010 und zur Aufhebung der Verordnungen (EG) Nr. 680/2007 und (EG) Nr. 67/2010, ABl L 2013/348, 129 idF L 2015/169, 1.

Für Straßenbauvorhaben von Bedeutung sind außerdem zwei RL im Bereich des Naturschutzes (→ *Naturschutzrecht*): RL 92/43/EWG zur Erhaltung der natürlichen Lebensräume sowie der wildlebenden Tiere und Pflanzen, ABl L 1992/206, 7 idF L 2013/158, 193 (Fauna-Flora-Habitat-RL); RL 2009/147/EG über die Erhaltung der wildlebenden Vogelarten, ABl L 2010/20, 7 idF L 2013/158, 193 (Vogelschutz-RL).

Völkerrechtliche Bezüge

Übereinkommen zum Schutz der Alpen (Alpenkonvention), BGBl 477/1995 idF III 18/1999; Protokoll zur Durchführung der Alpenkonvention von 1991 im Bereich Verkehr (Protokoll „Verkehr"), BGBl III 234/2002 idF III 108/2005; Übereinkommen über die Umweltverträglichkeitsprüfung im grenzüberschreitenden Rahmen (Espoo-Konvention), BGBl III 201/1997 idF III 132/2016; Protokoll über die strategische Umweltprüfung zum Übereinkommen über die Umweltverträglichkeitsprüfung im grenzüberschreitenden Rahmen, BGBl III 50/2010 idF III 263/2013 (SUP-Protokoll); Übereinkommen von Aarhus über den Zugang zu Informationen, die Öffentlichkeitsbeteiligung an Entscheidungsverfahren und den Zugang zu Gerichten in Umweltangelegenheiten samt Erklärung BGBl III 88/2005 idF III 58/2014 (Aarhus-Konvention); Protokoll betreffend die Europäische Konferenz der Verkehrsminister, BGBl 231/1956.

Gesetze und sonstige Rechtsgrundlagen

Bundesstraßengesetz 1971 – BStG 1971, BGBl 286/1971 idF I 96/2013.

Eisenbahn-Enteignungsentschädigungsgesetz – EisbEG, BGBl 71/1954 idF I 111/2010; ASFINAG-G, BGBl 591/1982 idF I 38/2016; Umweltverträglichkeitsprüfungsgesetz 2000

– UVP-G 2000, BGBl 697/1993 idF I 4/2016; ASFINAG-ErmächtigungsG 1997, BGBl I 113/1997 idF I 26/2006; Immissionsschutzgesetz-Luft – IG-L, BGBl I 115/1997 idF I 77/2010; Bundesstraßen-Übertragungsgesetz, BGBl I 50/2002; Bundesstraßen-Mautgesetz 2002 – BStMG, BGBl I 109/2002 idF I 38/2016; Bundes-Umgebungslärmschutzgesetz – Bundes-LärmG, BGBl I 60/2005; BG über die strategische Prüfung im Verkehrsbereich (SP-V-Gesetz) BGBl I 96/2005 idF I 25/2014; Straßentunnel-Sicherheitsgesetz (STSG), BGBl I 54/2006 idF I 96/2013.

Verordnungen: Verordnung des BMVIT betreffend den Beginn der Einhebung der fahrleistungsabhängigen Maut, BGBl II 568/2003; Verordnung des BMVIT betreffend zusätzliche Ausnahmen von der Pflicht zur Entrichtung der zeitabhängigen Maut, BGBl II 578/2003; Verordnung des BMVIT über Lärmimmissionsschutzmaßnahmen im Bereich von Bundesstraßen (Bundesstraßen-Lärmimmissionsschutzverordnung – BStLärmIV), BGBl II 215/2014; VignettenpreisV 2015, BGBl II 223/2015; MauttarifV 2015, BGBl II 452/2015.

Landesstraßengesetze: bgld StraßenG 2005, LGBl 79/2005 idF 79/2013; krnt StraßenG 1991 – K-StrG, LGBl 72/1991 idF 5/2016; nö StraßenG 1999, LGBl 8500-0 idF 57/2015; oö StraßenG 1991, LGBl 84/1991 idF 42/2015; sbg LandesstraßenG 1972 – LStG 1972, LGBl 119/1972 idF 58/2005; Gesetz, mit dem die im Land Salzburg bisher bestehenden Bundesstraßen B als Landesstraßen übernommen werden, LGBl 61/2002; stmk Landes-StraßenverwaltungsG 1964 – LStVG 1964, LGBl 154/1964 idF 87/2013; Gesetz über die Übernahme von Bundesstraßen (stmk Bundesstraßen-Übernahmegesetz 2002), LGBl 89/2002; tir StraßenG, LGBl 13/1989 idF 187/2014; vlbg Gesetz über den Bau und die Erhaltung öffentlicher Straßen sowie über die Wegefreiheit (Straßengesetz), LGBl 79/2012 idF 54/2015. In Wien gibt es kein eigenes StraßenG, es finden sich jedoch straßenrechtliche Regelungen in der Bauordnung für Wien, LGBl 11/1930 idF 27/2016. Bestimmungen betreffend die Sondernutzung von Verkehrsflächen enthält das wr GebrauchsabgabeG 1966, LGBl 20/1966 idF 45/2013. Vgl ferner die Verordnung des Gemeinderates betreffend Feststellung der Hauptstraßen und Nebenstraßen, ABl 23/2015.

Literaturauswahl

Monografien – Kommentare

Brunner, Enteignung für Bundesstraßen (1983); *Dworak/Eisenberger*, Steiermärkisches Landes-Straßenverwaltungsgesetz (2010); *Gstöttner* (Hrsg), Tiroler Straßengesetz mit Erläuterungen (1989); *Hecht*, Die Rechtsstellung der Nachbarn öffentlicher Straßen (1995); *Hörl/Winkler A.*, Bundesstraßenrecht inklusive Mautrecht (2008); *Kerschner* (Hrsg), Österreichisches und Europäisches Verkehrsrecht. Auf dem Weg zur Nachhaltigkeit (2001); *Krzizek*, Das öffentliche Wegerecht (1967); *Merli*, Öffentliche Nutzungsrechte und Gemeingebrauch (1995).

Beiträge

Baumgartner G., Straßenrecht, in Pürgy (Hrsg), Das Recht der Länder II/2 (2012) 867; *Berka*, Das Planungsermessen bei der Trassierung von Bundesstraßen, in FS Winkler (1997) 67; *Brunner*, Die Enteignungs- und Entschädigungsbestimmungen von Eisenbahnenteignungsgesetz, Bundesstraßengesetz und Landesstraßengesetzen: Ein Überblick und Vergleich, ÖJZ 1993, 681; *Brünner/Hauser*, (Verfassungs-)Rechtliche Aspekte des Bundesstraßen-Mautgesetzes 2002, ZVR 2006, 300; *Bußjäger/Larch*, Gemeinschaftsrecht, internationales Umweltrecht und Verkehrsprojekte, RdU 2006/38, 52 (Teil I), RdU 2006/71, 104 (Teil II); *Ehlotzky/Kramer*, Die Novelle der Wegekosten-RL und das Verkehrsprotokoll der Alpenkonvention, ZVR 2009, 193; *Ennöckl/Raschauer N.*, Die Prüfung der Umweltverträglichkeit (UVP) und die Genehmigung von Bundesstraßen- und Hochleistungsstreckenvorhaben nach der UVP-G-Novelle 2004, ZfV 2005, 505; *Haller*, Zerstörung von Alpenraum und Rechtsstaat?, in FS Laurer (2009) 41; *Hartl/Wagner*, Zur neuen Wegekosten-RL, RdU 2006/2, 4 (Teil I), RdU 2006/39, 58 (Teil II); *Hauenschild*, Übertragung der ehemaligen Bundesstraßen B auf die Länder, ZVR 2003, 380; *Hecht*, Nachbarrechtlicher Untersagungsanspruch und Immissionen von Straßen, ÖJZ 1993, 289; *Hiesel*, Die Rechtsprechung des VfGH zum Bundesstraßengesetz, ZVR 2015/17; *Klingenbrunner*, Mautrecht, in Bauer (Hrsg), Handbuch Verkehrsrecht (2009) 243; *Klingenbrunner/Raptis*, Straßenrecht, in Bauer (Hrsg), Handbuch Verkehrsrecht (2009) 143; *Kneihs*, Verfassungsfragen der Neuregelung der Trassenfestlegung im Bundesstraßengesetz, ZfV 2007, 2; *Mayer Th.*, Straßenverwaltungsrecht, in Poier/Wieser (Hrsg), Steiermärkisches Landesrecht. III: Besonderes Verwaltungsrecht (2010) 451; *Mayrhofer M.*, Bundes- und Landesstraßenplanungsrecht, in Hauer/Nußbaumer (Hrsg), Österreichisches Raum- und Fachplanungsrecht (2006) 311; *Obwexer*, Die „neue" Wegekosten-Richtlinie, ecolex 2005, 663; *Öhlinger*, Zur Kompetenzlage auf dem Gebiet des Straßenverkehrs, ZVR 1978, 321 und 1979, 257; *Onz/Berl*, Der Rechtsschutz im Verfahren vor den Verwaltungsgerichten im Lichte des Art 9 Abs 2 Aarhus-Konvention, ZVG 2014, 308; *Raschauer N.*, Bundesstraßengesetz 1971, in Altenburger/Raschauer N. (Hrsg), Kommentar zum Umweltrecht (2014) 175; *Resch/Pürgy*, Verkehrsrecht, in Holoubek/Potacs (Hrsg), Handbuch des öffentlichen Wirtschaftsrechts I[3] (2013) 889; *Schachinger*, Können auch Landesstraßen Schnellstraßen sein?, ZVR 2010, 155; *Schmelz/Schwarzer*, Die neue „Verkehrs-UVP", ecolex 2005, 271; *Wagner*, Straßenerhaltungspflichten der Gemeinden, insbesondere Winterdienst und Haftung, RFG 2006/39 (Update von *Malojer*, RFG 2011/11 sowie Update 2014 von *Riederer*, RFG 2014/11); *Weiß*, Verkehrsrecht – Straßenrecht – Umweltrecht, in Bauer (Hrsg), Handbuch Verkehrsrecht (2009) 349; *Wessely*, Zur Bewilligungspflicht gemäß § 21 BStG nach der Bundesstraßengesetz-Novelle 1996, ZfV 1997, 580; *Wessely*, Zum Bundesstraßen-Mautgesetz, ZVR 2004, 229.

Zur Vertiefung wird insb auf den bereits oben angeführten Beitrag *Baumgartner G.*, Straßenrecht, in Pürgy (Hrsg), Das Recht der Länder II/2 (2012) 867 verwiesen, der wesentliche Aussagen dieses Kapitels wiedergibt und näher ausführt.

Rechtsprechung

VfSlg 4329/1962 (Bundesstraßenverwaltung ist Privatwirtschaftsverwaltung); VfSlg 4349/1963 (Straßenangelegenheiten – Straßenpolizei); VfSlg 4605/1963 (Kompetenzfeststellung „Straßenangelegenheiten"); VfSlg 5580/1967 (Einhebung von Straßenerhaltungsbeiträgen); VfSlg 5171/1965, 5677/1968 (Bundesstraßenverwaltung); VfSlg 6208/1970 (Verkehrsflächen der Gemeinde); VfSlg 7658/1975 (Bedachtnahme auf Bundesstraßen im Baurecht; Raumordnungsrecht – Bundesstraßen); VfSlg 11.627/1988 (Straßenbaubewilligung – Enteignungsverfahren); VfSlg 12.949/1991 (Bedachtnahme auf die Wirtschaftlichkeit und die Umweltverträglichkeit); VfSlg 13.279/1992 (private Mautstraße); VfSlg 13.544/1993 (Dienststellen der Straßenverwaltung); VfSlg 13.579/1993 (Enteignung); VfSlg 14.895/1997 (Road Pricing);

VfSlg 15.733/2000 (Vergaberecht; Auftraggebereigenschaft der ASFINAG); VfSlg 16.107/2001 (Rückerstattung Brennermaut); VfSlg 16.328/2001 (Kostentragungspflicht für Landesstraßen im Ortsgebiet); VfSlg 16.567–16.579/2002 (TrassenV B 301); VfSlg 17.220/2004 ua (Beschwerdelegitimation des LH und des Landesumweltanwalts bei Verkehrs-UVP); VfSlg 17.242/2004 (sukzessive Gerichtszuständigkeit); VfSlg 17.676/2005 (Maut ist keine Abgabe iSd F-VG); VfSlg 17.896/2006 (TrassenV S 18, A 14); VfSlg 18.361/2008 (Strafgelder, aufgelassene Bundesstraßen); VfSlg 18.606/2008 (keine Aufhebung des § 10 Abs 3 BStG); VfSlg 19.126/2010 (S 36, Straßenbaubewilligung verfassungsrechtlich nicht gefordert, Verkehrsprotokoll zur Alpenkonvention); VfSlg 19.238/2010 (Erklärung von Wegen zu Gemeindestraßen, Individualantrag); VfSlg 19.393/2011 (Bundesstraßenplanungsgebiet, Unzulässigkeit eines Individualantrages); VfSlg 19.626/2012 (Strafbarkeit des Mautprellens); VfGH 21.09.2015, V 66/2015 (K-StrG; Erklärung eines Weges zur Verbindungsstraße).

VwSlg 7154 A/1967 (Verkehrsflächen der Gemeinde); VwSlg 9604 A/1978 (Enteignung); VwSlg 10.673 A/1982 (Enteignung – straßenrechtliche Bewilligung); VwSlg 11.714 A/1985 (Enteignungsverfahren stmk LStVG); VwSlg 13.777 A/1993 (Kosten des Enteignungsverfahrens); VwSlg 14.230 A/1995 (analoge Anwendung des § 1488 ABGB bei Behinderung des Gemeingebrauchs); VwGH 24.06.1997, 95/17/0500 (Abgabe auf Parken in Kurzparkzone – § 28 BStG); VwSlg 14.848 A/1998 (Entgeltcharakter der Maut gem BStFG 1996); VwSlg 15.237 A/1999 (Naturschutzbehördliche Behandlung von Bundesstraßenprojekten); VwSlg 16.114 A/2003 (Mautordnung); VwSlg 16.207 A/2003 (TrassenV S 1 [ehemalige B 301], TrassenV ist keine Genehmigung iSd UVP-RL); VwGH 31.03.2005, 2004/05/0164 (Verkehrsbedürfnis iSd nö StraßenG); VwGH 31.07.2006, 2005/05/0065 (Enteignung – straßenrechtliche Bewilligung); VwSlg 17.121 A/2007 (Duldung von Vorarbeiten nach § 34 oö StraßenG); VwSlg 17.241 A/2007 (Ersatzmaut, Strafaufhebungsgrund); VwGH 04.03.2008, 2006/05/0233 (Enteignung – straßenrechtliche Bewilligung, oö StraßenG); VwGH 23.06.2009, 2007/06/0257 (Natura 2000-Gebiet, S 33); VwGH 23.02.2011, 2009/06/0107 (UVP-G 2000, Anwendung auf Anschlussstellen); VwGH 18.10.2012, 2010/06/0178 (Entstehen öffentlicher Straßen, K-StrG); VwGH 30.06.2015, 2013/06/0156 (Sondergebrauch – Ersitzung).

OGH 06.12.1972, 1 Ob 259/72 (Straßenverwaltung, Amtshaftung); OGH 28.05.1974, 3 Ob 72-76/64 (Entschädigungsübereinkommen); OGH 21.09.1978, 6 Ob 694/78 (Wegehalterhaftung, Reichsbrückeneinsturz); OGH 21.04.1982, 6 Ob 548/81 (kein Ersatz von Immissionsschäden nach §§ 364 ff ABGB); OGH 11.07.1990, 3 Ob 534/90 (öffentliche Straße gilt als genehmigte Anlage iSd § 364a ABGB); OGH 18.10.2000, 7 Ob 214/00x (Ausbau und Wiedereinbau von Versorgungs- und Entsorgungsleitungen); OGH 22.02.2001, 2 Ob 33/01v (Vignettenmaut ist privatrechtliches Entgelt); OGH 20.06.2002, 6 Ob 109/02a (Schäden durch Salzstreuung); OGH 17.05.2004, 1 Ob 57/04w (Brennermaut); OGH 25.11.2009, 3 Ob 77/09h (Haftung des Straßenerhalters für Schäden durch Salzstreuung); OGH 14.09.2010, 1 Ob 139/10p (Immissionen aus Straßenlärm, Umgebungslärm-RL); OGH 19.03.2015, 1 Ob 239/14z (Grenzen des § 24 Abs 5 BStG).

EuGH 26.09.2000, C-205/98 (Kommission/Österreich) (Brennermaut); EuGH 12.06.2003, C-112/00 (Schmidberger) (Warenverkehrsfreiheit, Demonstration auf Straße); EuGH 05.04.2004, C-157/02 (Rieser/ASFINAG) (Rückerstattung Maut); EuGH 23.03.2006, C-209/04 (Kommission/Österreich) (Lauteracher Ried/S 18, Vogelschutz-RL, Fauna-Flora-Habitat-RL).

I. Regelungsgegenstand und -ziele

Das Straßenrecht statuiert **öffentlich-rechtliche Berechtigungen und Verpflichtungen** iZm der **Herstellung und Erhaltung von Straßen** und regelt den **Gemeingebrauch** an Straßen. Im Einzelnen zählen folgende Regelungsinhalte zum (öffentlichen) Straßenrecht („Straßenangelegenheiten [ohne Straßenpolizei]") (VfSlg 4605/1963):

- die Widmung* von Grundflächen für den öffentlichen Verkehr (die Verleihung oder Feststellung der Straßenqualität) und die Festlegung der Straßenbestandteile;
- die Festsetzung und Feststellung des Inhalts und des Umfangs sowie die Sicherung des Gemeingebrauchs an den Straßen; die Regelung der über den Gemeingebrauch hinausgehenden Benützung der Straßen; die Sicherung des Zustandes und der Benützbarkeit der Straßen;
- die Verpflichtung zum Straßenbau und zur Straßenerhaltung einschließlich der Verpflichtung, die Straßen so zu bauen und zu erhalten, dass der Gemeingebrauch möglich ist; die Regelung der Verpflichtung, die Kosten des Straßenbaus bzw der Straßenerhaltung zu tragen oder zu diesen Kosten beizutragen;
- die Enteignung für Straßenzwecke;
- die Verpflichtung von Grundstückseigentümern und anderen Personen, eine im Hinblick auf den Bau, die Erhaltung oder die Benützbarkeit (Widmung*) der Straße erforderliche Beschränkung ihrer privaten Rechte zu dulden und sich entsprechend zu verhalten.

II. Verfassungsrechtliche Bezüge

1. Kompetenzrechtliche Bestimmungen

Die Kompetenz in Straßenangelegenheiten (außer der Straßenpolizei) ist zwischen Bund und Ländern geteilt. Nach **Art 10 Abs 1 Z 9 B-VG** fallen Angelegenheiten der wegen ihrer Bedeutung für den Durchzugsverkehr durch BG als Bundesstraßen erklärten Straßenzüge (außer der Straßenpolizei) in die Gesetzgebung und Vollziehung des Bundes. Art 10 Abs 1 Z 9 B-VG begründet sohin eine Kompetenz-Kompetenz des einfachen Bundesgesetzgebers, der mit der Erklärung von Straßenzügen zu Bundesstraßen seine Zuständigkeit zur Regelung der Angelegenheiten dieser Straßen begründen kann. Die übrigen Straßen unterliegen gem **Art 15 Abs 1 B-VG** der Gesetzgebungs- und Vollzugskompetenz der Länder (Landesstraßen iwS).

Aus den Straßenangelegenheiten herausgelöst ist der Kompetenztatbestand **„Straßenpolizei"** (Art 11 Abs 1 Z 4 B-VG; → *StVO/KFG*), der in Gesetzgebung ausschließlich Bundessache ist, während den Ländern (hinsichtlich aller Straßen) die Vollziehung vorbehalten ist. Dazu zählen insb

Maßnahmen zur Gewährleistung der Sicherheit, Leichtigkeit und Flüssigkeit des Verkehrs sowie Maßnahmen unter dem Gesichtspunkt der Verkehrsregelung und Verkehrssicherung, wie etwa Straßenbenützung, Straßenbeleuchtung, Straßenreinigung und winterliche Bestreuung und Gefahrenabwehr betreffend Gefahren, die von Verkehrsteilnehmern jeder Art herrühren. Bestimmungen, die öffentlich-rechtliche Berechtigungen oder öffentlich-rechtliche Verpflichtungen schaffen und die Festsetzung und Feststellung des Inhalts und des Umfangs bzw die Sicherung des Gemeingebrauchs an den Straßen sowie die Regelung der über den Gemeingebrauch hinausgehenden Benützungen von Straßen zum Gegenstand haben, gehören jedoch zu den „Straßenangelegenheiten (ohne Straßenpolizei)" (VfSlg 4605/1963, s I.). Eine gesetzliche Vorschrift, die eine über den Gemeingebrauch hinausgehende Art der Benützung von Verkehrsflächen einschränkt und damit durch Hintanhaltung einer entgegenstehenden Sondernutzung der Ermöglichung einer bestimmten Art des Gemeingebrauchs (nämlich des Parkens von Fahrzeugen) dient, ist daher nicht dem Kompetenztatbestand „Straßenpolizei" zuzuordnen (VfSlg 12.187/1989).

Landesgesetzliche Regelungen auf dem Gebiet des **Naturschutzes** (→ *Naturschutzrecht*) können auch Bundesstraßen erfassen (zB Erfordernis einer naturschutzbehördlichen Bewilligung für die Errichtung einer Bundesstraße). Diese Regelungen dürfen jedoch keinen Inhalt haben, der eine Beachtung des verfassungsrechtlichen Berücksichtigungsgebots* nicht zulässt und dadurch ein Unterlaufen der gegenbeteiligten Kompetenz, sei es durch Versagung der Bewilligung, sei es durch die Erteilung unverhältnismäßiger Auflagen*, ermöglicht (so VfSlg 15.552/1999 zum Semmering-Basistunnel). Dem folgend geht der VwGH davon aus, dass durch eine TrassenV jedenfalls ein Grundbestand von Bundesinteressen, die als öffentliche Interessen* anzusehen sind, dokumentiert wird. Dies hat zur Konsequenz, dass die Ablehnung eines Straßenbauvorhabens durch die Naturschutzbehörde mit der Begründung, es lägen keine Gemeinwohlinteressen vor, rechtswidrig wäre. Die Naturschutzbehörde hat vielmehr die in der TrassenV dokumentierten Bundesinteressen bei ihrer Entscheidung zu berücksichtigen (VwSlg 15.237 A/1999).

Nach hA ist von der Bundeskompetenz betreffend Bundesstraßen (Art 10 Abs 1 Z 9 B-VG) auch das Baugeschehen mit umfasst. Für eine **Baurechtskompetenz** der Länder (→ *Baurecht*) besteht insoweit kein Raum. Die Zuständigkeit des Bundes auf dem Gebiet des Bundesstraßenrechts bedeutet allerdings nicht, dass es dem Landesgesetzgeber verwehrt ist, die Gemeinde unter dem Gesichtspunkt des Baurechts zu ermächtigen, bei der Normierung von Bauverboten und Baubeschränkungen auf Projekte oder Planungen Bedacht zu nehmen, die Bundesstraßen betreffen (VfSlg 7658/1975, 11.849/1988). Darüber hinaus begründet Art 10 Abs 1 Z 9 B-VG eine **Fachplanungskompetenz** des Bundes und beschränkt insoweit die Raumplanungskompetenz der Länder gem Art 15 Abs 1 B-VG (→ *Raumordnungsrecht*). Vorschriften des Landesrechts können daher nicht mit verbindlicher Wirkung bestimmen, wo und wie Bundesstraßen zu führen sind (VfSlg 7658/1975).

Bei der Regelung des **Lärmschutzes** handelt es sich in kompetenzrechtlicher Hinsicht nach hA um eine Annexmaterie. Der **Schutz vor Lärm aus Verkehrsanlagen** obliegt demnach hinsichtlich der Bundesstraßen (Art 10 Abs 1 Z 9 B-VG) dem Bund, bei Landesstraßen hingegen den Ländern. Oder anders formuliert: Bundesstraßenlärm ist Bundessache, Landesstraßenlärm ist Landessache.

Für das Straßenrecht von Bedeutung sind schließlich auch die Kompetenzen des Bundes im Bereich der **Luftreinhaltung** (Art 10 Abs 1 Z 12 B-VG, Art 11 Abs 5 B-VG), zumal sie die Grundlage für das IG-L (s VI.1.b) bilden.

Soweit es sich um **Verkehrsflächen der Gemeinde** handelt, ist für deren Verwaltung gem **Art 118 Abs 3 Z 4 B-VG** die Gemeinde im eWb* zuständig. Unter Verkehrsflächen der Gemeinde sind jene Straßen, Wege usw zu verstehen, die überwiegend nur für den lokalen Verkehr von Bedeutung sind. Dieser lokale Verkehr muss nicht auf das Gemeindegebiet beschränkt sein. Er bleibt, auch wenn er über die Gemeindegrenze führt, ein Lokalverkehr, wenn er überwiegend den Interessen der einzelnen Gemeinden – nicht überwiegend übergeordneten Interessen – dient (so VfSlg 6208/1970). Es kommt auch nicht darauf an, ob die Gemeinde Eigentümerin der Fläche ist (VfSlg 6685/1972). Bundes-, Landes- und Bezirksstraßen sowie andere Straßen, die die Verkehrsverbindung zwischen mehreren Gemeinden notwendigerweise herstellen, sind nicht Verkehrsflächen der Gemeinde und scheiden damit aus dem eWb* der Gemeinde aus (so *Neuhofer*, Gemeinderecht[2] 256). Auch die Enteignung von Grundstücken zu Straßenzwecken ist kein Gegenstand des eWb* der Gemeinde (VfSlg 5409/1966 ua).

Die Kompetenzrechtslage hinsichtlich der Umweltverträglichkeitsprüfung bei Straßenbauvorhaben wird im Kapitel → *Umweltverträglichkeitsprüfung* erörtert.

2. Grundrechtliche Bestimmungen

Die StraßenG ermächtigen zu Eingriffen in das **Eigentum** (Art 5 StGG iVm Art 1 1. ZPEMRK) sowohl in der Gestalt von Enteignungen (zB §§ 17 ff BStG; s VII.) als auch in Form von Eigentumsbeschränkungen (zB § 4 iVm § 15 BStG; § 14 BStG). Wird das einer Enteignung zu Grunde gelegte Straßenprojekt nicht verwirklicht, hat der betroffene Eigentümer einen verfassungsrechtlichen Anspruch auf Rückübereignung (konkretisiert in § 20a BStG). Aus dem grundrechtlich geschützten Eigentumsrecht resultiert aber auch die Verpflichtung der Behörde, sich bei der Beurteilung der Notwendigkeit eines Straßenbauvorhabens mit der Frage auseinander zu setzen, mit welcher **Trassenführung** das angestrebte öffentliche Interesse* bei einem gleichzeitig möglichst geringen Eingriff in die Rechte betroffener Grundstückseigentümer erreicht werden kann. Der Grundsatz, dass von mehreren denkbaren Varianten der Trassenführung jene gewählt werden muss, für die keine Enteignung (oder eine Enteignung geringeren Umfangs) erforderlich ist, gilt nach der Rsp allerdings nur für straßenbautechnisch, verkehrstechnisch und wirtschaftlich gleichwertige Alternativen (VwSlg 17.488 A/2008).

Gem **Art 6 Abs 1 EMRK** muss über „civil rights“, somit auch über Entschädigungen für Enteignungen oder Eigentumsbeschränkungen, dem Grunde und der Höhe nach ein unabhängiges und unparteiisches, auf Gesetz beruhendes Gericht („**Tribunal**“)* entscheiden. Nach dem BStG kann gegen die Entscheidung des LH über die Notwendigkeit, den Gegenstand und den Umfang einer Enteignung Beschwerde an das LVwG erhoben werden. Die Höhe der Enteignungsentschädigung ist hingegen im Streitfall durch das zuständige Landesgericht (**sukzessive Gerichtszuständigkeit***) festzusetzen (§ 20 Abs 3 BStG; s VII.1.).

Nach der Rsp der Straßburger Konventionsorgane fallen auch Aspekte des Umweltschutzes in den Schutzbereich des **Art 8 Abs 1 EMRK**. Die Staaten sind daher verpflichtet, zum Schutz der Rechte ihrer Bürger angemessene Lärmvermeidungs- und Lärmschutzmaßnahmen sowie Maßnahmen zum Schutz vor Umweltverschmutzungen zu ergreifen. Um die Durchsetzbarkeit der Konventionsrechte zu gewährleisten, muss der Staat den Betroffenen eine wirksame Beschwerdemöglichkeit vor einer nationalen Instanz zur Verfügung stellen (**Art 13 EMRK**).

III. Europarechtliche Bezüge

Die europarechtlichen Regelungen im Bereich der Verkehrsinfrastruktur sind von dem in Art 170 ff AEUV niedergelegten Konzept der transeuropäischen Netze (TEN) geprägt. Art 170 Abs 1 AEUV sieht vor, dass die Union zum Aufbau und Ausbau transeuropäischer Netze in den Bereichen der Verkehrs-, Telekommunikations- und Energieinfrastruktur beiträgt. In der **VO (EU) 1315/2013** werden sodann die Leitlinien für den Aufbau eines **transeuropäischen Verkehrsnetzes** (TEN-V) festgelegt. Dabei wird zwischen dem Gesamtnetz und dem auf der Grundlage dieses Gesamtnetzes errichteten Kernnetz unterschieden (Zwei-Ebenen-Struktur). Das Kernnetz besteht aus jenen Teilen des Gesamtnetzes, die für die Erreichung der Ziele, die mit der Politik für das transeuropäische Verkehrsnetz verfolgt werden, von größter strategischer Bedeutung sind. Die Verkehrsinfrastrukturen des transeuropäischen Verkehrsnetzes umfassen die Infrastruktur für den Schienenverkehr, die Binnenschifffahrt, den Straßenverkehr, den Seeverkehr, den Luftverkehr und den multimodalen Verkehr. Die finanzielle Unterstützung der Union für transeuropäische Netze ist in der **VO (EU) 1316/2013 zur Schaffung der Fazilität „Connecting Europe“** (CEF) geregelt.

Besondere Bedeutung kommt aus österr Sicht der **Wegekosten-RL** zu. Die Wegekosten-RL regelt die Voraussetzungen, unter denen die Mitgliedstaaten Maut- und/oder Benützungsgebühren für die Benützung bestimmter Straßen beibehalten oder einführen dürfen (Art 7). Eine **Mautgebühr** iSd RL ist eine für eine Fahrt eines Fahrzeuges (Güterfahrzeug mit einem zulässigen Gesamtgewicht von mehr als 3,5t) zu leistende Zahlung, deren Höhe sich nach der zurückgelegten Wegstrecke und dem Fahrzeugtyp richtet (fahrleistungsabhängige Maut) und die eine Infrastrukturgebühr und/oder eine Gebühr für externe Kosten beinhaltet. Unter einer **Benutzungsgebühr** ist hingegen eine Zahlung zu verstehen, die während eines bestimmten Zeitraums zur Benützung bestimmter Verkehrswege durch ein Fahrzeug (Güterfahrzeug mit einem zulässigen Gesamtgewicht von mehr als 3,5t) berechtigt (zeitabhängige Maut). In Österreich wird für Fahrzeuge über 3,5t eine fahrleistungsabhängige Maut erhoben (Road Pricing; s VI.3.).

Die für die Höhe der Mautgebühr relevanten **Infrastrukturgebühren** beruhen auf dem Grundsatz der Anlastung von Infrastrukturkosten, wobei sich die gewogenen durchschnittlichen Infrastrukturgebühren an den Baukosten und den Kosten für Betrieb, Instandhaltung und Ausbau des betreffenden Verkehrswegenetzes orientieren (Art 7b). Die konkrete Höhe der Infrastrukturgebühr hängt grundsätzlich von der EURO-Emissionsklasse des Fahrzeuges ab. Ein Abweichen von dieser Regel ist ua dann möglich, wenn die Mautgebühr eine Gebühr für externe Kosten einschließt. Außerdem darf die Infrastrukturgebühr auch zur Stauvermeidung, zur Minimierung von Infrastrukturschäden und zur Optimierung der Nutzung der betreffenden Infrastruktur sowie zur Förderung der Verkehrssicherheit differenziert werden (Art 7g). Die **Gebühr für externe Kosten** kann sich an den Kosten der verkehrsbedingten **Luftverschmutzung** orientieren, wobei auf Straßenabschnitten, bei denen die Bevölkerung einer straßenverkehrsbedingten Lärmbelastung ausgesetzt ist, auch die Kosten der verkehrsbedingten **Lärmbelastung** Berücksichtigung finden können (Art 7c). Das bedeutet, dass die EU-Mitgliedstaaten im Wege der „LKW-Maut" nicht nur Infrastrukturkosten, sondern auch Luftverschmutzungs- und Lärmkosten verrechnen dürfen (s § 9 Abs 1 BStMG). In **Bergregionen** ist es überdies zulässig, für Straßenabschnitte, die von einer akuten Verkehrsüberlastung betroffen sind oder deren Nutzung erhebliche Umweltschäden verursacht, einen **„Mautaufschlag"** einzuheben (Art 7f).

Zu erwähnen sind idZ auch die UVP-RL (→ *Umweltverträglichkeitsprüfung*) und die SUP-RL. Die **UVP-RL**, die die wichtigsten Grundsätze für die Prüfung der Umweltverträglichkeit harmonisiert, wurde in Österreich mit dem UVP-G 2000 umgesetzt. Es können sowohl Landesstraßen als auch Bundesstraßen der UVP-Pflicht unterliegen, wobei allerdings jeweils unterschiedliche Regelungen zur Anwendung kommen (s X.). Zur Umsetzung der **SUP-RL**, die vorsieht, dass bestimmte Pläne und Programme einer strategischen Prüfung der erheblichen Umweltauswirkungen unterzogen werden müssen, wurde ein eigenes Gesetz über die strategische Prüfung im Verkehrsbereich erlassen (**SP-V-Gesetz**). Danach sollen vorgeschlagene Netzveränderungen, also Änderungen des bundesweiten hochrangigen Verkehrswegenetzes, bereits vor der Erstellung von Gesetzes- und Verordnungsentwürfen einer **strategischen Prüfung** (SP-V: Strategische Prüfung – Verkehr) unterzogen werden. Eine strategische Prüfung hat insb auch vor der Erstellung von Gesetzesentwürfen zu erfolgen, mit denen zusätzliche Straßenzüge in die Verzeichnisse zum BStG aufgenommen oder bereits festgelegte Straßenzüge aus den Verzeichnissen gestrichen oder geändert werden. Im Zuge einer solchen Prüfung ist der vom Initiator der Netzveränderung erstellte **Umweltbericht** zu veröffentlichen und der Öffentlichkeit die Möglichkeit zur Abgabe einer Stellungnahme einzuräumen (**Öffentlichkeitsbeteiligung**). Wesentlich ist, dass es sich bei der SP-V um kein (mit Bescheid abzuschließendes) Verwaltungsverfahren, sondern um eine Art erweitertes Gesetzes- bzw Verordnungsbegutachtungsverfahren handelt. Sie ersetzt auch nicht die Umweltverträglichkeitsprüfung für ein konkretes Projekt, sondern ist dieser zeitlich vorgelagert. Die zur Umsetzung der SUP-RL auf Landesebene geschaffenen Bestimmungen finden sich va in den RaumordnungsG (→ *Raumordnung*) der Länder; es gibt aber auch spezifisch straßenbezogene Umsetzungsvorschriften (zB § 11a OÖ: **Umweltprüfung** für Landesstraßen).

Für das Straßenrecht von Relevanz ist ferner die RL 2002/49/EG über die Bewertung und Bekämpfung von Umgebungslärm (**Umgebungslärm-RL**), die ein gemeinsames Konzept festlegt, um schädliche Auswirkungen durch Umgebungslärm zu verhindern, ihnen vorzubeugen oder sie zu mindern (Art 1 Abs 1). Zur Umsetzung der Umgebungslärm-RL haben manche Bundesländer ua Regelungen im jeweiligen LStG getroffen. Darüber hinaus finden sich in den StraßenG mehrerer Bundesländer Regelungen zur Umsetzung der **Seveso III-RL** (zB § 11 Krnt, § 10 Abs 6 Vlbg).

Aufgrund der **RL 2008/96/EG über ein Sicherheitsmanagement für die Straßenverkehrsinfrastruktur** wurden zur Erhöhung der Sicherheit auf jenen Bundesstraßen, die Teil des TEN-Netzes sind, verschiedene Instrumente zum Straßensicherheitsmanagement eingeführt (zB Straßenverkehrssicherheitsaudits während der Planung und des Baus; s §§ 5 ff BStG). Subjektiv-öffentliche Rechte* werden dadurch jedoch nicht begründet.

IV. Völkerrechtliche Bezüge

Vorgaben für die Genehmigung von Verkehrsprojekten in Österreich ergeben sich auch aus verschiedenen Staatsverträgen (vgl *Bußjäger/Larch*, RdU 2006/71, 104 ff). Zu erwähnen sind hier die Alpenkonvention bzw das Verkehrsprotokoll der Alpenkonvention, die Espoo-Konvention und das dazu vereinbarte Protokoll über die strategische Umweltprüfung sowie die Aarhus-Konvention.

Gem Art 11 des – vom NR ohne Erfüllungsvorbehalt genehmigten – **Verkehrsprotokolls** zur Alpenkonvention verzichten die Vertragsparteien auf den Bau neuer hochrangiger Straßen für den alpenquerenden Transit. Darüber hinaus werden bestimmte Voraussetzungen normiert, die erfüllt sein müssen, damit ein hochrangiges Straßenprojekt für den inneralpinen Verkehr verwirklicht werden darf (Art 11 Abs 2). Insb ergibt sich aus Art 11 Abs 2 des Verkehrsprotokolls die Verpflichtung zur Durchführung einer Umweltverträglichkeitsprüfung. Art 8 Abs 2 des Verkehrsprotokolls sieht eine **Ausnahme** von der Anwendung des Verkehrsprotokolls vor, wenn das betreffende Straßenbauvorhaben zum Zeitpunkt der Annahme des Verkehrsprotokolls im Rahmen der nationalen Rechtsordnung beschlossen oder der Bedarf dafür gesetzlich festgestellt war. Diese Voraussetzung ist etwa erfüllt, wenn die Errichtung einer Bundesstraße zum Zeitpunkt der Annahme des Verkehrsprotokolls in einem **Verzeichnis zum BStG** vorgesehen war (s VfSlg 19.126/2010 zur S 36).

Die **Espoo-Konvention** (Übereinkommen über die Umweltverträglichkeitsprüfung im grenzüberschreitenden Rahmen) verpflichtet die Vertragsparteien, einzeln oder gemeinsam alle zweckmäßigen und wirksamen Maßnahmen zur Vermeidung, Verminderung und Überwachung erheblicher, grenzüberschreitender nachteiliger Auswirkungen eines geplanten Projekts zu ergreifen. Die Vertragsparteien sind insb gehalten, bei den in Anh I angeführten geplanten Projekten (zB Bau von Autobahnen und Schnellstraßen), die erhebliche, grenzüberschreitende nachteilige Auswirkungen zur Folge haben können, ein Verfahren zur Umweltverträglichkeitsprüfung einzuführen, das eine Beteiligung der Öffentlichkeit sowie die Ausarbeitung einer in Anh II beschriebenen Dokumentation zur Umweltverträglichkeitsprüfung ermöglicht. Die Espoo-Konvention wird im UVP-G 2000 (→ *Umweltverträglichkeitsprüfung*) umgesetzt.

Mit dem **SUP-Protokoll** zur Espoo-Konvention werden die Vertragsstaaten – so wie nach der SUP-RL der EU (s III.) – zur Durchführung strategischer Umweltprüfungen für bestimmte Pläne und Programme verpflichtet. Diese Verpflichtung umfasst auch Pläne und Programme im Bereich Verkehr.

Nach der **Aarhus-Konvention** gelten für bestimmte Straßenbauten (zB Bau von Autobahnen und Schnellstraßen) näher spezifizierte Verpflichtungen zur **Öffentlichkeitsbeteiligung** (Art 6 iVm Anh I der Konvention). Außerdem ist sicherzustellen, dass Mitglieder der „betroffenen Öffentlichkeit“ unter gewissen Voraussetzungen Zugang zu einem Überprüfungsverfahren vor einem Gericht und/oder einer anderen auf gesetzlicher Grundlage geschaffenen unabhängigen und unparteiischen Stelle haben, um die Rechtmäßigkeit von Entscheidungen, Handlungen oder Unterlassungen anzufechten, für die die Regeln über die Öffentlichkeitsbeteiligung (insb Art 6 der Konvention) gelten (Art 9 Abs 2 der Konvention). Darüber hinaus ist zu gewährleisten, dass Mitglieder der „Öffentlichkeit", sofern sie etwaige in ihrem innerstaatlichen Recht festgelegte Kriterien erfüllen, Zugang zu verwaltungsbehördlichen oder gerichtlichen Verfahren haben, um die von Privatpersonen und Behörden vorgenommenen Handlungen und begangenen Unterlassungen anzufechten, die gegen umweltbezogene Bestimmungen ihres innerstaatlichen Rechts verstoßen (Art 9 Abs 3 der Konvention). Zu den Mitgliedern der „betroffenen Öffentlichkeit" zählen auch **Umweltorganisationen** („Nichtregierungsorganisationen, die sich für den Umweltschutz einsetzen und alle nach innerstaatlichem Recht geltenden Voraussetzungen erfüllen" – Art 2 Z 5 der Konvention). Allerdings ist Art 9 Abs 3 der Aarhus-Konvention nicht unmittelbar anwendbar; die Wirkung dieser Bestimmung hängt vom Erlass eines weiteren (innerstaatlichen) Rechtsaktes ab (VwGH 30.06.2016, Ro 2014/07/0028 mwH).

V. Begriff und Einteilung der Straßen

1. Begriff der Straße

Das BStG enthält – anders als die meisten StraßenG der Länder – keine ausdrückliche Definition des Begriffs „Straße"; einen Anhaltspunkt bietet lediglich § 3 BStG, der regelt, was als Bestandteil einer Bundesstraße gilt. Allerdings findet sich in § 2 Abs 1 Z 1 StVO eine **Begriffsbestimmung**, die sich als Auslegungshilfe heranziehen lässt (vgl VwSlg 11.230 A/1983); demnach ist eine Straße eine für den Fußgänger- oder Fahrzeugverkehr bestimmte Landfläche samt den in ihrem Zuge befindlichen und diesem Verkehr dienenden baulichen Anlagen. Ähnlich etwa § 4 Z 1 NÖ und § 2 Z 1 OÖ: Grundfläche, die unabhängig von ihrer Bezeichnung (Straße, Weg, Platz udgl) dem Verkehr von Menschen, Fahrzeugen oder Tieren dient oder dienen soll.

2. Öffentliche Straßen

Von besonderer Bedeutung ist die Unterscheidung zwischen öffentlichen Straßen und nicht-öffentlichen Straßen, weil die StraßenG im Grunde nur die öffentlichen Straßen zum Gegenstand haben. Grundsätzlich gilt, dass Straßen, an denen der **Gemeingebrauch** eröffnet ist, **öffentliche Straßen** sind, unabhängig davon, in wessen Eigentum sie stehen. Öffentliche Straßen können von jedermann unter den gleichen Bedingungen für Verkehrszwecke genutzt werden.

Die **Widmung*** einer Straße zum Gemeingebrauch kann entweder **ausdrücklich** (insb durch Einreihung einer Straße als Landesstraße oder Gemeindestraße) oder **stillschweigend** (zB § 3 Abs 2 Bgld) erfolgen. Außerdem kann eine öffentliche Straße dadurch entstehen, dass eine Privatstraße durch einen Akt der Hoheitsverwaltung zu einer öffentlichen Straße erklärt wird (**Öffentlicherklärung von Privatstraßen**; s § 6 Stmk). Bundesstraßen sind gem § 28 Abs 1 BStG dem Gemeingebrauch gewidmet und sohin öffentliche Straßen.

Der Begriff der öffentlichen Straße ist nicht mit jenem der Straße mit öffentlichem Verkehr (§ 1 Abs 1 StVO → *StVO/KFG*) identisch; jede öffentliche Straße ist als Straße mit öffentlichem Verkehr anzusehen, aber nicht umgekehrt (OGH 06.10.1982, 6 Ob 503/82). Es muss also nicht jede Straße mit öffentlichem Verkehr iSd StVO eine öffentliche Straße iSd Straßenrechts sein.

Straßen, die nicht dem Gemeingebrauch gewidmet sind, sind **nicht-öffentliche Straßen**. Solche Straßen werden mitunter auch als „private Straßen" oder als „Privatstraßen" bezeichnet. Der Begriff der Privatstraße wird freilich auch in einem anderen Bedeutungskontext verwendet (s zB § 34 Abs 1 Tir: „öffentliche Privatstraßen"), weshalb der Bezeichnung „nicht-öffentliche Straßen" der Vorzug zu geben ist (s auch V.3.).

3. Bundesstraßen und Landesstraßen

Aus der verfassungsrechtlichen Kompetenzverteilung ergibt sich die Unterteilung der öffentlichen Straßen in Bundesstraßen und Landesstraßen iwS (vgl II.1.). **Bundesstraßen** sind gem Art 10 Abs 1 Z 9 B-VG die wegen ihrer Bedeutung für den Durchzugsverkehr durch BG als Bundesstraßen erklärten Straßenzüge. Die im BStG geregelten Bundesstraßen werden eingeteilt in Bundesstraßen A (Bundesautobahnen, Verzeichnis 1 zum BStG) und Bundesstraßen S (Bundesschnellstraßen, Verzeichnis 2 zum BStG). Die früheren Bundesstraßen B wurden mit Wirkung vom 01. April 2002 zum Großteil aufgelassen und an die Länder übertragen; lediglich einzelne Straßenzüge wurden in Bundesautobahnen oder Bundesschnellstraßen umtypisiert. Alle öffentlichen Straßen, die keine Bundesstraßen sind, sind **Landesstraßen iwS** (= öffentliche Straßen, hinsichtlich derer die Gesetzgebung und Vollziehung gem Art 15 Abs 1 B-VG Landessache ist). Die LandesstraßenG teilen die ihrem Geltungsbereich unterliegenden Landesstraßen iwS wiederum in verschiedene Kategorien ein, wobei als Unterteilungskriterium im Allgemeinen die Person des Trägers der Straßenbaulast (und damit korrespondierend die Verkehrsbedeutung der Straße) dient. Grundlegend ist dabei die Unterscheidung zwischen **Verkehrsflächen des Landes** und **Verkehrsflächen der Gemeinde.**

- Verkehrsflächen des Landes sind jedenfalls die **Landesstraßen (ieS)**, wobei die StraßenG der Länder häufig zwischen **Landesstraßen L** und **Landesstraßen B** differenzieren. Diese Unterscheidung ist eine Folge der eben erwähnten Übertragung der (ehemaligen) Bundesstraßen B an die Länder.
- Verkehrsflächen der Gemeinden sind die **Gemeindestraßen.** Dazu zählen etwa Straßen, die den öffentlichen Verkehr größerer Siedlungen in einer

Gemeinde untereinander und einer Gemeinde mit den Nachbargemeinden vermitteln (§ 27 Sbg).

Darüber hinaus differieren die Bezeichnungen in den einzelnen LG; es finden sich ua die Kategorien:

- **Bezirksstraßen** (§ 3 Abs 1 Z 2 Krnt: Straßen, die dem Durchzugsverkehr durch mehrere Gemeinden eines politischen Bezirkes dienen oder für die Wirtschaft mehrerer Gemeinden eines politischen Bezirkes von Bedeutung sind und mit Bescheid der LReg zu Bezirksstraßen erklärt werden);
- **Eisenbahnzufahrtsstraßen** (§ 3 Abs 1 Z 3 Krnt: außerhalb eines Ortsstraßenzuges liegende Straßen, die die Verbindung der Bahnhöfe und Aufnahmestationen mit der nächstgelegenen für den Verkehr zu diesen geeigneten öffentlichen Straße herstellen und mit Bescheid der LReg zu Eisenbahnzufahrtsstraßen erklärt werden);
- **Konkurrenzstraßen** (§ 7 Abs 1 Z 3 Stmk: Straßen, die vom Land aufgrund von Vereinbarungen unter Beitragsleistung des Bundes oder einer oder mehrerer Gemeinden oder Interessenten neu angelegt, instandgesetzt oder erhalten werden);
- **Öffentliche Interessentenwege** (§ 7 Abs 1 Z 5 Stmk: Straßen für den öffentlichen Verkehr von örtlicher Bedeutung, die überwiegend nur für die Besitzer oder Bewohner einer beschränkten Anzahl von Liegenschaften dienen und als solche erklärt wurden);
- **Güterwege** (§ 8 Abs 2 Z 2 OÖ: Straßen, die vorwiegend der verkehrsmäßigen Erschließung land- und forstwirtschaftlicher Betriebe oder des ländlichen Raumes dienen, durch eine Interessentengemeinschaft hergestellt werden und als solche gewidmet und eingereiht sind);
- **Öffentliche Privatstraßen** (§ 34 Abs 1 Tir: nicht zu einer anderen Gruppe öffentlicher Straßen gehörende Straßen, die entweder von dem über die Straße Verfügungsberechtigten durch Erklärung gegenüber der Behörde dem Gemeingebrauch gewidmet werden oder unabhängig vom Willen des über die Straße Verfügungsberechtigten seit mindestens 30 Jahren der Deckung eines dringenden öffentlichen Verkehrsbedürfnisses dienen); ungeachtet der Bezeichnung handelt es sich bei dieser Kategorie um öffentliche Straßen (§ 6 Z 4 Tir).

VI. Planung, Bau und Erhaltung von Straßen

1. Straßenplanung und Straßenbau

a) Die Regelungen im BStG

Den ersten gesetzlich geregelten Schritt iZm der **Planung von Bundesstraßen** bildet die Aufnahme eines Straßenzuges in eines der **Verzeichnisse des BStG**, wodurch der geplante Straßenverlauf in groben Zügen durch Fixpunkte festgelegt wird.

Die Entscheidung, ob ein **Bedarf** nach einer neuen oder modifizierten Bundesstraße besteht, trifft der Gesetzgeber mit der Aufnahme eines Straßenzuges in die Verzeichnisse des BStG (vgl zB *N. Raschauer* in Altenburger/N. Raschauer, Umweltrecht Kommentar, 194 § 4 BStG Rz 24). Im Genehmigungsverfahren nach dem BStG oder nach dem UVP-G 2000 ist die Notwendigkeit der Errichtung des betreffenden Vorhabens daher nicht neuerlich zu prüfen, zumal die Festlegung des Straßenverlaufs „im Rahmen der Verzeichnisse" (§ 4 Abs 1 BStG) zu erfolgen hat (s VfSlg 11.755/1988; VwSlg 18.189 A/2011).

Vom BMVIT initiierte Änderungen eines Straßenverzeichnisses des BStG lösen idR die Verpflichtung zur strategischen Prüfung der möglichen erheblichen Umweltauswirkungen nach dem SP-V-Gesetz aus. Diese Prüfung ist vor der Erstellung eines Gesetzesentwurfs, der eine Änderung eines Straßenverzeichnisses des BStG zum Gegenstand hat, durchzuführen (vgl *Mayrhofer* in Hauer/Nußbaumer 327 ff; s auch III.).

In weiterer Folge bedient sich das BStG zur Verrechtlichung der Straßenplanung sowohl der Verordnungs- als auch der Bescheidform. Gem § 14 BStG kann der BMVIT zur **Sicherung des Baus einer in die Verzeichnisse aufgenommenen Bundesstraße** das in einem Lageplan bezeichnete Gelände, das für die spätere Führung der Bundesstraße in Betracht kommt, durch **Verordnung** zum **Bundesstraßenplanungsgebiet** erklären. Eine solche Verordnung darf nur erlassen werden, wenn nach dem Stand der Planungs- und Bauvorbereitungsarbeiten die Bestimmung des Straßenverlaufes in absehbarer Zeit zu erwarten ist und zu befürchten ist, dass durch bauliche Veränderungen in diesem Gelände der geplante Straßenbau erheblich erschwert oder wesentlich verteuert wird. In diesem Gebiet dürfen für einen Zeitraum von max fünf Jahren grundsätzlich Neu-, Zu- und Umbauten nicht vorgenommen und Anlagen* jeder Art weder errichtet noch geändert werden (**Bausperre**). Ein Entschädigungsanspruch besteht nicht.

Während früher die Festlegung des Straßenverlaufes durch Verordnung (TrassenV) erfolgte, sieht das BStG seit der Nov BGBl I 154/2004 für die **Bestimmung des Straßenverlaufs** sowie den Ausbau und die Auflassung von Straßenteilen die Rechtsform des **Bescheids** vor. Vor dem Bau einer neuen Bundesstraße oder ihrer Teilabschnitte oder vor der Zulegung einer zweiten Richtungsfahrbahn oder vor „Ausbaumaßnahmen sonstiger Art" (s dazu § 4 Abs 2 BStG) hat der BMVIT über Antrag des Bundes (Bundesstraßenverwaltung bzw ASFINAG; s VI.4.) den Straßenverlauf durch Bescheid (**Trassenbescheid**) zu bestimmen (§ 4 Abs 1 BStG), wobei auch die erforderlichen Auflagen*, Bedingungen* und Befristungen* festgeschrieben werden können. Da die Realisierungsmöglichkeiten in Anbetracht der Größe von Straßenbauvorhaben nicht immer zur Gänze abschätzbar sind, kann ein solches Vorhaben auf Antrag auch in Abschnitten genehmigt werden (**Abschnittsgenehmigung**). Die bescheidförmige **Festlegung einer Bundesstraßentrasse** erfolgt auf der Grundlage eines konkreten Projekts („Einreichprojekt") und wird gem § 4 Abs 1 BStG durch eine Reihe von **Kriterien** determiniert: Demnach ist bei der Bestimmung der Trasse auf die Regelungen der §§ 7 und 7a (s X.3.), die Wirtschaftlichkeit des Bauvorhabens, die Umweltverträglichkeit und die Erfordernisse des Verkehrs, darüber hinaus auf die funktionelle Bedeutung des Straßenzuges sowie auf die Ergebnisse der Anhörung (s X.2.) Bedacht zu nehmen. Der Trassenbescheid hat dingliche Wirkung*.

Für den Neubau von Bundesstraßen oder ihrer Teilabschnitte mit einer durchgehenden Länge von mindestens 2km ist vor der Einreichung zur Genehmigung eine **Folgenabschätzung hinsichtlich der Straßenverkehrssicherheit** durchzuführen (§ 5 Abs 3 BStG). Dadurch soll sichergestellt werden, dass Sicherheitsaspekte bereits bei der Auswahl der Trassenvariante berücksichtigt werden.

§ 4a trifft Vorsorge für den Fall, dass nach der Genehmigung des Projekts, aber vor der Verkehrsfreigabe – etwa im Zuge des Vergabeverfahrens (→ *Vergaberecht*) – eine Änderung des geplanten Vorhabens oder eine Änderung der im Bescheid enthaltenen Nebenbestimmungen erforderlich wird. Dabei wird zwischen **genehmigungspflichtigen, anzeigepflichtigen und anzeigefreien Änderungen** unterschieden. Einer Genehmigung (Änderungsgenehmigung) bedürfen Änderungen dann, wenn dies zur Wahrung der in den §§ 4 Abs 1, 7 und 7a (s X.3.) umschriebenen Interessen und Rechte erforderlich ist (zB Änderungen der Trasse). Dem Anzeigeverfahren unterliegen Änderungen, die grundsätzlich genehmigungsfähig sind und bei denen voraussichtlich keine zusätzlichen Auflagen* zum Schutz der genannten Interessen und Rechte erforderlich sind (zB Errichtung zusätzlicher Mischanlagen während der Bauphase). Anzeigefrei sind bestimmte immissionsneutrale Änderungen, wobei die in den §§ 4 Abs 1, 7 und 7a (s X.3.) umschriebenen Interessen nicht nachteilig berührt werden dürfen (zB immissionsneutrale Änderungen bei der Bepflanzung). § 4a gilt freilich nur für Straßenbauvorhaben, für die kein UVP-Verfahren (→ *Umweltverträglichkeitsprüfung*) durchgeführt worden ist (s VI.1.b).

Die Festlegung einer Bundesstraßentrasse und die daraus folgende Ermächtigung zur Errichtung der Straße hat für die betroffenen Liegenschaftseigentümer und die Anrainer erhebliche Konsequenzen: Für die von der künftigen Straßentrasse betroffenen Grundstücksteile (**Bundesstraßenbaugebiet**) gilt grundsätzlich eine **Bausperre** (§ 15 Abs 1 BStG). Ein Entschädigungsanspruch besteht nicht. Die Liegenschaftseigentümer haben jedoch nach Ablauf von drei Jahren Anspruch auf Einlösung der betroffenen Grundstücksteile durch den Bund, sofern ihnen eine Ausnahmebewilligung verweigert wurde.

Während des Baus oder Ausbaus der Bundesstraße haben die Eigentümer von der Bundesstraße benachbarten Grundstücken die davon ausgehenden Einwirkungen zu dulden und können deswegen nur sehr eingeschränkt Schadenersatzansprüche geltend machen (§ 24 Abs 5 BStG). Schließlich löst der

Bestand der Bundesstraße verschiedene Verpflichtungen aus (§§ 21 ff BStG; s VIII.). Der faktische **Bau** der Bundesstraße erfolgt im Wege der **Privatwirtschaftsverwaltung*** (s VI.4.); der Bund ist dazu grundsätzlich nicht verpflichtet. Eine Baubewilligung (→ *Baurecht*) ist für den Bau einer Bundesstraße nicht erforderlich.

b) Sonstige bundesrechtliche Vorschriften

Für bestimmte Vorhaben betreffend Bundesstraßen ist eine **Umweltverträglichkeitsprüfung** (zB Neubau von Bundesstraßen oder ihrer Teilabschnitte, ausgenommen zusätzliche Anschlussstellen; § 23a Abs 1 UVP-G 2000) bzw eine Umweltverträglichkeitsprüfung im vereinfachten Verfahren (zB Neubau zusätzlicher Anschlussstellen, wenn eine bestimmte Verkehrsbelastung zu erwarten ist; § 23a Abs 2 UVP-G 2000) nach dem **3. Abschnitt des UVP-G 2000 durchzuführen** (→ *Umweltverträglichkeitsprüfung*). Auch im UVP-G 2000 ist ein bescheidförmiges Genehmigungsverfahren vorgesehen, das allerdings auf **zwei Entscheidungsebenen** aufgesplittert ist.

Ist ein Vorhaben gem § 23a UVP-G 2000 einer Umweltverträglichkeitsprüfung zu unterziehen, so hat der **BMVIT** die Umweltverträglichkeitsprüfung und ein **teilkonzentriertes Genehmigungsverfahren** durchzuführen und mit einem einheitlichen Bescheid abzuschließen. Dabei sind **alle vom Bund zu vollziehenden**, für die Ausführung des Vorhabens erforderlichen materiellen **Genehmigungsbestimmungen** anzuwenden, auch soweit sie in den eWb der Gemeinden* fallen (§ 24 Abs 1 UVP-G 2000). Das Trassenfestlegungsverfahren nach § 4 Abs 1 BStG wird also in das teilkonzentrierte Genehmigungsverfahren integriert.

Auch die **LReg** hat ein **teilkonzentriertes Genehmigungsverfahren** durchzuführen, in dem sie **alle vom Land zu vollziehenden**, für die Ausführung des Vorhabens erforderlichen **Genehmigungsbestimmungen**, auch soweit sie in den eWb der Gemeinden* fallen, anzuwenden hat (§ 24 Abs 3 UVP-G 2000).

Weitere bundesrechtliche Genehmigungsvoraussetzungen ergeben sich aus § 20 IG-L. Danach bedarf der Neubau einer straßenrechtlich genehmigungspflichtigen Straße oder eines Straßenabschnittes zwar keiner gesonderten luftreinhalterechtlichen Bewilligung, es gelten jedoch die **Kriterien des § 20 Abs 2 und 3 IG-L als zusätzliche Genehmigungsvoraussetzungen**. Dabei ist nicht nur die Bauphase von Straßen zu berücksichtigen, sondern es ist auch auf die Emissionen* abzustellen, die durch deren Benützung (dh durch den Verkehr) zu erwarten sind.

c) Die StraßenG der Länder

Am Beginn der (hoheitlichen) Straßenplanung steht in einigen Bundesländern die **Aufnahme eines Straßenzuges in ein Straßenverzeichnis**, wodurch der geplante Straßenverlauf in groben Zügen durch Fixpunkte festgelegt wird. Zugleich wird die betreffende Verkehrsfläche damit als öffentliche Straße einer bestimmten Kategorie gewidmet. Diese Straßenverzeichnisse werden – ihrem normativen Charakter entsprechend – entweder als **LG** oder als **Verordnung** erlassen.

Im Übrigen sehen die StraßenG der Länder als Instrument der Straßenplanung meist ein **straßenrechtliches Bewilligungsverfahren** vor, dem die jeweiligen vom Straßenerhalter in Privatwirtschaftsverwaltung* gesetzten Planungsakte zu Grunde zu legen sind und das mit einem **Bescheid** abgeschlossen wird (vgl *Hecht*, Rechtsstellung 134 ff). Die genaue Festlegung der Trasse einer Landesstraße erfolgt somit regelmäßig im Zuge des straßenrechtlichen Bewilligungsverfahrens. Bisweilen kommen jedoch auch **TrassenV** zum Einsatz (zB § 4 Abs 5, 6 iVm § 6 Bgld). Die **Kriterien** für die Erteilung einer straßenrechtlichen Bewilligung sind in den einzelnen Bundesländern durchaus unterschiedlich geregelt. Voraussetzung einer Bewilligung ist aber regelmäßig die Beachtung der Erfordernisse (der Planung) des Baus und der Erhaltung von Straßen sowie die Wahrung der Interessen der Nachbarn.

Zur Sicherung des Baus von Landesstraßen bestimmen zahlreiche Landesgesetze – in Orientierung an § 14 BStG –, dass Grundflächen, die für den Straßenbau in Betracht kommen, durch **Verordnung** zum **Straßenplanungsgebiet** erklärt werden können (vgl *M. Mayrhofer* in Hauer/Nußbaumer 353, 356). Die Erklärung zum Straßenplanungsgebiet bewirkt eine umfassende **Bausperre** für die betroffenen Grundstücke; Ausnahmen sind jedoch möglich.

Zur Umweltverträglichkeitsprüfung bei landesrechtlich geregelten Straßen siehe X.2.

2. ASFINAG

Seit 1992 war die Planung, Errichtung und Erhaltung bestimmter Bundesstraßen zwei aus Verschmelzungen hervorgegangenen Sondergesellschaften übertragen, deren Anteile ursprünglich dem Bund und einigen Ländern vorbehalten waren. Bei diesen beiden Gesellschaften handelte es sich um die Österreichische Autobahnen- und Schnellstraßen-AG (ÖSAG) und die Alpen Straßen AG (ASG). Aufgrund des § 1 ASFINAG-ErmächtigungsG 1997 hat der Bund seine Mehrheitsanteile an diesen Bundesstraßengesellschaften als Sacheinlage in die Autobahnen- und Schnellstraßen-Finanzierungs AG (**ASFINAG**) eingebracht (Holdingkonstruktion). Zugleich wurde die ASFINAG, deren gesamte Anteile dem Bund vorbehalten sind, von einer reinen Finanzierungsgesellschaft in eine Straßenplanungs-, Straßenerrichtungs- und Straßenfinanzierungsgesellschaft umgewandelt. Dieser obliegt nunmehr ua die Finanzierung, die Planung, der Bau und die Erhaltung des Bundesstraßennetzes sowie die Einhebung von Mauten und Benützungsentgelten.

Die ASFINAG ist ein öffentlicher Auftraggeber iSd § 3 Abs 1 Z 2 BVergG (BVA 06.07.2009, F/0005-BVA/11/2008–24 mwN [→ *Vergaberecht*]).

3. Straßenbaulast und -finanzierung

Die **Straßenbaulast** (dh die Verpflichtung, die Straße herzustellen und zu erhalten bzw die Kosten dafür zu tragen) an **Bundesstraßen** trägt in erster Linie der Bund (vgl §§ 8, 10 BStG). Diese Verpflichtung des Bundes wurde allerdings der ASFINAG überbunden (§ 9 ASFINAG-ErmächtigungsG), sodass der Bau und die Erhaltung von Bundesstraßen nunmehr ausschließlich aus Mitteln der ASFINAG zu erfolgen hat. Im Gegenzug wurde der ASFINAG das Fruchtgenussrecht an Bundesstraßen und damit das Recht zur Einhebung von Mauten und Benützungsgebühren (im eigenen Namen und auf eigene Rechnung) eingeräumt. Das von der Republik Österreich gewährte Recht der Bemautung von Autobahnen und Schnellstraßen stellt die wichtigste Finanzierungsquelle der ASFINAG dar.

Aufgrund des **BStMG** ist für die Benützung der Bundesstraßen mit Kraftfahrzeugen grundsätzlich **Maut** zu entrichten, und zwar entweder für zurückgelegte Fahrstrecken (fahrleistungsabhängige Maut) oder für bestimmte Zeiträume (zeitabhängige Maut). Die Benützung von Mautstrecken mit einspurigen Kraftfahrzeugen oder mit mehrspurigen Kraftfahrzeugen, deren höchstes zulässiges Gesamtgewicht **nicht mehr als 3,5t** beträgt (Motorräder, PKW), unterliegt der **zeitabhängigen Maut** (§§ 10 ff BStMG). Die zeitabhängige Maut ist durch Anbringen einer **Mautvignette** am Fahrzeug zu entrichten. Die Vignettenpreise werden vom BMVIT im Einvernehmen mit dem BMF durch Verordnung festgelegt (VignettenpreisV). Bestimmte Straßenstücke, für deren Benützung ohnehin ein spezielles Entgelt zu entrichten ist, sind von der Pflicht zur Entrichtung der zeitabhängigen Maut ausgenommen (§ 10 Abs 2 BStMG). Bei diesen sog **Sondermautstrecken** handelt es sich vorwiegend um kostenintensive Tunnel- und Brückenbauten (zB Tauerntunnel).

Die Benützung von Mautstrecken mit mehrspurigen Kraftfahrzeugen, deren höchstes zulässiges Gesamtgewicht **mehr als 3,5t** beträgt (LKW, Busse, schwere Wohnmobile), unterliegt der **fahrleistungsabhängigen Maut** (§§ 6 ff BStMG). Die Einhebung der Maut erfolgt seit 2004 vollelektronisch auf Basis der Mikrowellentechnologie. Mautpflichtige Fahrzeuge mit einem höchsten zulässigen Gesamtgewicht von mehr als 3,5t, die das Autobahnen- und Schnellstraßennetz in Österreich benutzen, müssen mit einem Gerät zur elektronischen Entrichtung der Maut, der sog „GO-Box“, ausgestattet sein. Diese „GO-Box“ kommuniziert mit den Mautportalen und ermöglicht so eine automatische Bemautung ohne Beeinträchtigung des Verkehrsflusses (multilane free-flow System). Die Festsetzung der Tarife der fahrleistungsabhängigen Maut für mehrspurige Kraftfahrzeuge, deren höchstes zulässiges Gesamtgewicht mehr als 3,5t beträgt, obliegt dem BMVIT im Einvernehmen mit dem BMF (MauttarifV).

Das **Maut-Enforcement** ist Mautaufsichtsorganen (= Organe der öffentlichen Aufsicht*) übertragen, die auf Vorschlag der ASFINAG zu bestellen sind (§§ 17 ff BStMG). Zur Sicherung der Strafverfolgung und Strafvollstreckung werden diese Mautaufsichtsorgane ermächtigt, bei nicht ordnungsgemäßer Entrichtung der Maut (Mautprellerei) eine vorläufige Sicherheit einzuheben und bis zu deren Leistung die Unterbrechung der Fahrt anzuordnen und ihre Fortsetzung durch geeignete Vorkehrungen (zB Anbringen technischer Sperren am Fahrzeug) zu verhindern (Befehls- und Zwangsgewalt*) (§§ 27 f BStMG). Außerdem sieht das BStMG eine Haftung des Zulassungsbesitzers für Geldstrafen wegen Prellens fahrleistungsabhängiger Maut sowie für die Kosten des Strafverfahrens vor (§ 23 BStMG).

Die **Straßenbaulast an Landesstraßen** iwS wird von den StraßenG der Länder je nach Straßenkategorie unterschiedlich geregelt (s schon V.3.). Als Grundsatz gilt, dass die Länder bzw die Gemeinden auch die Kosten für die Herstellung und Erhaltung ihrer Verkehrsflächen zu tragen haben (zB § 12 Abs 3 OÖ). Mitunter werden auch Beiträge von Unternehmen oder Verkehrsinteressenten zur Abgeltung jener Mehrkosten vorgesehen, die dadurch entstehen, dass eine Straße in deren Interesse in einer aufwändigeren Weise gebaut oder erhalten werden muss (zB § 7 Abs 4 bis 8 Sbg). Bei Straßen, deren Bau und Erhaltung im Interesse einer zu diesem Zweck gebildeten Personengemeinschaft liegen (sog **Interessentenstraßen**), trifft diese die Straßenbaulast. Diese Personengemeinschaften werden in den StraßenG der Länder unterschiedlich bezeichnet (zB Straßeninteressentschaft: §§ 20 ff Tir; Straßengenossenschaft: §§ 23 ff Vlbg, §§ 31 ff Sbg; Weggenossenschaft: § 45 Stmk, § 31 Abs 2 Sbg). Ihre Mitglieder (die Interessenten) haben nach Maßgabe des vereinbarten oder behördlich festgelegten Verteilungsschlüssels zu den Kosten des Baus und der Erhaltung der betreffenden Straße beizutragen.

4. Straßenverwaltung

Als Straßenverwaltung bezeichnet man die auf die **Herstellung** (technische Planung, Bau) und die **Erhaltung** (Instandhaltung) einer öffentlichen Straße abzielende Verwaltungstätigkeit, die im Rahmen der **Privatwirtschaftsverwaltung*** des jeweiligen Rechtsträgers erfolgt, bzw die mit dieser Tätigkeit betrauten Organe*.

Bei Bundesstraßen obliegt die Herstellung und Erhaltung an sich dem Bund („**Bundesstraßenverwaltung**"). Gem § 34b BStG kommen freilich hinsichtlich jener Bundesstraßen, an denen der ASFINAG das Fruchtgenussrecht (§ 2 ASFINAG-ErmächtigungsG) eingeräumt wurde, alle Rechte und Pflichten des Bundes (Bundesstraßenverwaltung) nach dem BStG der **ASFINAG** (s VI.2.) zu. Da die ASFINAG das Fruchtgenussrecht an allen österr Autobahnen und Schnellstraßen hat, übernimmt sie die Aufgaben der Bundesstraßenverwaltung zur Gänze. Oder mit anderen Worten: Die Straßenverwaltung für Bundesstraßen ist ausschließlich die ASFINAG (so *Resch/Pürgy* in Holoubek/Potacs I³ 908).

Die für die Errichtung neuer, dem Recht der Fruchtnießung unterliegenden Strecken oder für die Erfüllung sonstiger, der ASFINAG übertragenen Aufgaben notwendigen Grundflächen und sonstigen dinglichen Rechte sind von der ASFINAG im Auftrag, im Namen und auf Rechnung des Bundes (Bundesstraßenverwaltung) zu erwerben (§ 11 ASFINAG-ErmächtigungsG).

Die **StraßenG der Länder** knüpfen bei der Regelung der Besorgung der Geschäfte der Straßenverwaltung wiederum an die verschiedenen Straßenkategorien an. Üblicherweise obliegt die Straßenverwaltung bei Verkehrsflächen des Landes dem Land und bei Verkehrsflächen der Gemeinde der jeweiligen Gemeinde (zB § 12 Abs 2 OÖ; §§ 9 Abs 1, 14 Abs 1 Tir). Straßenverwalter einer Interessentenstraße ist im Allgemeinen die betreffende Personengemeinschaft (zB § 17 Abs 1 Tir).

VII. Enteignung

1. Die Enteignung im Bundesstraßenrecht

Die Bundesstraßenverwaltung hat zunächst zu versuchen, eine privatrechtliche Übertragung der für das Vorhaben erforderlichen Grundflächen (**Grundeinlöse**) zu erreichen (so *Resch/Pürgy* in Holoubek/Potacs I³ 932; s dazu VfSlg 13.579/1993). Für den Fall, dass es zu keiner Einigung kommt, sieht § 17 BStG die Möglichkeit der **Enteignung** vor. Als Gegenstand der Enteignung kommen das **Eigentum sowie dingliche und obligatorische Rechte an Liegenschaften** in Betracht. Das Gleiche gilt für Baulichkeiten und sonstige Anlagen*, deren Entfernung sich aus Gründen der Verkehrssicherheit als notwendig erweist. Weiters können durch Enteignung die für die Anlage von Ablagerungsplätzen, Zufahrten, Straßenwärterhäusern, Bauhöfen und anderen Baulichkeiten sowie die zur Aufrechterhaltung der Verkehrsbeziehungen erforderlichen Grundstücke erworben werden.

Um die Enteignung hat der Bund (Bundesstraßenverwaltung) unter Vorlage der zur Beurteilung der Angelegenheit erforderlichen Pläne (insb Projektpläne und Grundeinlösungsplan) und sonstigen Behelfe beim **LH** anzusuchen, der unter sinngemäßer Anwendung des EisbEG und unter Rücksichtnahme auf die Wirtschaftlichkeit der Bauausführung über die Notwendigkeit, den Gegenstand und den Umfang der Enteignung entscheidet (§§ 19 f BStG). Gegen diese Entscheidung des LH kann **Beschwerde an das LVwG** erhoben werden.

Dem Enteigneten gebührt eine **Entschädigung** für alle durch die Enteignung verursachten vermögensrechtlichen Nachteile (§ 1323 ABGB). Bei Bemessung der **Entschädigung** haben jedoch der Wert der besonderen Vorliebe und die Werterhöhung durch die Errichtung der Bundesstraße außer Betracht zu bleiben. Auf die Wertminderung eines verbleibenden Grundstücksrestes ist jedoch Rücksicht zu nehmen. Ist dieser Grundstücksrest unter Berücksichtigung seiner bisherigen Verwendung nicht mehr zweckmäßig nutzbar, so ist auf Verlangen des Eigentümers das ganze Grundstück einzulösen (sog **Ausdehnungsrecht** des Enteigneten). Bei der Bemessung der Entschädigung ist auf jene **Widmung* des Grundstücks** (→ *Raumordnungsrecht*) abzustellen, die im Zeitpunkt der Kenntnisnahme der Gemeinde von den Planungsabsichten des Bundes bei der öffentlichen Auflage eines Bundesstraßenplanungsgebietes (§ 14) oder des Bundesstraßenbauvorhabens (§ 4) bestanden hat (§ 18 Abs 1 BStG; s auch VI.1.a). Spätere Widmungsänderungen (zB von Grünland in Bauland) sind sohin für die Bestimmung der Höhe der aufgrund einer Enteignung zu entrichtenden Entschädigung unbeachtlich. Für den Fall, dass dem Enteigneten durch die Enteignung die seinen Hauptwohnsitz* bildende Wohngelegenheit entzogen wird, ist die Entschädigung zumindest so zu bemessen, dass ihm der Erwerb einer nach Größe und Ausstattung ausreichenden Wohngelegenheit ermöglicht wird (§ 18 Abs 3 BStG).

Die Bestimmung der **Höhe der Entschädigung** hat im Enteignungsbescheid zu erfolgen. Diese Festlegung kann nicht mittels Beschwerde an das LVwG bekämpft werden. Es steht jedoch sowohl dem Enteigneten als auch dem Bund (Bundesstraßenverwaltung) frei, binnen drei Monaten nach Rechtskraft* des Enteignungsbescheids eine Entscheidung des örtlich zuständigen Landesgerichts über die Höhe der Entschädigung zu begehren (sog Antrag auf Neufestsetzung der Enteignungsentschädigung). Mit Anrufung des Gerichts tritt die verwaltungsbehördliche Entscheidung über die Höhe der Entschädigung außer Kraft (**sukzessive Zuständigkeit***). Ungeachtet dessen kann der Enteignungsbescheid jedoch vollzogen werden, sofern der vom LH ermittelte Entschädigungsbetrag oder eine Sicherheit für die erst nach Vollzug der Enteignung zu leistende Entschädigung gerichtlich erlegt ist.

Wird der Enteignungsgegenstand nicht binnen drei Jahren ab Rechtskraft* des Enteignungsbescheids für den Enteignungszweck verwendet, entsteht ein Anspruch auf **Rückübereignung** (§ 20a BStG). Der auf Antrag des Enteigneten zu erlassende Rückübereignungsbescheid hat auch eine Bestimmung über den Rückersatz der empfangenen Entschädigung zu enthalten.

Bei Bundesstraßen, die in den Anwendungsbereich des § 23a **UVP-G 2000** (→ *Umweltverträglichkeitsprüfung*) fallen, bietet § 24f Abs 15 UVP-G 2000 eine (subsidiäre) Rechtsgrundlage für Enteignungen zur Durchführung von Maßnahmen, die nach den Ergebnissen der Umweltverträglichkeitsprüfung eine Voraussetzung für die Genehmigungsfähigkeit eines Vorhabens bilden.

Diese Bestimmung soll Auflagen* oder sonstige Nebenbestimmungen – insb Ausgleichsmaßnahmen zum Zweck des Umweltschutzes – ermöglichen, die ansonsten nicht durchsetzbar wären. In solchen Fällen sind die §§ 18 bis 20a BStG anzuwenden.

2. Die Enteignung im Landesstraßenrecht

Die StraßenG der Länder sehen ebenfalls die Enteignung für Zwecke öffentlicher Straßen vor (für Wien s §§ 38 ff wr BauO). Die einschlägigen Vorschriften orientieren sich oft am BStG. Zuständige Behörde ist grundsätzlich die **LReg** bzw bei weniger bedeutsamen Straßen zT auch die **BVB** (zB § 38 Z 2 lit b Bgld, § 38 Abs 2 Krnt). Die Behörde hat mit **Bescheid** über die Notwendigkeit, den Gegenstand und den Umfang der von der Straßenverwaltung beantragten Enteignung zu entscheiden, wobei häufig eine sinngemäße Anwendung des EisbEG angeordnet wird. Überdies hat der Enteignungsbescheid die Höhe der Entschädigung zu bestimmen (zB § 11 Abs 3 NÖ, § 36 Abs 2 und 4 OÖ). Die Entscheidung der Behörde über die Notwendigkeit, den Gegenstand und den Umfang der Enteignung kann idR mittels Beschwerde an das **LVwG** bekämpft werden. Die Höhe der Entschädigung ist hingegen meist nicht beim LVwG anfechtbar (siehe jedoch § 30 Abs 3 Bgld). Stattdessen wird eine Zuständigkeit des Landesgerichts (zB § 36 Abs 5 OÖ, § 38 Abs 5 Krnt) oder des Bezirksgerichts (§ 15 Abs 1 lit c Sbg) vorgesehen (**sukzessive Zuständigkeit***). Voraussetzung der Enteignung für Straßenzwecke ist idR, dass das betreffende Straßenprojekt durch einen **straßenrechtlichen Bescheid** (rechtskräftig) bewilligt ist. Denn die **Notwendigkeit einer Enteignung** liegt nur vor, wenn durch die Enteignung der Enteignungszweck unmittelbar verwirklicht werden kann. Dies wäre etwa auch dann nicht der Fall, wenn sich aus anderen Gesetzen, zB dem WRG (→ *Wasserrecht*) oder dem DMSG (→ *Denkmalschutzrecht*) Hindernisse für die Verwirklichung des Straßenprojekts ergeben. Die im Enteignungsbescheid beanspruchten Grundflächen müssen durch den rechtskräftigen straßenbaurechtlichen Bewilligungsbescheid erfasst sein. Der VwGH achtet dabei auf eine strenge **Identität des bewilligten Projekts mit dem Gegenstand der Enteignung**, was va bei Projektänderungen zu Schwierigkeiten führen kann.

Eine Enteignung ist nur dann im öffentlichen Interesse gelegen und in diesem Sinn erforderlich, wenn ernsthafte **Bemühungen** des Enteignungswerbers misslungen sind, das für einen öffentlichen Zweck benötigte Grundstück oder das Nutzungsrecht daran **privatrechtlich zu angemessenen Bedingungen zu erwerben**. Derartige ernsthafte Bemühungen des Enteignungswerbers stellen nach der Rsp eine von der Enteignungsbehörde zu prüfende Bedingung der Zulässigkeit einer Enteignung dar, selbst wenn dies vom Gesetzgeber nicht ausdrücklich normiert ist (so VwGH 15.04.2010, 2009/06/0227 unter Hinweis auf VfSlg 13.579/1993).

Die für den Rechtsschutz der betroffenen Grundeigentümer besonders relevante Frage, inwieweit im **Enteignungsverfahren** auch die **Notwendigkeit des konkreten Straßenbauvorhabens** und der **Trassenverlauf** überprüft werden können, wird in der verwaltungsgerichtlichen Rsp im Wesentlichen iS einer **Bindung an dem Enteignungsverfahren vorgelagerte Rechtsakte** (straßenbaurechtlicher Bewilligungsbescheid, Verordnung zur Bestimmung des Straßenverlaufs) beantwortet. IdZ thematisiert die Judikatur der Gerichtshöfe des öffentlichen Rechts auch die **Mitsprachemöglichkeiten** und damit die **subjektiv-öffentlichen Rechte*** der Betroffenen im Verfahren zur Erteilung einer straßenbaurechtlichen Bewilligung (s dazu im Einzelnen *G. Baumgartner* in Pürgy, Rz 50 ff).

Bestimmungen über die **Rückübereignung** verfolgen den Zweck, die verfassungsrechtlich verpönten „Enteignungen auf Vorrat" zu verhindern. Sie sollen gewährleisten, dass enteignete Grundflächen in angemessener Frist dem Enteignungszweck zugeführt werden. Ist im Gesetz keine Rückübereignung bei zweckverfehlender Enteignung vorgesehen, so kann Art 5 StGG unmittelbar als Grundlage für einen Rückübereignungsanspruch herangezogen werden (VfSlg 13.166/1992 zum stmk LStVG).

Zur Enteignung bei Straßenbauvorhaben, die unter **Anh 1 Z 9 UVP-G 2000** (→ *Umweltverträglichkeitsprüfung*) fallen, siehe X.2.

VIII. Schutz der Straßen

Das BStG widmet dem **Schutz der Bundesstraßen** einen eigenen Abschnitt (§§ 21 ff BStG), der eine Vielzahl von (zT entschädigungspflichtigen) Beschränkungen und Verpflichtungen enthält, wie etwa:

- **Bauverbote (§ 21 BStG):** Gem § 21 BStG dürfen in einer bestimmten Entfernung von Bundesstraßen Neu-, Zu- und Umbauten nicht vorgenommen sowie Einfriedungen nicht angelegt und Anlagen* jeder Art weder errichtet noch geändert werden. Die maßgebliche Entfernung beträgt bei Bundesautobahnen 40m, bei Bundesschnellstraßen, Rampen von Anschlussstellen sowie Zu- und Abfahrtsstraßen der Bundesautobahnen und Bundesschnellstraßen 25m. Bei Einhaltung bestimmter Kriterien hat der Bund (Bundesstraßenverwaltung) auf Antrag Ausnahmen zuzustimmen. Wird die Zustimmung nicht binnen sechs Wochen erteilt, so entscheidet auf Antrag die Behörde über die Ausnahmebewilligung.
- **Bewilligungspflicht bestimmter Verrichtungen auf Nachbargrundstücken (§ 22 BStG):** Wenn Baumfällungen, Holzbringungen, Wasserableitungen, Sprengungen, Grab- und Bohrarbeiten oder ähnliche Verrichtungen auf den der Straße benachbarten Grundstücken nach den örtlichen Verhältnissen den Bestand oder Erhaltungszustand einer Bundesstraße unmittelbar oder mittelbar gefährden, kann die Behörde über Antrag des

Bundes (Bundesstraßenverwaltung) durch **Verordnung** eine **Bewilligungspflicht** einführen. Eine Bewilligung darf nur erteilt werden, wenn eine Gefährdung der Straße oder der Straßenbenützer durch die beabsichtigten Arbeiten ausgeschlossen ist oder bei Einhaltung der gleichzeitig festzusetzenden Bedingungen vermieden werden kann.

- **Anrainerverpflichtungen (§ 24 BStG):** Die Anrainer von Bundesstraßen sind verpflichtet, den freien Abfluss des Wassers von der Straße auf ihren Grund, die Ablagerung von Schnee, die Herstellung von Ableitungsgräben, Sickergruben udgl zu dulden. Die Wasserableitung auf Anlagen der Bundesstraße ist hingegen verboten. Weiters müssen die Anrainer dulden, dass der Bund (Bundesstraßenverwaltung) Schneezäune auf ihren Grundstücken aufstellt und andere zur Vermeidung von Schneeverwehungen, Lawinen, Steinschlägen udgl erforderliche, jahreszeitlich bedingte Vorkehrungen trifft. Zur Duldungspflicht bei straßenbaubedingten Immissionen* (§ 24 Abs 5 BStG) s VI.1.a.
- **Zustimmungsvorbehalt für Betriebe (§ 27 BStG):** Betriebe im Zuge von Bundesstraßen, die den Belangen der Verkehrsteilnehmer dienen (wie Tankstellen, Raststätten, Motels, Werkstätten udgl) und unmittelbare Zu- und Abfahrten zu diesen Straßen haben, dürfen nur mit Zustimmung des Bundes (Bundesstraßenverwaltung) errichtet bzw baulich verändert werden.

Auch die **StraßenG der Länder** enthalten Bestimmungen zum Schutz der Straßen. Die einschlägigen Vorschriften normieren va **Verbote, Zustimmungs- und Bewilligungsvorbehalte** sowie **Duldungs- und Handlungspflichten der Anrainer** und sind vielfach an den Bestimmungen des Bundesstraßenrechts (§§ 21 ff BStG) orientiert.

IX. Sondernutzung

Jede über den **Gemeingebrauch** hinausgehende Benützung öffentlicher Straßen ist eine Sondernutzung, wobei zwischen der qualitativen Sondernutzung (zB Radrennen auf der Autobahn) und der quantitativen Sondernutzung (zB Straßenbenutzung durch besonders schwere Fahrzeuge) unterschieden werden kann. Jede Sondernutzung bedarf der (privatrechtlichen) **Zustimmung der Straßenverwaltung.**

Die Sondernutzung von **Bundesstraßen** ist in § 28 BStG geregelt. Dort wird zunächst festgehalten, dass die Benützung der unmittelbar dem Verkehr dienenden Flächen der Bundesstraßen jedermann im Rahmen der straßenpolizeilichen und kraftfahrrechtlichen Vorschriften (→ *StVO/KFG*) offen steht (Gemeingebrauch). Jede Benützung der Bundesstraßen für einen anderen als ihren bestimmungsgemäßen Zweck bedarf der **Zustimmung des Bundes** (Bundesstraßenverwaltung; s VI.4.). Sie ist zu verweigern, wenn Schäden an der Straße zu befürchten sind oder künftige Bauvorhaben an der Straße erheblich erschwert würden. Außerdem ist die Zustimmung zu versagen, wenn – etwa aufgrund einer **Veranstaltung auf der Bundesstraße** – erhebliche Verkehrsbeeinträchtigungen zu befürchten sind. Dies gilt jedoch nicht, wenn das öffentliche Interesse an der Abhaltung der Veranstaltung jenes an deren Unterbleiben überwiegt (zB bei einer Sportgroßveranstaltung). Bei Versammlungen, auf die das VersG anzuwenden ist, kommt dieser Versagungsgrund allerdings aus grundrechtlichen Erwägungen von vornherein nicht in Betracht (→ *Versammlungsrecht*).

Im **Straßenrecht der Länder** findet sich als Voraussetzung für eine Sondernutzung öffentlicher Straßen ebenfalls das Erfordernis der **Zustimmung der Straßenverwaltung** bzw des Abschlusses einer **Vereinbarung mit der Straßenverwaltung** (zB § 55 Krnt, § 18 NÖ). Die Kriterien für die Erteilung dieser Zustimmung bzw für den Abschluss einer Sondernutzungsvereinbarung werden nur in einigen Ländern ausdrücklich geregelt (vgl etwa § 55 Abs 3 Krnt, § 7 Abs 2 OÖ, § 5 Abs 2 und 6 Tir). Mitunter wird festgehalten, dass durch die im Zuge einer Sondernutzung erfolgende Inanspruchnahme der Straße ein (dingliches) Recht nicht ersessen werden kann (zB § 54 Abs 1 Stmk, § 8 Abs 1 Sbg) und die Zustimmung bzw Vereinbarung dinglichen Charakter hat (zB § 8 Abs 1 Sbg, § 5 Abs 7 Tir).

Die Sondernutzung einer öffentlichen Straße hat häufig nicht nur eine straßenrechtliche Komponente; besondere Voraussetzungen (zB Bewilligungspflicht) bzw Rechtsfolgen können sich etwa auch aus der StVO (insb §§ 82 ff; vgl VwGH 21.01.1987, 86/03/0245) und aufgrund von abgabenrechtlichen Vorschriften ergeben.

X. Behörden und Verfahren

1. Behörden

Straßenrechtsbehörde ist im **Bundesstraßenrecht** grundsätzlich der **LH** (§ 32 BStG). Die bescheidförmige Festlegung der Trassen von Bundesstraßen obliegt jedoch dem BMVIT (§ 4 BStG). Zur Durchführung der Umweltverträglichkeitsprüfung (→ *Umweltverträglichkeitsprüfung*) ist bei Bundesstraßen ebenfalls der BMVIT zuständig. Bei **UVP-pflichtigen Bundesstraßenprojekten** (§ 23a UVP-G 2000) sind sowohl der **BMVIT** als auch die **LReg** zur Erlassung teilkonzentrierter Genehmigungsbescheide zuständig (§ 24 Abs 1 und 3 UVP-G 2000; s VI.1.b). Der BMVIT kann den LH mit der Durchführung der Umweltverträglichkeitsprüfung, des teilkonzentrierten Genehmigungsverfahrens und der Entscheidung ganz oder tw betrauen, wenn dies im Interesse der Zweckmäßigkeit, Raschheit, Einfachheit und Kostenersparnis gelegen ist. Ebenso kann die LReg ihre Zuständigkeit an die BVB delegieren.

Die Zuständigkeit der das teilkonzentrierte Verfahren durchführenden Behörden (BMVIT bzw LReg) erstreckt sich auf alle Ermittlungen, Entscheidungen und Überwachungen nach den in diesen Verfahren jeweils betroffenen Verwaltungsvorschriften und auf Projektänderungen nach § 24g UVP-G 2000. Sie beginnt mit der Antragstellung durch den Projektwerber und endet grundsätzlich mit der Verkehrsfreigabe des Vorhabens (§§ 24 Abs 4, 24h Abs 3 UVP-G 2000).

Gegen Bescheide des LH und des BMVIT nach dem **BStG** kann Beschwerde an das örtlich zuständige **LVwG** erhoben werden (aM in Bezug auf Bescheide des BMVIT *Sander/Suchanek*, SPRW 2016, 14 ff [insb 17]). § 32a BStG trifft eine materienspezifische Sonderregelung betreffend die örtliche Zuständigkeit der LVwG. Für Beschwerden gegen Entscheidungen nach dem **UVP-G 2000** ist das **BVwG** zuständig (§ 40 Abs 1 UVP-G 2000).

Die Zuständigkeit zur Vollziehung des **Landesstraßenrechts** ist je nach Straßenkategorie unterschiedlich geregelt. Als Straßenrechtsbehörde kommen die **LReg**, die **BVB** und der **Bgm** (zB § 38 Z 3 Bgld, § 57 Abs 2 Krnt) bzw der **Magistrat** (zB § 3 Abs 1 OÖ) sowie der **Gemeinderat** (§ 75 Abs 3 Tir) bzw der **Stadtsenat** (§ 2 Z 1 NÖ) in Betracht. Eine Besonderheit stellt § 75 Abs 4 Tir dar, der zur Vorschreibung von Beiträgen den Obmann einer Straßeninteressentschaft als Behörde installiert. Bescheide auf Basis der Straßengesetze der Länder können grundsätzlich mit **Beschwerde an das Verwaltungsgericht des jeweiligen Landes** bekämpft werden. Zur Behördenzuständigkeit im Enteignungsverfahren siehe VII.

Bei den **Dienststellen der Straßenverwaltung** handelt es sich nicht um (mit hoheitlichen Aufgaben betraute) Verwaltungsbehörden, weil der Bau und die Erhaltung von Landes- und Bundesstraßen der Privatwirtschaftsverwaltung* zuzurechnen sind (VfSlg 13.544/1993).

2. Verfahren

Von zentraler Bedeutung für die von öffentlichen Straßen betroffenen Personen ist das Verfahren zur Festlegung des Straßenverlaufs.

Besondere verfahrensrechtliche Vorgaben, die bei der **Trassenfestlegung für Bundesstraßen** beachtet werden müssen, ergeben sich aus § 4 Abs 5 BStG (**Anhörungsverfahren**): Danach sind vor der Erlassung des Bescheids ausreichende Plan- und Projektunterlagen sowie Unterlagen zur Darlegung der Umweltverträglichkeit sechs Wochen lang in den berührten Gemeinden zur öffentlichen Einsicht aufzulegen. Innerhalb dieser Auflagefrist kann jedermann schriftlich eine Stellungnahme beim BMVIT einbringen; Nachbarn können schriftlich Einwendungen* erheben. Siehe im Übrigen bereits VI.1.a.

Für jene Vorhaben betreffend Bundesstraßen, für die aufgrund des 3. Abschnittes des UVP-G 2000 eine **Umweltverträglichkeitsprüfung** (→ *Umweltverträglichkeitsprüfung*) und ein teilkonzentriertes Genehmigungsverfahren durchzuführen ist (s VI.1.b), enthalten die §§ 24 ff UVP-G 2000 – zT in Form von Verweisen auf die allgemeinen Regelungen des UVP-G 2000 – die relevanten Vorschriften. Hervorzuheben ist die Möglichkeit, bei gravierenden Interessenkonflikten das Verfahren zur Einschaltung eines **Mediationsverfahrens** zu unterbrechen (§ 24 Abs 7 iVm § 16 Abs 2 UVP-G 2000). Die im Verfahren nach dem UVP-G 2000 anzuwendenden **zusätzlichen Genehmigungskriterien** ergeben sich aus § 24f Abs 1 bis 5 UVP-G 2000. Demnach sind bei der Erlassung der teilkonzentrierten Genehmigungsbescheide insb die Ergebnisse der Umweltverträglichkeitsprüfung zu berücksichtigen (§ 24f Abs 3 UVP-G 2000). Den BMVIT trifft eine Koordinierungsverpflichtung (§ 24f Abs 7 UVP-G 2000). § 24f Abs 8 UVP-G 2000 regelt die **Parteistellung** in den für ein Bundesstraßenvorhaben erforderlichen Genehmigungsverfahren und die Legitimation bestimmter Parteien, Beschwerde an das BVwG sowie Revision an den VwGH und Beschwerde an den VfGH zu erheben. Parteistellung genießen – abgesehen vom Projektwerber und den Parteien nach Maßgabe der anzuwendenden Verwaltungsvorschriften – die Nachbarn, der Umweltanwalt, das wasserwirtschaftliche Planungsorgan (→ *Wasserrecht*), betroffene Gemeinden (§ 19 Abs 3 UVP-G 2000), Bürgerinitiativen (ausgenommen im vereinfachten Verfahren) und bestimmte Umweltorganisationen (§ 19 Abs 1 Z 7, § 19 Abs 11 UVP-G 2000). Auf Antrag des Projektwerbers kann von der Möglichkeit der **Verfahrensgliederung** in ein Grundsatzgenehmigungsverfahren und ein bzw mehrere Detailgenehmigungsverfahren Gebrauch gemacht werden. Die grundsätzliche Genehmigung des BMVIT hat jedenfalls über die für die Trassenentscheidung nach dem BStG vorgesehenen Genehmigungsvoraussetzungen abzusprechen (§ 24f Abs 9 bis 11 UVP-G 2000). Darüber hinaus besteht auch im Verkehrsbereich die Möglichkeit, Abschnittsgenehmigungen zu beantragen (§ 24f Abs 12 iVm § 18a UVP-G 2000). Zur **Enteignung** für die Durchführung von Maßnahmen, die nach den Ergebnissen der Umweltverträglichkeitsprüfung eine Voraussetzung für die Genehmigungsfähigkeit eines Vorhabens bilden, siehe VII.1.

Bei den in den **StraßenG der Länder** geregelten **straßenrechtlichen Bewilligungsverfahren** erfolgt die Festlegung des Straßenverlaufes durch einen **Bescheid**, der von den Parteien des Verfahrens bekämpft werden kann. Die Parteistellung wird fast immer ausdrücklich gesetzlich geregelt. Ist dem straßenrechtlichen Bewilligungsverfahren eine TrassenV vorgeschaltet, so stellt sich die Frage nach der Bindungswirkung dieser Verordnung. Hinsichtlich der **Festlegung des Straßenverlaufs durch eine Verordnung** nach § 11 oö StraßenG hat der VwGH die Auffassung vertreten, dass mit der Erlassung einer solchen Verordnung das öffentliche Interesse an der Herstellung der Straße festgestellt ist und die dort vorgenommenen Festlegungen, insb die Linienführung der Straße im festgelegten Rahmen, das straßenrechtliche Bewilligungsverfahren präjudizieren. Die betroffenen Grundeigentümer können im straßenrechtlichen Bewilligungsverfahren daher nur mehr geltend machen, dass innerhalb der von der TrassenV vorgegebenen Linienführung eine sie weniger belastende Ausbauweise (in Lage und Form) der Straße gewählt wird (VwSlg 16.195 A/2003 ua).

Bei bestimmten Landesstraßenprojekten ist eine **Umweltverträglichkeitsprüfung** (→ *Umweltverträglichkeitsprüfung*) nach dem 2. Abschnitt des UVP-G 2000 durchzuführen (Anh 1 Z 9 UVP-G 2000); in diesem Fall ist für die Erteilung aller für die Zulässigkeit des Vorhabens erforderlichen Bewilligungen die **LReg** zuständig (konzentriertes Genehmigungsverfahren*). Es gelten die gleichen Immissionsschutzvorschriften wie bei Verkehrsvorhaben, die dem 3. Abschnitt des UVP-G 2000 unterliegen (§ 17 Abs 3 iVm § 24f Abs 1 und 2 UVP-G 2000). Außerdem besteht auch bei solchen Vorhaben die Möglichkeit der **Enteignung** für die Durchführung von Maßnahmen, die nach den Ergebnissen der Umweltverträglichkeitsprüfung eine Voraussetzung für die Genehmigungsfähigkeit des Vorhabens bilden.

Zum Enteignungsverfahren siehe VII.

3. Nachbarschutz bei Bundesstraßen

Gem **§ 7 BStG** sind Bundesstraßen derart zu planen, zu bauen und zu erhalten, dass sie nach Maßgabe und bei Beachtung der straßenpolizeilichen und kraftfahrrechtlichen Vorschriften (→ *StVO/KFG*) von allen Straßenbenützern unter Bedachtnahme auf die durch die Witterungsverhältnisse oder durch Elementarereignisse bestimmten Umstände ohne Gefahr benützbar sind; dabei ist auch auf die Sicherheit, Leichtigkeit und Flüssigkeit des Verkehrs sowie auf die Umweltverträglichkeit Bedacht zu nehmen. Bei Planung, Bau und Betrieb von Bundesstraßen ist außerdem dafür Sorge zu tragen, dass **Beeinträchtigungen von Nachbarn vermindert oder vermieden werden**. Maßnahmen zur Vermeidung oder Verminderung von Beeinträchtigungen sind jedoch nur zu ergreifen, wenn dies im Verhältnis zum Erfolg mit wirtschaftlich vertretbarem Aufwand erreicht werden kann. Mit Zustimmung des Eigentümers können auch Maßnahmen auf fremden Grundstücken (zB Einbau von Lärmschutzfenstern) gesetzt werden. Bei unzumutbarer Beeinträchtigung kommt als ultima ratio auch die Einlösung von Grundstücken oder Grundstücksteilen durch den Bund (Bundesstraßenverwaltung) in Betracht. Durch diese Regelungen werden keine subjektiven Rechte begründet (**objektiver Nachbarschutz**).

Demgegenüber räumt **§ 7a BStG** im Trassenfestlegungsverfahren den Nachbarn **subjektiv-öffentliche Rechte*** ein. Nach dieser Bestimmung ist eine bescheidförmige Festlegung des Straßenverlaufes (§ 4 Abs 1 BStG; s VI.1.a) nur zulässig, wenn bei Bau und Betrieb der Bundesstraße eine Gefährdung folgender Rechtsgüter vermieden wird:

- Leben und Gesundheit von Nachbarn

- Eigentum oder sonstige dingliche Rechte der Nachbarn (**subjektiver Nachbarschutz**).

Als **Nachbarn** und damit als **Partei** gelten dabei alle Personen, die durch den Bau oder den Betrieb der Bundesstraße gefährdet werden könnten sowie all jene Personen, deren Eigentum oder sonstige dingliche Rechte durch den Bau oder den Betrieb der Bundesstraße gefährdet werden könnten. Personen, die sich nur vorübergehend in der Nähe der Bundesstraße aufhalten und nicht dinglich berechtigt sind, werden nicht als Nachbarn angesehen. Als Nachbarn gelten jedoch die Inhaber von Einrichtungen, in denen sich regelmäßig Personen vorübergehend aufhalten (zB Beherbergungsbetriebe, Krankenanstalten und Heime) hinsichtlich des Schutzes dieser Personen, sowie die Erhalter von Schulen hinsichtlich des Schutzes der Schüler, der Lehrer und der sonst in Schulen ständig beschäftigten Personen (vgl § 75 Abs 2 GewO [→ *Gewerberecht*]).

Um die Realisierung von Straßenvorhaben nicht unverhältnismäßig zu erschweren, sind **Einwendungen***, mit denen eine Verletzung subjektiv-öffentlicher Rechte* wegen Gefährdung des Eigentums oder sonstiger dinglicher Rechte geltend macht wird, nach § 7a Abs 4 BStG als unbegründet abzuweisen, wenn das öffentliche Interesse* an der Errichtung der Bundesstraße größer ist als der Nachteil, der dem Nachbarn durch die Bestimmung des Straßenverlaufs (§ 4 Abs 1 BStG) erwächst. Solche subjektiv-öffentlichen Rechte* können außerdem nach Maßgabe der Enteignungsbestimmungen des BStG (§§ 17 ff; s VII.1.) eingeschränkt werden. Einwendungen*, die sich auf zivilrechtliche Ansprüche beziehen, sind von der Behörde auf den Zivilrechtsweg zu verweisen.

Im **UVP-Verfahren** (→ *Umweltverträglichkeitsprüfung*) für Bundesstraßen (§§ 23a ff UVP-G 2000) sind die nachbarschutzrechtlichen Bestimmungen des BStG zusätzlich zu jenen des UVP-G 2000 (§§ 19, 24f) zu beachten.

Sowohl in Genehmigungsverfahren nach dem BStG (§§ 4, 4a) als auch nach dem UVP-G 2000 gilt für betriebsbedingte und baubedingte Schallimmissionen von Bundesstraßenvorhaben die **Bundesstraßen-Lärmimmissionsschutz V** (BStLärmIV). Diese Verordnung normiert Schwellenwerte und Grenzwerte für betriebs- bzw baubedingte Schallimmissionen und legt auf Basis dieser Werte fest, welche straßen- bzw objektseitigen Maßnahmen zum **Schutz der Nachbarn vor Lärm** zu ergreifen sind.

Susanne Bachmann

Straßenpolizei- und Kraftfahrrecht – ausgewählte Fragen

Rechtsgrundlagen

Kompetenzgrundlagen

Art 11 Abs 1 Z 4 B-VG („Straßenpolizei"); Art 11 Abs 3 B-VG (DurchführungsV auf dem Gebiet der Straßenpolizei); Art 15 Abs 4 B-VG (inwieweit der Landespolizeidirektion in den Angelegenheiten der Straßenpolizei mit Ausnahme der örtlichen Straßenpolizei [Art 118 Abs 3 Z 4 B-VG] die Vollziehung übertragen wird, wird durch übereinstimmende Gesetze des Bundes und des betreffenden Landes geregelt); Art 118 Abs 3 Z 4 B-VG („örtliche Straßenpolizei").

Art 10 Abs 1 Z 9 B-VG („Kraftfahrwesen").

Verfassungsrechtliche Bezüge

Art 90 Abs 2 B-VG (Anklageprinzip); Art 8 EMRK (Schutz der Privatsphäre); Art 5 StGG und Art 1 1. ZPEMRK (Eigentumsschutz); Art 4 7. ZPEMRK (Verbot der Doppelbestrafung); Art 12 StGG und Art 11 EMRK (Versammlungsfreiheit); Art 6 StGG (Erwerbsfreiheit) sowie Art 13 StGG und Art 10 EMRK (Meinungsfreiheit); BVG Nachhaltigkeit, Tierschutz, umfassender Umweltschutz, Sicherstellung der Wasser- und Lebensmittelversorgung und Forschung (BVG Staatsziele); § 1 HausrG (Schutz des Hausrechts); § 1 DSG (Grundrecht auf Datenschutz).

Europarechtliche Bezüge

Art 34 ff AEUV (Warenverkehrsfreiheit); Art 49 ff AEUV (Niederlassungsfreiheit); Art 90 ff AEUV (Verkehrspolitik); Art 191 ff AEUV (Umweltpolitik); Art 7 GRC (Achtung des Privatlebens); Art 8 GRC (Datenschutz); Art 11 GRC (Meinungsfreiheit, Informationsfreiheit); Art 12 GRC (Versammlungsfreiheit); Art 17 GRC (Eigentumsschutz); Art 37 GRC (Umweltschutz); Art 50 GRC (Doppelbestrafungsverbot).

RL 99/62/EG über die Erhebung von Gebühren für die Benutzung bestimmter Verkehrswege durch schwere Nutzfahrzeuge, ABl 1999/187 idF RL 2013/22/EU, ABl 2013/158, 356.

Die RL 2006/126/EG über den Führerschein ABl 2006/403, 18; (umgesetzt mit der 14. FSG-Nov, BGBl 61/2011) idF ABl 2015/107, 68 sieht die Einführung eines einheitlichen befristeten europäischen Führerscheins vor. Es gibt zahlreiche RL zur technischen Harmonisierung und Sicherheit im Straßenverkehr und über technische Details im Kraftfahrrecht zur Angleichung der Rechtsvorschriften der Mitgliedstaaten, zB RL 2015/1535/EU über ein Informationsverfahren auf dem Gebiet der technischen Vorschriften und der Vorschriften für die Dienste der Informationsgesellschaft ABl 2015/241, 1 (Notifizierungspflicht für technische Vorschriften); RL 2014/45/EU über die regelmäßige technische Überwachung von Kraftfahrzeugen und Kraftfahrzeuganhängern ABl 2014/127, 51.

Völkerrechtliche Bezüge

Es bestehen multilaterale und bilaterale StV, zB Übereinkommen über den Straßenverkehr, BGBl 289/1982 idF III 80/2014; Übereinkommen über Straßenverkehrszeichen, BGBl 291/1982 idF III 61/2012; Europäisches Übereinkommen über die internationale Beförderung gefährlicher Güter auf der Straße (ADR), BGBl 522/1973 idF III 63/2015; Europäisches Übereinkommen über die obligatorische Haftpflichtversicherung für Kfz, BGBl 236/1972; Genfer Abkommen über den Straßenverkehr, BGBl 222/1955 idF 23/1960.

Gesetze und sonstige Rechtsgrundlagen

Straßenverkehrsordnung (StVO), BGBl 159/1960 idF I 123/2015.

Kraftfahrgesetz (KFG), BGBl 267/1967 idF I 40/2016; Führerscheingesetz (FSG), BGBl I 120/1997 idF I 40/2016; Gefahrgutbeförderungsgesetz (GGBG), BGBl I 145/1998 idF I 91/2013; Kfz-Haftpflichtversicherungsgesetz (KHVG), BGBl 651/1994 idF I 34/2015; Kraftfahrzeugsteuergesetz (KfzStG), BGBl 449/1992 idF I 105/2014; Normverbrauchsabgabegesetz, BGBl 695/1991 idF I 118/2015.

Wichtige Verordnungen sind zB BodenmarkierungsV, BGBl 848/1995 idF II 370/2002; AlkomatV, BGBl 789/1994 idF II 146/1997; SchulwegsicherungsV, BGBl 790/1994 idF II 399/2003; Kurzparkzonen-ÜberwachungsV, BGBl 857/1994 idF II 145/2008; StraßenverkehrszeichenV, BGBl II 238/1998 idF 292/2013; FahrradV, BGBl II 146/2001 idF 297/2013; AlkoholvortestgeräteV, BGBl II 404/2005 idF 238/2013; Kraftfahrgesetz-DurchführungsV 1967 (KDV 1967), BGBl 399/1967 idF II 40/2015; Führerscheingesetz-DurchführungsV (FSG-DV), BGBl II 320/1997 idF II 54/2015; FahrprüfungsV (FSG-PV), BGBl II 321/1997 idF II 187/2015; Führerscheingesetz-GesundheitsV (FSG-GV), BGBl II 322/1997 idF II 285/2015; FreisprecheinrichtungsV, BGBl II 152/1999.

Literaturauswahl

Monografien – Kommentare

Bauer (Hrsg), Handbuch Verkehrsrecht (2009); *Fous/Pürstl/Somereder*, Alkohol und Suchtgift im Straßenverkehr (1996); *Frank/Wessely*, Führerscheingesetz (FSG)³ (2014); *Grubmann*, Straßenverkehrsordnung³ (2015); *Grubmann*, Das österreichische Kraftfahrrecht I StVO² (2009), II Kraftfahrgesetz³ (2011), III KDV³ (2012), IV Führerscheingesetz² (2013); *Grundtner*, Die österreichische Straßenverkehrsordnung³⁵ (2016); *Grundtner*, FSG/KFG/StVO Taschenkommentare (2011); *Grundtner/Pürstl*, Führerscheingesetz⁵ (2013); *Grundtner/Pürstl*, Kraftfahrgesetz¹⁰ (2016); *Hoffer*, StVO³ (2013); *Novak*, Österreichisches Straßenverkehrsrecht, II. Teil Kraftfahrrecht (78. Lfg 2016); *Pürstl*, StVO – Straßenverkehrsordnung[14] (2015); *Zelenka*, FSG – Führerscheingesetz und Mautrecht (2013).

Beiträge

Abmayer, Öffentlich-rechtliche Verkehrsbeschränkungen. Grundfreiheiten und deren notwendige Einschränkungen, ZVR 2008, 594; *Auracher-Jäger/Piska*, Führerscheinrecht, in Hammer ua (Hrsg), Besonderes Verwaltungsrecht (2012) 496; *Bauer*, Zur Zulässigkeit von Section-Control-Anlagen. Gedanken zum Section-Control-Erkenntnis des VfGH und den Auswirkungen auf die Verkehrsüberwachung, ZVR 2007, 280; *Bleier*, Verfassungsrechtliche Aspekte der Atemluftuntersuchung im Lichte des Art 90 Abs 2 B-VG – Verbot des Zwanges zur Selbstbeschuldigung?, ZVR 1999, 182; *Grundtner*, Kompetenzlage auf dem Gebiet der Verkehrspolizei, ZVR 1991, 60; *Hiesel*, Die neueste Rechtsprechung des VfGH zum Verkehrsrecht, ZVR 2016, 184; *Hiesel*, Problemzonen des Verkehrsrechts, ZVR 2012, 4; *Hoffer*, Das Führerschein-Vormerksystem in Österreich, ZVR 2006/170, 436; *Jahnel*, Die Meldung von Gesundheitsdaten an die Führerscheinbehörde aus datenschutzrechtlicher Sicht, jusIT 2008/8, 18; *Kaltenegger*, Fallprüfschema: Vormerksystem im Führerscheinrecht, ZVR 2005, 192; *Krysl*, Verordnungen im Straßenverkehr, ZVR 2016, 184: *Krist*, Rechtliche Aspekte der Brennerblockade – Versammlungsfreiheit contra Freiheit des Warenverkehrs, ÖJZ 1999, 241; *Lindermuth/Storr*, Fall 1: Section Control außer Kontrolle?, in Storr/Lindermuth/Pirstner-Ebner (Hrsg), Gesammelte Fälle Verfassungs- und Verwaltungsrecht (2014) 1; *Lukas*, Haftungsfragen im Zusammenhang mit der wiederkehrenden Begutachtung, ZVR 1990, 354; *Messiner*, Absenkung des Alkoholgrenzwertes auf 0,5 Promille und Änderung des FSG, ZVR 1998, 41; *Muzak*, Straßenpolizeirecht, in Hammer ua (Hrsg), Besonderes Verwaltungsrecht (2012) 462; *Muzak/Piska*, Das „Abschleppen" von Kraftfahrzeugen – Voraussetzungen, Konsequenzen, Rechtsschutz, ZVR 1999, Sonderheft 2A; *Obwexer*, Die neue Wegekosten-Richtlinie, ecolex 2005, 663; *Öhlinger*, Die verfassungsrechtlichen Schranken der Blutabnahme gemäß § 5 Abs 6 StVO, in FS Dittrich (2000) 773; *Piska/Unterberger*, Kraftfahrrecht, in Hammer ua (Hrsg), Besonderes Verwaltungsrecht (2012) 485; *Pürstl*, Gurten- und Helmpflicht im Visier. Kritische Betrachtung der gesetzlichen Ausgestaltung, ZVR 2014, 196; *Raschauer B./Painz*, Diplomprüfung aus Verwaltungsrecht, JAP 2004/2005, 94; *Schwent*, Einführung der Alkohol-Vortestgeräte, ZVR 2005/24, 68; *Stolzlechner*, Verkehrsbeschränkungen aus verfassungsrechtlicher Sicht, unter besonderer Berücksichtigung von Geschwindigkeitsbegrenzungen und Nachtfahrverboten, ZVR 1991, 257; *Strebinger*, Drogen im Straßenverkehr, ZVR 2003, 308; *Strejcek*, Parkraumbewirtschaftung und „flächendeckende" Kurzparkzone, ecolex 1995, 518; *Suda*, Datenschutz und Verkehrsrecht, in Bauer/Reimer (Hrsg), Handbuch Datenschutzrecht (2009) 381; *Wegrath*, Das §-57a-Gutachten in Theorie und Praxis, Sach 2010, 68; *Wiederin*, Der Pfiff um die Ecke, in Wiederin (Hrsg), Übungsfälle zum Verwaltungsrecht (1999) 66, 174; *Winkler G.*, Führerscheinentzug und gerichtliche Haftstrafe, JAP 1996/97, 150.

Rechtsprechung

VfSlg 2977/1956, 4180/1962, 4243/1962, 4349/1963, 4381/1963, 4605/1963, 5951/1969, 6089/1969, 6880/1972, 8013/1977, 8035/1977, 11.439/1987, 11.493/1987, 15.885/2000 (Kompetenztatbestände „Straßenpolizei" und „Kraftfahrwesen"); VfSlg 10.976/1986, 11.923/1988 (Blutabnahme; Blutabnahme an Bewusstlosen); VfSlg 9950/1984, 10.394/1985, 11.829/1988 (Lenkerauskunft); VfSlg 17.327/2004 (keine Verfassungswidrigkeit einer

Geldstrafe wegen Geschwindigkeitsübertretung im Ortsgebiet ohne zweisprachige Ortstafeln); VfSlg 18.146/2007 (Zulässigkeit der sog Section Control); VfSlg 18.643/2008 (Video-Abstands- und Geschwindigkeitsmessung), VfSlg 19.691/2012 (Verletzung im Datenschutzrecht durch behördeninterne Weitergabe von Gesundheitsdaten); VfSlg 19.743/2013 (kein Strafcharakter der Entziehung der Lenkberechtigung).

EuGH 12.06.2003, C-112/00 (Schmidberger) (Brennerautobahnblockade); EuGH 15.11.2005, C-320/03 (Kommission/Österreich) (Vertragsverletzung Österreichs durch sektorales Fahrverbot/Inntalautobahn zur Verringerung des Schadstoffausstoßes).

EGMR 30.07.1998, 25711/94 (Oliveira gg Schweiz) (keine Verletzung des Doppelbestrafungsverbots wegen Idealkonkurrenz von Straftaten); EGMR 02.09.2004, 77413/01 (Bachmaier gg Österreich) (keine Verletzung des Doppelbestrafungsverbots durch Geldstrafe wegen alkoholisiertem Fahren nach Freispruch als Unfalltäter vor Gericht, s auch VfSlg 18.833/2009); EGMR 18.03.2010, 13201/05 (Krumpholz gg Österreich) (keine Umkehr der Beweislast zum Nachweis der Unschuld).

I. Regelungsgegenstand und -ziele

Die **StVO** ist ein Schutzgesetz und regelt das möglichst konfliktfreie Nebeneinander der unterschiedlichen Verkehrsteilnehmer (Fußgänger, Fahrradfahrer, Kfz-Lenker). Es gilt, die grundlegenden Gebote der **Verkehrssicherheit**, der **Leichtigkeit** und der **Flüssigkeit des Verkehrs** abzuwägen. Stand am Beginn der Gedanke der Verkehrserleichterung für den Individualverkehr im Vordergrund, sind in den letzten Novellen zur StVO deutliche Anzeichen zur Förderung des öffentlichen Verkehrs sowie des Radfahrverkehrs erkennbar. Zunehmend finden auch umweltrelevante Regelungen (zB Verkehrsverbote und Verkehrsbeschränkungen) Eingang in die StVO.

Das **KFG** dient der **Verkehrs- und Betriebssicherheit** auf Straßen mit öffentlichem Verkehr (Schutzgesetz) und regelt schwerpunktmäßig die Verkehrs- und Betriebssicherheit der Kfz (Bau-, Ausrüstungs- und Zulassungsvorschriften) sowie die Ausbildung von Kfz-Lenkern (Fahrschulen). Kernbereich des Schutzzweckes ist die Vermeidung von Gefahren für den Lenker, mitfahrende Personen und andere Straßenbenützer sowie deren Fahrzeuge. Bei den Bau- und Ausrüstungsvorschriften finden auch umweltrelevante Gesichtspunkte, wie zB die Vermeidung von Luftverunreinigungen durch Schadstoffbegrenzungen oder Vorrichtungen zur Lärmverhütung, Eingang in das KFG.

Im **FSG** ist die Berechtigung zur **Teilnahme am Straßenverkehr** (geistige, körperliche und fachliche Eignung des Lenkers) geregelt.

II. Verfassungsrechtliche Bezüge

1. Kompetenzrechtliche Bestimmungen

Hinsichtlich der Kompetenzmaterien „**Straßenpolizei**“ und „**Kraftfahrwesen**“ bestand zum Zeitpunkt des Inkrafttretens der Kompetenzartikel keine klare Zuordnung, zumal sich damals eigenständige Landesregelungen der

Straßenpolizei und bundesrechtliche Regelungen (AutomobilV) gegenüberstanden. Mit der B-VGNov BGBl 148/1960 erfolgte eine Neuregelung der straßenpolizeilichen Kompetenzen, gleichzeitig wurde die StVO beschlossen. Bei der Klärung des Kompetenzbegriffes stützt sich der VfGH teils auf das **Versteinerungsprinzip***, teils erfolgt die **Auslegung nach bestimmten Gesichtspunkten***. Aus dem unmittelbaren Zusammenhang der Gesetzesvorbereitung und der Einheit des historischen Gesetzgebers zieht der VfGH für den historischen Inhalt des Kompetenztatbestandes „Straßenpolizei" den Begriffsinhalt der StVO 1960 heran.

Unter den Kompetenztatbestand „Straßenpolizei" fallen Regelungen, die der **Sicherheit, Leichtigkeit und Flüssigkeit des Verkehrs dienen** (verkehrssichernde Maßnahmen); ferner Maßnahmen, die aus dem technischen Zustand der Straße oder des Straßennetzes oder aus dem allgemeinen Verkehrsbedürfnis der Straßenbenützer abzuleiten sind sowie Vorschriften, die dem Schutz der übrigen Verkehrsteilnehmer vor Gefahren dienen, die von Verkehrsteilnehmern jeder Art herrühren.

Nach Art 10 Abs 1 Z 9 B-VG fällt die Gesetzgebung und Vollziehung im Bereich des „Kraftfahrwesens" in die Zuständigkeit des Bundes. Dieser Kompetenztatbestand umfasst alle Angelegenheiten, die das Kraftfahrzeug und seinen Lenker betreffen. Dazu gehören die nach der Eigenart des Kraftfahrzeuges notwendigen verkehrspolizeilichen Bestimmungen; ferner die Bestimmungen über die Beschaffenheit der Fahrzeuge und ihren Betrieb. Der Kompetenztatbestand umfasst alles, was sich auf die Ausstattung und den Betrieb von (Kraft-)Fahrzeugen sowie auf den Verkehr von (Kraft)Fahrzeugen auf öffentlichen Verkehrsflächen bezieht. Der leitende Grundsatz der Regelung des „Kraftfahrwesens" ist die Vorsorge für die Abwendung der Gefahren, die dem Lenker und der Allgemeinheit durch den Betrieb, dh durch die Ingangsetzung der Kraftfahrzeuge und das Fahren mit Kraftfahrzeugen drohen.

Neben der engen Verzahnung mit dem Kompetenztatbestand „Straßenpolizei" (Art 11 Abs 1 Z 4 B-VG) ergeben sich Abgrenzungsprobleme zB iZm der Gefahrenabwehr beim Transport gefährlicher Güter oder mit dem Gesundheitswesen (Art 10 Abs 1 Z 12 B-VG) beim Transport von Lebensmitteln.

2. Grundrechtliche Bestimmungen

Die Verfassungsbestimmungen des § 5 Abs 6 und 10 sowie § 99 Abs 1 lit c StVO sehen die Möglichkeit einer **Blutabnahme** (bei sonstiger Strafe) vor. Die verfassungsrechtliche Absicherung war notwendig, weil jeder gegen einen Beschuldigten gerichtete behördliche Eingriff, der diesen unter Strafsanktion verpflichtet, an der Wahrheitsfindung durch ein mündliches Geständnis oder in Form der Zurverfügungstellung des Körpers für medizinische Eingriffe (als Beweismittel gegen sich selbst) mitzuwirken, dem **Anklageprinzip** (Art 90 Abs 2 B-VG) widerspricht (VfSlg 10.976/1986). Eine zwangsweise Blutabnahme ohne Einwilligung des Betroffenen ist aber ausgeschlossen. Daher verletzt die Blutabnahme an einem **Bewusstlosen** zur Blutalkoholbestimmung Art 8 EMRK (VfSlg 11.923/1988).

Nach der Rsp des OGH können aber die Ergebnisse einer Blutalkoholuntersuchung nach einer – unzulässigerweise – verfügten Blutabnahme am bewusstlosen Versicherungsnehmer vom Versicherer im Deckungsprozess als Beweismittel für die Behauptung der Leistungsfreiheit verwendet werden (OGH 27.06.1991, 7 Ob 12/91).

Eine gesetzliche Strafdrohung widerspricht dem Art 4 7. ZPEMRK (**Doppelbestrafungsverbot**), wenn sie den wesentlichen Gesichtspunkt eines Straftatbestandes, der bereits Teil eines von den Strafgerichten zu ahndenden Straftatbestandes ist, neuerlich einer Beurteilung und Bestrafung durch die Verwaltungsbehörden unterwirft (Art 4 7. ZPEMRK; EGMR 23.10.1995, 15963/90 [Gradinger gg Österreich]). Im Gegensatz dazu stellte der EGMR jedoch im Fall *Oliveira* fest, dass eine kumulierende Bestrafung bei Idealkonkurrenz zulässig ist, weil dann, wenn dasselbe Verhalten nach verschiedenen Bestimmungen strafbar ist, verschiedene Delikte vorlägen. Im Fall *Bachmaier* stellte auch die Bestrafung wegen alkoholisierten Fahrens nach einem Freispruch als Unfalltäter vor Gericht keine Verletzung dieses Prinzips dar.

Die Erlassung eines sektoralen Fahrverbots nach § 43 Abs 2 lit a StVO ist unter bestimmten Voraussetzungen zulässig; dadurch werden Art 5 und 6 StGG nicht verletzt (VfSlg 14.169/1995).

§§ 82 ff StVO normieren Bewilligungs- bzw Anzeigepflichten für die Benützung von Straßen zu verkehrsfremden Zwecken (zB Verteilung von Druckwerken, Aufstellen von Informationsständen, Errichtung von „Schanigärten“). Die verfassungsgesetzlich gewährleisteten Rechte auf **Erwerbsfreiheit** (Art 6 StGG), **Versammlungsfreiheit** (Art 12 StGG, Art 11 EMRK) sowie **Meinungsfreiheit** (Art 13 StGG, Art 10 EMRK) werden verletzt, wenn behördliche Maßnahmen den verfassungsgesetzlich vorgegebenen Zielen oder dem Grundsatz der Verhältnismäßigkeit widersprechen.

Prinzip des Anklageprozesses (Art 90 Abs 2 B-VG) ist es, dass der Beschuldigte nicht Objekt des Verfahrens, sondern Prozesspartei ist; dies gilt auch für das Verwaltungsstrafverfahren („materielles Anklageprinzip“). § 103 Abs 2 KFG sieht eine verwaltungsstrafrechtlich sanktionierte Auskunftspflicht (Lenkerauskunft) des Zulassungsbesitzers gegenüber der Behörde vor. Der VfGH hat diese Bestimmung wegen des Verstoßes gegen das Anklageprinzip aufgehoben (diese Auskunftspflicht gilt auch, wenn der Zulassungsbesitzer selbst der Lenker ist, VfSlg 9950/1984, 10.394/1985). Die aufgehobene Bestimmung wurde im Wesentlichen als Verfassungsbestimmung wieder in Kraft gesetzt und damit der Kontrolle durch den VfGH entzogen. Nun treten Rechte auf Auskunftsverweigerung gegenüber der Befugnis der Behörde, derartige Auskünfte zu verlangen, zurück.

Die **Abnahme** des **Zulassungsscheines** oder der **Kennzeichentafeln** ist ein Eingriff in das verfassungsgesetzlich gewährleistete Eigentumsrecht (Art 5 StGG und Art 1 1. ZPEMRK), weil dadurch dem Eigentümer des Kfz der für diese Sache wesentliche Gebrauch des Fahrzeuges unmöglich gemacht wird (VfSlg 6402/1971). Hingegen liegt bei der (vorläufigen) **Abnahme des Führerscheins** kein Eingriff vor, weil dem Führerschein als Nachweis der erteilten Lenkerberechtigung gegenüber dem Eigentum am Gegenstand (Papier) der Urkunde in wirtschaftlicher (geldeswerter) Hinsicht keine Bedeutung zukommt (VfSlg 8669/1979).

Die an den Inhaber einer **Fahrschulbewilligung** gestellten Anforderungen hinsichtlich einer bestimmten technischen Ausbildung stellen keine Verletzung des Art 6 StGG dar (VfSlg 14.165/1995).

Die Pflicht zum Anlegen von Sicherheitsgurten für Fahrer und Mitfahrer von Kfz verletzt Art 8 EMRK nicht (VfSlg 11.917/1988).

Auch ein Pkw, der seiner Bestimmung nach einer „Räumlichkeit“ iSd § 1 HausrG gleich verwendet wird (zB Wohnmobil), genießt den **Schutz des Hausrechts** (VfSlg 10.124/1984).

Nach der Rechtsprechung des VfGH stellt die Bestrafung wegen Überschreitung einer Geschwindigkeitsbeschränkung trotz behaupteter mangelhafter Kundmachung des Ortsgebietes wegen **fehlender zweisprachiger Ortstafeln** keine Verfassungswidrigkeit dar (VfSlg 17.327/2004).

Die verschiedensten Datenanwendungen in diesem Rechtsbereich haben Berührungspunkte mit dem **Grundrecht auf Datenschutz**: zB stationäre oder mobile Radarüberwachung, Rotlichtüberwachung („Ampelblitzer“), Geschwindigkeitsmessung mit Videoaufzeichnung, Section Control, Video-Abstands- und Geschwindigkeitsmessung, Zulassungsevidenzen, Führerscheinregister, Vormerksystem, technische Ortung und Überwachung von Kfz („Tracking“), Mautaufsicht. ZT gibt es dazu schon Judikatur und das Ergebnis ist in die 22. StVO-Novelle eingeflossen (BGBl I 16/2009), zT werden die damit verbundenen Fragen in ihren Konsequenzen noch nicht ganz erfasst (siehe dazu *Suda*, Datenschutz und Verkehrsrecht mwN).

Ein neueres Judikat des VfGH legt ähnlich strenge Voraussetzungen wie für die Blutabnahme für die behördeninterne Übermittlung von Gesundheitsdaten fest, die nur dann unter Berufung auf lebenswichtige Interessen des Betroffenen gem § 1 Abs 2 DSG erfolgen darf, wenn eine Zustimmung nicht eingeholt werden kann (VfSlg 19.691/2012).

Das KFG legt zur Verwirklichung der Zielvorgaben des **BVG Staatsziele** bestimmte Grenzwerte im Umweltbereich fest (zB § 26a KFG – Grenzwerte im Bereich von Abgas- oder Lärmentwicklung).

Betreffend das Zukunftsthema automatisiertes Fahren wurden durch die 33. KFG-Novelle 2016 rechtliche Voraussetzungen geschaffen, die erst durch

Verordnungen näher konkretisiert und rechtswissenschaftlich sowie judiziell aufgearbeitet werden müssen.

III. Europarechtliche Bezüge

Europarechtliche Anknüpfungspunkte sind die Warenverkehrsfreiheit* (Art 34 ff AEUV), die Niederlassungsfreiheit* (Art 49 ff AEUV) sowie die Verkehrspolitik (Art 90 ff AEUV) und die Umweltpolitik (Art 191 ff AEUV).

Der Verkehr nimmt eine Schlüsselposition bei der Verwirklichung des Binnenmarktes ein. Die Verkehrspolitik ist eine **Gemeinschaftsaufgabe** (Art 4 Abs 2 lit g AEUV) und als **„Sonderfall" der Freizügigkeit im Waren- und Dienstleistungsverkehr** im Titel VI AEUV geregelt (Art 90 bis 100). Die Vorschriften gelten für Eisenbahnen, Straßenverkehr, Binnenschifffahrtsverkehr, Luftfahrt, Seeschifffahrt und für den kombinierten Verkehr.

Art 91 AEUV sieht gemeinsame Regeln für den internationalen Verkehr aus dem oder in das Hoheitsgebiet eines Mitgliedstaates sowie für den Durchzugsverkehr durch das Hoheitsgebiet eines oder mehrerer Mitgliedstaaten vor. Ferner sind Bedingungen für die Zulassung von Verkehrsunternehmen zum Verkehr innerhalb der Mitgliedstaaten, in denen sie nicht ansässig sind, festzulegen sowie Maßnahmen zur Verbesserung der Verkehrssicherheit und alle sonst zweckdienlichen Vorschriften zur Verwirklichung einer gemeinsamen Verkehrspolitik zu erlassen. Aufgrund der Besonderheiten der Verkehrswirtschaft bestehen **Ausnahmeregelungen vom allgemeinen Beihilfeverbot** (Art 107 AEUV); demnach sind jene staatlichen Beihilfen mit dem Vertrag vereinbar, die den Erfordernissen der Koordinierung des Verkehrs oder der Abgeltung bestimmter mit dem Begriff des öffentlichen Dienstes (das sind gemeinwirtschaftliche Leistungen) zusammenhängender Leistungen entsprechen (Art 93 AEUV).

Nach dem Auslaufen des seit 1992 geltenden „Ökopunktesystems" wurde über die RL 2006/38/EG zur Eurovignette (in Österreich mit Änderungen des BundesstraßenmautG [BGBl I 82/2007] und des KfzStG [BGBl I 64/2007] umgesetzt) das Punktesystem zur Gänze ersetzt (siehe auch Art 7 Abs 4 der RL 1999/62/EG, der unter Beachtung des Diskriminierungsverbotes den Mitgliedstaaten Differenzierungen bei den Mautgebühren erlaubt).

Der EuGH hat sich mehrfach mit der österr Transitproblematik befasst, zB wurde ein sektorales Fahrverbot auf der Inntalautobahn zur Verringerung des Schadstoffausstoßes untersagt (EuGH 15.11.2005, C-320/03). Zur von Österreich nicht untersagten Blockade der Brennerautobahn (EuGH 12.06.2003, C-112/00) → *Versammlungsrecht.*

Zahlreiche RL zielen auf eine **Vereinheitlichung nationaler Rechtsvorschriften** ab. So regelt zB die RL über den Führerschein 2006/126/EG die Ausstellung und gegenseitige Anerkennung von Führerscheinen innerhalb der Mitgliedstaaten sowie Mindestvoraussetzungen für die Ausstellung von Führerscheinen (Kenntnisse und Fähigkeiten, Fahrprüfung, geistige und körperliche Tauglichkeit). Seit 19. Jänner 2013 besteht in der EU ein einheitlicher Führerschein mit Befristung.

IV. Allgemeine Regelungen und Grundsätze

Während das KFG primär Bau und Ausrüstung eines Kfz regelt, enthält die **StVO Verhaltensvorschriften** für die Verkehrsteilnehmer (Gebote und Verbote) sowie Vorschriften zur Verkehrsregelung und Verkehrssicherung, insb Vertrauensgrundsatz (§ 3), Verhalten bei Verkehrsunfällen (§ 4, Pflicht zur Bildung einer Rettungsgasse auf Autobahnen § 46 Abs 6), Sicherungsmaßnahmen gegen die Beeinträchtigung durch Alkohol/Suchtgift (§ 5), Rechtsfahrgebot (§ 7), Verkehrszeichen, Verkehrsleiteinrichtungen, Arm- und Lichtzeichen (§§ 31 ff). Besondere Verkehrsvorschriften treffen zB die Benützer von Fahrrädern und Motorfahrrädern (§§ 65 ff) sowie die Fußgänger (§§ 76 ff). Im Rahmen der Benützung von Straßen zu verkehrsfremden Zwecken (§§ 82 ff) werden etwa die Ausübung von Erwerbstätigkeiten, das Spielen auf Straßen sowie das Rollschuhfahren („Inline-Skating") geregelt. Zur Beseitigung von Verkehrserschwernissen (§§ 89 ff) sind ua auch Anrainerpflichten festgelegt.

Die StVO enthält weitreichende **Verordnungsermächtigungen**, zB Alkoholbestimmungen (§ 5a Abs 3), Kurzparkzonen (§ 25 Abs 4), Bodenmarkierungen (§ 34 Abs 1), Geschwindigkeitsbeschränkungen (§ 43 Abs 1 lit b Z 1), Schneeräumung (§ 94d Z 18), Schulwegsicherung (§ 97a Abs 2).

Die StVO gilt für **Straßen mit öffentlichem Verkehr**, das sind Straßen, die von **jedermann unter den gleichen Bedingungen benützt** werden können (Gemeingebrauch → *Straßenrecht*). Dies ist der Fall, wenn die Straße nach dem äußeren Anschein zur allgemeinen Benützung freisteht und irgendeine denkbare Benützung im Rahmen des Fußgänger- und Fahrzeugverkehrs offen steht; dabei kommt es nicht auf die Eigentumsverhältnisse an. Bei Zutreffen der Voraussetzungen ist etwa auch ein Privatparkplatz oder ein umzäunter Gasthausparkplatz mit dem Hinweis „Parken nur für Gäste" eine Straße mit öffentlichem Verkehr, zumal jedermann die Möglichkeit hat, „Gast" zu werden. Wie schwierig eine klare Abgrenzung zu finden ist, zeigen zahlreiche höchstgerichtliche Entscheidungen. Nach der Rsp des VfGH ist kein subjektiv öffentliches Recht ableitbar, dass alle Straßenbenützer zu ihrem Grundstück zufahren dürfen (VfSlg 10.491/1985).

Für Straßen ohne öffentlichen Verkehr (zB Straßen innerhalb eines Werksgeländes) gilt die StVO nur insoweit, als besondere Rechtsvorschriften oder die Straßenerhalter nichts anderes bestimmen. Die Befugnisse der Behörden und Organe der Straßenaufsicht erstrecken sich aber nicht auf diese Straßen (§ 1 StVO).

Eine **Straße** ist eine für den Fußgänger- oder Fahrzeugverkehr bestimmte Landfläche samt den in ihrem Zuge befindlichen und diesem Verkehr dienenden baulichen Anlagen (§ 2 Abs 1 Z 1 StVO). Die sehr weite Definition der Straße umfasst ua auch für den Fußgängerverkehr bestimmte Kieswege, Wanderwege und Forststraßen.

Das **KFG** ist auf Kfz und Anhänger auf Straßen mit öffentlichem Verkehr (Gemeingebrauch → *Straßenrecht*) anzuwenden. Beschränkte Anwendung findet das KFG zB auf Kfz, die bei Sportveranstaltungen verwendet werden oder auf für den Kampfeinsatz gewidmete Heeresfahrzeuge (§ 1). Ausgenommen sind zB Fahrräder mit Hilfsmotor.

Zentraler Begriff ist das **„Kfz“** als ein „zur Verwendung auf Straßen bestimmtes oder auf Straßen verwendetes Fahrzeug, das durch technisch freigemachte Energie angetrieben wird und nicht an Gleise gebunden ist, auch wenn seine Antriebsenergie Oberleitungen entnommen wird“ (§ 2 Abs 1 Z 1). Neben Personen- und Lastkraftwagen zählen zu den Kfz etwa auch Krafträder (zB Motorräder, Motorfahrräder, Motordreiräder) und Omnibusse.

V. Ausgewählte Fragen

1. Alkoholkontrolle (§§ 5 ff StVO)

Wer sich in einem **durch Alkohol oder Suchtgift beeinträchtigten Zustand** befindet, darf nach § 5 Abs 1 StVO weder ein Fahrzeug lenken noch in Betrieb nehmen. Der Begriff Fahrzeug umfasst alle zur Verwendung auf Straßen bestimmten Beförderungsmittel, also auch Fahrräder (§ 2 Abs 1 Z 19 StVO, VwSlg 11.676 A/1985).

Nach der Rsp des VwGH ist das **Inbetriebnehmen** eine Tätigkeit, die dem Lenken vorausgeht, unabhängig vom Zweck der Inbetriebnahme (zB Überprüfung der elektrischen Anlage, Einschalten der Heizung). **Lenken** eines Fahrzeuges liegt bereits beim versuchten Starten des Motors vor (VwGH 31.01.2014, 2013/02/0239; Treten der Pedale eines Motorfahrrades, Zurückrollenlassen eines Motorrades, auf dem der Lenker sitzt; das Schieben eines Fahrrades ist gem § 65 Abs 1 StVO kein Lenken).

Bei einem Blutalkoholgehalt von **0,8 Promille** oder darüber, oder bei einem Atemluftalkoholgehalt von 0,4mg/l oder darüber gilt die **unwiderlegbare Rechtsvermutung**, dass jedenfalls eine **Alkoholbeeinträchtigung** vorliegt (§ 5 Abs 1 StVO). Ein **Kraftfahrzeug** darf gem § 14 Abs 8 FSG nur in Betrieb genommen oder gelenkt werden, wenn beim Lenker der Alkoholgehalt des Blutes weniger als 0,5g/l (**0,5 Promille**) oder der Alkoholgehalt der Atemluft weniger als 0,25 mg/l beträgt. Auch unterhalb dieser Grenzwerte kann jemand durch Alkohol beeinträchtigt und daher nicht mehr fahrtüchtig sein, wenn entsprechende Alkoholisierungssymptome vorliegen (**Minderalkoholisierung**).

Welche Stoffe unter den Begriff Suchtgift fallen, wird in der SuchtgiftV, BGBl II 374/1997 idgF aufgezählt (zB Cannabis, Opium, Cocain). Grenzwerte für eine jedenfalls vorliegende **Suchtgiftbeeinträchtigung** wurden nicht festgelegt. Die Beeinträchtigung ist daher nach § 58 Abs 1 StVO zu beurteilen, wonach ein Fahrzeug nur lenken darf, wer in der Lage ist, es zu beherrschen und die Verkehrsregeln zu beachten.

Übertretungen des § 5 Abs 1 StVO und des § 14 Abs 8 FSG haben unterschiedliche Folgen: Wenn bei einem Lenker ein Alkoholgehalt über 0,5, aber unter 0,8‰ festgestellt wird, ist er nur gem § 37a FSG zu bestrafen. Ein solcher Lenker gilt nicht als durch Alkohol beeinträchtigt, bekommt jedoch eine Vormerkung im Führerscheinregister (siehe unten V.5.d). Die gerichtliche Strafbarkeit wegen Gefährdung der körperlichen Sicherheit (§ 89 StGB) und die erhöhte Strafbarkeit bei Fahrlässigkeitsdelikten (§§ 81 und 88 StGB) treten in dem Fall erst beim 3. oder häufigeren Verstoß gegen § 14 Abs 8 FSG innerhalb von 12 Monaten ein (§ 5 Abs 1a StVO).

Eine **Atemluftkontrolle vor Ort** kann von Organen des amtsärztlichen Dienstes oder besonders geschulten und von der Behörde hiezu ermächtigten Organen der Straßenaufsicht (s VI.) an Personen, die ein Fahrzeug lenken, in Betrieb nehmen oder in Betrieb zu nehmen versuchen, **jederzeit und ohne Anlass** durchgeführt werden („Planquadrat" durch Einsatzanordnung der LReg nach § 94a Abs 2 lit e StVO). Das ist deshalb notwendig, weil durch die Reduzierung der Promillegrenzen die betroffenen Personen oft keine Alkoholisierungssymptome aufweisen. Die Untersuchung ist mit einem Alkomaten durchzuführen (**Alkomat**V). Für eine Überprüfung der Atemluft auf Verdacht der Beeinträchtigung durch Alkohol reicht ein sog **Alkoholvortestgerät** (AlkoholvortestgeräteV), das den Alkoholgehalt der Atemluft nicht misst, aber Rückschlüsse auf einen entsprechenden Verdacht zulässt, nicht aus (VwGH 21.11.2013, 2013/11/0175).

Die genannten Organe sind ferner berechtigt, bei Personen, die **verdächtig** sind, in einem vermutlich durch **Alkohol beeinträchtigten** Zustand ein Fahrzeug gelenkt oder als **Fußgänger** einen **Verkehrsunfall verursacht** zu haben, die Atemluft auf Alkoholgehalt zu untersuchen. Somit kann auch an Personen, die vor Ort nicht greifbar waren (zB wegen Fahrerflucht), **nachträglich** zum Zweck der Beweissicherung eine Alkoholkontrolle durchgeführt werden (nach der Rsp werden bis zu 3 Stunden nach dem Ereignis noch brauchbare Ergebnisse erzielt). Mangels Alkomat vor Ort können Betroffene auch **zur nächsten** damit ausgestatteten **Dienststelle** gebracht werden. Der Alkoholgehalt zum Tatzeitpunkt wird durch **Rückrechnung** ermittelt. Die **Vermutung** der Alkoholbeeinträchtigung ergibt sich aus bestimmten Merkmalen (zB deutlicher Alkoholgeruch aus dem Mund, starkes Schwanken beim Gehen und Stehen, gerötete Augenbindehäute, lallende Sprechweise). Die Begriffe „Verdacht" und „Vermutung" werden vom VwGH fast gleich ausgelegt (VwGH 18.05.1988, 87/02/0178). Personen, die zur Untersuchung aufgefordert werden, haben sich dieser zu unterziehen, dh, die **Weigerung** stellt eine

Verwaltungsübertretung dar, auch wenn sich hinterher herausstellt, dass keine Alkoholbeeinträchtigung vorlag.

Auch der vorzeitige Abbruch des Blasvorgangs, das Vorbeiblasen am Mundstück des Alkomaten oder etwa das zu schwache Blasen trotz Belehrung über den Vorgang gelten als Verweigerung. Wurde die Atemluftuntersuchung trotz Aufforderung und Belehrung über den richtigen Blasvorgang einmal verweigert (ohne Vorliegen gesundheitlicher Hinderungsgründe), wird die Strafbarkeit nicht dadurch aufgehoben, dass nachträglich der nochmals verlangten Untersuchung zugestimmt wird (VwGH 28.06.1989, 89/02/0022, 20.04.2001, 2001/02/0003, 26.04.2002, 99/02/0212).

In der Rsp zur Atemluftuntersuchung finden sich häufig die Begriffe „Nachtrunk" und „Sturztrunk". Während es sich beim „Nachtrunk" um einen Alkoholkonsum zwischen dem Tatzeitpunkt und der Feststellung einer Alkoholisierung handelt, stellt der „Sturztrunk" auf einen Alkoholkonsum unmittelbar vor dem Tatzeitpunkt ab. Der „Sturztrunk" kurz vor Fahrtantritt kann sich zwar uU auf den Blutalkoholgehalt erst nach einer gewissen Zeit auswirken, die beeinträchtigende Wirkung des Alkohols tritt jedoch sofort ein (zB VwGH 12.09.2001, 99/03/0150, 16.12.2011, 2011/02/0344). Wer sich auf Nachtrunk beruft, hat die konkrete Alkoholmenge anzugeben und zu beweisen (VwSlg 17.043 A/2006).

Eine **ärztliche Untersuchung** (zB Pupillenuntersuchung, „Finger-Nasen-Probe", Gehversuche mit geschlossenen Augen, Beurteilung der Sprache, Blutdruckmessung) **zur Feststellung des Grades der Alkoholisierung** (bzw der **Suchtgiftbeeinträchtigung**) ist zulässig, wenn eine Alkoholbeeinträchtigung vermutet wird, aber eine Atemalkoholuntersuchung keine Überschreitung des gesetzlichen Grenzwerts von 0,8‰ ergeben hat bzw aus in der Person des Probanden gelegenen Gründen nicht möglich war (zB bei Lungenkrankheit, die mit Attest nachgewiesen wird [VwGH 01.02.1984, 83/03/0223], aber nicht bei defektem Gerät).

Es besteht kein Wahlrecht des Lenkers zwischen der Untersuchung der Atemluft und einer Blutabnahme (VwGH 25.04.2008, 2007/02/0275). Die Betroffenen haben diese Blutabnahme (bei sonstiger Bestrafung wegen einer Verwaltungsübertretung gem § 99 Abs 1 lit b StVO) vornehmen zu lassen (§ 5 Abs 6 und 10 StVO **Verfassungsbestimmung**; s II.2). Die Verweigerung der Abgabe einer Harnprobe ist nicht strafbar (VwGH 12.12.2000, 2000/11/0212). Zur Blutabnahme werden die betroffenen Personen zu bestimmten Ärzten bzw in öffentliche Krankenanstalten gebracht. Diese Verpflichtung darf jedoch nicht durch Anwendung unmittelbarer Befehls- und Zwangsgewalt* durchgesetzt werden (RV 1580 BlgNR XVIII. GP).

Über Verlangen einer Person, die angibt, dass bei ihr eine Untersuchung der Atemluft eine Alkoholbeeinträchtigung ergeben habe, ist eine **freiwillige Blutabnahme** durchzuführen (§ 5 Abs 8 StVO). Die Blutabnahme und Untersuchung des Blutalkoholwertes ist nach stRsp des VwGH das einzige taugliche Beweismittel zur Entkräftung des Ergebnisses einer mittels Alkomat durchgeführten Atemalkoholuntersuchung (VwGH 20.09.2000, 2000/03/0208, 21.12.2001, 99/02/0097).

Die Organe der Straßenaufsicht sind berechtigt, Personen, die sich offenbar in einem durch Alkohol oder Suchtgift beeinträchtigten Zustand befinden oder deren Blutalkoholgehalt 0,5‰ oder mehr beträgt, an der **Lenkung oder Inbetriebnahme eines Fahrzeuges zu hindern** (§ 5b StVO, zB Abnahme der Fahrzeugschlüssel, Absperren oder Einstellen des Fahrzeuges, Anlegen technischer Sperren – Radklammern. Dies gilt etwa auch für Fahrräder, jedoch in verfassungskonformer Auslegung nur im ersten Fall bzw erst ab 0,8‰, *Pürstl*, StVO[14], 135 Anm 52).

Eine Festnahme kann nicht auf § 5b StVO gestützt werden (VfSlg 8961/1980). Sie könnte evtl dann erfolgen, wenn die Festnahmegründe des § 35 VStG vorliegen (zB wenn der Lenker trotz Vorliegens typischer Alkoholisierungsmerkmale der Aufforderung zur Abgabe der Schlüssel nicht nachkommt, sondern versucht, sein Fahrzeug wieder in Betrieb zu nehmen, VfSlg 10.741/1986).

2. Benützung von Straßen zu verkehrsfremden Zwecken (§§ 82 ff StVO)

Die Benützung von Straßen zu anderen Zwecken als zu solchen des Straßenverkehrs ist – unabhängig von Genehmigungen nach anderen Rechtsvorschriften (zB → *Gewerberecht*, → *Veranstaltungsrecht*, → *Baurecht*, → *Naturschutz*) – **bewilligungspflichtig**. Darunter fallen zB gewerbliche Tätigkeit, Werbung, das Aufstellen von Zeitungsbehältern oder Automaten, die Errichtung von Schanigärten, aber auch das Abstellen von Kfz oder Anhängern ohne Kennzeichentafeln.

Auch Tätigkeiten, die eventuell Menschenansammlungen auf der Straße herbeiführen oder die Aufmerksamkeit der Lenker von Fahrzeugen beeinträchtigen (zB Filmaufnahmen, Modeschauen), müssen straßenpolizeilich bewilligt werden. Das Verteilen von Flugzetteln oder das Aufstellen von Informationsständen, Tischen, Plakatständern udgl unterliegt ebenfalls der Bewilligungspflicht. Wird jedoch beim Verteilen von politischen Flugblättern die Sicherheit und Leichtigkeit des Verkehrs auf einem Gehsteig nur in einem ganz geringfügigen Maß beeinträchtigt, verneint der VwGH die Bewilligungspflicht zugunsten des Rechts auf freie Meinungsäußerung (VwSlg 13.872 A/1993). Auch bewilligte Tätigkeiten können von Organen der Straßenaufsicht (s VI.) vorübergehend untersagt werden, wenn es die Verkehrssicherheit erfordert.

Versammlungen, Umzüge, Prozessionen udgl sind nicht bewilligungspflichtig, jedoch drei Tage vorher der Behörde anzuzeigen (§ 86 StVO → *Versammlungsrecht*, → *Veranstaltungsrecht*). Für Versammlungen unter freiem Himmel ist also eine zweite, von jener gem VersG unabhängige Anzeige notwendig. Die Versammlungsbehörde hat bei der Entscheidung über eine allfällige Untersagung der Versammlung auch auf die Interessen des Straßenverkehrs Bedacht zu nehmen (VfGH 13.06.1988, B 751/88).

3. Entfernung von Hindernissen (§§ 89 ff StVO)/„Abschleppen"

Grundsätzlich sind Gegenstände, die auf der Straße stehen oder liegen, zu kennzeichnen. Liegt etwa durch ein stehendes Fahrzeug eine **Verkehrsbeeinträchtigung** vor (zB wenn der Lenker eines Linienbusses am Vorbeifahren oder Zufahren zu einer Haltestelle gehindert wird; § 89a Abs 2a StVO), hat die **Behörde** die **Entfernung** durch ein beauftragtes Privatunternehmen auf Kosten des Zulassungsbesitzers **ohne weiteres Verfahren zu veranlassen** (§ 89a Abs 2 StVO).

Im Falle der Unaufschiebbarkeit sind auch die Organe der Straßenaufsicht, des Straßenerhalters, der Feuerwehr oder eines Kraftfahrlinien- oder Eisenbahnunternehmens (falls selbst betroffen) berechtigt, die Entfernung zu veranlassen (§ 89a Abs 3 StVO). Nach stRsp des VwGH ist dafür keine konkrete Behinderung notwendig, sondern es reicht aus, wenn nach den Umständen des Einzelfalles „zu besorgen" ist, dass das Fahrzeug den übrigen Verkehr hindern werde („**Besorgnisjudikatur**" VwSlg 13.275 A/1990). Jedenfalls liegt eine Verkehrsbeeinträchtigung beim Abstellen auf bestimmten Verkehrsflächen (Schutzweg, Radfahrerüberfahrt, Behindertenrampe, „Buszone") vor.

Ohne Vorliegen einer Verkehrsbeeinträchtigung ist die Entfernung eines Fahrzeuges zu veranlassen, das ohne Kennzeichentafeln oder im Bereich eines aus Gründen der Sicherheit erlassenen und mit der Zusatztafel „Abschleppzone" gekennzeichneten Halte- und Parkverbots abgestellt ist (§ 89a Abs 2).

Wurden die Abschleppkosten bezahlt und stellt sich heraus, dass das Abschleppen rechtswidrig war, besteht ein vermögensrechtlicher Rückforderungsanspruch (Wegfall des Rechtsgrundes der Zahlung). Verweigert die Behörde die Rückzahlung, muss der Kostenersatz nach Art 137 B-VG von der betreffenden Gebietskörperschaft eingeklagt werden (VfSlg 15.839/2000). Nach Ablauf der Aufbewahrungsfrist geht das Eigentum am entfernten Fahrzeug auf den Straßenerhalter über (§ 89a Abs 6 StVO). Dies kann in Bezug auf Art 5 StGG problematisch sein, wenn der Zulassungsbesitzer nicht Eigentümer des Kfz ist (*Pürstl*, StVO[14], 972 Anm 15).

Der Abtransport eines Fahrzeuges und dessen Verwahrung sind in Ausübung **unmittelbarer Befehls- und Zwangsgewalt*** ergangene Verwaltungsakte. Nicht nur die Entfernung des Fahrzeuges, sondern auch die Tariffestlegung für die Entfernung und Aufbewahrung fallen in den eWb der Gemeinde (§ 94d Z 15, 15a StVO).

Das beauftragte Unternehmen ist mangels selbstständiger Entscheidungsbefugnis nicht Beliehener*, sondern bloßer „Verwaltungshelfer" (*B. Raschauer*, Allgemeines Verwaltungsrecht[4], Rz 119).

4. Kfz-Zulassung (§§ 37 ff KFG)

Voraussetzungen für die Zulassung von Kfz und Anhängern sind im Wesentlichen Kauf- oder Mietvertrag, Typenschein bzw Einzelgenehmigung, die Versicherungsbestätigung sowie die Bestätigung über die letzte wiederkehrende Begutachtung gem § 57a Abs 4 KFG (Pickerl). Zusätzliche Voraussetzungen gelten für aus der EU oder Drittstaaten erworbene Kfz.

Der **Typenschein** ist die privatrechtliche Bestätigung über die bescheidmäßig erteilte, EU-weite Betriebserlaubnis für einen Fahrzeugtyp unabhängig vom konkreten Erzeuger und vom Besitzer (objektive Wirkung). Weicht ein Kfz wesentlich von diesem Typ ab, ist eine Einzelgenehmigung erforderlich (§§ 28 ff KFG).

Die Zulassung kann unter Auflagen* oder befristet* erteilt oder auf bestimmte Arten von Straßen (Routengenehmigung) eingeschränkt werden. Über einen Zulassungsantrag entscheidet idR die BVB (bzw LPolD), in deren örtlichem Wb das Fahrzeug seinen dauernden Standort hat (zB Hauptwohnsitz* des Antragstellers).

Die Zulassung wird in Form der **Beleihung* von Versicherern** durchgeführt (§ 40a ff KFG). Der LH hat durch Verordnung Behörden zu bestimmen, in deren örtlichem Wb Versicherer auf Antrag bescheidmäßig ermächtigt werden, private Zulassungsstellen einzurichten und zu betreiben. Dafür kommen nur Versicherer in Betracht, die zum Betrieb von Kfz-Haftpflichtversicherungen berechtigt sind und bestimmte Voraussetzungen erfüllen (zB Leistungsfähigkeit, Anforderungen in räumlicher und personeller Hinsicht). Mit der Ermächtigung werden die wesentlichen mit der Zulassung verbundenen behördlichen Tätigkeiten dem Versicherer übertragen; sie kann auch widerrufen oder zurückgelegt werden. Die Klärung besonderer rechtlicher Vorfragen* vor der Zulassung hat durch die Behörde zu erfolgen (zB Feststellung, dass kein Hauptwohnsitz in Österreich vorliegt; Bewilligung für Probefahrten). Bei der Behörde verbleiben die Aufsicht über die Zulassungsstellen (zB Aktenvorlage, Mängelbehebung), die Aufhebung der Zulassung, allfällige Vorladungen für Kfz-Überprüfungen und die Vornahme der Zulassung in bestimmten Fällen (zB Deckkennzeichen) sowie die Erteilung von Auskünften aus der Zulassungsevidenz.

Bei der Zulassung sind das **Kennzeichen** festzulegen und Kennzeichentafeln (öffentliche Urkunden*) auszugeben (§ 48f KFG). Auf Antrag ist ein (kostenpflichtiges) Wunschkennzeichen (die nicht behördenbezogenen Kennzeichenteile können frei gewählt werden) zuzuweisen.

Der dem Zulassungsbesitzer auszufolgende **Zulassungsschein** ist eine Bestätigung über die Erlassung des Bescheides, der die Zulassung des Fahrzeuges und die Zuweisung des Kennzeichens ausspricht (öffentliche Urkunde*). Adressänderungen etc sind anzuzeigen. Erfolgt dadurch der Wechsel zu einer anderen BH, muss das Kfz ab- und kostenpflichtig neu angemeldet werden.

Die **Zulassung erlischt**, wenn der Zulassungsbesitzer das Fahrzeug abmeldet und Zulassungsschein sowie Kennzeichentafeln abgibt. In manchen Fällen ist eine **Abmeldepflicht** bzw die bescheidmäßige, behördliche **Aufhebung der Zulassung** vorgesehen (zB wenn das Fahrzeug nicht mehr verkehrs- oder betriebssicher ist, §§ 43 Abs 4, 44 KFG; die Aufhebung der Zulassung ist keine Strafe, sondern eine vorbeugende Maßnahme im Interesse der Verkehrssicherheit, VwGH 28.01.2016, Ra 2015/11/0105). Werden Kennzeichentafeln aufgrund eines Aufhebungsbescheides ohne Vollstreckungsverfügung abgenommen, stellt dies einen gesetzwidrigen Akt unmittelbarer Befehls- und Zwangsgewalt* dar.

Die Zulassungsbehörde (bzw der Verband der Kfz-Versicherer) hat eine **Zulassungsevidenz** zu führen (zB Kennzeichen, Datum der An- und Abmeldung, Name; § 47 KFG). Ein Datenaustausch ist mit dem BMF (Kfz-Steuer) und der Statistik Österreich vorgesehen. Auf Anfrage ist den Organen des Bundes, der Länder, der Gemeinden und der gesetzlichen Interessenvertretungen **Auskunft** zu erteilen, soweit diese zur Wahrnehmung der ihnen übertragenen Aufgaben eine wesentliche Voraussetzung bildet (§ 47 Abs 2). Die Behörde hat auch **Privatpersonen auf Anfrage**, in der das Kennzeichen, die Motornummer oder die Fahrgestellnummer angegeben und ein **rechtliches Interesse glaubhaft gemacht** wird (zB Einbringung einer Besitzstörungsklage), nach Maßgabe der technischen und organisatorischen Auswertungsmöglichkeiten, Namen und Anschrift des Zulassungsbesitzers bekannt zu geben (§ 47 Abs 2a). Eine **zentrale Zulassungsevidenz** mit Abfragemöglichkeiten für verschiedene Behörden wird vom BMI geführt.

Bei der **wiederkehrenden Begutachtung** (§ 57a KFG, **„Pickerl"**) hat der Zulassungsbesitzer sein Fahrzeug (zB Pkw, Kraftrad) von einem vom LH ermächtigten Ziviltechniker, Verein (Autofahrerklub) oder Gewerbetreibenden begutachten zu lassen; die Erteilung der Ermächtigung erfolgt in Form einer **Beleihung***. Pkws und Kombifahrzeuge müssen erst drei Jahre nach der Erstzulassung, dann nach weiteren zwei Jahren und dann jährlich begutachtet werden. Für alle anderen Fahrzeuge hat die Begutachtung jedes Jahr zu erfolgen. Ausnahmeregelungen bestehen für Taxis, Rettungs- und Krankentransportfahrzeuge.

Entspricht das Fahrzeug den gesetzlichen Erfordernissen, ist dem Zulassungsbesitzer eine von der Behörde ausgegebene **Begutachtungsplakette** auszufolgen oder am Fahrzeug anzubringen; damit wird öffentlich beurkundet*,

- dass eine Begutachtung erfolgt ist,
- dass das Fahrzeug im Zeitpunkt der Begutachtung verkehrs- und betriebssicher sowie in vorschriftsmäßigem Zustand war und davon keine übermäßigen Umweltbelastungen ausgehen, und
- wann die nächste Begutachtung vorzunehmen ist.

Neben der regelmäßigen Überprüfung und Begutachtung können die Wirksamkeit der Teile und Ausrüstungsgegenstände eines Fahrzeuges, der

Zustand der Reifen sowie mögliche Umweltbeeinträchtigungen **jederzeit** von der Behörde, in deren örtlichem Wb sich das Fahrzeug befindet, oder von den ihr zur Verfügung stehenden Organen des öffentlichen Sicherheitsdienstes* **an Ort und Stelle geprüft** werden (§ 58). Wird die Verkehrssicherheit durch die weitere Verwendung des Fahrzeuges gefährdet, so sind bei **Gefahr im Verzug** der **Zulassungsschein** und die **Kennzeichentafeln** unverzüglich **abzunehmen.** Die Abnahme ist ein Akt unmittelbarer Befehls- und Zwangsgewalt*. Zuständige Behörde gem § 123 KFG ist die BVB oder die LPolD. Zur Abnahme des Zulassungsscheines und der Kennzeichentafeln sind nur die genannten Organe, nicht aber zB die technischen Sachverständigen berechtigt.

5. Lenkberechtigung

a) Erteilung der Lenkberechtigung

Das Lenken eines Kfz ist nur aufgrund einer von der Behörde erteilten Lenkberechtigung für die Klasse/Unterklasse zulässig, in die das Kfz fällt. Die Lenkberechtigung darf nur Personen erteilt werden, die das für die angestrebte Klasse erforderliche Mindestalter erreicht haben, verkehrszuverlässig, gesundheitlich geeignet (ärztliches Gutachten) und fachlich befähigt (Fahrprüfung) sind, ein Kfz zu lenken; ferner ist der Nachweis über die Unterweisung in lebensrettenden Sofortmaßnahmen („Rot-Kreuz-Kurs") zu erbringen (§ 3 Abs 1 FSG).

Über einen Antrag auf Erteilung der Lenkberechtigung hat die Behörde zu entscheiden, in deren örtlichem Wb der Antragsteller seinen Hauptwohnsitz* hat (BVB bzw LPolD; § 5 Abs 2 iVm § 35 Abs 1 FSG). Anfänger unterliegen einer Probezeit von zwei Jahren, während der sie keine schweren Verstöße gegen die StVO begehen dürfen und eine 0,1‰-Alkohol-Grenze zu beachten haben (§ 4 ff FSG). Diese **Probezeit** kann dreimal verlängert werden. Ein weiterer Verstoß innerhalb der 3. Verlängerung kann nach verschiedenen Untersuchungen zur Entziehung führen. Für Anfänger der Klassen A und B ist zusätzlich eine sog **2. Ausbildungsphase** vorgesehen (Perfektionsfahrten, Fahrsicherheitstraining usw).

Die **Verkehrszuverlässigkeit** (§ 7 FSG) ist ein wesentliches Tatbestandsmerkmal bei der Erteilung und Entziehung der Lenkberechtigung. Nach der gesetzlichen Vermutung gilt eine Person solange als verkehrszuverlässig, als nicht aufgrund erwiesener bestimmter Tatsachen (Verkehrsverstöße wie etwa Trunkenheit am Steuer, Überschreiten der Höchstgeschwindigkeit im Ortsgebiet um mehr als 40km/h oder außerhalb des Ortsgebiets um mehr als 50km/h) und ihrer Wertung (Verwerflichkeit der Tat, Gefährlichkeit der Verhältnisse, seit der Tat verstrichene Zeit und das während dieser Zeit gesetzte Verhalten) angenommen werden muss, dass sie wegen ihrer Sinnesart beim

Lenken von Kfz die Verkehrssicherheit gefährden wird (insb durch rücksichtsloses Verhalten im Straßenverkehr, Trunkenheit oder einen durch Suchtgift oder durch Medikamente beeinträchtigten Zustand) oder sich wegen der erleichternden Umstände, die beim Lenken von Kfz gegeben sind, sonstiger schwerer strafbarer Handlungen schuldig machen wird.

Bei der Verkehrszuverlässigkeit handelt es sich um einen **charakterlichen Wertbegriff** (Sinnesart einer Person), der die Beurteilung der charakterlichen Veranlagung einer Person aufgrund von nach außen hin in Erscheinung tretenden Handlungen erfordert (VwGH 11.07.2000, 2000/11/0011); die Entscheidung über das Vorliegen ist als **Prognoseentscheidung** ausgestaltet (kein Ermessen*!). Sie ist keine medizinische Frage, sondern ist ausschließlich von der Behörde aufgrund der im Ermittlungsverfahren hervorkommenden Umstände zu prüfen (Rechtsfrage).

Die Erteilung der Lenkberechtigung hat Bescheidcharakter. Liegen die Voraussetzungen für die Erteilung nicht vor, ist der Antrag bescheidmäßig abzuweisen. Der **Führerschein** ist die von der Behörde ausgestellte **Bestätigung über die Erteilung der Lenkberechtigung** (§ 13 FSG). In den Führerschein sind Befristungen, Beschränkungen (zeitliche, örtliche, sachliche) der Lenkberechtigung oder vorgeschriebene Auflagen*, nicht aber die Probezeit (§ 4 FSG) einzutragen.

Wurde eine Lenkberechtigung nicht mit einem gesonderten Bescheid erteilt, sondern nur ein Führerschein ausgestellt, dann kommt diesem Bescheidcharakter zu (**Urkunde mit Bescheidcharakter***). Der Verlust des Führerscheins hat nicht den Verlust der Lenkberechtigung zur Folge.

Die Hauptwohnsitzbehörde hat ein örtliches, der BMVIT ein zentrales **Führerscheinregister** zu führen (§§ 16–17 FSG).

b) Entziehung, Einschränkung und Erlöschen der Lenkberechtigung/ vorläufige Abnahme des Führerscheins

Bei der Entziehung der Lenkberechtigung sowie bei der vorläufigen Abnahme des Führerscheins handelt es sich um **Schutz- bzw Sicherungsmaßnahmen** und nicht um Strafen (VwGH 22.02.2000, 99/11/0341; VfSlg 19.743/2013).

Die Lenkberechtigung ist zu **entziehen**, wenn die Verkehrszuverlässigkeit, die gesundheitliche Eignung oder die fachliche Befähigung nicht mehr gegeben sind (§ 24 Abs 1 FSG) oder Anordnungen über die Absolvierung von Ausbildungsphasen nicht befolgt werden. Ferner kann die Lenkberechtigung durch Auflagen*, Befristungen* oder zeitliche, örtliche und sachliche Beschränkungen **eingeschränkt** werden. Die Einschränkungen sind in den Führerschein einzutragen. Es können auch begleitende Maßnahmen (zB Nachschulung) angeordnet werden. Dabei ist die Dauer der Entziehung festzulegen; je nach Deliktsart sind unterschiedliche Entziehungszeiten normiert (Sonderfälle der Entziehung nach § 26 FSG; vgl die Gegenüberstellung bei

Grundtner/Pürstl, FSG[5], 219 ff). Bei Fahren ohne Lenkberechtigung ist eine Mindeststrafe vorgesehen (§ 37 Abs 4 FSG), bei Fahren vom Ablauf der Entziehungsdauer bis zur Ausfolgung des Führerscheins ist der Lenker wegen Nichtmitführens eines gültigen Führerscheins zu bestrafen (§ 37 Abs 1 FSG).

Nach Ablauf der **Entziehungsdauer** ist der Führerschein auf Antrag wieder auszufolgen. Nach Ablauf einer Entziehungsdauer von mehr als 18 Monaten **erlischt** die Lenkberechtigung, ferner durch Zeitablauf, Verzicht, 100 Jahre nach Erteilung sowie durch Tod des Berechtigten (§ 27 FSG).

Für das Verfahren zur Entziehung der Lenkberechtigung gelten besondere Bestimmungen (§ 29 FSG). Ein **Rechtsmittelverzicht kann nicht wirksam abgegeben werden** (Sonderbestimmung zu § 63 Abs 4 AVG). Nach Eintritt der Vollstreckbarkeit des Entziehungsbescheides ist der Führerschein unverzüglich bei der Behörde abzuliefern. Für Anträge und Berufungen von Parteien beträgt die **Entscheidungsfrist** der Behörden **längstens drei Monate** (Sonderbestimmung zu § 73 Abs 1 AVG; die Entscheidungsfrist gilt nicht für Verwaltungsgerichte, VwGH 27.08.2015, Fr 2015/11/0008).

c) Vorläufige Abnahme des Führerscheins

Die **vorläufige Abnahme** erfolgt durch die Organe des öffentlichen Sicherheitsdienstes* (Akt der unmittelbaren Befehls- und Zwangsgewalt*), wenn aus dem Verhalten des Kfz-Lenkers deutlich zu erkennen ist, dass er „insb infolge Alkohol- oder Suchtmittelgenusses oder eines außergewöhnlichen Erregungs- oder Ermüdungszustandes **nicht mehr die volle Herrschaft über** seinen **Geist und** seinen **Körper** besitzt" **oder 0,8‰ Blutalkohol oder** mehr aufweist oder eine mit technischen Hilfsmitteln festgestellte **Geschwindigkeitsübertretung** begeht (§ 39 FSG).

Die Abnahme kann nur dann erfolgen, wenn ein Kfz gelenkt, in Betrieb genommen oder versucht wird, es in Betrieb zu nehmen (s oben V.1). Über die vorläufige Abnahme ist eine **Bescheinigung** auszustellen, in der die Gründe für die Abnahme und eine Belehrung über die erforderlichen Schritte für die Wiedererlangung des Führerscheines enthalten sind.

Der Führerschein ist dem Besitzer **auf Antrag binnen drei Tagen auszufolgen**, sofern nicht ein Ermittlungsverfahren zur Entziehung der Lenkberechtigung eingeleitet wird. Bei der vorläufigen Abnahme des Führerscheins bleibt die Berechtigung zum Lenken von Kfz, über welche der abgenommene Führerschein ausgestellt wurde, aufrecht; vor der Wiederausfolgung besteht jedoch ein **Lenkverbot**.

d) Vormerksystem – Maßnahmen gegen Risikolenker

Die Begehung bestimmter Delikte (Gefährdung von Fußgängern am Schutzweg, Fahren mit 0,5‰ Alkohol, Vorrangverletzung usw) zieht, abgesehen von der Verwaltungs- oder gerichtlichen Strafe, die Eintragung einer **Vormerkung im Führerscheinregister** nach sich (§ 30a FSG). Neben einem eventuellen Entzug der Lenkberechtigung sind als Folge einer oder mehrerer Vormerkungen sog besondere Maßnahmen vorgesehen, zB Nachschulungen, Fahrsicherheitstraining (§ 30b FSG).

6. Lenkerauskunft

Eine Behörde kann Auskünfte darüber verlangen, wer zu einem bestimmten Zeitpunkt (nicht jedoch Zeitraum) ein nach dem Kennzeichen bestimmtes Fahrzeug gelenkt bzw zuletzt vor einem bestimmten Zeitpunkt an einem bestimmten Ort abgestellt hat (**Lenkererhebung**; § 103 Abs 2 KFG; bei bloßer Inbetriebnahme besteht keine Auskunftspflicht). Die **Auskunftspflicht** (Name und Anschrift der betreffenden Person) trifft in erster Linie den Zulassungsbesitzer. Kann er diese Auskunft nicht erteilen, so hat er die Person zu nennen, die die Auskunft erteilen kann und diese Person trifft dann die Auskunftspflicht (diese Person hat dann den Lenker zu nennen, nicht einen weiteren Auskunftspflichtigen; VwGH 14.07.2000, 2000/02/0665). Bei Namhaftmachung einer Person, die sich ständig oder überwiegend im Ausland aufhält, muss die Behörde als ersten Schritt an sie ein Schreiben mit der Bitte um schriftliche Stellungnahme richten, sofern nicht ein Rechtshilfeabkommen eine andere Vorgangsweise gebietet. Langt innerhalb angemessener Frist keine Erklärung bei der Behörde ein, hat die Behörde der Person, die diese Auskunft erteilt hat, im Rahmen des Parteiengehörs Gelegenheit zu geben, entsprechend ihrer **erhöhten Mitwirkungspflicht** den Entlastungsbeweis in anderer Weise zu erbringen (zB Glaubhaftmachung zumindest des Aufenthalts der genannten Person in Österreich zum fraglichen Zeitpunkt; VwSlg 13.451 A/1991). Eine Lenkeranfrage ist allerdings unzulässig, wenn das zugrunde liegende Delikt im Ausland begangen wurde (VwSlg 15.969 A/2002).

Die Auskunft ist unverzüglich, im Fall einer schriftlichen Aufforderung binnen zwei Wochen nach Zustellung des Ersuchens zu erteilen. § 103 Abs 2 KFG sieht keine bestimmte Form für die Erfüllung der Auskunftspflicht vor. Die Auskunftspflicht ist jedoch nur dann erfüllt, wenn die Auskunft tatsächlich bei der Behörde (Sitz der anfragenden Behörde) einlangt. Dieser **Erfüllungsort** ist auch der **Tatort der Unterlassung einer Auskunft** (VwSlg 14.398 A/1996).

Mittels Verfassungsbestimmung ist festgelegt, dass gegenüber der Befugnis der Behörde, derartige Auskünfte zu verlangen, Rechte auf Auskunftsverweigerung zurücktreten (s II.2).

Die **Verletzung der Auskunftspflicht** (zB unrichtige oder unvollständige Auskunft, bloße Nichterteilung der Auskunft, die Auskunft wird nicht sofort erteilt) stellt ein Ungehorsamsdelikt* dar und unterliegt der Strafsanktion des § 134 KFG. Keine Erinnerung an den Lenker zu haben, bewahrt nicht vor

Strafe, es müssen in dem Fall Aufzeichnungen geführt werden (VwGH 26.05.2000, 2000/02/0115).

Die Lenkererhebung ist **keine Verfolgungshandlung** iSd § 32 Abs 2 VStG, weil sie nicht gegen einen konkreten Beschuldigten gerichtet ist (VwGH 29.02.2000, 99/03/0314; gem § 31 Abs 2 VStG besteht aber eine einjährige Frist für die Verfolgungsverjährung!).

7. Verkehrsbeschränkungen

Die **StVO** sieht eine Reihe von **Verkehrsbeschränkungen** vor (§ 43 StVO): Die Behörde hat, ua wenn es die **Sicherheit, Leichtigkeit und Flüssigkeit des Verkehrs** erfordert, durch Verordnung für bestimmte Straßen, Straßenstrecken oder für Straßen innerhalb eines bestimmten Gebietes dauernde oder vorübergehende Verkehrsbeschränkungen und -verbote zu erlassen bzw den Straßenbenützern ein bestimmtes Verhalten vorzuschreiben.

ZB 80km/h-Beschränkung auf der Südosttangente in Wien (VwGH 23.05.1985, 85/02/0081), Abstellplätze für Reisebusse in der Nähe bzw am Rand des 1. wr Bezirkes (VwSlg 12.041 A/1986), Busspur ohne zeitliche Einschränkung (VfSlg 13.697/1994). Eine Verordnung betr generelle Geschwindigkeitsbeschränkung von 30km/h im gesamten Stadtgebiet von Graz wurde aufgehoben, weil die allgemeine Herabsetzung der Höchstgeschwindigkeit im Ortsgebiet Sache des Gesetzgebers sei (VfSlg 14.000/1994). Ebenso rechtfertigt der Ausbauzustand einer Straße allein keine Geschwindigkeitsbeschränkung (VfSlg 16.805/2003). (S auch III).

Weiters hat die Behörde zur Fernhaltung von Gefahren oder Belästigungen, insb durch Lärm, Geruch oder Schadstoffe zum Schutz der Bevölkerung oder der Umwelt durch Verordnung für bestimmte Gebiete, Straßen oder Straßenstrecken Verkehrsverbote bzw -beschränkungen zu erlassen.

Diese Bestimmung dient – iVm dem BVG Staatsziele – als Grundlage für die LKW-Nachtfahrverbote (VfSlg 11.493/1987, 12.485/1990, 17.477/2005) bzw generelle nächtliche Geschwindigkeitsbeschränkungen auf bestimmten Autobahnen (VfSlg 13.351/1993). Die Einbeziehung lärmarmer Kfz widerspricht dem Gleichheitsgrundsatz (VfSlg 12.944/1991). Ebenso möglich ist zB ein allgemeines Fahrverbot für Omnibusse in einer Stadt (VfSlg 13.813/1994).

Für die Feststellung einer Geschwindigkeitsüberschreitung können auch Durchschnittsgeschwindigkeitsmessgeräte verwendet werden (§ 100 Abs 5b StVO, § 134 Abs 3b KFG „Section Control", zB Kaisermühlentunnel in Wien).

Diese Messmethode ist allerdings nur unter bestimmten Bedingungen. zulässig (zB besonders gefährliche Strecke, Anordnung der Strecke durch Gesetz oder Verordnung, Ankündigung der Datenerhebung, VfSlg 18.146/2007; der Bescheid im Anlassfall wurde mangels ordnungsgemäßer Festlegung der Messstrecke aufgehoben, VfSlg 18.144/2007). Mit BGBl I 16/2009 wurde die Section Control daraufhin ausdrücklich gesetzlich geregelt, die zulässigen Einsatzzwecke entsprechen jenen der Radarboxen und es gibt Datenverwendungs- und Löschungsregeln (§ 98a f StVO). Weiters wurden die Frontfotografie ua für die Feststellung von Geschwindigkeitsübertretungen (§ 98b StVO) und die automationsunterstützte Feststellung der Rotlichtmissachtung (§ 98d StVO) ermöglicht.

Eine weitere Ermächtigung zu Verkehrsbeschränkungen enthält das **IG-L** (BGBl I 115/1997 idF 77/2010) in § 14, danach können zB zum Schutz der Gesundheit von Menschen, Tieren, Pflanzenbeständen etc vor schädlichen Luftschadstoffen Geschwindigkeitsbeschränkungen sowie zeitliche und räumliche Beschränkungen angeordnet werden. Darunter fallen auch Elektroautos, weil sie Fahrzeuge iSd § 2 Abs 1 Z 1 KFG sind (VwGH 29.07.2015, Ra 2015/07/0078.

Vgl zB die Verordnung des LH von OÖ betreffend immissionsabhängige Geschwindigkeitsbegrenzung für eine Teilstrecke der A1 West Autobahn, oö LGBl 101/2008 idF 30/2012.

VI. Behörden und Verfahren

1. Behörden.

a) StVO (§§ 94 f)

Regelmäßig ist die **BVB zunächst zuständig**, sofern nicht die Zuständigkeit der Gemeinde oder der LPolD gegeben ist. Der BVB obliegt zB die Handhabung der **Verkehrspolizei** (Überwachung der Einhaltung der straßenpolizeilichen Vorschriften und die unmittelbare Verkehrsregelung), die Erlassung von Verordnungen und Bescheiden, die Ausstellung von Gehbehinderten- und Radfahrausweisen (§ 94b). Der **LPolD** obliegt in ihrem örtlichen Wb zB die Handhabung der Verkehrspolizei (außer auf Autobahnen), die Ausübung des Verwaltungsstrafrechts und die Anordnung der Teilnahme am Verkehrsunterricht (§ 95).

Die LReg kann durch Verordnung von der BVB zu besorgende Agenden, die nur das Gebiet einer Gemeinde betreffen, dieser **Gemeinde** übertragen (§ 94c Abs 1). Sofern eine Gemeinde über einen Gemeindewachkörper verfügt, kann ihr die Handhabung der Verkehrspolizei durch diesen übertragen werden (§ 94c Abs 3).

Der Gemeinde obliegt **im eWb** (§ 94d) zB die Verordnungserlassung für Geschwindigkeitsbeschränkungen sowie die Anordnung von Kurzparkzonen, Bestimmung von Fußgängerzonen, Bewilligung von Werbungen und Ankündigungen, die Sicherung des Schulweges, Spielen auf Straßen, Rollschuhfahren auf Fahrbahnen.

Zu den **Organen der Straßenaufsicht*** (§ 97) zählen insb die Organe der Bundespolizei und die Gemeindewachkörper. Andere Organe sind von der Behörde auf ihre Dienstpflichten zu vereidigen und mit einem Dienstabzeichen auszustatten. Die Organe der Straßenaufsicht haben die **Verkehrspolizei**

(§ 94b Abs 1 lit a) zu **handhaben** (Mitwirkung bei Vorbeugemaßnahmen, Maßnahmen, die für die Einleitung eines Verwaltungsstrafverfahrens erforderlich sind, Anwendung körperlichen Zwangs, soweit gesetzlich vorgesehen, sie können auch ermächtigt werden, mit Organstrafverfügung* Geldstrafen einzuheben, § 50 Abs 1 VStG). Diese Organe sind selbst keine Behörden, sondern nur Hilfsorgane der jeweils zuständigen Behörde.

Behörde ist die **LReg**. Ihr kommt auch eine **subsidiäre Generalkompetenz zu** (§ 94a); jedenfalls obliegt ihr die Handhabung der Verkehrspolizei auf Autobahnen.

Die LReg kann Organe (Wachkörper → *Sicherheitspolizeirecht*), die der LPolD angehören oder dieser zugeteilt und in Angelegenheiten des Straßenverkehrs besonders geschult sind, zur Handhabung der Verkehrspolizei einsetzen (zB zur Hintanhaltung von schweren Verwaltungsübertretungen [Alkoholisierung, Überschreitung der erlaubten Höchstgeschwindigkeit] oder wenn ein über den Bereich einer BVB hinausgehendes Einschreiten erforderlich ist [landesweit koordinierte Vorgangsweise, auf verkehrsreichen Straßenzügen]).

Die LReg kann auch auf Autobahnstrecken, die im örtlichen Wb einer LPolD liegen, die Angehörigen der LPolD einsetzen; in diesem Fall handeln diese aber als Organe der LReg.

Der **BMVIT** ist zuständig zur Erlassung bestimmter Verordnungen (zB für Autobahnen, Erklärung von Bundesstraßen zu Autostraßen oder Vorrangstraßen). Von diesen straßenpolizeilichen Erklärungen zu unterscheiden sind die straßenrechtliche Erklärung zu Bundesstraßen sowie deren Einteilung in Autobahnen und Schnellstraßen (→ *Straßenrecht*).

Beschwerden gegen Bescheide sind an das zuständige **LVwG** zu richten.

b) KFG (§ 123) und FSG (§ 35 f)

Nach § 123 Abs 1 KFG entscheidet im **Administrativverfahren** idR die **BVB** (bzw **LPolD**), in zweiter Instanz der **LH** (mittelbare Bundesverwaltung); hinsichtlich der Ausbildung in und des Betriebes von Fahrschulen (§§ 108 bis 117, § 119 Abs 2 und § 122a Abs 4) entscheidet über eine Beschwerde das **zuständige LVwG**. Abweichende Zuständigkeitsregelungen bestehen zB bei der Einzelgenehmigung (§ 31), über die der LH entscheidet. Über die Typengenehmigung entscheidet der **BMVIT** (§ 29). In Vollziehung des **FSG** entscheidet **in erster Instanz die BVB bzw LPolD**, über Beschwerden das **zuständige LVwG** (§ 35 Abs 1 FSG).

Entscheidet der **LH** in erster Instanz, kann dagegen Beschwerde an das zuständige LVwG erhoben werden (§ 123 Abs 1 KFG, § 36 Abs 1 FSG).

Der LH hat, wenn dies im Interesse der Zweckmäßigkeit, Raschheit und Einfachheit der Vollziehung gelegen ist, **Gemeinden**, denen gem § 94 StVO die Angelegenheiten der Verkehrspolizei übertragen sind, durch Verordnung für dieselben Straßen die Mitwirkung an der Vollziehung des KFG zu übertragen. Die Gemeinde hat sich zur Vollziehung der ihr übertragenen Aufgaben des **Gemeindewachkörpers** zu bedienen. Die Übertragung ist durch Verordnung zu widerrufen oder einzuschränken, wenn sich die Voraussetzungen, unter denen eine Übertragung erfolgte, geändert haben.

In **Strafverfahren** nach KFG und FSG entscheidet in erster Instanz die BVB (bzw LPolD), dagegen ist Beschwerde an das zuständige LVwG möglich.

Die Kfz-Zulassung erfolgt durch **beliehene*** **Versicherer** (§ 40a und 40b KFG). Der LH kann Vereine, **Ziviltechniker** oder **Kfz-Betriebe** zur wiederkehrenden Begutachtung von Fahrzeugen und zur Anbringung von Begutachtungsplaketten (§ 57a KFG) ermächtigen.

Der BMVIT hat zur Beratung in Kraftfahrangelegenheiten und zur Begutachtung von Gesetzes- und Verordnungsentwürfen einen **Kraftfahrbeirat** zu bestellen (§ 130 KFG); ferner bedient sich der BMVIT zur Führung der Liste der historischen Kfz der sachverständigen Beratung eines Beirats für historische Kfz (§ 131b KFG). Weiters kann er **Vereine** von Kfz-Besitzern zur Ausstellung von internationalen Führerscheinen ermächtigen (§ 36 Abs 2 FSG).

Zur Förderung der Verkehrssicherheit wurde der „Österreichische **Verkehrssicherheitsfonds**" als unselbstständiger Verwaltungsfonds geschaffen (§ 131a KFG).

2. Verfahren

a) StVO (§§ 99 ff)

AVG, VStG und VVG sind anzuwenden (Art I EGVG). Es gilt das Prinzip der **Subsidiarität von Verwaltungsstrafen** gegenüber gerichtlichen Strafen (Doppelbestrafungsverbot s II.2.).

Bei den Übertretungstatbeständen (§ 99 StVO) handelt es sich großteils um Ungehorsamsdelikte*. Aufgrund der massenhaft auftretenden Delikte kommt häufig ein abgekürztes Verfahren (§ 47 VStG Strafverfügung, § 49a VStG Anonymverfügung, § 50 VStG Organstrafverfügung) zur Anwendung; ferner führen fortgesetzte Delikte* und Dauerdelikte* zu Abgrenzungsproblemen. Die Lenkerauskunft (§ 103 Abs 2 KFG) dient der Feststellung des Beschuldigten (s oben V.6).

Bei besonders schwerwiegenden Übertretungen (zB Verstoß gegen die Alkoholbestimmungen) sind Untergrenzen für die Bestrafung festgelegt.

Der **Versuch ist strafbar** (Spezialbestimmung zu § 8 VStG), ausgenommen, wenn jemand, der in einem durch Alkohol beeinträchtigten Zustand versucht, ein Fahrzeug in Betrieb zu nehmen, aus freien Stücken oder von wem immer auf seinen Zustand aufmerksam gemacht, die Ausführung aufgibt (§ 99 Abs 5 StVO).

Bei zweimaliger Übertretung nach § 99 StVO kann ein Primärarrest, bei dreimaliger Übertretung können Geld- und Arreststrafe nebeneinander verhängt werden. Bei vorschriftswidrig abgestellten Fahrzeugen (zB auf Gehsteigen, in Halte- und Parkverboten) können die Organe der Straßenaufsicht technische Sperren (zB Klammern) anbringen, wenn aufgrund bestimmter Tatsachen anzunehmen ist, dass eine Strafverfolgung unmöglich oder wesentlich erschwert sein werde (§ 100 Abs 3a StVO).

Schwerwiegende Verwaltungsübertretungen schließen die Erlassung von Organstrafverfügungen (§ 50 VStG) aus (§ 100 Abs 5 StVO).

b) KFG und FSG

Grundsätzlich sind AVG, VStG und VVG anzuwenden (Art I EGVG). Im Ermittlungsverfahren liegt der Schwerpunkt auf Sachverständigengutachten durch behördlich bestellte Sachverständige (Sachverständige für die Typenprüfung, Einzelprüfung, Fahrprüfung, Befähigungsprüfung für Fahrschullehrer und Fahrlehrer; Einholung von ärztlichen Gutachten vor Erteilung und Entziehung der Lenkberechtigung).

Folgende verfahrensrechtliche Besonderheiten bestehen:

- Gem Art I Abs 3 Z 6 EGVG ist bei der Abnahme von Prüfungen (Fahrprüfung, § 11 FSG) das AVG nicht anzuwenden.
- Berufungen gegen die Anordnung einer Nachschulung haben keine aufschiebende Wirkung (§ 4 Abs 3 FSG).
- Im Verfahren zur Entziehung der Lenkberechtigung kann ein Rechtsmittelverzicht nicht wirksam abgegeben werden (§ 29 Abs 1 FSG).
- Die Entscheidungsfrist über Anträge und Berufungen von Parteien beträgt bei der Entziehung der Lenkberechtigung (§ 29 Abs 1 FSG) abweichend von § 73 Abs 1 AVG drei Monate.

Die **Strafbestimmungen** des KFG (§ 134) und des FSG (§ 37) sind als **„Blankettstrafnormen"** ausgestaltet. Wurde der Täter wegen der gleichen Zuwiderhandlung bereits einmal bestraft, kann anstelle der Geldstrafe eine Freiheitsstrafe bis zu sechs Wochen verhängt werden (Primärarrest im Wiederholungsfall). Die Verhängung einer Freiheitsstrafe ist in diesem Fall nur zulässig, wenn es ihrer bedarf, um den Täter von weiteren Verwaltungsübertretungen der gleichen Art abzuhalten (Spezialprävention). Der **Versuch** einer Zuwiderhandlung ist strafbar (§§ 134 Abs 1 KFG und 37 Abs 1 FSG; Sonderbestimmung zu § 8 VStG). Auch im KFG gilt das Prinzip der **Subsidiarität von Verwaltungsstrafen** gegenüber gerichtlichen Straftatbeständen.

Wurde mit einem Kfz oder Anhänger eine unter § 50 Abs 1 VStG (Organstrafverfügung) fallende Übertretung des KFG, der StVO oder des EisenbahnG von einem dem anzeigenden Organ unbekannten Lenker begangen und ist die Übergabe des Beleges an den Täter oder die Hinterlassung am Tatort nicht möglich (fließender Verkehr), so kann der Beleg auch dem Zulassungsbesitzer zugestellt werden (**zugesandtes Organmandat**, § 134 Abs 5 KFG).

Gem § 134 Abs 6 KFG sind Kraftstoffe, die nicht den gesetzlichen Anforderungen entsprechen, für **verfallen** zu erklären, wenn nicht auf andere Weise sichergestellt werden kann, dass diese Kraftstoffe nicht zum Verbraucher gelangen.

Claudia Fuchs

Denkmalschutzrecht

Rechtsgrundlagen

Kompetenzgrundlagen

Art 10 Abs 1 Z 13 B-VG („Denkmalschutz"); § 1 Abs 12 iVm Anh 2 DMSG (Kompetenzdeckungsklausel für bestimmte Park- und Gartenanlagen).

Verfassungsrechtliche Bezüge

Art 5 StGG, Art 1 1. ZPEMRK (Eigentumsschutz); Art 6 StGG (Erwerbsfreiheit); Art 14, 15 StGG, Art 9 EMRK (Religionsfreiheit; s § 5 Abs 4 DMSG); Art 17a StGG (Freiheit der Kunst); Art 6 EMRK (Recht auf ein faires Verfahren).

Europarechtliche Bezüge

Art 3 Abs 3 UA 4 EUV (Wahrung des Reichtums der kulturellen und sprachlichen Vielfalt, Schutz und Entwicklung des kulturellen Erbes Europas); Art 34 ff AEUV (freier Warenverkehr); Art 107 Abs 3 lit d AEUV (Ausnahmen vom Beihilfenverbot); Art 167 AEUV (Titel XIII: Kultur); Art 207 AEUV (gemeinsame Handelspolitik); Art 13 GRC (Freiheit der Kunst und der Wissenschaft); Art 16 GRC (Unternehmerische Freiheit); Art 17 Abs 1 GRC (Eigentumsrecht); Art 22 GRC (Achtung der Vielfalt der Kulturen, Religionen und Sprachen).

RL 2014/60/EU über die Rückgabe von unrechtmäßig aus dem Hoheitsgebiet eines Mitgliedstaats verbrachten Kulturgütern und zur Änderung der VO (EU) 1024/2012, ABl L 2014/159, 1; VO (EG) 116/2009 über die Ausfuhr von Kulturgütern, ABl L 2009/39, 1; DurchführungsVO (EU) 1081/2012 zu der VO (EG) 116/2009 über die Ausfuhr von Kulturgütern, ABl L 2012/324, 1.

Völkerrechtliche Bezüge

Konvention zum Schutz von Kulturgut bei bewaffneten Konflikten samt Ausführungsbestimmungen und Protokoll (Haager Konvention), BGBl 58/1964 (zuletzt geändert durch BGBl III 204/2014); Zweites Protokoll zur Haager Konvention von 1954 zum Schutz von Kulturgut bei bewaffneten Konflikten, Den Haag, 26. März 1999, samt Interpretativer Erklärung der Republik Österreich, BGBl III 113/2004 (zuletzt geändert durch BGBl III 203/2014); Europäisches Übereinkommen zum Schutz des archäologischen Erbes (revidiert), BGBl III 22/2015 (zuletzt geändert durch BGBl III 170/2015); Übereinkommen zum Schutz des Kultur- und Naturerbes der Welt, BGBl 60/1993; Übereinkommen über Maßnahmen zum Verbot und zur Verhütung der unzulässigen Einfuhr, Ausfuhr und Übereignung von Kulturgut, BGBl III 139/2015; Übereinkommen zur Erhaltung des immateriellen Kulturerbes, BGBl III 76/2009 (zuletzt geändert durch BGBl III 133/2016).

Gesetze und sonstige Rechtsgrundlagen

BG betreffend den Schutz von Denkmalen wegen ihrer geschichtlichen, künstlerischen oder sonstigen kulturellen Bedeutung (DenkmalschutzG – DMSG), BGBl 533/1923 idF I 92/2013; BG über die Sicherung, Aufbewahrung und Nutzung von Archivgut des Bundes (Bundesarchivgesetz), BGBl I 162/1999; BG über die Rückgabe unrechtmäßig verbrachter Kulturgüter (Kulturgüterrückgabegesetz – KGRG), BGBl I 19/2016; BG über die Rückgabe von Kunstgegenständen und sonstigem beweglichem Kulturgut aus den österreichischen Bundesmuseen und Sammlungen und aus dem sonstigen Bundeseigentum (Kunstrückgabegesetz – KRG), BGBl I 181/1998 idF I 117/2009.

Verordnungen: Verordnung des BM für Unterricht und kulturelle Angelegenheiten, mit welcher Kategorien von Kulturgütern festgesetzt werden, die auf Grund der Bestimmungen des Denkmalschutzgesetzes für die Ausfuhr keiner Bewilligung bedürfen (AusfuhrV), BGBl II 484/1999; Verordnung der BMBWK über den Denkmalbeirat, BGBl II 572/2003; Verordnung des BK über die Einrichtung eines Beirats für Baukultur im Bundeskanzleramt, BGBl II 377/2008 idF II 280/2009; Verordnung der BMUKK über Maßnahmen gemäß der Haager Konvention zum Schutz von Kulturgut im Falle eines bewaffneten Konfliktes (KulturgüterschutzV), BGBl II 51/2009.

Kundmachung des BK betreffend das Kultur- und Naturerbe auf dem Gebiet der Republik Österreich, das in die Liste des Erbes der Welt aufgenommen wurde, BGBl III 105/2012.

Literaturauswahl

Monografien – Kommentare

Bazil/Binder-Krieglstein/Kraft, Das österreichische Denkmalschutzrecht (2004); *Blauensteiner*, Denkmalschutzrecht im Überblick (2006); *Friehe*, Völkerrechtliche Haftung im Kulturgüterschutzrecht (2013); *Fürnsinn*, Denkmalschutzrecht (2002); *Geuder*, Denkmalschutzrecht (2001); *Krischok*, Der rechtliche Schutz des Wertes archäologischer Kulturgüter (2016); *Odendahl*, Kulturgüterschutz (2005); *Pieler*, Internationaler Kulturgüterschutz und die UNESCO Konvention von 1970 (2009); *Reichelt* (Hrsg), Denkmalschutzrecht in Europa (2011); *Wieshaider*, Denkmalschutzrecht (2002).

Beiträge

Blauensteiner in Kneihs/Lienbacher (Hrsg), Rill-Schäffer-Kommentar zum Bundesverfassungsrecht, Art 10 Abs 1 Z 13 B-VG (9. Lfg 2012); *Bußjäger*, Verfassungsrechtliche Grundlagen des Archivrechts, ZfV 2005/512, 325; *Eschig*, Die Bedeutung der UNESCO für den Kulturgüterschutz, in Reichelt (Hrsg), Rechtsfragen der Restitution von Kulturgut (2008)

11; *Geuder*, Der Denkmalschutz – Ein wirtschaftsdestabilisierendes Element?, ImmZ 2006, 121; *Grzeszick*, Kultur- und Bildungspolitik, in Wegener (Hrsg), Enzyklopädie Europarecht VIII: Europäische Querschnittspolitiken (2014) 561; *Hammer/Perthold-Stoitzner/Wieshaider*, Denkmalschutzrecht, in Hammer ua (Hrsg), Besonderes Verwaltungsrecht (2012) 534; *Hofer-Zeni*, Aktiver Denkmalschutz in Österreich, in FS Koja (1998) 553; *Hofer-Zeni*, Denkmalschutz und Unverletzlichkeit des Eigentums, ZfV 1985, 474; *Kneihs*, Die jüdischen Friedhöfe in Österreich: Zuständigkeiten aus völkerrechtlicher und verfassungsrechtlicher Sicht, JRP 2010, 21; *Knoll*, Schatzfund und Denkmalschutz, JBl 2005, 212; *Kraft*, Die Ratifikation der UNIDROIT-Konvention 1995 durch Österreich. Chancen für ein zeitgemäßes österreichisches Ausfuhrrecht, in Reichelt (Hrsg), Rechtsfragen der Restitution von Kulturgut (2008) 57; *Neger/Schachinger*, SUP, Naturschutz, Ortsbild- versus Denkmalschutz, RFG 2013/29, 138; *Neubauer*, Was bedeutet Denkmalschutz und Denkmalpflege heute?, Sachverständige 2015, 184; *Perthold-Stoitzner*, Das Übereinkommen zum Schutz des Kultur- und Naturerbes der Welt aus völkerrechtlicher und innerstaatlicher Sicht, JRP 2011, 111; *Pieler*, Der Handel mit Kulturgütern im Internet, in Jaksch-Ratajczak/Stadler (Hrsg), Aktuelle Rechtsfragen der Internetnutzung II (2011) 435; *Pieler/Forsthuber*, Archäologischer Kulturgüterschutz und das Strafrecht, RZ 2013, 13; *Portele K./Portele M.*, Denkmalschutz im Steuerrecht, taxlex 2007, 484; *Ress/Ukrow* in Grabitz/Hilf/Nettesheim (Hrsg), Das Recht der Europäischen Union, Art 167 AEUV (58. Lfg 2016); *Riccabona*, Entwicklungstendenzen im österreichischen Denkmalschutzrecht, ÖJZ 2002, 176; *Thiele*, Stehendes sich umarmendes Liebespaar – Zum Verhältnis von Denkmalschutz und Urheberrecht, ÖJZ 2007, 724; *Weber K.*, Ist der „Ötzi" ein Denkmal?, ÖJZ 1992, 673; *Wieshaider*, Die Weitergabe von Kultusbauten vor dem Hintergrund des Denkmalschutzrechtes, in FS Potz (2014) 923.

Rechtsprechung

VfSlg 1240/1929 (Denkmalschutz – Naturschutz); VfSlg 4680/1964 (Denkmalbegriff); VfSlg 7759/1976 (Ortsbildschutz/-gestaltung – Denkmalschutz; wirtschaftliche Zumutbarkeit); VfSlg 9189/1981 (keine Bedenken gegen §§ 1 und 3 DMSG idF vor BGBl 167/1978); VfSlg 11.019/1986 (Villa Hahn, keine Bedenken gegen § 5 DMSG); VfSlg 14.266/1995 (Kompetenztatbestand „Denkmalschutz").

VwSlg 13.056 A/1989 (Kriterien der wirtschaftlichen Zumutbarkeit); VwSlg 13.760 A/1992 (Veränderungen nach Bestandsaufnahme); VwSlg 13.839 A/1993 (wirtschaftliche Zumutbarkeit notwendiger Instandhaltungsmaßnahmen, Kompetenzabgrenzung Baurecht); VwSlg 14.016 A/1994 (Naturdenkmal); VwSlg 15.266 A/1999 (Parteistellung); VwSlg 15.738 A/2001 (Denkmalschutzaufhebungsverfahren); VwGH 23.05.2002, 2001/09/0204 (Beurteilung der Erhaltungswürdigkeit); VwGH 26.06.2003, 2000/09/0118 (Teilunterschutzstellung); VwSlg 16.148 A/2003 (Zuschussgewährung nach § 32 DMSG); VwSlg 16.648 A/2005 (Wiener Sofiensäle, Abwägung nach § 5 Abs 2 DMSG); VwGH 21.09.2005, 2002/09/0196 (Art 30 EG [nunmehr Art 36 AEUV], nationales Kulturgut); VwGH 24.03.2009, 2008/09/0312 (wissenschaftliche Neubewertung iSd § 5 Abs 7 DMSG); VwSlg 17.780 A/2009 (öffentliches Interesse iSd § 1 DMSG); VwSlg 17.781 A/2009 (Malfattisiedlung); VwGH 27.01.2011, 2010/09/0053 (amtswegige Einleitung eines Unterschutzstellungsverfahrens); VwGH 11.03.2011, 2010/09/0144 (Grundsatz der geringstmöglichen Unterschutzstellung); VwGH 15.12.2011, 2009/09/0196 (Retter-Villen); VwGH 26.01.2012, 2009/09/0066 (Retter-Villen); VwGH 22.03.2012, 2011/09/0166 (Bewilligung gem § 5 Abs 1 DMSG); VwGH 22.03.2012, 2009/09/0248 (Tatbestand des § 1 Abs 10

DMSG); VwGH 04.10.2012, 2010/09/0079 (Sachverständigengutachten); VwGH 14.12.2012, 2010/09/0032 (Ensembleschutz); VwGH 18.12.2012, 2010/09/0175 (Archäologisches Fundgebiet, Unterschutzstellung); VwGH 23.05.2013, 2012/09/0108 (Bewilligung der Zerstörung oder Veränderung nach § 5 DMSG); VwGH 25.06.2013, 2011/09/0178 (Archäologische Funde, Bodendenkmal, römische Villen); VwGH 03.10.2013, 2012/09/0075 (Semmering Bergbahn, kein subjektives Recht aus UNESCO-Welterbekonvention); VwGH 19.12.2013, 2011/03/0160 (UNESCO-Welterbekonvention steht Verwirklichung des Semmering-Basistunnels nicht entgegen); VwGH 20.02.2014, Ro 2014/09/0004 (denkmalgerechte Erhaltungsmöglichkeit); VwGH 19.03.2014, 2013/09/0185 (Einstellung des Strafverfahrens nach § 37 Abs 6 DMSG); VwGH 18.06.2014, 2013/09/0131 (Zeitpunkt der Feststellung des öffentlichen Interesses an der Erhaltung des Denkmals); VwGH 20.05.2015, Ra 2015/10/0044 (Verfahren nach dem KRG als Handeln im Rahmen der Privatwirtschaftsverwaltung); VwGH 25.01.2016, Ro 2015/09/0010 (Unterschutzstellung auf zivilrechtliche Einheit der Sache bezogen); VwGH 25.01.2016, Ra 2015/09/0110 (Unterschutzstellung und Wiederherstellungsauftrag als Eingriffe in das Eigentumsrecht; *civil rights* iSd Art 6 EMRK); VwGH 27.04.2016, 2013/05/0205 (Belange des Denkmalschutzes als ausschließliche öffentliche Interessen im Baubewilligungsverfahren).

OGH 08.03.1994, 5 Ob 84/93 (Ersichtlichmachung im Grundbuch); OGH 04.09.2001, 5 Ob 148/01b (Hauptmietzins bei denkmalgeschützten Gebäuden der Kirche); OGH 13.12.2005, 11 Os 13/05d (Amtsmissbrauch durch Baubewilligung für den Abbruch und Neubau einer denkmalgeschützten Kapelle); OGH 28.01.2009, 9 Ob 40/08k (Rückgabeverfahren; einstweilige Verfügung); OGH 16.02.2012, 6 Ob 266/11b („gesetzliche" Zubehöreigenschaft iSd § 294 ABGB kraft Unterschutzstellung); OGH 06.03.2014, 17 Os 19/13t (Amtsmissbrauch wegen Bewilligung des Abbruchs von unter Denkmalschutz stehenden Gebäuden).

EuGH 10.12.1968, C-7/68 (Kommission/Italien) (Ausfuhr von Gegenständen von künstlerischem oder geschichtlichem Interesse).

I. Regelungsgegenstand und -ziele

Gegenstand des Denkmalschutzrechts ist der **Schutz von** (beweglichem oder unbeweglichem) **Kulturgut** vor typischen Gefährdungslagen. Aufgrund ihrer historischen, künstlerischen oder sonstigen kulturellen Bedeutung sollen Denkmäler vor Verletzungen der **Substanz** (durch Veränderung oder Zerstörung) geschützt und der Verlust **kultureller Bindungen** (durch widerrechtliche Verbringung ins Ausland) vermieden werden. Daneben treten weitere Ziele wie die wissenschaftliche Erforschung und Dokumentation der Denkmäler sowie generell die Bewahrung des Kulturgutbestands für die Allgemeinheit.

Im Lichte dieser Zielsetzungen finden sich die Regelungen des Denkmal- bzw Kulturgüterschutzes nicht nur im nationalen Recht, sondern aufgrund seiner übernationalen Bedeutung auch im Völkerrecht und zT im europäischen Unionsrecht. Wichtigste innerstaatliche Rechtsgrundlage ist das **DMSG** samt der dazu ergangenen Verordnungen. Das DMSG regelt in seinem Kern die **Unterschutzstellung von Denkmalen** in Österreich und trifft Vorsorge für den **Schutz der Kulturgüter vor unrechtmäßiger Ausfuhr**. Daneben haben das **KGRG** die Rückforderung von unrechtmäßig verbrachten Kulturgütern (XI.1.), das **KRG** die Rückgabe von Kunstwerken, die insb in der Zeit des Nationalsozialismus entzogen oder unter Druck verkauft wurden, zum Gegenstand (XI.2.).

II. Verfassungsrechtliche Bezüge

1. Kompetenzrechtliche Bestimmungen

„**Denkmalschutz**" ist nach Art 10 Abs 1 Z 13 B-VG in Gesetzgebung und Vollziehung **Bundessache** und wird nach Art 102 Abs 2 B-VG in unmittelbarer Bundesverwaltung* vollzogen. Verwaltungspolizeiliche* Agenden werden in mittelbarer Bundesverwaltung* geführt.

Dem **Kompetenzbegriff „Denkmalschutz"** ist nach der stRsp des VfGH zur Auslegung von Kompetenztatbeständen (**Versteinerungsprinzip***) jene Bedeutung beizumessen, die ihm im Zeitpunkt des Inkrafttretens des Kompetenztatbestands (01. Oktober 1925) nach dem damaligen Stand und der Systematik der Rechtsordnung zugekommen ist. Als wesentliche Zielsetzung liegt dem Kompetenztatbestand Denkmalschutz solcherart die im öffentlichen Interesse gelegene Erhaltung von Denkmalen ihrer historischen, künstlerischen oder sonst kulturellen Bedeutung wegen, und zwar „um ihres besonderen (eigenen) Wertes willen" zugrunde (VfSlg 7759/1976). Kompetenzrechtlich umfasst sind damit grundsätzlich sowohl Maßnahmen zum Schutz von Denkmalen vor Zerstörung und Veränderung als auch vor Verbringung von Kulturgütern ins Ausland. **Abgrenzungsfragen** können sich va im Hinblick auf die Landeskompetenzen im → *Naturschutzrecht*, → *Baurecht* und → *Raumordnungsrecht* stellen.

Der VfGH hat zum sog Umgebungsschutz festgehalten, dass eine gesetzliche Norm, die zum behördlichen Verbot störender Bauten in der Umgebung von (unbeweglichen) Denkmalen ermächtigt, nicht als eine Regelung angesehen werden kann, die ihrem Inhalt nach systematisch dem durch den Stand der Gesetzgebung am 01. Oktober 1925 bestimmten Rechtsgebiet „Denkmalschutz" zugehört. Eine gesetzliche Regelung dieses Inhalts war nämlich den in jenem Zeitpunkt in Geltung stehenden Regelungen des Denkmalschutzrechts ihrer Art nach fremd. Da somit ein denkmalschutzrechtlicher Ansatzpunkt fehlt, der einer „intrasystematischen" Weiterentwicklung zugänglich wäre, fällt eine derartige Regelung nicht unter den Kompetenztatbestand „Denkmalschutz". Regelungen, die die Errichtung von Bauten, insb von Gebäuden, in der Umgebung von unbeweglichen Denkmalen verbieten oder (auch nur) beschränken, um ein unbewegliches Denkmal gegen Beeinträchtigungen seiner überlieferten Erscheinung oder künstlerischen Wirkung zu schützen, können folglich nicht auf den Kompetenztatbestand „Denkmalschutz" gestützt werden (s aber noch X.2.). Die Zuständigkeit zur Erlassung derartiger Regelungen liegt in der gem Art 15 Abs 1 B-VG den Ländern zukommenden Generalkompetenz zur Gesetzgebung (VfSlg 14.266/1995).

Eine kompetenzrechtliche Besonderheit ergibt sich aus der Verfassungsbestimmung des § 1 Abs 12 DMSG, die eine Ausnahme von der **Naturschutzkompetenz der Länder** (→ *Naturschutzrecht*) schafft: Die in Anh 2 des DMSG aufgezählten Park- und Gartenanlagen sind auch hinsichtlich jener Teile, die aus gestalteter Natur bestehen, Denkmale und somit Angelegenheiten des Denkmalschutzes (**Kompetenzdeckungsklausel**).

Diese Regelung soll sicherstellen, dass der Schutz von Park- und Gartenanlagen, die mit bereits geschützten Objekten (zB Schlössern) direkt verbunden sind, durch eine (einzige) Behörde* besorgt werden kann. Im Übrigen sind Gärten und Parkanlagen, was die gestaltete Natur anlangt, nicht als Denkmale zu qualifizieren (VfSlg 4680/1964).

„Ortsbildschutz" (bzw „Altstadterhaltung") fällt in die **Baurechtskompetenz** der Länder nach Art 15 Abs 1 B-VG (→ *Baurecht*). Die einschlägigen Regelungen schützen das charakteristische Erscheinungsbild größerer Teile von Städten und Ortschaften. Miteinbezogen wird die bildhafte Wirkung von Grünanlagen, Parklandschaften, Schlossbergen usw, die neben den baulichen Anlagen dem Ortsbild das Gepräge geben (VwSlg 7538 A/1969). Die Erhaltung des örtlichen Stadtbilds in seiner äußeren, grundsätzlich rekonstruierbaren **Erscheinung** ist dem Ortsbildschutz zuzurechnen, während der Denkmalschutz die Erhaltung von Objekten in ihrer **Substanz** aufgrund ihres eigenen Wertes zum Inhalt hat. Wenn landschaftliche Aspekte gegenüber baulichen überwiegen, wird von einem **„Landschaftsbild"** ausgegangen, das in den Anwendungsbereich der **Naturschutzgesetze** fällt (→ *Naturschutzrecht*). Die Abgrenzung ist nicht immer eindeutig.

Kompetenzrechtlich gedeckt ist es demgegenüber, wenn unter dem Gesichtspunkt des Denkmalschutzes eine **spezifische Erhaltungspflicht des Eigentümers eines Denkmals** und für deren Durchsetzung auch ein behördliches Auftragsverfahren bundesgesetzlich normiert wird. Derartige gesetzliche Regelungen sowie die Erlassung darauf gestützter Bescheide lassen die Landeskompetenz zur Regelung baurechtlicher Belange (→ *Baurecht*) unberührt (so VwSlg 13.839 A/1993).

2. Grundrechtliche Bestimmungen

Unter grundrechtlichen Gesichtspunkten wirft das Denkmalschutzrecht in erster Linie Fragen des verfassungsrechtlichen **Eigentumsschutzes** auf. Die Unterschutzstellung eines Denkmals greift angesichts der damit verbundenen Rechtsfolgen (s VII.) regelmäßig in die verfassungsgesetzlich garantierte Eigentumsfreiheit ein und ist als solcher Grundrechtseingriff rechtfertigungsbedürftig. Insb der Abwägung zwischen dem öffentlichen Interesse* an der Unterschutzstellung und dem Interesse des Betroffenen an der Vermeidung des Eigentumseingriffs und seiner Verhältnismäßigkeit im Hinblick auf das Regelungsziel kommt dabei erhebliche Bedeutung zu. IdS dürfen Unterschutzstellungen nach dem „**Grundsatz der geringstmöglichen Unterschutzstellung**" (VwGH) die unbedingt notwendige Eigentumsbeschränkung nicht überschreiten und müssen etwa in Fällen, in denen dies fachlich ausreicht, auf bloße Teilunterschutzstellungen beschränkt bleiben (stRsp, aus jüngerer Zeit zB VwGH 25.06.2013, 2011/09/0178 mwN). Auch in Verfahren betreffend die Bewilligung der Zerstörung oder Veränderung eines unter Schutz gestellten Denkmals ist die Behörde bei Beurteilung daraufhin gerichteter Anträge in besonderem Maße gehalten, einen angemessenen Ausgleich zwischen den Erfordernissen des Allgemeininteresses am Schutz von Kulturgütern und jenen des Schutzes der Rechte des Einzelnen herzustellen.

Insoweit die Maßnahmen des DMSG zivilrechtliche Ansprüche oder Verpflichtungen nach Maßgabe von **Art 6 EMRK** betreffen, was bei Eingriffen in das Eigentumsrecht regelmäßig der Fall ist, sind die konventionsrechtlichen Garantien des Rechts auf ein faires Verfahren zu beachten. Daraus ergibt sich insb die grundsätzliche Verpflichtung zur Durchführung einer öffentlichen mündlichen Verhandlung vor einem Tribunal* (VwGH 25.01.2016, Ra 2015/09/0110).

Denkmalschutzrechtliche Ausfuhrbeschränkungen können neben der Eigentumsgarantie auch in die **Erwerbsfreiheit** (etwa eines Kunsthändlers) sowie in die **Freiheit der Kunst** eingreifen, deren Schutzbereich nicht nur das Werk, sondern auch die Wirk- und Präsentationssphäre der Kunst umfasst. Grundrechtsträgerschaft kann insofern neben den Kunstschaffenden selbst auch den Präsentatoren, Galeristen und Ausstellungsleitern zukommen, weshalb Konflikte mit dem **Ausfuhrverbot** bspw bei Ausstellungen im Ausland denkbar sind (*Blauensteiner*, Denkmalschutzrecht 103). Nicht zuletzt kann der Denkmalschutz, etwa bei Modifikationen an sakralen Objekten, in ein Spannungsfeld mit dem Grundrecht auf **Religionsfreiheit** geraten (zu § 5 Abs 4 s auch VII.1.).

III. Europarechtliche Bezüge

Die EU verfügt im Bereich der **Kultur** generell über nur beschränkte Kompetenzen, die gem **Art 167 AEUV** zudem nur unterstützend und ergänzend neben diejenigen der Mitgliedstaaten treten. Zu den näherhin formulierten Aktionsfeldern der Union zählt gem Art 167 Abs 2 AEUV die Förderung der Zusammenarbeit der Mitgliedstaaten im Bereich der Erhaltung und des Schutzes des kulturellen Erbes von europäischer Bedeutung, wovon – eine entsprechende europäische Tragweite vorausgesetzt – auch Aspekte des Denkmalschutzes erfasst sein können. Impulse für spezifische kulturgüterschützende Aktivitäten auf Unionsebene können daneben auch von der Zielsetzung des Art 3 Abs 3 UA 4 EUV sowie von Art 22 GRC ausgehen. Eine allgemeine Rechtsharmonisierungskompetenz der Union für den mitgliedstaatlichen Denkmalschutz besteht nicht.

Vereinzelt wurden allerdings unter dem Aspekt der **grenzüberschreitenden Verbringung von Kulturgut** harmonisierende Rechtsakte erlassen:

- So sieht die **VO (EG) 116/2009** über die Ausfuhr von Kulturgütern Maßnahmen vor, die eine einheitliche Kontrolle der Ausfuhr von Kulturgütern an den Außengrenzen der Union sicherstellen. Notwendige Voraussetzung für die Ausfuhr aus dem Zollgebiet der EU ist das Vorliegen einer von der zuständigen nationalen Behörde erteilten Ausfuhrgenehmigung, die sodann in der gesamten Union gilt.
- Die **RL 2014/60/EU** über die Rückgabe von unrechtmäßig aus dem Hoheitsgebiet eines Mitgliedstaats verbrachten Kulturgütern schafft ein System der Zusammenarbeit der EU-Mitgliedstaaten in Fragen der Rückführung von nationalem Kulturgut. Die innerstaatliche Umsetzung unternimmt das **KGRG** (XI.1.).

Staatliche Beschränkungen für die Ausfuhr von Kulturgut stehen in einem strukturellen Spannungsverhältnis zu den Grundfreiheiten des Binnenmarkts, insb zum **freien Warenverkehr**, zumal der EuGH auch Kulturgüter als Waren qualifiziert und damit den Bestimmungen über die Warenverkehrsfreiheit* unterstellt. Allerdings können nach Art 36 AEUV Ein-, Aus- und Durchfuhrverbote und -beschränkungen zum **Schutz des nationalen Kulturguts** von künstlerischem, geschichtlichem oder archäologischem Wert gerechtfertigt sein.

IV. Völkerrechtliche Bezüge

Das Anliegen eines **übernationalen Denkmal- und Kulturgüterschutzes** hat in unterschiedlichen Zusammenhängen zum Abschluss völkerrechtlicher Abkommen geführt. Seinen Ursprung hatte das völkerrechtliche Instrumentarium zum Schutz von Kulturgut vielfach im Kriegsrecht, Bedeutung und Tragweite der umfangreichen Normen des internationalen Kulturgüterschutzes gehen mittlerweile aber weit darüber hinaus.

Vor dem Hintergrund der Verwüstungen des Zweiten Weltkriegs entstand im Jahr 1954 die **Haager Konvention zum Schutz von Kulturgut bei bewaffneten Konflikten**. Der darin normierte Schutz von Kulturgut setzt sich aus der Sicherung durch vorsorgliche Maßnahmen schon in Friedenszeiten sowie aus der Respektierung des eigenen und des fremden Kulturgutes im Konfliktfall zusammen. Österreich hat sowohl die Konvention als auch die ergänzenden Protokolle ratifiziert. Durchführungsregelungen finden sich va im DMSG und in der KulturgüterschutzV.

Das internationale **„Übereinkommen zum Schutz des Kultur- und Naturerbes der Welt"** (sog Welterbekonvention) wurde 1972 von der UNESCO beschlossen, um jenes natürliche und kulturelle Erbe auszuwählen und in einer Liste des Welterbes zu erfassen, das von außergewöhnlichem Interesse und Wert für die gesamte Menschheit ist. Österreich zählt zu den mittlerweile 192 Vertragsstaaten (Stand: Juli 2016). Das Übereinkommen wurde 1993 vom NR als gesetzändernder bzw gesetzesergänzender Staatsvertrag ohne Erfüllungsvorbehalt genehmigt. Als Vertragsstaat der Welterbekonvention ist Österreich verpflichtet, das in seinem Hoheitsgebiet befindliche Kultur- und Naturerbe zu erfassen, zu schützen und für zukünftige Generationen zu erhalten (s auch VwGH 19.12.2013, 2011/03/0160). Über die Aufnahme von Stätten in die **Liste des Welterbes** entscheidet das UNESCO-Welterbekomitee auf Grundlage eines entsprechenden Ansuchens des Vertragsstaats und nach Durchführung eines Evaluierungsverfahrens. In dessen Rahmen werden insb die Einzigartigkeit und Authentizität eines Kulturdenkmals bzw die Integrität einer Naturerbestätte beurteilt.

Die Liste des Welterbes umfasst aktuell 1.052 Kultur- und Naturerbestätten aus 165 Ländern (Stand: Juli 2016). Für Österreich wurden bislang neun Stätten in die Welterbeliste aufgenommen: Das historische Zentrum der Stadt Salzburg, Schloss und Gärten von Schönbrunn, die Kulturlandschaft Hallstatt-Dachstein/Salzkammergut, die Semmeringeisenbahn, das historische Zentrum der Stadt Graz und Schloss Eggenberg, die Kulturlandschaft Wachau, das historische Zentrum von Wien, die Kulturlandschaft Fertö/Neusiedler See (grenzüberschreitende Welterbestätte, gemeinsam mit Ungarn) sowie die prähistorischen Pfahlbauten um die Alpen (grenzüberschreitende Welterbestätte, gemeinsam mit Deutschland, Frankreich, Italien, Slowenien und der Schweiz). Sie gelten zugleich gem Anhang 2 UVP-G 2000 als schutzwürdige Gebiete (→ *Umweltverträglichkeitsprüfung*).

Die UNESCO führt überdies eine **„Liste des gefährdeten Erbes der Welt"**. In diese sog **Rote Liste** werden jene Stätten der Welterbeliste aufgenommen, die durch ernste und spezifische Gefahren bedroht sind und für deren Erhaltung umfangreiche Maßnahmen erforderlich sind.

Derzeit stehen 55 Welterbestätten (Stand: Juli 2016) auf der Roten Liste (zB die Altstadt und die Stadtmauern von Jerusalem, die Altstadt von Damaskus oder der Regenwald von Sumatra). Es handelt sich dabei um Stätten, die zB infolge von bewaffneten Konflikten oder Naturkatastrophen, durch Verfall, durch städtebauliche Vorhaben oder sonstige Großvorhaben ernsthaft gefährdet sind.

V. Begriff des Denkmals

Der Begriff des **Denkmals** ist gem § 1 Abs 11 mit jenem des **Kulturguts** deckungsgleich. Er umfasst nach der Legaldefinition in § 1 Abs 1 von Menschen geschaffene unbewegliche und bewegliche **Gegenstände** (einschließlich Überreste und Spuren gestaltender menschlicher Bearbeitung [Bodenverfärbungen, Fresken] sowie künstlich errichteter oder gestalteter Bodenformationen [Terrassen, Wälle, künstliche Gerinne, Hügelgräber]) **von geschichtlicher, künstlerischer oder sonstiger kultureller Bedeutung.**

Dazu gehören Baudenkmale (zB Mozarts Geburtshaus in Salzburg, Stephansdom in Wien, Uhrturm in Graz, Goldenes Dachl in Innsbruck), Antiquitäten, Gemälde, Zeichnungen, Miniaturen, Statuen, Reliefs, Münzen, Gobelins, archäologische Gegenstände, Klangdenkmale (alte Musikinstrumente) usw. Menschliche oder tierische Skelette fallen grundsätzlich nicht unter diesen Denkmalbegriff (sie sind nur Zeugnis menschlichen Daseins), können aber dann Denkmale sein, wenn sie Gegenstand der gestaltenden Bearbeitung durch den Menschen waren oder mit Denkmalen eine Einheit bilden (VfSlg 4680/1964).

„Ötzi", der mumifizierte Mann vom Hauslabjoch, wurde bescheidmäßig unter Denkmalschutz gestellt, mit der Begründung, dass „der teilweise bekleidete und tätowierte Mann mit den zugehörigen Ausrüstungsgegenständen ein einheitliches Ganzes" bilde, sodass seine Erhaltung im öffentlichen Interesse* gelegen sei (vgl *K. Weber*, ÖJZ 1992, 673).

Nicht dem Begriff des Denkmals zuzuordnen sind nach der Rsp des VfGH fossile Tier- und Pflanzenvorkommen (Versteinerungen) sowie Felder, Alleen, Parkanlagen und sonstige derartige Erscheinungsformen der gestalteten Natur (VfSlg 4680/1964, vgl aber die verfassungsgesetzliche Ausnahme für bestimmte Park- und Gartenanlagen in § 1 Abs 12; s II.1.). Ihr Schutz wäre durch Rechtsinstitute wie zB den „geschützten Landschaftsteil" im → *Naturschutzrecht* möglich.

Als **Archivalien** gelten gem § 25 Abs 1 Schriftgut sowie zu dokumentarischen Zwecken oder zur Information der Öffentlichkeit hergestelltes Bild-, Film-, Video- oder Tonmaterial mit bestimmter geschichtlicher oder kultureller Bedeutung. Es handelt sich hierbei um eine besondere Art beweglicher Denkmale, für die das DMSG Sondervorschriften kennt.

Der Begriff „Archivgut" bezeichnet Archivalien, die nach dem DMSG unter Schutz stehen (§ 2 Z 3 BundesarchivG). Schriftgut iSd DMSG sind schriftlich geführte oder auf elektronischen Informationsträgern gespeicherte Aufzeichnungen aller Art wie Schreiben und Urkunden samt den damit in Zusammenhang stehenden Karten, Plänen, Zeichnungen, Siegel, Stempel mit deren Anlagen einschließlich der Programme, Karteien, Ordnungen und Verfahren, um das Schriftgut auswerten zu können (§ 25 Abs 2).

Bodendenkmale sind unter der Erd- bzw Wasseroberfläche aufgefundene Gegenstände, die infolge ihrer Lage, Form oder Beschaffenheit offenkundig den denkmalschutzgesetzlichen Beschränkungen unterliegen könnten (§ 8 Abs 1).

Denkmale unterfallen lediglich dann den Schutzvorschriften des DMSG, wenn ihre Erhaltung wegen ihrer geschichtlichen, künstlerischen oder sonstigen kulturellen Bedeutung im **öffentlichen Interesse*** (= nationales Interesse, s § 1 Abs 11) liegt. Diese Bedeutung kann den Gegenständen für sich allein zukommen, aber auch aufgrund der Beziehung oder Lage zu anderen Gegenständen, also als Teil eines Ensembles oder einer Sammlung, bestehen. Die Kriterien für die Beurteilung der Erhaltungswürdigkeit sind in § 1 Abs 2 genannt (Verlust als Beeinträchtigung des österr Kulturgutbestands, geschichtliche Dokumentation) und haben durch die Rsp des VwGH eine wesentliche Konkretisierung erfahren (zB Erwähnung des Objekts in der Fachliteratur, Darstellung auf alten Ansichten, Seltenheit oder Einmaligkeit, Alter eines Gegenstands, charakteristisches Wahrzeichen). Nicht jedes Objekt von geschichtlicher, künstlerischer oder sonstiger kultureller Bedeutung ist damit als Denkmal unter Schutz zu stellen. Ob es sich im konkreten Fall um ein Denkmal iSd § 1 Abs 1 handelt und ob dessen Erhaltung gem § 1 Abs 2 im öffentlichen Interesse liegt, ist insb anhand der in der **Fachwelt** vorherrschenden Meinung zu bestimmen, wobei auf den Wissens- und Erkenntnisstand sachverständiger Kreise Bedacht zu nehmen ist (VwGH 22.03.2012, 2009/09/0248 mwH). Ein öffentliches Interesse an der Erhaltung besteht nicht, wenn der Zustand des Denkmals aufgrund besonders schwerer Schäden eine denkmalgerechte Erhaltung ausschließt (§ 1 Abs 10).

Das Denkmal kann zum Zeitpunkt der Unterschutzstellung auch **„unsichtbar"** sein (zB Fresko unter Putz, noch nicht ausgegrabene Bodenfunde). Für diesen Fall sieht § 1 Abs 5 eine besondere Art der Beweisführung vor: Ist eine ausreichende Erforschung von Denkmalen – wie insb bei nicht ausgegrabenen Bodendenkmalen – noch nicht abgeschlossen, kann dennoch das öffentliche Interesse an der Erhaltung der Denkmale festgestellt werden, wenn die für die Unterschutzstellung erforderlichen Fakten aufgrund des wissenschaftlichen Erkenntnisstandes wenigstens wahrscheinlich sind und die unversehrte Erhaltung der Denkmale andernfalls gefährdet wäre.

Gruppen von unbeweglichen Gegenständen (**Ensembles**; zB Marktplatz) und **Sammlungen** von beweglichen Gegenständen (zB Münzensammlung) können wegen ihres geschichtlichen, künstlerischen oder sonstigen kulturellen Zusammenhangs einschließlich ihrer Lage ein Ganzes bilden und ihre Erhaltung kann dieses Zusammenhangs wegen als Einheit im öffentlichen Interesse* gelegen sein. Mehrheiten unbeweglicher oder beweglicher Denkmale, die bereits von ihrer ursprünglichen oder späteren Planung und/oder Ausführung her als im Zusammenhang stehend hergestellt wurden (wie Schloss-, Hof- oder Hausanlagen mit Haupt- und Nebengebäuden aller Art, einheitlich gestaltete zusammengehörende Möbelgarnituren usw), gelten jedoch als Einzeldenkmale (§ 1 Abs 3).

VI. Unterschutzstellung

Zentrales Instrument des DMSG, um den nationalen Kulturgüterbestand vor Beeinträchtigungen (Zerstörungen oder Veränderungen) zu bewahren, ist die **Unterschutzstellung**. Sind Objekte unter Denkmalschutz gestellt, kommen wesentliche gesetzliche Verfügungsbeschränkungen und Verhaltenspflichten zum Tragen.

Im Einzelnen kennt das DMSG verschiedene rechtliche Mechanismen der Unterschutzstellung:

- die vorläufige Unterschutzstellung kraft **gesetzlicher Vermutung,**
- die vorläufige Unterschutzstellung durch **Verordnung** und
- die Unterschutzstellung durch **Bescheid**.

1. Vorläufige Unterschutzstellung kraft gesetzlicher Vermutung

Bei Denkmalen, die sich (überwiegend) im **öffentlichen Eigentum** (konkret: im alleinigen oder überwiegenden Eigentum des Bundes, eines Landes, von anderen öffentlich-rechtlichen Körperschaften, insb Gemeinden, Anstalten, Fonds sowie von gesetzlich anerkannten Kirchen oder Religionsgesellschaften einschließlich ihrer Einrichtungen) befinden, wird das Vorliegen eines öffentlichen Interesses* gem § 2 Abs 1 vermutet. Sie stehen demgemäß **kraft gesetzlicher Vermutung unter Denkmalschutz**. Diese vorläufige gesetzliche Unterschutzstellung endet, sobald das BDA auf Antrag (§ 26) oder von Amts wegen (§ 2 Abs 2) mit Bescheid über das Vorliegen des öffentlichen Interesses* entscheidet.

Gebrauchsgegenstände, die in größerer Menge industriell oder handwerklich hergestellt wurden und weniger als 100 Jahre alt sind, sind von der gesetzlichen Vermutung ausgenommen, es sei denn, es handelt sich um mitgeschützte Bestandteile oder Zubehör eines unter Denkmalschutz stehenden Objekts (§ 2 Abs 1 Z 2). In diesen Fällen ist, ebenso wie bei **Sammlungen** (§ 2 Abs 1 Z 3), für die Unterschutzstellung ein Bescheid erforderlich (s VI.3.).

Für **unbewegliche Denkmale** und in den Fällen von Unterschutzstellungen gem § 6 Abs 1 bei ohne Bewilligung des BDA veräußerten Denkmalen (s VII.2.) wurde die gesetzliche Vermutung des Vorliegens eines öffentlichen Interesses* und damit zugleich die Unterschutzstellung qua gesetzlicher Vermutung generell mit **31. Dezember 2009** beendet (§ 2 Abs 4).

2. Vorläufige Unterschutzstellung durch Verordnung

Um zugleich zu verhindern, dass mit Wegfall der gesetzlichen Vermutung zahlreiche unbewegliche Denkmale (über die noch nicht per Bescheid entschieden worden ist), nicht mehr dem Denkmalschutz unterliegen, schuf § 2a die Möglichkeit der Unterschutzstellung durch Verordnung. **Unbewegliche Denkmale**, die – und solange sie – kraft gesetzlicher Vermutung unter Schutz standen, konnten auf diese Weise durch Verordnung des BDA unter Schutz gestellt werden, jeweils unter der Voraussetzung, dass im Fall einer verfahrensmäßigen Prüfung das tatsächliche Bestehen eines öffentlichen Interesses* mit hoher Wahrscheinlichkeit zu erwarten war. Die erfassten Denkmale blieben damit weiterhin unter Denkmalschutz.

Welche Denkmale nach § 2a unter Schutz gestellt wurden, kann dem öffentlich zugänglichen Denkmalverzeichnis (s VI.5.) entnommen werden.

Die Eigentümer eines durch Verordnung unter Schutz gestellten Denkmals können – ohne zeitliche Begrenzung – beim BDA eine **bescheidmäßige Feststellung** darüber beantragen, ob in der Verordnung ein öffentliches Interesse* an der Erhaltung zu Recht angenommen wurde (§ 2a Abs 5). Das BDA kann jederzeit aber auch von Amts wegen feststellen, ob ein öffentliches Interesse an der Erhaltung tatsächlich gegeben ist (§ 2a Abs 6).

Auch das **Österreichische Staatsarchiv** ist gem § 25a ermächtigt, durch **Verordnung** bestimmte **Archivalien** unter Denkmalschutz zu stellen, die für besondere im öffentlichen Interesse* und aufgrund öffentlichen Auftrags durchgeführte Untersuchungen von Bedeutung sein können. Das öffentliche Interesse* an der Erhaltung dieser Archivalien gilt hierbei solange als gegeben, als das Österreichische Staatsarchiv nicht auf Antrag einer Partei oder von Amts wegen eine **bescheidmäßige Entscheidung** über sein tatsächliches Vorliegen getroffen hat.

3. Unterschutzstellung durch Bescheid

Bei Denkmalen, die **nicht kraft gesetzlicher Vermutung oder aufgrund einer Verordnung** unter Denkmalschutz stehen, gilt ein öffentliches Interesse* an ihrer Erhaltung erst dann als gegeben, wenn dies durch Bescheid des BDA festgestellt ist (konstitutiver Bescheid; § 3). Der Schutz auf Grundlage eines solchen Bescheids währt – unabhängig von den Eigentumsverhältnissen (**dingliche Wirkung*** des Bescheids) – solange, bis die Zerstörung bewilligt wird oder eine förmliche Denkmalschutzaufhebung nach § 5 Abs 7 (s VIII.) stattfindet. Die Unterschutzstellung ist nicht von der Zustimmung des Eigentümers abhängig; er ist allerdings Partei des Verfahrens (s XII.). Ein Rechtsanspruch auf Unterschutzstellung eines Denkmals besteht nicht (§ 5 Abs 7).

Im Verhältnis zum → *Baurecht* ist zu beachten, dass ein Unterschutzstellungsbescheid die Rechtswirkungen eines zuvor ergangenen baurechtlichen Abbruchauftrags verdrängt (VwGH 11.03.2011, 2010/09/0144 und 2010/09/0241).

4. Sonderregelungen

Für bestimmte Arten von Denkmalen trifft das DSMG Sonderregelungen für die Unterschutzstellung. Zu erwähnen sind hier **Park- und Gartenanlagen** (§§ 1 Abs 12 iVm Anh 2, 2 Abs 1 Z 2, 3 Abs 5, 4 Abs 1 Z 3), **Archivalien** (§§ 24 ff; s auch VI.2.) sowie **Sammlungen** und **Ensembles** (§§ 1 Abs 3–5, 2 Abs 1 Z 3; s auch VI.1.). **Bodendenkmalfunde** (als Zufallsfunde oder aufgrund gezielter Forschungsgrabungen) lösen auf Grundlage der §§ 8 spezifische Rechtsfolgen aus.

5. Publizität

Die Unterschutzstellung durch Bescheid ist bei unbeweglichen Denkmalen über Mitteilung des BDA **im Grundbuch ersichtlich zu machen**. Im Fall der Aufhebung des Denkmalschutzes durch Bescheid ist diese Ersichtlichmachung über Mitteilung des BDA von Amts wegen zu löschen (§ 3 Abs 3).

Nach § 3 Abs 4 hat das BDA jene unbeweglichen Denkmale, die aufgrund eines rechtskräftigen Bescheides oder durch Verordnung (s VI.2.) unter

Denkmalschutz stehen, in einer Liste zu erfassen: **Denkmalverzeichnis**. Diese öffentlich zugängliche Liste war erstmals bis 30. Juni 2010 zu erstellen und ist jährlich zu aktualisieren. Sie ist rechtlich nicht verbindlich.

Derzeit sind österreichweit rund 37.800 Objekte auf dieser Liste verzeichnet (Stand: Juli 2016).

Zur Information der Öffentlichkeit können geschützte Denkmale auch gesondert gekennzeichnet werden (§ 12); auf diesen Zeichen findet sich das **Bundeswappen** und ein in Anhang 1 abgebildetes **Signet**.

Denkmale, die iSd **Haager Konvention** (s IV.) für das kulturelle Erbe aller Völker von großer Bedeutung sind, sowie deren Aufbewahrungs- und Standorte sind vom BDA ebenfalls in einer Liste zu führen: **Kulturgüterschutzliste**. Voraussetzung für die Aufnahme in diese Liste ist, dass es sich um Denkmale handelt, denen „höchste Bedeutung für den österreichischen Denkmalbestand" zukommt. Nach Möglichkeit ist die Eintragung in die Liste durch das Anbringen gut sichtbarer **(blau-weißer) Zeichen** nach der Haager Konvention an den Denkmalen ersichtlich zu machen (§ 13).

Die Kulturgüterschutzliste umfasst derzeit 135 Objekte (Stand: Juli 2016).

VII. Wirkungen der Unterschutzstellung

1. Veränderungs- und Zerstörungsverbot, Erhaltungspflicht

Bei denkmalgeschützten Objekten sind die **Zerstörung** und jede **Veränderung**, die den Bestand (Substanz), die überlieferte (gewachsene) Erscheinung oder die künstlerische Wirkung beeinflussen könnte, ohne behördliche Bewilligung **verboten** (§§ 4 f). Auch Restaurierungen und sonstige denkmalgerecht ausgeführte Arbeiten können den Bestand, die überlieferte Erscheinung oder die künstlerische Wirkung beeinflussen und sind daher bewilligungspflichtig. Eine Ausnahme besteht für unbedingt notwendige Absicherungsmaßnahmen, die bei Gefahr im Verzug auch ohne vorherige Zustimmung des BDA getroffen werden können; sie sind der Behörde bloß anzuzeigen (§ 4 Abs 2).

Als „Zerstörung" eines Denkmals gilt einerseits dessen faktische Vernichtung, andererseits das absichtliche Unterlassen der für den Bestand des Denkmals unbedingt notwendigen Instandhaltungsarbeiten. Nach § 4 Abs 1 Z 2 ist es der Zerstörung eines Denkmals gleichzuhalten, wenn der Eigentümer oder sonst für die Instandhaltung Verantwortliche die Durchführung der für den Bestand des Denkmals unbedingt notwendigen Instandhaltungsmaßnahmen in der offenbaren Absicht, es zu zerstören, unterlässt, obwohl es sich um Maßnahmen handelt, die ihm insgesamt zumutbar sind, weil die Beseitigung keine oder nur geringe Geldmittel erfordert (wie zB die Ergänzung einzelner zerbrochener Dachziegel, Verschließen offenstehender Fenster udgl). Damit definiert der Gesetzgeber eine im Rahmen von Maßnahmen gem § 31 Abs 1 S 1 (s X.2.) durchsetzbare **denkmalspezifische Pflicht zur Erhaltung** (so VwSlg 16.396 A/2004). Eine über die Zumutbarkeitsgrenze des § 4 Abs 1 Z 2 hinausgehende Erhaltungspflicht des Eigentümers ist jedoch nicht vorgesehen. Die nach § 31 Abs 1 S 1 dem Eigentümer auf dessen eigene Kosten aufzutragenden Maßnahmen finden somit ihre Grenze in der durch § 4 Abs 1 Z 2 (iSd Erfordernisses keiner oder nur geringer Geldmittel) definierten Zumutbarkeit (so VwSlg 16.396 A/2004 betreffend die Wiener Sofiensäle).

Das **BDA** kann die **Zerstörung oder Veränderung** eines geschützten Denkmals über Antrag mit Bescheid **bewilligen** (§ 5 Abs 1). Die Beweislast für die Gründe, die eine Zerstörung oder Veränderung rechtfertigen, liegt beim Antragsteller. Die Behörde hat bei ihrer Entscheidung alle Gründe, die für eine Zerstörung oder Veränderung sprechen, gegen jene Gründe abzuwägen, die für eine unveränderte Erhaltung sprechen. Werden Bewilligungen für Veränderungen beantragt, die zugleich eine dauernde wirtschaftlich gesicherte Erhaltung des Objekts bewirken, so ist dieser Umstand besonders zu beachten. Vor Erteilung der Bewilligung ist idR der **Denkmalbeirat** zu hören (§ 15). Die **Bewilligung erlischt**, wenn von ihr nicht innerhalb von drei Jahren tatsächlich Gebrauch gemacht wird; eine behördliche Verlängerung dieser Frist ist möglich (§ 5 Abs 6).

Sofern an unbeweglichen Denkmalen lediglich **Instandhaltungs- und Reparaturarbeiten** im üblichen notwendigen Umfang durchgeführt werden sollen, können Anträge auch mündlich gestellt oder schriftlich zwei Monate vor Beginn der Arbeiten beim BDA angezeigt werden. Eine Entscheidung hat diesfalls innerhalb von sechs Wochen zu ergehen (§ 5 Abs 2).

Dem Antrag auf **Veränderung eines dem Gottesdienst gewidmeten Denkmals** einer gesetzlich anerkannten Kirche oder Religionsgesellschaft einschließlich ihrer Einrichtungen ist jedenfalls so weit stattzugeben, als die Veränderung für die Abhaltung des Gottesdienstes und die Teilnahme der Gläubigen daran nach den zwingenden oder zumindest allgemein angewandten liturgischen Vorschriften notwendig ist (§ 5 Abs 4).

Im Fall einer widerrechtlich erfolgten Veränderung oder Zerstörung eines Denkmals kann die BVB auf Antrag des BDA die **Wiederherstellung des vorherigen Zustands** – soweit möglich, verhältnismäßig und zumutbar – verfügen, wenn noch zumindest eine Teilunterschutzstellung gerechtfertigt ist (§ 36).

2. Veräußerungsbeschränkungen

Typische Folgewirkung der denkmalschutzrechtlichen Unterschutzstellung ist überdies die Beschränkung der Veräußerungsmöglichkeit (§ 6).

Denkmale, die **kraft gesetzlicher Vermutung unter Schutz** stehen (VI.1.), dürfen nur mit **Bewilligung des BDA** (freiwillig) veräußert werden.

Werden derartige Denkmale ohne die erforderliche Bewilligung veräußert und entsteht dadurch zumindest zur Hälfte privates Eigentum (Eigentum von nicht in § 2 Abs 1 S 1 genannten Personen), so unterliegen sie dennoch weiterhin den Bestimmungen des § 2 Abs 1, bleiben also ungeachtet des Wegfalls des (mehrheitlich) öffentlichen Eigentums unter Schutz gestellt. Erfolgt die Veräußerung durch Gesetz (die Verfügung über Bundesvermögen ist gem Art 42 Abs 5 B-VG dem NR vorbehalten), so erlischt diese Unterschutzstellung jedoch fünf Jahre nach dem Eigentumsübergang (§ 6 Abs 1). Vor der Entscheidung über die Bewilligung der Veräußerung an einen Privaten ist mit **Bescheid** festzustellen, ob ein öffentliches Interesse* an der Erhaltung des Denkmals tatsächlich besteht. Die Bewilligung selbst darf nur bei gleichzeitiger Namhaftmachung des Erwerbers erteilt werden (§ 6 Abs 2). Bei Veräußerung an einen anderen öffentlichen (Mehrheits-)Eigentümer (§ 2 Abs 1) bleibt hingegen der Schutz kraft gesetzlicher Vermutung aufrecht.

Der Verkauf von **mit Bescheid oder durch Verordnung geschützten** Denkmalen muss demgegenüber **dem BDA** binnen zwei Wochen unter Namhaftmachung des Erwerbers lediglich **angezeigt** werden. Gleiches gilt für Denkmale, hinsichtlich derer ein Unterschutzstellungsverfahren (§ 16 Abs 2) eingeleitet wurde. Die erfolgte Feststellung des öffentlichen Interesses* wird durch den Eigentümerwechsel nicht berührt, dh die Unterschutzstellung bleibt weiterhin aufrecht, sodass nunmehr der Erwerber denkmalschutzrechtlich verpflichtet ist (§ 6 Abs 4).

Für die Veräußerung oder Belastung einzelner Teile einer **Sammlung** ist eine **Bewilligung** notwendig, wenn das BDA diese Sammlung als Einheit unter Denkmalschutz gestellt hat. Eine Veräußerung oder Belastung ohne diese Bewilligung ist nichtig (§ 6 Abs 5).

VIII. Außerschutzstellung

Bei unter Schutz stehenden Denkmalen, die durch Zeitablauf, Unglücksfälle, rechtswidrige Zerstörung oder Veränderung sowie aus sonstigen Gründen (zB wissenschaftliche Neubewertung) ihre Bedeutung verloren haben, kann das BDA auf Antrag oder von Amts wegen bescheidmäßig feststellen, dass an der Erhaltung (oder eingeschränkt nur mehr an Teilen) kein öffentliches Interesse* mehr besteht: **Denkmalschutzaufhebungsverfahren** (§ 5 Abs 7). Die für eine Denkmalschutzaufhebung sprechenden Gründe sind, sofern sie nicht offenkundig sind, vom Antragsteller nachzuweisen. Ein Rechtsanspruch auf Aufrechterhaltung der Unterschutzstellung besteht nicht.

Eine „**wissenschaftliche Neubewertung**" iSd § 5 Abs 7 wird nur angenommen, wenn die Änderung des Standes der Wissenschaft bezogen auf das unter Schutz gestellte Objekt „*lege artis*" nachgewiesen ist (VwGH 22.03.2012, 2011/09/0166).

IX. Ausfuhr von Kulturgut

Gem § 16 Abs 1 besteht ein **Verbot der Ausfuhr ohne Bewilligung** (bzw Bestätigung) des BDA für

- Kulturgut, das unter Denkmalschutz steht oder hinsichtlich dessen ein Unterschutzstellungsverfahren eingeleitet wurde (Z 1);
- (noch nicht geschütztes) Kulturgut, das nach Maßgabe der AusfuhrV für die Ausfuhr einer Bewilligung bedarf (Z 2);
- Archivalien (Z 3).

Ausfuhr ist jede Verbringung über die Staatsgrenze, unabhängig vom Zweck der Handlung. Die Bestimmung gilt für Einzelobjekte und für Sammlungen, Bibliotheken usw, auch wenn sie mehrere Eigentümer haben und an verschiedenen Standorten aufbewahrt werden.

Die Ausfuhr von Kulturgut, das unter **§ 16 Abs 1 Z 1 oder 3** fällt, ist jedenfalls **bewilligungspflichtig** (§ 17 Abs 1).

Darüber hinaus ist gem § 16 Abs 1 Z 2 auf Grundlage der nach § 16 Abs 3 ergangenen **AusfuhrV** zu ermitteln, ob das betreffende Kulturgut einer Ausfuhrbewilligung bedarf. Keiner Bewilligung für die Ausfuhr bedürfen bestimmte, dort verzeichnete **Kategorien von Kulturgütern** wie zB Gemälde, Fotografien, Bücher, Möbel und Einrichtungsgegenstände bis zu einem gewissen Alter oder Wert. Demgegenüber ist die Ausfuhr sämtlicher nicht in der AusfuhrV angeführter Kulturgüter grundsätzlich genehmigungspflichtig (§ 16 Abs 1 Z 2). Um die Verbreitung österr **Gegenwartskunst** nicht zu behindern, sind allerdings gem § 16 Abs 4 die Werke lebender Künstler sowie die Werke von Künstlern, die noch nicht 20 Jahre tot sind, von der Bewilligungspflicht befreit, sofern es sich dabei nicht um Kulturgut iSd § 16 Abs 1 Z 1 oder 3 handelt (s auch Art II AusfuhrV).

Bei Objekten, die unter § 16 Abs 1 Z 1 oder 3 fallen, ist die Erteilung einer Ausfuhrgenehmigung nur in **besonders berücksichtigungswürdigen Fällen** möglich, dh die für die Ausfuhr sprechenden Gründe müssen das öffentliche Interesse* an der Aufbewahrung des Kulturgutes im Inland überwiegen. Der Antragsteller hat die vorgebrachten Gründe nachzuweisen (§ 17 Abs 3). Bei Ausfuhrgenehmigungen für noch nicht unter Schutz gestellte Denkmale, die bewilligungspflichtig sind, weil sie nicht von der AusfuhrV erfasst sind (§ 16 Abs 1 Z 2), spricht das DMSG von **Bestätigungen** (§ 18). Das BDA hat in diesen Fällen vorerst zu prüfen, ob die Erhaltung im Inland im nationalen Interesse liegt und ein Unterschutzstellungsverfahren einzuleiten ist (§ 17 Abs 1 Z 2). Wird das öffentliche Interesse* an der Erhaltung im Inland verneint, so ist eine Bestätigung (über die Ausfuhrfreiheit) auszustellen. Verweigert die Behörde die Ausstellung einer Bestätigung, hat sie unverzüglich ein Unterschutzstellungs- oder Feststellungsverfahren durchzuführen. Die Verweigerung der Ausstellung einer Bestätigung muss in Bescheidform ergehen (§ 18 Abs 4).

Eine **vorübergehende Ausfuhr** von Kulturgut (zB für Ausstellungen, Restaurierungszwecke oder wissenschaftliche Studien) kann vom BDA – allenfalls gegen Erlag einer Kaution bis zur doppelten Höhe des eventuell erzielbaren höchsten Verkaufspreises – genehmigt werden, wenn die unversehrte Rückkehr des Gegenstands ins Inland als gesichert angenommen werden kann. Die Regelung betreffend die **Wiederausfuhr** von Kulturgut, das (zB zu Verkaufszwecken) vorübergehend nach Österreich gebracht wurde, soll gewährleisten, dass solche Gegenstände wieder ins Ausland verbracht werden dürfen (§ 22).

Da das EU-Recht **Beschränkungen der Warenverkehrsfreiheit*** (nur) bei nationalem Kulturgut gestattet (s III.), enthält § 17 Abs 2 S 2 eine diesbezügliche Sonderregelung: So es sich um derartige „Austriaca“ handelt, bleibt unbeachtlich, dass die Ausfuhr nur in einen anderen EU-Mitgliedstaat stattfindet. Im Gegenzug wird für die Ausfuhr von Denkmalen, die keine Austriaca sind, in einen anderen EU/EWR-Mitgliedstaat ein Rechtsanspruch auf Erteilung einer Genehmigung angenommen (*Blauensteiner*, Denkmalschutzrecht 100 ff).

Für **Ausfuhren von Kulturgütern aus dem Zollgebiet der EU** ist die (unmittelbar anwendbare)* **VO (EG) 116/2009** maßgeblich (s III.). Die Ausfuhr der in Anh I zur VO verzeichneten Kulturgüter (die Auflistung korrespondiert nach Art und Wert mit den Kategorien der AusfuhrV) in Drittstaaten darf nur erfolgen, wenn eine Ausfuhrgenehmigung vorliegt. Eine beantragte Ausfuhrgenehmigung kann von der zuständigen nationalen Behörde (in Österreich: BDA oder Staatsarchiv) im Hinblick auf die Ziele der VO verweigert werden, wenn die betreffenden Kulturgüter unter eine Rechtsvorschrift zum Schutz nationalen Kulturguts von künstlerischem, geschichtlichem oder archäologischen Wert in dem betreffenden Mitgliedstaat fallen (Art 2 Abs 2). Für Österreich verweist die VO (EG) 116/2009 damit wiederum auf das DMSG.

X. Weitere Instrumente des Denkmalschutzrechts

1. Auskunfts- und Meldepflichten

Gem § 30 Abs 1 ist **jedermann** verpflichtet, zur Ermittlung und Auffindung von Denkmalen und zur Verzeichnung, zur Beaufsichtigung und Bewahrung vorhandener Denkmalbestände dem BDA und dessen Organen* die erforderlichen Auskünfte zu erteilen bzw die Besichtigung und Untersuchung der in Frage kommenden Gegenstände und vermuteten Bodenfunde zu gestatten. § 30 Abs 2 sieht weitere Auskunftspflichten iZm der Ausfuhr von Kulturgütern vor.

Eigentümer oder sonstige für die Instandhaltung geschützter Denkmale **verantwortliche Personen** sind dem BDA über **Schäden und Mängel**, die an diesen Denkmalen auftreten, sowie über deren Ursachen auskunftspflichtig. Besteht die Gefahr der Zerstörung des Denkmals, haben sie das BDA von sich aus über die aufgetretenen Schäden zu informieren (§ 30 Abs 3). Eine über zumutbare Instandhaltungsmaßnahmen (§ 4 Abs 1 Z 2) hinausgehende Pflicht zur Beseitigung von Schäden besteht nicht (s auch VwSlg 6396 A/2004).

2. Sicherungsmaßnahmen

Um Gefährdungen und Beeinträchtigungen des Bestands oder Erscheinungsbilds von unbeweglichen Denkmalen durch Veränderungen in ihrer Umgebung zu vermeiden (= **Umgebungsschutz**), hat die **BVB** auf Grundlage von § 7 **Verbote** (je nach Adressatenkreis als Bescheide oder Verordnungen) zu erlassen (zB Verbot des Anbringens von Reklametafeln, Schaukästen oder Aufschriften).

Besteht die **Gefahr**, dass Denkmale **zerstört, verändert oder veräußert** werden und dadurch das Interesse an der unversehrten Erhaltung des Denkmals wesentlich geschädigt würde, so hat die zuständige **BVB** die jeweils geeigneten **Maßnahmen, Verfügungen und Verbote** zur Abwendung dieser Gefahr zu treffen. Bei diesen Maßnahmen, Verfügungen und Verboten handelt es sich – je nach Adressatenkreis – um Bescheide oder Verordnungen (§ 31). Maßnahmen nach § 31 Abs 1 S 1 müssen sich nicht notwendigerweise gegen den Eigentümer des Denkmals richten. Entscheidend ist, dass sie zur Abwendung der Gefahr geeignet und unter Berücksichtigung ihrer Eingriffswirkung in grundrechtlich geschützte Positionen (II.2.) **verhältnismäßig** sind. Sicherungsmaßnahmen, die eine im Gesetz nicht vorgesehene Erhaltungs- bzw Instandsetzungsverpflichtung (s VII.1.) zum Inhalt haben, lässt § 31 Abs 1 S 2 nur unter der Voraussetzung zu, dass die Kosten dieser Maßnahmen dem Verpflichteten von dritter Seite zur Verfügung gestellt werden (so VwSlg 16.396 A/2004). In diesem Zusammenhang kommt insb dem **Denkmalfonds** eine Finanzierungsfunktion zu (§ 33).

Besteht die Gefahr, dass der Ausfuhrbeschränkung unterliegende Objekte **widerrechtlich ausgeführt** werden, so hat die zuständige BVB Sicherungsmaßnahmen anzuordnen, insb solche Gegenstände zu verzeichnen oder die zwangsweise Verwahrung in einem Museum oder einer sonstigen öffentlichen Sammlung anzuordnen (§ 31). Außerdem kann Eigentümern, Besitzern und Inhabern von **Sammlungen** die Pflicht auferlegt werden, jede Änderung im Bestand, im Aufbewahrungsort oder in Eigentums-, Besitz- und Inhaberverhältnissen dem BDA rechtzeitig anzuzeigen.

Die Organe* der **Zollverwaltung** sind befugt, Waren zu **beschlagnahmen**, wenn der Verdacht besteht, dass es sich um Gegenstände handelt, die rechtswidrig ausgeführt werden sollen (§ 35).

3. Wiederherstellung und Rückholung

Für den Fall einer widerrechtlich erfolgten Veränderung oder Zerstörung eines Denkmals kann die BVB den **Schuldtragenden auf seine Kosten** zur

Wiederherstellung des der widerrechtlichen Änderung oder Zerstörung unmittelbar vorausgegangenen Zustands des Denkmals verpflichten. Darüber hinaus können demjenigen, der die Schuld an der widerrechtlichen Veräußerung einzelner Gegenstände aus einer einheitlichen Sammlung trägt (§ 6 Abs 5), die Wiederherstellung der Situation vor dem Verkauf oder die Kosten der (allenfalls ersatzweise erfolgten) Wiederbeschaffung auferlegt werden (§ 36 Abs 1).

Wurde Kulturgut widerrechtlich ins Ausland verbracht oder dort belassen, können von der zuständigen BVB binnen 20 Jahren auf Kosten des Schuldtragenden **geeignete Maßnahmen zur Rückführung der Gegenstände** (einschließlich des Ankaufs) verfügt werden (**Rückholung**). Wird Kulturgut auf diese Weise ins Inland zurückgeführt, fällt es dem Bund anheim, es sei denn, den früheren Eigentümer trifft an der widerrechtlichen Ausfuhr kein Verschulden (§ 36 Abs 2). Sonderregelungen zur Rückführung enthält das KGRG, das für einen bestimmt erfassten Kreis an Staaten ein spezifisches System der Kulturgutrückgabe etabliert (s sogleich).

XI. Rückgabe von Kulturgut

1. Rückgabe von Kulturgut nach dem KGRG

Das BG über die Rückgabe unrechtmäßig verbrachter Kulturgüter (**KGRG**) erging in Umsetzung der RL 2014/60/EU und zur Erfüllung des UNESCO-Übereinkommens über Maßnahmen zum Verbot und zur Verhütung der unzulässigen Einfuhr, Ausfuhr und Übereignung von Kulturgut. Es regelt für den Fall **unrechtmäßig verbrachten bzw unrechtmäßig eingeführten Kulturguts** die Geltendmachung von Rückgabeansprüchen des ersuchenden Staates in Österreich sowie die Geltendmachung von Rückgabeansprüchen der Republik Österreich als ersuchender Staat in einem EU-Mitgliedstaat oder Vertragsstaat des UNESCO-Übereinkommens. Stütze dessen ist ein europaweites Modell der Verwaltungskooperation, das insb die von jedem Mitgliedstaat zu benennenden sog zentralen Stellen in Zusammenarbeit und Informationsaustausch treten lässt. Als zentrale Stelle in Österreich fungiert das BDA, bei Archivalien das Österreichische Staatsarchiv.

Ein Kulturgut ist unrechtmäßig verbracht, wenn es unrechtmäßig aus dem Hoheitsgebiet eines EU-Mitgliedstaats oder eines Vertragsstaats des Übereinkommens ausgeführt wurde oder nach Ablauf der Frist für eine vorübergehende rechtmäßige Verbringung nicht in den Mitgliedstaat oder Vertragsstaat rückgeführt wurde (§ 3 KGRG). Eine unrechtmäßige Einfuhr liegt vor, wenn das Kulturgut aus einem EU-Mitgliedstaat oder Vertragsstaat unrechtmäßig verbracht wurde und diese Verbringung auch im Zeitpunkt der Einfuhr nach Österreich unrechtmäßig wäre (§ 4 KGRG).

2. Rückgabe von Kunstgegenständen und Kulturgut nach dem KRG

Das **Kunstrückgabegesetz (KRG)** enthält Regelungen zur Rückgabe von Kunstgegenständen und sonstigen beweglichen Kulturguts aus den österr Bundesmuseen und Sammlungen sowie aus dem unmittelbaren Bundeseigentum an ihre ursprünglichen Eigentümer oder deren Rechtsnachfolger von Todes wegen für Fälle, in denen es als Folge der **nationalsozialistischen Gewaltherrschaft** zum Entzug dieser Objekte kam (**Restitution**). Die zuständigen BM werden ermächtigt, die betreffenden Gegenstände zu restituieren, oder, ist eine Rückübereignung nicht möglich, dem Nationalfonds der Republik Österreich für Opfer des Nationalsozialismus zur Verwertung zu übereignen. Vor Übereignung ist der beim BMUKK eingerichtete Kunstrückgabe-Beirat zu hören. Ein Anspruch auf Übereignung wird durch das KRG nicht begründet (§ 2 Abs 2 KRG). Die befassten Organe handeln nach der Rsp im Rahmen der Privatwirtschaftsverwaltung, weshalb insb das AVG für ihr Verfahren nicht zur Anwendung gelangt (VwGH 20.05.2015, Ra 2015/10/0044).

XII. Behörden und Verfahren

1. Behörden

a) Unmittelbare Bundesverwaltung*

Das Bundesdenkmalamt (**BDA**) als Verwaltungsbehörde des Bundes entscheidet über Fragen der Unterschutzstellung bzw Aufhebung des Denkmalschutzes und über Fragen iZm der Ausfuhr von Kulturgut. Die **Landeskonservatorate** für die Bundesländer sind Dienststellen des BDA und selbst **keine Behörden***. Über **Archivalien** entscheidet das **Österreichische Staatsarchiv** (§ 24).

Zur Beratung des BDA und des BK bei Fragen des Denkmalschutzes und der Denkmalpflege ist der **Denkmalbeirat** eingerichtet (§ 15). Ihm kommen Anhörungsrechte (vor Erteilung einer Zerstörungsbewilligung, s § 5 Abs 5), nicht aber behördliche Funktionen zu.

Bescheide des BDA und des Österreichischen Staatsarchivs sind mit Beschwerde an das **BVwG** bekämpfbar (§ 29 Abs 1).

b) Mittelbare Bundesverwaltung*

Die **verwaltungspolizeilichen* Agenden** werden von den **BVB** wahrgenommen. Darunter fallen einerseits Maßnahmen zum Schutz der Umgebung von Denkmalen (§ 7), andererseits Maßnahmen, Verfügungen und Verbote betreffend das Denkmal selbst, wenn die Gefahr der Zerstörung, Veränderung oder

Veräußerung besteht (§ 31). Schließlich sind auch Sicherungsmaßnahmen zum Schutz vor widerrechtlicher Ausfuhr (§ 31 Abs 3 und 4) sowie die Verfügung der Wiederherstellung oder Rückholung (§ 36) Sache der BVB (s X.2. und X.3.). Dem **BDA** kommen in diesen Verfahren **Antragsrechte** zu.

Über Beschwerden gegen Bescheide der BVB entscheidet das zuständige **LVwG** (§ 29 Abs 1). Beschwerden in Verfahren über die Verfügung von Sicherungsmaßnahmen (§ 31) kommt keine aufschiebende Wirkung zu (§ 29 Abs 3).

2. Verfahren

Für das behördliche Verfahren des BDA, des Österreichischen Staatsarchivs und der BVB gelangen das **AVG** und das **VStG** zur Anwendung (Art I Abs 2 EGVG). Auf das behördliche Verfahren der BVB in den Angelegenheiten der Verwaltungsvollstreckung ist das **VVG** anzuwenden (Art I Abs 2 Z 3 EGVG).

Für **Bescheide** nach dem DMSG ist grundsätzlich **Schriftlichkeit** vorgesehen. Eine Begründungspflicht besteht idR auch dann, wenn dem Parteienantrag vollinhaltlich stattgegeben wird (§ 28 Abs 1). Im **Unterschutzstellungsverfahren** (VI.3.) kommt insb der Möglichkeit zur Erlassung von **Mandatsbescheiden*** Bedeutung zu (§ 29 Abs 2 DMSG).

Werden unter Denkmalschutz stehende Objekte durch **konzentrierte Verfahren**, die aufgrund bundesrechtlicher Vorschriften durchgeführt werden, in einer Weise betroffen, dass (auch) Genehmigungen nach dem DMSG erforderlich wären, kommt dem BDA in diesen Verfahren Parteistellung und das Recht zur Nominierung von Sachverständigen zu. Berechtigt ist das BDA diesfalls auch, Beschwerde gem Art 132 Abs 5 B-VG und Revision gem Art 133 Abs 8 B-VG zu erheben (§ 5 Abs 8).

Die denkmalschutzrechtlichen **Strafbestimmungen** (§ 37) enthalten neben mehreren Verwaltungsstraftatbeständen den gerichtlich zu ahndenden Tatbestand der Zerstörung eines Denkmals. Abgestellt wird jeweils auf vorsätzliches Handeln. Sofern das BDA in Fällen, in denen ein Strafverfahren läuft, eine nachträgliche Bewilligung erteilt oder bescheidmäßig feststellt, dass ein öffentliches Interesse* an der Erhaltung eines Denkmals tatsächlich nicht besteht oder bestanden hat, ist dieses einzustellen. Für die Verwaltungsstraftatbestände des DMSG gilt eine von § 31 Abs 2 VStG abweichende Berechnung der **Verjährungsfrist** (§ 37 Abs 7). Die aufgrund der Strafverfahren eigehenden Gelder fallen gem § 37 Abs 9 dem Bund zu und sind für Ausgaben im Rahmen des **Denkmalfonds** zweckgebunden (§§ 33, 40 Z 1).

Claudia Fuchs

Vergaberecht

Rechtsgrundlagen

Kompetenzgrundlagen

Art 14b B-VG („Angelegenheiten des öffentlichen Auftragswesens").

Verfassungsrechtliche Bezüge

Art 17 B-VG (Privatwirtschaftsverwaltung); Art 130 Abs 2 Z 2 B-VG (Zuständigkeit der VwG); Art 136 Abs 2 B-VG (Verfahrensrecht der VwG).

Europarechtliche Bezüge

Art 18 AEUV (Diskriminierungsverbot), Art 34 ff AEUV (Warenverkehrsfreiheit), Art 49 ff AEUV (Niederlassungsfreiheit), Art 56 ff AEUV (Dienstleistungsfreiheit).

RL 2014/24/EU über die öffentliche Auftragsvergabe und zur Aufhebung der Richtlinie 2004/18/EG, ABl 2013 L 94/65 (allgemeine VergabeRL); RL 2014/25/EU über die Vergabe von Aufträgen durch Auftraggeber im Bereich der Wasser-, Energie- und Verkehrsversorgung sowie der Postdienste und zur Aufhebung der Richtlinie 2004/17/EG, ABl 2013 L 94/243 (SektorenRL); RL 2014/23/EU über die Konzessionsvergabe, ABl 2013 L 94/1 (KonzessionsRL); VO (EU) 2015/2170 der Kommission zur Änderung der Richtlinie 2014/24/EU des Europäischen Parlaments und des Rates im Hinblick auf die Schwellenwerte für Auftragsvergabeverfahren, ABl 2015 L 307/5; VO (EG) 213/2008 der Kommission zur Änderung der VO (EG) 2195/2002 des Europäischen Parlaments und des Rates über das Gemeinsame Vokabular für öffentliche Aufträge (CPV) und der Vergaberichtlinien des Europäischen Parlaments und des Rates 2004/17/EG und 2004/18/EG im Hinblick auf die Überarbeitung des Vokabulars, ABl 2008 L 74/1 (CPV-VO); DurchführungsVO (EU) 2015/1986 der Kommission zur Einführung von Standardformularen für die Veröffentlichung von Vergabebekanntmachungen für öffentliche Aufträge und zur Aufhebung der DurchführungsVO (EU) 842/2011, ABl 2015 L 296/1 (StandardformularVO); DurchführungsVO (EU) 2016/7 der Kommission zur Einführung des Standardformulars für die Einheitliche Europäische Eigenerklärung, ABl 2016 L 3/16; RL 89/665/EWG des Rates zur Koordinierung der Rechts- und Verwaltungsvorschriften für die Anwendung der Nachprüfungsverfahren im Rahmen der Vergabe öffentlicher Liefer- und Bauaufträge, ABl 1989

L 395/3 idF RL 2014/23/EU, ABl 2014 L 94/1 (RechtsmittelRL); RL 92/13/EWG des Rates zur Koordinierung der Rechts- und Verwaltungsvorschriften für die Anwendung der Gemeinschaftsvorschriften über die Auftragsvergabedurch Auftraggeber im Bereich der Wasser-, Energie- und Verkehrsversorgung sowie im Telekommunikationssektor, ABl 1992 L 76/14 idF RL 2014/23/EU, ABl 2014 L 94/1 (Sektoren-RechtsmittelRL); RL 2009/81/EG über die Koordinierung der Verfahren zur Vergabe bestimmter Bau-, Liefer- und Dienstleistungsaufträge in den Bereichen Verteidigung und Sicherheit, ABl 2009 L 216/76; RL 2014/55/EU des Europäischen Parlaments und des Rates über die elektronische Rechnungsstellung bei öffentlichen Aufträgen, ABl 2014 L 133/1.

Abkommen über den Europäischen Wirtschaftsraum (EWRA), BGBl 909/1993 idF III 46/2012.

Völkerrechtliche Bezüge

WTO-Abkommen über das öffentliche Beschaffungswesen (Government Procurement Agreement – GPA), ABl 1994 L 336/273 idF ABl 2014 L 68/2.

Gesetze und sonstige Rechtsgrundlagen

BG über die Vergabe von Aufträgen (Bundesvergabegesetz 2006 – BVergG 2006), BGBl I 17/2006 idF I 7/2016; BG über die Vergabe von Aufträgen im Verteidigungs- und Sicherheitsbereich (Bundesvergabegesetz Verteidigung und Sicherheit 2012 – BVergGVS), BGBl I 10/2012 idF I 7/2016 (BGBl II 148/2016 Betragsanpassung); BG über die Errichtung einer Bundesbeschaffung GmbH (BB-GmbH-G), BGBl I 39/2001 idF I 76/2006.

bgld VergaberechtsschutzG, LGBl 66/2006 idF 79/2013; krnt VergaberechtsschutzG 2014, LGBl 95/2013; nö Vergabe-NachprüfungsG, LGBl 7200-0 idF 7200-3; oö VergaberechtsschutzG, LGBl 130/2006 idF 90/2013; sbg VergabekontrollG, LGBl 28/2007 idF 120/2015; stmk VergaberechtsschutzG 2012, LGBl 80/2012 idF 49/2014; tir VergabenachprüfungsG, LGBl 70/2006 idF 130/2013; vlbg VergabenachprüfungsG, LGBl 1/2003 idF 44/2013; wr VergaberechtsschutzG 2014, LGBl 37/2013.

Verordnung des BK über die Festlegung des Publikationsmediums für Bekanntmachungen gemäß dem Bundesvergabegesetz 2006, BGBl II 300/2006 idF II 111/2012; Verordnung des BK betreffend die Anpassung von im Bundesvergabegesetz 2006 festgesetzten Schwellenwerten – Schwellenwerteverordnung 2012, BGBl II 95/2012 idF II 292/2014; Verordnung des BMF zur Bestimmung jener Güter und Dienstleistungen, die nach dem BB-GmbH-G zu beschaffen sind, BGBl II 208/2001 idF II 213/2005; Verordnung des BMF über die Einrichtung eines Beschaffungscontrollings in der Bundesbeschaffung GmbH (Beschaffungscontrolling-V), BGBl II 398/2003 idF II 359/2008.

Weiters gibt es in den Bundesländern Verordnungen über Pauschalgebühren und Publikationsmedien im Vergabeverfahren.

Literaturauswahl

Monografien – Kommentare

Breitenfeld/Endlich/Pock, BVergG 2006[5] (2012); *Egger*, Europäisches Vergaberecht (2008); *Eilmansberger ua*, Materielles Europarecht[3] (2012); *Elsner*, Bundesvergabegesetz 2006

(BVergG) idF der Novelle 2010[3] (2010); *Feuchtmüller*, Veräußerung von Gesellschaftsanteilen und Vergaberecht (2013); *Heid Schiefer Rechtsanwälte/Preslmayr Rechtsanwälte* (Hrsg), Handbuch Vergaberecht[4] (2015); *Höfferer*, Vergaberecht als praktikables Regulativ (2014); *Holoubek/Fuchs/Holzinger K.*, Vergaberecht[4] (2014); *Kahl/Rosenkranz*, Vergaberecht[2] (2014); *Pelzer/De Koninck/Ronse*, Europäisches Vergaberecht (2009); *Sachs/Trettnak-Hahnl*, Das neue Bundesvergaberecht[5] (2016); *Schnitzer*, Internationales Vergaberecht (2007); *Schramm/Aicher* (Hrsg), Vergaberecht und PPP I-VI (2004–2010); *Schramm/Aicher/Fruhmann* (Hrsg), Kommentar zum Bundesvergabegesetz 2006 (5. Lfg, 2015); *Schwartz* (Hrsg), Kommentar zum Bundesvergabegesetz 2006[2] (33. Lfg 2015); *Werschitz/Ragoßnig*, Österreichisches Vergaberecht[3] (2013).

Beiträge

Aicher/Kraus, Schadenersatz ohne Verschulden bei Verstößen gegen Vergaberecht, ZVB 2011, 315 (Teil I), 358 (Teil II); *Denk*, Art 14b, in Korinek/Holoubek (Hrsg), Österreichisches Bundesverfassungsrecht (7. Lfg 2005); *Eilmansberger*, Vergaberechtliche Schranken von Ausgliederungen und Privatisierungen, JBl 2001, 562; *Fruhmann*, Der gemeinschaftsrechtliche Vertragsbegriff, In-House und das Transparenzprinzip, ZVB 2008, 73; *Fruhmann*, Die BVergG-Novelle 2015, ZVB 2016/26, 98; *Fuchs*, Vergabewettbewerb als Instrument. Zur Renaissance politischer Instrumentalisierung des Vergaberechts, JRP 2012, 288; *Fuchs/Sagmeister*, Vergabestrafrecht, in Kert/Kodek (Hrsg), Das große Handbuch Wirtschaftsstrafrecht (2016) 545; *Helmreich*, Die vergaberechtliche Relevanz gesellschaftsrechtlicher Veränderungen auf Bieter- und Auftragnehmerseite, RPA 2013, 319 (Teil I), RPA 2014, 5 (Teil II); *Holly/Maier*, Vergaberecht, in Winkler R. (Hrsg), Öffentliches Wirtschaftsrecht (2008) 249; *Holoubek*, Vergaberechtsschutz durch Schadenersatz, ZfV 1998, 593; *Holoubek/Damjanovic/Holzinger K.*, Die Vergabe öffentlicher Aufträge als sozialpolitisches Instrument: zu den rechtlichen Rahmenbedingungen, in Schneider/Trukeschitz (Hrsg), Quasi-Märkte und Qualität (2007), 33; *Holoubek/Fuchs*, Vergaberecht, in Holoubek/Potacs (Hrsg), Handbuch Öffentliches Wirtschaftsrecht I[3] (2013) 735; *Holoubek/Fuchs*, Zur Rationalität des Vergaberechts, in FS Marx (2013) 267; *Holoubek/Hanslik*, Haftung für Vergabefehler, in Studiengesellschaft für Wirtschaft und Recht (Hrsg), Haftung im Wirtschaftsrecht (2013) 83; *Kahl/Müller Th.*, Die umfassende Reform des EU-wettbewerbsrechtlichen Rahmens für Dienstleistungen von allgemeinem wirtschaftlichem Interesse, ÖZW 2012, 82; *Klaushofer*, Art 14b B-VG, ZfV 2003, 630; *Kneihs*, Vergabekontrolle und Selbstverwaltung in Österreich, ZfV 2005, 499; *Müller Th.*, Rettungsdienste im europäischen Vergaberecht, ecolex 2010, 917; *Oppel*, Behebbare und nicht behebbare Mängel, ZVB 2013, 350; *Potacs*, Auftraggeber im Vergaberecht – am Beispiel des Verfahrens „Stadion Klagenfurt“, in FS Wimmer (2008) 527; *Reisner*, Ende der Antragslegitimation?, RPA 2013, 197; *Rihs/Steiner*, „Hinreichend qualifizierter Verstoß“ als neue materielle Voraussetzung für Schadenersatzansprüche im BVergG 2006, ZVB 2013, 138 (Teil I), 188 (Teil II); *Rill*, Art 14b B-VG, in Kneihs/Lienbacher (Hrsg), Rill-Schäffer-Kommentar Bundesverfassungsrecht (16. Lfg 2015); *Schnitzer*, 10 Jahre WTO-Abkommen über das öffentliche Beschaffungswesen (GPA) – Are the rules effective? ZVB 2006, 12; *Stalzer*, Das BVergG 2006 im Schatten der neuen EU-Vergaberichtlinien, ecolex 2016, 552; *Trettnak-Hahnl*, Vergaberecht, in Raschauer B. (Hrsg), Grundriss des österreichischen Wirtschaftsrechts[3] (2010) 387; *Weinhandl*, Vergaberechtsschutz, in Pürgy (Hrsg), Das Recht der Länder II/2 (2012) 575; *Ziniel*, Stärkung des Bestbieterprinzips im Vergaberecht, RFG 2016/7, 31.

Rechtsprechung

VfSlg 15.106/1998 (keine sachliche Rechtfertigung der Ausnahme der geschützten Sektoren vom vergabespezifischen Rechtsschutz); VfSlg 15.286/1998 (Regelung des spezifischen Rechtsschutzes bei von Ländern, Gemeinden oder Gemeindeverbänden vergebenen Aufträgen aufgrund der Organisationskompetenz in Gesetzgebung und Vollziehung Ländersache); VfSlg 16.027/2000, 17.108/2004 (Verfassungswidrigkeit der unterschiedlichen Regelung des Rechtsschutzes im Ober- und Unterschwellenbereich); VfSlg 16.327/2001 (Verfassungswidrigkeit der im sbg LVergG vorgesehenen Kontrolle oberster Organe der Vollziehung wegen Verletzung des rechtsstaatlichen und des demokratischen Prinzips; Aufhebung der Verfassungsbestimmung des § 126a BVergG 1997 wegen Verstoß gegen das Rechtsstaatsprinzip); VfSlg 17.678/2005 (Feststellung der Zuständigkeit des UVS Kärnten zur Entscheidung über Nachprüfungsanträge betreffend Bau des EM-Stadions in Klagenfurt); VfSlg 17.783/2006, 18.248/2007 (tw Verfassungswidrigkeit des Pauschalgebührensystems); VfSlg 18.101/2007 (Zulässigkeit des Verweises auf ÖNORMEN); VfSlg 18.642/2008 (Regelung zur Wahl des Verhandlungsverfahrens ohne Bk); VfGH 28.02.2012, B 1741/10 (keine Antragslegitimation eines Vereins mit dem Zweck der Förderung des fairen bzw der Bekämpfung des unfairen Wettbewerbs); VfSlg 19.896/2014 (keine Verfassungswidrigkeit des Ausschlusses einer Bietergemeinschaft wegen Eröffnung eines Insolvenzverfahrens; VwG kein letztinstanzliches vorlagepflichtiges Gericht); VfSlg 19.914/2014 (keine Bedenken gegen die Gebührenregelungen im Nachprüfungsverfahren vor dem BVwG).

VwSlg 15.633 A/2001 (Widerruf, Kostenüberschreitung); VwGH 25.02.2004, 2003/04/0186 (Mängelbehebung); VwSlg 16.849 A/2006 (Auftraggebereigenschaft); VwGH 29.03.2006, 2004/04/0144 (Auslegung von Ausschreibungsbestimmungen); VwGH 28.05.2008, 2007/04/0232 (Antragslegitimation); VwSlg 17.541 A/2008 (Bestbieterprinzip, Zuschlagskriterien); VwGH 18.03.2009, 2007/04/0132 (technische Leistungsfähigkeit); VwGH 27.05.2009, 2008/04/0041 (Antragslegitimation, zwingendes Ausscheiden von Angeboten im Nachprüfungsverfahren), VwGH 27.05.2009, 2007/04/0098 (Nachweise für Subunternehmer); VwGH 11.11.2009, 2009/04/0203 (Zeitpunkt des Vorliegens der Eignung); VwSlg 17.801 A/2009 (Entgeltlichkeit); VwSlg 17.802 A/2009 (Nebenrechte von Gewerbetreibenden), VwGH 24.02.2010, 2005/04/0253 (finanzielle und wirtschaftliche Leistungsfähigkeit); VwSlg 17.842 A/2010 (Antragslegitimation, drohender Schaden); VwSlg 17.883 A/2010 (Kalkulationsmängel, vertiefte Angebotsprüfung), VwSlg 17.976 A/2010 (Auftragswertberechnung); VwSlg 17.978 A/2010 (Schwere berufliche Verfehlung); VwSlg 18.085 A/2011 (verspätete Aufklärung); VwSlg 18.106 A/2011 (Wahlmöglichkeit des Billigstbieterprinzips); VwSlg 18.161 A/2011 (Gemeinsames Vorhaben bei Dienstleistungen, Auftragswertschätzung); VwSlg 18.345 A/2012 (Wiederholte Aufklärungsversuche); VwGH 14.03.2012, 2009/04/0252 (nö Schlichtungsverfahren); VwGH 17.04.2012, 2008/04/0112 (Präklusion, Ausschluss der Anwendbarkeit des BVergG nicht möglich); VwSlg 18.434 A/2012 (Mehrfachbeteiligung); VwGH 25.09.2012, 2008/04/0054 (Widerruf, wesentliche Kostenüberschreitung); VwGH 02.10.2012, 2008/04/0132 (Pauschalgebührenersatz); VwGH 31.01.2013, 2010/04/0070 (Preisangemessenheit, kartellrechtliche Prüfung); VwGH 09.04.2013, 2011/04/0207 (Akteneinsicht); VwGH 09.04.2013, 2011/04/0173 (Zuschlagsentscheidung bei nicht-prioritären Dienstleistungen); VwGH 12.09.2013, 2012/04/0010 (Bewertung der Zuverlässigkeit, Vermeidungsmaßnahmen); VwGH 17.06.2014, 2013/04/0020 (interkommunale Kooperation); VwGH 27.10.2014, 2012/04/0066 (Auslegung von Ausschreibungsbestimmungen nach dem objektiven Erklärungswert); VwGH 20.05.2015, Ro 2014/04/0069 (Vorabentscheidungsersuchen an den EuGH: Beschwerdelegitimation auch eines rechtmäßig ausgeschiedenen Bieters?); VwGH 24.06.2015, Ra 2014/04/0043 (Vorschieben eines privaten Dritten als Auftraggeber zur Umgehung des Vergaberechts); VwGH 09.09.2015, Ra 2014/04/0036 (Abgrenzung Eignungs- und Zuschlagskriterien); VwGH 11.11.2015, Ra 2015/04/0073 (Geldbuße keine Verwaltungsstrafe, neues Sanktionssystem); VwGH 16.12.2015, Ra 2014/04/0045 (Kontrollzuständigkeit bei gemeinsamer Vergabe durch Bund und Länder); VwGH 16.12.2015, Ro 2014/04/0065 (wesentliche Vertragsänderung); VwGH 16.12.2015, Ra 2015/04/0071 (Bestandskraft rechtswidriger Auftraggeberentscheidungen); VwGH 16.03.2016, 2015/04/0004 (Verdrängung der sechsmonatigen absoluten Ausschlussfrist für die Einbringung von Feststellungsanträgen wegen Unionsrechtswidrigkeit); VwGH 20.04.2016, Ro 2014/04/0071 (Berechnung des geschätzten Auftragswerts, funktionelle Betrachtung).

EuGH 20.09.1988, 31/87 (Beentjes) (Begriff des öffentlichen Auftraggebers, funktionelles Verständnis); EuGH 15.01.1998, C-44/96 (Mannesmann Anlagenbau Austria u.a.) (Begriff des öffentlichen Auftraggebers, „Infizierungsprinzip"); EuGH 24.09.1998, C-76/97 (Tögel) (Unmittelbare Anwendbarkeit von RL); EuGH 28.10.1999, C-81/98 (Alcatel Austria) (Trennung von Zuschlagserteilung und -entscheidung, Nachprüfungsverfahren); EuGH 18.11.1999, C-107/98 (Teckal) (Inhouse-Vergabe); EuGH 07.12.2000, C-94/99 (ARGE Gewässerschutz) (Teilnahme subventionierter Bieter am Vergabeverfahren); EuGH 04.12.2003, C-448/01 (EVN AG/Wienstrom) (Umweltgerechtheit der Leistung); EuGH 23.11.1999, C-149/96 (Portugal/Kommission) (Anwendung von WTO-Recht); EuGH 07.12.2000, C-324/98 (Telaustria) (öffentliche Dienstleistungskonzession); EuGH 18.06.2002, C-92/00 (Hospital Ingenieure Krankenhaustechnik Planungs-GmbH) (gesonderte Anfechtbarkeit des Widerrufs der Ausschreibung); EuGH 11.01.2005, C-26/03 (Stadt Halle) (Vergabe an gemischtwirtschaftliche Betriebe unterliegt den Vergabebestimmungen); EuGH 10.11.2005, C-29/04 (Stadt Mödling) (Vertragsverletzung Österreichs durch Vergabe eines Abfallentsorgungsvertrages ohne Ausschreibung; keine Inhouse-Ausnahme für gemischtwirtschaftliche PPP-Gesellschaften); EuGH 09.02.2006, C-226/04 (La Cascina) (Ausschluss vom Vergabeverfahren bei Nichtbezahlung von Sozialversicherungsbeiträgen bzw Steuern); EuGH 18.12.2007, C-337/06 (Bayerischer Rundfunk) (Begriffe „überwiegende staatliche Finanzierung", „Auftraggeber"); EuGH 10.04.2008, C-393/06 (Ing Aigner) (nur Tätigkeiten im Sektorenbereich fallen unter die RL 2004/17/EG, die übrigen Aufträge unterfallen der RL 2004/18/EG); EuGH 15.05.2008, C-147/06 und C-148/06 (SECAP) (ungewöhnlich niedrige Angebote, grenzüberschreitendes Interesse); EuGH 19.06.2008, C-454/06 (pressetext Nachrichtenagentur) (Begriff Vergabe, Fragen der Vertragsanpassung ohne Neuausschreibung); EuGH 11.06.2009, C-300/07 (Oymanns) (Krankenkassen als öffentliche Auftraggeber); EuGH 10.11.2011, C-348/10 (Norma-A und Dekom) (Dienstleistungsauftrag/-konzession); EuGH 10.05.2012, C-368/10 (Kommission/Niederlande) („Max Havelaar") (Verwendung von Gütezeichen, Berücksichtigung von Kriterien ökologischen und sozialen Handelns); EuGH 29.11.2012, C-182/11 ua (Econord) (Gemeinsam ausgeübte Kontrolle bei Inhouse-Vergaben); EuGH 19.12.2012, C-159/11 (Azienda Sanitaria Locale die Lecce) (Vertrag zwischen zwei öffentlichen Einrichtungen); EuGH 13.06.2013, C-386/11 (Piepenbrock) (Vereinbarung zwischen zwei Gebietskörperschaften, Beteiligung Dritter bei der Aufgabenerfüllung, Hilfsaufgaben); EuGH 04.07.2013, C-100/12 (Fastweb) (Antragslegitimation im Nachprüfungsverfahren bei auszuscheidenden Bietern); EuGH 12.09.2013, C-526/11 (Ärztekammer Westfalen-Lippe) (überwiegende staatliche Finanzierung, erhebliche Autonomie, kein öffentlicher Auftraggeber); EuGH 10.07.2014, C-213/13 (Impresa Pizzarotti) (Vermietung eines zu errichtenden Gebäudes); EuGH 26.03.2015, C-601/13 (Ambisig) (Abgrenzung Eignungs-/Zuschlagskriterien);

EuGH 06.10.2015, C-203/14 (Consorci Sanitari del Maresme) („Wirtschaftsteilnehmer“ ist auch öffentliche Stelle); EuGH 17.11.2015, C-115/14 (RegioPost) (Mindestlohn); EuGH 26.11.2015, C-166/14 (MedEval) (Schadenersatzansprüche in Abhängigkeit einer vorherigen Feststellung der Rechtswidrigkeit, absolute sechsmonatige Ausschlussfrist unionsrechtswidrig); EuGH 28.01.2016, C-50/14 (CASTA) (Krankentransporte, Direktvergabe an Freiwilligenorganisationen); EuGH 05.04.2016, C-689/13 (PFE) (Antragslegitimation); EuGH 07.04.2016, C-324/14 (Partner Apelski Dariusz) (Eignungsleihe; Beschränkung des Einsatzes von Subunternehmern).

I. Regelungsgegenstand und -ziele

Das Vergaberecht regelt die **Beschaffung von Waren, Bau- und Dienstleistungen** durch öffentliche Auftraggeber, Sektorenauftraggeber und sonst erfasste besondere Auftraggeber. Den vergabegesetzlichen Vorschriften unterliegt maW das Nachfrageverhalten dieser – va staatlichen oder staatsnahen – Auftraggeber, wenn sie am Markt auftreten und von anbietenden Unternehmen auf Grundlage vertraglicher Beauftragung Leistungen gegen Entgelt beziehen („öffentliche Aufträge“). Im Rahmen formalisierter Vergabeverfahren soll ein **rechtlich geschaffener Wettbewerb** der Bieter stattfinden, der faire und gleiche Bedingungen gewährleistet und effektiven Rechtsschutz ermöglicht. Auf diese Weise sollen öffentliche Beschaffungsmärkte für den Wettbewerb geöffnet, die Wirtschaftlichkeit staatlicher Beschaffungen sichergestellt, Betrug und Korruption eingedämmt und insgesamt eine objektive und wettbewerbsneutrale Auftragsvergabe sichergestellt werden.

Die öffentliche Auftragsvergabe zählt zu den klassischen Instrumenten **staatlicher Wirtschaftstätigkeit** und gilt zugleich als eines der bedeutendsten Anwendungsfelder privatrechtlichen Verwaltungshandelns. Denn der Staat (in seinen verschiedenen Ausformungen) bedient sich zur Beauftragung der anbietenden Unternehmen seit jeher privatrechtlicher Verträge, agiert also nicht mit den Mitteln der staatlichen Hoheitsverwaltung, sondern im Bereich der **Privatwirtschaftsverwaltung***. Der Rechtsschutz im Vergaberecht ist öffentlich-rechtlich ausgestaltet und bei den VwG angesiedelt; nur eingeschränkt (va betreffend die Zuerkennung von Schadenersatz) besteht auch eine Zuständigkeit der Zivilgerichte (VII.).

Das heutige Vergaberecht steht in einer langen Tradition von staatsgerichteten Beschaffungsvorschriften, ist in seiner nunmehrigen Struktur aber ein vergleichsweise junges und **stark europarechtlich geprägtes Rechtsgebiet**. Während frühere Vergaberegulative regelmäßig nur staatsinterne Verbindlichkeit für sich beanspruchen konnten (sog Vergabe- oder Submissionsordnungen) bzw erst der Verbindlicherklärung bedurften (insb ÖNORMen*), machten die EU-Vergaberichtlinien für den von ihnen erfassten sog Oberschwellenbereich (s III.) die Schaffung eines außenrechtsverbindlichen, vergabegesetzlichen Regelungsregimes sowie insb die Einräumung subjektiver

Bieterrechte erforderlich und führten im Vorfeld des Beitritts Österreichs zum EWR* zur Erlassung des ersten Bundesvergabegesetzes (BVergG 1993). Die kontinuierliche Fortentwicklung des Vergaberechts auf europäischer Ebene und eine besonders dynamische Rsp va des EuGH hatten seitdem eine stetige Expansion des Vergaberechts und eine Vielzahl von Gesetzesänderungen und flankierenden Regelungen zur Folge. Neben dem heute in Geltung stehenden BVergG 2006 und den VergabenachprüfungsG der Länder zählt auch ein spezielles BVergG für die Vergabe von Aufträgen im Verteidigungs- und Sicherheitsbereich (BVergGVS 2012) zum Kernbestand des innerstaatlichen Vergaberechts.

II. Verfassungsrechtliche Bezüge

1. Kompetenzrechtliche Bestimmungen

Das BVergG erfasste zunächst im Wesentlichen nur Auftragsvergaben durch den Bund und diesem zurechenbare Einrichtungen. Vergaben im Landes- und Gemeindebereich waren nach Maßgabe der damaligen Kompetenzrechtslage landesgesetzlich geregelt. Erst auf Basis der neu geschaffenen Kompetenzbestimmung des **Art 14b B-VG** für „Angelegenheiten des öffentlichen Auftragswesens" konnte 2002 in gewissem Umfang eine kompetenzrechtliche Vereinheitlichung herbeigeführt werden.

Der **Kompetenztatbestand „öffentliches Auftragswesen"** soll aufgrund seiner Offenheit insb auch zur innerstaatlichen Umsetzung künftiger EU-Rechtsakte und der EuGH-Rsp auf diesem Gebiet ermächtigen.

Im Bereich des **materiellen Vergaberechts** (dh zur Regelung der Angelegenheiten des öffentlichen Auftragswesens mit Ausnahme der Nachprüfung) kommt die **Gesetzgebung** gem Art 14b Abs 1 B-VG dem Bund zu, der auf Grundlage dessen mit dem nunmehrigen BVergG 2006 ein einheitliches, für den Landes- wie Bundesbereich geltendes Regime für Auftragsvergaben geschaffen hat. Die **Vollziehung** (gemeint hier: die inhaltliche Anwendung dieser vergabegesetzlichen Regelungen) ist **Bundessache** bei Auftragsvergaben durch den Bund, der ihm zuzurechnenden Stiftungen, Fonds, Anstalten, Unternehmungen und sonstigen Rechtsträger, der bundesgesetzlich eingerichteten Selbstverwaltungsträger sowie der privaten Sektorenauftraggeber (Art 14b Abs 2 Z 1 B-VG), **Landessache** hinsichtlich der Auftragsvergaben der Länder, Gemeinden und Gemeindeverbände sowie wiederum bestimmter ihnen zuzurechnender Rechtsträger (Art 14b Abs 2 Z 2 B-VG). Bei Vergaben, die vom Bund und den Ländern gemeinsam durchgeführt werden, ist der Bund mit der Vollziehung betraut, wenn der Bundesanteil am geschätzten Auftragswert mindestens gleich groß ist wie derjenige der Summe der Länder; im umgekehrten Fall ist die Vollziehung Landessache (Art 14b Abs 2 Z 1 lit f bzw Z 2 lit f B-VG).

Die Angelegenheiten der **Nachprüfung** (vergabespezifischer Rechtsschutz) sind in Gesetzgebung und Vollziehung zwischen Bund und Ländern geteilt. Für Auftraggeber im Vollziehungsbereich des Bundes (s oben) fällt die Gesetzgebung und Vollziehung dem Bund, für Auftraggeber im Vollziehungsbereich eines Landes (s oben) dem Land zu. Für Bund und Länder kommen daher jeweils eigene Vergaberechtsschutzregelungen zur Anwendung (für den Bund s den 4. Teil des BVergG, für die Länder die LandesvergabenachprüfungsG). In deren Rahmen wurden mittels entsprechender bundes- bzw landesgesetzlicher Zuständigkeitsregelung (s Art 130 Abs 2 Z 2 B-VG) das **BVwG** (im Vollziehungsbereich des Bundes) bzw die **LVwG** (im Vollziehungsbereich der Länder) zur Vergabekontrolle berufen. Materiengesetzliche Sonderregelungen für das Verfahren der VwG wurden auf Grundlage von **Art 136 Abs 2 B-VG** sowohl im BVergG als auch in den LandesvergabenachprüfungsG erlassen.

Der Bund ist gemäß Art 14b Abs 4 B-VG verpflichtet, den Ländern Gelegenheit zur Mitwirkung an Gesetzesvorhaben des öffentlichen Auftragswesens zu geben (Bund-Länder-Arbeitsgruppe). Vergabegesetzliche Regelungen des Bundes wie auch darauf gegründete DurchführungsV, deren Vollziehung Landessache ist, dürfen nur mit Zustimmung der Länder kundgemacht werden.

2. Grundrechtliche Bezüge

Die staatliche Auftragsvergabe unterliegt, obwohl sie im Rahmen der Privatwirtschaftsverwaltung* erfolgt, anerkannter Maßen grundrechtlichen Bindungen (**Fiskalgeltung*** der Grundrechte). Va verpflichtet der **allgemeine Gleichheitssatz** die öffentliche Hand zu einem sachlichen und objektiven Vorgehen bei der Vergabeentscheidung und setzt entsprechende Verfahrensgestaltungen voraus, die die Gleichbehandlung der Bieter gewährleisten. In dieser Hinsicht dient das BVergG auch der Konkretisierung grundrechtlicher Vorgaben.

Der Gleichheitssatz verpflichtet den österr Gesetzgeber nach Maßgabe der Rsp des VfGH aber auch dazu, **außenwirksame, vergabegesetzliche Regelungen**, insb subjektiv-durchsetzbare Bieterrechte, nicht nur für den – EU-sekundärrechtlich geregelten – Oberschwellenbereich (s III.) vorzusehen, sondern den Unternehmen auch im Unterschwellenbereich (bei „kleineren“ Auftragssummen) subjektive Rechtspositionen einzuräumen und insoweit einen wirksamen Rechtsschutz zu ermöglichen (VfSlg 16.027/2000 und die weitere Rsp). Im Interesse der Gewährung eines „den besonderen Anforderungen des Vergabewesens entsprechenden, umfassenden, raschen und effektiven Rechtsschutzes“ war es ebenso wenig sachlich gerechtfertigt, diesen vergabespezifischen Rechtsschutz im Sektorenbereich nicht zu eröffnen (VfSlg 15.106/1998 und die weitere Rsp). Als Konsequenz der verfassungsgerichtlichen Jud zeichnet sich das BVergG nunmehr durch einen umfassenden Geltungsbereich aus, der – mit entsprechenden verfahrensmäßigen Vereinfachungen – insb auch Auftragsvergaben im Unterschwellenbereich erfasst (V.). Auch der vergabespezifische Rechtsschutz ist – auf Basis des BVergG und der LandesvergabenachprüfungsG – grundsätzlich im Ober- wie im Unterschwellenbereich eröffnet (VII.).

III. Europarechtliche Bezüge

Die öffentliche Auftragsvergabe wird aufgrund ihrer eminenten wirtschaftlichen Bedeutung und der traditionell ausgeprägten Neigung der Mitgliedstaaten zu protektionistischem Vorgehen seit jeher als ein **Kernbereich der europäischen Wirtschaftsintegration** verstanden. Auf EU-primärrechtlicher Ebene gelangen neben dem allgemeinen **Diskriminierungsverbot*** (Art 18 AEUV) insofern va die Vorschriften zur Verwirklichung des Binnenmarkts in Gestalt der **Grundfreiheiten** (va Warenverkehrs-*, Niederlassungs-* und Dienstleistungsfreiheit*) zur Anwendung. Sie richten sich nicht nur gegen staatliche Maßnahmen, die rein an der inländischen Herkunft bestimmter Produkte oder der innerstaatlichen Niederlassung von Unternehmen („Ortsansässigkeit") anknüpfen und insofern gegen ausdrückliche Ungleichbehandlungen, sondern auch gegen formal unterschiedslos für alle Interessenten geltende Maßnahmen, die in ihren tatsächlichen Wirkungen von Unternehmen aus anderen Mitgliedstaaten schwerer oder gar nicht erfüllt werden können.

Darüber hinaus hat der EuGH aus den Grundfreiheiten in stRsp eine Reihe **allgemeiner Grundsätze** für die öffentliche Auftragsvergabe abgeleitet. Dazu zählen insb Transparenzpflichten, ein Gleichbehandlungs- und Verhältnismäßigkeitsgebot und ein Gebot der innerstaatlichen, objektiven Nachprüfbarkeit. Maßgeblich für die Anwendbarkeit dieser Grundsätze wie der genannten primärrechtlichen Vorgaben überhaupt ist jedoch das Vorliegen eines **binnenmarktrelevanten Sachverhalts.** Aus dem EU-Primärrecht* können sich unmittelbar maßgebliche Verhaltensmaximen für die auftragsvergebende öffentliche Hand iSd Jud des EuGH daher (nur) dann ergeben, wenn ein Auftrag von grenzüberschreitendem Interesse vergeben werden soll. Ein solches grenzüberschreitendes Interesse an der Vergabe kann, abhängig von den Umständen des Einzelfalls, freilich prinzipiell auch bei wirtschaftlich unrentablen Aufträgen vorliegen.

In Ergänzung und Konkretisierung der primärrechtlichen Grundlagen wurden mehrere **VergabeRL** zur Harmonisierung der mitgliedstaatlichen Vergaberechtsordnungen sowie verschiedene begleitende Sekundärrechtsakte* erlassen. Von besonderer Relevanz sind die RL über die öffentliche Auftragsvergabe (sog allgemeine bzw klassische VergabeRL), die RL zur Vergabe durch Auftraggeber im Bereich der Wasser-, Energie- und Verkehrsversorgung sowie der Postdienste (SektorenRL) und die beiden jeweils darauf bezogenen RechtsmittelRL.

Die – zuletzt 2014 umfassend überarbeiteten – **allgemeine VergabeRL** und **SektorenRL** betreffen den Vorgang der Auftragsvergabe als solchen, vereinheitlichen die Vergabeverfahrensvorschriften der Mitgliedstaaten und verpflichten die Auftraggeber insb dazu, ihre Beschaffungswünsche unionsweit bekannt zu machen. Erstmals wurde 2014 auch eine **KonzessionsRL** zur Regelung der Vergabe von Bau- und Dienstleistungskonzessionen verabschiedet (s noch V.2.), die, wie die allgemeine VergabeRL und die SektorenRL, bis April 2016 innerstaatlich umzusetzen gewesen wäre. Entsprechende Gesetzesentwürfe stehen indes gegenwärtig (Stand: Juli 2016) noch aus. Die **RechtsmittelRL** enthalten Mindeststandards für das Vergabekontrollverfahren in den Mitgliedstaaten, um für eine wirksame und rasche Nachprüfung von Vergabeentscheidungen und die effektive Durchsetzung des Vergaberechts zu sorgen.

Anders als das EU-Primärrecht* erfassen die VergabeRL zwar auch rein innerstaatliche Sachverhalte, sie gelangen aber nur für „Großaufträge" zur Anwendung, also für Auftragsvergaben, deren geschätzter Wert eine bestimmte, unionsrechtlich definierte Schwelle erreicht (**Oberschwellenbereich**). Vergaberechtliche Anforderungen, die aus dem Primärrecht abgeleitet werden (s oben), kommen demgegenüber unabhängig von einem bestimmten Auftragswert zum Tragen.

Die Schwellenwerte (s §§ 12, 180) differieren nach Auftraggeber und Art des Auftrags. Sie betragen aktuell € 135.000,– (Liefer- und Dienstleistungsaufträge bestimmter öffentlicher Auftraggeber laut Anh V), € 209.000,– (Liefer- und Dienstleistungsaufträge öffentlicher Auftraggeber), € 418.000,– (Liefer- und Dienstleistungsaufträge von Sektorenauftraggebern) und € 5,225 Mio (Bauaufträge). Die Wertgrenzen werden in regelmäßigen Abständen einer Evaluierung unterzogen und durch EU-VO neu festgesetzt (zuletzt VO [EU] 2015/2341 und 2342).

IV. Völkerrechtliche Bezüge

Die öffentliche Auftragsvergabe ist Gegenstand verschiedener völkerrechtlicher Vorgaben. Von besonderer Bedeutung ist das im Rahmen der World Trade Organization (WTO) 1994 abgeschlossene, zuletzt 2012 überarbeitete **Agreement on Government Procurement** (GPA). Zu den Vertragspartnern zählen die EU und ihre Mitgliedstaaten sowie die meisten – nicht alle – WTO-Mitglieder. Der Anwendungsbereich des GPA ist auf bestimmte Auftraggeber und gesondert verzeichnete Waren und Dienstleistungen beschränkt. Zentrale Regelungselemente sind ein Diskriminierungsverbot, ein Inländergleichbehandlungsgebot und entsprechend ausgestaltete Vergabeverfahrensvorschriften, wobei das GPA, vergleichbar den EU-VergabeRL, erst ab bestimmten Schwellenwerten zur Anwendung gelangt. Innerstaatlich müssen den Bietern wirksame Nachprüfungsverfahren zur Verfügung stehen. Streitigkeiten zwischen den Vertragsparteien werden im Rahmen des Streitbeilegungssystems der WTO geschlichtet.

V. Anwendungsbereich

Das BVergG gilt in seinem Kernbereich für die Vergabe von Leistungsaufträgen (Bau-, Liefer-, Dienstleistungsaufträge) durch öffentliche Auftraggeber und Sektorenauftraggeber. Daneben unterliegen auch die Vergabe von Konzessionen (Bau- oder Dienstleistungskonzessionen), die Durchführung von Wettbewerben, die Vergabe von Bauaufträgen an Dritte durch Baukonzessionäre und die Vergabe von Aufträgen bestimmter sonstiger Auftraggeber den vergabegesetzlichen Regelungen.

1. Persönlicher Anwendungsbereich

Als **öffentliche Auftraggeber** erfasst das BVergG neben dem **„Staat"** in einem engeren Sinn (Bund, Länder, Gemeinden und deren jeweils formal-organisatorisch zugehörige Einrichtungen ohne eigene Rechtspersönlichkeit, Gemeindeverbände; s § 3 Abs 1 Z 1) auch sonstige Einrichtungen, die staatlicher Beherrschung unterliegen und zu dem besonderen Zweck gegründet wurden, im Allgemeininteresse liegende Aufgaben nicht gewerblicher Art zu erfüllen (sog **Einrichtungen öffentlichen Rechts**; s die drei in § 3 Abs 1 Z 2 lit a bis c genannten, kumulativ zu erfüllenden Kriterien). Es handelt sich dabei um zumindest teilrechtsfähige Rechtsträger, die aufgrund der von ihnen wahrgenommenen, vielfach vordem bei der staatlichen Verwaltung ieS angesiedelten Aufgaben und besonders ausgeprägter staatlicher Einflussnahmemöglichkeiten mit der öffentlichen Hand „eng verbunden" sind. Auf die Rechtsform dieser Einrichtungen kommt es vergaberechtlich nicht an; auch Privatrechtssubjekte sind bei Erfüllen der gesetzlichen Tatbestandsvoraussetzungen als Einrichtungen öffentlichen Rechts und damit als öffentliche Auftraggeber zu qualifizieren (keine „Flucht ins Privatrecht").

- **Aufgaben des Allgemeininteresses** erfassen iSd Rsp ein breites Spektrum an Agenden, die im öffentlichen Interesse* besorgt werden bzw einer gemeinwohlorientierten Zielsetzung entsprechen (insb Tätigkeiten im Bereich der Daseinsvorsorge).
- Mit dem Kriterium der **Aufgaben „nicht gewerblicher Art"** wird darauf abgestellt, ob die in Rede stehende Einrichtung grundsätzlich unter denselben Rahmenbedingungen agiert wie ein herkömmliches Wirtschaftsunternehmen. Fehlende Gewinnerzielungsabsicht, staatliche Haftungszusa-

gen oder das Fehlen eines wettbewerblichen Umfelds am Markt (etwa aufgrund von Ausschließlichkeitsrechten) können darauf hindeuten, dass der betreffende Rechtsträger in nicht gewerblicher Weise tätig wird, also bei Beschaffungsvorhaben nach anderen als rein wirtschaftlichen Überlegungen vorgeht. An der Qualifikation einer Einrichtung als öffentlicher Auftraggeber ändert sich selbst dann nichts, wenn die Erbringung von Aufgaben nicht gewerblicher Art einen nur unbedeutenden Anteil an der Gesamttätigkeit darstellt (sog Infizierungsprinzip).

- Die überdies geforderte **staatliche Beherrschung** kann schließlich im Wege dreier Tatbestandsalternativen verwirklicht werden: Entweder aufgrund überwiegender Finanzierung durch öffentliche Auftraggeber, mittels Aufsicht über die Leitung oder durch mehrheitlichen Einfluss öffentlicher Auftraggeber auf die Zusammensetzung der Organe.

Als Einrichtungen des öffentlichen Rechts wurden in der bisherigen Rsp zB qualifiziert: ASFINAG Autobahnen- und Schnellstraßen-Finanzierungs-Aktiengesellschaft, Bundesimmobilien-GmbH, Österreichische Nationalbank AG, öffentliche Universitäten, Tourismusverband nach landesgesetzlicher Regelung, Wasserverbände gem §§ 87 ff WRG uvam.

Sektorenauftraggeber sind öffentliche Auftraggeber, öffentliche Unternehmen oder mit Sonder- oder Ausschließlichkeitsrechten ausgestattete (private) Unternehmen, die Tätigkeiten im Bereich der Energie- (Gas, Wärme, Elektrizität), Wasser- oder Verkehrsversorgung ausüben, bestimmte Postdienste erbringen, mit dem Aufsuchen und Fördern von Brennstoffen befasst sind oder (Flug-)Häfen bereitstellen (§§ 163 ff). Sektorenauftraggeber agieren damit in Märkten, die traditionell zu Monopol- oder Oligopolstrukturen neigen und häufig zugleich Liberalisierungsprozessen ausgesetzt sind, sodass insofern besondere rechtliche und wirtschaftliche Rahmenbedingungen vorherrschen. Vor diesem Hintergrund gelangen auf Beschaffungen von Sektorenauftraggebern gesonderte Regelungen (Teil 3 des BVergG) zur Anwendung, die von einer größeren Flexibilität geprägt sind und den Auftraggebern insgesamt weitere Spielräume eröffnet (VI.11.). Die Sektorenbestimmungen des BVergG kommen dabei allerdings nur dann zum Tragen, wenn der **konkrete Vergabevorgang** im Zusammenhang mit der **Ausübung einer Sektorentätigkeit** steht.

Als Sektorenauftraggeber wurden in der bisherigen Rsp zB qualifiziert: Flughafen Wien AG, Schieneninfrastruktur-DienstleistungsgmbH, ÖBB-Infrastruktur AG, VERBUND – Austrian Thermal Power GmbH & Co KG uvam.

§ 3 Abs 2 bis 6 beziehen weiters bestimmte **sonstige Auftraggeber** in den Anwendungsbereich des BVergG ein. So sind etwa Einrichtungen bei Vergabe bestimmter subventionierter Bauaufträge zur Einhaltung des BVergG verpflichtet (§ 3 Abs 2). Sollen einer Einrichtung, die kein öffentlicher Auftraggeber ist, besondere oder ausschließliche Rechte zur Ausführung einer Tätigkeit des öffentlichen Dienstleistungsbereichs zuerkannt werden, muss in dem Rechtsakt über die Zuerkennung dieses Rechts bestimmt sein, dass die betreffende Einrichtung bei der Vergabe von Lieferaufträgen im Rahmen dieser Tätigkeit den Grundsatz der Nichtdiskriminierung aus Gründen der Staatsangehörigkeit zu beachten hat (§ 3 Abs 5).

2. Sachlicher Anwendungsbereich

Bei den vom sachlichen Anwendungsbereich des BVergG erfassten Leistungsverträgen handelt es sich um **schriftliche, entgeltliche Verträge**, deren Gegenstand die Erbringung von Bau-, Liefer- oder Dienstleistungen ist.

- **Bauaufträge** (§ 4) sind entgeltliche Aufträge betreffend die Ausführung oder gleichzeitige Ausführung und Planung von Bauvorhaben, die Ausführung von Bauwerken oder die Erbringung einer Bauleistung durch Dritte gemäß den Erfordernissen des Auftraggebers.
- **Lieferaufträge** (§ 5) sind entgeltliche Aufträge betreffend Kauf, Leasing, Miete, Pacht etc von Waren einschließlich Nebenarbeiten wie das Verlegen oder die Installation.
- Die Kategorie der **Dienstleistungsaufträge** dient im Vergleich dazu als allgemeiner Auffangtatbestand für Dienstleistungen. Dienstleistungsaufträge (§ 6) sind demzufolge Aufträge, deren Gegenstand Dienstleistungen sind, die nicht den Bau- oder Lieferaufträgen unterfallen.

Im Einzelnen unterscheidet das BVergG gegenwärtig zwischen prioritären Dienstleistungen (Anh III: zB Reparatur und Instandhaltung, Beförderungsleistungen, Werbung) und nicht prioritären Dienstleistungen (Anh IV: zB Arbeitskräftevermittlung, Rechtsberatung, Unterrichts-, Gesundheits- und Sozialwesen sowie, aufgrund einer Generalklausel, alle sonstigen Dienstleistungen). Da sich letztere aufgrund ihres Gegenstands und der Rahmenbedingungen der Leistungserbringung nicht in demselben Maße dafür eignen, einem rechtlich formalisierten Vergabewettbewerb unterworfen zu werden, gelten die Vergabevorschriften für nicht prioritäre Dienstleistungen nur eingeschränkt (§ 141). Die VergabeRL 2014 halten diese Unterscheidung zwischen prioritären und nicht prioritären Dienstleistungen nicht mehr aufrecht, sehen va für die Gruppe der **Dienstleistungen im Sozial-, Gesundheits- und Bildungsbereich** sowie für andere besondere Dienstleistungen (zB bestimmte Rechtsdienstleistungen) aber weiterhin ein flexibleres Vergaberegime vor.

Auch dann, wenn **gemischte Aufträge** vergeben werden sollen, die Elemente unterschiedlicher Auftragsarten beinhalten, bedarf es einer Zuordnung in eine der genannten Kategorien (§ 9). Je nach Ausgangskonstellation entscheidet hierbei der überwiegende Wert der Auftragsbestandteile (*main value test*) oder der Hauptgegenstand des Auftrags (*main object test*).

Konzessionsverträge unterscheiden sich von öffentlichen (Leistungs-) Aufträgen dadurch, dass die Gegenleistung für die vom Unternehmer erbrachte Leistung statt oder neben einem Entgelt in dem Recht zur Nutzung der erbrachten Leistung besteht. Der Konzessionär erhält damit insb das Recht, von Dritten für die Nutzung seiner Leistung Entgelte einzuheben, womit er zugleich das wirtschaftliche Risiko (mit-)trägt. Das BVergG sieht für die Vergabe von Konzessionsverträgen Sonderregelungen vor. **Baukonzessionsverträge** (§ 7) und die Vergabe von Bauaufträgen an Dritte durch Baukonzessionäre (§ 3 Abs 4) unterliegen vereinfachten Vergabevorschriften (§§ 142 ff). Für die Vergabe von **Dienstleistungskonzessionsverträgen** (§ 8) kommt das BVergG dahingegen überhaupt nur sehr eingeschränkt zur Anwendung (§ 11); insb ist diesbezüglich auch der vergabespezifische Rechtsschutz nicht eröffnet, sodass im Wesentlichen allein der zivilgerichtliche Rechtsschutz offensteht. Die **EU-KonzessionsRL** normiert – zurückgehend auf die einschlägige Jud des EuGH – nunmehr die wesentlichen Verfahrensanforderungen für die Vergabe von Bau- und Dienstleistungskonzessionen. So muss das Konzessionsvergabeverfahren den Grundsätzen der Gleichbehandlung, Nichtdiskriminierung und Transparenz entsprechen. Vorschriften zu Bekanntmachungen, Bietereignung, Laufzeit von Konzessionen und zum Zuschlagsverfahren geben insofern die wichtigsten Eckpfeiler für die Verfahrensgestaltung vor.

Wettbewerbe (§ 26) sind Auslobungsverfahren, um dem Auftraggeber insb in der Raum- und Stadtplanung, in der Architektur, im Bau-/Ingenieurwesen, in der Werbung oder der Datenverarbeitung einen Plan oder eine Planung zu verschaffen; die Auswahl erfolgt durch ein Preisgericht nach bestimmten Kriterien mit oder ohne Preisvergabe (Ideenwettbewerb). Bei Realisierungswettbewerben findet im Anschluss an das Auslobungsverfahren ein Verhandlungsverfahren zur Vergabe eines Dienstleistungsauftrags statt. Die Durchführung von Wettbewerben unterliegt gesonderten vergabegesetzlichen Bestimmungen (§§ 153 ff).

Bestimmte, **taxativ aufgezählte Auftragsvergaben** sind vom Geltungsbereich des BVergG **ausgenommen** (§ 10). Zu den praktisch wichtigsten Anwendungsfällen zählen Immobilienverträge (Z 8), Arbeitsverträge (Z 12), der Leistungsbezug von einer zentralen Beschaffungsstelle (zB Bundesbeschaffung GmbH), sofern diese ihrerseits die Regelungen des BVergG eingehalten hat (Z 14 und 15), sowie sog Inhouse-Vergaben (Z 7).

Als **Inhouse-Vergaben** werden Aufträge bezeichnet, die ein öffentlicher Auftraggeber durch eine Einrichtung erbringen lässt, über die er (uU auch gemeinsam mit anderen öffentlichen Auftraggebern) eine ähnliche Kontrolle wie über eine eigene Dienststelle ausübt („Kontrollkriterium"), und die ihre Leistungen im Wesentlichen für den oder die öffentlichen Auftraggeber erbringt, die ihre Anteile innehaben oder aus denen sie sich zusammensetzt („Wesentlichkeitskriterium"). Mit diesem Ausnahmetatbestand wird dem

Umstand Rechnung getragen, dass der Leistungsbezug von einem Rechtsträger, der vom öffentlichen Auftraggeber beherrscht wird und wirtschaftlich nicht eigenständig ist, funktionell betrachtet einer „staatlichen Eigenleistung" äquivalent ist, die für sich (mangels Nachfrage „am Markt") dem Geltungsanspruch des Vergaberechts nicht unterliegt. Mit der allgemeinen VergabeRL 2014 wurde diese, zuvor nur durch die EuGH-Rsp geprägte „Inhouse-Ausnahme" erstmals EU-sekundärrechtlich kodifiziert und klargestellt, dass grundsätzlich auch Aufträge zwischen Schwestergesellschaften oder Aufträge von der Tochter- an die Muttergesellschaft („*Bottom-up*") vergabefrei erfolgen können.

Schließlich unterliegen auch **öffentliche Kooperationen**, die der Wahrnehmung einer gemeinsamen öffentlichen Aufgabe dienen, iSd Rsp des EuGH nicht dem Vergaberecht, sofern sie ausschließlich zwischen öffentlichen Stellen ohne Beteiligung Privater geschlossen werden, kein privates Unternehmen einen Wettbewerbsvorteil erlangt und die darin vereinbarte Zusammenarbeit nur durch Überlegungen und Erfordernisse bestimmt wird, die mit der Verfolgung von im öffentlichen Interesse liegenden Zielen zusammenhängen. Im Unterschied zu Inhouse-Vergaben liegt in diesen Fällen keine (gemeinsame) Kontrolle über den Vertragspartner vor. In der Praxis handelt es sich häufig um vertragliche Kooperationen auf kommunaler Ebene. In den VergabeRL 2014 wurde auch die Ausnahme für öffentlich-öffentliche Kooperationen erstmalig auf EU-sekundärrechtlicher Ebene verankert.

VI. Das Vergabeverfahren

1. Grundsätze und allgemeine Bestimmungen

Das BVergG enthält mehrere allgemein gefasste **Grundsätze für die Durchführung von Vergabeverfahren** (§§ 19 ff). Sie sind bestimmend für das Verhalten der Verfahrensbeteiligten, werden durch zahlreiche Einzelvorschriften ausgestaltet und konkretisiert und kommen bei der Auslegung der maßgeblichen Verfahrensvorschriften im Einzelfall zur Anwendung. Zu den insofern zentralen Anforderungen zählen die Beachtung der unionsrechtlichen Grundfreiheiten und des Diskriminierungsverbots*, die Grundsätze des freien, fairen und lauteren Wettbewerbs, der Gleichbehandlung und der Transparenz, die Vergabe an befugte, leistungsfähige und zuverlässige Unternehmer, die Vergabe zu angemessenen Preisen, das Vorliegen einer tatsächlichen Vergabeabsicht des Auftraggebers und der Grundsatz der Vertraulichkeit.

- **Freier, fairer und lauterer Wettbewerb**: Der vergaberechtliche Wettbewerbsgrundsatz dient mehreren Schutzzwecken. Einerseits soll der Vergabewettbewerb für sich keinen unzulässigen Beschränkungen unterliegen, andererseits das Verhältnis des Auftraggebers zu den Bietern von Fairness geprägt und zum Dritten auch das Verhältnis der Bieter untereinander frei von wettbewerbsbeschränkenden Verhaltensweisen sein. Der vergaberechtlich organisierte Wettbewerb soll insofern frei, fair und lauter gestaltet sein.

- **Gleichbehandlungsgebot**: Das vergaberechtliche Gleichbehandlungsgebot gebietet die Gleichstellung aller Bieter und Bewerber (für diese Unterscheidung s § 2 Z 12 und 13) und verlangt in seinem Kern insb, dass die Interessenten bei Erstellung ihrer Angebote über die gleichen Chancen verfügen. IdS dürfen daher im Vergabeverfahren ausschließlich objektive und nichtdiskriminierende Kriterien zum Einsatz gelangen und der Auftraggeber darf von den einmal festgelegten Kriterien auch nicht willkürlich abweichen.
- **Transparenzgebot**: Mit dem Diskriminierungsverbot* und dem Gleichbehandlungsgebot in unmittelbarem Zusammenhang steht das Gebot der Transparenz, demzufolge der Auftraggeber einen angemessen Grad an Öffentlichkeit zu Gunsten interessierter Unternehmer herzustellen hat, um einen wirksamen Vergabewettbewerb und eine objektive Nachprüfung zu ermöglichen. Der Transparenzgrundsatz soll überdies sicherstellen, dass die Abläufe und „Spielregeln" des Vergabeverfahrens möglichst frühzeitig feststehen und allen Bietern gleichermaßen bekannt sind. Insofern dient das Transparenzgebot in erheblichem Maße der Effektuierung des Gleichbehandlungsgebots.
- Eng mit dem Wettbewerbs- und dem Gleichbehandlungsgrundsatz verknüpft ist die sog **Vorarbeitenregelung**: Unternehmer, die an der Erarbeitung der Unterlagen für das Vergabeverfahren beteiligt waren, können, sofern sie sich in weiterer Folge selbst am Vergabeverfahren beteiligen, typischerweise über Wettbewerbsvorteile gegenüber ihren Konkurrenten verfügen. Stellt der Auftraggeber fest, dass durch ihre Teilnahme ein fairer und lauterer Wettbewerb verhindert wäre, sind die betreffenden Unternehmen vom Vergabeverfahren auszuschließen, es sei denn, dass auf ihre Beteiligung in begründeten Ausnahmefällen nicht verzichtet werden kann (§ 20 Abs 5).
- **Vergabe an befugte, leistungsfähige und zuverlässige Unternehmen**: Der Auftragnehmer muss iS dieses Grundsatzes zur Ausführung des Auftrags befugt sein, also va über die notwendigen gewerbe- und sonstigen berufsrechtlichen Berechtigungen verfügen. Seine wirtschaftliche, finanzielle und technische Leistungsfähigkeit im Hinblick auf den konkreten Auftrag muss gegeben sein und es darf kein Grund vorliegen, der seine allgemeine Zuverlässigkeit in Frage stellt. Ob die maßgeblichen Kriterien vorliegen, wird im Zuge der Eignungsprüfung vom Auftraggeber ermittelt (VI.6.).
- **Vergabe zu angemessenen Preisen**: Der Grundsatz der Vergabe zu angemessenen Preisen hat die Vermeidung spekulativer Preisgestaltung, die Vergleichbarkeit der Angebote und damit letztlich wiederum die Gewähr-

leistung wirksamen Wettbewerbs zum Ziel. Werden die Regeln des Vergaberechts eingehalten und ist das Verhältnis zwischen Preis und Leistung nicht ungewöhnlich, ist von der Preisangemessenheit auszugehen. Ungewöhnlich niedrige oder evident unangemessene Preise sind vom Auftraggeber einer vertieften Angebotsprüfung zu unterziehen (VI.8.).

- **Tatsächliche Vergabeabsicht**: Vergabeverfahren dürfen nur durchgeführt werden, wenn tatsächlich die Absicht zur Auftragsvergabe besteht (§ 19 Abs 4). Bloße Markterkundungen des Auftraggebers ohne tatsächliche Vergabeabsicht wären demnach unzulässig. Allerdings ist der Auftraggeber nicht verpflichtet, ein laufendes Vergabeverfahren unter allen Umständen mit Zuschlag zu beenden; das Vergabeverfahren kann auch mit Widerruf (VI.10.) und damit ergebnislos enden (kein „Zwang zum Zuschlag"), gleichwohl Schadenersatzansprüche zur Folge haben.
- **Umweltgerechte Vergabe**: Gem § 19 Abs 5 ist im Vergabeverfahren auch auf die Umweltgerechtheit der Leistung Bedacht zu nehmen. Dies kann insb durch die Berücksichtigung ökologischer Aspekte (Endenergieeffizienz, Schadstoffausstoß, Fahrlärm etc) bei der Beschreibung der Leistung, bei Festlegung der technischen Spezifikationen (zB durch Verweis auf Umweltgütezeichen) oder durch die Festlegung konkreter Zuschlagskriterien mit ökologischem Bezug erfolgen (vgl zB § 80).
- **Berücksichtigung sozialpolitischer Belange**: Weiters kann im Vergabeverfahren, insb hinsichtlich der Festlegung der Bedingungen für den Leistungsvertrag, auf bestimmte sozialpolitische Belange abgestellt werden (§ 19 Abs 6). Darunter fallen etwa die Beschäftigung von Frauen, von Personen im Ausbildungsverhältnis, von Langzeitarbeitslosen, von Menschen mit Behinderung und älteren Arbeitnehmern etc.
- **Innovative Vergabe**: Schließlich besteht im Vergabeverfahren die Möglichkeit, auf innovative Aspekte Bedacht zu nehmen, so insb bei der Beschreibung der Leistung, bei der Festlegung der technischen Spezifikationen oder im Rahmen der Festlegung der Zuschlagskriterien (§ 19 Abs 7).
- **Vertraulichkeit**: Ein wesentlicher weiterer Grundsatz, der das Verhältnis der am Vergabeverfahren Beteiligten prägt, ist jener der Vertraulichkeit. Gem § 23 müssen Auftraggeber, Bewerber und Bieter den **vertraulichen Charakter** der ihnen zugegangenen Informationen wahren, insb darf der Auftraggeber die ihm übermittelten und von den Unternehmen als vertraulich bezeichneten Informationen (va Geschäfts- und Betriebsgeheimnisse) nicht weitergeben. Soweit **Schutzrechte oder Geheimhaltungsinteressen** verletzt würden, dürfen sowohl der Auftraggeber als auch die Bewerber oder Bieter Ausarbeitungen des anderen sowie von ihm zur Verfügung gestellte Pläne, Zeichnungen, Entwürfe etc nur mit dessen ausdrücklicher Zustimmung für sich verwenden oder an Dritte weitergeben.

2. Arten und Wahl des Vergabeverfahrens

Das BVergG kennt einen **Katalog an typisierten Vergabeverfahrensarten** (§ 25), die je nach Wert und Gegenstand des Auftrags vom Auftraggeber gewählt werden können (§§ 27 ff) und sich insb in der Methode zur Bestimmung des Bieterkreises, im Grad ihrer Formalisierung sowie insgesamt im Maß an Publizität unterscheiden. Ein nachträglicher Wechsel der Verfahrensart ist unzulässig.

Als **„Regelverfahren“**, die im Oberschwellenbereich stets zur Verfügung stehen, sind das offene Verfahren und das nicht offene Verfahren mit vorheriger Bekanntmachung vorgesehen; zwischen diesen beiden Verfahren können die öffentlichen Auftraggeber frei wählen (§ 27). Alle anderen Verfahren kommen, weil sie im Vergleich dazu weniger formalisiert bzw publizitätsärmer ausgestaltet sind, nur bei Vorliegen bestimmter Voraussetzungen in Betracht. Im Unterschwellenbereich werden erweiterte Wahlmöglichkeiten und zusätzliche Verfahrensarten zur Verfügung gestellt (§§ 37 ff).

Anhand ihrer Struktur lassen sich im Wesentlichen zwei grundsätzliche Verfahrensdesigns – einstufige und zweistufige Vergabeverfahren – unterscheiden:

Einstufige Vergabeverfahren wie insb das offene Verfahren beginnen typischerweise mit einer öffentlichen Bekanntmachung, auf deren Grundlage interessierte Unternehmen Angebote erstellen können. Nach Angebotsöffnung findet die Prüfung der formellen Richtigkeit der eingelangten Angebote sowie die Prüfung der Eignung der Bieter statt, bevor der Auftraggeber eine Bewertung der Angebote der geeigneten Bieter vornimmt und anhand des vorab formulierten Zuschlagsprinzips entweder dem billigsten oder dem wirtschaftlich besten Angebot den Zuschlag erteilt, womit zugleich der Vertragsschluss bewirkt wird.

Zweistufige Vergabeverfahren wie insb das nicht offene Verfahren oder das Verhandlungsverfahren unterscheiden sich davon va durch die vorweggeschaltete Durchführung eines Teilnahmewettbewerbs. Auf der ersten Verfahrensstufe wird die Eignung der Bewerber geprüft, die Teilnahmeanträge abgegeben haben. An die als geeignet qualifizierten und vom Auftraggeber ausgewählten Bewerber ergeht dann in der zweiten Verfahrensphase die Aufforderung zur Angebotsabgabe. Der Kreis der Teilnehmer kann dabei vom Auftraggeber – nach sachlichen Kriterien (Auswahlkriterien) – beschränkt werden; nicht alle grundsätzlich geeigneten Bewerber müssen zur Angebotslegung aufgefordert werden („Flaschenhalsfunktion“).

Im Einzelnen charakterisieren sich die zur Verfügung stehenden Verfahrensarten vor diesem Hintergrund wie folgt:

- Beim **offenen Verfahren** wird eine unbeschränkte Anzahl von Unternehmern öffentlich zur Abgabe von Angeboten aufgefordert. Es handelt sich um ein einstufiges und insgesamt stark formalisiertes Vergabeverfahren, bei dem der Auftraggeber aufgrund des unbeschränkten Zugangskonzepts keine Vorauswahl trifft, wen er zur Angebotslegung auffordert.

- Beim **nicht offenen Verfahren mit vorheriger Bekanntmachung** werden, nachdem eine unbeschränkte Anzahl von Unternehmern öffentlich zur Abgabe von Teilnahmeanträgen aufgefordert wurde, ausgewählte Bewerber zur Abgabe von Angeboten eingeladen. Das nicht offene Verfahren weist eine zweistufige Struktur auf, da zunächst allein die Eignung der Bewerber geprüft wird und eine Aufforderung zur Angebotslegung nur an die entsprechend als geeignet qualifizierten und ausgewählten Bewerber ergeht (Teilnahmewettbewerb). Erst auf einer zweiten Verfahrensstufe finden Angebotsprüfung und Zuschlagsverfahren statt.
  Beim **nicht offenen Verfahren ohne vorherige Bekanntmachung** wird eine beschränkte Anzahl von geeigneten Unternehmern unmittelbar zur Abgabe von Angeboten eingeladen. Aufgrund ihrer herabgesetzten Transparenz kommt diese Verfahrensart nur im **Unterschwellenbereich** zur Anwendung und ist auch dort nur innerhalb bestimmter Wertgrenzen zulässig (§ 37).
- Beim **Verhandlungsverfahren mit vorheriger Bekanntmachung** werden, nachdem eine unbeschränkte Anzahl von Unternehmern öffentlich zur Abgabe von Teilnahmeanträgen aufgefordert wurde, ausgewählte Bewerber zur Abgabe von Angeboten eingeladen. Beim **Verhandlungsverfahren ohne vorherige Bekanntmachung** wird eine beschränkte Anzahl von geeigneten Unternehmern sogleich vom Auftraggeber zur Abgabe von Angeboten aufgefordert.
  Auch beim Verhandlungsverfahren handelt es sich strukturell um ein zweistufiges Vergabeverfahren, wobei im Unterschied zum nicht offenen Verfahren der Auftraggeber im Rahmen des Verhandlungsverfahrens mit den Bietern **über den Auftragsinhalt** (Auftragsgegenstand, Bedingungen der Leistungserbringung etc) **verhandelt.** Das Verhandlungsverfahren ist gesetzlich vergleichsweise wenig formalisiert gestaltet, weshalb den allgemeinen Grundsätzen des Vergabeverfahrens eine bedeutende Rolle zufällt. Es steht dem Auftraggeber grundsätzlich frei, eine oder mehrere Verhandlungsrunden sowie ein *short-listing* durchzuführen (§ 105). Um Wettbewerbsverzerrungen und Diskriminierungen zu vermeiden, herrscht Geheimhaltungspflicht (§§ 105 Abs 6, 118 Abs 2).
  Das Verhandlungsverfahren ist für öffentliche Auftraggeber als vergaberechtliches **Sonderverfahren** konzipiert und kommt nur bei Vorliegen bestimmter, gesetzlich taxativ genannter Gründe in Betracht (§§ 28 ff). IdS soll für bestimmte Vergabekonstellationen, die besondere Herausforderungen und Schwierigkeiten mit sich bringen (wenn etwa ein bereits durchgeführtes Vergabeverfahren ergebnislos geendet hat, bei Bestehen von Ausschließlichkeitsrechten oder bei besonderer Dringlichkeit) ein geeigneter Verfahrensrahmen zur Verfügung gestellt werden. Die Vorausset-

zungen für die Wahl des Verhandlungsverfahrens sind im Lichte der Rsp aber „eng“, also unter Berücksichtigung des subsidiären Charakters des Verfahrens, auszulegen. Im Unterschwellenbereich sind zusätzliche Wahlmöglichkeiten vorgesehen, die zT insb wiederum mit bestimmten Wertgrenzen bei der Auftragshöhe verknüpft werden (§ 38).

- Eine **Rahmenvereinbarung** ist eine Vereinbarung ohne Abnahmeverpflichtung zwischen einem oder mehreren Auftraggebern und einem oder mehreren (mindestens drei) Unternehmern, die zum Ziel hat, die Bedingungen für die Aufträge, die während eines bestimmten Zeitraums (drei, ausnahmsweise fünf Jahre) vergeben werden sollen, festzulegen, insb in Bezug auf den in Aussicht genommenen Preis und gegebenenfalls die in Aussicht genommene Menge. Der Abschluss einer Rahmenvereinbarung erfolgt auf Grundlage eines Vergabeverfahrens (§§ 32, 40) und schränkt den Bieterkreis für künftige Einzelaufträge ein (§§ 150 ff), bewirkt für sich aber keine Vergabe. Der Auftraggeber kann nach Abgabe von Angeboten eine Leistung von einer Partei der Rahmenvereinbarung mit oder ohne erneuten Aufruf zum Wettbewerb beziehen. Eine Abnahmeverpflichtung des Auftraggebers besteht allerdings nicht.
- Das **dynamische Beschaffungssystem** ist strukturell mit der Rahmenvereinbarung verwandt. Es handelt sich im Unterschied dazu jedoch um ein vollelektronisches Beschaffungsverfahren ausschließlich für marktübliche Leistungen (§§ 156 ff).
- Der **wettbewerbliche Dialog** ist ein mehrphasiges Vergabeverfahren, das als Fortentwicklung des Verhandlungsverfahrens verstanden werden kann. Nachdem eine unbeschränkte Anzahl von Unternehmen öffentlich zur Abgabe von Teilnahmeanträgen aufgefordert wurde, führt der Auftraggeber mit ausgewählten Bewerbern einen Dialog über alle Aspekte des Auftrags. Ziel des Dialogs ist es, eine oder mehrere den Bedürfnissen und Anforderungen des Auftraggebers entsprechende Lösung oder Lösungen zu ermitteln, auf deren Grundlage(n) die jeweiligen Bewerber zur Angebotsabgabe aufgefordert werden (§§ 159 ff). Der wettbewerbliche Dialog soll dem Auftraggeber dann zur Verfügung stehen, wenn es sich um besonders komplexe Aufträge handelt und die Vergabe im Wege eines offenen oder nicht offenen Verfahrens nicht möglich ist (§ 34).
- Bei der **Direktvergabe** wird eine Leistung, gegebenenfalls nach Einholung von Angeboten oder unverbindlichen Preisauskünften, formfrei unmittelbar von einem ausgewählten, geeigneten Unternehmer gegen Entgelt bezogen. Aufgrund ihrer Formfreiheit und der Anfälligkeit für sachwidrige Einflüsse ist die Direktvergabe nur im Unterschwellenbereich und überdies nur bis zum Erreichen eines bestimmten Auftragswerts zulässig (§ 41). Die maßgebliche **Wertgrenze** liegt nach Maßgabe der SchwellenwerteV des BK gegenwärtig bei € 100.000,–.

- Bei der **Direktvergabe mit vorheriger Bekanntmachung** wird, nachdem einer unbeschränkten Anzahl von Unternehmern die beabsichtigte Vergabe eines Bau-, Liefer- oder Dienstleistungsauftrages bekannt gemacht wurde, und nach Einholung von einem oder mehreren Angeboten, eine Leistung formfrei von einem ausgewählten, geeigneten Unternehmer gegen Entgelt bezogen (§ 41a). Auch die Direktvergabe mit vorheriger Bekanntmachung ist nur im Unterschwellenbereich und hier nur innerhalb bestimmter **Wertgrenzen** zulässig (bei Liefer- und Dienstleistungsaufträgen bis € 130.000,–, bei Bauaufträgen bis € 500.000,–).
- Weiters gibt es bei standardisierten Leistungen die Möglichkeit, eine **elektronische Auktion** durchzuführen. In Kombination mit einem anderen Vergabeverfahren kann auf diese Weise dasjenige Angebot ermittelt werden, das den Zuschlag erhalten soll (§§ 31, 146 ff).
- In den VergabeRL 2014 wurde mit der **Innovationspartnerschaft** ein zusätzliches Vergabeverfahren geschaffen. In diesem Verfahren sollen öffentliche Auftraggeber einem Beschaffungsbedarf Rechnung tragen können, der nicht durch den Erwerb von bereits auf dem Markt verfügbaren Produkten, Dienst- und Bauleistungen gedeckt werden kann.

3. Wege der Informationsübermittlung

Die Übermittlung von Ausschreibungsunterlagen, Mitteilungen, Anträgen, Aufforderungen und Benachrichtigungen sowie jeder sonstige Informationsaustausch zwischen Auftraggebern und Unternehmern kann, sofern insb der Auftraggeber nicht ausnahmsweise anderes festlegt, wahlweise **per Telefax oder elektronisch**, in **begründeten Ausnahmefällen** auch **brieflich** erfolgen (§ 43). Nur weniger bedeutsame Informationen können auch mündlich oder telefonisch übermittelt werden. Die ausgewählten Kommunikationsmittel müssen allgemein verfügbar sein und dürfen nicht zu Diskriminierungen führen. Va dürfen bei elektronischen Kommunikationsmitteln die technischen Merkmale keinen diskriminierenden Charakter aufweisen und die Kompatibilität mit allgemein verbreiteten Erzeugnissen der Informations- und Kommunikationstechnologie ist sicherzustellen.

4. Bekanntmachung

Der Durchführung eines Vergabeverfahrens geht regelmäßig eine Bekanntmachung voraus (§ 46). Im **Oberschwellenbereich** besteht eine Verpflichtung zur EU-weiten Bekanntmachung. Der Auftraggeber muss Bekanntmachungen und Mitteilungen der EK unter Verwendung der einschlägigen Standardformulare übermitteln (§ 50). Die Veröffentlichung erfolgt im Supplement S des Amtsblatts der EU, abrufbar über die Datenbank *Tenders Elec-*

tronic Daily (TED). Zusätzlich dazu ist das Beschaffungsvorhaben auch in nationalen Publikationsmedien zu veröffentlichen (etwa Amtsblatt zur Wiener Zeitung: Amtlicher Lieferungsanzeiger). Im **Unterschwellenbereich** erschöpft sich die Verpflichtung des Auftraggebers grundsätzlich in einer derartigen nationalen Bekanntmachung (§ 55). Die relevanten nationalen Publikationsmedien werden jeweils mit Verordnung (des BK bzw der LReg) festgelegt.

Um zu bestimmen, ob ein Auftrag im Ober- oder Unterschwellenbereich zu vergeben ist, hat der Auftraggeber im Vorfeld den **geschätzten Auftragswert** zu ermitteln. Hierfür kommen besondere gesetzliche Regelungen zum Tragen, insb ist ein Umgehungsverbot normiert (§§ 13 ff).

5. Ausschreibung

Die **Ausschreibung** ist die Erklärung des Auftraggebers an eine bestimmte oder unbestimmte Zahl von Unternehmern, welche Leistungen er zu welchen Bedingungen erhalten möchte (§ 2 Z 10). Zu den zentralen Elementen der Ausschreibungsunterlagen zählen die Leistungsbeschreibung und die Bestimmungen über den Leistungsvertrag. Im Rahmen der **Leistungsbeschreibung** muss die nachgefragte Leistung entweder auf Grundlage eines Leistungsverzeichnisses (dh konstruktiv) oder anhand der Aufgabenstellung (dh funktional) vom Auftraggeber objektiv und neutral umschrieben werden, sodass weder bestimmte Bieter diskriminiert werden noch andere Bieter von vornherein Wettbewerbsvorteile genießen (§§ 95 ff). Hierbei sind auch technische Spezifikationen anzugeben (§ 98). Die **Vertragsbestimmungen** müssen so eindeutig und umfassend festgelegt werden, dass ein eindeutiger Leistungsvertrag zustande kommen kann (§ 99). Darüber hinaus enthalten die Ausschreibungsunterlagen zahlreiche weitere Angaben zum Ablauf des Vergabeverfahrens (insb Angebots- und Zuschlagsfrist, s §§ 57 ff, 112), zum gewählten Zuschlagsprinzip sowie gegebenenfalls zu den Zuschlagskriterien (VI.9.). Im Einzelnen verfügt der Auftraggeber bei Gestaltung der Ausschreibung über weitreichende Spielräume, er ist aber gehalten, die Ausschreibungsunterlagen so auszuarbeiten, dass die **Vergleichbarkeit der Angebote** sichergestellt ist (§ 78 Abs 3).

Der Auftraggeber entscheidet im Lichte technischer und wirtschaftlicher Gesichtspunkte, ob er die gewünschten Leistungen **gemeinsam oder** – etwa hinsichtlich verschiedener Handwerks- und Gewerbezweige oder Fachrichtungen – **getrennt** ausschreibt. Ein Zuschlag in Teilen einer ausgeschriebenen Gesamtleistung ist unzulässig (§ 22). Bei zusammengehörigen Auftragskomponenten, die ein einheitliches Vorhaben bilden, ist hinsichtlich der Auftragswertberechnung die Gesamtsumme von Relevanz (§§ 13 ff).

6. Eignungsprüfung

Im Rahmen der Eignungsprüfung findet eine **unternehmensbezogene Bewertung** der Bieter und Bewerber statt. Wesentliches Ziel der Eignungsprüfung ist es, diejenigen Unternehmer von der Teilnahme am Vergabeverfahren auszuschließen, die aus verschiedenen Gründen die geforderte, ordnungsgemäße Leistungsausführung nicht erwarten lassen. Die Eignung wird anhand der **Befugnis**, der finanziellen, technischen und wirtschaftlichen **Leistungsfähigkeit** und der **Zuverlässigkeit** der Unternehmer vom Auftraggeber beurteilt. Hierfür werden den Unternehmen entsprechende Nachweise abverlangt, wobei der Auftraggeber entsprechend der von ihm definierten **Eignungskriterien** (§ 2 Z 20 lit c) aus dem gesetzlich zur Verfügung stehenden Nachweiskatalog zu bestimmen und in der Bekanntmachung oder Ausschreibung verbindlich anzugeben hat, welche Nachweise konkret zu erbringen sind (§§ 69 ff). Jedenfalls dürfen Nachweise nur so weit verlangt werden, wie dies durch den Gegenstand des Auftrags gerechtfertigt ist (Eignung für die konkrete Leistung, s § 70 Abs 1); es muss insofern die Verhältnismäßigkeit gewahrt werden und darf nicht zu Diskriminierungen, Ungleichbehandlungen oder Wettbewerbsverzerrungen kommen.

Zu den möglichen Eignungsnachweisen zählen Firmenbuchauszüge zum Nachweis der Befugnis, Strafregisterbescheinigungen zum Nachweis der allgemeinen beruflichen Zuverlässigkeit, eine Bonitätsauskunft, eine Liste der wesentlichen, in den letzten Jahren erbrachten Lieferungen bzw Leistungen (Referenzliste), Warenmuster, Ausbildungsnachweise bei Bau- und Dienstleistungsaufträgen, Erfüllung von Qualitätssicherungsnormen etc.

Das Vorliegen bestimmter, gesetzlich geregelter **Ausschlussgründe** (wie zB einschlägige rechtskräftige strafgerichtliche Verurteilung, schwere Verfehlung gegen Bestimmungen des Arbeits-, Sozial- oder Umweltrechts, Säumigkeit bei der Zahlung der Sozialversicherungsbeiträge, Steuern oder Abgaben etc) hat – von Sonderfällen abgesehen – den Ausschluss von der Teilnahme am Vergabeverfahren zur Folge (§ 68).

Im Rahmen zweistufiger Vergabeverfahren (zB nicht offenes Verfahren, Verhandlungsverfahren) findet die Prüfung der Eignung der Teilnehmer mittels **Teilnahmewettbewerbs** statt. Neben den Eignungskriterien, die die vom Auftraggeber definierten Mindestanforderungen darstellen, werden die Unternehmer hier überdies am Maßstab vorweg vom Auftraggeber definierter Auswahlkriterien (§ 2 Z 20 lit a) geprüft. An jene Teilnehmer, die sich anhand dieser unternehmensbezogenen Kriterien als „bestgeeignet" qualifizieren konnten, ergeht auf der zweiten Verfahrensstufe die Aufforderung zur Angebotsabgabe.

Die tatsächliche Vorlage der Eignungsnachweise an den Auftraggeber ist nicht (mehr) generell gefordert. § 70 räumt den Unternehmen die Möglichkeit ein, ihre Eignung mittels **Eigenerklärung** zu belegen. Erforderlich ist die Beibringung der Nachweise allerdings dann, wenn sie vom Auftraggeber verlangt wird, so va hinsichtlich des in Aussicht genommenen Zuschlagsempfängers.

7. Angebot

Aufgrund der Ausschreibung können die interessierten Unternehmer **Angebote** (§ 2 Z 3) legen. Im offenen und nicht offenen Verfahren müssen sie sich dabei genau **an die Ausschreibungsunterlagen halten**; der vorgeschriebene Text der Ausschreibungsunterlagen darf weder geändert noch ergänzt werden (§ 106 Abs 1). Nur eingeschränkt – so insb im Verhandlungsverfahren, wo die Verhandlungen Änderungen der Leistungsbeschreibung zur Folge haben können – dürfen Angebote von der Ausschreibung **abweichen**. Ist in den Ausschreibungsunterlagen nicht ausdrücklich auf die Möglichkeit der Einreichung von Teilangeboten hingewiesen, müssen sich Angebote auf die Gesamtleistung beziehen (§ 106 Abs 3).

Angebote müssen bestimmten **Formvorschriften** entsprechen (§ 107) und sind grundsätzlich ohne gesonderte Vergütung zu erstellen (§ 111). Nach Ablauf der Angebotsfrist sind die Bieter **zivilrechtlich** an ihr Angebot **gebunden** (§ 112 Abs 2); Angebotsveränderungen können dann nur noch sehr eingeschränkt vorgenommen werden (zu behebbaren Angebotsmängeln s VI.8.). Während des offenen und nicht offenen Verfahrens darf mit den Bietern über das Angebot nicht verhandelt werden (**Verhandlungsverbot**; s §§ 101 Abs 4, 104 Abs 2).

8. Angebotsprüfung

Die **Öffnung der Angebote** erfolgt im offenen und nicht offenen Verfahren an einem festgesetzten Ort zu festgesetzter Zeit (§ 118 Abs 1). Die Bieter haben das Recht, anwesend zu sein. Bestimmte Angebotsinhalte werden verlesen und in einer Niederschrift festgehalten (zB Name des Bieters, bestimmte Preise, wesentliche Vorbehalte und Erklärungen der Bieter). Beim **Verhandlungsverfahren** ist eine formalisierte Öffnung der Angebote nicht geboten; Bieter sind nicht teilnahmeberechtigt und das Ergebnis der Öffnung ist geheim zu halten (§ 118 Abs 2).

Die **Prüfung der Angebote** erfolgt in technischer und wirtschaftlicher Hinsicht nach den in der Ausschreibung festgelegten Kriterien (§ 123 Abs 1). Sie obliegt demgemäß Personen, die die fachlichen Voraussetzungen dafür erfüllen; erforderlichenfalls sind Sachverständige beizuziehen (§ 122). Geprüft wird neben der Formrichtigkeit und Vollständigkeit der Angebote insb auch die Angemessenheit der Preise. Gegebenenfalls hat angesichts der ungewöhnlichen Preisgestaltung eine **vertiefte Angebotsprüfung** stattzufinden (§ 125; s VI.1.). Entstehen bei der Angebotsprüfung Unklarheiten oder werden Mängel festgestellt, ist vom Bieter eine verbindliche schriftliche **Aufklärung** zu verlangen (§ 126 Abs 1). Fehlerhafte oder unvollständige Angebote sind jedoch nur dann verbesserungsfähig, wenn ein **behebbarer Mangel** vorliegt (§ 129 Abs 1 Z 7): Würde die Mängelbehebung zu einer Besserstellung des betroffenen Bieters im Vergabewettbewerb führen, ist der Angebotsmangel unbehebbar.

Bestimmte **Angebote** sind vom Auftraggeber bei Vorliegen von Ausscheidensgründen gem § 129 aus dem Vergabeverfahren **auszuscheiden**, da sie für eine Zuschlagserteilung nicht in Betracht kommen.

Zu den genannten Ausscheidensgründen zählen: Verwirklichung eines Ausschlussgrundes, mangelnde Eignung, keine plausible Zusammensetzung des Gesamtpreises, verspätetes Einlangen des Angebots, Widerspruch zu den Ausschreibungsunterlagen, nicht behobener oder nicht behebbarer Angebotsmangel, wettbewerbswidrige Unternehmensabsprachen etc. Haben es Bieter unterlassen, innerhalb der ihnen gestellten Frist die verlangten Aufklärungen zu geben oder entbehrt die Aufklärung einer nachvollziehbaren Begründung, kann der Auftraggeber das Angebot gem § 129 Abs 2 ebenfalls ausscheiden.

9. Zuschlag

In der Bekanntmachung oder in den Ausschreibungsunterlagen hat der Auftraggeber anzugeben, ob der Zuschlag dem technisch und wirtschaftlich günstigsten Angebot (**Bestbieterprinzip**) oder dem Angebot mit dem niedrigsten Preis erteilt werden soll (**Billigstbieterprinzip**). Während beim Billigstbieterprinzip alleiniges Zuschlagskriterium der Preis ist, muss der Auftraggeber für den Fall des Zuschlags nach dem Bestbieterprinzip gesonderte **Zuschlagskriterien** definieren und im Verhältnis der ihnen zuerkannten Bedeutung (iaR mittels Gewichtung) angeben (§ 79 Abs 3a). Bei Festlegung dieser Kriterien kommt dem Auftraggeber ein großer Spielraum zu. Er hat jedoch darauf Bedacht zu nehmen, dass die Zuschlagskriterien mit dem Auftragsgegenstand in Zusammenhang stehen und zur Ermittlung des technisch und wirtschaftlich günstigsten Angebots tauglich sind, dass sie klar und eindeutig formuliert werden, dem Diskriminierungsverbot entsprechen und eine nachvollziehbare und überprüfbare Bestbieterermittlung ermöglichen.

Als mögliche Zuschlagskriterien nennt § 2 Z 20 lit d Qualität, Preis, technischer Wert, Ästhetik, Zweckmäßigkeit, Umwelteigenschaften, Betriebskosten, Rentabilität, Kundendienst, technische Hilfe, Lieferzeitpunkt, Lieferungs- bzw Ausführungsfrist.

Das BVergG gibt – zumal seit der jüngsten Nov 2015 – eine deutliche **Präferenz für das Bestbieterprinzip** zu erkennen: Das Billigstbieterprinzip ist nur zulässig, sofern der Qualitätsstandard der Leistung durch den Auftraggeber in technischer, wirtschaftlicher und rechtlicher Hinsicht klar und eindeutig definiert ist. Das Bestbieterprinzip muss demgegenüber jedenfalls vom Auftraggeber gewählt werden, wenn einer der in § 79 Abs 3 Z 1 bis 9 genannten Fälle vorliegt (zB Vergabe geistiger Dienstleistung, bei Zulässigkeit von Alternativangeboten, bei im Wesentlichen funktionaler Leistungsbeschreibung, bei Bauaufträgen über € 1 Mio, Beschaffung bestimmter Lebensmittel etc).

Im Zuschlagsverfahren wird auf Grundlage des jeweiligen Zuschlagsprinzips bzw der Zuschlagskriterien unter jenen Angeboten, die nach dem Ausscheiden noch im Vergabeverfahren verblieben sind, dasjenige Angebot ermittelt, auf das der Zuschlag ergehen soll. Bei der hierfür notwendigen **Angebotsbewertung** kann sich der Auftraggeber verschiedener Methoden bedienen.

Der Zuschlag selbst erfolgt in zwei Etappen (§§ 130 ff). Zunächst ist den Bietern die **Zuschlagsentscheidung** nachweislich mitzuteilen. Hierbei handelt es sich um eine nicht verbindliche Absichtserklärung des Auftraggebers, welchem Bieter der Zuschlag erteilt werden soll (§ 2 Z 49); es liegt aber noch keine Auftragsvergabe vor. An die Mitteilung der Zuschlagsentscheidung knüpft sich eine gesetzliche **Stillhaltefrist** von zehn (bei elektronischer Übermittlung oder via Telefax) oder 15 Tagen (bei brieflicher Übermittlung), im Unterschwellenbereich von sieben Tagen. Innerhalb dieser Frist darf der Auftraggeber den Zuschlag bei sonstiger **absoluter Nichtigkeit** nicht erteilen (§ 132 Abs 1). Damit soll sichergestellt werden, dass die Zuschlagsentscheidung vom übergangenen Bieter wirksam bekämpft werden kann, also eine Beschwerdemöglichkeit besteht, noch bevor der Vertragsschluss stattgefunden hat.

Nach Ablauf der Stillhaltefrist kann die **Zuschlagserteilung** erfolgen. Hierbei handelt es sich um die an den Bieter abgegebene schriftliche Erklärung, sein Angebot anzunehmen (§ 2 Z 50), womit grundsätzlich zugleich das **Vertragsverhältnis** zustande kommt (s aber § 133). Über die erfolgreiche Vergabe hat der Auftraggeber einen Vergabevermerk anzufertigen (§ 136).

10. Widerruf

Jedes Vergabeverfahren bedarf einer förmlichen Beendigung. Für den Fall eines erfolglosen Abbruchs sieht das BVergG den **Widerruf der Ausschreibung** vor (§§ 138 f). Zum Widerruf verpflichtet (**zwingender Widerruf**) ist der Auftraggeber dann, wenn Umstände bekannt werden, die, wären sie schon vor der Ausschreibung bekannt gewesen, eine Ausschreibung ausgeschlossen oder zu einer inhaltlich wesentlich anderen Ausschreibung geführt hätten, nach Ablauf der Angebotsfrist auch dann, wenn kein Angebot eingelangt ist oder nach dem Ausscheiden von Angeboten kein Angebot im Vergabeverfahren verbleibt. Zum Widerruf berechtigt (**fakultativer Widerruf**) ist der Auftraggeber, wenn nur ein Angebot eingelangt ist (und insofern kein wirksamer Vergabewettbewerb stattfinden konnte), nach dem Ausscheiden von Angeboten nur ein Angebot im Vergabeverfahren verbleibt, oder wenn allgemein sachliche Gründe vorliegen. Selbst ein zulässiger Widerruf kann den Auftraggeber aber **schadenersatzpflichtig** machen (§ 341 Abs 3).

Ähnlich der zweistufigen Struktur des Zuschlagsverfahrens hat der Auftraggeber auch für den Fall des Widerrufs des Vergabeverfahrens zunächst eine **Widerrufsentscheidung** zu treffen, bevor, nach Verstreichen einer Stillhaltefrist, der (endgültige) Widerruf erklärt wird. Vor Ablauf der Stillhaltefrist darf der Widerruf bei sonstiger Unwirksamkeit nicht erklärt und ein neues Vergabeverfahren über den gleichen Auftragsgegenstand nicht eingeleitet werden. Im Unterschwellenbereich kann der Auftraggeber auch ohne Widerrufsentscheidung und Stillhaltefrist unmittelbar den Widerruf erklären. Mit der Erklärung des Widerrufs gewinnen Auftraggeber und Bieter ihre **Handlungsfreiheit** wieder (§ 140).

11. Sonderregelungen

Das BVergG enthält in seinem 3. Teil spezifische Regelungen für **Auftragsvergaben in den Sektoren** (V.1.). Im Allgemeinen kennt das Sektorenvergaberecht flexiblere Vergabebestimmungen und spricht den Sektorenauftraggebern eine erweiterte Gestaltungsfreiheit zu. So gewähren die Sektorenvorschriften spezifische Ausnahmen für Auftragsvergaben an verbundene Unternehmen (§ 176), eröffnen eine freie Wahl auch des Verhandlungsverfahrens nach vorherigem Aufruf zum Wettbewerb (§ 194) und ermöglichen dem Auftraggeber die Einrichtung eines Systems zur Präqualifikation von Unternehmen (Prüfsystem, § 232). Ist die Sektorentätigkeit in Österreich auf einem Markt mit freiem Zugang unmittelbar dem Wettbewerb ausgesetzt, kann mittels Entscheidung der EK eine Freistellung vom Vergaberecht verfügt werden (§ 179).

Das **BVergGVS** regelt die Beschaffung von **Leistungen im Verteidigungs- und Sicherheitsbereich** durch öffentliche Auftraggeber und Sektorenauftraggeber (§ 4 BVergGVS). Vom sachlichen Anwendungsbereich umfasst sind die Lieferung von Militärausrüstung und sensibler Ausrüstung, damit in unmittelbarem Zusammenhang stehende Bau-, Liefer- oder Dienstleistungen sowie Bau- und Dienstleistungen speziell für militärische Zwecke oder sensible Bau- bzw Dienstleistungen (§ 1 Z 1 BVergGVS). In den Grundzügen folgt die Regelungssystematik des BVergGVS jener des BVergG. Allerdings wird in vielfältiger Weise auf die im Verteidigungs- und Sicherheitsbereich bestehenden höheren Geheimhaltungsinteressen (zB §§ 21 f, 69 BVergGVS) und das besondere Versorgungsinteresse (§ 70 BVergGVS) Rücksicht genommen.

VII. Rechtsschutz

Die Sicherung der Funktionsfähigkeit des Vergabewettbewerbs ist eng mit der Sicherung und Kontrolle der Rechtmäßigkeit des Vergabeverfahrens verbunden. Der Gewährleistung von **Individualrechtsschutz für die Bieter** kommt dabei besondere Bedeutung zu. In Umsetzung der unionsrechtlichen Vorgaben, effektiven Rechtsschutz im Vergaberecht herzustellen, ist der – bundes- und landesgesetzlich geregelte (II.1.), bei den VwG I. Instanz angesiedelte – vergabespezifische Rechtsschutz stark am Gedanken der **Gewährung von Primärrechtsschutz** (durch Beseitigung von rechtswidrigen Auftraggeberentscheidungen insb noch während des laufenden Vergabeverfahrens) ausgerichtet. **Sekundärrechtsschutz** (durch Kompensation va in Form von Schadenersatz) findet demgegenüber im Kern vor den Zivilgerichten statt.

1. Vergabekontrollverfahren vor dem BVwG

Die Wahrnehmung des vergabespezifischen Rechtsschutzes im Vollziehungsbereich des Bundes (II.1.) obliegt dem **BVwG** (§ 291), das in diesen Verfahren iaR (ausgenommen insb Verfahren über Anträge auf einstweilige Verfügung, dort Einzelrichterzuständigkeit) in Dreiersenaten entscheidet. Jeder **Senat** besteht aus einem Richter des BVwG in der Rolle des Senatsvorsitzenden und zwei fachkundigen Laienrichtern als Beisitzern, von denen jeweils einer dem Kreis der Auftraggeber und einer dem Kreis der Auftragnehmer angehört (§ 292). Das Vergaberechtsschutzverfahren vor dem BVwG ist im 4. Teil des BVergG geregelt; subsidiär gelangen das VwGVG und das AVG zur Anwendung (§ 311).

Im Einzelnen kennt das BVergG in Gestalt des **Nachprüfungsverfahrens**, des **Verfahrens über einstweilige Verfügungen** und des **Feststellungsverfahrens** drei Arten von Rechtsschutzverfahren, die jeweils über – vergebührungspflichtige (§ 318) – Anträge der rechtsschutzsuchenden Unternehmer eingeleitet werden. Vor Zuschlagserteilung oder Widerruf(serklärung) ist das BVwG zuständig zur Nichtigerklärung von Entscheidungen des Auftraggebers und zur Erlassung einstweiliger Verfügungen. Nach Zuschlagserteilung oder Widerruf(serklärung) richtet sich die Zuständigkeit des BVwG auf bestimmte Feststellungen betreffend die Vergaberechtswidrigkeit des Auftraggeberverhaltens, nach Zuschlagserteilung überdies auf die Nichtigerklärung oder Aufhebung von bestimmten, vergaberechtswidrig zustande gekommenen Verträgen sowie die Verhängung von Sanktionen (§ 312).

- **Nachprüfungsverfahren**
  Zur Einbringung eines Nachprüfungsantrags legitimiert sind Unternehmer, die ein Interesse am Abschluss eines vergaberechtspflichtigen Vertrages behaupten und denen durch die behauptete Rechtswidrigkeit ein Schaden entstanden ist oder zu entstehen droht (§ 320 Abs 1), wozu mitunter – iSd Gewährleistung effektiven Rechtsschutzes – auch bereits aus dem Vergabeverfahren ausgeschiedene Bieter zählen können. Gegenstand der Nachprüfung können nur **gesondert anfechtbare Entscheidungen** des Auftraggebers sein, die je nach Verfahrensart aufgegliedert im BVergG ab-

schließend genannt sind (s § 2 Z 16 lit a). Nicht gesondert anfechtbare Entscheidungen können dahingegen nur gemeinsam mit der ihnen nächstfolgenden gesondert anfechtbaren Entscheidung angefochten werden (§ 2 Z 16 lit b). Werden die gesetzlichen Anfechtungsfristen (§ 321) versäumt, kommt es zur **Präklusion***, sodass die betreffende gesondert anfechtbare Entscheidung (und die ihr vorangegangenen nicht gesondert anfechtbaren Entscheidungen) nicht mehr, auch nicht im Wege späterer Einwendungen hinsichtlich ihrer Rechtswidrigkeit, bekämpft werden kann.

Parteistellung im Nachprüfungsverfahren haben jedenfalls der Antragsteller und der Auftraggeber. Andere Bieter, deren rechtliche Interessen durch die Entscheidung des BVwG unmittelbar nachteilig berührt werden könnten (Antragsgegner, insb der präsumtive Zuschlagsempfänger), müssen innerhalb von zehn Tagen begründete Einwendungen erheben, um ihre Parteistellung nicht zu verlieren (§ 324).

Das BVwG hat innerhalb von sechs Wochen über den Nachprüfungsantrag zu entscheiden. Die angefochtene Entscheidung des Auftraggebers ist mit Erkenntnis für **nichtig zu erklären**, wenn der Antragsteller in dem von ihm geltend gemachten Recht verletzt wurde und dies für den Verfahrensausgang von wesentlichem Einfluss ist (§ 325).

- **Einstweilige Verfügungen**
  Nachprüfungsanträgen kommt keine aufschiebende Wirkung* hinsichtlich des Fortgangs des Vergabeverfahrens zu (§ 320 Abs 3). Um eine entstandene oder unmittelbar drohende Schädigung ihrer rechtlich geschützten Interessen zu beseitigen oder zu verhindern, steht den rechtsschutzsuchenden Unternehmen allerdings die Möglichkeit offen, beim BVwG einen Antrag auf Erlassung einer **einstweiligen Verfügung** einzubringen (zB auf Untersagung der Angebotsöffnung oder der Zuschlagserteilung). Das BVwG hat eine Interessenabwägung vorzunehmen und innerhalb von sieben Tagen mittels Beschluss zu entscheiden (§§ 328 ff).
- **Feststellungsverfahren**
  Im Feststellungsverfahren nach Zuschlagserteilung oder Widerruf(serklärung) ist das BVwG zuständig, im Rahmen der Beschwerdepunkte festzustellen, ob wegen eines Verstoßes gegen das BVergG, der hierzu ergangenen Verordnungen oder des einschlägigen Unionsrechts **rechtswidrigerweise der Zuschlag erteilt oder der Widerruf erklärt** wurde. In einem solchen Verfahren hat das BVwG weiters über Antrag des Auftraggebers festzustellen, ob der Antragsteller auch bei Einhaltung des BVergG **keine echte Chance auf Erteilung des Zuschlags** gehabt hätte. Ferner stellt das BVwG nach Zuschlagserteilung fest, ob ein Vergabeverfahren ohne vorherige Bekanntmachung rechtswidriger Weise gewählt oder ob der Zuschlag rechtswidriger Weise **ohne Mitteilung der Zuschlagsentscheidung** erteilt wurde (§§ 312 Abs 3 und 4, 331 Abs 1). Bis zur Zuschlagserteilung oder bis zum Widerruf kann schließlich festgestellt wer-

den, dass der Auftraggeber nach erheblicher **Überschreitung der Zuschlagsfrist** und entgegen dem Ersuchen des Bieters das Vergabeverfahren nicht angemessen fortgeführt hat („Aussitzen"); ein diesbezügliches Feststellungserkenntnis hat *ex lege* den Widerruf des Vergabeverfahrens zur Folge (§§ 331 Abs 2 iVm 140 Abs 9).
Antragslegitimiert im Feststellungsverfahren ist ein am Vertragsabschluss interessierter Unternehmer, sofern ihm durch die behauptete Rechtswidrigkeit ein Schaden entstanden ist oder zu entstehen droht (§ 331 Abs 1). Parteistellung haben grundsätzlich Antragsteller und Auftraggeber sowie ein allfälliger Zuschlagsempfänger (§ 333 Abs 1).
Das Feststellungsverfahren ist als **subsidiäres Rechtsschutzverfahren** konzipiert. So sind Feststellungsanträge insb dann unzulässig, wenn der behauptete Verstoß im Rahmen eines Nachprüfungsantrages geltend gemacht werden hätte können (§ 332 Abs 5). Primäres Ziel des Verfahrens ist die erkenntnismäßige Feststellung von Rechtsverstößen nach erteiltem Zuschlag oder nach erfolgtem Widerruf einer Ausschreibung. Darüber hinaus können Verträge, die unter Verstoß gegen bestimmte Vorschriften des BVergG zu Stande gekommen sind (insb im Fall der rechtswidrigen Vergabe ohne vorherige Bekanntmachung), vom BVwG (grundsätzlich *ex tunc* und zur Gänze) für nichtig erklärt, anderenfalls **Geldbußen** für den Auftraggeber als alternative Sanktionen verhängt werden (§ 334). Das Feststellungserkenntnis hat wesentliche Folgewirkungen für die Frage der Zuerkennung von Schadenersatz (VII.4.).

2. Vergabekontrolle auf Ebene der Länder

Die Länder haben in ihren **LandesvergabenachprüfungsG** für den Rechtsschutz in Vergabeverfahren, die in ihren Zuständigkeitsbereich fallen, die jeweiligen **LVwG** mit der Vergabekontrolle betraut. Die Rechtsschutzverfahren entsprechen strukturell weitestgehend jenen im Bundesbereich. Nur vereinzelt finden sich Sonderregelungen, insb soweit vorgeschaltete Mechanismen einer Schlichtung oder gütlichen Einigung betroffen sind: So existiert in NÖ ein dem Nachprüfungsverfahren verpflichtend vorgeschaltetes Schlichtungsverfahren; in Wien kann freiwillig eine Schlichtungsstelle angerufen werden; in Kärnten ist eine Ombudsstelle für Vergabewesen eingerichtet, deren Anrufung ebenfalls fakultativ ist.

3. Außerstaatliche Kontrolle

Die EK kann die Republik Österreich und einen (öffentlichen oder Sektoren-)Auftraggeber bei einem schweren Verstoß gegen die im Unionsrecht enthaltenen Vergabevorschriften zur Beseitigung dieses Verstoßes auffordern. Dieser „**Korrekturmechanismus**" zielt auf eine gütliche Beilegung von Vergabekonflikten ab und ist insofern als eigenständiges Instrument objektiver Rechtskontrolle konzipiert. Im Fall der Nichtbeseitigung des gerügten Vergabeverstoßes kann die EK ein Vertragsverletzungsverfahren beim EuGH einleiten (§ 336).

4. Schadenersatz

Die Zuerkennung von Schadenersatz an übergangene Bieter oder Bewerber fällt in die Zuständigkeit der **Zivilgerichte**. Das BVergG enthält in seinem 5. Teil diesbezügliche Sonderbestimmungen, lässt nach anderen Rechtsvorschriften bestehende Ansprüche aber unberührt (§ 340).

Liegt ein **hinreichend qualifizierter Verstoß** gegen das BVergG oder die auf dessen Grundlage ergangenen Verordnungen vor, hat ein übergangener Bewerber oder Bieter gegenüber dem Auftraggeber Anspruch auf Ersatz der Kosten der Angebotsstellung und der Teilnahme am Vergabeverfahren. Sofern der übergangene Bieter dartun kann, dass seinem Angebot der Zuschlag hätte erteilt werden müssen, besteht alternativ ein Anspruch auf Ersatz des Erfüllungsinteresses (§ 337 Abs 1 und 3). Die Zuerkennung von Schadenersatz hängt damit nicht von einem schuldhaften Vergabeverstoß ab, sondern die Haftung des Auftraggebers ist – nach Maßgabe EU-rechtlicher Anforderungen und entgegen der früheren Rechtslage – im Interesse eines effektiven Rechtsschutzes **verschuldensunabhängig** ausgestaltet. Kein Haftungsanspruch besteht, wenn das VwG festgestellt hat, dass der Geschädigte auch bei Einhaltung der Bestimmungen des BVergG keine echte Chance auf Erteilung des Zuschlags gehabt hätte (§ 337 Abs 2 und 4). Dasselbe gilt, wenn der Geschädigte den Schaden durch Beantragung einer einstweiligen Verfügung oder durch einen Nachprüfungsantrag hätte abwenden können.

Zulässigkeitsvoraussetzung für die Einbringung einer Schadenersatzklage ist ein **Feststellungserkenntnis** des zuständigen VwG über den Vergabeverstoß des Auftraggebers. Vor diesem Hintergrund ist, weil ansonsten ein effektiver Rechtsschutz mangels Zulässigkeit der Einbringung einer Schadenersatzklage nicht gewährleistet wäre, die in § 332 Abs 3 (derzeit noch) enthaltene sechsmonatige absolute Ausschlussfrist für die Einbringung eines Feststellungsantrags unionsrechtswidrig und als verdrängt und damit unanwendbar anzusehen (VwGH 16.03.2016, 2015/04/0004). Das Zivilgericht ist hinsichtlich der Vergaberechtswidrigkeit des Auftraggeberverhaltens an die Feststellungen des VwG gebunden. Hält es das Erkenntnis für rechtswidrig, ist das Verfahren zu unterbrechen und beim VwGH gemäß Art 133 Abs 2 B-VG die Feststellung der Rechtswidrigkeit zu begehren (§ 341 Abs 4).

Georg Lienbacher

Raumordnungsrecht

Rechtsgrundlagen

Kompetenzgrundlagen

Art 15 Abs 1 B-VG (Generalklausel für die Länderkompetenz; Fachplanungskompetenzen der Länder zB im Naturschutzrecht); aber auch Art 10 Abs 1 Z 9 B-VG („Verkehrswesen"); Art 10 Abs 1 Z 10 B-VG („Bergwesen, Wasserrecht, Forstrecht, Starkstromwegerecht"); Art 10 Abs 1 Z 15 B-VG („Militärwesen"); Art 12 Abs 1 Z 3 B-VG („Bodenreform") Fachplanungskompetenzen des Bundes; Art 15 Abs 9 B-VG (Straf- und Zivilrechtskompetenz der Länder); Art 118 Abs 3 B-VG („örtliche Raumplanung", Vollziehungskompetenz der Gemeinden im eigenen Wirkungsbereich).

Verfassungsrechtliche Bezüge

Art 5 StGG iVm Art 1 1. ZPEMRK (Eigentumsschutz); Art 7 B-VG iVm Art 2 StGG (Gleichheitssatz); Art 6 EMRK (Verfahrensgarantien); Art 18 B-VG (Legalitätsprinzip).

Europarechtliche Bezüge

Raumordnungsrelevante Anknüpfungspunkte im Europarecht: zB Art 38 ff AEUV (Landwirtschaft); Art 90 ff AEUV (Verkehr); Art 170 ff AEUV (Transeuropäische Netze); Art 174 ff AEUV (Regionalpolitik [Kohäsion]); Art 191 ff AEUV (Umwelt), insb Art 192 AEUV; im Bereich des Naturschutzes sind die im Rahmen von Natura 2000 zu schaffenden Europaschutzgebiete, die auf RL 2009/147/EG über die Erhaltung wildlebender Vogelarten ABl L 2010/20, 7 idF L 2013/158, 193 (VogelschutzRL) und RL 92/43/EWG zum Schutz der natürlichen und naturnahen Lebensräume sowie der wildlebenden Tier- und Pflanzenarten ABl L 1992/206, 7 idF L 2014/95, 70 (Fauna-Flora-Habitat-RL) basieren, zu erwähnen (→ *Naturschutzrecht*); unionsrechtliche Vorgaben enthalten darüber hinaus die RL 2012/18/EU zur Beherrschung der Gefahren schwerer Unfälle mit gefährlichen Stoffen, ABl L 2012/197, 1 (Seveso III-Richtlinie); RL 2001/42/EG über die Prüfung der Umweltauswirkungen bestimmter Pläne und Programme ABl L 2001/197, 30 (SUP-Richtlinie), RL 2002/49/EG über die Bewertung und Bekämpfung von Umgebungslärm ABl L 2002/189, 12 idF L 2015/168, 1 (Umgebungslärmrichtlinie), RL 2013/30/EU über die Sicherheit von Offshore-Erdöl- und –Erdgasaktivitäten ABl L 2013/178, 66; raumordnungsrechtliche Relevanz kommt auch der Erklärung Nr 5, die der Schlußakte des EU-Beitrittsvertrages mit dem Titel „Gemeinsame Erklärung zu Zweitwohnungen" angefügt ist (BGBl 45/1995) zu; rechtlich nicht verbindlich ist das EUREK (EUREK – Europäisches Raumentwicklungskonzept. Auf dem Wege zu einer räumlich ausgewogenen und nachhaltigen Entwicklung der Europäischen Union [Luxemburg 1999]).

Gesetze und sonstige Rechtsgrundlagen

Raumordnungsgesetze der Länder: bgld RPlG, LGBl 18/1969 idF 44/2015; krnt ROG, LGBl 76/1969 idF 24/2016 und krnt GplG 1995, LGBl 23/1995 idF 24/2016; nö ROG, LGBl 3/2015; oö ROG 1994, LGBl 114/1993 idF 69/2015; sbg ROG 2009, LGBl 30/2009 idF 9/2016; stmk ROG 2010, LGBl 49/2010 idF 139/2015; tir ROG 2011, LGBl 56/2011 idF 93/2016; vlbg RPlG, LGBl 39/1996 idF 54/2015; Wien: raumordnungsrechtliche Bestimmungen finden sich va im 1. Abschnitt der wr Bauordnung: „Stadtplanung", LGBl 11/1930 idF 27/2016. Es gibt eine Vielzahl flankierender Nebengesetze, die die Verwirklichung örtlicher Raumplanungsziele unterstützen bzw spezielle Schutzmaßnahmen oder zumindest auch raumordnungsrelevante Bestimmungen vorsehen, vgl zB die in die tir Bauordnung 2011, LGBl 57/2011 aufgenommenen Regelungen des tir Gesetz über die ausnahmsweise Zulässigkeit von Gebäuden im Freiland, LGBl 11/1994 aufgehoben durch LGBl 48/2011; das krnt Regionalfondsgesetz (RegFG), LGBl 8/2005 idF 22/2013, oder das sbg Altstadterhaltungsgesetz 1980, LGBl 50/1980 idF 106/2013; Grazer Altstadterhaltungsgesetz 2008, LGBl 96/2008 idF 28/2015; weitere Beispiele sind die in verschiedenen Bundesländern bestehenden Ortsbildschutzgesetze oder zB die Naturschutz- und Nationalparkgesetze oder Elektrizitätswirtschafts- bzw Elektrizitätswesengesetze, in denen unter Fachplanungsgesichtspunkten raumordnungsrelevante Bestimmungen zu finden sind.

Art 15a B-VG Vereinbarungen: Vereinbarung über die Zusammenarbeit in Angelegenheiten der Raumordnung im gemeinsamen Grenzgebiet: zwischen NÖ und OÖ, oö LGBl 87/1979; Vereinbarung zwischen OÖ und Stmk, oö LGBl 88/1979; Vereinbarung zwischen OÖ und Sbg, sbg LGBl 86/1978 idF 89/1993; Vereinbarung zwischen Krnt, Sbg und Stmk über die Zusammenarbeit in Angelegenheiten der Raumordnung im Lungau-Murau-Nockgebiet, sbg LGBl 44/1978; Vereinbarung über die Errichtung einer Planungsgemeinschaft zwischen den Ländern Bgld, NÖ und Wien, bgld LGBl 20/1978; Vereinbarung zwischen Bund und Kärnten über Vorhaben im Land Kärnten, an welchen der Bund und das Land Kärnten interessiert sind, krnt LGBl 82/1979 (Inkrafttreten LGBl 12/1980) und Zweite Vereinbarung zwischen Bund und Kärnten über Vorhaben im Land Kärnten, an welchen der Bund und das Land Kärnten interessiert sind, krnt LGBl 20/1983 (Inkrafttreten LGBl 3/1984).

Verordnungen: Landesentwicklungsprogramme (-pläne) auf überörtlicher Ebene (zB sbg Landesentwicklungsprogramm, LGBl 94/2003) und die FWP auf örtlicher Ebene gehören zu den wichtigsten der zahllosen Verordnungen im Raumordnungsrecht. Von großer Bedeutung sind auch die Verordnung betreffend privatwirtschaftliche Maßnahmen im Bereich der örtlichen Raumplanung. Diese haben ua die Sicherstellung der Nutzung von Grundstücken durch Vereinbarungen bzw den Abschluss von Vereinbarungen iZm der Widmung von Grundstücken zwischen Gemeinde und Grundstückseigentümer zum Inhalt, vgl zB krnt LGBl 105/1997 (Verordnung der krnt LReg, mit der Richtlinien für privatwirtschaftliche Maßnahmen der Gemeinden im Bereich der örtlichen Raumplanung erlassen werden, sog Richtlinien-V).

Literaturauswahl

Monografien – Kommentare

Aigner ua (Hrsg), Besonderes Verwaltungsrecht (2016); *Auer*, Der interaktive Flächenwidmungsplan im Internet (2008); *Braun*, Gebäudeschutzausweis (2015); *Azizi/Griller* (Hrsg), Rechtsstaat und Planung (1982); *Berger*, Netzwerk Raumplanung – im Spannungsfeld der Kompetenzverteilung (2008); *Eisenberger/Hödl*, Einführung in das Steiermärkische Bau- und Raumplanungsrecht[3] (2014); *Donner*, Planungskonflikte zwischen den Gebietskörperschaften (2007); *Ennöckl*, Natura 2000 (2002); *Feik ua*, Handelsbetriebe und Raumordnungsrecht (2008); *Frank*, Raumordnungsrecht und Bauvorschriften für das Land Steiermark (2014)[3]; *Gamper* (Hrsg), Interkommunale Zusammenarbeit und überörtliche Raumplanung (2007); *Geuder*, Österreichisches Öffentliches Baurecht und Raumordnungsrecht (1996); *Geuder*, Einführung in das österreichische Planungs- und Baurecht (2002); *Gleirscher*, Erschließung und Erweiterung von Schigebieten (2015); *Hauer A.*, Oberösterreichisches Raumordnungsgesetz 1994 (2007); *Hauer A./Nußbaumer* (Hrsg), Österreichisches Raum- und Fachplanungsrecht (2006); *Holoubek/Madner/Pauer* (Hrsg), Recht und Verwaltung in Wien (2014); *Holzer/Reischauer*, Agrarumweltrecht (2015); *Jann/Oberndorfer*, Die Normenkontrolle des Verfassungsgerichtshofes im Bereich der Raumplanung (1995); *Kanonier*, Grünlandschutz im Planungsrecht (1994); *Kienastberger/Stellner-Bichler*, NÖ Baurecht. Praxiskommentar (2015); *Kirchmayer*, Wiener Baurecht[4] (2014); *Kleewein*, Vertragsraumordnung (2003); *Kleewein*, Kärntner Raumordnungs- und Gemeindeplanungsrecht (2011); *Korinek*, Rechtliche Probleme der Anwendung von Raumordnungsgesetzen (1975); *Korinek*, Verfassungsrechtlicher Eigentumsschutz und Raumplanung (1977); *König*, Der Zweitwohnsitz im österreichischen Recht[2] (2016); *König*, Immobilienerwerb in Österreich[2] (2016); *Leitl-Staudinger*, Besonderes Verwaltungsrecht[4] (2014); *Lutz*, Vertragsraumordnung am Beispiel Tirol, Bayern und Südtirol. Ein Rechtsvergleich (2000); *Pallitsch W./Pallitsch P./Kleewein*, Kärntner Baurecht[5] (2015); *Pallitsch W./Pallitsch P./Kleewein*, Niederösterreichisches Baurecht[9] (2015); *Neuhofer* (Hrsg), Oberösterreichisches Baurecht (2014); *ÖROK* (Hrsg), Raumordnung im Umbruch – Herausforderungen, Konflikte, Veränderungen. FS Kunze (2003); *Pernthaler*, Raumordnung und Verfassung I (1975), II (1978), III (1990); *Pernthaler* (Hrsg), Föderalistische Raumordnung – eine europäische Herausforderung (1994); *Pernthaler/Prantl*, Raumordnung in der Europäischen Integration (1994); *Pürgy*, Natura 2000 (2005); *Rebhahn* (Hrsg), Kärntner Raumordnungs- und Grundverkehrsrecht (1996); *Riegler/Koizar*, NÖ BauO. NÖ Bauordnung 2014. NÖ Raumordnungsgesetz 2014[3] (2015); *Rill/Schäffer*, Die Rechtsnormen für die Planungskoordinierung seitens der öffentlichen Hand auf dem Gebiete der Raumordnung (1975); *Rill/Schäffer*, Investitionsplanung und Raumordnung (1979); *Schindegger*, Raum. Planung. Politik. Ein Handbuch zur Raumplanung in Österreich (1999); *Trippl/Schwarzbeck/Freiberger*, Steiermärkisches Baurecht[5] (2013); *Weber/Rath-Kathrein* (Hrsg), TBO. Tiroler Bauordnung (2014).

Beiträge

Adler, Staatliche Grundlagen und Instrumente zur Baulandmobilisierung, ecolex 2011, 384; *Aichlreiter*, Stufenbau- und Derogationsfragen bei Flächenwidmungsplänen, ecolex 1995, 65; *Aichlreiter*, Einkaufszentren im Gewerbe- und Raumordnungsrecht, wbl 1998, 53, 101; *Alge/Kroiss*, Strategische Umweltprüfung-SUP, in Raschauer N./Wessely (Hrsg), Handbuch Umweltrecht[2] (2010) 375; *Baumgartner/Fister*, Die spätere Verwendung von Wohnobjekten als Freizeitwohnsitze nach der Novelle LGBl 31/2015 zur Kärtner Bauordnung (K-BO), bbl 2016, 1; *Berka*, Einkaufszentren in Orts- und Stadtkernen – ein Beitrag zur Stärkung der Zentrenstrukturen, bbl 2003, 213; *Berka*, Starkstromwegeplanung und örtliches Bau- und Raumordnungsrecht, ZfV 2006, 318; *Berka*, Lebendiges Verfassungsrecht (2010), JBl 2014, 545; *Bußjäger*, Aktuelle Fragen der Entschädigungspflicht bei Rückwidmungen, in FS Berka 2013, 21; *Bußjäger*, Strategische Umweltprüfung in Österreich – eine Bilanz, RdU 2016/3, 5; *Bußjäger/Larch*, Gemeinschaftsrecht, internationales Umweltrecht und Verkehrsprojekte I, RdU 2006, 52; *Davy B.*, Baulandsicherung: Ursache oder Lösung eines raumordnungspolitischen Paradoxons, ZfV 1996, 193; *Degen*, Investieren in Freilandliegenschaften?, ZLB 2015/45, 98; *Doleschal*, Bauen im Grünland am Beispiel der Regelung in Oberösterreich, RFG 2015/25, 122; *Dullinger*, Vertragsraumordnung aus privatrechtlicher Sicht, ZfV 1997, 11; *Eisenberger/Steineder*, Privatrechtliche Vereinbarungen mit der Gemeinde zur Beseitigung von Umwidmungshindernissen, bbl 2011, 157; *Giese*, Die Vereinbarkeit einer Asyl-Erstaufnahmestelle mit der Flächenwidmung „gemischtes Baugebiet“ gemäß § 14 Abs 3 lit f bgld RPlG, bbl 2010, 37; *Giese*, Nochmals zur Vereinbarkeit einer Asyl-Erstaufnahmestelle mit der Flächenwidmung „gemischtes Baugebiet“ gemäß § 14 Abs 3 lit f bgld RPlG. Anmerkungen zum Erk des VwGH v 20. 9. 2012, 2010/06/0037 = bbl 2013/1, bbl 2013, 11; *Giese*, Sonderwidmungen im Raumordnungsrecht, bbl 2013, 225; *Giese*, Die raumordnungsrechtliche Zulässigkeit der Unterbringung von Asylwerbern in Kasernen, bbl 2014, 229; *Giese/Jahnel*, Neues Baurecht, bbl 2016, 74; *Götzl/Schnellinger*, Baulandmobilisierung und Erhalt des Naturraumes durch ex lege Rückwidmung, Besteuerung und Abschöpfung „übermäßiger“ Wertsteigerung, bbl 2015, 201; *Gstir*, Die Strategische Umweltprüfung (SUP-RL 2001/42/EG) in der Raumordnung; bbl 2005, 188; *Gstir*, Die Umsetzung der SUP-Richtlinie in der örtlichen Raumordnung hinsichtlich der Festlegung der SUP-Pflicht, bbl 2006, 79; *Häusl*, Ist die Zustimmungsvoraussetzung für raumplanerische Akte einer Gemeinde durch die Nachbargemeinde(n) verfassungskonform?, ÖJZ 2005, 438; *Janko*, Planungsrechtliche Vorgaben der Seveso II-RL, in Kerschner (Hrsg) Jahrbuch des österreichischen und europäischen Umweltrechts 2004 (2004) 127; *Kalss*, Vereinbarungen über die Verwendung von Grundflächen, ZfV 1993, 551; *Kanonier*, Änderungen von Flächenwidmungsplänen im österreichischen Raumordnungsrecht, JRP 1998, 73; *Kanonier*, Einschränkungen von Bauführungen im Grünland durch das Raumordnungsrecht, bbl 1998, 8; *Kanonier*, Regelungen für Einkaufszentren im österreichischen Raumordnungsrecht, bbl 2002, 177; *Kanonier*, Zwischennutzungen in Wien aus planungs- und baurechtlicher Sicht, bbl 2012, 235; *Kanonier*, Umgang mit Erdgeschoßlagen in Wien aus planungsrechtlicher Sicht, bbl 2014, 1; *Kastner/Kleewein*, Missstände bei der Vollziehung des Baurechts, bbl 2016, 41; *Kienastberger/Maxian*, Einkaufszentren im österreichischen Raumordnungsrecht, RFG 2012/42, 176; *Klaushofer*, Raumordnungs- und Baurecht, in Winkler (Hrsg), Öffentliches Wirtschaftsrecht (2008) 173; *Klaushofer*, Raumordnungsrecht, in Pürgy (Hrsg), Das Recht der Länder II/2 (2012) 827; *Kleewein*, Baulandmobilisierung nach der neuen Salzburger Rechtslage, bbl 2000, 179; *Kleewein*, Naturgefahren und Gefährdungsbereiche in den Raumordnungsgesetzen der Bundesländer, bbl 2005, 51; *Kleewein*, Vertragsraumordnung in der Praxis – Privatrechtliche Verträge und deren Grenzen, RFG 2005, 52; *Kleewein*, Überwälzung von Raumplanungskosten auf Private, bbl 2006, 139; *Kleewein*, Amtshaftung in der Raumplanung, bbl 2008, 1; *Kleewein*, Das neue Salzburger Raumordnungsgesetz 2009, bbl 2009, 159; *Kleewein*, Das Steiermärkische Raumordnungsgesetz 2010, bbl 2011, 1; *Kleewein*, Raumplanung – wie es euch gefällt?, Bauordnung und Baupraxis. Schriftenreihe der Volksanwaltschaft II 2012, 43; *Kleewein*, Naturgefahren im Bau- und Raumordnungsrecht, RdU 2013/79, 137; *Klingenbrunner/Strejcek*, Raumordnungsrecht, in Hammer ua (Hrsg), Besonderes Verwaltungsrecht (2012) 550; *Kreuzmair*, Die neue Rechtslage im Tiroler Baurecht aufgrund der TBO-Novelle 2011, bbl 2011, 59; *Kreuzmair*, Die neue Rechtslage im Tiroler Raumordnungsrecht aufgrund der TROG-Novelle 2011, bbl 2011, 1; *Laußermair*, Voraussetzungen für die Errichtung von Photovoltaikanlagen im Baurecht und Elektrizitätsrecht, RFG 2014/37, 185; *Lienbacher*, Grundverkehr und Raumplanung, Zusammenhänge und Wechselwirkungen, ZfV 1996, 331; *Lienbacher*, Abwägungsentscheidungen im öffentlichen Recht, in Khakzadeh-Leiler/Schmid/Weber (Hrsg), Interessensabwägung und Abwägungsentscheidungen (2014) 85; *Mayer Heinz*, Einkaufszentren und stmk Raumordnung: keine Umgehung der Flächenwidmung, bbl 2000, 66; *Mayer Hubert*, Umgebungslärm – Europäische und nationale Regelungen, WBFÖ 2006 H 3,4; *Morscher*, Raumordnungskompetenz im Verkehrswesen bezüglich der Eisenbahnen und der Luftfahrt, ZfV 1998, 758; *Neger/Schachinger*, SUP, Naturschutz, Ortsbild- versus Denkmalschutz. Aktuelle raumordnungsrechtliche Fragestellungen für Gemeinden, RFG 2013/29, 138; *Neuhofer*, Neuerungen im Oö Bau- und Raumordnungsrecht, bbl 2008, 17; *Öhlinger*, Phantasie und Recht oder Vertragsraumordnung und Bundesverfassung, in FS Barfuß (2002) 197; *Pabel*, Verfassungsrechtliche Anforderungen an die Regelung der Nachbarstellung im Baurecht, RFG 2005, 185; *Palmstorfer*, Der Individualantrag gegen raumordnungsrechtliche Verordnungen, bbl 2015, 107; *Pernthaler/Prantl*, Raumordnungsverträge aus verfassungsrechtlicher Sicht, Möglichkeiten und Grenzen integrierter Bodenpolitik in Österreich, ÖROK-Schriftenreihe 123 (1995) 213; *Raschauer B.*, „Finale Programmierung" und Raumordnung, ZfV 1980, 93; *Sallinger*, Ein Rechtsanspruch auf Unterlassung von Raumordnungsmaßnahmen?, bbl 2003, 103; *Sallinger*, Zur Vermeidung von „Entschädigungsforderungen" in der Raumplanung mit besonderer Berücksichtigung der Rechtslage in Tirol, AnwBl 2009, 531; *Sandbichler*, Zukunft der Raumordnung?, AnwBl 2010, 313; *Sander/Suchanek*, Abfallrecht und Raumordnung. Gedankenlesen beim Gesetzgeber?, ecolex 2013, 1030; *Schweichhart*, Aufhebung der Salzburger Vertragsraumordnung durch den Verfassungsgerichtshof, ÖGZ 2000/3, 24; *Schweighofer*, Mediation im öffentlichen Baurecht – Raumordnungsrecht, bbl 2005, 99, 137; *Stix*, Die Raumordnung berichtet, ÖGZ 2013 H 2, 36; *Stöger*, Das steiermärkische Sachprogramm Windenergie, RdU-U&T 2014/31, 102; *Weber K.*, Tiroler Vertragsraum(un)ordnung, ecolex 2000, 162; *Weber K.*, Europarechtliche Planungsvorgaben und deren nationale Umsetzung – SUP/WRRL/Natura2000/Seveso II, in Kerschner (Hrsg), Jahrbuch des österreichischen und europäischen Umweltrechts 2004 (2004) 75; *Wessely*, Örtliche Raumplanung als Instrument des Umweltschutzes, in Raschauer N./Wessely (Hrsg), Handbuch Umweltrecht (2010); *Wiederin*, Erstaufnahmezentren, Flächenwidmung und bundesstaatliche Kompetenzverteilung, bbl 2010, 83; *Wieshaider*, Profane Regeln für sakrale Bauten, Religionsrechtliche Aspekte des Raumordnungs- und Baurechts, bbl 2003, 138; *Wimmer A.*, Raumplanungskompetenzen in Angelegenheiten der Grundversorgung von Asylwerbern, bbl 2010, 50.

Rechtsprechung

VfSlg 2674/1954, 13.322/1992 (Kompetenzfeststellung – Raumordnung); VfSlg 8280/1978, 14.179/1995, 14.041/1995, 17.057/2003 (Legalitätsprinzip und finale Determinierung* im Raumordnungsrecht); VfSlg 9543/1982, 10.483/1985, 11.393/1987, 12.284/1990 (Gewerberecht/Einkaufszentren – Raumordnung); VfSlg 10.399/1985 und 11.626/1988 (Bindung der örtl Raumplanung an Entscheidungen des Landes bei überörtlichen Interessen); VfSlg 12.169/1989 (Garantie der Ausübung des Planungsermessens der Gemeinde ohne Beeinflussung des Landes); VfSlg 12.465/1990 (Raumordnung – militärische Angelegenheiten); VfSlg 12.569/1990 (Raumordnung – Volkswohnungswesen); VfSlg 12.926/1991 (Erforderlichkeit neuer Tatsachen seit Erlassung der Plangrundlagen bei einer Flächenwidmungsplanänderung); VfSlg 14.358/1995 (Erlassung von Planungsnormen – Erarbeitung der Entscheidungsgrundlagen); VfSlg 14.681/1996 und VfSlg 14.763/1997 (Gleichheitssatz – Legalisierung von Schwarzbauten); VfSlg 14.762/1997 (Raumplanungsziele allein rechtfertigen kein Überwiegen des öffentlichen Interesses an flächenbezogenen Verboten; formalgesetzliche Delegation*); VfSlg 15.625/1999 (Aufhebung der sog sbg Vertragsraumordnung wegen Verstoßes gegen das Legalitätsprinzip und gegen das Grundrecht auf Eigentum); VfSlg 16.113/2000 („Theorie vom weißen Fleck"); VfSlg 16.386/2001 (Aufhebung der Umwidmung eines Grundstücks wegen unzureichender Entscheidungsgrundlagen); VfSlg 16.394/2001 (Aufhebung von Widmungen im FWP mangels Einhaltung der Verständigungspflicht); VfSlg 17.015/2003 (Gesetzwidrigkeit der Änderung eines örtlichen Raumordnungsprogramms); VfSlg 16.980/2003 (Keine ausreichende Bestimmtheit der raumordnungsrechtlichen Bestimmung über die Herstellung des gesetzmäßigen Zustandes); VfSlg 17.057/2003 (Berücksichtigung auch von Planungsmaßnahmen anderer Gebietskörperschaften bei bestimmten Planungsmaßnahmen; Reichweite der Berücksichtigungspflicht); VfSlg 17.410/2004 (Festlegung einer Voraussetzung für die Freigabe von Aufschließungsgebieten durch Verordnung des Gemeinderates – Gleichheitswidrigkeit, keine Rechtfertigung); VfSlg 18.596/2008 (Gesetzwidrigkeit eines Bebauungsplanes wegen Verletzung von Bestimmungen über die Auflage und Kundmachung des Planentwurfs); VfSlg 18.640/2008 (Gesetzwidrigkeit einer Bebauungsplanänderung mangels ausreichender Grundlagenforschung); VfSlg 19.025/2010 (Keine Legitimation der Nachbargemeinde zur Bekämpfung des aufsichtsbehördlichen Genehmigungsbescheides einer Flächenwidmungs- und Bebauungsplanänderung); VfSlg 19.202/2010 (Keine Gleichheitswidrigkeit der Beschränkung der Rückwidmungsentschädigung auf die Kosten der Baureifmachung); VfSlg 19.341/2011 (Gleichheitswidrigkeit der Einschränkung der Entschädigungspflicht bei Rückwidmung von Liegenschaften auf Fälle rechtsgeschäftlichen Eigentumserwerbs bzw auf Erwerb durch Erbteilung); VfSlg 19.627/2012 (Umwidmung Wohngebiet in gemischtes Baugebiet, fehlende Interessensabwägung); VfSlg 19.780/2013 (Umwidmung als Grünzug bzw Grünland-Parkanlage, Gesetzwidrigkeit mangels Verständigung des betroffenen Grundeigentümers bzw mangels Interessenabwägung); VfSlg 19.819/2013 (Rückwidmung in Grünland, fehlende Grundlagenforschung und Interessenabwägung); VfSlg 19.890/2014 (Aufhebung einer Flächenwidmungsplanänderung im Europaschutzgebiet; keine Verpflichtung zur Durchführung einer Umweltverträglichkeitsprüfung angesichts bloß unerheblicher Umweltauswirkungen mit ausreichender Grundlagenforschung und Interessenabwägung; gesetzwidrige Kundmachung mangels einer den rechtsstaatlichen Anforderungen Rechnung tragenden Plandarstellung); VfGH 25.09.2014, V 65/2014 (Gesetzeswidrigkeit des örtlichen Raumordnungsprogramms hinsichtlich der Umwidmung von Bauland-Wohngebiet in Grünland-Grüngürtel wegen mangelnder Grundlagenforschung und unzureichender Dokumentation einer wesentlichen Änderung der Planungsgrundlagen); ähnlich VfGH 23.02.2015, B 247/2013 (Keine Gesetzeswidrigkeit der Umwidmung eines Grundstücks im örtlichen Raumordnungsprogramm angesichts umfangreicher Grundlagenforschung und hinreichender Interessensabwägung); weiters ähnlich VfGH 18.06.2015, V 68/2015 (Gesetzeswidrigkeit des FWP hinsichtlich der Umwidmung eines Grundstücks mangels Begründung, Grundlagenforschung und Interessensabwägung); VfGH 26.09.2014, V 57/2014 ua (Gesetzeswidrigkeit von Änderungen des örtlichen Entwicklungskonzepts und Flächenwidmungsteiles im FWP betreffend die Widmung* von Baulanderweiterungsflächen mangels nachvollziehbarer Begründung der Flächwidmungsplanänderung; Aufhebung des Bebauungsplanes wegen gesetzeswidriger Kundmachung); VfGH 02.12.2014, V 72/2014 (Keine Gesetzeswidrigkeit einer Änderung des FWP hinsichtlich der Widmung* als „Grünland Parkanlagen – Tier und Freizeitpark"); VfGH 27.02.2015, V 94/2014 (Keine Unsachlichkeit der Freilandwidmung von Grundstücken im FWP und kein Widerspruch zum örtlichen Raumordnungskonzept); VfGH 07.10.2015, E 1055/2015 ua (Keine Rechtsverletzung durch Versagung einer Bauplatzerklärung wegen Widerspruchs zum Flächenwidmungsplan); VfGH 26.11.2015, V 105/2015 ua (Gesetzwidrigkeit der Umwidmung eines Grundstücks von Bauland in Freiland mangels ausreichender Grundlagenforschung und einer die Interessen des Baulandeigentümers mitberücksichtigenden Interessenabwägung; Nichterhebung von Einwendungen des Grundeigentümers im Verordnungserlassungsverfahren kein Grund für einen Entfall der Pflicht der Gemeinde zur Feststellung der Entscheidungsgrundlagen); VfGH 29.02.2016, V 130/2015 (Keine Gesetzwidrigkeit der in einer Verordnung normierten Verpflichtung zur Eindeckung der Dächer mit Holzschindeln; Erhaltung des Landschaftsbildes).

VwSlg 16.874 A/2006 (Auslegung von Widmungen* unter Heranziehung jener raumordnungsrechtlichen Regelungen, die im Zeitpunkt der Beschlussfassung des Gemeinderates gegolten haben); VwGH 27.03.2006, 2002/10/0055 (Verhältnis Flächenwidmung – naturschutzbehördliche Interessenabwägung); VwGH 17.03.2006, 2005/05/0131 (Parteistellung im aufsichtsbehördlichen Genehmigungsverfahren betreffend Raumordnungsprogramm; Rechtswirkungen eines solchen Programms); VwGH 29.01.2008, 2006/05/0297 (Beurteilung der beabsichtigten landwirtschaftlichen Nutzung an Hand eines konkreten, von den Gegebenheiten im Zeitpunkt der Entscheidung der Behörde ausgehenden Betriebskonzeptes); VwGH 25.02.2010, 2005/06/0252 (Trotz Kenntlichmachung im FWP kommt Gefahrenzonenplänen als solchen keine normative Außenwirkung zu); VwGH 06.10.2011, 2009/06/0020 (Die im vlbg RPlG für die Flächenwidmung „Ferienwohnungen" vorgesehenen Beschränkungen für Ferienwohnungen stehen nicht im Widerspruch zum Unionsrecht); VwGH 31.07.2012, 2010/05/0001 (örtliches Entwicklungskonzept kann normative Wirkung eines FWP entfalten); VwGH 23.05.2013, 2010/15/0058 (Aufschließungsbeiträge unterliegen nicht der Umsatzsteuer); VwGH 29.09.2015, Ra 2015/05/0045 (kein subjektives Recht* Änderung des FWP, keine bescheidförmige Erledigung); VwGH 11.03.2016, Ra 2015/06/0107 (raumordnungsrechtliche Relevanz von Aspekten der Aufschließung und der Auswirkungen der Bauvorhaben auf die Umgebung, insb betreffend Emissionen oder auch Verkehrserregung. Maßgeblichkeit eines konkreten Bauprojekts nur bei detaillierter Festlegung eines bestimmten Verwendungszwecks, wie etwa für Krankenanstalten oder Einkaufszentren); VwGH 11.03.2016, Ra 2015/06/0107 (Maßgeblichkeit des Beschlussfassungszeitpunktes für den Inhalt einer in einem FWP festgelegten Widmung*. Dies gilt auch für die Auslegung der Bestimmungen der Bebauungsrichtlinien); VwGH 16.03.2016, 2013/05/0095 (Bewilligung zum Neubau einer Pension umfasst die baurechtliche Bewilligung zur Verwendung des gegenständlichen Gebäudes zur Beherbergung von Fremden; diese erstreckt sich auch auf Asylwerberheime); VwGH 14.04.2016, 2013/06/0205 (Beurteilung der Immissionen erfolgt – mangels anderer gesetzlicher Regelung – nach der Widmung* des Baugrundstückes); VwGH 27.04.2016, 2013/05/0205 (Denkmalschutz betrifft ausschließlich öffentliches Interesse*, keine subjektiv-öffentlichen Nachbarrechte*); VwGH 27.04.2016, Ra 2016/05/0031 (Maßgeblichkeit der Regelungen im örtlichen Entwicklungskonzept, die als Regelungen des FWP anzusehen sind, im Bauverfahren);

OGH 11.03.1999, 2 Ob 52/99g (Entschädigungspflicht bei Rückwidmung von Bauland in Grünland; mehrere Folgeentscheidungen gleichen Inhalts); OGH 28.11.2006, 1 Ob 158/06a (Amtshaftung bei erteilter Baubewilligung im Hochwassergebiet); OGH

09.09.2008, 5 Ob 30/08k (Entschädigungspflicht bei Rückwidmung auch in im Gesetz nicht vorgesehenen Fällen, wenn mit einer solchen Rückwidmung eine unverhältnismäßige Belastung Einzelner verbunden ist); OGH 23.01.2013, 3 Ob 181/12g (Notwendigkeit gesetzlicher Grundlagen bei sonstiger Nichtigkeit für behördliche Entscheidungen auf Basis einer privatrechtlichen Vereinbarung).

I. Regelungsgegenstand und -ziele

Der Regelungsgegenstand **„Raumordnung"** ist zwar tw in den einzelnen ROG der Länder aus dem Blickwinkel ihrer Kompetenz definiert. Eine allgemein gültige Definition, die die Raumordnung in ihrer Gesamtheit (Unionsebene, Bundesebene, Landesebene und Gemeindeebene), sowie in ihrer hoheitlichen und nichthoheitlichen (privatwirtschaftlichen) Form erfasst, gibt es auf gesetzlicher Ebene nicht.

Nach einer in der Lehre von *Rill* und *Schäffer* entwickelten Definition ist Raumordnung **die Gesamtheit staatlicher Akte hoheitlicher und nichthoheitlicher Art, die darauf abzielen, den Staatsraum oder Teile hievon nach den politischen Zielvorstellungen, insb iS wirtschaftlicher, sozialer und kultureller Leitlinien zu gestalten.**

Bei den in den einzelnen LG vorgenommenen Definitionen stehen folgende Elemente im Vordergrund:

- die planmäßige, vorausschauende Gestaltung eines Gebietes,
- die nachhaltige und bestmögliche Nutzung und Sicherung des Lebensraumes im Interesse des Gemeinwohles,
- die Bedachtnahme auf die gegebenen Strukturverhältnisse, die natürlichen Gegebenheiten, die Erfordernisse des Umweltschutzes, die wirtschaftlichen, sozialen und kulturellen Bedürfnisse der Bevölkerung und die freie Entfaltung der Persönlichkeit.

Um dies zu verwirklichen, werden **Raumordnungsziele** festgelegt: zB

- Schutz der Umwelt und der natürlichen Lebensgrundlagen,
- Vorsorge für wirtschaftliche, kulturelle und soziale Erfordernisse des Gemeinwohles,
- Herstellung möglichst gleichwertiger Lebensbedingungen,
- Schutz vor Naturgewalten,
- Vorsorge für die Bevölkerung (Sicherung der Lebens- und Arbeitsbedingungen, Bildungssicherung und Energievorsorge),
- Erhaltung einer lebensfähigen Land- und Forstwirtschaft, des Gewerbes, der Industrie und des Fremdenverkehrs,
- Schutz erhaltenswerter Kulturgüter, Stadt- und Ortsgebiete und
- Sicherung und Verbesserung der Siedlungsstruktur, Vermeidung von Zersiedelung.

Zur Verwirklichung dieser Ziele finden sich in den einzelnen ROG (zB Sbg, Stmk, Tir) noch zusätzliche **Grundsätze**, die bei der Zielverwirklichung zu beachten sind: zB

- sparsamer Umgang mit Grund und Boden,
- Vorrang für die Siedlungsentwicklung nach innen,
- sparsame Verwendung von Energie und vorrangiger Einsatz heimischer erneuerbarer Energieträger,
- Abstimmung mit der Ordnung benachbarter Räume und den Planungen aller Gebietskörperschaften,
- aktive Bodenpolitik der Gemeinden und
- Vorrang von öffentlichen Interessen vor Einzelinteressen.

Diese Ziele und Grundsätze bilden den **Rahmen und Maßstab**, an dem die in den ROG vorgesehenen weiteren Planungsakte (auf örtlicher und überörtlicher Ebene, wie zB FWP bzw Landesentwicklungsprogramme) zu messen sind. Darüber hinaus dienen sie auch als Grundlage für die **Interpretation** von unklaren Bestimmungen sowohl in den ROG selbst als auch in Rechtsakten, die auf den ROG basieren. Im Gegensatz zur Raumordnung wird unter dem Begriff **Raumplanung** die Bodennutzungsplanung in Form der hoheitlichen Nutzungsfestlegung verstanden, die auch vom Raumordnungsbegriff erfasst wird. Der Raumordnungsbegriff geht aber darüber hinaus und erfasst die Gesamtheit raumordnungsrelevanter staatlicher Akte.

Einen besonderen Hinweis verdienen inzwischen auch zahlreiche unionsrechtliche Vorschriften va im Umweltbereich, die viele Umsetzungsverpflichtungen enthalten. Sie sind von den Ländern in den ROG wahrzunehmen, sofern sie nicht in den Bereich der Fachplanungskompetenzen des Bundes oder der Länder fallen.

II. Verfassungsrechtliche Bezüge

1. Kompetenzrechtliche Bestimmungen

Die Materie „Raumordnung" weist eine sehr starke kompetenzrechtliche Zersplitterung auf. Der VfGH hat im Zuge der Erlassung des ersten (sbg) ROG festgehalten, dass Raumordnung keine besondere, für sich bestehende Verwaltungsmaterie sei. Vielmehr liege ein komplexer Begriff vor, der alle Tätigkeiten umfasse, die vorsorgend planend sind. Er kommt in der Bundesverfassung nicht vor. Die Zuständigkeit zur raumordnenden Tätigkeit ist nach der Rsp des VfGH von den bereits bestehenden Kompetenztatbeständen umfasst. Der VfGH (VfSlg 2674/1954) hat dazu im Zuge eines Kompetenzfeststellungsverfahrens nach Art 138 Abs 2 B-VG in einem **Rechtssatz** festgestellt:

„Die planmäßige und vorausschauende Gestaltung eines bestimmten Gebietes in Bezug auf seine Bebauung, insb für Wohn- und Industriezwecke einerseits und für die Erhaltung von im wesentlichen unbebauten Flächen andererseits (‚Landesplanung' – ‚Raumordnung'), ist nach Art. 15 Abs. 1 B.-VG. in der Fassung von 1929 in Gesetzgebung und Vollziehung insoweit Landessache, als nicht etwa einzelne dieser planenden Maßnahmen, wie insb solche auf dem Gebiete des Eisenbahnwesens, des Bergwesens, des Forstwesens und des Wasserrechts, nach Art. 10–12 B.-VG. in der Fassung 1929 der Gesetzgebung oder auch der Vollziehung des Bundes ausdrücklich vorbehalten sind."

Die Raumordnung fällt daher nach der Generalklausel des Art 15 B-VG in Gesetzgebung und Vollziehung den Ländern zu, soweit nicht Teile davon in die Kompetenz des Bundes bzw in die Kompetenz der Gemeinden fallen. Sie ist damit ein typisches Beispiel einer **„Querschnittsmaterie"***.

Dem **Bund** sind Raumordnungskompetenzen als **Fachplanungskompetenzen**, die jeweils einen Teil eines bestimmten (Bundes-)Kompetenztatbestandes bilden, übertragen. Der Bund ist zum Erlass notwendiger raumordnungsrechtlicher Maßnahmen bei der Regelung der jeweiligen Materien zuständig. Als Beispiele sind zu nennen: die Ordnung der Bodennutzung iZm dem Eisenbahn- und Straßenwesen (→ *Straßenrecht*), der Luftfahrt sowie der Schifffahrt, dem Post- und Fernmeldewesen, dem Bergwesen, dem Forstwesen (→ *Forstrecht*), wasserrechtlichen Belangen (→ *Wasserrecht*) und Wildbachverbauung sowie mit den landesgrenzüberschreitenden Starkstromwegen, abfallwirtschaftlichen Anlagen, militärischen Anlagen und mit der Bodenreform. Vgl auch die geteilte Kompetenz im Bereich der Abfallwirtschaft für Abfallbehandlungsanlagen nach Art 10 Abs 1 Z 12 B-VG (→ *Abfallwirtschaftsrecht*).

Landeskompetenz ist die verbleibende Raumordnungskompetenz, die nicht in die Fachplanungskompetenzen des Bundes fällt. Dazu gehören neben der eigentlichen Raumordnungskompetenz auch die **Fachplanungskompetenzen** in den Materien, die in Gesetzgebung und Vollziehung den Ländern zustehen (Bauwesen, Landeskultur, Landschaftspflege, Naturschutz, Landesstraßen, usw).

Der Anteil der **Gemeinden** an der Raumordnungskompetenz außerhalb der Fachplanungskompetenzen der Länder ist ebenfalls aus der Vollziehungskompetenz der Länder herausgelöst. Gem Art 118 Abs 3 Z 9 B-VG sind die Gemeinden im eWb* zur Vollziehung der **örtlichen Raumplanung** zuständig. Entschädigungsfragen und die eben genannten Fachplanungskompetenzen fallen nicht in diese Kompetenz.

Im Hinblick auf die **Abgrenzung der Kompetenzen** zwischen Bund und Ländern ist zunächst auf das in der Rsp des VfGH entwickelte **Berücksichtigungsprinzip*** zu verweisen (VfSlg 10.292/1984; 15.552/1998). Die Raumordnungsziele können zwar kompetenzübergreifenden, kompetenzneutralen

Charakter haben, die jeweils andere Gesetzgebungsautorität ist daran nicht gebunden. Bei der Umsetzung der Ziele in verbindliche Rechtsakte ist aber Rücksicht auf die anderen Gesetzgeber bzw die anderen Planungsautoritäten zu nehmen (idS auch VfSlg 17.057/2003). Die Rücksichtnahme darf aber nicht dazu führen, dass die der anderen Gebietskörperschaft obliegenden Regelungskompetenzen selbst wahrgenommen werden. Planungen der anderen Gebietskörperschaft dürfen nicht „unterlaufen" werden (dies gilt insb auch für die Vollziehung). Ein einem Planungsakt einer anderen Gebietskörperschaft widersprechender Planungsakt darf nur in sorgfältiger Abwägung der einander gegenüberstehenden öffentlichen Interessen erfolgen.

Landesrechtliche Regelungen, die die Festlegung von geeigneten Grundflächen für die Errichtung von Einkaufszentren an eine Bedarfsprüfung knüpfen, also die Lage von Großmärkten (Einkaufszentren) auch unter wettbewerbs- oder gewerbepolitischen Aspekten lösen wollen, wurden als kompetenzwidrig erachtet, weil eine derartige Bedarfsdeckung dem Kompetenztatbestand des Art 10 Abs 1 Z 8 B-VG (Angelegenheiten des Gewerbes und der Industrie) zugeordnet wird (VfSlg 9543/1982, 10.483/1985, 11.393/1987, 12.284/1990). Die Gewerberechtskompetenz des Bundes wiederum ermächtigt nicht zur Standortplanung. Generell gesprochen ist es dem jeweiligen Kompetenzträger bei der Ausübung seiner Gesetzgebungskompetenz verwehrt, Regelungen zu treffen, die sich als sachlich nicht gerechtfertigte Beeinträchtigung der Effektivität der Regelungen der gegenbeteiligten Gebietskörperschaft darstellen. Diesbezügliche Konfliktfälle sind bisher vom VfGH idR zu Lasten der Länder entschieden worden (vgl zB Jagdrecht – Forstrechtserkenntnis [VfSlg 10.292/1984 → *Forstrecht*] oder das Erkenntnis über den Semmeringbasistunnel [VfSlg 15.552/1998]).

Die **Planungskompetenzen von Bund und Ländern** stehen gleichrangig nebeneinander. Der Bund kann nicht einseitig Raumordnungsziele der Länder festlegen, ebenso wenig können die Länder durch Festlegung von Raumordnungszielen den Bund in seinen Fachplanungskompetenzen binden.

Aus dieser zersplitterten Kompetenzlage entsteht ein großer **Koordinationsbedarf**, der hauptsächlich durch **freiwillige Zusammenarbeit** gedeckt wird (s IV.4.b). Ein Koordinationsinstrument sind dabei auch die Art 15a B-VG Vereinbarungen zwischen Bund und Ländern.

Keine Gleichrangigkeit besteht **zwischen der Landes- und der Gemeindeplanung.** Die Gemeindeplanung (örtliche Raumplanung) ist der Landesplanung nachgeordnet und von dieser bestimmt. Die **örtliche Raumplanung** wird im eWb* der Gemeinde vollzogen. Die verfassungsrechtliche Grenze für Regelungen der überörtlichen Raumplanung (in den ROG und Entwicklungs- bzw Raumordnungsprogrammen) bildet das überörtliche Interesse. Die örtliche Raumplanung darf durch solche Regelungen nur insoweit gebunden werden, als überörtliche Interessen nachgewiesen werden können. Darüber hinaus muss aber auch in diesem Fall den Gemeinden die Ausübung ihres Planungsermessens grundsätzlich garantiert bleiben (VfSlg 12.169/1989). Regelungen auf überörtlicher Ebene, die diese Kriterien nicht erfüllen, sind verfassungswidrig, weil sie in das Recht der Gemeinden auf Selbstverwaltung* in Angelegenheiten der örtlichen Raumplanung eingreifen.

2. Grundrechtliche Bestimmungen

Für raumordnungsrechtliche Regelungen sind der Eigentumsschutz, der Gleichheitssatz sowie die Verfahrensgarantien nach Art 6 EMRK von besonderer Bedeutung.

Raumordnungsrechtliche Widmungsakte können erhebliche Eingriffe in das Privateigentum bewirken. Eine Umwidmung von Bauland in Grünland, die eine entsprechende Wertminderung und faktische Beschränkung der Verfügungsbefugnis des Eigentümers darstellt, wirft die Frage auf, wie dies mit dem **Eigentumsschutz** (Art 5 StGG iVm Art 1 1. ZPEMRK) vereinbar ist. Auch hier gilt grundsätzlich, dass nur gesetzliche Einschränkungen getroffen werden dürfen, die im öffentlichen Interesse liegen und die verhältnismäßig sind. Bei Umwidmungen bzw bei Rückwidmungen hat eine dokumentierte Interessensabwägung zu erfolgen (VfSlg 19.819/2013, VfGH 26.11.2015, V 105/2015 ua). Es ist zu prüfen, ob die Gesetzgeber bei Eigentumseingriffen durch raumordnungsrechtliche Maßnahmen hinreichende Vorkehrungen getroffen haben, mit denen Benachteiligungen des Einzelnen zugunsten der Allgemeinheit aufgefangen werden können. Im Vordergrund stehen dabei **Entschädigungsbestimmungen**, mit denen etwa Umwidmungen auf einfachgesetzlicher Ebene verfassungskonform ausgestaltet werden können. Eingriffe ohne ausreichende Berücksichtigung der Einzelinteressen, sei es durch Entschädigung, sei es durch andere Maßnahmen, sind nach hL jedenfalls verfassungswidrig und verstoßen gegen den Eigentumsschutz. Die festgelegten Raumordnungsziele allein vermögen keine hinreichende Begründung des Überwiegens des öffentlichen Interesses bei Festlegung eines flächenbezogenen Nutzungsverbotes (Widmung*) und damit für die Rechtmäßigkeit des Grundrechtseingriffes zu liefern. Der Gesetzgeber muss zusätzlich deutliche Kriterien nennen, unter denen eine beschränkende Widmung* durch den Verordnungsgeber zulässig ist. Die **Positivplanung***, dh hoheitlicher Zwang, eine vorgesehene Nutzung auch tatsächlich ausüben zu müssen, stellt dabei ein besonderes Problem dar, das ebenso nach den genannten Kriterien für den Eigentumsschutz zu beurteilen ist. Regelungen, die eine Positivplanung bewirken, finden sich im Gegensatz zu den älteren ROG inzwischen in mehreren neuen ROG.

Der VfGH ist bei der Beurteilung der Frage des Verstoßes gegen das Grundrecht auf Eigentum immer zurückhaltend und ist deshalb von der Lehre auch kritisiert worden. Bei Enteignungen nimmt er die Prüfung an Art 5 StGG vor, wobei zur Rechtfertigung des Eingriffs Entschädigungsregelungen beizutragen vermochten. Bei Eigentumsbeschränkungen (zB Umwidmungen) hat er gegen die hL auch bei Fehlen entsprechender Entschädigungsregelungen keinen Verstoß gegen Art 5 StGG erblickt. Die Frage der Entschädigung wird aber zunehmend im Hinblick auf allgemeine Verhältnismäßigkeitsgesichtspunkte und Sachlichkeitskriterien einer Prüfung im Rahmen des **Gleichheitssatzes** unterzogen. Dabei wird beurteilt, ob an sich sachlich gerechtfertigte Eingriffe in das Eigentum wertmäßig auszugleichen sind bzw ob die Auswahl des umgewidmeten Grundstückes sachgerecht stattgefunden hat. Dazu gehört auch die Berücksichtigung der Interessen der Betroffenen, deren wirtschaftliche Interessen bei einer Umwidmung von Bauland in Grünland ausreichend zu beachten sind (VfSlg 6884/1972, 7234/1973, 13.282/1992). Der OGH sieht jedenfalls in einer entschädigungslosen Umwidmung einen Verstoß gegen den Gleichheitssatz (zB OGH 11.03.1999, 2 Ob 52/99g). Wenn der Landesgesetzgeber jedoch eine Entschädigungspflicht für Umwidmungen vorsieht, so muss diese freilich auch gleichheitskonform ausgestaltet sein. Als sachlich nicht gerechtfertigt sah der VfGH bspw eine Regelung des vlbg RPlG an, die zwischen entgeltlichem und unentgeltlichem Eigentumserwerb differenzierte und die Entschädigungspflicht von der Erbringung eines entsprechenden Baugrundpreises als Gegenleistung abhängig machte (VfSlg 19.341/2011).

Der **Gleichheitssatz** hat in der Judikatur des VfGH aber auch unter anderen Gesichtspunkten eine Rolle gespielt. Gesetzliche Bestimmungen, die undifferenziert „Schwarzbauten“ im Grünland mit einer nachträglichen (durch eine gesetzliche Bestimmung erteilten) Baubewilligung versahen, wurden als verfassungswidrig aufgehoben. Personen, die Rechtsvorschriften missachtet haben, dürfen nicht schlechthin besser gestellt werden als Personen, die sich rechtskonform verhalten und kein rechtswidriges Bauwerk errichtet haben (VfSlg 14.681/1996).

Die **Verfahrensgarantien des Art 6 EMRK** sind insoweit betroffen, als es sich um Eingriffe in civil rights handelt. Mit der Einführung der Verwaltungsgerichtsbarkeit erster Instanz am 01. Jänner 2015 wurden zahlreiche Probleme im Hinblick auf die Verfahrensgarantien des Art 6 EMRK gelöst.

3. Legalitätsproblematik

Im Hinblick auf das Legalitätsprinzip* bereiten raumordnungsrechtliche Regelungen insoweit verfassungsrechtliche Probleme, als sie oft nur **Ziele** vorgeben. Diese können ihrer Natur nach zT auch widersprüchlich sein (Zielkonflikte). Diese Bestimmungen lassen die Wahl der Mittel mehr oder weniger offen. Solche Regelungen werden unter bestimmten Voraussetzungen als mit dem Legalitätsprinzip (Art 18 B-VG) vereinbar angesehen.

In Lehre und Rsp geht man von einer differenzierten Anwendung des Legalitätsprinzips aus. Bei der sog „**finalen Determinierung**“* sieht der VfGH eine gewisse Flexibilität im Hinblick auf Art 18 B-VG als zulässig an. Die schwache inhaltliche Bindung ist aber nur unter der Voraussetzung zulässig, dass der Regelung des Verfahrens besondere Aufmerksamkeit geschenkt wird. Insb werden solche Regelungen nur dann als verfassungskonform angesehen, wenn sie einerseits einen umfassenden Zielkatalog oder zumindest eine umfassende Umschreibung der Planungsaufgaben als inhaltliche Vorgaben festlegen. Andererseits wird zusätzlich die strenge Prüfung und vollständige Erarbeitung der Entscheidungsgrundlagen durch die Verwaltungsbehörden gefordert (**„Legitimation durch Verfahren“***). Die schwächere inhaltliche Bindung der gesetzlichen Regelung wird durch eine stärkere verfahrensrechtliche Determinierung kompensiert. So wird zB bei den Regelungen zur Flächenwidmungsplanerlassung das Verfahren (Erarbeitung der Entscheidungsgrundlagen, öffentliches Auflageverfahren) besonders intensiv geregelt. Hinsichtlich des Inhalts sind lediglich die Ziele und Instrumente vorgegeben. Keinesfalls ausreichend im Hinblick auf das verfassungsrechtliche Determinierungsgebot ist das bloße Festlegen von Raumplanungszielen im Gesetz. Auf gesetzlicher Ebene müssen jene Kriterien bezogen auf das jeweilige Planungsinstrumentarium mit hinreichender Deutlichkeit festgeschrieben werden, die die in die Rechtssphäre des Einzelnen eingreifenden Planungsmaßnahmen zu rechtfertigen vermögen. Ebenso kommt der Durchführung eines Ermittlungsverfahrens und der Einhaltung der diesbezüglichen gesetzlichen Regelungen bei der Erlassung von Planungsnormen durch den Verordnungsgeber in Bezug auf das Legalitätsprinzip erhöhte Bedeutung zu (VfSlg 14.358/1998; VfSlg 16.386/2001).

III. Europarechtliche Bezüge

Das Raumordnungsrecht weist inzwischen auch wesentliche und unmittelbare Berührungspunkte zum Europarecht auf. Zunächst betreibt die EU durch ihre Regional- und Sektoralpolitik de facto auch Raumentwicklungspolitik. Im Hinblick auf die umfassende Definition von Raumordnung bestehen im Bereich diverser Fachkompetenzen der EU Möglichkeiten zur Ergreifung raumbedeutsamer Maßnahmen, auch wenn die EU keine Kompetenz für hoheitliche Raumplanungsmaßnahmen besitzt. In den Bereichen Landwirtschaft (Art 38 ff AEUV), Verkehr (Art 90 ff AEUV), insb transeuropäische Netze (Art 170 ff AEUV), Regionalpolitik/Kohäsion (Art 174 ff AEUV), Umwelt (Art 191 ff AEUV, insb Art 192 AEUV) sind in unterschiedlichem Ausmaß solche raumbedeutsamen Maßnahmen denkbar. Bspw sei auf Art 170 ff AEUV hingewiesen, wonach die EU zum Auf- und Ausbau **transeuropäischer Netze** in den Bereichen Verkehr, Telekommunikation und Energie beiträgt. Mit diesbezüglichen EU-Maßnahmen sind auch Auswirkungen auf die Raumordnung verbunden. Für die Mitgliedstaaten verbindliche Beschlüsse können auf dieser Grundlage zwar nicht gefasst werden. Es sind aber die Erlassung von Leitlinien, in denen Ziele und Prioritäten bzw Vorhaben von gemeinsamem Interesse festgelegt werden, und bestimmte Aktionen und darauf aufbauende finanzielle Unterstützungen durch die EU vorgesehen. Gem Art 192 AEUV kann der Rat zur Sicherung umweltpolitischer Ziele Maßnahmen im Bereich der Raumordnung, der Bodennutzung und der Bewirtschaftung der Wasserressourcen erlassen. Bei all dem handelt es sich um eine Art Fachplanung. Umsetzungsverpflichtungen in den ROG selbst ergeben sich aber aus den naturschutzrechtlich bedeutsamen Rechtsakten, wonach basierend auf der Vogelschutzrichtlinie und der Fauna-Flora-Habitat-RL im Rahmen von „Natura 2000" Europaschutzgebiete auszuweisen sind, denen dadurch auch raumordnungswirksame Relevanz zukommt (→ *Naturschutzrecht*). Österreich ist verpflichtet, solche Schutzgebiete auszuweisen. Sie finden sich in verschiedenen NaturschutzG zT unter dem Begriff „Europaschutzgebiet" (§ 5 Z 10 sbg NSchG) oder auch „Wild-Europaschutzgebiete" (§ 108a sbg JagdG), an die wiederum raumordnungsrechtliche Regelungen anknüpfen (zB § 1 Abs 2 Z 1 lit j, § 2 NÖ; §§ 5, 6 Sbg), zT werden sie mit den herkömmlichen Schutzgebietskategorien ausgewiesen (vgl *Madner*, Anlagenrelevantes Umweltrecht-Naturschutzrecht, in Holoubek/Potacs [Hrsg], Öffentliches Wirtschaftsrecht II[3] [2013] 993; *Randl*, Naturschutzrecht, in N. Raschauer/Wessely [Hrsg], Handbuch Umweltrecht[2] [2010] 586).

Ebenso haben die Umsetzungsverpflichtungen aus der SUP-RL (RL 2001/42/EG über die Prüfung der Umweltauswirkungen bestimmter Pläne und Programme), der Seveso III-RL (RL 2012/18/EU) und der Umgebungslärmrichtlinie (RL 2002/49/EG über die Bewertung und Bekämpfung von Umgebungslärm) gesetzgeberischen Handlungsbedarf hervorgerufen. So wurden dazu zB in Sbg, der Stmk und im Bgld die erforderlichen Verfahren zur Umweltprüfung und zur Raumverträglichkeitsprüfung eingeführt (§§ 5, 15 Sbg; § 4 Stmk; §§ 10a ff Bgld).

Auch die Förderungstätigkeit und die allgemeine Beihilfenkontrolle gem Art 107 ff AEUV haben raumordnungsrelevante Folgen. So wird zB mit Hilfe der Strukturfonds der EU **regionale Strukturpolitik** betrieben. Neben mit diesen Strukturfonds verbundenen Zielgebietsförderungen gibt es eine Reihe von speziellen Förderungsinitiativen der EU, wie zB INTERREG – grenzüberschreitende transnationale und interregionale Maßnahmen, LEADER – Entwicklungsinitiativen für ländliche Regionen.

Im Mai 1999 wurde beim informellen Rat der für Raumordnung zuständigen Minister in Potsdam das **Europäische Raumentwicklungskonzept** (EUREK) angenommen. Ziel ist die Verbesserung der Zusammenarbeit der Mitgliedstaaten auf dem Gebiet der Raumordnung, bindend ist das EUREK für die Mitgliedstaaten nicht. Es formuliert einen Orientierungsrahmen für die Fachpolitiken der EU und der Mitgliedstaaten mit räumlichen Wirkungen sowie für regionale und lokale Gebietskörperschaften zur Erreichung einer ausgewogenen und nachhaltigen Entwicklung des europäischen Territoriums. Das EUREK soll den EU-Maßnahmen und den nationalen Maßnahmen zugrunde gelegt werden.

Indirekt sind im innerstaatlichen Bereich bei der hoheitlichen Regelung von bestimmten Raumordnungsfragen europarechtliche Anknüpfungen denkbar bzw erfasst. Erwähnenswert sind zB die im tir ROG vorgesehenen Freizeitwohnsitzregelungen, die eine Reihe von europarechtlichen Bezugspunkten aufweisen und insoweit die Kompetenzausübung der Landesgesetzgeber beschränken (→ *Grundverkehrsrecht*).

Die Erklärung Nr 5, die der Schlussakte des EU-Beitrittsvertrages mit dem Titel „Gemeinsame Erklärung zu Zweitwohnungen" angefügt ist (BGBl 45/1995) und besagt, dass raumordnungsrechtliche Maßnahmen zulässig sind, soweit sie nicht diskriminierend wirken, gibt nur wieder, was ohnedies durch das allgemeine Diskriminierungsverbot* des Art 18 AEUV gewährleistet ist.

IV. Einfachgesetzliche Rechtsgrundlagen

Zunächst ist zwischen hoheitlicher und nichthoheitlicher Raumordnung zu unterscheiden. Innerhalb der hoheitlichen Raumordnung ist wiederum zwischen den verschiedenen kompetenzrechtlichen Ebenen Bund, Länder und Gemeinden zu differenzieren. Hauptaugenmerk soll auf die Raumordnungsvorschriften der Länder gelegt werden.

1. Hoheitliche Raumordnung auf Bundesebene

Bei der hoheitlichen Raumordnung des Bundes handelt es sich um die **Fachplanungskompetenzen**, die iZm einem entsprechenden Kompetenztatbestand des Bundes wahrzunehmen sind (s II.1). Sie umfasst daher alle Regelungen in den einfachen BG, die die Ordnung der Bodennutzung iZm der Regelung der jeweiligen Materie festlegen. Als Beispiel sei das Verkehrswesen (Luftfahrt-, Schifffahrt-, Eisenbahn- und Straßenwesen) genannt. In den betreffenden BG finden sich raumordnungsrechtliche Bestimmungen, wie die Regelung der Erklärung und Auflassung von Bundesstraßen sowie das Verfahren zur Bestimmung des Straßenverlaufs (Trassenfestlegung) für Bundesstraßen (§ 4 BStG → *Straßenrecht*), Regelungen betreffend die Errichtung von Zivilflugplätzen bzw Militärflugplätzen (§§ 63 ff und 81 ff LuftfahrtG) oder Regelungen für den Bau von Eisenbahnen (§§ 32 ff EisbG) und die Regelungen zur Trassenfestlegung von Hochleistungsstrecken (§§ 1, 3 ff HlG). Vorbereitende Arbeiten dafür finden sich im Gesamtverkehrsplan für Österreich (GVP-Ö 2012), der im Dezember 2012 vom BMVIT präsentiert wurde.

In diesem werden die Ziele und Leitlinien der österr Verkehrspolitik bis 2025 festgelegt. Wesentliche Punkte sind dabei der Ausbau des öffentlichen Verkehrs, die Senkung der verkehrsbedingten Emissionen* und die Verringerung der Staustunden im hochrangigen Straßennetz durch den Einsatz von intelligenten Verkehrssystemen. Der GVP-Ö 2012 besitzt keine rechtliche Verbindlichkeit. Er ersetzt den Generalverkehrsplan Österreich (GVP-Ö 2002), der im Jänner 2002 von der BReg präsentiert wurde und Projekte bis 2012/2013 umfasste. Auch auf die Regelungen der forstlichen Raumplanung in §§ 6 bis 11 ForstG (→ *Forstrecht*) ist beispielhaft zu verweisen.

2. Hoheitliche Raumordnung auf Landesebene

Auf Landesebene ist zwischen überörtlicher und örtlicher Raumplanung zu unterscheiden. Die **überörtliche Raumplanung** auf Landesebene bestand ursprünglich in einer Nutzungsplanung (Festlegung, wie ein Grundstück genutzt werden soll – Widmung*) und Auffangplanung (planerische Reaktion auf aufgetretene Raumordnungsprobleme). Im Vordergrund der planerischen Tätigkeit stand die Reaktion auf bestimmte Bedürfnisse. Erst in jüngerer Zeit kam es stärker zu einem Wechsel hin zu einer Art Entwicklungsplanung (vorausschauende und gestaltende Planung). Bemerkenswert ist, dass sich die Entwicklungsplanung in letzter Zeit nicht mehr mit der Festlegung von Nutzungsarten, deren Ausübung zwar nicht veranlasst werden kann, die aber bestimmte Nutzungen ausschließt (Widmung*), allein begnügt (Negativplanung), sondern tw eine sog **Positivplanung*** (Festlegung von Nutzungsverpflichtungen) vornimmt. Neben dem Instrumentarium der **Vertragsraumordnung**, das solches vorsieht (s IV.4.c), üben neuerdings auch andere Regelungen in diese Richtung (sanften) Druck aus. So werden zB in OÖ Aufschließungsbeiträge, die in anderen Bundesländern üblicherweise erst bei der Bebauung vorgeschrieben werden, für unbebautes Bauland eingehoben. Darüber hinaus wird ab dem fünften Jahr nach der Vorschreibung des Aufschließungsbeitrages, der im Falle der Bebauung angerechnet wird, ein zusätzlicher Erhaltungsbeitrag im Bauland für Grundstücke eingehoben, die weiterhin nicht bebaut werden, und zwar solange, bis eine Bebauung stattfindet.

Zur Regelung der Raumordnung sehen die ROG hierarchisch gegliederte Planungsinstrumente vor, die von der Verwaltung teils verpflichtend (zB FWP), teils bei Bedarf in Anspruch zu nehmen sind. Die Inanspruchnahme dieser Instrumente wird durch die in der **Planungshierarchie** übergeordneten Regelungen determiniert. Diese hierarchisch angeordneten Planungsakte werden durch die Festlegung bestimmter gesetzlicher Ge- und Verbote ergänzt, die entweder bei der Erlassung der Planungsakte selbst zu berücksichtigen sind oder die existierenden Planungsakte absichern und flankieren.

Darüber hinaus werden in integrierten Prüfungsverfahren unionsrechtliche Vorgaben umgesetzt (Umweltprüfungen, Verträglichkeitsprüfungen bei

Europaschutzgebieten [Natura 2000, SUP-RL] und Raumverträglichkeitsprüfung bei Seveso III-Betrieben).

Bei der LReg sind zT auch Organe* wie zB ein **Raumordnungsbeirat** (§ 15 Stmk) eingerichtet, die für alle Raumordnungsangelegenheiten auf überörtlicher Ebene beratend zur Verfügung stehen bzw Vorschläge zu erstatten und Entwürfe auszuarbeiten haben (in Sbg wurde er Ende 1999 abgeschafft). In Angelegenheiten der örtlichen Raumordnung fungiert dieser Beirat in der Stmk auch als Aufsichtsbehörde (örtliche Raumplanung s IV.3). Im Bgld wirkt der Raumplanungsbeirat zB verpflichtend bei der Genehmigung der FWP durch die LReg mit. ZT sind auch regionale Beratungsgremien wie zB Planungsbeiräte, Bezirkskommissionen oder Regionalversammlungen (zB § 17 Stmk) vorgesehen.

Die Stmk hat in ihrem ROG 2010 darüber hinaus ein **Rauminformationssystem** eingeführt, in dem die Grundlagen für die Raumordnung systematisch erfasst werden und in das die maßgeblichen Daten für die überörtliche und die örtliche Raumordnung aufzunehmen sind. Dieses Rauminformationssystem ist als Raumordnungskataster von der LReg zu führen (§ 6 Stmk).

a) Raumordnungsziele und -grundsätze, ROG

Auf erster Stufe stehen die gesetzlich festgelegten Raumordnungsgrundsätze und -ziele (vgl zB § 2 krnt ROG, § 1 NÖ, § 2 OÖ, § 2 Sbg oder § 1 Tir) (s I.) sowie alle übrigen raumordnungsgesetzlichen Bestimmungen. Sie sind **oberste Grundlage** aller weiteren Planungsschritte. Sie sind sehr abstrakt formuliert, enthalten keine Rangordnung und bergen auch Zielkonflikte in sich. Die auf dieser Grundlage ergehenden Planungsakte sind an diesen gesetzlich verankerten Zielen und Grundsätzen zu messen und sie haben bestehende Zielkonflikte zu entscheiden. Es handelt sich dabei um ein typisches Beispiel von **Finalnormen**, die der Verwaltung erheblichen Handlungsspielraum einräumen.

b) Landesentwicklungs- bzw Raumordnungsprogramme

Die Landesentwicklungs- oder Raumordnungsprogramme bilden den nächsten Konkretisierungsschritt, der noch auf überörtlicher Ebene angesiedelt ist. Die **LReg erlässt diese Pläne als Verordnung** und macht sie damit zu verbindlichen Rechtsakten. Das Landesentwicklungs- oder Raumordnungsprogramm hat für das gesamte Land die Grundsätze und Leitlinien der Landesplanung festzulegen. Dazu gehören jedenfalls die zentralen Orte und die Entwicklungs- und Hauptverkehrsachsen sowie grundlegende Aussagen über die Siedlungsstrukturen und -dichten in Planungsregionen (zB § 9 Sbg). Die verschiedenen ROG sehen zudem vor, dass zusätzlich auch **Sachprogramme** für bestimmte Sachbereiche (zB Energieversorgung, Fremdenverkehr, Krankenanstalten, Schulen im gesamten Landesgebiet) und **Regionalprogramme** für einen bestimmten Teil des Landes (sachlich aber unbegrenzt) erlassen werden können. Solche Regionalprogramme sind in Sbg (§ 11) von Gemeindeverbänden unter angemessener Beteiligung der Bevölkerung zu erarbeiten, aber von der LReg durch Verordnung für verbindlich zu erklären.

Es darf sich bei solchen Bestimmungen nicht nur um die Festschreibung bestehender Tatsachen handeln, sondern es muss vielmehr auf die **zukünftigen Entwicklungen Einfluss** genommen werden. Maßstab für die Rechtmäßigkeit sind die Bestimmungen des ROG und insb die darin festgelegten Raumordnungsziele und -grundsätze. Ein Widerspruch zum ROG wäre vom VfGH im Rahmen eines Verordnungsprüfungsverfahrens (Art 139 B-VG) durch ein aufhebendes Erkenntnis zu beseitigen.

Im Verfahren zur Erstellung derartiger Landesentwicklungs- oder Raumordnungsprogramme sehen die ROG idR eine Reihe von **Stellungnahme- bzw Äußerungsrechten** vor, die va den Gemeinden, den Interessenvertretungen und bestimmten Behörden* eingeräumt sind. In Vlbg ist auch ein Auflageverfahren in den Gemeinden vorgesehen, im Rahmen dessen sich die Bürger schriftlich zum aufgelegten Entwurf äußern können.

Die Wirkungen des Landesentwicklungs- bzw Raumordnungsprogrammes:

- Die Raumordnungsziele und -grundsätze **binden** alle weiteren konkretisierenden Verwaltungsakte (insb die **FWP** und die **Bebauungspläne**). Die rechtliche Übereinstimmung dieser Akte mit dem Landesentwicklungs- bzw Raumordnungsprogramm kann auf dem Rechtsweg (zB im Verordnungsprüfungsverfahren beim VfGH) geltend gemacht werden. Für widersprechende Bescheide wird zT in den ROG ausdrücklich die Nichtigkeit gem § 68 Abs 4 Z 4 AVG angedroht (§ 5 Abs 2 krnt ROG, § 8 Abs 5 Stmk, § 7 Abs 3 Vlbg). IdR sehen die ROG vor, dass alle Maßnahmen der Verwaltungsbehörden des Landes und der Gemeinden dem Landesentwicklungs- bzw Raumordnungsprogramm entsprechen müssen. Das bedeutet, dass auch privatwirtschaftliches Handeln (zB die Vergabe von Förderungen, vgl zB § 4 Abs 2 Tir) der Gebietskörperschaften daran gebunden wird (Selbstbindung).
- Es wird eine Vorentscheidung für die weiteren Gestaltungsmöglichkeiten auf den nächsten Ebenen getroffen (zB Festlegung von Siedlungsdichten und Siedlungsstrukturen etc).
- Im Zuge der Erlassung von Landesentwicklungs- bzw Raumordnungsprogrammen ist in den ROG auch die Möglichkeit der Erlassung von Bausperren (→ *Baurecht*), soweit dies erforderlich ist, vorgesehen.
- Unmittelbare Wirkung für die Grundeigentümer haben die Landesentwicklungs- bzw Raumordnungsprogramme nicht. Ausnahmsweise kann es aber auch hier vorkommen, dass im Rahmen dieser Programme eine parzellenscharfe Widmung* erfolgt, wodurch eine anderweitige autono-

me gemeindliche Planung ausgeschlossen wird. Allerdings darf die Einschränkung des gemeindlichen Entscheidungsspielraumes nicht so weit gehen, dass der Zuständigkeitsbereich der Gemeinde sektoral oder gar gänzlich beseitigt wird. Dies würde dem verfassungsgesetzlich gewährleisteten Selbstverwaltungsrecht* der Gemeinden (Art 116 Abs 1 iVm Art 118 Abs 3 Z 9 B-VG) widersprechen. Derart genaue Planfestlegungen durch das Land dürfen nur bei Vorliegen eines überwiegenden überörtlichen Interesses erfolgen (VfSlg 10.399/1985, 11.626/1988, 15.233/1998).

Zur überörtlichen hoheitlichen Raumordnung der Länder gehören weiters auch die Fachplanungskompetenzen, die Bestandteil anderer Landesmaterien sind (zB Naturschutzrecht, Landesstraßenrecht, Bauwesen).

c) Umwelt- und Raumverträglichkeitsprüfungen

In Umsetzung von unionsrechtlichen Verpflichtungen der umweltschutzrelevanten Richtlinien SUP-RL und der Seveso III-RL, die bis 31. Mai 2015 umzusetzen war, und von Natura 2000 mit der Vogelschutzrichtlinie und der Fauna-Flora-Habitat-RL, wurden in der Vergangenheit neue Instrumentarien in die ROG der Länder eingefügt (vgl zum aktuellen Stand *Alge/Kroiss*, Strategische Umweltprüfung, in N. Raschauer/Wessely [Hrsg], Handbuch Umweltrecht[2] (2010), 375; *Bußjäger*, Strategische Umweltprüfung in Österreich – eine Bilanz, RdU 2016/3, 5). Bei Planungen auf örtlicher und überörtlicher Ebene (Entwicklungsprogramme, Standortverordnungen und FWP, zT auch bei Bebauungsplänen, Entwicklungsprogrammen und örtlichen Entwicklungskonzepten [§§ 10a und 23a Bgld; § 4 Stmk]) ist eine **Umweltprüfung** durchzuführen, wenn die Planung Grundlage für ein Projekt sein soll, das gem Anhang 1 des UVP-G einer Umweltverträglichkeitsprüfung unterliegt (verfassungsrechtlich bedenkliche dynamische Verweisung). Ebenso unterliegen einer Umweltprüfung Planungen, die geeignet sind, Europaschutzgebiete oder Wild-Europaschutzgebiete nach dem sbg NSchG oder dem sbg JagdG erheblich zu beeinträchtigen (§ 5 Sbg). Die Umweltprüfung zeichnet sich durch zusätzliche Verfahrensschritte bei der Erlassung der genannten Rechtsakte aus. So ist zB ein Umweltbericht, dem entsprechende Untersuchungen zugrunde liegen, bei Auflage des Planungsaktes vorzulegen, gleichzeitig mit dem FWP ist der Bebauungsplan zu erstellen, eine Vorbegutachtung des Entwurfes des FWP hat stattzufinden usw (§ 5 Sbg, § 38 Stmk).

Europaschutzgebiete bedürfen bei Erlassung der genannten Rechtsakte zusätzlich einer **Verträglichkeitsprüfung** im Hinblick auf die für diese Gebiete im NSchG bzw im JagdG festgelegten Erhaltungsziele (§ 6 Sbg).

Auf überörtlicher Ebene ist zusätzlich eine **Raumverträglichkeitsprüfung** für Seveso III-Betriebe vorgesehen. So ist zB nach § 15 Sbg die Verwendung von Flächen in einer Gemeinde für Betriebe, die in den Anwendungsbereich der Seveso III-RL fallen, nur zulässig, wenn die LReg auf Antrag die

Raumverträglichkeit des Vorhabens durch Bescheid festgestellt hat. In Sbg ist zudem auch für Abfallbehandlungsanlagen nach dem AWG 2002 eine Raumverträglichkeitsprüfung durchzuführen (§ 16 Sbg). Im Gegensatz zur Umweltprüfung, die bei der Erlassung der Widmungsakte als besonderer Verfahrensbestandteil zum Tragen kommt, ist diese Raumverträglichkeitsprüfung ein zusätzliches individuelles Verwaltungsverfahren, das maßgeblich für die Errichtung eines entsprechenden Betriebes ist und das nach der Widmung* im Zuge der Betriebserrichtung durchzuführen ist. Diese **Umweltverträglichkeitsprüfungen** und **Umwelterheblichkeitsprüfungen** werden in das Verfahren zur Erlassung der einzelnen Planungsakte eingebaut, wobei insb auch Umweltorganisationen Stellungnahmerechte im Auflageverfahren eingeräumt werden (vgl zB die Bestimmungen §§ 10c Abs 2, 21a, 29a Vlbg).

3. Hoheitliche Raumordnung auf Gemeindeebene

Die von der Gemeinde im eWb* zu besorgende örtliche Raumplanung wird von der überörtlichen Raumplanung determiniert und ist an diese gebunden. Einerseits darf die überörtliche Raumplanung die örtliche nicht verdrängen, andererseits muss die örtliche Raumplanung sich in die überörtliche einfügen. Verfassungsrechtlich ist bei der Trennung der beiden Bereiche auf das ausschließliche oder überwiegende örtliche bzw überörtliche Interesse abzustellen (s II.1.). Die Aufgabe der **örtlichen Raumplanung** liegt in der räumlichen Ordnung und Planung des gesamten Gemeindegebietes. Eine Bedachtnahme auf überörtliche Interessen ändert noch nichts an der Zugehörigkeit zur örtlichen Raumplanung (VfSlg 8601/1979). Als Instrumente der örtlichen Raumplanung stehen das **räumliche Entwicklungskonzept**, der **FWP** und der **Bebauungsplan** im Vordergrund.

a) Räumliches Entwicklungskonzept

Beim räumlichen Entwicklungskonzept (auch örtliches Entwicklungskonzept oder örtliches Raumordnungskonzept genannt) handelt es sich um die Entwicklung von **Grundlagen für die Erstellung von FWP**. Die Gemeinden können im räumlichen Entwicklungskonzept für das Gemeindegebiet Entwicklungsziele und Entwicklungsmaßnahmen festlegen. Diese haben grundsätzliche Aussagen zu enthalten über:

- die angestrebte Bevölkerungsentwicklung,
- die angestrebte Entwicklung in den einzelnen Wirtschaftssektoren,
- die räumlichen Gegebenheiten und Umweltbedingungen,
- die Berücksichtigung ökologisch bedeutsamer Gebiete,
- die Gebiete mit besonderer Eignung für die landwirtschaftliche Nutzung,
- die Lage von Erholungsgebieten und Sportgebieten,

- die funktionelle Gliederung des Baulandes und der Siedlungsformen,
- die für die Aufschließung des gesamten Gemeindegebietes erforderlichen Verkehrswege und
- die Hauptversorgungs- und Hauptentsorgungseinrichtungen.

Die Erstellung des räumlichen Entwicklungskonzepts ist zT als Verordnung (zB Tir, OÖ, Stmk), zT als Gemeinderatsbeschluss ohne unmittelbare Bindungswirkung vorgesehen (zB Sbg, Vlbg). Das räumliche Entwicklungskonzept wird als Vorstufe für die Erstellung des FWP betrachtet. Im Verfahren ist tw auch die Einbeziehung der Bevölkerung durch Entwurfsauflage und Äußerungsmöglichkeit vorgesehen. Ebenso finden sich auch Genehmigungsvorbehalte der LReg (§ 24 Abs 9 Stmk).

In der **Stmk** sind darüber hinaus **gemeinsame örtliche Entwicklungskonzepte** für Gemeinden einer Kleinregion, die in einem räumlich funktionellen Zusammenhang stehen, vorgesehen (§ 23 Stmk).

Wirkungen des räumlichen Entwicklungskonzepts:

- Es stellt eine Arbeitsvoraussetzung für die Erlassung der weiteren Planungsakte auf Gemeindeebene dar und bindet die Gemeinde im Rahmen ihrer Planungen. Ein Abweichen vom räumlichen Entwicklungskonzept ist in engen Grenzen und unter bestimmten Voraussetzungen dort möglich, wo das räumliche Entwicklungskonzept nicht in verbindlicher Rechtsform (durch Verordnung) erlassen wird, sofern dabei die bindenden Planungsnormen eingehalten werden:
- Bei Unklarheiten der weiteren Planungsakte kann das räumliche Entwicklungskonzept als Interpretationshilfe herangezogen werden.
- Dort, wo eine rechtlich bindende Erlassung (durch Verordnung) vorgesehen ist, entfaltet es die oben beim Landesentwicklungsprogramm (s IV. 2. b) dargestellten Wirkungen.
- Das örtliche Entwicklungskonzept bildet in OÖ einen Teil des FWP und entfaltet deshalb auch dessen Wirkungen. Bei Bewilligungserteilungen sind Regelungen des örtlichen Entwicklungskonzeptes unmittelbar neben anderen Bestimmungen des FWP anzuwenden (VwGH 31.07.2013, 2010/05/0001).

b) Flächenwidmungsplan

Der FWP ist eine **Verordnung der Gemeinde**, die vom Gemeinderat zu erlassen ist. Er ist das zentrale Planungsinstrument der örtlichen Raumplanung. Der FWP hat konkret die **geordnete Art der Nutzung der gesamten Fläche des Gemeindegebietes** festzulegen (**Widmung***). Die Gemeinden sind verpflichtet, für ihr Gebiet flächendeckend einen FWP zu erlassen. An der Flächenwidmungsplanerstellung ist den betroffenen Gemeindebürgern ein Mitwirkungsrecht eingeräumt.

Folgende für das rechtmäßige Zustandekommen **wesentliche Verfahrensschritte** sind dabei mehr oder weniger in allen ROG vorgesehen und zT mit Einschränkungen auch bei Teiländerungen des FWP zu beachten:

- Die Absicht, einen FWP zu erlassen bzw den bestehenden FWP zu ändern, ist vom Bgm an der Amtstafel **bekannt zu machen** (zT ist die Mitteilung an alle Haushalte in der Gemeinde mittels Postwurf bzw die Verlautbarung in lokalen Zeitungen vorgesehen).
- Die Bürger sind aufzufordern, geplante Bauplatzerklärungen oder Bauvorhaben innerhalb einer bestimmten Frist bekannt zu geben.
- Die benachbarten Gemeinden sind in die Flächenwidmungsplanerstellung mit einzubeziehen.
- Die in Betracht kommenden Dienststellen des Bundes bzw die gesetzlichen beruflichen Interessenvertretungen sowie Regionalverbände und sonstigen Körperschaften des öffentlichen Rechts, soweit sie Planungsinteressen verfolgen und diese auch glaubhaft machen können, haben Mitwirkungsrechte; sie sind schon von der Absicht, einen FWP zu erlassen oder zu ändern, zu verständigen.
- Die genannten Personen und Institutionen sind berechtigt, schriftlich Anregungen zur Erstellung des Entwurfes des FWP einzubringen (dieses Verfahren vor der Planerstellung ist aber nicht in allen Bundesländern vorgesehen, zB nicht in Vlbg; in Tir knüpfen sich an Fehler in diesem Verfahrensabschnitt keine Rechtswirkungen [§ 63 Abs 2 Tir]).
- Unter bestimmten Umständen ist eine Umweltprüfung bzw eine Verträglichkeitsprüfung bei Europaschutzgebieten durchzuführen (vgl oben IV.2.c).
- Der erstellte Entwurf des FWP ist öffentlich während der Zeiten des Parteienverkehrs **aufzulegen**; die ROG sehen vor, dass die Gemeinden in dieser Phase auch **Bausperren** (→ *Baurecht*) verhängen können, um die mit dem Entwurf angestrebten Planungsziele zu sichern. Bei Änderungen des FWP im vereinfachten Verfahren ist vereinzelt auch eine Wahlmöglichkeit zwischen Auflage und Anhörung vorgesehen (§ 39 Abs 1 Z 3 Stmk).
- Die Auflage des Entwurfs hat ebenfalls wiederum ortsüblich bekannt gemacht bzw verlautbart zu werden.
- Die Auflagefrist beträgt je nach Bundesland zwischen vier und sechs Wochen.
- Innerhalb dieser Frist können die Personen und Institutionen, die von der Flächenwidmungsplanerstellung zu verständigen sind, begründete **schriftliche Einwendungen*** erheben.
- Danach **beschließt** der Gemeinderat den FWP, wobei er verpflichtet ist, die erhobenen Einwendungen in die Beratungen einzubeziehen.
- In der Folge ist der FWP **von der LReg zu genehmigen**; diese hat dabei insb auch die Übereinstimmung mit den übergeordneten raumordnungsrechtlichen Regelungen im ROG bzw in den Landesentwicklungspro-

grammen sowie die Beachtung von zwingenden Ge- und Verboten bei der Widmungsfestlegung zu prüfen. Die Versagung der Genehmigung erfolgt in Form eines Bescheides, gegen den die betroffene Gemeinde (der Gemeinderat) Beschwerde an das LVwG erheben kann. Ein ab- oder zurückweisendes Erkenntnis des LVwG kann wiederum von der Gemeinde (vom Gemeinderat) bei Vorliegen der Voraussetzungen beim VwGH bzw beim VfGH bekämpft werden. Vereinzelt entfällt eine solche Genehmigung bei vereinfachten Verfahren zur Änderung des FWP (§ 39 Stmk).

- Nach erfolgter Genehmigung durch die LReg ist der FWP kundzumachen. Die **Kundmachung** erfolgt nach den dafür vorgesehenen Regelungen (zB durch Anschlag an der Amtstafel bzw Kundmachung der Auflage zur Einsicht an der Amtstafel, vgl zB § 67 Abs 10 sbg ROG iVm § 79 sbg GdO).
- Mit der Kundmachung **tritt der FWP in Kraft** und ist im Gemeindeamt zur Einsicht aufzulegen.

Neue Wege bei der Erlassung von FWP geht Tir mit der schrittweisen Einführung des elektronischen FWP durch das tir ROG 2011. Als erstes Bundesland soll die rechtsgültige Kundmachung von Verordnungen digital erfolgen können. Auch das aufsichtsbehördliche Genehmigungsverfahren soll in elektronischer Form durch die Übermittlung eines digitalen FWP an die LReg abgewickelt werden.

Inhalt des FWP ist die Festlegung der geordneten Nutzung des gesamten Gemeindegebietes. Er enthält verbindliche Festlegungen, die lediglich durch eine Flächenwidmungsplanänderung beseitigt werden können. Der FWP besteht aus einer planlichen Darstellung und dem dazu erforderlichen Wortlaut. Er hat die **Widmungskategorien** und innerhalb dieser die spezifischen in den ROG vorgesehenen **Widmungsarten** flächendeckend für das gesamte Gemeindegebiet festzulegen. Als Hauptwidmungskategorien werden idR **Bauland, Vorbehaltsflächen** (das sind Flächen, die Bauten bzw Nutzungen vorbehalten werden, die öffentlichen Zwecken dienen, zB Verkehrsflächen, Schulen, Krankenhäuser) und **Grünland** (Freiland) genannt. Verschiedentlich gibt es auch noch die Nutzungskategorie **Sonderfläche** (zB für Beherbergungsgroßbetriebe oder Einkaufszentren in Tir oder für Tierhaltungsbetriebe zur Ausweisung von Geruchsschwellenabständen und Belästigungsbereichen in der Stmk). Zudem finden sich in bestimmten Bereichen, wie zB für **Freizeitwohnsitze** raumordnungsrechtliche Sonderregime (3. Abschnitt Tir, § 31 Sbg) (→ *Grundverkehrsrecht* IV.2.c). Weiters sind im FWP alle Flächen kenntlich zu machen, über die die Gemeinde keine Planungshoheit besitzt (deklarative Wirkung). Das sind Widmungen* aufgrund der Fachplanungskompetenzen des Bundes (zB Verkehrsflächen, Hochwasserabflussgebiete), und Widmungen (Nutzungsbeschränkungen) aufgrund von landesrechtlichen Fachplanungskompetenzen (zB im Naturschutz Naturschutzgebiete, Landschaftsschutzgebiete etc).

Innerhalb der drei Hauptwidmungskategorien sind wiederum die jeweiligen **Widmungsarten** näher auszuweisen. So gehören zum Bauland in manchen Ländern mehr als zehn verschiedene Widmungs(Nutzungs)arten, die ihrerseits zT nochmals unterteilt sind (zB reine Wohngebiete, Betriebsgebiete, Gewerbegebiete, Industriegebiete, Zweitwohnungsgebiete, Sonderflächen usw; vgl zB § 30 Sbg). Dasselbe gilt auch für das Grünland (zB Kleingartengebiete, Erholungsgebiete, Campingplätze, Gebiete für Sportanlagen, stehende oder fließende Gewässer, Ödland und alle sonstigen nicht als Bauland oder als Verkehrsfläche ausgewiesenen Gebiete usw; vgl § 36 Sbg).

Die verschiedenen **Widmungsarten** differieren in den einzelnen ROG erheblich und sind auch den Hauptwidmungskategorien unterschiedlich zugeordnet. Die so erfolgende sehr detaillierte Planung und Festlegung der Nutzung bzw der Nutzungsarten im gesamten Gemeindegebiet trifft damit auch die grundsätzlichen Entwicklungsentscheidungen für die Wirtschaft, die Bevölkerung, die Ökologie usw. Zumindest hält das aufgezeigte Instrumentarium die Möglichkeiten dafür bereit.

Bei der Festlegung der konkreten Widmungen besteht mit Ausnahme der Bindung an die übergeordneten planerischen Rechtsakte erheblicher raumplanerischer Gestaltungsspielraum der Gemeinde. Dieser wird neben der Bindung an die übergeordneten planerischen Rechtsakte durch bestimmte weitere Instrumentarien eingeschränkt. Zu nennen sind hier etwa „öffentlich rechtliche Erklärungen“, die „Vertragsraumordnung“ oder zu beachtende Ge- und Verbote.

Bemerkenswerterweise sieht das sbg ROG infolge der Aufhebung der sog Vertragsraumordnung (s IV.4.c) eine **öffentlich-rechtliche Erklärung (Nutzungserklärung des Grundeigentümers**, § 29) als Voraussetzung für eine Baulandausweisung vor, in der sich der Grundeigentümer zur Nutzung eines Grundstücks binnen zehn Jahren verpflichtet. Damit wird neben den raumordnungsfachlichen Kriterien eine zusätzliche gesetzliche Bindung geschaffen. Ziel dieses Instruments ist die Baulandmobilisierung. Wird diese Verpflichtung nicht eingehalten, kann nach zehn Jahren eine (entschädigungslose) Rückwidmung in Grünland erfolgen. Die Gemeinde ist aber trotz Abgabe der Erklärung nicht verpflichtet, tatsächlich eine Baulandwidmung vorzunehmen. Wieweit dieses Instrument verfassungsrechtlich gerechtfertigt werden kann, bleibt in mehrfacher Hinsicht zweifelhaft (relative Geschlossenheit des Rechtsquellensystems der Bundesverfassung, in der derartiges nicht vorgesehen wird; fehlende rechtliche Rahmenbedingungen für solche Erklärungen, wie sie etwa im Privatrecht vorhanden sind [zB Konsequenzen für Willensmängel, Erklärungsmängel etc]; undifferenzierter Eingriff in Grundrechte für alle Baulandwidmungen, gleichgültig, ob das öffentliche Interesse an der Baulandmobilisierung in bestimmten Gebieten größer oder weniger groß ist).

Die sog **Vertragsraumordnung** ist unter systematischen Gesichtspunkten als privatrechtliches Instrument nicht im Bereich der hoheitlichen Raumordnung zu behandeln (vgl unten IV.4c).

Ge- und Verbote bei der Widmungsfestlegung grenzen zusätzlich den raumplanerischen Gestaltungsspielraum ein. ZB verbietet § 28 Abs 3 Sbg die

Ausweisung von Flächen als Bauland im Gefährdungsbereich von Hochwasser, Lawinen, Murenabgängen, Steinschlag; bei Flächen, die Waldflächen iSd ForstG sind; bei Flächen, die für öffentliche Einrichtungen bzw öffentliche Interessen (Schulen, Verkehr, Energie- und Wasserversorgung, Abfall- und Abwasserbeseitigung etc) unwirtschaftliche Aufwendungen erforderlich machen würden, vgl zB auch § 3 krnt GplG. Solche Ge- und Verbote finden sich auch in den Regelungen der verschiedenen Widmungsarten (vgl zB § 30 Abs 1 Z 1 lit b Sbg) oder hinsichtlich bestimmter Nutzungsarten (vgl zB die Zweitwohnungs- oder Freizeitwohnungsnutzung § 31 Sbg). Der OGH bejaht die Schadenersatzpflicht einer Gemeinde, die trotz Vorliegen von Anhaltspunkten für eine Hochwassergefährlichkeit eine Fläche als Bauland ausweist und eine Baugenehmigung erteilt (OGH 28.11.2006, 1 Ob 158/06a).

Die Wirkungen des Flächenwidmungsplanes:

- Zunächst **bindet** der FWP alle weiteren Rechtsakte, die auf Gemeindeebene noch ergehen können. Dazu gehört insb die Erlassung eines **Bebauungsplans**, aber auch die **Bauplatzerklärung** und die **Baubewilligung**. Alle diese Rechtsakte müssen den Festlegungen im FWP entsprechen.
- Anknüpfend an die Baulandwidmung im FWP werden in einzelnen ROG Bewilligungspflichten für Grundstückteilungen und Grundstückvereinigungen sowie Teilungsverbote vorgesehen. Ebenso finden sich Bestimmungen über die Umlegung von Grundstücken iZm der Festlegung von Aufschließungsgebieten (§§ 45 ff Stmk).
- Einzelne ROG sehen vor, dass die **Wirkungen** des FWP für Einzelfälle unter bestimmten Voraussetzungen **durch Erlassung eines Bescheides ausgeschlossen** werden können. Gem § 46 Sbg können die Wirkungen des FWP für ein bestimmtes Vorhaben auf Ansuchen des Grundeigentümers durch Bescheid der Gemeindevertretung (Gemeinderat) ausgeschlossen werden; die Bescheide bedürfen der aufsichtsbehördlichen Kenntnisnahme (§ 74 Abs 1 Z 2 lit b Sbg). Das bedeutet insb, dass im Grünland, in dem eine Bebauung grundsätzlich nicht zulässig ist, unter ganz bestimmten Voraussetzungen Ausnahmen erteilt werden können. In Sbg kommt eine Einzelbewilligung nur für bestimmte Fälle in Betracht (§ 46 Abs 3). Im Gegensatz zur alten Rechtslage (§ 19 Abs 3 sbg ROG 1977) sind Einzelbewilligungen für Apartmenthäuser, Feriensiedlungen, Einkaufszentren und Beherbergungsgroßbetriebe sowie die Neuerrichtung von nichtlandwirtschaftlichen Wohnbauten im Grünland nicht (mehr) zulässig.
- Eine Durchbrechung der Wirkungen des FWP wurde in Sbg auch durch die Möglichkeit der **ausnahmsweisen Ferien- bzw Freizeitwohnsitznutzung** durch Genehmigung der Gemeindevertretung geschaffen. Mit **Bescheid** der Gemeindevertretung kann so ein aus dem FWP erfließendes Verbot der Freizeitwohnsitznutzung durchbrochen werden (§ 31 Abs 3 Sbg). Im Hinblick auf die Zielsetzung in den ROG und auf die Erfahrungen, die bei der Vollziehung des alten § 19 Abs 3 sbg ROG 1977 (Ausnah-

me für die Errichtung von Bauten im Grünland) gemacht wurden, erscheint diese Regelung kontraproduktiv.

- Soweit es für die Erlassung eines FWP erforderlich ist, sehen die ROG auch die Möglichkeit der Erlassung von Bausperren (→ *Baurecht*) vor.
- Auswirkungen ergeben sich aber auch in finanzrechtlicher Hinsicht (Grundsteuer, Bodenwertabgabe, Immobilienertragssteuer), soweit finanzrechtliche Vorschriften an die Widmung bzw Umwidmung oder tatsächliche Nutzung von Grundstücken bei der Bemessung des Wertes oder von Einkünften aus Grundstücksveräußerungen zur Steuer- bzw Abgabenberechnung anknüpfen (vgl zB das BewertungsG 1955, BGBl 148/1955 idF I 34/2015, die im oö ROG vorgesehenen Aufschließungsbeiträge für unbebautes Bauland oder die seit 01. Jänner 2013 geltenden Regelungen des § 30b EStG, BGBl 400/1988 idF I 163/2015 über die Immobilienertragssteuer).
- Förderungsmaßnahmen haben auf die örtliche Raumplanung und insb auf den FWP Bedacht zu nehmen.

Durch die Festlegung der Flächenwidmung für alle Grundstücke im Gemeindegebiet kann es für den Grundbesitzer zu erheblichen Eigentumsbeschränkungen kommen. Die Widmung* eines früher als Bauland ausgewiesenen Grundstücks als Grünland geht mit einem beträchtlichen **Wertverlust** einher. Die verschiedenen LG sehen **Entschädigungen** iZm Umwidmungen vor. Der Umfang dieser Entschädigung wird allerdings unterschiedlich geregelt. Teils hat der Grundeigentümer Anspruch darauf, dass auf Antrag eine angemessene Entschädigung für alle ihm durch die Umwidmung verursachten vermögensrechtlichen Nachteile gewährt wird (Sbg, Vlbg), teils werden die tatsächlich getätigten Leistungen zur Baufreimachung entschädigt (Krnt, OÖ, § 73 tir ROG 2011 sieht je nach Fall den Ersatz vermögensrechtlicher Nachteile oder lediglich von Kosten der Baureifmachung vor). Ob der letztgenannte Regelungstyp noch den verfassungsrechtlichen Determinanten des Eigentumsschutzes bzw des Gleichheitssatzes entspricht, ist fraglich. Der VfGH hielt eine Beschränkung auf die Vergütung der Kosten der Baureifmachung zuletzt für unbedenklich (VfSlg 19.202/2010). Auf die in bestimmten LV (zB Vlbg) zusätzlich verankerten Eigentumsgarantien sei hingewiesen. Zur Baulandmobilisierung werden in jüngeren Nov einzelner ROG auch entschädigungslose Rückwidmungen nach einer bestimmten Frist (fünf bis zehn Jahre) vorgesehen, wenn die Baulandwidmung befristet festgelegt wurde (§ 11a Abs 2 Bgld). Zum Verfahren bei der Entschädigung s V.2.

Durch eine Flächenwidmungsplanänderung kann es aber auch zu beträchtlichen **Wertsteigerungen** von Grundflächen kommen, wenn etwa Grünland in Bauland umgewidmet wird. Dahinter verbirgt sich ein erhebliches politisches Potenzial für die Gemeinden.

c) Bebauungsplan

Der **Bebauungsplan** ist der nächste verpflichtend vorgesehene Konkretisierungsschritt. Der Bebauungsplan ist eine **Verordnung der Gemeinde**. Er regelt die bauliche Ordnung eines Gebietes unter Bedachtnahme auf einen sparsamen Bodenverbrauch und eine geordnete Siedlungsentwicklung. Inhalt ist die Festlegung der Straßenfluchtlinien (Grenzlinien zwischen Verkehrsflächen und anderen Flächen) sowie des Verlaufs der Gemeindestraßen, die Festlegung der Baufluchtlinien (Grenze zwischen Bauflächen und Verkehrsflächen), Baugrenzlinien (Begrenzungen hin zu anderen Flächen) und der baulichen Ausnutzbarkeit der Grundflächen. (Die Begriffe Baulinie, Baufluchtlinie, Baugrenzlinie etc werden in den verschiedenen LG höchst unterschiedlich gebraucht, daher ist Vorsicht geboten. So finden sich in den LG zB für die Bezeichnung der Grenze zwischen Bauland und Verkehrsfläche die Begriffe Baulinie, Straßenfluchtlinie und Straßenlinie, weiters für die Bezeichnung der Grenzen bebaubarer Flächen die Begriffe Baulinie, Baufluchtlinie, Baugrenzlinie und Baugrenze.)

Verschiedentlich sehen ROG **Bebauungspläne mehrerer Stufen** vor. In Tir werden allgemeine und ergänzende Bebauungspläne unterschieden. In Sbg unterscheidet man Bebauungspläne der Grundstufe, der erweiterten Grundstufe und der Aufbaustufe, wobei die beiden letztgenannten nur unter bestimmten Voraussetzungen erlassen werden können bzw müssen. Diese Bebauungspläne der Aufbaustufe enthalten ergänzende Straßenfluchtlinien, die Art der Energie- und Wasserversorgung sowie der Abwasserbeseitigung, die Bauplatzgrößen und -grenzen, die Bauweise, die Mindest- und Höchstabmessungen der Bauten, Determinanten für die äußere architektonische Gestaltung uam.

Wie der FWP besteht der Bebauungsplan aus der planlichen Darstellung und aus dem erforderlichen Wortlaut.

Der Verfahrensablauf entspricht im Wesentlichen dem Verfahren zur Flächenwidmungsplanerstellung. Nicht immer ist aber eine aufsichtsbehördliche Genehmigung vorgesehen (zB nicht in Sbg, § 71).

Im krnt GplG wird ua auch die Möglichkeit einer integrierten Flächenwidmungs- und Bebauungsplanung vorgesehen (§§ 31a ff), die eine Erlassung von Flächenwidmungs- und Bebauungsregelungen in einem Verfahren unter bestimmten Voraussetzungen zulässt.

Auf baurechtlicher Ebene (→ *Baurecht*) wird die Planungshierarchie durch individuelle Verwaltungsakte, wie den **Bauplatzerklärungsbescheid** und darauf aufbauend den **Baubewilligungsbescheid** vervollständigt. Sie dürfen dem Bebauungsplan nicht widersprechen (zB § 25 Bgld).

4. Nichthoheitliche Raumordnung des Bundes und der Länder

Die bedeutendsten Instrumentarien der nichthoheitlichen Raumordnung sind das Förderungswesen, die nichthoheitliche Koordination und das Modell der „Vertragsraumordnung", das in unterschiedlicher Intensität in einigen ROG aufgenommen wurde.

a) Förderungswesen

Im Bereich des Förderungswesens sind va Regelungen angesprochen, die raumordnungsrechtliche Zielsetzungen mitberücksichtigen bzw vorrangig verwirklichen helfen sollen. Auf Bundesebene kann auf die **Finanzierungsmaßnahmen zum Infrastrukturausbau** und damit auf die Unterstützung raumordnungsrelevanter Ziele hingewiesen werden (vgl zB den oben [IV. 1.] schon erwähnten Gesamtverkehrsplan für Österreich [GVP-Ö 2012]). In den Ländern gibt es eine ganze Reihe von Förderungen, mit denen Raumordnungsziele unterstützt werden. Zu denken ist zB an die **Wohnbauförderung**, die Förderung der **Instandsetzung und Verbesserung von Altwohnungen** und die Förderung wirtschaftlich vertretbarer **energiesparender Bauweisen** und energienutzender Einrichtungen in Wohnbauten sowie die Förderung von Betriebsansiedlungen, die Förderung des verdichteten Wohnbaus usw.

b) Koordination in der Raumordnung

Die oben geschilderte kompetenzrechtliche Zersplitterung zieht einen großen Koordinationsbedarf der Gebietskörperschaften untereinander nach sich. Man hat deshalb Versuche einer **„integrierten Planung“** gestartet. Instrumente einer solchen integrierten Planung auf nichthoheitlicher Ebene sind:

- privatrechtliche Absprachen zwischen den Gebietskörperschaften und
- informelle Kontakte; diese sind in der Praxis das wichtigste Instrument.

1971 wurde im BKA die **Österreichische Raumordnungskonferenz (ÖROK)** eingerichtet. Sie besteht im rechtsfreien Raum, ihre Aussagen sind rechtlich nicht verbindlich. Vorsitzender ist der BK, Mitglieder sind die BM, die LH, je zwei Vertreter des Gemeinde- und des Städtebundes sowie mit beratender Stimme Vertreter der Kammern und Interessenvertretungen (BWK, AK, ÖGB, IV, LWK). Als vorbereitendes und arbeitendes Organ* ist die „Stellvertreterkonferenz“ vorgesehen, die in der Zusammensetzung ein Spiegelbild der ÖROK mit weisungsgebundenen Bediensteten ist. Für bestimmte Sachfragen bestehen in Arbeitsgruppen gegliederte Unterausschüsse.

c) Vertragsmodell

In verschiedenen ROG findet sich eine besondere Form der privatrechtlichen Vereinbarung. Ziel solcher Regelungen ist die **Rücknahme der tw sehr großen Baulandüberhänge** und die Abschöpfung von Bauland sowie die Sicherstellung einer tatsächlichen Nutzung iSd Widmung, also die **Mobilisierung von Baulandreserven.**

Eine besonders eingriffsintensive Variante ist dabei die sog **Vertragsraumordnung.** Diesbezügliche Bestimmungen finden sich zB in Tir (§ 33 Abs 2), der Stmk (§ 35), im Bgld (§ 11a Abs 3), in OÖ (§ 16), in Sbg (§ 18) und in Krnt (zB § 22 krnt GPlG).

In einer sehr extensiven und letztlich vom VfGH als verfassungswidrig erkannten Weise hatte § 14 sbg ROG 1992 die Vertragsraumordnung geregelt. Danach war jede Gemeinde verpflichtet, privatwirtschaftliche Maßnahmen zur Verwirklichung der angestrebten Entwicklungsziele, insb zur Vorsorge für Wohnungen und Betriebsflächen entsprechend dem zu erwartenden Bedarf zu treffen. Dazu konnten die Gemeinden mit den Grundeigentümern über die Verwendung der Grundstücke innerhalb einer angemessenen Frist, entsprechend der beabsichtigten Flächenwidmung und des Bebauungsplanes, Vereinbarungen schließen. In diesen Vereinbarungen sollte die Beschaffung von geeigneten Grundstücken für den geförderten Wohnbau im Ausmaß bis zur Hälfte der von den Planungsmaßnahmen betroffenen Grundstücke erfolgen.

Dieses sbg „Vertragsmodell“ beruhte darauf, dass zur Mobilisierung von Bauland vor der Baulandwidmung zwischen der Gemeinde und dem Grundeigentümer ein Vertrag abgeschlossen wurde, mit dem der Grundeigentümer bis zur Hälfte der umzuwidmenden Fläche an die Gemeinde verkaufte und sich für die verbleibende Fläche zur baulichen Nutzung verpflichtete. Dies war die Voraussetzung für die vom Grundeigentümer angestrebte Baulandwidmung. Ausgenommen davon war lediglich die Neuausweisung von verhältnismäßig kleinen Flächen zur Gestaltung geschlossener und abgerundeter Baulandflächen (einzelne Parzellen). Ebenso war der Eigenbedarf des Eigentümers hinsichtlich der Wohnbedürfnisse der unmittelbaren Nachkommen für den Zeitraum von zehn Jahren zu beachten.

Dieses Modell, das eine sehr weitgehende **zwangsweise Verknüpfung** zwischen **privatrechtlichem Vertrag** und **öffentlich-rechtlichem Widmungsakt** vorsah, wurde vom VfGH wegen Verstoßes gegen das Legalitätsprinzip, das Rechtsstaatsprinzip, den Eigentumsschutz, den Gleichheitssatz und die Kompetenzbestimmungen als verfassungswidrig aufgehoben (VfSlg 15.625/1999). Die Aufhebung erfolgte wegen der zwingenden Verknüpfung von privatwirtschaftlichen Maßnahmen der Gemeinde mit der Erlassung von Hoheitsakten. Bauland darf nicht nur deshalb ausgewiesen werden, weil der Grundeigentümer eine privatwirtschaftliche Vereinbarung abschließt, eine Rückwidmung von Bauland in Grünland darf nicht nur wegen Fehlens einer solchen Vereinbarung stattfinden. Nach der nunmehr geltenden Regelung in § 18 sbg ROG 2009 können die Gemeinden zur Sicherung der Entwicklungsziele mit den Grundeigentümern hinsichtlich der Verwendung ihrer Grundstücke Vereinbarungen abschließen.

Allgemein ist bei derartigen Konstruktionen problematisch, dass die gesetzlichen Regelungen eine nähere **Determinierung** bzw Begrenzung, unter welchen Umständen und Bedingungen der Abschluss solcher Verträge möglich ist oder welchen Inhalt sie haben dürfen, vermissen lassen. Ebenso bedenklich ist der Umstand, dass der **Rechtsschutz** der Betroffenen gegenüber den Gemeinden praktisch fehlt. Zwar treten die Gemeinden formell als gleichrangige Partner dem Grundstückseigentümer gegenüber, diesem ist aber materiell kaum Spielraum eingeräumt, privatrechtlich zu agieren. Die Gemeinden sitzen, weil sie das öffentlich-rechtliche Instrumentarium der Widmung in der Hinterhand haben, auf dem längeren Ast. Die **Privatautonomie** des Eigentümers wird durch die spezifische Kombination von öffentlich-rechtlichem und privatrechtlichem Handeln einer Gebietskörperschaft beschnitten bzw weitgehend ausgeschaltet. Es wird zwischen Gesetz und Verordnung ein Privatrechtsakt, der wiederum Auslöser für die Verordnungserlassung ist, eingefügt. Dies verschafft der Gemeinde, die beim Vertragsabschluss als privatrechtlich handelndes Rechtssubjekt auftritt, eine **faktische und rechtliche Übermachtstellung**, sodass von einer zivilrechtlichen Gleichrangigkeit der Vertragspartner nicht mehr gesprochen werden kann. Im Hinblick auf das Rechtsstaatsprinzip, das Grundrecht auf Eigentum und das Legalitätsprinzip sind solche Regelungen mit der Verfassung wohl kaum vereinbar.

Zur Unterstützung der Gemeinden bei derartigen privatwirtschaftlichen Maßnahmen sehen die Landesgesetzgeber nunmehr verschiedentlich juristische Personen mit unterschiedlichen Aufgaben vor. So richtet das tir ROG einen **Boden(beschaffungs)fonds** ein, der den Erwerb und Verkauf von Grundstücken iSd Verwirklichung der Ziele der örtlichen Raumordnung zu besorgen hat (§§ 97 ff Tir). In Krnt übernimmt der Kärntner Regionalfonds diese Aufgaben, wobei sich hier die Förderungsmaßnahmen in der Hingabe der Förderungen zur Erreichung der zu verwirklichenden Ziele erschöpfen, der Fonds aber nicht selbst als Erwerber oder Veräußerer von Grundstücken auftritt. In Sbg wurde eine **Baulandsicherungsgesellschaft** (§ 77 Sbg) auf privatrechtlicher Basis eingerichtet. Sie ist ausschließlich durch Rechtserwerb an geeigneten Grundstücken für die Gemeinden treuhänderisch und haushaltsunwirksam tätig. Finanzielle Mittel werden nach Maßgabe des jeweiligen LandeshaushaltsG zur Verfügung gestellt.

Bemerkenswert ist weiters, dass inzwischen auch gesetzliche Bestimmungen vorsehen, dass die Tragung der Kosten der Flächenwidmungsplanänderung zum Gegenstand einer privatrechtlichen Vereinbarung mit den betroffenen Grundeigentümern gemacht werden kann, wenn die Umwidmung im privaten Interesse gelegen ist (zB § 19 Abs 5 Bgld). Dies erscheint unter dem Gesichtspunkt des Eigentumsgrundrechts insoweit verfassungsrechtlich bedenklich, als die Nutzung des Grundeigentums nur aus öffentlichem Interesse eingeschränkt werden darf. Wenn aber nun dieses nicht besteht und eine Nutzung als Bauland möglich ist, dürfen wohl allfällige Kosten nicht auf den Grundeigentümer überwälzt werden. Im Übrigen gelten auch hier die schon genannten verfassungsrechtlichen Bedenken iZm der Vertragsraumordnung.

V. Behörden und Verfahren

1. Behörden

Zunächst ist auf das zu verweisen, was bei den einzelnen raumordnungsrechtlichen Instrumentarien ausgeführt wurde. Zur Erlassung von

- Landesentwicklungs- bzw Raumordnungsprogrammen ist die **LReg**,
- räumlichen Entwicklungskonzepten der **Gemeinderat**,

- FWP und Bebauungsplänen ebenfalls der **Gemeinderat** zuständig (s IV.2.b und 3.a, b und c).

Kompetenzen zur ausnahmsweisen Erlassung von individuellen Rechtsakten sind entweder dem Bgm oder dem Gemeinderat im eWb*, zT unter aufsichtsbehördlicher Genehmigung der BVB übertragen. In Sbg muss die von der Gemeindevertretung per Bescheid erteilte Einzelbewilligung (§ 46 Sbg) von der BVB aufsichtsbehördlich zur Kenntnis genommen werden (§§ 73 f). In Tir besitzt der Bgm iZm mit den raumordnungsrechtlichen Freizeitwohnsitzregelungen eine Reihe von Bewilligungs- und Feststellungskompetenzen; in Entschädigungsfragen ist zT der Bgm im üWb* (zB Bgld), zT die BVB (zB Krnt und OÖ) zuständig. Soweit in ROG die Erlassung von Bescheiden im eWb der Gemeinden vorgesehen ist, kann nach Ausschöpfung des innergemeindlichen Instanzenzuges (mit Ausnahme von Tirol, das einen solchen nicht mehr kennt, vgl § 17 Abs 2 GdO und § 41 Abs 1 Ibk Stadtrecht; vgl auch Sbg, wo seit 01. Jänner 2015 der gemeindliche Instanzenzug zwar abgeschafft ist, aber die Gemeinden mit Ausnahme der Stadt Salzburg sich in verfassungsrechtlich bedenklicher Weise für eine Beibehaltung entscheiden können [§ 99 Abs 3 sbg GdO]) Bescheidbeschwerde an das LVwG erhoben werden (Art 130 Abs 1 Z 1 B-VG iVm Art 131 Abs 1 B-VG).

Als Besonderheit sei in diesem Zusammenhang auch noch auf das Raumverträglichkeitsprüfungsverfahren in Sbg für Seveso III-Betriebe hingewiesen. Dabei handelt es sich um eine Art zusätzliches, individuelles Genehmigungsverfahren, das unter raumordnungsrechtlichen Gesichtspunkten im Zuge einer Betriebsanlagengenehmigung kumulativ neben dem Betriebsanlagenverfahren nach der GewO bzw einem Naturschutzverfahren etc abzuwickeln ist.

Soweit Strafbestimmungen vorgesehen sind (vgl § 78 Sbg), ist die BVB zuständig. Bescheidbeschwerde kann an das zuständige LVwG erhoben werden.

2. Verfahren

Die vielen verfahrensrechtlichen Besonderheiten wurden iZm den generellen Rechtsakten dargestellt (s IV.2.b und 3.a, b und c). Soweit in den ROG die Erlassung von Bescheiden im Administrativverfahren bzw im Strafverfahren vorgesehen ist, kommen AVG und VStG zur Anwendung. Die Entschädigungsverfahren sind verschieden ausgestaltet. Mehrfach wird zunächst auf eine Einigung zwischen Eigentümer und Gemeinde abgestellt und nur dann, wenn diese nicht zustande kommt, die Festsetzung der Entschädigung durch eine staatliche Behörde* (idR BVB) vorgesehen, wie zB in Krnt (§ 21 Abs 6 Krnt) oder Vlbg (§ 27 Abs 5 Vlbg). Andere Wege geht das Bgld hier setzt der Bgm die Höhe der Entschädigung nach Anhörung mindestens eines beeideten SV durch Bescheid fest (§ 27 Abs 3 Bgld). In all diesen Fällen steht entweder unmittelbar oder nach Ausschöpfen des innergemeindlichen Instanzenzuges der Gang zum LVwG offen.

3. Rechtsschutz

Da das raumordnungsrechtliche Instrumentarium im Wesentlichen aus Planfestlegungen in Form von Verordnungen besteht, kommt dem Verordnungsprüfungsverfahren beim VfGH (Art 139 B-VG) die größte Bedeutung zu. Die Verordnungsprüfung ist für den Rechtsunterworfenen auf drei Wegen denkbar: sie erfolgt als **inzidente Normenkontrolle (Z 2)**, aufgrund eines **Individualantrags (Z 3)** oder im Wege eines **Parteiantrags auf Normenkontrolle** (vgl Art 139 Abs 1 Z 4 B-VG seit BGBl I 114/2013):

- Die inzidente Prüfung zB eines FWP erfolgt durch ein im Rahmen eines **Erkenntnisbeschwerdeverfahrens** nach Art 144 B-VG amtswegig eingeleitetes Verordnungsprüfungsverfahren. Beispiel: Bekämpfung eines Erkenntnisses eines LVwG, das einen abweisenden Baubewilligungsbescheid bestätigt, der sich auf einen rechtswidrigen FWP stützt.
- Die Verordnungsprüfung kann aber auch aufgrund eines **Individualantrags** erfolgen. Dieser ist nur unter bestimmten Voraussetzungen zulässig (subjektive und aktuelle Betroffenheit, Unzumutbarkeit eines anderen Weges). Der VfGH geht in stRsp davon aus, dass die Zumutbarkeit je nach Art der Erlangung eines Bescheides zu beurteilen ist. Wenn ein förmliches **Baubewilligungsverfahren** wie zB in Tir eingeleitet werden müsste, das mit erheblichen Kosten und großem Aufwand (Planerstellung etc) verbunden ist, ist die Umwegszumutbarkeit nicht gegeben und daher ein Individualantrag zulässig. Wenn aber dem Baubewilligungsverfahren ein vereinfachtes Verfahren vorgeschaltet ist bzw vorgeschaltet werden kann, wie zB in Sbg das **Bauplatzerklärungsverfahren**, so ist ein Bauplatzerklärungsbescheid zu erwirken, und nach Erschöpfung des innergemeindlichen Instanzenzuges – soweit ein solcher vorhanden ist – das LVwG anzurufen. Dessen Erkenntnis kann danach infolge einer Beschwerde nach Art 144 B-VG an den VfGH zu einem amtswegigen Verordnungsprüfungsverfahren führen, wenn der VfGH im Erkenntnisbeschwerdeverfahren Zweifel an der Rechtmäßigkeit der Verordnung hegt oder derart vorgebrachte Zweifel teilt. Der Individualantrag ist in diesem Fall unzulässig. Freilich ist aber auch in diesem Zusammenhang festzuhalten, dass im Hinblick auf die Zumutbarkeit der Kosten und des Aufwandes für ein Bauplatzerklärungsverfahren dies nur insoweit Gültigkeit haben kann, als die Aufwendungen deutlich geringer und damit zumutbar im Vergleich zu einem Baubewilligungsverfahren sind. Das Vorhandensein eines zweistufigen Verfahrens allein genügt nicht.
- Mit der B-VGNov BGBl I 114/2013 wurde der Individualrechtsschutz im verfassungsgerichtlichen Normenkontrollverfahren ausgebaut. Der Par-

teiantrag auf Normenkontrolle (sog Gesetzesbeschwerde) kann von einer durch ein ordentliches Gericht in erster Instanz entschiedenen Rechtssache beschwerten Verfahrenspartei gestellt werden, wenn sie behauptet, wegen der Anwendung einer gesetzeswidrigen Verordnung iSv Art 139 B-VG in ihren subjetiven Rechten* verletzt zu sein. Der Parteiantrag muss aus Anlass eines Rechtsmittels gegen diese Entscheidung des ordentlichen Gerichts an den VfGH gestellt werden.

Dass mittelbar Rechtsschutz durch die übrigen Möglichkeiten der Verordnungsprüfung im Art 139 B-VG, wie zB durch Gerichtsantrag, gegeben ist, sei angemerkt.

Die Auswirkung einer Aufhebung eines FWP durch den VfGH ist umstritten. Es geht dabei va um die Frage, ob der alte FWP wieder in Kraft tritt oder nicht. Bei letzterem wird von der **„Theorie vom weißen Fleck“** gesprochen. Darunter versteht man, dass im Falle einer Aufhebung der Widmung* durch den VfGH die entsprechenden Grundflächen keinerlei beschränkende Widmung aufweisen und daher völlig frei verfügbar sind. Die hL und überwiegend auch die Rsp vertreten den Standpunkt, dass Vorschriften, denen durch die aufgehobene Verordnung derogiert wurde, nicht wieder in Kraft treten [vgl zB *Wessely*, Örtliche Raumplanung als Instrument des Umweltschutzes, in N. Raschauer/Wessely (Hrsg), Handbuch Umweltrecht[2] (2010) 609; *Aichlreiter*, ecolex 1995, 65, und *Hauer*, ecolex 1995, 58 und die dort zit Rsp, VfSlg 16.113/2001; aM *Heinz Mayer*, Über die derogatorische Kraft von Flächenwidmungsplänen, ecolex 1994, 354]. Sbg hat Sonderbestimmungen für die Aufhebung des FWP oder des Bebauungsplanes geschaffen (§ 22 Sbg), damit eine (auch nur tw) Aufhebung und eine damit verbundene freie Verfügbarkeit einer Grundfläche nicht unbeabsichtigte Folgen nach sich ziehen kann. Danach werden die betroffenen Grundflächen ab Wirksamwerden der Aufhebung bis zur Neuregelung grob gesprochen mit einer Art gesetzlichen Bausperre belegt.

Dietmar Jahnel

Baurecht

Rechtsgrundlagen

Kompetenzgrundlagen

Art 15 Abs 1 B-VG (Generalklausel für die Länderkompetenz); Art 15 Abs 9 B-VG (Straf- und Zivilrechtskompetenz der Länder); Art 118 Abs 3 Z 9 B-VG („örtliche Baupolizei").

Verfassungsrechtliche Bezüge

Art 5 StGG iVm Art 1 1. ZPEMRK (Eigentumsschutz); Art 6 EMRK (Verfahrensgarantien); BVG über die Unterbringung und Aufteilung von hilfs- und schutzbedürftigen Fremden, BGBl I 120/2015.

Europarechtliche Bezüge

VO (EU) 305/2011 des Europäischen Parlaments und des Rates zur Festlegung harmonisierter Bedingungen für die Vermarktung von Bauprodukten, ABl L 2011/88, 5 idF ABl L 2014/159, 41; RL 2010/31/EU des Europäischen Parlaments und des Rates über die Gesamtenergieeffizienz von Gebäuden, ABl L 2010/153, 13 idF ABl L 2010/155, 61.

Gesetze und sonstige Rechtsgrundlagen

Bund: BVG über die Unterbringung und Aufteilung von hilfs- und schutzbedürftigen Fremden, BGBl I 120/2015; BauproduktenotifizierungsG 2013, BGBl I 113/2013; Energieausweis-Vorlage-Gesetz 2012, BGBl I 27/2012.

Bauordnungen: bgld BauG, LGBl 10/1998 idF 79/2013; krnt BauO 1996, LGBl 62/1996 idF LGBl 19/2016; krnt Bauvorschriften, LGBl 56/1985 idF 31/2015; nö BauO 2014, LGBl 1/2015 idF 37/2016; oö BauO 1994, LGBl 66/1994 idF 90/2013, oö BauTG 2013, LGBl 35/2013 idF 38/2016; sbg BGG, LGBl 69/1968 idF 1/2016; sbg BauPolG 1997, LGBl 40/1997 idF 1/2016; sbg BauTG, LGBl 1/2016; stmk BauG, LGBl 59/1995 idF 75/2015; tir BauO 2011, LGBl 57/2011 idF 103/2015; vlbg BauG, LGBl 52/2001 idF 54/2015; wr BauO, LGBl 30/1930 idF 27/2016 (alle unter Berücksichtigung von § 82 Abs 7 AVG).

Unterbringung von Flüchtlingen: oö Unterbringungs-SicherstellungsgG, LGBl 88/2015 idF 37/2016; sbg FlüchtlingsunterkünfteG, LGBl 58/2015.

Aufzugsgesetze: krnt AufzugsG, LGBl 43/2000 idF 3/2014; nö Aufzugsordnung, LGBl 8220-1; oö AufzugsG 1998, LGBl 90/2001 idF 91/2009; sbg HebeanlagenG, LGBl 1/2016; stmk HebeanlagenG 2015, LGBl 15/2016; tir Aufzugs- und HebeanlagenG 2012, LGBl 153/2012; wr AufzugsG 2006, LGBl 68/2006 idF 17/2016.

Garagengesetze: wr GaragenG 2008, LGBl 34/2009 idF 26/2014.

Kanalisationsgesetze: bgld KanalanschlußG, LGBl 27/1990 idF 80/2013; krnt GemeindekanalisationsG 1999, LGBl 62/1999 idF 85/2013; nö KanalG, LGBl 8230-0 idF 100/2015; oö AbwasserentsorgungsG 2001, LGBl 27/2001 idF 94/2015; stmk KanalG, LGBl 79/1988 idF 87/2013; tir KanalisationsG 2000, LGBl 1/2001 idF 130/2013; vlbg KanalisationsG, LGBl 5/1989 idF 44/2013; wr Kanalanlagen und EinmündungsgebührenG, LGBl 22/1955 idF 60/2013.

Altstadterhaltungs- und Ortsbildschutzgesetze: krnt OrtsbildpflegeG, LGBl 32/1990 idF 31/2015; sbg AltstadterhaltungsG, LGBl 50/1980 idF 106/2013, sbg OrtsbildschutzG 1999, LGBl 74/1999 idF 107/2013; stmk OrtsbildG, LGBl 54/1977 idF 87/2013, Grazer AltstadterhaltungsG 2008, LGBl 96/2008 idF 28/2015; tir Stadt- und OrtsbildschutzG 2003, LGBl 89/2003 idF 130/2013.

Anliegerleistungsgesetze: oö InteressentenbeiträgeG, LGBl 28/1958 idF 57/1973; sbg AnliegerleistungsG, LGBl 77/1976 idF 78/2015, sbg InteressentenbeiträgeG 2015, LGBl 78/2015.

Bauproduktegesetze: bgld Bauprodukte- und AkkreditierungsG, LGBl 32/2007 idF 97/2013; krnt BauprodukteG, LGBl 46/2013 idF 85/2013; nö Bauprodukte- und MarktüberwachungsG 2013, LGBl 8204-0; sbg BauprodukteG, LGBl 75/2014 idF 60/2015; stmk Bauprodukte- und MarktüberwachungsG 2013, LGBl 83/2013, stmk AkkreditierungsG, LGBl 62/1995 idF 87/2013; tir BauprodukteG 2016, LGBl 41/2016; vlbg BauprodukteG, LGBl 3/2014; wr BauprodukteG 2013, LGBl 23/2014.

Sonstige Gesetze: zB krnt GrundstücksteilungsG, LGBl 3/1985 idF 85/2013; nö KleingartenG, LGBl 8210-7 idF 68/2015; oö FeuerpolizeiG, LGBl 113/1994 idF 94/2014; wr KleingartenG 1996, LGBl 57/1996 idF 25/2014, wr BaulärmG, LGBl 16/1973 idF 78/2001.

Vereinbarungen nach Art 15a B-VG: zB Vereinbarung zwischen dem Bund und den Ländern über zivilrechtliche Bestimmungen betreffend den Verkehr mit Baugrundstücken (zB sbg LGBl 79/1993 idF 51/2009); Vereinbarung zwischen dem Bund und den Ländern über Maßnahmen im Gebäudesektor zum Zweck der Reduktion des Ausstoßes an Treibhausgasen, BGBl II 251/2009.

Verordnungen: zB bgld BauV 2008, LGBl 63/2008 idF 27/2015; nö BTV 2014, LGBl 4/2015 idF 25/2016; oö BauTV 2013, LGBl 36/2013 idF 153/2015; tir Technische Bauvorschriften 2016, LGBl 33/2016; vlbg BauTV, LGBl 84/2012 idF 29/2015; wr BauplanV, LGBl 1/1993, wr GehsteigV, LGBl 14/1981 idF 54/2009, wr SpielplatzV, LGBl 46/1991 idF 35/2009; zahlreiche DelegierungsV.

Literaturauswahl

Monografien – Kommentare

Eisenberger/Hödl, Einführung in das Steiermärkische Bau- und Raumplanungsrecht[3] (2014); *Germann/Bertsch*, Das Vorarlberger Baugesetz[2] (2008); *Geuder/Fuchs*, Sammlung des Wiener Baurechts (Loseblattausgabe); *Giese*, Salzburger Baurecht (2006); *Hauer*, Der Nachbar im Baurecht[6] (2008); *Kienastberger/Stellner-Bichler*, NÖ Baurecht (2015); *Kirchmayer*, Wiener Baurecht[4] (2014); *Kirchmayer/Popp/Kolbitsch*, Dachgeschoßausbau in Wien

(2011); *Koizar/Riegler*, NÖ BauO – NÖ Bauordnung. NÖ Raumordnungsgesetz[3] (2014); *Mikulits/Vogler*, Handbuch Bautechnikverordnungen 2014 (2014); *Moritz*, BauO Wien[4] (2009); *Nerath/Domian*, Baurechtliche Normen in der Steiermark (Loseblattausgabe); *Neuhofer*, Oberösterreichisches Baurecht[7] (2014); *Pallitsch W./Pallitsch P.*, Burgenländisches Baurecht[2] (2006); *Pallitsch W./Pallitsch P./Kleewein*, Niederösterreichisches Baurecht[9] (2015); *Pallitsch W./Pallitsch P./Kleewein*, Kärntner Baurecht[5] (2014); *Pauer/Donner/Wedenig*, Abweichungen von Bebauungsvorschriften (2012); *Sonnenberg*, Das Verwaltungsstrafverfahren nach der Bauordnung für Wien (2003); *Trippl/Schwarzbeck/Freiberger*, Steiermärkisches Baurecht[5] (2013); *Weber/Rath-Kathrein*, TBO – Tiroler Bauordnung (2014).

Beiträge

Eisenberger/Brenneis/Bayer, Neue Verfahrensabläufe im Baurecht, bbl 2014, 135, 183, 235; *Doleschal*, Die Verfahrensänderungen im Bereich des Baurechts aufgrund der Verwaltungsgerichtsbarkeits-Novelle, RFG 2013/24, 110; *Giese*, Die baurechtliche Benützungserlaubnis, bbl 2009, 1; *Giese*, Verfassungsrechtliche Fragen zur steiermärkischen Baugesetznovelle 2003, bbl 2004, 89; *Giese*, Verfassungsrechtliche Grenzen für das Bauanzeigeverfahren nach dem Sbg BauPolG 1997, ZfV 2004/2, 8; *Hausleithner*, Baurechtliche Vorverfahren der Bauplatzschaffung im Bundesländervergleich, bbl 2004, 169; *Jahnel*, Handymasten im Baurecht – neueste Entwicklungen, bbl 2009, 89; *Kirchmayer*, Die Bauordnungsnovelle 2014 und weitere Neuerungen im Wiener Baurecht, bbl 2015, 1; *Kreuzmair*, Die neue Rechtslage im Tiroler Baurecht aufgrund der TBO-Novelle 2011, bbl 2012, 59; *Lindermuth*, Baurecht, in Poier/Wieser (Hrsg), Steiermärkisches Landesrecht III. Besonderes Verwaltungsrecht (2010) 255; *Mayer Heinz*, Baurechtskompetenz und Luftfahrtwesen, bbl 1998, 3; *Maier G.*, Baupolizeiliche Maßnahmen im Bundesländervergleich (Teil 1 + 2), bbl 2004, 182, 213; *Pabel*, Die Kundmachung der Bauverhandlung. Welche Personen müssen in welcher Form verständigt werden?, RFG 2009/8, 34; *Pabel*, Die Zulässigkeit von Bauvorhaben im Grünland, RFG 2013/28, 132; *Strejcek*, Baurecht, in Hammer ua (Hrsg), Besonderes Verwaltungsrecht (2012) 560; *Weber T.*, Heranrückende Wohnbebauung zu Ende gedacht, ZfV 2011/898, 572; *Tolar*, Baurecht, in Pürgy (Hrsg), Das Recht der Länder II/2 (2012) 765.

Rechtsprechung

VfSlg 8279/1978 und 10.844/1986 (eingeschränkte Parteistellung verfassungskonform); VfSlg 12.468/1990 und 13.210/1992 (heranrückende Wohnbebauung); VfSlg 14.681/1996 (Gleichheitswidrigkeit einer nachträglichen Erteilung der Baubewilligung für Schwarzbauten im Freiland); VfSlg 15.581/1999 (Verfassungswidrigkeit der Einschränkung der Nachbarrechte auf Geltendmachung von Abstandsvorschriften in § 25 Abs 1 tir BauO); VfSlg 16.040/2000 (Gleichheitswidrigkeit des engen Nachbarbegriffs des § 25 Abs 1 tir BauO); VfSlg 16.049/2000 (Verfassungswidrigkeit des § 70a wr BauO – vereinfachtes Bewilligungsverfahren); VfSlg 16.455/2002 (Gleichheitswidrigkeit der unentgeltlichen Grundabtretung nach der wr BauO); VfSlg 16.982/2003 (Gleichheitswidrigkeit des sbg Anzeigeverfahrens); VfSlg 16.981/2003 (Aufhebung des engen Nachbarbegriffs in § 21 bgld BauG); VfSlg 17.593/2005 (Aufhebung des engen Nachbarbegriffs in § 31 Abs 1 Z 1 oö BauO); VfSlg 18.234/2007 (Gleichheitswidrigkeit der Regelung über die Erlangung der Parteistellung übergangener Nachbarn in § 134 Abs 4 wr BauO); VfSlg 19.587/2011 (Die Entscheidung über die Erteilung einer Baubewilligung betrifft ein civil right).

VwSlg 7266 A/1968 (Rechte des übergangenen Nachbarn); VwSlg 13.701 A/1992 (Begriff „Bau"); VwSlg 13.880 A/1993 (heranrückende Wohnbebauung).

OGH 28.11.2006, 1 Ob 178/06t (Amtshaftung bei schuldhafter Unterlassung der Aufklärung über Hochwassergefährdung im Baubewilligungsverfahren).

I. Regelungsgegenstand und -ziele

Baurecht iwS umfasst alle Rechtsvorschriften, die die Errichtung von Bauwerken regeln. Dabei ist zwischen Vorschriften zu unterscheiden, die privatrechtliche Fragen, wie Eigentumsverhältnisse, Vertragsbeziehungen etc zum Gegenstand haben („**privates Baurecht**") und solchen, die öffentliche Interessen wie Sicherheit, Gesundheit, Umweltschutz etc verfolgen („**öffentliches Baurecht**"). Die aus dem Grundrecht auf Unverletzlichkeit des Eigentums resultierende **Baufreiheit** eines Grundeigentümers ist aufgrund zahlreicher öffentlich-rechtlicher Vorschriften starken Beschränkungen unterworfen, sodass Bauvorhaben vielfach bewilligungspflichtig sind. In den Neunzigerjahren brachten die Novellierungen des Baurechts einiger Länder eine gewisse Liberalisierung und Deregulierung.

Den traditionellen Kernbereich des hier dargestellten **öffentlichen Baurechts** bilden **Regelungen, die die Sicherheit und einwandfreie Beschaffenheit von Bauten** in technischer, sanitärer und hygienischer Hinsicht gewährleisten sollen. Dazu kommen Regelungen, die die Erfordernisse der Raumordnung berücksichtigen und historisch gewachsene Ortsbilder und Altstadtbereiche schützen. In der jüngeren Entwicklung treten auch Gedanken des Umweltschutzes hinzu, wie die Beschränkung des Energieverbrauchs durch Verwendung von bestimmten Baustoffen sowie Vorschriften über behindertengerechtes Bauen („Barrierefreiheit").

Beim öffentlichen Baurecht können im Wesentlichen drei Gruppen von Normen unterschieden werden:

- allgemeine Bebauungsregelungen,
- baupolizeiliche Normen und
- bautechnische Normen.

In einigen Bundesländern finden sich alle drei Normengruppen in ein und derselben Kodifikation, tw besteht ein eigenes BautechnikG (OÖ) bzw „Bauvorschriften" in Gesetzesrang (Krnt), in Sbg sind die baurechtlichen Normen auf ein BebauungsgrundlagenG, ein BaupolizeiG und ein BautechnikG aufgeteilt. Daneben existieren zahlreiche Nebengesetze und Verordnungen. Wenn in diesem Beitrag von „**Bauordnung**" gesprochen wird, so ist damit immer die **Gesamtheit der baurechtlichen Normen der Bundesländer** gemeint, unabhängig davon, ob nun im einzelnen Bundesland ein „Bauordnung" genanntes Gesetz existiert, ob der Gesetzestitel etwa „Baugesetz" lautet (Bgld, Stmk, Vlbg) oder ob drei baurechtliche Hauptgesetze bestehen wie in Sbg.

In den Neunzigerjahren kam es in fast allen Bundesländern zu einer Reform des Baurechts, mit den Zielen einer Deregulierung, Liberalisierung und Verfahrensvereinfachung. Eine Änderung der verfahrensrechtlichen Bestimmungen des Baurechts brachte die **AVG-Novelle 1998**, BGBl I 158/1998 wegen der **Derogationsregel** des § 82 Abs 7 AVG, durch die va die Regelungen über die mündliche Bauverhandlung, Parteistellung und übergangene Parteien betroffen waren. Inzwischen haben die meisten Landesgesetzgeber entweder ein neues BauG erlassen (Vlbg), die BauO wiederverlautbart (Tir) oder Sondervorschriften über die mündliche Verhandlung und die Parteistellung nach dem 30. Juni 1998 neu kundgemacht (zB Stmk, Wien). Alle diese Kundmachungen sind nach dem 30. Juni 1998 erfolgt und damit nach § 82 Abs 7 AVG letzter Satz von der Derogationswirkung ausgenommen.

II. Verfassungsrechtliche Bezüge

1. Kompetenzrechtliche Bestimmungen

a) Verhältnis Bund – Länder

Im B-VG ist kein allgemeiner Kompetenztatbestand „Baurecht" angeführt, baurechtliche Maßnahmen sind daher **Landessache in Gesetzgebung und Vollziehung** (Art 15 Abs 1 B-VG; zur Vollzugszuständigkeit der Gemeinde s II.1.b). Eine ausdrückliche Ausnahme bildet die Verfassungsbestimmung des § 38 Abs 2 AWG 2002, wonach für die Errichtung oder Änderung bestimmter Abfallbehandlungsanlagen eine baubehördliche Bewilligung entfällt, die bautechnischen Bestimmungen der Bauordnungen jedoch anzuwenden sind.

Nach der (älteren, grundsätzlich überholten, für das Baurecht mangels jüngerer Judikatur aber noch immer aufrechten) Rsp des VfGH (**Wesenstheorie**) ist von bestimmten Bundeskompetenzen auch das Baugeschehen mit umfasst: Dazu gehören va das Verkehrswesen bezüglich der Eisenbahnen, der Schifffahrt und der Luftfahrt, Bundesstraßen (Art 10 Abs 1 Z 9 B-VG), Bergwesen, Forstwesen, Wasserrecht (Z 10) und militärische Angelegenheiten (Z 15). In diesen Fällen besteht kein Raum für eine Baurechtskompetenz der Länder. Einzelne jüngere Erk des VfGH (VfSlg 13.234/1992 zum Wasserrecht) und VwGH kommen unter Heranziehung des **Versteinerungsprinzips*** zum selben Ergebnis.

„Altstadterhaltung" und „Ortsbildschutz" hingegen fallen nach der Rsp in die Baurechtskompetenz der Länder (zur Abgrenzung vgl → *Denkmalschutzrecht*).

Daneben geht der VfGH, gestützt auf die **Gesichtspunktetheorie***, von einem möglichen Nebeneinander von bundes- und landesrechtlichen Vorschriften betreffend die bauliche Gestaltung von Gebäuden aus (zB Baurecht und → *Gewerberecht* bei gewerblichen Betriebsanlagen oder Baurecht und

Fernmelderecht, sofern ein baurechtlicher Gesichtspunkt, wie etwa Ortsbildschutz, besteht). Hinsichtlich der Notwendigkeit allfälliger weiterer Bewilligungen gilt damit das Kumulationsprinzip*. Sonderregelungen bestehen für Verfahren, für die eine UVP (→ *Umweltverträglichkeitsprüfung*) erforderlich ist.

Durch Inanspruchnahme der **Annexkompetenz des Art 15 Abs 9 B-VG** können die Länder die zur Regelung der Errichtung von Baulichkeiten erforderlichen zivil- und strafrechtlichen Bestimmungen erlassen. Diese müssen allerdings mit der Hauptmaterie in einer derart engen Verbindung stehen, dass ohne sie das Land die ihm in der Hauptmaterie eingeräumte Zuständigkeit nicht erfüllen könnte. So enthalten einige BauO etwa grundbuchsrechtliche Bestimmungen.

Im Entwurf einer Nov zum sbg AltstadterhaltungsG war die Einräumung von Vorkaufs- und Vorbestandsrechten vorgesehen. Diesbezüglich hat der VfGH in einem Kompetenzfeststellungserkenntnis ausgesprochen, dass die Erlassung dieses Gesetzes (wegen der Kombination von baurechtlichen und zivilrechtlichen Regelungen) weder in die Zuständigkeit des Bundes noch der Länder fällt. Das sbg AltstadterhaltungsG enthält keine Regelungen, die eine zivilrechtliche Frage aufwerfen würden, zu deren Lösung die im vorgelegten Gesetzesentwurf enthaltenen zivilrechtlichen Bestimmungen in irgendeiner Form beitragen könnten (VfSlg 13.322/1992).

b) Zuständigkeit der Gemeinde

Nach Art 118 Abs 3 Z 9 B-VG fällt die Vollziehung der Angelegenheiten der **örtlichen Baupolizei** in den **eWb* der Gemeinden**. Damit ist in Angelegenheiten der örtlichen Baupolizei idR der **Bgm Baubehörde I. Instanz** (zu Instanzenzug und Rechtsschutz s IX.1). Nach der Rsp des VfGH sind auch Regelungen, die wesensmäßig mit dem der örtlichen Baupolizei und der örtlichen Raumplanung zuzuordnenden Inhalt zusammenhängen, unter Berücksichtigung des Maßstabes der Generalklausel des Art 118 Abs 2 erster Satz B-VG dem eWb der Gemeinde zuzuordnen (VfSlg 5823/1968 – Schaffung von Kleingartenflächen; VfSlg 11.726/1988 – HeizverbotsV).

Welche Angelegenheiten des Baurechts im eWb der Gemeinde zu vollziehen sind, wird in den einzelnen BauO festgelegt. Die Gemeinden haben aufgrund von Art 118 Abs 7 B-VG die Möglichkeit, einen Antrag auf Erlassung einer **DelegierungsV** (in einigen Ländern als „BauübertragungsV“ bezeichnet) der LReg bzw des LH **an eine staatliche Behörde** (zB BVB) zu stellen. In Bgld, NÖ, Sbg, Stmk und Tir haben zahlreiche Gemeinden diese Möglichkeit in Anspruch genommen, häufig in den Fällen, in denen außer der baupolizeilichen Bewilligung eine Betriebsanlagengenehmigung nach der GewO (→ *Gewerberecht*) erforderlich ist. Im Einzelfall lässt sich also immer erst unter Berücksichtigung einer allfälligen DelegierungsV feststellen, welche Behörde zur Vollziehung bestimmter Angelegenheiten des Baurechts konkret zuständig ist.

Nicht in den eWb fallen nach der Rsp des VfGH jedenfalls **Verwaltungsstrafsachen, das Vollstreckungsverfahren und Enteignungen**.

Rechtspolitisch ist anzumerken, dass mit der Einrichtung der Zuständigkeit der Gemeinde in Bauangelegenheiten einerseits die Bürgernähe der Behörde gewährleistet wird. Andererseits birgt aber gerade diese Nähe insb in kleineren Gemeinden Gefahren in sich, weil der Bgm als Baubehörde stark in lokale Interessenlagen eingebunden ist, was seine Tätigkeit als Verwaltungsbehörde I. Instanz beeinträchtigen kann. Dazu kommt noch das Problem, dass nicht überall zur Vollziehung der komplizierten und immer zahlreicher werdenden Bauvorschriften die entsprechenden Fachleute zur Verfügung stehen.

c) Flüchtlingsunterkünfte; „Durchgriffsrecht" des Bundes

Als Reaktion auf die **Flüchtlingskrise** im Jahr 2015 wurde mit dem BVG über die Unterbringung und Aufteilung von hilfs- und schutzbedürftigen Fremden eine punktuelle **Durchbrechung der bundesstaatlichen Kompetenzverteilung** (va der Baurechtskompetenz der Länder) in Form eines sog „Durchgriffsrechts" des Bundes vorgesehen. Der BMI wird dadurch ermächtigt, die Nutzung und den Umbau von Bauwerken oder das Aufstellen beweglicher Wohneinheiten auf Grundstücken, die im Eigentum des Bundes oder diesem zur Verfügung stehen für die Unterbringung va von Asylwerbern **ohne vorheriges Verfahren** bescheidmäßig vorläufig anzuordnen, soweit diesem Vorhaben nicht überwiegende Interessen der Sicherheit, der Gesundheit oder des Umweltschutzes entgegenstehen. Weitere Voraussetzung für die Bescheiderlassung ist die Nichterfüllung der Landesquote sowie des Bezirks- und Gemeinderichtwerts. Dieses BVG gilt befristet bis 31. Dezember 2018.

Korrespondierend dazu haben mehrere Bundesländer zur Erleichterung für die Nutzung von bestehenden Bauten als Flüchtlingsunterkünfte **raumordnungsrechtliche und baurechtliche Erleichterungen** in den jeweiligen Bauordnungen (NÖ, Stmk, Vlbg und Wien) oder in einem eigenen FlüchtlingsunterkünfteG (Sbg) bzw Unterbringungs-Sicherstellungsgesetz (OÖ) tw befristet eingeführt.

2. Grundrechtliche Bestimmungen

Durch die baurechtlichen Bestimmungen wird das Grundrecht auf **Unverletzlichkeit des Eigentums** in mehrfacher Weise berührt. Zunächst besteht zwischen der grundsätzlich aus der Eigentumsfreiheit erwachsenden Baufreiheit und der baurechtlichen Bewilligungspflicht ein Spannungsverhältnis. Die Auswirkungen des Baurechts auf das Grundeigentum werden aber nicht als Enteignung, sondern als bloße Eigentumsbeschränkung angesehen, die aus

Gründen des öffentlichen Wohles zulässig ist (näheres dazu → *Raumordnungsrecht*). Die Zwecke des Baurechts, die diesen Eingriff rechtfertigen, sind va der Schutz der Allgemeinheit vor Gefahren (Feuer, Einsturz, Hygiene) und soziale Zwecke wie etwa eine möglichst optimale Befriedigung des Wohnbedürfnisses.

In einzelnen BauO ist für Bauten und Anlagen, die öffentlichen Zwecken dienen, die Möglichkeit einer **Enteignung** von Grundstücken vorgesehen. Die Enteignung darf dabei nur gegen Entschädigung durchgeführt werden und muss sich auf den jeweils geringsten noch zum Ziel führenden Eingriff in fremde Rechte beschränken. Daneben ist in den BauO mehrfach eine **unentgeltliche Grundabtretung für öffentliche Verkehrsflächen** über eine Breite von bis zu 6 (§ 8 Abs 2 Bgld, § 14 Abs 1 Stmk), 7 bzw 14 (§ 12 Abs 4 NÖ), 8 (§ 17 Abs 1 OÖ) bzw 20m (§ 17 Wien) vorgesehen. In Sbg ist nach § 15 Abs 2 BGG für eine auch im Interesse des Verpflichteten gelegene Abtretung von Grundflächen für eine Breite der Verkehrsfläche von 7,5m keine Entschädigung zu leisten. Die Abtretungsregeln müssen nach der Rsp des VfGH Vorsorge dafür treffen, dass die Verpflichtung zur unentgeltlichen Grundabtretung auf ein angemessenes Verhältnisses der abzutretenden Fläche begrenzt wird (VfSlg 16.455/2002). Weitere Regelungen betreffend Enteignungen für öffentliche Verkehrsflächen findet man in den StraßenG (→ *Straßenrecht*).

Zur Schaffung von geeigneten Bauplätzen in der Hand eines Eigentümers dürfen verschiedentlich auch Nachbargrundstücke („**Ergänzungsflächen**“) enteignet werden. In einigen Ländern kann die Behörde auf Antrag Grenzänderungen verfügen, wenn durch eine unzweckmäßige Form oder durch mangelnde Erschließungsmöglichkeiten die Bebauung aneinander grenzender Grundstücke verhindert oder erschwert wird. Daneben sind auch die Anbringung öffentlicher Einrichtungen wie etwa Beleuchtungskörper, Hinweistafeln oder Orientierungsnummern und die vorübergehende Benützung von Nachbargrundstücken anlässlich einer Bauführung oder Instandsetzung zu dulden.

In der Rsp des VfGH zum Baurecht wurden wiederholt Bestimmungen über vereinfachte Verfahren und Parteirechte am **Gleichheitssatz** (Art 7 B-VG, Art 2 StGG) und am **Rechtsstaatsgebot** gemessen. Dabei wurde dem rechtspolitischen Spielraum des Landesgesetzgebers bei Deregulierung und Verfahrensbeschleunigung deutliche Grenzen gesetzt: Zunächst muss die Abgrenzung der bewilligungspflichtigen von den anzeigepflichtigen Vorhaben nach sachlichen Kriterien erfolgen. Außerdem ist den Nachbarn in vereinfachten Verfahren zumindest hinsichtlich der Frage, welches Verfahren auf die betreffende Angelegenheit anzuwenden ist, ein beschränktes Mitspracherecht einzuräumen (VfSlg 16.982/2003 zum [früheren] sbg Anzeigeverfahren). Schließlich kann die konkrete Ausgestaltung des vereinfachten Verfahrens verfassungswidrig sein (VfSlg 16.215/2001 zu § 70a wr BauO). Daneben muss auch die Einräumung und Ausgestaltung der Parteistellung von Nachbarn nach sachlichen Kriterien erfolgen: Dabei kann einerseits der generelle Ausschluss von Personen in räumlicher Nähe zum Bauvorhaben von der Parteistellung sachwidrig sein (VfSlg 16.981/2003 zum bgld BauG und VfSlg 17.593/2005 zur oö BauO), anderseits ist auch eine radikale Einschränkung der Nachbarrechte verfassungswidrig (VfSlg 15.581/1999 zur tir BauO). Weiters darf bei der Regelung der Erlangung der Parteistellung übergangener Nachbarn durch Geltendmachung von Einwendungen nicht an einen untauglichen Zeitpunkt, wie der Anzeige des Baubeginns, angeknüpft werden (VfSlg 18.234/2007 zu § 134 Abs 4 wr BauO).

Schließlich werden durch das Baurecht auch die **Verfahrensgarantien des Art 6 EMRK** berührt. Nach der jüngeren Judikatur des VfGH betrifft die Entscheidung über den Antrag auf Erteilung einer Baubewilligung einen zivilrechtlichen Anspruch, also ein **„civil right"**, weshalb die Verfahrensgarantien des Art 6 EMRK grundsätzlich einzuhalten sind (VfSlg 19.587/2011 mit Verweis auf EGMR 25.11.1994, 12884/87 [Ortenberg gg Österreich]). Klargestellt war bereits seit längerem, dass eine Entscheidung über Ansprüche auf Enteignungsentschädigung „civil rights" betrifft (VfSlg 16.692/2002, 11.762/1988).

III. Europarechtliche Bezüge

Neben zahlreichen RL für die Vergabe öffentlicher Bauaufträge (→ *Vergaberecht*) bestehen europarechtliche Vorschriften für das Baurecht va hinsichtlich der **Bauprodukte**. Die in allen Mitgliedstaaten unmittelbar anwendbare BauprodukteVO definiert sieben Grundanforderungen an Bauwerke. Die **wesentlichen Merkmale**, damit Bauprodukte diesen Anforderungen genügen, werden in den europäischen technischen Spezifikationen festgelegt. Dazu zählen die harmonisierten Europäischen Normen und die Europäischen Bewertungsdokumente (EAD) sowie die Europäische technische Zulassung (ETA). Als Grundlage für die CE-Kennzeichnung von Bauprodukten ist vom Hersteller ua eine **Leistungserklärung** zu verfassen. Verschiedene Systeme zur Bewertung und Überprüfung der Leistungsbeständigkeit (wie zB eine werkseigene Produktionskontrolle oder eine Stichprobenprüfung vor dem Inverkehrbringen des Produktes) dienen dazu, die Konformität mit der erklärten Leistung sicherzustellen. Begleitende Regelungen zur BauprodukteVO sind im BauproduktenotifizierungG des Bundes und in den BauprodukteG der Länder erlassen worden.

Die Umsetzung der RL über die Gesamtenergieeffizienz von Gebäuden, die die Erstellung und Vorlage eines **„Energieausweises"** bei Neubauten und größeren Renovierungen mit dem Ziel der Energieeinsparung vorsieht, ist im Energieausweis-Vorlage-G des Bundes und in den Bauordnungen bzw baurechtlichen Nebengesetzen der Länder erfolgt.

IV. Bauplatz

Die Frage, wo gebaut werden darf, wird durch verschiedene Rechtsakte geregelt, die in Form einer „**Planhierarchie**" aufeinander aufbauen. Die Gemeinden haben im Rahmen der örtlichen Raumplanung durch Verordnung FWP und Bebauungspläne zu erlassen. Der FWP gliedert das Gemeindegebiet in verschiedene Widmungsarten, durch den Bebauungsplan erfolgt die nähere Konkretisierung der Bebaubarkeit des festgelegten Baulandes (→ *Raumordnungsrecht*).

1. Begriff des Bauplatzes

Ob ein Grundstück im Bauland als Bauplatz geeignet ist, wird von der Baubehörde in einigen Bundesländern in einem eigenen Verfahren (**Bauplatzerklärungsverfahren**: OÖ, NÖ, Sbg), in Form einer „Bekanntgabe der Bebauungsbestimmungen" durch Bescheid (Wien), einer fakultativen „Festlegung der Bebauungsgrundlagen" (Stmk, ähnlich Vlbg) ebenfalls durch Bescheid, in einem Vorprüfungsverfahren (Krnt), oder sonst im Rahmen des Baubewilligungsverfahrens festgestellt. In NÖ besteht die Besonderheit, dass bei der Errichtung eines Gebäudes auf einem Grundstück, welches noch nicht zum Bauplatz erklärt worden ist, die Erklärung zum Bauplatz im Baubewilligungsbescheid zu erfolgen hat (§ 23 Abs 3). In OÖ und Sbg kann die Bauplatzbewilligung gleichzeitig mit der Baubewilligung erteilt werden. In OÖ gelten Grundstücke, deren Grenzen sich mit den Bauplatzgrenzen des Bebauungsplanes decken, nach Entrichtung der Anliegerleistungen und Sicherstellung der Verbindung zum öffentlichen Straßennetz ohne Bewilligung als Bauplätze (§ 3 Abs 3). In der Stmk ist eine Auskunft über die rechtlichen Grundlagen der Bebaubarkeit eines Grundstücks vorgesehen, aus der allerdings keine Rechte oder Pflichten erwachsen (§ 17, ähnlich § 14 Bgld).

Unter Bauplatz wird damit eine **Grundfläche** verstanden, der von der Behörde **die Bauplatzeigenschaft zuerkannt** wurde bzw ein Grundstück, auf dem **die Errichtung eines Gebäudes zulässig** ist. Für die rechtliche Eignung eines Grundstücks als Bauplatz sind insb seine Lage (zB tragfähiger Boden, keine Hochwassergefährdung), seine Gestalt (Form, Mindestgröße) und seine Erschließbarkeit ohne unwirtschaftliche Aufwendungen maßgeblich.

Soweit zwingend vorgesehen, ist die Bauplatzerklärung Voraussetzung für jede Bebauung. Partei des Bauplatzerklärungsverfahrens ist idR nur der Eigentümer des in Betracht kommenden Grundstücks, in Sbg haben auch Personen Parteistellung, die einen einverleibungsfähigen Rechtstitel nachweisen können (etwa Kaufvertrag). Es ist ein Ansuchen an die Baubehörde zu stellen, dem verschiedene Unterlagen beizulegen sind (va Grundbuchsauszug, Baupläne, Nachweis der Wasser- und Energieversorgung, Abwasserbeseitigung etc).

2. Bauplatzerklärung

Die Bauplatzerklärung darf insb dann **nicht erteilt** werden, wenn gesetzliche Bestimmungen oder Bestimmungen eines FWP oder eines Bebauungsplanes entgegenstehen oder die Grundfläche sich wegen der natürlichen Gegebenheiten wie etwa Boden- und Grundwasserverhältnisse, Hochwasser- oder Lawinengefahr **für eine Bebauung nicht eignet**. Nach der Rsp des OGH (28.11.2006, 1 Ob 178/06t) führt die schuldhafte Unterlassung der Aufklärung über eine Hochwassergefährdung im Baubewilligungsverfahren zur Haftung der Gemeinde, sofern ein pflichtgemäßes Handeln ihrer Organe den Schaden vermieden hätte.

In Sbg ist die Erteilung der Bauplatzerklärung grundsätzlich daran gebunden, dass ein Bebauungsplan besteht. Das Fehlen eines Bebauungsplanes stellt ua nur bei der Verbauung von Baulücken und bei einzelnen Bauten in Streulage keinen Versagungsgrund dar (§ 14 Abs 1 lit a sbg BGG). In diesen Fällen sind mit der Bauplatzerklärung unter Bedachtnahme auf die materiellen Vorschriften des sbg ROG (→ Raumordnungsrecht) die für den Bauplatz in Betracht kommenden Bebauungsgrundlagen festzulegen.

Die Erteilung der Bauplatzerklärung ist tw im Grundbuch ersichtlich zu machen (zB § 8 OÖ, § 3 sbg BGG), der Bescheid hat dingliche Wirkung*.

Die Bauplatzeigenschaft bleibt grundsätzlich **nicht unbeschränkt** erhalten, an **Erlöschensgründen** sind etwa vorgesehen:

- Aufhebung der Bauplatzerklärung auf Antrag des Grundeigentümers (va wegen Anliegerleistungen oder aus steuerrechtlichen Gründen), wenn Nachbargrundstücke dadurch nicht nachteilig beeinflusst werden (§ 22 lit a sbg BGG);
- durch Zeitablauf nach zwei (§ 18 Abs 4 Stmk), drei (§ 3 Abs 7 Vlbg), zehn Jahren nach Eintritt der Rechtskraft (§ 22 lit b sbg BGG) bzw 18 Monate ab Ausstellungsdatum bei der Bekanntgabe der Bebauungsbestimmungen (§ 9 Abs 3 Wien);
- wenn die Bauplatzbewilligung mit einem neuen FWP oder Bebauungsplan nicht mehr übereinstimmt (§ 7 Abs 1 OÖ, § 22 lit c sbg BGG);
- wenn nachträglich Versagungsgründe hervorkommen.

Durch die Bauplatzerklärung soll dem Baubewilligungswerber die Gefahr einer unter Umständen kostspieligen **Fehlplanung** (teure Pläne etc) **erspart werden**. Außerdem erlangt die Behörde durch derartige Verfahren frühzeitig von Bauabsichten Kenntnis, was für ihre Planungsaufgaben von Bedeutung sein kann. Auf der anderen Seite ist aber zu bedenken, dass durch die Durchführung eines zusätzlichen, vorgeschalteten Verfahrens der **Zeitaufwand** von der Planung bis zur Bewilligung eines Bauvorhabens verlängert wird. Deshalb ist zB in § 12a sbg BGG vorgesehen, dass die Bauplatzerklärung unter bestimmten Voraussetzungen auch als Teil der Baubewilligung beantragt werden kann.

3. Bausperre

Zur Sicherstellung der Erreichung der mit der Erlassung des Flächenwidmungs- und des Bebauungsplanes verfolgten Ziele sehen die ROG bzw BauO vor, dass **im Fall der Erlassung oder Änderung der** genannten **Pläne** durch Verordnung für die Dauer des „Planfestsetzungsverfahrens“ eine zeitlich begrenzte Bausperre verfügt werden kann (zB §§ 26 und 35 nö ROG, §§ 21 sbg ROG, § 72 tir ROG). Diese Verordnungen treten idR nach zwei Jahren außer Kraft.

In Wien besteht für das vom Bebauungsplan noch nicht erfasste Stadtgebiet ex lege Bausperre. Im Falle einer Planänderung ist ebenfalls die Verfügung einer zeitlich begrenzten Bausperre vorgesehen (§ 8).

Bei einer Bausperre dürfen Bescheide, die dem Zweck der Bausperre zuwiderlaufen (va Baubewilligungen) grundsätzlich nicht erlassen werden. Verschiedentlich sind Bescheide, die gegen diese Vorschriften verstoßen, mit Nichtigkeit bedroht (§ 68 Abs 4 Z 4 AVG; zB § 26 Abs 4 nö ROG, § 8 Abs 5 stmk ROG).

4. Grundstücksänderung

Um eine möglichst zweckmäßige und wirtschaftliche Bebauung des Baulandes sicherzustellen, sehen die BauO (in Vlbg: §§ 39 ff RPlG, in Krnt: GrundstücksteilungsG) idR detaillierte Vorschriften betreffend die Veränderung von Grundstücken durch **Teilung, Grenzänderungen, Zusammenlegung** etc vor. Danach bedarf im Wesentlichen die Teilung von Grundstücken im Bauland (Parzellierung) einer Bewilligung der Baubehörde. Eine solche ist insb zu versagen, wenn die Grundteilung unwirtschaftliche Aufschließungskosten zur Folge hätte oder Grundstücke entstehen ließe, die für eine selbstständige Bebauung nicht mehr geeignet sind.

5. Anliegerleistungen

Neben der Grundabtretung für öffentliche Verkehrsflächen (s II.2) sehen die BauO vor, dass die Anlieger auch zu den Kosten der Herstellung von Fahrbahn, Gehsteigen, Straßenbeleuchtung usw Beiträge zu leisten haben („**Aufschließungsbeiträge**“), die regelmäßig ausschließliche Gemeindeabgaben sind (vgl § 15 Stmk – „Bauabgabe“, §§ 51 ff Wien). In Sbg sieht § 16 BGG Kostenersatzbestimmungen für die Herstellung und Erhaltung der Straßen vor, weitere Anliegerleistungen werden im AnliegerleistungsG und im InteressentenbeiträgeG normiert. In OÖ ist der Aufschließungsbeitrag in § 25 ROG auch als Vorauszahlung für Grundstücke konzipiert, die als Bauland gewidmet und aufgeschlossen, aber noch nicht bebaut sind. Damit sollen raumordnungspolitische Ziele, nämlich die Mobilisierung von Bauland, erreicht werden.

V. Baubewilligung

1. Begriff „Bau"

Die BauO finden insb auf die **Errichtung, Änderung, Erhaltung** und die **Beseitigung** (Abbruch) von „Bauwerken" Anwendung. Der für das Baurecht zentrale Begriff **„Bau"** bzw **„Bauwerk"** oder **„bauliche Anlage"** ist in den einzelnen BauO recht unterschiedlich definiert, im Großen und Ganzen orientiert er sich jedoch an der langjährigen Rsp des VwGH (zB VwSlg 13.701 A/1992). Danach ist ein Bauwerk eine Anlage,

- zu deren Errichtung **bautechnische Kenntnisse** erforderlich sind,
- die mit dem **Boden** in eine gewisse **Verbindung** gebracht wird und
- die wegen ihrer Beschaffenheit die **öffentlichen Interessen** zu berühren geeignet ist (dieses dritte Element ist in einigen BauO nicht ausdrücklich angeführt).

Da es sich dabei um jene öffentliche Interessen handelt, deren Wahrung den Baubehörden obliegt, kommen als Kriterien etwa Bausicherheit, Hygiene, Gesundheit, Feuersicherheit oder die Frage des Einflusses auf das Ortsbild und die Verkehrsinteressen in Frage.

Im Einzelnen bestehen kasuistische Regelungen und eine umfangreiche Rsp. Recht verwirrend und logisch fragwürdig ist die Definition in **§ 1 sbg BauPolG**: Zunächst wird der Begriff „Bau" definiert als „ein überdachtes oder überdecktes Bauwerk, das von Menschen betreten werden kann und wenigstens einen Raum zum Aufenthalt von Menschen oder zur Unterbringung von Sachen umfasst". Dann wird der Begriff „Bauwerk" mit baulicher Anlage erklärt, „bauliche Anlage" mit baulicher Maßnahme und letztlich „bauliche Maßnahme" mit nach baurechtlichen Vorschriften bewilligungspflichtiger Maßnahme; bei der Frage der Bewilligungspflicht wird wieder der Begriff „Bau" verwendet.

Insgesamt kann festgehalten werden, dass der Begriff „Bau" bzw „Bauwerk" **in einem weiten Sinn** zu verstehen ist. So sind neben Gebäuden auch Hütten, Mauern, Zäune etc umfasst. Bei einem **„Handymast"** (Antennenmast/Antennentragmast) handelt es sich zwar nicht um ein „Gebäude" (VwGH 20.06.1995, 93/05/0103), wohl aber um ein „Bauwerk" (zB VwGH 19.09.2000, 97/05/0153). Aus kompetenzrechtlichen Gründen können Regelungen betreffend Handymasten in den BauO nur unter dem Gesichtspunkt des Ortsbildschutzes getroffen werden. Dies ist in den einzelnen Ländern sehr unterschiedlich tw in den BauO (zB §§ 24 Abs 1 Z 5 und 25 Abs 1 Z 2a OÖ, § 20 Z 3 lit e Stmk, § 51 Tir, § 62a Abs 1 Z 24 Wien) oder im OrtsbildschutzG (Sbg) geschehen (vgl *Jahnel*, bbl 2009, 89).

2. Kategorien von Bauvorhaben

Bei Bauvorhaben unterscheiden die BauO im Wesentlichen folgende Kategorien

- **bewilligungspflichtige,**
- **anzeigepflichtige,**
- **mitteilungspflichtige** und
- **freie.**

Die **Konsequenz dieser Unterscheidung** ist folgende: Mit einem bewilligungspflichtigen Bau darf der Bauwerber grundsätzlich erst beginnen, wenn der Baubewilligungsbescheid in Rechtskraft erwachsen ist. Bei den anzeigepflichtigen Bauführungen darf mit dem Bau erst begonnen werden, wenn die Anzeige von der Baubehörde entweder zur Kenntnis genommen wurde oder die in der BauO zur Untersagung festgesetzte Frist verstrichen ist. Ist eine Bauführung weder bewilligungs- noch anzeigepflichtig, so darf der Bauwerber jederzeit mit der Bauführung beginnen, tw besteht eine bloße Mitteilungspflicht.

Wird ein Bau ohne Bewilligung bzw Anzeige errichtet, so hat die Behörde die Einbringung des Antrags auf Baubewilligung bzw der Bauanzeige aufzutragen. Wird dieser Aufforderung nicht nachgekommen oder ist auch eine nachträgliche Bewilligung nicht möglich, dann muss die Baubehörde die **Entfernung des konsenslos errichteten Baus** verfügen (s VI.), der Bauwerber hat außerdem eine **Verwaltungsübertretung** begangen.

In den Einzelheiten unterscheiden sich die Zuordnungen in den Ländern sehr stark, sodass Maßnahmen, die in einem Bundesland bewilligungspflichtig sind, in anderen Ländern bloß anzeigepflichtig oder überhaupt frei sein können und umgekehrt.

Zu den verfassungsrechtlichen Fragen der Zuordnung von Bauvorhaben zu bestimmten Verfahrenstypen und zur Parteistellung von Nachbarn in „Anzeigeverfahren“ s V.3.b.

a) Bewilligungspflichtige Bauten

Nach nahezu allen BauO sind **Neu-, Zu- und Umbauten** (tw ab einer bestimmten Größe bzw bei erheblichen Auswirkungen) bewilligungspflichtig. Unter Neubau ist zunächst die Errichtung neuer Gebäude zu verstehen. Ein Neubau liegt aber auch dann vor, wenn nach Abtragung bestehender Baulichkeiten die Fundamente oder Kellermauern ganz oder tw wieder benützt werden (zB OÖ, Stmk, Wien). Zubau ist die Vergrößerung eines Gebäudes der Höhe, Länge oder Breite nach (zB OÖ, Stmk). Umbau ist eine so weit gehende bauliche Änderung eines Gebäudes, dass dieses nach der Änderung ganz oder in größeren Teilen als ein anderes anzusehen ist.

Weiters sind bewilligungspflichtig: **wesentliche Änderungen des Verwendungszwecks von Räumlichkeiten** (tw anzeigepflichtig); Bauvorhaben, die die Festigkeit tragender Bauteile, die Brandsicherheit oder Nachbarrechte beeinträchtigen können; der Abbruch von Bauten oder die Errichtung von Einfriedungen.

b) Anzeigepflichtige Bauvorhaben

Nach §§ 25, 25a OÖ können insb **Neu-, Zu- und Umbauten von Kleinhausbauten** und bestimmte Betriebsgebäude von der Baubewilligungspflicht frei gestellt werden („**Baufreistellung**"). Unter der Voraussetzung, dass ein rechtswirksamer Bebauungsplan vorliegt, die Nachbarn erklären, keine Einwendungen zu erheben, der befugte Planverfasser die Übereinstimmung des Bauvorhabens mit allen baurechtlichen Bestimmungen und ein befugter Bauführer die Überwachung der Bauausführungen bestätigt, sind diese Vorhaben nur anzeigepflichtig. Die Behörde kann innerhalb von acht Wochen das angezeigte Vorhaben mit Bescheid **untersagen oder mitteilen, dass eine Untersagung nicht beabsichtigt wird.** Bei dieser Mitteilung oder bei **Nichtuntersagung** innerhalb von 8 Wochen erfolgt die Baufreistellung durch Vermerk auf dem Bauplan. Danach kann mit der Bauausführung begonnen werden. Ganz ähnlich die Regelung in § 20 iVm § 33 Stmk.

Weitere anzeigepflichtige Vorhaben sind nach der oö BauO etwa die Herstellung des Anschlusses von Hauskanalanlagen an den öffentlichen Kanal, die Verglasung von Balkonen und Loggien sowie die Herstellung von Wintergärten und das Anbringen oder Errichten bestimmter Photovoltaik- oder Solaranlagen. Das stmk BauG (§ 20) und die tir BauO (§ 21 Abs 2) enthalten ebenfalls eine detaillierte Aufzählung, ebenso die nö BauO (§ 15), die ua auch eine Anzeigepflicht für die Änderung des Verwendungszwecks unter bestimmten Voraussetzungen vorsieht.

Nach der Regelung des § 62 genügt **in Wien eine Bauanzeige** – neben dem Einbau und Abänderung von Badezimmern, Loggienverglasung und bestimmten Fällen des Fenstertausches – **für alle sonstigen Bauführungen**, die folgende Kriterien erfüllen:

- es wird keine Änderung der äußeren Gestaltung der Baulichkeit bewirkt,
- es erfolgt keine Umwidmung von Wohnungen und
- es wird keine Verpflichtung zur Schaffung von Stellplätzen ausgelöst.

Gemeinsam ist all diesen Bauvorhaben, dass sie der Baubehörde vor dem vorgesehenen Beginn der Bauführung **schriftlich anzuzeigen** sind. Wird die Ausführung des Bauvorhabens **nicht** binnen einer bestimmten Frist (Tir: 2 Monate; NÖ, OÖ, Stmk: 8 Wochen; Wien: 6 Wochen; ebenso Vlbg, allerdings mit einem hoch differenzierten Erledigungssystem in den §§ 33 und 34) **untersagt** bzw für bewilligungspflichtig erklärt, **so darf mit der Bauausführung begonnen werden.**

Davon zu unterscheiden sind diejenigen „Anzeigeverfahren“, bei denen **bei bloßer Untätigkeit** der Behörde **nicht mit der Bauausführung begonnen** werden darf (zB § 17 Bgld). Dabei handelt es sich trotz der Bezeichnung als „Anzeigeverfahren“ um eine **Bewilligungspflicht mit gewissen Erleichterungen** (vgl die vereinfachten Bewilligungsverfahren unter V.3.b).

Die krnt BauO zB kennt keine anzeigepflichtigen Bauvorhaben.

c) Mitteilungspflichtige Bauvorhaben

Die in einigen Ländern vorgesehenen mitteilungspflichtigen Bauvorhaben dürfen ohne jegliches vorangehendes Verwaltungsverfahren verwirklicht werden, **die Behörde ist lediglich davon zu informieren.** Sie sind damit allerdings nicht zur Gänze vom Geltungsbereich der BauO ausgenommen. Die Verantwortung für die Einhaltung der für diese Vorhaben geltenden Bestimmungen (zB Abstandsvorschriften) trägt der Bauführer. Etwaigen Verstößen kann mit den Mitteln des Baupolizeirechts und des Verwaltungsstrafrechts begegnet werden.

§ 7 Krnt sieht einen Katalog von „bewilligungsfreien“ Bauvorhaben vor (zB geringfügige Gebäudeänderungen, Parabolantennen, bestimmte Einfriedungen und Mauern), ähnlich § 21 Stmk (zB landesübliche Zäune oder Baustelleneinrichtungen). Sie sind allerdings der Behörde mitzuteilen und unterliegen einer nachträglichen Kontrolle auf Einhaltung der baurechtlichen Vorschriften. In Bgld sind geringfügige Bauvorhaben der Baubehörde mitzuteilen (§ 16).

Nach § 3 sbg BauPolG sind Solaranlagen sowie nachträgliche Wärmedämmungen „anzeigepflichtige Maßnahmen“. Tatsächlich handelt sich dabei aber um eine bloße „Mitteilung“, da die bauliche Maßnahme trotz Nicht-Anzeige und ohne Abwarten einer bestimmten Frist bewilligungsfrei durchgeführt werden darf.

d) Freie Bauvorhaben

Diese liegen **unter der Relevanzschwelle der anzeige- bzw mitteilungspflichtigen Bauvorhaben.** In einigen BauO sind die freien Bauvorhaben aufgezählt (etwa in § 2 Abs 2 Krnt zB Solaranlagen, Springbrunnen oder Hochstände; in § 26 OÖ als Ausnahmen von der Bewilligungs- bzw Anzeigepflicht zB Einbau von Sanitärräumen und bestimmter sonstiger Innenausbau; in Sbg in § 2 Abs 2 und 3 BauPolG, in Tir in § 21 Abs 3: insb Baumaßnahmen im Inneren von Gebäuden, Einfriedungen und Solaranlagen). In § 17 NÖ erfolgt eine demonstrative Aufzählung von bewilligungs- und anzeigefreien Vorhaben (was zu Abgrenzungsschwierigkeiten führen kann). Die wr BauO zählt in § 62a zahlreiche bewilligungsfreie Bauvorhaben auf, sie müssen allerdings den Bauvorschriften entsprechen und sind, wenn der konsenswidrige Zustand nicht behoben wird, zu beseitigen.

3. Baubewilligungsverfahren

a) Bauansuchen

Die **Baubewilligung** ist bei der Baubehörde **schriftlich zu beantragen** („Bauansuchen“). Da die Baubewilligung ein antragsbedürftiger Verwaltungsakt ist, kann ein Bewilligungsverfahren nicht von Amts wegen eingeleitet werden. Dem schriftlichen Ansuchen sind **bestimmte Unterlagen** anzuschließen, va ein Grundbuchsauszug, verschiedene Pläne (zB Lageplan, Übersichtsplan, Grundrisse, Ansichten), der Energieausweis, ein Parteienverzeichnis, der Nachweis der Bauplatzerklärung bzw Angaben über die Bauplatzeignung, sowie die genaue Angabe des Gegenstandes der Bewilligung. In den Einzelheiten unterscheiden sich die Regelungen in den Ländern ganz erheblich.

b) Vereinfachte Bewilligungsverfahren

In den BauO mehrerer Länder sind iS einer **Deregulierung und Verfahrensbeschleunigung** verschieden ausgestaltete vereinfachte Bewilligungsverfahren vorgesehen, zT unter der missverständlichen Bezeichnung „Anzeigeverfahren“. Gemeinsam ist diesen Verfahren, dass mit den Baumaßnahmen erst nach Erlassung eines Bescheids begonnen werden darf. Zumeist kommt den **Planverfassern** eine **besondere Stellung** zu, weil sie die Einhaltung der baurechtlichen Vorschriften zu bestätigen haben.

Nach der wr BauO findet gem § 70a ein **vereinfachtes Bewilligungsverfahren** unter folgenden Voraussetzungen Anwendung: Den Bauplänen müssen bestimmte Unterlagen und die **Erklärung eines Ziviltechnikers** angeschlossen werden, dass sie unter Einhaltung der öffentlich-rechtlichen Bestimmungen verfasst sind. Ist das vereinfachte Verfahren zulässig, darf sofort mit der Bauführung begonnen werden, Nachbarn können bis längstens drei Monate nach dem Baubeginn Einwendungen erheben. Erfolgt keine bescheidmäßige Versagung der Baubewilligung, so gilt das Bauvorhaben gem § 70a Abs 10 als mit rechtskräftigem Bescheid nach § 70 bewilligt (**„fiktive“ Baubewilligung**, da der Bescheid nicht förmlich erlassen wird). Eine gewisse Absicherung erfolgt durch die Einrichtung eines Wiederaufnahmegrundes (bei unrichtiger Erklärung des Ziviltechnikers). Der Bauwerber ist außerdem ausdrücklich verpflichtet, bei Baubeginn eine deutlich sichtbare Tafel über die Bauführung anzubringen (siehe zur Aufhebung der früheren Fassung von § 70a VfSlg 16.215/2001).

In Krnt (§ 24) und Sbg (§ 10 BauPolG) sind va für Bauten bis zu einer bestimmten Größe vereinfachte Verfahren vorgesehen. Beim sog **„Anzeigeverfahren“** im Bgld handelt es sich in Wirklichkeit ebenfalls um ein vereinfachtes Bewilligungsverfahren, in dem die Erlassung eines Bescheids vorgesehen ist.

Im Rahmen der Prüfung des (früheren) „Anzeigeverfahrens“ nach den §§ 3 iVm 10 sbg BauPolG hat der VfGH (VfSlg 16.982/2003) die **Grenzen des**

rechtspolitischen Spielraums des Landesgesetzgebers deutlich gemacht. Dabei hat er va ausgesprochen,

- dass die Einbeziehung von Bauvorhaben in ein vereinfachtes Bewilligungsverfahren nur sachlich gerechtfertigt ist, wenn bereits aufgrund der Art des Bauvorhabens keine subjektiv-öffentlichen Nachbarrechte verletzt werden können oder dem Nachbarn ein ausdrückliches Zustimmungsrecht zum vereinfachten Verfahren eingeräumt wird;
- dass den Nachbarn eine eingeschränkte Parteistellung betreffend die Verfahrensvoraussetzungen eingeräumt werden muss (vgl dazu *Giese*, ZfV 2004/2, 8).

c) Prüfung des Bauansuchens und Bauverhandlung

Kommt es zu keinem vereinfachten Bewilligungsverfahren, hat die Behörde in den meisten Ländern nach Einlangen des Baubewilligungsantrages zunächst eine **Vorprüfung** durchzuführen. Dazu gehört etwa die Prüfung, ob dem Bauvorhaben nicht der FWP und der Bebauungsplan oder sonstige baurechtliche Bestimmungen entgegenstehen. In diesen Fällen ist das Vorhaben idR ohne weitere mündliche Verhandlung abzuweisen (zB § 20 NÖ, § 8 sbg BauPolG, § 27 Abs 3 und 4 Tir). Erachtet die Baubehörde eine Ergänzung der Beilagen für notwendig, so ist dem Bauwerber ein Verbesserungsauftrag entweder nach der ausdrücklichen Regelung einiger BauO oder nach § 13 Abs 3 AVG zu erteilen.

Ob es in weiterer Folge zur Abhaltung einer **mündlichen Bauverhandlung** an Ort und Stelle und allenfalls unter Beiziehung von Bausachverständigen (zB § 32 OÖ, § 8 Abs 2 sbg BauPolG, § 25 Tir) kommt, liegt großteils im Ermessen der Behörde. Eine zwingende Durchführung ist zB in OÖ (§ 32) und in Wien (unter den Voraussetzungen des § 70) vorgesehen. Zur Bauverhandlung sind jedenfalls die Parteien (Bauwerber, Anrainer bzw Nachbarn), der Planverfasser und der Bauführer zu laden. Es handelt sich damit um ein **Mehrparteienverfahren.** Zweck dieser mündlichen Verhandlung ist die Überprüfung des Bauvorhabens auf seine Übereinstimmung mit den von der Baubehörde wahrzunehmenden gesetzlichen Bestimmungen. Daneben wird den Nachbarn und sonstigen Parteien die Möglichkeit geboten, zu dem Vorhaben Stellung zu nehmen und allenfalls ihre Nachbarrechte geltend zu machen. In der Bauverhandlung erfolgen damit die Ermittlung des maßgeblichen Sachverhalts und die Wahrnehmung des Parteiengehörs.

d) Nachbarbegriff

Nach den BauO der Länder zählen zu den **Parteien des Baubewilligungsverfahrens** va:

- der **Bewilligungswerber** (Grundstückseigentümer, Bauberechtigte),
- die **Nachbarn/Anrainer,**
- (tw) der **Grundeigentümer,** wenn er nicht selbst Bauwerber ist.

Va der **Begriff des Nachbarn** wird in den BauO sehr unterschiedlich definiert: tw weit als „Eigentümer, die zu dem zur Bebauung vorgesehenen Grundstück in einem solchen **räumlichen Naheverhältnis** stehen, dass vom geplanten Bau Einwirkungen auf diese Grundflächen ausgehen können, gegen welche die Bestimmungen dieses Gesetzes Schutz gewähren" (§ 4 Z 44 Stmk, ähnlich § 23 Abs 2 Krnt, § 2 lit k Vlbg).

Wesentlich enger erfolgt dagegen die Umschreibung des Nachbarbegriffes in § 134 Abs 3 wr BauO: Danach sind benachbarte Liegenschaften im Bauland jene, die mit der vom Bauvorhaben betroffenen Liegenschaft eine **gemeinsame Grenze** haben oder bis zu einer Breite von 6m durch Fahnen (das ist ein Zufahrtsstreifen zu einem Grundstück, das nur durch diesen mit einem öffentlichen Verkehrsweg verbunden ist) oder diesen gleichzuhaltende Grundstreifen oder eine höchstens 20m breite öffentliche Verkehrsfläche getrennt sind und im Falle einer Trennung durch eine öffentliche Verkehrsfläche der zu bebauenden Liegenschaft gegenüberliegen (ähnlich § 6 NÖ und § 26 Tir). In OÖ sind nach § 31 Abs 1 die Eigentümer jener Grundstücke Nachbarn, deren Grundstücke vom zu bebauenden Grundstück höchstens 10m (bei Wohngebäuden) bzw 50m (bei allen anderen Bauvorhaben) entfernt sind, sofern sie durch das Bauvorhaben voraussichtlich in ihren subjektiven Rechten beeinträchtigt werden können.

Nach der Regelung in **Sbg** sind Nachbarn (im Wesentlichen) die Eigentümer jener Grundstücke, die **von den Fronten des Baus** nicht weiter entfernt sind, als die nach § 25 Abs 3 BGG maßgebenden Höhen der Fronten betragen (= in die Waagrechte gekippte Fronten). Bei oberirdischen Bauten von über 300m³ haben jedenfalls auch alle Eigentümer von Grundstücken, die von den Fronten des Baues weniger als 15m entfernt sind, Parteistellung, bei unterirdischen Bauten oder solchen Teilen von Bauten die Eigentümer jener Grundstücke, die von den Außenwänden weniger als 2m entfernt sind (§ 7 sbg BauPolG). In Sbg wird damit der für die Nachbareigenschaft maßgebliche Abstand nicht von der Grundgrenze, sondern von den Fronten des Baus berechnet (ähnlich § 21 Bgld: Eigentümer jener Grundstücke, die von den Fronten des Baues weniger als 15m entfernt sind).

Diese einschränkende Regelung wurde vom VfGH früher als verfassungsrechtlich unbedenklich qualifiziert (VfSlg 10.844/1986). Nach der Rsp des VfGH wurde aber die **Einschränkung der Parteistellung von Nachbarn** auf Eigentümer unmittelbar angrenzender Grundstücke in § 21 Bgld (VfSlg 16.981/2003) und § 31 Abs 1 Z 1 OÖ (VfSlg 17.593/2005) als unsachlich und damit gleichheitswidrig aufgehoben. Danach verpflichtet der Gleichheitssatz den Gesetzgeber, die Parteistellung der Nachbarn sachlich auf deren materielle subjektiv-öffentliche Rechte abzustimmen. Eine generelle Begrenzung auf anrainende Grundstücke kann iZm Immissionsschutzbestimmungen den sachlichen Erfordernissen nicht gerecht werden.

e) Parteistellung; Präklusion

Nachdem durch die **AVG-Novelle 1998**, BGBl I 158/1998 den Bestimmungen über die Parteistellung in den BauO der Länder derogiert worden war (§ 82 Abs 7 AVG), haben in der Zwischenzeit einige Bundesländer nach dem 30. Juni 1998 sonderverfahrensrechtliche Bestimmungen mit vom AVG abweichenden Regelungen kundgemacht. Damit richtet sich die Frage der Parteistellung der Nachbarn je nach Bundesland tw nach den Bestimmungen der BauO und tw nach den allgemeinen Regeln des AVG.

Das **Modell des AVG** sieht dabei Folgendes vor: Nach den §§ 8 und 42 AVG erlangen die Nachbarn Parteistellung und damit die allgemeinen Parteienrechte (zB Akteneinsicht) ab Einleitung des Bewilligungsverfahrens, **verlieren diese Stellung jedoch („Präklusion"*), soweit sie nicht** spätestens am Tag vor Beginn der Verhandlung bei der Behörde oder während der Verhandlung **Einwendungen* erheben.** Die weitere Voraussetzung für den Eintritt dieser Rechtsfolge ist, dass die mündliche Verhandlung in qualifizierter Form gem § 41 zweiter Satz AVG **und** in einer in den Verwaltungsvorschriften vorgesehenen besonderen Form kundgemacht wurde (**„doppelte Kundmachung"**).

Eine qualifizierte doppelte Kundmachung nach § 42 Abs 1 AVG setzt daher voraus:

- eine **erste Kundmachung** durch Edikt (gem § 41 Abs 1 letzter Satz AVG)
  - entweder an der Amtstafel der Gemeinde
  - oder durch Verlautbarung in der für amtliche Kundmachungen der Behörde bestimmten Zeitung
  - oder durch Verlautbarung im elektronischen Amtsblatt der Behörde.
- **und** eine **zweite Kundmachung**
  - entweder in einer in den Verwaltungsvorschriften vorgesehenen besonderen Form
  - oder in geeigneter Form (wenn die Verwaltungsvorschriften keine besondere Form vorsehen).

Eine derartige besondere Kundmachungsform sieht zB § 8 Abs 2 sbg BauPolG vor, wonach für die zweite Kundmachung der **Hausfluranschlag** in den unmittelbar benachbarten Häusern vorgesehen ist. Bestimmen die Verwaltungsvorschriften nichts über die Form der Kundmachung, so muss die Verhandlung **in geeigneter Form** kundgemacht worden sein. Eine Kundmachungsform ist dann geeignet, wenn sie sicherstellt, dass ein Beteiligter von der Anberaumung der Verhandlung voraussichtlich Kenntnis erlangt. In § 42 Abs 1a AVG ist nun ausdrücklich bestimmt, dass die Kundmachung im Internet unter der Adresse der Behörde als geeignet gilt, wenn sich aus einer dauerhaften Kundmachung an der Amtstafel der Behörde ergibt, dass solche Kundmachungen im Internet erfolgen können und unter welcher Adresse sie erfolgen.

Liegt keine derartige doppelte Kundmachung vor, so trifft die Rechtsfolge des Verlustes der Parteistellung nur jene Beteiligten, die rechtzeitig die persönliche Verständigung von der Anberaumung der Verhandlung erhalten haben (§ 42 Abs 2 AVG). Nach der ständigen Rsp des VwGH tritt die Präklusionswirkung der mündlichen Verhandlung außerdem nur dann ein, wenn in der Kundmachung der in § 41 Abs 2 Satz 2 AVG vorgesehene Hinweis auf die nach § 42 AVG eintretenden Folgen enthalten ist (zB VwGH 23.05.2001, 2000/06/0056).

Diesem Modell des **Verlustes der Parteistellung mangels Erhebung von Einwendungen** folgen die meisten Länder: Bgld, Krnt, OÖ, NÖ, Sbg, Tir, Vlbg (mangels ausdrücklicher Regelung) und Stmk (ausdrückliche Regelung in § 27). In NÖ gilt die allgemeine Regel des § 42 AVG dann, wenn eine Bauverhandlung durchgeführt wird, weil die BauO für diesen Fall keine eigenen Bestimmungen enthält. Bei Entfall einer Bauverhandlung sieht zB NÖ (§ 22 Abs 2) Sonderregelungen über den Verlust der Parteistellung vor.

Ein anderes Modell der Regelung der Parteistellung ist hingegen in Wien normiert: Nach § 134 Abs 3 **wr BauO** sind die Eigentümer benachbarter Liegenschaften nur dann Parteien, wenn der geplante Bau und dessen Widmung ihre im § 134a erschöpfend festgelegten subjektiv-öffentlichen Rechte berührt und sie spätestens bei der mündlichen Verhandlung Einwendungen gegen die geplante Bauführung erheben. Sie haben somit **vor der Erhebung von Einwendungen keine Parteistellung.** Allerdings ist explizit vorgesehen, dass das Recht auf Akteneinsicht nach § 17 AVG den Nachbarn bereits ab Einreichung des Bauvorhabens bei der Behörde zusteht.

f) Nachträgliche Einwendungen; verhinderter Nachbar; übergangener Nachbar

Bei der Erhebung nachträglicher Einwendungen ist zunächst zwischen Einwendungen durch einen **verhinderten Nachbarn** und Einwendungen durch einen **übergangenen Nachbarn** zu unterscheiden:

War ein Nachbar **durch ein unvorhergesehenes oder unabwendbares Ereignis verhindert**, rechtzeitig Einwendungen zu erheben und trifft ihn kein Verschulden oder nur ein minderer Grad des Versehens, so kann er nach § 42 Abs 3 AVG binnen zwei Wochen nach dem Wegfall des Hindernisses, aber spätestens **bis zum Zeitpunkt der rechtskräftigen Entscheidung der Sache** nachträglich Einwendungen erheben. Diese Bestimmung wurde in enger Anlehnung an die Kriterien des § 71 Abs 1 AVG konzipiert und wird deshalb auch als „**Quasi-Wiedereinsetzung***" bezeichnet. Die Behörde hat über den Antrag nach § 42 Abs 3 AVG aber nicht förmlich abzusprechen, sondern inzident zu beurteilen, ob eine Person durch nachträgliche Einwendungen die Parteistellung wiedererlangt hat.

Diese Quasi-Wiedereinsetzung eines verhinderten Nachbarn nach § 42 Abs 3 AVG gilt in den meisten Ländern mangels abweichender Regelung in den BauO. Ähnliche Bestimmungen sehen zB NÖ (§ 22 Abs 3 bei Entfall der

Bauverhandlung), OÖ (§ 33 Abs 5) und Stmk (§ 27 Abs 3 mit einer verfassungsrechtlich bedenklichen Befristungsregelung, vgl *Giese*, bbl 2004, 100) vor.

Nach dem wr Modell kann ein Nachbar, der ohne sein Verschulden daran gehindert war, die Parteistellung zu erlangen, seine Einwendungen gegen die Bauführung bis längstens drei Monate nach dem angezeigten Baubeginn vorbringen (§ 134 Abs 4). Nach Aufhebung dieses Absatzes durch den VfGH wegen Anknüpfung der Entscheidungsfrist an einen untauglichen Zeitpunkt (VfSlg 18.234/2007) ist im neu gefassten § 124 Abs 2a allgemein vorgesehen, dass der Bauwerber bei Baubeginn an der Liegenschaft eine Tafel anzubringen hat, deren Angaben einen Nachbarn in die Lage versetzen, allfällige Einwendungen gegen das Bauvorhaben fristgerecht zu erheben. Im Hinblick darauf, dass damit den Bedenken des VfGH entsprochen wurde, ist der bisherige Wortlaut des § 134 Abs 4 im Wesentlichen unverändert neuerlich in das Gesetz aufgenommen worden.

Anders ist die Rechtslage, wenn die **Säumnisfolge** des Verlustes der Parteistellung **nicht eingetreten ist**, weil der Nachbar **nicht rechtzeitig die Verständigung** von der mündlichen Verhandlung **erhalten hat** (§ 42 Abs 2 AVG) **und keine doppelte Kundmachung der Verhandlung** erfolgte (übergangener Nachbar). Abweichend davon gelten nach § 33 Abs 1 OÖ Parteien, die vor oder bei der Bauverhandlung keine Einwendungen erheben konnten, weil sie zu dieser Verhandlung entgegen § 32 Abs 1 OÖ nicht geladen wurden, als übergangene Parteien. § 32 Abs 1 OÖ sieht nur die persönliche Verständigung oder als Alternative einen Hausfluranschlag vor.

Für übergangene Nachbarn gelten allfällige Sonderregelungen der verschiedenen BauO, unabhängig davon, ob sie nach dem 30. Juni 1998 neu kundgemacht wurden oder nicht. So bestimmt etwa § 8a sbg BauPolG, dass ein übergangener Nachbar nur innerhalb von sechs Monaten ab Beginn der Ausführung der baulichen Maßnahme nachträgliche Einwendungen vorbringen kann. In Tir erlangt die Baubewilligung mit dem Ablauf eines Jahres nach dem Zeitpunkt der Anzeige über die Bauvollendung auch gegenüber den übergangenen Nachbarn Rechtskraft (§ 26 Abs 9). § 33 OÖ und § 27 Abs 4 Stmk enthalten ähnliche Bestimmungen.

Sieht eine BauO keine Regelung über den übergangenen Nachbarn vor (zB NÖ bei Durchführung einer Bauverhandlung oder OÖ bei Nichtdurchführung einer Bauverhandlung), so ist die Rsp des VwGH maßgeblich, wonach dieser folgende Möglichkeiten hat: Er kann die **Zustellung des** (meist erstinstanzlichen) **Bescheides verlangen** und dann innerhalb der Rechtsmittelfrist Rechtsmittel erheben. Eine übergangene Partei im Mehrparteienverfahren kann aber auch gegen einen Bescheid, der ihr zwar nicht zugestellt, wohl aber gegenüber anderen Parteien bereits erlassen wurde, Rechtsmittel erheben; in diesem Fall genügt also die bloße Kenntnis vom Inhalt des Bescheids. Schließlich kann noch die bescheidmäßige **Feststellung der Partei-**

stellung beantragt und nötigenfalls im Rechtsmittelweg ausgetragen werden. Die Inanspruchnahme dieser Möglichkeiten ist zeitlich nicht begrenzt, sodass übergangene Nachbarn noch nach Jahren schon ausgenützte Bewilligungen mit Rechtsmitteln bekämpfen können, was aus Gründen der Rechtssicherheit problematisch erscheint. Klargestellt ist durch die Rsp weiters, dass der übergangene Nachbar kein Recht auf Durchführung einer neuerlichen Verhandlung besitzt, womit für ihn das Verfahren in der ersten Instanz – und somit das Tatsachenermittlungsverfahren – entfällt.

g) Nachbarrechte

Nach der ständigen Rsp des VwGH ist das Mitspracherecht des Nachbarn im Baubewilligungsverfahren **in zweifacher Weise beschränkt**: Es besteht einerseits nur insoweit, als dem Nachbarn nach den BauO subjektiv-öffentliche Rechte zukommen, und andererseits nur in jenem Umfang, in dem der Nachbar solche Rechte im Verfahren durch die rechtzeitige Erhebung entsprechender Einwendungen wirksam geltend gemacht hat (zB VwGH 31.08.1999, 99/05/0056).

Unter Nachbarrechten werden **subjektiv-öffentliche Rechte*** verstanden, die im Baurecht begründet sind und nicht nur der Wahrung öffentlicher Interessen, sondern auch dem **Schutz der Nachbarn** dienen. Die einzelnen Nachbarrechte ergeben sich daher aus den jeweiligen BauO und den dazu ergangenen Verordnungen. Dazu besteht eine umfangreiche, länderweise recht unterschiedliche Rsp des VwGH. Die Baubehörde ist allerdings auch von sich aus verpflichtet, die Einhaltung der Rechtsordnung und damit auch die Rechte der Nachbarn zu gewährleisten.

Die **Geltendmachung** der Nachbarrechte durch den Nachbarn selbst geschieht durch **Erhebung von Einwendungen*** vor oder spätestens bei der Bauverhandlung. Dabei sind folgende Arten von Einwendungen zu unterscheiden:

- Wird die Verletzung eines subjektiven Rechtes behauptet, das im Privatrecht begründet ist (**privatrechtliche Einwendung**; zB Bestehen einer Dienstbarkeit oder vertraglicher Vereinbarungen), so hat die Behörde in der Verhandlung zunächst eine Einigung zu versuchen, die in der Verhandlungsschrift zu beurkunden ist. Kommt keine Einigung zustande, so ist der Beteiligte mit seinen privatrechtlichen Einwendungen auf den Zivilrechtsweg zu verweisen, seine Einwendungen sind im Spruch des Baubewilligungsbescheids ausdrücklich anzuführen.
- Wird die Verletzung einer Bestimmung behauptet, die nicht dem Schutz der Nachbarn, sondern ausschließlich der Wahrung öffentlicher Interessen dient (**objektiv öffentlich-rechtliche Einwendung**), so hat die Behörde diese Einwendung zurückzuweisen (uU aber dem Inhalt der Einwendungen von Amts wegen Rechnung zu tragen).

- Wird die Verletzung eines Rechtes behauptet, das nicht nur der Wahrung öffentlicher Interessen, sondern auch dem Schutz des Nachbarn dient (**subjektiv öffentlich-rechtliche Einwendung**), so kann die Behörde über diese Einwendung im Baubewilligungsbescheid absprechen. Macht sie von dieser Möglichkeit nicht Gebrauch, so gelten nach § 59 Abs 1 Satz 2 AVG die Einwendungen mit dem Abspruch über den Hauptantrag als mit erledigt. Erachtet die Behörde die subjektiv öffentlich-rechtlichen Einwendungen für berechtigt, so führt dies zur Erteilung der Baubewilligung unter bestimmten Auflagen oder zur Versagung der Baubewilligung; andernfalls sind die Einwendungen abzuweisen.

Die **Grenzziehung zwischen objektiv öffentlich-rechtlichen und subjektiv öffentlich-rechtlichen Einwendungen** ist insb dort auslegungsbedürftig, wo nur eine demonstrative Aufzählung der Nachbarrechte erfolgt (zB § 23 Abs 3 Krnt, § 31 Abs 4 OÖ, § 9 Abs 1 Z 6 sbg BauPolG). Taxative Aufzählungen (zB § 6 Abs 2 NÖ, § 134a Wien, § 7a sbg BauPolG, § 26 Stmk) erhöhen zwar die Rechtssicherheit, beschränken aber die Nachbarrechte auf die im Gesetz explizit angeführten Fälle. Die radikale Einschränkung der Nachbarrechte auf die Geltendmachung von Abstandsvorschriften (VfSlg 15.581/1999) wurde mangels sachlicher Rechtfertigung als verfassungswidrig aufgehoben.

Taxative Aufzählungen von **subjektiv-öffentlichen Nachbarrechten** beziehen sich **typischerweise** auf:
- Abstandsvorschriften nach der BauO (nicht nach → *Straßenrecht*);
- Gebäudehöhe;
- Bestimmungen des Bebauungsplanes;
- Immissionsschutz.

Im Einzelnen **können die Aufzählungen davon abweichen**. Weitere ausdrücklich angeführte subjektiv-öffentliche Nachbarrechte betreffen zB:
- Brandschutz (NÖ, Stmk, Tir), Bebauungsweise (Krnt, NÖ), Belichtung (NÖ), Schallschutz (Stmk).

Im Falle von **demonstrativen** Aufzählungen sind neben den angeführten Beispielen **weitere subjektiv-öffentliche Rechte** im Wege der Interpretation zu ermitteln. Sie werden durch jene bau- und raumordnungsrechtlichen Vorschriften begründet, die nicht nur dem öffentlichen Interesse, sondern auch dem Interesse des Nachbarn dienen.

Nach der Rsp besitzt ein Nachbar jedoch **keinen Anspruch** zB auf:
- eine bestimmte Geschossbeschränkung (unabhängig von der Höhe);
- Geltendmachung von Fremdenverkehrsinteressen;
- Wahrung des Ortsbildschutzes;
- keine Änderung der Verkehrsverhältnisse auf öffentlichen Verkehrsflächen;

- Einhaltung der Vorschriften über Standfestigkeit oder äußeres Aussehen des Gebäudes;
- Wahrung fremder Rechte, etwa eines anderen Nachbarn.

h) Heranrückende Wohnbebauung

Bei der sog „heranrückenden Wohnbebauung" geht es um die Frage, ob der Inhaber einer **bestehenden (gewerberechtlich) genehmigten Anlage** im Bauverfahren gegen die Errichtung von Wohnhäusern in der Nachbarschaft mit der Begründung **Einwendungen** erheben kann, **die künftigen Bewohner würden sich über die** – wenngleich zulässigen – **Auswirkungen des Betriebs beschweren**. Dies könnte etwa zu einer nachträglichen Verpflichtung zur Errichtung zusätzlicher Schutzvorkehrungen führen. Der VfGH bejaht dies in ständiger Rsp (zB VfSlg 12.468/1990, 13.210/1992, 15.188/1998, 16.934/2003), der VwGH lehnt dagegen die vom VfGH vertretene Rechtsauffassung ausdrücklich ab (zB VwSlg 13.880 A/1993 und VwGH 27.04.1999, 99/05/0058). Nach Ansicht des VwGH muss die Einräumung eines derartigen subjektiv-öffentlichen Rechts durch eine ausdrückliche Formulierung des Landesgesetzgebers erfolgen (VwGH 24.02.2009, 2008/06/0134).

Um die durch diese Judikaturdivergenz entstandene Rechtsunsicherheit zu beseitigen, haben einige Länder Regelungen erlassen, die sich an der Rsp des VfGH orientieren. So sind zB nach § 31 Abs 5 oö BauO bei Neubauten auf bisher unbebauten Grundstücken auch Einwendungen zu berücksichtigen, mit denen **Immissionen** geltend gemacht werden, die **von einer bestehenden benachbarten baulichen Anlage** ausgehen und auf das geplante Bauvorhaben einwirken. Ähnlich § 23 Abs 2 lit c und d Krnt, § 26 Abs 4 Stmk und § 134a Abs 1 lit f Wien. Der frühere § 23 Abs 2 lit b Krnt, der die Parteistellung auf den Inhaber von Anlagen auf einem Grundstück, das an das Baugrundstück angrenzt, einschränkte, wurde vom VfGH als gleichheitswidrig aufgehoben (VfSlg 17.143/2004). Verfassungsrechtlich problematisch ist weiters, dass der Nachbarbegriff der BauO an das Grundeigentum anknüpft und damit ein bloßer Betriebsanlageninhaber (wie zB ein Mieter oder Pächter) mangels Parteistellung keine Einwendungen erheben kann (vgl *Giese*, bbl 2004, 99).

i) Baubewilligungsbescheid

Liegt keiner der Versagungsgründe vor, so besteht ein Rechtsanspruch auf Erteilung der Baubewilligung. Die **Baubewilligung ist schriftlich zu erteilen**, sie hat dingliche Wirkung* und kann auch unter Auflagen* erteilt werden. Sie **erlischt**, wenn nicht binnen einer bestimmten Frist (Bgld, Krnt, NÖ, Tir: zwei Jahre, OÖ, Sbg, Vlbg: drei Jahre, Wien: vier Jahre, Stmk: fünf Jahre) nach Rechtskraft mit der Bauführung **begonnen** wird, eine Verlängerung ist idR aus triftigem Grund möglich. Im Bgld, in NÖ und OÖ erlischt das Recht auch dann, wenn das Vorhaben nicht binnen fünf Jahren (§ 17 Abs 7 sbg BauPolG: drei Jahren; § 28 Tir, § 74 Abs 1 Wien: vier Jahren) nach Beginn der Ausführung **vollendet** ist.

Mit dem Baubewilligungsbescheid wird ausgesprochen, dass der Bau nicht gegen baurechtliche Bestimmungen verstößt, eventuell notwendige Bewilligungen anderer Art, zB nach Gewerbe- oder Naturschutzrecht, werden damit nicht erteilt. Diesbezüglich gilt das Kumulationsprinzip*. Es handelt sich um einen konstitutiven Bescheid, der die **subjektiv-öffentlichen Rechte, den Bau auszuführen und konsensgemäß zu benützen**, begründet.

j) Bauausführung, Bauaufsicht

Mit der Ausführung des Bauvorhabens darf nicht vor dem Eintritt der Rechtskraft des Bewilligungsbescheides begonnen werden, es sind allerdings Ausnahmen für **Vorarbeiten** wie Errichtung der Baustelle oder Erdaushub vorgesehen (zB § 12 Abs 2 sbg BauPolG, § 30 Tir).

Vor Beginn der Bauarbeiten ist der Behörde der **Bauführer** schriftlich bekannt zu geben. Der Bauführer muss nach den bundesrechtlichen Vorschriften (va GewO und ZiviltechnikerG) zur Ausführung der baulichen Anlage berechtigt sein (zB Baumeister). Er ist für die Einhaltung der gesetzlichen Vorschriften und der Bestimmungen des Bewilligungsbescheides verantwortlich. Er hat weiters dafür zu sorgen, dass während der Durchführung der Bauarbeiten Gefährdungen und unzumutbare Belästigungen der Umwelt (insb Lärm) vermieden werden.

Der Behörde obliegt es, während der Bauführung zu überprüfen, ob den Bestimmungen der BauO und der Baubewilligung entsprochen wird (**Bauaufsicht**). Den Organen der Baubehörde ist dazu jederzeit der Zutritt zur Baustelle zu gewähren, es sind ihnen die verlangten Auskünfte zu erteilen, sie können in Unterlagen usw Einsicht nehmen. Werden dabei Mängel festgestellt, so ist deren Beseitigung innerhalb angemessener Frist aufzutragen bzw die Baueinstellung anzuordnen.

k) Benützungsbewilligung

Der Bauwerber hat regelmäßig die Vollendung einer bewilligungspflichtigen baulichen Anlage der Behörde anzuzeigen (zB § 43 OÖ) und tw gleichzeitig um die Bewilligung zur Benützung der baulichen Anlage anzusuchen (zB § 38 Stmk, § 38 Tir). Im Anschluss daran **prüft die Baubehörde**, ob das Gebäude **entsprechend der Baubewilligung errichtet** wurde und ob alle Auflagen des Bewilligungsbescheides eingehalten wurden („**Kollaudierungsverfahren**“). Wenn dies der Fall ist, wird mit Bescheid die Benützungsbewilligung erteilt, die das Recht gibt, die bauliche Anlage entsprechend dem Verwendungszweck zu benützen. Werden hingegen Abweichungen von der Baubewilligung oder Mängel in der technischen Ausführung festgestellt, so muss um eine nachträgliche Bewilligung angesucht bzw müssen die Mängel innerhalb einer bestimmten Frist behoben werden. Ansonsten ist die Benützung zu untersagen und der Abbruch der baulichen Anlage aufzutragen.

Verschiedene BauO sehen eine **Fertigstellungsanzeige** unter Anschluss bestimmter Unterlagen (va Bestätigung eines Bausachverständigen über Einhaltung der Bauvorschriften) vor, vor deren Erstattung das Bauwerk oder die Anlage nicht benützt werden darf (§ 27 Bgld, ähnlich § 39 Krnt, § 128 Wien nur bei bewilligungspflichtigen Bauten). In NÖ (§ 23) umfasst die Baubewilligung neben dem Recht zur Ausführung des Bauwerks auch das Recht zur Benützung nach Fertigstellung, wenn bei der Fertigstellungsanzeige eine Bescheinigung des Bauführers vorgelegt wird, dass die Ausführung der Bewilligung entspricht, ansonsten erfolgt eine Überprüfung des Bauwerks. Die tir Regelung (§ 38) sieht die Benützungsbewilligung nur noch bei Wohnanlagen und einigen weiteren taxativ aufgezählten Arten von Gebäuden vor, ansonsten dürfen bauliche Anlagen nach der Fertigstellungsanzeige benützt werden, wenn bestimmte Nachweise erbracht werden.

Abweichend davon ist in Sbg nach § 17 BauPolG bei Bauten die **Aufnahme der Benützung** und nur bei sonstigen baulichen Anlagen die Vollendung **anzuzeigen**, eine Bestätigung des Bauausführenden über die den Bauvorschriften entsprechende Bauausführung und verschiedene Überprüfungsbefunde sind anzuschließen (§ 17 BauPolG). Die Baubehörde hat sich innerhalb eines Jahres nach der Anzeige von der Übereinstimmung der baulichen Anlage mit der erteilten Bewilligung zu überzeugen und darüber einen Bescheid zu erlassen, in dem auch die Beseitigung von Mängeln angeordnet bzw die Benützung des Bauwerks untersagt werden kann.

VI. Baupolizei

1. Baupolizeiliche Aufträge

Die Baubehörde ist nach den BauO zur **Überwachung des Bauzustandes** berechtigt und verpflichtet. Dazu ist den von der Behörde beauftragten Organen der Zutritt zu allen Teilen der baulichen Anlagen zu gestatten, tw sind Eigentümer und Benützer von Baulichkeiten auch zur Erteilung von Auskünften verpflichtet.

Kommt der Eigentümer seiner Verpflichtung zur Erhaltung der Anlage in einem der Bewilligung entsprechenden Zustand nicht nach, so hat ihm die Behörde die Instandsetzung in einer angemessenen Frist aufzutragen (**Instandsetzungsauftrag**; zB § 47 OÖ, § 20 Abs 4 sbg BauPolG, § 39 Abs 3 Stmk, § 40 Abs 2 Tir, § 129 Abs 4 Wien). Wenn für die bauliche Anlage keine Baubewilligung besteht und diese nicht nachgeholt wird oder ein erhebliches, gefährliches Baugebrechen vorliegt und eine Instandsetzung wirtschaftlich nicht vertretbar ist, so hat ein **Abbruchsauftrag** (Demolierungsauftrag) zu ergehen (zB § 49 OÖ, § 20 Abs 5 sbg BauPolG, § 39 Abs 4 Stmk, § 39 Tir). Bei Gefahr im Verzug kann die Behörde die erforderlichen **Sicherungsmaßnahmen** auf Gefahr und Kosten des Eigentümers der baulichen Anlage auch ohne dessen vorherige Anhörung durch Akte der Befehls- und Zwangsgewalt*, tw auch durch Bescheid, anordnen (zB § 36 NÖ, § 20 Abs 8 sbg BauPolG, § 42 Stmk, § 40 Abs 4 Tir, § 129 Abs 6 Wien).

In einigen Bundesländern (§ 34 Abs 3 Krnt, § 16 Abs 6 sbg BauPolG, § 41 Abs 6 Stmk) wird dem **Nachbarn** ein **Recht auf Erlassung eines Baueinstellungs- und Beseitigungsauftrags** eingeräumt, allerdings nur insoweit, als durch die konsenswidrige bzw konsenslose Baumaßnahme ein subjektiv-öffentliches Recht verletzt wird (in Sbg nur, wenn Abstandsvorschriften nicht eingehalten werden).

2. Illegale Bauten („Schwarzbauten")

Bei illegalen Bauten kann unterschieden werden zwischen

- **konsenswidrigem Bau** (er verstößt gegen die Bewilligung oder darin enthaltene Auflagen);
- **formell konsenslosem Bau** (er stimmt in der Sache mit den baurechtlichen Vorschriften überein, wurde aber ohne notwendige Bewilligung bzw Anzeige errichtet) und
- **materiell konsenslosem Bau** (es bestehen Widersprüche zu den Bauvorschriften und die Bewilligung fehlt).

Die Behörde hat in diesen Fällen die Einstellung der Bauausführung zu verfügen bzw die Beibringung eines nachträglichen Bewilligungsantrages zu fordern. Ist die Erteilung einer Baubewilligung nicht möglich oder wird dem nachträglichen Antrag nicht stattgegeben, ist die Beseitigung des Baues zu veranlassen (**Demolierung**). Darüber hinaus ist in einem Verwaltungsstrafverfahren eine **Geldstrafe** zu verhängen.

In der Praxis führt das Verhalten der Baubehörde im Falle von illegalen Bauten immer wieder zu Diskussionen, weil die gesetzlich geforderten Schritte mitunter nicht unternommen werden. IZm einem derartigen **Vollzugsdefizit** wurde ein Bgm wegen Amtsmissbrauchs verurteilt, weil er im Falle eines Schwarzbaus im Grünland keinen Abbruchbescheid erlassen hat (OGH 15.06.1994, 15 Os 50/94). Bestimmungen in den Bundesländern Tir (VfSlg 14.681/1996), Bgld (VfSlg 14.763/1997) und NÖ (VfSlg 15.441/1999), mit denen illegale Bauführungen nachträglich legalisiert werden sollten, wurden als verfassungswidrig aufgehoben bzw deren Verfassungswidrigkeit festgestellt.

VII. Bautechnische Vorschriften

1. Regelungsgegenstand

Bauliche Anlagen müssen in allen ihren Teilen so geplant und ausgeführt werden, dass sie den notwendigen Erfordernissen (va der **Sicherheit,** der **Festigkeit,** des **Brandschutzes,** der Gesundheit, der Hygiene, des Umweltschutzes etc) entsprechen. Die einzelnen Regelungen befinden sich in den BauO oder in eigenen Gesetzen (BauTG in Sbg und OÖ). Manche BauO enthalten Verordnungsermächtigungen, die dem Verordnungsgeber einen sehr weiten Spielraum einräumen (§ 19 Tir – Technische Bauvorschriften – TBV). Ähnliche Regelungen der krnt BauO und der oö BauO 1976 wurden wegen Widerspruchs zum Determinierungsgebot des Art 18 B-VG vom VfGH aufgehoben (VfSlg 10.296/1984 und 11.859/1988). Die krnt „Bauvorschriften" wurden daraufhin in Gesetzesrang gehoben.

Die bautechnischen Vorschriften der einzelnen Länder sind sehr detailliert und recht unterschiedlich.

Beispielsweise finden sich folgende Regelungen:

- Statik: Anforderungen an Fundamente, Isolierungen und tragende Wände;
- Brandschutz: Vorschriften über Brandwände, Brandschutztüren, Decken und Fußböden;
- Sicherheit: Geländer und Brüstungen müssen meist mindestens 1m hoch sein;
- Wärmeschutz und Schallschutz;
- Gesundheit und Wohnstandard: die Höhe der Wohnräume muss meist mindestens 2,5m betragen;
- Verpflichtungen zu behindertengerechter Ausführung zB § 115 Wien, § 31 oö BauTG 2013 „barrierefreies Bauen");
- Erstellung eines Energieausweises bei Neubauten und umfassender Sanierung.

In den einzelnen Regelungen wird häufig auf ÖNORMEN* verwiesen. Wie die Ausführung von baulichen Anlagen prinzipiell zu erfolgen hat, wird mit unbestimmten Gesetzesbegriffen wie „den Erkenntnissen der Wissenschaft und den Erfahrungen der Praxis" bzw Stand der Technik* umschrieben (tw abweichend von der Definition in der GewO!).

Daneben bestehen auch Vorschriften betreffend das Äußere der Bauten (**Baugestaltung**). In Sbg zB sind Bauten so zu gestalten, dass sie nach Form, Ausmaß, Werkstoff, Farbe unter Berücksichtigung des örtlichen Baucharakters nicht störend wirken (§ 4 Abs 1 BauTG).

2. OIB-Richtlinien

Eine gewisse Harmonisierung der bautechnischen Vorschriften wird durch die **OIB-Richtlinien** (OIB = Österreichisches Institut für Bautechnik) erreicht: Bauwerke und alle ihre Teile müssen demnach so geplant und ausgeführt sein, dass sie unter Berücksichtigung der Wirtschaftlichkeit gebrauchstauglich sind und die in Folge angeführten bautechnischen Anforderungen erfüllen. Diese Anforderungen müssen entsprechend dem Stand der Technik bei vorhersehbaren Einwirkungen und bei normaler Instandhaltung über einen wirtschaftlich angemessenen Zeitraum erfüllt werden. Dabei sind Unterschiede hinsichtlich der Lage, der Größe und der Verwendung der Bauwerke zu berücksichtigen.

Bautechnische Anforderungen an Bauwerke iS dieser Vereinbarung sind:
1. Mechanische Festigkeit und Standsicherheit,
2. Brandschutz,
3. Hygiene, Gesundheit und Umweltschutz,
4. Nutzungssicherheit und Barrierefreiheit,
5. Schallschutz,
6. Energieeinsparung und Wärmeschutz.

Für jede der sechs „Bautechnischen Anforderungen" gibt es eine eigene OIB-Richtlinie. Die OIB-Richtlinien werden nach Beschluss in der Generalversammlung des OIB unter Anwesenheit der Vertreter der Bundesländer herausgegeben. Sie basieren auf den Beratungsergebnissen der von der Landesamtsdirektorenkonferenz zur Ausarbeitung eines Vorschlags zur Harmonisierung bautechnischer Vorschriften eingesetzten Länderexpertengruppe. Die OIB-Richtlinien dienen als Basis für die Harmonisierung der bautechnischen Vorschriften und wurden im Wesentlichen von allen Bundesländern in ihren Bauordnungen **für verbindlich erklärt.**

VIII. Sonstige Rechtsvorschriften

Die zahlreichen baurechtlichen Nebengesetze der einzelnen Bundesländer enthalten beispielsweise folgende Regelungen:

Weitere Beschränkungen der Baufreiheit findet man in **AltstadterhaltungsG** und **OrtsbildschutzG**. Danach können besonders erhaltungswürdige Stadtteile durch Verordnung unter Schutz gestellt werden. In diesen Gebieten sind dann charakteristische Baulichkeiten grundsätzlich zu erhalten, für Umbauten und Nutzungsänderung sind besondere Bewilligungen erforderlich, sofern sie nicht überhaupt verboten sind (vgl die Abgrenzung zum → *Denkmalschutzrecht*).

Die **Abwasserbeseitigung** ist in den meisten Ländern in eigenen KanalG (in OÖ: AbwasserentsorgungsG) bzw in Sbg in § 16 BauTG geregelt. Danach besteht eine Anschlusspflicht an das öffentliche Kanalnetz mit der Verpflichtung zur Zahlung von Kanalbenützungsgebühren.

Die Pflicht zur Schaffung von **Abstellflächen oder Garagen** ist teils in den BauO, teils in einem eigenen GaragenG (Wien) geregelt.

In eigenen AufzugsG bzw HebeanlagenG sind Regelungen über die **Aufzüge** enthalten, die ab einer bestimmten Anzahl von Geschoßen (Sbg: mehr als vier) zwingend vorgesehen sind.

Die BauO enthalten verschiedene **Strafbestimmungen** insb für Baumaßnahmen, die ohne Bewilligung aus- bzw weitergeführt werden.

IX. Behörden und Verfahren

1. Behörden

Aufgrund von Art 118 Abs 3 Z 9 B-VG (s II.1.b) sind die Bestimmungen des Baurechts grundsätzlich im eWb* der Gemeinde zu vollziehen. Damit ist **Baubehörde I. Instanz** regelmäßig der **Bgm**. Abweichend davon sind Baubehörde I. Instanz:

- in bestimmten Städten mit eigenem Statut der **Magistrat** (hier nicht Hilfsapparat, sondern Behörde!) nach § 2 Abs 1 NÖ, § 55 Abs 1 OÖ, § 54 Abs 1 Tir, § 132 Abs 1 Wien;
- der **Bauausschuss** der örtlich zuständigen Bezirksvertretung zur Entscheidung über Anträge auf Bewilligungen von unwesentlichen Abweichungen von Bebauungsvorschriften nach § 133 Wien;
- die **BVB** dort, wo eine BaudelegierungsV dies festlegt, ferner nach § 30 Abs 5 Bgld, § 2 Abs 2 NÖ und § 53 Abs 2 Tir (Erstreckung des Bauvorhabens auf zwei oder mehrere Gemeinden) bzw § 55 Abs 3 OÖ und § 3 Abs 2 Krnt (Ausnahmen vom eWb);
- die **LReg** bei Bauvorhaben, die sich über zwei oder mehrere Bezirke erstrecken (§ 30 Abs 5 Bgld bzw §§ 53 Abs 3 und 54 Abs 2 Tir [für Innsbruck]).

Art 118 Abs 4 B-VG sieht vor, dass in den Angelegenheiten des eWb der Gemeinde ein **zweistufiger Instanzenzug** besteht. Dieser kann aber (landes) gesetzlich ausgeschlossen werden. Von dieser Möglichkeit haben bislang Tirol (für alle Gemeinden und für die Stadt Innsbruck), die Steiermark (für die Stadt Graz) und Salzburg (für die Stadt Salzburg) Gebrauch gemacht. Die verfassungsrechtlich bedenkliche Salzburger Regelung räumt den einzelnen Gemeinden eine Wahlmöglichkeit hinsichtlich des Bestehens eines innergemeindlichen Instanzenzugs ein (§ 99 Abs 3 sbg GdO).

Soweit der Instanzenzug nicht ausgeschlossen wurde, ist **Baubehörde II. Instanz** regelmäßig der **Gemeinderat**. Auch hier gibt es aber wieder zahlreiche Abweichungen wie zB:

- **Gemeindevorstand** (§ 94 Abs 1 K-AGO, § 2 Abs 1 nö BauO);
- **Stadtsenat** in einigen Städten mit eigenem Statut zB in OÖ (§ 55 Abs 4), Krnt, NÖ (§ 2 Abs 1 BauO) bzw nach den jeweiligen Stadtstatuten.

Beschwerden wegen Rechtswidrigkeit eines Bescheids (nach Erschöpfung des innergemeindlichen Instanzenzuges, sofern dieser nicht gesetzlich ausgeschlossen ist) sind innerhalb von 4 Wochen (§ 7 Abs 4 VwGVG) bei der belangten Behörde einzubringen. Ergeht keine Berufungsvorentscheidung oder wird gegen diese binnen zwei Wochen ein Vorlageantrag nach § 15 VwGVG gestellt, ist das **Verwaltungsgericht des jeweiligen Bundeslandes** zur Entscheidung über die Beschwerde zuständig.

Verwaltungsstrafsachen, Verwaltungsvollstreckung und **Enteignungen** fallen nach der Rsp des VfGH nicht in den eWb der Gemeinden. Sie werden länderweise verschieden zumeist von den staatlichen Behörden (BVB), zu einem geringeren Teil von den Gemeinden im üWb* besorgt (zB § 8 Abs 8 Bgld für die Festsetzung von Entschädigungen).

Weiters ist zu beachten, dass tw – iZm **konzentrierten Genehmigungsverfahren*** – **abweichende Zuständigkeiten** festgelegt werden: Vgl § 39 UVP-G (LReg) bei umweltrelevanten Vorhaben (zB Kraftwerksbauten, Industrie- oder Gewerbeparks, Einkaufszentren; → *Umweltverträglichkeitsprüfung*) und § 38 AWG 2002.

2. Verfahren

Auf das Verfahren vor den Baubehörden finden das AVG, das VStG und das VVG Anwendung (Art I EGVG). Die allgemeinen Verfahrensbestimmungen werden insb durch folgende Besonderheiten ergänzt oder abgeändert:

- **konzentriertes** Genehmigungsverfahren* insb bei Abfallbehandlungsanlagen (§ 38 AWG 2002) oder umweltrelevanten Vorhaben (§ 3 Abs 3 UVP-G; → *Umweltverträglichkeitsprüfung*);
- Sonderregelungen über die **mündliche Verhandlung, Parteistellung** von Nachbarn und **nachträgliche Einwendungen** in den einzelnen BauO unter Berücksichtigung des § 82 Abs 7 AVG (s V.3.e);
- Erfordernis der **Schriftlichkeit** für Ansuchen und Bescheide;
- kürzere **Fristen** für die Bescheiderlassung abweichend von § 73 AVG etwa nach § 18 Abs 9 Bgld oder § 5 Abs 2 NÖ (drei Monate für die Entscheidung über einen Baubewilligungsantrag), § 24 Krnt (vier Monate für die Erteilung der Baubewilligung im vereinfachten Verfahren), § 10 Abs 8 sbg BauPolG (drei Monate für die Entscheidung über die Bewilligung im vereinfachten Verfahren);
- Normierung von **Nichtigkeitsgründen** (§ 68 Abs 4 Z 4 AVG) etwa in § 25 Krnt, § 23 Abs 9 NÖ oder § 137 Wien;
- Normierung eines **Wiederaufnahmegrundes** im vereinfachten Bewilligungsverfahren nach § 70a Abs 10 Wien;
- in OÖ ist bei **bestimmten** bewilligungspflichtigen Bauvorhaben auch die **Umweltanwaltschaft** als Partei zur Bauverhandlung zu laden (§ 32 Abs 2);
- in OÖ bestehen noch weitere Sonderbestimmungen: Nach § 56 BauO haben in den Angelegenheiten dieses Landesgesetzes Bescheidbeschwerden

keine aufschiebende Wirkung, wenn durch den angefochtenen Bescheid eine Berechtigung eingeräumt wird. Die Behörde hat jedoch auf Antrag der Partei unter bestimmten Voraussetzungen die aufschiebende Wirkung mit Bescheid zuzuerkennen. Nach der jüngsten Rsp des VfGH bestehen gegen diese Sonderregelung keine verfassungsrechtlichen Bedenken (VfGH 12.03.2015, E 58/2015).

- Das oö Landesverwaltungsgerichts-VorbereitungsG enthält **eigene Legaldefinitionen** für alle oö LandesG: Nach § 6a umfasst der Begriff **„Bescheid"** auch Erkenntnisse, mit denen das VwG oder der VwGH in der Sache selbst entschieden haben. Nach § 6b bedeutet der Begriff **„Rechtskraft"**, dass der betreffende Bescheid einer Beschwerde nach Art 130 Abs 1 Z 1 B-VG nicht oder nicht mehr unterliegt, bzw wenn es sich um eine Angelegenheit des eWb der Gemeinde handelt, dass der betreffende Bescheid einer Berufung nicht oder nicht mehr unterliegt.

Georg Lienbacher

Grundverkehrsrecht

Rechtsgrundlagen

Kompetenzgrundlagen

Art 10 Abs 1 Z 6 B-VG („Zivilrechtswesen mit Ausschluss von Regelungen, die den Grundstücksverkehr für Ausländer und den Verkehr mit bebauten und zur Bebauung bestimmten Grundstücken verwaltungsbehördlichen Beschränkungen unterwerfen, einschließlich des Rechtserwerbs von Todes wegen durch Personen, die nicht zum Kreis der gesetzlichen Erben gehören"); Art VII B-VGNov 1974, BGBl 444/1974 idF I 2/2008 („land- und forstwirtschaftlicher Grundverkehr"); Vereinbarung zwischen dem Bund und den Ländern gemäß Art 15a B-VG über zivilrechtliche Bestimmungen betreffend den Verkehr mit Baugrundstücken, BGBl 260/1993 idF I 43/2009; Art 15 Abs 9 B-VG (Straf- und Zivilrechtskompetenz der Länder).

Verfassungsrechtliche Bezüge

Art 5 StGG iVm Art 1 1. ZPEMRK (Eigentumsschutz); Art 6 StGG (Liegenschaftserwerbsfreiheit); Art 2 StGG iVm Art 7 B-VG (Gleichheitssatz); Art 4 StGG (Freizügigkeit); Art 6 EMRK (Verfahrensgarantien).

Europarechtliche Bezüge

Art 18 AEUV (Diskriminierungsverbot); Art 21 AEUV (Freizügigkeit) Art 45 ff AEUV (Freizügigkeit der Arbeitnehmer); Art 49 ff AEUV (Niederlassungsfreiheit); Art 56 ff AEUV (Dienstleistungsfreiheit); Art 63 ff AEUV (Kapitalverkehrsfreiheit); Art 345 AEUV (Eigentumsordnung); Art 70 EU-Beitrittsakte (EU-Beitrittsvertrag), BGBl 45/1995 (Übergangsfrist betreffend Freizeitwohnsitze); Erklärung Nr 5, die der Schlussakte des Beitrittsvertrages mit dem Titel „Gemeinsame Erklärung zu Zweitwohnungen" angefügt ist (BGBl 45/1995); VO (EU) 492/2011 über die Freizügigkeit der Arbeitnehmer innerhalb der Union, ABl 2011 L 141/1; RL 2004/38/EG des Europäischen Parlaments und des Rates vom 29. April 2004 über das Recht der Unionsbürger und ihrer Familienangehörigen, sich im Hoheitsgebiet der Mitgliedstaaten frei zu bewegen und aufzuhalten, ABl 2004 L 158/77 idF ABl 2011 L 141/1.

EWR-Recht: Art 1 iVm Anhang I und Art 6 Abs 4 KapitalverkehrsRL 88/361/EWG ABl 1988 L 178/5; Art 4, 28, 31, 32, 33, 34, 36, 39, 40, Anhang VII, VIII, Anhang XII Punkt 1 lit d und e des EWRA, BGBl 909/1993 idF III 46/2012.

Völkerrechtliche Bezüge

In zahlreichen Abkommen finden sich weitere Regelungen, die bestimmte Personen(gruppen) beim Erwerb von unbeweglichem Vermögen Österreichern gleichstellen bzw privilegieren. Es kann grob unterschieden werden zwischen Bestimmungen in Freundschafts-, Handels- und Schifffahrtsverträgen und Bestimmungen in Amtssitzabkommen.

Bestimmungen in Freundschafts-, Handels- und Schifffahrtsverträgen: Freundschaftsvertrag Österreich-USA, BGBl 192/1931, Art 1; Freundschafts- und Niederlassungsvertrag zwischen Österreich und Iran, BGBl 45/1966, Art 8, 14; Vertrag zwischen Österreich und der UdSSR, BGBl 193/1956, vorläufige Weiteranwendbarkeit zwischen Österreich und Russland BGBl 257/1994, Art 1, bis zur Ersetzung durch das Abkommen zwischen Österreich und der Russischen Föderation BGBl 567/1995. Entsprechende Bestimmungen aus bilateralen Verträgen mit Mitgliedstaaten der EU wie zB Dänemark (BGBl 42/1929), Niederlande (BGBl 299/1930 idF 714/1992) oder Schweden (BGBl 208/1934) sind infolge des Beitritts Österreichs zur EU materiell gegenstandslos geworden. Eine Inländergleichbehandlung beim Rechtserwerb von Todes wegen sahen Verträge mit Jugoslawien (BGBl 224/1955, Art 29), Ungarn (BGBl 306/1967, Art 3) und Polen (BGBl 79/1974, Art 36) vor. Die Abkommen mit Polen und Ungarn wurden infolge des vollen Wirksamwerdens des EU-Beitritts materiell gegenstandslos. Der Vertrag mit Jugoslawien wurde im Zuge der Staatennachfolge seitens Kroatiens und Sloweniens übernommen, ist seit Wirksamwerden des EU-Beitritts von Kroatien und Slowenien materiell gegenstandslos.

Bestimmungen in Amtssitzabkommen: Abkommen Österreichs mit der IAEO, BGBl 82/1958 idF 413/1971, BGBl III 37/1999, Art VII Abschnitt 16 lit b, Art XV Abschnitt 38 lit h; Wiener Übereinkommen über diplomatische Beziehungen, BGBl 66/1966, Art 21, 31; Wiener Übereinkommen über konsularische Beziehungen, BGBl 318/1969, Art 30, 43; Abkommen Österreichs mit der OPEC, BGBl 382/1974 idF III 108/2010, Art 7 lit b, 22 lit g; Abkommen zwischen dem Generalkommissär des Hilfswerks der Vereinten Nationen für Palästinaflüchtlinge im Nahen Osten und der österreichischen Bundesregierung über Privilegien und Immunitäten des Hauptquartiers in Wien, BGBl 466/1978; Abkommen zwischen der Republik Österreich und dem OPEC-Fonds für internationale Entwicklung über den Amtssitz des Fonds, BGBl 248/1982, Art 7 lit b, 22 lit g; Abkommen zwischen der Republik Österreich und der Kommission der Europäischen Gemeinschaften über die Errichtung sowie die Privilegien und Immunitäten der Delegation der Kommission der Europäischen Gemeinschaften in der Republik Österreich, BGBl 37/1988, Art 2, vor dem Hintergrund des österr EU-Beitritts tw überholt; Abkommen Österreichs mit der Europäischen Patentorganisation, BGBl 672/1990, Art 14 Abs 1 lit f; Abkommen Österreichs mit der Weltorganisation für geistiges Eigentum über den Sitz des Internationalen Registeramts für audiovisuelle Werke, BGBl 405/1992, Art 13 Abs 1 lit h; Abkommen zur Errichtung der Welthandelsorganisation (WTO-Abkommen), BGBl 1/1995 idF I 2/2008, Anhang 1B Teil I Art I, Teil II Art II, Teil III Art XVII, Teil IV Art XX; Abkommen Österreichs mit dem Joint Vienna Institute, BGBl III 187/1997, Art 2 lit b, 14 Abs 1 lit h; Abkommen Österreichs mit der Vorbereitenden Kommission für die Organisation des Vertrages über das umfassende Verbot von Nuklearversuchen, BGBl III 188/1997, Art IX Abschnitt 23 lit b, Art XV Abschnitt 45 lit f; Abkommen

Österreichs mit der UNO, BGBl III 99/1998, Art II Abschnitt 2, 3, 37 lit l; Abkommen Österreichs mit der UNIDO, BGBl III 100/1998, Art II Abschnitt 2, 3, Art XII Abschnitt 37 lit l; Abkommen zwischen der Republik Österreich und dem Internationalen Zentrum für Migrationspolitikentwicklung (ICMPD), BGBl III 145/2000, Art 2 lit b, Art 14 lit h; Amtssitzabkommen zwischen der Republik Österreich und der Agentur der Europäischen Union für Grundrechte, BGBl III 10/2011, Art 2, Art 4 Abs 1 lit a; Abkommen zwischen der Republik Österreich und der Internationalen Kommission zum Schutz der Donau, BGBl III 227/2001, Art 2 lit b, 16 Abs 1 lit h; Abkommen zwischen der Republik Österreich und der Internationalen Anti-Korruptionsakademie (IACA) über den Amtssitz der Internationalen Anti-Korruptionsakademie in Österreich BGBl III 100/2012, Art 5, Art 14 Abs 1 lit h; Abkommen zwischen der Republik Österreich und dem ständigen Sekretariat des Übereinkommens zum Schutz der Alpen über dessen Amtssitz, BGBl III 5/2004, Art 2 lit b, Art 14 Abs 1 lit h; Abkommen zwischen der Republik Österreich und der Internationalen Kriminalpolizeilichen Organisation (ICPO-INTERPOL) über den Amtssitz der Interpol Anti-Korruptionsakademie in Österreich, BGBl III 65/2008, Art 2 Abs 1 lit b, Art 14 Abs 1 lit h; Übereinkommen über die Errichtung des Joint Vienna Institute, BGBl III 95/2004 idF III 13/2014, Art 3 lit b, Art 4; Abkommen zwischen der Republik Österreich und der Energiegemeinschaft über den Sitz des Sekretariats der Energiegemeinschaft, BGBl III 87/2007, Art 2 lit b, Art 3, Art 4, Art 14 Abs 1 lit h; Abkommen zwischen der Republik Österreich und der Internationalen Bank für Wiederaufbau und Entwicklung, der Internationalen Finanz-Corporation und der Multilateralen Investitions-Garantie Agentur über die Einrichtung von Verbindungsbüros in Wien, BGBl III 23/2011, Art 2 lit b, Art 3, Art 4, Art 7, Art 14 Abs 1 lit h; Übereinkommen zur Errichtung der Internationalen Anti-Korruptionsakademie als Internationale Organisation, BGBl III 22/2011, Art 1 Abs 3 lit b.

Gesetze und sonstige Rechtsgrundlagen

Grundverkehrsgesetze der Länder: bgld LGBl 25/2007 idF 26/2014; krnt LGBl 9/2004 idF 85/2013; krnt Zweitwohnsitzabgabegesetz, LGBl 84/2005 idF 85/2013; nö LGBl 6800-0 idF 96/2015; oö LGBl 88/1994 idF 90/2013; sbg LGBl 9/2002 idF 70/2015; stmk LGBl 134/1993 idF 47/2015; tir LGBl 61/1996 idF 95/2016; vlbg LGBl 42/2004 idF 44/2013; vlbg Zweitwohnsitzabgabegesetz, LGBl 87/1997 idF 27/2015; wr LGBl 11/1998 idF 33/2013.

Vereinbarung zwischen dem Bund und den Ländern gemäß Art. 15a B-VG über zivilrechtliche Bestimmungen betreffend den Verkehr mit Baugrundstücken, BGBl 260/1993 idF BGBl I 43/2009.

Verordnungen: Zu den GVG wurden inzwischen zahlreiche Verordnungen erlassen, die zB Regelungen betreffend Grundverkehrskommissionen, Regelungen über die Abgabe von (Nutzungs-)Erklärungen oder zB Festlegungen bestimmter Gebiete, für die Regelungen der GVG anzuwenden sind, enthalten.

Literaturauswahl

Monografien – Kommentare

Bock, Grundverkehrsrecht in Österreich (1998); *Fischer/Lukas*, Handbuch zum oberösterreichischen Grundverkehrsgesetz (1999); *Fuith*, Tiroler Grundverkehrsgesetz[5] (2013);

Funk (Hrsg), Grundverkehrsrecht. Institutionen – Funktionen – Beziehungen zum Gemeinschaftsrecht (1996); *Hummer/Schweitzer*, Ausverkauf Österreichs? Ausländergrundverkehr und EWG (1990); *König*, Der Zweitwohnsitz im österreichischen Recht (2013); *König*, Immobilienerwerb in Österreich. Umsetzung der europarechtlichen Bestimmungen in der Praxis (2012); *Lienbacher ua* (Hrsg), Die Grundverkehrsgesetze der österreichischen Bundesländer[2] (39. Lfg 2016); *Pachler/Uhl*, Grundverkehrsrecht für die Praxis (2011); *Rebhahn* (Hrsg), Kärntner Raumordnungs- und Grundverkehrsrecht (1996); *Schneider*, Handbuch österreichisches Grundverkehrsrecht (1996).

Beiträge

Bachlechner, Liegenschaftserwerb und Kapitalverkehrsfreiheit, ZEuS 1998, 519; *Batlogg*, Die Hobbylandwirte im Grundverkehrsrecht, AnwBl 2006, 188; *Bittner*, Die Privatstiftung im Grundverkehrsrecht, in FS Torggler (2013) 99; *Eilmansberger*, Baugrundverkehr im Europarecht, ecolex 1993, 5; *Eilmansberger/Lienbacher*, Verfassungsrechtliche und europarechtliche Determinanten für die Regelung des Verkehrs mit Baugrundstücken durch die Landesgesetzgeber, in Jahrbuch der Universität Salzburg 1989–1991 (1993) 83; *Holzer*, Grundverkehrsrecht, in Norer (Hrsg), Handbuch des Agrarrechts (2005) 493; *Hörtenhuber*, (Ausländer-)Grundverkehr nach dem EU-Beitritt, ZfRV 1995, 221; *Herzig*, Grundbuch und EU-Ausländer Anmerkung zu OGH 24.10.2006, 5 Ob 212/06x, wbl 2007/83, 194; *Holzer*, Grundverkehrsrecht, in Norer (Hrsg), Handbuch des Agrarrechts[2] (2012) 673; *Hopp*, EuGH-Verbot der Selbstbewirtschaftungspflicht beim „Grünen Grundverkehr", ecolex 2004, 74; *Kalss*, Gesellschaftsrechtliche Implikationen des Grundverkehrsrechts, WoBl 1996, 1, 45; *Khakzadeh*, Grundverkehrsbehördliche Genehmigung von Rechtserwerben an landwirtschaftlichen Grundstücken, ÖJZ 2005, 281; *Knapp*, Diskriminierende Grunderwerbsbeschränkungen in der EU, EWS 1999, 409; *Korinek*, Grundrechte und administrative Beschränkungen des Liegenschaftsverkehrs, ZfV 1992, 8; *Lienbacher*, Freizügigkeit der Arbeitnehmer und Zugang zu Wohnmöglichkeiten, WoBl 1998, 321; *Lienbacher*, Grundverkehr und Raumplanung – Zusammenhänge und Wechselwirkungen, ZfV 1996, 331; *Lienbacher*, Sinn und Unsinn von Durchbrechungen verwaltungsgerichtlicher Kontrolle – ein Beispiel, in FS Raschauer (2008) 149; *Lukan/Pürgy*, Entwicklungen im Landesrecht 2012, in Baumgartner (Hrsg), Jahrbuch Öffentliches Recht 2013, 477; *Neugebauer/Steineder*, Grundverkehrsrecht, in Pürgy (Hrsg), Das Recht der Länder II/2 (2012) 305; *Raschauer B./Wessely*, Besonderes Verwaltungsrecht[4] 185; *Rill*, Aktuelle Fragen der Bodenordnung in Österreich, JBl 1994, 242; *Schön*, Salzburger Grundverkehr, NZ 2011, 1; *Schneider*, Die „Konle"-Entscheidung des EuGH und ihre Auswirkungen auf das österreichische Grundverkehrsrecht, ZfV 2000/16; *Schneider*, Zur Rechtsnatur grundverkehrsbehördlicher Negativbestätigungen, NZ 2004/6; *Semper*, Der Ausländer-Grundverkehr im Share-Deal, ecolex 2010, 608; *Walzel von Wiesentreu*, Rechtsfragen des Erwerbes von Eigentumsanteilen an Hotelanlagen in Kärnten, ÖImmZ 2004, 209, 237, 257; *Walzel von Wiesentreu*, Ausländergrundverkehr in Österreich, RFG 2009, 100; *Walzel von Wiesentreu*, Der Erwerb von Wohnungseigentum durch Ausländer, immolex 2013, 198; *Walzel von Wiesentreu*, Ausländergrundverkehr in Österreich, RFG 2009/23 (100).

Rechtsprechung

VfSlg 2658/1954 (Kompetenzfeststellung – land- und forstwirtschaftlicher Grundverkehr); VfSlg 5521/1967, 5534/1967 (Kompetenz zur Regelung des Ausländergrundstücksverkehrs); VfSlg 7838/1976, 10921/1986 uvam (land- und forstwirtschaftliche Grundstücke); VfSlg 11.777/1988 („Verkehr" – Umfang des Kompetenzbegriffes); VfSlg 14.701/1996 (Liegenschaftsverkehrsfreiheit – Verletzung durch generelles Freizeitwohnsitzerwerbsverbot); VfSlg 14.422/2004 (Inländerdiskriminierung beim Grundverkehr); VfSlg 17.855/2006 (Gebot der mündlichen Verhandlung, Art 6 EMRK; Anwendbarkeit der Verwaltungsverfahrensgesetze); VfSlg 18.226/2007 (Inländerdiskriminierung); VfSlg 18.656/2008 (Selbstbewirtschaftungspflicht und Inländerdiskriminierung); VfSlg 18.467/2008 (Aufhebung des Erfordernisses der „Multifunktionalität" als kompetenzwidrig); VfSlg 18.639/2008 (keine ausreichende Determinierung der Behördenzuständigkeit); VfSlg 18.825/2009 (Erbschaftskauf als der grundverkehrsbehördlichen Zustimmung bedürftiges Rechtsgeschäft); VfSlg 19.029/2010 (fehlende Übergangsregelung keine verfassungswidrige Regelungslücke); VfSlg 19.427/2011 (Kompetenzwidrigkeit der Genehmigungspflicht von originärem Eigentumserwerb); VfGH 12.06.2012, B 528/11 (Versagung der grundverkehrsbehördlichen Zustimmung mangels Landwirteigenschaft zugunsten eines Aufstockungsinteressenten); VfGH 22.02.2013, B 1116/12 (Versagung der grundverkehrsbehördlichen Genehmigung in einem Zwangsversteigerungsverfahren wegen vorhandenem Interessenten); VfGH 07.06.2013, B 656/2012 (Versagung der grundverkehrsbehördlichen Genehmigung im Wege einer Zwangsversteigerung wegen eines den ortsüblichen Verkehrswert erheblich übersteigenden Zuschlagspreises); VfSlg 19.783/2013 (keine Aufhebung von Bestimmungen des Tiroler Grundverkehrsgesetzes über den „grünen Grundverkehr"); VfSlg 19.817/2013 (Keine Bedenken gegen das System der Interessentenregelung wegen Inländerdiskriminierung); VfGH 06.06.2014, B 773/2012 (Verletzung im Gleichheitsrecht; unzulässiger Verzicht auf den Nachweis der Weitergabe an Landwirte durch die Nö Grunderwerbsgenossenschaft); VfGH 22.09.2014, B 1269/2013 (keine Verfassungsverletzung durch Nichtberücksichtigung einer Interessentenmeldung wegen zu geringen Gebotes); VfGH 26.11.2015, G 191/2015 (Kompetenzwidrigkeit der Bestimmung, betreffend originären Rechtserwerbs).

VwGH 26.01.2001, 2000/02/0230, 12.05.2005, 2003/02/0096 ua (Aufgabe des grundverkehrsbehördlichen Verfahrens; Wahrung öffentlicher Interessen ausschließlich Aufgabe der Grundverkehrsbehörden); VwGH 27.01.2012, 2010/02/0096 (Grundverkehrsbehörde kann Rechtsgeschäft nur zur Gänze genehmigen oder versagen); VwGH 12.07.2012, 2008/02/0144 (Art 56 EGV, Kapital selbst, nicht aber der Kapitalleistende oder -empfänger wird von Beschränkungen befreit); VwGH 24.11.2014, 2013/02/0223 (alleine aufgrund des Bezuges von Arbeitslosengeld kann noch nicht auf eine Freizeitnutzung eines Objektes geschlossen werden); VwGH 30.09.2015, Ra 2014/06/0026 (der Begriff der Verwendung eines Freizeitwohnung ist in zeitlicher Hinsicht nicht punktuell, sondern durchgängig zu verstehen); VwGH 15.03.2016, Ra 2015/02/0246 (Parteien des grundverkehrsbehördlichen Verfahrens sind die Parteien des von der Grundverkehrsbehörde zu beurteilenden Vertrages); VwGH 17.03.2016, Ro 2016/11/0001 (subjektiv-öffentliche Abwehrrechtsposition in Ansehung des Versagungsgrundes, zur Qualifikation als Landwirt ist zumindest tw Selbstbewirtschaftung unabdingbar); VwGH 27.04.2016, Ro 2014/05/0040 (für die Frage der Widmung ist nicht auf das GVG abzustellen).

OGH 24.10.2006, 5 Ob 212/06x (Kapitalverkehrsfreiheit- Verstoß durch „Nachweismodell"); OGH 29.10.2004, 5 Ob 58/04x ua (Vorrang des Unionsrechts, insb Art 56 EG vor entgegenstehendem Landesrecht); OGH 17.01.2012, 5 Ob 234/11i (keine Eintragung des genehmigungspflichtigen Rechtserwerbs ohne Vorlage der Urkunden, die das landesgesetzliche Grundverkehrsrecht normiert); OGH 24.04.2013, 9 Ob 4/13y (Käufer kann vor grundverkehrsrechtlicher Genehmigung keine Übergabe der Liegenschaft begehren);

OGH 08.10.2013, 3 Ob 180/13m (Rückabwicklung bei Zwangsversteigerungen nach GVG); OGH 29.04.2014, 9 Ob 18/14h (Umgehung einer grundverkehrsbehördlichen Genehmigung), OGH 25.09.2015, 5 Ob 154/15f (bei Scheidung keine grundverkehrsrechtlichen Beschränkungen für Vermögensaufteilung eines Zweitwohnsitzes).

EuGH 01.06.1999, C-302/97 (Konle/Österreich) (Kapitalverkehrsfreiheit – Unzulässigkeit des Genehmigungsmodells); EuGH 01.07.2000, C-423/1998 (Albore/Italien) (Erwerb eines Grundstücks in einem anderen Mitgliedstaat fällt unter Kapitalverkehrsfreiheit); EuGH 05.03.2002, C-515/99 (Reisch u.a.) (Beschränkungsverbot – Anmelde- und Genehmigungssysteme); EuGH 15.05.2003, C-300/01 (Salzmann/Österreich) (Vorab-Genehmigungsmodell mit Kapitalverkehrsfreiheit nicht vereinbar); EuGH 23.09.2003, C-452/01 (Margarethe Ospelt und Schlössle Weissenberg Familienstiftung) (zulässiger Genehmigungsvorbehalt im land- und forstwirtschaftlichen Grundverkehr; Verbot eines ausschließlichen Selbstbewirtschaftungsgebotes); EuGH 01.12.2005, C-213/04 (rückwirkende Rechtsunwirksamkeit des Grundverkehrsgeschäftes infolge bloß verspäteter Abgabe der Erklärung verletzt die Kapitalsverkehrsfreiheit); EuGH 25.01.2007, C-370/05 (Festersen) (Kapitalsverkehrsfreiheit – Wohnsitzerfordernis als unzulässige Voraussetzung für den Erwerb landwirtschaftlicher Grundstücke); EuGH 24.06.2011, C-476/10 (projektart) (Kapitalverkehrsfreiheit und Zweitwohnsitzerwerb durch EWR-Staatsangehörige).

I. Regelungsgegenstand und -ziele

Gegenstand des Grundverkehrsrechts ist die Kontrolle des Bodenmarktes durch staatliche Behörden, die durch verwaltungsbehördliche Maßnahmen (Genehmigungsvorbehalte, Anzeigepflichten, Erklärungspflichten) für bestimmte Grundstückstransaktionen ausgeübt wird. Wird die Genehmigung versagt, ist das zivilrechtliche Rechtsgeschäft unwirksam und kann nicht ins Grundbuch eingetragen werden bzw es ist nichtig und muss rückabgewickelt werden. Werden im Anzeige- bzw im Erklärungsverfahren Rechtswidrigkeiten begangen, führt dies neben verwaltungsstrafrechtlichen Konsequenzen zur Nichtigkeitsklage und in der Folge zur Löschung der vorgenommenen Eintragung des Rechtserwerbs im Grundbuch bzw zu Rückabwicklungen und zu Zwangsversteigerungen. Im Wesentlichen gehen die bestehenden grundverkehrsrechtlichen Regelungen von drei Zielen aus:

- Erstes und ältestes Regelungsziel ist die **Erhaltung, Stärkung oder Schaffung eines lebensfähigen Bauernstandes** (Art VII B-VGNov 1974). Lange Zeit war der land- und forstwirtschaftliche Grundverkehr überhaupt der Hauptanwendungsbereich für grundverkehrsrechtliche Regelungen.
- Das zweite Regelungsziel will eine **„Überfremdung" des Eigentums an Grund und Boden verhindern** (Ausländergrundstücksverkehr). Den Anknüpfungspunkt bildet die Ausländereigenschaft des Erwerbers. Die Staatsbürgerschaft des Veräußerers spielt keine Rolle (VwSlg 9715 A/1979). Da die Ausländergrundstücksverkehrsbestimmungen wegen des europarechtlichen Diskriminierungsverbots auf EU-/EWR-Bürger* nicht mehr anwendbar sind, ist die Bedeutung dieses Regelungsbereiches stark gesun-

ken. Solche Regelungen beziehen sich daher nur mehr auf Fremde, die nicht EU-/EWR-Bürger sind (Drittstaatsangehörige). Darüber hinaus sind aufgrund von völkerrechtlichen Verträgen bestimmte Personen(gruppen) (zB Angestellte der IAEO, UNIDO) beim Erwerb von unbeweglichem Vermögen Österreichern gleichgestellt oder aufgrund von bilateralen (Freundschafts-)Verträgen begünstigt. Für nicht begünstigte Ausländer werden Genehmigungen des Grundstückerwerbs in den GVG der Länder von staatspolitischen, kulturellen, sozialen oder volkswirtschaftlichen Interessen abhängig gemacht. Damit wurden die bis zu Beginn der neunziger Jahre bestehenden Bestimmungen, die sich mit dem „Überfremdungstatbestand“ für die Untersagung des Grunderwerbs durch Ausländer begnügten, verschärft.

- Das dritte und jüngste Regelungsziel ist die **Sicherung einer sinnvollen Ausnutzung des Siedlungsraumes und die Verhinderung einer spekulativen Baulandhortung** (Baugrundstücksverkehr – Verkehr mit bebauten oder zur Bebauung bestimmten Grundstücken). Dabei soll im Hinblick auf die Bodenknappheit dem Bedarf nach Baugrundstücken für **Wohn- und Betriebszwecke** der **Vorrang** vor anderen Nutzungen, insb jener zu Freizeitzwecken (**Freizeitwohnsitz**), gegeben werden. Weiters soll damit auch die Sicherung einer der → *Raumordnung* entsprechenden Nutzung von Grund und Boden erreicht werden. Hintergrund dieser Regelungsziele war auch, einen „Ausverkauf der Heimat“ im Zuge des EU-Beitritts bzw der Schaffung des EWR zu verhindern.

II. Verfassungsrechtliche Bezüge

1. Kompetenzrechtliche Bestimmungen

Die zersplitterte kompetenzrechtliche Situation im Grundverkehrsrecht kennt einerseits **drei Länderkompetenzbereiche** (land- und forstwirtschaftlicher Grundverkehr, Ausländergrundstücksverkehr und Baugrundstücksverkehr), andererseits den Rest des Grundverkehrs, der in den Kompetenzbegriff „Zivilrechtswesen“ nach Art 10 Abs 1 Z 6 B-VG fällt und damit **Bundeskompetenz** in Gesetzgebung und Vollziehung ist.

Der VfGH hat in einem Kompetenzfeststellungserkenntnis (Art 138 Abs 2 B-VG) unter Anwendung des Versteinerungsprinzips* entschieden, dass Regelungen im Interesse der Erhaltung, Stärkung oder Schaffung eines lebensfähigen Bauernstandes (**land- und forstwirtschaftlicher Grundverkehr**) nicht in den Bereich des Kompetenztatbestandes „Zivilrechtswesen“ (Art 10 Abs 1 Z 6 B-VG) fallen, sondern Landessache in Gesetzgebung und Vollziehung gem Art 15 Abs 1 B-VG sind (VfSlg 2658/1954). Dies wurde in Art VII der B-VGNov 1974, BGBl 444/1974 vom Verfassungsgesetzgeber bestätigend festgeschrieben. Im Erkenntnis VfSlg 18.467/2008 hat der VfGH das im bgld Grundverkehrsgesetz 2007 normierte Erfordernis der „Multifunktionalität“ als kompetenzwidrig aufgehoben, weil diese keine unerlässliche Voraussetzung für einen lebensfähigen Bauernstand sei. Die „ökologische Verträglichkeit“ hat der Gerichtshof hingegen als Umschreibung einer wesentlichen Voraussetzung für die Erhaltung, Stärkung oder Schaffung eines lebensfähigen Bauernstandes für zulässig erachtet.

Im Zuge älterer Gesetzesprüfungsverfahren stellte der VfGH fest, dass landesgesetzliche Regelungen betreffend den Ausländergrunderwerb als Bestandteil des Kompetenztatbestandes „Zivilrechtswesen“ in die Regelungskompetenz des Bundes fallen (VfSlg 5521/1967, 5534/1967). Der Verfassungsgesetzgeber hat darauf reagiert und Regelungen, die den **Grundstücksverkehr für Ausländer** verwaltungsbehördlichen Beschränkungen unterwerfen, aus der „Zivilrechtswesenskompetenz“ des Bundes herausgenommen und den Ländern zugeschlagen (Art 10 Abs 1 Z 6 B-VG idF BVG BGBl 27/1969).

Mit den Argumenten eines angespannten Bodenmarktes und spekulativer Baulandhortung und dem drohenden „Ausverkauf der Heimat“ als vermutete Folge des EWR- bzw des EU-Beitritts forderten die Länder Ende der 1980er Jahre die Übertragung der gesamten Grundverkehrskompetenz. Durch die B-VGNov BGBl 276/1992 wurde Art 10 Abs 1 Z 6 B-VG geändert und die Kompetenz der Länder auf **„den Verkehr mit bebauten oder zur Bebauung bestimmten Grundstücken“** ausgedehnt. Dieser verfassungsrechtliche Begriff ist weit auszulegen. Er lässt sich nicht auf die in den ROG der Länder und in den FWP vorgesehene Widmungskategorie „Bauland“ beschränken. Er umfasst vielmehr alle Flächen, die ihrer Widmung* nach bereits bebaut oder zur Bebauung bestimmt sind, gleichgültig, welche spezifische Widmungskategorie in den raumordnungsrechtlichen Vorschriften dies vorsieht (auch bebaute Flächen in der Widmungskategorie „Grünland“ oder „Sonderfläche“ fallen darunter). Der kompetenzrechtliche Begriff ist unabhängig von einfachgesetzlichen Regelungen autonom auszulegen. Die Landesgesetzgeber hätten es andernfalls in der Hand, den Kompetenzumfang zur Gänze selbst zu bestimmen.

Eine **Art 15a B-VG Vereinbarung** (Gliedstaatsvertrag*) zwischen Bund und Ländern mit **einheitlichen zivilrechtlichen Bestimmungen** betreffend den Verkehr mit Baugrundstücken schränkt die Zivil- und Strafrechtskompetenz der Länder gem Art 15 Abs 9 B-VG ein (BGBl 260/1993 idF I 43/2009). Der inzwischen außer Kraft getretene Art II Abs 2 B-VGNov 1992, BGBl 276/1992, sah noch eine Erstreckung der Anwendung auf land- und forstwirtschaftlichen Grundverkehr sowie auf den Ausländergrundverkehr vor. Zivilrechtliche Regelungen in den GVG dürfen dieser Vereinbarung nicht widersprechen (s IV.5.). Durch die Vereinbarung sollen einheitliche Regelungen für die Abwicklungen im Grundbuchsverfahren, im Zwangsversteigerungsverfahren, bei der freiwilligen Feilbietung und bei der Feststellungsklage geschaffen werden.

Die Kompetenz der Länder zur gesetzlichen Regelung der Bereiche „Baugrundstücksverkehr" und „Ausländergrundstücksverkehr" umfasst auch den **Rechtserwerb von Todes wegen durch Personen, die nicht zum Kreis der gesetzlichen Erben gehören** (Art 10 Abs 1 Z 6 B-VG).

Kompetenzwidrig sind landesgesetzliche Regelungen im Hinblick auf den Begriff „Verkehr", soweit sie über den rechtsgeschäftlichen Verkehr (zweiseitige Rechtsgeschäfte) hinaus verwaltungsbehördliche Beschränkungen für originären Eigentumserwerb (Okkupation, Dereliktion, Ersitzung, Anwachsung) oder einseitige Rechtsgeschäfte (zB die Auslobung oder die letztwillige Verfügung) in den genannten drei Bereichen vorsehen. Diese sind vom kompetenzrechtlichen Begriff „Verkehr" in Art 10 Abs 1 Z 6 B-VG und Art VII B-VGNov 1974, BGBl 444/1974 nicht erfasst (VfSlg 11.777/1988; vgl zB den mittlerweile aufgehobenen § 4 Abs 2 lit b Tir idF BGBl I 60/2009, VfSlg 19.427/2011 und VfGH 26.11.2015, G 191/2015). Problematisch sind in diesem Zusammenhang auch weite Formulierungen in den GVG, die den „Erwerb" von bestimmten Rechten der Genehmigungspflicht unterwerfen. Damit ist der originäre Erwerb, der Erwerb durch einseitige und durch zweiseitige Rechtsgeschäfte erfasst (vgl zB § 7 Bgld; § 7 OÖ). Nur Regelungen des Erwerbs durch zweiseitige Rechtsgeschäfte sind kompetenzrechtlich zulässig. Der VfGH hat § 4 Abs 2 lit b tir GrundverkehrsG 1996 als kompetenzwidrig aufgehoben, weil er die Rechtsfolgen des Eintritts eines originären Eigentumserwerbs (etwa durch Ersitzung) regelte. Diese Regelung war vom Kompetenztatbestand „Verkehr" nicht gedeckt und konnte auch nicht als akzessorische Regelung zur landesgesetzlichen Hauptregelung angesehen werden (VfSlg 19.427/2011).

Probleme bereitet auch die Ermächtigung zur verwaltungsbehördlichen Beschränkung des Rechtserwerbs von Todes wegen, weil sie am Tatbestandselement „Verkehr" anknüpft. Damit fallen einseitige Rechtsgeschäfte wie insb die letztwillige Verfügung aus der kompetenzrechtlichen Ermächtigung heraus. Bei zweiseitigen Rechtsgeschäften auf den Todesfall handelt es sich aber um Rechtsgeschäfte unter Lebenden, sodass sich die Frage nach dem Anwendungsbereich dieser kompetenzrechtlichen Ermächtigung stellt. Kompetenzwidrig erscheinen daher landesgesetzliche Regelungen, die Rechtserwerbe aufgrund einseitiger Rechtsgeschäfte, wie letztwillige Verfügungen oder Vermächtnisse, verwaltungsbehördlichen Beschränkungen unterwerfen (vgl zB §§ 22 ff Sbg, §§ 39 ff Stmk).

2. Grundrechtliche Bestimmungen

Im Grundrechtsbereich sind die Liegenschaftsverkehrsfreiheit, der verfassungsgesetzlich gewährleistete Eigentumsschutz, aber auch der Schutz der Privatsphäre und die Verfahrensgarantien nach Art 6 EMRK die primären Anknüpfungspunkte, die die Landesgesetzgeber zu beachten haben.

Die **Liegenschaftsverkehrsfreiheit** (Art 6 Abs 1 StGG) richtet sich nach hL „nur" gegen historische Beschränkungen zugunsten bestimmter bevorrechteter Kreise beim Liegenschaftserwerb. Der VfGH ist in jüngerer Zeit von seiner am historischen Sinn orientierten Rsp abgegangen und hat festgehalten, dass Art 6 StGG zwar keinen Gesetzesvorbehalt enthält, dass Eingriffe trotzdem grundsätzlich möglich sind, die Länder aber nicht im Rahmen ihrer Gesetzgebungskompetenz unbeschränkt in den Schutzbereich des Art 6 StGG eingreifen dürfen. Der Wesensgehalt der Liegenschaftsverkehrsfreiheit dürfe nicht ausgehöhlt werden. Ein generelles Verbot des Erwerbs von Zweitwohnsitzen verletzt Art 6 StGG, wenn der Gesetzgeber bei seinen Maßnahmen nicht regional oder sonst in geeigneter Weise differenziert. Der Eingriff (§ 14 Abs 1 und 2 Tir) war insoweit überschießend und daher verfassungswidrig (VfSlg 14.701/1996). Allgemeine Einschränkungen schließt Art 6 StGG aber nicht aus, sofern sie verhältnismäßig sind und dem öffentlichen Interesse dienen. Einschränkungen zugunsten bestimmter bevorrechteter Kreise oder Personengruppen (mit der Ausnahme für die „tote Hand" nach Art 6 Abs 2 StGG) werden durch dieses Grundrecht jedenfalls ausgeschlossen.

Aufgrund des **Eigentumsschutzes** und im Speziellen aufgrund der im Eigentumsrecht fußenden **Privatautonomie** (Art 5 StGG iVm Art 1 1. ZPEMRK) dürfen auch im Bereich des Grundverkehrsrechts nur gesetzliche Einschränkungen getroffen werden, die im öffentlichen Interesse liegen und verhältnismäßig sind. Dadurch werden der staatlichen Steuerung des rechtsgeschäftlichen Verkehrs mit Grund und Boden Grenzen gesetzt. Der durch Art 1 1. ZPEMRK auch den Ausländern gewährleistete Eigentumsschutz lässt darüber hinaus eine Bevorzugung von Inländern nur aus objektiven Gründen und in verhältnismäßiger Weise zu. Bedenklich sind daher Regelungen, die auf einen Nachweis eines bestimmten kulturellen, sozialen oder volkswirtschaftlichen Interesses beim Grunderwerb durch einen Ausländer abstellen. Grundrechtskonform sind Regelungen, die diesbezügliche Beschränkungen nur im öffentlichen Interesse vorsehen. Zulässig sind auch eine „Positivplanung", die verpflichtet, ein Grundstück nach der festgelegten Nutzungsart auch tatsächlich zu nutzen (→ *Raumordnungsrecht*) und die damit verbundenen Eigentumsbeschränkungen, soweit die Mangelsituation dies erfordert und die Ausgestaltung verhältnismäßig erfolgt. Verfassungswidrig erscheinen nicht hinreichend differenzierende Nutzungspflichten oder überschießende Durchsetzungsinstrumentarien (zB eine sofortige Zwangsversteigerung).

Die **Verfahrensgarantien des Art 6 EMRK** sind insoweit betroffen, als es sich bei derartigen Genehmigungsvorbehalten beim Grundstückserwerb um Eingriffe in den sog „Kernbereich" der civil rights handelt, für die die nachprüfende Kontrolle des VwGH im Hinblick auf die Garantien des Art 6 EMRK uU nicht immer genügt. Daher ist in den GVG auf die Einrichtung von Behörden, die die Einhaltung der Garantien des Art 6 EMRK sicherstellen, Bedacht genommen worden. Mit der Einführung der zweistufigen Verwaltungsgerichtsbarkeit seit 2014 und der damit verbundenen Umstellung des Rechtsschutzsystems auf die gerichtliche Kontrolle durch die LVwG wird den Anforderungen des Art 6 EMRK vollständig entsprochen.

III. Europarechtliche Bezüge

Obwohl es im Unionsrecht keine Vorschriften gibt, die die Materie Grundverkehr in umfassender und systematischer Weise regeln, findet sich im Primär- und im Sekundärrecht eine Fülle von Regelungen, die den Grundverkehr betreffen und die die nationalen Vollziehungs- bzw Rechtssetzungsorgane binden. Sie dienen letztlich der **Verwirklichung der im Europarecht garantierten Freiheiten.** Trotz des Beitritts Österreichs zur EU gilt auch noch EWR-Recht, das in einigen Bereichen bezüglich des Grundverkehrs vom EU-Recht abweicht, und zwar hinsichtlich Staatsangehöriger Norwegens, Islands und Liechtensteins. In den GrundverkehrsG finden sich mehrheitlich Gleichstellungsbestimmungen zwischen Staatsangehörigen und EU-Bürgern hinsichtlich der Marktfreiheiten. In Tirol wurde eine völlige Gleichstellung verankert (§ 3 Tir).

Je nachdem, ob es sich um Berechtigungen handelt, die aus den Personenverkehrsfreiheiten* oder aus der Kapitalverkehrsfreiheit* abgeleitet werden, und ob es sich um den Erwerb eines Wohnsitzes bzw eines Betriebsgrundstückes oder um den Erwerb eines Freizeitwohnsitzes handelt, sind **vier Fallkonstellationen** zu unterscheiden, die unterschiedlichen unionsrechtlichen Regelungen unterliegen.

Die Unterscheidung **Wohnsitz** und **Freizeitwohnsitz** ist sowohl im Hinblick auf die unterschiedlichen Rechtsfolgen, die sich unionsrechtlich daraus ergeben, relevant, als auch deshalb, weil der österr Begriff des **Hauptwohnsitzes*** sich nicht mit dem Begriff Wohnsitz, an den die unionsrechtlichen Vorschriften anknüpfen, deckt. Unionsrechtlich wird zwischen Zweitwohnsitzen, das sind Freizeitwohnsitze, und allen anderen Wohnsitze unterschieden: Wohnsitze sind alle Aufenthaltsorte, die nicht zu Freizeitzwecken (Ferien- oder Erholungszwecken) genutzt werden, gleichgültig, ob sie nach österr Recht als „Hauptwohnsitz" oder als „Zweitwohnsitz", der zu beruflichen Zwecken benötigt wird, bezeichnet werden. Bei der Verwendung des Begriffes **„Zweitwohnsitz"** in Rechtsvorschriften ist deshalb Vorsicht geboten. Durch die sich kreuzenden unterschiedlichen Terminologien, die sowohl innerhalb der österr Gesetze als auch zwischen Unionsrecht und nationalem Recht auftreten, ist jeweils zu fragen, ob mit dem Begriff Zweitwohnsitz ein Wohnsitz, der zu Freizeitzwecken genutzt wird, gemeint ist oder ein zweiter Wohnsitz, der zu beruflichen Zwecken benötigt wird. In den landesrechtlichen Regelungen findet sich für Zweitwohnsitze, die zu beruflichen Zwecken genützt werden, auch die Bezeichnung **ständiger Wohnsitz.**

Folgende Konstellationen sind zu unterscheiden:

1. Personenverkehrsfreiheiten* und Erwerb eines (ständigen) Wohnsitzes

Alle EU-Bürger haben den Anspruch auf Erwerb von Grundstücken, soweit sie ein durch EU-Recht gewährtes Aufenthaltsrecht (→ *Fremdenrecht*) in Anspruch nehmen und in Österreich einen ständigen Wohnsitz begründen wollen. EU-rechtlich garantierte Aufenthaltsrechte finden sich iVm der **Freizügigkeit der Arbeitnehmer***, **der Niederlassungsfreiheit***, unter bestimmten Umständen auch iVm der **Dienstleistungsfreiheit*** und iVm der **Aufenthaltsrichtlinie** (RL 2004/38/EG), die seit April 2006 umgesetzt sein muss und die früher geltenden RL betreffend die Nichterwerbstätigen (so genannten „Playboys“, denen durch die RL die Möglichkeit des Aufenthalts unter Nachweis von Existenzmitteln und Krankenversicherung eingeräumt wurde), Pensionisten und Studenten ersetzt. Die Ausübung dieser gleichermaßen im EWR geltenden Rechte darf durch landesgesetzliche Regelungen nicht behindert werden (VwSlg 15.060 A/1998).

Beispiel: Ein deutscher Arbeiter, der mit seiner Familie nach Österreich kommt, um hier zu arbeiten, oder ein deutscher Selbstständiger, der in Österreich einen Betrieb errichtet und dazu ein Wohnhaus und ein Betriebsgrundstück kauft, oder ein vermögender Holländer ohne Beschäftigung bzw der dänische Pensionist, der sich in Österreich einen ständigen Wohnsitz schafft.

2. Kapitalverkehrsfreiheit* und Erwerb eines (ständigen) Wohnsitzes

Gem Art 63 ff AEUV müssen in Österreich alle Beschränkungen für den Kapitalverkehr aufgehoben werden. Die Anwendung der Kapitalverkehrsfreiheit setzt eine **grenzüberschreitende Investition** voraus. Das bedeutet, einem EU-Bürger bzw einer in der EU ansässigen Person darf durch eine landesgesetzliche Vorschrift der Erwerb eines ständigen Wohnsitzes in Österreich nicht verboten werden, den er von seinem Heimatland aus tätigt, solange er dafür Sorge trägt, dass die Nutzung als ständiger Wohnsitz (zB durch Vermietung) aufrecht bleibt.

Beispiel: Ein deutscher Staatsbürger, der weiterhin in Deutschland wohnt, kann in Österreich eine Wohnung kaufen, die er an jemand vermietet, der sie als ständigen Wohnsitz nutzt. Dasselbe gilt für einen Serben, der in Belgien wohnt.

Den Bürgern der EWR-Staaten (Norwegen, Island, Liechtenstein) ist spätestens seit 01. Jänner 1996 solcherart das Investieren in österr Immobilien ohne Einschränkungen zu gestatten (vgl Art 1 iVm Anh I der KapitalverkehrsRL 88/361 und Anhang XII EWRA Punkt 1 lit d und e). Die bloße Ansässigkeit in einem EWR-Land, wie dies gem Art 63 ff AEUV für die EU genügt, reicht auch hier aus.

Grundstückserwerbe dürfen auch dann nicht vom Landesgesetzgeber untersagt werden, wenn sie der „Spekulation“ oder Geldanlagezwecken dienen. Es müssen aber bestehende und durch LG (zulässigerweise) vorgeschriebene Nutzungsverpflichtungen (etwa als ständiger Wohnsitz) befolgt werden. Dies kann auch durch Vermietung geschehen.

Bezüglich Angehöriger von Drittstaaten dürfen gem Art 64 Abs 1 AEUV nur mehr Beschränkungen aufrechterhalten werden, die bereits am 31. Dezember 1993 bestanden haben („Stillstandklausel"). Die Landesgesetzgeber dürfen aber keine strengeren Bestimmungen mehr schaffen.

Im Art 65 AEUV finden sich Ausnahmen und Vorbehalte, die den nationalen Gesetzgeber zu Beschränkungen des grenzüberschreitenden Kapitalverkehrs ermächtigen. Beschränkungen aus Gründen des Allgemeininteresses finden sich etwa im Zusammenhang mit der Raumordnung (→ *Raumordnungsrecht*) oder mit dem Umweltschutz. Solche Beschränkungen haben jedenfalls dem Verhältnismäßigkeitsgrundsatz zu entsprechen. Der EuGH (01.12.2005, C-213/04) sah raumplanerische Aspekte als im Allgemeininteresse liegende Ziele des vbg GVG an, wenn dadurch eine dauerhaft ansässige Bevölkerung erhalten werden und die Wirtschaftstätigkeit unabhängig vom Tourismus funktionieren kann.

3. Personenverkehrsfreiheiten* und Erwerb eines Freizeitwohnsitzes

Will ein in Österreich aufgrund der **Personenverkehrsfreiheiten** anwesender EU-/EWR-Bürger, der einen (ständigen) Wohnsitz nutzt, zusätzlich einen Freizeitwohnsitz erwerben, so ist zu prüfen, ob ein solcher Erwerb einen derartigen Stellenwert in der sozialen Integration einnimmt, **dass ein Verbot soziale Benachteiligungen** bewirken würde. Dann läge ein Widerspruch zu Art 7 der VO (EU) 492/2011 vor. In der Lehre wird diese Frage vorsichtig bejaht, wenngleich sie der EuGH bisher nicht zu entscheiden hatte. Bei Bejahung dieser Frage wäre es den Landesgesetzgebern verwehrt, entsprechende einschränkende Regelungen zu erlassen. Für den betroffenen Personenkreis würde dann der Anwendungsvorrang (Vorrang des Unionsrechts*) der VO (EU) 492/2011 zum Tragen kommen. Durch die Überschrift vor Art 70 EU-Beitrittsakte ist diese Frage implizit entschieden. Für den Bereich des Zweitwohnsitzerwerbs (Freizeitwohnsitzerwerbs) wurde sowohl im Hinblick auf den Erwerb im Rahmen der Personenverkehrsfreiheiten als auch im Rahmen der Kapitalverkehrsfreiheit eine Übergangsfrist für das Aufrechterhalten diskriminierender Regelungen bis zum 01. Jänner 2000 festgelegt, womit klar zu Tage tritt, dass auch der Freizeitwohnsitzerwerb grundsätzlich von Art 7 der VO (EU) 492/2011 erfasst wird und seit 01. Jänner 2000 uneingeschränkt gleichberechtigt zulässig sein muss.

Beispiel: Ein in Österreich arbeitender und lebender Spanier will in Österreich einen Freizeitwohnsitz kaufen.

War vor dem Inkrafttreten der **Aufenthaltsrichtlinie 2004/38/EG** bzw vor Ablauf der Umsetzungsfrist (29. April 2006) aufgrund der „Pensionisten-RL" und der „PlayboyRL" die Diskriminierung dieser Personengruppen gegenüber Inländern beim **Erwerb von Freizeitwohnsitzen** zulässig (Art 2 Abs 3 RL 90/364/EWG und Art 2 Abs 3 RL 90/365/EWG), ist eine solche Diskriminierung nunmehr für alle Anspruchsberechtigten nach der jetzt geltenden Aufenthaltsrichtlinie aufgrund des Gleichbehandlungsgebotes in Art 24 unzulässig. Anspruchsberechtigt sind unter bestimmten Voraussetzungen alle Unionsbürger und ihre Familienangehörigen, sofern sie nicht schon nach anderen Bestimmungen solche oder umfassendere Ansprüche ableiten können.

4. Kapitalverkehrsfreiheit* und Erwerb eines Freizeitwohnsitzes

Für EU-Bürger bzw in der EU ansässige Personen dürfen beim Erwerb von Freizeitwohnsitzen keine anderen Beschränkungen errichtet werden, als sie für Österreicher in Österreich bestehen (Diskriminierungsverbot). Gem Art 70 EU-Beitrittsakte sind seit 01. Jänner 2000 bei widersprechenden österr Regelungen die maßgeblichen europarechtlichen Bestimmungen in den Verträgen bzw in den VO und RL, soweit sie unmittelbar anwendbar sind, von den österr Behörden vorrangig anzuwenden und die genannten österr Regelungen zu ignorieren.

Beispiel: Ein Deutscher, der in Tirol ein Ferienhaus kauft, darf seit 01. Jänner 2000 nicht mehr diskriminiert werden.

Im Gegensatz zur früher hM, wonach für EWR-Bürger nach Art 6 Abs 4 der 2. KapitalverkehrsRL für diese Fälle beschränkende Bestimmungen aufrecht erhalten werden können, hat der EuGH nunmehr festgehalten, dass einer solchen Beschränkung die Kapitalverkehrsfreiheit des Art 40 EWR-Abkommen entgegensteht (EuGH 24.06.2011, C-476/10).

Beispiel: Auch der Norweger, der in Tirol eine Ferienwohnung kauft, darf nicht mehr diskriminiert werden.

5. Regelungsspielraum der Länder

Europarechtliche Determinanten iZm den genannten Anknüpfungspunkten finden sich nicht nur in der Einhaltung des Diskriminierungsverbotes, sondern auch in der **Eingriffsintensität beschränkender Regelungen**. So hat der EuGH (01.06.1999, C-302/97, s oben) iZm der Kapitalverkehrsfreiheit ausgesprochen, dass Tiroler Grundverkehrsregelungen, die einen Genehmigungsvorbehalt für den Kauf eines Grundstücks in Tirol durch einen Deutschen vorsehen, gegen die Kapitalverkehrsfreiheit verstoßen, weil auch gelindere Mittel wie eine Anzeige- oder Erklärungspflicht ausreichten, um die Durchsetzung (berechtigter) raumordnungsrechtlicher Nutzungsbestimmungen zu gewährleisten.

Das **Genehmigungsmodell** ist deshalb unter **Verhältnismäßigkeitsgesichtspunkten unzulässig**, weil dessen Intentionen mit dem weniger eingreifenden Modell der **Anzeige- bzw der Erklärungspflicht** und damit verbundenen Sanktionen bei Rechtsverstößen im Wege einer nachprüfenden Kontrolle auch durchsetzbar sind. Sanktionen, wie Verwaltungsstrafen, Androhungen von Zwangsversteigerungen, grundbücherliche Rückabwicklung usw werden dabei vom EuGH zur Verfolgung raumordnungsrechtlicher Nutzungsbestimmungen ausdrücklich als zulässig bezeichnet. Auf dieser Linie liegt auch die Rechtsprechung des EuGH, der einen Verstoß gegen die Kapitalverkehrsfreiheit feststellte, weil die bloß verspätete Abgabe der geforderten Erklärung über den Rechtserwerb zur rückwirkenden Rechtsunwirksamkeit des Grundverkehrsgeschäftes geführt hatte (EuGH 01.12.2005, C-213/04).

Diese iZm der Kapitalverkehrsfreiheit geführte Argumentation schlägt auch auf die anderen, oben dargestellten, den Grundverkehr determinierenden Bestimmungen im Bereich der Personenverkehrsfreiheiten durch. Die Landesgesetzgeber dürfen Bestimmungen mit Genehmigungsvorbehalten nur dann vorsehen, wenn dies zur Erreichung des legitimen Zwecks, nämlich der Durchsetzung raumordnungsrechtlicher Nutzungsbestimmungen, **unerlässlich** ist. Eine solche Unerlässlichkeit wäre allenfalls beim land- und forstwirtschaftlichen Grundverkehr denkbar, wenn rechtswidrige Nutzungen, die erst bei der Aktivierung des nachträglichen Kontrollsystems offenbar werden, zu längeren Nutzungsunterbrechungen führen und eine durchgängige Nutzung damit verhindert würde, die man mit den grundverkehrsrechtlichen Bestimmungen gewährleisten will.

Eine solche Unerlässlichkeit scheint bei den derzeit bestehenden Genehmigungsbestimmungen außerhalb des land- und forstwirtschaftlichen Grundverkehrs idR nicht gegeben zu sein, sodass sich diese wohl zum größten Teil als unionsrechtswidrig erweisen. Für die vollziehenden Behörden und Gerichte sind solche Bestimmungen infolge der unmittelbaren Anwendbarkeit und des Anwendungsvorrangs* unionsrechtlicher Bestimmungen zu ignorieren.

Festzuhalten bleibt, dass **Restriktionen** durch die nationalen Gesetzgeber **bei der geforderten Nutzung der Anlageobjekte** im Hinblick auf die erwähnten unionsrechtlichen Bestimmungen **unbedenklich** sind, soweit sie für Österreicher und EU- bzw EWR-Bürger gleichermaßen gelten und **verhältnismäßig** ausgestaltet werden (siehe auch oben 4.). Die Möglichkeit der Investition in ein Anlageobjekt muss idR unabhängig von etwaigen Nutzungsverpflichtungen für im EU-Gebiet ansässige Personen im Inland gewährleistet sein, auch wenn dies mit der Absicht zum „Horten“, zur „Spekulation“ oder zur Geldanlage geschieht. Regelungen, die einen gewissen **Verwertungszwang** (etwa iS eines Gebotes der Vermietung des Anlageobjekts an Personen mit Bedarf an einem ständigen Wohnsitz) festlegen, um die widmungsgemäße Nutzung sicherzustellen, sind denkbar und **zulässig**.

Auf dieser Linie liegt auch die Rsp des EuGH (23.09.2003, C-452/01), die die unionsrechtliche Zulässigkeit von Genehmigungsvorbehalten im land- und forstwirtschaftlichen Grundverkehr grundsätzlich bestätigt und ein Gebot zur Selbstbewirtschaftung zwar nicht generell für unzulässig erklärt, aber jedenfalls dann Unionsrechtswidrigkeit annimmt, wenn das Grundstück zum

Zeitpunkt der Veräußerung nicht vom Veräußerer bewirtschaftet wird und der Pächter es unter dem neuen Eigentümer auch unter denselben Bedingungen wie bisher bewirtschaften würde. Innerstaatlich müssen solche Bestimmungen aber aufgrund der grundrechtlichen Bindungen auf Gebiete mit besonderem Siedlungsdruck beschränkt werden und, um unionsrechtlich zulässig zu sein, auch für inländische Wohnungseigentümer gelten. Der EuGH hat zudem in der Rechtssache C-370/05 (Festersen) ausgesprochen, dass eine nationale Regelung, die als Voraussetzung für den Erwerb eines landwirtschaftlichen Grundstücks fordert, dass der Erwerber auf diesem Grundstück seinen ständigen Wohnsitzes begründet, Art 63 AEUV widerspricht.

Schließlich sind auch diskriminierende Bestimmungen im Bereich der Verfahrensabwicklung unzulässig. So widerspricht die Regelung im § 5 Abs 1 iVm Abs 4 Wr Ausländergrunderwerbsgesetz, die für EU-Bürger bei der Grundbuchseintragung strengere Voraussetzungen als für Inländer vorsieht (EU-Bürger müssen das Vorliegen der Ausübung einer Grundfreiheit nachweisen), der Kapitalverkehrsfreiheit des Art 63 AEUV und ist daher nicht anzuwenden (OGH 24.10.2006, 5 Ob 212/06x). Dies gilt vice versa auch für alle Grundstückerwerbe von EU-Bürgern, die auf der Grundlage anderer Grundfreiheiten ausgeübt werden.

IV. Die einfachgesetzlichen Rechtsgrundlagen

Die GVG unterscheiden drei Regelungsbereiche: den land- und forstwirtschaftlichen Grundverkehr, den Baugrundstücksverkehr und den Ausländergrundstücksverkehr. Im Hinblick auf den Regelungsgegenstand gilt für alle drei Bereiche, dass nur der „Verkehr“ mit Grundstücken den grundverkehrsrechtlichen Bestimmungen unterworfen werden darf (zum Inhalt des Begriffes „Verkehr“ vgl oben II.1.).

Soweit in den GVG der Länder keine Kollisionsregeln für Sachverhalte existieren, die in mehrere Regelungsbereiche des Grundverkehrsrechts fallen, ist grundsätzlich davon auszugehen, dass die Regelungen **kumulativ** zur Anwendung gelangen. Ein Rechtserwerb an einem solchen Grundstück ist nur dann rechtmäßig, wenn die Voraussetzungen aller betroffenen Bereiche erfüllt sind. Durch die Definition des Regelungsgegenstandes in den einzelnen Bereichen der GVG in den Ländern und durch ausdrückliche Kollisionsregeln wird dieses Problem hintangehalten (vgl zB die Abgrenzung zwischen land- und forstwirtschaftlichem Grundverkehr und Baugrundstücksverkehr durch die Definition des Regelungsgegenstandes in § 3 krnt GVG, wonach Baugrundstücke ua nur solche sein können, die nicht land- und forstwirtschaftliche Grundstücke sind, oder die Kollisionsregeln der §§ 12 und 13 Tir, wonach die Voraussetzungen im land- und forstwirtschaftlichen Grundverkehr und im Baugrundstücksverkehr zu den sonstigen Genehmigungsvoraussetzungen im Ausländergrundstücksverkehr hinzutreten, wenn ein Ausländer Rechte an einem land- und forstwirtschaftlichen Grundstück oder an einem Baugrundstück erwirbt).

1. Land- und forstwirtschaftlicher Grundverkehr (grüner Grundverkehr)

a) Regelungsgegenstand

Nach ständiger Rsp des VfGH sind land- und forstwirtschaftliche Grundstücke iS des Art VII B-VGNov 1974 solche, die dem land- und forstwirtschaftlichen Betrieb gewidmet sind. Darunter versteht man, dass sie **land- oder forstwirtschaftlich genutzt** werden müssen. Nicht unter diesen Begriff fallen daher all jene Grundstücke, die land- und forstwirtschaftlich nutzbar waren oder die ohne unverhältnismäßige Aufwendungen der land- und forstwirtschaftlichen Nutzung wieder zugeführt werden könnten. Lediglich um Umgehungshandlungen hintanzuhalten, dürfen ehemals land- oder forstwirtschaftlich genutzte Grundstücke in den Anwendungsbereich aufgenommen werden. Dies aber auch nur, wenn die Nutzung eine aus diesem Zweck erklärbare Zeit zurückliegt. Baulandwidmungen oder andere Ausweisungen in FWP schließen daher die Qualifikation als land- und forstwirtschaftliches Grundstück nicht aus.

In einfachgesetzlichen Vorschriften wird bei der Festlegung des Anwendungsbereiches darauf zu wenig Rücksicht genommen. So gibt es in mehreren Bundesländern Regelungen, wonach Grundstücke, die früher land- und forstwirtschaftlich genutzt wurden bzw als solche nutzbar wären, ebenfalls dem Anwendungsbereich der GVG unterworfen werden. Dies ist in Anbetracht des in der Rsp des VfGH entwickelten Begriffsinhalts verfassungs- bzw kompetenzwidrig, soweit damit nicht Umgehungshandlungen hintangehalten werden sollen (vgl zB § 2 Abs 1 Sbg). Problematisch sind weiters Regelungen, die auf die bloße Widmung zum land- und forstwirtschaftlichen Gebiet abstellen. Dies deshalb, weil **Widmung nicht gleich Nutzung** sein muss. Nur auf letztere kommt es unabhängig von raumordnungsrechtlichen Widmungen aber an. Insoweit sind solche Regelungen verfassungswidrig (zB § 2 Abs 1 Vlbg).

Bei der Definition des Regelungsgegenstandes haben die Landesgesetzgeber nur einschränkend von der kompetenzrechtlichen Ermächtigung Gebrauch gemacht, dies meist zugunsten von Abgrenzungsregelungen betreffend den Baugrundstücksverkehr. In der Stmk hat man darüber hinaus überhaupt bestimmte Katastralgemeinden vom Anwendungsbereich ausgenommen. In diesen Gemeinden unterliegen Transaktionen mit land- oder forstwirtschaftlichen Grundstücken nicht den grundverkehrsrechtlichen Regelungen.

b) Verwaltungsbehördliche Beschränkungen

Die GVG sehen im land- und forstwirtschaftlichen Grundverkehr idR (anders zB OÖ) nur **genehmigungspflichtige und genehmigungsfreie Rechtsgeschäfte** vor. Sehen die Länder gesetzlich keine Beschränkungen vor, ist der

Erwerb von Rechten an land- und forstwirtschaftlichen Grundstücken im Rahmen der Bundeskompetenz „Zivilrechtswesen“ genehmigungsfrei. Genehmigungspflichten sind im Allgemeinen weit umschrieben und eröffnen den Behörden daher einen großen Kontrollspielraum. Ausnahmen von der Genehmigungspflicht engen diesen wieder ein. Verwaltungsbehördliche Beschränkungen dürfen vom Landesgesetzgeber kompetenzrechtlich nur dann erlassen werden, wenn sie im Interesse des Erhaltung, Stärkung oder Schaffung eines lebensfähigen Bauernstandes liegen.

IdR finden sich unter den **genehmigungsbedürftigen Transaktionen Rechtserwerbe unter Lebenden**, die ua folgende Rechte zum Gegenstand haben: die Eigentumsübertragung, die Einräumung eines Fruchtgenussrechtes oder Baurechts, die Bestandnahme (Miete und Pacht) oder sonstige Überlassungen, wie beispielsweise Nutzungsverträge, Prekarien, Gesellschaftsverträge, die die Nutzung von land- und forstwirtschaftlichen Grundstücken zum Gegenstand haben, und der Erwerb von Gesellschaftsanteilen, wenn im Eigentum der Gesellschaft land- und forstwirtschaftliche Grundstücke stehen. Verschiedentlich wird als Auffangtatbestand auch „jede sonstige Überlassung“ dem Genehmigungsregime unterworfen (zB in der Stmk).

Dazu werden dann in den jeweiligen GVG eine Reihe von **Ausnahmen von der Genehmigungspflicht** festgelegt: zB Rechtsgeschäfte im Zuge von Agrarverfahren oder Liegenschaftsteilungsverfahren, Grundstücke, die im Eisenbahnbuch eingetragen sind, sowie Grundstücke, die für öffentliche Zwecke insb für den öffentlichen Verkehr bestimmt sind, Flächen ohne Wohn- und Wirtschaftsgebäude, die unterhalb einer bestimmten Größe liegen, Rechtsgeschäfte zwischen Ehegatten, eingetragenen Partnern bzw zwischen bestimmten Verwandten und Verschwägerten, Rechtsgeschäfte mit bestimmten juristischen Personen (land- und forstwirtschaftliche Siedlungsfonds, anerkannte Siedlungsträger, Landeskulturfonds, Bodenbewirtschaftungsfonds), Rechtsgeschäfte iZm einem bäuerlichen Übergabevertrag, Rechtsgeschäfte mit Miteigentümern, Privatzimmervermietung bzw Vermietung im Rahmen des Fremdenverkehrs oder zu Sportzwecken, sofern sie nicht sechs Monate übersteigen.

Für genehmigungspflichtige Rechtsgeschäfte werden dabei **Zustimmungs- und Versagungsgründe** als Genehmigungsbedingungen normiert.

In den meisten GVG, die den land- und forstwirtschaftlichen Grundverkehr Beschränkungen unterwerfen, findet sich die allgemeine Formulierung, dass ein Versagungsgrund jedenfalls dann vorliegt, wenn das Rechtsgeschäft im Widerspruch zum allgemeinen Interesse an der **Schaffung und Erhaltung eines leistungsfähigen Bauernstandes** bzw eines wirtschaftlich gesunden, mittleren und kleinen landwirtschaftlichen Grundbesitzes steht oder wenn die **Selbstbewirtschaftung** durch den Erwerber nicht gegeben ist (zB § 10 Abs 2 lit c und d Krnt). Gerade letzteres ist verfassungsrechtlich in Bezug auf den Eigentumsschutz iVm dem Verhältnismäßigkeitsprinzip bedenklich, wenn mit gelinderen Mitteln (zB einer Nutzungsverpflichtung) die land- und forstwirtschaftliche Nutzung auch gewährleistet werden könnte. Auch ein Widerspruch zur Kapitalverkehrsfreiheit scheint gegeben, weil damit jegliche Investition für Personen, die die Grundstücke nicht selbst nutzen, ausgeschlossen wird. Dies selbst dann, wenn zB durch eine Verpachtung dafür gesorgt würde, dass die geforderte Nutzung gewährleistet wird. Dies wurde durch die Rsp des EuGH (23.09.2003, C-452/01, s oben) bestätigt. Danach ist ein solches Selbstbewirtschaftungsgebot jedenfalls dann unionswidrig, wenn es die durchgängige Nutzung nicht berühren bzw nicht beeinflussen kann, weil diese ohnehin schon gegeben ist. Unionsrechtswidrigkeit ist bei einem Erwerb durch einen Unionsbürger daher jedenfalls dann gegeben, wenn das Grundstück zum Zeitpunkt der Veräußerung nicht vom Veräußerer bewirtschaftet wird und der Pächter es auch unter denselben Bedingungen wie bisher unter dem neuen Eigentümer bewirtschaften würde und solches durch ein absolutes Selbstbewirtschaftungsgebot verwehrt wird. Der VfGH hat mehrere solcher unbedingten Selbstbewirtschaftungsgebote in verschiedenen GrundverkehrsG wegen Inländerdiskriminierung aufgehoben (zB VfSlg 17.422/2004, 17.554/2005, 17.555/2005 sowie 18.656/2008). Die Landesgesetzgeber haben dem in der Folge insofern Rechnung getragen, als der Erwerber glaubhaft machen muss, dass das zu erwerbende Grundstück der weiteren land- und forstwirtschaftlichen Nutzung nicht entzogen wird (zB vlbg LGBl 28/2004, oö LGBl 59/2006, nö LGBl 6800-0, bgld LGBl 25/2007 und tir LGBl 60/2009).

Vereinzelt wird darüber hinaus die Genehmigung daran geknüpft, dass der **Erwerber Landwirt** ist. Dabei definieren diese GVG die Landwirtseigenschaft (zB § 4 Abs 4 Sbg, § 10 Abs 4 Krnt). Auch hier gelten die eben genannten europarechtlichen und verfassungsrechtlichen Bedenken. In Vlbg wurde mit einer Novelle des GVG darauf reagiert und der Rechtserwerb durch Nicht-Landwirte zwar vorgesehen. Zugleich wurde aber Landwirten eine Art **Einbietrecht** gewährt, wonach ein Landwirt, der zum ortsüblichen Preis das Grundstück erwerben will, die grundverkehrsrechtliche Genehmigung erhält. Das Verbot, an einen Nicht-Landwirt zu verkaufen, weil ein Landwirt bereit ist, zum ortsüblichen Preis zu erwerben, obwohl der Nicht-Landwirt mehr bezahlen würde und ein langjähriger Pachtvertrag existiert, der unabhängig vom Eigentümerwechsel die durchgängige weitere Nutzung sicherstellt, zeigt, dass die vlbg Regelung unter dem Gesichtspunkt der Sicherstellung der Nutzung auch mit gelinderen Mitteln auskommen hätte können (§§ 4 und 5 Vlbg). **Einbietrechte** unterschiedlicher Art sehen auch zB das sbg GVG und in abgeschwächter Form das krnt GVG vor. Danach ist jedenfalls die Genehmigung eines Rechtsgeschäftes zu versagen, wenn wenigstens ein Landwirt bereit ist, das in Frage stehende Recht am Grundstück zum ortsüblichen Preis und ansonsten zu den gleichen Bedingungen zu erwerben. Auch hier gelten die erwähnten verfassungsrechtlichen und europarechtlichen Bedenken. Tir hat ebenfalls – anstelle des Erfordernisses der Selbstbewirtschaftung – eine „Interessentenregelung" eingeführt (§ 7a). Vergleiche dazu auch die Interessentenregelung in der Stmk (§ 8a).

Der VfGH hat jüngst einem Interessenten über die bloßen Parteirechte im Verfahren hinaus auch materielle subjektiv-öffentliche Rechte zugesprochen. Nur unter der Annahme materieller subjektiver Rechte verfügt der Interessent über eine Rechtsstellung, die es ihm gestattet zu verhindern, dass land- und forstwirtschaftliche Grundstücke der agrarischen Nutzung entzogen werden (VfSlg 19.769/2013). Verschiedentlich finden sich in den allgemeinen Zustimmungsvoraussetzungen auch Bestimmungen, die eine Zustimmung bei einer voraussichtlich anderen als einer land- oder forstwirtschaftlichen Verwendung vorsehen, wenn ein entsprechendes öffentliches Interesse besteht und kein Widerspruch zur Raumordnung vorliegt (zB Stmk). Bestimmungen, die auf die Gewährleistung der künftigen Bewirtschaftung eines Grundstücks abzielen, sind grundsätzlich zulässig (VfSlg 19.783/2013).Weiters wird in den einzelnen GVG eine Reihe konkreter **Versagungs- bzw Zustimmungsgründe** aufgezählt: Versagungsgründe sind zB die Gefährdung eines Vollerwerbsbetriebs im Bestand, wenn der Erwerber keine Gewähr für eine ordentliche Bewirtschaftung bietet, wenn der Rechtserwerb zu einer unwirtschaftlichen Zersplitterung führt, Widerspruch zur Agrarstrukturverbesserung, Widerspruch zu forstlichen Interessen an der Erhaltung des Waldes und Gefahr der Bildung von Großgrundbesitz. Weiters werden auch Gründe wie etwa die flächenwidmungsplanwidrige Verwendung angeführt.

Daneben wird versucht, den Erwerb zu Spekulationszwecken zu verhindern. Versagungsgründe wie Erwerb zur bloßen Kapitalanlage, das erhebliche Übersteigen des Gegenwerts im Hinblick auf den Verkehrswert und die Absicht, mit Gewinn weiter zu veräußern, drücken dies aus. Dies steht ua im Widerspruch zum Unionsrecht, namentlich zur Kapitalverkehrsfreiheit.

2. Baugrundstücksverkehr (grauer Grundverkehr)

a) Regelungsgegenstand

In der einfachgesetzlichen Ausgestaltung wurde das oben dargestellte (II.1.) weite Begriffsverständnis der Kompetenzbegriffe „Verkehr mit bebauten oder zur Bebauung bestimmten Grundstücken" zugrunde gelegt. Verfassungsrechtliche Probleme im Kompetenzbereich treten aber insoweit auf, als auf raumordnungsrechtlich verankerte Widmungsarten bzw Widmungskategorien (→ *Raumordnungsrecht*) verwiesen wird, die nicht zur Bebauung bestimmt sind bzw bei denen eine Bebauung nur aufgrund einer ganz bestimmten Nutzung im konkreten Einzelfall in Frage kommt (zB verweist § 13 iVm § 23 Abs 2 stmk GVG auf als Bauland ausgewiesene Grundstücke, obwohl § 30 Abs 1 Z 9 stmk ROG unter Bauland auch die Widmungsart Erholungsgebiet mit unbebauten und nicht zur Bebauung bestimmten Flächen vorsieht).

Im Gegensatz zum land- und forstwirtschaftlichen Grundverkehr und zum Ausländergrundstücksverkehr finden sich in den Regelungen über den Baugrundstücksverkehr idR **anzeigepflichtige, genehmigungspflichtige** und **genehmigungsfreie** Rechtsgeschäfte. Bemerkenswert ist, dass in diesem Bereich in jüngerer Zeit eine beachtliche Deregulierung stattgefunden hat. So haben Krnt, Sbg und Vlbg ihre grundverkehrsrechtlichen Regelungen betreffend den Baugrundstücksverkehr beseitigt. In NÖ und Wien gab es solche schon früher nicht. In der einfachgesetzlichen Ausgestaltung wurden auch in unterschiedlichem Ausmaß verwaltungsbehördliche Beschränkungen festgelegt. Während in Tir noch bis zum 01.10.2016 der gesamte Baugrundstücksverkehr grundsätzlich verwaltungsbehördlichen Beschränkungen unterworfen wird, werden in Bgld, der Stmk und OÖ verwaltungsbehördliche Beschränkungen nur für bestimmte gesetzlich festgelegte oder durch Verordnung festzulegende Genehmigungsgebiete wirksam. Im restlichen Landesgebiet ist der rechtsgeschäftliche Erwerb, soweit er nicht unter andere Regelungen fällt, genehmigungsfrei.

b) Verwaltungsbehördliche Beschränkungen

Verwaltungsbehördliche Beschränkungen sind für Rechtsgeschäfte analog zu den Regelungen im land- und forstwirtschaftlichen Grundverkehr und Ausländergrundstücksverkehr festgelegt. Gesonderte Erwähnung verdient dabei die vereinzelt gebliebene verfassungswidrige Aufnahme von originärem Eigentumserwerb (§ 9 Abs 2 Tir, s II.1.).

Die Ausgestaltung der Typologie, in der Beschränkungen (**Erklärungs- bzw Anzeigepflichten** und **der freie Erwerb**) in den GVG festgelegt werden, ist in unterschiedlicher Intensität erfolgt. In der Stmk bedürfen bestimmte Rechtsgeschäfte betreffend Baugrundstücke (nur) der Erklärung durch den Erwerber, dass er das Grundstück in der Beschränkungszone für Zweitwohnsitze nicht zur Begründung eines Zweitwohnsitzes nutzt oder nutzen lässt und er Inländer oder gleichgestellter EU-/EWR-Bürger ist.

Aufgrund der unionsrechtlichen Unzulässigkeiten des Genehmigungsmodells (III.5.) wurde zT der Baugrundstücksverkehr gänzlich dereguliert (Sbg, Krnt, Vlbg) bzw entsprechend angepasst (Stmk, OÖ).

In Tir wurde das Genehmigungsverfahren durch ein Erklärungsmodell (§§ 9 ff) ersetzt. Es ist darüber hinaus eine behördliche Bestätigung darüber vorgesehen, dass keine Erklärungspflicht besteht. Diese behördliche Bestätigung der Grundverkehrsbehörde (BVB) ist Voraussetzung für die grundbücherliche Durchführung des Rechtserwerbs (§ 31), was letztlich dem früher im Genehmigungsmodell verwirklichten präventiven Kontrollsystem, das unionsrechtlich unzulässig ist (III.5.), materiell sehr nahe kommt. Eine mit 01.10.2016 in Kraft tretende Nov zum tir GVG schafft nunmehr die Anzeige-

und Erklärungspflicht für den Verkehr mit bebauten Baugrundstücken ab. Lediglich für den Verkehr mit unbebauten Baugrundstücken soll weiterhin eine Anzeige- und Erklärungspflicht bestehen. Ebenso besteht im Bgld in sog Genehmigungsgebieten (Vorbehaltsgemeinden) bei Rechtserwerben an Baugrundstücken grundsätzlich **Erklärungspflicht** hinsichtlich der beabsichtigten Nutzung (§§ 9 ff). Der Rechtserwerber muss erklären, dass er das Grundstück nicht als Freizeitwohnsitz nutzt oder nutzen lässt. Eine solche Erklärung ist in bestimmten Fällen nicht erforderlich. (So zB, wenn das Grundstück in einem FWP als Baugebiet für Erholungs- oder Fremdenverkehrseinrichtungen ausgewiesen ist, das Grundstück bereits als Freizeitwohnsitz genutzt wurde, oder wenn soziale, volkswirtschaftliche oder kulturelle Interessen dafür sprechen. Auf Antrag ist vom Vorsitzenden der Grundverkehrsbehörde festzustellen, ob eine Erklärungspflicht vorliegt.) Auch hier ist eine von der Grundverkehrsbehörde oder vom Bgm ausgestellte Bestätigung der Erklärung bzw des Nichtvorliegens der Erklärungspflicht Voraussetzung für den Grundbuchseintrag (§ 17).

In der Stmk existiert eine Erklärungspflicht für Baugrundstücke in den Genehmigungsgebieten. Für die grundbücherliche Durchführung des Rechtserwerbs ist im Gegensatz zu den Bestimmungen in Tir keine behördliche Bestätigung sondern lediglich die Beischließung der Erklärung notwendig. Damit scheint in der Stmk jedenfalls eine unionsrechtskonforme Ausgestaltung gelungen zu sein.

Von den verwaltungsbehördlichen Beschränkungen werden in den GVG in ähnlicher Weise bestimmte Rechtsgeschäfte mit nahen Verwandten, Ehepartnern, eingetragenen Partnern, Rechtserwerbe durch bestimmte Erben, Rechtserwerbe nach einer Scheidung oder Rechtserwerbe durch Miteigentümer (vgl zB § 10 Tir) ausgenommen.

Als **Rechtserwerbsbedingungen** werden in den einzelnen Landesgesetzen ua die Nutzung als ständiger Wohnsitz oder die Deckung eines betrieblichen Bedarfs, als **Versagungsgründe** ua der Widerspruch zu raumordnungsrechtlichen Bestimmungen und Spekulationsabsichten (Widerspruch zu EU-Recht) festgelegt.

Als **Rechtsfolge** bei gesetzwidrigem Verhalten (insb, wenn Nutzungsverpflichtungen nicht eingehalten werden) sind neben empfindlich hohen **Verwaltungsstrafen** die **Nichtigerklärung** des Rechtsgeschäfts und die **Rückabwicklung** bzw die **Zwangsversteigerung** vorgesehen (s IV.5.).

c) Freizeitwohnsitze

Die GVG verfolgen mehr oder weniger intensiv auch das Ziel, die extensive Beanspruchung von Grund und Boden durch Freizeitwohnsitznutzung einzuschränken. In den **ROG** wurden diesbezügliche Widmungsarten (**Freizeit-**

wohnsitzgebiete) in der Widmungskategorie Bauland geschaffen, an die zT **die GVG** bei der Genehmigung oder Erklärung entweder ausschließlich oder zum großen Teil **anknüpfen** (zB Bgld, Stmk). Das bedeutet, ein Rechtserwerb, der auf die Schaffung eines Freizeitwohnsitzes gerichtet ist, ist nur zulässig, wenn er in einem Gebiet mit solcher Widmung* liegt, bzw wenn er schon bisher als Freizeitwohnsitz genutzt wurde. In Sbg wurde im ROG die Möglichkeit einer Ausnahmegenehmigung durch den Bgm außerhalb solcher Gebiete geschaffen (→ *Raumordnungsrecht*). Durch die Erlassung des neuen GVG, das keine Beschränkung des Baugrundstückverkehrs mehr vorsieht, begnügt sich Salzburg zur Steuerung der Freizeitwohnsitznutzung ausschließlich mit dem Instrumentarium im ROG. Im Hinblick auf den Erwerb von Freizeitwohnungen außerhalb eines Widmungsgebietes sind verschiedentlich Einbietregelungen vorgesehen. Bietet jemand innerhalb einer bestimmten Frist an, das Objekt zu denselben Bedingungen wie der potenzielle Freizeitwohnsitzerwerber als Hauptwohnsitz zu erwerben, so ist der Rechtserwerb mit dem Hauptwohnsitzerwerber zu bewilligen.

In OÖ enthält das GVG im Bereich des Baugrundstücksverkehrs nur Beschränkungen hinsichtlich der Freizeitwohnsitze in Vorbehaltsgebieten (§§ 6 und 7 OÖ).

Mit der am 01.10.2016 in Kraft tretenden Novelle entfallen auch in Tirol alle Regelungen betreffend Freizeitwohnsitze. Die Steuerung erfolgt ausschließlich im → *Raumordnungsrecht*. Das ROG legt fest, unter welchen Voraussetzungen ein Freizeitwohnsitz genutzt werden darf. War bis zur Aufhebung durch den VfGH (VfSlg 14.701/1996) die Schaffung neuer Freizeitwohnsitze überhaupt verboten, so wird in § 13 tir ROG 2011 eine solche unter bestimmten Voraussetzungen zugelassen. Daneben kann unter bestimmten Bedingungen eine Ausnahmebewilligung vom Bgm erteilt werden (§ 13 Abs 5 tir ROG 2011). Ehemals bestehende Freizeitwohnsitze mussten gem § 16 tir ROG 1997 beim Bgm bis 31. Dezember 1998 angemeldet werden, um als solche weiter verwendet werden zu dürfen, soweit sie nicht schon nach § 16 Abs 1 tir ROG 1994 angemeldet worden sind. Der Bgm hat ein Freizeitwohnsitzverzeichnis zu führen (§ 14 tir ROG 2011). Daneben werden auch noch Regelungen betreffend den Wiederaufbau und die Erweiterung von bestehenden Freizeitwohnsitzen vorgesehen (§ 15 tir ROG 2011). Rechtmäßig bestehende Freizeitwohnsitze, die im Verzeichnis eingetragen sind, können weiterhin als Freizeitwohnsitze erworben werden.

In Vlbg hat man ein eigenes ZweitwohnsitzabgabeG geschaffen, das Ferienwohnungen, die idR nur saisonal genutzt werden, mit einer Abgabe belegt, um kommunale Infrastrukturkosten, die ganzjährig durch die Gemeindebetreuung anfallen, auszugleichen und eine daraus resultierende Benachteiligung der Hauptwohnsitzbevölkerung hintanzuhalten. Ein solches ZweitwohnsitzabgabeG gibt es auch in Krnt, wobei dieses auch Zweitwohnsitze erfasst, die zu beruflichen Zwecken genutzt werden.

3. Ausländergrundstücksverkehr

a) Regelungsgegenstand

Die Regelungen über den Ausländergrundstücksverkehr unterscheiden zwischen **genehmigungspflichtigen** und **genehmigungsfreien** Rechtsgeschäften. **Alle Grundstücke** sind unabhängig von der Grundstückseigenschaft betroffen. Es kommt ausschließlich auf die **Ausländereigenschaft des Erwerbers** (nicht des Veräußerers) an. Ausländergrundverkehrsbeschränkungen sind in den GrundverkehrsG der Länder enthalten. Wien besitzt ein eigenes AusländergrunderwerbsG.

Ausländer sind nach ziemlich einheitlicher Regelung in allen GVG natürliche Personen, die nicht die österr Staatsbürgerschaft besitzen, juristische Personen, die ihren Sitz, ihre Hauptverwaltung oder ihre Hauptniederlassung nicht in Österreich haben, juristische Personen mit Sitz in Österreich, an denen ausschließlich oder überwiegend Ausländer beteiligt sind, Vereine, deren ordentliche oder stimmberechtigte Mitglieder ausschließlich oder überwiegend Ausländer sind, und Stiftungen und Fonds, deren Vermögen ausschließlich oder überwiegend Ausländern zugute kommt.

EWR- und EU-Bürger sind ausgenommen. Sie sind entweder den Österreichern gleichgestellt oder es wird konkret geregelt, unter welchen Voraussetzungen die Ausländergrundstücksverkehrsregelungen auf sie nicht anwendbar sind. Sofern Bestimmungen zur Gleichstellung von EU-Bürgern eine Bestätigung durch eine Behörde erforderlich machen (so zB § 5 Wien) und so in unzulässiger Weise zwischen Inländern und EU-Bürgern differenzieren, werden sie durch den Anwendungsvorrang des Unionsrechts verdrängt.

b) Verwaltungsbehördliche Beschränkungen

Genehmigungspflichten sind für Rechtsgeschäfte festgelegt, die die Eigentumsübertragung, die Einräumung eines Baurechts, Einräumung eines Fruchtgenussrechtes, eines Gebrauchsrechtes oder einer Dienstbarkeit oder die Einräumung jeder sonstigen Überlassung, die Bestandnahme (Miete, Pacht) sowie den Erwerb von Gesellschaftsanteilen zum Gegenstand haben. Ausgenommen von den Genehmigungspflichten sind idR Rechtsgeschäfte zwischen Ehegatten, eingetragenen Partnern und bestimmten Verwandten. Darüber hinaus finden sich in einzelnen GVG Ausnahmen für Rechtsgeschäfte, die iZm Agrarverfahren oder Liegenschaftsteilungsverfahren abgeschlossen werden, Ausnahmen für Grundstückskäufe, die zu Zwecken der Arrondierung, der Schaffung von Zufahrten oder Parkplätzen dienen (Krnt), Ausnahmen für Mietverträge im Rahmen des Betriebes eines Altersheimes (Sbg), Ausnahmen für Mietverträge zum Zwecke öffentlicher Veranstaltungen und des Campings (Sbg).

Bei der Festlegung der **Genehmigungsbedingungen** ist man zT den Weg gegangen, auf Genehmigungsbedingungen, die bereits beim land- und forstwirtschaftlichen Grundverkehr bzw beim Baugrundstücksverkehr festgelegt wurden, zu verweisen. Insb wird vorgesehen, dass der Erwerb der ständigen Wohnsitznahme dienen und der Erwerber schon fünf Jahre seinen Hauptwohnsitz in Österreich gehabt haben muss bzw dass das Grundstück zur Betriebserrichtung oder Weiterführung des Betriebes dient. Vereinzelt wird darüber hinaus noch die besondere Eignung, Raumordnungsziele zu erfüllen, festgelegt (Krnt). Ebenso finden sich vereinzelt besondere Versagungsgründe wie etwa in Sbg, wenn raumordnungsrechtliche Bestimmungen entgegen stehen und wenn ein Inländer sich in ein Rechtsgeschäft mit dem Ausländer einbietet, also das Rechtsgeschäft zu den gleichen Konditionen abschließen will.

Andere Bestimmungen legen fest, dass keine kulturellen, sozialpolitischen oder staatspolitischen Interessen entgegenstehen dürfen und dass darüber hinaus die öffentliche Ordnung und Sicherheit nicht beeinträchtigt werden darf. Soweit keinerlei besondere (konkretere) Genehmigungsbedingungen (zB § 4 Wien) normiert werden, ruft dies verfassungsrechtliche Bedenken im Hinblick auf das Legalitätsprinzip* (Art 18 B-VG) hervor, zur grundrechtlichen und der damit verbundenen völkerrechtlichen Problematik s II.2. Die dort angestellten Überlegungen gelten auch für die Einbietrechte.

4. Rechtserwerb von Todes wegen

Die Landeskompetenz, verwaltungsbehördliche Beschränkungen in den Bereichen **Ausländer- und Baugrundstücksverkehr** festzulegen, erstreckt sich auch auf **Rechtserwerbe von Todes wegen für Personen, die nicht zum Kreis der gesetzlichen Erben gehören** (Art 10 Abs 1 Z 6 B-VG). Für die gesetzlichen Erben nach den zivilrechtlichen Vorschriften dürfen landesgesetzlich keine Beschränkungen vorgesehen werden. Die Schaffung solcher Beschränkungen ist Bundessache. Im land- und forstwirtschaftlichen Grundverkehr ist der Rechtserwerb von Todes wegen nicht enthalten. Schon zur Zeit des Inkrafttretens der kompetenzrechtlichen Bestimmungen 1925 (Versteinerungszeitpunkt) erfassten land- und forstwirtschaftliche Grundverkehrsbestimmungen nur Rechtserwerbe unter Lebenden. Für den Rechtserwerb von Todes wegen besteht daher in diesem Bereich keine Kompetenz zu gesetzlichen Regelungen durch die Länder. § 22 Sbg ist wie entsprechende Regelungen in Tir und Vlbg insoweit kompetenz- und damit verfassungswidrig.

In den GVG ist man auch diesbezüglich verschiedene Wege gegangen. In Krnt, OÖ und Wien werden überhaupt nur verwaltungsbehördliche Beschränkungen für Rechtserwerbe unter Lebenden vorgesehen. Es wird daher dort von dieser Kompetenz kein Gebrauch gemacht. In Sbg hat man für den Erwerb des Eigentums, eines Fruchtnießungsrechts oder eines Baurechts durch den genannten Personenkreis eine Genehmigungspflicht festgelegt. Die Genehmigung ist zu erteilen, wenn der Rechtserwerb nicht eine Umgehungshandlung der Zustimmungsvoraussetzungen für den Erwerb unter Lebenden darstellt. In Tir wird in allen Bereichen, also auch im land- und forstwirtschaftlichen Grundverkehr, der Rechtserwerb von Todes wegen den gleichen gesetzlichen Beschränkungen unterworfen wie der Rechtserwerb unter Lebenden. Dies gilt auch für das Bgld und Vlbg. Kompetenzrechtlich korrekt wird der Rechtserwerb durch gesetzliche Erben jeweils ausgenommen. Stmk hat derartige Regelungen in dieser Hinsicht verfassungsrechtlich einwandfrei nur in den Bereichen des Ausländer- und Baugrundstücksverkehrs geschaffen. Kompetenzwidrig erscheinen die entsprechenden landesgesetzlichen Regelungen aber auch insoweit, als sie einseitige Rechtsgeschäfte, wie zB die letztwillige Verfügung erfassen. Die kompetenzrechtliche Ermächtigung in Art 10 Abs 1 Z 6 B-VG knüpft am Tatbestandsmerkmal „Verkehr" an, sodass damit nur zweiseitige Rechtsgeschäfte erfasst werden. Es stellt sich überhaupt die Frage, inwieweit zweiseitige Rechtsgeschäfte vorstellbar sind, die nicht Rechtsgeschäfte unter Lebenden darstellen.

5. Gemeinsame Bestimmungen

Alle in die Landeskompetenz fallenden Regelungsbereiche sind **einheitlichen zivilrechtlichen Bestimmungen** unterworfen, die in einer Art 15a B-VG Vereinbarung* zwischen Bund und Ländern festgelegt wurden (BGBl 260/1993 idF I 43/2009). Die Art 15a B-VG Vereinbarung bezieht sich selbst zwar nur auf den Baugrundstücksverkehr, der inzwischen außer Kraft getretene Art II Abs 2 der B-VGNov 1992, BGBl 276/1992 erstreckte ihre Anwendung durch eine Anpassungsverpflichtung innerhalb von zwei Jahren auch auf den land- und forstwirtschaftlichen Grundverkehr und den Ausländergrundstücksverkehr. Das bedeutet, es dürfen keine davon abweichenden zivilrechtlichen Bestimmungen aufgrund von Art 15 Abs 9 B-VG im gesamten von den Ländern zu regelnden Bereich erlassen werden. Mit dieser Vereinbarung wollte man einheitliche Regelungen für die Abwicklungen im Grundbuchsverfahren, im Zwangsversteigerungsverfahren, bei der freiwilligen Feilbietung und bei der Feststellungsklage schaffen. Damit ist für die ordentlichen Gerichte gewährleistet, dass nicht neun völlig unterschiedliche landesgesetzliche Regelungen zur Anwendung kommen. Die GVG führen die genannte Vereinbarung bei der Festlegung der betreffenden zivilrechtlichen Bestimmungen aus.

Ein weiterer gemeinsamer Regelungsbereich ist die **Sicherstellung der Einhaltung der GVG**, insb auch der vorgesehenen **Nutzungsverpflichtungen.** Dazu werden Regelungen getroffen, die bei Verstößen gegen die verwaltungsbehördlichen Beschränkungen bzw gegen die Nutzungsverpflichtungen die **Rechtsgeschäfte unwirksam** machen. Sind sie bereits intabuliert, wird die Grundbuchseintragung ex lege unwirksam, sie ist zu löschen und das Rechtsgeschäft rückabzuwickeln. Musste oder konnte der Veräußerer vom

Verstoß gegen die verwaltungsbehördlichen Beschränkungen nichts wissen, hat er die Möglichkeit, die Rückabwicklung zu verweigern. In diesem Falle wird das Grundstück zwangsversteigert. ZT besteht unter bestimmten Voraussetzungen die Möglichkeit, innerhalb einer gewissen Frist den rechtmäßigen Zustand herzustellen. Darüber hinaus werden Strafen für Verstöße (insb für die vorschriftswidrige Nutzung) bis zu € 40.000,– zT sogar primäre Freiheitsstrafen (verfassungsrechtlich bedenklich wegen Art 1 Abs 3 PersFrG) vorgesehen.

Weiters wird eine Reihe von **sonstigen Regelungen zur Sicherung** normiert: zB Auflagenerteilung, Kautionsstellung bzw Vorschreibung von Sicherheitsleistungen (zB § 14 Sbg). Schließlich sind auch Regelungen über die Behandlung von Schein- und Umgehungsgeschäften festgelegt. Darin wird idR angeordnet, dass diese nach dem wahren bzw tatsächlich beabsichtigten Rechtsgeschäft zu behandeln sind, wodurch der geschilderte Sanktionsmechanismus greifen kann. Auch Klagen auf gerichtliche Feststellung der Nichtigkeit des Rechtsgeschäfts, das dem Rechtserwerb zugrunde liegt (Nichtigkeitsklagen), sind vorgesehen.

V. Behörden und Verfahren

1. Behörden

Das verwaltungsbehördliche Verfahren wird, abhängig von der landesgesetzlichen Regelung, durch Behörden der allgemeinen staatlichen Verwaltung (BVB) oder durch Sonderbehörden geführt.

Zur Vollziehung der GVG sind großteils eigene Behörden eingerichtet. Die Regelungen sind in den GVG höchst unterschiedlich ausgestaltet. In OÖ ist im verwaltungsbehördlichen Verfahren eine **Bezirksgrundverkehrskommission** für alle drei Bereiche zuständig, wobei bestimmte behördliche Aufgaben dem Vorsitzenden übertragen sind.

Vlbg sieht im verwaltungsbehördlichen Verfahren mit Ausnahme des land- und forstwirtschaftlichen Grundverkehrs, für den eine **Grundverkehrs-Ortskommission** zuständig ist, die Zuständigkeit der **Grundverkehrs-Landeskommission** vor. In Sbg wurden vier verschiedene Behörden mit unterschiedlichen Zuständigkeiten geschaffen: im Wesentlichen gilt, dass für die Vollziehung im Bereich des land- und forstwirtschaftlichen Grundverkehrs die **Grundverkehrskommission** bei der BVB zuständig ist. Im Bereich des Ausländergrundstücksverkehrs ist die Zuständigkeit der **Landesregierung** übertragen. Für die Ausstellung bestimmter Bescheinigungen (Bescheide) im Bereich des land- und forstwirtschaftlichen Grundverkehrs sind zudem der **Bgm** und die **BVB** zuständig. In Wien entscheidet der **Magistrat**. In der Stmk ist die **BVB** zuständig.

In Krnt ist im Ausländergrundstücksverkehr die **BVB** zuständig, im land- und forstwirtschaftlichen Grundverkehr entscheidet eine bei der BVB eingerichtete **Grundverkehrskommission.** In NÖ ist im Ausländergrundstücksverkehr **das Amt der Landesregierung** zuständig. Im land- und forstwirtschaftlichen Grundverkehr entscheidet die **BVB.**

Im Bgld ist in eine **Grundverkehrsbezirkskommission** zuständig. In Tir entscheidet die **BVB.**

2. Verfahren

AVG und VStG sind gem Art I Abs 2 lit A Z 16 EGVG anwendbar (dies nachdrücklich betonend VfSlg 17.855/2006).

Neben den Bestimmungen über die behördlichen Zuständigkeiten kennen die GVG auch noch eine Reihe von zusätzlichen besonderen Verfahrensbestimmungen. Solche regeln zB Abgabe, Form und Inhalt von Erklärungen und die Einbringung bestimmter Anträge näher. Weiters werden eine Reihe von Informationsrechten der Interessenvertretungen (zB der Landwirtschaftskammern) vorgesehen. Zu den Strafbestimmungen und besonderen Regelungen zur Sicherung der Befolgung der GVG s IV.5.

3. Rechtsschutz

Seit 01. Jänner 2014 sind die weisungsfreien Behörden in der Berufungsinstanz abgeschafft, an ihre Stelle tritt der Rechtsschutz vor den Landesverwaltungsgerichten. Damit sind auch alle Diskussionen obsolet geworden, die wegen der weisungsfreien Berufungsbehörden* im Hinblick auf Art 6 EMRK geführt worden sind, weil das Grundverkehrsrecht in den „Kernbereich" der civil rights nach Art 6 EMRK fällt und dafür grundsätzlich die nachprüfende Kontrolle des VwGH nicht genügte. Das **Landesverwaltungsgericht** jenes Landes ist zuständig, in dem die Liegenschaft liegt, die Gegenstand eines genehmigungspflichtigen Rechtsgeschäftes ist. Somit kann gegen Bescheide der Grundverkehrsbehörden Bescheidbeschwerde an das jeweilige LVwG erhoben werden. Die Verletzung der behördlichen Entscheidungspflicht ist durch Säumnisbeschwerde bekämpfbar. Gegen Erkenntnisse der LVwG kann Revision an den VwGH oder Beschwerde an den VfGH erhoben werden.

Das Verfahrensrecht vor den VwG richtet sich nach den Bestimmungen des VwGVG. Gem § 17 VerwaltungsverfahrensG (VwGVG) sind die VerwaltungsverfahrensG, einschließlich abweichender Bestimmungen, subsidiär anwendbar. Für die Einbringung einer Beschwerde an das VwG besteht keine Anwaltspflicht. Die Rechtsmittelfrist beträgt vier Wochen (§ 7 Abs 4 VwGVG).

§ 27 VwGVG legt den Prüfungsumfang des VwG dahingehend fest, dass die Kognitionsbefugnis des VwG durch den Inhalt der Beschwerde beschränkt ist. Der Prüfungsumfang beschränkt sich damit auf die Gründe, auf die sich die Behauptung der Rechtswidrigkeit stützt und auf das Begehren. Die Beschwerde gegen einen Bescheid einer Verwaltungsbehörde ist bei dieser selbst einzubringen. Gem § 14 VwGVG kann die Behörde innerhalb von zwei Monaten mittels einer Beschwerdevorentscheidung den angefochtenen Bescheid aufheben, abändern oder die Beschwerde zurück- oder abweisen. Nach Zustellung der Beschwerdevorentscheidung kann jede Partei binnen zwei Wochen einen Vorlageantrag an das VwG stellen.

Dietmar Jahnel

Naturschutzrecht

Rechtsgrundlagen

Kompetenzgrundlagen

Art 15 Abs 1 B-VG (Generalklausel für die Länderkompetenz); Art 15 Abs 9 B-VG (Straf- und Zivilrechtskompetenz der Länder).

Verfassungsrechtliche Bezüge

Art 5 StGG iVm Art 1 1. ZPEMRK (Eigentumsschutz); Art 3 BVG über die Nachhaltigkeit, den Tierschutz, den umfassenden Umweltschutz, die Sicherstellung der Wasser- und Lebensmittelversorgung und die Forschung, BGBl I 111/2013; Art 7a krnt L-VG, LGBl 85/1996 idF 28/2016; Art 4 nö LV, LGBl 0001-21; Art 10 oö L-VG, LGBl 122/1991 idF 41/2015; Art 9 sbg L-VG 1999, LGBl 25/1999 idF 40/2016; Art 7 Abs 2 tir Landesordnung, LGBl 61/1988 idF 61/2015; Art 7 Abs 6 vlbg LV, LGBl 9/1999 idF 38/2015.

Europarechtliche Bezüge

Art 191 ff AEUV; zB RL 2009/147/EG über die Erhaltung der wildlebenden Vogelarten, ABl L 2010/20, 7 idF L 2013/158, 193 (Vogelschutzrichtlinie); RL 92/43/EWG zur Erhaltung der natürlichen Lebensräume sowie der wildlebenden Tiere und Pflanzen, ABl L 1992/206, 7 idF L 2014/95, 70 (Fauna-Flora-Habitat-RL).

Völkerrechtliche Bezüge

ZB: Washingtoner Artenschutzübereinkommen, BGBl 188/1982 idF III 52/2014; Übereinkommen über die Erhaltung der europäischen wildlebenden Pflanzen und Tiere und ihrer natürlichen Lebensräume, BGBl 372/1983 idF III 82/1999; Übereinkommen über die biologische Vielfalt, BGBl 213/1995 idF III 117/2016; Übereinkommen zum Schutz der Alpen (Alpenkonvention), BGBl 477/1995 idF III 18/1999; Alpenkonvention – Protokoll „Naturschutz und Landschaftspflege“, BGBl III 236/2002 idF III 113/2005.

Gesetze und sonstige Rechtsgrundlagen

Naturschutzgesetze: bgld NSchG, LGBl 27/1991 idF 20/2016; krnt NSchG 2002, LGBl 79/2002 idF 85/2013; nö NSchG 2000 LGBl 5500-11 idF 111/2015; oö NSchG 2001, LGBl 129/2001 idF 92/2014; sbg NSchG 1999, LGBl 73/1999 idF 106/2013; stmk NSchG 1976, LGBl 65/1976 idF 55/2014; tir NSchG 2005, LGBl 26/2005 idF 87/2015; vlbg NSchG, LGBl 22/1997 idF 58/2016; wr NSchG, LGBl 45/1998 idF 31/2013.

Nationalparkgesetze: bgld NationalparkG Neusiedlersee, LGBl 28/1993 idF 79/2013; krnt NationalparkG, LGBl 55/1983 idF 85/2013; nö NationalparkG, LGBl 5505-3; oö NationalparkG, LGBl 20/1997 idF 90/2013; sbg NationalparkG 2014, LGBl 3/2015 idF 45/2015; stmk NationalparkG Gesäuse, LGBl 61/2002 idF 87/2013; tir NationalparkG Hohe Tauern, LGBl 103/1991 idF 54/2015; wr NationalparkG, LGBl 37/1996 idF 32/2015.

Höhlenschutzgesetze: sbg HöhlenG, LGBl 63/1985 idF 106/2013; NaturhöhlenG, BGBl 169/1928 idF stmk LGBl 87/2013 (gilt als LG in Stmk und Wien).

Umweltschutzgesetze: nö UmweltschutzG, LGBl 8050-8; oö UmweltschutzG 1996, LGBl 84/1996 idF 32/2016; sbg Umweltschutz- und UmweltinformationsG, LGBl 59/2005 idF 17/2016; stmk LG über Einrichtungen zum Schutz der Umwelt, LGBl 78/1988 idF 130/2014; wr UmweltschutzG, LGBl 25/1993 idF 31/2013.

Baumschutzgesetze: stmk BaumschutzG, LGBl 18/1990 idF 87/2013; wr BaumschutzG, LGBl 27/1974 idF 45/2013.

Sonstige Gesetze: zB bgld DurchführungsG Washingtoner Artenschutzabkommen, LGBl 28/1991 idF 79/2013; krnt BergwachtG, LGBl 25/1973 idF 85/2013; nö LandschaftsabgabeG 2007, LGBl 3630-1; sbg LandesumweltanwaltschaftsG LGBl 67/1998 idF 106/2013; stmk Berg- und NaturwachtG, LGBl 49/1977 idF 87/2013; tir AlmschutzG, LGBl 49/1987 idF 130/2013; tir BergwachtG 2003, LGBl 90/2002 idF 130/2013.

Vereinbarungen nach Art 15a B-VG: zB Vereinbarung zwischen dem Bund und den Ländern Kärnten, Salzburg und Tirol über die Zusammenarbeit in Angelegenheiten des Schutzes und der Förderung des Nationalparks Hohe Tauern, BGBl 570/1994.

Verordnungen: zahlreiche Verordnungen betreffend etwa den Schutz von Pflanzen und Tieren, oder die Erklärung bestimmter Gebiete (auch Seen) zu Landschafts- bzw Naturschutzgebieten.

Literaturauswahl

Monografien – Kommentare

Bußjäger, Österreichisches Naturschutzrecht (2001); *Ennöckl*, Natura 2000 (2002); *Hauer/Raschhofer-Lechner*, Das Naturschutzrecht des Landes Oberösterreich (2005); *Köhler*, Naturschutzrecht^{2} (2016); *Kroneder* (Hrsg), Wiener Naturschutzrecht (2014); *Loos*, Naturschutzrecht in Salzburg (2005); *Pürgy*, Natura 2000. Auswirkung und Umsetzung im innerstaatlichen Recht (2005); *Westermann*, Artenschutzrecht (2012); *Rajal/Tschugguel*, Natura 2000 (2004); *Zanini/Reithmayer*, NATURA 2000 in Österreich (2004).

Beiträge

Cech, Naturschutzrecht, in Norer (Hrsg), Handbuch des Agrarrechts^{2} (2012) 611; *Köhler*, Naturschutzrecht, in Pürgy (Hrsg), Das Recht der Länder II/2 (2012) 1; *Niederhuber*, Abwägungsentscheidungen im Naturschutz- und Forstrecht, in IUR/ÖWAV (Hrsg), Jahrbuch des österreichischen und europäischen Umweltrechts 2012 (2012) 163; *Randl*, Naturschutzrecht, in Raschauer N./Wessely (Hrsg), Handbuch Umweltrecht[2] (2010) 586; *Strejcek/Urban*, Naturschutzrecht, in Hammer ua (Hrsg), Besonderes Verwaltungsrecht (2012) 589; *Trappl*, Naturschutzrecht, in Poier/Wieser (Hrsg), Steiermärkisches Landesrecht III. Besonderes Verwaltungsrecht (2010) 315.

Rechtsprechung

VfSlg 2574/1954 (Naturschutzkompetenz der Länder); VfSlg 13.369/1993 (Enteignung für landschaftspflegerische Maßnahmen); VfSlg 15.552/1999 (Semmering-Basistunnel); VfSlg 16.316/2001 (Aufhebung von § 7 Abs 2 wr NationalparkG wegen unsachlicher Differenzierung von Entschädigungsansprüchen).

VwSlg 13.934 A/1993 (Kumulationsprinzip im Verhältnis Bergrecht – Naturschutzrecht); VwSlg 14.078 A/1994 (Kumulationsprinzip im Verhältnis Wasserrecht – Naturschutzrecht); VwGH 28.06.2010, 2007/10/0007 (Bereits die bewilligungslose Ausführung eines bewilligungspflichtigen Vorhabens ermächtigt die Behörde dazu, einen Entfernungsauftrag zu erlassen); VwGH 21.05.2012, 2010/10/0147 (In der Fremdenverkehrswirtschaft begründete Interessen an einem Vorhaben sind als öffentliche Interessen anzusehen, wenn ohne Verwirklichung des Vorhabens wesentliche Nachteile für den Fremdenverkehr zu befürchten wären).

EuGH 19.01.1994, C-435/92 (Association pour la protection des animaux sauvages) (Schutz von Zugvögeln); EuGH 07.11.2000, C-371/98 (First Corporate Shipping) (Kriterien für die Auswahl von Natura 2000-Gebieten); EuGH 23.03.2006, C-209/04 (Kommission/Österreich) (Pflichtwidrige Nichtausweisung von Vogelschutzgebieten – „Wachtelkönig"); EuGH 14.10.2010, C-535/07 (Kommission/Österreich) (Verpflichtung zur Ausweisung von Schutzgebieten).

I. Regelungsgegenstand und -ziele

Der Naturschutz hat zum Ziel, die Natur und die vom Menschen gestaltete Kulturlandschaft in allen ihren Erscheinungsformen und in ihrer Vielfalt zu erhalten und zu pflegen. Damit stellt er einen wesentlichen Bereich des Landes-Umweltschutzes dar. Va durch Verbote oder Einschränkungen von menschlichen Eingriffen in die Natur sollen der Bestand des **Lebensraumes für Menschen, Tiere und Pflanzen** und der **Erholungswert der Natur** gesichert werden. Tw werden darüber hinaus die Gebietskörperschaften oder sogar jedermann zu Schutz und Pflege der Natur verpflichtet. Derartige Grundsätze und Zielbestimmungen in den NSchG sind allerdings nicht selbstständig vollziehbar; sie haben im Wesentlichen programmatische Bedeutung und spielen va als Auslegungskriterium eine Rolle.

Der Regelungsgegenstand des Naturschutzrechts lässt sich im Wesentlichen in folgende Gruppen zusammenfassen:

- Allgemeiner Landschaftsschutz
- Allgemeiner Tier- und Pflanzenschutz
- Naturdenkmalschutz
- Flächenschutz (Natur- und Landschaftsschutzgebiete, Nationalparks etc).

Die wichtigsten Rechtsgrundlagen des Natur- und Landschaftsschutzes bilden die NaturschutzG der Länder. Weitere gesetzliche Bestimmungen finden sich länderweise unterschiedlich va in Nationalpark-, Höhlenschutz-, Baumschutz- und Umweltschutzgesetzen.

II. Verfassungsrechtliche Bezüge

1. Kompetenzrechtliche Bestimmungen

Im B-VG ist kein Kompetenztatbestand „Naturschutz" angeführt, naturschutzrechtliche Maßnahmen sind daher **Landessache in Gesetzgebung und Vollziehung** (Art 15 Abs 1 B-VG). Da sich aber zahlreiche Berührungspunkte mit Kompetenzen des Bundes ergeben, war und ist die Interpretation des Inhalts der Naturschutzkompetenz immer wieder Gegenstand von VfGH-Verfahren. Dabei wird als hauptsächliche Interpretationsmethode die Gesichtspunktetheorie* herangezogen, diese findet allerdings im bundesstaatlichen Berücksichtigungsprinzip* ihre Grenzen. So wurden etwa Regelungen betreffend den Pilzschutz sowohl unter dem Gesichtspunkt des Pflanzenschutzes als auch dem des Forstrechts getroffen (s dazu V.1).

Durch den VfGH wurde klargestellt, dass der Schutz von Naturdenkmälern nicht zum Denkmalschutz zählt und damit nicht in die Bundeskompetenz fällt (VfSlg 1240/1929) (→ *Denkmalschutzrecht*).

Nach der Rsp des VwGH **gilt hinsichtlich der Bewilligungspflichten das Kumulationsprinzip*** im Verhältnis zum Verkehrsrecht des Bundes (Eisenbahn, Luftfahrt, Schifffahrt), zum Starkstromwegerecht, zum Wasserrecht (→ *Wasserrecht*) und zum Bergrecht. **Weitere Berührungspunkte** bestehen insb mit dem Straßenrecht (eine Enteignung zum Zweck der Realisierung landschaftspflegerischer Begleitmaßnahmen kann nicht auf das BStG gestützt werden; VfSlg 13.369/1993 mit Anmerkung von *Pernthaler*, JBl 1994, 37) (→ *Straßenrecht*), dem Luftfahrtwesen (Zulässigkeit des Verbots von Luftfahrzeugen in § 6 sbg NationalparkG: VfSlg 14.178/1995), dem Eisenbahnwesen (Aufhebung des § 2 nö NSchG wegen Missachtung des Berücksichtigungsprinzips, VfSlg 15.552/1999 [Semmering-Basistunnel]), dem Ortsbildschutz (nach Art 118 Abs 3 Z 9 B-VG Aufgabe der Gemeinde im eWb*), der Straßenpolizei (Aufstellung von Werbeanlagen, Verbot der Durchführung von sportlichen Wettbewerben mit Kraftfahrzeugen, die von einem Verbrennungsmotor angetrieben werden, in Tirol), der Bodenreform, dem Waren- und Viehverkehr (Ein- und Ausfuhr von Tieren und Pflanzen) und dem Forstrecht (→ *Forstrecht*).

In VfSlg 14.599/1996 hat der VfGH die Verfassungswidrigkeit einer Bestimmung des bgld NSchG festgestellt, die vorsah, dass die Naturschutzbehörde eine Bewilligung zu versagen hatte, wenn diese dem Flächenwidmungsplan widersprach, weil dadurch gegen das Selbstverwaltungsrecht der Gemeinde verstoßen wurde.

Mit der B-VGNov 1974, BGBl 444 (diese Bestimmung wurde inzwischen durch das 1. BundesverfassungsrechtsbereinigungsG, BGBl I 2/2008 als nicht mehr geltend festgestellt) wurde die bis dahin im **NaturhöhlenG** verfassungsgesetzlich geregelte Kompetenz des Bundes auf die Länder übertragen. Seither gilt in den Ländern, die den Schutz von Naturhöhlen nicht selbst geregelt haben, dieses Bundesgesetz als Landesgesetz (in Stmk und Wien).

Durch Inanspruchnahme der **Annexkompetenz** des Art 15 Abs 9 B-VG können die Länder die zur Regelung des Gegenstandes erforderlichen zivil- und strafrechtlichen Bestimmungen (zB im Bereich des Grundbuchsrechts) erlassen.

2. Grundrechtliche Bestimmungen

Eine **naturschutzrechtliche Unterschutzstellung** eines Grundstücks oder Grundstücksteils bedeutet eine **Eigentumsbeschränkung** (Art 5 StGG iVm Art 1 1. ZPEMRK). Die meisten NSchG sehen eine Entschädigung der durch bestimmte Schutzmaßnahmen bedingten Beschränkung der Bewirtschaftungs- und Nutzungsmöglichkeiten vor (zB § 37 OÖ, § 42 Sbg, § 25 Stmk, § 34 Tir, § 36 Wien). Vgl dazu die Aufhebung von § 7 Abs 2 wr NationalparkG wegen Gleichheitswidrigkeit, weil Eigentumsbeschränkungen außerhalb des Nationalparkgebietes auch dann nicht entschädigt wurden, wenn sie mit den Eingriffen innerhalb des Nationalparkgebietes vergleichbar waren (VfSlg 16.316/2001).

In Sbg findet auf die Festsetzung der **Entschädigung** die Bestimmung des Salzburger LStG über die **sukzessive Zuständigkeit*** Anwendung, wobei die Frist zur Anrufung des Gerichts sechs Monate ab der Erlassung des Entschädigungsbescheides beträgt (§ 42 Abs 3 NSchG; ähnliche Regelungen mit unterschiedlichen Fristen finden sich in anderen Ländern, zB § 37 Abs 4 OÖ mit einer Frist von drei Monaten). Nach der Judikatur des VfGH (VfSlg 17.242/2004) handelt es sich bei naturschutzrechtlichen Entschädigungsansprüchen um **„civil rights“** gem Art 6 Abs 1 EMRK, über die sowohl dem Grunde als auch der Höhe nach von einem „Tribunal“ entschieden werden muss. Deshalb wurde § 48 Abs 6 bgld NSchG aufgehoben, der die Anrufung des Gerichts nur hinsichtlich der Höhe der Entscheidung vorsah.

Daneben sind Zutrittsrechte für behördliche Organe vorgesehen (zB § 39 Sbg). Zur Sicherung der Unterschutzstellung kann in einigen Ländern auch mit Enteignung vorgegangen werden (zB § 41 Sbg).

3. Staatsziel Umweltschutz

Zu beachten ist weiters die Staatszielbestimmung* des Art 3 BVG über die Nachhaltigkeit, den Tierschutz, den umfassenden Umweltschutz, die Sicherstellung der Wasser- und Lebensmittelversorgung und die Forschung, welche in der Rsp des VfGH als **Interpretationsmaßstab** herangezogen wird (zB VfSlg 12.485/1990 zur Vorgängerbestimmung des BVG-Umweltschutz, BGBl 491/1984). Ähnliche Zielbestimmungen enthalten die LV von Krnt, NÖ, OÖ, Sbg, Tir und Vlbg.

III. Europarechtliche Bezüge

Die Grundsätze des EU-Umweltrechts ergeben sich aus Art 191 AEUV, als primärrechtliche Grundlage für naturschutzrechtliches Sekundärrecht der EU* kommen va Art 192 bzw 114 AEUV in Betracht. Die zwei zentralen Rechtsakte der EU im Bereich des Naturschutzes sind die **VogelschutzRL** und die **Fauna-Flora-Habitat-RL**. Sie dienen der Erhaltung der Artenvielfalt und verpflichten zur Ausweisung bestimmter Schutzgebiete sowie zur Überprüfung und allfälligen Anpassung von Schutz- und Jagdvorschriften.

Die Fauna-Flora-Habitat-RL sieht ein besonderes europaweites Netzwerk von Schutzgebieten vor (sog „**Natura 2000**"-Gebiete), die zur Bewahrung oder Wiederherstellung eines günstigen Erhaltungszustands von bestimmten gefährdeten Lebensräumen sowie Tier- und Pflanzenarten beitragen sollen und in denen **Eingriffe nur unter eingeschränkten Bedingungen** zulässig sind. Die Mitgliedstaaten sind verpflichtet, den ökologischen Schutzerfordernissen der Natura 2000-Gebiete durch spezielle Erhaltungsmaßnahmen Rechnung zu tragen (zB Bewirtschaftungspläne für das Gebietsmanagement, Vertragsnaturschutz). Für Vogelschutz- bzw FFH-Gebiete besteht ein präventives Verschlechterungs- und Störungsverbot. Außerdem ist für Pläne und Projekte, die potenziell geeignet sind, ein Natura 2000-Gebiet zu beeinträchtigen, eine **Naturverträglichkeitsprüfung** durchzuführen. Zur Umsetzung dieser RL s VII.4.

IV. Allgemeiner Landschaftsschutz, Bewilligungs- und Anzeigepflichten

Die NSchG sprechen tw allgemeine **Verpflichtungen für jedermann** oder für Länder und Gemeinden aus, **die gesamte Natur zu schützen** und zu pflegen (§ 2 Krnt, § 2 Sbg). In Krnt ist jede „Verunstaltung der freien Landschaft" verboten (§ 13). Daneben wird häufig **ein Katalog von Maßnahmen** angeführt, die von der Naturschutzbehörde **zu bewilligen** sind, auch wenn sie außerhalb von geschützten Gebieten durchgeführt werden. Dazu gehören zB (§ 7 NÖ, § 5 OÖ, § 25 Sbg, §§ 6 und 15 Tir, § 18 Wien): die Anlage von Schottergruben, Lagerplätzen, Materialseilbahnen, Schrottplätzen, großen Parkplätzen, Sportplätzen, Flugplätzen, Golfplätzen, Campingplätzen, Motorsportanlagen, Beschneiungsanlagen, Liften oder die Aufstellung von Werbeeinrichtungen.

In Sbg ist nach § 27 weiters etwa das chemische Präparieren von Skipisten und Langlaufloipen, ausgenommen im Zuge sportlicher Veranstaltungen mit unbedenklichen Stoffen in geringfügigen Mengen oder das Fahren mit Radfahrzeugen in der freien Landschaft (Mountain-Biken; in OÖ nach § 8 über 1.200m; → *Forstrecht*) verboten. In Tir (§ 5) sind etwa Autorennen, die Verwendung von Hubschraubern für touristische Zwecke oder die Verwendung von Wasserfahrzeugen mit Verbrennungsmotor grundsätzlich **verboten**. In OÖ besteht ein allgemeiner Landschaftsschutz im Bereich von Seen (§ 9: Uferschutz bis zu einer Entfernung von 500m) und bestimmten sonstigen Gewässern, ein allgemeiner Gewässerschutz ist auch in der Stmk und in Tir vorgesehen.

Tw werden daneben auch noch **anzeigepflichtige Maßnahmen** aufgezählt, die die Naturschutzbehörde unter bestimmten Voraussetzungen zu untersagen hat (zB § 26 Sbg, § 3 Stmk).

V. Allgemeiner Tier- und Pflanzenschutz

1. Pflanzenschutz

Der Pflanzenschutz ist vom Grundgedanken getragen, **seltene und gefährdete Pflanzen zu schützen.** Dabei ist zwischen einem allgemeinen und einem besonderen Schutz zu unterscheiden.

Nach den **allgemeinen Schutzbestimmungen** dürfen wild wachsende Pflanzen **nicht mutwillig beschädigt** werden (§ 17 Krnt, § 17 NÖ, § 26 OÖ) bzw bedarf das Sammeln von wild wachsenden Pflanzen oder Pflanzenteilen in der freien Natur, wenn es in großen Mengen auf fremdem Grund geschieht, einer Bewilligung der Naturschutzbehörde (§ 30 Sbg). Tw sind weitere Verordnungsermächtigungen der LReg vorgesehen, zB zum Schutz von wild wachsenden Waldfrüchten, Beeren und Pilzen.

Beispiel: Nach der sbg PilzeschutzV, LGBl 47/1994 idF 33/2003 ist (neben sonstigen Beschränkungen) das Sammeln von Pilzen zum Verkauf grundsätzlich nur mit naturschutzbehördlicher Bewilligung zulässig. Nach der tir PilzschutzV, LGBl 68/2005 sind das Sammeln von mehr als 2kg Pilzen pro Person und pro Tag und organisierte Veranstaltungen zum Sammeln von Pilzen verboten.

Der Schutz von Pilzen ist daneben auch im ForstG (→ *Forstrecht*) verankert: Nach § 174 Abs 3 lit b Z 2 und lit d ForstG sind das unbefugte Sammeln von Pilzen im Ausmaß von mehr als 2 kg pro Person und Tag und die Durchführung von und Teilnahme an Pilzsammelveranstaltungen verboten.

Noch weiter geht der **besondere Schutz** von wild wachsenden Pflanzen in der freien Natur, die in ihrem Bestand gefährdet sind. Solche Pflanzen können durchwegs durch Verordnung der LReg geschützt werden, wobei die **PflanzenschutzV** zwischen vollkommenem und twm Schutz unterscheiden:

- Der **vollkommene Schutz** beinhaltet das Verbot, die Pflanzen zu beschädigen, zu vernichten bzw sie vom Standort zu entfernen und das Verbot, diese Pflanzen entgeltlich oder unentgeltlich anzunehmen oder abzugeben.

  Beispiele: Edelweiß, bestimmte Enzianarten, Seerose (OÖ, Sbg, Stmk, Tir).

- Der **tw Schutz** umfasst das absolute Verbot, die unterirdischen Teile zu entfernen. Das Pflücken von Handsträußen ist erlaubt, ebenso das Pflücken einzelner Stücke bzw einzelner Zweige.

  Beispiele: Maiglöckchen, Zyklame (Sbg, Stmk, Tir), Alpenrose (OÖ, Wien).

2. Tierartenschutz

Auch hinsichtlich der Tiere sind idR ein **allgemeiner** und ein **besonderer Schutz** vorgesehen. Der allgemeine Schutz verbietet, wild lebende Tiere mutwillig zu verfolgen, zu beunruhigen, oder zu vernichten. Bestandgefährdete Tiere können zusätzlich durch Verordnung der LReg ganz oder tw geschützt werden, ausgenommen davon sind tw (zB Sbg, Stmk, Tir) jagdbare Tiere wie zB Rotwild, Auerhahn oder Fasan. Hinsichtlich der jagdbaren Tiere sehen aber idR die JagdG der Länder (zT ganzjährige) Schonzeiten vor.

VI. Naturdenkmalschutz, Baumschutz

Naturgebilde, die wegen ihrer wissenschaftlichen oder kulturellen Bedeutung oder wegen ihrer Eigenart, Schönheit oder Seltenheit erhaltungswürdig sind, können zum Naturdenkmal erklärt werden. Die **Erklärung zum Naturdenkmal** erfolgt durch **Bescheid der BVB** bzw der **LReg** (in OÖ) oder der **Gemeinde** (zB § 10 Sbg bei Naturgebilden von bloß örtlicher Bedeutung). Dieser Schutz ist va für bestimmte Objekte wie etwa einzelne Bäume, Quellen, Wasserfälle, Schluchten etc gedacht, die Einbeziehung der nächsten Umgebung in den Naturdenkmalschutz ist möglich.

Von der Einleitung des Unterschutzstellungsverfahrens ist zunächst der Grundeigentümer zu verständigen, die Mitteilung bewirkt ein vorläufiges Veränderungsverbot. Die endgültige Erklärung zum Naturdenkmal hat zur Folge, dass **jeder den Bestand oder das Erscheinungsbild beeinträchtigende Eingriff verboten** ist, den Eigentümer trifft eine **Erhaltungspflicht** (Tatbestandswirkung* des Bescheides). Die Unterschutzstellung wird in den meisten Ländern ortsüblich kundgemacht und das Naturdenkmal durch eine Hinweistafel gekennzeichnet, häufig ist eine Eintragung in ein Naturdenkmalbuch bzw Naturschutzbuch vorgesehen. Daraus ergibt sich, dass die Bescheide dingliche Wirkung* haben. Neben der eingriffsverbietenden Wirkung für den Eigentümer wirkt die Erklärung zum Naturdenkmal auch als Eingriffsverbot gegen jedermann durch Kennzeichnung und Kundmachung. Sie ist insoweit eine Verordnung. Man spricht in solchen Fällen von **janusköpfigen Verwaltungsakten***.

Ein allgemeiner **Baumschutz**, der va eine Erhaltungspflicht und eine Bewilligungspflicht für das Entfernen von Bäumen mit Pflicht zu Ersatzpflanzungen enthält, ist in einigen Bundesländern durch eigene Gesetze (Stmk, Wien) vorgesehen, für die Stadt Salzburg wurde aufgrund der Ermächtigung in § 11 sbg NSchG eine eigene BaumschutzV erlassen.

VII. Flächenschutz

Der Flächenschutz betrifft den Schutz bestimmter räumlich abgegrenzter Gebiete in verschiedener Intensität. Es kann dabei zwischen **mehreren Schutzkategorien** unterschieden werden:

1. Schutz von Lebensraum

In einigen Ländern ist **ex lege** der landesweite Schutz von Lebensräumen vorgesehen (zB § 7 Bgld, § 8 Krnt, § 24 Sbg). Diese Gebiete sind somit ohne Erlassung von Verordnungen unter Schutz gestellt. Danach sind beispielsweise geschützt: Moore, Sümpfe, Quellfluren, Bruch- und Galeriewälder an fließenden und stehenden Gewässern sowie oberirdische fließende Gewässer und das alpine Ödland einschließlich der Gletscher und deren Umfeld. Der Schutz bewirkt, dass Maßnahmen, die **Eingriffe in diese Lebensräume** bewirken können, **bewilligungspflichtig** sind.

2. Naturschutzgebiete

Naturschutzgebiete sind Gebiete außerhalb geschlossener Ortschaften, die sich durch völlige oder weit gehende **Ursprünglichkeit** auszeichnen bzw seltene oder gefährdete Pflanzen oder Tierarten aufweisen. Schutzzweck ist die völlige oder weitestgehende Erhaltung der Ursprünglichkeit und des Bestandes an gefährdeten Pflanzen oder Tieren. In Frage kommen konkret va Moore, Urwaldreste, alpine Landschaften usw. Bei Naturschutzgebieten handelt es sich um eine **sehr strenge Form des Naturschutzes**, weil grundsätzlich **jeder Eingriff in die Natur untersagt** ist. Die Erteilung von Ausnahmebewilligungen ist allerdings nach Vornahme einer Interessenabwägung möglich (vgl zum naturschutzrechtlichen Genehmigungsverfahren ausführlich *Randl* in N. Raschauer/Wessely, Handbuch Umweltrecht², 601 ff). Die Erklärung zum Naturschutzgebiet selbst erfolgt durch **Verordnung der LReg**.

Beispiele: Traunstein (OÖ), Fuschlsee (Sbg), Totes Gebirge (Stmk), Karwendel (Tir), Lainzer Tiergarten (Wien).

Das **Verfahren der Unterschutzstellung** ist in den NSchG recht ähnlich geregelt. Es beginnt idR mit der Kundmachung der Absicht durch die LReg, welche ein vorläufiges Veränderungsverbot bewirkt. Der Verordnungsentwurf wird meist für vier Wochen zur allgemeinen Einsichtnahme aufgelegt, die Gemeinden und bestimmte Interessenvertreter haben Stellungnahmerechte. Der Grundeigentümer und sonstige Personen, die ein berechtigtes Interesse glaubhaft machen, können in Sbg binnen einer Frist von sechs Wochen schriftliche Äußerungen zum Vorhaben vorbringen.

3. Landschaftsschutzgebiete

Landschaftsschutzgebiete sind Gebiete, die wegen ihrer **landschaftlichen Schönheit** oder ihres **Erholungswertes** schutzwürdig sind. Landschaftsschutzgebiete werden durch **Verordnung der LReg** eingerichtet. In diesen Verordnungen sind jene Maßnahmen anzuführen, die an eine Bewilligung gebunden sind. Der **Schutz ist weniger streng** als beim Naturschutzgebiet, verboten sind va „grobe" Eingriffe wie etwa die Errichtung baulicher Anlagen, erhebliche Bodenverletzungen oder die Ablagerung von Materialien. Das Verfahren zur Unterschutzstellung ist prinzipiell gleich gestaltet wie bei der Errichtung eines Naturschutzgebietes.

Beispiele: Feldaisttal (OÖ), Mönchsberg (Sbg), Dachstein (Stmk), Nordkette (Tir), Prater (Wien).

4. Europaschutzgebiete

Zur Umsetzung der **VogelschutzRL** und der **Fauna-Flora-Habitat-RL** (s III.) wurde in den meisten Ländern für jene Gebiete, die unter diese RL fallen, eine neue Kategorie von Schutzgebieten geschaffen, nämlich die **Europaschutzgebiete** (zB § 22b Bgld, § 24a Krnt, § 9 NÖ, § 24 OÖ, § 22a Sbg, § 13a Stmk, § 26 Abs 4 Vlbg, § 22 Wien). § 14 Tir sieht eigene „Sonderbestimmungen für Natura 2000-Gebiete" vor. Für derartige Schutzgebiete wird ein einheitliches – europarechtlich gebotenes – Schutzniveau festgelegt, etwa auch hinsichtlich der von der Fauna-Flora-Habitat-RL geforderten **Naturverträglichkeitsprüfung**. Die Erklärung zum Europaschutzgebiet erfolgt durch Verordnung der LReg. Tw können die in den genannten RL angeführten Lebensräume auch als geschützter Landschaftsteil oder als Naturschutzgebiet unter Schutz gestellt werden (zB §§ 12 und 19 Sbg).

5. Geschützte Landschaftsteile und Ruhegebiete

Soweit in den NSchG vorgesehen (zB § 12 OÖ, § 12 Sbg, § 11 Stmk, § 13 Tir, § 25 Wien), sind geschützte Landschaftsteile meist **kleinräumige Flächen**, die das Landschaftsbild besonders prägen oder für die Erholung der Bevölkerung bedeutsam sind. In Frage kommen va kleinere Moore, Tümpel, Baumgruppen, Parkanlagen, Alleen usw. Die Unterschutzstellung erfolgt durch **Verordnung der BVB oder der LReg** und bewirkt ein **Eingriffsverbot**. Ausnahmebewilligungen können erteilt werden. Das Verfahren ist prinzipiell gleich gestaltet wie bei den Naturschutzgebieten.

In Tir ist als weitere besondere Kategorie das **Ruhegebiet** (§ 11) vorgesehen, in dem va jede erhebliche Lärmentwicklung, der Neubau von Straßen und die Errichtung von lärmerregenden Betrieben verboten sind. In Sbg kann in **Ruhezonen** die Ausübung sportlicher, touristischer oder sonstiger Aktivitäten verboten werden (§ 27 Abs 3).

6. Naturparks

Soweit in den NSchG vorgesehen (zB § 13 NÖ, § 11 Abs 3 OÖ, § 23 Sbg, § 8 Stmk, § 12 Tir), werden darunter Gebiete verstanden, die für die **Erholung der Bevölkerung** oder für die **Vermittlung von Wissen über die Natur** besonders geeignet sind, die bereits zu einem geschützten Gebiet erklärt wurden und allgemein zugänglich sind. Die Erklärung zum Naturpark erfolgt durch **Verordnung der LReg** meist auf Antrag des Grundeigentümers. Bei einem Naturpark handelt sich eigentlich nicht um eine eigene Schutzkategorie, sondern um eine „Auszeichnung" eines bestimmten Schutzgebietes.

Beispiel: Naturpark Untersberg (Sbg).

7. Höhlenschutz

Dass der Schutz von Naturhöhlen tw in eigenen Gesetzen geregelt ist, ist nur historisch durch die Entwicklung der Kompetenzsituation erklärbar (s II.1). In den meisten Bundesländern wurde der Schutz von Naturhöhlen in die NSchG (Bgld, Krnt, NÖ, OÖ, Tir, Vlbg) aufgenommen. In Sbg besteht ein eigenes Höhlengesetz, in den Ländern Stmk und Wien gilt das BG zum Schutz der Naturhöhlen als LG weiter.

Naturhöhlen sind entweder ex lege geschützt (zB § 28 tir NSchG, § 18 oö NSchG) oder können durch Bescheid (zB Sbg) oder Verordnung (zB NÖ) zur **„geschützten Höhle"** erklärt werden. Inhaltlich umfasst der Höhlenschutz ein Verbot der Zerstörung und der substanziellen Veränderung der Höhle und des Eingangsbereichs ohne behördliche Genehmigung.

8. Nationalparks

In den Ländern Bgld, Krnt, NÖ, OÖ, Sbg, Stmk, Tir und Wien sind durch eigene Gesetze Nationalparks eingerichtet, in denen die **Natur in strengster Form geschützt** ist. Bekannte Beispiele sind der Nationalpark Hohe Tauern oder der Nationalpark Donau-Auen.

In den **NationalparkG** von Sbg und Tir wird etwa die geschützte Fläche in verschiedene **Zonen mit unterschiedlicher Schutzintensität** eingeteilt, die durch Verordnung der LReg festgelegt werden:

- die Außenzone, in der strenge Bewilligungspflichten, etwa für die Errichtung von baulichen Anlagen oder Straßen, bestehen;
- in der Kernzone, die von der Außenzone umschlossen wird, soll weitestgehend die Ursprünglichkeit gewahrt bleiben, sie ist vergleichbar mit einem Naturschutzgebiet. Generell zugelassen ist nur die herkömmliche Almwirtschaft;
- in Sonderschutzgebieten kann jeder Eingriff ausgeschlossen werden (sogar das Betreten). Derartige Sonderschutzgebiete bestehen derzeit zB für Teile der Gemeinde Fusch an der Glocknerstraße.

In Krnt bestehen ähnliche Regelungen für die Nationalparks Hohe Tauern und Nockberge, im Bgld für den Neusiedler See. Eingerichtet sind weiters folgende Nationalparks: Kalkalpen (OÖ), Donau-Auen (NÖ, Wien), Thayatal (NÖ) und Gesäuse (Stmk).

VIII. Weitere Regelungen

1. Wiederherstellung

Werden bewilligungspflichtige Vorhaben ohne Bewilligung oder gegen ein naturschutzrechtliches Verbot ausgeführt, so ist regelmäßig neben der Verhängung von **Verwaltungsstrafen** der **Auftrag zur Wiederherstellung des früheren Zustandes** vorgesehen (zB § 46 Sbg, § 17 Tir). Ein anhängiges Verfahren um eine nachträgliche naturschutzrechtliche Bewilligung eines konsenslos durchgeführten Projektes hindert einen Entfernungsauftrag nicht. Kommt der Verpflichtete einem derartigen Auftrag nicht nach, so erfolgt die Vollstreckung durch Ersatzvornahme nach § 4 VVG.

2. Ausgleichsmaßnahmen

Neben der Vorschreibung von Auflagen*, Bedingungen* und Befristungen* ist etwa im Bgld, in Krnt und Sbg die Vorschreibung der Beschaffung eines geeigneten **Ersatzlebensraumes** bzw von **Ausgleichsmaßnahmen** zulässig. Nach § 51 Sbg muss damit insgesamt eine wesentliche Verbesserung des Landschaftsbildes oder Naturhaushalts bewirkt werden und diese Verbesserung die nachteiligen Auswirkungen der beabsichtigten Maßnahmen erheblich überwiegen (zB durch Rekultivierung einer aufgelassenen Schottergrube).

3. Vertragsnaturschutz

Der sog vertragliche Naturschutz im Rahmen der **Privatwirtschaftsverwaltung***, der in jüngerer Zeit in einige NSchG Eingang gefunden hat, soll eine

Ergänzung zum hoheitlichen Naturschutz darstellen. Darunter werden neben „echten“ **privatrechtlichen Verträgen** va auch **fördernde Maßnahmen** von Gebietskörperschaften verstanden, an die gewisse Verpflichtungen geknüpft sind (zB angemessene Vergütung für die Unterlassung der Nutzung ökologisch wertvoller Flächen oder Düngeverzichtsprämien): vgl § 2 Abs 5 und 6 Sbg, § 32a Stmk, § 9 Abs 2 Vlbg, § 15 tir NationalparkG.

4. Naturschutzabgaben

Einzelne Länder heben **zur Förderung des Naturschutzes** und der Landschaftspflege eine **Naturschutzabgabe** (ausschließliche Landesabgabe nach § 8 F-VG) **bei Gewinnung von Bodenschätzen** ein (§ 59 Sbg, § 12 Vlbg). Der Ertrag aus der Naturschutzabgabe ist zur Förderung des Naturschutzes, also zweckgewidmet zu verwenden (zB § 60 Sbg). Nach § 19 Tir wird eine Naturschutzabgabe „für die Inanspruchnahme der Natur“ durch verschiedenste Vorhaben (maschineller Abbau von Mineralien, Errichtung oder Ausbau von Seilbahnen/Schleppliften, Sportanlagen, Beschneiungsanlagen etc) erhoben.

IX. Behörden und Verfahren

1. Behörden

Die Vollziehung der Naturschutzgesetze erfolgt grundsätzlich durch die **BVB** und die **LReg**, tw hat die Gemeinde einzelne Aufgaben im eWb* zu besorgen. Verwendet das Gesetz den Ausdruck „die Behörde“ ohne nähere Bezeichnung, so ist damit die BVB (in Wien der Magistrat) gemeint.

Abweichend davon ist die **LReg** insb zuständig:

- zur Bescheiderlassung bei Vorhaben, für die eine BVB und die LReg oder mehrere BVB zuständig wären;
- zur Erlassung von LandschaftsschutzgebietsV, NaturschutzgebietsV, NaturparkV, PflanzenschutzV und TierschutzV.

Neben den Organen des öffentlichen Sicherheitsdienstes* haben als Exekutivorgane regelmäßig Organe der öffentlichen Aufsicht*, wie etwa die Forstschutz- (→ *Forstrecht*) und Jagdschutzorgane, in einigen Ländern auch eigene **Naturschutzwacheorgane** bzw **Bergwacheorgane** an der Vollziehung mitzuwirken. Dabei handelt es sich um Privatpersonen, die Aufgaben der öffentlichen Verwaltung übernehmen (sog Beliehene*). Sie dürfen nach Maßgabe besonderer Ermächtigungen zB Personen, die auf frischer Tat bei Verwaltungsübertretungen betreten werden, anhalten, ihre Identität prüfen, sie festnehmen oder Gegenstände beschlagnahmen (zB § 55 OÖ, § 56 Abs 3 Sbg, § 45 Wien).

2. Verfahren

Auf das Verfahren vor den Naturschutzbehörden finden das AVG, das VStG und das VVG für die Erlassung von individuellen Verwaltungsakten Anwendung (Art I EGVG). Daneben bestehen insb folgende **Besonderheiten** (und Ergänzungen für das Verfahren zur Verordnungserlassung):

- Mehrfach ist die Bestellung von **Naturschutzbeauftragten** zur Wahrnehmung der Interessen des Naturschutzes vorgesehen (§ 50 OÖ, § 54 Sbg, § 26 Stmk, § 37 Tir). In Sbg hat die BVB dem Naturschutzbeauftragten vor der Bescheid- bzw Verordnungserlassung Gelegenheit zur Stellungnahme zu geben.
- Die Mitwirkung des **Landesumweltanwalts** als Organpartei* ist in einigen Ländern vorgesehen (§ 55 Sbg, § 36 Tir); in manchen Ländern wird die Parteistellung im UmweltschutzG begründet (zB § 5 OÖ, § 6 Abs 2 Stmk, § 6 Wien), in Vlbg (§ 50) ist ein eigener Naturschutzanwalt eingerichtet.
- Vor Erlassung von Naturschutz- und LandschaftschutzV haben regelmäßig verschiedene **Interessenvertretungen** Stellungnahmerechte.
- In § 52 Bgld, § 53 Krnt, § 27 NÖ und § 48 Vlbg wird ausdrücklich die Parteistellung der Gemeinden geregelt.
- Zur Beratung der LReg in wichtigen und grundsätzlichen Fragen des Naturschutzes ist tw ein **Naturschutzbeirat** eingerichtet (zB § 53 Sbg, § 35 Tir), dem idR bloß beratende Funktion zukommt; daneben ist er meist auch vor der Erlassung von naturschutzrechtlichen Verordnungen durch die LReg zu hören; eine Unterlassung der Anhörung stellt einen wesentlichen Verfahrensmangel dar, der die Verordnung mit Gesetzwidrigkeit belastet.
- Regelmäßig ist vorgesehen, dass die Erlassung naturschutzrechtlicher Verordnungen und Bescheide in ein **Naturschutzbuch** (ein öffentliches Buch, das die LReg zu führen hat und in das jedermann Einsicht nehmen kann) und in das **Grundbuch** einzutragen ist.

Georg Lienbacher

Veranstaltungsrecht

Rechtsgrundlagen

Kompetenzgrundlagen

Art 15 Abs 1 B-VG (Generalklausel für die Länderkompetenz in Gesetzgebung und Vollziehung); Art 10 Abs 1 Z 13 B-VG (Angelegenheiten der künstlerischen und wissenschaftlichen Sammlungen und Einrichtungen des Bundes); Art 10 Abs 1 Z 13 B-VG (Angelegenheiten der Bundestheater mit Ausnahme der Bauangelegenheiten); Art 11 Abs 1 Z 8 B-VG (Angelegenheiten des Tierschutzes); Art 15 Abs 3 B-VG (Sonderregelung bezüglich der Überwachung von und Mitwirkung an der Verleihung von Berechtigungen zu öffentlichen Veranstaltungen); Art 118 Abs 3 Z 3 B-VG (örtliche Veranstaltungspolizei).

Verfassungsrechtliche Bezüge

Art 12 StGG, Art 11 EMRK (Vereins- und Versammlungsfreiheit); Art 14, 15 StGG, Art 9 EMRK (religiöse Veranstaltungen); Art 17 StGG (Wissenschaftsfreiheit); Art 17a StGG (Kunstfreiheit); Art 6 StGG (Erwerbsfreiheit); Art 8 EMRK (Recht auf Privatsphäre).

Europarechtliche Bezüge

Art 45 ff AEUV (Arbeitnehmerfreizügigkeit*), 49 ff AEUV (Niederlassungsfreiheit*), Art 56 ff AEUV (Dienstleistungsfreiheit*); RL 2006/123/EG über Dienstleistungen im Binnenmarkt (DienstleistungsRL), ABl 2006 L 376/36.

Gesetze und sonstige Rechtsgrundlagen

Der einfachgesetzliche Rechtsbestand im Veranstaltungswesen ist komplex. In jedem Bundesland gibt es ein VeranstaltungsG. Zusätzlich wird aber in unterschiedlicher Weise eine Vielzahl von NebenG auf Landesebene und auf Grund der Ausnahmekompetenztatbestände auch auf Bundesebene erlassen, die hier nicht alle aufgezählt werden können. Vgl die umfassendere Darstellung bei *Lienbacher*, Veranstaltungsrecht, in Pürgy (Hrsg), Das Recht der Länder II/22 (2012) 637; *Lienbacher*, Veranstaltungsrecht, in Holoubek/Potacs (Hrsg), Öffentliches Wirtschaftsrecht I³ (2013) 235 und *Strejcek/Hutter/Zabl*, Privatunterrichtswesen und Fertigkeitsvermittlung, in Holoubek/Potacs (Hrsg), Öffentliches Wirtschaftsrecht I³ (2013) 309.

Bundesrechtliche Vorschriften: BundestheaterorganisationsG, BGBl I 108/1998 idF I 100/2015; §§ 31 bis 31a ForschungsorganisationsG, BGBl 341/1981 idF I 74/2004 (Bundesmuseen); BundesmuseenG 2002, BGBl I 14/2002 idF I 20/2016; GlücksspielG (GSpG), BGBl 620/1989 idF I 118/2015; TierschutzG, BGBl I 118/2004 idF I 80/2013.

Landesrechtliche Vorschriften: VeranstaltungsG: bgld VeranstaltungsG, LGBl 2/1994 idF 18/2016; krnt VeranstaltungsG 2010, LGBl 27/2011 idF 85/2013; nö VeranstaltungsG, LGBl 7070-2 idF 38/2016; oö VeranstaltungssicherheitsG, LGBl 78/2007 idF 93/2015; sbg VeranstaltungsG, LGBl 100/1997 idF 106/2013; stmk VeranstaltungsG 2012, LGBl 88/2012 idF 119/2015; tir VeranstaltungsG, LGBl 86/2003 idF 4/2014; vlbg VeranstaltungsG, LGBl 1/1989 idF 44/2013; wr VeranstaltungsG, LGBl 12/1971 idF 11/2016; wr VeranstaltungsstättenG, LGBl 4/1978 idF 31/2013.

NebenG: bgld LichtspielG 1960, LGBl 1/1962 idF 24/2013; stmk LichtspielG 1983, LGBl 60/1983 idF 87/2013; vlbg LichtspielG, LGBl 56/2002 idF 44/2013; wr KinoG, LGBl 18/1955 idF 40/2013; krnt Spiel- und Glückspielautomatengesetz, LBGl 110/2012 idF 13/2015.

Art 15a B-VG Vereinbarung* über die Errichtung der gemeinsamen Filmbewertungskommission, Bgld: LGBl 34/1978 idF 16/1996; Krnt: LGBl 90/1978 idF 18/1991; NÖ: LGBl 7061; OÖ: LGBl 48/1978 idF 8/1996; Sbg: LGBl 74/1978 idF 19/1996; Stmk: LGBl 23/1979; Tir: LGBl 44/1978 idF 50/1995; Vlbg: LGBl 26/1978 idF 6/1996.

Zu erwähnen sind weiters landesgesetzliche Vorschriften in den Bereichen Spielapparate, Tätigkeiten der Buchmacher und Totalisateure, Campingplatzwesen, Tätigkeiten der Fiaker, der Schi- und Snowboardschulen, der Schi- und Bergführer, der Tanzschulen und Tanzlehrer.

Verordnungen*: In den genannten gesetzlichen Regelungsbereichen existiert eine Vielzahl von Verordnungen*. Auch hier sei auf die Darstellungen bei *Lienbacher* und *Strejcek/Hutter/Zabl* jeweils in Holoubek/Potacs, Öffentliches Wirtschaftsrecht I[3] verwiesen.

Literaturauswahl

Monografien – Kommentare

Bammer, Bundestheater und Verfassung. Eine historisch-systematische Untersuchung der (verfassungs)rechtlichen Stellung der Bundestheater unter besonderer Berücksichtigung der Kunstfreiheit und der Kompetenzverteilung (1992); *Binder/von Fircks*, Das österreichische Tierschutzrecht[3] (2014); *Ehgartner*, Das Veranstaltungsrecht in Österreich (1999); *Feßl*, Veranstaltungsrecht (1993); *Färbinger*, Die Verkehrssicherungspflicht des Festveranstalters und ihre Begrenzung (2003); *Herbrüggen ua*, Österreichisches Tierschutzrecht I[2] (2006); *Hofstätter*, Veranstaltungsrecht kompakt. Zahlreiche Praxisbeispiele, Checkliste für Veranstalter, Jugendschutz (2012); *Irresberger/Obenaus/Eberhard*, Tierschutzgesetz (2005); *Kossak*, Die neue Haftung der Vereinsfunktionäre. Die Vereinsgesetz-Novelle 2011; Kommentierung der §§ 23 bis 26 VerG; Die Haftung für Veranstaltungen[2] (2012); *Pernthaler/Lukasser/Rath-Kathrein*, Gewerbe – Landwirtschaft – Veranstaltungswesen. Drei Fallstudien zur Abgrenzung der Bundes- und Landeskompetenzen im Wirtschafts- und Berufsvertretungsrecht (1996); *Petzenka* (Hrsg), Veranstaltungsgesetze in Österreich[2] (2009); *Schwartz/Wohlfahrt*, Glücksspielgesetz und die wichtigsten Spielbedingungen: Kurzkommentar[2] (2006); *Strejcek/Bresich* (Hrsg), Glücksspielgesetz[2] (2011); *Vögl* (Hrsg), Veranstaltungsrecht. Ein Leitfaden für Veranstalter in Österreich[2] (2004); *Vögl* (Hrsg), Praxishandbuch Veranstaltungsrecht (2012); *Vögl*, Veranstaltungen von A bis Z (2013).

Beiträge

Barfuß, Sport und Recht – Ausgewählte Themen, ÖJZ 2009, 25; *Berger/Bernthaler*, Sportanlagen in der UVP, in Berger/Potacs (Hrsg), Recht sportlich (2010); *Bresich/Klingenbrunner*, Kompetenzrechtliche Abgrenzungsfragen bei Spielen, AnwBl 2008, 59; *Eberhard G.*, Verbot der Ausstellung von Singvögeln. Aufhebung von § 2 Abs 2 der Tierschutz-Veranstaltungsverordnung wegen Missachtung der kompetenzrechtlichen Rücksichtnahmepflicht, ZfV 2008/270; *Filzmoser*, Gewerblicher Betrieb von Sportanlagen und Anwendbarkeit der Gewerbeordnung?, ÖZW 1993, 105; *Kind*, Verfassungsrechtliche Anmerkungen zum Steiermärkischen Veranstaltungsgesetz 2012, ZUV 2013, 109; *Klose*, Die spezifischen Probleme mit den neuen Betriebsarten im Gastgewerbe. Diskothek und Clubbing-Lounge, RdU-UT 2014/2, 2; *Lienbacher*, Veranstaltungsrecht, in Holoubek/Potacs (Hrsg), Öffentliches Wirtschaftsrecht I³ (2013) 235; *Lienbacher*, Sport und Recht – Gewerberecht und Veranstaltungsrecht, in WiR (Hrsg), Sport und Recht (2006) 135; *Lienbacher*, Veranstaltungsrecht, in Pürgy (Hrsg), Das Recht der Länder II/2 (2012) 637; *Pentz*, Kein Platz für Straßenkunst? – Aktuelle Fragestellungen zur Inanspruchnahme des öffentlichen Raums durch StraßenkünstlerInnen in Wien, juridikum 2011, 104; *Raschauer B./Wessely*, Besonderes Verwaltungsrecht⁴ (2001) 104; *Rosenmayr-Klemenz*, Betrieb von Tennisplätzen – freies Gewerbe oder Veranstaltung?, ÖZW 1995, 72; *Simon*, Das Glücksspielrecht nach 2010 – Die Ziele der GSpG-Novellen und ihre Einlösung, wbl 2011, 414; *Stöger*, Die Dienstleistungsrichtlinie und das Landesrecht, in Lienbacher/Wielinger (Hrsg), Jahrbuch Öffentliches Recht 2011 (2011) 289; *Stolzlechner*, Straßenpolizeiliche Bewilligung (motor)sportlicher Veranstaltungen und Umweltschutz, ZVR 1995, 162; *Stolzlechner*, Neuerlich: Zur straßenpolizeilichen Bewilligung (motor-) sportlicher Veranstaltungen – Eine Gegendarstellung, ZVR 1995, 322; *Stolzlechner*, Zur rechtlichen Behandlung von Sportanlagen (2002); *Strejcek/Hutter/Zabl*, Privatunterrichtswesen und Fertigkeitsvermittlung, in Holoubek/Potacs (Hrsg), Öffentliches Wirtschaftsrecht I³ (2013) 309; *Vögl*, Künstleragenturen, Künstler und Veranstalter – Rechtsfragen der Berufsausübung, MR 1997, 173, 230; *Vögl*, EURO 2008: Rechtsfragen des Public Viewing, MR 2008, 3; *Walter*, Straßenpolizeiliche Bewilligung (motor-)sportlicher Veranstaltungen und Umweltschutz – Einige klarstellende Bemerkungen, ZVR 1995, 194.

Rechtsprechung

VfSlg 1477/1932 (Totalisateur- und Buchmacherbetriebe); VfSlg 1589/1947 (Theater- und Kinowesen);VfSlg 2527/1953 (Werbebilder für Kinovorführungen fallen in die Kompetenz des Pressewesens nach Art 10 B-VG); VfSlg 2670/1954 (Abgrenzung zu den Angelegenheiten der künstlerischen und wissenschaftlichen Sammlungen des Bundes); VfSlg 2721/1954 (Rundfunkwesen, öffentliche Veranstaltungen, die im Rundfunk übertragen werden); VfSlg 2740/1954 (Abgrenzung Schulwesen und Veranstaltungswesen der Länder); VfSlg 4037/1961 (Kino- und Theaterwesen unterliegen dem Veranstaltungsrecht); VfSlg 4586/1963 (Vorträge: Veranstaltung – Versammlung); VfSlg 4927/1965 (Werbeverbot unter veranstaltungspolizeilichen Gesichtspunkten); VfSlg 5415/1966 (Abgrenzung örtliche und überörtliche Veranstaltungspolizei); VfSlg 7219/1973 (Rollstuhlverbot im Theater); VfSlg 5788/1977 (Verhältnis von Art 15 Abs 3 zu Art 118 Abs 7 B-VG); VfSlg 8466/1978 (Begriff der Mitwirkung in Art 15 Abs 3 B-VG); VfSlg 12.996/1992 (Diskotheken); VfSlg 17.245/2004 (Bauern- und Flohmärkte sind keine Veranstaltungen, sondern fallen in die Gewerberechtskompetenz); VfSlg 18.096/2007 (kompetenzrechtliches Berücksichtigungsprinzip* im Bereich Tierschutz und Veranstaltungsrecht); VfSlg 18.546/2008 (Gleichheitswidrigkeit der sechsmonatigen Frist für die gerichtliche Geltendmachung der Haftung von Spielbanken im GSpG); VfSlg 19.568/2011 (Keine Verfassungswidrigkeit des Verbotes der Haltung und Verwendung von Wildtieren in Zirkussen); VfSlg 19.803/2013 (Wettkundenvermittler mit Tätigkeit der Buchmacher und Totalisateure vergleichbar, Landeskompetenz); VfSlg 19.827/2013 (Ermittlung des „am besten" geeigneten Bewilligungsbewerbers im bgld VeranstaltungsG); VfGH 12.03.2015, G 205/2014 ua (keine Verfassungswidrigkeit der Regelung über die zeitliche Befristung des zulässigen Betriebs der aufgrund landesgesetzlicher Bewilligungen zugelassenen Glücksspielautomaten, neue kompetenzrechtliche Abgrenzung des Glückspielmonopols des Bundes von Landesausspielungen mit Glücksspielautomaten).

VwSlg 4862 A/1959 (Unterhaltungsspielautomaten); VwSlg 11.336 A/1984 (Parteistellung der Nachbarn); VwSlg 12.503 A/1987 (Tennisplätze unterliegen dem Veranstaltungsrecht); VwGH 12.12.1989, 88/04/0140 (Spielapparate); VwGH 27.05.1993, 92/01/0900 (Abgrenzung Veranstaltung örtlicher und überörtlicher Bedeutung); VwGH 29.08.1993, 93/02/0140 (Unterhaltungsspielautomat „Novo-Darts"); VwGH 29.09.1993, 93/02/0094 (erwerbsmäßige Veranstaltung); VwGH 29.09.1993, 93/02/0140 (Unterhaltungsspielautomat); VwSlg 14.275 A/1995 (Golfplatzbetrieb unterliegt dem Veranstaltungswesen); VwSlg 15.631 A/2001 (Tennissportanlagen unterliegen dem Veranstaltungsrecht, Landeskompetenz); VwSlg 15.571 A/2001 (Veranstaltungsrecht umfasst auch Sportanlagen); VwGH 15.12.2008, 2008/02/0378 (Peep Show); VwGH 26.01.2010, 2009/02/0175 (Parteistellung der Landesumweltanwaltschaft); VwSlg 17.887 A/2010 (Veranstaltungsbetriebsstättengenehmigung bei Freiwilligen Feuerwehren); VwSlg 18.271 A/2011 (Wr Fiaker- und PferdemietwagenG, Bewilligungsanforderungen); VwGH 27.01.2012, 2011/02/0340 (Münzgewinnspielapparate, Betriebsstätte, Anzahl der Veranstalter, Teilung der Konzession); VwGH 27.04.2012, 2011/02/0224 (Geldspielapparat, Begriff); VwGH 19.07.2013, 2013/02/0074 (Konzession, Rücknahmepflicht); VwGH 11.09.2013, 2012/02/0044 (Zumutbarkeit, ungebührliche Belästigung); VwGH 20.11.2013, 2011/02/0055 (Verlässlichkeit); VwGH 20.11.2015, 2015/02/0122 (musikalische Darbietung über die hauseigene Musikanlage unterliegt nicht dem wr VeranstaltungsG); VwGH 20.01.2016, Ro 2014/17/0036 (wr Vergnügungssteuer); VwGH 20.01.2016, 2013/17/0902 (Gemeindevergnügungssteuer); VwGH 16.03.2016, Ro 2015/17/0022, VwGH 05.04.2016, 2015/17/0063 (Übertretung des GSpG); VwGH 20.04.2016, 2013/17/0849 (Gemeindevergnügungssteuer).

I. Regelungsgegenstand und -ziele

Der **Begriff der Veranstaltung** bzw des Veranstaltungswesens ist vielschichtig und schwer fass- bzw abgrenzbar. Er enthält eine große Anzahl von öffentlichen bzw öffentlich zugänglichen Darbietungen, die unter (verfassungs) rechtlichen Gesichtspunkten ganz unterschiedlich eingeordnet werden. Mit Veranstaltungen meint man Theater und Schauspiel, von Veranstaltungen ist iZm sportlichen „Events" die Rede, im Bereich des Vereins- und Versammlungsrechts wird von Veranstaltungen gesprochen, im Bereich des Gewerberechts begegnen uns wesentliche Merkmale, die auch Veranstaltungen charakterisieren, in vielen Kompetenztatbeständen finden sich Elemente, die eine Veranstaltung ausmachen. Vom Begriff her lassen sich Veranstaltungen sowohl im bundeskompetenziellen wie auch im landeskompetenziellen Bereich finden. Im landeskompetenziellen Bereich wiederum gibt es Veranstaltungen, die als solche bezeichnet werden und solche, die völlig andere Bezeichnungen erhalten haben, letztlich aber auch dem Veranstaltungswesen zuzurechnen sind.

Wesentliches inhaltliches Merkmal ist, dass es sich um öffentliche Belustigungen und Schaustellungen handelt. Darunter wurden alle möglichen Veranstaltungen verstanden, die in der Monarchie tw durch verschiedene Hofkanzleidekrete besondere Regelungen erfahren haben. All den unterschiedlichen Veranstaltungen, ohne ihre konkrete rechtliche Einordnung als Anknüpfungspunkt heranzuziehen, ist gemeinsam, dass es sich um **öffentliche Schaustellungen** bzw **Darbietungen** handelt, die der **Belustigung, Unterhaltung bzw persönlichen Erbauung oder Information** des einzelnen Teilnehmers dienen, gleichgültig, ob sie entgeltlich oder unentgeltlich durchgeführt werden. Unter diesem allgemeinen Begriff ist die Vorstellung im Burgtheater genauso zu verstehen wie die Kinovorführung in Sbg, die Lehrveranstaltung an einer Universität, Schulveranstaltungen, Märkte und Messen nach der GewO, der Trachtenball in einer Landgemeinde, das Kirchenkonzert ebenso, wie große Konzerte oder Opernvorführungen bei den Salzburger Festspielen, Fußballspiele, Schirennen und sonstige sportliche Veranstaltungen aller Größenordnungen, aber auch der Betrieb von Tennisplätzen und anderen Sportanlagen, Buchmacherwetten und Totalisateurwetten, öffentliche Diavorträge, Prater, Rummelplätze, Ausstellungen, Zirkus, Tierschauen, Spielapparate, Glücksspiel, aber auch religiöse Veranstaltungen, wie Gottesdienste.

Es zeigt sich damit deutlich, dass Veranstaltungen unterschiedlichen rechtlichen Regelungsbereichen (Kompetenzbereichen) unterliegen. Gemeinsam ist diesen, neben den schon genannten Definitionskriterien das Ziel, Gefährdungen aller Art zu vermeiden, welche durch solche Veranstaltungen hervorgerufen werden können, oder unzumutbare Beeinträchtigungen Dritter, sei es durch die Veranstaltung selbst, sei es durch die dafür nötigen Ausstattungen, wie zB durch Veranstaltungsstätten etc, hintanzuhalten.

II. Verfassungsrechtliche Bezüge

1. Kompetenzrechtliche Bestimmungen

Das Veranstaltungswesen wird in seiner Vielgestaltigkeit von einer Mehrzahl von Kompetenztatbeständen erfasst. Zwar ist damit meist die den Ländern nach Art 15 Abs 1 B-VG in Gesetzgebung und Vollziehung zufallende Kompetenz gemeint. Diese ist aber inhaltlich wenig konturiert und abgrenzungsbedürftig. Dies auch deshalb, weil Art 15 Abs 3 B-VG daran anknüpft und für die Landesgesetzgeber die Pflicht vorsieht, in einem Gemeindegebiet, in dem die LPolD zugleich Sicherheitsbehörde ist, wenigstens die Überwachung der

Veranstaltung und die Mitwirkung bei Verleihung von Berechtigungen auf diese zu übertragen. Art 118 Abs 3 Z 3 B-VG verbindet sich insoweit damit, als die **örtliche Veranstaltungspolizei** von der Gemeinde im eWb* zu besorgen ist. Das Veranstaltungswesen im oben genannten umfassenden Sinn erfasst aber auch eine Reihe von Bundeskompetenztatbeständen.

a) Abgrenzung zu Bundeskompetenztatbeständen

Die Angelegenheiten der **Bundestheater** mit Ausnahme der Bauangelegenheiten sind gem Art 10 Abs 1 Z 13 B-VG Bundessache in Gesetzgebung und Vollziehung. Dazu gehören auch die feuerpolizeilichen Angelegenheiten. Gem § 1 BundestheaterorganisationsG sind Bundestheater die Wr Staatsoper, die Wr Volksoper, das Burg- und das Akademietheater.

Art 10 Abs 1 Z 13 B-VG erfasst im Bereich der Angelegenheiten der künstlerischen und wissenschaftlichen Sammlungen und Einrichtungen des Bundes auch die **Bundesmuseen** und die **Nationalbibliothek** (vgl § 1 Bundesmuseen-G 2002), zu deren Aufgaben ua auch das Erschließen durch Darbietung ausgewählter Objekte der Sammlungen für die Öffentlichkeit durch ständige Schausammlungen sowie fallweise zusätzliche Ausstellungen gem § 31 Abs 2 Z 3 lit a ForschungsorganisationsG gehört (idS auch § 2 Abs 1 Bundesmuseen-G 2002).

Veranstaltungen im Bereich der **Bildungskompetenzen** (Art 14 Abs 1 B-VG) sind ebenfalls von den in die Landeskompetenz fallenden Veranstaltungen abzugrenzen. Dazu gehören **Schulveranstaltungen** und **Veranstaltungen im Bereich des Universitäts- und Hochschulwesens** (Art 14 Abs 1 B-VG). Es ist gleichgültig, ob dies wissenschaftliche Vorträge an Universitäten, Lehrveranstaltungen aller Art an Universitäten und Hochschulen, der Schulunterricht oder sonstige Veranstaltungen iZm dem Schulwesen sind. Vorträge oder andere Veranstaltungen, die mit diesen Bildungskompetenzen nicht in Zusammenhang stehen, wie zB politische **Veranstaltungen auf universitärem Boden**, fallen aber aus diesem Bundeskompetenztatbestand heraus und sind Bestandteil des landeskompetenziellen Veranstaltungsbegriffs, soweit sie nicht einen Bestandteil eines anderen Bundeskompetenztatbestandes, wie zB des Versammlungsrechts bilden. Die **Erteilung des Musikunterrichtes** verfolgt – im Unterschied zu den lediglich der Förderung des gesellschaftlichen Lebens dienenden **Tanzschulen** – auch wesentliche pädagogische und volkserzieherische Ziele und fällt daher unter Art 14 B-VG (VfSlg 2740/1954).

Das **Versammlungsrecht** (Art 10 Abs 1 Z 7 B-VG) (→ *Versammlungsrecht*) schränkt die Landeskompetenz im Veranstaltungsrecht ein. Das Versammlungsrecht erfasst alle organisierten, vorübergehenden Zusammenkünfte mehrerer Menschen, an einem bestimmten Ort, die mit der Absicht auftreten, eine kollektive Meinung zu bilden und sie nach außen zu bekunden.

Nicht unter den Versammlungsbegriff fallen Veranstaltungen gem § 5 VersammlungsG, nämlich öffentliche Belustigungen, Hochzeitszüge, volksgebräuchliche Feste oder Aufzüge, Leichenbegängnisse, Prozessionen, Wallfahrten und sonstige Versammlungen oder Aufzüge zur Ausübung eines gesetzlich gestatteten Kultus, wenn sie in der hergebrachten Art stattfinden. Ebenso fallen private Partys (Art 8 EMRK), Sonnwendfeiern, Werbeveranstaltungen, das Aufstellen von Informationstischen und Vortragsveranstaltungen nicht unter den Versammlungsbegriff, solange nicht ein politisches Wirken beabsichtigt ist. **Veranstaltungen im Bereich des Vereinsrechtes** wie zB **Vereinsversammlungen** (→ *Vereinsrecht*) (Art 10 Abs 1 Z 7 B-VG) sind Bestandteil der Vereinsrechtskompetenz des Bundes. Sie dürfen aber nicht mit Veranstaltungen verwechselt werden, die von Vereinen organisiert und durchgeführt werden, öffentlich zugänglich sind und nicht mit dem unmittelbaren statutenmäßigen Wirkungskreis in Verbindung stehen. Diese unterliegen freilich der Veranstaltungsrechtskompetenz der Länder.

Nach dem einleitend aufgezeigten Begriffsbild von Veranstaltungen sind viele Veranstaltungen auch geeignet, die allgemeinen Tatbestandsmerkmale für Gewerbe, nämlich die Gewerbsmäßigkeit gem § 1 GewO zu erfüllen. Eine Abgrenzung des Kompetenztatbestandes **Gewerberecht** (Art 10 Abs 1 Z 8 B-VG) zu den von Art 15 B-VG erfassten **Veranstaltungen, die gewerbsmäßig ausgeübt werden**, gelingt auf kompetenzrechtlicher Ebene nicht nach inhaltlichen Kriterien, sondern hauptsächlich durch konsequente Anwendung des „Versteinerungsprinzips*“. Von der Anwendbarkeit der GewO 1859 waren **Unternehmungen öffentlicher Belustigungen** und **Schaustellungen aller Art** ausgenommen, so zB Darbietungen „herumziehender Schauspielertruppen, Seiltänzer, gymnastischer Künstler, Menageriebesitzer, Musikanten, Drehorgelspieler, Kunstreiter, Bärenführer, Taschenspieler“ usw, die Präsentation von „Guckkästen, Marionettentheatern, Wachsfigurenkabinetten, Zimmerschießstätten, Abnormitäten und Curiositäten aller Art“, die Abhaltung von öffentlichen Bällen und „anderen öffentlichen Belustigungen“ wie „Concerten oder anderen Musikproduktionen“, Schaustellungen udgl, der Betrieb von Singspielhallen, „Volkssängervorstellungen“, Vorträge und Vorlesungen, Tanzunterhaltungen und Bälle, Kinder- und Schulfeste, Nachtmusiken, die „Abhaltung so genannter Ständchen“, das Halten von Eislaufplätzen sowie die Erteilung von Tanzunterricht.

Eislaufplätze wurden also schon zum Zeitpunkt der Schaffung der Gewerberechtskompetenz dem Veranstaltungswesen zugerechnet. Deshalb lassen sie sich unter Versteinerungsgesichtspunkten ebenso wie mit intrasystematischer Fortentwicklung auch **Tennisplätze** (ohne Gastgewerbebetrieb) als Unternehmung einer öffentlichen Belustigung und damit als Veranstaltung gem Art 15 Abs 1 B-VG begreifen. Wesentlich ist dabei, dass vom Unternehmer eine Anlage zur Verfügung gestellt wird, die die Kunden zu ihrer Belustigung nutzen, wobei sie selbst aktiv werden. Das gilt auch für Sommerrodelbahnen, Modellflugzeugplätze, Minigolfanlagen, Golfplätze und andere Sportstätten, die zwar zum Zeitpunkt des Entstehens des Gewerberechtskompetenztatbestandes noch nicht bekannt waren, sich aber unter den Gesichtspunkten der intrasystematischen Fortentwicklung in die oben umschriebene Veranstaltung einer öffentlichen Belustigung einfügen.

Auch die Gesetzgebung in Bezug auf **Musik- und Tanzveranstaltungen** fällt als Teilbereich des Veranstaltungswesens in die Kompetenz der Länder. Die kompetenzrechtliche Beurteilung betr **Pferdeschlittenfahrten**, Traktorzüge, Straßen- oder Eisenbahnzüge oder **anderer Beförderungseinrichtungen** richtet sich danach, ob der Transportaspekt iS von Überwindung räumlicher Distanzen durch ein Verkehrsmittel oder der Vergnügungsaspekt im Vordergrund steht. Dienen sie vorwiegend der Vergnügung und Belustigung von Personen, so sind sie dem Zuständigkeitsbereich der Länder zuzuordnen (Fiaker). **Märkte, Messen** bzw **Verkaufsausstellungen** unterliegen seit jeher den gewerberechtlichen Bestimmungen und gelten daher unter versteinerungsprinzipiellen Gesichtspunkten als Bestandteil des Gewerberechtskompetenztatbestandes.

Im Bereich des Monopolwesens (Art 10 Abs 1 Z 4 B-VG) herrscht insoweit eine Kompetenz-Kompetenz des Bundesgesetzgebers, als die verfassungsrechtliche Ermächtigung zur Schaffung von Staatsmonopolen dem einfachen Bundesgesetzgeber erteilt ist, wenngleich diesem Grenzen im Hinblick auf Quantität und Qualität gezogen sind. Der Bundesgesetzgeber hat es im Bereich der Regelung des **Glücksspiels** in der Hand (§ 3 GSpG), den Umfang des Monopols zu bestimmen, wobei dessen Negativabgrenzung auf der anderen Seite den Landeskompetenzbereich Veranstaltungswesen auffüllt. Nach § 1 GSpG sind Glücksspiele solche, bei denen Gewinn und Verlust ausschließlich oder vorwiegend vom Zufall abhängen. Ausnahmen von der Anwendung des GSpG normiert § 4. Die nicht in den Glücksspielmonopolbereich des Bundes fallenden Gegenstände (zB Glückspiele zum Zeitvertreib um geringe Beträge, Glücksspielautomaten unter bestimmten Voraussetzungen, bestimmte Warenausspielungen, bestimmte Glückshäfen, Juxausspielungen und Tombolaspiele) gehören zum Veranstaltungswesen der Länder nach Art 15 Abs 1 B-VG (vgl allgemein dazu *Schwartz/Wohlfahrt*, Glücksspielgesetz[2] [2006]).

Der Bereich des **Kultus** ist den Ländern im Veranstaltungswesen kompetenzrechtlich entzogen (Art 10 Abs 1 Z 13 B-VG), soweit nicht überhaupt unter grundrechtlichen Gesichtspunkten gesetzliche Eingriffe verboten sind (Art 14, 15 StGG bzw Art 63 Abs 2 StV v St. Germain und Art 9 EMRK).

Die Verwendung von Tieren bei Veranstaltungen (zB bei **Filmaufnahmen**) unterliegt seit 2005 grundsätzlich einer (zusätzlichen) tierschutzrechtlichen Bewilligung nach dem TierschutzG des Bundes (vgl §§ 23 iVm 26 ff TierschutzG). Die Landesveranstaltungskompetenz wird durch die Bundeskompetenz nach Art 11 Abs 1 Z 8 B-VG (**Individualtierschutz**) eingeschränkt. Ähnliches gilt für die Haltung von Tieren in **Zirkussen, Varietés** und dgl. Hier ist die kompetenzrechtliche Rücksichtnahmepflicht zu beachten (VfSlg 18.096/2007 zur Aufhebung einer tierschutzrechtlichen Verordnung, die die nach dem oö VeranstaltungsG zulässige Ausstellung von Singvögeln verbot).

b) Landeskompetenzen im Bereich des Veranstaltungswesens

Die Landeskompetenz im Veranstaltungswesen gem Art 15 Abs 1 B-VG iVm Art 15 Abs 3 B-VG kann durch die beiden Tatbestandsmerkmale **öffentliche Darbietungen** und **öffentliche Belustigungen** umschrieben werden. Darunter fallen auch alle der Förderung des gesellschaftlichen Lebens oder der sportlichen Ertüchtigung dienenden Veranstaltungen. Dies insb auch dann, wenn vom Unternehmer eine Anlage* zur Verfügung gestellt wird, auf der die Kunden zu ihrer Belustigung selbst aktiv werden können (Eislaufplätze, Tennisplätze, Schipisten, Golfplätze etc). In den von diesen beiden Begriffen, die auf der Grundlage der oben aufgezeigten Abgrenzungsfragen weit auszulegen sind, umfassten Angelegenheiten steht den Ländern unter den Kautelen des Art 15 Abs 3 und des Art 118 Abs 3 Z 3 B-VG die Kompetenz zur Gesetzgebung und Vollziehung zu. Aus diesem Bereich der öffentlichen Darbietungen und Belustigungen fallen zunächst alle Angelegenheiten heraus, die in einen der oben angeführten Bundeskompetenztatbestände fallen. Charakterisiert werden diese Angelegenheiten des Veranstaltungswesens auf Länderebene dadurch, dass sie der **Belustigung**, der **Unterhaltung**, der **persönlichen Erbauung** oder der **Information** dienen. Ein weiteres wesentliches Merkmal ist die Öffentlichkeit, wobei es wiederum gleichgültig ist, ob solche Veranstaltungen entgeltlich oder unentgeltlich abgehalten werden. Dies sei an Einzelbeispielen verdeutlicht, die nicht immer auf den ersten Blick dem Veranstaltungswesen zugerechnet werden:

Pferdeschlitten und -fuhrwerke (Fiaker), Schidoos (Motorschlitten), Traktorzüge fallen in den Bereich der Landeskompetenz, wenn nicht der **Transportaspekt**, sondern der **Vergnügungsaspekt** im Vordergrund steht (zB auch Traktorzüge, Wasserbahnen, Dräsinenbahnen, Hippodrome und Autodrome) (aM *Wiederin* in Korinek/Holoubek [Hrsg], Bundesverfassungsrecht Art 15 Abs 3 B-VG Rz 10 [7. Lfg 2003]).

Privatunterricht und Fertigkeitsvermittlung (Sportschulen, das sind va Schi- und Snowboardschulen, Tanzschulen, aber auch das Berg- und Schiführerwesen etc) fallen ebenfalls in den Bereich des Veranstaltungsrechts der Länder (aM *Wiederin* in Bundesverfassungsrecht Art 15 Abs 3 B-VG Rz 10).

Spielapparate, Glücksspiel, Geschicklichkeitsspiel, Buchmacher, Totalisateure sind ein weiterer Bestandteil der Landeskompetenz, sofern sie nicht dem Glücksspielmonopol des Bundes unterliegen. Das Betreiben von Münzspielautomaten (das kleine Glückspiel) ist ohne landesgesetzliche Regelungen nicht erlaubt (VfGH 12.03.2015, G 205/2014). Wer gewerbsmäßig aus Anlass sportlicher Veranstaltungen Wetten abschließt, ist ein **Buchmacher**, wer solche Wetten gewerbsmäßig vermittelt, ist **Totalisateur**. Gem § 2 Abs 1 Z 22 findet die GewO auf diese Tätigkeiten keine Anwendung. **Spielapparate** ermöglichen durch ihre Inbetriebnahme ein „Spiel“, also eine zweckfreie Beschäftigung aus Freude an ihr selbst und/oder ihren Resultaten zur Unterhaltung, Entspannung oder zum Zeitvertreib.

Der **Betrieb von Vergnügungsanlagen (Schipisten, Rodelbahnen, Eislaufplätze, Tennisplätze, Golfplätze, Campingplätze etc)** ist, wie erörtert, unter Versteinerungsgesichtspunkten dem Veranstaltungswesen zuzurechnen und nicht der Gewerberechtskompetenz.

Art 15 Abs 3 B-VG verpflichtet für die im Veranstaltungswesen der Länder enthaltenen Angelegenheiten, die konkret mit „Angelegenheiten des Theater- und Kinowesens sowie der öffentlichen Schaustellungen, Darbietungen und Belustigungen“ umschrieben werden, die Landesgesetzgeber verfassungsrechtlich, wenigstens die **Überwachung der Veranstaltungen**, soweit sie sich nicht auf betriebstechnische, bau- und feuerpolizeiliche Rücksichten erstreckt, und die **Mitwirkung bei der Verleihung von Berechtigungen**, die in solchen Gesetzen vorgesehen werden, im Gemeindegebiet, in dem die LPolD zugleich Sicherheitsbehörde ist, dieser zu übertragen. Unter Mitwirkung ist die Teilnahme an der Erzeugung eines Rechtsaktes, der einer anderen Behörde* zuzurechnen ist, zu verstehen (vgl auch VfSlg 8466/1978). Art 15 Abs 3 B-VG ermöglicht zudem, dass den LPolD weitere Aufgaben übertragen werden können, was sich aus dem Wort „wenigstens“ ableiten lässt. Die in den LG außerhalb der VeranstaltungsG geregelten Gegenstände sehen aber zT weder eine Überwachung noch eine Mitwirkung der LPolD in deren Wb* vor. So kennt zB das sbg FiakerG nicht einmal ein Anhörungsrecht für die LPolD (vgl im Gegensatz dazu die verfassungskonforme Regelung des § 7 Abs 2 Z 2 wr Fiaker- und PferdemietwagenG). Auch in anderen NebenG (Gesetz über die Spielapparate, CampingplatzG, VeranstaltungsstättenG, SportstättenG, Gesetz betr Buchmacher und Totalisateure etc) fehlen zT solche Bestimmungen. Insoweit sind diese Gesetze verfassungswidrig.

c) Überörtliche und örtliche Veranstaltungspolizei

„Örtliche Veranstaltungspolizei“ iS des Art 118 Abs 3 Z 3 B-VG ist nur jener Teil der Veranstaltungspolizei, der im „ausschließlichen oder überwiegenden Interesse der in der Gemeinde verkörperten örtlichen Gemeinschaft gelegen und geeignet ist, durch die Gemeinschaft innerhalb ihrer örtlichen Grenzen besorgt zu werden“. Die Vollziehung obliegt in diesem Bereich den Gemeinden im eWb*. Art 15 Abs 3 B-VG unterscheidet nicht zwischen örtlicher Veranstaltungspolizei und überörtlicher Veranstaltungspolizei und bezieht sich daher als lex specialis auch auf die örtliche Veranstaltungspolizei. Auch hier tritt das verfassungsrechtliche Problem auf, dass in den auf landesrechtlicher Ebene sondergesetzlich geregelten Angelegenheiten des Veranstaltungswesens vielfach den Landesgesetzgebern das Bewusstsein für die Verpflichtungen aus Art 118 Abs 3 Z 3 B-VG fehlt, wie dies schon bei Art 15 Abs 3 B-VG oben aufgezeigt wurde, und gesetzliche Bestimmungen über die Zuständigkeit der Gemeinden im eWb* nicht vorgesehen werden (vgl zB nochmals das sbg FiakerG).

2. Grundrechtliche Bestimmungen

Verfassungsgesetzlich gewährleistete Rechte (Grundrechte) beschränken das Tätigwerden der zuständigen Rechtssetzungsautoritäten, wo sie überhaupt gänzliche Freiheit garantieren und daher gesetzliche Beschränkungen nicht errichtet werden dürfen. Inhaltliche Rechtssetzungsbeschränkungen werden aufgestellt, wo die einfachen Gesetzgeber nur unter den verfassungsrechtlich vorgesehenen Kautelen eines rechtmäßigen Grundrechtseingriffs Bestimmungen erlassen dürfen. Art 8 EMRK schützt das **Privat- und Familienleben.** Private Veranstaltungen wie zB Partys stehen daher unter der speziellen verfassungsrechtlichen Garantie des Art 8 EMRK. Sie entziehen sich auch schon deshalb dem oben herausgearbeiteten Veranstaltungsbegriff, weil es am wesentlichen Element der Öffentlichkeit fehlt. Art 15 StGG gewährleistet den gesetzlich anerkannten Kirchen und Religionsgesellschaften das Recht zur **öffentlichen Religionsausübung**. Art 14 StGG iVm Art 63 Abs 2 StV v St. Germain und Art 9 EMRK gestattet dieses Recht allen Einwohnern unter dem materiellen Gesetzesvorbehalt von Art 9 Abs 2 EMRK. Davon sind auch religiös bestimmte künstlerische Darstellungen und Darbietungen und religiöse Veranstaltungen aller Art, die öffentlich zugänglich sind, erfasst. Art 17a StGG garantiert die **Kunstfreiheit**. Künstlerische Darbietungen und Darstellungen sind aber an die allgemeinen Gesetze gebunden, die nicht „spezifisch intentional" in die Kunstfreiheit eingreifen. Für Veranstaltungen künstlerischen Inhalts bedeutet dies, dass es auf den Schutzzweck der jeweiligen gesetzlichen Bestimmung ankommt. Ist dieser in Bezug auf die zu gewährleistende Kunstfreiheit nicht intentional und hat er andere Schutzgüter im Auge (zB Sicherheit und Flüssigkeit des Straßenverkehrs), so ist er im Hinblick auf die in Art 17a StGG gewährleistete Kunstfreiheit dann unbedenklich, wenn er auch sonst verhältnismäßig ist. Vom Grundrecht auf **Erwerbsfreiheit** (Art 6 StGG) wird jede Form der wirtschaftlichen, auf Erwerb ausgerichteten Betätigung vor unzulässigen staatlichen Eingriffen geschützt, was eine Vielzahl von Veranstaltungen betrifft, die entgeltlich durchgeführt werden. Gesetzliche Beschränkungen der Erwerbsfreiheit sind nur zulässig, wenn sie durch ein öffentliches Interesse* geboten, zur Erreichung dieses Interesses geeignet und adäquat und auch sonst sachlich gerechtfertigt sind. Der **häusliche Unterricht** unterliegt gem Art 17 StGG keinerlei Beschränkungen. Auch im Bereich der Musikpflege darf daher der häusliche Unterricht weder durch ein BG noch durch ein LG irgendwelchen Beschränkungen unterworfen werden.

III. Europarechtliche Bezüge

Im Unionsrecht lassen sich für das Veranstaltungswesen keine spezifischen Regelungen finden. Freilich berühren aber viele allgemeine unionsrechtliche Regelungen Angelegenheiten des Veranstaltungswesens. Die Arbeitnehmerfreizügigkeit* kann dabei auf primärrechtlicher Ebene genauso genannt werden, wie die Dienstleistungsfreiheit* oder die Niederlassungsfreiheit*, wenn sich iZm der Durchführung von Veranstaltungen derartige Fragestellungen ergeben. So können auf der Grundlage der unionsrechtlichen Vorschriften nunmehr Angehörige der Mitgliedstaaten nicht mehr von der Möglichkeit, Veranstalter zu sein, ausgeschlossen werden. Denn verschiedene VeranstaltungsG sehen bezüglich Personen, die die österr Staatsbürgerschaft nicht besitzen, bestimmte Sonderregelungen vor. Alle diese Fragen sind aber nicht veranstaltungsspezifisch, sondern allgemeine unionsrechtliche Problemstellungen, die in jeder Materie eine Rolle spielen. Daher soll ihnen in diesem Zusammenhang nicht weiter nachgegangen werden. Erwähnt sei an dieser Stelle nur, dass sich aus der DienstleistungsRL ein Umsetzungsbedarf (nach Art 44 Umsetzungsfristende mit 28. Dezember 2009) in den VeranstaltungsG ergeben hat (vgl zB die Bewilligungsfiktion und den Verweis auf den Einheitlichen Ansprechpartner in § 6 Abs 2 Sbg).

IV. Einfachgesetzliche Rechtsgrundlagen

Der Regelungsgegenstand veranstaltungsrechtlicher Vorschriften ist typischerweise im Bereich der **verwaltungspolizeilichen* Gefahrenabwehr** angesiedelt. Es geht darum, **Gefährdungen** und **unzumutbare Beeinträchtigungen**, die von der Veranstaltung selbst oder von der dafür notwendigen Ausstattung bzw von den erforderlichen Veranstaltungsstätten ausgehen, für die Veranstalter und Veranstaltungsteilnehmer selbst und auch für Dritte hintanzuhalten bzw zu vermeiden.

1. Allgemeine Veranstaltungsgesetze der Länder

Jedes Bundesland hat ein VeranstaltungsG erlassen, das generell für alle Veranstaltungstypen, die nicht zT oder zur Gänze anderen sondergesetzlichen landesrechtlichen Bestimmungen unterworfen werden, verschiedene verwaltungspolizeiliche* Vorschriften je nach Art und Größe der Veranstaltung vorsieht.

a) Anwendungsbereich

Der **Anwendungsbereich** in den VeranstaltungsG der einzelnen Bundesländer wird unterschiedlich festgelegt und richtet sich ua auch danach, wie viele Veranstaltungstypen durch landesrechtliche Sonderbestimmungen einem eigenen Regelungsregime unterworfen werden, wobei auch dort zT eine Verzahnung mit dem jeweiligen VeranstaltungsG stattfindet. IdR wird der Anwendungsbereich allgemein und abstrakt umschrieben und dann werden beispielhaft Veranstaltungen genannt, auf die sich die Bestimmungen des jeweiligen VeranstaltungsG beziehen. In den Anwendungsbereich werden ganz allgemein öffentliche Veranstaltungen aufgenommen, die sie als allgemein zugängliche, zum Vergnügen oder zur Erbauung der Teilnehmer bestimmte Darbietungen und Einrichtungen definieren. Daneben werden dann beispielhaft Veranstaltungen aufgezählt, die jedenfalls von den gesetzlichen Bestimmungen erfasst sind.

In der Abgrenzung zu den sondergesetzlichen Bestimmungen für bestimmte Veranstaltungstypen, die außerhalb des VeranstaltungsG geregelt sind, bedeutet dies, dass einerseits danach zu fragen ist, ob die sondergesetzlichen Regelungen den betr Veranstaltungstyp nur tw oder abschließend determinieren. Im ersten Fall sind darüber hinaus die allgemeinen Bestimmungen im jeweiligen VeranstaltungsG anzuwenden. Im zweiten Fall scheidet eine Anwendung der Bestimmungen des VeranstaltungsG aus (vgl zB § 1 Abs 2 Z 11 OÖ). Welche Veranstaltungen nun tatsächlich von der Generalklausel in den jeweiligen VeranstaltungsG betroffen sind, richtet sich nach den oben bei der Erörterung der kompetenzrechtlichen Fragen herausgearbeiteten Ergebnissen. Ausgeschlossen sind jedenfalls Veranstaltungen, die in den Kompetenzbereich des Bundes fallen, Veranstaltungen, soweit sie ganz oder tw sondergesetzlichen Regelungen unterliegen, und Veranstaltungen, die ein VeranstaltungsG selbst aus seinem Anwendungsbereich ausnimmt.

b) Einteilung der Veranstaltungen

In den VeranstaltungsG werden idR drei Kategorien unterschieden: **bewilligungspflichtige, anmeldepflichtige und freie Veranstaltungen**. Die VeranstaltungsG sehen aber auch **verbotene Veranstaltungen** vor. Das Recht auf Abhaltung einer Veranstaltung unter den dafür vorgesehenen gesetzlichen Bedingungen* (Bewilligung, Anzeige, Auflagen* etc) ist ein persönliches Recht, welches idR nicht übertragbar und persönlich auszuüben ist. Fortbetriebsrechte sind allenfalls unter Heranziehung eines Geschäftsführers in den einzelnen VeranstaltungsG vorgesehen.

aa) Bewilligungspflichtige Veranstaltungen

Die Bewilligung und allfällige Auflagen* sind in Form eines Bescheides zu erteilen. Sie wird verschiedentlich auch (Veranstaltungs)konzession genannt.

Die Veranstaltungstypen, die einer **Bewilligungspflicht** unterliegen, sind in den einzelnen VeranstaltungsG unterschiedlich geregelt.

So unterwirft zB das wr VeranstaltungsG (§ 9) all jene Veranstaltungen einer Bewilligungspflicht, die nicht anmeldepflichtig oder frei sind. Dort, wo bewilligungspflichtige Veranstaltungen aufgezählt werden, werden idR Zirkus-, Varieté-, Kabarett-, Revue- und ähnliche Vorstellungen sowie Theatervorstellungen, oft mit Ausnahme jener, an denen nur Laienkräfte mitwirken, und alle im Umherziehen betriebenen Veranstaltungen einer Bewilligung unterworfen. ZT werden unterschiedliche Bewilligungsarten vorgesehen. So wird zwischen Dauerveranstaltungen und einmalig auf einen bestimmten Zeitraum begrenzten Veranstaltungen unterschieden. Eine weitere Unterscheidung erfolgt danach, ob Veranstaltungen an einem bestimmten Ort stattfinden, oder ob sie im Umherziehen ausgeübt werden.

Auch bezüglich der Festlegung der **Bewilligungskriterien** sind die Landesgesetzgeber in den VeranstaltungsG unterschiedliche Wege gegangen. IdR werden **persönliche** und **sachliche Voraussetzungen** in unterschiedlicher Intensität festgelegt.

Persönliche Voraussetzungen für die Bewilligungserteilung sind zB ein bestimmtes Alter, Verlässlichkeit, wobei va Personen ausgeschlossen werden, die wegen bestimmter mit Freiheitsstrafe bedrohter Handlungen verurteilt worden sind. Auch Trunksucht, Drogenmissbrauch, mehrmalige Verstöße gegen die Bestimmungen des Veranstaltungsrechts oder des Jugendschutzes und zB ein fehlender Nachweis der finanziellen Leistungsfähigkeit können die Verlässlichkeit ausschließen (vgl auch VwGH 20.11.2013, 2011/02/0055; VfSlg 19.827/2013). Sachliche Bewilligungsvoraussetzungen sind zB das Verfügen über eine geeignete Betriebsanlage, dass eine Störung der öffentlichen Ruhe, Ordnung und Sicherheit und eine unzumutbare Belästigung der Nachbarn nicht zu erwarten ist (vgl auch VwGH 11.09.2013, 2012/02/0044). Die Bewilligung kann aus besonderen in der Art der Veranstaltung gelegenen Gründen auch vom Abschluss einer Haftpflichtversicherung abhängig gemacht werden. Auch der Erlag einer Sicherheitsleistung ist in verschiedenen Gesetzen vorgesehen. In den einzelnen Bundesländern sind darüber hinausgehende Kriterien festgelegt, wie etwa die Bedachtnahme auf kulturelle Interessen (§ 18 Wien) uam.

Versagungsgründe, die einer Bewilligung entgegenstehen, sind ua, dass mit der beabsichtigten Veranstaltung die öffentliche Ordnung nicht aufrecht erhalten werden kann, dass die Betriebsstätte oder die Betriebsmittel (Betriebseinrichtungen) für die Veranstaltung nicht geeignet sind, dass mit Auflagen* nicht das Auslangen gefunden werden kann, dass die persönlichen Voraussetzungen des Veranstalters nicht erfüllt sind oder die Veranstaltung einem Verbot durch das VeranstaltungsG unterliegt. Verschiedentlich ist auch die **Entziehung der Bewilligung** vorgesehen, wenn die Voraussetzungen nicht mehr gegeben sind, oder ein dem Gesetz widersprechender Mangel nicht innerhalb der gesetzten Frist behoben wird (vgl zB § 20 Wien).

bb) Anzeigepflichtige Veranstaltungen

Eine **Anzeigepflicht** sehen die VeranstaltungsG der Länder jeweils für einen Großteil der Veranstaltungen vor. ZT werden die anzeigepflichtigen Veranstaltungen ausdrücklich benannt (§ 6 Wien). ZT sind unter Festlegung von Ausnahmen alle Veranstaltungen „anmeldepflichtig" (§ 12 Sbg, § 4 Abs 1 Tir). Für die Anmeldung ist Schriftlichkeit und die Angabe der veranstaltungswesentlichen Daten wie Ort, Zeit, Besucheranzahl usw vorgesehen. In den verschiedenen VeranstaltungsG wird festgelegt, dass ein Unterbleiben einer Reaktion zur rechtmäßigen Durchführung legitimiert; verschiedentlich ist auch die Ausstellung einer **Bescheinigung** darüber angeordnet, dass die Anmeldung erfolgt ist (§ 13 Sbg; § 7 Wien). Die Behörde* hat mittels Bescheid eine **Untersagung** auszusprechen, wenn die dafür im Gesetz angeführten Untersagungsgründe gegeben sind.

Die Behörde* kann bei Erforderlichkeit oder einem Widerspruch zu den Bestimmungen des Veranstaltungsrechts oder zu anderen Rechtsvorschriften dem Veranstalter die notwendigen Auflagen*, wie etwa die Einrichtung eines Ordnerdienstes (zumeist bei Sport- und Großveranstaltungen) oder eines ärztlichen Präsenzdienstes, vorschreiben. Sollte mit Auflagen*, Bedingungen* und Befristungen* nicht das Auslangen gefunden werden, hat die Behörde* die Veranstaltung zu untersagen. Solche Untersagungsgründe liegen auch dann vor, wenn die Veranstaltung einer Bewilligung bedarf, die Veranstaltung nach den Bestimmungen des jeweiligen VeranstaltungsG überhaupt verboten ist, Tatsachen vorliegen, die die Annahme rechtfertigen, dass durch die Veranstaltung die öffentliche Ruhe, Ordnung und Sicherheit oder die öffentliche Sittlichkeit gefährdet wird oder die in Aussicht genommene Veranstaltungsstätte ungeeignet erscheint. Auch eine zu befürchtende unzumutbare Beeinträchtigung der Umgebung bildet einen Untersagungsgrund. Beispiele sind Ausstellungen, Wohltätigkeitsfeste, Tanzveranstaltungen, Bälle, Vorträge (§ 6 Wien).

cc) Freie Veranstaltungen

Die VeranstaltungsG der Länder sehen auch Veranstaltungen vor, die keiner Bewilligungspflicht und keiner Anzeigepflicht unterliegen (**freie Veranstaltungen**), die aber im Unterschied zu den vom Anwendungsbereich der VeranstaltungsG überhaupt ausgenommenen Veranstaltungen den sonstigen allgemeinen veranstaltungsrechtlichen Bestimmungen unterworfen sind. Auch diesbezüglich ist die Regelungstechnik in den einzelnen Bundesländern unterschiedlich.

Teils werden sie ausdrücklich festgelegt, teils sind sie als Ausnahmen von der Anzeige- bzw Bewilligungspflicht konstruiert (§ 7 Krnt), teils ergeben sie sich aus der Festlegung des Anwendungsbereiches und der Subtraktion der bewilligungspflichtigen und anzeigepflichtigen Veranstaltungen. Vereinzelt wird aber auch dort eine Mitteilungspflicht vorgesehen, die bei Fehlen der Ausnahmevoraussetzungen gesetzlich in eine Anmeldung umgedeutet wird. Beispiele sind Veranstaltungen, die im Rahmen von Gastgewerbebetrieben abgehalten werden, wenn die Z der gewerbe- oder veranstaltungsbehördlich genehmigten Besucherplätze 300 nicht übersteigt und keine Gefährdung der Besucher zu erwarten ist (§ 6 Abs 1 Z 1 OÖ; § 12 Abs 2 Sbg), der Betrieb von Musikautomaten, sportliche Veranstaltungen, wenn sie nicht von Berufssportlern durchgeführt werden, Straßenkunstdarbietungen etc. In Wien wurde der Kreis der freien Veranstaltungen dahin erweitert, dass bestimmte Veranstaltungen mit höchstens 200 Teilnehmern sowie die Veranstaltung von „Tanztrainings" weder einer Anzeige noch einer Bewilligung bedürfen (§ 5 Abs 1 Z 12 und 13 Wien).

dd) Verbotene Veranstaltungen

Die VeranstaltungsG sehen auch eine Reihe von **verbotenen Veranstaltungen** vor. Dies sind zB Veranstaltungen, die die öffentliche Ruhe, Ordnung und Sicherheit oder das Ansehen oder die Einrichtungen der Republik Österreich oder eines Bundeslandes oder einer sonstigen Gebietskörperschaft oder einer gesetzlich anerkannten Kirche oder Religionsgesellschaft gefährden oder verrohend oder sittenwidrig sind (§ 13 Stmk, § 2 NÖ). Außerdem werden Veranstaltungen am Karfreitag und am 24. Dezember, die den Charakter dieser Tage stören und geeignet sind, die religiösen Gefühle der Bevölkerung zu verletzen, verboten. In einigen Bundesländern werden auch die Staats- und Landestrauer zum Anknüpfungspunkt für Verbote gemacht (§ 2 NÖ).

Weiters werden das Bettelmusizieren (§ 30 Abs 1 Z 3 Wien), bei dem die Abgrenzung zum erlaubten Straßenmusizieren zu beachten ist, Experimente auf dem Gebiet der Hypnose und der Suggestion, bei denen sich der Veranstalter einer Person aus dem Publikum bedient, verboten. Beim Bettelmusizieren sei auf die jüngere Jud des Verfassungsgrichtshofes zu den Bettelverboten verwiesen, wonach das Verbot des stillen Bettelns verfassungswidrig ist. Von stillem Betteln wird man beim Bettelmusizieren nicht sprechen können. Ebenso finden sich Verbote für die entgeltliche Wahrsagerei oder Zukunftsdeutung, für „Hütchenspiele“ (§ 30 Wien), für Spielautomaten, wenn von ihnen eine verrohende bzw sittengefährdende Wirkung ausgeht (§ 21 Sbg), und Peepshows (§ 15 Bgld). In Vlbg (§ 9) knüpfen Verbote an bestimmte Straftatbestände, wie § 188 StGB (Herabwürdigung religiöser Lehren) oder § 218 Abs 2 StGB (öffentliche geschlechtliche Handlungen) usw an.

c) Veranstalter

Die LG enthalten zumeist gesonderte Regelungen über den Veranstalter und dessen Pflichten. Ein **Veranstalter** ist jemand, der Veranstaltungen abhält oder öffentlich bzw gegenüber der Behörde* als solcher auftritt, der Veranstaltungen ankündigt oder auf dessen Rechnung sie durchgeführt werden. Einzelne LG enthalten zT noch Zweifelsregeln, wie etwa das Merkmal einer Verfügungsberechtigung, das im Zweifel die Eigenschaft als Veranstalter begründet. Für bestimmte Veranstaltungen werden Sonderbestimmungen festgelegt. So ist etwa bei Sportveranstaltungen der Sportstätteninhaber der Veranstalter (zB § 3 Abs 1 Wien).

Als Veranstalter können natürliche oder juristische Personen oder Personen- und Erwerbsgesellschaften des Handelsrechts auftreten, wobei sich juristische Personen eines Geschäftsführers bedienen müssen. Die Veranstalter sind verpflichtet, die gesetzlichen Bestimmungen bei der Vorbereitung und Durchführung der Veranstaltung einzuhalten. ZT sind gesonderte Anwesenheitspflichten des Veranstalters während der Abhaltung der Veranstaltung festgelegt, zumindest aber die Bestellung einer verlässlichen Person als Aufsicht. Dieser Aufsichtsperson kommt idR nicht die Stellung eines verantwortlich Beauftragten iSd § 9 VStG zu, sodass die verwaltungsstrafrechtliche Verantwortlichkeit des Veranstalters weiterhin gegeben ist. Auch Auskunfts- und Informationspflichten sind festgelegt.

d) Veranstaltungsstätte

Einen besonderen Regelungsgesichtspunkt bilden die Veranstaltungsstätten. In Wien sind die einschlägigen Regelungen in einem speziellen VeranstaltungsstättenG normiert. Veranstaltungsstätte ist der Ort, wo Veranstaltungen abgehalten werden sollen. IdR dürfen Veranstaltungen nur in behördlich bewilligten Veranstaltungsstätten abgehalten werden. Die **behördliche Bewilligung** einer Veranstaltungsstätte erfasst auch die Betriebsmittel, dh die erforderlichen Einrichtungen, gleichgültig, ob sie mobil sind oder nicht. Ausgenommen von der Bewilligungspflicht sind zB Veranstaltungsstätten, welche nach anderen Gesetzen einer Bewilligung unterliegen, wie etwa Gastgewerbebetriebe oder Kinobetriebsstätten.

Voraussetzung für die Bewilligung sind sicherheits-, feuer-, bau- und gesundheitspolizeiliche Aspekte. Weiters darf die Veranstaltungsstätte nur dann bewilligt werden, wenn sie keine unzumutbaren Belästigungen der Nachbarn oder Umwelt nach sich ziehen. Für bestimmte Veranstaltungsstätten sind eine Reihe von Sondervorschriften vorgesehen (Stadien, Spielhallen, Theater- und Konzertsäle).

Der Bewilligungsantrag kann vom Eigentümer oder vom Veranstalter mit Einwilligung des Eigentümers eingebracht werden. In zwei Ländern sind aktuell auch mündliche Verhandlungen vorgesehen (§ 6b Tir, § 21 Abs 5 Wien). Tw wird im Verfahren sogar den Nachbarn Parteistellung eingeräumt, wenn sie durch besondere Einwirkungen, wie durch störenden Lärm belästigt werden könnten. Auch der Landesumweltanwaltschaft wurde in Sbg nach dem LUA-G in der Jud des VwGH (vgl VwGH 26.01.2010, 2009/02/0175) nicht nur Parteistellung zuerkannt, sondern auch die Geltendmachung naturschutzrechtlicher Belange in veranstaltungsrechtlichen Verfahren zugebilligt. Unabhängig von den Genehmigungen nach speziellen Bestimmungen für Veranstaltungsbetriebsstätten sind freilich auch die allgemeinen Bestimmungen, wie etwa baurechtliche Bestimmungen einzuhalten und auch solche Bewilligungen einzuholen, wenn die Veranstaltungsstätte nach baurechtlichen Bestimmungen bewilligungspflichtig ist (Kumulationsprinzip*).

Die VeranstaltungsG enthalten auch Vorschriften betr die **Überprüfung von Veranstaltungsstätten**. Es finden sich Instrumente wie die wiederkehrende (für Ktn bspw alle sechs Jahre – § 12 Abs 2 Ktn) Begutachtung, wobei für gefahrengeneigte Anlagen auch eine Überprüfung mit verkürztem, dreijährigen Intervall (Abs 3) vorgesehen ist.

Den Inhaber der Veranstaltungsstätte trifft va eine Instandhaltungspflicht im Hinblick auf den mangelfreien Zustand der Veranstaltungsstätte (Betriebssicherheit), die Einhaltung der für ihn geltenden Betriebsvorschriften (wie etwa die Kennzeichnung eines Rauchverbotes), aber zT auch die unter Strafsanktion gestellte Pflicht, nur angemeldete bzw bewilligte Veranstaltungen (bei Eignung seiner Anlage für diesen Veranstaltungstyp) durchführen zu lassen. Sind Mängel nicht fristgerecht behoben worden, oder treten Mängel auf, die schwer oder unbehebbar sind, wird die Bewilligung entzogen.

e) Veranstaltungen im Freien

Für Veranstaltungen im Freien sind idR Erleichterungen vorgesehen. Auch bei solchen Veranstaltungen ist aber zu beachten, dass eine Reihe anderer nicht veranstaltungsspezifischer Vorschriften zu Einschränkungen in der Abhaltung bzw Durchführung der Veranstaltung führen kann. Zu verweisen ist dabei auf Bestimmungen des Natur- und Landschaftsschutzes, die gesonderte zusätzliche Bewilligungen vorsehen können. Solche finden sich zB für Anlagen des Motocross- und Autocrosssports, für die Anlage von Golf- und Minigolfplätzen, Tennisplätzen, die Anlage von Schipisten etc. Gesonderter Erwähnung bedürfen hier auch Veranstaltungen auf Straßen und auf öffentlichem Grund. Meist ist es erforderlich, zusätzliche Genehmigungen einzuholen. Genannt sei die **Gebrauchserlaubnis**, die oft mit einer Gebrauchsabgabe verbunden ist, und für die Verwendung von öffentlichem Grund in den Gemeinden, die solches vorsehen, vorgeschrieben wird. Erwähnung verdienen in diesem Zusammenhang auch die Bestimmungen der §§ 82 bis 88a StVO betr die **Benützung von Straßen zu verkehrsfremden Zwecken** (→ *Straßenrecht*, → *Straßenpolizei- und Kraftfahrrecht*). Wenn öffentliche Straßen benutzt werden, bedarf dies überdies der Zustimmung der zuständigen Straßenverwaltung und kann mit einer Gebührenpflicht verbunden sein. Für Luftfahrtveranstaltungen (Ballon-, Drachen- und Modellfliegen, Fallschirmspringen, Flugschau udgl) kann eine zusätzliche Genehmigung nach dem LuftfahrtG erforderlich sein.

2. Sonderregelungen für bestimmte Veranstaltungstypen

Hier soll ein Überblick über die wichtigsten Bereiche, die zT außerhalb der (allgemeinen) VeranstaltungsG geregelt sind, versucht werden, ohne Anspruch auf Vollständigkeit zu erheben. Hinsichtlich des **Privatunterrichtswesens** und der **Fertigkeitsvermittlung** sei auf den Beitrag von *Strejcek/Hutter/Zabl* in Holoubek/Potacs 309 verwiesen. Die gesetzliche Regelung von Fahrunterricht (Kfz, Schiffe, Flugzeuge), Sportunterricht (Schischulwesen, Bergführerwesen, sonstige Sportarten) und Tanzunterricht obliegt zT dem Bund und zT den Ländern.

a) Spielapparate

ZT finden sich in den Ländern für **Spielapparate** SonderG (NÖ, OÖ, Vlbg), zT sehen die VeranstaltungsG selbst Sonderregelungen vor. In diesen Sonderbestimmungen werden zusätzliche Einschränkungen und besondere Sicherheitsvorkehrungen getroffen. Spielapparate sind Vorrichtungen, die zur Durchführung von Spielen bestimmt sind und gegen Entgelt betrieben werden. Geldspielapparate sind Spielapparate, mit denen um vermögenswerte Gewinne oder Verluste gespielt wird. **Geldspielapparate** fallen im Wesentlichen in die Bundeskompetenz im Wege des Glücksspielmonopols. Die nicht unter das GSpG fallenden Geldspielapparate sind in den LG oft überhaupt verboten.

Die **Aufstellung der Spielapparate** unterliegt einer verschärften Bewilligungspflicht. Bestimmte Spielapparate, wie zB solche zur Unterhaltung von Kindern, werden idR vom Anwendungsbereich ausgenommen. Auch hinsichtlich der Überwachung werden eine Reihe zusätzlicher Rechte vorgesehen.

So ist bspw die Behörde* berechtigt, zu Kontrollzwecken unentgeltliche Spiele durchzuführen. In einigen Gesetzen ist auch eine sofortige Entfernung nicht ordnungsgem Spielautomaten vorgesehen. Unter bestimmten Voraussetzungen wird der Verfall* angeordnet.

Auf Bundesebene ist es durch die GSpG-Nov 2010 zu einer Neuordnung des Automatenglücksspiels in Form von Landesausspielungen in Automatensalons oder in Einzelaufstellung gekommen. Neu sind weiters Maßnahmen zum Spielerschutz, die Glücksspielaufsicht über die Landesausspielungen mit Glücksspielautomaten sowie die Vernetzung von Glücksspielautomaten mit dem Rechenzentrum des Bundes.

b) Kinowesen

Im Bgld, in der Stmk, in Vlbg und in Wien werden die Angelegenheiten des Kino- bzw Lichtspielwesens durch eigene LG außerhalb der VeranstaltungsG geregelt. Die einzelnen Gesetze enthalten Bestimmungen in Bezug auf die öffentliche Sicherheit und in Bezug auf die Sicherheit des Publikums. Auch spezielle Jugendschutzbestimmungen sind vorgesehen. Öffentliche Lichtspielvorführungen bedürfen grundsätzlich einer Bewilligung oder sie sind anzeigepflichtig, wobei jeweils Ausnahmen bestimmt werden. ZT werden in den Gesetzen auch verbotene Lichtspielvorführungen angeführt. Im Übrigen finden sich in den einzelnen Gesetzen hinsichtlich der sachlichen und persönlichen Genehmigungsvoraussetzungen und der Verfahren jeweils ähnliche Bestimmungen wie in den VeranstaltungsG.

Die Vorführung darf nur an Orten und mit Vorführeinrichtungen vorgenommen werden, die dafür geeignet sind. Diese Eignung ist unter Wahrung der feuer-, sicherheits-, gesundheits- und verkehrspolizeilichen Gesichtspunkte und der Hintanhaltung von unverhältnismäßigen Belästigungen der Nachbarn in Form einer Betriebsanlagengenehmigung zu erteilen, wenn die Voraussetzungen gegeben sind. Verschiedentlich ist eine zusätzliche Betriebsbewilligung vorgesehen. Regelungsgegenstände sind weiters die Betriebspflicht, Bezeichnungspflichten, Verbote bestimmter Ankündigungen, Regelungen betr das Personal, Anwesenheitspflichten, usw. In den meisten Gesetzen ist auch vorgesehen, dass Filme nach ihrem kulturellen und künstlerischen Wert beurteilt werden. Dies wird von der durch eine Art 15a B-VG Vereinbarung* der Länder geschaffenen Filmprädikatisierungskommission bewerkstelligt.

c) Buchmacher und Totalisateure

Für die Buchmacher und Totalisateure (II.1.b) bestehen abgesehen von OÖ außerhalb des VeranstaltungsG Sonderregelungen über die Bewilligungspflicht und die Bewilligungsarten sowie die Voraussetzungen für die Bewilligung. Auch hier werden besondere persönliche und sachliche Voraussetzungen angeordnet. Weiters finden sich besondere Bestimmungen über das Wettreglement, über die äußere Bezeichnung der Betriebsstätte, über Nebenbedingungen usw.

d) Fiaker

In Wien und Sbg wurden eigene FiakerG erlassen, in Tir sind sie im VeranstaltungsG integriert (§§ 2 Abs 1 lit d, 16 Abs 6, 33 Abs 9 Tir) und in Bgld bzw Vlbg sind sie in einer Anlage zum bgld TourismusG 1992 bzw in der vlbg AbgabengruppenV der LReg nach dem FremdenverkehrsG angeführt. In den FiakerG wird die Beförderung von Personen mittels Personenkutschen, soweit sie entgeltlich ist, geregelt. Im Vordergrund steht dabei die Belustigung und Erbauung und nicht die Überwindung einer Distanz bzw der Gebrauch als Beförderungsmittel.

In den FiakerG werden die Bewilligungsbedingungen festgelegt und jeweils besondere Bestimmungen für die Konzessionserteilung, sowie für die Voraussetzungen für den Erwerb der Konzession, über die fachliche Befähigung, über die Ausübungsbedingungen sowie über die Überwachung festgelegt. Ebenso finden sich dort Regelungen über besondere Pflichten der Bewilligungsinhaber.

e) Campingplätze

Zuletzt seien hier auch die CampingplatzG genannt, die unter den oben angeführten kompetenzrechtlichen Gesichtspunkten ebenfalls dem Veranstaltungswesen zugerechnet werden können. Außer Stmk und Wien haben die Länder CampingplatzG erlassen, die Bestimmungen über die Errichtung eines Campingplatzes, die sachlichen und persönlichen Voraussetzungen zum Betrieb eines solchen, Ausstattungsvorschriften etc enthalten. Zum Betrieb ist eine Genehmigung erforderlich. Für den Berechtigten wird eine Reihe von Verpflichtungen angeordnet.

f) Großveranstaltungen

In jüngerer Zeit wurden in einigen VeranstaltungsG auch spezifische Bestimmungen über Großveranstaltungen aufgenommen (§ 6a Tir, § 9 Stmk). Den

Veranstaltern werden in diesen Sonderbestimmungen die Vorlage von sicherheitstechnischen und rettungstechnischen Konzepten auferlegt. Die Einbindung von Sicherheitsorganen sowie anderen Hilfsorganen, wie Rettung und Feuerwehr werden vorgesehen. Für die Bewilligung bzw Anmeldung werden spezielle Bestimmungen getroffen.

3. An das Veranstaltungswesen anknüpfende Vorschriften

Alle landesgesetzlichen **JugendschutzG** knüpfen in mehr oder weniger umfangreicher Weise an Veranstaltungen an. Es werden für Jugendliche, jeweils altersmäßig unterschiedlich gestuft, Verbote und Beschränkungen vorgesehen. So besteht Ausweispflicht bis zu gewissen Altersstufen, Verbot von Alkohol- und Tabakkonsum, beschränkte Ausgeh- und damit Teilnahmebedingungen.

In verschiedenen **Landes-PolStrafG** finden sich Bestimmungen, die spezielle Vorschriften betr Lärm- und Geruchsbelästigungen durch Veranstaltungen, die Wahrung des öffentlichen Anstandes usw, vorsehen.

Rechtsvorschriften sehen auch **Steuern, Gebühren und Abgaben** bei der Abhaltung von Veranstaltungen vor. Dabei ist auf die **Vergnügungssteuer (Lustbarkeitsabgabe)** zu verweisen, die als landesrechtlich geregelte ausschließliche Gemeindeabgabe regelmäßig unter den landesrechtlichen Rahmenbedingungen von den Gemeinden unterschiedlich hoch festgelegt und auch für unterschiedliche Veranstaltungen eingehoben wird. Auch verschiedene Abgabenformen, wie der Sportgroschen oder die Kriegsopferabgabe, die Ankündigungsabgabe (zB Plakatieren, Flugzettel, Lautsprecherdurchsagen etc) oder die Anzeigenabgabe (Anzeigen in Printmedien) sind zu nennen.

4. Urheberrechtliche Fragen

Veranstaltungen mit musikalischen Darbietungen bedürfen einer urheberrechtlichen Bewilligung, die idR von **Verwertungsgesellschaften** vergeben werden (s dazu die Regelungen des VerwGesG; dazu *N. Raschauer*, Staatliche Aufsicht über Verwertungsgesellschaften, in Holoubek/Potacs (Hrsg), Öffentliches Wirtschaftsrecht II³ [2013] 207). Auch Interpreten und Tonträgerunternehmen haben sog Leistungsschutzrechte. Die **AKM** ist die größte österr Organisation im Bereich der Wahrung von Urheberrechten. Sie vertritt Autoren, Komponisten und Musikverleger und verwaltet deren Aufführungs- und Senderechte an Werken der Musik und den mit ihr verbundenen Texten. Zu nennen sind auch die **Austro-Mechana**, die grob gesprochen die Vervielfältigungsrechte und die Verbreitungsrechte der genannten Personengruppe wahrt, und die **Literar-Mechana**, die die Rechte der Schriftsteller an den von ihnen geschaffenen Sprachwerken schützt. Es bestehen vielfältige Bestimmungen, zB wann eine Aufführungsbewilligung überhaupt zu erwerben ist, welche Veranstaltungen davon ausgenommen sind, wer Veranstalter iSd Urheberrechts ist, usw.

V. Behörden* und Verfahren

1. Behörden*

a) Zuständigkeiten

Die Behördenzuständigkeiten zur Vollziehung der VeranstaltungsG sind auf Grund der großen Vielfalt von zu besorgenden Aufgaben unterschiedlich festgelegt. Als Eckpunkt soll hier festgehalten werden, dass bei Veranstaltungen im Umherziehen zum großen Teil die **LReg** zuständig sind. Im Übrigen fallen Veranstaltungen, die sich auf den örtlichen Bereich der Gemeinden beschränken, in die Zuständigkeit der **Gemeinden im eWb***, wie dies gem Art 118 Abs 3 Z 3 B-VG geboten ist. Daneben sind die **BVB** und die **LReg** je nach Größe der Veranstaltung zuständig. Die LReg kann auch zuständig sein, wenn sich die Veranstaltungsstätte über mehrere Gemeinden bzw Bezirke erstreckt. Wie schon unter den kompetenzrechtlichen Ausführungen angemerkt wurde, haben die LPolD im Gemeindegebiet als zuständige Sicherheitsbehörde nicht nur die Überwachung von Veranstaltungen gem Art 15 Abs 3 B-VG übertragen zu bekommen, sondern auch wenigstens die Mitwirkung bei der Verleihung von Berechtigungen. Das bedeutet, dass Bewilligungserteilungen bzw das Ausstellen von Bescheinigungen, wie es vereinzelt vorgesehen ist, einer Mitwirkung der LPolD bedürfen, um verfassungskonform geregelt zu sein. Zumindest muss die LPolD insoweit eingebunden sein, als sie zu verständigen ist und eine Äußerungsmöglichkeit erhält.

Die VeranstaltungsG der Länder enthalten idR keine ausdrücklichen Vorschriften über den Rechtsschutz. Mit der Umstellung des verwaltungsrechtlichen Rechtsschutzsystems seit 01. Jänner 2014 (Verwaltungsgerichtsbarkeitsnov, BGBl I 51/2012) obliegt die Kontrolle verwaltungsbehördlicher Bescheide idR den LVwG (sog Bescheidbeschwerde nach Art 130 Abs 1, Art 132 Abs 1 B-VG), gleichgültig, ob die BVB oder die LReg den verwaltungsbehördlichen Bescheid erlassen hat. Gegen das Erkenntnis des LVwG kann Revision an den VwGH (Art 133 Abs 1 Z 1 B-VG) oder, im Falle von Verletzungen der Verfassungssphäre, eine Erkenntnisbeschwerde beim VfGH nach Art 144 Abs 1 B-VG erhoben werden. Bescheide, die von Gemeinden im eWb* erlassen werden, können nur dann unmittelbar beim LVwG bekämpft werden, wenn eine gesetzliche Regelung solches ausdrücklich vorsieht (so in Tir § 17 Abs 1 TGO und § 41 Abs 1 Ibk Stadtrecht). Ist dies nicht der Fall, ist eine verwaltungsgerichtliche Kontrolle erst nach Erschöpfung des innergemeindlichen Instanzenzugs (idR Bgm/Gemeinderat) möglich (Art 118 Abs 4, Art 132 Abs 6 B-VG).

b) Überwachung von Veranstaltungen

Gegenstand der Überwachung sind die Veranstaltung und die Veranstaltungsstätte. Der Veranstalter ist zB verpflichtet, den Organen* die notwendige Anzahl von Sitzplätzen zur Verfügung zu stellen, den Überwachungsorganen ist der Zutritt zu den Veranstaltungsstätten zu gewähren. Er hat nötigenfalls die Inbetriebnahme von Maschinen und anderen Betriebsmitteln auf Weisung der Überwachungsorgane zu veranlassen.

Die Überwachungsorgane haben die Möglichkeit, bei auftretenden Mängeln und Rechtswidrigkeiten die Veranstaltung zu unterbrechen, um sie innerhalb angemessener Frist beheben zu lassen. Wenn dies notwendig ist, kann die Veranstaltung auch abgebrochen werden. Wird eine Veranstaltung von den Überwachungsorganen abgebrochen, haben die Besucher den Ort der Veranstaltung idR über Aufforderung der Überwachungsorgane unverzüglich zu verlassen (zB § 10 Vlbg).

Die Überwachung wird in den verschiedenen VeranstaltungsG je nach Veranstaltungstyp ganz **unterschiedlichen Behörden*** übertragen. IdR ist für die Überwachung der Bgm bei Veranstaltungen, die über die Gemeinde nicht hinausreichen, zuständig. Bei den übrigen Veranstaltungen sind jeweils die BVB für die Überwachung verantwortlich. Zu beachten ist dabei, dass auf der Grundlage des Art 15 Abs 3 B-VG im Gemeindegebiet, in dem die LPolD zuständige Sicherheitsbehörde ist, diese zur Überwachung zu berufen ist. Dies gilt auch dann, wenn es sich um Veranstaltungen handelt, die von den Gemeinden im eWb* im Zuge ihrer Kompetenz der örtlichen Veranstaltungspolizei gem Art 118 Abs 3 Z 3 B-VG zu besorgen sind. Gesetzliche Bestimmungen, die dies nicht ausdrücklich anordnen, verstoßen insoweit gegen Art 15 Abs 3 B-VG und sind verfassungswidrig.

Darüber hinaus übertragen einige VeranstaltungsG den Organen des öffentlichen Sicherheitsdienstes* ausdrücklich bestimmte Mitwirkungsbefugnisse bzw Überwachungsaufgaben (zB § 14 Abs 2, § 24 Stmk), sodass auch bei einer Überwachungszuständigkeit der Gemeinde im eWb* Organe der öffentlichen Sicherheit* tätig werden. In den VeranstaltungsG ist auch vorgesehen, Sicherheits- und Kontrollaufgaben durch Verwaltungsakt zu übertragen. Es handelt sich dabei idR um die Vorschreibung eines Ordnerdienstes im Wege einer Auflage* oder eines Auftrages (§ 5 Stmk, § 10 Abs 6 Bgld). Solche Ordnerdienste haben aber keine speziellen Befugnisse wie die Organe der öffentlichen Sicherheit*.

Bei Großveranstaltungen ist vielfach eine „besondere Überwachung" nach § 48a SPG durch staatliche Sicherheitskräfte bescheidförmig angeordnet (→ *Sicherheitspolizeirecht*). Hiefür können auch entsprechende Sicherheitsgebühren eingehoben werden (§§ 5a, 48a SPG). Solche besonderen Überwachungen finden aber nur statt, wenn die für die Veranstaltung Verantwortlichen nicht bereit oder in der Lage sind, durch zumutbare Vorkehrungen den erforderlichen Schutz zu gewährleisten (§ 27a SPG).

Zu erwähnen sind diesbezüglich die Kommissions- und Überwachungsgebühren, die nach § 77 AVG iVm mit der Bundes-KommissionsgebührenV 2007 und der Sicherheitsgebühren-V* eingehoben werden. Danach sind für Amtshandlungen (Augenschein, mündliche Verhandlung, besondere Entsendung von Exekutivbeamten für Überwachungstätigkeiten etc) tariflich festgesetzte Gebühren zu entrichten.

2. Verfahren

Neben den Bestimmungen des AVG und des VStG, die auch im Bereich des Veranstaltungswesens zur Anwendung gelangen, enthalten die VeranstaltungsG in den Ländern eine Reihe von verfahrensrechtlichen Sonderbestimmungen. Sowohl hinsichtlich der Bewilligungsverfahren als auch hinsichtlich der Anmeldeverfahren ist zumeist die Schriftform zwingend vorgeschrieben. In den Verfahren werden auch außerhalb der schon aus Art 15 Abs 3 B-VG erfließenden Verpflichtung betr die LPolD juristischen Personen in bestimmten Verfahren Anhörungs- oder Informationsrechte eingeräumt (vgl § 14 Abs 2 OÖ, § 19 Abs 4, 20 Abs 4 Wien). Solche Rechte finden sich für die Gemeinden (vgl § 25 Abs 3 Stmk), wenn das Verfahren vor der BVB durchgeführt wird, sowie für WK und AK. Darüber hinaus werden auch Verständigungspflichten bezüglich anderer Behörden* festgeschrieben (vgl §§ 10, 12 Abs 3 Sbg). Charakteristisch für verschiedene Verfahren ist auch, dass vielfach sehr kurze Fristen, sowohl für die Einbringung des Antrages (§ 7 Abs 2, § 8 Abs 2, § 9 Abs 2 Stmk) als auch für die Entscheidung der Behörden* vorgesehen sind (vgl Bewilligungsfiktion § 11 Stmk).

Glossar

Adhäsionsprinzip: Die Kompetenzbestimmungen der Bundesverfassung regeln die Verteilung der Kompetenzen in Gesetzgebung und Vollziehung in der Weise, dass bestimmte Sachgebiete genannt werden (vgl Art 10 Abs 1 B-VG) und die übrigen Bereiche mit einer Generalklausel entweder in die Kompetenz des Bundes (Art 14 Abs 1 B-VG) oder in die Kompetenz der Länder (Art 14a Abs 1 und 15 B-VG) verwiesen werden. Die ausdrücklich genannten – materiellen – Sachgebiete ziehen regelmäßig die Kompetenz zur Regelung weiterer, nicht ausdrücklich angeführter Sachbereiche nach sich (insb Verfahrensrecht, Verwaltungspolizei, Enteignung, Festsetzung von Strafen); diese folgen der Hauptmaterie, sie sind also von einem Sachbereich auch ohne ausdrückliche Nennung mit umfasst.

AEUV: Der Vertrag über die Arbeitsweise der Europäischen Union (AEUV) basiert auf dem EG-Vertrag (1992) und dem diesem vorangegangenen EWG-Vertrag (1957), mit dem eine Europäische (Wirtschafts-) Gemeinschaft gegründet wurde. Er erhielt seine neue Bezeichnung durch den Vertrag von Lissabon (2009), der die frühere Europäische Gemeinschaft (EG) aufgelöst und deren Funktionen der Europäischen Union (EU) übertragen hat. Während sich vor dem Vertrag von Lissabon (2009) EU-Vertrag und EG-Vertrag auf zwei unterschiedliche, wenngleich institutionell verbundene Organisationen bezogen haben, kommt dem AEUV nun ergänzende Funktion zum → *EU-Vertrag* zu. EU-Vertrag und AEUV sind rechtlich gleichrangig (Art 1 AEUV) und bilden gemeinsam die „Verfassung" der EU.

Amtshaftung: Das „Sonderhaftpflichtrecht" des Staates hat seine verfassungsrechtliche Grundlage in Art 23 B-VG und ist im AHG geregelt. Nach § 1 Abs 1 AHG haften die Rechtsträger (Bund, Länder, Gemeinden, sowie alle juristischen Personen öffentlichen Rechts, die zur Ausübung eigener hoheitlicher Befugnisse berufen sind [zB Kammern, Sozialversicherungsträger]) nach den Bestimmungen des bürgerlichen Rechts für Vermögens- und Personenschäden infolge eines kausalen, rechtswidrigen und schuldhaften Verhaltens eines Organs „in Vollziehung der Gesetze"

(Gerichtsbarkeit, hoheitliche Verwaltung; weiters auch für Verhaltensweisen, die nach ihrer Form zur Privatwirtschaftsverwaltung zu zählen sind, die aber mit einer hoheitlichen Tätigkeit in einem unmittelbaren Zusammenhang stehen; diesbezüglich besteht eine sehr kasuistische Jud des OGH). Darüber hinaus haften die Mitgliedstaaten nach der Jud des EuGH für Schäden, die dem Einzelnen durch Verstöße gegen EU-Recht entstehen, soweit sie dem Mitgliedstaat zuzurechnen sind („Staatshaftung"). Die Staatshaftung umfasst im Gegensatz zur Amtshaftung auch die gesetzgeberische Tätigkeit des Staates (legislatives Unrecht).

Anlage: Unter Anlage versteht man idR eine örtlich gebundene Einrichtung, die der Entfaltung einer (zB gewerberechtlichen, forstrechtlichen, wasserrechtlichen) Tätigkeit regelmäßig zu dienen bestimmt ist.

Art 15a B-VG-Vereinbarungen: → *Gliedstaatsverträge.*

Auflage: Eine Auflage ist eine gesetzlich vorgesehene, pflichtenbegründende Nebenbestimmung in einem dem Hauptinhalt nach begünstigenden Verwaltungsakt. Auflagen sind in den Spruch des Bescheides aufzunehmen. Wird das mit der Auflage verbundene Recht ausgeübt (zB Inbetriebnahme einer Betriebsanlage), so wird die durch die Auflage vorgeschriebene Verpflichtung (Tun, Dulden oder Unterlassen) vollstreckbar („akzessorischer Charakter", „bedingter Polizeibefehl"). Diese Verpflichtung lässt das mit dem Verwaltungsakt verliehene Recht (zB zum Betrieb einer Betriebsanlage) an sich unberührt. Auf den Bestand des Verwaltungsaktes selbst und auf die Ausübung der damit verbundenen Berechtigung hat die (Nicht-) Einhaltung der Auflage keine Auswirkungen; mit der Ausübung der Berechtigung kann die Erfüllung einer Auflage aber im Vollstreckungswege durchgesetzt werden.

aufschiebende Wirkung: Eine wesentliche Rechtsfolge eines Leistungsbescheides ist das Entstehen der darin verankerten Pflichten und deren Vollstreckbarkeit durch Zwangsmaßnahmen, sofern sie nicht befolgt werden. Durch die Erhebung von Rechtsmitteln kann diese Rechtsfolge aber zT bis zur endgültigen Klärung der Rechtsfrage im dafür vorgesehenen Rechtsweg hintangehalten (aufgeschoben) werden. So bestimmt § 13 VwGVG, dass rechtzeitig eingebrachte Beschwerden aufschiebende Wirkung haben. Allgemein sind Bescheide also erst dann vollstreckbar, wenn sie in formelle → *Rechtskraft* erwachsen sind. Davon abweichend kann die aufschiebende Wirkung einer Beschwerde aber auch ausdrücklich ausgeschlossen werden (etwa gem § 13 Abs 2 VwGVG bei Gefahr im Verzug); der Bescheid ist dann bereits mit seiner Erlassung vollstreckbar, auch wenn noch ein Rechtsmittel offensteht (ebenso § 64 AVG für Berufungen im eWb von Gemeinden → *Wirkungsbereiche der Gemeinde*). Besonderes gilt im Falle der Beschwerdeerhebung an die Gerichtshöfe öffentlichen Rechts: derartige Beschwerden haben grundsätzlich keine aufschiebende Wirkung; diese muss vielmehr ausdrücklich beantragt und durch den VwGH oder VfGH zuerkannt werden. Bis zur Zuerkennung bleiben die angefochtenen Erkenntnisse der VwG vollstreckbar.

Auftragsverwaltung des Bundes: Sie bildet jenen Teil der → *Privatwirtschaftsverwaltung* des Bundes, den die mit der Verwaltung des Bundesvermögens betrauten BM gem Art 104 Abs 2 B-VG durch Verordnung dem LH und den ihm unterstellten Landesbehörden übertragen haben.

Bedingung: Eine Bedingung ist eine gesetzlich vorgesehene Nebenbestimmung eines Verwaltungsaktes, die dessen Rechtswirksamkeit von einem ungewissen künftigen Ereignis abhängig macht (im Gegensatz dazu ist eine → *Befristung* von einem gewissen zukünftigen Ereignis abhängig). Bei aufschiebenden Bedingungen (Suspensivbedingungen) wird der Verwaltungsakt erst mit deren Erfüllung rechtswirksam, bei Erfüllung einer auflösenden Bedingung (Resolutivbedingung) endet die Rechtswirksamkeit; in beiden Fällen bedarf es keines neuerlichen Verwaltungsaktes.

Befehls- und Zwangsgewalt: Rechtsvorschriften sehen des Öfteren vor, dass Verwaltungsorgane ohne (förmliches) Verfahren und ohne Einhaltung der für Bescheide vorgesehenen Form unmittelbar (Gesetzeskonkretisierung ohne Dazwischentreten eines Bescheids) in subjektive Rechte der Rechtsunterworfenen eingreifen können. Nach der Rsp ist faktisches Organhandeln dann „Ausübung unmittelbarer behördlicher Befehls- und Zwangsgewalt", wenn ein Verwaltungsorgan im Rahmen der Hoheitsverwaltung einseitig einen Befehl erteilt oder Zwang ausübt und dieser Akt gegen individuell bestimmte Adressaten gerichtet ist. Als Rechtsschutz ist die Möglichkeit einer Beschwerde an die VwG vorgesehen (Art 130 Abs 1 Z 2 B-VG iVm Art 132 Abs 2 B-VG).

Befristung: Eine Befristung ist eine gesetzlich vorgesehene Nebenbestimmung eines Verwaltungsaktes, die dessen Rechtswirksamkeit von einem gewissen zukünftigen Ereignis abhängig macht (im Gegensatz dazu ist eine → *Bedingung* von einem ungewissen künftigen Ereignis abhängig). Sowohl der Beginn als auch das Ende der Rechtswirksamkeit kann mit dem Eintritt eines genau festgelegten Ereignisses (zB bestimmtes Datum, Todesfall) verbunden werden.

Behörde: (Verwaltungs-) → *Organe*, die mit imperium ausgestattet sind, dh denen von Gesetzes wegen hoheitliche Befugnisse verliehen sind (Erlassung von Bescheiden oder Verordnungen bzw Ausübung unmittelbarer behördlicher → *Befehls- und Zwangsgewalt*) sind Behörden. Auch Gerichte werden zT unter den Behördenbegriff iwS subsumiert.

Beleihung: Von Beleihung spricht man, wenn eine natürliche oder juristische Person des Privatrechts damit betraut wird, im eigenen Namen bestimmte Akte der Hoheitsverwaltung zu setzen. Der Beliehene ist zwar nicht in den staatlichen Organapparat eingegliedert, aber dennoch verpflichtet, die ihm übertragenen Aufgaben der Hoheitsverwaltung wahrzunehmen. Bei der Beleihung werden Private als funktionelle Organe für Gebietskörperschaften tätig, denen ihr Verwaltungshandeln zuzurechnen ist. Beispiele: Ausstellung öffentlicher Urkunden durch Notare (strittig), Bescheid- und Verordnungserlassung durch die Nationalbank, Befehls- und Zwangsakte von Forstschutzorganen bzw Jagd- und Fischereiaufsichtsorganen. Aktuelle Beispiele für Beleihungen finden sich va iZm Ausgliederungen (zB Austro Control GmbH) bzw in Form der Betrauung selbstständiger juristischer Personen des Privatrechts mit der Besorgung staatlicher Verwaltungsaufgaben (zB Regulierungsbehörden in der Rechtsform der GmbH). Die Übertragung hoheitlicher Befugnisse auf Private ist verfassungsrechtlichen Schranken unterworfen.

Berücksichtigungsprinzip: Das Berücksichtigungsprinzip drückt sich in einer Berücksichtigungsbefugnis und einem Berücksichtigungsgebot aus. Unter dem Berücksichtigungsgebot versteht man, dass Bund und Länder bei ihrer Kompetenzausübung zur gegenseitigen Rücksichtnahme verpflichtet sind. Das bedeutet, dem Bundesgesetzgeber und den Landesgesetzgebern ist es nicht erlaubt, Regelungen zu erlassen, die die Effektivität der Regelungen der gegenbeteiligten Gebietskörperschaft(en), die diese im Rahmen ihrer Kompetenzen erlassen haben, in sachlich ungerechtfertigter Weise beeinträchtigen. Die Gesetzgeber sind in diesen Fällen zu einer Interessenabwägung verpflichtet. So hat zB der VfGH im sog Jagdrecht-Forstrecht-Erkenntnis (VfSlg 10.292/1984 → *Forstrecht*) eine kompetenzrechtlich rechtmäßige Regelung des nö JagdG, die eine Sperre von Jagdgebieten für jagdfremde Personen in großem Ausmaß vorsah, wegen Verletzung des Grundsatzes der Rücksichtnahme im Bundesstaat aufgehoben, weil dadurch für große Gebiete die vom bundesgesetzlichen ForstG jedermann eingeräumte Freiheit, sich im Wald zu Erholungszwecken aufzuhalten und ihn zu betreten, praktisch zunichte gemacht wurde. Berücksichtigungsbefugnis bedeutet hingegen, dass Bundes- und Landesgesetzgeber in ihren Regelungen auch Verwaltungszwecke der gegenbeteiligten Gebietskörperschaft(en) berücksichtigen dürfen.

Bundesverwaltung: Die Bundesverwaltung stellt jenen Vollziehungsbereich dar, der gem den Kompetenzbestimmungen in Vollziehung dem Bund zufällt, also von Verwaltungsorganen für die Gebietskörperschaft Bund zu vollziehen ist. Handlungen, die in diesem Rahmen von Verwaltungsorganen gesetzt werden, berechtigen bzw verpflichten die Gebietskörperschaft Bund und sind diesem zurechenbar. Nach Art 102 B-VG kann die Bundesverwaltung entweder in → *mittelbarer* oder unmittelbarer *Bundesverwaltung* vollzogen werden, wobei die Agenden, in denen letzteres möglich ist, aber nicht erfolgen muss, in Art 102 Abs 2 B-VG erschöpfend aufgezählt sind. In solchen Fällen sind zur Vollziehung eigene Bundesbehörden einzurichten bzw mit der Vollziehung zu betrauen. Unter unmittelbarer Bundesverwaltung wird daher die Vollziehung von Angelegenheiten der Bundesverwaltung durch Bundesbehörden (zB Finanzverwaltung) verstanden. Im Regelfall werden Angelegenheiten der Bundesverwaltung (Art 10 B-VG) – insb wenn sie in Art 102 Abs 2 B-VG nicht genannt sind – durch Landesorgane vollzogen, die dabei funktional als Bundesorgane tätig werden, obwohl sie organisatorisch Landesorgane sind. In diesen Fällen verpflichten oder berechtigen sie die Gebietskörperschaft Bund. Ihre Handlungen sind dem Bund zurechenbar (mittelbare Bundesverwaltung).

Bürgerbeteiligungsverfahren: Bei einem Bürgerbeteiligungsverfahren wird – unabhängig von einem konkreten „rechtlichen" Parteiinteresse – die „betroffene" Öffentlichkeit in das Verfahren zur Erzeugung von Rechtsnormen (Verordnungen, Bescheiden) einbezogen. So stellen Auflagepflichten sowie Einsichts- und Stellungnahmerechte im Verfahren zur Erlassung von FWP (→ *Raumordnungsrecht*) ebenso eine Art Bürgerbeteiligung dar, wie die Einbindung von Bürgerinitiativen in das UVP (→ *Umweltverträglichkeitsprüfung*). Dem Bund kommt gem Art 11 Abs 6 B-VG eine besondere Bundes(bedarfs)gesetzgebungskompetenz für die gesetzliche Regelung von Bürgerbeteiligungsverfahren für bundesgesetzlich zu bestimmende Vorhaben, die Beteiligung an den einem Bürgerbeteiligungsverfahren nachfolgenden Verwaltungsverfahren und die Berücksichtigung der Ergebnisse des Bürgerbeteiligungsverfahrens bei der Erteilung der für die betroffenen Vorhaben erforderlichen Genehmigungen sowie die Genehmigung der in Art 10 Abs 1 Z 9 B-VG zu, soweit ein Bedürfnis nach Erlassung einheitlicher Vorschriften als vorhanden erachtet wird.

Dauerdelikt: Bei Dauerdelikten ist vom objektiven Tatbestand nicht nur das Herbeiführen, sondern auch die Aufrechterhaltung der Rechtsgutbeeinträchtigung umfasst. Für die Beantwortung der Frage, ob ein Dauerdelikt vorliegt oder nicht, ist die konkrete Formulierung des gesetzlichen Straftatbestandes entscheidend: Wird das Aufrechterhalten eines Zustandes sanktioniert, liegt ein Dauerdelikt vor. Diese Qualifikation hat insb für die → *Verjährung* Bedeutung. Typische Dauerdelikte sind der baurechtlich verbotene Schwarzbau, der Betrieb einer nicht genehmigten Betriebsanlage, die dauernde nicht genehmigte Wasserentnahme usw.

Derogation: Unter Derogation wird im Allgemeinen die Aufhebung der Geltung einer Rechtsvorschrift (und damit ihr Ausscheiden aus der Rechtsordnung) verstanden, wobei zu beachten ist, dass die Derogation einer Rechtsnorm nur durch eine andere Rechtsnorm erfolgen kann. Außerdem muss zwischen materieller und formeller Derogation unterschieden werden. Von formeller Derogation spricht man, wenn die aufzuhebende Norm ausdrücklich bezeichnet wird. Mit materieller Derogation wird das Phänomen der Unvereinbarkeit der gleichzeitigen Anwendbarkeit von einander widersprechenden Rechtsvorschriften angesprochen. Ein solcher Widerspruch ist nach den Grundsätzen „lex posterior derogat legi priori" bzw „lex specialis derogat legi generali" aufzulösen. Derogation tritt in solchen Fällen nur insoweit ein, als die Geltungsbereiche der konfligierenden Normen, dh deren sachlicher, persönlicher, zeitlicher und örtlicher Geltungsbereich ident sind (Identität des Regelungsgegenstandes) und es sich um Bestimmungen auf gleicher Stufe handelt (eine gesetzliche Bestimmung widerspricht einer anderen gesetzlichen Bestimmung). Bei konfligierenden Bestimmungen auf unterschiedlicher Stufe (eine Verordnung widerspricht einem Gesetz) tritt idR Invalidation ein, dh die rechtwidrige Verordnung ist solange anzuwenden, bis sie der VfGH aufhebt. Bei der Verwendung des Begriffs Derogation wird freilich mitunter nicht deutlich zwischen dem Ausscheiden einer Norm aus der Rechtsordnung und einem bloßen Verdrängen einer widersprechenden Norm unterschieden, die nach Außerkrafttreten der sie verdrängenden Norm wieder auflebt. Deshalb ist darauf zu achten, ob bei der Verwendung des Begriffs Derogation das hier vertretene strikte Verständnis zu Grunde gelegt wird, oder ob man darunter auch andere Kollisionsphänomene versteht.

Devolutionsantrag: Als Devolutionsantrag bezeichnet man den Antrag einer Verfahrenspartei auf Übergang der Entscheidungszuständigkeit an die Berufungsbehörde. Dieser Übergang der Zuständigkeit zur Sachentscheidung auf die Berufungsbehörde mittels Devolutionsantrag kommt seit der Einführung der Verwaltungsgerichtsbarkeit I. Instanz nur mehr im innergemeindlichen Instanzenzug im eWb der Gemeinde zum Tragen. In sonstigen Säumniskonstellationen bewirkt seit 01. Jänner 2014 die Säumnisbeschwerde an das zuständige VwG einen Übergang der Entscheidungszuständigkeit, wobei gem §§ 8, 16 VwGVG die säumige Behörde den Bescheid innerhalb von drei Monaten nachholen kann. Die Säumnisbeschwerde muss daher bei der säumigen Behörde eingebracht werden. Der Devolutionsantrag ist dagegen nach § 73 Abs 2 AVG bei der Berufungsbehörde, also idR beim Gemeinderat zu stellen.

Dienstleistungsfreiheit: Gem Art 56 ff AEUV (Art 36 ff EWRA) haben EU-/EWR-Bürger bzw Unternehmen das Recht, in einem anderen Mitgliedstaat unter den gleichen Bedingungen wie dortige Inländer vorübergehend Leistungen zu erbringen, ohne in diesem Staat eine Niederlassung zu eröffnen (zB gewerbliche oder freiberufliche Tätigkeiten; „aktive Dienstleistungsfreiheit"). Die Dienstleistungsfreiheit erfasst auch jene Fälle, in denen sich der Leistungsempfänger zum Leistungserbringer in einen anderen Mitgliedstaat begibt (zB Arztbesuch; „passive Dienstleistungsfreiheit") oder nur die Dienstleistung selbst die Grenze überschreitet (zB Versicherungsdienste; „Dienstleistungstransfer").

dingliche Wirkung: Von einem Bescheid mit dinglicher Wirkung („dinglicher Bescheid") spricht man dann, wenn ein Rechtsakt (Bescheid) sachbezogen ist und damit die Bescheidwirkung unabhängig vom Inhaber der Sache besteht und auch durch einen Wechsel des Inhabers (dh des konkret Berechtigten, im Regelfall des Eigentümers oder Bestandnehmers) einer Sache die Bescheidwirkung nicht verändert wird. Typische Beispiele für Bescheide mit dinglicher Wirkung sind: gewerberechtliche Betriebsanlagengenehmigung, Bauplatzerklärung, Baubewilligung, bestimmte wasserrechtliche Bewilligungen, die Erklärung eines Objekts zum Naturdenkmal, die Unterschutzstellung eines Denkmals usw.

Direktwirkung von EU-Richtlinien: Der EuGH vertritt die Auffassung, dass → *Richtlinien* bei nicht fristgerechter bzw nicht ordnungsgemäßer Umsetzung unmittelbare Anwendbarkeit (direkte Wirkung) zukommt. Dadurch soll sichergestellt werden, dass sich ein Mitgliedstaat, der die in einer RL vorgeschriebenen Maßnahmen nicht fristgemäß erlassen hat, nicht hinter seiner Vertragsverletzung verschanzen kann. Dieser Rsp zufolge sind Bestimmungen einer RL unmittelbar anwendbar, „die inhaltlich als unbedingt und hinreichend genau erscheinen". „Inhaltlich unbedingt" bedeutet, dass dem Mitgliedstaat kein größerer Gestaltungsspielraum bei der Umsetzung der RL zur Verfügung steht. „Hinreichend genau" ist eine RL schon dann, wenn ihr Inhalt durch Auslegung ermittelt werden kann. Eine weitere Voraussetzung der unmittelbaren Anwendbarkeit einer Richtlinienbestimmung ist, dass sie eine den Einzelnen gegenüber dem Staat begünstigende Regelung enthält. Liegen diese Voraussetzungen vor, dann kann sich der Einzelne gegenüber dem Staat auf die nicht fristgerecht oder nur unzulänglich ins nationale Recht umgesetzte RL berufen und die in ihr vorgesehenen Ansprüche gegenüber dem Staat ohne nationalen Umsetzungsakt geltend machen (vertikale Wirkung). Nach stRsp des EuGH kann jedoch eine RL keine Verpflichtungen für einen Einzelnen begründen und folglich nicht gegenüber einem Einzelnen vor einem nationalen Gericht in Anspruch genommen werden (keine Horizontalwirkung).

Diskriminierungsverbot: Im Anwendungsbereich der → *EU-Verträge* ist jede Diskriminierung aus Gründen der Staatsangehörigkeit verboten (Art 18 AEUV: allgemeines Diskriminierungsverbot); daneben bestehen spezielle Diskriminierungsverbote für bestimmte Regelungsbereiche (zB Art 45 AEUV → *Freizügigkeit*, Art 49 AEUV → *Niederlassungsfreiheit*, Art 56 AEUV → *Dienstleistungsfreiheit*). Das Diskriminierungsverbot gilt auch im EWR (vgl Art 4 EWRA). Die europarechtlichen Diskriminierungsverbote richten sich gegen die Diskriminierung von → *EU-/EWR-Bürgern* aus anderen Mitgliedstaaten gegenüber den eigenen Staatsangehörigen. Einer Benachteiligung von Inländern gegenüber anderen → *EU-/EWR-Bürgern* steht das EU-Diskriminierungsverbot jedoch nicht entgegen.

eigener Wirkungsbereich: → *Wirkungsbereiche der Gemeinde.*

Einwendung: An die Behörde gerichtete öffentlich-rechtliche Prozesserklärungen, mit denen eine Partei die Verletzung eines subjektiven Rechts behauptet, bezeichnet man als Einwendungen; sie stellen daher einen verfahrensrechtlichen Antrag zur Wahrung eines Rechtsanspruchs dar. „Privatrechtliche Einwendungen" (zB fehlende Verfügungsbefugnis des Antragstellers) sind von den Behörden auf den Zivilrechtsweg zu verweisen, wenn eine gütliche Einigung nicht gelingt. Bei „öffentlich-rechtlichen Einwendungen" – dh solchen, die im öffentlichen Recht begründet sind (zB Missachtung baurechtlicher Abstandsvorschriften, Beeinträchtigung des Orts- oder Landschaftsbildes) – hat die Behörde selbst zu entscheiden. Betrifft die Einwendung ein Recht, das va dem Schutz eines konkreten Individuums (zB Nachbarn) dient, so spricht man von „subjektiv öffentlich-rechtlichen Einwendungen"; steht hingegen der Schutz öffentlicher Interessen im Vordergrund (zB Verkehrsbelange, Orts- und Landschaftsbild), so handelt es sich um „objektiv öffentlich-rechtliche Einwendungen". Zu beachten ist, dass Nebenparteien eines Verfahrens nur hinsichtlich jener Bestimmungen wirksam Einwendungen erheben können, die dem Schutz eines vom MaterienG eingeräumten subjektiven Rechts dienen. Bestimmungen, die dem Schutz öffentlicher Interessen dienen, sind hingegen von der Behörde amtswegig zu vollziehen. Das AVG sieht zur Verfahrensbeschleunigung → *Präklusion* vor, wenn Einwendungen nicht oder nicht rechtzeitig erhoben wurden.

Emission: Die Freisetzung von Geruch, Lärm, Strahlen, Wärme, Stoffen (zB Staub), Erschütterungen usw durch eine Anlage, ein Gerät usw. Zu ihrer Feststellung wird eine Messung bestimmter Einflüsse auf Umweltmedien am Entstehungsort durchgeführt (im Gegensatz dazu handelt es sich bei → *Immissionen* um die am Zielort auftretenden Einwirkungen).

Erfolgsdelikt: Erfolgsdelikte setzen den Eintritt einer von der Tathandlung zumindest gedanklich abtrennbaren Wirkung (Erfolg) in der Außenwelt voraus. Der Eintritt des Erfolges ist für die Verwirklichung des objektiven Tatbestandsmerkmales aller Erfolgsdelikte (zB Gewässerverunreinigung; nicht bewilligte Zerstörung eines Denkmales) wesentlich. Demgegenüber sind → *Ungehorsamsdelikte* (schlichte Tätigkeitsdelikte = Formaldelikte) jene Delikte, deren Tatbestand sich in der Vornahme eines bestimmten Tuns erschöpft (zB Übertretung eines Halteverbotes; Geschwindigkeitsüberschreitung).

Ermessen: Beim Ermessen (vgl Art 130 Abs 3 B-VG, Art 133 Abs 3 B-VG B-VG) hat die Verwaltungsbehörde bzw das VwG die Wahl zwischen zwei oder mehreren rechtlich gleichwertigen Lösungen. Im Gegensatz dazu liegt Gebundenheit vor, wenn die Entscheidungsinstanz durch eine Rechtsnorm verpflichtet ist, bei einem bestimmten Tatbestand einen Verwaltungsakt bestimmten Inhalts zu setzen. In welchem Sinne das Ermessen auszuüben ist, muss vom Gesetz vorgegeben werden (→ *Legalitätsprinzip*, Art 18 B-VG). Die Verwendung der Worte „kann" oder „darf" in einer Bestimmung stellt dabei lediglich ein Indiz für das Vorliegen von Ermessen dar. Die Behörde bzw das VwG muss vom Ermessen „im Sinne des Gesetzes" Gebrauch machen (was vielfach einem Abwägungsvorgang gleichkommt), gesetzlich normierte Ermessensrichtlinien beachten und die Entscheidung schlüssig und nachvollziehbar begründen. Ermessensentscheidungen unterliegen der Kontrolle der VwG und von VwGH und VfGH hinsichtlich des Vorliegens von Ermessensfehlern.

EU-/EWR-Bürger: Jeder Staatsangehörige eines Mitgliedstaates der Europäischen Union (EU) ist EU-Bürger (= Unionsbürger; vgl Art 20 ff AEUV) und damit auch EWR-Bürger, weil die EU-Staaten Vertragsparteien des seit 01. Jänner 1994 in Kraft befindlichen → *EWRA* sind. Weiters sind auch die Staatsangehörigen Norwegens, Islands und Liechtensteins (nicht jedoch auch der Schweiz) EWR-Bürger, ohne gleichzeitig Unionsbürger zu sein. Die Rechtsstellung der EU- und der EWR-Bürger deckt sich in vielen Bereichen, vereinzelt bestehen jedoch Unterschiede (zB Grundverkehrsrecht).

EUV: Der Vertrag über die Europäische Union (EUV) wurde 1992 in Maastricht abgeschlossen („Vertrag von Maastricht") und durch die Verträge von Amsterdam (1997), Nizza (2001) und Lissabon (2007) geändert. Letzterer hob die „Tempelkonstruktion" des Maastrichter Vertrages, namentlich die Unterscheidung zwischen Europäischer Union und Europäischer Gemeinschaft auf. Der EUV enthält nunmehr Regelungen zu den demokratischen Grundsätzen der EU, zu den Organen (Kommission, Rat, Europäisches Parlament; Europäischer Gerichtshof) sowie zur Gemeinsamen Außen- und Sicherheitspolitik. Die weiteren Regelungen der EU (zB Unionsbürgerschaft, Binnenmarkt, Grundfreiheiten) finden sich im → *AEU-Vertrag* und zB in der → *Grundrechte-Charta*. Obwohl es sich bei diesen Verträgen formal „nur" um völkerrechtliche Verträge zwischen den EU-Mitgliedstaaten handelt, werden sie aufgrund der Inhalte zusammen auch als „europäisches Verfassungsrecht" bezeichnet.

EWRA: Das Abkommen über den europäischen Wirtschaftsraum wurde zwischen EU und Mitgliedstaaten der Europäischen Freihandelsassoziation (EFTA) geschlossen und dehnt den Europäischen Binnenmarkt auf Island, Lichtenstein und Norwegen aus. Zwischen der EU und der Schweiz bestehen nur gleichgerichtete bilaterale Abkommen (Bilaterale I, Bilaterale II).

Feststellungsbescheid: Ein Feststellungsbescheid ist ein Bescheid, durch den das Bestehen oder Nichtbestehen eines Rechts oder Rechtsverhältnisses in rechtskraftfähiger Weise festgestellt wird. Er ist zwar nicht vollstreckbar iSd VVG, entfaltet aber Bindungswirkung gegenüber anderen Behörden (und Gerichten). Grundsätzlich ist die Erlassung solcher Bescheide nur zulässig, soweit dies gesetzlich vorgesehen ist. Nach der Rsp wird die Erlassung von Feststellungsbescheiden ohne gesetzliche Grundlage für zulässig erachtet, wenn dies im öffentlichen Interesse gelegen ist (von Amts wegen) oder auf Antrag einer Partei, wenn dies für sie ein notwendiges Mittel zweckentsprechender Rechtsverfolgung darstellt.

finale Determinierung: Bei der finalen Determinierung handelt es sich um eine Regelungstechnik, bei der – im Gegensatz zur vorherrschenden Gestaltung von rechtlichen Regelungen in Form von Wenn-dann-Verknüpfungen von Tatbestand und Rechtsfolge (Konditionalnormen) – „nur" die Ziel-Mittel-Relation festgelegt wird (Zwecknormen, Finalnormen, Programmnormen). Als Gegengewicht für die dadurch bedingte Unbestimmtheit des Verwaltungshandelns werden aber an die Ausgestaltung des Verfahrens, das zur Entscheidung führt, erhöhte Anforderungen gestellt (→ *Legitimation durch Verfahren*), um mit dem Bestimmtheitsgebot des Art 18 B-VG (→ *Legalitätsprinzip*) nicht in Widerspruch zu geraten. Solche final determinierte Regelungen finden sich insb im Raumplanungs- und Wirtschaftslenkungsrecht.

Fiskalgeltung: Der Begriff findet in den allgemeinen Grundrechtslehren Verwendung und bezeichnet die Bindung des Staates (in einem weiteren Sinn: auch bestimmte eigenständige Rechtsträger können umfasst sein) an Grundrechte auch dann, wenn dieser nicht in den Rechtsformen der Hoheitsverwaltung, sondern in privatrechtsförmiger Weise tätig wird. Als „Fiskus" wird insofern der Staat in seiner Rolle als Träger von Privatrechten umschrieben. Anerkannt ist heute insb, dass sich aus dem Gleichheitssatz auch für den privatrechtlich handelnden Staat ein Gleichbehandlungsgebot ergibt und daraus uU Kontrahierungs- (zB Anschlusszwang) oder Leistungsansprüche erfließen können. Von besonderer praktischer Bedeutung ist die Fiskalgeltung der Grundrechte im Förder- und Subventionswesen sowie im Vergaberecht.

fortgesetztes Delikt: § 22 Abs 1 VStG normiert bei Zusammentreffen mehrerer Verwaltungsübertretungen (und zwar für beide Fälle der Deliktskonkurrenz, nämlich Real- und Idealkonkurrenz), dass die dafür vorgesehenen Strafen nebeneinander zu verhängen sind (→ *Kumulationsprinzip*). Die Realkonkurrenz besteht in der Begehung mehrerer Verwaltungsübertretungen durch mehrere für sich selbstständige Einzelakte. Mit Hilfe der dogmatischen Figur des fortgesetzten Delikts werden die an sich real konkurrierenden Straftaten unter bestimmten Voraussetzungen zu einer einzigen („fortgesetzten") Straftat „zusammengefasst". Ein fortgesetztes Delikt liegt dann vor, wenn die Tatakte eine zeitliche, örtliche und sachliche Einheit bilden und von einem einheitlichen Gesamtvorsatz getragen sind (zB: ständige, in zeitlichem Zusammenhang stehende Übertretung des ÖffnungszeitenG; Fahren ohne Lenkberechtigung über einen längeren Zeitraum). In diesem Fall ist die vorgesehene Strafe nur einmal zu verhängen.

Freizügigkeit: Die Freizügigkeit der Arbeitnehmer (Art 45 ff AEUV, Art 28 ff EWRA) umfasst die Abschaffung jeder auf der Staatsangehörigkeit beruhenden unterschiedlichen Behandlung von → *EU-/EWR-Bürgern* in Bezug auf Beschäftigung, Entlohnung und sonstige Arbeitsbedingungen und gewährt diesen sog „Wanderarbeitnehmern" besondere Rechte wie zB Aufenthaltsrechte für sich und ihre Familienangehörigen, Zugang zu Bildungseinrichtungen für ihre Kinder oder Gewährung von sozialer Sicherheit.

Gesichtspunktetheorie: Unter der sog Gesichtspunktetheorie versteht man eine von der Lehre und der Rsp des VfGH entwickelte Interpretationsmethode für die Auslegung von verfassungsrechtlichen Kompetenznormen. Dabei wird von der Überlegung ausgegangen, dass Sachverhalte unter verschiedenen Gesichtspunkten geregelt werden können. Nach dem einen Gesichtspunkt kann dabei eine Zuständigkeit des Bundes, nach dem anderen eine Zuständigkeit der Länder gegeben sein.

Gliedstaatsverträge (Art 15a B-VG-Vereinbarungen): Dabei handelt es sich um Verträge, die zwischen Bund und (einzelnen oder allen) Ländern oder zwischen den (einzelnen oder allen) Ländern untereinander abgeschlossen werden. Gegenstand können sowohl Gesetzgebungs- als auch Vollziehungsangelegenheiten des eigenen (hoheitlichen) Wirkungsbereiches sein. Gliedstaatsverträge sind ein wesentliches Koordinationsinstrument im Bundesstaat. Damit kann in bestimmten Sachbereichen ein einheitliches Vorgehen der verschiedenen Gebietskörperschaften erreicht werden.

Grundrechte-Charta der EU: Die Grundrechte-Charta kodifiziert – orientiert an den Garantien der EMRK – Grund- und Menschenrechte im Rahmen der EU. Grundrechte-Charta, → *EU-Vertrag* und → *AEU-Vertrag* sind rechtlich gleichrangig (Art 6 Abs 1 EUV) und bilden zusammen die „Verfassung“ der EU.

Hauptwohnsitz: Der Hauptwohnsitz einer Person ist dort begründet, wo sie sich in der erweislichen oder aus den Umständen hervorgehenden Absicht niedergelassen hat, hier den Mittelpunkt ihrer Lebensbeziehungen zu schaffen (Art 6 Abs 3 B-VG). Diese Definition erlaubt nur einen Hauptwohnsitz. Hingegen wird der → *Wohnsitz* an einem beliebigen Anknüpfungspunkt von Lebensbeziehungen einer Person eingerichtet, sodass jede Person mehr als einen Wohnsitz haben kann. Insb im Grundverkehrs- und Raumordnungsrecht sind spezielle Wohnsitzformen wie „ständiger Wohnsitz“, „Zweitwohnsitz“ oder „Freizeitwohnsitz“ von Bedeutung.

Immission: Unter Immissionen versteht man Einwirkungen durch Geruch, Lärm, Strahlen, Wärme, Stoffen (zB Staub), Erschütterungen usw, die an einem bestimmten Ort auftreten. Die Auswirkungen dieser Einflüsse auf Umweltmedien werden am Zielort gemessen (im Gegensatz dazu bezeichnet man Freisetzungen am Entstehungsort als → *Emissionen*).

Invalidation: Sie tritt idR bei Widerspruch von Normen unterschiedlicher Rangstufe auf (Verfassungsgesetz – Gesetz; Gesetz – Verordnung) und bezeichnet den Widerspruch zwischen Normen, der zu Rechtswidrigkeit (nicht aber zum Außerkrafttreten!) der rangniedrigeren Norm führt. Eine ausdrückliche Aufhebung oder Abänderung entweder durch den Normsetzer oder durch den VfGH ist notwendig. Bis zur Aufhebung oder Abänderung bleibt die invalidierte Norm in Geltung und ist verbindlich.

janusköpfiger Verwaltungsakt: Darunter werden Verwaltungsakte verstanden, die sowohl die Wirkung einer generellen Regelung (einer Verordnung) als auch die Wirkung eines Individualaktes (insb eines Bescheides) haben (vgl zB die Erklärung zum Naturdenkmal). Auch wenn in der Lehre tw die Zulässigkeit derartiger Verwaltungsakte abgelehnt wird, lässt sich deren Existenz nicht leugnen. Probleme können sich insb aufgrund des unterschiedlichen Rechtsschutzsystems für individuelle und generelle Verwaltungsakte ergeben.

Kapitalverkehrsfreiheit: Gem Art 63 AEUV sind (bis auf bestimmte Ausnahmen) alle Beschränkungen des Kapitalverkehrs zwischen den Mitgliedstaaten sowie zwischen den Mitgliedstaaten und dritten Ländern verboten. Umfasst werden vom Kapitalverkehr alle einseitigen grenzüberschreitenden Übertragungen von Sach- oder Geldkapital. Das → *EWRA* (Art 40 ff) sieht ebenfalls die Kapitalverkehrsfreiheit vor, enthält aber einige Sonderregelungen (zB vorübergehende Aufrechterhaltung von Beschränkungen bei Investitionen in Immobilien). Beschränkungen sind nach der Jud des EuGH nur in ganz engen Grenzen zulässig (zulässige Gründe sind zB der Schutz des Allgemeinwohles iZm der Bekämpfung des Terrorismus, des Drogenhandels, der Geldwäsche etc).

Kontrahierungszwang: Darunter versteht man eine Verpflichtung zum Abschluss von zivilrechtlichen Verträgen, die zu einer Beschränkung der Vertragsfreiheit führt. Als Ausdruck des allgemeinen Gedankens der Privatautonomie gilt im Schuldrecht grundsätzlich das Prinzip der Vertragsfreiheit, also auch der Freiheit, ob und mit wem ein Vertrag geschlossen wird. Eine Durchbrechung dieses Prinzips erfolgt ausnahmsweise in den Fällen des Kontrahierungszwanges. Dieser ist dort anzunehmen, wo die faktische Übermacht eines Beteiligten bei bloß formaler Parität diesem die Möglichkeit der „Fremdbestimmung" über andere gäbe und darum die Ausnützung dieser Monopolstellung gegen die guten Sitten verstieße. Beispiele: Elektrizitätsversorgung, Eisenbahnbeförderung, Flughafenbenützung, Müllentsorgung.

konzentriertes Genehmigungsverfahren: In einem konzentrierten Genehmigungsverfahren sollen Fragen verschiedener, aber miteinander zusammenhängender Verwaltungsverfahren vor einer einzigen Behörde in einem Verfahren abgehandelt werden. Die zuständige Genehmigungsbehörde hat die materiellen Genehmigungsvorschriften des „verdrängten Rechtsbereichs" meistens mit anzuwenden. Das konzentrierte Verfahren mündet schlussendlich in der Erlassung *eines* Gesamtbescheids, mit dem gegebenenfalls alle erforderlichen Genehmigungen erteilt werden. Solche konzentrierten Genehmigungsverfahren können sich – bei entsprechender verfassungsrechtlicher Absicherung – über Bundes- und Landesrecht erstrecken (§ 38 AWG 2002; § 3 Abs 3 UVP-G 2000 → *Umweltverträglichkeitsprüfung*), anderenfalls bleiben sie auf bestimmte Bereiche des Bundes- oder Landesrechts beschränkt (vgl zB § 356b GewO, § 127 Abs 1 lit b WRG, § 50 Abs 2 ForstG). Im Unterschied zu einer solchen „echten"

Verfahrenskonzentration handelt es sich bei den allgemeinen Bestimmungen des § 39 Abs 2 und 2a AVG nur um eine „faktische“ Verbindung mehrerer selbständiger Verfahren („unechte“ Verfahrenskonzentration).

Kumulationsprinzip: Auf einen bestimmten Sachverhalt können die Bestimmungen mehrerer Verwaltungsmaterien bzw verschiedener kompetenzrechtlicher Herkunft anzuwenden sein, wenn dieser unter verschiedenen Aspekten durch mehrere Regelungen erfasst wird. In diesem Fall sind grundsätzlich mehrere Bewilligungen nebeneinander notwendig, jede Verwaltungsbehörde hat aber nur die in ihren Zuständigkeitsbereich fallenden Aufgaben wahrzunehmen (zB Bau einer Betriebsanlage im Wasserschongebiet: baubehördliches Verfahren vor dem Bgm der Standortgemeinde, gewerbebehördliches und wasserrechtliches Verfahren dagegen sind von der zuständigen BVB zu führen). Ausnahmen können sich durch einfachgesetzliche Regelungen ergeben, die die Durchführung eines → *konzentrierten Genehmigungsverfahrens* vorsehen. So ordnet eine Reihe von gesetzlichen Bestimmungen an, dass in einem speziellen Genehmigungsverfahren die materiellen Genehmigungsbestimmungen anderer Rechtsbereiche mit anzuwenden sind (vgl zB § 356b GewO, § 127 Abs 1 lit b WRG). Das *Verwaltungsstrafrecht* kennt ebenfalls ein Kumulationsprinzip: Begeht jemand durch mehrere selbstständige Taten mehrere Verwaltungsübertretungen oder fällt eine Tat unter mehrere einander nicht ausschließende Strafdrohungen, sind die Strafen grundsätzlich nebeneinander zu verhängen (§ 22 Abs 2 VStG).

Legalitätsprinzip: Art 18 B-VG ordnet an, dass die gesamte staatliche Verwaltung nur aufgrund der Gesetze ausgeübt werden darf. Der Staat darf durch seine Organe nur aufgrund von Gesetzen handeln, ein Eingriff durch Verwaltungsorgane ohne gesetzliche Grundlage ist unzulässig. Die Gesetzesbindung der Verwaltung verpflichtet gleichzeitig auch den Gesetzgeber, das Verwaltungshandeln zu determinieren. Dabei muss er Inhalt, Verfahren und Organisation in allen wesentlichen Punkten festlegen. Damit wird das Handeln der Verwaltung nicht nur als solches gebunden, sondern auch vorhersehbar gemacht. Mangelnde Determinierung einer gesetzlichen Bestimmung ist aufgrund des Art 18 B-VG verfassungswidrig. „Lockerungen“ des Legalitätsprinzips treten bei → *finaler Determinierung* bzw → *Ermessensbestimmungen* auf. Solche „Lockerungen“ sind auch mit dem in der Jud des VfGH entwickelten „differenzierten Legalitätsprinzip“ verbunden. Danach bestehen nach Sache und Regelungszusammenhang differenzierende Determinierungserfordernisse auf einfachgesetzlicher Ebene. So wird etwa an abgabenrechtliche und strafrechtliche Bestimmungen typischerweise ein strengerer Maßstab angelegt als an wirtschaftsrechtliche Bestimmungen.

Legitimation durch Verfahren: Darunter versteht man die erhöhten Anforderungen an die verfahrensrechtliche Ausgestaltung von → *final determinierten* Regelungen (Zielnormen, Zwecknormen). Die durch die bloße Zweck-Mittel-Relation eröffneten Spielräume der Verwaltung sollen durch verfahrensrechtliche Maßnahmen eingegrenzt werden. Die weniger starke Bindung im Vergleich zu den „Wenn-dann-Normen" (Konditionalnormen) wird auf diese Weise kompensiert und kann so vor dem verfassungsrechtlichen → *Legalitätsprinzip* bestehen.

Mandat: Im öffentlichen Recht versteht man unter einem Mandat, dass ein Organ ein anderes durch Willensakt zur Ausübung seiner Kompetenz ermächtigt („im Namen des …", „für den …"). Im Verwaltungsrecht spielt der Begriff va bei der Ermächtigung von → *Organwaltern* durch den Behördenleiter („innerbehördliches Mandat": zB „Für den Bezirkshauptmann: Dr. Huber") und der Ermächtigung von nachgeordneten → *Behörden* durch übergeordnete Behörden eine wichtige Rolle („zwischenbehördliches Mandat"). In diesen Fällen bleibt die Zuständigkeitsordnung unverändert. Ob es sich bei einer gesetzlichen Ermächtigung um ein Mandat oder eine Delegation handelt (vgl zB → *Forstrecht, Wasserrecht*), muss im Wege der Interpretation ermittelt werden und bleibt zuweilen umstritten.

Mandatsbescheid: Mandatsbescheide sind Bescheide, die ohne vorausgegangenes Ermittlungsverfahren ergehen (abgekürztes Verfahren). Sie sind gem § 57 AVG einerseits bei Vorschreibung gesetzlich, statutarisch oder tarifmäßig bestimmter Geldforderungen, andererseits bei Gefahr im Verzug zur Anordnung unaufschiebbarer Maßnahmen zulässig.

mittelbare Bundesverwaltung: Die mittelbare → *Bundesverwaltung* ist dadurch gekennzeichnet, dass Angelegenheiten, deren Vollziehung Bundessache ist (Art 10 B-VG), nicht durch eigene Bundesorgane besorgt werden. Träger der als Grundsatz im B-VG verankerten mittelbaren Bundesverwaltung ist vielmehr der LH, der insoweit funktionell als → *Organ* des Bundes tätig wird. Dies bedeutet, dass sein Handeln im Rahmen der mittelbaren Bundesverwaltung nicht dem Land, sondern dem Bund zugerechnet wird, obwohl der LH organisatorisch als Landesbehörde eingerichtet ist. Soweit er als → *Organ* in Angelegenheiten der mittelbaren Bundesverwaltung handelt, verpflichtet und berechtigt er die Gebietskörperschaft Bund (Art 102 Abs 1 B-VG).

Niederlassungsfreiheit: Gem Art 49 ff AEUV (Art 31 ff EWRA) haben → *EU-/EWR-Bürger* sowie Gesellschaften, die nach den Rechtsvorschriften eines Mitgliedstaats/Vertragsstaats gegründet wurden und ihren satzungsmäßigen Sitz, ihre Hauptverwaltung oder ihre Hauptniederlassung innerhalb der EU/dem EWR-Raum haben, das Recht, in einem anderen Mitgliedstaat/Vertragsstaat unter denselben Bedingungen wie dortige Inländer eine selbstständige Erwerbstätigkeit aufzunehmen und auszuüben sowie Unternehmen zu gründen und zu leiten.

öffentliches Interesse: Darunter versteht man jenes Interesse, das die → *Behörden* aufgrund der Rechtsnormen für die Allgemeinheit wahrzunehmen haben. Das „öffentliche Interesse" ist ein klassisches Beispiel für einen → *unbestimmten Rechtsbegriff*. Zwecks Vermeidung einer Verfassungswidrigkeit aus Gründen des Art 18 B-VG (→ *Legalitätsprinzip*) präzisieren die VerwaltungsG zT ausdrücklich den Inhalt des jeweils zu berücksichtigenden öffentlichen Interesses (zB § 105 WRG), zT ist dieser durch Interpretation zu ermitteln (zB § 74 Abs 2 GewO).

ÖNORM: Eine ÖNORM ist eine allgemeine Empfehlung, die vom Austrian Standards Institute, einem dazu ausschließlich befugten Verein, ausgearbeitet wird. ÖNORMen sind an sich rechtlich unverbindlich, können aber vom Bundes- bzw Landesgesetzgeber für verbindlich erklärt werden. Darüber hinaus können ÖNORMen durch Gebräuche im Geschäftsverkehr (§ 346 UGB), Verkehrssitte (§ 863 ABGB) oder dann rechtsverbindlich werden, wenn sie zur Interpretation → *unbestimmter Rechtsbegriffe* herangezogen werden.

Organ: Unter einem Organ ist ein „Zuständigkeitsbündel" zu verstehen. Organe haben keine Rechte, sondern Kompetenzen. Sind mit diesen Zuständigkeiten hoheitliche Befugnisse verbunden, handelt es sich um → *Behörden* (Beispiel: Der LH ist ein Verwaltungsorgan, das mit hoheitlichen Befugnissen ausgestattet ist, daher ist er auch Behörde; die Wettbewerbskommission nach dem WettbG ist nur beratend tätig und hat keine hoheitlichen Befugnisse, sie ist Verwaltungsorgan, aber keine Behörde).

Organe der öffentlichen Aufsicht: Dieser Begriff erfasst über die → *Organe des öffentlichen Sicherheitsdienstes* hinaus jene Personen, die mit besonderen Aufsichtsfunktionen in den einzelnen Verwaltungsbereichen betraut sind (Straßenaufsichts-, Gewässeraufsichts-, Jagdschutz-, Fischereischutz-, Forstschutzorgane etc).

Organe des öffentlichen Sicherheitsdienstes: Organe des öffentlichen Sicherheitsdienstes sind die den Sicherheitsbehörden beigegebenen, zugeteilten oder unterstellten Hilfsorgane, denen gem § 5 SPG der Exekutivdienst in den Angelegenheiten der → *Sicherheitsverwaltung* obliegt (zB Angehörige des Wachkörpers Bundespolizei).

Organpartei: Räumen die Vorschriften des materiellen Verwaltungsrechts bestimmten Personen ausdrücklich Parteistellung ein, nennt man diese Legalparteien. Wird (durch ausdrückliche gesetzliche Anordnung) einer natürlichen oder juristischen Person, die in einem Verfahren nicht ihre materiellen subjektiven Rechte wahrnimmt, sondern zur Geltendmachung öffentlicher Interessen berufen ist, Parteistellung eingeräumt, spricht man von einer Formalpartei. Einrichtungen ohne Rechtspersönlichkeit (→ *Organe*), denen in einem Verfahren aufgrund ausdrücklicher gesetzlicher Anordnung zur Wahrung öffentlicher Interessen einzelne Verfahrensrechte zukommen, werden als Organ- bzw Amtspartei bezeichnet. Die Parteirechte der Organpartei sind keine subjektiven Rechte, sondern Kompetenzen eines Verwaltungsorgans, die diesem zur Wahrung des → *öffentlichen Interesses* ex lege übertragen werden. Dass es sich nicht um die Wahrnehmung von → *subjektiv-öffentlichen Rechten* handelt, zeigt sich insb darin, dass für die Anrufbarkeit der VwG und des VwGH durch eine Organpartei eine ausdrückliche gesetzliche Regelung erforderlich ist. Die gesetzliche Festlegung der Anrufbarkeit des VfGH ist verfassungsrechtlich unzulässig.

Organstrafverfügung: Die → *Behörde* kann besonders geschulte → *Organe der öffentlichen Aufsicht* ermächtigen, wegen bestimmter, von ihnen dienstlich wahrgenommener oder vor ihnen eingestandener Verwaltungsübertretungen Geldstrafen einzuheben (§ 50 VStG; sog „Organmandat"). Es handelt sich um ein abgekürztes Strafverfahren.

Organwalter: Organwalter sind physische Personen, die eine Organfunktion (zB Bgm, LH, BPräs) ausüben: Dr. *Wilfried Haslauer* ist Organwalter des → *Organs* sbg LH.

ortspolizeiliche Verordnung: In den Angelegenheiten des eigenen → *Wirkungsbereichs der Gemeinde* kann die Gemeinde gesetzesergänzende Verordnung zur Abwehr unmittelbar zu erwartender oder zur Beseitigung bestehender, das örtliche Gemeinschaftsleben störender Missstände erlassen, sowie deren Nichtbefolgung als Verwaltungsübertretung erklären. Solche Verordnungen dürfen nicht gegen bestehende Gesetze und Verordnungen des Bundes und des Landes verstoßen (Art 118 Abs 6 B-VG).

Personenverkehrsfreiheiten: Das EU-Recht regelt die Freiheit des Personenverkehrs unter zwei Aspekten: Gewährleistet wird einerseits die → *Freizügigkeit* der Arbeitnehmer, andererseits die → *Niederlassungsfreiheit* für selbstständig Erwerbstätige.

Positivplanung: Die Positivplanung verpflichtet, ein Grundstück nach der festgelegten Nutzungsart (zB Bauland) tatsächlich zu nutzen. Das Unterlassen der Nutzung kann mit Verwaltungsstrafe bedroht sein. Es können aber auch andere Maßnahmen, bspw die Nichtigerklärung der zugrunde liegenden Rechtsgeschäfte und die Rückabwicklung bzw Zwangsversteigerung oder auch privatrechtliche Nutzungsverpflichtungen, die iZm einer Umwidmung (→ *Widmung*) auferlegt werden, vorgesehen sein.

Präklusion: Durch das nicht rechtzeitige Erheben von → *Einwendungen* wird eine Partei verfahrensrechtlich an der Verfolgung eines Rechts gehindert („präkludiert"), und zwar seit der AVG-Nov 1998 durch den Verlust der Parteistellung (sofern die Kundmachungserfordernisse der §§ 41 und 42 AVG eingehalten wurden). Weil der Verlust der Parteistellung infolge Präklusion auch die Möglichkeit eines Wiedereinsetzungsantrages gem § 71 AVG abschneidet, wurde in § 42 Abs 3 AVG eine von der Parteistellung unabhängige → *Quasi-Wiedereinsetzung* geschaffen. Zu beachten ist, dass materienspezifische Sonderregelungen erlassen werden können (zB § 356 Abs 1 GewO).

Primärrecht der EU: Dieser Begriff bezeichnet die grundlegenden (Vertrags-) Regelungen über die Funktionsweise der EU (insb → *EU-Vertrag*, → *AEU-Vertrag*, → *Grundrechte-Charta*). Als sog „Verfassungsrecht" der EU regelt und bedingt es die Erzeugung von abgeleitetem EU-Recht (→ *Sekundärrecht der EU*). Soweit es → *unmittelbar anwendbar* ist, kommt ihm → *Vorrang* gegenüber nationalem Recht zu.

Privatwirtschaftsverwaltung: Handelt der Staat in den Rechtsformen des Privatrechts (insb Vertrag) und tritt er dem Bürger als formell gleichrangiges Rechtssubjekt gegenüber, spricht man von Privatwirtschaftsverwaltung („nichthoheitliche Verwaltung"). Demgegenüber handelt der Staat in der Hoheitsverwaltung mit einseitigen Anordnungsbefugnissen („Imperium"; zB Bescheid, Verordnung).

Quasi-Wiedereinsetzung: Die → *Präklusion* nach § 42 AVG bewirkt den Verlust der Parteistellung und somit auch den Verlust der Möglichkeit einer Wiedereinsetzung gem § 71 AVG. Zur Vermeidung unbilliger Härtefälle wurde mit § 42 Abs 3 AVG eine neue, vom Parteistatus unabhängige Quasi-Wiedereinsetzungsmöglichkeit eröffnet, die in ihren Voraussetzungen der „normalen" Wiedereinsetzung nachgebildet ist.

Querschnittsmaterie: Von Querschnittsmaterie (oder: „komplexer Materie") spricht man, wenn ein größerer Aufgabenbereich (zB Raumordnung, Umweltschutz) verschiedenen Kompetenztatbeständen zuzuordnen ist und in der Folge nicht von einem einzigen Gesetzgeber (Bund oder Land), sondern vom Bundes- und vom Landesgesetzgeber unter jeweils verschiedenen Gesichtspunkten gesetzlich zu regeln ist.

Rechtskraft: Bei Bescheiden wird zwischen formeller Rechtskraft (Unanfechtbarkeit) und materieller Rechtskraft (Unwiderrufbarkeit und Unabänderlichkeit, Unwiederholbarkeit, Verbindlichkeit) als typische Bescheidwirkungen unterschieden. Prinzipiell fallen formelle und materielle Rechtskraft zusammen. Ausnahmen, wie zB, dass die materielle Rechtskraft später als die formelle Rechtskraft eintritt (§§ 299 ff BAO), richten sich nach den einzelnen MaterienG. Eine Durchbrechung der materiellen Rechtskraft liegt vor, wenn rechtskräftige Bescheide nachträglich aufgehoben oder abgeändert werden. Neben den im AVG genannten Anwendungsfällen (§§ 68 Abs 2 bis 4, 69, 71) sehen zahlreiche MaterienG die Zurücknahme oder Einschränkung rechtskräftiger Bescheide vor.

Richtlinie (EU): Gem Art 288 Abs 3 AEUV ist eine RL für jeden Mitgliedstaat, an den sie gerichtet ist, hinsichtlich des zu erreichenden Ziels verbindlich, überlässt jedoch den innerstaatlichen Stellen die Wahl der Form und der Mittel der Umsetzung in das innerstaatliche Recht. Die Mitgliedstaaten haben RL innerhalb einer jeweils bestimmten Frist umzusetzen. Kommen sie dieser Pflicht nicht rechtzeitig bzw nicht ordnungsgem nach, hat die RL nach Ablauf der Umsetzungsfrist unter bestimmten Voraussetzungen unmittelbare Wirkung. In der Folge kann sich der Einzelne gegenüber staatlichen Behörden und Gerichten unmittelbar auf die RL berufen (→ *Direktwirkung von EU-Richtlinien*).

richtlinienkonforme Interpretation, Gebot der: Bei der Anwendung von nationalen Rechtsvorschriften, die eine → *Richtlinie* der EU umsetzen, haben die Behörden und Gerichte den Inhalt dieser Vorschriften nach der Rsp des EuGH im Zweifel richtlinienkonform auszulegen. Dieser Grundsatz ist insb dann zu beachten, wenn der RL eine → *Direktwirkung* (etwa weil sie ausschließlich im Verhältnis von Privaten zueinander zur Anwendung gelangt) nicht zukommt.

Rücksichtnahmeprinzip (-pflicht): → *Berücksichtigungsprinzip*.

sachlich in Betracht kommende Oberbehörde: Damit meint man jene Behörde, die durch Ausübung des Weisungsrechts den Inhalt von Entscheidungen der Unterbehörde bestimmen kann. So ist zB in der → *mittelbaren Bundesverwaltung* idR der LH sachlich in Betracht kommende Oberbehörde, ihm gegenüber wiederum der zuständige BM. Seit 01. Jänner 2014 sind bei Säumnis auch nicht mehr sachlich in Betracht kommende

Oberbehörden mittels Devolutionsantrag anrufbar. Die Säumnis ist vielmehr mittels Säumnisbeschwerde an das zuständige VwG geltend zu machen.

Sekundärrecht der EU: Dabei handelt es sich um Rechtsakte, die aufgrund des → *Primärrechts der EU* erlassen wurden. Dies sind va die → *Verordnung*, die → *Richtlinie* sowie der Beschluss (Art 288 AEUV).

Selbstverwaltung: Die Besorgung öffentlicher Aufgaben durch eigene Rechtsträger außerhalb der staatlichen Verwaltung durch Bund und Länder (zB Gemeinden, Kammern) bezeichnet man als Selbstverwaltung. Wesentliches Merkmal für einen Selbstverwaltungskörper ist, dass ihm Aufgaben zur weisungsfreien Besorgung übertragen werden („eigener Wirkungsbereich"). Darüber hinaus werden Selbstverwaltungskörper regelmäßig auch mit der Vollziehung von Bundes- oder LandesG im „übertragenen Wirkungsbereich" betraut; in diesem Fall werden ihre Organe funktionell als Bundes- oder Landesorgane tätig und sind an die Weisungen der Organe des Bundes oder des Landes gebunden. Die allgemeinen Bestimmungen über Grundzüge der „sonstigen Selbstverwaltung" finden sich in Art 120a ff B-VG. Die Gemeindeselbstverwaltung wird gesondert in Art 115 ff B-VG geregelt (→ *Wirkungsbereiche der Gemeinde*).

Sicherheitspolizei: Zur Sicherheitspolizei gehört die Abwehr von Gefahren, die nicht typischerweise in Bezug auf ein bestimmtes Verwaltungsrechtsgut auftreten (vgl → *Verwaltungspolizei*). Dabei handelt es sich regelmäßig um Maßnahmen, die in erster Linie der Abwehr von allgemeinen Gefahren für Leben, Gesundheit, Sicherheit, öffentliche Ruhe und Ordnung dienen.

Sicherheitsverwaltung: Als Sicherheitsverwaltung gilt eine – legaldefinierte – Summe von Rechtsmaterien (§ 2 Abs 2 SPG), die von den Sicherheitsbehörden zu besorgen sind. Sie besteht aus der → *Sicherheitspolizei*, dem Pass- und dem Meldewesen, der → *Fremdenpolizei*, der Überwachung des Eintritts in das Bundesgebiet und des Austritts aus ihm, dem Waffen-, Munitions-, Schieß- und Sprengmittelwesen sowie aus dem Pressewesen und den → *Vereins-* und → *Versammlungsangelegenheiten*.

Staatszielbestimmung: Staatszielbestimmungen (auch: „Verfassungsaufträge") sind Verfassungsnormen, die bestimmte Deklarationen und Bekenntnisse (zB zur „umfassenden Landesverteidigung" oder zum „umfassenden Umweltschutz") des Staates enthalten. Wenngleich aus Staatszielbestimmungen nach allgemeiner Auffassung keine (verfassungsgesetzlich gewährleisteten) subjektiven Rechte abgeleitet werden können, kommt ihnen dennoch im Zuge einer verfassungskonformen Auslegung oder auch als Impuls für Rechtsetzungsaktivitäten des einfachen Gesetzgebers eine nicht unerhebliche Bedeutung zu.

Stand der Technik: Der in den MaterienG häufige Hinweis auf den Stand der Technik ist eine dynamische Verweisung auf außerrechtliche Tatsachen; änderungsoffene Anforderungen an einen gewissen Entwicklungsstand, die nicht unmittelbar vom Materiengesetzgeber ausgehen, sollen die in Frage stehende Regelung flexibilisieren. Einzelne MaterienG enthalten eigene Definitionen des Standes der Technik, so insb der viel zitierte § 71a GewO („... der auf den einschlägigen wissenschaftlichen Erkenntnissen beruhende Entwicklungsstand fortschrittlicher Verfahren, Einrichtungen, Bau- oder Betriebsweisen, deren Funktionstüchtigkeit erprobt und erwiesen ist. Bei der Bestimmung des Standes der Technik sind insb jene vergleichbaren Verfahren, Einrichtungen, Bau- oder Betriebsweisen heranzuziehen, welche am wirksamsten zur Erreichung eines allgemein hohen Schutzniveaus für die Umwelt insgesamt sind; weiters sind unter Beachtung der sich aus einer bestimmten Maßnahme ergebenden Kosten und ihres Nutzens und des Grundsatzes der Vorsorge und der Vorbeugung im Allgemeinen wie auch im Einzelfall die Kriterien der Anlage 6 [zur GewO] zu berücksichtigen.").

subjektiv-öffentliches Recht: Subjektiv-öffentliche Rechte begründen jene Bestimmungen des materiellen Verwaltungsrechts, die nicht nur dem öffentlichen Interesse, sondern auch den Interessen der Beteiligten (zB Nachbarn) dienen. Da der Schutzzweck der Norm häufig schwierige Interpretationsfragen aufwirft, enthalten die VerwaltungsG zur einfacheren Handhabung bisweilen Aufzählungen der maßgeblichen subjektiv-öffentlichen Rechte (zB § 134a wr BauO). Materiengesetzlich eingeräumte subjektiv-öffentliche Rechte vermitteln – in Gestalt eines „Rechtsanspruches" bzw eines „rechtlichen Interesses" – Parteistellung im Verwaltungsverfahren (§ 8 AVG) und können auf diese Weise prozessual durchgesetzt werden. Selbst wenn Verwaltungsvorschriften eine (demonstrative oder taxative) Aufzählung der Verfahrensparteien iSd § 8 AVG enthalten (sog Legalparteien, zB § 19 Abs 4 ForstG; s auch → *Organpartei*), reicht jedoch die Parteistellung nicht weiter als die konkret festgelegten subjektiv-öffentlichen Rechte, zu deren Durchsetzung sie dient („beschränktes Mitspracherecht").

sukzessive Zuständigkeit: Nach dem verfassungsgesetzlichen Gebot der Trennung von Justiz und Verwaltung (Art 94 Abs 1 B-VG) waren Instanzenzüge von einer Verwaltungsbehörde an ein (ordentliches) Gericht oder umgekehrt ausgeschlossen. Gesetzliche Konstruktionen, wonach der Bescheid mit Anrufung des Gerichts von Gesetzes wegen außer Kraft trat und dem Gericht dadurch eine „Neuentscheidung" der Sache ermöglicht wurde, sah der VfGH hingegen als verfassungskonform an (sog sukzessive Zuständigkeiten, wie sie etwa im Enteignungsrecht hinsichtlich der Entschädigungshöhe oder im Sozialversicherungsrecht anzutreffen sind). Der im Zuge der B-VGNov BGBl I 51/2012 neu gefasste Art 94 Abs 2 B-VG ermächtigt nunmehr jedoch den einfachen Gesetzgeber explizit dazu, anstatt einer Beschwerde an das VwG einen (regulären) Instanzenzug von der Verwaltungsbehörde an die ordentlichen Gerichte vorzusehen, womit die Rechtssache von der Zuständigkeit der VwG ausgeschlossen ist (Art 130 Abs 5 B-VG). Die bisherige verfassungsrechtliche Problematik der sukzessiven Zuständigkeit ist damit entschärft.

Tatbestandswirkung eines Bescheids: Neben der Vollstreckbarkeit von Leistungsbescheiden und der Bindungswirkung von → *Feststellungsbescheiden* als unmittelbare Rechtsfolge eines rechtskräftigen Bescheids (→ *Rechtskraft*) kann seine Existenz auch mittelbar Rechtsfolgen auslösen. Wenn eine andere Rechtsvorschrift als jene, auf die sich der Bescheid stützt, an sein Vorliegen (als Tatbestand) Rechtsfolgen knüpft, die über den unmittelbaren Inhalt des Bescheids (des Spruches) hinausgehen, spricht man von Tatbestandswirkung. So bildet zB die rechtskräftige Bestrafung wegen bestimmter Verwaltungsübertretungen einen Tatbestand, der die Erlassung eines Aufenthaltsverbotes rechtfertigt. Eine derartige Konstruktion begegnet mangels Vorhersehbarkeit solcher über den Spruch hinausreichender Rechtsfolgen zuweilen allerdings rechtsstaatlichen Bedenken.

Tribunal: Art 6 EMRK ordnet an, dass für Entscheidungen in „civil rights", worunter auch österr Verwaltungsangelegenheiten fallen können, und „criminal charges", worunter ua auch das österr Verwaltungsstrafrecht fällt, eine Entscheidung durch ein Tribunal garantiert sein muss. Dieser Tribunalbegriff der EMRK muss nicht notwendig mit dem Gerichtsbegriff des B-VG übereinstimmen. Nach Maßgabe der va in der Rsp des EGMR entwickelten Kriterien muss es sich um ein Organ handeln, das auf Gesetz beruht, das unabhängig und unparteilich ist und in den genannten Bereichen in vollem Umfang, dh in Sach- und Rechtsfragen, zur Entscheidung befugt ist (volle Kognitionsbefugnis). Die Unabhängigkeit muss zudem glaubwürdig, dh auch dem äußeren Anschein nach gewährleistet sein. Die Einordnung des betreffenden Organs nach den organisationsrechtlichen Bestimmungen des jeweiligen Staates ist dabei nicht entscheidend, sodass grundsätzlich auch Verwaltungsbehörden (wie die früheren UVS) über Tribunalqualität verfügen können. Die VwG (des Bundes und der

Länder) sind vor dem Hintergrund der maßgeblichen Kriterien als Tribunale nach Art 6 EMRK anzusehen.

übertragener Wirkungsbereich: → *Selbstverwaltung*; → *Wirkungsbereiche der Gemeinde*.

unbestimmte Rechtsbegriffe: Das sind Rechtsbegriffe, denen sprachlich kein eindeutig feststehender Inhalt zukommt (zB → *öffentliches Interesse*, Dunkelheit, öffentliche Ordnung, Verlässlichkeit). Dem vollziehenden Organ wird auf diese Weise ein gewisser Beurteilungsspielraum eingeräumt, der verfassungsrechtlich (va im Lichte von Art 18 B-VG, → *Legalitätsprinzip*) zulässig ist, solange der Inhalt der Norm selbst bestimmbar bleibt und der Einzelne seine konkrete Rechtsposition erkennen kann. Die Auslegung unbestimmter Rechtsbegriffe unterliegt der uneingeschränkten Kontrolle durch die VwG. Demgegenüber ist es einem VwG grundsätzlich verwehrt, ein gesetzlich eingeräumtes → *Ermessen* anders zu üben als die Verwaltungsbehörde, sofern diese das Ermessen iSd Gesetzes ausgeübt hat (Art 130 Abs 3 B-VG, § 28 Abs 4 VwGVG). In der Lehre wird die strikte Unterscheidung zwischen unbestimmtem Rechtsbegriff und Ermessen aufgrund der bestehenden strukturellen Ähnlichkeiten vielfach kritisiert.

Ungehorsamsdelikt: Wenn ein Tatbild ein menschliches Verhalten ohne Rücksicht auf einen bestimmten Erfolg umschreibt, so spricht man von einem Ungehorsamsdelikt (oder Formaldelikt bzw schlichtem Tätigkeitsdelikt: zB das vorschriftswidrige Parken eines Kfz gem § 24 Abs 3 lit b StVO). Im Gegensatz dazu ist bei einem → *Erfolgsdelikt* der durch das (verbotene) Verhalten herbeigeführte Erfolg ein Teil des Straftatbestandes (zB § 14 Abs 2 ForstG – Verbot der Baumfällung, wenn dadurch nachbarlicher Wald einer offenbaren Windgefährdung ausgesetzt wird).

unmittelbare Anwendbarkeit von EU-Recht: → *Primärrecht* und → *Sekundärrecht der EU* verpflichten nicht nur die Union und die Mitgliedstaaten, sondern begründen auch Rechte für die Einzelnen, die vor den europäischen Gerichten, insb aber auch vor den nationalen Behörden und Gerichten geltend gemacht werden können, ohne dass es hierfür notwendiger Weise einer Übernahme der betreffenden EU-Rechtsvorschrift in die nationale Rechtsordnung bedürfte. Nach der Rsp des EuGH ist eine Vorschrift des EU-Primärrechts dann unmittelbar anwendbar, wenn sie hinreichend genau und unbedingt ist und keine zusätzlichen (Vollzugs-) Maßnahmen erforderlich sind. Auf Ebene des EU-Sekundärrechts sind insb → *Verordnungen* von den Behörden und Gerichten der Mitgliedstaaten unmittelbar anwendbar. Demgegenüber sind → *Richtlinien* an die

Mitgliedstaaten adressiert; sie bedürfen einer Umsetzung in nationales Recht. Sind die Mitgliedstaaten ihrer Umsetzungspflicht jedoch nicht fristgerecht oder nicht ordnungsgemäß nachgekommen, wird auch eine unmittelbare Anwendbarkeit von Richtlinienbestimmungen bejaht, sofern diese so genau formuliert sind, dass daraus unmittelbar Rechte abgeleitet werden können (s auch → *Direktwirkung).*

Unterlassungsdelikt: (Echte) Unterlassungsdelikte sind Delikte, bei denen das Gesetz die Nichtvornahme eines gebotenen Tuns mit Strafe bedroht. Ihr Tatbestand erschöpft sich in der Nichtvornahme eines gebotenen Tuns (zB das Unterlassen der Anzeige der Bestellung eines gewerberechtlichen Geschäftsführers, das Unterlassen der Anzeige der Verlegung des Betriebsstandortes usw). Die Strafbarkeit unechter Unterlassungsdelikte (Herbeiführen eines Erfolges durch Unterlassen) ist im Verwaltungsstrafrecht nicht ausdrücklich normiert (s demgegenüber § 2 StGB). Die Bestrafung wegen Unterlassung ist nur zulässig, wenn entweder dem gesetzlichen Tatbestand oder anderen Bestimmungen entnehmbar ist, dass die Nichtvornahme bestimmter Handlungen strafbar sein soll.

Urkunde: Urkunden sind schriftliche Vergegenständlichungen von Gedanken (Schriftstücke, Zeichnungen, Pläne). Sie werden im AVG ausdrücklich als Beweismittel genannt (§ 47 AVG). Eine öffentliche Urkunde wird von einer Behörde im Rahmen ihrer Amtsbefugnisse oder von einer mit öffentlichem Glauben ausgestatteten Person innerhalb des ihr zugewiesenen Geschäftskreises in der vorgeschriebenen Form errichtet und begründet vollen Beweis dessen, was darin verfügt, erklärt oder bezeugt wird. Öffentliche Urkunden haben somit die Vermutung ihrer inhaltlichen Richtigkeit für sich. Privaturkunden begründen, sofern sie von den Ausstellern unterschrieben sind oder gerichtlich oder notariell beglaubigt sind, vollen Beweis dafür, dass die darin enthaltenen Erklärungen von den Ausstellern stammen, dass die Urkunde also echt ist.

Urkunde mit Bescheidcharakter: IdR stellt die schriftliche Ausfertigung eines Bescheides in den Formen des AVG die Beurkundung der Erlassung eines Bescheides als Norm dar. In einigen MaterienG sind demgegenüber besondere Formen der Beurkundung der Bescheiderlassung vorgesehen (zB Führerschein zur Beurkundung der erteilten Lenkberechtigung gem § 13 FSG). In diesen Fällen spricht der VwGH von Urkunden mit Bescheidcharakter; anders als Urkunden im Allgemeinen bilden sie (bzw der ihnen zugrunde liegende Bescheid) einen tauglichen Beschwerdegegenstand.

Verfall: Der Verfall bedeutet den Verlust des Eigentums zugunsten des Staates. Er stellt einerseits eine Strafe für deliktisches Verhalten dar (§ 10 iVm

§§ 17, 18 VStG). Als Strafe ist der Verfall nur zulässig, wenn die Voraussetzungen des § 17 VStG gegeben sind, also insb wenn Eigentümer und Täter ident sind. Andererseits ist der Verfall ein Sicherungsmittel, soweit er gegen Personen, die nicht als Täter zu verfolgen sind, in Betracht kommt.

Verjährung: Die Verjährung ist allgemein in § 31 VStG geregelt. Danach wird an den Ablauf einer bestimmten Frist der Ausschluss der Verfolgbarkeit (Verfolgungsverjährung), die Unzulässigkeit der Bestrafung (Strafbarkeitsverjährung) oder die Unzulässigkeit der Vollstreckung (Vollstreckungsverjährung) geknüpft. Der Eintritt der Verjährung ist von Amts wegen zu beachten. Die Nichtbeachtung einer eingetretenen Verjährung verletzt den Betroffenen im Recht auf ein Verfahren vor dem gesetzlichen Richter.

Verordnung (EU): Gem Art 288 AEUV hat eine VO allgemeine Geltung; sie ist in allen ihren Teilen verbindlich und gilt unmittelbar in jedem Mitgliedstaat. Eine VO bedarf somit keiner mitgliedstaatlichen Umsetzung oder Transformation. Die Behörden und Gerichte der Mitgliedstaaten haben die VO unmittelbar anzuwenden (→ *unmittelbare Anwendbarkeit*). Mitgliedstaatliches Recht, das mit der VO in Widerspruch steht, ist aufgrund der Vorrangwirkung (→ *Vorrangwirkung des EU-Rechts*) unanwendbar.

Versteinerungsprinzip (-theorie): Beim Versteinerungsprinzip handelt es sich um eine Methode der Verfassungsinterpretation. Danach sind verfassungsrechtliche Begriffe im Zweifelsfall so zu verstehen, wie sie nach Stand und Systematik der Rechtsordnung zum Zeitpunkt ihres Inkrafttretens verstanden wurden. Dabei wird idR auf die unterverfassungsgesetzliche Rechtsordnung dieses Zeitpunkts zurückgegriffen und so die Bedeutung des Verfassungsbegriffs ermittelt. Diese Methode findet hauptsächlich bei der Interpretation der Kompetenztatbestände Anwendung (Versteinerungszeitpunkt ist der Zeitpunkt des Inkrafttretens, also bei vielen Kompetenzbestimmungen zB der 01. Oktober 1925). „Versteinert" wird jeweils das abstrakte Begriffsbild des Kompetenztatbestandes, dh es kommt auf den typischen Inhalt der unterverfassungsgesetzlichen Regelungen an. Neue Regelungen sind zulässig, sofern sie sich systematisch der jeweiligen Materie zuordnen lassen (Grundsatz der intrasystematischen Fortentwicklung).

Verwaltungsakzessorietät: Der Grundsatz der Verwaltungsakzessorietät ist für das gerichtliche Umweltstrafrecht kennzeichnend. Er bedeutet, dass die gerichtliche Strafbarkeit von umweltschädlichem Verhalten eine Verletzung von verwaltungsrechtlichen Verpflichtungen voraussetzt. Die

Strafbestimmungen des gerichtlichen Umweltstrafrechts beziehen sich regelmäßig nur auf solche Tathandlungen, die entgegen einer bestehenden verwaltungsrechtlichen Rechtsvorschrift oder einem behördlichen Auftrag gesetzt werden. Demnach kann niemand dafür bestraft werden, dass er zum Schutz der Umwelt nicht mehr tut als das Verwaltungsrecht von ihm verlangt.

Verwaltungspolizei: Zur Verwaltungspolizei zählen all jene Angelegenheiten, die dem Schutz eines bestimmten Verwaltungsrechtsgutes bzw der Abwehr von Gefahren von diesem dienen (zB Baupolizei, Gewerbepolizei, Veranstaltungspolizei; vgl demgegenüber → *Sicherheitspolizei*). Nach der Rsp des VfGH umfasst die Verwaltungspolizei die Abwehr „besonderer" Gefahren, wobei der Gerichtshof darunter Gefahren versteht, die sich einer konkreten Verwaltungsmaterie zuordnen lassen (VfSlg 3201/1957; 12.081/1989).

Vorfrage: Eine Vorfrage ist eine Rechtsfrage, deren Beantwortung eine für den Ausgang des Verfahrens unabdingbare Voraussetzung bildet, die aber nicht in den Zuständigkeitsbereich der das Verwaltungsverfahren durchführenden Behörde fällt, sondern von einer anderen Verwaltungsbehörde oder einem Gericht oder aber derselben Verwaltungsbehörde in einem anderen Verfahren als Hauptfrage zu entscheiden ist. Die verfahrensrechtliche Behandlung von Vorfragen ist in § 38 AVG geregelt. Die Behörde kann entweder die Vorfrage selbst beurteilen und diese Beurteilung ihrem Bescheid zu Grunde legen. In diesem Fall bildet die abweichende Entscheidung der Vorfrage durch die zuständige Verwaltungsbehörde bzw das zuständige Gericht gem § 69 Abs 1 Z 3 AVG einen Wiederaufnahmegrund. Die Behörde kann ihr Verfahren aber auch bis zur rechtskräftigen Entscheidung der Vorfrage aussetzen, sofern die Vorfrage bereits Gegenstand eines anhängigen Verfahrens bei der zuständigen Verwaltungsbehörde bzw beim zuständigen Gericht ist oder ein solches Verfahren gleichzeitig anhängig gemacht wird.

Vorrang des EU-Rechts: Soweit der Inhalt innerstaatlicher Rechtsvorschriften dem Inhalt von → *unmittelbar anwendbarem EU-Recht* (→ *Primärrecht* wie → *Sekundärrecht der EU*) widerspricht, haben die innerstaatlichen Behörden und Gerichte nach der Rsp des EuGH das innerstaatliche Recht unangewendet zu lassen („Anwendungsvorrang"). Dabei spielt der innerstaatliche Rang der nicht anzuwendenden Regelung grundsätzlich keine Rolle. So gilt der Anwendungsvorrang etwa auch im Verhältnis einer VO zu innerstaatlichem Verfassungsrecht. Gegenüber Drittstaatsangehörigen (oder nach Wegfall der vorrangigen Bestimmung des EU-Rechts) bleibt (wird) die innerstaatliche Regelung (wieder) voll wirksam.

Vorstellung: Es sind im Wesentlichen zwei Arten der Vorstellung zu unterscheiden: Einerseits die Vorstellung nach § 57 Abs 2 AVG als ordentliches (remonstratives) Rechtsmittel gegen einen → *Mandatsbescheid*, das sich an die Behörde richtet, die den Bescheid erlassen hat, andererseits das Rechtsmittel der Vorstellung gem § 54 VwGVG gegen Erkenntnisse und Beschlüsse des Rechtspflegers beim zuständigen Mitglied des VwG. Vereinzelt ist eine Vorstellung auch als devolutives Rechtsmittel vorgesehen, vgl zB §§ 42 ff StudFG.

Warenverkehrsfreiheit: Die Art 28 ff AEUV (Art 8 ff EWRA) verbieten grundsätzlich alle mengenmäßigen Ein- und Ausfuhrbeschränkungen und alle Maßnahmen gleicher Wirkung zwischen den Mitgliedstaaten. Die EU-Mitgliedstaaten bilden darüber hinaus eine Zollunion (keine Binnenzölle, gemeinsame Außenzölle).

Wertersatzstrafe: Diese Zusatz(geld)strafe wird verhängt, wenn das bestrafte Verhalten einen nicht wiedergutzumachenden Schaden verursacht hat (zB Zerstörung eines Denkmals) oder die Wiedergutmachung trotz Aufforderung nicht vorgenommen wird. Die Verhängung einer Wertersatzstrafe muss im MaterienG ausdrücklich vorgesehen sein.

Widmung: Widmung ist die normative Festlegung einer Nutzungsart für eine bestimmte Sache (zB Liegenschaft). Damit ist nicht unbedingt verbunden, dass die festgelegte Nutzung tatsächlich erfolgen muss, es darf aber keine andere Nutzung erfolgen. Beispiele: die Widmung einer Privatstraße für den öffentlichen Verkehr; die Widmung eines Grundstücks im FWP als Bauland bzw Grünland.

Wirkungsbereiche der Gemeinde: Der eWb der Gemeinde als Selbstverwaltungskörper ist bundesverfassungsgesetzlich festgelegt und umfasst neben der → *Privatwirtschaftsverwaltung*, der Haushaltsführung und der Abgabenausschreibung (Art 116 Abs 2 B-VG) alle Angelegenheiten, die im ausschließlichen oder überwiegenden Interesse der in der Gemeinde verkörperten örtlichen Gemeinschaft gelegen und geeignet sind, durch die Gemeinschaft innerhalb ihrer örtlichen Grenzen besorgt zu werden (Art 118 Abs 2 und 3 B-VG). Der einfache Gesetzgeber hat bei Regelung einer Materie derartige Angelegenheiten (anders als in der sonstigen → *Selbstverwaltung*) ausdrücklich als solche des eWb zu bezeichnen. Der üWb der Gemeinde umfasst jene Angelegenheiten, die die Gemeinde nach Maßgabe der Bundes- und LandesG als Verwaltungssprengel zu besorgen hat (Art 119 Abs 1 B-VG). Der zur Besorgung des üWb zuständige Bgm wird daher in diesem Fall funktionell als Bundes- oder Landesbehörde tätig; anders als bei der Besorgung von Aufgaben im eWb untersteht er dabei der Weisungsgewalt der übergeordneten Bundes- oder Landesbehörde.

Wohnsitz: Ein Wohnsitz eines Menschen ist an einer Unterkunft begründet, an der er sich in der erweislichen oder aus den Umständen hervorgehenden Absicht niedergelassen hat, dort bis auf Weiteres einen Anknüpfungspunkt von Lebensbeziehungen zu haben (§ 1 Abs 6 MeldeG). Es steht jedermann frei, mehr als nur einen Wohnsitz zu begründen. Allerdings kann eine Person nur einen → *Hauptwohnsitz* haben. Insb im Grundverkehrs- und Raumordnungsrecht sind spezielle Wohnsitzformen wie „ständiger Wohnsitz", „Zweitwohnsitz" oder „Freizeitwohnsitz" von Bedeutung.

Sachverzeichnis

C

D

G

S

T

U

V

W

Z